创新是引领发展的第一动力，保护知识产权就是保护创新。

当前，我国正在从知识产权引进大国向知识产权创造大国转变，知识产权工作正在从追求数量向提高质量转变。

我们必须从国家战略高度和进入新发展阶段要求出发，全面加强知识产权保护工作，促进建设现代化经济体系，激发全社会创新活力，推动构建新发展格局。

——节选自习近平总书记在《求是》杂志 2021 年第 3 期发表的重要文章《全面加强知识产权保护工作 激发创新活力推动构建新发展格局》。

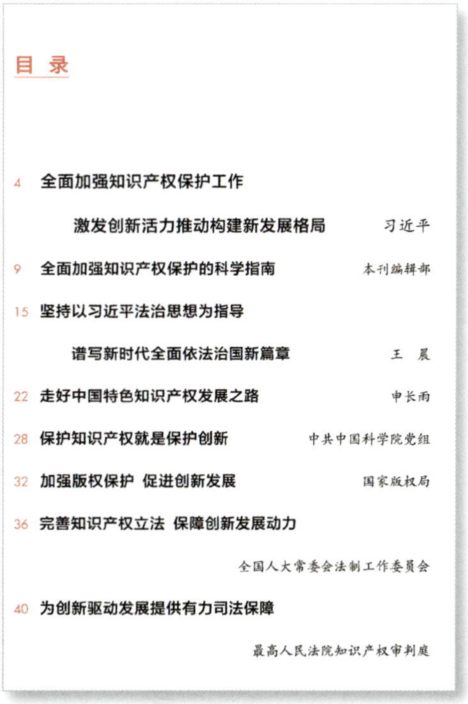
目 录

◆《求是》杂志2021年第3期发表了习近平总书记的重要文章《全面加强知识产权保护工作 激发创新活力推动构建新发展格局》。

◆ 2021 年 9 月，中共中央、国务院印发《知识产权强国建设纲要（2021—2035 年）》。

供图：国家知识产权局办公室

◆ 2021 年 10 月，国务院印发《“十四五”国家知识产权保护和运用规划》。供图：国家知识产权局办公室

◆ 2021 年 1 月 21 日，全国知识产权局局长会议在北京召开。　　供图：国家知识产权局办公室

◆ 2021 年 4 月 19 日，国家知识产权局局长申长雨在博鳌亚洲论坛 2021 年年会知识产权分论坛“知识产权与中小企业：将创意推向市场”上作主旨发言。　　供图：国家知识产权局办公室

◆ 2021 年 5 月 26 日，中央农办主任，农业农村部党组书记、部长唐仁健（右），最高人民法院常务副院长贺荣（左），出席农业农村部与最高人民法院座谈会并签署《加强种业知识产权保护合作备忘录》。

供图：最高人民法院民三庭

◆ 2021 年 6 月 1 日至 2 日，国家版权局在北京举办 2021 中国网络版权保护与发展大会。中宣部副部长张建春出席大会并致辞。

供图：中央宣传部版权管理局

◆ 2021 年 9 月 30 日，国务院新闻办公室举行奋力开启知识产权强国建设新征程新闻发布会。

供图：国家知识产权局办公室

◆ 2021 年 4 月 26 日，国家知识产权局举办开放日活动，各国在华知识产权专员参观知识产权主题展览。

供图：国家知识产权局办公室

CHINA INTELLECTUAL PROPERTY YEARBOOK

中国知识产权年鉴

2022

主办 | 国家知识产权局

知识产权出版社
全国百佳图书出版单位
—北京—

图书在版编目(CIP)数据

中国知识产权年鉴. 2022/国家知识产权局主办. —北京：知识产权出版社，2022. 12
ISBN 978-7-5130-8513-7

Ⅰ. ①中…　Ⅱ. ①国…　Ⅲ. ①知识产权—中国—2022—年鉴　Ⅳ. ①D923. 4-54

中国版本图书馆 CIP 数据核字(2022)第 238628 号

责任编辑：黄清明　林竹鸣　　**责任校对**：王　岩
封面设计：智兴设计室·索晓青　　**责任印制**：刘译文

中国知识产权年鉴 2022

国家知识产权局　主办

出版发行：知识产权出版社有限责任公司	**网　址**：http://www. ipph. cn
社　址：北京市海淀区气象路 50 号院	**邮　编**：100081
责编电话：010-82000860 转 8117	**责编邮箱**：hqm@cnipr. com
发行电话：010-82000860 转 8101/8102	**发行传真**：010-82000893/82005070/82000270
印　刷：三河市国英印务有限公司	**经　销**：新华书店、各大网上书店及相关专业书店
开　本：787mm×1092mm　1/16	**印　张**：42. 25
版　次：2022 年 12 月第 1 版	**印　次**：2022 年 12 月第 1 次印刷
字　数：1090 千字	**定　价**：240. 00 元

ISBN 978 - 7 - 5130 - 8513 - 7

《中国知识产权年鉴2022》编辑委员会名单

崔守东　国家知识产权局商标局
梁心新　国家知识产权局办公室
葛　树　国家知识产权局战略规划司
谢小勇　中国知识产权研究会
雷筱云　国家知识产权局知识产权运用促进司
衡付广　国家知识产权局办公室

年鉴编辑部名单

陈泽宇　最高人民法院民三庭
范怡娜　商务部条约法律司
林　峰　国家知识产权局专利局复审和无效审理部
姚志伟　国家知识产权局办公室
曹译丹　国家知识产权局办公室
曹思宏　国家知识产权局知识产权运用促进司
魏华迪　国家知识产权国际合作司

编辑说明

一、《中国知识产权年鉴》是反映我国知识产权领域工作基本状况的大型资料性工具书，2001 年 11 月创刊，每年出版一版，2022 版反映的是 2021 年度我国知识产权工作的基本情况。

二、2022 版内容由“重大战略部署”“专文”“概况”“大事记”“统计资料”“评选、认定和保护”“法律、法规、规章、司法解释及其他规范性文件”“典型案例”“学术成果”和“附录”10 部分组成。

三、“重大战略部署”栏目，收录了习近平总书记发表于《求是》杂志 2021 年第 3 期的重要文章《全面加强知识产权保护工作　激发创新活力推动构建新发展格局》，记录了 2021 年度国家作出的关于我国知识产权发展的重大战略部署，包括《知识产权强国建设纲要(2021—2035 年)》《“十四五”国家知识产权保护和运用规划》。

四、“专文”栏目，记录了 2021 年度有关部门、单位负责同志涉及知识产权工作的重要讲话及署名文章。

五、“概况”栏目，全面记录了 2021 年度我国专利、商标、集成电路布图设计、地理标志及统筹协调涉外知识产权，版权，科技创新知识产权，农业植物新品种，工业和信息化领域知识产权，公安机关保护知识产权，商务知识产权，海关知识产权，反不正当竞争与保护商业秘密，林草植物新品种保护方面的工作情况，司法、检察机关保护知识产权的工作情况，贸促知识产权的工作情况，全国性知识产权领域社团活动的情况，各地方开展知识产权工作的情况。

六、“大事记”栏目，记录了 2021 年度我国专利、商标、集成电路布图设计、地理标志及统筹协调涉外知识产权，版权，农业植物新品种，公安，商务，林业植物新品种保护，知识产权司法、检察保护，以及贸促知识产权工作方面的重大事件。

七、“统计资料”栏目，收集了 2021 年度我国专利、商标、地理标志、版权、集成电路布图设计、农业植物新品种、林草植物新品种、海关知识产权保护和知识产权司法保护方面的重要统计数据。

八、“评选、认定和保护”栏目，收录了第二十三届中国专利金奖及外观设计金奖项目简介，2021 年新增地理标志商标名录，2021 年新认定地理标志保护产品名录。

九、“法律、法规、规章、司法解释及其他规范性文件”栏目，收录了 2021 年度公布和新修订的与知识产权有关的司法解释及其他规范性文件。

十、"典型案例"栏目，收录了2021年度知识产权系统典型案例，全国打击侵权盗版十大案件，地理标志、奥林匹克标志和特殊标志行政保护典型案例，农业植物新品种保护十大典型案例，公安机关打击侵权假冒犯罪典型案例，中国海关知识产权保护典型案例，反不正当竞争与保护商业秘密典型案例，中国法院十大知识产权案件，最高人民检察院第二十六批指导性案例（检察机关依法保护知识产权主题），检察机关知识产权综合性司法保护典型案例，检察机关保护知识产权服务保障创新驱动发展典型案例。

十一、"学术成果"栏目，收录了国家知识产权局2021年度关于知识产权的主要学术研究成果。

十二、"附录"栏目，收录了与知识产权有关的主要政府网站简介。

目　　录

重大战略部署

专　文

概　况

大事记

统计资料

评选、认定和保护

法律、法规、规章、司法解释及其他规范性文件

典型案例

学术成果

附　录

Contents

Important Strategic Deployment

Special Articles

Surveys

Major Events and Activities

Statistics

Selection, Recognition, and Protection

Laws, Regulations, Rules, Judicial Interpretations, and Other Normative Documents

Typical Cases

Academic Research Achievement

Appendix

全面加强知识产权保护工作 激发创新活力推动构建新发展格局*

习近平

今天，中央政治局进行第二十五次集体学习，内容是加强我国知识产权保护工作。党的十九届五中全会《建议》对加强知识产权保护工作提出明确要求。安排这次学习，目的是认清我国知识产权保护工作的形势和任务，总结成绩，查找不足，提高对知识产权保护工作重要性的认识，从加强知识产权保护工作方面，为贯彻新发展理念、构建新发展格局、推动高质量发展提供有力保障。

创新是引领发展的第一动力，保护知识产权就是保护创新。全面建设社会主义现代化国家，必须更好推进知识产权保护工作。知识产权保护工作关系国家治理体系和治理能力现代化，只有严格保护知识产权，才能完善现代产权制度、深化要素市场化改革，促进市场在资源配置中起决定性作用、更好发挥政府作用。知识产权保护工作关系高质量发展，只有严格保护知识产权，依法对侵权假冒的市场主体、不法分子予以严厉打击，才能提升供给体系质量、有力推动高质量发展。知识产权保护工作关系人民生活幸福，只有严格保护知识产权，净化消费市场、维护广大消费者权益，才能实现让人民群众买得放心、吃得安心、用得舒心。知识产权保护工作关系国家对外开放大局，只有严格保护知识产权，才能优化营商环境、建设更高水平开放型经济新体制。知识产权保护工作关系国家安全，只有严格保护知识产权，才能有效保护我国自主研发的关键核心技术、防范化解重大风险。

党的十八大以来，我多次强调，要建立高效的知识产权综合管理体制，打通知识产权创造、运用、保护、管理、服务全链条，推动形成权界清晰、分工合理、责权一致、运转高效的体制机制；要实行严格的知识产权保护制度，提高知识产权审查质量和审查效率，坚决依法惩处侵犯合法权益特别是侵犯知识产权行为，引入惩罚性赔偿制度，显著提高侵权代价和违法成本，震慑违法侵权行为，等等。

我国知识产权保护工作，新中国成立后不久就开始了。1950 年，我国就颁布了《保障发明权与专利权暂行条例》《商标注册暂行条例》等法规，对实施专利、商标制度作出了初步探索。党的十一届三中全会以后，我国知识产权工作逐步走上正规化轨道。

党的十八大以来，党中央把知识产权保护工作摆在更加突出的位置，出台了《深入实施国家知识产权战略行动计划（2014—2020 年）》《国务院关于新形势下加快知识产权强国建设的若干意见》《“十三五”国家

---

* 这是习近平总书记 2020 年 11 月 30 日在十九届中央政治局第二十五次集体学习时讲话的主要部分。发表于《求是》杂志 2021 年第 3 期。

知识产权保护和运用规划》等系列决策部署。在这次党和国家机构改革中，我们组建了国家市场监管总局，重新组建了国家知识产权局，实现了专利、商标、原产地地理标志等知识产权类别的集中统一管理。我们在北京、上海、广州成立知识产权法院，最高人民法院挂牌成立知识产权法庭，审理全国范围内专利等技术类知识产权上诉案件，建成了知识产权专业化审判体系。

总的看，我国知识产权事业不断发展，走出了一条中国特色知识产权发展之路，知识产权保护工作取得了历史性成就，知识产权法规制度体系和保护体系不断健全、保护力度不断加强，全社会尊重和保护知识产权意识明显提升，对激励创新、打造品牌、规范市场秩序、扩大对外开放发挥了重要作用。

同时，我们也要清醒看到不足，主要表现为：全社会对知识产权保护的重要性认识需要进一步提高；随着新技术新业态蓬勃发展，知识产权保护法治化仍然跟不上；知识产权整体质量效益还不够高，高质量高价值知识产权偏少；行政执法机关和司法机关的协调有待加强；知识产权领域仍存在侵权易发多发和侵权易、维权难的现象，知识产权侵权违法行为呈现新型化、复杂化、高技术化等特点；有的企业利用制度漏洞，滥用知识产权保护；市场主体应对海外知识产权纠纷能力明显不足，我国企业在海外的知识产权保护不到位，等等。

当前，我国正在从知识产权引进大国向知识产权创造大国转变，知识产权工作正在从追求数量向提高质量转变。我们必须从国家战略高度和进入新发展阶段要求出发，全面加强知识产权保护工作，促进建设现代化经济体系，激发全社会创新活力，推动构建新发展格局。

第一，加强知识产权保护工作顶层设计。要准确判断国内外形势新特点，谋划好知识产权保护工作。保护知识产权的目的是激励创新，服务和推动高质量发展，满足人民美好生活需要。要抓紧制定建设知识产权强国战略，研究制定"十四五"时期国家知识产权保护和运用规划，明确目标、任务、举措和实施蓝图。要坚持以我为主、人民利益至上、公正合理保护，既严格保护知识产权，又防范个人和企业权利过度扩张，确保公共利益和激励创新兼得。要加强关键领域自主知识产权创造和储备，部署一批重大改革举措、重要政策、重点工程。

第二，提高知识产权保护工作法治化水平。完备的知识产权法律法规体系、高效的执法司法体系，是强化知识产权保护的重要保障。要在严格执行民法典相关规定的同时，加快完善相关法律法规，统筹推进专利法、商标法、著作权法、反垄断法、科学技术进步法等修订工作，增强法律之间的一致性。要加强地理标志、商业秘密等领域立法。要强化民事司法保护，研究制定符合知识产权案件规律的诉讼规范。要提高知识产权审判质量和效率，提升公信力。要促进知识产权行政执法标准和司法裁判标准统一，完善行政执法和司法衔接机制。要完善刑事法律和司法解释，加大刑事打击力度。要加大行政执法力度，对群众反映强烈、社会舆论关注、侵权假冒多发的重点领域和区域，要重拳出击、整治到底、震慑到位。

第三，强化知识产权全链条保护。知识产权保护是一个系统工程，覆盖领域广、涉及方面多，要综合运用法律、行政、经济、技术、社会治理等多种手段，从审查授权、行政执法、司法保护、仲裁调解、行业自律、公民诚信等环节完善保护体系，加强协同配合，构建大保护工作格局。要打通知识产权创造、运用、保护、管理、服务全链条，健全知识产权综合管理体制，增强系统保护能力。要统筹做好知识产权保护、反垄断、公平竞争审查等工作，促进创新要素自主有序流动、高效配置。要形成便民利民的知识产权公共服务体系，构建国家知识产权大数据中心和公共服务平台，及时传播知识产权信息，让创新成果更好惠及人民。要加强知识产权信息化、智能化基础设施建设，强化人工智能、大数据等信息技术在知识产权审查和保护领域的应用，推动知识产权保护线上线下融合发展。要鼓励建立知识产权保护自律机制，推动诚信体系建设。要加强知识产权保护宣传教育，增强全社会尊重和保护知识产权的意识。

第四，深化知识产权保护工作体制机制改革。党的十八大以来，我们在知识产权领域部署推动了一系列改革，要继续抓好落实，做到系统集成、协同推进。要研究实行差别化的产业和区域知识产权政策，完善知识产权审查制度。要健全大数据、人工智能、基因技术等新领域新业态知识产权保护制度，及时研究制定传统文化、传统知识等领域保护办法。要深化知识产权审判领域改革创新，健全知识产权诉讼制度，完善技术类知识产权审判，抓紧落实知识产权侵权惩罚性赔偿制度。要健全知识产权评估体系，改进知识产权归属制度，研究制定防止知识产权滥用相关制度。

第五，统筹推进知识产权领域国际合作和竞争。知识产权是国际竞争力的核心要素，也是国际争端的焦点。我们要敢于斗争、善于斗争，决不放弃正当权益，决不牺牲国家核心利益。要秉持人类命运共同体理念，坚持开放包容、平衡普惠的原则，深度参与世界知识产权组织框架下的全球知识产权治理，推动完善知识产权及相关国际贸易、国际投资等国际规则和标准，推动全球知识产权治理体制向着更加公正合理方向发展。要拓展影响知识产权国际舆论的渠道和方式，讲好中国知识产权故事，展示文明大国、负责任大国形象。要深化同共建“一带一路”沿线国家和地区知识产权合作，倡导知识共享。

第六，维护知识产权领域国家安全。我讲过，知识产权对外转让要坚持总体国家安全观。要加强事关国家安全的关键核心技术的自主研发和保护，依法管理涉及国家安全的知识产权对外转让行为。要完善知识产权反垄断、公平竞争相关法律法规和政策措施，形成正当有力的制约手段。要推进我国知识产权有关法律规定域外适用，完善跨境司法协作安排。要形成高效的国际知识产权风险预警和应急机制，建设知识产权涉外风险防控体系，加大对我国企业海外知识产权维权援助。

各级党委和政府要落实责任，强化知识产权工作相关协调机制，重视知识产权人才队伍建设，形成工作合力，坚决打击假冒侵权行为，坚决克服地方保护主义。各级领导干部要增强知识产权意识，加强学习，熟悉业务，增强新形势下做好知识产权保护工作的本领，既学会运用知识产权保护制度推动经济社会高质量发展，又学会利用知识产权保护制度开展国际合作和竞争，推动我国知识产权保护工作不断迈上新的台阶。

中共中央　国务院印发《知识产权强国建设纲要（2021—2035年）》*

近日，中共中央、国务院印发了《知识产权强国建设纲要（2021—2035年）》，并发出通知，要求各地区、各部门结合实际认真贯彻落实。《知识产权强国建设纲要（2021—2035年）》主要内容如下。

为统筹推进知识产权强国建设，全面提升知识产权创造、运用、保护、管理和服务水平，充分发挥知识产权制度在社会主义现代化建设中的重要作用，制定本纲要。

* 新华社2021年9月22日发布。

一、战略背景

党的十八大以来，在以习近平同志为核心的党中央坚强领导下，我国知识产权事业发展取得显著成效，知识产权法规制度体系逐步完善，核心专利、知名品牌、精品版权、优良植物新品种、优质地理标志、高水平集成电路布图设计等高价值知识产权拥有量大幅增加，商业秘密保护不断加强，遗传资源、传统知识和民间文艺的利用水平稳步提升，知识产权保护效果、运用效益和国际影响力显著提升，全社会知识产权意识大幅提高，涌现出一批知识产权竞争力较强的市场主体，走出了一条中国特色知识产权发展之路，有力保障创新型国家建设和全面建成小康社会目标的实现。

进入新发展阶段，推动高质量发展是保持经济持续健康发展的必然要求，创新是引领发展的第一动力，知识产权作为国家发展战略性资源和国际竞争力核心要素的作用更加凸显。实施知识产权强国战略，回应新技术、新经济、新形势对知识产权制度变革提出的挑战，加快推进知识产权改革发展，协调好政府与市场、国内与国际，以及知识产权数量与质量、需求与供给的联动关系，全面提升我国知识产权综合实力，大力激发全社会创新活力，建设中国特色、世界水平的知识产权强国，对于提升国家核心竞争力，扩大高水平对外开放，实现更高质量、更有效率、更加公平、更可持续、更为安全的发展，满足人民日益增长的美好生活需要，具有重要意义。

二、总体要求

（一）指导思想

坚持以习近平新时代中国特色社会主义思想为指导，全面贯彻党的十九大和十九届二中、三中、四中、五中全会精神，紧紧围绕统筹推进“五位一体”总体布局和协调推进“四个全面”战略布局，坚持稳中求进工作总基调，以推动高质量发展为主题，以深化供给侧结构性改革为主线，以改革创新为根本动力，以满足人民日益增长的美好生活需要为根本目的，立足新发展阶段，贯彻新发展理念，构建新发展格局，牢牢把握加强知识产权保护是完善产权保护制度最重要的内容和提高国家经济竞争力最大的激励，打通知识产权创造、运用、保护、管理和服务全链条，更大力度加强知识产权保护国际合作，建设制度完善、保护严格、运行高效、服务便捷、文化自觉、开放共赢的知识产权强国，为建设创新型国家和社会主义现代化强国提供坚实保障。

（二）工作原则

——法治保障，严格保护。落实全面依法治国基本方略，严格依法保护知识产权，切实维护社会公平正义和权利人合法权益。

——改革驱动，质量引领。深化知识产权领域改革，构建更加完善的要素市场化配置体制机制，更好发挥知识产权制度激励创新的基本保障作用，为高质量发展提供源源不断的动力。

——聚焦重点，统筹协调。坚持战略引领、统筹规划，突出重点领域和重大需求，推动知识产权与经济、科技、文化、社会等各方面深度融合发展。

——科学治理，合作共赢。坚持人类命运共同体理念，以国际视野谋划和推动知识产权改革发展，推动构建开放包容、平衡普惠的知识产权国际规则，让创新创造更多惠及各国人民。

（三）发展目标

到 2025 年，知识产权强国建设取得明显成效，知识产权保护更加严格，社会满意度达到并保持较高水平，知识产权市场价值进一步凸显，品牌竞争力大幅提升，专利密集型产业增加值占 GDP 比重达到 13%，版权产业增加值占 GDP 比重达到 7.5%，知识产权使用费年进出口总额达到 3500 亿元，每万人口高价值发明专利拥有量达到12件（上述指标均为预期性指标）。

到2035年，我国知识产权综合竞争力跻身世界前列，知识产权制度系统完备，知识产权促进创新创业蓬勃发展，全社会知识产权文化自觉基本形成，全方位、多层次参与知识产权全球治理的国际合作格局基本形成，中国特色、世界水平的知识产权强国基本建成。

三、建设面向社会主义现代化的知识产权制度

（四）构建门类齐全、结构严密、内外协调的法律体系

开展知识产权基础性法律研究，做好专门法律法规之间的衔接，增强法律法规的适用性和统一性。根据实际及时修改专利法、商标法、著作权法和植物新品种保护条例，探索制定地理标志、外观设计等专门法律法规，健全专门保护与商标保护相互协调的统一地理标志保护制度，完善集成电路布图设计法规。制定修改强化商业秘密保护方面的法律法规，完善规制知识产权滥用行为的法律制度以及与知识产权相关的反垄断、反不正当竞争等领域立法。修改科学技术进步法。结合有关诉讼法的修改及贯彻落实，研究建立健全符合知识产权审判规律的特别程序法律制度。加快大数据、人工智能、基因技术等新领域新业态知识产权立法。适应科技进步和经济社会发展形势需要，依法及时推动知识产权法律法规立改废释，适时扩大保护客体范围，提高保护标准，全面建立并实施侵权惩罚性赔偿制度，加大损害赔偿力度。

（五）构建职责统一、科学规范、服务优良的管理体制

持续优化管理体制机制，加强中央在知识产权保护的宏观管理、区域协调和涉外事宜统筹等方面事权，不断加强机构建设，提高管理效能。围绕国家区域协调发展战略，制定实施区域知识产权战略，深化知识产权强省强市建设，促进区域知识产权协调发展。实施一流专利商标审查机构建设工程，建立专利商标审查官制度，优化专利商标审查协作机制，提高审查质量和效率。构建政府监管、社会监督、行业自律、机构自治的知识产权服务业监管体系。

（六）构建公正合理、评估科学的政策体系

坚持严格保护的政策导向，完善知识产权权益分配机制，健全以增加知识价值为导向的分配制度，促进知识产权价值实现。完善以强化保护为导向的专利商标审查政策。健全著作权登记制度、网络保护和交易规则。完善知识产权审查注册登记政策调整机制，建立审查动态管理机制。建立健全知识产权政策合法性和公平竞争审查制度。建立知识产权公共政策评估机制。

（七）构建响应及时、保护合理的新兴领域和特定领域知识产权规则体系

建立健全新技术、新产业、新业态、新模式知识产权保护规则。探索完善互联网领域知识产权保护制度。研究构建数据知识产权保护规则。完善开源知识产权和法律体系。研究完善算法、商业方法、人工智能产出物知识产权保护规则。加强遗传资源、传统知识、民间文艺等获取和惠益分享制度建设，加强非物质文化遗产的搜集整理和转化利用。推动中医药传统知识保护与现代知识产权制度有效衔接，进一步完善中医药知识产权综合保护体系，建立中医药专利特别审查和保护机制，促进中医药传承创新发展。

四、建设支撑国际一流营商环境的知识产权保护体系

（八）健全公正高效、管辖科学、权界清晰、系统完备的司法保护体制

实施高水平知识产权审判机构建设工程，加强审判基础、体制机制和智慧法院建设。健全知识产权审判组织，优化审判机

构布局，完善上诉审理机制，深入推进知识产权民事、刑事、行政案件“三合一”审判机制改革，构建案件审理专门化、管辖集中化和程序集约化的审判体系。加强知识产权法官的专业化培养和职业化选拔，加强技术调查官队伍建设，确保案件审判质效。积极推进跨区域知识产权远程诉讼平台建设。统一知识产权司法裁判标准和法律适用，完善裁判规则。加大刑事打击力度，完善知识产权犯罪侦查工作制度。修改完善知识产权相关司法解释，配套制定侵犯知识产权犯罪案件立案追诉标准。加强知识产权案件检察监督机制建设，加强量刑建议指导和抗诉指导。

(九)健全便捷高效、严格公正、公开透明的行政保护体系

依法科学配置和行使有关行政部门的调查权、处罚权和强制权。建立统一协调的执法标准、证据规则和案例指导制度。大力提升行政执法人员专业化、职业化水平，探索建立行政保护技术调查官制度。建设知识产权行政执法监管平台，提升执法监管现代化、智能化水平。建立完善知识产权侵权纠纷检验鉴定工作体系。发挥专利侵权纠纷行政裁决制度作用，加大行政裁决执行力度。探索依当事人申请的知识产权纠纷行政调解协议司法确认制度。完善跨区域、跨部门执法保护协作机制。建立对外贸易知识产权保护调查机制和自由贸易试验区知识产权保护专门机制。强化知识产权海关保护，推进国际知识产权执法合作。

(十)健全统一领导、衔接顺畅、快速高效的协同保护格局

坚持党中央集中统一领导，实现政府履职尽责、执法部门严格监管、司法机关公正司法、市场主体规范管理、行业组织自律自治、社会公众诚信守法的知识产权协同保护。实施知识产权保护体系建设工程。明晰行政机关与司法机关的职责权限和管辖范围，健全知识产权行政保护与司法保护衔接机制，形成保护合力。建立完善知识产权仲裁、调解、公证、鉴定和维权援助体系，加强相关制度建设。健全知识产权信用监管体系，加强知识产权信用监管机制和平台建设，依法依规对知识产权领域严重失信行为实施惩戒。完善著作权集体管理制度，加强对著作权集体管理组织的支持和监管。实施地理标志保护工程。建设知识产权保护中心网络和海外知识产权纠纷应对指导中心网络。建立健全海外知识产权预警和维权援助信息平台。

五、建设激励创新发展的知识产权市场运行机制

(十一)完善以企业为主体、市场为导向的高质量创造机制

以质量和价值为标准，改革完善知识产权考核评价机制。引导市场主体发挥专利、商标、版权等多种类型知识产权组合效应，培育一批知识产权竞争力强的世界一流企业。深化实施中小企业知识产权战略推进工程。优化国家科技计划项目的知识产权管理。围绕生物育种前沿技术和重点领域，加快培育一批具有知识产权的优良植物新品种，提高授权品种质量。

(十二)健全运行高效顺畅、价值充分实现的运用机制

加强专利密集型产业培育，建立专利密集型产业调查机制。积极发挥专利导航在区域发展、政府投资的重大经济科技项目中的作用，大力推动专利导航在传统优势产业、战略性新兴产业、未来产业发展中的应用。改革国有知识产权归属和权益分配机制，扩大科研机构和高校知识产权处置自主权。建立完善财政资助科研项目形成知识产权的声明制度。建立知识产权交易价格统计发布机制。推进商标品牌建设，加强驰名商标保护，发展传承好传统品

牌和老字号，大力培育具有国际影响力的知名商标品牌。发挥集体商标、证明商标制度作用，打造特色鲜明、竞争力强、市场信誉好的产业集群品牌和区域品牌。推动地理标志与特色产业发展、生态文明建设、历史文化传承以及乡村振兴有机融合，提升地理标志品牌影响力和产品附加值。实施地理标志农产品保护工程。深入开展知识产权试点示范工作，推动企业、高校、科研机构健全知识产权管理体系，鼓励高校、科研机构建立专业化知识产权转移转化机构。

（十三）建立规范有序、充满活力的市场化运营机制

提高知识产权代理、法律、信息、咨询等服务水平，支持开展知识产权资产评估、交易、转化、托管、投融资等增值服务。实施知识产权运营体系建设工程，打造综合性知识产权运营服务枢纽平台，建设若干聚焦产业、带动区域的运营平台，培育国际化、市场化、专业化知识产权服务机构，开展知识产权服务业分级分类评价。完善无形资产评估制度，形成激励与监管相协调的管理机制。积极稳妥发展知识产权金融，健全知识产权质押信息平台，鼓励开展各类知识产权混合质押和保险，规范探索知识产权融资模式创新。健全版权交易和服务平台，加强作品资产评估、登记认证、质押融资等服务。开展国家版权创新发展建设试点工作。打造全国版权展会授权交易体系。

六、建设便民利民的知识产权公共服务体系

（十四）加强覆盖全面、服务规范、智能高效的公共服务供给

实施知识产权公共服务智能化建设工程，完善国家知识产权大数据中心和公共服务平台，拓展各类知识产权基础信息开放深度、广度，实现与经济、科技、金融、法律等信息的共享融合。深入推进“互联网+”政务服务，充分利用新技术建设智能化专利商标审查和管理系统，优化审查流程，实现知识产权政务服务“一网通办”和“一站式”服务。完善主干服务网络，扩大技术与创新支持中心等服务网点，构建政府引导、多元参与、互联共享的知识产权公共服务体系。加强专业便捷的知识产权公共咨询服务，健全中小企业和初创企业知识产权公共服务机制。完善国际展会知识产权服务机制。

（十五）加强公共服务标准化、规范化、网络化建设

明晰知识产权公共服务事项和范围，制定公共服务事项清单和服务标准。统筹推进分级分类的知识产权公共服务机构建设，大力发展高水平的专门化服务机构。有效利用信息技术、综合运用线上线下手段，提高知识产权公共服务效率。畅通沟通渠道，提高知识产权公共服务社会满意度。

（十六）建立数据标准、资源整合、利用高效的信息服务模式

加强知识产权数据标准制定和数据资源供给，建立市场化、社会化的信息加工和服务机制。规范知识产权数据交易市场，推动知识产权信息开放共享，处理好数据开放与数据隐私保护的关系，提高传播利用效率，充分实现知识产权数据资源的市场价值。推动知识产权信息公共服务和市场化服务协调发展。加强国际知识产权数据交换，提升运用全球知识产权信息的能力和水平。

七、建设促进知识产权高质量发展的人文社会环境

（十七）塑造尊重知识、崇尚创新、诚信守法、公平竞争的知识产权文化理念

加强教育引导、实践养成和制度保障，培养公民自觉尊重和保护知识产权的行为习惯，自觉抵制侵权假冒行为。倡导创新

文化，弘扬诚信理念和契约精神，大力宣传锐意创新和诚信经营的典型企业，引导企业自觉履行尊重和保护知识产权的社会责任。厚植公平竞争的文化氛围，培养新时代知识产权文化自觉和文化自信，推动知识产权文化与法治文化、创新文化和公民道德修养融合共生、相互促进。

（十八）构建内容新颖、形式多样、融合发展的知识产权文化传播矩阵

打造传统媒体和新兴媒体融合发展的知识产权文化传播平台，拓展社交媒体、短视频、客户端等新媒体渠道。创新内容、形式和手段，加强涉外知识产权宣传，形成覆盖国内外的全媒体传播格局，打造知识产权宣传品牌。大力发展国家知识产权高端智库和特色智库，深化理论和政策研究，加强国际学术交流。

（十九）营造更加开放、更加积极、更有活力的知识产权人才发展环境

完善知识产权人才培养、评价激励、流动配置机制。支持学位授权自主审核高校自主设立知识产权一级学科。推进论证设置知识产权专业学位。实施知识产权专项人才培养计划。依托相关高校布局一批国家知识产权人才培养基地，加强相关高校二级知识产权学院建设。加强知识产权管理部门公职律师队伍建设，做好涉外知识产权律师培养和培训工作，加强知识产权国际化人才培养。开发一批知识产权精品课程。开展干部知识产权学习教育。进一步推进中小学知识产权教育，持续提升青少年的知识产权意识。

八、深度参与全球知识产权治理

（二十）积极参与知识产权全球治理体系改革和建设

扩大知识产权领域对外开放，完善国际对话交流机制，推动完善知识产权及相关国际贸易、国际投资等国际规则和标准。积极推进与经贸相关的多双边知识产权对外谈判。建设知识产权涉外风险防控体系。加强与各国知识产权审查机构合作，推动审查信息共享。打造国际知识产权诉讼优选地。提升知识产权仲裁国际化水平。鼓励高水平外国机构来华开展知识产权服务。

（二十一）构建多边和双边协调联动的国际合作网络

积极维护和发展知识产权多边合作体系，加强在联合国、世界贸易组织等国际框架和多边机制中的合作。深化与共建"一带一路"国家和地区知识产权务实合作，打造高层次合作平台，推进信息、数据资源项目合作，向共建"一带一路"国家和地区提供专利检索、审查、培训等多样化服务。加强知识产权对外工作力量。积极发挥非政府组织在知识产权国际交流合作中的作用。拓展海外专利布局渠道。推动专利与国际标准制定有效结合。塑造中国商标品牌良好形象，推动地理标志互认互保，加强中国商标品牌和地理标志产品全球推介。

九、组织保障

（二十二）加强组织领导

全面加强党对知识产权强国建设工作的领导，充分发挥国务院知识产权战略实施工作部际联席会议作用，建立统一领导、部门协同、上下联动的工作体系，制定实施落实本纲要的年度推进计划。各地区各部门要高度重视，加强组织领导，明确任务分工，建立健全本纲要实施与国民经济和社会发展规划、重点专项规划及相关政策相协调的工作机制，结合实际统筹部署相关任务措施，逐项抓好落实。

（二十三）加强条件保障

完善中央和地方财政投入保障制度，加大对本纲要实施工作的支持。综合运用财税、投融资等相关政策，形成多元化、多渠道的资金投入体系，突出重点，优化结构，保障任务落实。按照国家有关规定，对在知识产权强国建设工作中作出突出贡献的集体和个人给予表彰。

（二十四）加强考核评估

国家知识产权局会同有关部门建立本纲要实施动态调整机制，开展年度监测和定期评估总结，对工作任务落实情况开展督促检查，纳入相关工作评价，重要情况及时按程序向党中央、国务院请示报告。在对党政领导干部和国有企业领导班子考核中，注重考核知识产权相关工作成效。地方各级政府要加大督查考核工作力度，将知识产权强国建设工作纳入督查考核范围。

国务院关于印发“十四五”国家知识产权保护和运用规划的通知

国发〔2021〕20号

各省、自治区、直辖市人民政府，国务院各部委、各直属机构：

现将《“十四五”国家知识产权保护和运用规划》印发给你们，请认真贯彻执行。

国务院

2021年10月9日

“十四五”国家知识产权保护和运用规划

为贯彻落实党中央、国务院关于知识产权工作的决策部署，全面加强知识产权保护，高效促进知识产权运用，激发全社会创新活力，推动构建新发展格局，依据《中华人民共和国国民经济和社会发展第十四个五年规划和2035年远景目标纲要》和《知识产权强国建设纲要（2021—2035年）》，制定本规划。

一、规划背景

“十三五”时期，党中央、国务院把知识产权保护工作摆在更加突出的位置，加强顶层设计，部署推动一系列改革，出台一系列重大政策，建立健全国务院知识产权战略实施工作部际联席会议制度，重新组建国家知识产权局，完善知识产权法律法规体系，推进知识产权领域司法改革，有效提升了知识产权领域治理能力和治理水平。五年来，各地区、各有关部门深入实施《“十三五”国家知识产权保护和运用规划》，持续推进知识产权战略实施，知识产权创造能力稳步提高，国内每万人口发明专利拥有量从“十二五”末的6.3件增加到15.8件，专利、商标、版权、植物新品种等知识产权数量位居世界前列，质量稳步提升。知识产权运用效益持续提高，交易运营更加活跃，转移转化水平不断提升，专利密集型产业增加值占国内生产总值（GDP）比重超过11.6%，版权产业增加值占GDP比重超过7.39%。知识产权保护力度明显加大，保护体系不断完善，保护能力持续提升，知识产权保护社会满意度提高到80.05分。知识产权公共服务体系进一步健全，知识产权服务业加快发展。知识产权人才队伍不断壮大，全社会尊重和保护知识产权意识明显提升。知识产权国际合作不断深化，与世界知识产权组织、共建“一带一路”国家和地区、金砖国家、亚太经合组织等的知识产权合作扎实推进，形成“四边联动、协调推进”的知识产权国际合作新局面。总的看，“十三五”规划主要目标任务如期完成，知识产权事业实现了大发展、大跨越、大提升，知识产权保护工作取得了历史性成就，有效支撑了创新型国家建设和全面建成小康社会目标实现。

当今世界正经历百年未有之大变局，新一轮科技革命和产业变革深入发展，国际力量对比深刻调整，国际环境日趋复杂，不稳定性不确定性明显增加，新冠肺炎疫情影响广泛深远。我国正处于实现中华民族伟大复兴的关键时期，经济已由高速增长阶段转向高质量发展阶段，创新驱动发展战略深入实施，现代产业体系建设加快推进，高水平对外开放不断深化。创新是引领发展的第一动力，保护知识产权就是保护创新。知识产权保护工作关系国家治理体系和治理能力现代化，关系高质量发展，关系人民生活幸福，关系国家对外开放大局，关系国家安全。当前，知识产权对激励创新、打造品牌、规范市场秩序、扩大对外开放正发挥越来越重要的作用，但我国知识产权工作还面临不少问题和短板，主要表现为：关键核心技术领域高质量知识产权创造不足，行政执法和司法衔接机制不够完善，知识产权侵权易发多发和侵权易、维权难的现象仍然存在，知识产权转移转化成效有待提高，知识产权服务供给不够充分，海外知识产权纠纷应对能力不足，知识产权制度促进经济社会高质量发展的作用需要进一步发挥等。“十四五”时期，做好知识产权工作要统筹国内国际两个大局，增强机遇意识和风险意识，在危机中育先机、于变局中开新局，充分发挥知识产权制度在推动构建新发展格局中的重要作用，为全面建设社会主义现代化国家提供有力支撑。

二、总体要求

（一）指导思想。

坚持以习近平新时代中国特色社会主义思想为指导，全面贯彻党的十九大和十九届二中、三中、四中、五中全会精神，统筹推进“五位一体”总体布局，协调推进“四个全面”战略布局，坚持稳中求进工作总基调，立足新发展阶段，完整、准确、全面贯彻新发展理念，构建新发展格局，坚持以推动高质量发展为主题，以全面加强知识产权保护为主线，以建设知识产权强国为目标，以改革创新为根本动力，深化知识产权保护工作体制机制改革，全面提升知识产权创造、运用、保护、管理和服务水平，深入推进知识产权国际合作，促进建设现代化经济体系，激发全社会创新活力，有力支撑经济社会高质量发展。

（二）基本原则。

坚持质量优先。坚持高质量发展方向不动摇，加快推动知识产权工作由追求数量向提高质量转变，促进知识产权高质量创造、高效益运用、高标准保护、高水平服务，更好服务现代化经济体系建设。

坚持强化保护。加强知识产权全链条保护，统筹推进知识产权审查授权、行政执法、司法保护、仲裁调解、行业自律、公民诚信等工作，构建严保护、大保护、快保护、同保护的工作格局，全面提升保护能力，着力营造公平竞争的市场环境。

坚持开放合作。推动知识产权更大范围、更宽领域、更深层次对外开放，统筹推进知识产权国际合作，积极参与全球知识产权治理体系建设，加强知识产权领域多边合作，持续提升知识产权国际影响力和竞争力，服务开放型经济发展。

坚持系统协同。树立系统观念，健全知识产权工作协同推进机制，强化部门协同、上下联动、区域协作、社会共治，综合运用法律、行政、经济、技术、社会治理等手段，提高知识产权领域系统治理效能。

（三）主要目标。

到 2025 年，知识产权强国建设阶段性目标任务如期完成，知识产权领域治理能力和治理水平显著提高，知识产权事业实现高质量发展，有效支撑创新驱动发展和高标准市场体系建设，有力促进经济社会高质量发展。

——知识产权保护迈上新台阶。知识

产权保护法治化水平不断提高，知识产权保护衔接机制更加完善，知识产权侵权惩罚性赔偿制度有效实施，侵权易发多发现象得到有效遏制，知识产权保护社会满意度达到并保持较高水平，关键核心技术领域高质量知识产权更多涌现，有效提升产业链供应链现代化水平，知识产权制度激励创新的基本保障作用充分发挥。

——知识产权运用取得新成效。知识产权转移转化体制机制更加完善，知识产权归属制度更加健全，知识产权流转更加顺畅，知识产权转化效益显著提高，知识产权市场价值进一步凸显，专利密集型产业增加值和版权产业增加值占GDP比重稳步提升，推动产业转型升级和新兴产业创新发展。

——知识产权服务达到新水平。知识产权信息化、智能化基础设施建设取得显著成效，知识产权保护实现线上线下融合发展，知识产权公共服务体系进一步完善，知识产权服务业有序发展，服务机构专业化水平明显提升，进一步促进创新成果更好惠及人民。

——知识产权国际合作取得新突破。我国在全球知识产权治理体系中的作用更加凸显，知识产权国际协调更加有力，"一带一路"知识产权合作实现新进展，海外知识产权获权维权能力进一步提高，有力推进高水平对外开放。

"十四五"时期知识产权发展主要指标

指标	2020年	2025年	累计增加值	属性
1. 每万人口高价值发明专利拥有量①(件)	6.3	12	5.7	预期性
2. 海外发明专利授权量(万件)	4	9	5	预期性
3. 知识产权质押融资登记金额②(亿元)	2180	3200	1020	预期性
4. 知识产权使用费年进出口总额(亿元)	3194.4	3500	305.6	预期性
5. 专利密集型产业增加值占GDP比重(%)	11.6③	13.0	1.4	预期性
6. 版权产业增加值占GDP比重(%)	7.39④	7.5	0.11	预期性
7. 知识产权保护社会满意度(分)	80.05	82	1.95	预期性
8. 知识产权民事一审案件服判息诉率(%)	—	85	—	预期性

注：①"每万人口高价值发明专利拥有量"是指每万人口本国居民拥有的经国家知识产权局授权的符合下列任一条件的有效发明专利数量：1. 战略性新兴产业的发明专利；2. 在海外有同族专利权的发明专利；3. 维持年限超过10年的发明专利；4. 实现较高质押融资金额的发明专利；5. 获得国家科学技术奖、中国专利奖的发明专利。

②"知识产权质押融资登记金额"是指经国家知识产权局登记的知识产权质押融资金额。

③④为2019年值。

三、全面加强知识产权保护，激发全社会创新活力

（四）完善知识产权法律政策体系。

健全知识产权法律法规。开展知识产权基础性法律研究。统筹推进专利法、商标法、著作权法、反垄断法、科学技术进步法、电子商务法等相关法律法规的修改完善。加强地理标志、商业秘密等领域立法，出台商业秘密保护规定。完善集成电路布图设计法规。推进修订植物新品种保护条例。制定中医药传统知识保护条例。完善与国防建设相衔接的知识产权法律制度。全面建立并实施知识产权侵权惩罚性赔偿制度，加大损害赔偿力度。研究建立健全符合知识产权审判规律的特别程序法律制度。适应科技进步和经济社会发展需要，依法及时推动知识产权法律法规立改废释。（中央宣传部、最高人民法院、最高人民检察院、科技部、工业和信息化部、司法

部、农业农村部、商务部、国家卫生健康委、市场监管总局、国家国防科工局、国家林草局、国家中医药局、国家知识产权局、中央军委装备发展部等按职责分工负责）

专栏 1 商业秘密保护工程

健全商业秘密保护政策。完善行政执法程序，细化处罚标准，完善刑事司法程序，加强商业秘密行政执法与民事、刑事司法审判的联动配合，合理划定举证责任。加强商业秘密司法鉴定能力建设，提升司法鉴定水平。

提升市场主体商业秘密保护能力。推动行业组织加强商业秘密保护自律，指导市场主体制定并严格执行全面的商业秘密管理制度，推动有条件的地方建设国家级商业秘密保护基地。建立健全跨境商业秘密保护援助体系。开展商业秘密保护及法律风险培训，强化市场主体特别是中小企业商业秘密保护意识。（市场监管总局牵头，最高人民法院、最高人民检察院、公安部等按职责分工负责）

完善知识产权保护政策。健全大数据、人工智能、基因技术等新领域新业态知识产权保护制度。研究构建数据知识产权保护规则。完善开源知识产权和法律体系。完善电子商务领域知识产权保护机制。健全遗传资源获取和惠益分享制度，建立跨部门生物遗传资源获取和惠益分享信息共享制度。制定传统文化、民间文艺、传统知识等领域保护办法。建立与非物质文化遗产相关的知识产权保护制度。完善体育赛事节目、综艺节目、网络直播等领域著作权保护制度。完善红色经典等优秀舞台艺术作品的版权保护措施。完善服装设计等时尚产业知识产权保护政策。健全药品专利纠纷早期解决机制，制定相关配套措施。完善中医药领域发明专利审查和保护机制。健全绿色技术知识产权保护制度。完善高校知识产权保护管理规定。建立知识产权侵权损害评估制度。（中央宣传部、中央网信办、最高人民法院、教育部、财政部、生态环境部、文化和旅游部、市场监管总局、广电总局、国家林草局、国家中医药局、国家药监局、国家知识产权局等按职责分工负责）

专栏 2 数据知识产权保护工程

构建数据知识产权保护规则。深入研究数据的产权属性，探索开展数据知识产权保护相关立法研究，推动完善涉及数据知识产权保护的法律法规。完善数据知识产权保护政策，探索建立分级分类的数据知识产权保护模式。推动建立数据知识产权保护行业规范，加强数据生产、流通、利用、共享过程中的知识产权保护。研究推动数据知识产权保护国际规则制定。

促进数据资源利用和安全保护。支持有条件的地区开展数据知识产权保护和运用试点。在保护个人信息安全和国家数据安全的基础上，促进数据要素合理流动、有效保护、充分利用。积极开展数据知识产权保护国际合作与交流。（中央宣传部、中央网信办、最高人民法院、外交部、工业和信息化部、公安部、司法部、商务部、市场监管总局、国家知识产权局等按职责分工负责）

完善维护国家安全的知识产权政策。研究制定事关国家安全的关键核心技术知识产权保护规则。依法管理涉及国家安全的知识产权对外转让行为，完善知识产权对外转让审查制度。完善知识产权反垄断、公平竞争相关法律法规和政策措施。推进我国知识产权有关法律规定域外适用。研究建立针对进口贸易的知识产权境内保护制度。完善跨境电商知识产权保护规则。（中央宣传部、中央网信办、国家发展改革委、科技部、工业和信息化部、商务部、市场监管总局、国家国防科工局、国家知识产权局等按职责分工负责）

（五）加强知识产权司法保护。

完善知识产权司法保护体系。加强知识产权司法资源配置，加强知识产权审判体系建设。健全知识产权案件上诉机制，完善专门法院设置。深入推进知识产权民事、刑事、行政案件“三合一”审判机制改革。完善知识产权检察体制机制。建立健全与审判机制、检察机制相适应的案件管辖制度和协调机制。完善知识产权司法案件繁简分流机制，开展适应知识产权审判特点的简易程序试点，提高审判质量和效率。探索依当事人申请的知识产权纠纷行政调解协议司法确认制度。推动建立跨行政区域知识产权案件审理机制，充分发挥法院案件指定管辖机制作用，有效打破地方保护。（最高人民法院、最高人民检察院等按职责分工负责）

提升知识产权司法保护能力。加强司法保护与行政确权、行政执法、调解、仲裁、公证存证等环节的信息沟通和共享，促进行政执法标准和司法裁判标准统一，形成有机衔接、优势互补的运行机制。强化民事司法保护，研究制定符合知识产权案件规律的诉讼规范。完善刑事法律和司法解释，加大刑事打击力度，准确适用知识产权领域行政执法移送刑事司法标准和刑事案件立案追诉标准，规范刑罚适用。加强知识产权司法工作人员培养和选拔，加强技术调查官队伍建设。（最高人民法院、最高人民检察院、公安部等按职责分工负责）

（六）加强知识产权行政保护。

健全知识产权行政保护机制。加强中央在知识产权保护的宏观管理、区域协调和涉外事宜统筹等方面事权。加强知识产权快保护机构建设。在条件成熟的地区建设国家知识产权保护试点示范区。加强知识产权行政执法指导制度建设。建立行政保护技术调查官制度。健全知识产权侵权纠纷行政裁决制度。健全跨区域、跨部门知识产权行政保护协作机制。加强商贸流通领域知识产权保护，制定商品交易市场知识产权保护国家规范，持续推进知识产权保护规范化市场建设，净化消费市场。（国家知识产权局牵头，中央宣传部、文化和旅游部、市场监管总局等按职责分工负责）

专栏3　知识产权保护机构建设工程

提升知识产权保护机构服务能力。在优势产业集聚区布局建设一批知识产权保护中心，构建知识产权快速协同保护体系，提供集快速审查、快速确权、快速维权于一体的知识产权一站式综合服务，加快提升知识产权快速协同保护运行管理能力。加强人员配备和职业化专业化建设，优化人才选聘机制和管理激励机制，加大培训力度，打造知识产权保护高素质、复合型人才队伍。

加强维权援助统筹协调。强化部门协同和区域协作。推动维权援助体系向基层延伸，完善中国知识产权维权援助线上服务平台，加强全国维权援助资源整合，实现维权援助服务全国一张网。（国家知识产权局负责）

提高知识产权行政保护效能。更好发挥全国打击侵犯知识产权和制售假冒伪劣商品工作领导小组作用，加强部门协同配合，开展关键领域、重点环节、重点区域行政执法专项行动，重点查处假冒专利、商标侵权、侵犯著作权、地理标志侵权假冒等违法行为。加大行政处罚力度，加强侵权纠纷行政裁决，有效遏制恶意侵权、重复侵权、群体侵权。完善专利、商标侵权判断标准。加强植物新品种保护体系建设。强化知识产权海关保护。加强特殊标志、官方标志、奥林匹克标志保护。加强知识产权行政执法和行政裁决队伍人员配备和能力建设，提升知识产权行政执法装备现代化、智能化水平，利用新技术手段畅通投诉举报渠道，提升打击侵权假冒行为的效率及精准度。依法规制知识产权滥用行为，不断完善防止知识产权滥用相关制度。（中央宣传部、农业农村部、文化和旅游部、海关总署、市场监管总局、国家林草局、国家知识产权局等按职责分工负责）

专栏4　植物新品种保护体系建设工程

完善植物新品种保护体制机制。推动建立实质性派生品种制度，研究加入《国际植物新品种保护公约》（UPOV）1991年文本，有效激励种业自主创新。加快国家植物品种测试徐州、三亚中心建设，探索建立品种权区域性审查协作中心和第三方测试机构。加快国家种质资源库、遗传物质保存库和无性繁殖植物保存圃等基础设施建设。加快建立国际测试报告互认机制，深度参与国际在线申请平台建设，鼓励向海外申请品种权。

提升植物新品种保护能力。大力开展维权打假专项行动，加大品种权行政执法案件查处力度，定期向全社会公布典型案例。探索建立品种保护专业审查员制度，建立国家品种保护培训基地，培养一批种业知识产权管理、新品种审查测试、行政执法、政策研究等领域的高素质专业人才。（农业农村部、国家林草局、国家知识产权局等按职责分工负责）

专栏 5　地理标志保护工程

实施地理标志保护提升行动。推进建立地理标志统一认定和立体化保护机制。深化地理标志专用标志使用核准改革试点，强化地理标志专用标志使用监管，推动市场主体使用地理标志专用标志覆盖率达到 80% 以上。构建新型地理标志保护标准体系，推进地理标志保护基础通用国家标准的制定。开展地域特色农产品资源普查，建立资源目录。建成 100 个国家地理标志产品保护示范区。完善地理标志保护监管年度报告制度。探索建立地理标志联动保护机制，推动形成生产地、流通地、销售地联动查处地理标志侵权违法行为的工作格局。（国家知识产权局牵头，市场监管总局、农业农村部等按职责分工负责）

实施地理标志农产品保护工程。加强原生地种质资源和特色品种保护培育，强化特色品质保持技术集成和监测。加强生产环境保护和设施条件改善，完善地理标志农产品质量技术规程，推进全产业链标准化，打造一批地理标志农产品核心基地。推进地理标志农产品与绿色有机农产品、重要农业文化遗产等融合发展，打造区域农产品公用品牌。加强地理标志农产品质量安全监管，全面实施追溯管理。建立健全地理标志农产品培育、保护和发展机制。（农业农村部、国家知识产权局等按职责分工负责）

（七）加强知识产权协同保护。

完善知识产权纠纷多元化解决机制。培育和发展知识产权调解组织、仲裁机构、公证机构。鼓励行业协会、商会建立知识产权保护自律和信息沟通机制。建立健全知识产权调解、仲裁、公证、社会监督等人才的选聘、培养、管理、激励制度。推动完善知识产权纠纷投诉受理处理、诉讼调解对接、调解仲裁对接、行政执法与调解仲裁对接等机制。探索维权援助社会共治模式，鼓励高校、社会组织等开展维权援助工作。建立完善知识产权侵权纠纷检验鉴定工作体系，加强知识产权鉴定机构专业化、规范化建设，推动建立知识产权鉴定技术标准。建立国防领域知识产权纠纷多元化处理机制。（国家知识产权局牵头，中央宣传部、最高人民法院、司法部、国家国防科工局、中央军委装备发展部、中国贸促会等按职责分工负责）

加强知识产权领域诚信体系建设。推进建立知识产权领域以信用为基础的分级分类监管模式，积极支持地方开展工作试点。制定覆盖专利、商标、版权等领域的信用信息基础目录。推进知识产权领域信用承诺制建设。规范知识产权领域严重失信主体名单认定标准和程序，依法依规对严重失信主体实施惩戒。推进知识产权信用修复制度建设。推动全国知识产权信用信息共享平台与全国信用信息共享平台实现数据共享。（中央宣传部、国家发展改革委、农业农村部、人民银行、市场监管总局、国家林草局、国家知识产权局等按职责分工负责）

（八）加强知识产权源头保护。

促进知识产权高质量创造。健全高质量创造支持政策，加强人工智能、量子信息、集成电路、基础软件、生命健康、脑科学、生物育种、空天科技、深地深海探测等领域自主知识产权创造和储备。加强国家科技计划项目的知识产权管理，在立项和组织实施各环节强化重点项目科技成果的知识产权布局和质量管理。优化专利资助奖励等激励政策和考核评价机制，突出高质量发展导向。完善无形资产评估制度，形成激励与监管相协调的管理机制。（科技部、工业和信息化部、财政部、国家知识产权局等按职责分工负责）

提高知识产权审查质量和审查效率。完善适应创新发展需求的知识产权审查管理体系，优化专利、商标审查协作机制。提升专利商标审查机构能力水平，强化专利、商标、版权、地理标志、植物新品种全流程审查质量管控，提升知识产权授权确权质量。提高专利、商标审查业务精细化管理水平，优化审查资源配置，加强智能化技术运用，提升审查效能，缩短审查周期。完善专利、商标审查模式，加强审查与产业发展的政策协同和业务联动，满足产业绿色转型和新领域新业态创新发展等社会多样化需求。（中央宣传部、工业和信息化部、农业农村部、国家林草局、国家知识产权局等按职责分工负责）

专栏6　一流专利商标审查机构建设工程

建设高水平审查员队伍。对标国际先进水平，完善审查人才培养体系，优化队伍结构，健全保障和激励机制，增强审查人员职业荣誉感。

提高审查智能化便利化水平。以大数据、云计算、人工智能等技术为支撑，以智能审查和智能检索为核心，加强智能分类建设，推进专利、商标审查系统智能化建设。优化远程审查保障。完善数据资源保障，提高基础数据完整性、安全性、可靠性、适用性。

提升审查质量。适时修改专利审查指南，制定专利申请指南，完善商标审查审理标准。建立健全专利、商标审查质量保障和评价体系。加强审查业务指导体系协同。专利审查质量用户满意度指数保持在85以上，商标审查质量满意度保持在较高水平。

提高审查效率。发明专利审查周期压缩至15个月以内，专利无效结案周期控制在6个月以内。商标变更和续展首次审查周期压缩至15天以内，商标转让首次审查周期压缩至1个月以内，商标驳回复审案件平均审理周期压缩至5.5个月以内，商标异议审查周期进一步压缩。（国家知识产权局负责）

强化知识产权申请注册质量监管。完善以质量和价值为导向的知识产权统计指标体系，健全知识产权质量统计监测和反馈机制。严格规范专利申请、商标注册和版权登记行为，严厉打击不以保护创新为目的的非正常专利申请和代理行为，以及不以使用为目的的恶意商标注册和代理行为，依法依规对相关行为进行处置。加强信用监管和行业自律，严厉打击无资质专利代理等违法违规行为。（国家知识产权局牵头，中央宣传部、国家统计局等按职责分工负责）

四、提高知识产权转移转化成效，支撑实体经济创新发展

（九）完善知识产权转移转化体制机制。

推进国有知识产权权益分配改革。强化国家战略科技力量，深化科技成果使用权、处置权、收益权改革，开展赋予科研人员职务科技成果所有权或长期使用权试点。充分赋予高校和科研院所知识产权处置自主权，推动建立权利义务对等的知识产权转化收益分配机制。有效落实国有企业知识产权转化奖励和报酬制度。完善国有企事业单位知识产权转移转化决策机制。（国家发展改革委、教育部、科技部、财政部、人力资源社会保障部、国务院国资委、中科院、国家国防科工局、国家知识产权局等按职责分工负责）

优化知识产权运营服务体系。推动在重点产业领域和产业集聚区建设知识产权运营中心。培育发展综合性知识产权运营服务平台，创新服务模式，促进知识产权转化。支持高校和科研院所加强市场化知识产权运营机构建设，提升知识产权转化能力。加强知识产权运营专业化人才队伍建

设。建立完善专利开放许可制度和运行机制。拓宽专利技术供给渠道，推进专利技术供需对接，促进专利技术转化实施。指导规范知识产权交易，完善知识产权质押登记和转让许可备案管理制度，加强数据采集分析和披露利用。加强知识产权转移转化状况统计调查。（中央宣传部、教育部、科技部、财政部、国家统计局、国家知识产权局等按职责分工负责）

积极稳妥发展知识产权金融。优化知识产权质押融资体系，健全知识产权质押融资风险管理机制，完善质物处置机制，建设知识产权质押信息平台。支持银行创新内部考核管理模式，推动银行业金融机构用好单列信贷计划和优化不良率考核等监管政策，在风险可控的前提下扩大知识产权质押贷款规模。鼓励知识产权保险、信用担保等金融产品创新，充分发挥金融支持知识产权转化的作用。在自由贸易试验区和自由贸易港推进知识产权金融服务创新。健全知识产权价值评估体系，鼓励开发智能化知识产权评估工具。（国家知识产权局牵头，中央宣传部、国家发展改革委、财政部、人民银行、银保监会、证监会等按职责分工负责）

促进产业知识产权协同运用。推动企业、高校、科研机构知识产权深度合作，引导开展订单式研发和投放式创新。围绕关键核心技术联合攻关加强专利布局和运用。引导建立产业专利导航决策机制，优化战略性新兴产业发展模式，增强产业集群创新引领力。推动在数字经济、智能制造、生命健康、新材料等领域组建产业知识产权联盟，构筑产业专利池。促进技术、专利与标准协同发展，研究制定标准必要专利许可指南，引导创新主体将自主知识产权转化为技术标准。健全知识产权军民双向转化工作机制。（教育部、科技部、工业和信息化部、市场监管总局、中科院、国家国防科工局、国家知识产权局、中央军委装备发展部等按职责分工负责）

专栏 7　专利导航工程

完善专利导航工作体系。推动出台地方专利导航产业发展配套落实措施。引导企业、高校、科研机构、行业协会等推广实施专利导航指南国家标准，突出专利导航服务、评价、培训、组织实施标准化引领。加强专利导航理论研究、实务指导、技术支撑，推动建设专利导航业务指导中心，支持在重点区域、重点产业园区建设专利导航服务基地。开展专利导航示范项目建设，加强专利导航项目评价，引导规范专利导航市场化服务。

深化专利导航运用模式。完善以产业数据、专利数据为基础的专利导航决策机制，创新专利导航服务模式，打造专利导航深度应用场景。组织开发专利导航数据产品、分析工具、应用平台。推动实施重点领域、重点产业专利导航项目，引导关键核心技术攻关，加强产业专利布局，助力保障产业链供应链稳定和安全。（国家知识产权局牵头，教育部、科技部、工业和信息化部、中科院等按职责分工负责）

（十）提升知识产权转移转化效益。

提升创新主体知识产权管理效能。推动创新主体加强知识产权管理标准化体系建设，推动实施创新过程知识产权管理国际标准。推动中央企业建立完善知识产权工作体系，打造一批具备国际竞争优势的知识产权强企。深化实施中小企业知识产权战略推进工程。分级分类开展企业、高校、科研院所知识产权优势培育和建设工作。引导创新主体建立健全知识产权资产管理制度，推动企业做好知识产权会计信息披露工作。建立健全财政资助科研项目形成知识产权的声明制度和监管机制。（教育部、科技部、工业和信息化部、财政部、国务院国资委、税务总局、市场监管总局、中科院、国家知识产权局等按职责分工负责）

专栏 8　中小企业知识产权战略推进工程

提升知识产权管理水平。鼓励有条件的中小企业实施企业知识产权管理规范国家标准，加大中小企业知识产权托管服务力度。

提升知识产权运用能力。开展工业企业知识产权运用试点工作，发挥知识产权运营平台和运营基金作用，促进中小企业知识产权转移转化，鼓励国有企业通过并购等方式支持中小企业知识产权转移转化，完善中小企业知识产权维权援助工作机制。

拓宽中小企业知识产权融资渠道。鼓励各类金融机构创新知识产权金融服务，丰富金融产品供给，加大中小企业知识产权质押融资支持力度，完善风险分担补偿机制。（工业和信息化部牵头，中央宣传部、人民银行、国务院国资委、市场监管总局、银保监会、证监会、国家知识产权局等按职责分工负责）

推动知识产权融入产业创新发展。培育专利密集型产业，探索开展专利密集型产品认定工作，指导地方制定专利密集型产业培育目录，健全专利密集型产业增加值核算与发布机制，加强专利密集型产业培育监测评价。实施商标品牌战略，加强驰名商标保护，提升品牌国际影响力。实施版权创新发展工程，打造版权产业集群，强化版权发展技术支撑。推动地方建立地理标志产品产值统计制度，健全地理标志产业发展利益联结机制，发挥龙头企业带动作用，吸引更多市场主体参与地理标志产业融合发展。完善绿色知识产权统计监测，推动绿色专利技术产业化，支撑产业绿色转型。（中央宣传部、农业农村部、市场监管总局、国家统计局、国家知识产权局等按职责分工负责）

专栏 9　商标品牌建设工程

建立健全商标品牌推进工作体系。完善产品质量监督体系，健全监督信息交流共享机制，提升商标品牌质量。引导行业协会、高校、科研机构等服务商标品牌发展，对品牌质量进行研究、评价、监测。发展区域品牌，推动新型农业、先进制造业、现代服务业等产业集群品牌商标化。推动设立商标品牌指导站，强化商标品牌培育帮扶指导。

推动企业实施商标品牌战略。加强商标品牌资产管理，强化商标使用导向。支持开展商标海外布局，培育具有市场竞争力、国际影响力的知名商标品牌。支持开展中国国际商标品牌节等宣传活动，加强中国商标品牌的全球推广。（国家知识产权局牵头，工业和信息化部、农业农村部、市场监管总局等按职责分工负责）

专栏 10　版权创新发展工程

构筑版权产业发展新优势。面向省、市、县及园区持续推进版权示范工作。建设国家版权创新发展基地。建立全国版权展会授权交易体系。持续推进文化文物单位文化创意产品开发试点工作。完善版权登记体制机制。优化资源配置，打造一批符合国家战略、反映产业和区域特点的优质版权产业集群。

推进版权交易、保护、服务一体化发展。拓宽版权作品国际合作与宣传渠道。打造一批精品广播电视和网络视听版权资源。推动中国优秀作品走出去、外国优秀作品引进来。推进版权保护技术、标准的研究和应用，加强各类作品价值评估、登记认证、质押融资等服务。探索在版权确权、用权、维权中引入区块链技术。（中央宣传部牵头，文化和旅游部、广电总局等按职责分工负责）

助力区域经济协调发展。优化央地合作会商机制，持续推动知识产权强省强市建设，面向省、市、县及园区深入开展知识产权强国建设试点示范工作，探索支撑创新发展的知识产权运行机制。强化区域间合作互助，促进东、中、西部和东北地区知识产权工作共同发展。鼓励地方探索构建符合区域发展需求的知识产权政策体系。推动京津冀高端知识产权服务业集聚发展。强化长三角区域一体化知识产权保护。推动粤港澳大湾区打造知识产权国际合作高地。推动成渝地区双城经济圈建立知识产权金融生态区。支持深圳建设中国特色社会主义先行示范区，打造保护知识产权标杆城市。支持香港建设区域知识产权贸易中心。加强涉农知识产权运用，助力乡村振兴。（国家知识产权局牵头，国家发展改革委、农业农村部、人民银行、国家林草局等按职责分工负责）

专栏 11 知识产权助力乡村振兴工程

推进专利技术强农。开展专利信息帮扶，提升农业专利技术成果转化应用水平。

推进商标品牌富农。开展涉农产品商标品牌培育，遴选优质地理标志产品进行扶持，加强涉农品牌宣传。

推进地理标志兴农。开展地理标志助力乡村振兴行动，推动建设地理标志特色优势园区，实施农业生产“三品一标”提升行动，推进品种培优、品质提升、品牌打造和标准化生产，打造地理标志农产品引领乡村特色产业发展的县域样板。

推进新品种惠农。加强优秀植物新品种培育和产业化，促进农作物育种创新，加快培育具有自主知识产权的优良品种，培育和转化运用一批优质林草新品种。（农业农村部、市场监管总局、国家林草局、国家知识产权局等按职责分工负责）

五、构建便民利民知识产权服务体系，促进创新成果更好惠及人民

（十一）提高知识产权公共服务能力。

加快知识产权新型基础设施建设。依托全国一体化大数据中心体系，完善国家知识产权大数据中心和公共服务平台，提升知识产权公共服务智能化水平。推进地方知识产权公共服务平台和专题数据库建设，优先支持战略性新兴产业集群所在地建设知识产权公共服务平台，推动知识产权公共服务平台与行业、产业信息服务平台互联互通，提高知识产权公共服务可及性和普惠性。加强知识产权网络安全建设，健全网络安全综合防控体系，持续增强网络安全综合保障能力。（国家知识产权局牵头，中央网信办、国家发展改革委、财政部等按职责分工负责）

专栏 12 知识产权公共服务信息化智能化建设工程

建设国家知识产权大数据中心。汇聚全球专利、商标、地理标志、集成电路布图设计等知识产权数据，实现知识产权数据与经济、科技、产业等信息融合。利用机器学习、人工智能等技术，加强对知识产权注册登记、公布公告、纠纷调解、质押许可等信息的智能监测，进行创新态势分析等主题挖掘。提供智能数据服务，实现对各类知识产权数据的智能分析，为科学决策等提供数据支撑。

完善国家知识产权公共服务平台。对接全国一体化政务服务平台、国家“互联网+监管”系统，优化知识产权行政执法保护支撑、行政复议、知识产权注册簿登记簿应用、电子商务领域知识产权保护、知识产权代理监管、非正常申请监管、知识产权咨询等政务服务。面向社会公众提供专利、商标、地理标志、集成电路布图设计等一站式智能查询检索服务，实现知识产权公共服务便利化、集约化、高效化。（国家知识产权局牵头，中央网信办、国家发展改革委、财政部等按职责分工负责）

完善知识产权公共服务体系。完善知识产权公共服务网络，健全公共服务支持创新工作机制。推动公共服务骨干节点分级分类建设，省级公共服务机构实现全覆盖，地市级公共服务机构覆盖率力争达到50%，鼓励有条件的县（市、区）设立综合性公共服务机构。支持开展跨行政区域知识产权公共服务合作。优化知识产权公共服务网点布局，提升高校、科研机构、科技社团、公共图书馆、科技情报机构、产业园区生产力促进机构等知识产权信息公共服务能力。重点支持技术与创新支持中心、高校国家知识产权信息服务中心、国家知识产权信息公共服务网点有序发展。（国家知识产权局牵头，教育部、科技部、工业和信息化部、文化和旅游部、中科院、中国科协等按职责分工负责）

提高知识产权公共服务供给水平。加强知识产权数据标准制定，提高数据质

量，维护数据安全，完善知识产权基础数据资源管理和服务规范。加强知识产权信息传播利用，加大知识产权基础数据开放力度，促进数据资源共享。完善知识产权信息利用相关规范，开展知识产权信息利用研究分析和发布。积极参与国际知识产权数据标准制定，加强国际知识产权数据交换。加大政府购买服务力度，创新公共服务形式，丰富公共服务产品供给。加强知识产权公共服务规范化、标准化建设，明晰知识产权公共服务事项和范围，建立知识产权公共服务清单制度。（国家知识产权局负责）

（十二）促进知识产权服务业健康发展。

培育发展知识产权服务业。引导知识产权代理、法律、信息、咨询、运营服务向专业化和高水平发展，拓展知识产权投融资、保险、资产评估等增值服务，促进知识产权服务业新业态新模式发展。加快制定实施知识产权服务业基础标准、支撑标准、产品标准、质量标准。深入实施专利代理机构执业许可审批告知承诺改革。引导国际高水平知识产权服务机构依规在华设立常驻代表机构。开展品牌价值提升行动，培育一批国际化、市场化、专业化知识产权服务机构。建设国家知识产权服务出口基地。全国执业专利代理师达到4万人。完善知识产权服务业统计制度。支持知识产权服务行业协会组织开展公益代理和维权援助。（国家知识产权局牵头，中央宣传部、司法部、商务部、国家统计局等按职责分工负责）

促进知识产权服务业与区域产业融合发展。聚焦重点区域、重点产业需求，优化知识产权服务业集聚区建设，引导知识产权服务链上下游优势互补、多业态协同发展。建立知识产权服务对接重点产业、重大项目工作机制，重点提供专利导航等高端服务。鼓励知识产权服务机构为创新主体提供全链条、专业化知识产权服务，支持企业创新发展和产业转型升级。（国家知识产权局牵头，工业和信息化部等按职责分工负责）

加强知识产权服务业监管。规范计划制定、名单抽取、结果公示、数据存档等各项抽查检查工作程序，实现“双随机、一公开”监管全覆盖。建立知识产权服务业监管长效机制。健全跨部门、跨区域协同监管机制。完善年度报告、经营异常名录、严重失信主体名单制度，开展信用评价并推广应用评价结果。建立知识产权服务业质量监测机制，利用新技术手段快速精准发现违法违规行为线索，提升监管效能。充分发挥知识产权服务行业协会作用，加大行业自律惩戒力度。建设知识产权服务业评价系统，及时公开服务机构和从业人员评价数据。（国家知识产权局负责）

六、推进知识产权国际合作，服务开放型经济发展

（十三）主动参与知识产权全球治理。

积极参与完善知识产权国际规则体系。加强与世界知识产权组织的合作磋商，推动完善知识产权及相关国际贸易、国际投资等国际规则和标准。积极参与遗传资源、传统知识、民间文艺、非物质文化遗产、广播组织等方面的知识产权国际规则制定。积极研究和参与数字领域等新领域新业态知识产权国际规则和标准的制定。（中央宣传部、外交部、商务部、文化和旅游部、国家知识产权局等按职责分工负责）

积极推进与经贸相关的多双边知识产权谈判。妥善应对国际知识产权争端，加强与主要贸易伙伴的知识产权合作磋商。在相关谈判中合理设置知识产权议题。深入参与世界贸易组织有关知识产权谈判。积极推进同其他国家和地区自贸协定知识产权议题谈判。研究推动与更多国家和地区开展地理标志协定谈判。（中央宣传部、外交部、商务部、国家知识产权局等按职责分工负责）

(十四)提升知识产权国际合作水平。

加强知识产权国际合作机制建设。巩固和完善"一带一路"知识产权合作,充分利用"一带一路"知识产权合作平台,扩大合作项目规模和储备。深度参与金砖国家、中美欧日韩、中日韩、中国—东盟等小多边知识产权合作,加强与各方政策和业务规则交流,支持产业界积极参与相关合作机制。完善跨境司法协作安排,加强防范打击侵犯知识产权犯罪国际合作。(中央宣传部、最高人民法院、最高人民检察院、外交部、公安部、商务部、海关总署、国家知识产权局等按职责分工负责)

专栏 13 "一带一路"知识产权合作工程

加强"一带一路"知识产权合作机制建设。打造共建"一带一路"国家和地区知识产权高层次合作平台。将知识产权合作同"数字丝绸之路"、"创新丝绸之路"等建设协调推进。推进知识产权信息、数据资源等领域合作。

强化知识产权能力提升项目实施。向共建"一带一路"国家和地区提供专利检索、审查、培训等多样化服务。开展面向共建"一带一路"国家和地区的知识产权培训。(国家知识产权局牵头,外交部、商务部、国际发展合作署等按职责分工负责)

优化知识产权国际合作环境。深化与国际和地区组织、重点国家和地区的知识产权合作,完善合作布局。加强面向周边和发展中国家的知识产权培训,支持发展中国家知识产权能力建设。加强药物及新冠病毒疫苗研发等重点领域的知识产权国际合作。与贸易对象国建立企业知识产权事务沟通协调机制。(中央宣传部、外交部、工业和信息化部、商务部、国家卫生健康委、市场监管总局、国际发展合作署、国家药监局、国家知识产权局、中国贸促会等按职责分工负责)

(十五)加强知识产权保护国际合作。

便利知识产权海外获权。强化知识产权审查业务合作,拓展"专利审查高速路"国际合作网络,重点推动相关国家共享专利、植物新品种等审查结果。引导创新主体合理利用世界知识产权组织全球服务体系等渠道,提高海外知识产权布局效率。(国家知识产权局牵头,中央宣传部、农业农村部、国家林草局等按职责分工负责)

加强知识产权海外维权援助。建立国际知识产权风险预警和应急机制,建设知识产权涉外风险防控体系。建立国际趋势跟踪研究基地,加强对商业秘密保护、互联网企业走出去等重点前沿问题的研究。提升海外知识产权信息服务能力,建立健全国外展会知识产权服务站工作机制。鼓励保险机构开展知识产权海外侵权保险业务。积极发挥贸易投资促进机构作用,不断加强知识产权海外服务保障工作。(中央宣传部、商务部、市场监管总局、银保监会、国家知识产权局、中国贸促会等按职责分工负责)

专栏 14 对外贸易知识产权保护工程

加强海外知识产权纠纷应对指导体系建设。建立与知识产权有关的贸易对象国调查报告机制。拓展打击知识产权侵权犯罪国际执法协作渠道,开展重大案件跨国联合执法行动。建立海关跨境合作机制,加强知识产权海关执法信息情报交换共享。

提升海外知识产权风险防范能力。制定跨境电商知识产权保护指南,引导跨境电商平台防范进出口贸易中的知识产权风险,有效支持跨境电商平台企业国际化发展。加强对海外知识产权制度环境的研究,编制发布重点国家知识产权保护国别指南。(中央宣传部、中央网信办、最高人民检察院、公安部、商务部、海关总署、国家知识产权局等按职责分工负责)

七、推进知识产权人才和文化建设，夯实事业发展基础

（十六）加强知识产权人才队伍建设。

优化知识产权人才发展环境。推进知识产权学科建设，支持学位授权自主审核单位依程序设置知识产权一级学科点，支持有关单位依程序设置知识产权二级学科点，研究设置知识产权硕士专业学位。推动知识产权相关专业升级和数字化改造，开发一批知识产权精品课程。鼓励支持有条件的理工科高校开设知识产权相关专业和课程。设立一批国家知识产权人才培养基地。做好知识产权职称制度改革实施工作，完善知识产权人才评价体系。（教育部、人力资源社会保障部、国家知识产权局等按职责分工负责）

提升知识产权人才能力水平。完善知识产权人才分类培训体系，健全人才保障机制。加强知识产权理论研究，完善知识产权研究管理机制，强化智库建设，鼓励地方开展政策研究。加强知识产权行政管理、行政执法、行政裁决人员培养，分层次分区域持续开展轮训。加强企事业单位知识产权人才培养，建设理论与实务联训基地。建立知识产权服务业人才培训体系，提高服务业人才专业能力。大力培养知识产权国际化人才。（国家知识产权局牵头，中央宣传部、市场监管总局等按职责分工负责）

（十七）加强知识产权文化建设。

构建知识产权大宣传格局。围绕知识产权强国建设，统筹传统媒体与新兴媒体，用好融媒体，健全知识产权新闻发布制度。建立健全政府活动宣传、媒体传播报道、学界文章影响、国际文化交流相互促进的知识产权传播大矩阵。持续做好全国知识产权宣传周、中国知识产权年会等品牌宣传活动。讲好中国知识产权故事，展示文明大国、负责任大国形象。（国家知识产权局牵头，中央宣传部、中央网信办、广电总局等按职责分工负责）

专栏15　知识产权普及教育工程

推动知识产权普及教育进校园。支持大中小学开展知识产权基础性普及教育。鼓励知识产权专家进校园，促进知识产权教育与学校创新实践活动相融合，持续推进全国中小学知识产权教育工作和全国大学生版权征文活动。推动技工院校普及知识产权教育，将知识产权普及教育作为全国专业技术人员继续教育的重要内容。

推动知识产权进干部培训课堂。优化知识产权课程设置，加强对党政领导干部和国有企业负责人的知识产权宣传培训。（国家知识产权局牵头，中央组织部、中央宣传部、教育部、人力资源社会保障部、中国科协等按职责分工负责）

厚植知识产权文化理念。增强全社会尊重和保护知识产权的意识，推动知识产权文化与法治文化、传统文化、创新文化、诚信文化深度融合。大力宣传锐意创新和诚信经营的典型企业，引导企业自觉履行尊重和保护知识产权的社会责任。开展贴近时代、贴近百姓、贴近生活的知识产权文化惠民活动。加强知识产权文化基础设施建设。探索建立“互联网+”知识产权保护云博物馆。加大对中西部地区知识产权文化建设投入。开展知识产权文化建设理论和学术研究，以文化为媒，提升文化软实力。（国家知识产权局牵头，中央宣传部、司法部、文化和旅游部等按职责分工负责）

八、实施保障

（十八）加强组织领导。

坚持党对知识产权工作的全面领导，充分发挥国务院知识产权战略实施工作部际联席会议作用，完善工作机制，形成工作合力，确保党中央、国务院关于知识产权工作的各项决策部署落到实处。各地区、各有关部门要强化责任意识，密切协调配合，结合实际进一步明确工作重点，落实好本规划部署的各项任务措施。国家知识产权局要加强组织协调，明确责任分工，细化目标任务，加强宣传解读，制定年度推进计

划，确保规划有序推进。相关社会组织和行业协会要积极参与规划实施，主动作为，发挥作用。（国家知识产权局牵头，有关部门与地方各级人民政府按职责分工负责）

（十九）鼓励探索创新。

各地要发扬基层首创精神，针对规划实施中的痛点、难点问题，主动作为、创新思路，积极探索积累务实管用、科学精准的具体举措，不断丰富完善有关政策措施。各有关部门要营造有利环境，支持有条件的地区先行先试。（地方各级人民政府与有关部门按职责分工负责）

（二十）加大投入力度。

完善多渠道投入机制，推进规划重大工程项目落地，促进规划有效实施。加强对知识产权工作的政策和资源支持。鼓励社会资本积极参与，创新投入模式和机制，充分发挥市场在资源配置中的决定性作用。（有关部门与地方各级人民政府按职责分工负责）

（二十一）狠抓工作落实。

国家知识产权局会同有关部门加强对规划实施情况的跟踪监测，通过第三方评估等形式开展规划实施的中期评估、总结评估，总结推广典型经验做法，发现规划实施中存在的问题并研究解决对策。强化监督检查，确保任务落实，重要情况及时报告国务院。（国家知识产权局牵头，有关部门按职责分工负责）

走好中国特色知识产权发展之路*

国家知识产权局党组书记、局长 申长雨

2020 年 11 月 30 日，十九届中央政治局就加强我国知识产权保护工作进行集体学习，习近平总书记主持学习并发表重要讲话，充分肯定了我国知识产权保护工作取得的历史性成就，系统论述了知识产权保护工作的重大意义，深刻分析了当前知识产权保护工作面临的形势任务，就全面加强知识产权保护工作作出重大部署。习近平总书记的重要讲话高屋建瓴、思想深邃、内涵丰富、要求明确，为新时代全面加强我国知识产权保护工作提供了根本遵循和行动指南，需要我们持续深入学习领会，认真抓好贯彻落实。

一、中国特色知识产权事业发展取得历史性成就

习近平总书记在讲话中回顾了我国知识产权保护工作从新中国成立伊始到改革开放，再到党的十八大以来走过的不平凡历程，深刻指出，我国知识产权事业不断发展，走出了一条中国特色知识产权发展之路，知识产权保护工作取得了历史性成就。回望我国知识产权发展历程，我们用了几十年时间，走过了发达国家几百年的发展道路，实现了从无到有、从小到大的历史性跨越，成为一个名副其实的知识产权大国。成就弥足珍贵，经验值得总结。

党对知识产权事业的领导不断强化。新中国成立后不久，我国就对知识产权保护工作进行了积极探索。党的十一届三中全会以后，我国知识产权工作逐步走上正规化轨道。2008 年《国家知识产权战略纲要》颁布实施，知识产权上升为国家战略。党的十八大以来，党中央把知识产权工作摆在更加突出的位置，习近平总书记作出一系列重要指示，多次主持召开中央全面深化改革委员会（领导小组）会议，审议通过《关于强化知识产权保护的意见》《知识产权综合管理改革试点总体方案》等重要文件，作出一系列重大部署。党中央、国务院印发《深入实施国家知识产权战略行动计划（2014—2020 年）》《国务院关于新形势下加快知识产权强国建设的若干意见》《“十三五”国家知识产权保护和运用规划》等一系列重要文件，建立了国务院知识产权战略实施工作部际联席会议等制度机制。组建国家市场监管总局，重新组建国家知识产权局，实现了专利、商标、原产地地理标志、集成电路布图设计的集中统一管理和专利、商标的综合执法，行政管理效能大幅提升。成立多家知识产权法院，最高人民法院挂牌成立知识产权法庭，知识产权司法保护显著加强。

知识产权法律制度日益完善。自 20 世纪 80 年代起，我国陆续制定出台商标法、专利法、著作权法、反不正当竞争法、植

---

* 本文首发于《求是》杂志 2021 年第 3 期。

物新品种保护条例、集成电路布图设计保护条例、奥林匹克标志保护条例等法律法规，建立起符合国际通行规则、门类较为齐全的知识产权法律制度，并在实践过程中，不断修改完善。特别是近年来，新制定的民法典确立了知识产权保护的重大法律原则，专利法、商标法、著作权法修改，建立了国际上高标准的侵权惩罚性赔偿制度，为严格知识产权保护提供了有力的法律保障。同时，我国还陆续加入了知识产权领域几乎所有主要的国际公约，积极履行国际公约规定的各项责任义务，日益成为知识产权国际规则的坚定维护者、重要参与者和积极建设者。

知识产权综合实力快速跃升。几十年来，我国知识产权事业从零起步、不断发展壮大。特别是党的十八大以来，我国知识产权综合实力快速跃升，核心专利、知名商标、精品版权、优质地理标志产品等持续增加。2020 年国内（不含港澳台）每万人口发明专利拥有量达到 15.8 件，有效商标注册量达到 3017.3 万件，均为 2012 年的 4 倍多。2019 年，PCT 国际专利申请量跃居全球第一，马德里国际商标申请量居全球第三。知识产权保护社会满意度由 2012 年的 63.69 分提高到 2020 年的 80.05 分。我国在全球创新指数报告中的排名由 2012 年的第 34 位提升到 2020 年的第 14 位，位居中等收入经济体之首，是世界上进步最快的国家之一；世界领先的 5000 个品牌中，中国占 408 个，总价值达 1.6 万亿美元。在全球营商环境报告中的排名由 2012 年的第 91 位大幅跃升至 2020 年的第 31 位，连续两年进入全球营商环境改善幅度最大的十大经济体。2019 年专利密集型产业增加值占国内生产总值的 11.6%。最新统计显示，使用地理标志专用标志企业直接产值达 6398 亿元。知识产权综合实力快速跃升，为国家经济社会发展提供了有力支撑。

知识产权国际合作网络不断扩大。统筹推进多边、周边、小多边、双边知识产权国际合作，构建“四边联动、协调推进”的知识产权国际合作新格局。深度参与世界知识产权组织框架下的多边事务，坚决维护知识产权多边体制，世界知识产权组织中国办事处设立运行，首个在中国签署并以中国城市命名的知识产权国际条约《视听表演北京条约》正式生效。成功举办两届“一带一路”知识产权高级别会议，8 个务实合作项目取得重要成果，涵盖保护合作、审查业务合作、基础能力建设、公众意识提升等多个方面。积极推进中美欧日韩、金砖五国、中国—东盟、中非等知识产权深入务实合作，与 30 个国家和地区开通专利审查高速路(PPH)。历经 22 轮谈判的中欧地理标志保护与合作协定成功签署，涉及双方各 275 个地理标志产品，有力密切了中欧经贸关系。我国知识产权领域“朋友圈”越来越大，国际话语权和影响力持续提升。

知识产权工作思路举措不断完善。坚持稳中求进工作总基调，着力推动高质量发展，以知识产权高质量发展支撑经济社会高质量发展。树立系统观念，围绕知识产权保护，统筹推进知识产权严保护、大保护、快保护、同保护；围绕知识产权运用，协调推进建机制、建平台、促产业；围绕知识产权管理，打通创造、运用、保护、管理、服务全链条，贯通知识产权各类别，发挥综合效益。重视基层基础，持续提高审查质量和审查效率，加强地方知识产权能力建设，广泛开展知识产权普及宣传，提高社会公众知识产权意识。坚持全面从严治党，充分发挥知识产权系统各级党组织的战斗堡垒作用和共产党员的先锋模范作用，推动党建和业务深度融合，扎实推进党风廉政建设和反腐败工作，以高质量党建引领和推动知识产权事业高质量发展。

二、准确把握新时代知识产权保护工作重大问题

准确把握知识产权保护工作的重大意

义。习近平总书记深刻指出，创新是引领发展的第一动力，保护知识产权就是保护创新。知识产权保护工作关系国家治理体系和治理能力现代化，关系高质量发展，关系人民生活幸福，关系国家对外开放大局，关系国家安全。习近平总书记的重要论述将知识产权保护工作提升到了前所未有的高度。需要我们立足上述“五个关系”，自觉把知识产权保护工作融入国家经济社会发展大局，提供各方面有力支撑。特别是要通过严格保护知识产权，促进完善现代产权制度，深化要素市场化改革，让市场在资源配置中起决定性作用，更好发挥政府作用；依法严厉打击各类侵权假冒行为，提升供给体系质量，推动高质量发展；切实维护消费者权益，让人民群众买得放心、吃得安心、用得舒心；优化营商环境，建设更高水平开放型经济新体制，有力支撑国家对外开放大局；有效保护我国自主研发的关键核心技术，切实落实知识产权对外转让审查制度。

准确把握知识产权保护工作的战略定位。习近平总书记深刻指出，全面建设社会主义现代化国家，必须从国家战略高度和进入新发展阶段要求出发，全面加强知识产权保护工作，促进建设现代化经济体系，激发全社会创新活力，推动构建新发展格局。习近平总书记的重要指示，深刻阐明了新时代知识产权保护工作的目标任务。需要我们进一步增强做好新时代知识产权保护工作的责任感、使命感、紧迫感，找准知识产权在构建现代化经济体系中的角色定位，通过全面加强知识产权保护，更好地对内激励创新、对外促进开放，推动高标准市场体系建设，发展更高层次的开放型经济，支撑构建以国内大循环为主体、国内国际双循环相互促进的新发展格局。

准确把握知识产权保护工作的历史方位。习近平总书记深刻指出，当前，我国正在从知识产权引进大国向知识产权创造大国转变，知识产权工作正在从追求数量向提高质量转变。习近平总书记的重要讲话充分肯定了成绩，极大地鼓舞了干劲，更明确了知识产权事业所处的历史方位。站在新的历史起点上，我们要以事业发展的历史性成就，激励干部职工进一步增强干事创业的热情，同时准确把握事业发展的新形势新特点新任务，继续沿着党指引的方向笃定前行，坚定不移走好中国特色知识产权发展之路。特别是要突出高质量发展的时代主题，以更高的标准全面强化知识产权创造、运用、保护、管理和服务，以更大的力度全面加强知识产权保护国际合作，在更高起点上推动知识产权事业稳中求进、高质量发展。

准确把握知识产权保护工作的根本立场。人民立场是我们党的根本政治立场。习近平总书记深刻指出，要坚持以我为主、人民利益至上、公正合理保护，既严格保护知识产权，又防范个人和企业权利过度扩张，确保公共利益和激励创新兼得。习近平总书记的重要讲话充分体现了以人民为中心的发展思想，彰显了鲜明的价值导向。我们要将人民群众的知识产权合法权益是否得到有效保护、创新活力是否得到有效激发、经济社会发展是否得到有效推动，作为检验知识产权保护工作成效的根本标准。要坚持以我为主，在充分吸收借鉴世界知识产权制度文明成果的基础上，构建符合中国国情、适应发展需要的知识产权制度体系。要坚持公正合理保护，把握好权利人与社会公众之间的利益平衡，既有效保护权利人的合法权益，又有力促进知识的传播利用，让创新成果更好造福人民。

准确把握知识产权国际合作竞争策略。习近平总书记深刻指出，要秉持人类命运共同体理念，坚持开放包容、平衡普惠的原则，深度参与世界知识产权组织框架下的全球知识产权治理，推动完善知识产权及相关国际贸易、国际投资等国际规则和标准，推动全球知识产权治理体制向着更加公正合理方向发展。要深化同共建

“一带一路”沿线国家和地区知识产权合作，倡导知识共享。习近平总书记的重要讲话深刻阐明了知识产权在国际合作竞争中的策略要求，需要我们着眼国家改革开放大局，更大力度加强知识产权保护国际合作。特别是要借助世界知识产权组织、“一带一路”、中美欧日韩、金砖五国等知识产权合作平台，推动知识产权国际治理体系不断完善。要加强内外平衡保护，既依法严格保护在华外资企业的合法知识产权，也要推动外国政府加强对中国知识产权的保护。

准确把握知识产权保护工作的重点任务。习近平总书记在讲话中就加强知识产权保护工作顶层设计、提高知识产权保护工作法治化水平、强化知识产权全链条保护、深化知识产权保护工作体制机制改革、统筹推进知识产权领域国际合作和竞争、维护知识产权领域国家安全等作出重点部署。这是立足全局、着眼未来，就知识产权保护工作作出的重大部署，具有极强的针对性和指导性。这六个方面相互关联、有机统一，是知识产权保护工作的关键领域和核心环节。需要我们全面把握习近平总书记这六点重要指示，树立系统观念，突出工作重点，一体推进落实，以实际行动践行“两个维护”，确保习近平总书记重要指示在知识产权领域落地生根、开花结果。

三、坚持走中国特色知识产权发展之路，开创知识产权事业改革发展新局面

站在新的历史起点上，我们要坚决贯彻落实习近平总书记重要讲话精神和中央关于知识产权工作的决策部署，准确把握新发展阶段，深入贯彻新发展理念，推动构建新发展格局，不断提高政治判断力、政治领悟力、政治执行力，坚持走中国特色知识产权发展之路，切实增强新形势下做好知识产权保护工作的本领，不断开创知识产权事业改革发展新局面，为全面建设社会主义现代化国家提供更加有力的支撑。

着眼未来，做好知识产权保护工作顶层设计。加快制定建设知识产权强国战略、“十四五”时期国家知识产权保护和运用规划，明确目标、任务、举措和实施蓝图，制定年度计划，推进有序实施。坚持权利人和社会公众之间的利益平衡原则，既严格保护知识产权，又防范权利过度扩张。大力实施专利质量提升工程，助力破解“卡脖子”问题；配合实施产业基础再造工程，促进相关知识产权创造和储备。继续实施商标品牌战略，启动实施地理标志助力乡村振兴行动，支撑经济社会高质量发展。

与时俱进，提高知识产权保护工作法治化水平。严格执行民法典知识产权相关制度规定，做好专利法实施细则的修订，建立在全国有重大影响的专利侵权纠纷处理工作机制，稳步实施药品专利纠纷早期解决机制。做好商标法进一步修改调研论证，加强地理标志立法。加强知识产权行政执法业务指导制度建设，促进审查授权标准、行政执法标准和司法裁判标准有机统一。协调推进知识产权部门与法院在线诉调对接，促进知识产权纠纷多元化解。会同有关部门加大执法力度，对侵权假冒多发的重点领域和区域重拳出击、整治到底。

协同发力，强化知识产权全链条保护。加强部门间的工作协同配合，从审查授权、行政执法、司法保护、仲裁调解、行业自律、公民诚信等环节完善保护体系，构建大保护格局。进一步健全知识产权综合管理体制，增强系统保护能力。努力打造便民利民的知识产权公共服务体系，实施知识产权公共服务能力提升工程，推动知识产权公共服务标准化。加强知识产权信息化、智能化基础设施建设，推动知识产权保护线上线下融合发展。深入推进以信用为基础的分级分类监管试点，推动知识产权诚信体系建设。加强宣传教育和公益培训，增强全社会尊重和保护知识产权的意识。

持续创新，深化知识产权保护工作体制机制改革。持续抓好党的十八大以来中央关于知识产权保护工作一系列改革部署的落实，确保改革实效。研究实行差别化的产业和区域知识产权政策，完善知识产权审查制度，促进审查理念更新、技术革新、工作创新，持续提高审查质量和效率，更好满足群众需求。健全大数据、人工智能、基因技术等新领域新业态知识产权保护制度，促进新业态新领域发展。健全知识产权评估体系，完善价值评估机制和标准，改进知识产权归属制度，研究制定防止知识产权滥用相关制度，促进知识产权价值实现。

积极作为，统筹推进知识产权领域国际合作和竞争。深度参与世界知识产权组织多边治理，加快完成我国加入《工业品外观设计国际注册海牙协定》工作，积极参与相关自贸区协定知识产权章节谈判，推动完善知识产权及相关国际贸易、国际投资等国际规则和标准，推动全球知识产权治理体制向着更加公正合理方向发展。拓宽知识产权对外宣传渠道，讲好中国知识产权故事，进一步树立我国依法严格保护知识产权的良好形象。深化“一带一路”知识产权合作，共建创新之路。全面落实区域全面经济伙伴关系协定(RCEP)知识产权章节和中欧地理标志保护与合作协定，促进贸易往来。

坚守底线，坚决维护知识产权领域国家安全。坚持总体国家安全观，加强事关国家安全的关键核心技术的自主研发和保护，依法管理涉及国家安全的知识产权对外转让行为。完善知识产权反垄断、公平竞争相关法律法规和政策措施，形成正当有力的制约手段。形成高效的国际知识产权风险预警和应急机制，加快国家海外知识产权纠纷应对指导中心建设，加强我国企业海外知识产权风险预警和维权援助，切实维护自身发展利益。

新时代知识产权强国建设的宏伟蓝图*

国家知识产权局党组书记、局长　申长雨

近日，党中央、国务院印发《知识产权强国建设纲要(2021—2035 年)》(以下简称《纲要》)，这是以习近平同志为核心的党中央面向知识产权事业未来十五年发展作出的重大顶层设计，是新时代建设知识产权强国的宏伟蓝图，在我国知识产权事业发展史上具有重大里程碑意义。

一、深刻认识《纲要》出台的战略背景和建设知识产权强国的重大意义

多年来特别是党的十八大以来，在以习近平同志为核心的党中央坚强领导下，我国知识产权事业不断发展，走出了一条中国特色知识产权发展之路，取得了历史性成就，有力支撑了创新型国家建设和全面建成小康社会目标的实现。我国在世界知识产权组织发布的《全球创新指数报告》中的排名，由 2013 年的第 35 位升至 2021 年的第 12 位，位居中等收入经济体之首，是世界上进步最快的国家之一，成为名副其实的知识产权大国，具备了向知识产权强国迈进的坚实基础。

建设中国特色、世界水平的知识产权强国，是以习近平同志为核心的党中央作出的重大战略部署，是做好新时代知识产权工作的总抓手。要充分认识其重大意

* 本文首发于 2021 年 9 月 23 日《人民日报》。

义，切实把思想和行动统一到习近平总书记重要指示精神上来，统一到党中央、国务院决策部署上来，不折不扣抓好贯彻落实。

建设知识产权强国是建设社会主义现代化强国的必然要求。习近平总书记深刻指出："知识产权保护工作关系国家治理体系和治理能力现代化，关系高质量发展，关系人民生活幸福，关系国家对外开放大局，关系国家安全。"建设社会主义现代化强国，必须从国家战略高度和进入新发展阶段要求出发，系统谋划我国知识产权事业发展方略，着力解决知识产权领域存在的突出矛盾和问题，激发全社会创新活力，推动构建新发展格局。

建设知识产权强国是推进国家治理体系和治理能力现代化的内在需要。产权制度是社会主义市场经济的基石。加快建设知识产权强国，解决好知识产权领域全局性、制度性、根本性问题，构建更加完善的要素市场化配置体制机制，有利于完善现代产权制度，实现全面深化改革总目标，促进国家治理体系和治理能力现代化。

建设知识产权强国是推动高质量发展的迫切需要。大力发展新技术、新业态、新模式，发展以专利为支撑的创新型经济、以商标为支撑的品牌经济、以原产地地理标志为支撑的特色经济和以版权为支撑的文化产业，打好种业翻身仗，本身就是高质量发展的题中应有之义，是塑造我国未来发展新优势、实现高质量发展的关键。

建设知识产权强国是推动构建新发展格局的重要支撑。一方面，发挥好知识产权作为激励创新的基本保障作用，打通知识产权创造、运用、保护、管理、服务全链条，以知识产权链促进产业链和供应链畅通稳定，有利于畅通国内大循环。另一方面，着眼知识产权作为国际贸易的"标配"，统筹知识产权领域国际合作和竞争，发展更高层次的开放型经济，更好利用国内国际两个市场、两种资源，有利于更好实现国内国际双循环相互促进的目标。

二、准确把握知识产权强国建设的总体要求

《纲要》对知识产权强国建设作出整体部署，明确了知识产权强国建设的指导思想、工作原则和发展目标。

一是必须坚持以习近平新时代中国特色社会主义思想为指导。这是知识产权强国建设的总遵循、总指针。要把握新发展阶段，贯彻新发展理念，构建新发展格局，深刻认识加强知识产权保护是完善产权保护制度最重要的内容和提高中国经济竞争力最大的激励，建设制度完善、保护严格、运行高效、服务便捷、文化自觉、开放共赢的知识产权强国，为建设创新型国家和社会主义现代化强国提供坚实保障。

二是必须坚持四方面的工作原则。要坚持法治保障、严格保护，切实维护社会公平正义和权利人合法权益。要坚持改革驱动、质量引领，更好发挥知识产权制度激励创新的基本保障作用，为高质量发展提供源源不断的动力。要坚持聚焦重点、统筹协调，推动知识产权与经济、科技、文化、社会等各方面深度融合发展。要坚持科学治理、合作共赢，让创新创造更多惠及各国人民。

三是必须坚持分阶段实现发展目标。到 2025 年，知识产权强国建设取得明显成效，知识产权保护更加严格，社会满意度达到并保持较高水平，知识产权市场价值进一步凸显，品牌竞争力大幅提升。到 2035 年，我国知识产权综合竞争力跻身世界前列，中国特色、世界水平的知识产权强国基本建成。

三、切实抓好知识产权强国建设重点任务落实

《纲要》明确了知识产权强国建设六大方面重点任务，这是知识产权强国建设的关键领域和核心环节，需要全面把握，一体推进落实。

一是建设面向社会主义现代化的知识产权制度。构建门类齐全、结构严密、内外

协调的知识产权法律体系，加快大数据、人工智能、基因技术等新领域新业态知识产权立法。构建职责统一、科学规范、服务优良的管理体制，加强中央在知识产权保护的宏观管理、区域协调和涉外事宜统筹等方面事权。构建公正合理、评估科学的政策体系，响应及时、保护合理的新兴领域和特定领域知识产权规则体系。

二是建设支撑国际一流营商环境的知识产权保护体系。健全公正高效、管辖科学、权界清晰、系统完备的司法保护体制，便捷高效、严格公正、公开透明的行政保护体系，统一领导、衔接顺畅、快速高效的协同保护格局。实施知识产权保护体系建设工程，健全行政保护与司法保护衔接机制。

三是建设激励创新发展的知识产权市场运行机制。完善以企业为主体、市场为导向的高质量创造机制。健全运行高效顺畅、价值充分实现的运用机制，加强专利密集型产业培育，推进商标品牌建设。建立规范有序、充满活力的市场化运营机制，实施知识产权运营体系建设工程。

四是建设便民利民的知识产权公共服务体系。加强覆盖全面、服务规范、智能高效的公共服务供给，实施知识产权公共服务智能化建设工程。加强公共服务标准化、规范化、网络化建设，建立数据标准、资源整合、利用高效的信息服务模式。

五是建设促进知识产权高质量发展的人文社会环境。塑造尊重知识、崇尚创新、诚信守法、公平竞争的知识产权文化理念。构建内容新颖、形式多样、融合发展的知识产权文化传播矩阵。营造更加开放、更加积极、更有活力的知识产权人才发展环境，加强知识产权国际化人才培养。

六是深度参与全球知识产权治理。积极参与知识产权全球治理体系改革和建设，扩大知识产权领域对外开放。构建多边和双边协调联动的国际合作网络，积极维护和发展知识产权多边合作体系，深化与共建“一带一路”国家和地区知识产权务实合作，打造高层次合作平台。

深入学习贯彻习近平总书记重要讲话精神 全面加强知识产权保护　推动知识产权事业高质量发展*

——在2021年全国知识产权局局长会议上的工作报告（摘编）

（2021年1月21日）

国家知识产权局局长　申长雨

一、“十三五”时期知识产权工作历史性成就和2020年主要工作进展

“十三五”时期，以习近平同志为核心的党中央高度重视知识产权工作。习近平总书记作出一系列重要指示论述，多次主持召开中央全面深化改革委员会会议，审议通过《关于强化知识产权保护的意见》《知识产权综合管理改革试点总体方案》等重要文件，作出一系列重大部署；李克强总理多次主持召开国务院常务会议，研究部署知识产权工作。国务院建立知识产权战略实施工作部际联席会议制度，王勇国务委员担任召集人。

按照党中央、国务院决策部署，全国知识产权系统不忘初心、牢记使命，攻坚克难、砥砺奋进，圆满完成了国家知识产权战

* 本文系国家知识产权局局长申长雨2021年1月21日在2021年全国知识产权局局长会议上作的工作报告（摘编），首发于2021年1月22日《中国知识产权报》。

略纲要和“十三五”规划确定的主要目标任务，取得了历史性成就。

一是知识产权管理体制实现历史性重构。按照党和国家机构改革部署，重新组建国家知识产权局，实现专利、商标、原产地地理标志、集成电路布图设计的集中统一管理。专利、商标执法统一纳入市场监管综合执法，知识产权与质量管理、标准化、反垄断、药品监管等工作的协调性明显增强。全国知识产权系统通过机构改革，管理效能进一步提高。

二是知识产权法律制度建设成果丰硕。知识产权先后写入民法总则和民法典，确立了知识产权领域重大法律原则。完成专利法第四次修改，建立侵权惩罚性赔偿制度，增设药品专利期限补偿制度和药品专利纠纷早期解决机制，延长外观设计专利保护期。完成商标法第四次修改，大幅提高侵权惩罚性赔偿标准，规制商标恶意注册行为。修订完善《专利代理条例》《奥林匹克标志保护条例》等法规。

三是知识产权保护成效大幅提高。认真落实中办、国办《关于强化知识产权保护的意见》及其推进计划，统筹推进严保护、大保护、快保护、同保护。建成40家知识产权保护中心和22家快速维权中心，维权援助服务网络覆盖全国，知识产权保护规范化市场达到118家，培育百余家知识产权纠纷调解组织和仲裁机构，建成国家海外知识产权纠纷应对指导中心和10家分中心。“十三五”期间，知识产权保护社会满意度由72分提高到80分，在全球创新指数中的排名由第29位提升到第14位，在营商环境报告中的排名提升到第31位。

四是知识产权质量效益快速提升。深入实施专利质量提升工程、商标品牌战略和地理标志运用促进工程，推进知识产权强省强市建设。国内(不含港澳台)每万人口发明专利拥有量达到15.8件，超额完成国家“十三五”规划目标。有效注册商标量达到3017.3万件，马德里商标国际注册有效量达到4.4223万件。累计注册区域品牌集体商标证明商标192件、地理标志商标6085件，认定地理标志保护产品2391件，地理标志产品产值超过1万亿元。联合财政部支持37个重点城市开展知识产权运营服务体系建设，布局建设13个知识产权运营平台(中心)。5.3万家企业通过知识产权贯标认证，培育国家知识产权优势示范企业5729家。知识产权质押融资总金额达到7095亿元，比“十二五”期间翻了一番。知识产权使用费进出口额由2015年的231.1亿美元提升到2019年的409.8亿美元，年均增长15.4%。评选出中国专利金奖130项，创造新增销售额超1万亿元。特别是2019年，PCT国际专利申请量跃居全球第一；专利密集型产业增加值达到11.5万亿元，同比增长7%，受到国内外广泛关注和积极评价。

五是知识产权“放管服”改革持续深化。印发《关于深化知识产权领域“放管服”改革 营造良好营商环境的实施意见》，推动改革向纵深发展。知识产权审查质量和审查效率持续提升，发明专利审查周期整体压缩至20个月，较“十三五”初期压减2个月，高价值专利审查周期压缩至14个月，商标注册平均审查周期压缩至4个月，较“十三五”初期压减一半以上。累计减免专利、商标业务办理费用471.7亿元。大幅放宽专利代理行业准入门槛，积极推进对外开放试点，加大专利、商标代理行业监管力度。全国28个省(区、市)和15个副省级城市设立知识产权信息公共服务机构。布局建设51家世界知识产权组织技术与创新支持中心，建设60个高校国家知识产权信息服务中心。专利、商标电子申请率分别达到98.8%和98.0%。全国27个省(区、市)积极推进专利、商标受理窗口整合，实现“一窗通办”。配合开展中国营商环境评价，优化知识产权指标设置。

六是知识产权国际合作交流迈出重大步伐。习近平总书记多次见证知识产权国际协议签署，知识产权在国家外交中的作用更加凸显。深度参与世界知识产权组织框架下的多边事务。成功举办两届“一带一路”知识产权高级别会议，习近平总书记专门致信祝贺，8 个务实合作项目取得重要成果。积极推进中美欧日韩、金砖五国、中国—东盟、中非等知识产权务实合作，与 30 个国家和地区建立专利审查高速路（PPH）。参与完成中美第一阶段经贸协议、中欧地理标志保护与合作协定、区域全面经济伙伴关系协定（RCEP）等磋商谈判。成功举办世界地理标志大会。《视听表演北京条约》正式生效。主导制定的创新过程知识产权管理标准获国际标准化组织批准发布。

七是知识产权事业发展基础不断夯实。建成 7 家京外专利审查协作中心和 5 家地方商标审查协作中心。连续举办世界知识产权日、全国知识产权宣传周、中国专利周等活动，持续营造良好知识产权舆论环境。中国国际专利技术与产品交易会、中国国际设计博览会、中国知识产权年会、知识产权服务万里行等系列活动影响力日益提升。知识产权服务机构超过 6 万家，就业人数超 80 万人。全国中小学知识产权教育试点示范学校达到 165 家，国家知识产权培训基地达到 26 家，93 所高校开设知识产权本科专业。知识产权师职称纳入国家职称系列。成立新一届国家知识产权专家咨询委员会。举办首届中国知识产权学术年会。完成中华全国专利代理师协会换届。

特别是 2020 年，面对新冠肺炎疫情，全国知识产权系统认真贯彻落实习近平总书记重要指示精神和党中央国务院决策部署，统筹推进疫情防控和各项业务工作，取得显著成效。

一是全力以赴抗击疫情，认真落实“六稳”“六保”。第一时间推出专利申请、商标注册、知识产权质押融资等便利化措施，与市场监管总局、药监局共同发布支持复工复产十条，开通疫情防控专利信息平台，编报有关专利分析研报，助力疫情防控科研攻关。实施专利代理师职业资格“先上岗、再考证”阶段性措施，积极吸纳高校毕业生就业。编制实施《专利导航指南》等 7 项国家标准，有效激发市场主体活力。二是认真研究制定知识产权强国战略纲要和“十四五”规划。知识产权强国战略纲要报请国务院审议，“十四五”知识产权保护和运用规划列入国家“十四五”重点专项规划。三是完善知识产权法律制度。配合完成专利法修改，开展商标法进一步修改调研论证，开展商标、官方标志、地理标志等部门规章制修订工作。四是多措并举加强知识产权保护。起草并推动印发《关于强化知识产权保护的意见》推进计划，对贯彻落实情况开展检查考核。印发《商标侵权判断标准》《专利纠纷行政调解办案指南》《加强知识产权维权援助的指导意见》，与最高人民法院建立知识产权纠纷在线诉调对接机制，发布电子商务平台知识产权保护管理国家标准，加强知识产权行政执法案例指导，开展以信用为基础的知识产权分级分类监管工作试点。全系统一年来办理专利侵权纠纷行政裁决案件 4.2 万件，同比增长 9.9%。五是着力推动知识产权高质量发展。联合教育部、科技部出台《关于提升高等学校专利质量　促进转化运用的若干意见》，遴选 110 所高校开展试点示范工作。联合国资委出台推进中央企业知识产权工作高质量发展的指导意见，启动重大攻关项目专利导航行动，支持解决“卡脖子”问题。六是持续深化知识产权领域“放管服”改革。健全政务服务“好差评”制度，开展专利代理机构审批和专利费用减缴告知承诺试点。加快推进世界知识产权组织技术与创新支持中心和高校国家知识产权信息服务中心建设布局，上线试运行知识产权公共服务网。七是稳步推进知识产权审查提质增效。全年发明专利、实用新型专利、外观设计专利分别授权 53.0 万件、

237.7万件、73.2万件;商标注册576.1万件。审结专利复审案件4.8万件、无效案件0.7万件,商标评审案件35.8万件、异议案件14.9万件。发明专利审查结案准确率提升至92.2%,商标注册审查抽检合格率达到96.7%。集成电路布图设计发证1.1727万件。八是加大知识产权服务行业监管力度。深化"蓝天"专项整治行动,规范专利、商标代理行业秩序,约谈代理机构2950家,责令整改1095家,立案查处330起,作出行政处罚182件,2.5万家代理机构完成信用承诺。筛查出一批不以保护创新为目的的非正常专利申请,依法驳回一批不以使用为目的的恶意商标注册申请。九是大力开展知识产权精准扶贫。推进专利技术强农、商标品牌富农、地理标志兴农,相关工作覆盖所有扶贫开发工作重点县和集中连片特困地区,湖南桑植打造知识产权精准扶贫世界样本,河北崇礼以脱贫攻坚促进冬奥会筹办。十是稳步推进疫情防控环境下的知识产权国际合作。与世界知识产权组织续签"一带一路"知识产权合作政府间协议。成功主办中美欧日韩知识产权五局局长视频会议。参与高级别多双边国际视频会议20余次。配合做好中欧地理标志保护与合作协定签署,积极推进落实准备工作。

在推进知识产权工作中,驻总局纪检监察组紧紧围绕贯彻落实习近平总书记重要指示批示精神和党中央决策部署,压紧压实主体责任和监督责任,推动全面从严治党向纵深发展,全面贯彻落实中央八项规定精神,构建不敢腐、不能腐、不想腐的体制机制方面,做了大量卓有成效的工作,发挥了至关重要的作用。

五年来,各地结合自身实际,深化改革创新,有力支撑了地方经济社会发展和国家重大战略实施。例如,全国28个省(区、市)党委政府出台贯彻落实《关于强化知识产权保护的意见》配套政策。北京、天津、河北持续深化京津冀知识产权合作会商工作机制,上海、江苏、浙江、安徽不断强化长三角知识产权行政保护协作,广东大力推进粤港澳大湾区知识产权跨境保护合作,重庆、四川构建成渝地区知识产权重点保护名录互认机制,江西、广西、贵州等地持续优化泛珠三角区域知识产权发展环境,辽宁、陕西等地大力促进高价值专利培育和转化运用,黑龙江、河南等地加强知识产权学科专业建设和知识产权人才培养。山西、内蒙古、湖南、云南、西藏、甘肃、青海、宁夏、新疆、新疆生产建设兵团等依托地理标志推动特色经济发展,吉林、浙江、福建、山东、贵州深化"放管服"改革,打造知识产权"一站式"服务。特别是,四川推进以事前产权激励为核心的职务科技成果权属改革,广东构建重点产业专利导航工作机制,海南推进知识产权证券化,江苏建设全链条、全生态知识产权运营服务体系,北京、上海、湖北创新知识产权质押融资模式等工作,作为成功案例被国务院在全国推广。

上述成绩的取得,是党中央、国务院正确领导的结果,是各部门各地方大力支持的结果,是全系统干部职工团结奋斗和全社会积极参与的结果。在此,我谨代表国家知识产权局,向大家表示衷心的感谢!

总结过去五年的发展,我们有几点深刻的体会。一是坚持党的领导,认真学习贯彻习近平新时代中国特色社会主义思想,不折不扣落实好习近平总书记关于知识产权工作的重要指示,这是我们做好工作的根本。二是坚持改革创新,善于用改革的办法破解事业发展过程中遇到的各种难题,以改革添动力,以创新增活力。三是坚持遵循客观规律,不断深化对知识产权功能定位的认识,既立足中国实际,又借鉴国际经验,服务自身发展。四是坚持稳中求进工作总基调,着力推动高质量发展,以知识产权高质量发展支撑经济高质量发展。五是坚持全面从严治党,推动党建和业务深度融合,扎实推进党风廉政建设和反腐败工作,持续营造风清气正的良好环境。

二、全面深入学习贯彻习近平总书记重要讲话精神

2020 年 11 月 30 日，中共中央政治局就加强我国知识产权保护工作举行第二十五次集体学习，习近平总书记主持学习并发表重要讲话，为新时代全面加强我国知识产权保护工作提供了根本遵循和行动指南，具有重大的政治意义、时代意义、理论意义、战略意义和实践指导意义。我们要深入学习领会，准确把握精神实质和核心要义，不折不扣抓好贯彻落实。

一要准确把握知识产权保护工作的重大意义。习近平总书记深刻指出，创新是引领发展的第一动力，保护知识产权就是保护创新，并强调知识产权保护工作关系国家治理体系和治理能力现代化，关系高质量发展，关系人民生活幸福，关系国家对外开放大局，关系国家安全。习近平总书记的重要论述将知识产权保护工作提升到了前所未有的高度。我们要立足上述“五个关系”，自觉把知识产权保护工作融入国家经济社会发展大局，提供各方面有力支撑。特别是要通过严格保护知识产权，促进完善现代产权制度，深化要素市场化改革，让市场在资源配置中起决定性作用，更好发挥政府作用；依法严厉打击各类侵权假冒行为，提升供给体系质量，推动高质量发展；切实维护消费者权益，让人民群众买得放心、吃得安心、用得舒心；优化营商环境，建设更高水平开放型经济新体制，有力支撑国家对外开放大局；有效保护我国自主研发的关键核心技术，切实防范化解重大风险。

二要准确把握知识产权保护工作的战略定位。习近平总书记深刻指出，全面建设社会主义现代化国家，必须从国家战略高度和进入新发展阶段要求出发，全面加强知识产权保护工作，促进建设现代化经济体系，激发全社会创新活力，推动构建新发展格局。习近平总书记的重要指示，深刻阐明了新时代知识产权保护工作的目标任务。我们要进一步增强做好新时代知识产权保护工作的责任感、使命感、紧迫感，找准知识产权在构建现代化经济体系中的角色定位，通过全面加强知识产权保护，更好地对内激励创新、对外促进开放，推动高标准市场体系建设，发展更高层次的开放型经济，支撑构建以国内大循环为主体，国内国际双循环相互促进的新发展格局。

三要准确把握知识产权保护工作的历史方位。习近平总书记深刻指出，我国知识产权事业不断发展，走出了一条中国特色知识产权发展之路，知识产权保护工作取得了历史性成就，全社会尊重和保护知识产权意识明显提升。当前，我国正在从知识产权引进大国向知识产权创造大国转变，知识产权工作正在从追求数量向提高质量转变。习近平总书记的重要讲话充分肯定了成绩，极大地鼓舞了干劲，更明确了知识产权事业所处的历史方位。站在新的历史起点上，我们要以事业发展的“历史性成就”，激励全系统干部职工进一步增强干事创业的热情，准确把握事业发展的新形势新特点新任务，突出高质量发展时代主题，继续沿着党指引的方向笃定前行，坚定不移走好中国特色知识产权发展之路。

四要准确把握知识产权保护工作的根本立场。习近平总书记深刻指出，要坚持以我为主、人民利益至上、公正合理保护，既严格保护知识产权，又确保公共利益和激励创新兼得。习近平总书记的重要讲话充分体现了以人民为中心的发展思想，彰显了鲜明的价值导向。我们要将人民群众合法权益是否得到有效保护、创新活力是否得到有效激发、经济社会发展是否得到有效推动，作为检验知识产权保护工作成效的根本标准。要坚持以我为主，在充分吸收借鉴世界知识产权制度文明成果的基础上，构建符合中国国情、适应发展需要的知识产权制度体系。要坚持公正合理保护，把握好权利人与社会公众之间的利益平衡，既有效保护权利人的合法权益，又有力促进知识的传播利用，让创新成果更好造福人民。

五要准确把握知识产权国际合作竞争策略。习近平总书记深刻指出，要坚持人类命运共同体理念，坚持开放包容、平衡普惠的原则，深度参与世界知识产权组织框架下的全球知识产权治理，推动完善知识产权及相关国际贸易、国际投资等国际规则和标准，推动全球知识产权治理体制向着更加公正合理方向发展。要深化同共建“一带一路”沿线国家和地区知识产权合作，倡导知识共享。习近平总书记的重要讲话深刻阐明了知识产权在国际合作竞争中的策略要求。我们要着眼国家改革开放大局，更大力度加强知识产权保护国际合作。特别是要借助世界知识产权组织、“一带一路”、中美欧日韩、金砖五国等知识产权合作平台，推动知识产权国际治理体系不断完善。要加强内外平衡保护，既依法严格保护在华外资企业的合法知识产权，也要推动外国政府加强对中国知识产权的保护。要大力加强事关国家安全的关键核心技术的自主研发和保护，依法管理涉及国家安全的知识产权对外转让行为，形成高效的国际知识产权风险预警和应急机制，有效维护国家安全和发展利益。

六要准确把握知识产权保护工作的重点任务。习近平总书记在讲话中就加强知识产权保护工作顶层设计、提高知识产权保护工作法治化水平、强化知识产权全链条保护、深化知识产权保护工作体制机制改革、统筹推进知识产权领域国际合作和竞争、维护知识产权领域国家安全等作出重点部署。这是习近平总书记立足全局、着眼未来，就知识产权保护工作作出的重大部署，具有极强的针对性和指导性。这六个方面相互关联、有机统一，是知识产权保护工作的关键领域和核心环节。我们要全面把握习近平总书记这六点重要指示，树立系统观念，突出工作重点，制定具体方案，一体推进落实，以实际行动践行“两个维护”，确保习近平总书记重要指示在知识产权领域落地生根、开花结果。

三、“十四五”知识产权工作总体思路和2021年重点工作

“十四五”时期是我国在全面建成小康社会、实现第一个百年奋斗目标之后，乘势而上开启全面建设社会主义现代化国家新征程、向第二个百年奋斗目标进军的第一个五年。同时，也是我们顺利完成国家知识产权战略纲要和“十三五”规划各项目标任务，乘势而上开启全面建设知识产权强国新征程的第一个五年。做好“十四五”时期知识产权工作意义重大。要深入学习贯彻习近平新时代中国特色社会主义思想和党的十九大、十九届二中、三中、四中、五中全会精神，深入落实习近平总书记关于知识产权工作的重要指示论述和党中央、国务院决策部署，落实全国市场监管工作会议要求，坚持以高质量发展为主题，以全面加强知识产权保护为主线，大力提升知识产权创造质量、运用效益、管理效能和服务水平，更大力度加强知识产权保护国际合作，为建设现代化经济体系，激发全社会创新活力，推动构建新发展格局提供有力支撑。

今年是“十四五”的开局之年，同时也是知识产权强国战略纲要实施的第一年，做好今年的工作要着力抓好以下8个方面。

（一）做好知识产权顶层设计，启动实施知识产权强国战略和“十四五”规划

配合做好知识产权强国战略纲要、“十四五”知识产权保护和运用规划的审议与印发实施。制定年度计划，推进有序实施，迈好第一步，见到新气象。做好纲要和规划与国家“十四五”规划、国家区域和行业重大发展战略的有机衔接，实现协调联动。各地要结合实际，抓好纲要和规划的落实，同时做好地方知识产权战略和规划的制定实施工作。

更高标准推进知识产权强国建设试点

示范工作。制定知识产权强国建设试点示范管理办法，充实局省知识产权合作会商内涵，统筹推进城市、县域、园区、企业及高校和科研院所等试点示范工作，夯实知识产权强国建设基础。各地要积极参与试点示范工作，努力打造工作亮点，形成可复制可推广的经验做法。

（二）完善知识产权法律制度，提高知识产权工作法治化水平

加快推进相关法律制度制修订工作。做好专利法实施细则的修订，完成《专利审查指南》适应性修改。做好商标法进一步修改调研论证，加强地理标志立法，积极推进《商标代理管理办法》和《商标审查及审理标准》的修改。研究制定大数据、人工智能、基因技术等新领域新业态知识产权保护规则。鼓励各地积极推进知识产权综合立法，探索开展新领域知识产权保护。

加快推进知识产权法治实施体系。健全知识产权行政确权、行政执法与司法保护的衔接，促进审查授权标准、行政执法标准和司法裁判标准有机统一。加强知识产权行政执法业务指导制度建设。健全专利侵权纠纷行政裁决制度，推进知识产权侵权纠纷检验鉴定技术支撑体系建设。建立在全国有重大影响的专利侵权纠纷处理工作机制，实施药品专利早期纠纷解决机制。各地要不断加强知识产权行政保护机制和能力建设。

（三）大力提升知识产权创造质量，推动高质量发展

持续提升知识产权审查质量和效率。建立和完善专利、商标全流程审查质量管控机制，加强智能化审查技术应用，改进审查流程，优化案源与审查资源配置。探索专利审查新模式，推动审查理念革新、技术更新、工作创新。建立商标快速驳回和绿色通道加快模式，持续压缩商标异议、评审复杂案件的审查审理周期。

突出知识产权高质量创造导向。优化“十四五”知识产权发展指标，全面取消对知识产权申请的资助，重点加大对后续转化运用、行政保护和公共服务的支持。探索推进实用新型制度改革。严厉打击不以保护创新为目的的非正常专利申请和不以使用为目的的商标恶意注册行为。各地要进一步统一思想，切实把高质量发展的要求落到实处。

提高创新主体知识产权管理能力。加快制定加强科研机构知识产权保护和运用的政策措施。推动建立财政资助科研项目专利信息披露制度。推动中央企业知识产权高质量发展。深入推进中小企业知识产权战略推进工程和国家知识产权试点示范高校建设。持续优化知识产权贯标工作，深度参与国际标准化组织创新与知识产权管理体系推广。

深化专利导航和专利奖评选工作。围绕国家关键核心技术实施一批专利导航项目，助力破解“卡脖子”问题；配合实施产业基础再造工程，促进相关知识产权创造和储备。推广实施专利导航指南系列国家标准，推动专利导航融入各类主体创新决策过程。突出中国专利奖对关键领域自主知识产权创造运用的激励。

（四）全面加强知识产权保护，促进建设高标准市场体系

深化落实《关于强化知识产权保护的意见》。进一步完善知识产权保护检查考核工作机制，推动问题整改。启动知识产权保护试点示范区建设，继续开展知识产权保护社会满意度调查。各地要认真履行知识产权保护属地责任，确保各项措施落地见效。

加快构建大保护工作格局。优化并加快知识产权保护中心布局，加大维权援助工作力度，健全侵权纠纷行政裁决制度，培育调解组织和仲裁机构，做好在线诉调对接，深入推进以信用为基础的分级分类监管试点，加强规范化市场建设。推广实施电商平台知识产权保护管理标准，加强特殊标志、官方标志和奥林匹克标志保护。严格地理标志保护，深化地理标志管理改革。各地要加强知识产权保护协调联动，形成工作合力。

健全知识产权综合管理体制。适当加强知识产权保护的中央事权，充分调动地方工作积极性。配合市场监管总局做好知识产权领域的反垄断工作，防止知识产权滥用，促进创新要素自主有序流动、高效配置。各地要加强队伍建设，持续提升管理和执法能力。

（五）大力提高知识产权转化运用效益，支撑实体经济发展

完善知识产权转化运用机制。健全知识产权评估体系，改进知识产权归属制度，完善知识产权价值评估机制和标准。落实专利开放许可制度，实施专利转化专项计划。各地要结合实际，大胆探索知识产权转化运用的有效举措。

优化知识产权运营服务。制定完善知识产权市场化运营机制政策，健全运营交易规则，加强运营平台监管，对财政资金支持的运营项目及重点城市实行全过程绩效管理和跟踪监督。推进知识产权金融服务健康发展。各地要坚持市场化导向，推进知识产权运营，深入开展知识产权质押融资“入园惠企”等工作。

壮大知识产权密集型产业。完善专利密集型产业增加值核算与发布机制。深入实施商标品牌战略和地理标志运用促进工程，启动地理标志助力乡村振兴行动，着力打造区域品牌和特色地理标志产品。各地可在国家有关部门指导下开展本地区专利密集型产业增加值核算，促进壮大专利密集型产业。

加强知识产权服务业监管。持续开展“蓝天”专项行动，建立代理行业监管长效机制。出台促进知识产权服务业高质量发展政策，开展知识产权代理服务质量评价。优化升级知识产权服务业集聚区。全面实施专利代理机构执业告知承诺制改革。各地要切实加强知识产权服务业监管，加大对违法违规行为的打击力度，营造规范有序的行业环境秩序。

（六）实施知识产权公共服务能力提升工程，更好服务创新发展

加强知识产权公共服务统筹规划。健全完善便民利民的知识产权公共服务体系，整合知识产权公共服务资源，完善公共服务网络，拓宽公共服务领域，加强省级知识产权信息服务和地级市综合性知识产权公共服务。推进国家知识产权大数据中心和公共服务平台项目建设，完成建设100家技术与创新支持中心首期目标，新建一批高校国家知识产权信息服务中心。

推动知识产权公共服务标准化建设。持续落实《关于深化知识产权领域“放管服”改革　营造良好营商环境的实施意见》，编制知识产权公共服务事项清单，统一知识产权公共服务标准。推广应用《知识产权基础信息数据规范》。继续整合优化各类服务窗口，实现“一站式”服务。配合做好中国营商环境评价体系知识产权评价工作。各地要用好评价结果，持续深化改革，加快建设特色化、差异化知识产权公共服务平台。

（七）统筹推进知识产权保护国际合作和竞争，更好服务国家对外开放大局

深度参与全球知识产权治理。积极参与世界知识产权组织多边事务，加快完成我国加入海牙协定工作。全面落实区域全面经济伙伴关系协定（RCEP）知识产权章节和中欧地理标志保护与合作协定，稳步推进地理标志互认互保。深化与重点国家和地区的务实合作，办好中美欧日韩商标五局和外观设计五局合作年度会议，中日韩、中蒙俄、中国—东盟等知识产权局局长会议。

深化“一带一路”知识产权合作。研究疫情防控环境下的“一带一路”知识产权合作新机制新模式。有关地方要积极参与“一带一路”知识产权国际合作交流，打造合作亮点。

维护知识产权领域国家安全。健全知识产权对外转让审查制度，加强对涉及国家安全的知识产权对外转让行为的管理。加快国家海外知识产权纠纷应对指导中心建设运行，加强我国企业海外知识产权风险预警和维权援助。各地要加大对“走出去”企业的知识产权服务。

（八）夯实知识产权事业发展基础，着力提高管理和服务能力水平

加强知识产权宣传教育。加快媒体融合，构建大宣传工作格局。加强知识产权公益培训，增强全社会知识产权意识。组织办好世界知识产权日、全国知识产权宣传周等大型活动，对外讲好中国知识产权故事。做好全国知识产权系统先进集体和先进个人评选表彰工作。各地要积极开展知识产权宣传，加强知识产权文化理念传播。

加大知识产权人才培养力度。大力加强知识产权系统干部职工专业化培训，稳步推进地方知识产权行政管理人员轮训，持续提高管理和服务水平。加强青年知识产权人才培养，做好职称制度改革实施工作。支持知识产权学科专业体系建设和高校学历教育，设立若干国家知识产权人才培养基地。加强知识产权智库建设。各地要用好各类培训资源，扎实开展实务型人才培训。

做好知识产权工作，要始终坚持党对知识产权事业的全面领导，善于从政治上把握党和国家事业发展对知识产权工作提出的新要求，提高政治判断力、政治领悟力、政治执行力，持续深化全面从严治党，大力推进政治机关建设，促进党建和业务深度融合，开展好建党100周年庆祝活动，落实好意识形态工作责任制。要以作风建设年为抓手，持续强化作风建设，深入落实中央八项规定及其实施细则精神，持之以恒纠治“四风”，坚决整治形式主义和官僚主义。要毫不放松地抓好常态化疫情防控，落细落实各项防控措施，积极发挥知识产权优势，助力疫情防控科研攻关，全面落实“六稳”“六保”任务。

同志们，思想引领发展，奋斗谱写新篇。让我们更加紧密团结在以习近平同志为核心的党中央周围，坚持以习近平新时代中国特色社会主义思想为指导，增强“四个意识”、坚定“四个自信”、做到“两个维护”，全面加强知识产权保护，加快建设知识产权强国，为贯彻新发展理念、构建新发展格局、推动高质量发展提供有力保障，以优异成绩庆祝建党100周年！

深入开展保护种业知识产权专项整治　为种业振兴创造良好环境*

——在保护种业知识产权专项整治行动视频会议上的讲话

（2021年7月6日）

中央农办主任，农业农村部党组书记、部长　唐仁健

党中央、国务院高度重视种业发展和种业知识产权保护工作。习近平总书记在多个重要场合反复予以强调，李克强总理提出明确要求。为深入学习贯彻中央经济

* 本文系中央农办主任，农业农村部党组书记、部长唐仁健2021年7月6日在保护种业知识产权专项整治行动视频会议上的讲话，发表时略有删节。

工作会议、中央农村工作会议精神，落实党中央、国务院决策部署，农业农村部部署开展保护种业知识产权专项整治行动，加快推进法规修订、标准制定、品种清理和案件查处，标本兼治打击违法行为、激励保护种业原始创新，为净化种业市场营造良好环境。可以讲，加强种业知识产权保护，是对种业创新者核心利益的最大保护，是对增强我国种业竞争力的最大激励，是对打好种业翻身仗、推进种业振兴的最大支持。

一、保护种业知识产权事关国家粮食安全，务必充分认识开展专项整治行动的必要性紧迫性

种子是保障粮食安全的“两个要害”之一。习近平总书记多次强调，要下决心把我国种业搞上去，抓紧培育具有自主知识产权的优良品种。2021 年 5 月，总书记在河南考察时指出，保证粮食安全必须把种子牢牢攥在自己手中，要坚持农业科技自立自强，从培育好种子做起，加强良种技术攻关，靠中国种子来保障中国粮食安全。总书记的这些重要论述，既指出了种业对于确保国家粮食安全的极端重要性，也指明了新阶段推进种业振兴的方向路径和着力点。其中，保护知识产权是关键一环，是基础前提，当然也是突出难题。

从工作实践看，种业知识产权保护有力支撑了粮食增产丰收。近年来推进现代种业发展过程中，农业农村部坚持把保护种业知识产权摆在重要位置。1997 年我国颁布实施《中华人民共和国植物新品种保护条例》（以下简称《植物新品种保护条例》），2015 年修订的《中华人民共和国种子法》（以下简称《种子法》）增设了新品种保护专章，建立并不断完善新品种保护测试和标准体系，新品种保护制度日益健全，有力推动了育种创新推广。目前我国水稻、玉米、小麦等主导品种中，70％以上都是保护品种，推广面积居前十位的品种中近 80％也是保护品种，“郑单 958”“济麦22”等一大批自主选育、综合性状良好的新品种更新换代，为粮食节本增产增效发挥了重要作用。据测算，良种对我国粮食增产的贡献率超过 45％。可以说，没有严格的品种保护，就没有良种创新的好成果，也就没有粮食连年增产丰收的好局面。农业灾害年年有，粮食还能年年丰收，很重要的一点，就是依靠农业的综合生产能力，这个能力包括方方面面，其中最重要的方面就是品种，有了良种，很大程度上就能抵御灾害等各方面影响。例如，河北省过去为了完成地下水超采治理任务，只能调整种植结构，在严重超采区不种或少种小麦。现在，全省累计推广小麦节水品种达 3400 万亩，实现了节水品种和配套节水技术全覆盖，平均算下来可以少浇一到两次水，每亩省水 50～100 方，粮食产量提高了，生态环境也保护了，这靠的就是农业综合生产能力，特别是具有自主知识产权的好品种。确保国家粮食安全，必须紧紧抓住知识产权保护这个关键，推动种业这个要害取得突破。各级农业农村部门要切实加大知识产权保护力度，持续推进种业创新，多出好品种，多打优质粮，牢牢把住粮食安全主动权。

从未来发展看，夯实粮食安全的种业根基必须加强知识产权保护。当前，我国粮食安全的基础还不稳固，粮食供求紧平衡的局面还会越来越紧。在耕地、水等资源日益趋紧的前提下，要稳步提升粮食产能，只能走创新驱动的路子。目前，最主要也是最有效的办法，就是从种业自主创新中挖潜力、要增量。种业是典型的高技术产业，其生命力就在于原始创新，必须要有健全的知识产权保护制度保驾护航。国际上，种业巨头无一不是靠着具有自主知识产权的优良品种发展壮大的；同时，世界种业强国，也无一不是知识产权保护强国。如果没有强有力的制度保护，种业创新就会落空，就会出现“谁搞原始创新，谁就是冤大头”的恶性循环。打好种业翻身仗，要把建立健全种业知识产权保护制度作为根

本保障，作为提高自主创新水平的战略性安排，持续推进资源保护、品种攻关、企业培育、基地建设等全链条的知识产权保护，为推动种业振兴提供基础支撑。

从当前问题看，开展保护种业知识产权专项整治已经十分迫切。近年来，种业侵权事件明显增多，业界对假冒套牌、仿冒仿制等乱象反响强烈。据统计，从 2016 年到 2020 年，全国法院审结涉植物新品种纠纷案件从 66 件增加到 252 件，其中侵权的纠纷案件占比就超过了 80%。培育一个新品种周期长、成本高，很不容易，换个包装、套个牌，就把花了很大功夫、花了很大代价培育出的品种轻而易举地盗走了，长此以往就没有人去创新、去选育具有自主知识产权的品种。此外，这些侵权行为不只是影响权利人的利益，也影响到粮食安全和农民切身利益。农谚讲："好种多打粮，劣种苗儿黄。"假冒侵权种子质量没有保证，等种在地里才发现就已经晚了，补救当年基本不可能，"人误地一时，地误人一年"。这些问题不可小视小看。问题之所以长期存在，一方面是利益驱使，不法分子存在侥幸心理；另一方面，也有体制机制不够健全的原因，保护手段还不多、还不够硬，特别是种子侵权取证难、执法难、违法成本低等问题还比较突出。启动专项整治行动，要在制度、操作等层面多管齐下，从法律法规、执法监管、审定制度、标准体系等方面多措并举，力争从根子上解决老问题、啃下硬骨头。

二、专项整治措施务必奔着问题去，做到精准管用、标本兼治

专项整治行动，既要努力解决一批当下急迫的突出问题，又要推动破解体制机制障碍。各级农业农村部门要聚焦重点任务聚力攻坚，扎实推动专项行动落地见效，解决一批业界反映强烈的突出问题。

一要开展全面"体检"，发现问题从严查处。整治行动的当务之急是开展全面摸排检查，找准问题所在。各级农业农村部门要突出重点品种、重点环节和关键时节，对种子基地、企业和市场开展全面彻底的检查，对违法行为发现一起、查处一起，决不手软。这方面要严把"三关"，严把基地关，重点检查制种基地生产备案、委托合同、品种权属来源等内容，严厉打击非法生产转基因种子、盗取亲本、抢购套购等违法行为。农业农村部正在探索利用卫星遥感等技术，对国家玉米制种基地违法制种行为进行监测，这是重要方向，进一步总结经验后，在全国推开。严把企业关，重点是严查生产种子质量、真实性等。对发现问题及投诉举报较多的企业，列入重点监管对象，加大检查抽查频次，有效地规范企业生产经营行为。严把市场关，在秋冬种等用种高峰期，加密种子市场检查频次，严查假冒伪劣、以次充好等违法违规行为，强化电商渠道种子经营行为监管，确保生产用种安全。

二要强化案件查办，推动行政执法和司法保护紧密衔接。最高人民法院出台的最新司法解释，明确可以在现有法律法规框架内，顶格处理侵权案件，加大了惩治力度。要结合宣传贯彻，严厉查处一批典型侵权违法行为，以案释法、打防结合，特别是对群众反映强烈、社会舆论关注、侵权假冒多发的重点领域和区域，重拳出击、整治到底、震慑到位，打出声势，提振信心。当前，种业监管执法力量不足的问题比较突出，各级农业农村部门要统筹安排，推进种业监管部门和农业综合行政执法机构密切配合、分工协作，形成大案一起查、要案一起办的工作合力。要强化跨区域执法联动响应、信息共享，及时公开查处结果，实现"一处发现、全国通报、各地联查"，让违法行为无处遁形。要完善相关部门联查联办重大案件的工作机制，共同构建种业知识产权全链条保护格局。此外，要充分发挥各级种子行业协会的协调、自律作用，引导企业申请知识产权、积极维权、绝不侵权。

三要严格品种管理，下功夫解决同质化和仿种子问题。这两方面问题，各方反映最为强烈，要作为专项整治行动的重点，在严查严打基础上，进一步健全完善品种管理制度，推动监管关口前移。一方面，要提高品种审定标准。针对品种同质化问题，聚焦分子检测位点差异、产量和抗性等重点指标，加快修订审定标准，大幅提高审定门槛。考虑到玉米、水稻在审定品种中占大头，国家品种审定委员会已修订相关标准，并开始向社会公开征求意见，将尽快发布实施。同时，将对绿色通道、联合体试验和引种备案等开展回头看，发现弄虚作假一律取消资格。各地要加快修订地方标准，从严审定品种。另一方面，开展已登记品种清理。针对非主要农作物仿种子问题，2020 年底以来，农业农村部以向日葵为切入点启动了登记品种清理工作，对经分子检测发现的近似品种进行劝退，已公告撤销了 269 个品种。这是首次专门发布撤销品种登记公告，是严格品种管理、保护种业知识产权的重要一步。下一步，农业农村部还将进一步加大已登记品种清理力度，对于经检测没有位点差异且申请者不主动提出撤销登记的，依法依规撤销登记。各省级农业农村部门要主动作为，全面开展自查，及时提出撤销意见建议。

四要完善法律法规，探索建立实质性派生品种制度。实质性派生品种是对原始品种进行简单修饰后育成的衍生品种，1991 年国际植物新品种保护联盟提出建立实质性派生品种制度。在这种制度下，派生品种可以申请获得品种权，但是在生产销售时要征得原始品种权人同意，并按合同约定给予商业回报。这项制度建立了利益分享机制，对有效激励育种原始创新发挥了重要作用。目前，国际植物新品种保护联盟的 77 个成员中，68 个已经建立了相应制度。与国际先进水平比，我国种业原始创新不足非常明显，很多都是修饰改良、模仿育种，亟须在法律层面提高保护水平，建立起实质性派生品种制度，遏制种业创新低水平重复。2021 年，全国人大已经启动《种子法》植物新品种保护内容的修改工作，其中一个重点就是要研究建立实质性派生品种制度，延长保护链条，扩大保护范围，加大赔偿力度。后续，农业农村部将配合有关方面修订《植物新品种保护条例》，建立起更为完善的种业知识产权保护法律法规体系。各地要结合实际，提前谋划部署相关工作，推进种业知识产权保护法律法规制度落实落细。

三、专项整治务必态度坚决、果断行动，确保各项举措落实落地

保护种业知识产权专业性强、涉及面广，专项行动时间紧、任务重。各级农业农村部门要高度重视、主动入位，健全机制、落实责任，确保取得实际效果。

一要强化组织领导。各级农业农村部门要压实属地责任，主要负责同志是第一责任人，真抓严管。省级农业农村部门牵头抓总，制定本省份实施方案，明确主攻目标、重点任务、责任分工，统筹推进各项工作。市县农业农村部门抓好摸排检查、案件查办等具体工作，加强简易案件及纠纷的快速处理。要强化与法院、工信、公安、司法、市场监管、知识产权等部门协调配合，建立健全协同联动机制，切实形成工作合力。

二要畅通举报渠道。为了让投诉举报更便捷、更高效，农业农村部在原来的电话、邮件、信件举报渠道基础上，新增加了二维码、手机 App、网站等三条渠道，已全部上线开通。各级农业农村部门要积极宣传，让市场主体、农民群众家喻户晓。同时，要向社会公布本地区举报电话和其他受理方式，建立完善投诉举报处理机制，明确专岗专人，全程跟踪管理，实时受理、快速查办、及时反馈。要搞好举报线索和转办案件核查处理，对农业农村部转办案件反馈率要达到 100%，做到件件有着落、事事有回音。

三要严格督导考核。推动各省把种业知识产权保护工作情况，列入粮食安全党政同责、全国双打考核（打击侵犯知识产权

和制售假冒伪劣商品工作考核)以及全国农业综合行政执法示范创建的重要内容，加强监督检查。各省份要搞好省内督导和工作自查，紧盯重点案件、重点线索、重点领域、重点地区，努力破解重点难点问题。建立健全激励约束机制，对成绩突出的地区、单位和个人进行通报表扬，对推诿扯皮、不作为等情况要督查督办。

四要加强宣传引导。各级农业农村部门要广泛开展种业知识产权保护宣传进企业、进市场、进农村等活动，不断提高全社会特别是种业企业产权保护意识，鼓励权利人依法维权。探索建立知识产权侵权主体“黑名单”制度，曝光侵权企业名单和违法行为查处结果，定期通报种业侵权等典型案件，全面营造创新主体有动力、市场主体有活力、市场运行有秩序的良好种业发展环境。

践行习近平法治思想 全面加强知识产权司法保护*

最高人民法院党组副书记、常务副院长 贺 荣

习近平总书记在十九届中央政治局第二十五次集体学习时的重要讲话，为我国知识产权保护工作指明了方向、作出了重要部署、提供了根本遵循，具有重大理论意义、实践意义、时代意义。人民法院必须以习近平法治思想为指导，准确把握这一重要讲话的精神实质和核心要义，从国家战略高度和进入新发展阶段要求出发，全面加强知识产权司法保护工作，为促进建设现代化经济体系、激发全社会创新活力、推动构建新发展格局贡献司法力量。

一、深刻领会习近平总书记关于知识产权保护工作的重要论述

知识产权保护工作具有特殊重要性。习近平总书记指出，创新是引领发展的第一动力，保护知识产权就是保护创新。知识产权保护工作关系国家治理体系和治理能力现代化，关系高质量发展，关系人民生活幸福，关系国家对外开放大局，关系国家安全。这是对知识产权保护工作目标定位的科学把握，是对新发展阶段全面加强知识产权保护特殊重要性的深刻揭示。全面加强知识产权保护，是激发创新活力、解决关键核心技术受制于人问题、完善现代产权制度、构建新发展格局、推动高质量发展的内在要求。知识产权司法保护作为知识产权保护体系的重要力量，发挥着不可或缺的重要作用。人民法院要从大局出发，找准角色定位，发挥应有作用，自觉担负起知识产权保护的职责使命。

我国知识产权保护工作面临新形势新任务。习近平总书记指出，当前，我国正在从知识产权引进大国向知识产权创造大国转变，知识产权工作正在从追求数量向提高质量转变。这是统筹国内国际两个大局，在深入分析我国发展历史方位和全球知识产权治理形势基础上，对我国知识产权事业改革发展趋势作出的重大判断。当今世界正经历百年未有之大变局，知识产权领域国际竞争更加激烈，我国“十四五”时期以及更长时期的发展对加快科技创新的需求更为迫切。人民法院要把握新发展阶段的要求，深入贯彻新发展理念，在国内和国际因素相互影响、中国和世界密切互动中谋划我国知识产权司法保护事业，促进提升知识产权质量效益，不断满足人民美好生活需要。

---

* 本文首发于2021年1月5日《人民日报》。

坚持我国知识产权保护工作的正确方向。习近平总书记从加强知识产权保护工作顶层设计、提高知识产权保护工作法治化水平、强化知识产权全链条保护、深化知识产权保护工作体制机制改革、统筹推进知识产权领域国际合作和竞争、维护知识产权领域国家安全等方面作出重大部署。人民法院要增强“四个意识”、坚定“四个自信”、做到“两个维护”,学深悟透习近平总书记重要讲话精神,坚定不移走中国特色知识产权发展之路,提升审判执行工作质效,服务加快构建以国内大循环为主体、国内国际双循环相互促进的新发展格局,促进知识产权强国建设。

二、树立知识产权司法保护新理念

近年来,以习近平同志为核心的党中央高度重视知识产权审判体制改革,人民法院刑事、民事、行政案件审判“三合一”工作机制以及技术类案件上诉机制等不断健全,我国每年受理超过 40 万件知识产权案件,已成为审理相关案件特别是专利案件最多的国家,也是审理周期最短的国家之一。在建设知识产权强国进程中,我们要坚持以习近平法治思想为指导,对照党中央提出的“十四五”经济社会发展主要目标和 2035 年远景目标,适应新发展阶段要求,树立知识产权司法保护新理念,为贯彻新发展理念、构建新发展格局、推动高质量发展提供有力保障。

坚持以我为主,积极服务大局。人民法院要围绕贯彻落实党中央部署要求,围绕构建知识产权大保护工作格局,认真研究制定“十四五”时期人民法院知识产权工作规划。立足促进提升自主创新能力,加大对关键核心技术、重点领域、新兴产业、传统文化、传统知识的知识产权司法保护力度,为创新驱动发展战略保驾护航。着力营造市场化、法治化、国际化营商环境,严厉打击侵犯知识产权行为,严肃制裁滥用权利、恶意诉讼等行为,严惩不诚信诉讼,推动知识产权诉讼诚信体系建设。服务国家重大区域发展战略,研究完善专门法院改革建议,优化知识产权案件管辖布局,健全知识产权案件上诉机制,为京津冀协同发展、西部大开发、新时代东北全面振兴全方位振兴、长三角一体化发展、长江经济带发展、粤港澳大湾区建设、海南自由贸易港建设、成渝地区双城经济圈建设等提供司法服务。着力维护我国国家主权、安全、发展利益,强化法治思维,运用和创新法律手段,敢于善于开展斗争,不断增强我国知识产权司法保护的国际影响力。

坚持以人民为中心,强化司法为民。以服务和推动高质量发展、更好满足人民美好生活需要为目标,坚持问题导向,聚焦聚力解决人民群众关心的举证难、周期长、成本高、赔偿低等问题,确保有权利就有救济。全面加强群众反映强烈、社会舆论关注、侵权假冒多发领域的知识产权司法保护,切实增强人民群众获得感幸福感安全感。强化民事司法保护,落实知识产权民事诉讼证据规定,研究出台有利于减轻权利人负担、降低维权成本的司法解释,着力解决知识产权诉讼维权瓶颈问题,大力加强创新创造成果保护。

坚持公平公正,保护激励创新。坚持既严格保护知识产权,又确保公共利益和激励创新兼得,正确把握与技术贡献程度相适应的知识产权保护范围和强度,划定划清权利边界,促进创新要素有序流动、高效配置。加强商业标志权益保护,规制恶意申请注册行为,促进商标申请注册秩序正常化、规范化。加强著作权和相关权利保护,统筹兼顾创作者、传播者、商业经营者和社会公众利益,有效协调激励创作、促进产业发展、保障基本文化权益之间的关系。加强保密商务信息等商业秘密保护,促进企业公平竞争、人才合理流动。妥善审理涉及新基建、新技术、新材料、新装备、新产品、新业态的知识产权侵权、反垄断和不正当竞争纠纷,合理平衡各方利益,依法保障科技创新,促进增强自主创新能力。

三、开创知识产权司法保护事业新局面

党的十八大以来,以习近平同志为核心的党中央从加强顶层设计、完善法律法规、改革体制机制、加强司法和行政保护等方面,对知识产权保护制度作出重要决策部署,采取切实措施,取得了良好成效。在新发展阶段,人民法院要不断开创知识产权司法保护事业新局面,为推动创新型国家建设、推进国家治理体系和治理能力现代化提供更加有力的服务和保障。

充分发挥知识产权审判职能作用。高效的执法司法体系是强化知识产权保护的重要保障。为保障民法典准确适用,全面清理完善知识产权司法解释和司法政策,增强法律实施效果。制定完善反垄断、反不正当竞争、植物新品种、商标、著作权、药品专利、数据产权等相关司法解释,加强刑事、民事、行政各领域的严格保护,把法律保护落到实处。完善惩罚性赔偿司法解释,显著提高侵权成本和代价,通过司法裁判惩恶扬善,强化创新成果保护。加大刑事打击力度,严厉打击侵害知识产权的犯罪行为,有效发挥刑罚惩治和震慑相关犯罪的功能。发挥裁判规则的示范引领作用,及时发布指导性案例、典型案例,统一行政执法和司法裁判的裁量尺度与规则标准,促进稳定行为预期。充分利用审判流程公开、庭审活动公开、裁判文书公开、执行信息公开等平台,加强知识产权保护宣传教育,增强全社会尊重和保护知识产权的意识,让创造活力竞相迸发、聪明才智充分涌流。

深化知识产权审判领域改革创新。坚持改革创新,是促进知识产权审判体系和审判能力现代化,推动知识产权司法保护事业高质量发展的根本动力。要立足提高知识产权审判质量和效率、提升公信力,深化知识产权审判方式改革,积极开展繁简分流试点工作,健全线上线下融合的审判方式,大力缩短知识产权诉讼周期,显著提高知识产权司法保护质效。着眼满足大数据、人工智能、基因技术等新领域新业态发展需要,探索建立技术调查官、技术咨询专家、技术鉴定人员、专家辅助人参与诉讼活动的技术事实查明机制,提高技术事实查明的客观性、公正性、科学性。立足健全知识产权诉讼制度,深化知识产权司法体制综合配套改革,推进审判机构专门化、审判人员专职化和审判工作专业化,加快完善知识产权刑事、民事、行政案件审判“三合一”工作机制,优化审判资源配置,提高知识产权司法保护水平。

强化知识产权司法保护协同合作。新发展阶段需要凝聚知识产权保护更大合力。为此,要进一步优化协作机制,加强与公安、检察机关在知识产权执法司法程序中的沟通协调,加强与知识产权、市场监管、版权、海关、农业等行政主管部门在知识产权执法司法程序上的衔接,推动形成知识产权保护的合力。进一步完善多元化纠纷解决机制,综合运用多种手段,发挥多主体作用,提升解决纠纷的整体效能。深化智慧法院建设,建立健全与行政主管机关的数据交换机制,推动实现大数据共享和深度应用。

积极参与知识产权国际合作竞争。当前知识产权领域国际竞争更加激烈,人民法院要更加注重强化涉外知识产权审判,妥善处理与国际贸易有关的重大知识产权纠纷,依法平等保护中外权利人合法权益。强化我国知识产权有关法律规定的域外适用,切实提高保护我国公民、企业境外安全和合法权益的司法能力。强化国际司法合作协作,在国际规则框架下解决好国际平行诉讼,维护知识产权领域国家安全。强化参与世界知识产权组织框架下的全球知识产权治理,通过司法裁判推动完善相关国际规则,推动全球知识产权治理体制向着更加公正合理方向发展。

加强知识产权审判队伍建设。要加强

政治能力建设，按照党建和业务深度融合的要求，提高知识产权审判队伍的思想政治素质、职业素养和专业水平。加强人才培养，立足知识产权审判实际和岗位职责，不断创新人才培养机制，造就一批政治坚定、顾全大局、精通法律、熟悉技术并具有国际视野的知识产权审判人才，为知识产权审判事业长远发展提供人才基础。

全面加强版权保护　推动构建新发展格局*

——在2021中国网络版权保护与发展大会上的主旨讲话

（2021年6月1日）

中央宣传部副部长　张建春

《著作权法》实施30年来，我国的版权事业从小到大、由弱到强，走上了高质量发展道路，取得了令人瞩目的巨大成就。特别是党的十八大以来，以习近平同志为核心的党中央把知识产权保护工作摆在了更加突出的位置，习近平总书记高度重视，围绕知识产权保护作出一系列重要部署，发表一系列重要论述。2020年11月30日，习近平总书记主持十九届中央政治局第二十五次集体学习时发表重要讲话，系统总结并充分肯定了我国知识产权保护取得的历史性成就，深刻阐明了事关知识产权事业改革发展的一系列方向性、原则性、根本性理论和实践问题，为新时代全面加强知识产权保护工作指明了前进方向、提供了根本遵循。回顾30年来，特别是党的十八大以来我国版权事业发展取得的历史性成就，可以概括为以下几个方面。

一是版权体系日益完备，成为推进国家治理体系和治理能力现代化的重要内容。30年来，我们建立了集“一法六条例”、8个国际公约以及地方性法规、部门规章、司法解释于一体，既具有中国特色又符合国际规则、既适应市场经济要求又体现新技术发展的比较完备的版权法律制度体系，建立了司法与行政并行、多部门协调配合、惩治力度不断加大的版权双轨保护体系，建立了覆盖作品登记、宣传教育、版权交易、产业发展等全产业链的版权社会服务体系，建立了多边合作和双边交流相结合、充分展现我国国际话语权和影响力的版权国际合作体系。这四个体系科学规范、运行有效，构成了具有中国特色的版权体系，充分体现了中国特色社会主义制度的本质特征和显著优势，集中反映了新时代版权事业发展的新要求和人民群众的新期待。

二是版权作品极大丰富，有力促进了社会主义文化繁荣发展。版权涵盖文学、艺术和科学领域内的一切智力成果，覆盖文化创作、生产、传播、使用、交易全链条，它关系发展先进文化生产力，关系保护民族文化创造力，关系提升国家文化软实力，既具有典型的知识产权属性，又具有鲜明的文化和意识形态属性。30年来，版权制度体系不断完善，社会版权意识不断提升，极大激励了文学艺术作品创作生产。人民群众在文化需求方面的获得感、幸福感不断增强。

三是版权保护日趋严格，为维护市场经济秩序、构建新发展格局提供了有力保障。30年来，各级版权部门认真贯彻落

* 本文根据中宣部副部长张建春2021年6月1日在2021中国网络版权保护与发展大会上的主旨讲话整理而成，发表时略有删节。

实党中央决策部署，把尊重和保护版权、打击侵权盗版行为作为一项重要工作统筹安排，强化日常监管和开展专项整治相结合，不断加大对侵权盗版的惩治力度，有效维护了著作权人的合法权益和公平竞争的市场秩序。党的十八大以来，各级版权行政执法部门查办侵权盗版案件3.5万余件，收缴各类侵权盗版制品1.15亿件；积极参与和推动《视听表演北京条约》《马拉喀什条约》等国际版权条约的制定生效，大大提升了版权国际影响力和话语权，提高了版权国际保护水平。实施版权严格保护，充分发挥了对内激励创新、对外促进开放的作用，有效维护了我国讲信誉、负责任的大国形象，为在更大范围、更广领域和更高层次上参与国际竞争和文化经济技术合作，不断提高对外开放水平，进而畅通国内大循环和国内国际双循环提供了有力保障。

四是版权产业快速发展，为实施创新驱动战略、推动经济结构优化升级提供了重要支点。版权是重要的资源要素，具有法律、文化和财产属性，支撑着新闻出版、广播影视、文学艺术、文化娱乐、信息网络等版权产业的健康发展。30年来，作品登记、集体管理、版权交易、中介服务等版权社会服务水平显著提升，版权示范创建、版权交易中心建设等产业促进措施不断深化，著作权登记总量大幅增长，版权成果转化成效明显，版权产业快速发展，尊重知识、尊重创作、尊重版权的良好氛围正在逐步形成。2020年我国著作权登记总量达到503.9万件。2020年疫情期间，在线教育、网络文学、网络游戏等相关版权产业更是逆势而上，呈现出强劲的发展势头。现在，越来越多的影视、音乐、文学企业通过版权资源的运营和保护来获得收益，越来越多的权利人也因此获得作品的报酬，特别是优质IP受到资本青睐，版权资源的价值日益突显。可以说，版权已经成为文化产业发展最重要的基础资源，版权产业已经成为我国国民经济的重要支柱。

在充分肯定版权事业取得巨大成就的同时，我们也必须从国家战略高度和进入新发展阶段的要求出发，清醒认识存在的问题和不足。由于起步晚、基础差，我国版权工作与经济社会发展要求还不完全适应，仍然面临着不少问题与挑战。一是打击侵权盗版形势依然严峻。随着网络技术的发展，作品的复制、传播愈发便捷，侵权盗版行为呈现网络化、新型化、复杂化、高技术化等特点，给版权保护工作带来了很大挑战。二是版权质量效益还有待提升。版权作品数量近年来不断增长，但精品力作还不多，有“高原”缺“高峰”的问题仍然没有得到较好解决。对版权产业的扶持政策仍存在不足，促进版权价值转移转化的市场机制还不够完善，版权资源还没有得到充分挖掘利用。三是版权国际应对环境复杂多变。某些西方国家将版权问题与经贸问题挂钩，版权涉外应对形势愈加复杂，任务更加艰巨。

2021年是中国共产党成立100周年，也是“十四五”开局之年、全面建设社会主义现代化国家新征程起步之年。面对新形势新任务，我们要进一步提高政治站位，认真贯彻落实习近平总书记关于全面加强知识产权保护的重要讲话精神，不断提高做好版权工作的政治判断力、政治领悟力、政治执行力，进一步总结《著作权法》实施30年来的宝贵经验，把握新时代版权工作的新特点、新规律、新要求，以高度的政治责任感和历史使命感，全面加强版权保护，推动构建新发展格局，为庆祝建党百年营造良好的文化舆论氛围。

一要强化版权工作顶层设计，提高版权工作法治化水平。习近平总书记强调，要准确判断国内外形势新特点，谋划好知识产权保护工作；要坚持以我为主、人民利益至上、公正合理保护，既严格保护知识产权，又防范个人和企业权利过度扩张，确保公共利益和激励创新兼得。我们要立足于保护权利、鼓励创作、促进传播和平衡利益原则，研究制定版权工作“十四五”规划，明确“十四五”时期版权工作的目标、任务、举措和实施蓝图，为贯彻新发展理念、构建新发展格局、推动高质量发展提供有力支撑。要准确把握《著作权法》第三次修改重点内容，贯彻实施好新修改的《著作权法》，积极推进配套法规、规章的修改、制定工作，充分发挥著作权法律制度的规范、引导、促进和保障作用。

二要强化版权全链条保护，筑牢意识形态安全屏障。习近平总书记强调，知识产权保护是一个系统工程，覆盖领域广、涉及方面多，要综合运用法律、行政、经济、技术、社会治理等多种手段，从审查授权、行政执法、司法保护、仲裁调解、行业自律、公民诚信等环节完善保护体系，加强协同配合，构建大保护工作格局。我们要深化落实中办、国办联合印发的《关于强化知识产权保护的意见》，坚持“严格保护，提升效能，分类监管，引导规范”的监管工作思路，综合运用多种手段，强化版权全链条保护。要突出大要案件查处和重点行业专项治理，集中力量抓大案、抓关键，加大对侵权盗版的惩治力度，坚决做到重拳出击、整治到底、震慑到位。要充分运用新修改的《著作权法》赋予的执法手段，积极主动履责，提升执法效能，继续保持对侵权盗版高压严打态势。要紧紧抓住日常监督检查、年度考核评议等关键环节，持续深入推进软件正版化工作。要积极引导规范，充分调动发挥行业、企业、个人等各方面积极性，努力形成政府监管、司法保护、行业自律、社会监督相结合的版权保护社会共治新格局。

三要强化版权管理体制机制建设，推进版权产业持续健康发展。习近平总书记强调，加强知识产权保护，不仅是维护内外资企业合法权益的需要，更是推进创新型国家建设、推动高质量发展的内在要求。我们要着眼抓长抓常，进一步健全版权社会服务体制机制，全面推进版权登记规范化建设，加大对著作权集体管理组织的指导和监管，不断完善境外著作权认证制度，深入开展版权示范创建，积极探索国家版权创新发展基地建设，努力打造全国版权展会授权交易体系。要加强对版权产业的培育、促进、优化和提质，研究实行差别化的版权产业区域政策，不断增强全社会尊重和保护版权的意识，促进版权资源向现实生产力转化。要抓紧研究制定民间文艺版权保护条例，促进我国优秀传统文化创造性转化和创新性发展。

四要强化对国际版权合作和竞争的统筹协调，坚决维护版权领域国家安全。习近平总书记强调，知识产权是国际竞争力的核心要素，也是国际争端的焦点。我们要牢固树立人类命运共同体理念，深度参与世界知识产权组织框架下的全球版权治理，推动全球版权治理体制向着更加公正、开放、包容、公平的方向发展。要积极拓展影响版权国际舆论的渠道和方式，讲好中国版权故事，展示文明大国、负责任大国形象。要加强多双边版权交流合作，深化同“一带一路”沿线国家和地区版权交流，营造良好国际合作氛围，拓宽国际版权交易渠道。要建设版权涉外风险防控体系，形成高效的国际版权风险预警和应急机制，加大对我国企业海外版权维权援助，为版权企业“走出去”保驾护航。同时，面对国际版权竞争，我们也要敢于斗争、善于斗争，决不放弃正当权益，决不牺牲国家核心利益，以坚定决心和坚强意志守护好版权领域国家安全。

五要强化网络空间治理，营造风清气正的网络版权生态。习近平总书记强调，网络空间是亿万民众共同的精神家园，网络空间天朗气清、生态良好，符合人民利益。国家版权局、中央网信办、公安部、工信部连续 17 年联合开展“剑网行动”，网络版权环境显著改善。我们要进一步提高网络综合治理能力，努力构建党委领导、政府管理、企业履责、社会监督、网民自律，经济、法律、技术等多种手段相结合的治理格局，共同维护风清气正的网络版权生态。版权管理工作要继续把网络作为主阵地、主战场，不断强化互联网思维，坚持政策引导和依法管理并举、执法监管和服务发展并重，切实维护网络版权安全。要进一步发挥好网络版权执法的震慑作用，针对群众反映强烈的网络新闻、短视频、直播等领域的侵权盗版乱象，加大专项整治力度。要积极探索建立适合互联网特点的授权机制，着力改变网络环境下作品授权难、使用难的状况，促进网络海量作品的授权与使用。要推动互联网企业切实履行主体责任，不断建立健全平台版权管理体系，进一步增强网络版权保护的主动性。

30 年砥砺前行，30 年春华秋实。三十而立的著作权法与中国版权事业，正朝气蓬勃迈向新征程！让我们更加紧密地团结在以习近平同志为核心的党中央周围，进一步增强“四个意识”、坚定“四个自信”、做到“两个维护”，不忘初心、牢记使命，奋力开创新时代中国版权事业新局面，为全面建设社会主义现代化国家、实现中华民族伟大复兴作出新的更大贡献！

加强植物新品种保护　促进林草事业高质量发展*

国家林业和草原局副局长　彭有冬

2008 年 6 月 5 日，国务院发布《国家知识产权战略纲要》，将知识产权上升为国家战略并进行了系统部署，开启了我国知识产权事业发展的新篇章。国家林业和草原局以贯彻实施《国家知识产权战略纲要》和建设知识产权强国为契机，建立健全林草知识产权服务体系，积极创新政策机制、夯实发展基础、依法保护权益、加快转化运用，强化林草科技自主创新，林草知识产权创造和运用能力得到持续增强，为促进我国林草事业高质量发展提供了强大动力。

林草植物新品种保护作为林草知识产权保护的重要组成部分，对于保护育种者权益、激励林草育种创新、推进我国种业振兴具有举足轻重的作用。结合职能任务分工，国家林业和草原局全面加强林草植物新品种保护工作，围绕保护管理制度建设、技术支撑体系建设、转化运用体系建设、行政执法体系建设、深化国际合作交流等方面开展了大量工作，取得了显著成效，有效调动了全社会林草育种创新的积极性。大量颇具特色的优良新品种在生产上得到广泛应用，展现出良好的经济价值和广阔的市场前景，逐步成为许多地区生态建设、产业发展、林农增收的重要手段，对现代林业和草原发展的支撑作用日益凸显。“十四五”时期，是推动林业、草原、国家公园“三位一体”融合，实现林草事业高质量发展的战略机遇期和黄金发展期。国家林业和草原局将持续推进知识产权战略实施，进一步解放思想，加强“放管服”改革力度，精准施策，补齐短板，力争在优化完善运行管理机制、推进审查质量提质增效、加强优良新品种创制与转化运用、打击侵权执法等方面取得新的突破，全面提升新时代林草植物新品种保护水平，为生态文明和美丽中国建设提供有力支撑。

* 本文首发于《知识产权强国建设纲要（2021—2025 年）辅导读本》（知识产权出版社 2022 年 1 月出版）。

一、发展现状

(一)林草植物新品种保护制度不断完善

以贯彻落实《国家知识产权战略纲要》为抓手,不断强化林草知识产权制度建设,发布了《国家林业局关于贯彻实施〈国家知识产权战略纲要〉的指导意见》,制定并组织实施了《全国林业知识产权事业发展规划(2013—2020年)》和林业实施知识产权战略年度推进计划,发布了《林业植物新品种保护行政执法办法》,制定了《林业植物新品种测试管理规定》《林业植物新品种权申请审查规则》等规章制度。先后发布了7批《中华人民共和国植物新品种保护名录(林业部分)》,林草保护名录累计达到284个属(种),有效满足了育种者申请新品种保护的需求。

(二)林草植物新品种的技术支撑体系逐步增强

进一步健全完善林草植物新品种测试体系,建立了1个测试中心、5个区域测试分中心、2个分子测定实验室、6个专业测试站,开展了165项林业植物新品种测试指南的编制,已制定完成70项,分别以国家标准或行业标准发布,有效提高了植物新品种的审查测试能力。贯彻落实"放管服"改革要求,优化完善管理工作流程,加强信息化管理平台建设,努力提升审查质量和审查效率,林草植物新品种的申请量和授权量近年来得到大幅增长。

(三)林草植物新品种的转化运用能力显著提升

建立了林草植物新品种权转化运用的政策导向和激励机制,开展林草授权植物新品种应用情况调研,多次召开林草植物新品种发布推介会、林业植物新品种领域职务育种制度座谈会,发布和推介授权植物新品种,并组织签订新品种权转让许可合同,有效促进了林草植物新品种的推广应用。建立了《中国林业植物新品种保护》网站和信息共享平台,每年编辑出版《中国林业植物授权新品种》。支持建立了一批林草植物新品种转化运用示范基地,同时筛选优良植物新品种,纳入各级林草科技推广计划进行转化运用,大量颇具特色的优良新品种在生产上得到广泛应用,展现出了良好的经济价值和广阔的市场前景,逐步成为许多地区生态建设、产业发展、林农增收的重要手段。通过组织召开林草植物新品种惠农工作座谈会,搭建植物新品种惠农交流平台,就推进优良植物新品种创制、保护、转化、推广、产业化等进行座谈交流。筛选了一批转化运用效果好、惠农成效明显的优良新品种,建立优良新品种惠农典型样板,全方位开展宣传报道,特别是在《中国绿色时报》开辟专版进行深入报道,提升了林草新品种的显示度和影响力。

(四)林草植物新品种保护行政执法工作有序开展

加强植物新品种保护执法,依法保护育种者的合法权益,是植物新品种保护制度能够顺利实施的关键。每年组织开展打击侵犯林草植物新品种权专项行动,重点对各种林木、花卉博览会、交易会等进行检查,严格查处植物新品种违法行为,加大处罚力度,净化了植物新品种交易市场,指导品种权人积极维权,营造良好的市场氛围。同时构建了月季、牡丹品种DNA图谱数据库,为执法取证提供技术支撑。为探索建立行政执法长效机制,促进行政执法与刑事司法的衔接,在陕西、河北、山东等省开展了林草植物新品种权行政执法试点。各地林草主管部门根据相关要求,健全了林草植物新品种权的行政执法体系,加强执法人员培训,提高了执法人员的业务水平和责任意识。

(五)林草植物新品种保护的国际合作日益深化

国家林业和草原局认真履行《国际植

物新品种保护公约》，积极参与东亚植物新品种保护论坛。完成了山茶属、丁香属、牡丹、核桃属等 4 项国际测试指南的编制，提升了我国植物新品种保护的国际影响力。积极参与中瑞、中日韩自由贸易协定等多边和双边知识产权谈判，与欧盟植物新品种保护办公室和韩国林木植物新品种保护部门签署合作协议，与国际植物新品种保护联盟成员国开展合作交流，有力提升了我国林草植物新品种的保护水平。

二、形势要求

习近平总书记和党中央高度重视知识产权保护和种业发展问题。2020 年 11 月 30 日，习近平总书记参加十九届中央政治局第二十五次集体学习并做重要讲话，用"五个关系"深刻阐明加强知识产权保护的重大意义，用"两个转变"科学界定了我国知识产权保护所处的历史方位，从加强顶层设计、提高法治化水平、强化全链条保护、深化体制机制改革、统筹推进国际合作和竞争、维护知识产权领域国家安全等六个方面作出重要部署，为新时代加强我国知识产权保护工作提供了根本遵循和行动指南。2021 年 7 月 9 日，习近平总书记主持召开中央全面深化改革委员会第二十次会议，审议通过《种业振兴行动方案》，对加强种业知识产权保护提出了明确要求。加强种业知识产权保护，既是推进种业振兴的重要保障，也是当前急需突破的重点难点。如果没有强有力的制度保护，种业自主创新就会大打折扣。全面提升植物新品种创造、保护、运用、管理和服务水平，就是对育种创新者核心利益的最大保护，是对增强我国种业竞争力的最大激励，是对打好种业翻身仗、推进种业振兴的最大支持。

(一)加强植物新品种保护工作，是切实做好"两个维护"的重要体现

习近平总书记历来重视知识产权保护工作，从 2012 年至今就知识产权保护工作的重要讲话和论述有近 50 次。十九届中央政治局第二十五次集体学习更是将知识产权保护的重要性提到了前所未有的高度，赋予其新的时代内涵，明确了新的功能定位，具有鲜明的政治导向。作为负责林草植物新品种授权审批和管理保护的中央国家机关，国家林业和草原局将进一步强化政治机关意识，不断增强政治敏锐力和政治鉴别力，切实将做好"两个维护"体现在坚决贯彻党中央决策部署的行动上，体现在履职尽责、做好本职工作的实效上。

(二)加强植物新品种保护工作，是适应新发展阶段、贯彻新发展理念的时代要求

目前，我国正在从知识产权引进大国向知识产权创造大国转变，知识产权工作正在从追求数量向提高质量转变，这也对植物新品种工作提出更高的要求。我国植物新品种权保护工作与发达国家相比仍存在一定差距，尤其是林草植物新品种质量效益不够高、高质量高价值新品种偏少，新品种保护法治化水平仍然不高，成果转化路径单一、转化率不高。要切实增强做好植物新品种保护工作的责任感和使命感，坚持以人民为中心的发展思想、以问题为导向的发展路径、以忧患意识为基础的发展思维，谋划好林草植物新品种保护"十四五"规划和面向 2035 年远景发展规划。

(三)加强植物新品种保护工作，是坚持创新驱动发展、推动构建新发展格局的战略要求

构建新发展格局，加快科技创新是关键。习近平总书记在多个场合强调，新发展格局决不是封闭的国内循环，而是更加开放的国内国际双循环；我们要大力提升自主创新能力，尽快突破关键核心技术。党的十九届五中全会对科技创新作出重要部署，凸显了以习近平同志为核心的党中央对科技创新的高度重视。创新是引领发展的第一动力，保护知识产权就是保护创新。习近平总书记在国家南繁科研育种基地考察时强调:“要下决心把我国种业搞上去,抓紧培育具有自主知识产权的优良品种。”因此,要从国家战略高度出发,找准角色定位,积极发挥作用,进一步全面保护育种创新成果、进一步激发全社会育种创新活力、进一步推进育种成果转化落地,以创新驱动发展为引领,以推动构建新发展格局为目标,全力推进新时代植物新品种保护事业迈向新台阶。

(四)加强植物新品种保护工作,是助力乡村振兴、促进林草事业高质量发展的重要保障

当前,我国林草事业正从快速发展阶段转向高质量发展阶段,如何科学开展困难立地造林绿化、推进山水林田湖草沙系统治理、加强草原生态保护修复、将绿水青山有效转化为金山银山、巩固脱贫攻坚成果等国家林业和草原局的重点工作都迫切需要丰富多样的优良林草植物新品种来提供支撑。通过加强植物新品种保护,进一步增强林草科技创新活力,培育一批具有重大应用价值的优良林草新品种,解决林草种业种苗“卡脖子”问题,为助力乡村振兴、促进林草事业高质量发展提供强大动力。

三、目标任务

(一)总体目标

牢固树立保护知识产权就是保护创新的理念,按照建设知识产权强国目标,以更高的标准、更严的要求、更实的举措全面推进林草植物新品种保护工作。到 2035 年,林草植物新品种保护体系更加完备,管理运行机制更加健全,自主创新能力全面提升。林草植物新品种保护制度进一步完善,稳步提升审查质量和效率,健全林草植物新品种保护的技术支撑体系和行政执法体系,建立林草授权植物新品种的评估机制和交易平台,有效提升林草植物新品种创造、保护、运用、管理和服务水平,构建“严保护、大保护、快保护、同保护”新格局。在生态林、生态草、用材林、经济林、观赏植物等领域培育出一批具有重要影响的优良新品种,新品种转化应用成效显著增强。

(二)重点任务

1. 完善法律法规制度,夯实法制基础

配合完成《中华人民共和国种子法》《中华人民共和国植物新品种保护条例》修订,跟进修订完善《中华人民共和国植物新品种保护条例林草实施细则》,出台《林草植物新品种权质押登记管理办法》,积极推动林草植物品种权转让、实施许可、投资入股、质押融资等各项政策措施的落实,让品种权人分享更多的知识产权收益。

2. 强化品种质量提升,实现自立自强

引导高质量植物新品种创制和布局,探索建立林草植物新品种质量评估机制,加快林草植物新品种培育,围绕生物育种前沿技术,支持开展林木、花卉、竹藤和草高效分子育种研究,加快培育一批具有自主知识产权的高抗、速生优良植物新品种,提高林草植物授权品种的质量。健全林草植物新品种权的利益分享机制,使品种权人、品种生产经营单位和品种使用人共同受益。

3. 健全技术支撑体系,提升服务能力

加快林草植物新品种测试机构和保藏机构建设,完善已知品种数据库,加快测试指南编制,加强测试机构的合理布局和条件能力建设,完善现有测试机构能力建设,提高专业测试站的测试能力,形成布局合理、条件完善、科学高效的国家林草植物新品种测试体系,扩大林草植物新品种保护范围,有效提高审查测试能力。推进林草植物新品种申请便利化改革,建立林草植物新品种保护管理系统,实施并大力推广林草植物新品种的网上申请。健全完善林草植物新品种审查机构和审查员制度,充分利用信息化新技术建设智能化审查系统,提高林草植物新品种的审查质量和效率。

4. 抓好转化运用示范,促进新品种惠农

健全林草知识产权运营体系,加强技

术转移与知识产权运营机构建设，创新授权植物新品种许可模式。实施林草授权植物新品种转化运用项目，遴选一批优良林草植物新品种转化运用试点单位，为试点单位提供定向专业辅导、制定靶向政策、激励制度，系统性策划、运营对接等服务，充分发挥优良林草植物新品种的产业化带动作用，探索实现新品种惠农的模式途径，助力美丽乡村建设和乡村振兴战略实施。建立林草植物新品种信息共享和交易服务平台，实现供需对接、项目评估和信息共享，提高林草植物新品种的转化运用能力和水平，推动林草产业转型升级。充分发挥政府的引领作用，为植物新品种权的管理机构、研发机构、商业机构、金融机构、中介机构搭建交流平台，促进全国性信息交流和新品种展示，保障供需信息获取渠道的畅通，有效打通科研和市场的“最后一公里”。

5. 完善行政执法体系，提高执法实效

健全林草植物新品种权行政执法体系，强化植物新品种权行政执法能力建设，及时查处侵犯植物新品种权和假冒授权品种的案件，维护品种权人的合法权益。健全国家、省、市、县四级林草植物新品种保护执法体系，加强行政执法与刑事司法的衔接，将植物新品种保护执法纳入林草行政综合执法范畴，提高执法队伍素质和执法水平，维护品种权人的合法权益。

6. 深化国际交流合作，扩大国际影响

强化涉林草国际植物新品种保护制度和规则研究，深入开展《国际植物新品种保护公约》1991 年文本与 1978 年文本的利弊分析研究，提出我国植物新品种保护加入《国际植物新品种保护公约》1991 年文本的对策建议。参加国际多边及双边活动，加强“一带一路”林草植物新品种国际合作与交流，扩大国内外交流与合作，引导林业草原科研院所、高等院校和企业积极融入科技全球化进程，加强国际植物新品种的申请和布局，牵头和参与国际标准制定，努力实现中国从国际规则遵循者、跟随者到参与者、建设者的角色转换。

四、重点举措

（一）优化完善管理体制机制

建立健全林草重大研究项目知识产权全流程管理，完善林业草原科技人才考核评价体系，更加重视授权品种的质量和转化运用等指标，推动奖励政策从申请、授权的资助奖励逐步向转化运用的绩效奖励转变。积极探索保护管理制度创新、保护模式和技术手段创新。支持育种单位或个人根据育种创新链，开展全链条知识产权管理，引导加强向国外申请新品种权的布局。聚焦申请人关注的审查与授权时效等问题，进一步优化审查流程、创新审查机制、加快审查效率，推动利用现代生物技术等手段开展审查，实现审查快、鉴定快、授权快、维权快的高效快捷保护。

（二）加强专业人才队伍建设

提高知识产权行政执法人员职业化、专业化水平，重点加强植物新品种审查、测试队伍建设，定期开展行政执法、文件审查、实审测试等培训学习，确保现有人才队伍质量。充分发挥和调动各方面的积极性，形成多层次、多渠道的林草植物新品种教育培训体系，建立面向育种人和育种企业的长期培训制度。完善吸引、使用和管理专业人才的制度，优化人才结构，形成一支与现代林草高质量发展相适应的专业人才队伍。

（三）强化优良新品种转化运用

设立一批优良新品种转化运用试点单位，提供定向专业指导和咨询服务，分类制定靶向政策，激励优良新品种创制和转化应用，发挥产业示范带动作用。开辟审查授权惠民通道，对具有重要推广价值、惠农预期比较明显的经济林类和观赏植物类优良新品种，设立一定比例的惠农专用绿色通道，加快审查授权进程。探索建立公益性授权植物新品种转化应用和布局的政府补贴制度，对具有重大社会公益价值、生态推广价值的植物新品种给予政府补贴。

（四）加强林草植物新品种宣传

多渠道多形式开展林草知识产权和植物新品种宣传。组织好全国林草知识产权宣传周等大型活动，充分利用各类媒体平台，加强优良新品种的宣传推介和引导，支持品种权人开展宣传活动。举办林草植物新品种培训班，提高林草行业的知识产权保护意识，使尊重知识、崇尚创新、诚信守法理念深入人心，为加快建设知识产权强国营造良好氛围。

全国知识产权工作概况

专利、商标、集成电路布图设计、地理标志及统筹协调涉外知识产权工作

一、法律事务

（一）法制建设

法律法规规章修订有新进展。形成《专利法实施细则修改建议（征求意见稿）》《专利法实施细则修改草案（送审稿）》，2021年7月报立法部门，开展多项工作配合推进实施细则修改进程。积极推进商标法、商标法实施条例修改准备工作，形成商标法修订草案（征求意见稿）初稿。深入开展地理标志专门立法调研，拟定地理标志法律制度立法基本框架和主要内容。稳步推进《商标代理管理办法》《官方标志保护办法》《关于规范专利申请行为的若干规定》《集体商标、证明商标注册和管理办法》等规章的修订工作。

加强知识产权普法工作顶层设计。根据全国“八五”普法规划总体要求，研究起草《全国知识产权系统法治宣传教育第八个五年实施方案（2021—2025年）》。

持续加强法治政府建设。认真落实相关规定，开展规范性文件出台前的合法性审核，审核重大行政执法决定。组织全局公职律师参加云课堂培训，为公职律师参与法治工作创造条件。

加强地方立法指导协调。充分发挥地方专利立法指导协调机制的作用，为地方知识产权法律制度完善提供支持。将海南作为地方立法重点指导对象，提供多项指导和支持，向北京、辽宁、山西、上海浦东新区、长沙等地完善知识产权立法提供意见和建议。

（二）审查标准与政策

制定完善专利、商标审查政策。建立以国家需求和用户满意为导向的专利商标审查管理机制，突出对国家经济、科技战略的协同。开展《专利和商标审查“十四五”规划》编制工作，印发实施《关于规范申请专利行为的办法》，起草《商标申请注册快速审查办法》。做好加入《海牙协定》后外观设计审查相关工作衔接。

持续完善专利、商标审查标准。根据《专利法》《专利法实施细则》及其开展适应性修改工作，形成《专利审查指南》（征求意见稿），并向社会公开征求意见。进一步完善涉及人工智能、大数据等专利的审查规则。发布《商标审查审理指南》，规范商标审查各项业务程序的规程，为社会公众办理商标事务提供具体指引。探索推进实用新型制度改革，引入明显创造性条款，提高授权质量。

（三）行政复议和行政诉讼

2021年，收到涉及专利、商标、集成电路

路布图设计、原产地地理标志类行政复议申请 1779 件。除复审、无效案件的行政应诉案件外，国家知识产权局参加涉及专利、商标、集成电路布图设计、原产地地理标志类行政应诉一审案件共 397 件，其中法院新受理的一审案件 266 件，2020 年结转案件 131 件。

2021 年，行政相对人不服专利复审、无效案件审理机构作出的行政决定而向人民法院提起行政诉讼的案件 1442 件，不服商标评审机构作出的行政裁决而向人民法院提起行政诉讼的案件 2.1 万件。专利复审无效案件被诉率为 2.4%，商标评审案件被诉率为 5.4%。

二、知识产权创造

(一)专利

1. 专利申请

2021 年，我国发明专利申请量为 158.6 万件，同比增长 5.9%。其中，国内发明专利申请 142.8 万件，占总量的 90.0%，同比增长 6.2%；国外在华发明专利申请 15.8 万件，占总量的 10.0%，同比增长 3.6%。

国内发明专利申请中，职务申请 131.4 万件，占 92.0%，同比增长 8.2%。国内发明专利申请中，企业申请所占比重达到 66.8%。

2021 年，我国实用新型专利申请量为 285.2 万件，同比下降 2.5%；我国外观设计专利申请量为 80.6 万件，同比增长 4.6%。

2. 专利审查

2021 年，审结发明专利 126.6 万件。受理三种专利优先审查案件 7.7 万件，其中发明专利申请 7.4 万件，同比增长 31.5%。

加强审查阶段的周期过程管理，调配优势资源向高价值专利倾斜，持续推进专利审查提质增效。2021 年，高价值发明专利审查周期压减至 13.3 个月，提前完成国务院深化"放管服"改革任务目标，发明专利平均审查周期压减至 18.5 个月。开展长周期案件专项清理工作，全年审结长周期案件 21.7 万件。扎实落实《提升发明专利审查质量和审查效率专项实施方案(2019—2022 年)》工作部署，严格依法审查，把好授权确权关，持续提高审查质量和审查效率。2021 年度专利审查质量用户满意度指数为 85.7，连续 12 年保持在满意区间内。

3. 专利授权

2021 年，授权发明专利 69.6 万件，同比增长 31.3%。其中，国内发明专利授权 58.6 万件，占总量的 84.2%；国外申请人在华发明专利授权 11.0 万件，同比增长 23.0%。国内发明专利授权中，职务发明专利授权 56.5 万件，占 96.4%，同比增长 33.3%；非职务发明 2.1 万件，占 3.6%，同比增长 23.0%。

2021 年，授权实用新型专利 312.0 万件，同比增长 31.2%；授权外观设计专利 78.6 万件，同比增长 7.3%。

2021 年，我国发明专利授权率为55.0%。

4. 有效发明专利拥有量

截至 2021 年底，已授权并维持有效的发明专利拥有量为 359.7 万件，同比增长 17.6%。其中，国内发明专利拥有量 277.3 万件，占总量的 77.1%，同比增长 21.7%；国外在华发明专利拥有量为 82.4 万件，占总量的 22.9%，同比增长 5.8%。

截至 2021 年底，我国国内(不含台港澳)每万人口高价值发明专利拥有量达 7.5 件。

5. PCT 国际专利申请

2021 年，受理通过 PCT 途径提交的国际专利申请 7.3 万件，同比增长 1.5%。其中，6.8 万件来自国内，同比增长 2.1%。完成国际检索报告 7.8 万件，同比增长 11.6%。自 1994 年起，累计受理通过 PCT 途径提交的国际专利申请 52.1 万件，累计完成 PCT 国际检索报告 48.5 万件。

2021 年，收到进入中国国家阶段的 PCT 国际申请 10.7 万件，同比增长 6.3%。其中，发明专利申请 10.6 万件，实用新型专利申请 916 件。自 1994 年起，累计收到进入中国国家阶段的 PCT 国际申请 141.9 万件。

6. 专利复审与无效

2021年，受理专利复审请求7.6万件，同比增长39.2%；结案5.4万件，同比增长12.4%。专利复审案件平均结案周期为16.4个月。审结的发明专利复审案件中，撤销驳回占47.2%，维持驳回和其他方式结案占52.8%。

2021年，受理专利无效宣告请求7628件，同比增长23.5%；结案7065件，同比下降1.1%。专利无效宣告请求案件平均审查结案周期为5.8个月。审结的发明专利无效案件中，全部无效占24.7%，部分无效占15.0%，专利权维持占60.4%；审结的实用新型专利无效案件中，全部无效占42.0%，部分无效占17.8%，专利权维持占40.2%；审结的外观设计专利无效案件中，全部无效占49.9%，部分无效占0.9%，专利权维持占49.1%。

自1985年以来，累计受理专利复审请求40.1万件，结案32.0万件；累计受理专利无效宣告请求7.5万件，结案7.0万件。

当事人通过专利复审和无效宣告电子请求系统提交复审无效请求的比率逐年上升。截至2021年底，全国专利复审电子请求率达到92.3%，专利无效宣告电子请求率达到80.4%。该系统为当事人提供了便利，有效缩短了立案周期。

积极推进巡回审理工作。2021年在上海、广东、江苏、湖南四省市巡回审理案件27件。截至2021年底，已建成25个多媒体审理庭和35间多媒体合议室，并在北京、南京、浙江、浦东知识产权保护中心搭建了审理庭点对点远程审理系统，覆盖线下当面审理、互联网远程审理、与保护中心远程审理等多种模式。

（二）商标

1. 商标申请

2021年，我国商标注册申请量为945.1万件。其中，国内商标申请量919.3万件，占总申请量的97.3%，同比增长0.8%；国外在华商标申请量25.8万件，占总申请量的2.7%，同比增长11.6%。在全年商标注册申请中，服务商标的注册申请量322.0万件，占总申请量的34.1%，同比增长7.3%。

2. 商标审查

全面实施商标注册审查审签机制改革，各地方商标审查协作中心审查审核、商标局审签的“一审一核一签”机制正式运行，切实加强商标审查中央事权。建立商标注册申请快速审查机制，制定《商标注册申请快速审查办法（试行）》，提高商标授权确权效率。

3. 商标注册

2021年，我国商标注册量为773.9万件，同比增长34.3%。其中，国内商标注册754.5万件，占总量的97.5%，同比增长35.3%；国外在华商标注册19.4万件，占总量的2.5%，同比增长5.2%。2021年，我国商标注册审查签发量中，初步审定占56.9%，部分驳回占15.2%，驳回占27.8%（商标注册审查初步审定签发量、部分驳回签发量和驳回签发量占比统计中不包含通过马德里途径指定中国的商标申请）。

4. 有效注册商标量

截至2021年底，有效注册商标量为3724.0万件，同比增长23.4%。其中，国内有效注册商标3532.3万件，占总量的94.9%，同比增长24.4%；国外在华有效注册商标191.7万件，占总量的5.1%，同比增长7.7%。

5. 马德里商标国际注册申请

2021年，国家知识产权局收到我国申请人提交的马德里商标国际注册申请5928件。截至2021年底，我国申请人马德里商标国际注册累计有效量达4.9万件。马德里商标国际注册业务全面实现电子化，网上申请率达97%。全面上线的网上申请功能，彻底解决了国外疫情导致的国际邮政系统不稳定问题，有效缩短了申请周期，截至2021年底，我国申请人马德里商标国际注册申请的平均形式审查周期缩短至2个月。

2021 年，我国申请人马德里商标国际注册申请量前十位的商品和服务类别为：第 9 类（科学仪器、计算机、数字存储媒介等）、第 7 类（机器、机床、马达等）、第 35 类（广告、商业经营等）、第 11 类（照明设备、微波炉、冰箱等）、第 12 类（运载工具等）、第 25 类（服装、鞋、帽等）、第 10 类（外科、医疗用仪器及器械等）、第 42 类（科学技术服务等）、第 21 类（家用或厨房用器具和容器等）、第 5 类（药品等）。

我国申请人指定缔约方前十位为：俄罗斯、美国、日本、英国、韩国、越南、泰国、印度尼西亚、澳大利亚、马来西亚。我国申请人马德里商标国际注册申请量前十位的省（市）分别为广东、江苏、浙江、上海、山东、福建、北京、安徽、河北、湖南。

2021 年，收到外国申请人指定中国的马德里商标国际注册领土延伸申请 2.7 万件。指定中国的马德里商标国际注册领土延伸申请审查周期缩短至 4 个月，国际转让、变更、续展审查周期缩短至 1 个月，达到历史最快水平。

2021 年，外国申请人指定中国的马德里商标国际注册申请量前五位的商品和服务类别为：第 9 类（科学仪器、计算机、数字存储媒介等）、第 42 类（科学技术服务等）、第 35 类（广告、商业经营等）、第 5 类（药品等）、第 25 类（服装、鞋、帽等）。

6. 商标异议

2021 年，受理商标异议申请 17.6 万件，同比增长 31.1%，完成异议申请形审审核 17.2 万件，异议形审审核周期压缩至 2.5 个月。完成异议审查 16.4 万件，同比增长 10.1%，异议平均审查周期压缩至 11 个月。2021 年审结的商标异议案件中，异议成立占 38.6%，部分成立占 10.4%，不成立占 51.0%，恶意注册在异议程序中得到有效遏制。

商标异议决定书在国家知识产权局政府网站全面公开，2021 年公开决定书 16.2 万件，有效增强了商标异议工作的透明度。

7. 商标评审

2021 年，受理各类商标评审案件申请 47.3 万件，同比增长 28.8%。其中，受理驳回复审申请 38.3 万件，受理涉及双方当事人的复杂案件申请 9.0 万件。审理裁定各类评审案件 38.3 万件，其中，裁定驳回复审案件 30.8 万件，裁定涉及双方当事人的复杂案件 7.4 万件。

积极开展商标评审巡回审理，共设立天津、济南、成都、烟台 4 个巡回评审庭，为当事人提供方便快捷、智慧精准、公开透明的商标评审服务。

（三）地理标志

1. 地理标志产品

2021 年，受理地理标志产品保护申请 22 个，批准保护地理标志产品 99 个，核准使用地理标志产品专用标志市场主体 7677 家。截至 2021 年底，累计批准地理标志产品 2490 个，核准地理标志专用标志市场主体 1.7 万家。

2. 地理标志商标

2021 年，核准注册地理标志商标 477 件；截至 2021 年底，累计注册地理标志商标 6562 件，其中，外国申请人注册地理标志商标 215 件。

已注册的地理标志商标中，用于第 31 类（农产品、新鲜水果和蔬菜等）商品的数量最多，共 3346 件，占所有已注册地理标志商标的 51.0%；其次分别是用于第 29 类（肉、鱼、蛋、奶等）产品和用于第 30 类（咖啡、茶、米、蜂蜜等）产品，分别为 1178 件和 1107 件，分别占比 18.0%和 16.9%。数据表明，地理标志商标主要注册在农产品及其初级加工品、中药材、茶叶和瓷器等，其与农业的关系最紧密。

已注册地理标志商标数量居于前五位的省份分别为：山东（855 件）、福建（594 件）、四川（552 件）、湖北（500 件）和江苏（379 件），该五省地理标志注册量占全部已注册地理标志商标数量的 43.9%。

截至2021年底，共核准注册国外地理标志商标215件，同比增长2.4%。排名前三位的国家为：法国（154件）、意大利（24件）、美国（14件），三国注册量占国外在华地理标志商标注册量的89.3%。

单一主体拥有地理标志商标数量排名前十位的分别是法国波尔多葡萄酒行业联合委员会（141件）、淮安市淮阴区畜禽产业协会（江苏，34件）、涟水县农副产品营销协会（江苏，25件）、洪泽县洪泽湖农产品协会（江苏，23件）、喀什农村合作经济组织协会（新疆，21件）、金湖县农副产品营销协会（江苏，20件）、勐海县茶叶技术服务中心（云南，17件）、平和县特产协会（福建，17件）、静宁县苹果产销协会（甘肃，14件）和云霄县食品快检中心（福建，14件）。

（四）集成电路布图设计

2021年，收到集成电路布图设计登记申请2.0万件，同比增长41.6%；予以公告并发出证书1.3万件，同比增长11.6%。自《集成电路布图设计保护条例》实施以来，共收到集成电路布图设计登记申请6.6万件，予以登记公告并发出证书5.2万件。

截至2021年底，累计受理24件集成电路布图设计撤销案，其中，2021年新增受理4件集成电路布图设计撤销案；累计审结18件。

三、战略实施和保护运用

（一）知识产权战略

1.《知识产权强国建设纲要（2021—2035年）》和《“十四五”国家知识产权保护和运用规划》制定印发

中共中央、国务院印发《知识产权强国建设纲要（2021—2035年）》（以下简称《纲要》），这是以习近平同志为核心的党中央面向知识产权事业未来十五年发展作出的重大顶层设计。《纲要》对知识产权强国建设作出整体部署，明确了知识产权强国建设的指导思想、工作原则、发展目标和六大方面重点任务。《纲要》印发后，召开国务院新闻办公室新闻发布会，《人民日报》刊发国家知识产权局局长申长雨署名文章，组织专家在主要中央媒体进行权威解读，组织编写《纲要》辅导读本，在全社会凝聚起建设知识产权强国的共识和合力。

国务院印发《“十四五”国家知识产权保护和运用规划》（以下简称《规划》），明确了“十四五”时期知识产权保护迈上新台阶、运用取得新成效、服务达到新水平、国际合作取得新突破的“四新”目标，设立了5个方面重点任务和15个专项工程。《规划》印发后，举办国务院政策例行吹风会，组织专家在主要中央媒体权威解读，指导编制地方知识产权规划，积极落实中央关于知识产权事业发展的既定部署。

2.加大知识产权战略实施统筹协调力度

组织召开国务院知识产权战略实施工作部际联席会议（以下简称联席会议）第六次全体会议，国务委员、联席会议召集人王勇同志主持会议，系统部署知识产权强国建设重点工作。组织联席会议成员单位和相关单位制定印发《知识产权强国建设纲要和“十四五”规划实施年度推进计划》，从完善知识产权制度、强化知识产权保护、完善知识产权市场运行机制、提高知识产权公共服务水平、营造良好的知识产权人文社会环境、深度参与全球知识产权治理、加强组织保障7个方面明确了2021—2022年推进《纲要》和《规划》实施的115项重点任务。督促指导地方结合实际研究制定《纲要》配套政策。推动强化地方战略实施统筹协调机制。认真做好2021年战略实施工作总结。

3.进一步提升知识产权战略研究和信息工作水平

加强国家知识产权战略实施研究基地建设。围绕知识产权强国建设重点问题，开展系列研究，组织8家国家知识产权战略实施研究基地开展16项专项研究和多项应急性研究。报送专报4篇，编发联席会议《工作动态》13期，编发国家知识产权战略实施研究基地《信息速递》37期。会同联席会议成员单位开展知识产权发展状况统计调查，编制发布《2020年中国知识产权发展状况评价报告》。充分发挥国家知识产权战略网、知识产权战略微信公众号作用，加强知识产权战略宣传。评选表彰2021年知识产权战略信息工作先进个人和优秀战略信息。

（二）政策研究

围绕党中央、国务院关心的大事要事，紧跟知识产权领域的新情况新问题，累计编报《知识产权局简报》31期、《知识产权局信息》61期。统一发布软科学研究项目、专利专项项目申报指南，加强国家知识产权局内课题研究的统筹管理。聚焦知识产权制度运行、战略施行、法律执行、改革推行中的重点难点问题，新设立软科学研究项目21项。组织开展2020年立项课题的结题评审，共结题33项。利用国家知识产权局学术委员会平台、《中国知识产权年鉴》《知识产权工作动态》等共享课题研究成果。

（三）知识产权保护

1. 推动《关于强化知识产权保护的意见》及相关推进计划贯彻落实并取得阶段性进展

贯彻落实习近平总书记在中央政治局第二十五次集体学习时的重要讲话精神，组织制定《关于贯彻落实习近平总书记在中央政治局第二十五次集体学习时重要讲话精神的意见》，细化134条落实举措。持续推动《关于强化知识产权保护的意见》（以下简称《意见》）及相关推进计划贯彻落实。指导31个省（区、市）印发本地区落实《意见》的配套政策文件。落实中央督查检查计划任务，联合中央宣传部、国家市场监督管理总局开展2021年度知识产权保护工作检查考核。推进知识产权保护示范区建设工作，形成《国家知识产权保护示范区建设方案》并按程序报国务院审批。研究起草《2022—2023年贯彻落实〈关于强化知识产权保护的意见〉推进计划》。推动知识产权保护水平评估工作，研究形成指标体系，开展试评估。

2. 持续开展全国知识产权保护社会满意度调查

持续深入了解社会各界对我国知识产权保护状况的感知、诉求和满意程度，发布《2020年知识产权保护社会满意度调查报告》。调查结果显示，知识产权保护社会满意度从“十三五”初期（2016年）的72.38分提高到80.61分，提高了8.23分，达到并保持较高水平。积极开展2021年全国知识产权保护社会满意度调查，样本收集面向全国31个省（区、市），调查对象涵盖知识产权权利人、专业人士和社会公众等不同群体，收集有效样本近1.39万个。

3. 持续推进知识产权涉外纠纷应对机制建设

2021年，海外知识产权纠纷应对机制建设取得积极进展。组织召开2021年度海外知识产权纠纷应对指导工作会议，加强工作部署。印发《国家知识产权局　中国国际贸易促进委员会关于进一步加强海外知识产权纠纷应对机制建设的指导意见》，进一步加强海外知识产权纠纷应对机制建设。“国家、省、市、县”四级联动的海外知识产权纠纷应对指导体系框架初步形成，国家海外知识产权纠纷应对指导中心有效运行，省、市、县三级累计设立地方分中心22家，共处理各类知识产权纠纷指导案件569件，提供咨询服务2400余次。海外知识产权信息供给力度不断加大。国家海外知识产权信息服务平台“智南针网”不断完善，更新海外知识产权信息动态300余篇、典型案例76个，更新14个国家（地区)知识产权环境概览,发布《2020年中国企业在美知识产权纠纷调查报告》《2020年度国际知识产权保护指数报告》等重要研究报告。海外知识产权保护意识和能力有效提升。持续提升企业海外知识产权保护能力,针对海外风险防控、纠纷应对、海关知识产权保护等领域组织专题培训100余次,累计培训人数5.6万人次。

4. 扎实推进知识产权保护体系建设工作

一是推动快速协同保护机制建设。组织召开知识产权保护中心建设推进工作组第二次全体会议,通过并印发《知识产权保护中心管理办法》等制度文件。2021年新批建知识产权保护中心、快速维权中心共25家。截至2021年底,全国知识产权保护中心达57家,快速维权中心达30家。举办第三届快速协同保护业务竞赛,做好年度绩效考核,提升快速协同机构业务能力。全年共办理纠纷调解、维权援助等案件共4.3万余件,受理专利预审案件9.45万件。

二是严厉打击非正常专利申请和恶意商标注册申请行为。印发《国家知识产权局关于进一步严格规范专利申请行为的通知》,分4批通报非正常专利申请81.5万件,前三批撤回率97%。集中打击恶意商标注册申请,2021年,共向地方转交涉嫌重大不良影响及恶意商标注册案件线索1062条,涉及94个申请人,指导地方查办恶意注册申请"清澈的爱""全红婵"等商标案件,共立案查处53件,作出行政处罚33件。

三是完善知识产权保护体系。印发《关于加强知识产权纠纷调解工作的意见》,完善诉调对接机制,通过人民法院调解平台累计受理在线诉调对接案件2.3万余件;研究制定国家知识产权局知识产权信用管理规定,加强对非正常专利申请、商标恶意抢注等行为的信用监管。推动7省12市开展第二批分级分类监管试点工作。升级改造知识产权维权援助线上服务平台,全年平台访问量超过200万次。组织开展第三批知识产权保护规范化市场续延审查工作。完成首例外资并购中知识产权对外转让安全审查。

5. 持续加大知识产权行政保护业务指导力度

一是加强知识产权执法案件指导工作。制定印发《商标一般违法判断标准》,统一违反商标管理秩序行为判断标准。评选发布年度专利、商标行政保护十大典型案例,展现在全面加强知识产权保护、充分发挥行政保护优势等方面取得的成就。

二是加强专利侵权纠纷行政裁决工作。研究建立药品专利纠纷早期解决、国家局处理在全国有重大影响专利侵权纠纷的行政裁决工作机制。受理12起药品专利纠纷早期解决机制行政裁决案件和2起重大专利侵权纠纷行政裁决案件。与司法部联合发文推介全国专利侵权纠纷行政裁决典型经验做法。确定第二批专利侵权纠纷行政裁决示范建设工作试点。2021年,全国各地共办理专利侵权纠纷行政裁决案件4.98万件,同比增长超17.4%。

三是健全跨部门跨地区保护协作机制。联合公安部印发《关于加强协作配合强化知识产权保护的意见》,发布相关政策解读,深化知识产权管理部门与公安机关协作配合,加快构建知识产权行政保护与刑事司法有机衔接、优势互补的运行机制。

四是加大知识产权行政保护工作力度。印发《2021年全国知识产权行政保护工作方案》,聚焦群众反映强烈、社会舆论关注、侵权假冒多发的电商、展会等重点领域、关键环节和多发区域,部署20余项具体工作,开展专项治理。

五是推进知识产权侵权纠纷技术支撑体系建设。印发《关于技术调查官参与专利、集成电路布图设计侵权纠纷行政裁决办案的若干规定(暂行)》。确定35名相关领域资深审查员作为首批知识产权行政保护技术调查官,组织开展技术调查官能力建设工作。

六是加强执法保护队伍建设。组织举办专利侵权纠纷行政裁决培训班和知识产权保护能力提升培训班，累计培训国家知识产权局和地方知识产权局管理人员300余人次。支持指导各地组织开展能力提升培训和专利侵权纠纷行政裁决上岗培训，全年新增行政裁决办案人员470人。

6. 加快推动建立地理标志统一认定制度

联合国家市场监督管理总局印发《关于进一步加强地理标志保护的指导意见》，推动地理标志高水平保护、高标准管理、高质量发展。加强地理标志保护工作顶层设计，研究制定《"十四五"时期地理标志保护和运用规划》，明确目标、任务、举措和实施蓝图。在福建、海南等12个省市开展地理标志产品专用标志使用核准改革试点，优化审查流程，减少审查环节。出台《国家地理标志产品保护示范区建设管理办法》，批准筹建50个地理标志产品保护示范区，激励保护积极性，推广保护和管理经验。健全地理标志保护标准化体系，研制地理标志保护技术标准。建设完善地理标志产品保护统一申请电子平台，为社会公众提供查阅地理标志保护政策法规、检索地理标志保护产品信息、查询地理标志专用标志合法使用人信息等全方位、全流程服务。深化地理标志保护对外合作发展，推进地理标志国际保护。2021年3月1日，《中欧地理标志保护协定》正式生效，国家知识产权局发布公告，批准对塞浦路斯鱼尾菊酒等欧盟产品实施地理标志保护，第一批100个中国产品也同步在欧盟全境获得地理标志保护。

7. 加强官方标志、特殊标志和奥林匹克标志保护

完成中国人民银行"存款保险标识"官方标志登记备案保护。核准"中国共产党成立100周年庆祝活动标识""第十四届全国运动会会徽"等26件特殊标志登记并予以保护。对北京2022年冬奥会和冬残奥会组委会火炬造型、体育图标等37件奥林匹克标志实施保护，与国家市场监督管理总局联合印发《北京2022年冬奥会和冬残奥会奥林匹克标志知识产权保护专项行动方案》，着力做好北京冬奥会、冬残奥会的知识产权立体化保护。

(四)知识产权运用

1. 提升创新主体能力，夯实支撑创新发展基础

加强政策支持引导。坚持质量效益导向，牵头出台《国家知识产权局　中国科学院　中国工程院　中国科学技术协会关于推动科研组织知识产权高质量发展的指导意见》。与工信部连续五年实施中小企业知识产权战略推进工程。

强化示范标杆引领。会同教育部举办国家知识产权试点示范高校校长班，遴选40项国家知识产权示范企业典型案例，有效发挥优势示范企业的引领示范作用。

推进管理体系建设。会同国资委在部分中央企业开展国际创新管理体系与知识产权融合标准化工作试点。完成全国知识管理标准化专业技术委员会换届。成功组织ISO/TC 279"全球创新管理——创新过程中的知识产权管理标准化探索与实践"主题论坛。

顺利完成评奖工作。完成第二十二届中国专利奖评选工作，获奖项目涵盖高端装备制造、人工智能、生物医药等领域，在破解"卡脖子"技术难题方面取得突出成效。

2. 建立转化运用机制，推动知识产权价值实现

树立转化运用导向。联合财政部开展专利技术转移转化专项计划，30个省份启动实施，北京、上海等首批8个省份获得奖补资金。2021年，全国高校院所专利转让许可次数超过2.3万次，同比增长30%，是全国总体增速的近2倍；其中，110所国家知识产权示范高校专利转让许可次数超过

1万次，占比超过40%；8个奖补省份专利许可转让次数1.6万余次，占比高达70%，创新成果惠及中小企业的成效逐步显现。

完善市场化运营体系。印发《国家知识产权局关于促进和规范知识产权运营工作的通知》，对运营相关财政项目进行绩效评价全覆盖。新批复支持建设3个区域知识产权运营中心和9个产业知识产权运营中心。会同教育部、科技部印发《产学研合作协议知识产权相关条款制定指引（试行）》。

创新金融赋能模式。联合银保监会、发展改革委制定印发知识产权质押融资入园惠企三年行动方案。与中国银行、建设银行签署战略合作协议，指导推出"知惠贷""云知贷"等专门产品。修订发布《专利权质押登记办法》，支持建设上线全国知识产权质押信息平台。完成知识产权评估指引国家标准立项。2021年，知识产权质押融资金额3098亿元，同比增长42.1%，超额完成预期目标；质押项目1.7万笔，同比增长41.4%。

3. 规范行业发展秩序，优化创新服务供给

（1）知识产权服务业监管

深入推进代理行业"蓝天"行动大会战。成立联合工作组，直接查办重大案件，共约谈和责令整改代理机构2000余家，作出行政处罚220余件。

严厉打击重点违法行为。对代理非正常专利申请的200余家代理机构进行分类集中整治，直接作出吊销5家机构资质、停止4家机构代理业务的处罚，督导各地处罚29件。严厉打击抢注奥运热词等恶意商标申请代理行为，查办线索320余条，作出停止2家机构商标代理业务的行政处罚决定。重拳打击无资质专利代理行为，作出行政处罚172件，罚没金额超千万元，单笔最高罚没104万元。

加强对新业态知识产权服务机构的引导规范。集中约谈3家大型平台型服务机构，会同有关部门完成整改验收和行政指导，有效规范新业态机构经营行为，推动知识产权服务新业态健康发展。

健全长效监管机制。将严重违法代理行为纳入《市场监督管理总局严重违法失信名单管理办法》，修订《关于规范辞去公职、退休人员到专利或者商标代理机构任职的规定》，出台《专利、商标代理行业违法违规行为协同治理办法》。

（2）知识产权服务业发展

优化专利代理行政审批服务。全面推行专利代理机构执业许可审批告知承诺制改革。在北京等4地开展外国专利代理机构在华设立常驻代表机构、外国人参加专利代理师资格考试试点。推进专利代理师资格考试管办分离，新增香港特区考点。截至2021年底，全国获得专利代理师资格人数超6万人，执业专利代理师2.6万人，专利代理机构3937家。

大力促进知识产权服务业发展。组织开展"知识产权服务万里行"活动，惠及企业15万余家。联合印发《商务部等7部门办公厅（室）关于组织申报专业类特色服务出口基地的通知》，推进知识产权服务出口基地建设。发布《2021年全国知识产权服务业统计调查报告》，知识产权服务机构约7.3万家，从业人员约86.5万人，营业总收入超2250亿元。

4. 全面促进产业发展，服务支撑实体经济

专利导航助力创新发展。印发《国家知识产权局办公室关于加强专利导航工作的通知》，推动地方完善专利导航工作体系，促进专利导航质量效益提升。发布实施《专利导航指南》系列国家标准，为各类主体开展专利导航提供工具方法，助力高价值专利科学布局。指导地方结合产业发展实际开展专利导航服务基地建设，截至2021年底，已备案专利导航服务基地170余家。

商标服务品牌经济。会同发改委等相

关部门高标准举办 2021 年中国品牌日。印发《国家知识产权局关于进一步加强商标品牌指导站建设的通知》，目前建成商标品牌指导站 1300 余家，为市场主体提供了及时有效的业务指导和服务。组织开展“商标集中宣讲”活动，走进天津、湖南、广东以及西北农牧业和茶行业，解决创新创业主体和知识产权系统工作人员关注的商标注册难点问题，全年累计参与人次超 114 万。

地理标志助力乡村振兴。坚决落实中央关于做好巩固脱贫攻坚成果同乡村振兴有效衔接的决策部署，在继续实施地理标志运用促进工程基础上，组织开展地理标志助力乡村振兴行动。突出内蒙古等地理标志资源大省特色优势，确定“共建新时代绿色发展知识产权强区”等主题，高位推动地理标志助力乡村振兴工作。遴选确定首批全国地理标志运用促进重点联系指导名录，对 160 件地理标志加强指导支持和宣传推介，编撰全国《地理标志助力乡村振兴典型案例汇编》。

5. 强化区域工作指导，筑牢强国建设根基

加强区域工作指导。在国家重大区域战略中加快推动知识产权改革创新任务落地见效。印发《推动知识产权高质量发展年度工作指引(2021)》，统筹推进、分类指导地方知识产权工作。

高位推进强省建设。根据国家重大区域发展战略部署要求，与浙江、山东、内蒙古、湖北、江苏、上海、北京 7 地建立合作会商机制，“一省一主题”高位推动知识产权强省建设，共同推进地方知识产权治理能力和水平持续提升。

有序开展试点示范工作。结合国家知识产权试点示范项目五年评估结果，对标强国建设标准，按照“试点促普及推广、示范促深化发展”的工作思路，采取“国家局抓示范、省局抓试点”的分级管理模式，面向城市、县域、园区组织开展知识产权强国建设试点示范工作，分型分类统筹推进试点示范工作，为加快建设知识产权强国提供有力支撑。

四、知识产权公共服务

(一)公共服务

1. 不断完善便民利民的知识产权公共服务体系

健全知识产权公共服务顶层设计。《知识产权强国建设纲要(2021—2035 年)》《“十四五”国家知识产权保护和运用规划》分别面向未来十五年和五年，对知识产权公共服务工作作出了总体部署，绘就了发展蓝图。其中，《纲要》首次设置了知识产权公共服务专章，更加突出了公共服务在知识产权全链条中的重要作用。印发《知识产权公共服务“十四五”规划》，明确未来五年知识产权公共服务事业发展的主要目标、总体思路、基本原则和工作任务，着力提高知识产权公共服务供给的可及性和便利性，为全面支撑、高效服务知识产权强国建设，打好坚实基础。

完善公共服务骨干节点布局。实现知识产权公共服务机构在省(区、市)及副省级城市全覆盖，地市级综合性知识产权公共服务机构达 104 家，覆盖比例增长至 33%，提前一年完成既定目标任务。积极拓展公共服务渠道，2021 年新批复建设的 13 家知识产权保护中心，均已将信息公共服务工作纳入其职能，新增邯郸等 5 个商标受理窗口，开展知识产权信息公共服务试点工作。

加强公共服务重要网点建设。联合世界知识产权组织(WIPO)新增遴选第四批技术与创新支持中心(TISC)50 家，完成首期建设目标，实现 TISC 机构省级全覆盖。与 WIPO 合作举办 TISC 专利分析培训研讨会，推送知识产权公益课程。联合教育部认定第三批高校国家知识产权信息服务中心 20 家。备案首批国家知识产权信息公共服务网点 88 家。截至 2021 年底，全国国家级重要服务网点达到 269 家，在织

密织牢知识产权公共服务网上取得突破性进展，知识产权公共服务的可及性和便利化程度显著提升。

大力实施公共服务能力提升工程。印发《知识产权公共服务能力提升工程工作方案》，聚焦创新发展需要和社会公众需求，着力解决知识产权公共服务发展不平衡不充分等问题。开展“知识产权信息公共服务机构在行动”活动，引导知识产权公共服务体系各节点和网点单位，围绕区域特点和地方需求，提供免费或低成本服务，充分发挥优质服务资源的辐射带动作用，积极助力中小企业创新发展。各类服务机构累计服务中小企业达 30 万余次，得到社会公众一致好评。

2. 持续提升知识产权信息传播利用效能

加大基础数据资源供给。年度新增开放 10 种知识产权数据，实现集成电路布图设计数据的首次开放。截至 2021 年底，可提供批量下载的中外专利、集成电路布图设计、商标数据达 45 种。上线欧盟商标查询系统，向社会公众免费提供欧盟商标信息的查询服务，填补我国海外商标查询空白。持续优化数据下载服务，专利数据服务试验系统下载带宽由 60M 扩充到 100M，增幅 66.7%。推动扩大知识产权信息共享范围，知识产权信息公共服务体系内节点、网点单位可获取的数据种类分别增加至 40 种、36 种。

加大数据交换共享力度。与最高人民法院、商务部等单位建立联系，分级分类推进知识产权数据共享。稳步推动专利权评价报告电商共享试点工作，开通数据接口，及时跟进数据共享使用情况。

加大宣传推广力度。发布《中国知识产权公共服务发展报告（2020）》，编制《知识产权信息服务案例集》，全面总结工作成效，推动形成引领示范效应。推出 26 期“知识产权基础数据篇”问答，编撰《知识产权基础数据利用指引》等政策解读专著。全年发布两批共 25 个知识产权信息服务优秀案例，通过线上线下多平台宣传推广，强化典型引路。其中，青岛市知识产权事务中心助力企业走出经营困境有关案例，作为全球 TISC 网络中唯一入选 WIPO 世界知识产权日全球推广案例，为打造全球 TISC 中国“高级版”奠定了坚实基础。

3. 扎实推进知识产权信息化、智能化基础设施建设

推进知识产权保护信息平台立项建设。知识产权保护信息平台项目可行性研究报告经市场监管总局备案同意，报送国家发改委，2021 年底已完成专家评审，立项工作取得实质性进展。

优化完善知识产权公共服务网功能。持续完善公共服务网功能，上线机器翻译模块，改进数据批量下载模式，发布使用指南短视频，进一步优化提升知识产权公共服务网面向中小企业的服务能力。多渠道、多形式加强国家知识产权公共服务网宣传，公共服务网已基本实现在各省（区、市）、副省级城市、计划单列市知识产权局网站链接全覆盖，月访问量持续攀升，全年访问量达 215 万次，比 2020 年同期增长 167%。在国务院客户端小程序上线“全国知识产权公共服务机构查询”模块，实现社会公众与知识产权公共服务的精准对接和多点联动。联合中国政府网运营中心和百度公司，研究开发国家知识产权公共服务网应用小程序，进一步扩大公共服务网的覆盖面和影响力。

推动新一代地方专利检索及分析系统（以下简称新一代系统）进一步扩大应用范围。新布局新一代系统 2 个地方端（云南等），累计部署地方端 29 个。推动新一代系统 10 个地方端（广东等），面向全国用户开放高级账号申请注册服务，进一步扩大高级账号使用覆盖面。截至 2021 年底，全国累计新一代系统上自建库数量已达 2304 个，累计为创新创业主体提供专利检索分析服务近 70 万余次，专利著录项目下载量

达3400万余条。新一代地方专利检索及分析系统已成为创新创业主体和中小微企业“找得到、学得会、离不开”的得力创新助手。

做实做细网络安全和信息化保障工作。统筹协调网络安全工作，健全完善网络安全制度机制，持续开展网络安全专项保障、安全预警、应急处置和网络安全等级保护等工作，稳步推进网络安全监测系统建设，组织开展网络安全宣传培训，网络安全工作“一盘棋”局面初步形成。统筹推进信息化建设运行工作，加强信息化顶层设计和规划，着力保障国家知识产权局机关信息化基础设施及应用系统稳定运行，扎实推进国家知识产权局政务相关系统建设及数据共享，协调开展办公终端和信息化资源支撑工作。

（二）深化知识产权领域“放管服”改革

1. 强化改革顶层设计

2021年5月，经国务院常务会议审议，印发《国家知识产权局关于深化知识产权领域“放管服”改革优化创新环境和营商环境的通知》（以下简称《通知》），在更高层面、更大力度上推动改革协同推进。协调国新办，组织召开知识产权领域“放管服”改革政策吹风会，更大范围凝聚改革共识，汇聚改革合力。在广泛征求各相关部委意见的基础上，组织发布《通知》政策解读，确保各项改革举措落实精准有效不走样。

2. 着力提升商标专利注册申请便利化程度

上线运行电子票据项目中印花税业务，实现专利及集成电路布图设计收费票据全面电子化。大力推广专利电子申请，2021年，全国专利电子申请率提升至99.10%，PCT国际阶段电子申请率达99.60%。不断优化商标网上服务系统，全面开放马德里商标国际注册转让、注销、删减和放弃网上申请，全部10项马德里商标国际业务我国申请人均可通过网上申请系统办理。全面推进电子商标注册证，2022年1月1日起不再发放纸质商标注册证，提高商标公共服务信息化水平。2021年，商标网上申请率达98.44%，全年共发送商标电子文书4329.5万件，同比增长18.8%。升级扩容知识产权咨询平台，实现专利、商标业务咨询“一号对外”，截至2021年底，咨询服务总量达166万件，比“十三五”末期增长11%。

3. 做好中国营商环境评价知识产权指标相关工作

进一步优化中国营商环境评价知识产权指标体系，发布2020年中国营商环境评价知识产权指标评价结果，深化以评促改、以评促优。通过积极参与营商环境评价工作，有力推动将知识产权工作由部门工作提升到地方政府工作层面，在营造良好创新环境和营商环境、促进知识产权高质量发展方面，发挥了极其重要的作用。

4. 配合开展优化营商环境创新试点工作

牵头落实《国务院关于开展营商环境创新试点工作的意见》中知识产权领域相关8项改革任务，聚焦市场主体和群众关切，扩大部门和地方间知识产权数据共享范围，支持地方深化改革、先行先试，更大力度利企便民。印发《〈首批营商环境创新试点改革事项清单〉局内分工方案》，加强统筹推进，确保各项改革任务按计划落实到位。

5. 推动落实年度改革重点任务

编制知识产权公共服务事项清单，严格区分知识产权公共服务事项与行政权力事项以及市场化服务的边界，列明事项类别、事项名称、服务主体、服务内容、服务形式等，有力推进知识产权公共服务事项无差别受理、同标准办理。建立知识产权受理大厅和受理窗口公共服务协调机制，推动“好差评”制度落地见效，全面推行告知承诺制，深受社会公众和创新创业主体欢迎。

6. 加强典型经验总结和宣传推广

2021年发布知识产权领域“放管服”

改革专报12期、《知识产权公共服务聚焦》电子期刊6期、知识产权公共服务年度报告1份，加强经验总结，做好宣传推广，进一步凝聚改革共识，推动在系统内形成共同为群众办实事、一起为改革发力的良好局面。

（三）文献出版

1. 专利文献资源

2021年，配置各类文献资源145种，其中专利资源6种，非专利资源139种，为专利审查、专利信息公共服务、宏观管理及相关研究等工作提供了基础保障；与30个国家（地区）或组织开展专利文献交换，向6个PCT国际检索与初审单位赠予中国专利文献。

截至2021年底，累计拥有540种专利文献资源，包括著录项目191种、全文图像167种、全文文本83种、专题数据18种、辅助检索72种、其他类20种。著录项目覆盖104个国家（地区）或组织，全文图像覆盖103个国家（地区）或组织，全文文本覆盖36个国家（地区）或组织。国家知识产权局专利文献总量逾1.43亿件。

2. 专利文献分类

继续针对全部领域发明专利新申请同时开展IPC和CPC分类，2021年文献分类量共计615.6万件。其中，发明专利申请分类量167.3万件，实用新型专利申请分类量344.7万件，IPC再分类88.9万件，CPC再分类14.7万件。继续开展分类项目质量监督，实施中国专利分类数据第三方数据检测，全年完成29批次的分类数据检测，确保分类数据质量稳定。推进新版IPC、CPC分类表和分类定义的翻译、更新及应用，保障分类结果的有效性。举办3期面向全体审查员的特定技术领域CPC分类在线培训，近2500人次参加。

3. 专利文献出版物

2021年出版发明、实用新型和外观设计专利公报文献共632.2万件，其中，发明公告172.0万件（国家申请161.4万件，PCT中文10.6万件），发明授权公告69.6万件，实用新型授权公告312.0万件，外观设计授权公告78.6万件。

利用刊物平台推广文献研究成果，编辑公开出版物《专利文献研究2021》，包含“芯片技术”“航空航天装备”“海洋工程装备及高技术船舶”专利技术综述，共计48万字；编辑刊发内部刊物《专利文献研究》5期、《专利文献研究》增刊1期；编译刊发《国外知识产权资讯》38期、《国外知识产权资讯专刊》7期、特刊3期。

4. 文献服务

推动智能化升级系统中文献全文提取模块上线并正常运行，全年完成专利和非专利文献全文提取需求2.7万件，其中高价值申请1.0万件，文献满足率超过96%；面向国家知识产权局内22个部门发布《非专利数字文献资源使用管理办法（暂行）》，进一步保障了非专利数字资源的正常使用；以现场培训和远程培训的方式，面向国家知识产权局内各审查部门、各审查协作中心开展非专利检索培训9期，累计培训7847人次；通过知识产权文献数据库、文献交流微信群、邮件、文献部门网站向审查员发布6期“文献知识与检索技巧”简报，3个领域12期技术信息简报。累计处理专利文献咨询服务来电咨询404人次、网络咨询及服务567条；发布“专利文献众享”微信公众号信息86条，阅读总人数约28万人次。

开展公益讲座，贯彻落实习近平总书记关于知识产权的重要讲话精神，围绕加强知识产权保护宣传教育，持续提升专利审查质量和效率，开展“知识产权保护”“知识产权公共服务”“专利法及审查指南修改解读”“专利审查、复审与无效程序中的证据认定”“专利检索实务”“商标注册便利化改革”等22个专题80期公益讲座课程。来自国内外的7.7万人次社会公众通过网络课堂参加了公益讲座直播。讲座视频点播量9.6万人次，相比2020年同期增长21.3%。

五、宣传、人才培养和学术活动

(一)宣传

1. 深入学习宣传贯彻习近平总书记的重要讲话精神

制定《2021 年全国知识产权宣传工作要点》,把学习宣传贯彻习近平总书记在中央政治局第二十五次集体学习时的重要讲话精神作为重大政治任务和重要政治责任,指导各地知识产权主管部门、国家知识产权局有关部门结合实际做好宣传解读。协调《人民日报》等中央媒体刊发国家知识产权局领导多篇署名文章或专访,配合《求是》杂志出版知识产权保护专刊,强化宣传解读。国家知识产权局政府网站和内网建立学习专题,国家知识产权局政务微信设立专题,持续报道国家知识产权局党组、国家知识产权局各部门单位和地方知识产权主管部门等的学习情况。《中国知识产权报》开设多个专栏,累计刊发时评社论、代表反响、专家解读、各地动态等稿件 4 万余字。

2. 加强信息发布,宣传知识产权工作成效

2021 年围绕知识产权重要政策发布、重点工作开展、重大活动举办或参与新闻发布会(政策例行吹风会)共 10 场,其中在国新办举办或参与 6 场,分别是"贯彻落实'十四五'规划纲要 加快建设知识产权强国"新闻发布会、《中国知识产权保护与营商环境新进展报告(2020)》新闻发布会、奋力开启知识产权强国建设新征程新闻发布会、"激发市场活力 规范市场秩序 助力全面建成小康社会"新闻发布会、深化知识产权领域"放管服"改革国务院政策例行吹风会和《"十四五"国家知识产权保护和运用规划》国务院例行政策吹风会。国家知识产权局主要负责同志出席新闻发布会的数量创近年来国家知识产权局历史新高,超额完成国新办"4+2+1+N"新闻发布制度要求。

3. 运用新媒体,赋能党史学习教育全面升温

积极打造"新媒体+"阵地,围绕党领导下知识产权事业发展历程、巨大成就和新时代知识产权战略部署,开展"奋斗百年路 启航新征程"主题宣传。通过主流媒体和"学习强国"App 等刊发国家知识产权局党组、国家知识产权局领导署名文章,深度解读中央文件精神,深刻总结历史经验启示。推出"共产党员讲述知识产权故事"系列短视频,通过专利法起草小组成员、企业知识产权管理人员等 6 位知识产权领域共产党员的讲述,展示几代人接续奋斗、谱写新篇的生动故事,相关短视频在国家知识产权局属新媒体平台上的观看量达 10 万次。举办"永远跟党走"书画摄影展线上观展活动,视频转播庆祝中国共产党成立 100 周年红色经典咏诵会、"知史爱党 知史爱国"党史知识竞赛等活动,推动党史学习教育由"指尖"入"心间"、由"增信"到"力行"。

4. 举办主题活动,传播知识产权文化

继续与国家市场监管总局双牵头组织全国知识产权宣传周活动。围绕"全面加强知识产权保护 推动构建新发展格局"主题,20 个部委在全国范围内组织开展数千场新闻发布会、知识竞赛、演讲培训等特色宣传。国务委员王勇连续五年就宣传周活动发表讲话、提出要求。活动期间,知识产权开放日活动由"一城一地"首次拓展至 10 城 11 地,直接参与活动的地方数量创新高。推出《小撒带你走进知识产权》《餐桌上的地标故事》《小明与商标的故事》等短视频和《爱因斯坦发明过冰箱? 原来你熟悉的知识产权还有这些故事……》等长图,在全网传播,成为观看量、参与量超百万的"现象级"宣传品,助力知识产权宣传在新媒体平台全面延伸。

5. 积极回应社会关注,营造良好舆论氛围

围绕"中共中央、国务院印发《知识产权强国建设纲要(2021—2035 年)》""第二十二届中国专利奖公布""国家知识产权局发布《关于规范申请专利行为的办法》""华为鸿蒙商标被驳回""全红婵等奥运冠军姓

名被抢注”“‘逍遥镇’‘潼关肉夹馍’商标纠纷”等多个热点内容，做好宣传普及，回应社会关注，为知识产权事业发展营造良好舆论氛围。

6. 自有外宣平台建设“夯基筑台”

在中央宣传部、外交部的支持下，国家知识产权局上线海外推特账号，知识产权对外宣传“走出去”迈出实质性的一大步。截至2021年底，账号海外阅读总量超200万次，总互动量达8.8万次，粉丝超过9000人，得到了包括世界知识产权组织、刚果民主共和国副总理等在内的国际组织、国外政客、专家学者、科研人员、媒体从业者、相关领域创业者等诸多账号的关注。账号上线以来发布的帖文内容既包括“中国在2021全球创新指数排名揭晓”等成就类图文，还包括热点新闻类活动、数据总结报告等音视图文，成为对外讲好中国知识产权故事的有效自主外宣新媒体平台，有力推动知识产权对外新闻发布工作实现突破。

7. 中小学知识产权教育持续推进

参加世界知识产权组织学院中小学教育圆桌论坛，分享青少年知识产权教育启蒙工作的中国经验。筹备全国中小学知识产权教育培训班，加强师资培训，继续推进中小学知识产权宣传普及。探索利用网络教育时空优势，创新知识产权教育模式，组织开展中小学知识产权教育线上培训，通过线上授课支持四川等地中小学知识产权教育培训工作。支持优秀作品产出，指导《全国中小学知识产权教育示范读本（试用本第2版）》和“青少年知识产权普及教育丛书（第2版）”内容更新，进一步完善知识产权教育教材。

（二）人才培养

1. 全国知识产权人才工作

加强知识产权人才工作顶层设计，完善知识产权人才培养体系。印发《知识产权人才“十四五”规划》（以下简称《规划》）。《规划》认真落实中央人才工作会议精神，坚持党管人才，坚持人才引领发展、需求导向、质效并重、系统推进的基本原则，提出“十四五”时期知识产权人才工作的总体目标和主要指标。加快推进知识产权学科专业工作，申请设置知识产权专业学位，支持学位授权自主审核、高校自主设置知识产权一级学科工作。加强高校知识产权人才培养，与中国科学技术大学共建知识产权研究院，支持大连理工大学等建设知识产权学院，不断夯实强国建设人才基础。

深入学习贯彻习近平总书记在中央政治局第二十五次集体学习时的重要讲话精神，进一步加强行政管理人员轮训。一是印发《关于在知识产权人才培训中进一步学习贯彻习近平总书记在中央政治局第二十五次集体学习时重要讲话精神的通知》，要求全国知识产权系统要深刻认识习近平总书记重要讲话的重大意义，落实好全面加强知识产权保护工作的重大部署，按照习近平总书记关于重视知识产权人才队伍建设的指示精神开展知识产权人才工作。二是深化培训学习工作，2021年举办知识产权行政管理人员轮训班43期，培训超过1.2万人次，其中举办学习贯彻习近平总书记重要讲话精神专题系列培训班17期。三是《知识产权强国建设纲要（2021—2035年）》印发后，第一时间举办2021年全国知识产权局局长高级研修班，专题学习《纲要》内容。四是加强知识产权远程课程建设，新录制上线知识产权远程精品课程30门，在远程教育平台设置知识产权行政管理人员学习专区，为学员随时学、及时学提供便利。

在培训工作中全面加强《知识产权强国建设纲要（2021—2035年）》《“十四五”国家知识产权保护和运用规划》学习贯彻。一是印发《关于在知识产权培训工作中加强〈知识产权强国建设纲要（2021—2035年）〉学习贯彻的通知》等文件，要求全国知识产权系统在培训工作中加强学习贯彻《纲要》和《规划》内容。二是举办国家知识产权专家咨询委员会高级研讨班，组织委员会专家委员等深入学习贯彻习近平总书记在中央政治局第二十五次集体学习时的重要讲话精神，研究落实《纲要》和《规划》重大任务。三是向委员会专家委员发送征稿函，组织委员围绕学习传达、贯彻落实《纲要》和《规划》等重要文件发表文章，积极持续向主流媒体供稿，做好解读工作。

深入开展知识产权急需紧缺人才培训，助力知识产权人才快速成长。制定印发《2021 年全国知识产权人才专业能力提升培训计划》，充分发挥知识产权培训基地等机构作用，创新人才培养培训模式，举办各类专业能力提升培训班 110 余期，培训约 2 万人次。选派优秀师资赴地方授课，积极为全国知识产权培训提供师资支持。落实国家专业技术人才知识更新工程，举办 PCT 实务与申请策略研修班，开展重点领域知识更新。把握形势需要，加强国际化人才培养，举办“一带一路”背景下企业“走出去”知识产权战略研修班、国际商标纠纷与保护高级研修班等，充分利用国际人才培养培训资源，选派人员参加有关奖学金项目。

持续做好知识产权职称工作。一是为贯彻落实国家知识产权职称制度改革精神，扎实推进职称改革部署，组织修订印发了《国家知识产权局专业技术资格评审办法》，继续开展高级职称评审。二是为落实“我为群众办实事”实践活动，继续推动知识产权职称制度改革顺利实施，向各地方局印送了《关于调研知识产权职称制度改革情况的通知》，了解并梳理各地职称改革工作情况，并赴上海、湖北等地通过召开座谈会、实地调研等形式，听取市场主体、创新主体的意见和建议。三是做好考试服务工作。配合人力资源和社会保障部完成修订 2021 年初、中、高级职称考试大纲和初、中级职称考试教材工作。选派专家参加初、中、高级职称考试的命、审题和阅卷等工作。四是推进职称信息化建设。进一步加强职称申报系统和评审系统建设。根据人力资源和社会保障部要求，向人力资源和社会保障部信息系统上传有关人员职称证书信息，实现专业技术人才职称信息跨地区核验。

加强知识产权宣传人才建设。通过举办全国知识产权宣传工作培训班、媒体培训班、舆情工作培训班等，在国家知识产权局内初步建立起一支政治可靠、素质过硬、能力扎实的宣传人才队伍。加强全国知识产权系统宣传工作交流，提升地方知识产权内外宣工作水平，进一步巩固“全国上下一盘棋”的知识产权大宣传工作格局。

开展知识产权系统先进集体和先进个人表彰工作。2021 年，人力资源和社会保障部、国家知识产权局联合表彰 99 个集体为“全国知识产权系统先进集体”，97 名个人为“全国知识产权系统先进个人”。

依托中国知识产权培训中心及远程教育平台开展培训，全年共培训约 24.1 万人次。其中，举办面授培训班 15 期，培训人员 1200 余人；举办线上培训班 980 余期，培训人员 24 万余人；举办国际培训班及研讨会 5 期，培训人员 100 余人。举办行政管理人员能力提升培训班 17 期，采用线上线下相结合方式，累计培训 7 万余人次。远程教育平台新开设子平台 2 个，新开设分站 17 个，新发布课程 118 门（累计 577 门），新注册用户约 15 万人。开展 WIPO 远程课程中文 2 期平台项目，培训 2.01 万人次。举办远程教育英文平台培训班 3 期，开发英文课程 16 门，为超过 30 个国家、地区和组织的 160 余名学员提供了培训。以线上方式分别举办了中日和中日韩知识产权培训机构领导会议。为香港知识产权署提供线上审查业务培训。

2. 局内人才培养工作

注重加强全局人才工作统筹。一是制定《国家知识产权局贯彻落实〈知识产权人才“十四五”规划〉行动计划》，明确“十四五”期间全局人才工作的总体目标、主要任务，提出要进一步构建与知识产权相关重点领域相对应的4类专门人才，大力选拔培养中高端人才，探索建立专利审查官制度，推进行政保护技术调查官人才队伍建设，搭建知识产权人才实践锻炼和学术研究“双平台”，通过将中高端人才担当局级、部级重点工作情况作为人才贡献度，强化人才使用，为扎实推进《知识产权强国建设纲要（2021—2035年）》和《“十四五”国家知识产权保护和运用规划》提供人才支撑。二是制发《2021年人才工作情况通报》，通过及时向各部门单位通报人才工作的最新进展，提高各部门单位对人才工作的重视了解程度，进而落实各部门单位在人才培养使用中的主要责任。

有序开展中高端人才集中培训。一是与北京大学、中国人民大学等知名高校合作，聚焦知识产权保护、知识产权高质量发展等热点话题开展培训，引导领军及高层次人才将思想和行动统一到贯彻落实习近平总书记指示要求上来。同时，立足“十四五”规划开局起步的实际，首次面向领军及高层次人才开展在线直播培训课程。全年累计举办专题培训5期，累计培训540余人次，进一步提高了领军及高层次人才的政治素质、大局意识和战略思维。二是创新教学方式，开展骨干人才集中培训，在以往集中授课的基础上，灵活采取前往创新主体参观的教学方式，提升教学效果和培训吸引力，先后举办4期，累计培训385人次。

强化审查员专业技术培训。一是聚焦新领域新业态开展专业技术实践，重点面向全国新领域新业态集聚度高的园区开展实践基地增设，共收到申报材料18份，较2020年增加80%。同时，按计划组织实践团组派出工作，全年共派出实践团组10个，共计61名审查员参加。二是依托清华大学“博士生讲师团”项目开展知识更新讲座，采用线上与线下相结合的培训方式，围绕人工智能、量子通信、基因工程等内容，先后组织3场知识更新讲座，共有国家知识产权局内及各专利审查协作中心600余名审查员参训，参训人数创下历史新高。同时，严格组织知识更新讲座与专业技术会议项目审批，全年共审批各部门知识更新讲座申请183件，专业学术会议申请10件，切实提高专利审查员对专业知识和专业技术理解能力。

扎实开展课题研究。突出紧贴时代背景和组织导向，聚焦落实习近平总书记关于知识产权工作的重要指示精神和国家知识产权局党组重点工作，严格筛选立项课题24项，主要覆盖专利审查提质增效、高价值专利培育等方面，所有课题均已全部通过结题评审，其中7项课题被评为优秀课题，为国家知识产权局党组和各部门单位科学决策提供了有益参考。

全面加强新审查员培训统筹管理。开展岗位认知系列课程修订开发工作，跟进智能化检索系统升级和专利法、审查指南修改的新情况，组织修订16门、新开发检索课程7门，及时将全部教学资源与各专利审查协作中心共享。认证各专利审查协作中心新审查员培训局级师资110人次，面向局级师资开展智能化检索系统进阶培训，分模块组织新审查员集中培训课程备课串讲。修改完善新审查员入职培训题库，组织测试/考试192场，累计参与1万余人次。顺利完成国家知识产权局内2021年新入局人员集中培训班、2020年新入局审查员后续提高培训班。

加大对京外专利审查协作中心指导支持。2021年全年为京外中心培养骨干导师135名、骨干教师37名，选派41名外派培训指导教师、79名带教导师到各中心工作，接收审协北京中心福建分中心36名审查员来局进修。发布《新审查员在岗培训指导工作手册》，搭建同领域审查培训交流平台，开展优质领域性资源共建共享。

加强“十四五”期间审查能力提升工作顶层设计。开展“专利审查业务培训国际比较"课题研究，结合国家知识产权局现有专利审查人才分级培养体系实施情况和培训比较课题研究情况，以在岗审查员培训为重点，制定《专利审查人才能力提升计划实施方案（2022—2025年）》。

加大外语培训管理力度。着眼适应事业发展需要，积极探索培训调整思路，外语培训效益、服务局重点工作能力持续增强。举办2021年各部门外语班，提升基础人才外文文献阅读能力，共计97人次参训；举办第三期高级在线英语培训提升班、第十五期高级在线英语培训班、第三期中级在线英语培训班，共计352人次参加。举办2021年小语种人才法语高级研修班，培养高端小语种人才，满足国际交流需要，共计20人次参训。

3. 涉外培训工作

完成2018年聘任的81名涉外教师考核工作，增补涉外教师16人，国家知识产权局涉外教师队伍已达114人。举办2021年国家知识产权局涉外教师职业素养提升培训班，35名涉外教师参训，通过培训，进一步提升涉外教师的授课、教研水平以及跨文化交流能力。

开展国家知识产权局涉外教学研究工作，着力完善国家知识产权局涉外培训课程体系，优化课程内容，新开发"国家知识产权战略""非传统商标审查"等4门新课程，并对"中国知识产权法律制度概要""中国专利法及其修改概要"等13门课程进行修订，较好地满足了在新冠肺炎疫情条件下开展线上涉外培训的工作需要，助力深化与共建"一带一路"国家和地区的知识产权务实合作。

选派13位国家知识产权局涉外教师参加"一带一路"知识产权培训班、海湾阿拉伯国家合作委员会（GCC）审查员培训班等4期线上培训班授课。

（三）学术活动

受国务院知识产权战略实施工作部际联席会议办公室委托，国家知识产权局知识产权发展研究中心开展2020年中国知识产权发展状况评价研究，并发布《2020年中国知识产权发展状况评价报告》（以下简称《报告》）。来自中宣部、最高人民法院、最高人民检察院、农业农村部、国家林业和草原局、国家知识产权局等部门嘉宾，以及来自《人民日报》、新华社、中央电视台等20家新闻媒体代表参加了发布会。《报告》客观反映了我国知识产权总体发展水平和工作成效，较为全面地收录了知识产权工作的官方数据，展现我国知识产权事业发展轨迹，为探索我国知识产权事业高质量发展规律提供参考。围绕国家重点产业和关注领域，组织召开6G通信领域专利分析研究成果宣讲发布会、生物育种产业专利导航研究成果发布会，为产业发展提供导航。发布年度《专利实力状况》《专利实施调查》《知识产权服务业调查》等报告。联合主办"第二届跨国公司领导人青岛峰会知识产权保护与合作论坛"等活动，国内外有关部委、研究机构、跨国企业和国际组织代表参会，推动了知识产权保护国际交流。

中国知识产权研究会积极发挥智库作用。围绕《知识产权强国建设纲要（2021—2035年）》《"十四五"知识产权保护和运用规划》《商标法实施条例》及地方知识产权规划等组织课题研究39项，组织召开专题讲座、学术研讨和交流活动25期。召开《知识产权》杂志编委会会议暨知识产权强国建设学术研讨会。筹备了"第二届中国知识产权学术年会"，由于疫情原因延期召开。

中国知识产权培训中心同中国社会科学院共同举办"法典化时代的知识产权制度创新"高级研讨会。举办人力资源和社会保障部专业技术人才知识更新工程高级研修班。

六、港澳台交流

2021年，国家知识产权局按照国家涉

港澳政策和对台方针政策，稳步开展与港澳台地区的知识产权交流活动。

(一)与香港特区、澳门特区交流

充分发挥香港特区、澳门特区在知识产权强国建设中的作用，支持特区知识产权事业发展，服务粤港澳大湾区建设。

继续为香港特区知识产权工作提供支持。12月，申长雨局长为香港特区举办的亚洲知识产权营商论坛发表视频致辞。推动实现在香港特区设立专利代理师资格考试考点。首次为香港知识产权署审查员提供线上培训。明确香港特区原授标准专利申请人在内地提交专利申请时可以享受优先权。继续为香港特区在专利审查方面提供协助。

深化与澳门特区在知识产权领域的交流。4月，甘绍宁副局长在北京会见澳门特区政府经济及科技发展局副局长陈子慧一行。深化与澳门特区专利审查数据交换合作，就签署机器对机器(M2M)数据交换协议达成一致意见。继续为澳门特区专利申请提供审查和检索协助。

与香港知识产权署、澳门特区政府经济及科技发展局以线上和线下混合形式共同举办2021年内地与香港特区、澳门特区知识产权研讨会，甘绍宁副局长致辞。会上就“十四五”时期知识产权保护与布局等主题进行了深入研讨。

(二)与台湾地区交流

12月，先后以视频形式举办两岸专利论坛、海峡两岸商标研讨会，继续推进两岸知识产权领域民间交流，有效维护两岸同胞的知识产权合法权益。

七、国际合作

2021年，国家知识产权局着力完善知识产权国际合作顶层设计，克服新冠肺炎疫情防控常态化对国际合作工作的影响，积极运用新形式新手段，通过“云对话”开展交流合作，“云培训”巩固传统友谊，“云签约”固化合作成果，继续统筹推进知识产权领域国际合作和竞争，积极参与和推动知识产权国际规则调整，深化与重点国家和地区的务实合作，进一步构建多边、周边、小多边、双边“四边联动、协调推进”的国际合作新格局。

(一)深度参与全球治理和推动国际规则体系调整

1. 深度参与WIPO框架下的全球知识产权治理

9月，申长雨局长率团出席WIPO第62届成员国大会，并以视频形式作一般性发言，介绍中国在面临新冠肺炎疫情等全球性挑战形势下知识产权工作进展，并就WIPO框架下的相关事务提出建议，包括鼓励WIPO在应对全球性挑战方面发挥更加积极的作用、继续完善WIPO全球知识产权服务体系、更有效地维护用户数据安全等。会上，申长雨局长和甘绍宁副局长分别当选为巴黎联盟大会和专利合作条约联盟大会副主席。

有序推进我国加入《工业品外观设计国际注册海牙协定》工作，与WIPO就审查标准、业务流程、加入声明等议题进行磋商。10月，与WIPO共同在合肥举办《工业品外观设计国际注册海牙协定》海牙体系研讨会，130余名参会代表现场参会。

完成在华建设101家世界知识产权组织技术与创新支持中心(TISC)首期目标。与WIPO联合举办首次面向全球的TISC国际研讨会，申长雨局长在会上以视频形式致辞，分享TISC建设经验。

2. 支持完善知识产权国际规则体系

国家知识产权局继续深度参与WIPO、国际植物新品种保护联盟(UPOV)和世界贸易组织“与贸易有关的知识产权”(WTO/TRIPS)理事会等平台上各议题讨论和磋商，深度参与专利合作条约(PCT)、商标注册马德里体系、国际专利分类(IPC)等体系的调整与完善，积极参与知识产权国际事务和规则制定。

10月，申长雨局长为国际保护知识产权协会(AIPPI)2021年国际知识产权大会特别环节会议视频致辞，就应对疫情后知识产权保护面临的挑战提出倡议。同月，UPOV第55届理事会会议上正式通过中文成为该联盟工作语言。

与WIPO签署《关于〈专利合作条约〉(PCT)费用汇交的谅解备忘录》。自2021年12月1日起，人民币正式成为PCT申请国际费用的定价和结算货币，进一步便利国内创新主体通过PCT途径提交国际专利申请。

国家知识产权局7项IPC分类修订项目获准通过，深度参与"半导体领域新建IPC大类"项目，成功申领H10N小类分类修订。推进中国特色商品服务名称列入马德里体系商品和服务管理器，反馈84项中国特色商品服务名称。

持续跟踪人工智能和数据等新领域新业态知识产权国际规则制定。参与WIPO发展与知识产权委员会、人工智能对话会等活动。与美国、欧洲、日本、韩国等开展人工智能领域交流磋商。

3. 继续深化与WIPO的双边合作

5月，申长雨局长与WIPO总干事邓鸿森举行视频会谈，进一步巩固与WIPO的良好合作。

继续与WIPO联合在华推广知识产权服务体系，举办马德里体系、海牙体系巡回研讨会。在技术援助合作方面，继续利用WIPO中国信托基金支持"一带一路"知识产权硕士学位教育、面向发展中国家的地理标志扶贫、面向"一带一路"沿线国家的马德里体系电子通信推广等项目。

支持地方开展与WIPO的交流活动。与WIPO、上海市人民政府共同举办第十八届上海知识产权国际论坛，申长雨局长出席开幕式并致辞。推荐四川知识产权服务促进中心参加WIPO全球地理标志在线展览。WIPO总干事及其高级别官员通过在线方式参加专利金奖颁奖、第四批TISC授牌、第四届虹桥国际经济论坛等活动。

(二)继续推进"一带一路"知识产权务实合作

完成2021—2022学年"一带一路"硕士学位教育项目招生工作。同济大学和中南财经政法大学共招录32名学员，通过线上方式参加该项目学习。

举办"一带一路"商标审查在线培训班，24个沿线国家的56名知识产权官员参加培训。

完成"一带一路"国家发明专利、外观设计专利和商标审批流程对比研究项目、"一带一路"知识产权国际合作需求调研项目。在"一带一路"沿线国家推广《如何在中国保护商标》英文版小册子。发布"一带一路"主要国家商标注册和维权流程缅甸篇、意大利篇、泰国篇、印度篇、南非篇。

(三)持续深化小多边知识产权合作

1. 中美欧日韩五局合作

6月，申长雨局长出席第十四次中美欧日韩知识产权五局(IP5)合作局长系列会议。会上通过《2021年中美欧日韩知识产权五局合作局长联合声明》，五局首次交流分享各自利用知识产权应对社会挑战的有益实践，听取一年来五局在推动新兴技术和人工智能领域合作、强化专利程序和实践协调、提高审查质量和效率等方面的突破性进展，并批准了这些关键领域的未来工作计划。

11月，成功主办中美欧日韩外观设计五局(ID5)和中美欧日韩商标五局(TM5)合作年度会议，申长雨局长分别出席两次会议，会议期间分别就《2021年中美欧日韩外观设计五局合作联合声明》和《2021年中美欧日韩商标五局合作联合声明》内容达成共识。在ID5年度会议期间，讨论了13个现有合作项目最新进展和下一步工作，其中3

个项目顺利结束，批准1个由国家知识产权局和欧盟知识产权局(EUIPO)共同牵头的新项目，批准对《中美欧日韩外观设计五局合作操作规程》的更新。TM5年度会议期间，讨论了正在开展的16个现有合作项目的最新进展和下一步工作，批准国家知识产权局和EUIPO共同牵头的“异议和评审程序商标权保护实践”以及国家知识产权局独立牵头的“商标档案管理及应用”2个新项目，并就TM5运行机制的改进和优化进行了交流。

2. 金砖国家知识产权合作

8月，申长雨局长出席第十三届金砖国家知识产权局局长视频会议，推动合作路线图下各项目进展并研究下一步工作计划，继续发挥引领作用。会上，介绍了中国利用知识产权助力精准扶贫优秀经验，有效宣传了知识产权强国建设和国家发展伟大成就。会后签署了《第十三届金砖国家知识产权局局长会议纪要》。

3. 中日韩知识产权合作

11月，国家知识产权局主办中日、中韩和中日韩知识产权局局长会议，就未来工作进行谋划。与日、韩分别签署升级版中日合作谅解备忘录和强化版中韩知识产权合作谅解备忘录，推动与日、韩在后疫情时代多领域知识产权合作不断深入。同月，主办第九次中日韩知识产权用户研讨会，申长雨局长以录播视频方式致辞，三局专家就各自知识产权制度最新发展开展交流，为给用户提供更多便利、营造更好的营商环境提供有力支撑。

与日韩两局在专利审查、外观设计、自动化、复审、商标、人员培训等领域的双边合作项目进展良好，通过视频会议和邮件方式推动项目深入开展，并新增中日人工智能领域审查标准专家交流、中韩人工智能相关领域信息分享以及中日韩碳中和审查业务交流等新的合作内容。

4. 中国—东盟及中蒙俄知识产权合作

10月，主办第九届中蒙俄知识产权研讨会，申长雨局长以录播视频方式为研讨会致辞，中蒙俄三局专家就各自知识产权制度最新发展进行交流。

12月，主办第十二届中国—东盟知识产权局局长会议，就中国—东盟2020—2021年度合作计划执行情况进行通报，分享中国为应对新冠肺炎疫情所采取的措施，通过中国—东盟2021—2022年度合作计划。

举办中国—东盟遗传资源传统知识网络研讨会，就遗传资源和传统知识保护与东盟国家分享经验。举行首次中国—东盟商标培训研讨会，就商标审查业务进行深入交流。推动运用中国—东盟合作基金(ACCF)开展面向东盟的人员培训等项目，进一步丰富了合作领域，强化了合作基础。

(四)双边合作

1. 与欧洲专利局、欧盟知识产权局的合作

5月，申长雨局长与欧盟知识产权局(EUIPO)局长克里斯蒂安·阿尔尚博举行视频会议，共同宣布中国商标数据在欧盟商标数据查询平台TMview上线，换文签署双边合作升级版谅解备忘录。

12月，申长雨局长与欧洲专利局(EPO)局长安东尼奥·坎普诺斯共同出席第十五次两局局长视频会议，并签署两局2022年度工作计划及EPOQUE Net相关协议。

自2021年7月1日起，在EPO提交的要求中国优先权的欧洲申请或PCT申请进入欧洲阶段时，无须提交在先申请的检索报告副本，切实减轻了申请人负担。与EPO于2020年12月1日起启动PCT国际检索单位试点项目，为中国申请人在欧洲获得知识产权保护提供便利。

2. 与欧洲国家的知识产权合作

5月，申长雨局长先后在北京会见德国驻华大使葛策博士和丹麦驻华大使马磊。

6月，申长雨局长与波兰共和国专利局局长埃代塔·德姆比·希韦克举行视频会议，签署两局合作谅解备忘录。

7月，申长雨局长与法国工业产权局局长帕斯卡·法尔共同出席第32次中法知识产权混委会视频会议。与法国工业产权局换文签署相关合作协议。

11月，申长雨局长与欧盟委员会农业与农村发展总司总司长博彻以视频方式举行会见。申长雨局长与英国知识产权局局长蒂姆·摩斯举行视频会议，签署两局2022年工作计划，举办中英知识产权合作25周年系列活动。申长雨局长与俄罗斯联邦知识产权局局长戈利高里·伊夫利耶夫以视频形式举行会议，会上两局共同发布《中国商标法律保护和执法指南》手册及电子版。申长雨局长与丹麦专利商标局局长苏恩·斯泰普·索伦森举行视频会议，会上签署的两局合作谅解备忘录被纳入两国战略级对话成果。

甘绍宁副局长在第二十五届俄罗斯联邦知识产权局国际会议上作视频发言，介绍中国知识产权生态系统。廖涛副局长在俄罗斯第三届人工智能与知识产权国际会议上作视频致辞。

国家知识产权局与保加利亚专利局、匈牙利知识产权局签署双边合作谅解备忘录，被纳入2021年中国—中东欧国家领导人峰会成果清单。与阿尔巴尼亚工业产权局续签两局合作协议。与波兰专利局自2020年10月起联合开展的为期一年的“中波联络员机制”试点项目延期五年，以更好服务两国知识产权企业用户。

3. 与周边及亚洲国家的交流合作

3月，申长雨局长与泰国知识产权厅厅长乌提克莱·里维拉番举行视频会议，双方签署了关于知识产权合作的谅解备忘录，为未来合作构建了总体框架。

7月，申长雨局长与柬埔寨国务大臣兼工业、科技和创新部大臣占蒲拉西举行中柬知识产权高级别视频会议，双方签署了2021—2022年度知识产权合作工作计划。

8月，申长雨局长在线参加新加坡举办的2021年知识产权周“全球知识产权论坛”并作主旨发言，介绍《知识产权强国建设纲要(2021—2035年)》，分享中国运用知识产权促进创新发展和经济增长的经验。

10月，申长雨局长与沙特阿拉伯知识产权局首席执行官阿卜杜勒—阿齐兹·斯瓦勒姆举行视频会议，签署关于指定中国作为PCT国际单位的协议。

11月，申长雨局长与新加坡知识产权局局长陈惠菁举行视频会议，就进一步深化未来合作达成共识。

与柬埔寨通过换文方式签署了关于外观设计领域合作的补充协议，推动中国外观设计专利在柬登记生效。中柬工作层多次举行会议，推动落实与柬埔寨签署的中国专利在柬登记生效协议，通过双边工作机制定期交流信息。

为海湾合作委员会专利局举办专利检索实务在线培训班。

4. 与北美、大洋洲国家的交流合作

积极推进与北美及大洋洲国家在专利、商标等各领域交流合作。

9月，申长雨局长与美国专利商标局代理局长德鲁·赫希菲尔德召开视频会，双方就两局具体合作项目、新兴技术与人工智能、新冠肺炎疫情下知识产权相关举措等议题进行了深入交流。

11月，与美国专利商标局联合举办外观设计、审查质量和专利分类专家交流会。

12月，与美国律师CNIPA联络委员会合作举办2021年中美知识产权政策法律界研讨会，会议面向中美知识产权代理机构、律师和相关从业者，就中美知识产权政策最新进展情况进行交流。

5. 与拉美、非洲国家的交流合作

9月，举办2021年非洲、拉美地区知识产权线上培训班。来自非洲知识产权组织(OAPI)、突尼斯、安哥拉、苏丹、毛里求斯、摩洛哥、马达加斯加、古巴、墨西哥、牙买加、秘鲁、哥斯达黎加、巴西、智利共14个地区和国家知识产权主管机构的59名知识产权官员参加了培训。

12月，申长雨局长与墨西哥工业产权局局长阿尔弗雷多·伦登召开视频会，共同签署两局合作谅解备忘录。申长雨局长以视频形式向非洲地区知识产权组织（ARIPO）行政理事会第四十五届会议及非洲知识产权组织（OAPI）行政理事会第61届常规会议致贺词。同月，举办2021年第二期非洲地区知识产权线上培训班，来自ARIPO、南非、埃及、尼日利亚、埃塞俄比亚、津巴布韦、阿尔及利亚、利比里亚8个地区和国家知识产权主管机构的审查员参加了培训。

接待古巴驻华大使馆经济商务参赞维多莉·施佩希一行，就商标领域相关议题进行交流。与阿根廷工业产权局就专利申请加快程序进行交流。接待毛里求斯共和国驻华大使馆副馆长、事务总代表苏巴斯一行，就商标和地理标志保护有关议题开展交流。

(五)参加政府间机制性对话和磋商谈判

密切关注和研究全面与进步跨太平洋伙伴关系协定（CPTPP）等经贸协议中的知识产权相关内容，推动区域全面经济伙伴关系协定（RCEP）尽快生效实施，落实中美第一阶段经贸协议和中欧、中法地理标志合作协议。参与中美有关对话、中英财金对话、中法财金对话、中以创新联委会、中新双边合作机制、中意政府间委员会、中波政府间委员会等机制性高级别对话以及中秘等自贸区协定磋商有关工作。

(六)统筹推进各业务领域合作

1. 专利审查高速路合作

继续深化专利审查高速路（PPH）合作网络建设。延长与德国、奥地利、欧亚专利局、新加坡、加拿大、葡萄牙PPH试点项目，推动与泰国、越南、菲律宾、法国等更多国家的PPH合作磋商。截至2021年底，国家知识产权局已与30个PPH合作方签署合作协议，其中包括16个“一带一路”沿线国家或地区，4个RCEP成员国。举办PPH项目推广培训班，为中国企业开展海外专利申请和获权提供务实指导。

2. 专利审查业务交流

分别与美欧日韩四局召开双边质量专家视频会议，就审查质量管理和新兴领域审查业务规则等内容开展交流。举办中日、中韩、中英、中芬、中以审查员案例研讨线上会议，深入探讨商业方法、生物制药等热点技术领域审查标准和实践。

牵头完成外观设计五局ID5质量管理对比研究项目，积极推动“共同的审查业务统计指标（CSPE）”项目成果在IP5平台的推广应用，探索开展五局人工智能医疗领域审查标准比较研究。

3. 地理标志、商标领域业务合作

在中欧知识产权合作项目IP Key框架下，联合举办中欧地理标志专家线上研讨会、中欧地理标志及商标相关线上研讨会。

推动落实中法地理标志协议有关工作，协调推进中法地理标志对比研究。继续推动中泰地理标志“3+3”试点项目落实。

欧盟商标查询系统于2021年4月26日世界知识产权日正式上线运行。这是我国首个官方国际商标信息检索系统，可进一步满足社会公众和创新创业主体对欧盟商标的检索需求，为用户提供快速、便捷、全面的欧盟商标信息查询服务。

发布《中国商标法律保护和执法指南》（中英俄版本）。举办中英商标审查员交流会。与越南知识产权局就地理标志商标和地理标志产品制度进行交流。

(七)加强与企业交流，支持维护其知识产权利益

深入了解内外资企业“同保护”诉求。接待中国外商投资企业协会药品研制和开发工作委员会（RDPAC）、中国美国商会、美中贸易全国委员会、博柏利（Burberry）、博世（Bosch）、NBC环球集团、拉脱维亚里加涂料等国外协会和企业代表来访或视频会见。协调处理勃艮第、勃贝雷、强生等专利、商标诉求。甘绍宁副局长赴北京、广东、广西开展专题调研，与40多个调研对象进行深入交流。

拓宽企业参与国际合作渠道。启动国家知识产权国际合作基地（北京）建设试点，支持首都企业海外知识产权发展，调研四川、北京基地加快在欧专利审查的诉求。引导企业参与中美欧日韩知识产权五局局长和产业界会议，反映我国产业界诉求，华为、百度、格力、中国商飞、绿叶制药等18家企业作为中国产业界代表参加了会议。指导中国专利保护协会成立人工智能专家委员会，提高我国企业对人工智能相关知识产权国际规则制定的影响力。

为企业海外专利布局提供支持。与EPO联合举办两次在线研讨会，帮助中国专利申请人及代理人了解在欧申请程序并解答申请人问题，助力企业海外布局。

（八）在国际合作中讲好中国知识产权故事

在国际交流合作中积极分享中国利用知识产权助力发展的最佳实践，宣介知识产权服务疫情防控、助力消除贫困、促进可持续发展和就业等方面的中国经验，讲好中国故事，贡献中国主张。

通过WIPO和AIPPI国际知识产权大会、ID5和TM5等国际平台，积极分享中国在抗疫科研创新与知识产权保护方面的经验和成果，提出中国应对疫情知识产权主张，呼吁在疫情及后疫情时代应对挑战方面进一步加强合作。WIPO有关统计表明，中国是新冠肺炎疫苗和疗法相关专利申请的最大来源国。

在与WIPO联合举办的TISC国际研讨会上，介绍我国积极发挥TISC在服务创新创业、推进技术转移转化方面作用的最佳实践和有益经验，其中，青岛建设技术与创新支持中心的实践被WIPO选为优秀案例。

在WIPO世界知识产权日宣传活动中宣介湖南桑植知识产权扶贫案例，协调WIPO中国办事处和境内外媒体赴湖南桑植调研。在第十四次中美欧日韩知识产权五局合作局长系列会议上，将知识产权助力脱贫攻坚与联合国2030年可持续发展议程相结合，介绍了在湖南桑植通过发展粽叶和茶叶地理标志产品脱贫致富“两片金叶子，富了一个县：知识产权助力精准扶贫”的经验和实践。

制作完成《如何在中国保护商标》小册子、《中国商标法律保护和执法指南》（中英俄版）、中美欧日韩商标五局合作宣传册及宣传视频、外观设计五局合作宣传册及宣传视频等外宣材料。

八、专题

（一）打击非正常专利申请

为认真贯彻党中央、国务院决策部署，切实推动我国从知识产权引进大国向创造大国转变，从追求数量向提高质量转变，2021年，国家知识产权局持续深入实施专利质量提升工程，从源头严厉打击不以保护创新为目的的非正常专利申请行为，取得明显成效。

1. 全面取消申请环节资助奖励

2021年1月，国家知识产权局印发《关于进一步严格规范专利申请行为的通知》，明确要求2021年6月底前全面取消各级专利申请阶段的资助，2025年以前全部取消各地对专利授权的各类财政资助。5月，经国务院常务会议审议通过，国家知识产权局印发《关于深化知识产权领域“放管服”改革优化创新环境和营商环境的通知》，进一步明确不得直接将专利申请、授权数量作为享受奖励或资格资质评定政策的主要条件，要求2021年6月底前，全面取消各地对商标、专利申请阶段的资助和奖励。各地积极贯彻落实相关要求，省级层面申请阶段的资助和奖励已经取消。

2. 明确非正常专利申请行为认定标准

印发《关于进一步严格规范专利申请行为的通知》《关于规范专利申请行为的办法》等政策法规。明确对不以保护创新为目的，不以真实发明创造活动为基础，为牟取不正当利益或者虚构创新业绩、服务绩效，单独或者勾连提交各类专利申请、代理专利申请、转让专利申请权或者专利权等行为依法依规进行处理。

3. 集中开展打击非正常专利申请行为的专项整治

加大前端排查力度，通过机器辅助筛查和人工核查相结合的手段，对涉嫌非正常专利申请的案件谨慎认定，对非正常专利申请实行批量审查。定期通报或公布各地非正常专利申请占比数据。分四批次向各地通报非正常专利申请 81.5 万件，前三批撤回 97%。加大宣传力度，引导申请人正确进行专利申请，积极促进质量提升。

4. 加强专利代理行业监管

深入开展“蓝天”专项整治行动，将代理非正常专利申请行为和无资质代理行为作为重点打击对象。全年共约谈代理机构 2000 余家，对代理非正常专利申请的 200 余家代理机构开展分类集中整治，挂牌督办地方对 21 家机构和 12 名代理师给予警告、罚款的行政处罚，对情节恶劣的 9 家机构直接作出吊销资质、停止代理业务等重处罚。对无资质代理行为累计作出行政处罚 172 件，罚没金额 1200 余万元，单案最高罚没 104 万元。健全长效监管机制，将严重违法代理行为纳入国家市场监督管理总局《严重违法失信名单管理办法》。“蓝天”行动取得显著成效，有力打击和遏制了非正常专利申请代理行为，有效促进了知识产权服务业的健康发展。

(二)打击商标恶意抢注行为

2021 年 3 月，国家知识产权局集中开展打击商标恶意抢注行为专项行动，并印发《打击商标恶意抢注行为专项行动方案》的通知，严厉打击 10 类图谋不当利益、扰乱商标注册管理秩序、造成较大不良社会影响的恶意抢注情形。此次专项行动注重理法并重、精准打击、部门协同，强化线索摸排、综合施策、宣传教育，进一步形成打击商标恶意抢注行为的高压态势，助力营造良好创新环境和营商环境。

1. 坚持严格保护，完善商标审查审理标准

维护商标法立法宗旨，完善以强化保护为导向的商标审查政策，制定《商标审查审理指南》，坚决打击商标恶意抢注、囤积注册等违法行为，引导申请人恪守诚信，合理提交商标注册申请，促进商标知识产权的高质量创造。

2. 强化源头治理，对恶意商标注册申请行为形成震慑

全年累计打击恶意商标注册申请 48.2 万件，其中商标注册审查程序驳回 6.04 万件，申请人主动撤回商标注册申请 5.24 万件，未缴费不予受理商标注册申请 36.87 万件。对抢注“清澈的爱”“全红婵”等 1111 件商标注册申请快速驳回，依职权主动宣告 1635 件商标无效。

全年累计向地方转交涉嫌恶意商标注册申请及重大不良影响商标案件线索 1062 条，指导地方查办恶意注册申请“清澈的爱”“全红婵”等商标案件，共立案查处 53 件，作出行政处罚 33 件，对恶意抢注行为形成有力震慑。

3. 推进社会共治，对恶意抢注线索认真排查

各省(区、市)知识产权管理部门、地方商标审查协作中心、申请人、注册人及社会公众积极配合开展打击商标恶意抢注行为，举报反馈恶意抢注线索。专项行动期间，国家知识产权局共收到举报线索 835 条，通过对线索的筛查，主动依职权对 982 件注册商标宣告无效，依法驳回商标注册申请 517 件，形成了打击商标恶意抢注行为的高压态势。

4. 加强代理监管，严厉打击涉奥商标抢注代理行为

印发《关于严厉打击恶意抢注相关奥林匹克运动会热词商标申请代理行为的通

知》，组织12个省份立案查处恶意抢注奥林匹克运动会热词案件共24起，作出行政处罚13件，行政约谈6家代理机构，恶意抢注奥运热词代理行为得到有效处置，取得良好社会效果。

供稿：国家知识产权局办公室

版权工作

2021年是实施"十四五"规划开局之年和开启全面建设社会主义现代化国家新征程的起步之年。一年来，国家版权局以习近平新时代中国特色社会主义思想为指导，全面贯彻党中央、国务院决策部署，认真落实习近平总书记关于宣传思想工作和知识产权保护工作重要讲话精神，按照中央宣传部部务会要求，坚持稳中求进、守正创新，统筹做好疫情防控，不断提升版权工作效能、加强版权强国建设，为庆祝建党百年营造良好版权环境，为实施创新驱动发展战略、建设社会主义文化强国贡献版权力量。

一、加大版权保护力度，强化版权生态治理

1. 开展打击侵权盗版专项整治

会同公安部等相关部门联合开展打击院线电影盗录传播集中行动，严厉打击春节档院线电影盗录传播违法犯罪行为，规范电影市场版权秩序。集中行动期间，全国各地版权执法部门出动执法人员3.65万余人次，开展市场巡查4926次，检查影院、点播影院等场所1.18万家次，巡查网站(App)2682家次，督导各电信运营商、社交平台、网盘、电商平台等网络服务商删除涉院线电影侵权链接3万余条，查办涉院线电影侵权重点案件39件，有效遏制了院线电影盗录传播势头。会同网信办等部门开展"剑网2021"专项行动，严厉打击短视频、网络直播、体育赛事、在线教育等领域的侵权盗版行为，持续巩固新闻作品、网络音乐、网络文学、电商平台等领域专项治理成果，查办网络侵权案件1031件，关闭侵权盗版网站(App)1066个，处置删除侵权盗版链接119.7万条，为庆祝中国共产党成立100周年营造了良好的网络版权环境。

2. 加强指导督办大案要案

以案件查办为版权执法监管工作重中之重，指导各地积极查办各类侵权盗版案件。全年各级版权执法部门查办侵权盗版案件3095件，检查实体市场相关单位36.17万家(次)。扩大联合挂牌督办主体，首次将全国双打办、文化和旅游部纳入联合督办单位，会同相关部门联合挂牌督办67起侵权盗版大要案件，解决地方在查办案件中存在的瓶颈问题。加大案件查办补贴力度。加强对重点院线电影和视听作品的版权保护，全年共公布15批106部重点作品版权保护预警名单。

二、规范软件使用管理，促进网络信息安全

1. 加强统筹协调和联合监管

充分发挥联席会议制度优势，组织召开推进使用正版软件工作部际联席会议第十次全体会议，总结软件正版化工作阶段性成效，研究部署重点工作。联席会议办公室加强统筹协调，联席会议各成员单位根据职责分工，持续细化工作要求，相互支持、密切配合，共同推进、联合监管软件正版化工作，树立国家保护知识产权良好形象。

2. 推动软件正版化工作规范化

加强对各地区各部门软件正版化工作政策指导，持续巩固党政机关软件正版化工作成果。党政机关软件正版化工作机构、制度建设、推进措施不断完善。持续拓展企业软件正版化工作，在巩固中央企业

和大中型金融机构软件正版化工作基础上，推动省属国有企业总部实现软件正版化。持续推动文化、教育、卫生、交通、能源、新闻出版等重要行业软件正版化工作制度化、规范化。

3. 开展软件使用情况年度核查

部际联席会议办公室在继续加强部际联席会议联合督查的基础上，聘用第三方机构对20家中央和国家机关、10家中央企业、15家金融机构，以及7个省（区、市）软件使用情况进行年度核查，共核查单位205个、计算机4.5万台。

三、优化版权社会服务，激发版权创新活力

1. 完善著作权登记机制

进一步完善著作权登记制度，提升著作权登记工作效能。深入调研部分地区著作权登记工作，启动《作品自愿登记试行办法》《计算机软件著作权登记办法》修订工作，形成修订稿初稿。2021年，全国著作权登记总量达626.4万件，同比增长24.30%。其中，作品著作权登记398.4万件，同比增长20.13%；计算机软件著作权登记228万件，同比增长32.34%。

2. 规范著作权集体管理和境外著作权认证

开展对著作权集体管理组织的检查和核查工作，加强对著作权集体管理组织监管。联合文化和旅游部出台《关于规范卡拉OK领域版权市场秩序的通知》，解决卡拉OK领域版权问题，巩固卡拉OK领域版权治理成果，推进构建体现中国国情、符合国际惯例的卡拉OK版权授权体制。配合北京市公安局完成6家境外著作权认证机构驻华代表处的年检备案工作，完成国际唱片业协会北京代表处相关变更事项的备案工作，批复日本内容产品海外流通促进机构设立常驻中国代表机构，指导境外著作权认证机构依法开展各类活动，不断巩固和发挥其中外著作权交流的桥梁和纽带作用。

3. 深化全国版权示范创建和国家版权创新发展基地建设

充分发挥版权示范典型在提升创新能力、推动经济发展等方面的重要作用，深化全国版权示范创建和国家版权创新发展基地试点工作。授予江西省景德镇市为全国版权示范城市，授予15个园区（基地）为全国版权示范园区（基地）、49家单位为全国版权示范单位、25家单位为全国版权示范单位（软件正版化），启动长沙市、温州市全国版权示范城市创建工作。围绕成渝地区双城经济圈建设战略决策，设立四川天府新区为国家版权创新发展基地，推动深圳前海、上海浦东、四川天府新区积极探索版权保护、运用、服务新机制和新举措，先行先试，以点带面推动版权工作创新发展。

4. 打造全国版权展会授权交易体系

举办第八届中国国际版权博览会，为各地版权相关单位、企业提供了集中展示版权作品、开展版权交流、进行版权交易的重要平台。设立景德镇国家陶瓷版权交易中心，指导四川成都、广东东莞等地举办版权交易博览会、交易会，推动各级版权交易中心优化机制，进一步建设完善版权展会授权交易体系，促进版权的转化和运用，推进版权产业健康发展。

四、深度参与全球版权治理，提高版权国际影响力

1. 加强版权国际话语体系建设

参与保护广播组织条约、保护民间文艺条约等国际条约磋商，参与加入《全面与进步跨太平洋伙伴关系协定》（CPTPP）研究工作，推进《区域全面经济伙伴关系协定》（RCEP）相关条款在国内落实，积极推动版权相关国际规则完善，维护我国版权利益。合作举办国际版权论坛、版权圆桌会议等，大力宣传我国版权保护、产业发展的做法和经验，树立我国版权保护的良好形象，争取有利于我国发展的国际版权环境。积极推动国际组织平台宣传《视听表

演北京条约》；推动全国人大常委会于2021年10月23日批准《马拉喀什条约》，保障阅读障碍者平等获取文化和教育的权利。

2. 巩固版权多双边交流合作

持续巩固与世界知识产权组织、世界贸易组织等国际组织在版权方面的交流合作，参加相关成员国大会及地区会议。不断巩固以合作共赢为核心的新型双边版权关系，妥善处理并加强美、欧、英、日、韩等重要双边版权磋商及合作事务。深化《中英版权战略合作备忘录》项下中英版权合作，线上召开版权工作政府间会谈，积极参与中英经济财金对话领导小组项下的中英版权磋商。继续与欧盟保持密切合作，参与中欧知识产权工作组相关工作。参与中韩、中日、中俄、中瑞知识产权工作组磋商。继续配合商务部参与中美经贸磋商相关工作。

3. 健全版权国际应对联动机制

指导国际版权研究基地等机构开展版权重点、热点议题专项研究，积极研判版权国际形势变化。密切与立法机关、司法机关及外交、商务、市场监管等部门的联系沟通，加强对相关企业海外版权保护指导，不断提高涉外版权保护能力。

五、做好宣传培训，建设版权良好人文环境

1. 营造尊重版权良好氛围

在"4·26世界知识产权日"，围绕"全面加强版权工作　推动构建新发展格局"宣传主题，开展多角度、多层次、全方位版权宣传工作，加强版权正面引导，培养公民自觉尊重和保护版权的行为习惯。举办2021中国网络版权保护与发展大会、第十三届大学生版权征文活动，发布《2020年中国网络版权保护报告》、"2020年度全国打击侵权盗版十大案件"，编辑出版《中国版权年鉴2020》《2020年软件正版化工作汇编》，评选发布中国版权十件大事，集中宣传版权保护成果，持续提升社会公众版权意识。做好《中国新闻出版广电报》版权周刊的专题宣传，联动国家版权局网站、微博、微信公众号等媒体传播形式，及时解读政策措施，对焦点话题、热议问题等增信释疑，形成覆盖完整的版权全媒体传播格局。

2. 讲好中国版权故事

落实习近平总书记"讲好中国故事，传播好中国声音"的重要指示精神，向世界展现真实、立体、全面的中国版权工作。利用国家版权局英文网对外宣传平台，开展国际版权宣传；利用世界知识产权组织的平台，以《视听表演北京条约》生效一周年、《马拉喀什条约》在国内批准、著作权法实施30周年等重大事件为契机，充分展示我国版权保护、运用成果，贡献中国智慧和中国方案，切实增强版权国际传播力建设。

3. 做好版权教育培训

举办地方版权部门负责人、版权执法监管、软件正版化、版权社会服务、版权海外风险防控等培训班，分别对各省（区、市）版权局、各直辖市文化市场综合执法部门相关人员，中央主要媒体新闻记者，产业界涉外版权工作人员等进行针对性专题培训，全面提升基层人员版权工作水平。

供稿：中央宣传部版权管理局

科技创新知识产权工作

2021年，科技部深入实施创新驱动发展战略，不断加强知识产权创造、运用和保护，引导各类创新主体在关键前沿领域加强专利布局，加强知识产权交易和运营服务，以完善的知识产权保护体系激发全社会创新潜能，不断推动科技创新体制机制改革向纵深发展，为建设科技强国提供有力支撑和保障。

一、加强知识产权战略研究

围绕“面向2035年的知识产权和技术标准战略”专题，开展促进科技创新知识产权高质量创造、促进科技成果知识产权高效运用等方面研究，提出了对未来15年我国科技创新知识产权事业发展方略和战略措施的建议。同时，配合国家知识产权局开展面向2035年的知识产权强国战略纲要制定工作，注重两个规划内容的有机衔接，按要求提交部门研究报告，并多次参加专家咨询委员会全体会议等。

二、完善科技创新与知识产权相关立法

完善科技法律制度体系，强化科技创新知识产权保护。2021年12月24日，十三届全国人大常委会第三十二次会议修订通过《中华人民共和国科学技术进步法》（以下简称《科学技术进步法》），自2022年1月1日起施行。新修订的《科学技术进步法》对企事业单位、社会组织、科学技术人员提高创造、运用、保护、管理和服务知识产权的能力等方面作出规定，也为进一步深化科技体制改革、拓展改革空间奠定法律基础。研究人工智能、大数据、生命科学等新兴科技领域的科技与知识产权法律法规和伦理规范制定，构建更加完备的中国特色科技创新法律体系。

三、强化科技领域知识产权创造运用等环节政策制度建设

完善科技评价改革机制，会同相关部门联合印发《关于组织开展科技成果评价改革试点工作的通知》，遴选高校院所、医院、企业等共55家试点单位开展科技成果评价改革试点工作，指导试点单位充分发挥科技成果评价的“指挥棒”作用，促进高质量知识产权供给。深化科技成果使用权、处置权和收益权改革，持续推进高校及科研院所开展职务科技成果赋权改革试点工作，加强对试点单位的指导协调力度，健全单位与科研人员之间的职务成果权益分享机制，激发科研人员创新创业积极性，促进专利等各类科技成果转化运用。组织40家试点单位凝练创新举措典型案例，并印发《2021年度赋予科研人员职务科技成果所有权或长期使用权试点典型举措汇编》，进一步推动深化科技成果使用权、处置权和收益权改革。联合印发《产学研合作协议知识产权相关条款制定指引（试行）》，指导有关企事业单位做好产学研合作中的知识产权归属与处置工作，降低有关法律风险，促进产学研合作和知识产权转移转化。联合印发《关于事业单位科研人员职务科技成果转化现金奖励纳入绩效工资管理有关问题的通知》，进一步落实以增加知识产权价值为导向的收入分配政策，推动科技成果转移转化。

四、持续推动知识产权转化运用工作

推动建设专业化技术转移机构，强化高校技术转移服务能力，会同教育部联合印发《关于开展高校专业化国家技术转移机构建设试点工作的通知》（国科区函〔2021〕1号）和《关于首批高校专业化国家技术转移机构建设试点启动的通知》，认定首批20家高校开展国家级专业化技术转移机构建设试点，以技术转移机构建设为突破口，进一步完善高校科技成果转化体系，强化高校科技成果转移转化能力建设。同时，采取多种方式建立技术转移机构，推动社会化技术转移机构发展，培育技术经理人队伍。加快发展技术要素市场，研究编制《“十四五”技术要素市场专项规划》，充分发挥技术市场的作用，持续优化布局技术转移服务网络。截至2021年底，已全国布局建设11家国家技术转移区域中心、420家国家技术转移（示范）机构、1500余家省级技术转移示范机构，以及40余家市场化技术交易市场（所），基本形成覆盖全国县级及以上地区的技术转移服务网络。同时，支持中国技术交易所、上海技术交易所、深圳证券交易所等机构建设国家知识产权和科技成果产权交易机构，建设互联互通的技术交易市场。

五、加强并优化国家科技计划项目知识产权管理与服务

优化国家重点研发计划知识产权管理，制定完善管理配套制度文件，进一步明确国家重点研发计划形成的知识产权归属、使用、转移和权益分配等管理举措。持续推进科技成果转化年度报告制度，对高校院所提交的科技成果转化数据开展分析研究。持续做好技术合同登记工作，截至2021年底，全国共登记技术合同670 506项，技术合同交易额37 294.3亿元。目前，技术合同认定已被纳入国家统计局专项科技统计。

六、加强科技创新领域国际合作

组织开展国际合作法规与知识产权相关政策研究，在多边场合积极宣介知识产权政策。推进共建"一带一路"国家在中国的专利申请和公开。推进全球技术转移转化工作，加强与国际组织技术转移合作，布局建设国际技术转移中心、跨国技术转移平台等。

供稿：科技部成果转化与区域创新司

农业植物新品种工作

2021年，农业农村部深入贯彻落实《种子法》，强化体系建设和技术支撑，加强与司法部门的沟通联系，加大宣传培训，农业植物新品种保护工作取得积极进展，2021年度申请量再次位居国际植物新品种保护联盟(UPOV)成员第一，种业市场环境得到进一步净化，品种保护意识进一步增强。

一、持续推进制度建设

积极推进《种子法》的修改工作，深入研究关于扩大植物新品种权的保护范围和保护环节、建立实质性派生品种制度、健全侵权处罚赔偿制度等有关内容，配合完成《种子法》的修改工作。2021年12月24日，十三届全国人大常委会第三十二次会议审议通过新《种子法》，自2022年3月1日起施行。配合最高人民法院研究出台《最高人民法院关于审理侵害植物新品种权纠纷案件具体应用法律问题的若干规定(二)》，于2021年7月5日发布，7月7日起施行。启动开展《植物新品种保护条例》《农业植物品种命名规定》修订工作。印发《农业植物新品种权审查指南》和《农业植物新品种测试机构质量管理规定》，制定《生物技术育成品种DUS测试管理办法》。

二、全面提高受理审查工作水平

品种权受理审查量再创新高。2021年，共受理品种权申请9721件，同比增长22.8%，连续五年位居UPOV成员第一，申请总量达到51 437件。全年共授予农业植物新品种权3218件，同比增长26.2%，授权总量达到19 726件。共收到31件复审案件，办结24件。政务服务水平不断优化。深入贯彻落实"放管服"改革精神，优化服务水平，品种权申请文件由原来一式两份减为一式一份，减轻申请人负担。信息化管理水平进一步提升。继续优化品种权申请和审查系统，加强品种权公告信息更新，完成测试信息服务平台和品种权申请审查系统的验收。

三、不断提升测试能力

加强DUS测试质量管理。严格按照《农业植物品种测试机构质量管理规定》开展DUS测试审查，为植物新品种保护提供技术支撑，下达集中测试任务4100个品种，委托测试4090个，现场考察239个品种，审查测试报告4217份；统一管理委托测试样品，加强DUS委托测试管理；开展自主测试品种备案、报告复核和现场检查，强化自主测试的监管。推动测试机构建设。推进国家植物品种测试徐州中心建设项目、农业农村部植物新品种测试（锦州）分中心和农业农村部植物新品种测试（广州）分中心改扩建立项；加强技术合作，与崖州湾科技城管理局签订战略合作协议；建立“农业农村部科技发展中心一崖州湾科技城分子实验室”。标准化体系建设不断完善。完成第二届全国植物新品种测试标准化技术委员会考核评估和第三届标委会换届，审定测试指南25项，报批13项国家标准。DNA指纹数据库更加充实。全年采集了近6000个品种的SSR指纹，为3700个品种筛选近似品种。

四、强化品种权执法维权

开展专项整治行动。深入贯彻落实党中央、国务院关于加强知识产权保护的决策部署，实施种业监管执法年活动和保护种业知识产权专项整治行动，净化种业市场，增强品种权保护意识，印发《2021年全国种业监管执法年活动方案》《开展保护种业知识产权专项整治行动的通知》等文件，落实种业专项整治行动。重拳出击查处侵权行为。以组合拳的方式打击侵权行为，建立全国统一的侵权案件协查联办平台，组织全国种业监管执法力量，实施全链条全流程监管，以制种企业生产备案、委托合同、品种权属和亲本来源等内容为重点，对假冒套牌侵权行为重拳出击，打击侵权行为，查办种业违法案件7000余件，其中甘肃张掖农业执法部门组织销毁侵权在田制种玉米50余亩和违法转移玉米种子10余吨。强化行政执法和刑事司法衔接。联合最高人民法院组织召开种业知识产权座谈会，签署种业知识产权保护合作备忘录，加强制度建设和人员交流，推进行政执法和司法紧密衔接；召开保护种业知识产权专项整治行动视频会议，联合最高人民法院、最高人民检察院、工信部、公安部、市场监管总局、国家知识产权局等单位和部门研究制定打击种业套牌侵权联合指导文件；加强涉种司法案件审理，严厉打击各类侵权行为情况，配合最高人民法院、公安部等单位查处一批大案要案，其中，浙江省侦破“甬优”系列水稻品种侵权案，抓获犯罪嫌疑人7名，涉案金额达157万元。

五、全面增强保护意识

加强维权指导。连续4年发布农业植物新品种保护十大典型案例，引导权益人正确维权，取得了良好的社会效应。强化宣传引导。举办品种保护理论和测试技术类常规培训班5期，累计培训学员近千人，学员覆盖全国种业管理体系人员、种子企业、高校、科研院所。探索人才培养机制。与华南农业大学建立研究生联合培养基地，双方制订了合作协议和联合培养方案。此外，通过《人民日报》、农财宝典、学习强国等媒体，以及微信公众号、小程序、微博和App客户端，分内容、多渠道、多形式宣传农业植物新品种保护法律法规、典型案例、经验做法。

六、稳步提升国际话语权

提高国际影响力。在2021年UPOV系列会议上，理事会通过了UPOV使用中文事项。正值我国加入UPOV 22周年之际，UPOV在外国社交媒体上发布了我国农业品种权申请和授权情况、品种权故事、我国女性育种者事迹等新闻，宣传我国品种保护20多年发展成效。开展交流合作。联合国家林业和草原局与欧盟植物新品种保护办公室签署了为期5年的《中欧植物新品种保护战略合作协议》，标志着中欧品种保护合作开启了新篇章；成立实质性派生品种、收获物和繁殖材料两个中国农业小组，跟踪国际最新进展；组织参加UPOV线上系列会议，履行国际义务。

供稿：农业农村部科技教育司

工业和信息化领域知识产权工作

2021年，工业和信息化部深入学习贯彻习近平总书记关于知识产权工作的重要指示精神，认真落实《知识产权强国建设纲要(2021—2035年)》《“十四五”国家知识产权保护和运用规划》等文件要求，加快实施知识产权强国战略，在国务院知识产权战略实施工作部际联席会议机制统筹组织下，更好发挥行业主管部门作用，统筹部署工业和信息化领域知识产权工作，建立了部际合作、部省互动、行业组织与专业机构支撑的知识产权协同推进工作体系。围绕工业和信息化领域知识产权高质量创造、高效益运用、高标准保护、高水平服务，组织开展工业和信息化部知识产权推进计划项目，实施企业知识产权战略工程，加强中小企业知识产权能力培育，推动专利运用与成果转化工作，强化互联网领域侵权假冒专项治理，积极推动与世界知识产权组织(WIPO)建立合作沟通机制，营造良好的知识产权保护环境，取得了良好成效。

一、行业知识产权创造与运用能力进一步提升

据统计，2020年，我国规模以上重点领域企业每亿元营业收入高价值发明专利数为2.38件，同比增长12.8%。2021年，工业和信息化部围绕制造业关键领域知识产权布局和行业知识产权保护，知识产权政策研究和国际合作，企业知识产权能力培育与协同运用等方面，支持开展设立17个知识产权推进计划项目研究，推动产业科技创新和高质量发展。

二、重点领域知识产权保护力度不断加大

积极参与全国打击侵犯知识产权和制售假冒伪劣商品有关工作，与版权管理等部门积极协同，着力提升对网上侵权盗版信息的发现和管控能力。配合各级版权管理部门依法处置从事网络侵权盗版的网站，净化网络环境，保障人民群众合法权益。指导计算机厂商和操作系统提供商做好正版软件预装，国产计算机出厂预装操作系统正版化率逐年攀升，国内较大品牌计算机预装正版操作系统软件比例已连续第三年实现100%。

三、企业知识产权意识与能力持续增强

深入实施中小企业知识产权战略推进工程，开展工业企业知识产权运用试点培育，累计培育2800余家知识产权运用试点企业。通过制造业知识产权大课堂等品牌活动，组织专业机构面向企业等开展培训，2021年，累计培训2000余人次。举办知识产权赋能中小企业创新发展论坛，激励企业创新发展。截至2021年底，累计遴选125家产业技术基础公共服务平台，为企业提供知识产权、信息咨询等技术基础服务。优先支持纳入知识产权优势企业培育库的企业，其中，截至2021年底，认定3307家为省级专精特新中小企业，认定1253家为专精特新“小巨人”企业。

四、知识产权国际合作交流继续深化

加强与有关国际组织和机构的合作，与WIPO等在人工智能、中小企业、培训等方面加强交流合作。支持行业开展融合领域标准必要专利许可规则研究，加强行业间的沟通互动。

供稿：工业和信息化部科技司

公安机关保护知识产权工作

2021年，公安部认真学习贯彻习近平总书记关于全面加强知识产权保护的系列重要论述、重要指示精神，按照党中央、国务院的统一部署，组织全国公安机关进一步强化责任担当，充分履行打击犯罪职能，紧密结合队伍教育整顿和“我为群众办实事”实践活动，深入推进“昆仑2021”专项行动，依法严打侵权假冒犯罪，共侦破侵犯知识产权和制售伪劣商品犯罪案件2.1万起，抓获犯罪嫌疑人3.8万名，坚决遏制此类犯罪多发高发势头，为贯彻新发展理念、构建新发展格局、推动高质量发展提供有力法治保障。

一、突出重点领域，护航安全发展

始终坚持以人民为中心的发展思想，依法严厉打击侵害群众利益的侵权假冒犯罪活动。紧紧围绕食品安全，严厉打击有毒有害、不符合安全标准、侵权假冒等食品领域犯罪，破获一批重大案件，努力让群众吃得更放心。紧紧围绕粮食安全，会同有关部门联合开展农资打假专项行动，严厉打击制售假种子、假农药、假化肥等涉农资犯罪活动，组织侦破内蒙古赤峰刘某某等制售假种子案等典型案例，有力服务保障种业振兴和农业生产。紧紧围绕药品安全，相继侦破江苏盐城制售假药系列案、安徽芜湖“5·20”生产销售假药案等一批大要案件，切实维护人民群众生命健康。紧紧围绕生活安全，严打制售假冒伪劣汽车配件、家用电器、学生儿童用品、妇幼用品、建筑材料等突出犯罪，组织侦办广东“3·15”制售“非标”线缆案等典型案件，积极配合行业主管部门开展源头治理。

二、强化产权保护，服务高质量发展

围绕强化产权激励和做好“六稳”“六保”，依法严打各类侵权假冒犯罪，切实保障市场主体和群众合法权益，服务经济社会高质量发展。聚焦创新驱动，组织侦办辽宁“8·18”非法窃取国有企业核心技术秘密案等一批技术领域案件，为加快建设科技强国提供法治保障。聚焦网络经济，紧盯群众反映集中的“网红”“直播带货”等网上售假问题，集中破获山东菏泽“6·16”假冒品牌服装案等一批利用网购模式进行欺诈式售假案件，净化网络消费环境。聚焦文化繁荣，严打盗版图书、音乐、视听作品、计算机软件等各类侵犯著作权犯罪，为疫情期间文化市场发展提供保障。聚焦营商环境，坚持依法平等保护，指导各地侦破一批侵犯企业商标权、著作权、专利权等知识产权犯罪案件，增强企业投资发展信心。

三、密切协作配合，形成工作合力

密切“两法衔接”，会同国家知识产权局出台《关于加强协作配合强化知识产权保护的意见》，会同中宣部、市场监管总局等部门联合督办110起重点案件。密切司法协同，会同最高人民法院、最高人民检察院围绕《刑法修正案(十一)》的贯彻执行，研究完善入罪标准、法律适用，统一执法、司法标准。指导辽宁、上海、浙江、江苏、河南等地公安机关针对司法实践中的难点、重点问题，会同本地检法部门加强调研。密切警企协作，深入开展“惠民利企”调研走访活动，听取意见建议，畅通举报渠道，解决好群众和企业在知识产权保护方面的“急难愁盼问题”；健全完善涉企案件快速侦办机制，深入开展涉企积案清理，进一步规范执法办案行为，依法保障企业正常生产经营秩序，国内外企业反响积极。

四、务实国际合作，加强联合执法

按照“以合作促共识、以合作谋共赢”的工作思路，主动加强与各国执法部门的沟通协调，积极构建互利共赢的新型执法合作关系。围绕重点跨国(境)案件与相关国家执法部门开展线索核查、证据交换、司法协助等多层面执法合作。同时，积极参与全球知识产权治理，更大力度加强知识产权刑事执法国际交流与联合行动，有效应对跨国侵权假冒犯罪突出问题。应国际刑警组织邀请，继续深入参与打击食品犯罪“奥普森”行动、打击药品犯罪“盘古”行动、打击互联网知识产权犯罪“猎鹰”行动，取得积极成效，以实际战果赢得国际社会积极评价。

五、注重法治宣传，营造良好氛围

将宣传工作作为知识产权刑事保护的重要内容，精心谋划，稳步推进。突出重要节点，秉持以“尊重知识、崇尚创新、诚信守法”为核心的知识产权文化理念，围绕“元旦”“春节”“3·15国际消费者权益日”等关键时间节点，加强法治宣传和预警提示。突出专题宣传，在“4·26世界知识产权日”来临之际召开公安部新闻发布会，通报公安机关打击侵权假冒犯罪工作实效，公布十大典型案例。“双11”购物节前夕，在《人民日报》、央视等主流媒体发布公安机关打击利用网络侵权假冒犯罪案件情况，提醒消费者注意防范。突出宣传实效，各地因地制宜组织丰富多彩的宣传活动，先后开展现场讲解3.7万余次、制作发放宣传资料57万余份、开展销毁侵权假冒商品活动60余次，黑龙江、福建、河南等地线上线下走访企业，宣讲法律知识，护航企业发展。

供稿：公安部食品药品犯罪侦查局

商务知识产权工作

一、务实开展知识产权双边对话

2021年4月，与日本特许厅共同主持召开第八次中日知识产权工作组会议，双方就知识产权战略、政策、立法、执法、司法等具体议题进行了深入交流。

2021年6月，与欧盟委员会贸易总司共同主持召开欧盟—中国第二十四次中欧知识产权工作组会议，双方就立法进展、打击商标恶意注册、知识产权执法、商业秘密保护四方面优先工作领域的相关内容进行了富有成效的交流。

2021年9月，与俄罗斯知识产权局共同主持召开第十二次中俄知识产权工作组会议，双方交流了在专利、商标、著作权及邻接权领域立法和执法方面的最新进展情况，并就加强地理标志和原产地名称合作等达成共识。

二、持续推进知识产权多双边合作

2021年，会同相关部门，继续与欧盟共同开展第四期中欧知识产权合作项目，持续加强与欧盟在知识产权立法、执法、企业知识产权风险防范、国际知识产权规则等方面的合作。在世界贸易组织“与贸易有关的知识产权”理事会会议、金砖国家知识产权合作机制会议、亚太经合组织知识产权专家组会议等多边机制项下，就相关议题加强与各成员的交流，阐明中国知识产权立场。推动金砖国家经贸部长会议发布《知识产权合作下开展遗传资源、传统知识和传统文化保护合作》成果文件，深化金砖国家知识产权合作。

三、推动中欧地理标志协定生效实施

2021年3月1日，《中欧地理标志保护与合作协定》正式生效。双方第一批各100个地理标志于协定生效时在对方市场获得保护。第二批各175个地理标志也将在协定生效后四年内完成相关保护程序。

会同有关部门推动协定高水平实施，与欧盟共同开展第一批地理标志产品推广升级，加快推进第二批地理标志清单公示等工作，使协定成果更多惠及双方企业和消费者，促进中欧经贸关系持续发展。

四、牵头做好自贸协定知识产权议题相关工作

先后于2021年9月16日、11月1日向《全面与进步跨太平洋伙伴关系协定》和《数字经济伙伴关系协定》保存方新西兰提交中国正式申请加入的书面信函，积极推进知识产权相关议题研究等工作。

会同发展改革委等六部门发布《关于高质量实施〈区域全面经济伙伴关系协定〉的指导意见》，按照协定规则加强知识产权保护。

先后牵头组织中国—秘鲁、中国—以色列、中国—挪威、中国—海合会等多个自贸协定知识产权章节谈判，推动谈判取得积极进展。

五、加强知识产权海外维权援助机制建设

继续指导中国保护知识产权网进一步发挥知识产权预警和维权援助信息平台作用。及时全面发布知识产权最新国际动态，针对不同群体发送《IPR Focus》《知识产权每周国际快讯》等电子期刊，持续更新扩充知识产权国别环境指南、海外知识产权服务机构名录和案例库等，为中国企业“走出去”提供知识产权指导和帮助，进一步提升企业的海外知识产权风险防范和应对能力。

供稿：商务部条法司

海关知识产权工作

2021年，全国海关共采取知识产权保护措施8.4万次，实际扣留进出口侵权嫌疑货物7.92万批、7180.28万件，全年共受理知识产权海关保护备案申请2.01万件，审核通过备案申请1.77万件，其中，国内权利人备案数量为1.17万件。

一、执法成效明显，海关知识产权执法水平稳步提升

1. 出口环节执法成效明显，进口环节持续增长

2021年，全国海关共在出口环节扣留侵权嫌疑货物7.86万批、6378.54万件；在进口环节扣留侵权嫌疑货物571批、801.73万件，进口环节查获侵权货物数量占比进一步提高。

2. 查获侵权货物仍以侵犯商标权为主，专利权、著作权、奥林匹克标志专有权执法成效明显

全国海关扣留涉嫌侵犯商标权的货物7.89万批、6804.63万件。专利权、著作权、奥林匹克标志专有权的侵权查获数量成倍增长，其中扣留涉嫌侵犯专利权货物293.33万件，扣留涉嫌侵犯著作权货物81.47万件，扣留涉嫌侵犯奥林匹克标志专有权货物8380件。

3. 货运渠道执法模式以海关依职权保护为主，依申请保护稳步增长

全国海关在货运渠道扣留侵权嫌疑货物2282批次、6078.47万件。其中，海关采取依职权保护措施扣留侵权嫌疑货物2194批、5769.88万件；采取依申请保护措施扣留侵权嫌疑货物88批、308.58万件。

4. 跨境电商渠道成为全国海关执法重点，扣留批次、数量均明显增长

跨境电商渠道逐步成为全国海关执法重点，2021年共查扣跨境电商侵权嫌疑货物1.78万批、199.57万件，扣留批次和数量在非货运渠道执法的占比分别由2020年的11.69%和9.93%提升到2021年的

23.25%和18.11%。

5. 中西部地区海关执法成效更加明显,执法水平逐步提升

中西部地区海关2021年共扣留侵权嫌疑货物2.06万批、223.31万件。其中,太原、南昌、长沙、贵阳等海关扣留批次同比增长2倍以上;武汉、南宁、乌鲁木齐海关的年查获数量较2020年增长超过10万件;西宁海关自成立以来首次查获侵权案件,扣留侵权商品9000余件。

6. 扣留侵权嫌疑货物主要涉及电子电器、服装鞋帽等类别

以扣留批次统计,服装鞋帽、皮具箱包、电子电器等货物占据前三位,分别为3.9万批、2.2万批和0.6万批。以扣留数量统计,电子电器、烟草制品、服装鞋帽等货物的数量占据前三位,分别为2036.19万件、1847.52万件和645.44万件。

二、夯实工作基础,加强知识产权保护工作部署

1. 统筹谋划专项执法工作

制定印发《"十四五"海关发展规划》,对知识产权海关保护能力提升工程作出全面部署,提出了新阶段的目标、任务和举措。聚焦热点问题和关键领域,先后印发全国海关知识产权保护"龙腾行动2021"、寄递渠道知识产权保护"蓝网行动2021"、出口转运货物知识产权保护"净网行动2021"等专项执法行动方案,会同市场监管总局等13个部门联合印发《2021网络市场监管专项行动(网剑行动)方案》。印发通知指导各地海关加强奥林匹克标志专有权海关保护。

2. 多措并举提升执法规范

依据新修订的《中华人民共和国行政处罚法》,组织研究修订知识产权海关保护相关法律文书,严格规范各类文书的适用;组织开展《中华人民共和国知识产权海关保护条例》修订专题研究,形成专题研究报告。天津、青岛、长沙、黄埔等海关修订印发关区《知识产权工作指引》,夯实关区知识产权海关保护业务基础;南京、深圳等海关在关区发布《知识产权小贴士》《常见执法问题和典型案例汇编》等,统一执法尺度;北京、拱北等海关结合工作实际促进新修订的《中华人民共和国海关办理行政处罚案件程序规定》有效实施。

3. 理论研究探索创新方向

组织加强"一带一路"沿线国家和地区知识产权海关保护工作法律制度研究。上海、青岛等海关围绕《区域全面经济伙伴关系协定》(RCEP),重点解读在进出口环节可能产生的影响,指导企业应对协议规则;宁波海关探索研究"全面加强知识产权保护,构建海关知识产权治理新体系",将研究成果转化为推动工作的新举措;北京海关探索研究针对专利权义务平衡、办案效能更高的依职权保护新模式;厦门海关联合地方商务局、法院以及高校针对平行进口开展专题研究。

三、加大执法力度,持续开展重点领域专项整治

1. 保持打击进出口侵权商品高压态势

2021年,海关总署连续第5年部署开展"龙腾行动",全国海关持续聚焦群众反映强烈、社会舆论关注、侵权假冒多发的重点商品,尤其对进出口关乎生命健康、威胁公众安全的侵权商品的行为实施重拳打击。上海、南京、宁波等海关扣留侵权糖果、番茄酱、饮料等198.9万件,坚决守护消费者"舌尖上的安全";厦门、汕头、昆明等海关加强对"贴身"产品的知识产权保护力度,扣留侵权卫生巾、洗发水、化妆棉等个人护理用品582.2万件;天津、拉萨等海关重点关注儿童用品安全,扣留侵权童装、童车、玩具等近90万件;杭州、青岛、黄埔等海关开展假冒汽车零配件专项执法,扣留侵权发动机零件、滤清器、雨刷等58.8万余件。

2. 对跨境邮寄、快件渠道侵权商品实施严密监管

部署开展"蓝网行动2021",针对侵权

商品寄递口岸向全国分散趋势，相关海关及时跟进监管，聚焦邮递、快件等渠道，丰富执法手段，强化监管措施，提升知识产权保护效能。行动期间，全国海关在邮递渠道扣留侵权嫌疑货物4.8万批、74.3万件；快件渠道扣留侵权嫌疑货物1269批、675.6万件，有力打击了“化整为零”“蚂蚁搬家”式侵权行为。

3. 打击出口转运侵权货物违法行为

组织广东分署和21个直属海关开展“净网行动2021”。广东分署发挥粤港澳海关知识产权执法合作机制作用，牵头省内海关与香港、澳门海关密切合作，开展情报信息交流、执法互助和视频会晤；拱北海关扣留经港珠澳大桥出境输往香港的侵权光电耦合器10.5万个、集成电路1.75万个；深圳海关扣留多批次以跨境电商B2B申报出口香港的侵权货物，包含侵权手机配件、蓄电池、眼镜等2万余件；广州海关扣留涉港澳侵权货物36批次、6.9万件。

4. 服务保障北京冬奥会、冬残奥会顺利举办

发布2021第62号公告，向社会公布《奥林匹克标志专有权海关保护备案目录》。2021年，全国海关共扣留奥林匹克相关知识产权侵权货物13批次、11.8万件。北京海关落实举办地海关职责，与冬奥组委开展专题研讨，完善涉奥货物知识产权补充申报机制，提升冬奥组委与海关协作效率；天津海关扣留带有“奥林匹克五环标志”侵权腰带1958条；福州海关扣留带有“BEIJING2022”“奥林匹克五环标志”侵权T恤、胸针等38件；深圳海关扣留印有“OLYMPIC”专有名称侵权牛津布10.94万米。

四、促进方法创新，全面提升知识产权保护效能

1. 执法能力得到新提升

全国海关从一线实际执法需求出发，创新培训模式，建立起兼具专业性及实践性的多维度培训体系。大连、沈阳、长春、哈尔滨、合肥、西安等16个海关邀请权利人协会开展线上执法培训，就商品鉴别技能进行分享和交流；南京海关化繁为简，采取模块化、碎片化方式，摄制执法培训系列“微课堂”；深圳、昆明等海关建设知识产权海关保护实训基地、侵权商品查验实训基地，开展互动实景式实操培训。全国海关通过线上培训、以干代练、实战锻炼等多种形式，2021年累计开展执法培训592场次，培训执法相关人员近3万人次，知识产权保护执法队伍综合能力不断提升。

2. 风险防控取得新成果

依托“大数据+人工智能+专家智慧”，持续创新多层次、全领域知识产权风险防控运作机制，全面筑牢侵权风险防线。郑州海关针对跨境电商寄递渠道出口批次多、单个包裹货值低、出口品类杂等特点，对侵权高发企业精准画像实施重点拦截，扣留侵权货物1433批次。杭州海关加强市场采购贸易清单管理方式专项风险分析，连续扣留笔、橡皮等侵权办公文具253万件。厦门海关针对货标分离侵权手法有所抬头的趋势，开展专项风险研判，扣留进出口侵权商标标识5批次、81.2万件。

3. 智慧执法获得新进展

深化“智慧海关”建设，创新执法和监管手段，围绕现场执法与打击侵权需要，将创新科技应用嵌入知识产权执法全过程，积极探索“非侵入式查验”等科技手段在查发侵权案件中的深化应用，知识产权海关保护执法模式进一步智能化。持续完善知识产权保护执法系统，优化数据分析模块，实现执法环节全覆盖，侵权案件全流程线上办理更加顺畅。研发新一代查验管理系统移动端商标智能识别应用，南京、杭州、宁波等海关试点进行业务测试2400余次，查获涉嫌侵权案件83起。

4. 关际协作迈入新阶段

全国海关继续深化跨关区执法协作，关际协作广度和深度不断拓展，共计开展各层级关际协作362次，跨关区作战体系

初步形成。北京、天津、石家庄海关制定《推进京津冀海关知识产权保护执法协作工作方案》,构建数据共享、布控共商、监管共治、人员共训、创新共育的区域共同体;成都海关与重庆海关联合推进成渝地区知识产权侵权风险信息共享和联合执法;上海、南京、杭州、宁波海关加强长三角区域一体化建设,联合处置知识产权侵权举报线索近 30 起。“口岸+属地”联合作战成效显著,宁波海关根据贵阳海关提供的侵权线索,连续在货运渠道扣留 2 批次侵犯“老干妈”商标专用权调味品共计 8054 瓶;上海海关根据湛江海关提供的线索,成功截获侵犯“JIALI 及图形”商标专用权的一次性丁腈手套 130 万双。

五、强化协同配合,深入推动综合治理体系构建

1. 协同配合提升行政执法效果

全国海关依托“双打机制”平台,进一步深化与地方政府、市场监管、版权、烟草专卖等行政执法机关以及人民法院的合作,完善协同配合机制,积极推进案件会商、业务交流和信息共享,形成知识产权保护合力。2021 年,全国海关与地方行政执法部门开展执法协作 400 余次,配合各级人民法院实施大量证据调取、证据保全、财产保全工作 200 余次。福州、广州、黄埔、拱北海关与地方烟草专卖部门、公安机关开展打击侵权香烟专项合作,扣留侵权香烟近 30 万条。成都、海口、拉萨、乌鲁木齐等多地海关会同地方知识产权主管部门建立健全知识产权协同保护相关工作机制,在执法协作流程衔接、重大案件共商共营、提升企业海外维权能力等方面进一步密切协同配合。

2. 行刑衔接加大侵权打击力度

全国海关高效推进“两法衔接”工作,在线索通报、信息共享、案件会商、专业互助等方面系统性优化完善协作机制,构建海关与公安机关有机衔接、优势互补的合作模式。2021 年,全国海关向公安机关通报涉嫌犯罪案件线索 324 个,移送侵权案件 71 起。青岛、广州海关分别与公安机关签署合作协议,进一步完善行刑衔接工作机制。上海、杭州、宁波、青岛海关聚焦民生领域健康安全,分别联合公安机关侦破侵权电池、侵权汽配、侵权美妆用品以及侵权吹风机等大要案,捣毁数个相关制假售假窝点。

3. 同向发力深化关企良性互动

全国海关紧密关企合作互动,积极回应权利人维权需求,充分发挥行业协会、维权联盟的集聚效应,在执法培训、情报共享、便利维权等多领域开展合作,为精准打击侵权、维护企业合法权益提供有力支撑。组织邀请电子通信行业代表进行行业侵权趋势研讨,为开展消费电子领域侵权专项整治打好基础;召开座谈会听取业界企业代表对《知识产权海关保护条例》修订的意见建议。北京、深圳海关积极对接中国烟草、中国电子商会电子烟行业委员会等行业代表维权需求,引导行业企业申请知识产权海关备案,为便利企业维权、规范行业秩序奠定基础。天津、青岛、拱北海关充分发挥属地管辖优势,根据辖区内企业提供的线索,协助开展异地维权。

4. 广泛宣传营造良好社会氛围

全国海关丰富内容、创新形式,将日常宣传和集中宣传相结合,线上和线下媒体相结合,知识普及和企业服务相结合,开展覆盖广泛且贴近时代、贴近企业、贴近生活的知识产权普法活动。持续打造知识产权宣传周、“8·8 海关法治宣传日”等品牌宣传活动,通过多个媒体平台全面宣传海关打击侵权的典型案例和举措。举办记者通报会,介绍中国海关知识产权保护状况并答记者问。杭州、青岛、厦门等海关的知识产权保护展示中心知识产权海关保护成果专题展接待各类参观群体 150 批次 4600 人次,“云参观”平台点击率超 2 万人次。合肥、广州、湛江、海口等海关开展知识产

权海关保护进校园、进企业、进社区活动，获得社会广泛认可。

5. 着力推动诚信体系建设

全国海关加强知识产权行政处罚信息公开，2021年全年公开知识产权行政处罚信息共计2408条。青岛海关将知识产权守法状况与企业管理、资信认证相结合，对400余家企业的违法情况进行核查，为企业上市、融资提供支持。长沙、黄埔海关贯彻“由企及物”的监管理念，探索跨境电商企业分层管理模式，动态记录企业守法情况，综合评估风险等级，对多次进出口侵权货物的企业采取约谈、督促整改等管理措施，不断推动企业知识产权审查、自律机制建设。

六、优化服务措施，不断增强市场主体创新活力

1. 助力企业提升创新能力

全国海关坚持问题导向，进一步聚焦企业需求，为企业开展创新维权提供优质高效服务，解决企业维权困难，增强企业获得感。上海海关联合上海科创办创设全国首个以“科创”为主题的科创企业知识产权海关保护中心；武汉海关出台《武汉海关支持中小企业发展措施》，将推进知识产权海关保护作为支持中小企业发展的十条举措之一；乌鲁木齐海关将脱贫攻坚与知识产权保护相衔接，推进和田玫瑰产业“做大规模、做优品质、做响品牌”；宁波海关支持民族品牌小米公司拓展国际市场，扣留涉嫌侵犯该公司知识产权手机壳、电动滑板车等货物7批次；深圳海关与电子烟龙头企业共同研判侵权风险，扣留180万余件侵权产品，助力行业出口额快速增长。

2. 指导企业开展海外维权

全国海关持续关注国际知识产权动态，加强利用国际海关合作平台，逐步建立海外侵权风险监控、纠纷信息共享、维权专业服务等机制，为企业海外布局提速增效。呼和浩特海关加强企业海外知识产权维权援助，与内蒙古知识产权局合力帮助企业申请国际专利；青岛海关联合山东省自由贸易试验区（青岛片区）等共同推动出台《RCEP框架下企业合规指引》；江门海关推动重点企业纳入地方首批知识产权海外护航援助服务范围；拱北海关联合中山灯饰知识产权快速维权中心为企业提供专利权快速授权、快速备案、快速维权服务。

3. 巩固重点企业帮扶成果

全国海关结合“我为群众办实事”实践活动，深入重点企业调研，实施“一企一策”个性化指导与服务，不断巩固帮扶成效。大连海关深入重点企业进行“一对一、点对点”服务，受到帮扶的重点企业近两年未出现进出口环节被侵权情况；杭州海关开展“涉外定牌加工”调研，实地走访企业17家、填写电话问卷257份、形成书面调研报告14篇；厦门海关建立“常态化”走访机制，探索“点菜式”服务，精准对接安踏、华为等自主知识产权企业保护需求；南昌、黄埔、重庆、兰州、银川等海关回应解决企业知识产权保护“痛点”“堵点”问题；哈尔滨、长沙、南宁、成都、昆明等海关利用关企联络员机制，对企业知识产权问题实施“清单式”管理与动态清零。

4. 促进企业享受便利维权

全国海关建立从备案、确权、调查、处置、后续协助等全流程、全链条的维权服务体系，不断降低企业维权成本。2021年，推进“互联网+海关”建设，升级改造知识产权海关保护备案系统，完善浏览器兼容等功能；核准企业总担保120家，减轻企业资金担保负担，简化申请保护手续；全国海关12360热线共受理知识产权方面咨询14 327次。北京海关创新搭建“云确”平台，确权过程由原来的2—3天缩短至半天左右；天津、广州、汕头等海关协助权利人在出口通关渠道固定侵权证据，为权利人后续通过民事诉讼方式维权提供协助。

七、推进国际合作，积极参与知识产权全球治理

1. 多边合作持续提升国际影响力

积极开展《区域全面经济伙伴关系协定》(RCEP)知识产权海关保护相关条文的落地准备工作，推动知识产权海关保护工作与国际高标准对接。组织全国海关积极参加世界海关组织开展的打击非法、假冒和不符合标准药品、医疗物资进出口的国际联合执法行动(STOP II)，对进出口侵权高风险防疫物资及药品等商品加强打击力度。参加世界海关组织执法咨询委员会、反假冒盗版工作组会议，深度参与相关知识产权保护规则的制定。为发展中国家海关管理研修班授课，介绍中国海关知识产权保护理念、制度和经验。

2. 双边合作增强国际执法交流协作

与欧盟、俄罗斯、日本、韩国等国家和地区海关在知识产权保护合作框架下持续开展数据交换、案件信息共享、立法及执法实践交流等合作。通过视频召开中俄海关知识产权保护工作组第十一次会议，推动双边执法合作文件落实，规划下阶段双方合作重点。参加中日、中欧、中俄政府间知识产权工作组会议，交换知识产权保护领域最新执法信息，进一步宣传中国海关执法成效。

3. 推动直属海关丰富关际合作内容

指导广东分署落实粤港澳海关知识产权情报交流定期会晤机制，召开粤港澳海关知识产权执法合作视频会议，在粤港澳大湾区内组织开展 3 次粤港澳海关知识产权联合执法行动，广东省内海关扣留涉嫌侵权货物 4036 批次、284 万件，粤港澳三地海关扣留涉嫌侵权货物超过 290 万件，加强执法互认、联合惩戒，提升三地打击跨境侵权成效，助力粤港澳大湾区打造知识产权国际合作高地。指导南京、重庆海关分别与新加坡海关在关际合作框架下纳入知识产权相关内容，进一步加强知识产权侵权案件信息共享合作。

供稿：海关总署综合业务司

反不正当竞争与保护商业秘密工作

一、落实党中央、国务院决策部署，加强反不正当竞争执法力度

1. 首次适用反不正当竞争法查办“二选一”案件

2 月 8 日，针对唯品会公司利用技术手段实施“二选一”不正当竞争行为，首次适用《中华人民共和国反不正当竞争法》第 12 条进行查办，对其作出顶格 300 万元行政处罚决定，在主流媒体播发宣传解读文章，加大以案释法力度。经查，2020 年 8 月至 12 月，唯品会(中国)有限公司为获取竞争优势及交易机会，开发并使用巡检系统，获取同时在本公司和其他公司上架销售的品牌经营者信息，利用供应商平台系统、智能化组网引擎、运营中台等提供的技术手段，通过影响用户选择及限流、屏蔽、商品下架等方式，减少品牌经营者的消费注意、流量和交易机会，限制品牌经营者的销售渠道，妨碍、破坏了品牌经营者及其他经营者合法提供的网络产品和服务正常运行，违背了自愿、平等、公平、诚信原则，扰乱了公平竞争市场秩序，违反了《中华人民共和国反不正当竞争法》第 12 条规定。

2. 开展重点领域反不正当竞争专项执法行动

5 月 6 日，印发《市场监管总局关于加强反不正当竞争执法　推动高质量发展的通知》(国市监竞争发〔2021〕25 号)，部署开展全国重点领域反不正当竞争执法专项行动，突出重点行业、重点区域、重点时段、重点人群，聚焦互联网、“保健”、医药购销等社会关注、群众反映强烈的领域，整治普遍性、行业性问题，严厉打击不正当竞争行为。2021年，共查办各类不正当竞争案件8563件，罚没金额5.73亿元。持续加大对党中央、国务院领导关注领域的监管和治理力度，突出数字经济、医美、保健市场等。针对一些省份存在理疗产品虚假宣传问题，部署8个省“保健”市场开展专项整治。2021年，共查办医美领域不正当竞争案件103件，罚没金额598万元。针对“刷单炒信”多发、影响公平竞争的行业性普遍问题，2021年共查办案件1064件，罚没金额7856万元。改进宣传方式，采取“法律点评+案情”的方式，通过市场监管总局官网公布两批20个典型案例，加大以案释法力度，使市场主体真正了解和认识到行为边界底线。

3. 细化措施落实全国人大常委会执法检查报告要求

全国人大执法检查将反不正当竞争工作推向新高度。无论是全国人大执法检查报告还是动员部署会，都进一步明确了反不正当竞争在整个市场经济中的战略地位，同时也为今后一段时期的反不正当竞争工作提出了遵循和要求。为落实全国人大常委会执法检查报告，紧扣落实执法检查，延续全国好的工作态势，梳理出18类问题、22类建议，向国务院有关部门发函，推动结合本部门本领域工作实际认真落实。各省级局细化整改措施，明确责任，抓好落实。比如，甘肃迅速启动《反不正当竞争条例》立法前期工作。根据整改落实情况，会同有关部门向国务院上报《关于落实全国人大常委会反不正当竞争法执法检查报告及审议意见的报告》。

二、加强知识产权保护，推动创新发展、高质量发展

1. 查办商业秘密侵权案件

各地加大执法力度，积极响应企业维权诉求，严厉打击侵犯商业秘密违法行为，涌现出一批成功鲜活的案例。一是苏州昆山加强商业秘密保护，改变了跨国公司撤资搬迁的决定。马斯特公司商业秘密被侵权，昆山市场监管局高效开展监管执法。案件成功查办后，马斯特公司美国总部作出停止撤资迁往印度的决定。同时，追加投资1.5亿元人民币扩大生产规模。二是上海松江加强商业秘密保护，坚定了跨国公司总部扩大投资的信心。豪德公司商业秘密被侵权，上海松江市场监管部门高度重视、迅速执法，依法对侵权公司处以150万元行政处罚。成功维权后，豪德公司德国总部进一步坚定了在中国扩大投资的信心，豪德公司与上海松江区政府签订《投资合作协议》，追加3亿元人民币投资，扩大发展。同时，通过中国驻德使馆，向国务院和上海市政府提交感谢信。

2. 加大商业秘密保护工作力度

各地积极探索创新，密切与企业的沟通联系，进一步激发企业商业秘密保护意识和研发热情，为企业创新发展提供有力支撑。浙江早在2016年就启动了商业秘密保护“十区百县千企”示范工程，大力推进商业秘密保护示范基地建设工作，逐步推动示范基地的标准化，走在全国前列。各地纷纷跟进，全国已建立各类示范基地、维权联系点、示范企业等5455个。山西指导全省建立商业秘密保护联络员制度，及时为企业提供全方位指导，对商业秘密保护工作起到积极推动作用。广东针对制造业企业数量多、商业秘密保护需求迫切的实际情况，举办先进制造业商业秘密保护高峰论坛，成立商业秘密保护联盟，发动社会力量，提高社会共识，推动形成大保护格局。

三、完善顶层设计，反不正当竞争工作机制不断健全

1. 反不正当竞争部际联席会议第一次全体会议在北京召开

4月30日，反不正当竞争部际联席会议第一次全体会议在北京召开，研究制定反不正当竞争部际联席会议工作规则，确定2021年工作要点，把反不正当竞争综合

监管和行业监管纳入统一的工作布置和工作框架。2021 年,全国已有 28 个省份建立了反不正当竞争协调机制,全国横向协同和纵向联动的反不正当竞争工作格局逐步形成。当前反不正当竞争工作面临新形势、新任务、新挑战,还存在传统不正当竞争问题依然频发、新型不正当竞争行为不断涌现、监管手段不适应新形势新要求、法律制度和监管规则滞后等问题。会议要求各成员单位要准确把握发展形势,统筹激发市场活力与规范市场秩序、行业管理与综合监管、事前监管与事后监管、监管资源与监管对象、竞争行为与法律规则,同舟共济、精诚合作,在强化反不正当竞争、维护公平竞争市场秩序方面取得更大成绩。

2. 扩大反不正当竞争工作影响力

反不正当竞争是竞争政策重要组成部分。竞争文化的培育和倡导,离不开反不正当竞争这一关键指标和因素。2021 年,市场监管总局首次举办反不正当竞争论坛。市场监管总局副局长甘霖出席论坛并作主旨发言。论坛围绕全面加强反不正当竞争工作主题进行交流研讨,公布了《2020 反不正当竞争执法报告》及“自市场监管总局成立以来反不正当竞争十大影响力事件”。北京、天津、吉林、上海、江苏、浙江、福建、四川等地的 10 名执法人员,对反不正当竞争执法典型案件进行解析。来自反不正当竞争部际联席会议成员单位、司法机关、研究机构、高校、企业等 200 名代表参加。在网上同步直播论坛,在线观看人数达到 15 万人次,引起广泛良好的社会影响。

供稿:国家市场监督管理总局
价格监督检查和反不正当竞争局

林草植物新品种保护工作

一、林草植物新品种保护法规与政策

积极参与《中华人民共和国种子法》修改工作,发布了《中华人民共和国植物新品种保护名录(林草部分)(第八批)》,包括漆树属、黄檀属和猕猴桃属等 9 个属(种)在内,林草植物新品种保护名录累计涉及 293 个属(种),促进了林草深度融合,有效满足了广大育种者申请新品种保护的迫切需求。联合国务院台湾事务办公室、农业农村部等 10 个部门出台《关于支持台湾同胞台资企业在大陆农业林业领域发展的若干措施》,鼓励台资企业申请植物新品种权。

二、林草植物新品种审查和授权

2021 年推出“林草植物新品种保护管理系统”,实现植物新品种权在线申报、在线审查、在线通知等功能,初步审查时间由规定的 6 个月压缩至 50 天以内。2021 年林业和草原植物新品种受理、审查、授权数量再创历史新高,在线受理国内外植物新品种权申请 1442 件,同比增加 37.73%,授予植物新品种权 761 件,同比增加 72.56%。发布植物新品种公告 15 批。组织专家完成现场审查任务 1600 人次,完成植物新品种现场审查 588 件。截至 2021 年底,共受理国内外植物新品种申请 7008 件,授予植物新品种权 3404 件。

三、林草植物新品种权行政执法

下发《关于组织开展 2021 年打击制售假劣林草种苗和侵犯植物新品种权工作的通知》(办场字〔2021〕51 号),组织力量集中开展打击侵犯、假冒林草植物新品种权专项行动,强化植物新品种行政执法工作的组织领导,提高执法工作的权威性,加大打击制售假劣林草种苗和侵犯植物新品种权行为工作力度,规范市场秩序,保护品种权人的合法权益。召开林草植物新品种保护行政管理部门执法工作座谈会,指导品种权人积极维权,营造良好的市场氛围。

各级林草主管部门建立健全植物新品种权行政执法体系，加强行政执法队伍建设，提高执法人员素质，加大植物新品种权行政执法能力建设，强化宣传引导，形成打击侵犯植物新品种权的强大态势。

四、林草植物新品种测试体系建设

组织林草植物新品种测试站对 526 个绣球属、蔷薇属、大戟属、杜鹃花属申请品种开展田间测试工作，完成了 213 个品种的田间种植测试，提交了正式测试报告。组织专家对国家林草植物新品种菏泽测试站进行了测试能力评估，正式启用菏泽测试站。2021 年，金露梅、珍珠梅属、青檀属、含笑属、拟单性木兰属和槭属 6 项植物新品种测试指南以林业行业标准发布。截至 2021 年底，累计开展了 165 项植物新品种测试指南的编制工作，已完成了金露梅、珍珠梅属、青檀属、槐属、蔷薇属、桉属、枸杞属、榆属和崖柏属等 71 项测试指南标准的制定，分别以国家标准或行业标准发布，其中，国家标准 13 项、林业行业标准 58 项，有效提高了植物新品种的授权质量和审查测试能力。

五、实施林业和草原知识产权转化运用项目

2021 年，国家林业和草原局科技发展中心组织实施了"'一种木耳挂袋栽培的方法'在贵州荔波县的转化运用""生物质多羟基土壤修复材料的关键制备技术转化运用"2 项林业专利技术转化运用项目，"'华桉 3 号'新品种转化运用""龙丰 1、2 号杨新品种转化运用""青海高寒荒漠地区小叶杨优良抗逆新品种转化运用"和"美人椒花椒新品种标准化栽培转化运用"4 项林草授权植物新品种转化运用项目。组织专家分别对"红花玉兰新品种'娇红 1 号''娇红 2 号'产业化示范与推广""铁皮石斛原生态栽培专利技术产业化"和"'湘韵'紫薇新品种及高效繁育技术产业化开发"等 5 项林业知识产权转化运用项目进行了现场查定和验收。2011—2021 年期间，累计组织实施 97 项林业知识产权转化运用项目。

六、林草植物新品种宣传培训

组织开展 2021 年全国林业和草原知识产权宣传周系列活动。在中国政府网、国家林业和草原局政府网、国家知识产权局政府网、中国林业知识产权网、中国林业信息网、林业专业知识服务系统、林草植物新品种保护网等主要网站登载或转载有关林草知识产权方面的报道 100 多篇，在《国务院知识产权战略实施工作部际联席会议工作动态》上发表战略信息 1 篇，在《中国绿色时报》和《中国知识产权报》上发表有关林草知识产权的重点报道 42 篇。4 月 26 日，在《中国绿色时报》发表专栏文章《知识产权保护　托起林草美好未来》，全面介绍了 2020 年林业和草原知识产权的工作进展和成就，扩大了林业和草原知识产权的影响力。出版《2020 中国林业和草原知识产权年度报告》，编印 2021 年《林业知识产权动态》6 期。

七、国际履约和合作交流

参加国际植物新品种保护联盟（UPOV）2021 年度系列会议，成功推动中文加入 UPOV 工作语言。签订《中欧植物新品种保护战略合作协议（2021—2025）》。参加国际植物新品种线上研讨会、UPOV 公约法律研讨会、UPOV 国际电子申请平台第十七次会议、UPOV 第 53 届 TWO 技术工作组网络会议、中欧提升植物品种权保护意识国际研讨会。参加第十四届东亚植物新品种保护论坛（EAPVPF）、国际无性繁殖园艺植物育种家协会（CIOPORA）知识产权保护论坛，参与国际新品种保护合作的能力与水平大幅度提升。组织 380 人参加中欧植物品种权技术培训班和 UPOV 远程培训，为未来的林业和草原植物新品种保护国际合作奠定了人才基础。

供稿：国家林业和草原局科技发展中心

知识产权司法保护工作

一、案件数量大幅增长，审判质效不断提升

2021 年，人民法院坚持依法公正高效审理各类知识产权案件，新收一审、二审、申请再审等各类知识产权案件 642 968 件，审结 601 544 件(含旧存，下同)，比 2020 年分别上升 22.33%和 14.71%。

(一)强化知识产权民事司法保护

2021 年，最高人民法院新收知识产权民事案件 4243 件，审结 3557 件，比 2020 年分别上升 22.28%和 9.11%。地方各级人民法院新收知识产权民事一审案件 550 263 件，审结 515 861 件，比 2020 年分别上升 24.12%和 16.52%。其中，新收专利案件 31 618 件，同比上升 10.98%；商标案件 124 716 件，同比上升 59.62%；著作权案件 360 489 件，同比上升 14.99%；技术合同案件 4015 件，同比上升 22.52%；竞争类案件 8419 件，同比上升 78.26%；其他知识产权民事纠纷案件 21 006 件，同比上升 38.01%。地方各级人民法院新收知识产权民事二审案件 49 084 件，审结 45 468 件，同比分别上升 14.22%和 4.50%。

2021 年，人民法院审理的具有较大影响的知识产权民事案件有：双飞人制药股份有限公司与广州赖特斯商务咨询有限公司等侵害商标权及不正当竞争纠纷案，嘉兴市中华化工有限责任公司、上海欣晨新技术有限公司与王龙集团有限公司等侵害技术秘密纠纷案，台州市路桥吉利机动车驾驶培训有限公司、台州市路桥区承融驾驶员培训有限公司与台州市路桥区东港汽车驾驶培训学校等、台州市路桥区浙东驾驶员培训服务有限公司横向垄断协议纠纷案等。

(二)妥善审理知识产权行政案件

2021 年，最高人民法院新收知识产权行政案件 2852 件，审结 2487 件，同比分别上升 49.40%和 43.34%。地方各级人民法院新收知识产权行政一审案件 20 563 件，审结 19 342 件，同比分别上升 11.37%和 7.80%。其中，新收专利案件 1810 件，同比上升 27.73%；商标案件 18 734 件，同比上升 9.97%；著作权案件 19 件，比 2020 年增加 7 件。地方各级人民法院新收知识产权行政二审案件 8215 件，审结 7418 件，同比分别上升 34.85%和 19.97%。其中，维持原判 5636 件，改判 1597 件，发回重审 1 件，撤诉 145 件，驳回起诉 11 件，其他 28 件。

2021 年，人民法院审理的具有较大影响的知识产权行政案件有：上海游奇网络有限公司与国家知识产权局、完美世界控股集团有限公司商标权无效宣告请求行政纠纷案，重庆市磁器口陈麻花食品有限公司与国家知识产权局、重庆市沙坪坝区互旺食品有限公司等商标权无效宣告请求行政纠纷案，四川新绿色药业科技发展有限公司与国家知识产权局、广东一方制药有限公司发明专利权无效行政纠纷案等。

(三)加大知识产权刑事打击力度

2021 年，地方各级人民法院新收侵犯知识产权刑事一审案件 6276 件，审结 6046 件，同比分别上升 13.20%和 9.53%。其中，新收侵犯注册商标类刑事案件 5869 件，同比上升 12.80%；侵犯著作权类刑事案件 333 件，同比上升 9.54%。在审结的侵犯知识产权刑事一审案件中，假冒注册商标刑事案件 2558 件，同比上升 13.19%；销售假冒注册商标的商品刑事案件 2623 件，同比上升 3.76%；非法制造、销售非法制造的注册商标标识刑事案件 476 件，同比上升 20.51%；侵犯著作权刑事案件 313

件，同比上升14.65％；销售侵权复制品刑事案件15件，比2020年减少2件；侵犯商业秘密刑事案件61件，比2020年增加16件。地方各级人民法院新收涉知识产权的刑事二审案件1050件，审结997件，同比分别上升20.83％和16.74％。

2021年，人民法院审理的具有较大影响的知识产权刑事案件有：梁某平、王某航等15人侵犯著作权罪案，上海国芯集成电路设计有限公司等侵犯著作权罪案，北京欣盛建达图书有限公司、北京宏瑞建兴文化传播有限公司、王某等10人侵犯著作权罪、吴某青非法制造、销售非法制造的注册商标标识罪案等。

2021年，知识产权审判工作呈现出以下主要特点。

1. *涉互联网案件持续增加*

随着我国互联网行业高速发展，网络成为知识产权侵权违法行为的主要发生地之一，网络环境下的知识产权保护日益成为知识产权审判的重点。2021年，杭州、北京、广州三家互联网法院共新收各类涉互联网知识产权案件66 148件，同比增长6.64％。总的来看，互联网案件数量逐年增长，涉及越来越多的新型、复杂、疑难法律问题。互联网环境下的侵权行为更易实施、更加隐蔽、更为复杂，影响范围更为广泛，收集固定证据更加困难，权利人维权难度进一步加大。加强网络空间的法治治理，保护互联网领域创新创造，是人民法院知识产权司法保护工作面临的重要课题。

2. *新类型纠纷大量涌现*

创新在我国现代化建设全局中居于核心地位。近年来，新技术、新业态、新模式蓬勃发展，为经济社会发展注入新动能，也带来新的法律问题。涉及互联网核心技术、基因技术、信息通信、集成电路、人工智能及平台经济等方面新型案件日益增多，复杂技术事实认定和法律适用难度加大，新领域、新业态知识产权保护的权利边界、责任认定给司法裁判提出新挑战。人民法院积极回应新技术、新产业、新业态、新模式知识产权保护司法需求，对健全完善相关领域知识产权司法保护规则进行了积极探索。2021年，人民法院审理的一批涉及生物医药、网络游戏、网络直播、“大数据杀熟”、共享经济、人工智能等方面新类型案件受到社会广泛关注。

3. *涉公共利益案件数量上升*

知识产权涉及的利益关系复杂，往往与社会公共利益息息相关。知识产权审判需要平衡保护个人权利和公共利益，准确把握多层次价值取向，更好统筹发展和安全的关系。2021年，在行政授权确权、民事侵权维权、竞争秩序维护等领域，人民法院审理了一批涉及商标恶意注册、“通知一删除”规则适用、“同人作品”等案件，平衡保护个人权利和公共利益。

4. *刑事保护力度逐步加大*

近年来，利用深度链接、游戏“外挂”等技术手段侵犯知识产权犯罪不断涌现，刑民交叉案件带来诸多法律适用难题。2021年3月1日起施行的《中华人民共和国刑法修正案（十一）》对侵犯知识产权犯罪作了重大修改，为提升知识产权司法保护水平提供了有力支撑。人民法院认真贯彻落实习近平总书记提出的“要完善刑事法律和司法解释，加大刑事打击力度”要求，坚持罪刑法定和严格保护原则，依法惩治假冒注册商标、侵犯著作权、侵犯商业秘密、种子制假售假等犯罪，坚决保护权利人和消费者合法权益，维护良好市场秩序。2021年，地方各级人民法院新收、审结侵犯知识产权犯罪案件数量明显增长，刑罚在惩治侵权假冒犯罪行为中的震慑和预防功能日益凸显。

二、加强科技创新保护，服务创新驱动发展

创新是引领发展的第一动力，是贯彻新发展理念、构建新发展格局、推动高质量发展的必然要求。2021年，人民法院充分

发挥知识产权审判对科技创新的激励作用，努力保障知识产权保护强度与其技术贡献程度相适应，不断总结提炼科技创新司法保护规则，促进技术创新和产业升级。

（一）提升案件审判质效

依法审理各类知识产权案件，通过制定司法解释、司法政策，发布指导性案例、公报案例、年度案例，切实加强审判指导，统一裁判尺度，促进行政执法标准和司法裁判标准统一，审判能力水平不断提升。最高人民法院出台《关于审理申请注册的药品相关的专利权纠纷民事案件适用法律若干问题的规定》，聚焦药品专利链接制度落地后需要解决的程序性问题，注重诉讼程序与药品审评审批程序、行政裁决程序的衔接配合，为及时公正审理好该类案件提供明确指引，为医药行业的自主创新和高质量发展提供制度激励和司法保障。出台《关于审理侵害植物新品种权纠纷案件具体应用法律问题的若干规定（二）》，发布首批人民法院种业知识产权司法保护典型案例，对近年来的司法实践进行总结，切实贯彻实施《中华人民共和国种子法》，强化品种权保护，激励育种创新和保障种业科技自立自强，提升我国种业知识产权司法保护水平，为种业振兴营造良好法治环境。

最高人民法院知识产权法庭经过三年试点，共受理涉及专利、植物新品种、集成电路布图设计等技术类知识产权案件 9368 件，审结 7625 件。其中，2021 年新收案件 4335 件，审结 3460 件，超 1/4 案件涉及新一代信息技术、生物医药、高端装备制造、节能环保等战略性新兴产业。

（二）加强原始创新成果保护

人民法院加强对专利授权确权行政行为合法性的审查，提升专利授权确权质量。妥善审理涉及 5G 通信、生物医药、高端装备制造、新材料新能源等高新技术领域知识产权案件，激励科技创新。加强对新兴领域知识产权保护，公正审理涉及共享经济、人工智能、大数据、云计算等新型知识产权案件，明晰保护规则，明确权利边界，引导新技术、新业态、新模式在法治轨道上健康有序发展。最高人民法院在涉“磁共振成像”“中药发药机”等发明专利权无效案中，科学合理解释权利要求，维持专利权效力，依法服务和保障抗击新冠肺炎疫情大局。在涉“高温微波膨化炉”“指纹识别”等专利权属案中，明确职务发明权属争议的判断标准，激励科研人员创新创造，依法保护科技创新主体合法权益。在水稻“金粳 818”、玉米“隆平 206”等品种权案中，加强种业知识产权保护，促进种业科技自立自强。研究制定加强涉种子刑事审判工作的指导意见，依法惩治涉种子犯罪，服务加快推进种业振兴。组织召开中医药知识产权司法保护座谈会，助推中医药守正创新、传承发展。江苏高院联合 5 家省级机关开展“揭榜挂帅企业行”活动，涉及重点发展产业链企业 34 家，积极助力技术攻关。河南高院发布《全面加强知识产权司法保护 20 条措施》，强化对人工智能、生物医药等新领域科技创新成果保护。福建福州中院出台《关于加强对技术密集型行业重点企业知识产权司法保护的实施意见（试行）》，积极回应高新技术企业知识产权司法需求。

三、加强注册商标保护，助力品牌强国建设

人民法院不断提高商标授权确权行政案件审理质量，坚决打击不以使用为目的的商标恶意注册行为，促进商标申请注册秩序正常化和规范化。加大驰名商标司法保护力度，重拳惩治商标攀附、仿冒搭车等行为。科学合理界定商标权权利边界与保护范围，强化商标使用对确定商标权保护范围的作用，积极引导权利人持续实际使用商标，发挥商标的识别功能，保护消费者合法权益。

(一)维护商标注册秩序

最高人民法院、部分地方法院与国家知识产权局开展商标授权确权业务研讨，共同提高商标授权确权质量。最高人民法院依法审结多起商标行政案件，进一步完善商标申请注册关于“显著性”的认定标准。北京知识产权法院结合商标授权确权行政案件审理情况，制定《推进行政诉讼程序繁简分流改革实施方案(试行)》，探索完善商标行政诉讼简易程序适用、电子诉讼应用相关规则，实现商标行政案件的繁简分流、轻重分离、快慢分道。江苏苏州中院在商标侵权案件审理中，推动建立全流程打击恶意注册商标工作机制。

(二)规范注册商标使用

人民法院持续加大对商标侵权行为打击力度，加强驰名商标、传统品牌和老字号司法保护工作。浙江高院组织开展品牌保护专项行动，发布品牌保护典型案例。新疆塔城中院协调市场监督管理局加强巡查和监管，从源头上遏制假冒注册商标犯罪高发频发势头。四川成都中院向行政机关移送商标侵权线索，推动参照裁判标准确定行政处罚标准，促进降低相关纠纷数量。各地法院依法发挥惩罚性赔偿和刑事制裁对侵害商标行为的震慑作用，广东法院在两起侵害商标权纠纷案件中支持三倍惩罚性赔偿，分别判决 1000 万元和 3000 万元赔偿数额，贵州法院和黑龙江法院在两起涉假冒注册商标罪案件中分别判处 2100 万元和 2125 万元高额罚金。

(三)积极回应社会关切

随着司法审判对注册商标保护力度的不断加大，特别是判决赔偿金额的不断增加，一些滥用注册商标权、恶意维权甚至“碰瓷式维权”时有发生，给中小微企业和个体经营者的正常生产经营造成了严重困扰，引发社会高度关注。最高人民法院及时就“潼关肉夹馍”“逍遥镇胡辣汤”等地理标志司法保护问题发布答记者问，澄清模糊认识，指导审判实践，依法保护地理标志，严惩恶意诉讼，取得了良好社会效果。四川法院依法及时处理“青花椒”商标维权案，维护商标使用秩序，明确商标权利边界，保护正当使用和诚信经营。

四、加强著作权保护，促进文化强国建设

人民法院立足司法职能，充分发挥著作权案件审判对于优秀文化的引领和导向功能，大力弘扬社会主义核心价值观，加大对文化创作者权益保护，依法维护作品传播者合法权益，持续提升传统文化和传统知识等领域的著作权保护水平，促进文化产业健康发展。

(一)大力弘扬社会主义核心价值观

各级人民法院依法保护红色经典传承和英烈合法权益，规范文化传播秩序，引导公众自觉抵制历史虚无主义，抵制低俗、庸俗、媚俗，加强遗传资源、传统文化、传统知识、民间文艺等知识产权保护，促进非物质文化遗产的整理和利用，促进中华优秀传统文化创造性转化、创新性发展。北京知识产权法院审结杂技作品著作权侵权纠纷案，加强传统杂技作品保护。北京石景山法院就四类易发侵害北京冬奥会标识知识产权纠纷进行专题调研，助力北京冬奥会和冬残奥会成功举办。福建泉州法院出台《关于加强世界遗产司法保护实施意见》，设立海丝史迹保护巡回法庭，加大非物质文化遗产保护力度，促进文物资源保护利用以及文化遗产的保护传承。江西景德镇中院设立知识产权法庭，为国家陶瓷文化传承创新试验区建设提供司法服务和保障。

(二)促进新兴业态规范健康发展

近年来，网络游戏、体育赛事、网络直播等领域著作权侵权案件不断增多，司法裁判不断从实践层面完善作品认定与保护规则。2021 年，新修改的《著作权法》正式

施行。人民法院围绕修改重点，结合工作实际情况，积极开展调研，确保著作权案件依法审理，促进文化产业规范健康发展。最高人民法院多次组织研讨会，就游戏直播画面中的著作权法律问题、视听作品片段著作权保护法律问题等进行深入研讨，依法审结视听作品片段著作权保护系列案件。天津法院对于网络著作权纠纷案件所涉 ICP 备案、应用市场、短视频、IPTV 侵权、赔偿数额等问题进行深入研究，形成《关于审理网络著作权纠纷案件相关问题的解答》，有效指导解决司法实践中的疑难问题。

（三）规范审理诉讼维权案件

最高人民法院在 KTV 经营者侵害著作权纠纷系列案中，明确电子证据认定问题，减轻当事人举证负担，切实维护权利人合法权利。重庆高院、四川高院针对两地司法实践中侵害音像作品著作权案件数量居高不下、判赔数额标准不明确等情况，调研形成《关于确定 KTV 经营者侵害音像作品著作权案件赔偿数额的法官会议纪要》，依法引导相关行业健康发展。

五、加强公平竞争保护，维护市场法治环境

2021 年，人民法院加大对侵犯商业秘密等不正当竞争行为打击力度，加强对平台企业垄断的司法规制，依法惩治平台强制“二选一”“大数据杀熟”等破坏公平竞争、扰乱市场秩序行为，切实保护消费者合法权益和社会公共利益，维护和促进市场公平竞争，防止资本无序扩张。

（一）加强反垄断、反不正当竞争审判工作

人民法院依法妥善审理垄断、不正当竞争案件，充分发挥司法裁判在维护市场公平竞争中的规则引领和价值导向作用，强化企业公平竞争意识，引导形成崇尚、保护和促进公平竞争的市场环境。在“驾校联营”横向垄断协议案中宣告联营协议和自律公约全部无效，从源头上制止垄断行为。积极探索完善涉互联网平台垄断行为认定标准，坚决制裁过度采集使用个人信息、利用算法实施价格歧视、价格欺诈等行为，依法规范市场竞争秩序。妥善审理数据确权、交易、服务、隐私保护等案件，探索完善数据权利保护规则，推动营造开放、健康、安全的数字生态。坚决制止仿冒混淆、虚假宣传、诋毁商誉等不正当竞争行为，净化市场环境，引导经营者通过技术创新等方式进行良性竞争。加强商业秘密保护，妥善处理保护商业秘密与自由择业、竞业限制和人才合理流动的关系，促进人才合理流动。明确诉讼中商业秘密保护的具体举措，打消权利人对诉讼中“二次泄密”的顾虑，鼓励权利人依法维权。针对赔偿低、成本高等问题，切实加大损害赔偿和维权合理开支支持力度，在“香兰素”技术秘密侵权案中，判赔 1.59 亿元。

（二）促进裁判标准统一

最高人民法院向全国人大常委会报告反不正当竞争法执法检查报告及审议意见的研究落实情况。研究制定《关于适用〈中华人民共和国反不正当竞争法〉若干问题的解释》，根据修正后的《反不正当竞争法》，重点对《反不正当竞争法》第 2 条、仿冒混淆、虚假宣传、网络不正当竞争行为等问题作出细化规定，及时回应新领域、新业态司法需求，对于加强反不正当竞争司法，强化竞争政策基础地位，促进形成高效规范、公平竞争、充分开放的全国统一大市场具有重要意义。发布互联网知识产权保护、反垄断和反不正当竞争方面 20 件典型案例，彰显司法营造公平竞争法治环境的鲜明态度。

六、深化审判领域改革，推动形成保护合力

2021 年，人民法院坚持以改革思维破解难题，以创新方式保护创新，出台《人民

法院知识产权司法保护规划(2021—2025年)》和《关于加强新时代知识产权审判工作为知识产权强国建设提供有力司法服务和保障的意见》,不断提升知识产权司法保护能力和水平,在健全专业化审判体系、完善诉讼规范等方面取得新进展。同时,人民法院积极强化司法审判与行政执法衔接机制,加强与知识产权行政职能部门协调配合,促进行政执法标准与司法裁判标准统一,着力推动健全知识产权大保护工作格局。

(一)优化中国特色知识产权专业化审判体系

最高人民法院研究制定《关于第一审知识产权民事、行政案件管辖的若干规定》,健全管辖科学的司法保护体制,合理定位四级法院审判职能,进一步优化审判资源配置,方便当事人诉讼,有效化解纠纷,破解当前第一审知识产权案件各地管辖标准不统一、管辖制度不够完善、当事人诉讼不便等问题。持续推进知识产权审判“三合一”工作,有效指导改革推进。西藏高院出台《知识产权案件“三合一”实施方案》,实现知识产权案件统一归口管理。海南高院出台《关于知识产权刑事案件指定管辖若干问题的意见》,明确知识产权刑事案件范围。

多元化技术事实查明机制不断完善,“全国法院技术调查人才库”已收录450余名技术专家名单,覆盖30多个技术领域,在全国范围按需调派,有效缓解技术类知识产权案件事实查明难题。上海知识产权法院积极探索院外案件委托机制,服务全市知识产权审判技术事实查明需求。辽宁沈阳中院在完善选用兼职技术调查官的基础上,探索建立专职聘用制技术调查官制度。

(二)完善符合知识产权案件规律的诉讼制度

最高人民法院积极研究探索符合知识产权案件规律的诉讼规范,推动完善知识产权案件诉讼制度。出台《关于审理侵害知识产权民事案件适用惩罚性赔偿的解释》,完善与《民法典》相配套的惩罚性赔偿制度,坚持全面平等保护原则,审慎明确适用条件,增强惩罚性赔偿司法适用的可操作性,保证惩罚性赔偿适用标准统一,依法惩处严重侵害知识产权行为,努力破解赔偿低、成本高等难题。发布6件知识产权惩罚性赔偿典型案例。2021年,人民法院在895件案件中对侵权人判处惩罚性赔偿。发布《关于知识产权侵权诉讼中被告以原告滥用权利为由请求赔偿合理开支问题的批复》,贯彻诚信原则,支持向滥诉者索赔合理开支,充分发挥律师费等合理开支对当事人诉讼行为的调节作用,更好地规制权利滥用,引导当事人诚信行使诉权。积极总结司法实践经验,会同最高人民检察院研究制定配套司法解释,确保《中华人民共和国刑法修正案(十一)》有效实施。修改后的18件知识产权类司法解释于2021年1月1日与《民法典》同日施行,进一步促进知识产权案件裁判尺度统一。

地方各级人民法院积极开展知识产权小额诉讼、独任制审判等试点,推进案件繁简分流、轻重分离、快慢分道。努力克服新冠肺炎疫情影响,积极运用5G、AR、人工智能等现代科技开展在线诉讼,巩固提升智慧法院建设成果,促进审判体系和审判能力现代化。北京高院制定《知识产权民事诉讼证据规则指引》,努力破解举证难问题。浙江高院推广应用“版权AI智审”,实现图案查重、创新点认定、相似性评估等功能,已在173件案件中实际运用,有效查重率为43%。内蒙古呼伦贝尔中院积极试点应用司法区块链平台,为加强知识产权诉前和诉中保护提供高效便捷的技术支持。宁夏银川中院制定《知识产权类型化案件快审机制运行规范》,有效缩短了知识产权案件平均审理期限。

（三）积极参与构建知识产权大保护工作格局

知识产权保护是系统工程，人民法院一直注重强化协同配合，积极参与构建知识产权大保护工作格局，增强系统保护能力。最高人民法院积极参与打击侵权假冒行动和知识产权保护重要文件制定等工作，与国家知识产权局、国家反垄断局建立沟通联络机制，促进行政执法和司法有效衔接。与农业农村部签署合作备忘录并联合召开种业知识产权保护工作座谈会，建立种业知识产权司法保护专家咨询机制，积极服务种业振兴。加强与国家中医药管理局和国家知识产权局的工作协调，推动建立中医药专利授权特别规则和特殊保护机制。持续指导长三角等地法院与行政机关共建跨地域跨部门协作机制，助推区域协同创新。深化落实与国家知识产权局共同印发的《关于建立知识产权纠纷在线诉调对接机制的通知》，建立"总对总"在线诉调对接工作机制，开展知识产权纠纷多元调解工作全流程线上办理，入驻调解组织289家、调解员1635名，各地法院委派诉前调解涉知识产权纠纷案件超过2万件。青海高院与省市场监督管理局会签《青海省对知识产权（专利）领域严重失信主体开展联合惩戒的合作备忘录》，联合惩治各类侵权失信主体。新疆高院与自治区市场监督管理局联合签署《知识产权保护合作框架协议》，实现跨部门协作。河北法院积极参与农资打假专项行动、电子商务领域知识产权保护联合行动等专项行动，提供有力司法服务和保障。安徽淮北中院依托《淮海经济区知识产权司法协同保护工作框架协议》，建设省际知识产权协同保护示范样板。辽宁高院联合省检察院、省公安厅印发《关于办理侵犯知识产权刑事案件若干问题的会议纪要》，统一执法司法标准，全面提升知识产权刑事司法保护力度。山东青岛中院与市检察院签订《知识产权审判与检察职能衔接合作框架协议》，完善案件管辖和协调机制。山西、吉林、湖南、广西、云南等地法院积极组织送法进企业、进社区，开展公开庭审、公开执行等活动，落实"谁执法、谁普法"，深化司法公开，增强全社会尊重和保护知识产权意识。

七、公正审理涉外案件，积极开展国际合作

人民法院坚持统筹推进国内法治和涉外法治，依法平等保护中外当事人及各类市场主体合法权益，维护公平竞争市场秩序，服务构建以国内大循环为主体、国内国际双循环相互促进的新发展格局，积极参与知识产权领域国际合作，为全球知识产权治理贡献中国司法智慧。

1. 平等保护中外权利人合法权益

人民法院通过公正审理涉外知识产权案件，妥善处理与国际贸易有关的重大知识产权纠纷，切实履行《与贸易有关的知识产权协定》（TRIPS协定）《商标国际注册马德里协定》《保护文学和艺术作品伯尔尼公约》等我国参加批准的国际条约，积极营造开放、公平、公正、非歧视的科技发展环境和市场化、法治化、国际化营商环境。在最高人民法院审理的"带锁髓内钉"发明专利侵权案中，因侵权人拒不提交账册，改判全额支持外方权利人主张的2000万元赔偿，充分保障外国当事人合法权利。

2. 参与知识产权领域国际合作

人民法院持续深化国际司法交流合作，深度参与世界知识产权组织框架下的全球知识产权治理，推动全球知识产权治理体制向着更加公正合理方向发展。最高人民法院承办中欧知识产权诉讼制度比较论坛，参加第七届金砖国家国际竞争大会、第十八届上海知识产权国际论坛、第二届知识产权司法保护国际研讨会、世界知识产权组织2021年知识产权法官论坛、中欧司法论坛标准必要专利研讨会、国际保护知识产权协会（AIPPI）中国分会青年知识产权研讨会等国际会议，与英国知识产权企业法庭在线交流，参与编写世界知识产权组织《全球专利案件管理司法指南》。上海高院与世界知识产权组织仲裁与调解中心签署合作谅解备忘录，设立知识产权创新奖。

八、加强审判队伍建设，提升服务保障能力

2021 年，人民法院聚焦建设适应新时代要求的知识产权审判队伍，坚持以党建带队建促审判，深入开展党史学习教育和队伍教育整顿，着力加强政治建设，筑牢政治忠诚，增强知识产权审判队伍服务大局意识和能力，加强知识产权法官专业化培养和职业化选拔，完善知识产权审判人才储备和遴选机制，努力锻造一支政治坚定、顾全大局、精通法律、熟悉技术、具有国际视野的知识产权审判队伍。

1. 深入开展党史学习教育

2021 年是中国共产党成立 100 周年。人民法院坚决贯彻党中央重大决策部署，深入学习贯彻习近平总书记在党史学习教育动员大会上的重要讲话和“七一”重要讲话精神，认真学习领会党的十九届六中全会精神，紧紧围绕学史明理、学史增信、学史崇德、学史力行，高标准高质量推动党史学习教育。各级人民法院以“我为群众办实事”实践活动为有力抓手，充分发挥审判职能作用，服务群众知识产权保护司法需求。最高人民法院就高校校园网使用他人作品侵权问题组织研讨会，搭建沟通桥梁，推动教育主管部门、视频企业、科研高校形成共识，有效化解纠纷。

2. 扎实开展队伍教育整顿

人民法院坚决贯彻落实习近平总书记关于政法队伍教育整顿重要指示精神和党中央决策部署，扎实开展队伍教育整顿，扎实推进筑牢政治忠诚、清除害群之马、整治顽瘴痼疾、弘扬英模精神“四项任务”，努力建设一支信念坚定、执法为民、敢于担当、清正廉洁的过硬政法队伍。各级人民法院坚持“当下治”与“长久立”相统一，结合知识产权审判实际，完善知识产权领域审判权力运行和制约监督机制，努力以队伍教育整顿成效推动新时代知识产权审判工作高质量发展。

3. 健全人才培养模式

各级人民法院着力培养复合型知识产权审判人才，提升办理新型、复杂、高技术案件专业水平。最高人民法院积极统筹全国知识产权审判专业化人才培养工作，通过召开专业研讨会议、组织业务培训、完善司法数据库、出版业务指导书籍、开展干部交流等方式提升队伍能力素质，持续加大对基层和西部地区法院人才队伍建设支持力度。陕西高院立足本省优势，与西北大学、西安交通大学签订全面战略合作协议，积极搭建“知识产权案例研究中心”等院校合作发展平台。江西、湖北、甘肃等高院举办知识产权审判业务培训班，组织全省知识产权审判法官、法官助理和书记员参加培训。

供稿：最高人民法院民三庭

检察机关保护知识产权工作

一、主动作为，强化知识产权检察体制机制建设

1. 加强知识产权检察顶层设计

2021 年，最高人民检察院不断强化对知识产权检察工作的前瞻性思考，将知识产权司法保护作为服务保障国家经济社会发展的重要抓手。6 月印发的《中共中央关于加强新时代检察机关法律监督工作的意见》强调“加强知识产权司法保护，服务保障创新驱动发展”，对新时代知识产权检察工作指明了方向、提出了要求。第十五次全国检察工作会议做出“强化知识产权检察保护，促进科技强国建设”的工作部署，全面推进知识产权检察工作，服务国家创新驱动发展。检察机关围绕国家发展战略，认真落实《知识产权强国建设纲要(2021—2035年)》，中办、国办《关于强化知识产权保护的意见》及各项任务分工，主动履职，积极谋划，不断优化知识产权检察工作体制机制。

2. 推进机构和人员专业化建设

最高人民检察院持续推进知识产权检察办公室建设，整合刑事、民事、行政检察职能，统筹推进知识产权检察工作。同步在北京、天津、上海、江苏、浙江、福建、重庆、四川、海南9个省(直辖市)开展知识产权检察职能集中统一履行试点工作，实行一体履职，强化综合司法保护。9月，组织召开试点工作推进会，总结经验问题，提出下一步工作要求。截至2021年底，9个省份共计80余个检察院开展试点。此外，河北、山西、吉林、黑龙江、安徽、山东、湖北、广东、陕西9个省级检察院主动跟进，成立知识产权检察办公室。各地检察机关坚持在创新综合履职上先行先试，完善知识产权检察体制机制，重塑知识产权检察工作格局。

3. 探索知识产权检察工作新机制

2月，最高人民检察院下发通知，在全国知识产权刑事检察工作中推广权利义务告知制度，并制定权利义务告知书(样式)，规范告知标准和告知程序。4月，编写发布7件权利义务告知工作开展方法多、效果好、指导性强的典型案例，供各地学习借鉴。目前，该项制度在全国检察机关全面推开，常态化运行。各地结合工作实际，不断完善权利义务告知程序、方式和内容。探索开展侵犯知识产权案件刑事附带民事诉讼工作，一体解决刑事责任追究和民事责任承担，减少当事人诉累，缩短诉讼周期，提高维权效率。

二、全面履职，加大知识产权司法保护力度

1. 立足检察办案，加大司法保护力度

2021年，全国检察机关共批准逮捕侵犯知识产权犯罪4590件、7835人，同比上升16.8%和9.2%；共起诉侵犯知识产权犯罪6565件14 020人，同比上升12.3%和15.4%。监督公安机关立案299件，同比上升65.2%。起诉案件中，假冒注册商标罪6024人，销售假冒注册商标的商品罪5084人，非法制造、销售非法制造的注册商标标识罪1083人，数罪和他罪中含侵犯知识产权犯罪994人，侵犯著作权罪679人，侵犯商业秘密罪121人，销售侵权复制品罪34人，假冒专利罪1人。持续强化知识产权民事、行政监督，共受理知识产权民事行政诉讼监督案件544件，同比上升3倍。

2. 发布典型案例，加强对下业务指导

近年来，最高人民检察院不断加强以案释法和案例指导力度。2月，以检察机关依法保护知识产权主题发布第二十六批共5件指导性案例，涵盖侵犯知识产权犯罪主要类型，在办案理念、法律适用、证据审查、办案方法等方面强化指导。4月，发布2020年度检察机关保护知识产权12件典型案例，包括刑事案件和民事、行政检察监督案件，充分展现检察机关依法打击侵犯知识产权犯罪作用，全面保护权利人合法权利。传递精准监督理念，不断强化知识产权民事、行政检察监督工作。各地检察机关也积极总结发布知识产权检察保护典型案例，加强以案释法。最高人民检察院编写完成《经济犯罪检察业务》等专业书籍，编纂出版工具书《知识产权办案实用手册》，供各地办案参考使用。

3. 聚焦重点领域，服务创新发展大局

聚焦高科技、新业态、新领域知识产权前沿问题，加强对人工智能、信息通信、生物医药等高新技术产业领域知识产权司法保护，依法严厉打击侵犯关键核心技术的知识产权犯罪行为，维护企业合法权益，提升企业技术创新动力。指导北京市检察机关部署对涉冬奥会、冬残奥会知识产权司法保护，严厉打击损害冬奥声誉的扰乱市场秩序犯罪行为。北京市检察机关组建冬奥会、冬残奥会知识产权保障团队，引导公安机关立案侦查侵犯冬奥会、冬残奥会知识产权刑事案件，有力震慑犯罪。依法严厉打击种业领域侵权假冒犯罪，从快履行批捕起诉职能。积极探索刑事附带民事公益诉讼、支持起诉等方式，加大惩罚力度，维护种业安全。

三、汇聚合力，主动融入知识产权保护大格局

1. 重视沟通交流，提升协作配合深度

不断强化同相关部门协作，积极融入大保护格局，共同推动专项工作开展。会同国家版权局等六部门共同督办两批60余件重大侵权盗版案件，形成保护合力。通过走访、座谈等方式，与有关部门密切联系，围绕加强知识产权司法保护、优化营商环境、深化“两法衔接”、完善法律体系等方面加强沟通交流。派员参加第四届中国国际进口博览会打击侵权假冒国际合作论坛、世界知识产权组织座谈会、涉外法治工作部署会、中欧知识产权合作项目、中法法律与司法交流活动等国际会议或协作机制，积极参与知识产权司法保护国际交流合作。会同相关部门，围绕办理知识产权案件常见多发和疑难复杂问题，共同筹备举办多期联合培训班，促进执法司法标准统一。

2. 用好外力外脑，强化人才智力支撑

推动建立技术调查官辅助办案机制，针对专利等技术性较强的案件，发挥技术辅助办案作用。4月，最高人民检察院在中国人民大学知识产权学院设立知识产权检察研究基地，打造检察智库，强化检校合作。各地检察机关加强与高校、科研机构、行政机关的沟通联系，通过建立研究基地、共建人才库、聘请特邀检察官助理辅助办案等方式，提供理论支撑和人才储备，提升案件办理质效。如江苏省院建立了知识产权案件专家智库，北京、上海等地检察机关建立技术调查官辅助办案机制。

3. 加强新闻宣传，营造良好社会氛围

2月8日，最高人民检察院以“依法加强知识产权司法保护　服务保障创新型国家建设”为主题召开新闻发布会，通报检察机关充分发挥检察职能、推动知识产权强国建设情况。4月25日，以“强化知识产权司法保护，服务保障创新型国家建设”为主题举办第三十八次检察开放日暨商业秘密司法保护检察论坛活动，通报知识产权检察履职情况和重要办案数据，发布典型案例。各地检察机关落实“谁执法、谁普法”的普法责任制，在“4·26世界知识产权日”等重要时间节点，组织开展宣传活动，讲好检察故事，引领激励创新的知识产权检察文化，厚植文化自觉和文化自信。

供稿：最高人民检察院
知识产权检察办公室

贸促知识产权工作

2021年，中国贸促会坚持以习近平新时代中国特色社会主义思想为指导，全面贯彻党的十九大和十九届历次全会精神，积极落实《知识产权强国建设纲要（2021—2035年）》《“十四五”国家知识产权保护和运用规划》的工作部署，加快推进知识产权强国建设重点工作任务，取得积极成效。

一、积极参与知识产权机制建设

1. 印发落实强国建设纲要分工方案

结合中国贸促会知识产权工作特点，制定印发《中国贸促会关于落实〈知识产权强国建设纲要（2021—2035年）〉的任务方案》，确定了加强跨部门知识产权协作、推进知识产权国际交流合作、提升知识产权服务水平、完善知识产权多元纠纷解决机制四大板块共15个工作方向。

2. 打造知识产权纠纷多元解决平台

成立中国贸促会调解中心知识产权专业委员会，致力于为知识产权纠纷的中外当事人提供专业高效的调解服务，并聘任两批共计20名专家委员。制定和发布《中国国际贸易促进委员会/中国国际商会调解中心知识产权争议调解规则》，该规则是国内首个面向解决涉外知识产权争议的商事调解规则，对于引领知识产权调解的规范化、正规化、专业化发展具有重要意义。

二、服务开展知识产权多双边工作

1. 应对美国特别301调查

在美国贸易代表办公室（USTR）启动2021年特别301调查后，广泛联系企业，积极组织知识产权领域专家学者撰写书面评论意见并向USTR递交，展现我国在知识产权保护方面作出的努力和知识产权立法、司法和执法方面取得的进展，对2020年度特别301报告中针对中国的重点关注问题进行了详细回应。

2. 参加知识产权对外谈判

参加中日知识产权工作组第八次会议、中欧知识产权工作组第二十四次会议、中俄知识产权工作组第十二次会议。广泛征集企业在“走出去”过程中所面临的问题，收集企业痛点难点并在知识产权工作组会议上提请中外政府予以妥善解决，同时积极组织企业参加知识产权工作组会议。

三、不断深化知识产权国际合作

1. 举办虹桥国际经济论坛知识产权分论坛

在第四届中国国际进口博览会期间，与国家知识产权局、国家版权局共同举办虹桥国际经济论坛知识产权保护与营商环境优化分论坛。会议邀请国际组织高级代表、业内专家学者、世界500强企业家代表，围绕“知识产权保护与营商环境优化”议题深入讨论，凝聚国际知识产权保护共识，充分展示中国知识产权事业取得的巨大成就。

2. 深度参与世界知识产权组织工作

作为世界知识产权组织（WIPO）长期观察员，参加第62届WIPO成员国大会、马德里体系工作组第19届会议、WIPO人工智能组织对话会、WIPO第四届知识产权和前沿技术对话会等会议，积极发声表达中国观点，参与相关规则制定。与WIPO合作开展马德里国际商标注册体系相关培训，助力中国企业知识产权海外布局。

四、着力提升知识产权公共服务水平

1. 推动海外知识产权维权援助

积极参与国家海外知识产权纠纷应对指导中心工作，与国家知识产权局联合印发《关于加强海外知识产权纠纷应对机制建设的指导意见》，推荐具有丰富涉外知识产权经验的人选担任国家海外知识产权纠纷应对指导专家。启动跨国知识产权诉讼策略分析项目，就热门法域专利诉讼的相关规则和案例进行研究分析，提升企业海外知识产权纠纷的应对能力。

2. 强化展会知识产权服务

积极开展展会知识产权综合服务，为我国中小企业提供展前、展中和展后知识产权服务，提升知识产权保护意识和应对纠纷能力。针对中国—中美洲数字贸易展会等13个线上国际数字展博会开展专项知识产权保护，为参展企业提供在线知识产权咨询服务，探索线上展会的法律服务新模式。

五、持续开展知识产权对外交流

1. 加强与非政府国际组织的交流合作

不断加强与国际商会（ICC）、国际保护知识产权协会（AIPPI）、国际许可贸易工作者协会（LES）深入合作，积极派员参加相关会议活动。中国贸促会专利商标事务所龙传红同志当选AIPPI提名委员会委员。举办AIPPI中国分会青年研讨会、LES中国分会许可运营研讨会、《中欧地理标志保护与合作协定》解读专题讲座等系列活动。

2. 开展知识产权对外宣传

发挥驻外代表处优势，与当地知识产权主管部门、行业协会及专业服务机构加强沟通，积极宣传我国知识产权政策措施。向中资企业宣传知识产权保护和海外布局知识，倡导企业树立“中国制造”良好的海外形象。与《知识产权资产管理杂志（IAM）》合作举办两期网络研讨会，向国外专业人士介绍中国专利法和知识产权保护的最新动态，宣传中国改善营商环境的积极成果。

供稿：中国贸促会法律事务部

全国知识产权社团工作

中国知识产权研究会

一、严格落实政治家办刊原则，持续提升《知识产权》杂志质量

《知识产权》杂志 2021 年共刊发文章 82 篇。围绕深入学习贯彻习近平总书记在主持中央政治局第二十五次集体学习时的重要讲话精神，组织刊发专题文章 17 篇。邀请专家聚焦《知识产权强国建设纲要（2021—2035 年）》等国家重大战略部署展开深入研究，杂志第 10 期以专刊形式刊登纲要全文、刊发申长雨局长关于知识产权强国建设署名文章。组织召开编委会会议暨知识产权强国建设学术研讨会，汇聚众智谋划杂志未来发展。围绕杂志改革创新等议题，组织开展调研活动 4 次，开门问策，共商发展。严格落实出版工作规范，建立完善杂志政治审查、出版质量管理、档案存档、内部管理等制度规范。

二、积极发挥智库作用，为落实知识产权强国建设纲要和“十四五”规划提供政策理论支撑

围绕《知识产权强国建设纲要（2021—2035 年）》《“十四五”知识产权保护和运用规划》，以及专利法实施细则、商标法修订、地方知识产权规划等组织课题研究 39 项，组织举办专题讲座、学术研讨和交流活动 25 次，累计邀请专家 200 余人次。编辑出版《知识产权强国建设纲要（2021—2035 年）辅导读本》《专家谈“十四五”知识产权规划》等专题图书 11 本。采取多种形式对“十四五”规划目标、任务、工程等进行宣讲解读。完成《“十四五”知识产权公共服务规划》前期研究和文件撰写。2021 年共上报政务信息 9 篇，其中 1 篇信息被上级部门采用。

三、稳步推进海外知识产权纠纷应对指导工作

2021 年共发布中国企业海外知识产权纠纷信息 243 条，组织构建 188 人专家队伍，面向 486 家国内企业提供纠纷应对指导和咨询。参加有关国际展会 18 次，提供现场咨询指导 60 余次。全年组织开展专题培训 65 期，培训人员超 3 万人。编写发布《2020 年中国企业在美知识产权纠纷调查报告》《海外知识产权纠纷应对指导服务手册》等知识产权风险防范应对指南 13 份。协助 11 家国内企业办理海外知识产权侵权责任保险。强化纠纷应对指导服务体系建设，协助设立海外知识产权纠纷应对指导地方分中心 12 家，组织开展地方分中心业务培训，提升业务水平。

四、做好知识产权职称考试组织工作

组织开展知识产权师职称考试大纲、考试教材、辅导用书等编制修订工作，完成职称考试试题初审、终审及阅卷评审。围绕知识产权师考评，赴 4 地进行实地调研和政策宣讲。建设完成全国知识产权师高级职称评审系统并正式投入使用。完成职称考试

政策宣讲及辅导11场，为4000余名考生提供考试咨询服务。2021年，全国共有33 803名考生报名参加考试，较上年增加32.6%。

五、完善社团组织体系建设

健全完善秘书处内部制度机制，完成《中国知识产权研究会向局党组请示报告重大事项实施办法》等28项规章制度的制修订工作。加强干部人才队伍建设，完成专业技术岗位聘用及部门负责人选聘工作，1名青年职工入选中国科协第七届青年人才托举工程。强化地方研究会组织建设，组织召开全国知识产权研究会工作交流会，与地方研究会在课题研究、奖项推荐、培训研讨等方面加强联动合作，构建全国研究会协同发展新格局。

六、构建“一刊两网三讯四号”宣传矩阵

完成外网网站升级改版和内网网站建设，打造主题鲜明、特色突出、内容丰富、充分展现研究会党建成效和工作风采的重要宣传窗口。优化微信公众平台运营，强化微信公众号与网站的传播互动与宣传协同，充分挖掘微信公众平台的传播潜力。提高《知识产权通讯》《知识产权竞争动态》等刊物的专业性、时效性、可读性，提升刊物“内参”价值。

七、提升会员服务和管理水平

建设完成会员线上管理系统，提高会员管理信息化水平。克服疫情等不利影响，以线上、线下形式面向会员组织开展知识产权实务培训12期，覆盖专利、商标、版权、商业秘密、地理标志等多个领域，参训会员超过2000人次。组织会员单位参与中国专利奖遴选，1家会员单位荣获中国外观设计金奖，2家会员单位荣获中国专利优秀奖，研究会获中国专利奖优秀组织奖。实施“科普中国”共建基地项目，被中国科协评为“2021年度全国学会科普工作优秀单位”。

八、拓展知识产权咨询和鉴定业务

面向国家战略科技力量提供专利分析咨询研究支持，推动重点创新主体知识产权管理体系建设。组织实施工业机器人、先进存储技术、人工智能芯片等国家重点领域专利导航项目，推动知识产权助力产业创新发展。为地方提供专利大数据分析支撑，服务区域创新发展，全年共承接知识产权鉴定委托42件，其中，专利22件，商业秘密17件，其他12件，并承接首起植物新品种鉴定委托，委托鉴定咨询业务金额较2020年增长一倍以上。

供稿：中国知识产权研究会

中国专利保护协会

一、大力开展知识产权保护工作

积极推进人民调解委员会各项工作，成功调解涉及著作权纠纷案件111件。2021年完成当事人自行委托调解知识产权纠纷案件247件，出具121份咨询意见。编写《知识产权维权援助十大典型经验汇编》。梳理国防知识产权维权援助相关工作的专家资源，起草《国防知识产权军地协同保护总体要求》及《国防专利军地协同行政执法工作流程》。与地方政府等机构签订《区域知识产权高质量发展伙伴关系计划》，共建区域知识产权保护和调解中心。

二、深入推进知识产权运营服务

开展专利密集型产品公共服务平台建设，进一步推动树立以转化运用为导向的知识产权运营理念，支持专利在具体产品中的贡献度测算，为试点探索专利密集型产品认定提供基础支撑。承接第二十三届中国国际高新技术成果交易会国家知识产权局展区招组展工作，展示企业创新成果，助力知识产权转移转化。

三、积极开展会员服务和社会公益类服务

知识产权宣传周期间，联合14家重点

领域全国性行业协会学会共同发布国内首个行业组织层面的《知识产权保护宣言》，提升知识产权保护意识，强化知识产权保护工作协同，探讨知识产权保护重大课题，推动行业知识产权高质量发展。积极推进专业委员会建设，成立人工智能专业委员会和医药专业委员会。举办开源生态与知识产权专题研讨会、人工智能领域知识产权涉外研讨会，开展课题研究。制定《企业商业秘密管理规范》（T/PPAC 701—2021）标准并发布。为会员单位开展高价值专利质量评估及运用策略技术研究与应用工作，为创新主体知识产权高质量发展提供服务支撑。开展“专利法实施细则修改相关论证调研项目”，开展《专利审查指南》修改论证项目。开展“中国专利审查技术专家库”项目，累计接受审查员咨询500余次，面向审查员开办专家线上讲座20次。

四、加强国际交流合作

作为中国产业界代表（专利领域）参加发明专利领域2021年中美欧日韩五局合作（IP5）系列会议。组团参加日内瓦发明展，助力我国企业“走出去”，为企业和发明人“走出去”发展搭建平台。进行双边交流活动，推荐欧洲专利局常务咨询委员会（SACEPO）专家。举办中日企业知识产权交流活动、中欧PCT国际检索单位试点项目在线研讨会、中日知识产权制度研讨会、中日韩商标和外观设计论坛、五局合作外观设计（ID5）和商标（TM5）年度会议、中蒙俄知识产权研讨会、中日韩知识产权用户研讨会等，搭建国际交流对话沟通平台。

供稿：中国专利保护协会

中华全国专利代理师协会

一、坚决贯彻中央及局党组工作部署，加强党的建设

一是认真学习领会习近平总书记关于知识产权工作的重要论述和指示批示、习近平总书记在中央政治局第二十五次集体学习时发表的重要讲话精神等，加强思想理论武装，准确把握知识产权事业发展目标。二是认真贯彻落实国家知识产权局党组各项工作部署以及局领导的各项重要批示精神，以实际行动确保把各项工作部署落到实处，把重点工作任务落实到位。三是扎实开展“党史学习教育”“作风建设年”“我为群众办实事”等活动，教育引导党员干部感悟初心、践行使命。截至2021年底，共组织召开党支部大会4次，支部委员会会议18次，讲党课5次；党小组开展学习活动共40次，青年理论学习小组开展学习11次。

二、加强自律监督，维护有序竞争的行业秩序

积极发挥自律监督职能，维护行业有序竞争的秩序，促进行业诚信体系建设。一是发布新修订的《专利代理执业道德与执业纪律规范》，并录制宣讲视频，加强对不正当竞争、非正常申请等行为的规制。二是加强行业行风建设。发布《专利代理行业自律公约》、征集行风志愿者，营造“弘正气、提质量”的正面导向；落实“以审谋私、审代勾连”问题专项整改任务，制定协会会员被列入专利商标代理行业违规行为黑名单的处理办法。三是加强机构规范化建设。开展《专利代理服务指导标准》的修订工作，督促机构提升内部管理水平。四是完善投诉接待及查处工作机制。制定听证告知书、听证通知书、听证笔录等模板，截至2021年底，共收到投诉70起，经调查给予处分的有2起。五是强化自律协同治理。开展无专利代理资质机构筛查工作并向主管部门报送线索；针对专利申请代理量异常的100余家专利代理机构，开展约谈工作并持续督导进行整改。

三、加大人才培养力度，提升专利代理质量

2021年共举办各类培训34期，线上线

下培训学员超 2.1 万人次。一是开展线上系列公益讲座 28 期，满足疫情常态化形势下的培训需求。二是促进审查专家与专利代理师的交流沟通，举办提质增效之专利审查业务代理培训班和业务交流座谈会，及时传达最新审查宏观政策，解决代理实务疑难问题。三是发挥网络平台优势，开展专利代理师和诉讼代理人远程教育培训，切实提升代理师核心业务能力和诉讼水平。四是举办法官与专利代理师交流座谈会，加强诉讼代理工作与法院政策措施的衔接，共促知识产权法律共同体的交流与合作。五是加强师资队伍建设，向国家知识产权局文献部推荐 4 名专利代理师作为公益讲座授课教师，提升公众知识产权意识。六是完成《中国专利代理行业发展状况报告(2020 年)》，推进专利代理质量分析和服务能力现状分析工作。七是完成 2020 年专利代理机构和从业人员数据采集分析及试评价项目，初步探索人才评价体系。

四、做好行业服务工作，加强行业宣传与文化建设

一是加大对诉讼代理人的监督管理力度。适应性修订《诉讼代理管理办法》等规范文件，定期开展诉讼代理人集中推荐工作，完善诉讼代理人个案推荐制度。二是持续关注专利代理机构营改增工作，为机构跨境服务免税备案开具第三方境外身份证明近 2000 份。三是持续开展代理机构职业保险工作，截至 2021 年底，全国共 1053 家代理机构的 10 863 名代理师办理了投保手续。四是为维护会员合法权益，持续更新无故拖欠代理费的境外知识产权代理机构或客户名单。五是有序推进智能审查系统之 EAC 系统升级改造与测试工作，加强系统运行维护，确保系统稳定运行。六是发挥协会网站、微信公众号、《专利代理》杂志的宣传阵地作用，弘扬主旋律和正能量，加大正面宣传力度，目前网站访问量已突破 2745 万次，公众号关注人数达 2.3 万余人，杂志发表学术论文 70 余篇。

五、深化对外交流，提升行业国际影响力

一是派员参加第六十二届 WIPO 成员国大会、AIPPI NGO 协调会、FICPI 执委会会议、国家知识产权从业者协会全球网络峰会等国际知识产权会议 6 次，充分发挥非政府组织在知识产权国际交流合作中的作用。二是组织中日专利代理师协会业务交流会，加强双边业务交流，助力加强知识产权保护国际合作。三是为加强涉外人才培训工作，举办第十二次中日外观设计制度研讨培训班，组织代理师参加国家知识产权局举办的 PCT 高级研讨会、中欧、中日韩等知识产权研讨会，线上线下 1100 余人次参加。四是积极参与海外纠纷应对指导工作，充分发挥理事单位作用和专利代理机构专业优势，推动会员单位成为重点联系单位，助力海外知识产权保护工作。

六、支撑标准贯彻和实现机制运行管理

一是深耕贯标市场，提升服务质量。截至 2021 年 12 月 31 日，中规公司审核企业 4500 余家，服务范围覆盖全国 30 个省市。二是加大业务研究，立足行业发展形势，推广研发成果应用，拓展服务领域，探索多元化发展。三是强化内部管控，加强制度建设，增强业务管理的规范性。

七、加强协会内部建设，提高综合能力

一是扎实开展疫情防控工作。严格执行“零报告”、出京报备审批等制度，积极落实国家知识产权局工作部署，全面做好人员管控。二是加强秘书处建设，牢固树立服务理念，始终坚持从严带队伍、从严管干部、从严抓作风，全面推进秘书处作风建设向广度深度拓展。以“制度建设年”为契机，不断加强制度化建设，健全完善各项规章制度，形成制度汇编。严格制度执行，进一步提升民主集中决策水平。三是健全秘书处岗位责任和工作责任划分，充分调动秘书处工作人员的创造性和积极性，增强紧迫感和责任感。四是加强协会会长会、常务理事会、理事会议事和决策功能。提高常务理事政治站位，组织常务理事学习习近平总书记在庆祝中国共产党成立 100 周年大会上的重要讲话精神，以及《知识产权强国建设纲要（2021—2035 年）》《“十四五”国家知识产权保护和运用规划》等。

供稿：中华全国专利代理师协会

中华商标协会

一、理论联系实际，积极推进商标品牌建设

1. 深化理论研究

建设商标品牌高端特色智库，成立“中华商标协会品牌影响力实验室”“中华商标协会品牌影响力专业委员会”，与中国商标品牌研究院一起开展商标品牌价值评价研究与咨询工作，编印完成中国商标数据系列报告之“大数据视野下的中国商标出海四十年”“大数据视野下的‘十三五’中国商标‘出海’扬帆起航”“2020 全球综合品牌价值百强榜暨品牌价值百强榜中榜（PRC-Brand 2020）研究与解读”等；承接国家知识产权局相关课题项目，为商标品牌领域法律法规的立改废释提供理论和数据支持。

2. 回应社会关切

在 2021 年全国知识产权宣传周期间组织举办“从反不正当竞争法角度谈商标品牌保护”研讨会，为热点问题的解决提供新思路；与中国通信工业协会共同主办“2021 LINK ELITES 信息技术产业知识产权大会”，为快速发展的信息技术领域搭建知识产权分享平台；在《中欧地理标志保护与合作协定》达成之际，举办“探索中欧地理标志新机遇——2021 年度 CTA 商标品牌沙龙”。

3. 聚焦区域品牌经济发展

在国家知识产权局知识产权运用促进司指导下，进一步优化指标体系，继续编制发布《中国商标品牌发展指数（2021）》，发挥数字“指挥棒”作用，引导各地商标品牌高质量发展；在浙江省市场监督管理局、武汉市市场监督管理局的支持下，与世界知识产权组织中国办事处共同主办“商标国际注册马德里体系高级研修班”，助力地方企业开拓海外市场；举办“区域特色产业发展领导力对话”之“上海金桥论坛”“陇南论坛”，助推区域品牌经济发展。

二、响应防疫政策，有序筹备商标品牌节

与广东省市场监督管理局、东莞市政府积极沟通，拟定商标品牌节总体方案、筹备工作分工方案，5 月，在北京举行新闻发布会，共同向媒体介绍第十三届中国国际商标品牌节相关情况。

面向广大会员单位，征集中国商标年会论坛主题；稳步推进中华品牌商标博览会展位招商工作，严审参展企业资质，提升展览档次；利用市场监督管理系统媒体矩阵和协会媒体平台，开展商标品牌节预热宣传；有序推进“商标代理典型案例”“第二届全国高校商标热点问题辩论赛”等主题活动的开展。

三、加强会员服务，畅通商标权利人维权渠道

响应企业和商标代理机构会员呼声，在国家知识产权局商标局支持下，组织召开“商标申请注册环节问题研讨会”，帮助会员及时了解主管部门加强商标申请注册管理的新思路和新措施。应对疫情对线下培训的冲击，灵活采取线上线下相结合的方式举办多期培训班，全国各地的商标代理人、律师、企业法务人员及市场监管部门执法干部 4 万余人次参加培训，大幅拓展培训覆盖面，促进了从业人员专业水平的提高。协会商标海外维权委员会发布《中华商标协会会员企业 2020 年度国际商标监测预警报告》《中医药企业商标在海外被抢注情况报告》等，畅通品牌商标权利人维权渠道。

四、提升自律水平，促进商标代理行业健康发展

为提升商标代理从业人员业务素质，10月，在北京和广州同时开展2021年商标代理人业务水平培训考试，全国300余名从业人员参加。注册商标代理机构规范服务证明商标，在会员中开展许可使用工作，通过树立正面典型，激励代理机构诚信经营，自觉提高专业服务水平。发布《中华商标协会关于配合“蓝天”行动开展反对商标恶意抢注自律行动的通告》《中华商标协会针对“丁真”商标抢注的倡议及建议》等，配合国家知识产权局“蓝天”行动，号召商标代理机构自觉遵守有关法律规定及行业纪律要求，维护行业竞争秩序。

五、搭建桥梁纽带，推动多层次跨界合作

经国家知识产权局公共服务司遴选，协会入选“2021年度国家知识产权信息公共服务网点”；协会“知识产权纠纷人民调解委员会”与北京市丰台区市场监督管理局合作设立“中华商标协会人民调解委员会丰台工作站”，并成功调解某知名酒企与某知识产权代理机构商标注销损害赔偿纠纷案，入选北京知识产权保护中心典型案例。与中国服装设计师协会共同成立“中国时尚知识产权保护中心”，举办“中国时尚知识产权保护中心研讨会暨时尚知识产权保护沙龙”等，积极推动国内时尚产业知识产权保护政策法规的完善；与相关行业协会合作，成立“中国酒业协会知识产权保护委员会”“中国口腔清洁护理用品工业协会知识产权保护专业委员会”，深入垂直领域服务企业品牌成长。与中国专利保护协会、中国家用电器协会等15家单位共同发布《知识产权保护宣言》，促进行业交流协作与信息共享，营造严格保护知识产权的良好环境。

六、拓展交流渠道，促进商标品牌广泛合作

作为世界知识产权组织（WIPO）商标、工业品外观设计和地理标志法律常设委员会（SCT）观察员，参加第四十四届SCT线上会议；在国际商标协会（INTA）线上年会发布宣传片，介绍中国商标代理行业助力企业成长的历程；参加法国驻华使馆“知识产权法最新趋势”会议；受英国特许商标律师协会（CITMA）邀请，参加其春季线上会议。

与世界知识产权组织、日本贸易振兴机构等共同主办研讨会、研修班等，分享商标领域审查评审实践成果，助力国内企业开拓海外市场；与海峡两岸商务协调会在线共同举办“2021海峡两岸商标论坛”，推动两岸商标领域的交流与合作。

七、优化宣传平台，推进知识产权文化和人才建设

《中华商标》杂志及微信公众号设立“本期聚焦”“业界之声”等栏目，并特设“自主品牌献礼建党100周年”专题，策划“两会代表在知识产权方面的意见与建议”“各界对《知识产权强国建设纲要（2021—2035年）》的学习体会”等专题报道，紧扣时政热点、知识产权重大事件和焦点话题开展宣传；截至2021年底，中华商标协会网站阅读量累计15万人次，《中华商标》杂志和协会微信公众号累计发布消息5000余条，订阅用户合计近12万人，全年用户阅读次数合计130万余次。

注重推动面向社会和校园的商标品牌人才培养。设立“商标人才专业委员会”；积极参加由中国知识产权报社发起的“知识产权知识进校园”活动，派员参与授课；举办“第二届全国高校商标热点问题辩论赛”，来自北京大学、中国人民大学等全国21支高校队伍报名参赛；举办“第四届（2021）中华商标创意设计大赛”全国高校商标热点问题征文”等活动，营造更加开放、积极、有活力的知识产权人才成长环境。

供稿：中华商标协会

中国版权协会

一、围绕版权中心工作，积极开展各项版权相关工作

2021年，受新冠肺炎疫情影响，无法开展线下培训工作，为满足会员需求，举办两期会员免费线上培训班，围绕《著作权法》的修订、版权行政管理工作进展情况、数字版权维权等热点问题进行专家解读，累计超8000人次在线收看。

主办的《版权理论与实务》杂志于2021年1月正式创刊，截至12月31日，杂志文章被《新华文摘》全文转载3篇、论点摘编1篇，杂志得到版权业界普遍好评。

与中国出版传媒股份有限公司共同指导，华文出版社、北京市社会科学院联合主办《日新集——师友笔下阎崇年》出版座谈会；与阅文集团联合举办“中国网络文学版权保护”专家研讨会；主办“中国版权科技创新论坛”“网络直播领域音乐正版化发展研讨会”“短视频版权工作闭门会”“2020东京奥运会权利预警和版权保护工作协调会”；在“2021年中国网络版权保护与发展大会”中，主办“技术创新与版权保护”分论坛；由澳门中联办、澳门特区政府指导，携手澳门自强文创智库共同主办“内地与澳门数字文化产业发展与合作论坛”。

牵头组织下辖的艺术品版权工作委员会、软件工作委员会、文字版权工作委员会、网络游戏版权工作委员会的代表企业以及相关著作权人代表联合申报由中央网信办、中央宣传部、国务院办公厅等18个部门和单位组织开展的国家区块链创新应用试点项目。

应邀参加第八届中国国际版权博览会，以“版权——就在你身边”为主题，利用图文视频、实物展示、场景体验、互动交流等方式，向观众讲述协会成立30年来的工作成果，沉浸式地普及了艺术、软件、文字、游戏等方面的版权发展历程和相关版权知识，宣传我国版权行业近年来取得的成绩。荣获国家版权局颁发的第八届中国国际版权博览会“优秀组织奖”。

2021年中国版权年会系列活动采用线上与线下相结合的方式，充分利用新媒体平台进行传播。主要活动包括“远集坊未来高峰论坛”(主论坛)、远集坊文化讲坛第41期“从不列颠百科全书到中国大百科全书”，以及“区块链推动数字文创行业健康发展”论坛、“新形势下的著作权集体管理组织面临的新问题和新挑战”论坛、“传统阅读和数字化阅读的对话”论坛、“软件版权二十年回顾与展望”论坛、“游戏产业前沿发展与版权保护”论坛、“短视频版权保护与发展的痛点难点探讨”论坛等多个主题论坛。

与国家对外文化贸易基地(深圳)共同开展“2021年度最具版权价值排行榜”评选活动。榜单在原有的图书、网络文学、网络游戏、国产软件基础上，增加了音乐、长视频、短视频三大类，更加全面和充分地体现出版权在文化产业中的价值。

知识产权宣传周期间，携手“抖音”发起“全民知识守护者”活动，邀请到阎崇年、刘春田、唐家三少、樊登、罗振宇、丁海峰、阿朵等数十位各领域的知名人士，以短视频的形式开展系列公益宣传活动，话题页总播放量达3.4亿次。

下设的鉴定委员会是北京市高级人民法院指定的知识产权鉴定机构。2021年共开展了7项版权相关鉴定工作，作品类型涉及美术、文字、音乐等，其中5项确认承接并形成了鉴定报告。

经中宣部推荐，世界知识产权组织(WIPO)批准，6月正式成为世界知识产权组织(WIPO)版权及相关权常设委员会观察员。此次以民间组织的方式参与，将加强国际知识产权的交流与合作。

二、积极协助中宣部版权管理局推进各项版权工作

承办1期软件正版化工作培训班，2期

版权行政执法监管培训班。协助完成对内蒙古自治区、河北省、陕西省省级政府机关软件正版化全覆盖现场核查工作，对宁夏回族自治区、湖北省、辽宁省部分省级政府机关及国有企业，和部分中央国家机关、中央企业、银行及金融机构的软件正版化现场核查工作。

邀请全国司法、立法、行政、学术、行业知名专家对"2020 中国版权十件大事"进行评选，评选结果在各大媒体上进行宣传，扩大版权工作影响，提升全社会版权意识。

在查阅行业资料、专家座谈、问卷调查、实地走访等工作基础上，组织专门人员，围绕版权的创造、运用、保护、管理和服务等环节，总结版权领域新技术应用经验做法，分析研究新技术对版权产业发展的贡献，以及新技术给版权工作带来的挑战和应对策略，形成了《新技术在版权产业的应用》调研报告。

三、举办"远集坊"讲坛及相关活动

2021 年，共举办远集坊文化讲坛 9 期，创新与发展系列讲座 3 期，17 位主讲嘉宾先后为远集坊带来了高屋建瓴、别开生面的精彩演讲，近 200 位特邀嘉宾莅临远集坊活动现场，发表了他们的真知灼见。其中，由原中共中央文献研究室副主任陈晋主讲的《毛泽东与中共早期领导群体》，内容被编辑、转载到全国政协网上书院漫谈群，全国政协主席汪洋给予充分肯定并批示。

远集坊得到了各主流媒体和新媒体的大力支持，在腾讯、爱奇艺、抖音、快手等多家新媒体平台进行同步直播，每期活动在线观看人数稳定在 50 万人次以上。自首期讲坛起，远集坊坚持制作短视频，凝聚精华，广泛传播。

为庆祝中国共产党建党 100 周年，远集坊特别举办"初心与使命——庆祝建党 100 周年　远集坊书法邀请展"，邀请到沈鹏、张海、黄藩、杨再春、苏士澍等 17 位名家，创作书法作品，书写丹心豪情，庆祝党的百年华诞。在征得各位作者的同意后，所有参展作品已于 10 月 10 日全部捐献给了西柏坡纪念馆。

四、加强组织建设、党风廉政建设、规章制度建设

2021 年，通过认真开展学习习近平新时代中国特色社会主义思想和党的十九届六中全会精神相关活动，明确党组织在社会组织中的功能定位，发挥党组织在协会的政治核心作用，促进党建工作和协会业务工作的深度融合。

6 月，经中宣部机关党委批准，协会与新华书店协会正式成立联合党支部。同月，联合党支部组织到北大红楼旧址参观、学习。7 月，举办了"庆祝中国共产党成立 100 周年　中国版权协会观影专场"活动，组织在京会员单位观看了电影《1921》。8 月，联合党支部组织参观了中国共产党历史展览馆，让大家对中国共产党波澜壮阔的百年历程有了深刻的认识。

供稿：中国版权协会

中国音乐著作权协会

一、会员发展

2021 年，中国音乐著作权协会（以下简称"音著协"）发展新会员数为 723 人，其中曲作者 517 人、词作者 165 人、继承人 18 人、其他 2 人、出版公司 21 家，会员总数达到 11 356 人。

在新发展的会员中，较有影响力的会员有：北京数聚变换科技有限公司（抖音）、爱贝克思（北京）文化传媒有限公司、李建衡、赵兆、杨阳、林林、秦新民、罗怡林、洪凯、柏鹤、冯天一、楚博仁、吴健培、欧中建、邹铁夫、田地、刘颜嘉等。

二、音乐作品版权信息管理

音著协应用"音乐著作权大集成服务系统（iSMC，Integrated System of Music

Copyright)”对音乐作品版权信息进行数字化管理。iSMC由音著协开发，并于2021年8月正式上线运行，是音乐作品信息数据和著作权服务一体化的集大成平台。该系统依托于音著协覆盖全球范围的音乐作品著作权信息管理大数据系统（DIVA，Documentation Innovation Visionary Art）和横贯各主要行业的音乐使用监测大数据系统，可以为音乐著作权人、音乐使用者等产业主体提供高效便捷的著作权服务，一站式解决作者入会、作品登记、权利查询、许可管理、使用费分配等问题，在促进音乐产业繁荣的同时，该系统还可以为维护国家和社会的文化安全贡献力量。音著协目前管理范围覆盖全球300多万名词曲著作权人、超过1500万首音乐作品。

三、音乐作品使用许可

2021年，音著协许可总收入财务到账金额约为4.42亿元（签约金额超过5亿元），较2020年增长约8.3%，5年内年度许可收入实现翻一番。

截至2021年底，音著协历年许可收费总额达到30.3亿元，参与分配金额约24.9亿元。

1. 表演权许可工作

2021年，音著协表演权许可收入约1.24亿元，较2020年增长约6.56%。

背景音乐方面，全年总许可金额约6045万元，较疫情前2019年的许可收入增长了约928万元。

现场表演方面，全年总许可金额约750万元。其中，常规演唱会、音乐会约305万元，新兴活动类演出（如虚拟人物演唱会等）的许可金额约445万元，活动类演出与疫情前2019年许可收费相比增长了300万余元。

卡拉OK方面，许可收入总额约5696万余元，迷你KTV收入约18.8万余元。

2. 广播权许可工作

2021年，音著协广播权许可总收入约4457.3万元。其中，广播电台缴纳许可使用费约453.68万元，电视台缴纳许可使用费4003.62万元。由于新冠肺炎疫情的持续，广播电台、电视台等传统媒体的广告收入骤减，对广播权许可收入产生了一定的影响。

截至2021年底，已同音著协达成许可付酬协议的电视台56家，广播电台75家，共计131家。

3. 复制权许可工作

2021年，音著协复制权许可收入约2754万元，较2020年增长约109%。这主要由于2021年中国共产党成立100周年期间爱国主义主题歌曲的广泛使用，使得许可数额呈现激增。此外，影视剧中申请使用音乐作品的情况也逐年递增，主流影视公司逐步与音著协形成了相对稳定的许可合作关系。

4. 信息网络传播权许可工作

2021年，音著协信息网络业务许可继续保持较高的许可收入水准，总额达到2.34亿元，比2020年增长约6%。

截至2021年底，与音著协达成许可合作的主要网络平台包括：中宣部“学习强国”学习平台、苹果音乐、抖音、快手、陌陌、爱奇艺、芒果TV等，涵盖了大部分主流平台。

四、音乐作品许可使用费分配

2021年，共完成音乐作品许可使用费四期13次分配，涉及许可收入金额约4.69亿元，扣除增值税后约为4.42亿元，音著协管理费比例约占16.6%。

五、诉讼维权

2021年，音著协共向侵犯音乐著作权的使用者发函（律师函、法务部函）89封、对侵权行为取证7件、启动诉讼程序181件。采取以上维权行动后，经谈判、和解、调解或者判决，音著协为音乐著作权人索赔和追回的著作权使用费达688万余元、待执行款418万余元，共计1106万余元。

六、国际事务

2021年，在国际作者和作曲者协会联合会（CISAC）的国际版权保护体系下，音著协与近80家海外同类组织签订了著作权相互代表协议。

七、信息公开及宣传

2021年，音著协继续通过网站、微信公众号、《理事工作简报》、会讯、年报等形式，向会员、使用者、政府、社会公众通报具体工作，主动做到公开、透明。

2021年3月，音著协开通了“微信订阅号”。

2021年，对官方应用程序“音著协”App会员“使用费分配”功能进行了全新升级，新设“分配报告”功能，会员可随时查询当年、三年、五年内的各项使用费分配情况，并获得一定的数据分析。

供稿：中国音乐著作权协会

中国音像与数字出版协会

一、完善机构建设，取得显著成效

1. 梳理内部规章制度

为进一步加强管理，提高工作质量和效率，依据国家相关法律法规及主管部门有关规定，对24项规章制度进行了梳理、修订及完善，制定了《中国音像与数字出版协会管理文件汇编》，汇编由综合文件、秘书处管理文件、财务管理文件以及其他文件四个部分构成，明确了协会党的建设、管理制度、工作要求、财务制度及全体员工的工作职责、基本权利和应履行的义务。

2. 强化分支机构管理

经五届二次理事会批准，对分支机构进行了统一调整，即保留唱片工作委员会等分支机构；撤销光盘工作委员会、反盗版工作委员会等分支机构；调整专业数字出版工作委员会为出版融合工作委员会以及调整电子出版工作委员会为电子音像出版工作委员会。经五届二次、三次常务理事会批准，分别于2021年4月20日和2021年9月8日组织成立了知识服务与数字版权保护技术工作委员会以及数字音乐工作委员会。

2021年度顺利完成出版融合、数字教育、音乐产业促进、游戏出版和唱片工委五个工作委员会的换届工作。

3. 加强宣传交流

为更好地促进行业内外、各理事单位、会员单位之间的沟通交流，加强了对微信公众号、视频号及理事群、会员群的运营管理工作，2021年协会和各工委官方微信公众号发布活动宣传文稿累计500余篇，单篇最高阅读量超1.3万人次。

4. 建立高水平的专家团队

7月“中国国际数码互动娱乐展览会”（ChinaJoy）期间，中国游戏产业研究院智库成立。智库专家来自高等院校、具有较大影响的游戏企业、专业咨询机构等，对游戏行业重点、热点、难点问题进行前瞻性、战略性、全局性研究，为主管部门和会员单位建言献策，及时把脉行业发展动向。

5. 完善信息化平台建设

为优化相关业务工作流程，确保工作执行的有效性和程序的规范性，启动了官网升级改造和会员系统建设。目前开发工作已初步完成，新的官网和会员系统计划于4月份上线运行。

按照民政部有关规定，完成相应年检和分支机构评比达标表彰摸排及清理整治情况检查等工作。

二、加强人才建设，推动行业发展

行业人才建设和从业人员培养是行业健康发展的基础和保证，为此，协会从职称评定改革、职业教材编制、考试培训等角度，探索建立行业人才培养机制。

1. 建言献策，反映行业亟须解决的问题

为充分了解出版行业发展过程中亟须解决的问题，协会领导及各工委相关同志全年走访调研了30余家数字出版企业。

经研究后，协会理事长孙寿山同志在2021年全国“两会”上提交《关于进一步提高数字出版人才队伍建设水平》的提案，反映传统出版单位在融合发展过程中严重缺少复合型人才、领军人才问题，并建议从人才管理体制机制、人才创新培养和发挥行业组织作用等方面加强人才队伍建设。

2. 启动教材编写，探索网络文学和网络游戏从业人员培养模式

为满足网络出版产业发展需要，探索建立网络出版从业人员人才培养模式，与相关单位共同启动了《数字出版基础与实务（网络文学）》和《数字出版基础与实务（网络游戏）》两套培训教材的编写工作。

3. 加强专业培训，为会员做好服务

面向出版单位、游戏和音乐企业等会员单位，以线上线下相结合方式，持续性地开展包括继续教育培训在内的近20场专业培训，内容涵盖数字出版、有声阅读、知识服务、著作权保护、数字音乐、网络游戏等多个领域。此外，还组织业界专家遴选20余种专业书籍，赠送给部分会员单位，以提升行业理论研究水平，加强行业自律，传递正向价值。

三、发挥专业和资源优势，组织开展具有行业重大影响力的工作和活动

1. 组织行业重大会议和活动

各分支机构结合各领域需求与特色，充分发挥专业和资源优势，指导、组织、承办了一系列在行业内有重大影响的会议和活动，如“中国数字阅读大会”“出版融合与数字教育产业发展研讨会”“中国国际版权博览会”音乐版权与发展部分等，并和兄弟协会联合启动“直播中使用录音制品获酬权付酬机制”协商工作并举办系列研讨会。

2. 形成并发布权威性产业报告

组织部分企业研究机构、高等院校和第三方数据机构等编制和发布相关产业研究报告，包括《2020年度中国数字阅读报告》《2021年中国游戏产业报告》《2021中国自研游戏IP研究报告》等。上述报告已成为行业发展的风向标，为行业创新、融合发展提供了重要参考，协会也因此建立了促进业内交流合作、信息共享、谋求良性发展的有效机制。

3. 建设中国游戏产业大数据服务平台

委托相关技术企业开发中国游戏产业大数据信息服务平台。现已完成一期建设，采集部署了近20类游戏相关数据，累计完成百万级数据积累，包括游戏版号数据、软著数据、各大应用商场下载量数据、游戏直播数据、游戏评论数据、游戏发行数据等。

4. 组织拍摄纪录片《中国游戏纪事》

组织专业团队，走访多家游戏企业，采访行业专家、资深游戏人，拍摄制作首部记录中国游戏产业发展历程的纪录片——《中国游戏纪事》。该纪录片真实记录了中国游戏30多年的发展历程，反映中国年轻一代创意创新、锐意进取的精神风貌。2021年11月已完成第一集拍摄和剪辑工作，并在2021年中国游戏产业年会期间举办了试映会。

5. 开展数字出版相关交流研讨工作

为紧密结合行业发展实际和广大会员单位的需要，在疫情防控安全的前提下，协会组织、参与召开出版融合相关研讨会、座谈会，及时了解行业发展现状和痛点，听取各会员单位的诉求和建议。

四、推动标准规范化发展，构建标准体系多元化格局

标准化建设是规范、引导行业有序健康发展的基础。协会继续深入推进标准化建设工作，探索构建多层次、立体化的标准体系。

在数字出版、电子竞技、游戏等多个领域新立项7个团体标准，发布《数字化教育资源评价》等3项团体标准。推动团体标准向行业标准转化。牵头起草的《信息内容通用位置标识符》等4项行业标准正式

发布出版；组织编制的《移动互联网音乐超高清音质技术要求》和《网络游戏术语》2项团体标准成功转化，立项为行业标准。探索团体标准向国际标准的转化工作。在国家标准委的指导和支持下，尝试探索《网络游戏术语》团体标准向国际标准的转化，包括组织标准文本的翻译、在国际标准化组织的立项以及向各会员国介绍标准内容等工作。

五、关注行业热点，履行社会责任

大力推动《网络游戏适龄提示》团体标准实施，截至2021年12月底，已基本覆盖头部、肩部企业（包含主机游戏、小程序游戏）的产品。组织会员单位发起《网络游戏行业防沉迷自律公约》，发布之时就有近320家游戏企业参与，共同为未成年人构建健康绿色的网络游戏环境。

六、承接政府委托项目，发挥桥梁纽带作用

4月，组织2021年全民阅读“悦读·越美好”互联网平台创意创新活动。新华网、咪咕数媒、快手、腾讯、当当、四川文轩等18家具有较大影响的企业通过新颖别致的创意、丰富多彩的活动向社会积极传递全民阅读、书香社会的理念。

承担2021年全国有声读物精品出版工程的组织服务和评审工作，经过评审，共推选出37个项目入选2021年度全国有声读物精品出版工程。配合相关单位完成对入选项目的后期宣传推广等工作，向社会公众展示有声行业的风采。

9月，与相关单位共同承办2021年世界互联网大会乌镇峰会“互联网企业社会责任”论坛。承担《新闻出版业科技发展趋势课题》《出版科技动态》《国家出版基金项目资助经费核定程序及参考标准》等课题研究项目，发挥为政府决策提供支撑、为会员做好服务的作用。

供稿：中国音像与数字出版协会

中国发明协会

一、召开全国会员代表大会暨第15届中国发明家论坛，推动协会工作高水平创新发展

9月27—28日，在中国科技会堂举办第八次全国会员代表大会暨第15届中国发明家论坛，以及第二届发明创业奖成果奖颁奖典礼。大会选举产生第八届理事会、党委会、监事会。吴朝晖院士当选理事长，余华荣当选党委书记、常务副理事长兼秘书长，房建成院士当选监事长。大会还审议通过了第七届理事会工作报告、党委会工作报告、财务工作报告、关于章程修改的说明、关于设立名誉职务和会员会费缴纳标准与办法的说明等事项。第八届理事会理事共207人，代表涵盖全国31个省（区、市）以及各行各业。与会领导和嘉宾为第二届发明创业奖成果奖获奖者颁奖，为新一批协会会士和院士专家咨询工作委员会专家颁发证书。

二、成功举办第二十五届全国发明展览会——“一带一路”暨金砖国家技能发展与技术创新大赛

12月10—12日，第二十五届全国发明展览会——“一带一路”暨金砖国家技能发展与技术创新大赛在广东佛山举行。

来自全国各地超过2300个发明创新项目、800多家企业、高校和科研院所4700多人参加展会活动。本届展会以“发明创新、自立自强”为主题，展览面积4万平方米，特设国家高新技术创新成果、高等院校发明创新成果、国防知识产权、节能环保、全国职工发明创新成果、青少年发明创新、大健康及非遗创新成果、粤港澳大湾区、“一带一路”暨金砖国家技能发展与技术创新大赛、综合等专题展区。展会同期举行“知识产权双向转化路演对接会”，意向专利成果交易19.6亿元。

三、国际交流取得新成绩，实现新突破

2021年，共组织1个线下展，17个线上展，共计18个展团。推荐210个项目参加14个国家和地区国际展。WIPO继续作为第25届全国发明展览会支持单位并设立WIPO专项奖。参加发明者协会国际联合(IFIA)第36届全会，再次取得执委国连任资格。申报中国科协国际组织会费资助、“一带一路”国际科技组织合作平台建设项目成功。

四、会员质量稳步提高，会员服务内涵不断丰富

2021年新入会会员569人，新入单位会员42家，新会员中博士、硕士研究生183人，约占比32%。7月25—27日，受人社部委托，在山东菏泽举办“新产品研发高级专业人才能力提升”高级研修班。10月25—27日，受国家知识产权局委托，在江苏南京成功举办“一带一路”背景下企业“走出去”知识产权战略研修班。

供稿：中国发明协会

国际保护知识产权协会(AIPPI)中国分会

一、举办企业商标战略与营商环境可持续性发展研讨会

1月8日，AIPPI中国分会与知识产权出版社共同举办了企业商标战略与营商环境可持续性发展研讨会。会议以线上方式进行，在线点击量达19 000人次。

本次研讨会议分为两个部分：第一部分对《商标法》第10条第一款第(七)项与第(八)项的理解与适用进行分析；第二部分就权利人全类申请商标注册的议题分别从国内外企业权利人、商标主管部门等多角度进行研讨。研讨会特别安排了授牌仪式，中国分会商标专业委员会共同主席米春梅和石亚凯向在场的商标专业委员会的部分成员颁发了聘书。

二、举办2021年AIPPI中国分会青年知识产权研讨会

4月22—23日，AIPPI中国分会青年知识产权研讨会在北京怀柔成功举办，参会人数达110多人。

研讨会按照往届会议的形式，以英语为主要会议语言，同时举办平行日语论坛。会议内容涵盖专利、版权、商标多个领域。国家知识产权局和最高人民法院受邀分别派2位专利审查专家和2位法官莅临指导并发表演讲，最高人民法院还派出多位法官助理参与讨论。首次尝试增加Panel Discussion环节。

三、举办互联网经济下的商标实务研讨会

5月14日，AIPPI中国分会同浙江省知识产权研究与服务中心在杭州市浙江宾馆共同举办互联网经济下的商标实务研讨会。来自北京、上海、杭州等多地的司法机关、行政机关、学界、企业、律师事务所和代理机构的商标从业人员100余人参加了此次线下会议。

研讨会邀请了最高人民法院、国家知识产权局、余杭区人民法院、社科院法学所、阿里巴巴集团、中粮集团、百度公司以及来自律师事务所的嘉宾作为演讲人，围绕新互联网业态下的商标撤三问题研究、相关商品/服务的商标保护等相关法律和实践进行交流与讨论。

四、AIPPI中国分会一行拜访最高人民法院

6月18日，龙传红副会长、李毅秘书长与AIPPI前任会长马浩先生及中国许可贸易工作者协会秘书长霍爱民先生一同拜访最高人民法院知识产权法庭，郃中林副庭长、朱理副庭长热情接待了龙传红副会长等一行。

会谈中，郃中林副庭长介绍了知识产权法庭近期重点工作及知识产权法律实践进展；AIPPI中国分会及中国许可贸易工

作者协会分别汇报了近期协会工作情况，并与最高人民法院知识产权法庭共同讨论未来在知识产权国际合作和国际宣传方面的合作和工作计划。

五、共同主办第二届跨国公司领导人青岛峰会知识产权论坛

7月15—16日，第二届跨国公司领导人青岛峰会在青岛举行。AIPPI中国分会受邀共同主办了青岛峰会“跨国公司知识产权保护与合作论坛”。AIPPI会长路易斯·恩里克·德·阿马拉尔以视频方式发表演讲，介绍了AIPPI和协会2021年的专题研究报告。龙传红副会长在“知识产权保护、合作与跨国公司新发展”部分作发言，就我国知识产权领域的惩罚性赔偿制度发表演讲。

六、举办2021年AIPPI世界知识产权线上大会

10月15—22日，2021年AIPPI世界知识产权线上大会成功举办。

大会期间共举办了2次执委会的WIPO & IP5主旨论坛，通过了多项报告并进行了事务局和法定委员会换届和连任选举，其中AIPPI中国分会龙传红副会长当选提名委员会委员，AIPPI中国分会段晓玲连任会员发展委员会委员。此外，执委会上经投票产生了四项AIPPI专题决议，分别是：Q276人工智能发明的创造性和充分公开；Q277违反公共秩序或道德的商标的可注册性；Q278工业设计和现有设计的作用；Q279知识产权侵权赔偿中的合理知悉。

七、AIPPI会长参加第四届进博会虹桥论坛并致辞

11月5日，AIPPI会长路易斯·恩里克·德·阿马拉尔以视频方式参加第四届进博会虹桥论坛知识产权保护与营商环境分论坛在上海举办。

路易斯·恩里克·德·阿马拉尔会长高度赞扬中国过去一年来在加强知识产权保护方面所做出的努力并特别提到，最高人民法院2021年2月发布的《最高人民法院关于审理侵害知识产权民事案件适用惩罚性赔偿的解释》以及6月1日生效的《专利法》第四次修正中关于加强知识产权保护的几项重要措施，例如引入部分外观设计保护、专利链接、保护期延长以及专利侵权惩罚性赔偿等制度。

八、AIPPI中国分会秘书长参加第四届深圳科技创新与知识产权保护国际论坛

11月20日，AIPPI中国分会秘书长李毅参加第四届深圳科技创新与知识产权保护国际论坛，并就全球竞争中知识产权保护的新趋势做分享。李毅秘书长在发言中重点讨论了人工智能发明专利申请面临的新问题和新挑战，特别介绍了过去两年AIPPI就人工智能发明专利申请做的两个专题研究和决议。

九、在线举办2021年AIPPI中国分会版权热点论坛

12月11日，AIPPI中国分会版权热点论坛成功在线举办。包括AIPPI会员在内的近800人次参与了线上论坛。

本届论坛发布了2021年度AIPPI中国分会版权十大热点案件。在主题研讨环节，6位版权专家就2021年度版权领域的热点、难点问题发表了精彩演讲，主要内容包括著作权法修改、新著作权法实施以来著作权案件新问题等。

十、在线举办2021年AIPPI中国分会理事会

12月29日，AIPPI中国分会成功在线举办第七届十一次理事会，共20人参会。本次理事会向各位理事汇报2021年度的工作。会议讨论了2022年青年知识产权研讨会筹备事项，就议题征集作出安排。

供稿：国际保护知识产权协会中国分会

地方知识产权工作概况

北京市

知识产权工作

2021年，世界知识产权组织发布的《2021年全球创新指数(GII)报告》显示，北京在全球科技城市集群榜单中排名全球第三，较上年上升1位。专利侵权、确权"联合口审"机制和技术调查官制度入选全国专利侵权纠纷行政裁决建设典型经验做法，知识产权保险试点入选商务部《北京市国家服务业扩大开放综合示范区建设最佳实践案例》，8家在京企业案例入选全国知识产权优势示范企业典型案例。

一、知识产权制度和政策供给更加健全

编制发布《北京市"十四五"时期知识产权发展规划》，研究起草《北京市知识产权强国示范城市建设纲要（2021—2035年）》，经北京市政府常务会议审议，《北京市知识产权保护条例》经北京市人大常委会两次审议。

二、知识产权质量不断优化提高

2021年，专利授权量19.9万件，同比增长22.08%，其中发明专利授权量7.9万件，同比增长25.2%；PCT申请量10 358件，同比增长20.05%；商标注册量42.8万件，同比增长17.91%。截至2021年12月底，有效发明专利量40.5万件，同比增长20.7%；每万人发明专利拥有量185件，持续全国领先；商标有效注册量257.9万件，同比增长16.01%。

严格做好知识产权行业监管，严厉打击代理非正常专利申请行为，共完成涉及非正常专利申请的整改及撤回工作9510件。深入开展专利代理"蓝天"行动，办理结案121件，行政处罚7件。开展"双随机"抽查12次、专项检查3次，督促34家专利代理机构进行整改。加强商标代理机构监管，集中打击商标恶意抢注行为，依法查处恶意抢注"全红婵""清澈的爱"等商标违法行为。指导各区市场监督管理局作出商标代理行政处罚9件、罚款金额40万元。

第二十二届中国专利奖评选中，获奖155项。其中金奖8项，占全国总数的20%，居全国首位；银奖25项，占全国总数的33.3%；优秀奖122项，占全国总数的13.8%。首批实施国家专利转化专项计划，推动建立5G、人工智能等4个产业知识产权运营中心，依托产业知识产权联盟构建重点领域专利池，积极推进知识产权运营服务体系重点城市建设。

三、知识产权保护力度不断强化

举行国家知识产权局、北京市人民政府知识产权合作会商暨北京市知识产权保护大会，国家知识产权局局长申长雨、北京市市长陈吉宁共同签署《以首善标准共建高质量发展知识产权强市合作会商议定书》。制定《北京2022年冬奥会和冬残奥会奥林匹克标志知识产权保护专项行动方案》，与河北省知识产权局签署《2022年冬奥会知识产权保护合作协议》，建立和完善京冀冬奥会知识产权保护机制，督促指导开展涉奥知识产权执法巡查。开展服贸会

等大型展会、环球影城、电子商务领域等知识产权专项保护行动。高质量建设专利行政裁决示范区，修订《北京市知识产权局技术调查官管理办法》，审结行政裁决案件128件，发布北京市十大知识产权行政保护典型案例。

中国（北京）知识产权保护中心、中国（中关村）知识产权保护中心围绕新一代信息技术、高端装备制造、新材料和生物医药产业开展专利申请预审服务，2021年接收专利申请预审案件12 739件，同比增长152.2%；经预审合格进入国家知识产权局快速审查通道的专利申请8884件，同比增长151.9%；获得授权的专利6110件，同比增长241.7%，平均授权周期70余天。

完善知识产权纠纷多元调解立体化网络，成立"北京市知识产权纠纷调解中心"。2021年，各知识产权纠纷人民调解委员会共受理纠纷9893件，调解结案5016件，调解成功率67.1%。

四、知识产权领域改革向纵深推进

顺利完成"优化营商环境4.0"改革任务中涉及知识产权的11项事项，积极谋划"优化营商环境5.0"改革举措。编制"放管服"改革举措清单，进一步深化"一网通办"，持续推进"就近办""掌上办"和"同事同标"。

研究制定《"两区"建设知识产权全环节改革行动方案》，通过市政府常务会议审议。获批首批专利代理对外开放试点，推进知识产权交易中心发挥作用，北京市首个专利许可证券化项目成功启动，总规模10亿元，首期发行3.37亿元。知识产权保险试点两年共投入资金3800万元，332家企业的3366件专利获保，完成首笔保险理赔。在自贸区开设专利和商标质押登记窗口，在大兴、亦庄高端产业片区设立保护中心分中心，在经开区设立商标业务受理窗口。首例专利侵权纠纷行政调解协议获司法确认。完成全国首个知识产权对外许可转让安全审查实践案例。

五、知识产权国际化水平不断提升

积极参与全球知识产权治理，着力提升知识产权国际竞争力，深化与世界知识产权组织（WIPO）务实合作，推进技术与创新支持中心（TISC）项目实施，支持国际商标协会（美国）北京代表处开展工作，发挥首都知识产权国际交流合作基地作用，推动"一带一路"首都知识产权发展联盟建设，持续提升知识产权国际影响力。多家企业入选WIPO中小企业知识产权优秀案例。成立国家知识产权国际合作基地（北京）。

在全国率先打造"五位一体"海外维权综合服务体系。京津冀三地知识产权局、贸促会共同签署《关于加强企业海外知识产权保护的合作备忘录》。与中国贸促会商事法律服务中心签署《加强海外知识产权公共服务工作合作备忘录》，形成海外纠纷应对指导工作"央地联动"工作模式。海外知识产权公共服务信息库已汇聚98个国家8万余件诉讼案件信息，海外维权专家顾问库人数达到150余人。

供稿：北京市知识产权局

版权工作

一、版权宣传工作

1. 投放地铁公交版权公益广告

围绕"4·26世界知识产权日""6·1新修改《著作权法》施行日"等重要时间节点，推出主题宣传、公益广告、线上课堂、征文比赛、优秀案例评析等版权系列宣传活动。以"新修改《著作权法》正式施行"为主题，通过地铁媒体、公交媒体投放为期一个月的版权公益广告，覆盖人次日均1000万，在全社会营造尊重版权的良好氛围。

2. 组织参加2021年中国国际服务贸易交易会

聚焦"版权+文化、版权+科技"，组织版

权链全国运营服务平台优秀版权项目、北京市正版软件认证平台优秀软件服务商等，参加2021年中国国际服务贸易交易会，现场展示29个版权链优秀示范项目和4款优秀国产软件，线上展示11家文创及软件企业、4家版权服务机构。

3. 组织参加第八届中国国际版权博览会

“首都版权”展区亮相第八届中国国际版权博览会。展区以“弘扬传统文化、推动‘两区’建设”为重点，通过实用性文创产品展示与群众互动相结合的方式，助推首都传统文化“走出去”。北京市版权局版权管理处获评2020中国版权金奖管理奖。

二、版权执法监管工作

1. 推动全市知识产权执法配合

与市高院、公安、行政执法等部门，组织五次专题工作会，在日常监管信息交流、重点领域调研和宣传培训方面加强协作配合，合力推进版权保护能力建设，持续强化落实《关于加强版权保护的意见》。

2. 全面开展“剑网2021”专项行动

召开“剑网2021”专项行动动员会，全面部署相关工作，各区版权监管部门和互联网企业100余名代表参加。印发《关于北京市开展打击网络侵权盗版“剑网2021”专项行动的通知》。强化专项行动联动工作机制，联合专项行动领导小组成员单位，在网络版权纠纷处置、重点平台治理等重点工作中多点联动引导、共治促进。

3. 开展侵权案件线索收集固证工作

向有关地区通信管理部门投诉128家小网站侵权传播作品问题，并移交有关线索。向市文化市场综合执法总队移交拼多多平台多家书店销售盗版图书案件线索函，查实后移送公安机关。收集固证拼多多平台21家书店销售侵权盗版出版物（7家在京出版单位）案件的线索。继续推动某音乐平台侵权传播音乐作品案的刑事侦办。

4. 持续开展网络版权监测

主要监测重点自媒体平台、热门影视作品、新闻评论、漫画、游戏、音乐、小说、体育赛事等领域。截至2021年底，监测发现侵权链接1991.4万条。针对1072.5万条侵权链接发出维权通知，相关平台下线/断链1001.8万条，下线/断链率约93.4%。

5. 持续推动版权纠纷调解

指导支持北京版权调解中心与北京互联网法院协作，上线北京版权矛盾纠纷多元化解调解平台并开通案件受理线上通道，协调首都版权协会全面加强版权纠纷调解工作。2021年受理版权纠纷调解案件10 246件，调解成功4768件，调解成功率48.2%。其中“诉非”云平台受理3139件，调解成功3028件，调解成功率96.5%。

6. 开展查处重大侵权盗版案件奖励组织工作

组织全市公检法、行政执法部门向国家版权局报送2020年度查处重大侵权盗版案件有功单位和有功个人推荐材料。8家单位获评2020年度查处重大侵权盗版案件有功单位，24人获评2020年度查处重大侵权盗版案件有功个人。

三、软件正版化工作

1. 召开软件正版化工作动员部署会

北京市使用正版软件工作联席会议办公室组织召开2021年北京市软件正版化工作动员部署会，共计140个分会场，526人参会。

2. 举办2021年北京市软件正版化工作培训班

举办2021年北京市软件正版化工作培训班，全市党政机关、市属国有企业、市卫生健康系统、市教育系统、各区软件正版化工作人员共431人参训。

3. 召开软件正版化试点工作座谈会

会同市教委有关部门召开软件正版化试点工作座谈会，启动市属高校软件正版化试点工作，帮助北京建筑大学解决软件正版化工作中的困难和问题。

4. 举办市属国有企业软件采购谈判工作会

组织由各市属国企集团总部的信息化专家和领导组成的谈判专家组，举办2021年北京市属国有企业软件采购谈判工作会，国内主流国产软件厂商踊跃参加，起到了规范市场秩序、降低用户采购风险和成本、解决各种采购疑难问题的作用。

5. 开展全市软件正版化年终考核

2021年9月中旬至12月底，安排检查组对市区党政机关、市属国企、市卫生健康系统、市教育系统等进行软件正版化年终考核。

6. 完成北京市软件正版化检查服务项目立项和招投标工作

完成北京市软件正版化检查服务项目立项和招投标工作，形成"即时自查、远程检查"的工作模式，实现国产软件正版化检查常态化管理、软件资产精细化管理、软件侵权预警事前提示、决策分析辅助支持等功能，助力提升全市软件正版化服务管理效率。

7. 举行国产软件雏鹰计划发布会

在中国国际服务贸易交易会上，举行国产软件应用专题论坛和国产软件雏鹰计划发布会。

四、版权外事与社会服务工作

1. 加强版权国际交流与合作

深化国际交往中心建设，推进与世界知识产权组织（WIPO）版权调解与仲裁业务的进一步合作，积极推荐权威专家学者担任WIPO调解员与仲裁员，以文化软实力争取国际版权领域话语权。

2. 提升出版业国际传播能力建设

紧抓内容、渠道、翻译等出版"走出去"关键环节，聚焦重点企业、重点项目、重点平台，突出数字出版新兴业态，奖励和资助在北京地区注册企业所从事的面向国外的版权输出、实物出口、翻译、交流推介、渠道建设等业务与项目，20个项目获得2021年北京市提升出版业国际传播能力特别项目奖励扶持。

3. 积极推动版权登记公共服务能力建设

版权登记全面实现一网通办和登记数据的数字化服务，完善"版权链一天平链"共治机制，配合法院完成多起"版权链一天平链"协同质证案件的审理，推出多种形式的链上确权示范案例，推进行政司法协同治理。截至2021年底，完成数字版权登记证书签发和上链工作约234.9万件，完成作品、图书、出版物各项登记工作102万余件。

4. 稳步推进版权示范体系建设

扶持和推动版权示范园区建立版权服务机制，组织优秀版权示范企业参加第八届中国国际版权博览会。评定12家企业和10个园区为2021年市级版权示范单位、版权示范园区（基地）。推荐4家企业和5个园区参加全国版权示范创建评选。

供稿：北京市版权局

司法工作

一、优质高效完成审判任务

除知识产权刑事案件外，2021年，北京三级法院共受理各类知识产权案件85 954件，同比增长28.8%，其中民事案件共57 481件；行政案件共28 473件；共审结各类知识产权案件74 805件，同比增长11.7%，其中审结知识产权民事案件48 316件、知识产权行政案件26 489件。

北京三级法院共受理一审知识产权案件72 448件，同比增长28.2%，其中，民事案件52 154件、行政案件20 294件；共审结一审知识产权案件63 532件，同比增长14%，其中，民事案件44 408件、行政案件19 124件。

北京知识产权法院和北京高院知识产

权庭共受理二审知识产权案件13 134件，其中，民事案件5012件、行政案件8122件；审结二审案件10 904件，其中，民事案件3573件、行政案件7331件。受理申诉案件338件，其中，民事案件296件、行政案件42件；审结申诉案件342件，其中，民事案件319件、行政案件23件。受理再审案件28件，其中，民事案件18件、行政案件10件；审结再审案件21件，其中，民事案件15件、行政案件6件。

北京法院审结了一批疑难、复杂、新类型及社会广泛关注的案件，充分发挥了典型案例的示范和指引作用。例如，受理首起涉及滥用市场支配地位的山东康惠医药有限公司、潍坊普云惠医药有限公司诉国家市场监督管理总局垄断行政纠纷案；审结中国杂技团杂技作品著作权侵权纠纷案、王洛宾民歌系列作品权属侵权案、首例通过人工刷量平台影响搜索百度引擎排名不正当竞争纠纷案等。

二、创新举措推动审判工作

1. 服务首都重点工作，保护冬奥知识产权

积极开展涉“冬奥/冬残奥”及涉“环球度假村”知识产权保护专项督导。北京知识产权法院制定落实《最高人民法院关于人民法院为北京市国家服务业扩大开放综合示范区、中国（北京）自由贸易试验区建设提供优质知识产权司法服务和保障的意见》的工作方案。石景山区人民法院就四类易引发侵害冬奥标识知识产权纠纷的行为进行专题调研。北京互联网法院撰写《冬奥会赛事涉网法律风险预判及防范对策》。

2. 积极推进繁简分流，提升简单案件审判效率

制定《北京法院知识产权民事案件小额诉讼程序适用指引》。北京知识产权法院针对商标授权确权案件进行诉前化解与分流。朝阳区人民法院构建“1+7+2”的速裁团队；2021年简易程序和普通独任制程序适用率达80%以上。石景山区人民法院知识产权案件简易程序适用率达64.32%，同比提高15.48个百分点，90%以上的普通程序案件适用独任制审理。2021年，北京互联网法院立案庭速裁团队共审理知识产权案件28 389件，其中适用小额诉讼程序审理的知识产权案件7902件。

3. 增设多个巡回审判庭，有效发挥辐射作用

在中关村科技园、中日创新合作示范区设立知识产权巡回审判庭，并指导北京知识产权法院开展怀柔科学城、昌平未来科学城、顺义中德工业园三个巡回审判庭的设立工作。北京知识产权法院在中国国际服务贸易交易会等重大活动场所设立司法服务站。海淀区人民法院前往北京市知识产权保护中心等地巡回审理典型案件。

4. 运用多种信息化手段，营造便利司法环境

2021年，北京法院全面推行电子卷宗随案同步生成和深度应用系统。全市法院知识产权案件全业务流程均实现网上办理，并为当事人提供网上立案、电子送达、网上阅卷、即时查询等智能化服务。北京互联网法院建立基于区块链技术的“天平链”电子证据平台。

5. 适时运用行为保全，发挥法律威慑作用

北京知识产权法院在“和芯星通”技术秘密案中发出北京首例“秘密保持令”，在腾讯诉抖音《扫黑风暴》信息网络传播权案中尝试在被保全人承诺停止被诉行为情况下不采取行为保全。

三、调研督导提升司法能力

1. 提炼司法规则，发挥指引作用

制定并发布《北京市高级人民法院知识产权民事诉讼证据规则指引》；形成三个参考问答，细化商标授权确权行政案件裁判标准；定期开展版权沙龙并形成“涉IPTV著作权案件中侵权行为及侵权责任

应如何认定”的参考问答。北京知识产权法院出台《北京知识产权法院诉讼财产保全行为指引》《北京知识产权法院关于审理侵害知识产权民事纠纷案件适用惩罚性赔偿参考(试行)》《北京知识产权法院关于申请注册的药品相关的专利权纠纷民事案件立案指引(试行)》,以及中英文版本的《北京知识产权法院侵犯商业秘密民事案件诉讼举证参考》。

2. 加强司法调研,回应社会关切

北京法院撰写《关于侵害知识产权民事案件适用惩罚性赔偿问题调研报告》《关于指导处理“高校使用他人作品引发诉讼”的情况报告》《关于加盟“网红品牌”特许经营合同纠纷案件等统计分析》《关于数字经济领域知识产权司法保护问题的调研》《关于涉 App 知识产权纠纷的统计分析》等报告。

3. 注重裁判督导,统一裁判规则

北京法院坚持每年召开全市知识产权审判工作会,由北京高院对全市各院提出的业务问题进行答复,并就发改案件进行讲评;2021 年共举办 3 次全市范围知识产权专题业务培训,对民事诉讼证据规则、反不正当竞争案件、商业秘密案件等疑难问题进行有针对性的深入研讨。

4. 夯实队伍基础,提升专业素质

各院坚持召开并完善法官会议制度,将专业法官会议作为研讨复杂案件、提升业务素质的重要抓手。东城区人民法院创设“云帆”法学堂系列学习活动。朝阳区人民法院针对法官、法官助理、书记员三类人员的不同特点,制订培养计划,加强其业务技能。海淀区人民法院针对长期未结案件、存在普遍法律适用问题案件等复杂案件展开讨论。

四、多管齐下强化司法职能

1. 司法宣传提升知识产权审判形象

北京法院在“4·26 世界知识产权日”通报全市法院知识产权审判工作情况并发布 2021 年度北京市知识产权十大案例。北京知识产权法院成立“译知社”,将该院典型裁判文书和研究成果翻译成外文发布。东城区人民法院与区工商联建立微信群开展线上普法。西城区人民法院开展老字号企业知识产权保护“普法直通车”活动。朝阳区人民法院向企业宣讲知识产权侵权风险防范。海淀区人民法院与市知识产权保护中心共同举办“走进科创企业”座谈会,召开“维护知识产权交易秩序　助力构建诚信营商环境”新闻发布会。丰台区人民法院创立线上宣传平台“云端上的知产”;发布特许经营合同典型案例。石景山区人民法院召开不正当竞争案件新闻通报会。

2. 多元调解拓展纠纷化解渠道

西城区人民法院引进北京赛智知识产权调解中心进行诉前委派调解。朝阳区人民法院引入北京阳光知识产权调解中心。海淀区人民法院以类案同质化争点为突破口,引导双方就和解标准、原则、方式等达成共识,促进现有及潜在纠纷“一揽子”实质化解;2021 年诉前成功化解大型互联网企业间的互诉纠纷 10 余件,涉诉标的额超过 2 亿元;促成原告深圳市乐羚文化传媒有限公司等诉被告北京曲园宾馆歌厅等涉 KTV 著作权侵权 115 案和解、涉某特定主体公司 16 个特许经营合同纠纷批量化解,助推相关行业合规有序发展;与海淀区调解与法律援助中心等专业性、行业性调解组织建立固定长效合作关系,全年累计导入行业性、专业性调解组织各类知识产权纠纷 1438 件,调解成功 344 件。

3. 对外交流发挥司法引领作用

建立与市版权局的季度例会制度,发挥司法行政保护合力,选派法官参加国际商标协会 2021 年年会,与英国知识产权企业法庭进行线上交流。北京知识产权法院法官参加“国际女法官协会第十五届双年会”“第七届中法法律与司法交流周”等活动。东城区人民法院召开优化营商环境暨知识产权审判与行政执法互动机制座谈会。西城区人民法院就老字号企业司法保护问题与区商务委员会开展联合调研、开展老字号企业交流座谈。朝阳区人民法院与区市场监督管理局建立工作联动机制；召集平台经营者、调解组织进行诉源治理主题座谈。丰台区人民法院与区市场监督管理局等四家单位签署《关于加强知识产权保护合作备忘录》。石景山区人民法院与区市场监督管理局召开涉外商标权保护与行政执法座谈会。北京互联网法院搭建与中国残疾人联合会相关机构常态化沟通机制。

供稿：北京市高级人民法院
知识产权审判庭

检察工作

一、发挥政治引领作用，深入推进知识产权检察专业化建设

积极推进知识产权检察职能集中统一履行试点，在北京市人民检察院、北京市人民检察院第四分院、北京市海淀区人民检察院等 11 个院成立知识产权检察办公室（专业化办案组），推动知识产权刑事、民事、行政检察职能集中统一履行，打造首都特色知识产权检察品牌。在北京市检察机关选拔 8 名知识产权专家人才和 14 名骨干人才，其中 1 人获评 2021 年度全国优秀办案检察官，1 人获评全国“七五”普法先进个人，2 人获评全国扫黄打非先进个人，5 人获评全国查处侵权盗版案件有功个人。

二、成功办理一批在全国具有示范意义的典型案例

2021 年以来，有 5 起案件获评最高人民检察院典型案例，分别涉及知识产权刑事、民事、行政保护领域。例如北京市人民检察院第四分院办理一起商标权纠纷民事检察监督案件，有效解决了商标性使用与描述性使用的认定争议，获法院再审改判支持，维护了商标权利人的合法权益。例如北京市海淀区人民检察院办理一起销售假冒注册商标的商品犯罪案件，侵权产品系知名高校文创商品，检察机关通过审查注册商标核准使用范围以及对应的商品是否实际上市生产、销售等情况，明确了侵犯商标权犯罪的认定标准。

三、在刑事、民事、行政案件中全面引入技术调查官

与北京市知识产权局建立协同发展工作机制，实现技术调查官、专业调解员等资源共享。积极在专利确权、商业秘密等重点案件中引入技术调查官，不仅辅助检察官审查技术性证据，还参加公开听证等活动，为案件办理提供技术支持。例如北京市海淀区人民检察院办理一起侵犯商业秘密犯罪案件，行为人将在权利公司任职期间掌握的技术信息和市场经营信息带入新公司用于销售相同商品，抢占国内外市场份额，给权利公司造成严重损失。因案件技术涉及光电领域，聘请国家知识产权局专利局专利审查协作北京中心的研究员作为技术调查官，协助检察官查阅版本管理器中数百万行代码信息和数百行修改日志记录，辅助锁定有被告人署名的代码版本，对涉案密点进行专业分析，为检察官审查“非公知”鉴定意见提供支持，形成“法律+技术”合力。

四、积极应对国内国际两个发展需求，全方位平等保护中外当事人合法权益

通过依法惩治犯罪、实质性化解行政争议、制发检察建议、加强权利义务告知等多种方式，平等保护涉外企业和本土企业的合法权益，全力提供一站式“检察套餐”服务。例如北京市海淀区人民检察院办理一起非法经营犯罪案件，侵权物品系涉外品牌，但权利人未在中国境内注册商标，也未按照《商标国际注册马德里协定》等国际条约申请延伸保护，认定为知识产权犯罪

存在障碍。检察机关秉持全面审查原则，以侵权物品严重扰乱市场秩序为切入点，依法追究相关人员刑事责任。北京市人民检察院第四分院、北京市西城区人民检察院在中华老字号企业林立的大栅栏商区建立知识产权检察联络机制，依托刑事检察、民事检察、行刑衔接、犯罪预防、普法宣传等职能，一站式服务"老字号"企业健康发展。北京市顺义区人民检察院召开"老字号"品牌保护座谈会，开展老字号知识产权司法保护调研活动，为企业依法维权提供检察保障。

五、服务保障京津冀协同创新、"三城一区"主平台建设等重点工作

京津冀三地省市检察机关会签《京津冀检察机关关于加强知识产权保护　强化网络综合治理　维护金融安全跨区域协作工作意见》，在解决管辖争议、证据交换、代为取证等方面加强协作，提高三地办案效能，助力全链条保护。北京市海淀、昌平、大兴、怀柔区人民检察院共同签署《服务"三城一区"建设　推进知识产权检察联动发展工作备忘录》，走进科学城、科技园区开展联络活动，发挥检察一体化优势，探索协同治理新模式。

六、稳步推进知识产权领域涉案企业合规改革试点

探索侵犯知识产权案件企业合规机制，积极促成赔偿权利人，引入专业第三方"量身定做"整改方案，助力企业合法健康发展。例如北京市大兴区人民检察院办理一起销售假冒注册商标的商品犯罪案件，行为人作为涉案公司负责人，授意下属"真假混卖"品牌汽车配件，销售数额巨大。检察机关能动履职，一方面督促行为人积极赔偿权利人损失，取得谅解；另一方面，适时启动涉案企业合规第三方机制，经验收合格后依法作出从宽处理决定，实现治罪与治理并重。

七、建立知识产权领域的司法行政协同保护体系

在公安机关、法院、行政主管部门、行业协会等单位的密切配合下，通过情况通报、信息共享、线索移送、检察建议等方式，共同构建知识产权大保护格局。北京市丰台区人民检察院、北京市门头沟区人民检察院积极走访中关村科技园等重点地区，与园区管委会、科技企业进行座谈，助力解决侵权取证、商业秘密保护等问题。北京市大兴区人民检察院、北京市房山区人民检察院协同区科学技术委员会、区知识产权局等单位，深入了解企业的知识产权保护需求，提供法律服务和工作指导。北京铁路运输检察院与北京互联网法院围绕网络著作权纠纷等重点案件，建立完善更为规范、高效的司法程序，维护当事人合法权益。

供稿：北京市人民检察院
知识产权检察办公室

天津市

知识产权工作

2021年，天津市知识产权战略领导小组印发《天津市全面加强知识产权保护激发创新活力的工作措施》《天津市知识产权"十四五"规划》《关于贯彻全市知识产权保护大会精神的举措》《关于全市知识产权保护大会工作部署的分工》，启动面向2035年知识产权强市战略纲要编制工作。

高标准建成市知识产权保护中心。3

月23日，市知识产权保护中心通过国家知识产权局验收并投入运行，建设时间比要求时间缩短5个月，创造了“天津速度”。4月19日，设立国家知识产权局商标局天津巡回评审庭，挂牌当天对天津市食品安全检测技术研究院的商标驳回复审案开庭审理。

构建知识产权保护协调机制。市知识产权局组织公安局、检察院、法院等10个部门召开知识产权保护工作推动会，推动建立知识产权纠纷人民调解委员会；与市公安局共同出台《关于加强协作配合强化知识产权保护的意见》，提高打击知识产权刑事犯罪效果；与市高院联合出台《关于开展知识产权纠纷行政调解协议司法确认工作的实施办法（试行）》。配合市人大开展《天津市知识产权保护条例》执法检查，为适时修订《天津市专利促进与保护条例》打好基础。以迎接国家知识产权保护考核为契机，扎实组织对16个区知识产权保护考核工作，提高了全市知识产权保护意识和水平，优化了营商环境。参与京津冀区域知识产权协作，签署《关于加强企业海外知识产权保护的合作备忘录》。

市知识产权局机关组建8支服务队，派出人员880人次，深入企业326户次，解决问题489个。独流老醋国家地理标志产品保护示范区和小站稻国家地理标志产品保护示范区被纳入国家地理标志产品保护示范区筹建名单，茶淀玫瑰香葡萄、小站稻、独流老醋3件地理标志被列入国家知识产权局第一批地理标志运用促进重点联系指导名录。培育中科院天津工业生物技术研究所建设国家级合成生物知识产权运营中心。与高新区共同构建一站式知识产权管理及服务体系，结合“科创中国”品牌和天津市知识产权服务资源，建设天津知识产权生态产业园。

2021年天津市专利授权量达到97 910件，同比增长29.8%。其中企业专利授权84 591件，同比增长32.4%，占比86.4%。有效专利拥有量30.8万件，同比增长25.2%；职务发明有效专利295 753件，同比增长25.7%，占全市比重达到95.9%。每万人口发明专利拥有量31.3件，较上年净增6.9件。2021年，天津市提交商标注册申请95 011件，同比增长11.7%。核准注册量67 921件，同比增长32.9%。有效注册商标352 692件，同比增长22%，地理标志证明、集体商标27件，地理标志保护产品13件，驰名商标156件。全市各类育种主体申报农业植物新品种88件，新获授权品种27个，同比增长28.6%。截至2021年底，天津市知识产权保护中心已备案创新主体累计达到1037家，受理专利预审案件989件，预审合格案件583件，获得授权291件。中国（滨海新区）知识产权保护中心全年接受专利预审案件1613件，预审合格887件，获得授权746件。

全年立案查处知识产权行政案件1954件，调解专利纠纷案件118件，查办商标侵权案件441件，罚没款总额1100万元。2021年，全市各级人民调解组织和人民调解员共办理知识产权调解案件668件，入驻人民法院调解平台的调解员和调解组织共参与调解案件935件，调解成功747件，调解率79.9%。开展2021年度知识产权“蓝天”专项整治行动和“双随机、一公开”执法检查，共检查专利代理机构27家，约谈代理机构117家次。组织开展4批打击非正常专利申请专项整治行动，涉及16 188件非正常申请专利。培育国家级知识产权保护规范市场6家，市级规范市场18家。

培育国家知识产权示范城市2家，国家知识产权示范培育城市4家，国家知识产权试点城市1家；国家知识产权示范企业4家，国家知识产权优势企业试点66家；国家版权示范单位11家；市级版权示范单位达到56家，版权服务工作站达到5家。天津市知识产权教育示范校58家，国家级中小学知识产权试点示范学校8所，拥有4家TISC机构、3家国家知识产权信息公共服务网点和3家高校国家知识产权信息服务中心。全年通过各类知识产权职称认定301人，其中，认定高级职称44人、中级职称191人、初级职称66人。

推进知识产权运营服务体系国家试点城区2家，办理专利质押73项，质押金额4.9亿元，商标专用权质押4件，融资额201.68亿元。滨海新区出台知识产权融资风险补偿资金和运营基金管理办法，设立5000万元知识产权融资风险补偿资金。京津知识产权质押贷款风险处置资金池启动运营，首期规模2000万元。布局完成合成生物、信息安全、动力电池3个产业知识产权运营中心，起步建设360科技、渤化讯创、天津大学滨海工业研究院等6家产业知识产权运营中心，累计完成专利转移转化233件，中科院天津工业生物技术研究所获批国家级产业运营中心。华北知识产权运营中心"1+N"体系高效运行，年运营收入金额达到1.18亿元。推动中国人民保险、中国平安、太平洋保险等保险机构根据市场和企业需求，加大产品创新力度，累计推出24项知识产权保险产品。在第二十二届中国专利奖评选中，天津专利权人荣获20项奖励，其中外观设计银奖1项，专利优秀奖18项，外观设计优秀奖1项。

国家知识产权局天津业务受理窗口实行"不见面、网上办、保安全、能办事"，纸件专利受理申请由3个工作日压缩至1个工作日，专利费用减缴备案审核时间由25个自然日压缩至5个工作日，全年为1万余家企业减负1.5亿元，32项专利代办业务百分之百实现"最多跑一次"，30项业务做到一次不用跑，北辰商标受理窗口获评全国优秀商标受理窗口。

结合"4·26全国知识产权宣传周"召开新闻发布会，通过《天津日报》《中国知识产权报》《中国市场监管报》等主流媒体对天津市知识产权工作广泛宣传，对10件知识产权典型案例进行曝光。全年天津电视台新闻频道12次报道天津市知识产权服务企业、助力全市高质量发展情况。开展青少年小发明大赛、2021年度知识产权双创大赛，培育校园知识产权文化。国家知识产权局商标局2021年度商标集中宣讲首场活动在天津市知识产权保护中心举办，全国33万观众线上线下共同参与。

供稿：天津市知识产权局

版权工作

一、首次组团参加中国国际版权博览会

组织天津出版传媒集团、天津中新生态城动漫产业园等版权示范单位首次参展第八届中国国际版权博览会。展区内设置活动分享区和特色文化互动、交流区，陈列展品数百种，组织开展丰富多彩的版权推广展示活动，展示天津版权发展成果，推介天津城市形象。央视《新闻联播》节目选用天津展区画面报道第八届中国国际版权博览会消息。天津展团获评优秀组织奖。

二、加大版权保护力度，严厉打击侵权盗版行为

1. 开展"剑网2021"专项行动

会同市委网信办、市通信局、市公安局、市文化市场行政执法总队等五部门开展系列打击网络侵权盗版工作，进一步规范网络版权秩序，净化网络空间，为庆祝中国共产党成立100周年营造了良好的网络环境。

专项行动期间，对天津市网络进行再次摸底调查，公布举报电话、联合开展检查、深挖案件源头、查办大案要案。文化执法部门共出动执法人员1553人次，开展网络巡查2467家次、实地检查巡查448家次，约谈网络文化企业14家次，共查办侵犯著作权案件4起，行政罚款17.1万余元；侦破赵某制售盗版图书案、薄某侵犯著作权案等一系列大要案件，查扣各类侵权盗版图书100万余册，涉案价值3000万余元，侦破部督案件3起，发起集群战役1起，对天津市各大网站等互联网经营单位

联合检查 20 余次。

2. 召开查处重大侵权盗版案件有功单位和有功个人工作座谈会

组织召开经验座谈会，请相关同志介绍查办案件先进经验、交流办案体会，表彰 2020 年度查处重大侵权盗版案件 7 家有功单位和 14 名有功个人。

3. 开展院线电影版权保护集中整治行动

印发《关于进一步加强天津市院线电影版权保护的通知》，要求各区相关部门强化监管、联动共治，严厉打击盗录传播行为。市区两级开展联合检查，宣传引导推动形成全面保护格局。

集中行动期间，共开展执法检查 131 次，开展网络在线巡查 82 家次，出动检查人员 849 人次，检查影院等场所 210 家；警示约谈属地网站和自媒体账号 2 家次，关闭违规网站 2 家；办理案件 26 起，注销网站 ICP 备案号 3 家，涉及电影类行政案件 16 起。

4. 构建版权领域多元化解决纠纷渠道

加强与市高级人民法院交流沟通和业务研讨，推进著作权司法保护与行政监管的协作配合，共同推动著作权纠纷诉源治理，就著作权纠纷多元化解机制达成工作合作共识，签署《天津市高级人民法院、天津市版权局关于推进著作权纠纷多元化解工作合作备忘录》，建立、完善调解、仲裁等社会治理渠道，建立多元化版权纠纷解决机制，促进文化产业健康发展。

三、强化实效，开展版权服务

1. 充分发挥版权示范工作引领作用

积极开展创建版权示范工作。天津大学出版社有限责任公司、天津大行道动漫文化发展有限公司、天津智慧山科技文化创意产业园荣获 2020 年度国家版权示范称号。评选出 5 家市级版权示范单位；2 家单位获 2021 年度国家版权示范称号。挂牌设立天津出版传媒集团、天津青年创业园等 2 家优质版权资源单位为版权服务工作站。

2. 面向企业与社会广泛开展版权咨询服务

开展“全国知识产权宣传周版权保护”咨询服务活动，在天津图书大厦设立版权服务咨询台，开展现场宣传和咨询服务等。开展“公仆走进直播间”电台直播活动，就社会普遍关注的版权问题进行政策解读，现场热线答疑。赴天津市文联进行版权工作专题座谈，向重点权利人集中区域开展著作权保护宣传。对作品登记初审部门有针对性地展开业务技能提升培训，提升全市版权服务的社会化水平和管理水平。2021 年办理作品著作权登记共计 94 253 件。组织开展中小版权企业研讨会。

3. 召开天津市版权征文活动总结表彰大会

组织召开 2021 年天津市大学生版权征文活动交流座谈会，全面总结全市版权宣传进校园系列活动，总结表彰在全国大学生版权征文活动中荣获奖项的单位和个人。2021 年天津市版权局首次荣获全国优秀组织奖，共 4 所高校 6 篇学术论文荣获全国奖项，其中全国一、二、三等奖各 2 名。

四、强化落实主体责任，深入推进软件正版化工作

制定印发《天津市 2021 年推进使用正版软件工作计划》，指导市级机关和各区版权局制定本单位、本系统和本地区的软件正版化工作计划，有序开展相关工作。

辅导各单位从正版软件检查工具安装情况、正版软件安装使用情况、使用正版软件责任落实及软件资产管理情况、现场检查计算机情况入手，进一步做好自查自检工作。

开展软件正版化工作情况考核评定，抽取河东、红桥、北辰、武清 4 个区和市公安局、市财政局、市商务局、市金融局、市信

访办、市合作交流办6家单位，采取听取汇报、查阅资料和现场检查等方式，现场反馈检查情况和有关意见、建议，推动全市各区各部门落实软件正版化工作主体责任，进一步巩固政府机关软件正版化工作成果。

五、创新宣传手段，版权宣传社会影响力大幅提高

1. 建立多元化传播途径，创新宣传内容，讲好版权故事

拍摄版权公益宣传片。策划拍摄版权主题公益宣传片，展现天津版权产业奋进新时代的美好画面。打出天塔、地铁、影院、新媒体相互结合的宣传“组合拳”，设计策划天塔灯光秀版权主题宣传，16个区通过区融媒体中心所属有线电视台、官网、微博、微信公众号和户外LED显示屏等媒介广泛进行主题宣传。组织开展“天津市大学生版权征文活动启动仪式暨专场辅导讲座”。

2. 宣传效果明显，版权保护宣传关注度持续增长

版权宣传工作得到中央和市级媒体的广泛宣传报道，“4·26全国知识产权宣传周”期间，共刊发了版权宣传报道3篇；津云新媒体集团跟踪报道，在版权宣传周期间发表版权宣传活动报道6篇。《中国新闻出版广电报》及其官方微信公众号“版人版语”《天津版权宣传点亮天塔》，对天津版权宣传活动进行了报道；宣传周期间，中央和市级媒体刊发、转发天津版权宣传工作报道近30条次。

供稿：天津市版权局

司法工作

一、积极履行审判职能，公正审理各类知识产权案件

2021年，天津法院新收各类知识产权案件12 926件，同比上升42.22%；审结11 047件，同比上升25.11%。新收知识产权民事案件12 865件，占全部新收案件的99.53%，增幅为42.52%，审结10 996件；新收刑事案件54件，审结42件；新收知识产权行政案件7件，审结9件。2021年，天津法院新收知识产权案件增幅超过40%，连续八年正增长，审结案件数首次突破1万件。

知识产权司法裁判的示范引领作用日益凸显。2021年，天津法院多篇裁判文书、调研成果在全国及天津市的评选中获得表彰。

注重知识产权纠纷实质化解。2021年，全市知识产权一审民事案件调解、撤诉结案7013件，调撤率达70.71%，二审民事案件调解、撤诉结案481件，调撤率达46.61%。市二中院以调解方式审结了全市首例适用《天津市知识产权保护条例》的知识产权行政诉讼案件，和平区人民法院审结全市首例知识产权纠纷行政调解协议司法确认案件。

二、持续推进审判机制改革，提高知识产权司法保护能力

2021年，天津法院“健全完善知识产权审判机制”工作获评天津政法领域改革亮点工作。

深化知识产权审判“三合一”工作机制改革。2021年，召开知识产权审判“三合一”机制运行情况调研座谈会，与全市知识产权刑事案件侦查、公诉、审判部门共商“三合一”机制的完善和发展之计。完成《关于天津市知识产权审判“三合一”机制运行情况的调研》。

推进天津知识产权法庭专业化建设。2021年，天津知识产权法庭新收各类知识产权案件4947件，其中新收专利类纠纷245件、计算机软件类纠纷136件、技术秘密纠纷4件、垄断纠纷2件、涉驰名商标认定10件。审结各类知识产权案件4566件，其中专利类纠纷243件、计算机软件类纠纷84件、技术秘密纠纷1件、垄断纠纷2件、涉驰名商标认定11件。天津知识产权法庭履职两年多以来，聘请技术调查官、技

术咨询专家、专家陪审员参与案件审理，综合运用证据保全裁定、律师调查令、协助调查函、现场勘验等方式辅助查明案件事实；对盗播奥运会节目、NBA 赛事等行为，及时作出行为保全裁定；在案件裁判中注意结合侵权行为具体表现和权利人遭受侵害的情况，优化损害赔偿计算方式，充分考虑惩罚性因素，合理提高损害赔偿数额。

出台审判指导文件统一裁判标准。2021 年，紧扣司法实践中的疑难问题，多次组织三级法院深入研讨，对于网络著作权纠纷案件所涉 ICP 备案、应用市场、短视频、IPTV 侵权、赔偿数额等问题以及特许经营合同纠纷案件所涉冷静期、“两店一年”、商圈保护、清理结算等问题展开分析论证，形成《关于审理网络著作权纠纷案件相关问题的解答》《关于审理特许经营合同纠纷案件相关问题的解答》两个指导文件。

推进知识产权纠纷多元化解机制建设。2021 年，与市版权局签订《关于推进著作权纠纷多元化解工作合作备忘录》，与市知识产权局签署《关于开展知识产权纠纷行政调解协议司法确认工作的实施办法》。与市司法局、市仲裁委等机构召开知识产权多元解纷工作座谈会。滨海区人民法院与市娱乐场所协会签署《关于建立音乐作品等著作权侵权纠纷多元化解工作机制的意见》，2021 年，协会委派调解员参与调解的涉会员单位的 KTV 音乐作品侵权案件实现 100%调解。2021 年，调解组织入驻人民法院调解平台参与知识产权民事案件调解，调解员通过线上线下相结合的方式共参与调解案件 1097 件，其中调解成功 870 件，调解成功率达 80%。

三、着力优化营商环境，服务创新发展

推动守正创新，加大中医药知识产权司法保护力度。针对新形势下中医药领域对知识产权保护的迫切需求，邀请中医药企业代表、相关专家学者参加座谈会，组织知识产权专业法官走访调研相关企业，在深入调研的基础上形成《关于天津市中医药知识产权司法保护的调研报告》，并出台《关于加强中医药知识产权司法保护的纪要》。

完善快保护，提升知识产权司法保护效率。积极运用智慧法院建设成果，大力推行网上立案，网上开庭，集约化送达，滨海区人民法院 99%的知识产权案件实现网上立案。构建知识产权民事案件审理“快审+精审”模式，做到简单案件快审，疑难复杂案件精审，制定《关于知识产权案件快审审判流程标准的管理规定》，随案建立《案件审判流程管理表》，精准把控快审案件的各流程节点，总体实现压缩审限的目标。完善类案领办机制，组建快审团队，制定《知识产权案件领办制规定》《知识产权案件合议制规定》，对批量案件集约化处理。探索知识产权专业化立案模式，突破立案、审判分离的传统模式，一线审判人员在立案环节即充分参与，快速解决新类型案件在立案中的疑难问题。结合网络环境下侵权人身份确认难的特点，不僵化固守传统立案标准，允许以侵权人微信昵称等网络名为依据立案，破解涉网络知识产权侵权立案难题，及时高效制止侵权行为，避免因立案环节的过分延宕导致权利人损失扩大。

加强与其他知识产权保护力量的合作，构建大保护格局。2021 年，各级法院知识产权庭采取走访、调研、座谈等多种方式与公安局、检察院、知识产权局、版权局、市场监管局等知识产权保护力量沟通交流，不断优化合作机制。市三中院与市知识产权局等签署《加强知识产权保护合作框架协议》。和平区人民法院根据案件审理中发现的某批发市场内商户知识产权意识薄弱、侵害知识产权案件高发的情况，向区市场监督管理局发出司法建议，建议其加大监管、引导并建立诚信档案，获得了该局的高度评价和积极响应。

积极提供司法服务，提升创新主体知识产权意识与能力。三级法院深入创新主体了解知识产权保护状况和司法保护需

求，提升创新主体的知识产权布局意识和知识产权维权能力。市二中院知识产权庭赴第五届世界智能大会开展“我为企业送服务”活动；前往天津市娱乐场所协会调研，了解KTV企业经营现状及侵权频发的原因。滨海区人民法院举办电子商务平台企业问需座谈，以案说法，引导电商平台关注提升知识产权保护意识；针对中小企业知识产权保护意识不强、能力不足等问题，制作《中小企业知识产权诉讼服务指引》。

四、积极开展知识产权司法保护宣传，营造尊重和保护知识产权的社会氛围

建立典型案件发布机制。2021年，发布知识产权司法保护典型案例26件，各中院亦结合本辖区工作实际，发布数十件涉特许经营合同、知识产权刑事犯罪等领域的典型案例，有效发挥了司法裁判示范引导作用。

深化知识产权司法公开。2021年，各级法院组织知识产权案件庭审观摩十余次，其中滨海区人民法院组织科技企业和行政机关知识产权执法人员观摩庭审；和平区人民法院走进社区现场开庭。天津法院定期向社会通报知识产权司法保护工作情况，至2021年已连续12年发布《天津法院知识产权司法保护白皮书》《天津法院知识产权司法保护典型案例》，市一中院、市二中院、天津知识产权法庭分别召开新闻发布会，通报辖区特许经营案件、知识产权刑事案件等的审理情况及典型案例。

不断丰富知识产权法治宣传活动。天津法院强化网站、微博、微信等自媒体平台建设，形成新媒体矩阵宣传合力。在“津法之声”公众号打造“知津”专栏，持续发布知识产权保护工作动态；市二中院多次走进社区、展会，宣讲《天津市知识产权保护条例》，宣传知识产权司法保护政策，解答知识产权疑难问题。

供稿：天津市高级人民法院
知识产权审判庭

检察工作

一、加强统筹推进，高起点深化集中履职试点工作

印发《2021年天津知识产权检察工作要点》及工作任务分工，召开知识产权试点工作推动会，明确重点任务和改进方案。成立知识产权检察办公室，确保专门人员专职从事知识产权检察工作，确定3个分院及滨海新区等4个基层院作为试点单位，全市共成立知识产权检察办案组8个，其中员额检察官占比43%，硕士和博士研究生学历占比70%。

二、健全办案机制，高质量办理知识产权案件

一是依法惩治刑事犯罪。2021年全市共批准逮捕知识产权犯罪案件29件43人，受理审查起诉60件214人，提起公诉34件118人。办理“7·29”“3·9”“融创天下”等多起全国“扫黄打非”办、最高人民检察院等单位联合督办案件。其中“7·29”为全市首例侵犯软件著作权案件。办理“赵某某侵犯商业秘密、张某某等人假冒注册商标”等获市领导批示的重大侵犯知识产权案件。二是始终做优案件质量。为积极适应《中华人民共和国刑法修正案（十一）》犯罪数额、情节调整，解决实际办案难题，印发《关于刑法修正案（十一）施行后依法惩治侵犯知识产权犯罪的问答》。成立专项课题组，撰写《为境外窃取、刺探、收买、非法提供商业秘密罪证据指引》。制定《办理侵犯商业秘密案件审查指引》，加强证据指引与审查规范。三是加强民事行政检察监督。天津市和平区人民检察院在办理和某与天津市贝丽丝玛企业公司特许经营合同纠纷案件中发现法院存在超期送达起诉状行为，梳理多起同类案件，向法院制发检察建议，被法院采纳。

三、强化跨区域跨部门联动，高效率深化专业合作

一是加强跨区域保护协作。组织京津冀三地检察机关第五次工作交流会，会签《京津冀检察机关关于加强知识产权保护　强化网络综合治理　维护金融安全跨区域协作的工作意见》。二是跨部门形成保护合力。天津市人民检察院第二分院与天津市知识产权保护中心签署《技术调查官参与检察办案合作框架协议》，积极探索技术调查官参与检察办案工作。天津市和平区人民检察院挂牌成立天津市和平区知识产权检察中心。天津市北辰区人民检察院与天津市公安局北辰分局、天津市北辰区市场监管局共同签署《关于完善知识产权保护协作机制的实施办法》，进一步建立健全行政执法、刑事司法衔接工作机制。三是加强检校专业合作。天津市人民检察院第一分院、天津市和平区人民检察院分别与南开大学、天津大学建立检校合作机制，搭建"外脑"智库平台。天津市人民检察院第二分院与天津师范大学建立"知识产权犯罪防控研究基地"，进一步加强在知识产权司法保护及理论研究领域的务实合作。四是强化行刑双向衔接工作。始终坚持"在办案中监督，在监督中办案"的司法理念，加强双向移送，对两起案件作出不起诉决定后，向天津市市场监督管理局制发检察意见书，畅通刑事司法与行政执法的连接。

四、全面加强保护，高标准优化营商环境

一是听取企业需求激发创新活力。天津市人民检察院到天津云账户共享经济信息咨询有限公司调研，主持召开"问计问需，服务企业"座谈会。天津市人民检察院第二分院将知名老字号企业"津酒集团"确定为"知识产权检察联络单位"，发放司法联络卡，为侵犯企业知识产权的特点和趋势提出防范措施。二是强化商业秘密保护。印发《天津市检察机关关于办理侵犯商业秘密刑事案件保密工作的意见》，在采取保密措施、诉讼参与人履行保密义务、进行保密提示等方面提出具体意见，避免办案过程中涉案商业秘密"再次泄密"。三是创新工作机制。积极开展权利人诉讼权利义务告知工作，大力推行公开听证制度，天津市人民检察院第二分院办理的一起公开听证案件，邀请具有法律专业知识的人民监督员以及天津大学法学院师生旁听，提升检察机关司法公信力，让公平正义可见可感。四是加大宣传力度。开展知识产权宣传周系列活动，召开新闻发布会，发布《天津知识产权检察工作白皮书（2018—2020）》，通报知识产权保护工作情况和典型案例。天津市人民检察院第一分院举办检察开放日，邀请"耳朵眼""狗不理"等 8 家"中华老字号"企业代表座谈。天津市和平区人民检察院发挥社区检察岗、"和平夜话"检察传媒品牌等资源优势，做好辖区知识产权保护宣传。

五、加强业务交流培训，高素质提升队伍专业化水平

一是组织知识产权检察培训。组织"京津冀浙琼川"六省市自贸检察暨知识产权检察工作联合培训，六省市 90 余名检察人员参加培训。二是成立案件研究分中心并召开案件研讨会。成立案例研究中心三分院分中心，召开案例研讨会，邀请专家学者、律师代表等共同探讨深度链接、游戏直播、剪辑短视频等知识产权领域前沿性问题。三是召开企业刑事合规与知识产权犯罪防控论坛。天津市人民检察院第二分院与天津师范大学法学院等单位共同举办"企业刑事合规与知识产权犯罪防控"论坛，最高人民检察院、天津市知识产权局、北京师范大学、中央财经大学及在津高校相关专家学者、全国人大代表、全国律师协会等律师行业代表参加论坛，努力打造天津知识产权检察理论研究的"亮点品牌"。五是不断加大人才培养力度。进一步培养优秀办案团队和个人，天津市人民检察院第四检察部、天津市人民检察院第一分院第四检察部、天津市武清区人民检察院第三检察部获评国家版权局2020年度查处重大侵权盗版案件有功单位，5人获评有功个人。

供稿：天津市人民检察院
知识产权检察办公室

河北省

知识产权工作

一、主要工作成效

2021年，河北省专利授权量120 033件，其中发明专利授权量8621件，较上年分别增长30.2%和35.4%。截至2021年底，全省有效发明专利量41 647件，其中高价值发明专利13 162件，每万人口发明专利拥有量和高价值发明专利拥有量分别为5.58件和1.76件。新增商标申请282 347件，商标注册239 842件，其中地理标志商标注册33件，新获认定驰名商标2件，累计有效注册商标1 063 792件。累计查处商标、专利侵权假冒违法案件2593件，共办理商标侵权案件834件，涉案货值477万元，罚没款1832万元。办理专利侵权纠纷案件1573件，办结侵权、非法出版物案件604件，收缴1.4万余册（张）。各级公安机关共破获各类侵权假冒案件1577起，抓获犯罪嫌疑人2337名，涉案价值7.4亿余元。2021年，石家庄海关共加载知识产权风险布控指令38条，查获案件4起，涉案货物2.1万件，案值20.1万元。

二、主要工作举措

1. 完善知识产权顶层设计

一是制订了《关于学习贯彻习近平总书记在中央政治局第二十五次集体学习时的重要讲话精神实施方案》，成立宣讲团分赴省内各市开展宣讲活动。二是积极推进贯彻落实中共中央办公厅、国务院办公厅《关于强化知识产权保护的意见》《2020—2021年贯彻落实〈关于强化知识产权保护的意见〉推进计划》，迅速制定配套措施，推动贯彻落实。三是按照党中央、国务院和河北省委、省政府有关要求，完成河北省《知识产权强省建设纲要（2021—2035年）》和《“十四五”知识产权保护和运用规划》的编制起草、印发实施等工作，举办了知识产权保护和“十四五”规划新闻发布会。

2. 大力加强知识产权保护

一是推进专利侵权纠纷行政裁决示范建设，出台《关于技术调查官参与专利侵权纠纷行政裁决办案的实施办法》《河北省专利侵权纠纷行政裁决若干规定（试行）》两个规范性文件。总结推行的专利侵权纠纷行政裁决“五四二一”工作法，被国家知识产权局和司法部联合推广，被《中国知识产权报》、新华网等媒体专题报道。二是创新商标保护方式和手段，围绕生产集中地、销售集散地、消费聚集区等领域，聚焦商标印制、生产流通、网络销售等环节，进行重点监管，防范区域性、大规模侵权假冒案件发生。三是开展国家地理标志保护产品质量监督抽查，助力晋州鸭梨国家地理标志产品保护示范区、涞水麻核桃国家地理标志产品保护示范区获批。四是印发《2021年奥林匹克知识产权保护方案》等文件，整治规范使用奥林匹克标志行为80余起，查处侵犯奥林匹克标志专用权案件5件，北京冬奥组委先后两次致信感谢。五是健全保护体系，充分发挥知识产权保护联席会议作用，建立知识产权纠纷多元化解机制，完善知识产权纠纷在线诉调对接工作。开展电商领域知识产权保护联合行动，加大重点领域侵权惩处力度。中国霸州（家具）知识产权快速维权中心获批筹建。

3. 提升知识产权创造质量

一是制定印发河北省《进一步规范专利申请行为工作方案》《打击申请人恶意商标抢注行为专项行动计划》等文件，严厉查处涉嫌恶意抢注东京奥运会中国运动员姓名的商标申请案件。二是出台《河北省专利资助使用管理办法》，兑现“惠企助创育高”专利资助政策，对2153项授权发明专利、250件新增马德里国际注册商标及60件新增地理标志证明商标共计资助2448.2万元。三是开展“地理标志巡回宣讲”，推动地理标志工作规范提高。鸡泽辣椒、贯头山酒、阜平大枣获批地理标志产品保护，滦南虾油、滦南虾酱、黄骅梭子蟹顺利通过专家评审。持续推进专用标志使用核准试点，核准7家企业专用标志用标申请，审核、备案150余家企业地理标志证明商标专用标志用标。

4. 凸显知识产权运用价值

一是制定《河北省促进专利转化 助力中小企业创新发展实施方案（2021—2023年）》，培育省级知识产权运营中心和专业化知识产权运营服务平台21家，推动成立京津冀高校、科研院所知识产权运用联盟，专利转让许可1.1万次。二是印发《河北省知识产权质押融资“入园惠企”行动方案》《河北省专利权质押贷款贴息补助管理办法》《河北省专利保险补助管理办法》等文件，与中国银行河北省分行签署知识产权融资合作协议，全年全省企业质押融资超34亿元，专利保险风险保障金额3.8亿元。三是积极推进优势示范企业培育，275家企事业单位通过贯标认证，同比增长27.3%；筛选推荐22个项目参加第二十三届中国专利奖评审；研究起草《河北省专利奖奖励办法（征求意见稿）》。四是实施地理标志商标品牌运用促进工程项目20个，崇礼蚕豆等4个项目入选国家知识产权局第一批地理标志运用促进重点联系指导名录，建成商标品牌指导站242个，促进品牌经济发展，助力乡村经济振兴。五是实施23项重点产业专利导航项目，建成专利数据库17个，研究出台《河北省专利导航服务基地建设推进方案》，确定河北省电力装备产业专利导航服务基地等6家为省级专利导航服务基地。六是扎实推进石家庄市知识产权运营服务体系建设，顺利通过国家中期绩效评估。

5. 提升知识产权服务能力

一是深入开展“蓝天”专项整治行动，对248家专利代理机构进行“双随机、一公开”抽查，约谈涉嫌非正常专利申请代理机构24家，查处代理机构违法线索3起，罚没款10.5万元。二是加强服务机构培育，新增知识产权服务品牌培育机构10家。印发河北省2021年“知识产权服务万里行”活动方案，开展知识产权服务业吸纳人才就业创业、地理标志助力乡村振兴、知识产权质押融资“入园惠企”、知识产权转移转化等多个专项行动，服务企业2000余家。三是知识产权公共服务体系进一步完善，新认定省级知识产权信息公共服务网点8家，其中3家获批国家级服务网点，河北省知识产权信息公共服务平台上线运行，河北省知识产权远程教育平台获评2020年度中国知识产权远程教育优秀子平台，河北省科学技术情报研究院获批技术与创新支持中心（TISC）机构，认定全省第二批中小学知识产权教育试点学校11所，举办河北省第十二届大学生工业设计创新大赛。

6. 知识产权保护中心高效运转

2021年11月8日，中国（河北）知识产权保护中心顺利通过国家知识产权局验收。一是高效率开展快速预审服务，共接收预审案件227件，审结196件。提交中国专利电子审批系统快速通道案件113件，经国家知识产权局审查授权43件，预审通过案件授权率100%。实用新型专利审查周期由240天缩短至32天。二是多措并举提高维权水平，与石家庄仲裁委员会签订《知识产权协同保护合作框架协议》，与中国贸促会河北调解中心签订《关于加强海外知识产权保护合作备忘录》。批复设立 15 家知识产权保护服务分支机构，全省分支机构达到 50 家。签署《京津冀知识产权公共服务行动计划（2021—2023 年）》，推进京津冀知识产权公共服务协同发展。三是加强队伍建设，组织各类学习培训交流活动等 90 余场次，切实提高知识产权工作人员业务水平。积极组建知识产权专家库，公开征集兼职人民调解员，建立人才专家共享机制。

供稿：河北省知识产权局

版权工作

一、持续推进软件正版化工作

及时调整省推进使用正版软件工作联席会议成员。组织 41 家省直机关负责软件正版化工作负责人开展业务培训工作，传达国家版权局全覆盖检查精神。先后对 41 家省级政府机关进行了两轮检查；对 13 家国有企业、6 家医院进行督查。组织 10 家新闻出版单位、12 家日报社在版权宣传周启动仪式现场签订了包括使用正版软件在内的版权保护承诺书；组织省直各单位、各市和雄安新区联席会议主要负责人与省联席会议签订《使用正版软件承诺书》。印发《河北省教育系统推进使用正版软件工作方案》，推动各地各学校软件正版化工作。

对 41 家省级政府机关软件使用情况现场检查计算机 7406 台，计算机杀毒软件正版率为 100%，操作系统软件正版率为 99.99%，办公软件正版率为 99.92%。现场督查省教育厅、省市场监管局软件正版化工作，并召开督查情况反馈会议。向 41 家省级政府机关印发《关于开展软件正版化整改工作的通知》，各单位根据联合督查组提出的问题清单，完成了全部问题整改工作。

二、组织开展“剑网 2021”专项行动

联合开展河北省第 17 次打击网络侵权盗版“剑网 2021”专项行动。版权、网信、通信管理、公安、检察等版权执法部门聚焦权利人和人民群众反映强烈的网络侵权盗版问题，不断加大网络版权执法监管力度，强化网络平台治理，严厉打击短视频、网络直播、体育赛事、在线教育等领域的侵权盗版行为。出动网络执法人员 3907 人次，检查各类网络企业 885 家，巡查网站或自媒体 33 028 个，约谈网站或自媒体责任人 222 人，查处侵权盗版网站和违法违规 App 485 个，删除侵权盗版链接 3351 余条（其中涉东京奥运会赛事节目短视频侵权链接 1020 条），屏蔽、过滤、删除违法有害信息数量 35 146 条，办理国家版权局移送河北省有关侵权投诉线索 5 个。

三、严厉查处侵权盗版大案要案

2021 年，版权执法部门共查办各类侵权盗版案件 30 件（其中网络案件 5 件）。行政部门自行立案并办结 17 件（全部依法公开），移送公安机关 11 件，公安机关自行立案 2 件；全部案件涉案金额共计 2223.36 万元，网络案件涉案金额 189.27 万元。重点查处了保定市永泰印刷有限公司销售盗版图书案、石家庄市“韩剧 TV”网涉嫌侵犯著作权案、廊坊市王某吉涉嫌销售侵权盗版图书案。石家庄市“韩剧 TV”网涉嫌侵犯著作权案、廊坊市王某吉涉嫌销售侵权盗版图书案被中宣部版权管理局等六部门列为 2021 年联合挂牌督办案件。

四、积极开展版权示范创建和社会服务

宁晋县工笔画艺术学校、“21 世纪避暑山庄”文化旅游产业园 2 家单位被国家版权局授予 2020 年度“全国版权示范单位”称号，河北教育出版社有限责任公司被授予“全国版权示范单位（软件正版化）”称号。向国家版权局提交推荐沧州市申请创建全国版权示范城市的请示，同时推荐河

北精英动漫文化传播股份有限公司等四家单位申报全国版权示范单位，河北人民出版社有限责任公司申报全国版权示范单位（软件正版化），华斯裘皮产业园申报全国版权示范园区（基地）。

印发《河北省版权局关于进一步加强版权服务站建设的通知》，计划在市级版权服务站全覆盖的基础上，用两年时间完成县（区）级版权服务站建设。申请专项资金240万元用于开发、完善河北省版权服务平台，围绕“互联网+社会服务”理念进行升级，进一步简化作品登记流程，增强企业用户版权管理能力，大幅提高著作权人登记效率。截至2021年底，平台实名用户超过22 000名，完成作品登记64 318件，同比增长均接近100%。

五、开展版权社会宣传和展示交流

组织开展2021年版权宣传周系列活动。围绕“全面加强版权工作，推动构建新发展格局”主题，结合迎接建党100周年和“十四五”规划开局起步，宣传河北省版权工作成效。在版权宣传周启动仪式上，公开向版权示范单位授牌，表彰获得国家版权局2020年度查处重大侵权盗版案件有功单位和有功个人，进一步强化先进典型的社会影响和示范导向。在新闻媒体上公布2020年度河北省打击侵权盗版典型案件和2020年度河北省“扫黄打非”十大案件，利用反面典型案件发挥警示教育作用。组织开展版权保护进企业、进单位、进社区、进学校、进网络活动，分别在白洋淀景区、西柏坡纪念馆、雄安市民服务中心、石家庄市第四十二中学开展版权服务，并通过河北省新闻网、长城网、河青网等省内媒体发布“共享版权价值　共创美好生活”版权宣传片。

组织近30家企事业单位190余件（种）作品参加第八届中国国际版权博览会，展示河北省版权产业发展和版权保护成果，进一步扩大交流合作。河北省荣获优秀组织奖。《河北日报》、河北广播电视台、长城新媒体进行宣传报道。

供稿：河北省版权局

司法工作

一、妥善高效审理各类案件，执法办案成绩卓越

2021年，新收一审知识产权民事案件8826件，审结7427件；新收案件中，涉及专利权768件、商标权3863件、著作权3523件、不正当竞争65件、技术合同79件、特许经营159件、植物新品种25件、其他344件，调撤率达78.71%、服判息诉率达94.57%，再创新高。新收知识产权民事一审、二审案件470件，较上年同期的311件上升51.1%，主要是商标权案件和著作权案件上升较大，较上年同期分别提升80.15%和32.86%。新收知识产权一审刑事案件269件，审结220件，主要集中在假冒注册商标罪和销售假冒注册商标的商品罪两个罪名。

2021年，进一步加大知识产权案件侵权损害赔偿力度，案件质效进一步提高，审结了一批社会影响较大的疑难复杂案件，如降拥卓玛案件，依法保护知名音乐作品的著作权；千萍公司侵害商标权案，对销售者以网络刷单数额不是其真实销售记录为由进行的抗辩不予支持；报恩堂案件中，对于曾因生产侵害他人商标权商品而被认定侵权后再次侵害他人商标权的行为加大赔偿力度；迪蒙公司商业诋毁纠纷案，针对被告商业诋毁行为依法判决赔偿50万元经济损失，有力维护正常市场竞争秩序，同时界定了新闻媒体监督和网络恶意差评的区别；审理“六神”“箭牌”“大嘴猴”等系列案，统一裁判标准及赔偿尺度，取得了良好的政治、法律和社会效果。持续打造精品案件审判，省高院审理的北京完美建信与南宫广播电视台侵害著作权纠纷一案，入选中国法院50件典型知识产权案例。省高院民三庭被河北省知识产权保护联席会议办公室表彰为知识产权保护优秀集体。

二、加强统筹谋划，持续推进审判体制机制建设

积极统筹谋划，推进年度重点工作。省高院党组多次在党组会议中专题研究部署全省知识产权司法保护工作。

雄安中院知识产权审判庭揭牌。雄安中院综合审判庭增挂“知识产权审判庭”名称。

调整技术类知识产权案件管辖布局。向最高人民法院申请雄安中院管辖片内及北部六市第一审技术类知识产权案件，获得同意批复。省高院制定《河北省高级人民法院关于调整河北省部分知识产权案件管辖问题的通知》。

全面推进落实知识产权民事、刑事、行政案件“三合一”审判机制。全省各中院将知产刑事、行政案件集中到知识产权审判庭室负责，并组建相关审判团队，知识产权案件“三合一”审理已初步实现。

三、积极破解审理难题，推进年度工作完成

一是确立与知识产权市场价值相匹配的侵权赔偿数额确定方法。依法适用知识产权惩罚性赔偿制度，形成关于在本省知识产权审判中推进惩罚性赔偿制度的调研报告。二是持续推行《关于在全省法院推广“知识产权类型化案件快审机制”的实施意见（试行）》的实施。三是加强对下指导。建立案件发回、改判沟通反馈制度，通过座谈会、培训班、调研及时就各中院反映的知识产权案件审判中遇到的疑难问题，进行解疑答惑、统一裁判尺度。四是全省法院积极参与农资打假专项行动、电子商务领域知识产权保护联合行动、“剑网 2021”、“秋风 2021”等专项行动，提供法律服务和司法保障，增强了打击合力和打击效果。12 月，联合省市场监督管理局、省检察院、省公安厅印发《关于加强市场监督管理行政执法与刑事司法衔接工作的指导意见》，深化行刑衔接配合，有效净化市场环境，保障市场安全。

四、主动作为，高质量服务营商环境及重大战略建设

1. 高标准开展“4·26 全国知识产权宣传周”活动

开展“4·26 全国知识产权宣传周”活动。省高院在雄安新区召开新闻发布会，举办雄安中院知识产权审判庭揭牌仪式，通报 2020 年河北法院知识产权司法保护状况，并发布 12 件知识产权典型案例。省高院联合雄安中院召开企业家知识产权保护工作座谈会，各中院到本地相关企业座谈调研，并与行政执法机关召开联席会议，建立完善多元化纠纷解决机制及知识产权保护宣传推广机制等。

2. 高质量服务保障自贸试验区发展

一是召开河北自贸试验区片区法院司法服务保障工作座谈会，总结全省法院服务保障自贸区建设工作的经验和不足，研究谋划重点工作。省高院和相关片区中院均成立了以院长为组长的“服务保障自贸试验区建设工作领导小组”，加强组织领导和工作指导。二是出台服务保障实施意见。省高院发布《关于为中国（河北）自由贸易试验区建设提供司法服务和保障的实施意见》。石家庄、唐山、廊坊等片区中院相继出台服务保障实施意见。三是召开自贸试验区片区法院司法协作框架协议会签仪式。省高院组织自贸试验区四个片区中院会签司法协作框架协议，全面深化四地法院司法协作，共同构建符合河北自贸试验区建设发展规律的司法联动运行体系。四地法院建立司法协作机制被最高人民法院简报刊登。

3. 努力构建知识产权保护整体格局

省高院与省市场监督管理局、省版权局、省司法厅、省财政厅等部门联合印发

《河北省加强知识产权纠纷多元化调解的意见》。2021年3月，省高院与省知识产权局联合印发《关于加快推进知识产权纠纷在线诉调对接工作建设的通知》。省高院与省市场监督管理局、省知识产权局加强对接，在整合调解资源基础上，邀请符合条件的知识产权调解组织和调解员入驻在线调解平台，不断充实知识产权纠纷调解资源。

供稿：河北省高级人民法院
知识产权审判庭

检察工作

一、充分发挥检察职能，加大侵犯知识产权案件打击力度

河北省各级检察机关充分发挥检察职能，全方位保护知识产权人合法权益。2021年共批准逮捕侵犯知识产权犯罪案件140件197人，不批准逮捕81件132人；提起公诉270件487人，不起诉20件54人；监督公安机关立案10件11人，监督公安机关撤案2件2人。

侵犯知识产权犯罪案件呈现出以下特点：一是案件数量呈现逐年上升趋势。2019年起诉176件，同比上升83.3%，2020年起诉226件，同比上升28.4%，2021年起诉270件，同比上升19.5%，案件数量逐年上升，反映出知识产权在经济社会中日益活跃和突出的重要地位。二是案件类型主要集中于商标类、著作权类犯罪，反映出简单复制假冒型案件居多，但利用新技术手段网络犯罪案件也逐渐增多，例如石家庄市新华区人民检察院办理了多件利用网络深度链接等技术，盗版小说、国外影视作品、网络游戏等，通过获得高点击量赚取广告收益或会员费的侵犯著作权案。三是侵犯知识产权犯罪的数量、类型与经济发达程度密切相关。例如石家庄作为省会城市，文化产业和信息化程度相对较高，新型案件占比也相对较高，而传统的简单假冒复制型犯罪在经济相对落后的地区仍然比较猖獗。

二、建立专业化办案团队，积极推进知识产权检察综合履职

根据最高人民检察院知识产权检察职能集中统一履行试点工作推进会精神，第一时间召开了全省知识产权检察工作推进会，积极构建符合知识产权案件特点的综合履职模式。省、市两级检察院陆续成立知识产权检察办公室，部分基层检察院也成立了侵犯知识产权案件办案组或指定专人负责，由民事检察、行政检察、公益诉讼、经济犯罪检察部门选派素质高、有相关专业背景的人员统一办理涉知识产权刑事、民事、行政、公益诉讼案件。对知识产权案件开展“一案四查”“一案四评估”，同步审查是否涉行政违法、刑事追诉、民事追责、公益诉讼线索等情形，突出强调对案件的全面审查，打破刑事、民事、行政和公益诉讼检察工作壁垒，实现办案理念融合和工作整合。例如河北省人民检察院雄安新区分院和雄县人民检察院实行两级检察院同步审查、提前介入引导侦查机制，实现了知识产权案件“刑事、民事、行政、公益诉讼”四检合一以及两级检察院一体化办案机制，充分发挥了检察一体化办案优势。

三、提前介入引导侦查，精准打击侵权假冒犯罪

认真落实重大刑事案件介入侦查工作机制，要求对侵犯知产权犯罪案件，检察机关均应介入引导侦查取证，参与公安机关案件讨论，引导公安机关自始至终按照起诉、判决的证据标准合法有效地收集、固定、完善证据体系，确保案件质量。石家庄市鹿泉区人民检察院在办理于某等人假冒注册商标案中，向公安机关提出查证意见，督促调取补充证据50多份，通过完善证据认定尚有需要逮捕的犯罪嫌疑人、需要追诉的共同犯罪嫌疑人，同时发现关联犯罪需要立案侦查，最终追捕1人、追诉2人、监督立案3件3人。该案入选最高人民检察院2021年度检察机关保护知识产权典型案例。

四、发挥检察职能，强化民行案件监督力度

对于涉知识产权类民行案件坚持优先办理、快速办理、专人办理的原则。探索建立知识产权案件民事、行政检察专业化检察官人才库和专业技术人才库，提高办案质量和效果。规范民事诉讼监督案件的受理和审查程序，畅通申请监督渠道。深入开展民事虚假诉讼监督专项活动，严厉打击涉知识产权案件虚假诉讼、恶意诉讼等行为。

五、完善“两法衔接”，形成保护合力

与河北省市场监督管理局、河北省公安厅、河北省高级人民法院联合制定《关于加强市场监督管理行政执法与刑事司法衔接工作的指导意见》，健全办案协作机制，形成保护合力。统一证据收集要求，做到行政执法检查处罚到位，公安机关侦查方向明确，证据收集完善，行政执法部门收集的证据能够依法转化，为刑事案件办理奠定坚实基础。利用“两法衔接”信息共享平台，充分发挥检察机关在“两法衔接”中的主导作用，重点加强对侵犯知识产权犯罪行为的分析研判，同步审查行政处罚信息，主动寻找犯罪线索，特别是在新冠肺炎疫情防控中，运用大数据筛查功能，对多起扰乱防疫秩序，涉嫌制造、贩卖假冒口罩案件进行立案监督。张家口市崇礼区人民检察院联合当地公安局、市场监督管理局召开“2022北京冬奥会和冬残奥会奥林匹克标志知识产权保护专项行动研讨会”，并对重点区域、重点商品进行联合检查、督导，形成涉奥知识产权保护的合力。

六、加强普法宣传，营造法治营商环境

贯彻“谁执法谁普法”的要求，通过办案作预防性宣传；及时总结、发布典型案例，用案例教学的形式向社会公众宣传侵权犯罪的严重后果和教训，提高社会公众保护知识产权的意识；利用检察工作平台进行宣传，多数基层院建立了知识产权保护宣传的专门阵地；利用每年的知识产权宣传周集中开展普法宣传，通过门户网站、“两微一端”新媒体平台、设置宣传点等多种形式，宣传知识产权常识、侵权犯罪的危害、后果，提升全社会抵制侵权假冒行为的意识。

供稿：河北省人民检察院
知识产权检察办公室

山西省

知识产权工作

一、知识产权创造

2021年，专利授权37 379件，同比增长37%，其中发明专利授权3915件，同比增长31%。截至2021年底，有效发明专利19 474件，每万人口发明专利拥有量5.58件，同比增长1.16件。2021年，商标注册量69 498件，同比增长44.72%。截至2021年底，有效注册商标量289 394件，同比增长29.53%。地理标志商标总量达94件，比上年新增13件；地理标志保护产品达27件，比上年新增1件。22家企业获批使用地理标志专用标志，地理标志用标企业增至109家。吉县苹果国家地理标志产品保护示范区、万荣苹果国家地理标志产品保护示范区入选国家地理标志产品保护示范区建设筹建名单。开展第三届山西省专利奖评选，评出一等奖5项、二等奖15项、三等奖25项；8个项目获第二十二届中国专利奖优秀奖。

二、知识产权保护

1. 加强知识产权工作法治化建设

2021年，山西省委将建立完善知识产权地方法规制度作为重大改革任务事项，5

月28日省人大常委会审议通过《山西省知识产权保护工作条例》，自7月1日起施行。

2. 构建知识产权维权援助工作体系

以中国（山西）知识产权维权援助中心为依托，在全省新设立11个知识产权维权援助中心分中心和65个维权援助工作站，维权援助工作站累计达110个，实现了市级维权援助机构全覆盖。

3. 拓展知识产权保护协调联运机制

签订中部六省和沿黄九省知识产权保护合作协议书，与省高院、省检察院、综改示范区联合建立首个知识产权保护示范基地，分别与省高院、省公安厅、省司法厅联合发文加强知识产权保护协作，建立知识产权纠纷解决合作机制。

4. 提高知识产权行政保护水平

严厉打击商标侵权、假冒专利等违法行为，依法查办知识产权领域行政处罚案件1219件，2起销售侵犯注册商标专用权白酒案入选市场监管总局2021民生领域案件查办“铁拳”行动典型案例（第五批）。组织开展4次全省非正常专利申请核查整改工作，核查专利4216件。专利行政裁决和行政调解案件成倍增长，全年办结专利行政调处案件34件，同比增长143%，向国家知识产权局推荐本省知识产权行政保护指导案例10件（商标5件、专利5件）。依法加强知识产权行业监管，通过“蓝天”行动、双随机检查等形式对专利、商标代理机构进行监督检查。晋城市完成本省首例专利侵权纠纷行政调解协议司法确认。

三、知识产权运用

1. 提升知识产权运营服务能力

太原市开展知识产权运营服务体系重点城市建设。山西转型综改示范区建成知识产权服务业集聚区，30多家专业服务机构入驻，为创新主体提供“一站式”知识产权综合服务。临汾市建成本省首个以医药为特色的知识产权密集型产业集聚区。大同、晋中、运城、阳泉4市商标业务受理窗口获国家知识产权局批准设立。全省已建设商标品牌指导站63个。2021年4月，与省财政厅、省中小企业局联合印发《山西省实施专利转化专项计划　助力中小企业创新发展实施方案》，提出三方面共9项具体任务，确定资助专利转化计划项目124项，助力中小企业创新发展。创建知识产权优势企业15家。首次完成“新能源车”“光伏”“光电”3个战略性新兴产业专利导航分析报告。大同黄花、山西老陈醋等4个地理标志进入国家知识产权局第一批地理标志运用促进重点联系指导名录。

2. 推进知识产权质押融资政银企合作

2021年7月，与中国银行山西省分行签订战略合作协议，共同推动知识产权质押融资增量扩面，加大对知识产权优势企业金融支持力度，并联合印发《知识产权质押融资“一站通·全省行”活动方案》。中知（山西）知识产权运营中心有限公司建成并运行，为知识产权质押融资工作提供平台支撑。2021年，全省知识产权质押融资总额达4.4亿元，是上年的近两倍。吕梁市搭建“政府+银行+中介机构+企业”的“四位一体”知识产权质押融资平台，推动2家企业获得质押融资贷款1900万元。“知识产权金融服务特色支行”在太原挂牌成立，助力中小企业创新发展效果进一步显现。太原市在全省设立5000万元知识产权质押融资风险补偿基金。

四、知识产权服务

1. 扩大知识产权公共服务领域

山西省知识产权信息公共服务中心筹建的世界知识产权组织在华技术与创新支持中心（TISC）通过验收，山西大学入选第三批高校国家知识产权信息服务中心，山西同方知网数字出版产业园知识产权服务中心成为国家知识产权信息公共服务网点，推动知识产权公共服务辐射更多行业和区域。国家知识产权局专利局太原代办处开辟14个战略性新兴产业专利申请绿色通道，建成同城双网点运行知识产权综合受理窗口，实现高质量“一窗通办”。

2. 中国（山西）知识产权保护中心有效运行

2021 年 9 月 24 日，中国（山西）知识产权保护中心通过国家知识产权局验收，作为中部地区第一家省级知识产权保护中心投入运行。通过中国（山西）知识产权保护中心预审的发明专利平均授权周期压减到全国发明专利授权平均周期的 15%。

五、知识产权宣传和人才培养

在第十二届中国中部投资贸易博览会期间，首次引入知识产权与发展论题，举办“知识产权保护与中部高质量发展论坛”。省知识产权局成立山西省首届知识产权专家咨询委员会，为全省知识产权政策制定和重大知识产权问题提供决策咨询智囊支撑。推动成立山西省知识产权服务协会，太原理工大学成立知识产权研究院。支持山西省商标协会与山西省品牌标准化建设促进会整合为山西省商标品牌标准化促进会。结合“我为群众办实事”实践活动要求，开展“知识产权进园区”活动，为综改示范区学府园区清控创新基地、山西智创城 NO. 4 科技创新企业开展知识产权服务宣讲会。

联合省人力资源和社会保障厅举办知识产权人才培养高级研修班，组织专利侵权纠纷行政裁决培训班、知识产权保护与运用能力提升培训班，多层次加强领导干部、公务员、企事业单位管理人员知识产权素养。举办“新一代地方专利检索及分析系统”应用培训班 3 期，500 余人次参加线上培训，实现知识产权系统培训全覆盖。开展 2 期专利预审主体备案培训工作，为现场 50 余家及线上 200 余家预审备案主体提供培训服务。

供稿：山西省知识产权局

版权工作

一、以打击侵权假冒工作为统领，认真做好版权执法监管工作

1. 加强领导，做好版权领域“双打”工作

加强与公安、网信、通信管理、市场监管、文化执法等有关部门沟通配合，紧密协作联动，加强线索互通，联合挂牌督办，牢筑打击侵权盗版的坚强阵地，坚决落实各项工作任务。2021 年版权领域“双打”工作全国考核满分。

2. 聚焦热点，开展院线电影版权保护

与省电影局联合下发《关于做好院线电影版权保护工作的通知》。召开院线电影版权保护工作协调会，畅通协作机制、强化组织部署、互通工作情况，在春节期间多次研究具体工作。积极与中宣部电影技术质量检测所沟通，请求协助搜集案源线索，畅通线索移转渠道。出动执法人员 5600 人次，检查影院 358 家次，检查点播影院（影吧）516 家次，未发现盗录传播等侵权行为。发放各类宣传资料 3000 余份，张贴各类标语、海报 2900 余张（条），播映宣传条屏、户外电子滚动屏 13 000 余次。部分地方融媒体中心、微信公众号、抖音、快手等各类新媒体组成网络宣传矩阵，转载转发盗录传播院线电影典型案例和相关法律法规。

3. 突出重点，整顿网络空间版权秩序

联合省委网信办、省公安厅、省通信管理局联合开展打击网络侵权盗版专项治理“剑网行动”。聚焦权利人和人民群众反映强烈的网络侵权盗版问题，不断加大网络版权执法监管力度，强化网络平台治理，严厉打击短视频、网络直播、体育赛事、在线教育等领域的侵权盗版行为，持续巩固新闻作品、网络音乐、网络文学、电商平台等领域专项治理成果，不断提升版权管网治网能力，推进构建社会共治格局，维护清朗的网络空间秩序，为庆祝中国共产党成立 100 周年营造良好的网络环境。2021 年查

处省级督办案件5件，查办各类侵权盗版案件56件。

二、加强版权宣传教育，优化版权发展社会环境

1. 广泛提高传播力，力求宣传活动平实务实

组织相关部门。广泛动员社会力量，找准学校、机关、企业、社区、媒体、车站、商业街区、版权消费场所等人流密集场所和宣传重点部位，针对性开展宣传“八进”活动。利用各级党报党刊、广播电视、门户网站等宣传平台，采用播放公益视频、刊登公益海报、设置专业专栏、发放宣传资料、开设公益讲座等形式，大力宣传党的知识产权政策和著作权法律法规。

2. 着重突出引导力，力促版权知识入脑入心

省版权局、省出版传媒集团专题制作宣传海报4幅、公益视频2个。各市、县结合各自特点，开展丰富多彩的宣传活动。太原市制作宣传海报8种、宣传视频5个，在路口、车站、广场、公共交通等场所宣传播放。

3. 紧密围绕执行力，力争版权宣传落细落实

制作作品版权登记宣传海报，广泛宣传作品登记工作。各市积极搜集侵权投诉、现场调解版权纠纷、解答版权法律问题，主动上门宣传版权法律法规。组织省内高校参与全国大学生版权征文活动。

4. 加强版权培训，力争提升版权执法能力

委托中国版权协会组织优秀师资举办全省线上版权工作培训班。培训内容包括新《著作权法》下的版权治理、版权执法监管工作解读、新发展阶段的中国版权产业、执法工作经验分享、推进使用正版软件工作情况介绍、软件正版化检查工具使用介绍等，累计6.7万余人次参训。

三、注重服务能力建设，做好版权公共服务工作

一是加大版权示范单位、示范园区（基地）创建力度，2021年创建全国版权示范单位4家。二是认真组织开展作品登记工作，完成作品登记460件。三是推动建设省级版权公共服务网络平台，提高山西省作品登记、版权咨询、版权交易、维权援助、侵权监测等版权服务工作水平。四是积极开展著作权法律咨询和纠纷调解服务。五是与省市场监管局共同出台鼓励知识产权质押融资的相关政策，对版权质押融资相关机构和单位给予补贴。六是指导太原市开展国家知识产权运营服务体系重点城市建设。七是组织省内版权示范单位参加第八届中国国际版权博览会，获优秀组织奖。

四、重新部署超前规划，强化软件正版化工作长效管理

1. 认真安排部署

下发《山西省2021年推进使用正版软件工作计划》，确立坚持统一领导、属地（行业）管理、科学有序、逐步推进的工作原则。进一步巩固软件正版化工作机制，完善管理考核制度，做好政府机关软件正版化工作长效管理。继续推动省属国有企业软件正版化工作。加强推动银行业金融机构软件正版化工作，探索逐步推动民营企业和其他特定行业软件正版化工作。

2. 统筹安排推进

注重软件正版化工作与信息化工作相结合。按照山西省高标准打造“数字化政府”和“一朵云、一张网、一平台、一系统、一城墙”的工作要求，统筹做好软件配置工作。要求部署建设的信息系统要注意兼容国产操作系统软件、国产办公软件等国产软件，倡导使用国产软件。加强软件采购管理，要求政府机关严格执行《政府机关办公通用软件资产配置标准（试行）》等相关规定，确保软件采购价格不超过价格上限。

3. 严格督促检查

下发《关于开展政府机关使用正版软件督促检查工作的通知》，要求各市、各部门认真做好对本市、本单位软件正版化工作督促检查。下发《关于开展政府机关使用正版软件工作抽查检查的通知》，对长治市、晋城市软件正版化工作情况进行抽查，抽查结果显示两市软件正版化工作情况良好。省国资委、省版权局对省属国有企业软件正版化工作情况进行全面检查，省属国有企业推进使用正版软件工作任务基本完成。

4. 报送年度报告

下发《关于开展政府机关使用正版软件工作年度总结的通知》，组织开展年度自查和年度报告工作，认真汇总全省数据，形成并按时报送全省使用正版软件工作年度报告。

供稿：山西省版权局

司法工作

一、着力提高知识产权审判质效，有效回应知识产权保护需求

1. 提升知识产权司法保护水平，加大对侵权行为惩治力度

坚持知识产权侵权损害赔偿的市场价值导向，建立以尊重知识产权、鼓励创新运用为导向，以实现知识产权市场价值为指引，以补偿为主、惩罚为辅的侵权损害司法认定机制。对源头侵权、恶意侵权、重复侵权及群体侵权的案件，显著提高赔偿数额。在孟某某假冒注册商标罪案中，依法判处被告人有期徒刑三年四个月，并处罚金13.6万元。在山西百度融资担保有限公司与百度在线网络技术(北京)有限公司不正当竞争纠纷案中，针对山西百度融资担保有限公司恶意“傍名牌”、“搭便车”、攀附“百度”商誉的行为，判决其赔偿百度在线网络技术(北京)有限公司经济损失60万元。有效遏制和震慑了侵犯知识产权的违法行为。同时对于商业维权案件，综合考虑被告主客观状态，结合历史原因，谨慎认定是否存在侵权行为，如上海冠生园益民食品有限公司诉汪清县申联食品有限公司、太原市万柏林区朝闻调味品经销部不正当竞争纠纷案。被诉侵权人汪清县申联食品有限公司生产被控侵权产品的时间较久，被控侵权产品在市场上已经具有一定的知名度。从历史渊源来看，被诉侵权人的持续经营已经形成了独立于案涉知名商品的商誉，不具有“搭便车”的主观恶意，因此驳回了上海冠生园益民食品有限公司的诉讼请求，依法维持正常的商业经营秩序。

2. 发布《2020年度山西省高级人民法院知识产权司法审判十大典型案例》，进行案例指导

坚持问题导向，聚焦办案需求，从2020年全省法院生效民事裁判的类型案件中选编部分有一定独特价值的典型案例，就适用法律和司法政策、裁判理念与司法智慧等进行研究评析，为知识产权法官提供启示、指引和帮助。有效促进了裁判标准的统一，为全省法院知识产权审判工作提供有益指导。

二、认真回应社会关切，用实际工作为人民群众办实事

1. 编写《知识产权100问》，解答群众关切的知识产权问题

在2021年第21个知识产权保护周期间，编制《知识产权100问》，向社会发送。

2.“强化知识产权全链条保护”，建设山西知识产权保护示范基地，营造最优营商环境

2021年4月26日，与山西省人民检察院、山西省市场监督管理局(知识产权局)、山西综改示范区管委会共同建立集知识产权司法行政保护、法律政策宣传、文化理念推广于一体的山西知识产权保护示范基地，充分发挥综改区汇聚大量高新企业和高端人才的区位优势，审判机关、检察机关

和行政机关的职能优势，切实提高处理保护知识产权的能力和水平。

三、强化调研指导，深化制度落实，切实提升知识产权司法保护水平

1. 助力山西转型综合改革示范区人民法院顺利组建

落实习近平总书记视察山西重要讲话精神，营造山西综改示范区“六最”营商环境，为山西综改示范区内企业提供一站式司法服务，经最高人民法院批准，成立山西转型综合改革示范区人民法院。在其组建过程中，全程帮助指导，助力其成为山西省知识产权案件审理新高地，满足综改示范区内创新型企业的司法保护要求。

2. 加强对调解工作的指导和创新，推动诉调对接水平再上新台阶

对全省首例行政调解司法确认进行全方位、全流程指导，帮助晋城市中级人民法院顺利完成对山西五谷养生科技有限公司与晋城市双佳贸易有限公司经晋城市市场监督管理局主持调解达成的调解协议作出司法确认。在人民法院调解平台上与省知识产权局共同开通知识产权在线调解模块，组建山西省知识产权纠纷人民调解委员会，现有调解员 12 名，为公众提供便捷专业的在线调解服务。法院收到知识产权案件后，会将案件信息推送到人民法院调解平台知识产权在线调解模块中，由省知识产权纠纷人民调解委员会在 1 个月内及时进行调解，调解不成的再转由省高院知识产权审判庭进行审理。

3. 发布《2020 年度山西法院知识产权司法保护状况白皮书》

将本省 2020 年度知识产权司法审判案件基本情况、案件类型特点、工作重点、具体措施、重要成效、下一步工作方向等群众关切的事项，向社会公布，彰显全省法院知识产权司法保护的情况，传递侵犯知识产权必然会受到司法严厉惩处的信息，彰显尊重和保护知识产权的坚强决心。

四、强化与山西省知识产权局协作配合，形成知识产权保护司法行政双动能

1. 强化部门协调，出台协作意见

与省知识产权局联合出台《关于加强知识产权保护协作的意见》，这是促进山西省深化转型综改发展战略目标和《山西省知识产权保护工作条例》顺利实施的具体举措，可以有效激发市场主体创新活力，加大知识产权保护力度，形成人民法院、知识产权行政管理部门知识产权保护合力，构建全省知识产权保护新格局。

2. 创新审理方式，设立巡回审判庭，增强审判效果

与省知识产权局联合在省知识产权保护中心设立巡回审判庭。全省各级人民法院将选择其受理的知识产权典型案件在巡回审判庭审理，视情况邀请人大代表、政协委员和新闻媒体等有关人员旁听观摩，以彰显本省知识产权保护力度。

供稿：山西省高级人民法院
知识产权审判庭

检察工作

一、扎实推进知识产权司法队伍职业化、专业化建设

一是成立知识产权检察办公室。按照《山西省人民检察院“蹚出服务保障转型发展新路、推动整体工作迈进全国第一方阵”领导小组重点任务分工》具体部署，结合本省检察工作实际，制定《关于成立山西省人民检察院知识产权检察办公室的意见》，2021 年 3 月，成立山西省人民检察院知识产权检察办公室。二是构建整合刑事、民事、行政检察职能一体化办案机制。根据最高人民检察院《关于在部分地区开展知识产权检察职能集中统一履行试点工作的通知》精神，山西省人民检察院知识产权检察办公室从刑事、民事、行政检察部门分别选派两名业务骨干组成两个办案组，负责轮流办理和具体指导各类知识产权案件。

在全省检察机关推行刑事、民事、行政一体化办案机制，3月，下发《关于成立山西省人民检察院知识产权检察办公室的意见》，要求各市级院及有条件的县区院参照山西省人民检察院做法，实行知识产权刑事、民事、行政检察职能的集中统一履行，组建专门从事知识产权检察工作的内部组织机构，加强检察队伍专业化建设。2021年，山西11个市级院及部分县区院成立了知识产权检察办公室或者办案组织。三是组织人员开展业务培训。在中国检察教育培训网络学院开办"全省检察机关侵犯知识产权专题研修班"，邀请全国知识产权办案专家，从证据审查要点、侵犯商业秘密案件办理、侵犯商标侵权案件难点解析、典型案例解读等方面进行专业化授课，并对各市院课时完成情况进行抽样检查，督促各市、分院保质保量完成好此次培训，取得良好效果。

二、办理加大侵犯知识产权案件打击力度

2021年，共批准逮捕侵犯知识产权类犯罪86件146人，起诉95件194人。其中，批捕假冒注册商标罪41件62人，起诉43件103人；批捕销售假冒注册商标的商品罪33件65人，起诉37件61人；批捕非法制造、销售非法制造的注册商标标识罪8件13人，起诉9件16人；批捕侵犯著作权罪1件1人，起诉2件2人。决定不起诉案件23件52人。其中情节轻微不起诉15件33人；证据不足不起诉8件19人。提出抗诉3件。建议移送3件3人，行政执法机关已移送3件3人，公安机关立案侦查3件3人。监督立案4件4人，公安机关主动立案4件4人，要求说明不立案理由5件。

三、知识产权综合性司法保护积极培育典型案例

2021年7月，通过对全省检察机关近年来办理的侵犯知识产权犯罪案件进行梳理和筛选，选定两起案件作为山西省检察机关"开展知识产权综合性司法保护典型案例"向最高人民检察院进行报送。分别是：大同市人民检察院办理的李某某等人侵犯商业秘密案，长治市潞州区人民检察院办理的王某某、纪某某假冒注册商标案。

四、部署开展涉农知识产权刑事案件专项调研

根据最高人民检察院统一安排部署，2021年4月，组织全省检察机关开展对涉农知识产权刑事案件办理情况的专题调研。调研通过下发工作通知、统一业务软件查询以及与重点地市沟通等方式进行，对全省检察机关2018—2020年生效判决涉农知识产权案件进行了认真排查梳理，起草并向最高人民检察院报送了《山西省检察机关涉农知识产权刑事案件办理情况报告》。通过调研，了解到山西检察机关办理涉农知识产权案件数量较少，工作中存在知识产权保护司法理念相对滞后、知识产权检察保护意识还有待提升，伪劣农资辨别困难、案件危害后果严重，办案人员经验相对缺乏、打击力度仍然不足等问题。提出了进一步加强知识产权涉农检察保护力度，开展普法宣传、提升农民维权意识，加强行刑衔接、形成打击合力等工作建议。

五、全面推进侵犯知识产权刑事案件权利人诉讼权利义务告知工作

起草下发《关于转发高检院知识产权检察办公室〈关于开展侵犯知识产权刑事案件权利人诉讼权利义务告知工作的通知〉的通知》，要求全省检察机关知识产权检察办公室认真贯彻、统一部署。开展此项工作有助于充分保障知识产权刑事案件相关权利人诉讼权利。2021年，全省侵犯知识产权刑事案件权利人诉讼权利义务告知共9案17人，并在统一业务办案系统上集中体现。

六、积极开展知识产权保护示范区创建，加大法治宣传

2021年4月26日，联合省高级人民法院、省知识产权局、省综改示范区管委会在山西省综改示范区挂牌成立了“山西知识产权保护示范基地”。启动仪式上，现场发放《强化知识产权保护，检察护航创新发展》宣传手册，介绍检察机关加强知识产权保护的目的意义、检察机关主要受理的知识产权案件类型、近年来检察机关在保护知识产权方面所做的工作等情况，并通过检察机关办理的大同李某某侵犯商业秘密案、岳某某假冒注册商标案、朱某某侵犯著作权案等典型案件进行“以案释法”，向山西省综改示范区企业代表进行法治宣传教育。

供稿：山西省人民检察院
知识产权检察办公室

内蒙古自治区

知识产权工作

一、高起点高质量谋划推动知识产权工作

1. 省部知识产权合作会商机制正式建立

2021年6月7日，与自治区人民政府联合召开知识产权合作会商签约仪式暨第一次会商会议，共同签署《共建新时代绿色发展知识产权强区合作会商议定书》，确定12项重点工作。

2. 知识产权保护体系建设实现历史性突破

2021年6月4日，中国（内蒙古）知识产权保护中心获批成立，该中心是内蒙古第一家知识产权保护中心，也是全国5个自治区中第一家省级知识产权保护中心。全区首批38家知识产权维权援助分中心（工作站）挂牌成立，“1+N”模式内蒙古知识产权公共服务（保护）平台上线运行。及时调整自治区知识产权战略实施工作厅际联席会议制度，将自治区35个委办厅局和直属单位确定为成员单位。

二、知识产权助力高质量发展取得新成效

1. 深入推进实施知识产权量质齐升

2021年，专利授权总量2.44万件，同比增长35.7%；有效商标注册量5.89万件，同比增长30.6%。截至2021年底，全区专利授权总量达11.14万件，有效商标注册量达29.51万件；地理标志商标176件，地理标志保护产品41件，位居全国前列。五原向日葵国家地理标志产品保护示范区入选国家地理标志产品保护示范区筹建名单，兴安盟大米、敖汉小米等6件地理标志被确定为国家知识产权局第一批地理标志运用促进重点联系指导名录，完成草产业、沙棘等7个产业知识产权运营中心评估工作，培育打造了“天赋河套”“鄂托克前旗羊肉”等一批区域公用品牌。自治区粮油类地理标志品牌创建工作被推荐至国家粮食考核领导小组。指导注册“锡林郭勒奶酪”地理标志商标。推进“蒙字标”商标品牌打造工作，指导“蒙字标”商标注册，12家企业获得“蒙字标”认证，276件商标获得注册。建设商标品牌指导站和地理标志工作站。依托地理标志推动特色经济发展作为成功案例在全国推广。

2. 知识产权领域“放管服”改革扎实推进

组织开展知识产权保护“铁拳”“蓝天”等专项行动，重拳出击，查处一批侵权假冒违法犯罪案件，连续3年发布全区知识产权保护十大典型案例，有力震慑了违法犯罪分子，为市场主体创新发展营造了良好的市场环境和营商环境。2021年，查处商标侵权假冒案件232件，案值177.57万元，罚没金额246.34万元。其中，查处假冒专利案11件，办理专利侵权纠纷案110

件。查处侵犯驰名商标案件 130 件，案值 90.93 万元，罚没金额 145.84 万元；查处侵犯涉外商标案件 57 件，案值 48.39 万元，罚没金额 55.65 万元。呼和浩特市知识产权局查处侵犯“飘安 PIAOAN”注册商标专用权案入围国家知识产权局商标行政保护典型案例评选。包头市市场监管局（知识产权局）制定出台《技术调查官参与专利侵权纠纷行政裁决办案的工作规则（试行）》，通辽市知识产权局处理“旱田作物锄草机”实用新型专利侵权纠纷案入围国家知识产权局专利行政保护典型案例评选。

3. 加强奥林匹克标志、官方标志、特殊标志保护

印发《北京 2022 年冬奥会和冬残奥会奥林匹克标志知识产权保护专项行动（内蒙古）实施方案》，严厉打击侵犯奥林匹克标志专有权行为。

4. 强化电子商务领域和展会知识产权保护

2021 年，办理电商案件 86 件，依法对 395 家参展企业进行展前风险排查、展中网上巡查、展后案件查处等，指导企业正确运用、管理、保护自身知识产权，办理展会专利侵权案 1 件。

5. 深入实施知识产权质押融资入园惠企行动

分别与中国银行内蒙古分行、人保财险内蒙古分公司签署战略合作协议，通过开展银企对接、线上线下一体受理、“一站式全链条”综合服务等措施，更加便捷高效服务各类市场主体。2021 年，全区共办理商标专利质押登记 103 件，质押金额 15.8 亿元；各业务服务窗口共计受理商标专利申请业务 1.26 万件。

三、绿色发展知识产权强区建设取得新成绩

1. 围绕“绿色发展知识产权强区”主题开展培育申报保护工作

自治区市场监督管理局、知识产权局起草并印发《组织开展 2021 年度内蒙古自治区知识产权优势企业申报工作的通知》，8 家企业获评自治区知识产权优势企业。截至 2021 年底，培育国家级知识产权优势企业 55 家，示范企业 11 家，自治区级知识产权优势企业 43 家。内蒙古伊利实业集团股份有限公司成功入选 2021 年度国家知识产权示范企业典型案例。

开展知识产权强县工程试点县和传统知识知识产权保护试点县工作。确定呼和浩特市新城区评定为 2021 年知识产权强县工程试点县，包头市固阳县、通辽市开鲁县、阿拉善右旗评定为传统知识知识产权保护试点县。截至 2021 年底，已培育国家知识产权强县工程试点县 6 个，传统知识知识产权保护试点县 3 个，自治区级知识产权强县工程试点县 4 个，传统知识知识产权保护试点县 9 个。在全区组织开展知识产权试点城市、知识产权强县工程试点县、知识产权优势示范企业等培育申报工作。

全区已有国家和自治区知识产权试点城市 2 个、强县工程试点县 10 个、传统知识知识产权保护试点县 11 个、示范园区 1 个；培育高校国家知识产权信息服务中心 1 家、技术与创新支持中心（TISC）3 家、国家知识产权信息公共服务网点 3 个、全国专利文献服务网点 4 个；培育国家级和自治区级知识产权优势企业 98 家、示范企业 11 家；培育国家级和自治区级试点中小学校 46 所。

2. 跨区域跨部门知识产权保护协作机制初步建立

截至 2021 年底，先后与北京、天津、河北、山西等 13 个省（区、市）签署知识产权保护合作协议，与自治区公安厅、高级人民法院、人民检察院、司法厅、版权局等部门建立知识产权保护合作机制，全区 12 个盟市知识产权局共同签署知识产权执法保护协议，“区内盟市全覆盖、周边省区全贯通、重点省市有协作”的知识产权保护协作机制初步建立。

3. 加强知识产权纠纷调解和海外维权

一是联合印发《内蒙古自治区市场监督管理局　知识产权局司法厅　版权局关于设立内蒙古自治区知识产权纠纷人民调解委员会的通知》。中国(内蒙古)知识产权维护援助中心制定《内蒙古自治区知识产权纠纷人民调解委员会调解规则》《知识产权纠纷诉调对接组织机构管理办法(暂行)》等,2021 年办理调解案件 6 件。二是中国(内蒙古)知识产权维护援助中心印发《企业境外知识产权风险预警及纠纷应对实施办法(试行)》;建立知识产权维权援助、侵权判定和海外纠纷应对专家库,确定专家 201 人。联合印发《内蒙古自治区知识产权涉外保护推进工作机制》,提出 13 条知识产权涉外保护具体措施;内蒙古知识产权研究会(TISC 筹建机构)、商标品牌协会先后举办 7 次培训,涵盖海外知识产权信息、专利侵权判定等内容。

4. 加强知识产权文化建设

2021 年,评定 4 家青少年知识产权教育基地,覆盖高校、科研组织、科普场馆、企业等。组织举办首届知识产权科普讲解大赛,在全区范围内征集优秀作品。连续 5 年开展"校园知识产权宣传"活动,并以"知识产权点燃少年创新梦"为主题,结合试点学校教育特点,组织开展全区第五届校园知识产权宣传月活动,首次将"活动周"延长为"活动月",进一步扩大知识产权教育宣传影响面,覆盖学生和家长近 10 万人次。"校园知识产权宣传"活动累计覆盖人数达 50 万人次。

供稿:内蒙古自治区知识产权局

版权工作

一、推动建设便民利企的版权公共服务体系

1. 开展作品登记,激发文化创新活力

着重加强覆盖全面、服务规范、智能高效的版权公共服务供给,持续推广免费作品登记服务。2021 年,自治区登记作品 6007 件,同比增长 155%。

2. 规范登记流程,加强意识形态把关

利用政务服务平台对作品登记审查标准、相关登记信息进行公示和发布,提供查询服务。结合新《著作权法》的施行进一步健全著作权登记制度,完善著作权登记机制,严格执行登记审查制度,加强对作品意识形态的审核把关。

3. 参加版权博览会,展示版权成果

组织 20 余家文创企业参加第八届中国国际版权博览会,全方位、多层面展现内蒙古特色文化和优秀版权作品。

4. 开展宣传培训,提升公众版权意识

"4·26 全国知识产权宣传周"期间,以"全面加强版权工作,推动构建新发展格局"为主题,组织版权管理部门开展版权集中宣传活动。联合主办并播出《给你说法——著作权专题访谈节目》,邀请知名专家学者对新《著作权法》进行权威解读,营造浓厚舆论氛围。

二、推动建设支撑一流营商环境的著作权保护体系

1. 深化专项整治,加强版权保护

组织开展"剑网""电影院线整治""打击侵权假冒"等专项行动,不断加强版权保护力度,从严打击侵权盗版行为,维护作品传播秩序。

2. 运用多种手段,加大案件查办力度

加强业务指导,探索新业态新领域中新型版权案件查办。督办呼和浩特执法部门查处自治区首起"电商平台侵权案"、首起"微信短视频侵权案"。完善案件挂牌督办、督导检查、线索通报、年度考核等制度,加大案件查办力度。2021 年查处侵权盗版案件 12 起,处没罚金 3.7 万元。

3. 加强制度建设,起草地方性著作权法规

联合自治区知识产权局建立行政调解快速处理机制,完善版权纠纷多元解决机

制。对接自治区人大、司法厅等部门，推动起草立项内蒙古自治区地方性著作权法规，提升著作权行政保护水平。

三、推动建设常态化规范化软件正版化管理体系

1. 强化制度引领，推动软件使用规范化

充分发挥制度引领作用，加强自治区推进使用正版软件联席会议成员单位协调配合，坚持巩固执行联席会议、政府机关使用正版软件管理办法等软件正版化工作制度。推动落实《政府机关办公通用软件资产配置标准（试行）》和《正版软件管理工作指南》。

2. 加强业务指导，巩固正版化工作成果

组织开展软件正版化工作培训，安排技术人员赴各区直单位开展技术指导 40 余次，督促和帮助各单位扎实做好软件采购管理和日常使用工作，实现了保障信息安全、节约财政资金、确保软件正版化率的多重目标。

3. 加大督查力度

连续六年将软件正版化工作列入盟市厅局领导班子年度绩效考核，聘用第三方机构对政府机关软件正版化工作进行全覆盖检查，共检查计算机 5760 余台，整改立行立改问题 20 余项。

四、推动建设激励创新发展的市场机制

1. 开展调研分析，积蓄优质版权作品资源

按年度编纂《内蒙古自治区版权作品登记统计》，对 12 个盟市、16 类作品内容进行系统分析。筛选优质特色专题 27 个，将音乐专题编印成《内蒙古音乐著作权登记作品选编》，为决策部门和版权企业提供可供参考依据。

2. 开展试点工作，推动版权创新保护运用

积极争取中宣部版权管理局首批民间文艺作品版权保护试点。会同有关专家学者及有关单位加强对自治区民间音乐、民间工艺美术等民间文艺资源的摸底研究，探索民间文艺作品版权保护新路径，推动民间优秀传统文化创造性转化和创新性发展。

3. 发挥行业优势，设立专门版权登记服务

进一步发挥行业优势，在自治区电影集团设立视听作品版权服务工作站，在自治区文联设立文字作品版权服务工作站，在自治区知识产权保护中心设立版权综合服务工作站，推动知识产权和版权成果的结合、交易、转化。

4. 推动版权示范，发挥版权引领示范作用

推选内蒙古自治区新城区创新创业园、内蒙古电力集团参评全国版权示范园区（基地）和示范单位。对示范园区、示范单位进行调研培训，展开交流经验活动，充分发挥其示范带动作用，推动版权示范工作向纵深发展。

供稿：内蒙古自治区版权局

司法工作

一、充分发挥审判职能，切实担负推动创新发展职责使命

1. 总体情况

2021 年，内蒙古法院充分发挥审判职能，依法审理知识产权案件，受理与审结的知识产权案件数量均有上升，共审理各类知识产权案件 2071 件，同比上升达 34.13%。其中民事案件 1968 件，审结 1939 件，审结率 98.52%；刑事案件 103 件，审结 93 件，审结率 90.29%。

2021 年，新收各类知识产权一审、二审案件数量较上年同比显著增长。一审民事案件 1706 件，同比上升 34.39%；一审刑事案件 91 件，同比下降 10.49%；新收二审民事案件 262 件，审结率 97.74%，2020 年二审民事案件 86 件，同比上升 204%。

2. 案件特点

2021年，内蒙古法院审理的知识产权案件呈现如下特点：

一是从民事案件类型来看，涉商标权纠纷占比仍居首位，涉商标权纠纷案件增幅明显。在新收的一审知识产权民事案件中，侵害商标权纠纷566件，占28.7%，同比上升14.5%；涉著作权纠纷345件，占比17.53%，其中，侵害放映权纠纷157件，占比7.97%，受新冠肺炎疫情影响，KTV等娱乐场所营业受限，权利人普遍接受降低赔偿数额。侵害作品信息网络传播权纠纷259件，占比13.16%，以上4类案件约占一审民事案件的70%。技术类案件79件，占比4.10%；外观设计专利+纠纷案件46件，占比2.33%。其他案件类型中：特许经营合同纠纷35件，占比1.77%，同比上升100%；不正当竞争纠纷11件，占比0.5%。

二是知识产权刑事案件持续增多。2021年内蒙古法院共受理侵犯知识产权和销售假冒伪劣商品犯罪一审新收案件91件，一审案件审结75件，判决169人。全区侵权假冒和侵犯知识产权犯罪刑事案件在审理中无超审限情况，均在法定审限内结案，及时打击侵犯知识产权刑事犯罪。其中：

打击制售伪劣产品犯罪，净化市场，规范经营秩序，一审新收生产、销售伪劣产品罪案件36件，同比下降36%，一审审结29件，一审判决79人。

打击制售假药犯罪，整治药品市场，维护卫生领域安全，一审新收生产、销售假药罪案件4件，同比下降86%，一审审结5件，一审判决5人。

打击食品领域犯罪，维护舌尖上的安全，一审新收生产、销售不符合安全标准的食品罪案件13件，同比下降59%，一审审结11件，一审判决21人；一审新收生产、销售有毒、有害食品罪7件，同比下降70%，一审审结8件，一审判决18人。

规范农资市场秩序，确保农产品质量安全，维护农民合法权益，一审新收生产、销售伪劣农药、兽药、化肥、种子罪案件10件，同比下降33%，一审审结7件，一审判决14人。

依法严惩侵犯知识产权犯罪，加大知识产权司法保护力度。一审新收假冒注册商标罪7件，同比下降50%，一审审结5件，一审判决10人；一审新收销售假冒注册商标的商品罪案件14件，同比下降70%，一审审结10件，一审判决13人。

从刑事案件审判数据可以看出，2021年内蒙古地区侵犯知识产权和制售假冒伪劣商品违法犯罪新收案件案由仍集中在生产、销售伪劣产品罪方面，销售假冒注册商标的商品罪案件3年来同比下降明显。内蒙古地区各知识产权保护职能部门统筹发力，落实自治区实施商标品牌战略，在知名商标保护及营商环境治理方面效果明显。

三是从地区分布来看，案件仍然集中在经济相对发达的呼包鄂地区，地区知识产权案件数量和类型与当地经济发展状况、科技创新能力等紧密相关。具体案件类型与地区行业特点和产业集群紧密关联。比如，呼包鄂经济圈内商业发展活跃，外来投资、迁入人口数量及人口增幅较大，品牌入驻踊跃，涉商标纠纷、专利权纠纷、技术合同纠纷不断增多。

四是商业特许经营纠纷继续保持较高增长态势。2021年，内蒙古法院新收一审商业特许经营合同纠纷35件，连续3年保持较高增长态势。其中，餐饮连锁品牌为扩大经营规模、提升品牌影响力，越来越多的经营者通过商业特许经营、开设加盟门店的方式来开拓市场，内蒙古地区地域广袤，东西部经济发展和地区人口比例不均，在处理此类纠纷中因特许经营合同内容不完善、履行不当以及被特许人达不到预期收益等原因，导致相应纠纷数量激增，在审理该类案件时对裁判观点采纳和均衡裁判提出了新挑战。

五是涉重点领域技术类纠纷的变化。技术类案件主要集中为计算机软件和专利纠纷，内蒙古是中国重要的能源基地，涉及生物医药、光伏、高空风能发电、高端装备制造、大数据、稀土新材料等高新技术的技术类案件日益增多，包头市作为内蒙古重要的工业基地，此类案件较为集中。同时，知名品牌、老字号驰名商标等商标侵权纠纷，在商标及不正当竞争类案件中不断出现。

二、知识产权司法保护工作主要措施及成效

1. 统一法律适用，发布《裁判规则指引参考》，规范办案程序和统一裁判尺度

2021 年，自治区高院组织全区三级法院编写出台覆盖各审判门类共计 280 万字的《人民法院办理刑事案件程序指引》，出版发行此类丛书在全国法院尚属首次。该系列诉讼办案指引经过近 3 年的修订完善，2021 年 10 月正式刊印。继《人民法院审判程序指引丛书》完成后，启动了刑事、民事、行政、执行热点案由约 276 万字的《裁判规则指引参考》的编写工作，对内蒙古法院审理涉知识产权案件规范了办案程序，统一了裁判尺度。

2. 加强院校合作，实现资源共享、优势互补

2021 年 4 月 26 日，内蒙古财经大学法学院和呼和浩特市中院正式签订《内蒙古财经大学法学实践教学基地协议书》和《知识产权研究与保护合作备忘录》，为呼和浩特市中院“法学实践教学基地”“知识产权实践教学基地”揭牌。

3. 加强审判质效评估标准，提升便民诉讼服务水平

包头中院为落实最高人民法院人民法院鉴定平台实体化上线运行工作安排，提高司法辅助质效，助力审判工作，邀请北京精友公司就线上鉴定平台的应用开展集中培训。人民法院鉴定平台上线后，包头市严格按照要求将评估鉴定案件通过鉴定平台对外委托，切实提高法院委托鉴定案件的效率，缩短鉴定周期，让公平正义“看得见、感受到”。围绕《2021—2023 年贯彻落实〈关于强化知识产权保护的实施方案〉推进计划》，进一步健全内蒙古法院知识产权案件评查机制，完善信息通报、错案追究、信息公示制度，加强裁判上网公开，规制同案同判统一法律适用，在关系民生重大领域，依法积极适用惩罚性赔偿制度，加大监督案件力度，提升审判公信力。完善“繁简分流”快审机制，依法适用简单案件速裁，提升审判效率，在自治区统筹部署下，加强跨部门工作协同，统一知识产权司法审判与行政执法侵权判定标准。积极争取设立知识产权法院，共同推动呼和浩特市、包头市设立专业化知识产权法庭。

4. 完善知识产权诉讼证据规则

支持通过区块链提交证据，有效解决知识产权权利人举证难问题。呼伦贝尔中院积极试点应用司法区块链平台，从而在源头上对知识产权进行诉前保护，并为进入诉讼程序的知识产权案件，提供高效便捷的技术支持。

供稿：内蒙古自治区高级人民法院
知识产权审判庭

检察工作

一、依法履行检察职能，严厉打击侵犯知识产权犯罪活动

自治区各级检察机关始终保持严厉打击的态势，严把事实关、证据关、法律关，以“零容忍”的态度严肃查办涉嫌侵犯知识产权犯罪案件，始终保持严惩犯罪的高压态势。依法严格适用逮捕措施，对符合逮捕、起诉条件的犯罪嫌疑人坚决予以逮捕、提起公诉；对提请逮捕存在证据不足的，及时提出取证意见以确保起诉、审判的顺利进行。2021 年，全区检察机关批准逮捕 18 件 25 人，起诉 22 件 45 人，其中起诉假冒注册商标罪、销售假冒注册商标的商品罪 19 件 35 人。全区检察机关积极开展侵犯知识产权刑事案件权利人诉讼权利义务告知工

作，进一步加强保障权利人合法权益，提高案件办理质效。

二、健全“两法衔接”机制，推动形成知识产权司法保护合力

积极建立健全知识产权行政执法与刑事司法衔接机制。一是进一步加强执法督导工作，完善执法管理机制，建设知识产权维权服务系统，促进市场主体自我维权能力不断提高。二是加强打击侵犯知识产权案件信息通报。自治区各级检察机关注重加强与行政执法机关、公安机关之间的信息通报，实现信息共享。加大对下指导、加强督办力度，注重信息的报送、整理、备案工作。三是对于重大疑难复杂知识产权刑事案件，适时提前介入、积极引导公安机关调查取证。主动支持配合法院做好刑事案件审理工作，保障相关案件刑事诉讼程序顺利进行，确保案件高效办结。

三、营造法治营商环境，服务保障区域经济社会高质量发展

注重服务保障高质量发展，2021 年 3 月，出台《关于服务保障优化法治化营商环境的二十条措施》，专设“加大惩治侵犯企业产权犯罪力度，切实保障企业及企业家人身、财产权利”一章，突出强调强化知识产权检察工作，全面提升知识产权司法保护水平；严厉打击侵犯企业知识产权和制售假冒伪劣商品犯罪、侵犯商业秘密犯罪，对侵犯企业知识产权犯罪案件，优先审查起诉、优先提起公诉；整合知识产权刑事、民事、行政检察职能，探索办理知识产权“三检合一”办案模式，提高知识产权保护整体效能；妥善办理科研人员涉嫌职务犯罪案件。在自治区工商联设立民营企业维权检察联络室，加强与民营企业日常沟通联系，及时受理和转办民营企业法律保护诉求。

四、大力开展普法宣传，积极营造知识产权保护法治环境

通过“两微一端”等平台，向群众广泛宣传检察机关知识产权法律监督职能，群众发现线索可直接向检察机关举报，鼓励人民群众举报违法犯罪行为。各级检察机关利用 4 月 26 日的“世界知识产权日”等重要时间节点，紧密围绕“全面加强知识产权保护、推动构建新发展格局”主题开展形式多样的宣传活动。全区三级检察机关自行开展或联合有关部门共同开展宣传活动 50 余场，发放宣传材料 3 万余份，现场解答群众相关法律法规咨询 2000 余人次。通过普法宣传活动切实增强全民知识产权保护法律意识，营造良好的法治化营商环境。

五、提升业务能力素养，着力锻造专业化知识产权检察队伍

一是培养专家型检察官。开展业务培训、加强业务指导、提升办案能力，打造专业化知识产权检察队伍，进一步提高办理知识产权案件的专业化水平。二是加大业务培训力度。按照“重自强、补短板、强弱项”的要求，积极适应知识产权案件专业性极强的特点，持续加强学习型团队建设，建立健全专业化办案组织建设，形成共享共进的良好学习氛围。三是加强党风廉政建设。根据内设机构改革后检察职能行使、办案模式变化的形势，梳理知识产权犯罪检察岗位的廉政风险点，围绕办案的关键节点、廉政风险的关键时段，严格落实检察人员与律师、当事人等群体接触交往行为规定、检察人员八小时行为禁令，严格执行检察机关领导、内部人员办案干预的记录及上报制度，以更好确保公正廉洁司法。

供稿：内蒙古自治区人民检察院
知识产权检察办公室

辽 宁 省

知识产权工作

一、专利

2021 年，三种专利授权总量 80 191 件，同比增长 33.2%(其中，发明专利、实用新型专利、外观设计专利分别授权 10 480 件、64 406 件、5305 件，同比增长 32.1%、38%、−4.7%)。截至 2021 年底，三种专利有效量 256 908 件，同比增长 30.9%(其中发明专利、实用新型专利、外观设计专利有效量分别为 56 146 件、181 946 件、18 816 件，同比增长 17.5%、38%、13.3%)。每万人口发明专利拥有量达 13.18 件，比上年末增加 2.2 件。三种专利授权中，职务发明创造授权 66 208 件，同比增长 35.6%(其中，工矿企业、大专院校、科研单位、机关团体分别授权 50 030 件、12 038 件、2923 件、1217 件，同比增长 41.8%、13.7%、54.4%、15.6%)，非职务发明创造授权 13 983 件，同比增长 22.9%。2021 年专利转让(许可)5724 件，同比增长 18.56%；专利受让(被许可)6219 件，同比增长 40.67%。

2021 年，“每万人口高价值发明专利拥有量”列入《辽宁省国民经济和社会发展第十四个五年规划和二〇三五年远景目标纲要》主要预期性目标，《辽宁省“十四五”知识产权保护和运用规划》印发，《辽宁省“十四五”知识产权人才发展规划》印发。在第二十二届中国专利奖评选中，辽宁省 24 个项目获奖，专利金奖 2 项，数量位列全国第四，辽宁省知识产权局荣获优秀组织奖。

2021 年新增省级知识产权优势企业 108 家，省级知识产权优势企业达 551 家，全省拥有国家级示范企业 28 家、优势企业 157 家。辽宁省信息中心、中科院大连化学物理研究所两家技术与创新支持中心(TISC)通过国家知识产权局验收，大连国际知识产权保护战略研究中心和国知云(辽宁)大数据科技有限公司获批国家知识产权信息公共服务网点。

2021 年，组织全省“4·26 全国知识产权宣传周”活动，官方网站发布相关信息 28 篇次，微信公众平台发布信息 11 篇次，在全国各类媒体发布知识产权新闻报道 190 余篇次。2021 年，辽宁省知识产权局持续开展知识产权高级专业职称评审，评选全国高级知识产权师 1 名、正高级知识产权师 3 名，全省现有高级知识产权师 18 人、正高级知识产权师 6 人，实现专利、商标、版权领域高级知识产权人才全覆盖。组织省知识产权服务业高端培训、全省专利代理师及知识产权师考前培训等活动 23 次，参培人员近 6500 人次。利用远程教育线上培训人员 59 735 人次。

2021 年，辽宁省被国家知识产权局确定为全国第二批专利侵权纠纷行政裁决示范建设工作试点地方，辽宁省知识产权局被国家知识产权局选为第二批开展以信用为基础的分级分类监管试点单位。携手吉林省、黑龙江省、内蒙古自治区共同签署《辽吉黑蒙四省区专利侵权纠纷行政裁决合作协议》。与省公安厅联合出台《关于加强协作配合强化知识产权保护的实施意见》。辽宁省知识产权局、辽宁省高级人民法院、辽宁省市场监督管理局建立知识产权司法保护与行政执法、行政裁决衔接合作协议机制，强化行政执法和刑事司法衔接。组建行政和司法共享的技术调查官专家库，规范技术调查官参与行政裁决办案工作。

二、商标

2021 年，辽宁省新增商标注册申请

13.3 万件，注册 10.4 万件，有效注册商标总量 55.6 万件，同比增长 20.3%。

2021 年，与辽宁省发展改革委、辽宁银保监局联合印发《辽宁省知识产权金融服务“入园惠企”行动方案（2021—2023 年）》，举办知识产权质押融资银企对接现场会，为企业和金融机构搭建对接平台，建立完善知识产权质押融资需求企业“白名单”。2021 年，专利商标累计质押 53.69 亿元，其中专利商标质押普惠贷款（单笔 1000 万元以下）5.15 亿元，惠及中小微企业 96 家。

2021 年，国家知识产权局专利局沈阳代办处增加商标受理业务，实现辽宁省专利商标业务“一窗通办”，延伸专利服务链条，进一步打通知识产权服务“最后一公里”，设立沈阳市政务服务中心工作站和大连工作站。辽宁省商标窗口达 13 个，数量位于全国前列。

三、地理标志

2021 年，辽宁省地理标志保护产品总量达 89 个，地理标志证明商标新增 1 件，总量 140 件；使用地理标志专用标志的市场主体共计 517 家；发布地理标志保护产品专用标准和地理标志证明商标专用标准 22 项，地理标志专用标准数量同比增长 144%；新增农产品地理标志登记产品 2 个，总量达 100 个。

新民寒富苹果国家地理标志产品保护示范区和盘锦大米国家地理标志产品保护示范区入选 2021 年国家地理标志产品保护示范区筹建名单，岫岩玉等 3 个产品获批国家地理标志运用促进重点工程，新民寒富苹果荣获第二十八届中国杨凌农高会“后稷特别奖”。2021 年 10 月，与朝阳市人民政府共同主办辽宁首届地理标志直播节。

四、其他工作

2021 年，沈阳市荣获中国营商环境评价知识产权标杆城市，“知识产权制度政策体系”作为营商环境评价东北地区最优表现被国家知识产权局推广。大连市通过国家知识产权运营服务体系重点城市建设中期绩效评价，获批国家洁净能源知识产权运营中心。

2021 年 7 月 27 日，辽宁省第十三届人民代表大会常务委员会第二十七次会议通过《辽宁省知识产权保护条例》，设总则、行政保护、司法保护、社会保护、协同工作机制、法律责任、附则共 7 章 49 条，自 2021 年 10 月 1 日起施行。

2021 年，中国（辽宁）知识产权保护中心和中国（大连）知识产权保护中心先后获批筹建，中国（沈阳）知识产权保护中心高质量运行。2021 年，辽宁省知识产权局完善重大涉外知识产权纠纷应急机制建设，制定《重大涉外知识产权纠纷信息通报和应急方案（试行）》，明确重大疑难知识产权纠纷案件处置规程和组织指挥体系。编印《如何建立国际化发展知识产权风险防控体系》等实务指引，提升全省企业涉外知识产权保护能力。印发《辽宁省知识产权维权援助机构管理办法（试行）》，新建各类知识产权维权援助工作站 47 家，全省维权援助机构提供侵权判定意见 41 件、知识产权分析预警 8 次。推进知识产权纠纷调解工作机制建设，新设立知识产权纠纷人民调解委员会 13 家，全省市场监管（知识产权）系统调解组织全年共调解知识产权纠纷 253 件。9 家调解组织入驻国家“人民法院调解平台”，开展知识产权纠纷在线诉调对接工作。

供稿：辽宁省知识产权局

版权工作

一、巩固扩大软件正版化工作成果

1. 组织召开省联席会议全体会议

召开省推进使用正版软件工作联席会议全体会议。印发《辽宁省 2021 年推进使用正版软件工作计划》《辽宁省推进使用正版软件工作联席会议全体会议纪要》，部署全省年度软件正版化工作。

2. 举办省推进使用正版软件工作培训班

传达推进使用正版软件工作部际联席会议第十次会议精神和辽宁省联席会议全体会议精神，培训软件正版化工作业务知识，不断提高软件正版化工作水平。

3. 组织开展软件正版化督查

联合省国资委开展省属国企软件正版化督查。督促指导省属国企总部和二级企业加快推进进度，扩大软件正版化覆盖面。对辽宁省部分省直部门和省属国有企业进行抽检，受检单位操作系统正版率为99.93%，办公软件正版率为99.74%，杀毒软件正版率为100%。

二、强化版权执法监管，严厉打击侵权盗版

1. 开展打击院线电影盗录传播专项行动

开展全省严厉打击院线电影盗录传播等违法犯罪行为的联合行动，维护正版权利人的合法权益。

2. 开展重点版权作品保护预警工作

及时发布预警通知，加大对网站、院线影院等场所的巡查力度，坚持严格执法，震慑盗版行为，维护良好的正版市场秩序。2021年发布预警公告15批次，涉及106个重点版权作品。

3. 开展2020年度查处侵权盗版案件有功奖励推荐工作

组织各市版权局推荐2020年度查处重大侵权盗版案件有功单位和有功个人，经省版权局复审，报送国家版权局。国家版权局分批次对有功单位和有功个人给予奖励。

4. 开展全省"剑网2021"专项行动

组织开展"剑网2021"专项行动，排查网站7100余家次，查处案件72件，依法删除侵权盗版链接44条，关闭侵权网站或App共13家。全省各级版权、公安、互联网信息内容主管部门及文化市场综合执法队伍，充分运用约谈、预警、责令整改等工作方式，健全"两法衔接"工作机制，加大对网络侵权盗版案件的行政处罚和刑事打击力度，对网络侵权盗版违法犯罪行为实施全环节、全链条、全覆盖打击。一是加大短视频版权治理力度。二是整治网络直播版权乱象。三是规范体育赛事版权秩序。四是强化在线教育版权监管。

5. 巩固重点领域治理成果

进一步加强对电商平台、社交平台、知识分享平台的版权监管，着力规范网络新闻、网络音乐、游戏动漫、网络文学、计算机软件的版权传播秩序，推动各地结合自身实际因地制宜巩固扩大工作成果。

6. 加大挂牌案件督办力度

加强与公安、检察院、法院、文旅执法部门沟通协调，跟踪督办3起由中宣部版权局等四部门联合挂牌督办的侵权盗版案件。

三、强化版权服务，促进版权产业发展

1. 深入开展全国版权示范创建工作

东软集团、大连出版社股份有限公司获全国版权示范单位，北方国家版权交易中心产业园获全国版权示范园区（基地），实现全国版权示范创建工作零的突破。"4·26版权宣传周"期间，分别为三家示范单位、园区进行授牌。

2. 探索"版权+科技+金融"全版权服务新模式

发挥北方国家版权交易中心专业的版权交易平台的作用，提高作品著作权登记数量，提高优质版权作品的登记数量。探索搭建版权等权利收益权挂牌交易系统平台，初步实现版权资产化运作。

3. 组织参加国家级展会

组织省内重点出版单位和版权单位参加图书和版权展会活动。组织18家出版单位和运营实体参加第二十八届北京国际图书博览会，实现版权交易成果180项。

组织9家版权单位参加第八届中国国际版权博览会，辽宁省版权局获优秀组织奖。

4. 做好作品版权自愿登记服务工作

依托北方国家版权交易中心扩大作品登记数量，提高作品登记质量，2021年作品登记数量15 813件，同比增长31%，引进外国图书著作权合同备案登记290件。

四、强化版权宣传培训，提高全社会版权保护水平

1. 组织开展版权知识宣传

以“全面加强版权工作，推动构建新发展格局”为主题，运用宣传海报、普法手册、环保袋或纸抽等、短视频、现场活动等方式，宣传普及党和国家关于版权服务管理的决策部署和版权知识。以网络媒体、广播电视、报纸、“学习强国”平台，抖音、快手、优酷、新浪、腾讯、今日头条等商业平台和公共交通工具、写字楼、图书馆、主要街路门市店面等公共资源为集中宣传主阵地，投放宣传海报和宣传短片。同时，组织版权领域专家深入社区、公园、地铁、广场、文化企业、创意园区等人员集中的区域，开展形式多样的版权宣传活动，通过发放宣传品、互动问答、案例讲解，让市民积极参与、轻松学习版权知识，通过调研指导，帮助解决版权难题，提高版权保护意识。

2. 组织版权执法培训

举办版权执法培训班，围绕最新版权知识和执法工作要求等内容进行授课。加大基层执法人员培训，实地指导与集中培训相结合，切实提高版权执法人员素质。

供稿：辽宁省版权局

司法工作

一、发挥审判职能作用，加强知识产权司法保护

2021年，辽宁法院受理各类知识产权案件8283件，审结7378件，结案率为89%。其中受理知识产权民事案件8041件，一审7487件，二审518件，总体结案率为89.3%。受理知识产权刑事案件230件，审结188件，结案率为81.74%。受理知识产权行政案件12件，审结9件。

2021年，全省新收知识产权民事案件7787件，较上年增长60%。其中在案件增幅较大的情况下案件审理周期平均缩短2天，案件调撤率和一审服判息诉率均高于上年。从案件类型上看，著作权纠纷比重较大，全年受理此类案件3972件，占全部民事案件的49%，与上年相比，案件增幅为61%；受理商标权纠纷案件2831件，占比为35%，与上年相比，案件增幅为88%；受理专利权纠纷案件273件，占比为3%，较上年相比，呈下降趋势。受理不正当竞争纠纷案件78件，与上年基本持平。依法稳妥审结“NB”“茅台”“老百姓”等国内外知名商标侵权案件，依法维护了权利人和消费者的合法权益。

2021年，全省新收知识产权刑事案件193件，比上年增长25%，结案率为82%，超上年4个百分点。其中受理假冒注册商标罪75件，审理68件，结案率为91%；受理销售假冒注册商标的商品罪101年，审结78件，结案率为77%。上述两类案件占知识产权刑事案件的比例为77%。

二、坚持服务大局，全力护航辽宁振兴发展

1. 开展“强化知识产权司法保护”专项活动，维护市场主体合法权益

专项活动从“坚持司法为民，努力提升知识产权司法服务水平”等5个方面提出14项具体措施，全面强化知识产权司法保护。辽宁法院积极落实司法便民利民举措，进一步加大网上立案力度，全省知识产权民事案件网上立案2476件，占新收案件立案总数的32%。依法支持当事人的调查举证申请，积极推行律师调查令制度，加大依职权调查取证力度，依法制裁不予配合调查取证的违法行为。全省法院共签发涉

及知识产权案件的律师调查令 64 份，适用证据保全 11 件。加大知识产权犯罪惩治力度，2021 年审结知识产权刑事案件 188 件，判决人数 348 人，罚金总额达 7000 多万元。准确适用惩罚性赔偿，充分发挥惩罚性赔偿对故意侵权的威慑作用，全省适用惩罚性赔偿案件 3 件。市场主体的知识产权司法保护的权利获得感、幸福感和安全感得到进一步提升。

2. 优化法治化营商环境

省法院制定《辽宁省高级人民法院关于加大知识产权保护力度，依法提高侵权成本、有效降低维权成本的实施意见》并于 2021 年 2 月印发施行。认真开展涉及"一带一路"、自由贸易试验区企业的调研，及时了解相关企对知识产权司法保护的需求。积极反馈审判过程中发现的突出性矛盾、普遍性问题、倾向性特征，及时提出合理有效的司法建议。

3. 加强司法行政协作，努力构建"大保护"工作格局

联合省知识产权局建立全省知识产权技术调查官专家库，确定首批 16 名技术专家名单。与省知识产权局、省市场监督管理局签署关于建立知识产权司法保护与行政执法、行政裁决衔接合作协议。联合省检察院、省公安厅印发《关于办理侵犯知识产权刑事案件若干问题会议纪要》。大连西岗区法院与大连市公安局食药侦支队、西岗区检察院联合举办知识产权刑事保护研讨会，针对知识产权类犯罪管辖问题、侦查商业秘密犯罪中的难点等进行深入研讨。

三、推动改革创新，优化知识产权司法体系

1. 推动设立沈阳知识产权法庭

2021 年 6 月 18 日，最高人民法院作出《关于同意辽宁省沈阳市中级人民法院内设专门审判机构并跨区域管辖部分知识产权案件的批复》，同意设立沈阳知识产权法庭，并对部分知识产权案件管辖进行调整。

2. 深入推进知识产权案件繁简分流

大连中院根据案件类型及复杂程度，以"快办案""细办案""精办案"为核心，完善分层递进、繁简结合、衔接配套的一站式多元解纷机制，深化"分流、调解、速裁、快审"机制改革，先后出台《关于进一步推进案件繁简分流的实施意见（试行）》《繁简分流案件流程操作规范》《大连市两级法院关于深化"分调裁审"机制改革的实施办法（试行）》等文件，推进案件繁简分流工作。沈阳市中院落实知识产权案件快审机制和简易程序审理机制，指导沈阳高新区法院制定《关于对部分知识产权案件适用简易程序的办法（试行）》，成立快审团队，适用简易程序和快审机制审理案件，案件审理平均时限压缩至 30 天左右。

3. 积极促进知识产权纠纷多元化解

大连中院发布《大连市中级人民法院知识产权案件诉前委派调解实施细则（试行）》，并特别聘请特邀调解员参与知识产权案件诉前委派调解。大连中院 2021 年共受理诉前委派调解案件 109 件，审结 79 件，结案率为 72.48%。沈阳高新区法院制定《诉前调解操作规程（试行）》《知识产权特邀调解工作规则（试行）》，并与中国（沈阳）知识产权保护中心、中国（辽宁）自贸区沈阳片区联合成立"知识产权司法保护诉讼服务站"和"知识产权纠纷人民调解工作室"，开展知识产权纠纷诉调对接和人民调解。大连经济技术开发区法院与大连金普新区知识产权局签订《关于建立知识产权纠纷多元化解机制的实施方案》，充分发挥人民法院、大连金普新区知识产权局在诉调对接中预防和化解矛盾纠纷的积极作用，与高等院校、知识产权仲裁院等社会组织共同参与维权援助工作，形成知识产权保护联盟机制。

4. 努力构建多元化技术事实查明机制

沈阳中院探索建立专职聘用制技术调查官制度，根据知识产权法庭建设实际需求和辖区案件特点，扩大选聘专业范围，在

化工、计算机软件等专业领域增选5名技术调查官。大连中院构建"有专门知识的人+技术鉴定"的技术事实查明工作机制。

四、营造司法保护氛围，提高知识产权司法公信力

1. 深化司法公开，促进司法公正

充分利用审判流程公开、庭审活动公开、裁判文书公开、执行信息公开四大平台，深入推进知识产权案件审判流程公开、庭审直播、裁判文书上网和执行信息公开工作。庭审直播坚持"以直播为原则，不直播为例外"，知识产权案件审判做到了"应播尽播"。进一步加大裁判文书上网力度，全年知识产权案件文书上网率保持高位。

2. 加大宣传力度，提高司法影响力

辽宁法院坚持重大案件审判活动积极邀请人大代表、政协委员、律师代表和行业协会代表等参加旁听和座谈交流机制。各地法院开展"法官进校园""法官进社区""法官进企业"等活动。深化与驻地电视台、报纸等传统媒体机构的沟通协作。

3. 开展"4·26"主题活动，扩大宣传效果

省法院、沈阳、锦州、丹东中院等法院召开"4·26"知识产权新闻发布会，发布2021年度知识产权司法保护白皮书，通报本辖区知识产权司法保护工作开展情况，公布知识产权司法保护典型案例。大连中院发布《大连市中级人民法院知识产权案件诉前委派调解实施细则(试行)》及《大连市中级人民法院关于审理知识产权案件部分问题的参考意见》，并向8位特邀调解员颁发了聘书。

五、加强审判队伍建设，提高知识产权司法能力

1. 始终坚持思想政治建设

深刻领会"两个确立"的决定性意义，不断增强"四个意识"、坚定"四个自信"、做到"两个维护"。扎实开展党史学习教育，坚持党的绝对领导，教育引导干警正确认识每一起案件都与大局相关、与民心相连。

2. 大力提高司法审判业务能力

辽宁法院以提升业务能力为重点，积极加强知识产权专业人才岗位锻炼。选派综合素质高、专业能力强、有培养潜力的知识产权法官在上下级法院之间、知识产权专门审判机构之间，以及法院和有关党政机关之间挂职和交流。依托国家法官学院及辽宁分院开展形式多样、内容丰富的知识产权专题业务培训，提高培训针对性和实效性，打造学习型审判队伍。举办全省法院知识产权审判业务培训，邀请北京、广州知识产权法院法官和辽宁大学教授授课，全省70余名知识产权审判干警参加培训。

3. 切实抓好队伍教育整顿

切实加强党风廉政建设，以政法队伍教育整顿为契机，努力打造知识产权审判队伍的铁军。按照整体工作安排，扎实落实好规定动作，灵活组织好自选动作，不断加强理论武装，坚决筑牢政治忠诚；认真整治顽瘴痼疾，确保清仓见底；扎实开展"回头看"，防止回潮反弹，持续发力，久久为功。切实将教育整顿成果转化为服务大局、司法为民、公正司法的生动实践。

供稿：辽宁省高级人民法院
知识产权审判庭

检察工作

一、依法办理知识产权案件，履行刑事、民事检察职能

多措并举，持续加大打击侵犯知识产权犯罪力度。2021年，辽宁省检察机关严厉打击侵犯知识产权刑事犯罪，在受理的侵犯知识产权犯罪刑事案件中，批准逮捕案件60件104人，审查起诉案件101件289人，监督公安机关立案10件11人，严格掌握起诉标准，确保案件质量。批准逮捕总人数同比上升52.9%，提起公诉总人

数同比上升 13.3%，监督立案人数同比上升 120%。特别是侵犯商业秘密罪，逮捕人数同比上升 250%，起诉人数同比上升 167%，假冒专利罪实现突破，有 1 件 1 人进入起诉阶段。2021 年，辽宁民事检察部门共办理 6 件涉知识产权民事生效判决、裁定、调解书的监督案件，其中知识产权合同纠纷 4 件，知识产权权属侵权纠纷 2 件；办理 1 件支持起诉案件，系著作权权属侵权纠纷案件。

二、建立沟通协调机制，探索知识产权行政检察新路径

2021 年，与沈阳市知识产权局、沈阳市浑南区人民政府、辽宁自贸区（沈阳片区）管委会等单位组建“沈阳知识产权风险防控中心”，有沈阳海关、沈阳市委宣传部版权处、沈阳市公安局经侦食药侦支队等多家成员单位，与相关知识产权行政机关常态沟通，推进知识产权保护大格局建设，努力实现双赢多赢共赢。积极发挥防控中心作用，在沈阳市浑南区沈阳知识产权服务集聚区内设立“检察蓝护航创业者法律服务站”便民、便企窗口，在实现服务中排查监督线索，及时发现问题隐患；聘请知识产权局骨干力量担任检察官助理、听证员，与行政机关增进互动，提升检察机关知识产权保护水平。与同级法院通过定期和不定期沟通、座谈，了解行政知识产权类别案件的相关情况，从中发现行政检察监督问题。例如是否存在类似由于商标局在商标审查方面核准不力予以注册引发的诉讼等问题。在涉知识产权企业微信群内推送检察官热线，为企业提供涉知识产权行政诉讼法律问题解答，同时注意搜集相关案件线索。

三、聚焦热点难点，公益诉讼全面发力守护

贯彻落实国家粮食安全战略，从维护粮食安全出发，加强种业知识产权的公益保护，助力保障春耕生产。聚焦农药、种子、饲料、饲料添加剂等农资方面问题，加大涉农检察公益诉讼工作力度，规范农资市场经营秩序，切实防范“假种子、假化肥、假农药”等侵害农民群众等消费者合法权益情形，助力保障春耕生产。以国家地理标志农产品的环资保护、食药安全保护为重点，积极稳妥拓展“三品一标”生态农产品知识产权公益诉讼保护。丹东市检察机关开展“丹东草莓”地理标志保护公益诉讼检察工作，从规范和促进知识产权角度，向农业农村部门、市场监督部门、草莓协会（“丹东草莓”地理标志所有权人）发出社会治理检察建议，督促行政机关积极关注、查处、移送销售假丹东草莓涉及侵害消费者非法权益、侵犯农产品地理标志等知识产权案件线索，鼓励草莓协会为草莓产业链各方加入协会、使用标志、商标提供便利条件，构建质量追溯体系，加强对网络侵权的查处，继续扩大“丹东草莓”品牌影响力。聚焦传统文化、传统知识保护，积极稳妥办理文物和文化遗产公益损害案件。充分发挥公益诉讼检察职能，在依法保护文物方面及时补位，深入开展文物和文化遗产保护领域公益诉讼专项监督活动，为文物古迹筑起“保护墙”。辽宁检察机关省、市、县三级联动，开展“抗美援朝 · 东北抗联”双主题专项监督活动，立案办理了中国人民志愿军赴朝和运送物资的重要通道——鸭绿江浮桥遗址保护案，并定期向最高人民检察院汇报，推动全省文物保护部门协同履职。

四、建章立制，探索知识产权检察集中统一履职

选取案件数量较多、类型丰富的沈阳、大连两地，指导开展知识产权检察集中统一履行试点工作。2021 年 4 月，沈阳市人民检察院组建沈阳市检察机关知识产权保护中心，建立覆盖全市的检察机关知识产权司法保护工作体系，提高知识产权案件办理质效。2021 年底，沈阳市人民检察院获辽宁省编委办批准，成立“沈阳知识产权检察室”。这是全国率先获编制审批的独立知识产权检察机构，构建起沈阳全链条知识产权司法保护机制。沈阳市中级人民法院、沈阳市人民检察院、沈阳市公安局发布《关于知识产权刑事案件集中管辖问题的通知》，明确知识产权刑事案件统一由沈阳市高新技术产业开发区人民检察院、沈阳市高新技术产业开发区人民法院管辖。大连市人民检察院成立“大连市人民检察院知识产权保护工作办公室”，整合刑事、民事、行政检察职能，从市院、西岗区院、高新区院选派政治过硬、能力突出、作风优良的优秀检察官专门从事知识产权检察工作，负责全市知识产权检察工作的总体部署和机制建设，加大对侵犯知识产权刑事、民事、行政案件的办案和业务指导力度，实现涉知识产权案件办理和法律监督一体化、专业化、多元化，切实提高知识产权检察工作的质量和效果。

五、运用培训，加大专业化人才队伍建设

组织省、市、县三级检察机关结合本地实际情况，以条线培训、联合培训等形式开展知识产权业务培训。辽宁省人民检察院邀请辽宁省检察业务专家结合实务中案件办理，讲授工作经验和工作方法。依托命名检察官工作室，多次通过送法入企业、腾讯云课堂、受邀组织专题讲座等方式，进行知识产权保护普法宣传。大连市人民检察院组织两级检察院参加关于办理侵犯知识产权犯罪案件业务培训。锦州市人民检察院邀请辽宁大学教授通过网络视频授课形式，针对我国现阶段知识产权司法保护现状和“两法衔接”难点进行分析。阜新市人民检察院派员参加市级部门间培训，向参会的成员单位讲解知识产权保护工作中检察机关主要职能及案件办理情况。

六、加强知识产权刑事保护宣传，引导社会广泛关注

2021 年 4 月 25 日，以知识产权保护专题新闻发布会形式，发布《辽宁省检察机关知识产权刑事保护工作白皮书（2016—2020）》，总结 5 年来全省检察工作以及 4 件知识产权刑事保护典型案例。这 4 件典型案例涵盖了检察机关批捕、起诉、立案监督、侦查活动监督、羁押必要性审查、刑事裁判监督等主要检察职能，重点突出辽宁省检察机关对侵权假冒犯罪全产业链条的严厉打击和充分运用各项检察职权落实知识产权司法保护的经验做法，切实将鼓励创新和营造良好营商环境落实到司法办案中，为助力辽宁经济全面振兴、全方位振兴提供优质高效的司法服务和保障。2021 年 4 月 17 日，指导沈阳市人民检察院举办“中国 · 沈阳 2021 知识产权刑事保护高端论坛”，同时启动沈阳市检察机关知识产权保护中心。

供稿：辽宁省人民检察院
知识产权检察办公室

吉林省

知识产权工作

2021 年，吉林省在国家知识产权保护工作检查考核中获得优秀等次。知识产权保护工作纳入《吉林省国民经济和社会发展第十四个五年规划和 2035 年远景目标纲要》。《关于推进知识产权强省建设的实施意见》和《吉林省贯彻落实〈关于强化知识产权保护的意见〉的实施意见》列入省委深改委 2021 年度改革任务台账。《“十四五”知识产权保护和运用规划》经省政府同意印发实施。召开吉林省知识产权工作领导小组会议，深入学习贯彻习近平总书记关于知识产权工作的重要讲话精神。经省委编办批复同意，通化、白山、辽源三市相继加挂知识产权局牌子，实现全省市（州）级知识产权工作机构全覆盖。增设 4 个商标业务受理窗口，全省达到 8 个。

一体推进建设中国（吉林）、中国（长春）知识产权保护中心，获国家知识产权局同期调研、同时批复、同步建设，系全国首例。吉林省被国家知识产权局列为第二批以信用为基础的分级分类监管试点。开展知识产权领域以信用为基础的分级分类监管试点工作，确定长春、四平、通化为试点城市。与浙江省建立电商领域专利执法维权协作，签署《辽吉黑蒙四省区专利侵权纠纷行政裁决合作协议》。在 9 个市（州）建立知识产权纠纷人民调解委员会，实现知识产权纠纷调解组织全覆盖。新建知识产权维权援助工作站 53 家，形成省市县三级维权援助服务体系。制定《吉林省专利行政执法指引》，出台《电子商务平台知识产权保护规则》。知识产权行政执法案件平均办理周期由 54 天缩短至 32 天。举办全省知识产权行政执法等培训班 6 期，培训 800 余人次。

全年知识产权质押融资额 24.3 亿元，为企业节约成本 540 万元。与省财政厅联合印发《吉林省 2021—2023 年专利转化行动计划实施方案》，在国家知识产权局成功备案。实施高端装备制造和医药产业专利导航，扶持经费 55.4 万元。推进长春新区知识产权运营服务中心建设，长春应化科技总公司知识运营机构开展服务，延边东北亚知识产权运营中心获得国家知识产权局批准筹建。评选 20 户高价值专利密集、转化运用成效显著的知识产权强企，补助经费 160 万元。发布《2021 年度吉林省知识产权项目申报指南》，支持 12 户企业开展专利导航，支持经费 180 万元。投入资金 130 万元，支持新获批 12 家国家知识产权优势示范企业和 1 个国家知识产权示范区发展。

印发《吉林省专利奖评奖办法》。建设“统一规划、统一平台、统一标准、统一窗口”的知识产权公共服务网。设立吉林省知识产权信息公共服务网点后补助项目，对 3 家技术与创新支持中心（TISC）、1 家高校国家知识产权信息服务中心以及 30 家省级知识产权信息公共服务网点补助经费 388 万元。对获得第二十二届中国专利优秀奖的省内 5 家企业拨付奖补资金 50 万元。向 2020 年注册地理标志商标单位拨付奖补资金 90 万元。

一、专利

2021 年，专利授权量 29 879 件，同比增长 24.8%；有效发明专利 21 699 件，同比增长 25.7%；万人拥有量 9.01 件。专利代办业务全面推行网上申请、网上审查等一系列便民服务措施，全年受理审查专利收费减缴备案 11785 件，为创新主体节省费用近 1.2 亿元；完成专利电子申请受理审查 41 381 件，均实现“零跑动”；将 551 件高价值专利申请推荐至国家知识产权局进行优先审查；为 111 家企业的 577 件专利办理专利权质押登记，质押融资 22.4 亿元。对新授权发明专利 2547 项和高价值专利转化项目 30 项，发放补助资金 230.94 万元。对 10 家专利代理机构开展“双随机、一公开”检查，完成商标印制企业“双随机、一公开”联合抽查检查。举办 3 期专利检索分析培训，培训 500 余人。开展 2021 年度全国专利代理师资格线上考前培训和 3 期专利代理能力提升培训。组织吉林省商标业务受理窗口业务培训会，培训 108 人。

二、商标

2021 年，全省商标业务受理窗口共受理商标注册申请 1290 件，受理商标权质押登记 13 件，质押贷款额 5.81 亿元。新增商标注册量46313件，同比增长43.17%，全省有效注册商标达到296 065件，同比增长21.86%。设立36家商标品牌指导站，为市场主体提供商标品牌注册、运用、管理、保护等知识产权一站式服务。

三、地理标志

2021年，新增9件地理标志商标，增长10%，地理标志商标达到99件，拥有地理标志保护产品57个。白城（绿豆）、梅河（大米）两个地理标志产品保护区获批国家地理标志产品保护示范区。发布《关于开展吉林省特色资源产品调查的通知》，完成全省特色资源产品储备库建设，储备特色资源产品75个，其中地理标志产品保护需求27个，地理标志证明商标注册需求48个。长白石、白城绿豆、吉林高粱酒3个地理标志产品获得地方标准制（修）订立项。完成扶余四粒红（花生）、榆树钱酒（榆树大曲）2个地理标志标准修订工作。培育双阳梅花鹿、长白山矿泉水等吉林十大地理标志，制作吉林长白山天然矿泉水等5个地理标志保护产品公益宣传片。组织双阳梅花鹿等产品生产企业参加“第二十八届农高会”地理标志产品展。

供稿：吉林省知识产权局

版权工作

一、多举措预防和查处侵权盗版行为，充分发挥监管职能

联合印发《吉林省2021年打击网络侵权盗版专项治理“剑网”行动工作方案》，启动吉林省“剑网2021”专项行动。

1. 开展重点领域巡查，进行主动监管

对省内主要新闻信息类网站进行监控，梳理存在的问题及侵权行为风险点，对相关负责人进行约谈，指导其进行整改，规范使用他人新闻作品的行为，建立起授权使用作品的良性秩序。各地区针对本辖区内的重点网站进行梳理巡查，汇总问题及信息线索，上报省版权局。针对上报汇总的信息线索，逐一核查认定，对存在侵权风险的网站督促整改。

2. 开展省内重点城市互联网视听网站和微信公众号专项治理

组织各有关文化市场综合执法机构对重点城市互联网视听网站和微信公众号进行专项治理，进一步规范网络版权秩序。指导查办涉电商平台侵权案件。查办李某某拼多多精品素材店销售盗版图书案，依法作出罚款0.2万元的行政处罚。

二、稳步推进全省软件正版化工作，努力完成阶段性任务

1. 加强组织协调，全面安排部署

省推进使用正版软件工作联席会议办公室（省版权局）协调联席会议各有关成员单位，完善工作机制及各项制度，努力形成整体工作合力。制定印发《吉林省2021年推进使用正版软件工作计划》，全面部署软件正版化工作，明确工作目标任务。各市、县级软件正版化工作领导小组制定完成本地区软件正版化工作实施方案，健全、完善软件正版化工作机制，明确领导小组各成员单位责任分工和工作任务，有针对性组织开展软件正版化工作。

2. 加强督促检查，完善软件正版化长效工作机制

聘请第三方公司，对部分地区、省级党政单位及重点行业、省国资委监管企业软件正版化工作进行抽查。组织开展面向长春市、吉林市、四平市、通化市和白山市下属的25个县市区、125个党政机关单位的软件正版化工作核查，累计检查计算机4841台。针对检查中发现的问题，及时给予现场反馈并提出整改要求。

3. 落实整改采购要求，确保机关单位正版软件全覆盖

督促、指导各省级党政机关单位及各市县级政府软件正版化工作牵头业务部门，按照上级有关部门督查反馈意见，结合

本单位自查情况，统计正版软件实际需求，做好新增正版软件采购和软件升级工作，持续推进各级党政机关单位正版软件全覆盖。

4. 加强宣传培训，提高软件正版化工作水平

举办政府机关软件正版化工作培训，125名政府部门的软件正版化工作负责人参加培训。全省各级版权管理部门利用"4·26世界知识产权日""3·15国际消费者权益日"等重要节点对使用正版软件工作相关法律要求进行宣传，提高社会公众认识，为软件正版化工作的开展营造良好社会氛围。

三、创新开展版权宣传工作，扩大版权社会影响

1. 树立典型，坚持示范引领

面向社会公开发布2020年度全省侵权盗版典型案件。利用中国吉林网平台对全省16个版权示范单位的版权保护经验进行连续宣传。

2. 直播聚焦，锁定重点人群

对《他乡的春天》著作权侵权纠纷案进行庭审直播，邀请吉林大学、延边大学法学学者同步解读庭审活动。

3. 提前介入，直面行业痛点

版权管理部门邀请知识产权法庭和行业协会代表就KTV经营者商业性使用歌曲授权问题与行业内单位代表进行交流磋商。

4. 全省联动，实现同频共振

积极筹划，充分运用媒体融合平台，扩大宣传范围，提升公众版权保护意识。形成处处可见的宣传态势，激发公众了解版权、尊重原创的热情。

版权工作信息被中宣部《每日要情》、国家版权局网站、《中国新闻出版广电报》、省委办公厅《每日要情》、《宣传导报》、"学习强国"吉林学习平台、《吉林日报》、中国吉林网采用。全年共发布各类工作信息38篇。

四、积极推动版权示范创建工作全面展开

组织召开全省版权示范工作经验交流会，总结交流2020年吉林省版权示范工作，分析新形势，部署2021年版权工作任务。2021年评定产生新的省级版权保护示范单位13个，省级版权保护示范园区（基地）1个。目前累计成功创建全国版权示范园区（基地）2个，全国版权示范单位2个，全省版权示范园区（基地）3个，全省版权示范单位30个。

五、农村版权服务工作扎实展开

围绕乡村振兴战略，主动寻找版权保护服务"三农"发力点，为农民作品版权运用和推广探索新路径。依托新时代文明实践中心，分批次设立农村版权保护服务工作站，开展农村版权保护服务试点工作。在首批设立8个农村版权服务工作站基础上，考核设立了11个农村版权服务工作站，打通服务农村文化创意产业、服务农村创作者的"最后一公里"，将版权保护宣传和服务送到农民家门口。

六、作品登记工作有序开展

2021年，累计开展作品登记6848件、出版外国图书合同登记204件。

供稿：吉林省版权局

司法工作

一、发挥审判职能，公正高效审理知识产权案件

2021年，吉林省各级人民法院共受理一审、二审、再审等各类知识产权案件7931件，审结7241件（含旧存，下同），较上年分别上升41.78%、32.91%，总体结案率91.29%。

2021年，共新收和审结知识产权民事一审案件7478件和6955件，分别较上年上升39.00%和31.15%，一审结案率为91.26%。一审案件中，新收著作权案件

5950件，同比上升30.34%；商标案件1223件，同比上升60.29%；专利案件189件，同比上升139.24%；技术合同案件34件，特许经营案件26件，不正当竞争类案件33件，植物新品种纠纷10件，其他知识产权民事纠纷案件13件。共新收和审结知识产权民事二审案件240件和224件，共新收和审结知识产权民事再审案件4件。

共新收和审结知识产权刑事一审案件51件和47件，比上年分别上升168.42%和104.35%，结案率88.68%。其中，假冒注册商标罪15件，销售假冒注册商标的商品罪31件，非法制造、销售非法制造的注册商标标识罪3件，侵犯著作权罪2件。共新收知识产权刑事二审案件6件，审结5件。

二、完善审判机制建设，提高知识产权审判司法水平

深化知识产权"三合一"审判机制建设。知识产权"三合一"审判机制是中办、国办《关于强化知识产权保护的意见》及吉林省《关于推进知识产权强省建设的实施意见》的重要举措。自省高院民三庭、长春知识产权法庭实行知识产权"三合一"审判机制后，2021年10月，延边中院开始实行知识产权民事、刑事、行政案件审判"三合一"机制，设立专门的知识产权审判专业合议庭，是吉林省首家成立"三合一"审判合议庭的中级人民法院。吉林省法院在推进"三合一"审判机制落实的路上又前进了一大步。

指导落实知识产权精品战略。为增强和树立知识产权法官精品意识，全面完成知识产权精品工程任务目标，省高院民三庭向全省各中级法院发布《关于知识产权精品工程实施意见(试行)》，在全省范围挖掘和培育知识产权精品裁判文书、精品案例、精品庭审。长春知识产权法庭和延边中院积极落实精品工程战略，培育并向吉林省高院报送知识产权典型案例10件以上。

落实知识产权侵权惩罚性赔偿机制。积极探索损害赔偿机制，对于具有重复侵权、恶意侵权以及其他严重侵权情节的，依法加大赔偿力度，适用惩罚性赔偿，提高侵权代价，有效遏制侵犯知识产权行为。长春知识产权法庭在"皓月"商标权侵权案件中，判处3倍惩罚性赔偿；审理一起东北师范大学诉某报社不正当竞争纠纷案，一审判决赔偿300万元，为长春知识产权法庭成立以来的最高法定赔偿数额，吉林省高院二审对一审判决依法予以维持。

推进知识产权多元化调解机制建设。吉林省法院积极探索与省市场监管厅等知识产权行政部门的协作机制，特别是知识产权纠纷多元化解机制。省高院与省市场监督管理厅针对多元化纠纷解决机制联合起草《关于建立知识产权纠纷在线诉调对接机制的意见》，2021年10月18日正式印发。多元化纠纷解决机制的建立，将有效提高知识产权纠纷化解的质效，为当事人切实提供便利。

推进知识产权异地执行机制建设。为进一步规范知识产权判决异地执行工作，保障知识产权案件生效裁判得到及时有效执行，维护各方当事人合法权益，省高院民三庭与执行指挥中心联合制定《关于知识产权判决异地执行的指导意见》，已于10月12日正式印发。

三、做好知识产权宣传工作，加强案例指导

召开知识产权司法保护状况新闻发布会。2021年4月25日，省高院召开新闻发布会，向社会介绍了2020年吉林省知识产权司法保护状况白皮书，并公布了10个知识产权审判典型案例。白皮书总结了2020年全省知识产权审判工作的案件审理情况、案件特点，并介绍了全省法院在知识产权审判机制建设、保护营商环境方面的成就，对下一步工作开展进行展望。十大典型案例选取范围涵盖刑事、商标类、专利类、著作权类等知识产权领域，具有代表意义和社会影响力，对于全省知识产权审判庭提高知识产权保护力度、统一裁判标准起到了良好的促进作用。

开展知识产权宣传周活动。全省各级人民法院在省高院民三庭的号召领导下，紧扣“知识产权和中小企业：把创意推向市场”的主题，充分发挥知识产权审判的职能作用，在“4·26 全国知识产权宣传周”期间开展一系列形式多样、丰富多彩的宣传活动。下基层、进企业。4 月 21 日，长春知识产权法庭走进吉林网络广播电视台，进行著作权专题普法讲座。4 月 23 日，省高院、省市场监管厅、长春市市场监管局和长春知识产权法庭组成联合调研组，走访中国科学院长春光学精密机械与物理研究所和吉林省特医食品生物科技有限公司。府院联动。4 月 26 日，省知识产权局与省高院等 9 家单位联合召开 2021 年吉林省知识产权新闻通报会，通报 2021 吉林省知识产权保护工作的重点内容和计划。4 月 22 日，长春知识产权法庭联合长春中院执行指挥中心、长春市委宣传部版权管理处、长春市文化市场综合行政执法支队组织召开“卡拉 OK 行业版权保护协调会”，共同推进 KTV 侵权纠纷化解。公开庭审。4 月 26 日，长春知识产权法庭公开开庭审理一起涉及水稻品种的侵害植物新品种的案件，长春工业大学 40 余名学生旁听庭审。同日，延边中院对一起知名歌手著作权侵权纠纷案件通过吉林电视台进行庭审直播，并在今日头条等互联网平台同步直播。

四、助力打造知识产权吉林品牌

协助完成国家知识产权保护工作检查考核。2021 年是国家知识产权保护工作检查考核的第二年。省高院认真落实中央、省委关于知识产权工作的部署要求，积极提供知识产权司法保护的材料依据，撰写考核说明材料，并多次到省知识产权局参加领导小组报告会，根据领导小组的要求修改、完善迎检材料，完成材料提交工作。2021 年吉林省知识产权保护工作再次被评定为优秀等次。

迎接全国人大监察和司法委员会调研组开展关于吉林省知识产权审判工作的调研。积极组织调研接待工作，起草《关于吉林省知识产权司法保护情况的报告》，下发明传要求下级法院准备汇报材料等事宜。调研组座谈听取了吉林省三级法院的工作汇报，对省法院提出的工作建议予以热烈讨论，对长春汽车经济技术开发区人民法院的知识产权刑事审判工作给予认可，对长春知识产权法庭的重要性及工作成绩予以肯定，并表示会努力促成长春知识产权法庭向长春知识产权法院跨进。

加强科技创新成果保护。加大对核心技术以及高科技产业的知识产权司法保护力度，重点关注“一汽”“长客”等汽车制造业，“光机所”“应化所”等高新科技研究所，保障长春新区科技产业发展，积极服务创新驱动发展和科技自立自强。着力打造知识产权司法保护的吉林品牌，形成以长春知识产权法庭、延边中院知识产权审判庭为引领的审判工作机制，在农业品牌、吉林中医中药、冰雪旅游、红色经典作品、珲春跨境电商等领域中打造精品案例，发挥司法审判指引作用，助力提升本省产业链、供应链、价值链现代化水平。

供稿：吉林省高级人民法院
知识产权审判庭

检察工作

一、严厉打击侵犯知识产权刑事犯罪

一是充分发挥批捕、起诉职能。2021 年，受理提请批捕侵犯知识产权犯罪案件 52 件 82 人，受理件数与人数同比上升分别为 48.6%、17.1%，批准和决定逮捕 29 件 42 人，批捕的件数与人数同比上升分别为 107.1%、61.5%，不批准和不予决定逮捕 26 件 44 人，不批准逮捕件数同比上升 44.4%，不批捕人数与上一年度持平。共受理移送起诉侵犯知识产权犯罪案件 75

件191人，受理件数与人数同比上升分别为59.6%、94.9%，起诉44件112人，起诉件数与人数同比上升分别为76%、77.8%，不起诉11件23人，不起诉件数同比下降8.3%，不起诉人数同比上升27.8%。二是积极履行法律监督职责。受理刑事二审抗诉知识产权案件3人，其中改判1人。三是加强机制建设。印发《关于加强对全省涉知识产权检察案件指导工作的办法(试行)》，进一步规范全省侵犯知识产权案件办理工作，对提高确定刑量刑建议适用比例等提出明确要求。四是开展专项行动。坚持“严”的主基调，重点打击关乎粮食安全的涉农药、种子、化肥等涉农领域知识产权刑事犯罪。公主岭市人民检察院结合公主岭作为农业大市的地域特点，联合市公安局、农业农村局、市场监督管理局开展打击假冒玉米种侵犯涉农知识产权行动，查处销售假种子犯罪13人(已全部判决)。

二、开展知识产权检察职能集中统一履行试点

按照最高人民检察院知识产权检察职能集中统一履行试点工作的部署和要求，全省三级院按照“123模式”，组建知识产权专门化机构，即在吉林省人民检察院、长春市人民检察院、通化市人民检察院及公主岭市人民检察院、长春市宽城区人民检察院、通化市东昌区人民检察院3个基层院分别设立专门的知识产权检察办公室，探索建立与人民法院知识产权刑事、民事、行政案件“三合一”审判机制改革相适应的案件管辖与诉讼协作机制。在案件办理上，立足知识产权刑事、民事、行政、公益诉讼职能行使特点，把握综合履职运行规律，坚持知识产权案件“一案三查”，对同一案件同步审查是否涉行政执法、刑事追诉、民事追责等情形，打破刑事、民事、行政检察工作壁垒，实现办案理念融合与工作整合，全面加强知识产权综合司法保护。例如吉林市人民检察院经过3个月的精心谋划，成立了知识产权保护刑事检察工作站，整合市县两级检察院知识产权刑事检察业务骨干力量，构建专业诉讼通道、专业办案流程、专业办案团队，全面提升知识产权刑事案件办理质效，并引入专家咨询委员会制度，为工作站提供专业咨询、业务培训等智力支持。

三、全面加强知识产权综合司法保护

一是依法开展知识产权权利人保护。开展了侵犯知识产权刑事案件权利人诉讼义务告知工作。2021年3月，通化市人民检察院向北京同仁堂有限责任公司发出了全省首份《侵犯知识产权刑事案件权利人诉讼权利义务告知书》。二是积极参与社会治理，推进行刑衔接。在监督办案过程中，吉林省人民检察院知识产权办公室要求全省知识产权检察条线自觉、主动融入国家治理，针对案件办理中发现的社会治理倾向性、苗头性问题，加强与知识产权管理部门等的协作，健全行政执法与刑事司法衔接机制，落实好案件线索移送机制，完善检察机关与行政执法机关、公安机关、审判机关、监察机关等的信息共享、案情通报、案件移送制度，实现行政处罚与刑事处罚无缝对接，不断加强对侵犯知识产权、食品药品安全、产品质量等与人民群众生命安全、身体健康息息相关的市场监督管理领域违法犯罪行为的打击力度。2021年，制发涉侵权假冒检察建议4份。

四、加大宣传力度，营造全社会尊重知识产权氛围

选取两起涉农知识产权典型案例编发专题简报，供全省检察机关在深入开展以案释法、以案普法活动中借鉴参考。在“4·26全国知识产权宣传周”期间，与吉林省知识产权局等9家单位联合召开“4·26知识产权日新闻发布会”。组织全省检察机关开展“4·26全国知识产权宣传周”活动。公主岭人民检察院知识产权检察办公室成立以来，开展了走进社区、走进校园、走进企业等“三走进”知识产权专项宣传活动，累计向社会公众发放普法宣传单 2 万余份、开展知识产权宣讲及召开座谈会 20 余次，就人民群众、企事业单位普遍关心、重点关心的知识产权相关法律法规进行系统讲解，并征求社会各界对知识产权检察工作的意见建议。长春市汽开区人民检察院针对本辖区侵犯商标类犯罪主要集中于汽车零配件领域的特点，在知识产权宣传周期间，推出系列宣传活动，并将提高知识产权检察质量与服务企业等工作相结合，均取得良好效果。

供稿：吉林省人民检察院
知识产权检察办公室

黑龙江省

知识产权工作

一、专利

2021 年，专利授权量 6337 件，同比增长 37.82%，商标注册量 77 776 件，同比增长 32.22%；截至 2021 年底，有效发明专利 32 754 件，高价值发明专利 11 291 件。

知识产权保护成效显现。牵头落实《关于强化知识产权保护促进高质量发展的实施意见》，会同有关部门统筹推进全省知识产权保护工作。规范执法行为，出台《黑龙江省专利侵权纠纷行政裁决程序规定》。坚持机制创新，建立健全东北三省一区专利侵权执法协作、省内知识产权执法协作、纠纷调解、仲裁及海外维权工作机制 8 个。加强行政、司法等部门横向协同和知识产权部门纵向联动，开展各类知识产权保护专项行动，综合运用司法、行政、社会治理手段强化多元化保护，严厉打击商标、专利、地理标志、奥林匹克标志等领域违法行为。组建省知识产权纠纷调解委员会和维权援助专家库，全省共成立知识产权维权援助工作站 15 个，实现 13 个地市全覆盖。联合中国贸促会编制完成《跨境电子商务知识产权保护指南》团体标准。发布《2020 年黑龙江省知识产权保护状况》白皮书。与省市场监管局共同发布 2020 年度知识产权行政保护十大典型案例。开展地理标志专用标志使用抽查检查，强化地理标志保护。五常大米、方正大米获批筹建国家地理标志产品保护示范区。哈尔滨市、双鸭山市建立知识产权保护联席会议制度。牡丹江市成立省内首家知识产权仲裁庭。

知识产权运用持续助力。省政府设立黑龙江省专利奖。联合省财政厅实施专利转化专项计划三年行动方案。出台《黑龙江省知识产权促进高质量发展企业奖补政策实施细则》，部分奖补政策实行“非申即享”。出台《黑龙江省专利导航服务基地建设管理办法（试行）》，新评定产业规划类专利导航服务基地 7 个。开展专利导航、分析评议、知识产权托管，助力省重点产业发展和“百大项目”实施。探索构建知识产权市场化运营机制，联合省工业技术研究院共建省知识产权运营促进中心，批准成立生物产业知识产权运营中心，推动知识产权转移转化。联合黑龙江银保监局、省发改委、工信厅印发《知识产权质押融资入园惠企行动方案》，强化“政企银保服”联动。2021 年全省专利商标质押融资登记金额 15.27 亿元，较 2020 年增长 91.11%。建成商标品牌指导站 10 家，在建 17 家，为企业提供便利化、高质量的指导和服务。开展地理标志助力乡村振兴行动，五常大米、海伦大豆、方正大米入选国家知识产权局第一批地理标志运用促进重点联系指导名录。

知识产权综合服务显著增强。中国（黑龙江）知识产权保护中心完成建设投入试运行，备案企事业单位 387 家，注册代理机构

116 家。国家知识产权局黑龙江业务受理窗口揭牌运行，实现“一窗通办”。新增设七台河、鹤岗、黑河、绥芬河 4 个商标受理窗口。开展知识产权服务业发展 7 个专项行动。发布《知识产权咨询服务规范》地方标准。持续开展“蓝天”专项整治行动，严厉打击非正常专利申请和商标恶意抢注行为。加强专利代理机构监管，在全国率先结合专利代理行为特点出台《行政处罚自由裁量基准》。省知识产权公共服务（运营）平台设立自由贸易试验区网上服务专区。指导哈尔滨工程大学、东北石油大学分别获批成为技术与创新支持中心（TISC）和高校国家知识产权信息服务中心。支持哈尔滨工业大学成立知识产权志愿者服务队。牡丹江市市场监管局与绥芬河市政府签订局市共建知识产权服务体系合作协议。

二、企业知识产权工作

确定 2021 年度省知识产权优势企业 40 家（示范企业 6 家、试点企业 22 家、培育企业 12 家），印发《关于确定 2020 年度省知识产权优势企业的通知》。对申报认定 2021 年度省知识产权优势企业的 72 家单位通过审核、评审、公示等既定流程，确定 2021 年度省知识产权优势企业 69 家（示范企业 12 家，试点企业 15 家、培育企业 42 家），全年共新认定知识产权优势企业共 109 家。全省企业当年累计专利授权量首次突破 1 万件。对符合条件的 4 家通过 PCT 途径获得国外授权专利企业（15 项）、1 家获得马德里注册商标企业（12 项）、164 家（2019 年 9 月 1 日至 2020 年 12 月 31 日期间）首次通过知识产权管理体系（GB/T 29490—2013）贯标认证的企业给予资助。2021 年通过贯标认证企业达到 65 家。

三、首届黑龙江省专利奖

按照省委省政府领导批示要求、省评比达标表彰工作协调小组办公室《关于转发〈关于黑龙江省申报项目的复函〉的通知》积极推动黑龙江省专利奖评选表彰工作。建立制度规定，成立评奖组织，启动评奖工作。组织线上省专利奖申报工作培训，受众面覆盖各市（地）和企事业单位近 5000 人次，同时面向 60 余家高校院所科研管理人员进行政策解读，积极动员高校院所、企业和社会公众申报项目。共受理申报项目 421 个，初审合格项目 411 个。

四、地理标志

联合省市场监管局制定了《关于进一步加强地理标志保护的工作方案》，结合本省实际从 8 个方面提出措施，强化本省地理标志保护工作。向国家知识产权局推荐方正大米国家地理标志产品保护示范区（方正县）、五常大米国家地理标志产品保护示范区（五常市）作为 2021 年国家地理标志产品保护示范区，按要求向国家知识产权局推荐方正大米、五常大米、北大仓酒、饶河东北黑蜂（蜂蜜）、海伦大豆、中国北极蓝莓 6 个地理标志作为对俄地理标志保护意向清单。2021 年，已有珍宝岛大米、桦川大米、建三江大米 3 个未使用地理标志产品完成了企业申请使用。组织开展地理标志助力乡村振兴行动。推进地理标志产品专用标志使用核准改革试点。对相关地理标志产品管理部门报送的 99 家企业使用地理标志产品专用标志申请予以核准。对各地提交的 223 家地理标志证明商标许可使用企业使用地理标志专用标志材料按要求报送国家知识产权局审查后及时发放专用标志下载电子口令。

供稿：黑龙江省知识产权局

版权工作

一、推进版权体制机制改革，完善版权保护格局

按照新修改的《著作权法》要求，推动落实黑龙江省各市（地）、县（市、区）党委宣传部加挂版权局牌子，全部完成挂牌工作，形成机制贯通、运行顺畅的版权管理工作格局。

二、加大版权执法监管力度，维护版权保护秩序

组织开展全省打击院线电影盗录传播集中行动，着力规范春节档院线电影版权传播秩序。查办盗播春节院线影片行政案件 4 起，取缔违法经营场所 2 家。持续开展“剑网 2021”专项行动，各地版权部门共检查单位 5053 家次，出动执法人员 13 023 人次，查处侵权盗版行政案件 12 起，较上年增长 30%；停止侵犯著作权案链接 29 条，其中大庆侵犯网络游戏著作权案和哈尔滨 5·28 侵犯著作权案已由国家版权局、公安部等部门联合督办。1 家单位和 3 名执法人员获国家版权局打击重大侵权盗版案件有功单位和有功个人荣誉。

三、推进软件正版化工作，巩固版权保护成果

重新确认省推进使用正版软件工作联席会议组成人员和联络员，保证工作连续性。召开省推进使用正版软件工作联席会议暨软件正版化工作推进会，部署全年工作。组织省推进使用正版软件工作联席会议成员单位对 42 家省直单位和 10 家国资委出资企业总部的软件正版化工作现场检查，对检查情况分两批进行通报，对存在问题较多的单位进行“回头看”检查。召开重要行业软件正版化工作推进会，审议通过推进黑龙江省重要行业软件正版化工作方案。

四、强化版权服务工作，优化版权保护环境

持续开展版权示范单位核查创建工作。哈尔滨工业大学出版社、佳木斯马华赫哲鱼皮文化有限公司等 2 家单位被评为全国版权示范单位。重新修订《黑龙江省版权示范单位和示范园区（基地）认定管理办法》，开展省级版权示范单位认定工作，认定哈尔滨市石桥印务有限公司、哈尔滨慧文书院文化传媒集团有限公司等 7 家单位为 2021 年度黑龙江省版权示范单位。版权社会服务工作成效明显，2021 年作品登记数量 2844 件，较上年增长 38%。完成出版外国图书合同登记 108 件。组织出版单位参加第二十八届北京国际图书博览会，13 家图书出版单位围绕建党百年、迎冬奥、抗疫防疫、黑龙江地域特色等主题进行重点宣传，展示黑龙江优秀版权作品，推进黑龙江版权“走出去”，参展出版物 600 余种。

五、加强版权宣传培训，营造版权保护氛围

围绕“全面加强版权工作，推动构建新发展格局”主题，组织“4·26 世界知识产权日”系列宣传活动。制作公益海报、短视频等宣传素材，省、市、县（区）三级联动，利用线上线下全媒体资源，多角度多渠道共同推进。邀请法学专家围绕新《著作权法》，举办公益讲座。举办黑龙江省暨哈尔滨市集中销毁侵权盗版和非法出版物活动，扩大版权宣传影响。组织开展第二届全省大学生版权征文活动，推荐 108 个优秀作品参加全国大学生版权征文活动，黑龙江省 2 名学生获奖。组织全省软件正版化工作培训班和版权业务培训班。

供稿：黑龙江省版权局

司法工作

一、依法妥善审理各类知识产权案件，充分发挥司法保护主导作用

2021 年，受理各类知识产权一审案件 2367 件，审结案件 2207 件，结案率 93.2%。其中，民事案件一审收案 2295 件，同比增长 42.07%，共审结 2138 件，其中商标权纠纷 1316 件，著作权纠纷 518 件，专利权纠纷 118 件，植物新品种纠纷 3 件，其他纠纷 183 件，结案率为 93.15%，调解、撤诉率为 69.13%。刑事案件一审收案 70 件，审结 67

件，结案率为95.7%。行政案件收案2件，审结2件，结案率为100%。

一是加强科技创新成果保护。审结专利技术类纠纷案件合计152件，涵盖节能环保、新能源、生物医药、信息等战略性新兴产业。审结植物新品种民事纠纷案件4件，有效保护种业自主创新。二是加强著作权和相关权利保护。审结著作权纠纷518件，涉及影视制作、演艺娱乐、图书出版、软件、动漫等多个领域，保护作者合法权益，激发文化创新活力。三是加强商标权保护。审结商标权纠纷案件1316件，强化对本省老字号、地理标志产品的保护，如审结"五常大米"商标侵权案6件，有力制裁了假冒商标、"傍名牌"等违法行为。四是加强公平竞争权保护。审结攀附"哈药集团"商誉等不正当竞争纠纷61件，规范市场秩序，促进同业良性竞争。有1件案例入选中国法院2021年50件典型知识产权案例，"库尔勒香梨案"作为地理标志保护的典型案例被写入《最高人民法院关于人民法院知识产权审判工作情况的报告》。

二、强化知识产权审判领域改革创新，破解司法保护难题

一是完善知识产权审判制度机制。全面落实中央、省委和最高人民法院关于加强知识产权保护的相关部署，制发《关于全面加强知识产权司法保护　服务保障高质量发展的若干意见》，提出5个方面、26条具体意见，指导全省法院持续优化知识产权审判工作。二是推进知识产权民事案件繁简分流工作。为提升知识产权民事案件办理质效，切实解决维权"周期长"难题，指定齐齐哈尔中院作为试点，探索开展知识产权民事案件繁简分流工作。试点期间，该院通过要素式审判方式，一次性开庭审理17件侵害商标权纠纷案件，开庭用时时间平均缩短至28分钟。省高院在总结试点成功经验、做法后，拟向全省法院推广。三是稳步推进知识产权审判"三合一"改革。经省委编委批复同意，省高院民三庭加挂"知识产权审判庭"牌子，指导黑龙江法院开展"三合一"改革。借助最高人民法院调整四级法院职能定位改革契机，加强与省检察院、省公安厅等单位的沟通协调，拟在知识产权民事、行政案件下沉至指定基层法院后，加快落实刑事案件集中管辖，理顺"三合一"改革面临的审级不协调、管辖不集中等难题。四是突出司法裁判"严保护"导向。加大对侵犯知识产权犯罪的打击力度，注重涉案财物处置及财产刑运用，强化刑罚威慑功能，如在吴某等3人假冒注册商标罪一案中，在依法判处主刑同时，单案判处罚金合计2125万元，从经济根源上切断了再次侵权的可能。五是提升知识产权司法保护智能化水平。加强数字技术在审判及诉讼服务工作中的深度运用，以大数据为媒介基础，丰富类案检索、同案智推等智能办案辅助功能；利用数字法院、法官监督管理等平台系统，加强对知识产权审判数据的系统性分析，促进提升审判质效；依托科技法庭与黑龙江移动微法院、云审、多元调解等小程序，实现网上立案、缴费、开庭、调解、送达等智慧服务全领域覆盖。2021年，省高院知识产权审判庭95%以上的知识产权案件通过网上开庭方式审理，有效克服了疫情反复给群众诉讼造成的不便，让诉讼参与人充分享受到司法便民的"数字红利"。六是多措并举加强知识产权审判队伍的专业化建设。省高院将知识产权审判相关内容纳入全省法院员额法官培训课程中，并通过开展法官讲坛等多种形式，提升审判人员业务素质。在审判绩效考评上，通过合理确定案件折算标准、综合考量办案质效等方式，激励法官办案积极性，知识产权审判工作效率及办案质量显著提升。根据省高院审管办2021年对全省各中级法院法官（含民事、刑事、行政条线，共计777人）的排名通报中，知识产权审判条线法官排位明显领先，全省排名前20名中共有5名系知识产权

法官。2021 年,全省法院知识产权审判部门有 4 家获得全国法院系统"先进集体"等各类荣誉称号,有 8 人因办案质效突出荣立"三等功"或受到嘉奖等奖励,有 9 名法官入选黑龙江知识产权专家库。

三、延伸司法职能,深度融入"全链条"保护格局

一是加强司法保护与行政保护的衔接。与省司法厅联合制发《关于建立诉讼与仲裁衔接工作机制的意见》,为编制本省"十四五"优化营商环境规划、市场监管规划、知识产权保护和运用规划、推进公平竞争政策实施等建言献策,制定司法保护领域相应落实措施,形成保护合力。二是推进知识产权纠纷多元化解机制建设。省高院下发《关于建立知识产权纠纷在线诉调对接机制的通知》,指导各中级法院完善诉调对接工作规程;哈尔滨中院与省知识产权保护中心联合制发《关于建立知识产权纠纷在线诉调对接机制的实施意见》并多次开展交流活动,由调解经验丰富的审判员对知识产权保护中心诉前调解工作进行现场指导。通过广泛吸纳人民调解、律师调解等调解力量进驻人民法院调解平台,黑龙江法院知识产权纠纷实现在线调解、在线司法确认一站式完成,依托平台在诉前化解知识产权纠纷 285 件,提升了纠纷化解整体效能。三是配合省人大开展调研。自觉接受人大监督,与省人大监司委组成调研组开展实地调研。四是加强与高校、科研机构等交流合作。与省法学会知识产权法学研究会等联合举办线上学术沙龙,受邀赴黑龙江大学、哈尔滨工程大学、省版权局举办著作权、商标权等知识产权专题讲座。

四、加大普法宣传力度,营造激励保护创新的社会氛围

一是强化知识产权保护司法公开。召开新闻发布会,连续 13 年发布知识产权司法保护状况白皮书,最大限度扩大知识产权司法保护影响;发布黑龙江法院 2020 年知识产权司法保护十大典型案例,涉及领域包括商标权、著作权、专利权、植物新品种、不正当竞争以及侵犯知识产权犯罪等,进一步加强以案释法。二是指导全省法院开展联动普法工作。深入开展法律"六进"活动,省高院制发统一的知识产权普法宣传册样本,下发通知组织各中院深入社区、车站、商圈、企业、学校等,通过发放宣传册、提供法律咨询、开展普法讲座等方式,普及知识产权司法保护常识,覆盖近万人次,进一步扩大了普法宣传的受众范围,实现普法到基层。如哈尔滨中院与省知识产权局共同帮助指导哈尔滨工业大学成立知识产权志愿者服务队,为师生解答涉及专利权等知识产权相关问题,赴哈尔滨自贸片区为哈尔滨三联药业股份有限公司等 20 余家驻自贸区企业现场答疑解惑,引导企业在经营中依法加强知识产权保护。三是创新普法宣传形式。紧跟本年度知识产权保护热点话题,通过省高院微信公众号,先后发布涉知识产权惩罚性赔偿司法解释、中欧地理标志保护产品、证明商标、作品信息网络传播权、新《著作权法》等文章,以浅显易懂的语言和灵活多样的形式介绍知识产权法律常识,实现线上线下普法联动。

供稿:黑龙江省高级人民法院
知识产权审判庭

检察工作

一、依法全面履职,加大知识产权司法保护力度

一是加大刑事办案力度,严厉打击侵犯知识产权犯罪。2021 年,全省检察机关共受理审查逮捕知识产权犯罪案件 56 件 133 人,批准逮捕 37 件 76 人,包括假冒注册商标罪 12 件 21 人,销售假冒注册商标的商品罪 18 件 35 人,非法制造、销售非法制造的注册商标标识罪 2 件 1 人,侵犯著作权罪 4 件 15 人,他罪中含侵犯知识产权行为1件1人；受理审查起诉知识产权犯罪案件83件198人，起诉63件147人，包括假冒注册商标罪19件54人，销售假冒注册商标的商品罪30件60人，非法制造、销售非法制造的注册商标标识罪7件17人，侵犯著作权罪5件12人，数罪中含侵犯知识产权罪1件2人，他罪中含侵犯知识产权行为1件2人。

二是积极开展知识产权检察集中统一履职试点工作。确定黑龙江省人民检察院、4个市级院及4个基层院作为试点单位，同步开展知识产权刑事、民事、行政检察职能集中统一履行试点工作。第一，黑龙江省人民检察院和各试点院相继成立了知识产权检察办公室（办案组），初步形成知识产权司法保护集中管辖和分散管辖相结合、专门管辖和特色保护相结合的检察工作格局。第二，坚持以司法办案为中心，严厉打击侵犯知识产权犯罪，强化民事支持起诉工作，积极拓展知识产权公益诉讼新领域，坚持知识产权线下保护与线上保护并重，探索线上监督新模式。第三，黑龙江省人民检察院农垦分院开展“农垦品牌检察保护行动计划”专项行动，制定《食品安全与农垦品牌保护专项检察工作方案》，将“北大荒”“九三”“完达山”“垦丰”“丰缘”等中国驰名商标品牌和12个地理标志产品作为司法检察保护重点，并协调指导基层院在完达山乳业等3家龙头企业设立知识产权司法检察保护工作站，发挥工作站零距离服务保障作用，查办一批侵害农垦品牌的典型案件，护航农垦品牌建设。

三是加强对权利人合法权益的保护，持续推进知识产权权利人权利义务告知制度，切实降低权利人维权成本。专门印发《关于加强民事、行政知识产权监督案件办理工作的通知》，加强适用认罪认罚从宽制度赔偿权利人损失，以及刑事诉讼中提起附带民事公益诉讼、民事支持起诉等工作举措。黑龙江省人民检察院农垦分院办理的马某等人假冒注册商标、销售假冒注册商标的商品、生产销售伪劣产品案，民事支持北大荒垦丰种业有限公司起诉侵犯商标权纠纷，首次提出了惩罚性赔偿的诉讼请求，增加了侵权违法犯罪成本。黑龙江省人民检察院农垦分院针对“拼多多”电子商务平台未严格执行《中华人民共和国电子商务法》有关知识产权保护信息公示制度，侵犯了驰名商标“九三”权利人的知识产权、众多消费者的知情权和选择权，提出了社会治理检察建议，并已得到整改落实。该案为全国首例跨省域电商平台知识产权保护合规管理检察建议，被《检察日报》头版予以报道。

二、加强沟通协作，促进知识产权保护协调联动机制建设

加强部门联动，完善工作机制，增强打击合力。全省三级院在工作衔接、案件移送、指定管辖、法律政策适用等方面加强沟通，促成法律适用统一尺度，探索实现刑事、民事、行政不同诉讼程序的有效衔接，充分发挥知识产权综合性司法保护的整体效能。佳木斯市人民检察院与佳木斯市中级人民法院会签《强化知识产权保护联系协作工作机制》，为提升全市知识产权司法保护水平提供了制度指引；佳木斯市向阳区人民检察院与佳木斯市公安局向阳公安分局、佳木斯市向阳区市场监督管理局（双打办）签订《打击侵犯知识产权和制售伪劣商品专项工作联席会议制度》；黑龙江省人民检察院农垦分院制定《食品安全与农垦品牌保护专项检察工作方案》，启动了为期一年的“农垦品牌检察保护行动计划”，与北大荒农垦集团有限公司会签《加强农垦知识产权保护合作备忘录》，双方在信息共享、案件协查、同堂培训、合作研究等方面建立8项合作机制，推动北大荒集团出台《关于进一步加强知识产权工作的实施意见》。

三、创新工作举措，延伸知识产权司法保护社会服务功效

出台知识产权司法保护相关文件，量身

定制个性化"检察保障"服务。黑龙江省人民检察院制定出台《黑龙江省检察机关加强知识产权保护依法保障和促进高质量发展的指导意见》,组织召开企业家、律师代表参加的知识产权司法保护工作座谈会,与会各方基于黑龙江知识产权保护现状,就检察机关加强数据知识产权保护、服务企业发展、加强与其他机关和部门的沟通协作、加强典型案例发布、加强专业人才库建设和使用等方面,提出意见和建议 35 条。哈尔滨、黑河、绥芬河等地检察机关主动适应自贸区先行先试的新需求,主动对接自贸区重点企业,量身定制个性化"检察保障",在助推区域经济发展中积极作为。黑河市人民检察院出台了《关于中国(黑龙江)自由贸易试验区黑河片区知识产权刑事司法保护实施方案》。哈尔滨市松北区人民检察院与自贸区内 13 个重点企业代表召开检企对接服务见面会,围绕"精准服务、精准对接、精细服务"3 个方面,为企业提供法律服务。

四、加强舆论宣传引导,营造知识产权保护的良好社会氛围

召开知识产权司法保护工作新闻发布会,发布 4 起知识产权典型案例,线上线下同步传递知识产权保护知识。在黑龙江省政府新闻办举行新闻发布会,专门介绍检察机关开展知识产权司法保护工作情况,就检察机关深化知识产权刑事、民事、行政职能集中统一履职,全面加强知识产权司法保护功效等方面回答了记者提问,热情回应社会关切,努力营造知识产权保护法治氛围。发布会同步发布 4 起知识产权典型案例,进一步规范办理知识产权刑事案件标准,提升检察机关保护知识产权能力和水平。黑龙江省人民检察院农垦分院知识产权办公室的检察官走进北大荒集团"北大荒思维"官方抖音、快手直播间,作《知识产权司法检察保护与企业高质量发展》专题讲座,走进农垦品牌企业,宣讲《企业防范知识产权经营风险提示》,增强企业知识产权保护意识,预警提示经营风险。佳木斯市人民检察院知识产权办公室会同佳木斯市公安局向阳公安分局、市场监督管理局组织业务骨干,进入佳木斯大学、江南小学、第二十小学,百货大楼等地点为群众办实事,开展知识产权法律知识宣传活动,增强全社会的知识产权法律意识。

供稿:黑龙江省人民检察院
知识产权检察办公室

上 海 市

知识产权工作

2021 年,上海在全国知识产权保护检查考核中排名全国领先,并获国务院首次知识产权督查激励。上海在世界知识产权组织(WIPO)发布的《2021 年全球创新指数(GII)报告》"最佳科技集群"中排名第八位,较 2020 年提升 1 位。上海知识产权行政调解司法确认、质押融资、公共信息服务体系建设、专利代理行业"蓝天"专项行动等多项工作入选全国典型经验或获得通报表扬。

一、强化顶层设计实现新突破

市委、市政府印发《上海市知识产权强市建设纲要(2021—2035 年)》,市政府印发《上海市知识产权保护和运用"十四五"规划》。上海首部知识产权保护综合性地方性法规《上海市知识产权保护条例》、浦东新区打造社会主义现代化建设引领区首批先行先试法规《上海市浦东新区建立高水平知识产权保护制度若干规定》先后实施。市政府与国家知识产权局签署共建高水平改革开放知识产权强市合作会商议定书。上海市知识产权局调整为正局级市政府直属机构。

优化区党政领导班子知识产权绩效考核，将知识产权保护工作作为全面高质量发展专项指标一级指标。支持制定《关于在长三角生态绿色一体化发展示范区强化知识产权保护推进先行先试的若干举措》。

二、健全保护体系取得新成效

市知识产权局会同市版权局、市商务委印发《上海市电子商务知识产权保护工作若干意见（试行）》。在全国率先探索建立知识产权行政调解司法确认机制、民事纠纷诉调对接工作机制，试点开展专利侵权纠纷行政裁决先行调解，探索对行政确权与行政裁决联合审理案件作出当庭决定。建立知识产权行政保护技术调查官制度、满意度调查制度和保护水平评估制度。中国（上海）知识产权保护中心建设正式获批。高标准实施第四届中国国际进口博览会知识产权保护百日行动，再次实现“零投诉”。圆满完成第八届中国（上海）国际技术进出口交易会、第十届中国花卉博览会知识产权保护和服务任务。发布三批上海市重点商标保护名录。新建知识产权维权援助工作站8个。长三角G60科创走廊知识产权行政保护协作中心设立。临港新片区设立全市首个市场化企业知识产权维权互助基金。全市共立案受理专利侵权纠纷行政案件850件，结案862件；立案查处商标违法案件1285件，结案1297件，案值5214.39万元，罚没款1591.97万元，移送涉嫌商标违法犯罪案件（线索）47件涉12人。3件案件分别入选全国十大专利、商标行政保护典型案件，1件案件入选全国首批知识产权行政执法指导案例。“南汇水蜜桃”入选国家知识产权局2021年国家地理标志产品保护示范区筹建名单。

三、提升知识产权发展质效形成新亮点

强化高质量发展政策导向，在全国率先取消除授权PCT国际发明专利以外的其他专利资助。“每万人口高价值发明专利拥有量”写入上海市“十四五”规划，并作为知识产权强市建设纲要和“十四五”规划主要指标。上海入选2021年国家专利转化专项计划拟奖补省份，认定了一批市级知识产权运营综合服务基地、运营服务集聚区功能园、运营促进中心等。市知识产权局、人民银行上海分行、上海银保监局、市地方金融监管局、市版权局印发《关于进一步加强本市知识产权金融工作的指导意见》。推动全国首单知识产权交易保险和全市首批知识产权投贷联动项目、海外侵权责任保险、地理标志商标保险等落地，专利商标质押融资总额76.34亿元，同比增长98.75%，专利商标保险保障额度超1亿元。认定首批市级专利导航服务基地。举办第七届中国品牌经济（上海）论坛。新认定市级专利工作试点示范单位127家、知识产权试点示范园区4家。新建商标品牌创新创业基地2家，商标品牌指导站24家。崇明大米和南汇水蜜桃入选国家知识产权局第一批地理标志运用促进重点联系指导名录。

2021年，发明专利授权量3.29万件，同比增长35.74%；PCT国际专利申请量4830件，同比增长35.75%；有效发明专利量17.20万件，同比增长18.11%；每万人口高价值发明专利拥有量超过34件；商标注册量42.10万件，同比增长36.95%；有效商标注册量211.71万件，同比增长21.86%；共有地理标志注册商标18件，地理标志保护产品8个。46项专利获第二十二届中国专利奖，其中专利金奖2项、银奖2项，外观设计金奖1项。

四、完善知识产权服务体系取得新进展

提升“一网通办”电子政务服务能级，专利一般资助实现“零材料”“零跑腿”办理，专利专项资助纳入市级支持资金申请“一件事”改革。提升行政服务窗口能级，在全国率先实现知识产权事务“一窗通办”，全年受理专利、商标等业务18.47万

件。认定首批市级知识产权信息公共服务网点，完成上海知识产权信息服务平台迁移改造，实施信息服务能力建设和知识产权风险预警分析项目，开展“知识产权信息公共服务机构在行动”专项活动。入选国家级知识产权信息公共服务网点3家、国家知识产权信息公共服务优秀案例2个。完成首次专利代理机构年报工作，提交率达100%。严厉打击非正常专利申请等违法违规代理行为，完成专利商标代理机构“双随机、一公开”检查，全年处罚结案代理违法案件33件，罚没款383.23万元。指导市知识产权服务行业协会完成换届选举。激活市知识产权研究会，选举产生新一届理事会。支持1家知识产权民营非企业组织登记成立。支持指导静安、长宁、金山、青浦等区设立商标受理窗口。共有专利代理机构266家、执业专利代理师1778人，分别同比增长23.7%和17.3%；在国家知识产权局备案的商标代理机构2926家，同比增长13.2%。

五、优化知识产权发展环境推出新举措

高规格举办以“数字经济时代的知识产权保护与国际合作”为主题的第十八届上海知识产权国际论坛，市委书记等出席并致辞。举办市政府与WIPO视频会议，市长、WIPO总干事邓鸿森出席并讲话。支持WIPO仲裁与调解上海中心建设。与WIPO联合颁发第三届上海知识产权创新奖，上海华虹宏力半导体制造有限公司等9家单位分获创造、保护和运用奖。支持上海国际知识产权学院与WIPO学院签署新一轮合作协议。举办第十一届亚洲知识产权营商论坛沪港合作专场。与专利审查协作江苏中心签署合作框架协议。制定高级知识产权师职称评审标准和流程。建设首批8家市级知识产权培训基地。组织实施专利代理师资格考试上海考点工作，3400余人报名参考。63家知识产权服务机构列入人才引进重点机构名录。在全市范围内组织开展以“全面加强知识产权保护 推动构建新发展格局”为主题的全国知识产权宣传周活动。开通全国首家地方知识产权综合性英文网站“上海市知识产权局英文网站”。组建市知识产权青年志愿者服务队。新认定6所市级中小学知识产权教育示范学校，面向1800余名小学生开展WIPO知识产权远程教育。

供稿：上海市知识产权局

版权工作

一、围绕中心工作，推进实施重点项目

1. 助力浦东新区打造社会主义现代化建设引领区

推出《支持浦东新区建设国家版权创新发展基地的若干措施》，率先以“著作权行为发生地”为原则开展跨地域作品登记，强化版权资产管理，支持“浦东版”保护，深化浦东新区版权行政管理和版权执法职能统一履行等。

2. 成立全国首个汉服版权综合服务平台

在东华大学设立上海汉服版权中心，首次亮相第八届中国国际版权博览会。上海汉服版权中心与上海市服饰学会、大学生创新创业孵化基地等单位签订合作协议，为现代汉服设计提供版权登记、确权、维权等专业服务；筹备举办全国性汉服设计大赛，促进版权交易。

3. 部署实施“剑网2021”专项行动

联合市公安局、市通信管理局、市委网信办、市文旅局执法总队等单位，联合制定上海实施方案。以大要案件查处为抓手，实施整治短视频、网络直播、体育赛事以及在线教育等四项重点任务，推动“剑网”行动有序开展。

二、加强政策引导，促进产业发展

1. 扎实推进版权示范创建培育工作

加强对园区和企业的指导、培训及战略分析，认真做好申报、考核、授牌和监督管理等工作，引导和推动版权产业加快发展。上海阅文信息技术有限公司等3家单位荣获全国版权示范单位、示范园区(基地)。

2. 大力实施版权产业扶持政策

做好文创资金(版权产业类)项目申报、评审等工作。2021年共资助13家企业18个项目，包括10个图书版权“走出去”项目和8个版权保护及应用项目，资助总金额100万元。开展版权优质项目推荐活动。徐汇区版权优秀企业打造平台、自贸区“4·26知识产权宣传周”活动、金山区“以画说法”助推版权服务、杨浦区版权服务助力科创板上市企业合规建设、嘉定区版权推广公共平台——我嘉市集等项目入选。实施上海翻译出版促进计划，促进文化价值与市场价值俱佳的优秀版权产品走向海外。共收到16家在沪出版单位申报的27种图书，项目涉及英语、法语等12个语种。5种图书获得资助。

3. 组织参加北京国际图书博览会和中国国际版权博览会

组织近30家出版社携2000种图书参加第二十八届北京国际图书博览会。达成版权贸易项目138项；意向引进37项，签订引进合同20项，意向合作出版协议7项。以“版权点亮传统文化复兴”为主题，组织上海汉服版权中心、锐字潮牌字库等上海服务平台、品牌和热点IP集体亮相第八届中国国际版权博览会，市版权局获评“优秀组织奖”。

4. 有效开展版权产业统计

完成上海版权产业数据收集工作。指导上海知识产权研究所对数据进行科学、严谨的统计、分析，开展上海版权产业统计与分析工作。2021年，引进各类版权1350种。其中，图书版权1222种，录音制品版权35种，录像制品版权5种，电子出版物版权15种，软件版权13种，电影版权9种，电视节目版权51种。输出各类版权1608种。其中，图书版权648种，电子出版物版权35种，电影版权2种，电视节目版权923种。与上年相比，图书版权输出增加54种，同比上升9.1%；电视节目输出版权增加16种，同比上升1.8%。

三、提升管理效能，完善公共服务

1. 推动自贸区版权服务中心有效开展工作

指导自贸区版权服务中心逐步优化服务功能，整合版权资源，探索版权快速登记、快速监测、快速维权创新机制，实现作品登记周期由30天缩短至10天。

2. 推动作品著作权登记量再创新高

探索大数据、区块链等技术在版权管理中的应用，不断完善登记系统功能，利用现代技术手段辅助人工进行登记审查，提高网络版权作品的登记、确权、交易、监测能力。2021年，作品登记总量34万余件。

3. 推动高水平的版权社会服务

指导上海影视版权服务中心做好影视企业培训、政策咨询、人才培养、纠纷调解等版权服务工作。指导编制《影视版权一本通》，帮助服务中心从实务角度为影视单位所面临的版权问题提供指引。加强对各区版权工作站的管理和年度评估，从人员、经费、建章立制等方面规范工作站运作。深入开展作品登记、宣传培训等基础性工作，指导工作站不断提升服务能级，开展重点企业一对一的定制服务，搭建平台促成版权交易。将工作站年度评估结果纳入各区营商环境考核体系。

四、加强监督管理，强化版权保护

1. 完善机制，实现版权保护综合治理

充分发挥版权综合治理机制作用，主动联合市“扫黄打非”办公室、市公安局、市检察院等部门有效推进案件集中查处，配合做好作品版权认证、案件协调等工作。配合公安部门成功破获郑某等人涉嫌侵犯网络游戏著作权案等大案要案。

2. 聚焦重点，开展网络版权主动监管

以国家版权局公布的重点影视剧作品

名单为监测重点，加大线索搜集力度，定期发布监测报告，及时向执法部门移送侵权线索。监测作品包括《长津湖》等 79 部国家版权局版权保护预警名单重点作品、《正青春》等 5 部上海地区同期热播作品、49 部主流视频平台版权作品和在线教育平台“作业帮”网课等作品，覆盖电影、电视剧、综艺节目、体育赛事、在线教育等领域。对重点作品侵权链接总体通知下线率超过 90%。向市执法部门移送 10 余条重大侵权盗版线索。

3. 落实责任，开展企业自查自纠

组织拼多多、小红书、哔哩哔哩、SMG、喜马拉雅 FM、虎扑网、我图网等上海主要互联网企业开展自查自纠工作，针对发现的问题，及时要求企业整改。

五、加强版权宣传，提升版权意识

1. 发布年度十大版权典型案例

持续开展“十大版权典型案例”评选发布工作，以案说法，挖掘宣传报道的重点亮点，集中展示上海市在打击盗版侵权、强化版权治理方面取得的最新成果。

2. 加强市区联动，加大宣传覆盖面和影响力

嘉定、长宁、杨浦、金山等各区版权工作站开展形式多样、丰富多彩的版权主题系列活动，进行全面版权宣传。

3. 加强线上宣传，扩大版权宣传社会影响力

制作上海市十大版权典型案例宣传视频，开展“全面加强版权保护，推动构建新发展格局”主题月活动，取得良好效果。

供稿：上海市版权局

司法工作

一、积极克服疫情影响和收案压力，抓好执法办案第一要务

收、结案持续增长。2021 年，受理各类知识产权案件 53 279 件，审结 49 100 件，同比分别增长 32.49%和 30.88%，收案数大幅增长。其中，受理一审知识产权民事案件 51 122 件，审结 47 035 件，同比分别增长 31.83%和 29.92%；受理一审知识产权刑事案件 979 件，审结 1064 件，同比分别增长 51.55%和 93.10%；受理一审知识产权行政案件 9 件，同比增加 6 件；审结 7 件，与上年基本持平。一审服判息诉率为 96.93%；审限内结案率为 99.59%，与上年持平。

审理一批影响重大和新类型案件。审结：广州德立公司与南充市园林管理处等侵害外观设计专利权纠纷案，确立“专利默示许可”规则；芬迪有限公司与上海益朗国际贸易有限公司等侵害商标权及不正当竞争纠纷案，厘清司法实践中商标合理使用的认定规则；西门子公司与小米通信技术有限公司侵害发明专利权纠纷案，系上海知识产权法院首例涉 4G 通信标准必要专利纠纷案；涉香奈儿、古驰等奢侈品服装的假冒注册商标罪系列案件，犯罪金额达 4300 万余元，对 50 名被告人判处有期徒刑 5 年 9 个月到 1 年 3 个月不等，罚金总额 2200 万余元。

深入推进精品案例建设，案例工作成果丰硕。上海茵能实业有限公司与宁海浙升塑料制品厂侵害发明专利权纠纷案入选 2021 年《最高人民法院公报》案例第 1 期。李某鹏等侵犯著作权罪案入选 2020 年中国法院 10 大知识产权案件、2020 年度全国打击侵权盗版十大案件。“陆金所金融服务平台”不正当竞争纠纷案入选全国法院十件反垄断和反不正当竞争典型案例。4 件案件入选 2020 年中国法院 50 件典型知识产权案例，3 份裁判文书入选第三届全国法院百篇优秀裁判文书，2 件案件入选第三届全国法院“百场优秀庭审”。在 2020 年度国家版权局查处重大侵权盗版案件有功单位表彰中，浦东法院知识产权法庭荣获一等奖，杨浦法院知识产权庭与徐汇法院知识产权庭荣获二等奖。

二、充分发挥司法职能，服务大局积极作为

服务保障浦东高水平改革开放。市高院、浦东法院参与《上海市浦东新区建立高水平知识产权保护制度若干规定》法规的论证工作。浦东法院发布《上海市浦东新区人民法院打造知识产权司法保护引领区　服务浦东新区高水平改革开放十项举措》。

完善司法保障机制，为进博会、花博会保驾护航。市高院知识产权庭协同普陀法院举办首届涉进博会知识产权保护论坛及系列调研活动、座谈会。杨浦法院制定《关于为第十届花博会提供知识产权司法服务保障意见》；在花博会期间成立园区知识产权巡回审判点。

开展司法宣传，优化法治化营商环境。在"4·26世界知识产权日"活动期间，市高院和上海知识产权法院联合召开新闻发布会，发布中英文版《2020年上海法院知识产权司法保护白皮书》《上海知识产权法院知识产权司法保护状况（2020年）》和"2020年上海法院知识产权司法保护十大案件""2020年上海法院加强知识产权保护力度典型案件"。上海知识产权法院发布2015年至2020年不正当竞争案件审判情况白皮书和典型案例。浦东法院发布涉外知识产权司法服务保障营商环境建设白皮书，推出浦东法院关于全面加强涉外知识产权司法服务保障的10项举措并发布典型案例。杨浦法院发布涉著作权刑事案件审判白皮书和典型案例。徐汇法院走访电商企业上海寻梦信息技术有限公司，向其发出司法建议。

三、深入推进各项改革措施，不断优化知识产权审判体制

完善"三合一"审判机制，加大协同保护力度。市高院知识产权庭与市检察院第四检察部、市公安局食药环侦总队联合制定《关于知识产权民事、行政诉讼中刑事犯罪线索移送及同步审查的工作暂行办法》。杨浦法院、徐汇法院分别与区检察院、公安分局、市场监督管理局会签合作协议。杨浦法院与辖区公安、检察院会签《关于规范移送涉嫌犯罪线索配合协作工作的意见》。

推进繁简分流，完善速裁机制。杨浦法院大力推行"简案快审、繁案精审、类案专审"工作方法，成立速裁组专门办理电商平台和信息网络传播权案件；制定《杨浦法院知产庭小额诉讼程序要素式审判操作指引》，制作流程示意图、案件要素表、庭审提纲和表格式文书样式，为"简案快审、简出效率"提供指引。

深化多元化纠纷解决机制，推进诉源治理。与世界知识产权组织仲裁与调解中心签署《关于在知识产权领域发展合作的谅解备忘录》。截至2021年底，共委托世界知识产权组织仲裁与调解上海中心调解涉外知识产权案件41件，已成功调处14件。与市知识产权局联合发布《关于在本市开展知识产权纠纷行政调解协议司法确认程序试点工作的实施办法》。杨浦法院对一起涉"崇明大米"地理标志证明商标案作出确认行政调解协议有效的民事裁定，系全市首例知识产权行政调解协议司法确认案件。与市知识产权局联合发布《关于建立知识产权民事纠纷诉调对接工作机制的实施意见》。

积极探索全流程网上办案，推进纠纷在线化解。徐汇法院积极探索知识产权类案要素式全流程网上办案机制，受理通过要素式立案方式提起的知识产权诉讼案件3000余件；参与制定《电商平台知识产权案件全流程网上办案工作规则》等诉讼规则及《网上要素式立案诉讼指引》《"微法庭"使用指南（当事人版）》；与辖区知识产权案件较多的电商平台建立数据交互通道，实现涉案商铺及涉案商品数据与案件诉状材料的线上传输；探索非原告当事人电子送达新举措；积极构建诉讼新模式。浦东法院依托市高院的"云间"庭审系统和第三方"小鱼易联"系统，不断深化互联网调判系统应用。

优化知识产权专业事实查明机制。建立上海法院知识产权价值评估专家咨询制度，聘请知识产权价值评估咨询专家，召开研讨会，为损害赔偿数额的确定提供更为可靠的方法，使损害赔偿数额与知识产权的市场价值相匹配。上海知识产权法院技术调查室积极探索外院案件委托机制，与审判部门开展座谈交流，服务全市知识产权审判技术事实查明需求。

四、加强调研指导，丰富裁判规则

发布适法统一指导意见。制定发布《关于加强知识产权案件法律适用统一的工作办法》。市高院知识产权庭制定发布《关于卡拉 OK 经营者著作权侵权纠纷案件损害赔偿数额计算问题的解答》。

精细化制定类案办案要件指南。市高院知识产权庭牵头完成《著作权纠纷类案办案要件指南》，指导杨浦法院完成《特许经营合同纠纷类案办案要件指南》的编写工作。三中院刑事审判庭组织撰写《侵害商标权犯罪类案办案要件指南》，及时总结侵害商标权犯罪的刑事审判经验。

大力开展精品调研。市高院知识产权庭进行司法智库课题《电商平台"二选一"的法律规制研究》调研，启动《知识产权案例精选》的编纂工作。市高院知识产权庭、上海知识产权法院、浦东法院、徐汇法院参与撰写的《多项机制性问题制约反垄断工作推进》《部分平台不当获取数据开展不正当竞争个人信息保护待加强》，被《最高人民法院简报》刊发和中共中央办公厅转发。市三中院刑事审判庭参与编写《中国法院类案检索与裁判规则专项研究》丛书之《知识产权刑事案件裁判规则》一书，报送的 3 条裁判规则入选该书。浦东法院撰写的《上海浦东新区人民法院反映涉电商平台不正当竞争纠纷呈现新特点值得关注》被最高人民法院办公厅评为 2020 年度全国法院优秀信息，撰写的《浦东法院知产庭反映上海自贸区临港新片区知识产权司法保护面临多方挑战》被《最高人民法院简报》转载。开展最高人民法院司法统计分析重大课题《数字经济背景下我国文化创意产业知识产权司法保护研究》，并顺利结项。

供稿：上海市高级人民法院
知识产权审判庭

检察工作

一、注重融合发展，构建综合性司法保护格局

立足检察监督职能，打通知识产权民事、行政、刑事业务壁垒，加强知识产权综合性司法保护，坚持理论研究和办案实务并重，不断推进知识产权保护融合发展。一是妥善办理新型疑难复杂案件。2021 年，审查逮捕侵犯知识产权犯罪案件 836 件 2068 人、审查起诉 1069 件 2482 人，案件数量较往年有大幅增长。在成功办理侵犯乐高玩具著作权案的基础上，办理全国首例假冒"乐高教育"服务商标案、全国首例侵犯"网络游戏视听作品"著作权案、上海市首例假冒经核准在我国取得领土延伸保护的国际注册商标案、上海市首例侵犯手机游戏软件商业秘密案件等标杆性案件。针对新业态、社会关注度高的案件，注重上下联动，全程引导侦查，妥善办理人人影视字幕组侵犯著作权案、特大跨境电商销售假冒注册商标的商品案、假冒热玛吉医美产品系列案，有力打击了公司化、网络化、规模化的新领域团伙犯罪。二是积极发挥民事行政检察职能。徐汇、浦东、杨浦区人民检察院先后开展侵害商标权纠纷民事监督专项行动，向法院制发类案检察建议并就类案监督标准、程序等达成共识。浦东区人民检察院在办理区知识产权局行政非诉执行监督案件中发现某广场存在大量商户售假的情况，针对上述商场经营秩序管理缺失问题，制发社会治理类检察建议，实现知识产权行政执法"穿透式"检察监督。上海市人民检察院第三分院受理首起行政诉讼监督申请案件，申请人对企业名称的用语是否影响公共利益提出异议，知识产权检察办公室与公益诉讼部门共同听取被申请单位的意见，并联合开展案件研判。三是注重理论与实务融合发展。注重检校合作，联合同济大学举办首届知识产权发展论坛，联合华东政法大学举办首届知识产权检察实务论坛，围绕实务热点问题展开研讨。对近两年全市刑事案件数据开展实证分析，对追诉标准司法解释提出总体修订建议及各罪名适用修改意见。围绕《中华人民共和国刑法修正案（十一）》法律适用开展研究，形成《以法益侵害关联度认定售假犯罪"违法所得"》《刑修（十一）背景下的商标犯罪法律适用问题探讨》等成果，引领实务工作开展。此外，上海市人民检察院知识产权检察办公室牵头部分基层试点院，制作商标权、著作权类犯罪案件类型化审查规范，系统解决办案实务问题。

二、延伸监督职能，助力提升社会综合治理能级

上海市检察机关通过延伸检察职能，主动融入社会发展大局，为助力提升社会综合治理效能提供检察保障。一是注重宣传方式多元化。通过举办新闻发布会、发布知识产权检察白皮书、编发宣传手册、发布典型案例、参与线上直播节目以及线下走访等形式，加大对企业等创新主体的知识产权法律风险防范宣传。二是注重协同机制建设。上海市人民检察院与上海市双打办、上海市市场监督管理局等 8 家市级机关联合制定知识产权行刑衔接意见，与上海市高级人民法院、上海市公安局联合制定知识产权民事行政诉讼中刑事案件线索移送及同步审查工作规范，加大刑事犯罪线索的发现和打击力度。与上海市版权局建立常态化联席会议机制，加强版权领域疑难问题研究和行刑衔接。上海市人民检察院第三分院与上海市文化执法总队协作实现执法信息实时网络共享。其他试点基层院均实现与对口的知识产权主管部门在专利、版权、商标等领域会签协作备忘录及衔接实施办法。三是助力社会综合治理。针对赵某等人生产、销售注水牛肉案等社会影响重大食品案件，在前期已开展综合治理的工作基础上，协同相关公安机关、市场监管部门、基层政府等，对全市四大农贸批发市场开展"回头看"，巩固社会治理成果。加强网络平台销售假药、医疗器械以及不符合卫生标准的化妆品犯罪的治理，针对淘宝店铺售卖有毒、有害食品问题，向阿里巴巴公司制发检察建议，强化网络平台监管机制。加强对调味品市场的综合治理，针对办理的系列伪劣胡椒粉案暴露出的企业管理失范等问题，召开"服务保障调味品企业发展"座谈会，助力企业合规建设。开展服务商标保护专项活动，办理全国首例侵犯服务商标案件获法院判决支持。开展地理标志保护专项工作，助力浦东南汇水蜜桃成功获准筹建首批国家地理标志产品保护示范区。

三、加强创新探索，服务保障国家发展战略

立足区位特点，坚持把国家战略实施与检察创新发展有机结合，不断探索检察履职新路径，为检察服务保障大局提供可复制可推广的经验。一是探索知识产权检察职能集中统一履职。作为首批知识产权检察职能集中统一履行试点省市之一，在上海市人民检察院、三分院、浦东区人民检察院等 8 家单位试点组建知识产权检察办公室，整合知识产权刑事、民事、行政检察职能，提升知识产权检察综合保护质效。二是助力浦东知识产权地方性立法。《上海市浦东新区建立高水平知识产权保护制度若干规定》采纳了检察机关两项立法意见，首次以地方立法形式明确检察机关办案部门统一履行知识产权四大检察职能，

并支持浦东区人民检察院在地理标志、集体商标、药品专利等涉及公共利益的知识产权领域，探索开展公益诉讼。三是建立跨省域知识产权保护协作机制。联合沪苏浙三地市场监督管理局、法院、检察院出台全国首个跨省域知识产权保护指导性文件《关于在长三角生态绿色一体化发展示范区强化知识产权保护推进先行先试的若干举措》，同时成立长三角生态绿色一体化发展示范区知识产权检察保护中心，组建“青吴嘉知识产权检察联合办案组”。四是引领区域企业知识产权合规试点工作。浦东区人民检察院作为全国检察机关企业合规首批改革试点单位，与嘉兴市人民检察院签署的《跨区域涉案企业合规检察协作备忘录》，被转化为《长三角区域涉案企业合规检察协作工作办法》，进一步放大示范引领效应。五是制定权利人实质性参与诉讼规范。通过梳理权利人参与诉讼案例样本，合理界定权利人诉讼权利义务，探索制定《上海市检察机关关于知识产权权利人实质性参与刑事诉讼规则》。六是注重借助外力外脑。建立检校合作的常态化机制，聘请专利、著作权、司法鉴定等领域专家作为特聘专家，对疑难复杂问题提供专业支持，多个试点基层院出台技术调查官辅助办案规程。上海市人民检察院知识产权检察办公室与技术鉴定中心共同调研音频侵权网络取证、音频同源性检测等技术调查问题，提炼录音制品侵权鉴定规则，为确立国家行业标准提供案例参考。

四、发挥制度探索优势，着力打造人才梯队

依托知识产权检察职能集中统一履职试点探索工作开展，在三级院均设立知识产权专业化办案组织的基础上，着力打造具有融合发展视野的人才队伍。一是发挥试点示范引领。依托知识产权检察职能集中统一履职试点探索工作开展，组织构建知识产权检察专业化办案团队，注重发挥专业化团队的引领作用，聚焦疑难复杂案件、新类型案件、特定领域案件，开展会诊研判，在实践办案中不断提升知识产权人才队伍的业务素养。二是发挥检校平台优势。注重发挥检校合作的平台优势，形成检校合作的常态化机制，紧密围绕当前热点疑难问题，邀请专利、著作权、司法鉴定、商业秘密等领域的专家学者进行专题授课和开展课题研究，确保知识产权检察人员能够适应案件办理的发展需求。三是发挥专家支撑作用。发挥上海检察机关专家咨询库专家的支撑作用，用好技术调查官辅助办案机制和特邀检察官助理，协助检察办案人员解决案件办理过程中的专业问题、技术问题等，在提升案件办理质效的前提下，不断提升检察办案人员对特定领域案件的办理能力。

供稿：上海市人民检察院
知识产权检察办公室

江苏省

知识产权工作

一、知识产权强省建设

《江苏省国民经济和社会发展第十四个五年规划和二〇三五年远景目标纲要》将“强化知识产权创造保护运用”作为独立章节，并将“每万人口高价值发明专利拥有量”纳入主要指标体系。《江苏省知识产权促进和保护条例》通过省人大初审。江苏省政府与国家知识产权局召开新一轮知识产权合作会商会议，共同签署《共建现代产业体系自主可控知识产权强省合作会商议定书》。《江苏省知识产权强省建设纲要(2021—2035 年)》编制完成。《江苏省"十四五"知识产权发展规划》正式实施。

二、知识产权创造

2021 年,专利申请量 751 654 件,专利授权量 640 917 件;PCT 专利申请量 7168 件;每万人口发明专利拥有量达 41.17 件,连续 6 年保持全国省区第一,每万人口高价值发明专利拥有量 13.99 件,是全国平均水平的 1.87 倍;全省企业专利授权量占总量的比重达到 85.28%,比上年底提高了 1.18 个百分点,结构进一步优化。商标申请量 582 891 件,注册量 517 387 件,有效商标注册量 2 397 375 件。新增地理标志商标 29 件,新增农产品地理标志 20 件,全省地理标志商标注册总量 378 件,地理标志产品 91 件,登记保护农产品地理标志总量 137 件。全省农业植物新品种累计申请量 436 件,授权量 292 件;林业植物新品种累计授权量 214 件。新增集成电路布图设计登记 2915 件,登记总量 8915 件。在第二十二届中国专利奖评选中,江苏获专利金奖 5 项、外观设计金奖 1 项,占金奖总数的 15%,江苏省知识产权局获最佳组织奖。

三、知识产权保护

2021 年,江苏省委省政府将知识产权保护工作纳入省级督查检查考核事项,对设区市党委、政府开展知识产权保护工作检查,全面压实属地责任;将"每十亿元 GDP 发明专利拥有量"纳入年度省对设区市高质量发展绩效评价考核共性指标体系。处理专利侵权纠纷案件 4564 件,同比增长 23.61%;处理专利商标行政处罚案件 3908 件,罚没款 8762.6 万元;立案处理著作权侵权盗版案件 641 起,涉案金额 1.6 亿余元。江苏省知识产权和商标战略实施工作领导小组办公室会同沪、浙、皖知识产权协调议事机构共同召开长三角知识产权新闻发布会,发布江苏省知识产权发展和保护状况白皮书,共同签署新兴产业知识产权保护论坛协议书。受理长三角地区移送知识产权违法案件 37 件、移送案件 10 件。获批建设中国(江苏)、中国(无锡)、中国(泰州)3 个保护中心,全省国家级知识产权保护中心累计达 8 家、快速维权中心达 2 家,建成国家级和市级知识产权维权援助中心及其分支机构 163 个,全省"1+13+N"的知识产权快速协同保护服务体系初步形成。全省知识产权保护中心为近万家企业提供专利申请快速审批预审服务 12 893 件,通过预审的发明专利平均审查周期由 22 个月左右缩短至 6 个月左右,各中心为社会各界提供知识产权咨询服务 10 672 次,受理知识产权维权援助申请 761 件,调解知识产权纠纷 1398 件。

四、知识产权运用

2021 年,与省财政厅联合印发《江苏省专利转化专项计划实施方案(2021—2023)》,实施专利转化专项计划,获中央财政奖补资金 1 亿元,支持 20 家高校院所、5 家产业园区建设知识产权运营中心,8 家机构搭建公共服务平台,4 个设区市建设专利转化引领城市,转化专利 4.05 万件。组织中国银行、中国建设银行等省内金融机构开展银企对接活动,大力推进中小企业质押融资,全省专利商标质押融资金额达 286.45 亿元,同比增长 81.63%,惠及企业 2555 家,同比增长 72.17%,其中 1000 万元以下普惠性贷款惠及企业数占比达 86.97%,"互联网+知识产权+金融"模式被中国银行、中国建设银行总行在全国推广。组织实施专利导航工程,支持先进碳材料、车联网等 12 个产业专利导航项目实施,举办 10 场导航成果发布会,发布 10 个产业专利导航报告,惠及企业 600 余家。组建 7 家专利导航服务基地,搭建全省专利导航服务体系。围绕生物医药、汽车芯片、纳米碳材料等江苏重点发展产业,开展专利预警分析研究,指导企业规避专利侵权风险。

五、企业知识产权

2021年，江苏省知识产权局组织实施高价值专利培育示范工程，制定《省重大创新载体重点企业名录》，实施企业分级分类培育，投入资金4700万元，支持10家单位建设省高价值专利培育示范中心，省级示范中心达80个，累计申请发明专利1万余件，授权5000余件，PCT专利申请1100余件，主持或参与制定标准338个，专利产品销售额1800余亿元。持续推进《企业知识产权管理规范》国家标准贯标行动，新增贯标企业7399家，累计达2.5万家。组织实施企业知识产权战略推进计划，支持50家企业实施知识产权战略管理，全省项目承担企业累计达949家，培育国家知识产权示范企业159家、优势企业487家，居全国首位。组织实施"产才对接"行动，加强与国家知识产权局专利局专利审查协作江苏中心合作，遴选10家链主龙头企业、重点实验室，开展知识产权对接服务，为企业技术创新全过程提供专业知识产权服务，助力创新主体加强海内外专利布局。推进知识产权产业联盟建设，新增备案联盟5个、成员企业130余家，联盟累计达17个、成员企业近700家。开展"苏地优品"培育、宣传、推介行动，5件地理标志入选国家知识产权局第一批地理标志运用促进重点联系指导名录，徐州邳州、淮安盱眙获批建设国家地理标志产品保护示范区，南京建成地理标志产品追溯平台。

六、知识产权服务

2021年，南京专利代办处及其苏州分理处各类知识产权代办业务线上办理率超过98%，受理专利申请16.2万件，专利申请优先审查1.22万件，专利费用减缓备案审查12.7万件，发放专利证书8.87万件，办理商标注册申请、续展、质押等业务9553件，专利质押合同登记2615件，收缴各类规费4.88亿元。知识产权保护"一件事"集成服务改革项目入选国家发改委和科技部全面创新改革任务揭榜项目清单。徐州、连云港、盐城、泰州经国家知识产权局批准设立商标业务代办窗口，全省累计达12家。建成上线省知识产权大数据平台，建设高校国家知识产权信息服务中心3家，国家技术与创新支持中心（TISC）2家，认定首批省知识产权信息公共服务网点40家，实现知识产权信息公共服务设区市全覆盖。新增专利代理机构174家，累计727家，新增商标代理机构1381家，累计5200余家。大力开展非正常专利申请治理和专利、商标代理业监管，全省非正常专利申请撤回率达98.7%，高于全国水平1.7个百分点；约谈专利代理机构604家，立案查处违规专利代理行为17起，罚没款163.1万元。

七、知识产权宣传和人才培养

2021年，江苏省知识产权主管部门紧扣"庆祝建党100周年"，知识产权强国建设纲要、国家和省"十四五"规划发布、省政府与国家知识产权局新一轮局省合作会商等重大事件、关键节点，加强宣传策划，强化政策解读，开展主题宣传。精心组织"4·26世界知识产权日""5·10中国品牌日"系列宣传活动，通过主办新闻发布会、投放公益广告、制作专题宣传片、组织赛事和征文等多种方式，充分运用国家和省内各类新闻媒体广泛开展知识产权宣传，共同营造尊重知识产权、保护知识产权良好氛围。出台《江苏省"十四五"知识产权人才发展规划》，召开全省知识产权人才工作会议，部署全省知识产权人才培养工作。成立省知识产权智库联盟。在世界知识产权组织支持下，会同省教育厅设立江苏国际知识产权学院，加强知识产权后备人才培养。会同省人社厅制定《江苏省知识产权专业技术资格条件（试行）》，开展知识产权专业人才评价。2021年，支持省内高校设立知识产权学院或专业，全省在校知识产权专业本科生1057名、研究生325名。

八、知识产权国际交流合作

2021年，先后接待德国巴符州驻华代表处、英国驻华使领馆和香港贸发局来访。编制《江苏省知识产权申请注册和维权指引(2021)》(英、日、韩文)。成功举办第十七届中国(无锡)国际设计博览会，世界知识产权组织总干事邓鸿森作视频致辞。成功举办2021国际知识产权应用暨项目合作大会。成功举办第二十三届(2021)江苏农业国际合作洽谈会，组织江苏・欧盟地理标志农产品专场推介活动。国家海外知识产权纠纷应对指导中心江苏分中心设立中以常州创新园工作站和韩国、法国2家海外工作站，编制发布“一带一路”重要支点国家和主要投资贸易国知识产权维权援助指引，制定《境外展会知识产权纠纷应对指南》，编制美国“337调查”江苏典型案例集，向外向型企业推送，指导32家企业积极应对海外知识产权纠纷。

供稿：江苏省知识产权局

版权工作

一、积极推动版权产业发展

1.“吴江丝绸模式”向全球推广

吴江丝绸产业版权保护优秀案例示范点调研报告《版权赋能　丝路无疆——版权保护与丝绸纺织产业高质量发展研究》由国家版权局和世界知识产权组织共同发布，吴江获颁“世界知识产权组织版权保护优秀案例示范点”牌匾。吴江丝绸产业成为我国第三个世界知识产权组织版权保护优秀案例示范点。

2. 积极参加第八届中国国际版权博览会

组织34家优秀版权密集型企业参加第八届中国国际版权博览会，分别在江苏展区、世界知识产权组织版权保护优秀案例示范点展区、苏州展区，展示拥有自主版权的丝绸、刺绣、水晶、紫砂、家纺、图书、音像、软件、工艺美术等各具特色的优秀作品近千种。

3. 开展第二届优秀版权作品产业转化重点培育项目遴选推荐

第二届优秀版权作品产业转化重点培育项目遴选推荐活动共收到申报项目96个，39个项目获得通过，均为美术作品项目。涉及投资2.98亿元，产品销售9.70亿元。

4. 加大江苏国家版权贸易基地建设力度

2021年实现贸易总额19.19亿元。升级江苏版权服务平台，提高版权综合服务能力，平台注册用户13 200多个。运用区块链等先进技术研发升级监测取证中心，有效解决著作权人举证取证难题。优化江苏版权纠纷调解中心流程，2021年受理有效案件1466件，成功调解366件，结案标的827.40万元，调解成功率达25%，同比提高6个百分点。

5. 持续开展全国版权示范创建工作

大力推广版权保护促进产业发展“南通经验”“吴江模式”，指导各地结合自身优势资源，发展地方特色版权产业。新增全国版权示范单位6家。修订颁发《江苏省版权示范城市、示范单位和示范园区(基地)管理办法》，开展省级版权示范单位、示范园区(基地)创建工作，组织对29家单位和3个园区进行实地验收，苏州东方丝绸文化创意产业园有限公司等21个单位获评江苏省版权示范园区(基地)和示范单位。

6. 发布2019年度版权产业经济贡献率调查报告

连续八年开展版权产业经济贡献率调查，2019年，江苏省版权产业增加值8490.12亿元，占当年江苏省生产总值的8.61%，同比增长0.03%。其中，核心版权产业增加值6170.04亿元，占江苏省生产总值的6.25%，比2019年中国核心版权产业增加值占GDP的比重(4.63%)高出1.62个百分点。

7. 大力推动版权输出

组织18家出版单位参加第二十八届

北京国际图书博览会，举办“凤凰集团与越南国家政治出版社主题出版在线研讨会”等5场线上线下重点活动。与海外著名出版集团和版权代理机构进行近60场线上线下版权贸易洽谈活动，实现非华语地区版权输出协议110项。

二、持续加强版权执法监管

2021年，立案侵权盗版案件641起，其中行政案件196起，刑事案件36起，调解案件409起，涉案金额1.6亿余元。组织评选2020年度江苏省打击侵权盗版十大案件，扬州“2·15”侵犯影视作品著作权案、淮安“2·22”销售侵权盗版图书案入选2020年度全国打击侵权盗版十大案件。29个单位、50名个人被评为国家版权局2020年度查处重大侵权盗版案件有功单位及有功个人。

连续四年开展江苏省打击网络侵权盗版集中办案周行动，筛查整理侵犯著作权案件57起，取得练兵、办案双成效。会同省公安厅、省委网信办、省通信管理局联合开展“剑网2021”专项行动。加强与相关部门协调配合，在案件信息共享、督查督办、技术支持等方面共同推进网络空间版权环境治理。与省公安厅食品药品环境侦查总队进行座谈研讨，探索进一步健全版权领域“两法衔接”机制。

三、巩固扩大正版化推进成果

召开省推进使用正版软件工作领导小组（扩大）会议，审议通过《2021年江苏省推进使用正版软件工作计划》。举办全省推进使用正版软件工作线上培训班，2000余人上线参训。将版权示范创建与软件正版化工作有机结合，在新修订颁发的《江苏省版权示范城市、示范单位和示范园区（基地）管理办法》中，将软件正版化列为重要评定指标，明确要求上报省级版权示范的单位和园区必须完成软件正版化工作。

会同省机关事务管理局、省财政厅开展省级机关国有资产管理绩效评价工作，对26家省级机关软件正版化工作进行现场核验。江苏凤凰出版传媒集团有限公司等4家单位荣获2020年度全国版权示范单位（软件正版化）称号。

四、着力提升公共服务水平

2021年，新建9家基层版权工作站，调整关闭10家，总数为184家，专兼职工作人员400余人。举办全省作品登记线上培训班，600余人参训。全年共接收用户注册申请2.08万个，通过1.9万个，其中个人用户1.47万个，单位用户0.43万个。截至2021年底，累计注册用户7.87万个。2021年共收到全省作品登记申请材料58.35万件，登记通过37.17万件，通过率为63.7%，登记量同期增长31.84%。接受查档申请2519批次，涉及作品2817件。境外图书出版合同登记工作实现线上全流程操作，登记图书进口合同647份。

五、不断创新版权宣传方式

制作设计版权保护、软件正版化宣传公益视频、音频和海报；深入优秀版权企业，策划拍摄《我与版权的故事》系列宣传片。举办2021年江苏省暨南京市版权宣传周现场活动，向社会发布2019年江苏省版权产业经济贡献率调查报告，公布2020年度江苏省打击侵权盗版十大案件。开展新《著作权法》知识竞赛，参与竞赛答题468万人次。在全省各地电视台、网络、户外大屏等平台投播版权保护视频公益广告，在收听率较高的电台播放音频公益广告，在公交地铁站点、公共阅报栏、学校、社区等公共场所投放版权保护公益海报，在微博、网易、凤凰、央视频、现代快报等客户端连续推出《我与版权的故事》10部系列宣传片。宣传周活动期间，全省版权宣传线上活动累计点击量3600万余次。

供稿：江苏省版权局

司法工作

一、充分发挥审判职能，依法审理大量知识产权案件

1. 总体情况

2021 年，新收各类知识产权一审、二审、申请再审案件 31 213 件，同比上升 46.66%。其中：一审案件 28 747 件，包括民事案件 28 152 件，同比上升 47.49%；刑事案件 487 件，同比下降 25.08%；行政案件 108 件，同比上升达 176.92%。二审案件 2428 件，包括民事案件 2360 件，同比上升 68.69%；刑事案件 54 件，同比上升 10.20%；行政案件 14 件，同比上升 16.67%。申请再审案件 38 件。共审结 29 441 件，同比上升达 41.14%，其中民事案件 28 792 件，刑事案件 542 件，行政案件 107 件。

2. 案件特点

一是从案件类型来看，涉著作权、商标权纠纷保持激增态势，技术类、竞争类案件增幅明显。在新收的一审知识产权民事案件中，涉著作权纠纷 12 582 件，同比增长 66.89%。涉商标权纠纷 11 304 件，同比增长 51.69%。涉技术类案件 2535 件，同比增长 14.24%，其中技术成果类案件 1547 件，同比增长近 30.55%。涉外观设计专利纠纷 988 件。其他案件类型中，特许经营合同纠纷 1534 件；垄断及不正当竞争纠纷 524 件，同比上升 50.14%；技术合同纠纷 333 件。

二是从地区分布来看，案件仍集中在经济相对发达地区，具体案件类型与地区行业发展紧密相关。2021 年，新收案件大部分仍集中在经济相对发达地区，如南京、苏州两地新收一审知识产权民事案件数量占江苏法院的 47.51%。

三是涉互联网领域知识产权新类型纠纷频发。涉及如微信账号交易侵权性质认定、突破微信平台规则限制、不当抓取个人信息、强制“二选一”“大数据杀熟”等新类型纠纷开始增多。2021 年侵害信息网络传播权纠纷 4397 件，同比增长近 124.11%。

四是涉外涉港澳台知识产权案件数量保持高位。2021 年新收一审涉外涉港澳台知识产权民事案件 919 件，同比基本持平，与 2019 年相比增加 103.32%。

五是知识产权刑事案件数量因新旧法衔接呈现阶段性减少。新收刑事一审案件 487 件，同比减少 25.08%。其中，涉商标权刑事案件占比 94.86%，涉著作权刑事案件占比 4.52%。涉商标权刑事案件中，假冒注册商标罪占比最多，达 54%。

3. 裁判导向

2021 年，审结一大批具有典型意义的精品案例，多个案件入选指导性案例、典型案例等；1 篇文书入选全国百篇优秀裁判文书；1 场庭审入选第四届全国法院“百场优秀庭审”；3 篇裁判文书入选 2020 年全国法院技术类知识产权和垄断案件优秀裁判文书。

二、切实强化担当作为，增强服务高质量发展的针对性和实效性

一是加强种业知识产权保护。完成《关于加强种业知识产权保护工作的报告》。南京中院审结的种子套牌侵权纠纷案，依法认定亲耕田公司违法销售“白皮袋”种子的行为构成侵权。

二是加强反垄断与反不正当竞争司法。召开“互联网竞争秩序规制问题”会议。承担调研课题“互联网平台涉竞争秩序规制问题研究”。审结涉“美团”“饿了么”外卖平台强制“二选一”案等不正当竞争纠纷案。苏州中院出台《关于充分发挥苏州知识产权法庭审判职能　依法服务和保障苏州数字经济和数字化发展的实施意见》。

三是加强合作共建。泰州中院与市公安局等共同签署《加强医药知识产权协同保护合作框架协议》。无锡中院出台《关于服务和保障太湖湾科创带建设的意见(试行)》。

四是加强跨区域司法协作。2021 年 3 月，与长三角地区其他高院以及知识产权行政机关共同签署发布《关于在长三角生态绿色一体化发展示范区强化知识产权推进先行先试的若干举措》。江苏、安徽、山东、河南四省十市中院共同发布《淮海经济区知识产权司法保护典型案例》，之后签订《淮海经济区知识产权司法协同保护工作框架协议》。苏州、无锡、南通、常州四地中院签署《知识产权司法保护合作共建协议》。

三、深入落实最严格理念，不断加大司法保护力度

2021 年 10 月，“江苏法院最严格知识产权司法保护工作”项目获江苏政法工作优秀创新成果特等奖(第一名)。

一是依法积极适用惩罚性赔偿。2021 年，在 80 件案件中明确适用惩罚性赔偿或考虑惩罚性因素进行判决。在涉盼盼防盗门商标侵权案件、涉“大自然地板”商标及不正当竞争纠纷案中，依法适用惩罚性赔偿。2021 年 4 月，首次集中筛选并发布 5 件适用惩罚性赔偿典型案例。

二是加大损害赔偿力度。2021 年，判决赔偿数额 50 万元—300 万元 335 件，300 万元—500 万元 61 件，500 万元—1000 万元 25 件，1000 万元以上 27 件，均高于 2020 年。其中，300 万元以上的高额判赔案件数较 2020 年增加 81 件。

三是及时采取临时禁令措施。南京中院在扬子江药业公司诉南京优科公司专利侵权纠纷中，依申请及时采取禁令措施，针对被告拒不履行禁令的行为给予最高 100 万元罚款。连云港中院在侵害商标权案件中作出行为保全裁定。

四是依法减轻权利人举证负担。在周某与瑞之顺公司发明专利侵权案中，苏州中院依法推定该证据证明事实成立，并对侵权人妨害民事诉讼行为依法予以民事制裁。无锡中院在某案中发布证据提供令。

五是加强诉讼诚信建设。联合省发改委、省市场监督管理局、省知识产权局等起草《关于对知识产权领域严重失信主体开展联合惩戒的意见》。苏州中院对某公司严重违反诚信原则、提供伪证，依法予以 60 万元司法处罚。

六是强化刑事保护作用。严厉打击涉疫情、涉民生知识产权犯罪，对主犯原则上不适用缓刑，并在 52 件案件中适用从业禁止令。

四、不断完善保护机制，有效提升司法保护效能

一是强化司法能力提升。修订并下发《侵害商标权民事纠纷案件审理指南》《侵犯商业秘密民事纠纷案件审理指南》。在南京、苏州知识产权法庭分别设立涉集成电路和涉互联网知识产权保护调研基地，展开专题调研。

二是优化管辖机制。2021 年新增 5 家基层法院管辖非技术类一审知识产权案件。南京江北新区人民法院等在中国(江苏)自由贸易试验区设立具有知识产权审判职能的法庭。将原由南京、苏州知识产权法庭管辖的外观设计专利纠纷案件及 300 万元以上非技术类案件，回调至各市中院管辖。增设无锡、徐州知识产权法庭。建立提级管辖技术类重大案件审判机制。

三是健全技术事实查明机制。依托国家知识产权局专利审查协作江苏中心，遴选技术专家入人民法院专业陪审员库，共参审案件 316 件。两度修订法庭《人民陪审员组庭办法(试行)》。2021 年，两法庭技术调查官共参与技术类案件审理 623 件，出具书面技术咨询意见 333 份。

四是完善多元解纷机制。与省律师协会、专利代理人协会建立调解知识产权纠纷工作机制。推动将著作权纠纷案件委托省版权调解中心、娱乐业协会等组织调解。2021 年，江苏通过诉前调解共成功化解知识产权纠纷 11 995 件，司法确认 83 件。

五、积极参与社会治理，努力营造保护激励创新氛围

一是加强司法宣传，增强知识产权意识。连续17年向社会发布《江苏法院知识产权司法保护状况》等报告，以及江苏法院知识产权司法保护十大典型案例。

二是发出司法建议，引领行业规范发展。苏州中院向国家知识产权局发送司法建议，助推国家知识产权局打击黑代理“蓝天”专项整治行动。无锡中院针对近年来特许经营合同纠纷急速增长的趋势，向市商务局发出司法建议。镇江中院向省通信管理局发送“建立信息共享机制，从严审核域名备案资料”的司法建议。

三是加强与司法、行政部门协作，推动全链条保护机制建设。南京中院制定出台《关于强化司法担当落实知识产权全链条保护的工作举措》，徐州中院联合市市场监督管理局等共同签署出台《徐州市知识产权保护服务工作重点项目合作协议书》等。

四是参与国际治理，发出江苏知识产权司法保护最强音。2021年4月，发布《关于进一步加强涉外知识产权审判工作的纪要》。常州高新区人民法院审结曹某假冒注册商标罪一案，促成被告人与俄罗斯被害单位达成和解协议。

供稿：江苏省高级人民法院
知识产权审判庭

检察工作

一、提高政治站位，强力组织推进

实质化推进最高人民检察院部署的知识产权检察职能集中统一履行试点工作，将职能整合作为知识产权检察工作提质增效的重要抓手，知识产权检察工作有了新的发展。一是加强组织领导。成立检察长任组长的知识产权检察和跨行政区划检察改革试点工作领导小组，负责统筹协调和整体推进。江苏省人民检察院将试点工作列入14项党组重点项目之一，制定试点方案，确定试点单位，在全省经济犯罪检察工作会议上对实质化推进试点工作提出具体要求。各试点院党组专题研究试点工作，作为院重点工作抓紧抓好。二是组建专门机构。抽调业务骨干组建知识产权检察办公室，负责各类知识产权案件的办理和业务指导，实现“专门机构专门人员从事专门工作”。三是综合履职有突破。试点单位共办理刑事案件233件，民事案件14件，实现了知识产权支持起诉案件零的突破。在南京、南通等地开展跨行政区划履行知识产权检察职能，原由南京、南通基层检察院办理的各类知识产权案件分别由南京铁路运输检察院、通州湾示范区人民检察院办理。

二、聚焦主责主业，坚持打击与保护并重

通过强化办案全面履行打击、保护、监督、预防等检察职能，共办理各类知识产权案件1003件，其中：刑事案件923件，民事诉讼监督案件11件，民事支持起诉案件58件，行政诉讼监督案件4件，公益诉讼案件7件。一是加大知识产权刑事犯罪打击力度。突出对技术类知识产权刑事犯罪的打击，共办理侵犯软件著作权罪、侵犯商业秘密罪案件15件。保持对传统商标类犯罪的打击态势，共办理侵犯商标类刑事犯罪案件849件。对最高人民检察院、江苏省人民检察院挂牌督办的18件重大知识产权刑事案件持续指导督导。全面开展知识产权权利义务告知工作，做到所有案件应告尽告，依法保障权利人的合法权益。加强量刑建议指导和抗诉指导工作，共提出量刑建议1248人，法院采纳1181人，采纳率为94.63%。二是加强知识产权民事、行政、公益诉讼检察工作。2020年刑事和民事案件比重分别为96.75%和1.19%，2021年刑事和民事案件比重分别为92.02%和6.88%，民事案件的比重呈上升态势。增强在刑事案件办理中主动发现民事、公益诉讼案件线索的意识。例如：南京市检察机关在办理A公司侵犯软件著作权刑事案件中，依法支持被害单位B公司提起民事诉讼；无锡市检察机关在办理一起销售假冒“星巴克”咖啡的刑事案件中，不仅对犯罪分子提起公诉，还支持江苏省消费者权益保护委员会对侵权企业提起民事公益诉讼，法院判决支持了原告的诉讼请求及检察机关的支持起诉意见。

三、做好外部协作配合，形成打击合力

加强行刑衔接，完善与其他司法机关和行政机关协作机制，形成打击知识产权违法犯罪闭环，共建议行政执法机关移送刑事案件11件11人。与江苏省公安厅、江苏省高级人民法院就《中华人民共和国刑法修正案（十一）》生效后相应司法解释未出台的情况下如何办理销假类案件进行会商。与上海市人民检察院、浙江省人民检察院联合建立“长三角生态绿色一体化发展示范区知识产权检察保护中心”，组建“青吴嘉知识产权检察联合办案组”。

四、坚持问题导向，破解工作难题

一是深入开展调研。对近三年全省检察机关办理的知识产权案件进行全面梳理，形成了《关于进一步改进和加强新形势下知识产权检察工作的调研报告》，针对知识产权检察工作中的突出问题，提出了5个方面的对策建议。二是抓好调研成果转化。进一步转变工作思路和工作方式，分类推进知识产权检察集中统一履行职能，持续推动完善内部统筹协调机制，落实知识产权刑事案件“捕诉合一”的工作要求。三是因地制宜落实综合履职要求。非试点院根据自身人员、案件、机构情况，灵活运用组建办案团队、跨部门联席会议、临时办案组织等多种方式自主开展试点工作，围绕综合履职开展实践探索。

五、加强专业化建设，提升工作能力

一是优化人员配置。通过内部调剂、选调等方式，将具有知识产权法、理工等专业教育背景和办理知识产权案件经验丰富的人员充实到知识产权检察队伍中。二是跨部门调配人员。在办理重大疑难复杂刑事民事行政交织的知识产权案件时，抽调刑事、民事、行政、公益诉讼部门人员联合办案或者共同研究。三是培育专业化办案团队。根据商标、专利、商业秘密等案件的特点、队伍力量及工作情况，建立专业化办案团队，并结合办案开展研究，以点带面。四是组建人才库。组建24人的知识产权检察人才库，参与办理重大、疑难、复杂知识产权案件以及承担业务培训、理论调研等任务。五是外部“智力”援助。与高校知识产权研究基地加强合作交流，对具有典型意义和示范作用的疑难复杂案件，通过个别咨询、召开专家论证会以及参与案件听证等方式邀请专家参与审查。

供稿：江苏省人民检察院
知识产权检察办公室

浙 江 省

知识产权工作

一、系统谋划立柱架梁打开新局面

召开全省知识产权保护大会，“知识产权保护全链条集成改革”列入省委“牵一发动全身”重大改革，研究制定《关于深入贯彻〈知识产权强国建设纲要〉 打造知识产权强国建设先行省的实施意见》，省政府与国家知识产权局启动新一轮局省合作会商，省级重点专项规划《浙江省知识产权发展“十四五”规划》印发实施，《浙江省知识产权保护和促进条例》列入一类立法计划。

拓宽高价值知识产权授权通道、数据知识产权制度改革、知识产权保险等知识产权领域三大改革试点获得市场监管总局批复，首创知识产权局市合作会商机制，开展对地方党委政府知识产权保护考核。

二、数字变革治理重塑迈出新步伐

以数字化改革为引领，推进流程再造、机制重构、系统重塑，打通14个省级部门、34项核心业务、40个应用系统，建成上线“浙江知识产权在线”数字化应用，打造“一窗口统办、一平台交易、一链条保护、一站式管理、一体化服务”五大场景，打通知识产权创造、运用、保护、管理、服务全链条，全方位提升知识产权数字治理能力。实现全门类公共服务事项全流程网办，专精特新、单打冠军、浙江制造企业数字化公共服务覆盖面分别达到98.7%、91.3%和70.5%，一链条保护实现全流程在线办案，行政执法办案周期压缩30%以上，累计注册用户5.9万家，访问240万余次，办件2.4万件。“浙江知识产权在线”入选2021年度全省数字化改革“最佳应用”。上线全国首个知识产权区块链公共存证平台，首创基于区块链存证的数据知识产权质押业务，实现质押贷款600万元。牵头上海、江苏、安徽共同打造上线“长三角知识产权信息公共服务平台”，打造信息检索、办事大厅、服务网点、维权保护、产业地图、交易中心、公益培训七大功能，实现20个知识产权服务事项长三角跨省通办。

三、创新创造量质齐升跃上新台阶

推进实施知识产权质量提升行动，将每万人口高价值发明专利拥有量等高质量创造指标纳入省国民经济和社会发展规划。新增授权专利46.5万件，居全国各省(市、自治区)第三，同比增长18.8%，其中新增发明专利授权5.7万件，同比增长13.85%；数字经济、生命健康和新材料三大科创高地发明专利拥有量13.8万件，同比增长25.4%；高价值发明专利数量突破8万件，同比增长23.6%；每万人口高价值发明专利拥有量达12.5件，同比增长23.8%；PCT国际专利年申请量达4675件，同比增长8.5%。商标申请注册量保持全国前列。商标申请量83.8万件，其中新增注册商标74.9万件，同比增长32.2%；商标累计有效注册量达367.5万件，同比增长23.5%；商标申请量、注册量、有效注册量连续4年均居全国各省(市、自治区)第二位。作品自愿登记量保持平稳增长。作品自愿登记量45 743件，同比增长40.36%，近5年平均增长率16.8%。新增国家农产品地理标志登记保护16个，成功创建“西湖龙井”“金华火腿”等国家地理标志产品保护示范区2个，18个地理标志产品纳入中欧地理标志互认互保名录，10件地理标志列入国家知识产权局第一批地理标志运用促进重点联系指导名录，10个地理标志商标入围2021年中国品牌·区域农业形象品牌影响力百强。植物新品种等其他门类知识产权创造快速增长。植物新品种权申请量1199件，授权量450件；其中，林业植物新品种申请量119件、获得授权量62件，占国内授权总量(637件)的9.73%，分别同比增长63%和47.6%，杜鹃花授权新品种32件，居全国第一。

四、综合运用赋能发展塑造新优势

在全国率先试行专利开放许可，征集省内14所高校院所379件专利，面向全省企业免费开放；在杭州高新区(滨江)长三角落地首个国家级产业知识产权运营中心，在台州路桥率先落地全国首单银行间市场知识产权信贷资产证券化项目，发行规模1亿元，惠及91家中小微企业；在杭州余杭未来科技城发行全省首单知识产权证券化项目，储架发行额度10亿元，首期发行1.1亿元，惠及12家高新技术企业。专利权、商标权质押融资金额达1116.29亿元，同比增长85.55%，占全国总量的

36.02%，质押登记项目4359笔，均居全国第一。专利权转移转化数量达9万余件，居全国第二，其中专利出让4.82万件，专利受让4.21万件，专利许可7021次、被许可7687次。

五、强化协同严格保护取得新突破

温州市知识产权法庭获批设立，浙江成为全国率先拥有3家知识产权法庭的省份，镇海、长兴、新昌法院获批一般知识产权民事案件管辖权。安吉、桐乡、海宁、云和获批建设国家知识产权快速维权中心。杭州、义乌获批建设国家海外知识产权纠纷应对指导地方分中心。全省共受理专利纠纷案件17 035件，调处结案16 911件；办理商标违法案件4557件，移送司法机关330件；办理商业秘密案件14件；2021年，新收知识产权民事一审案件23 635件，审结23 047件，同期结案率为83.19%，平均审理周期为92.97天。全省专利案件司法与行政对接实现全覆盖，126家援助机构、88家调解机构、11家仲裁机构实现一体无缝对接，全省知识产权系统共办理诉前调解案件2168件、法院司法确认7件。134家知识产权纠纷调解组织共调解各类知识产权纠纷案件11 174件，成功调解5180件，调解成功率46.35%。14家知识产权纠纷人民调解组织共化解知识产权纠纷1800余件。

六、高效服务便民利企彰显新作为

新培育省级知识产权服务业集聚发展示范区8家，累计18家。建设品牌指导服务站276家，建成省级商业秘密保护示范区、示范基地、示范站点共374家。全省战略性新兴产业专利快速授权通道覆盖率提升至57.9%，专利优先审查办理时限从7天压缩至3.5天，高价值发明专利平均授权周期从14.5个月压减至72天。2021年，全省共办理专利快速预审8164件，专利优先审查6919件。商标质押融资窗口实现设区市全覆盖，质押登记时间缩短至3个工作日。浙江省专利代理师协会在全国率先发布团体标准《专利代理信用评价规范》(T/ZPAA 001—2021)。全省新增62家专利代理机构，累计达286家；新增专利代理分支机构75家，同比增长134.37%。

七、厚植文化固本强基实现新提升

第八届中国国际版权博览会在杭州成功举办，受到国内外人士广泛关注和普遍赞誉。设立“全省知识产权保护先进集体和先进个人表彰”项目，对全省知识产权保护工作中表现突出的50个先进集体、200个先进个人予以表彰。浙江万里学院新设知识产权本科专业，全省知识产权本科专业高校数量达到6所。明确正高级知识产权经济师职称的申报和评审条件，知识产权人才评聘通道正式落地打通。出台《浙江省高层次创新型人才职称“直通车”评审办法》，将发明专利创造运用列入省高层次创新型人才职称“直通车”关键要素。建设省知识产权专家人才库，建立行政裁决技术调查官制度，选聘首批技术调查官122人。发挥2个国家级培训基地作用，举办全省知识产权高层次人才培训班，受训人数超过6万人次。

供稿：浙江省知识产权局

版权工作

一、开展版权宣传教育活动，营造版权保护氛围

1. 深入学习习近平总书记重要讲话精神

通过专题学习会、培训、讲座等形式传达学习习近平总书记在十九届中央政治局第二十五次集体学习的重要讲话精神，切实把习近平总书记重要讲话精神作为新发展阶段版权工作的行动纲领和根本遵循。

2. 学习宣传新修改《著作权法》

举办新修改《著作权法》专题辅导讲

座，各地主管著作权的部门、新闻出版单位及版权核心产业相关企业 300 余人参加。通过组织学习培训、开展普法宣传、加强行政执法和监督检查等形式，广泛开展新修改《著作权法》学习宣传活动。

3. 组织开展版权宣传活动

制定下发《关于组织开展 2021 年浙江省知识产权宣传周版权宣传活动的通知》，以“全面加强版权工作 推动构建新发展格局”为主题，积极筹划、精心组织版权宣传活动。举办浙江省第九届“知识产权杯”创意设计大赛，10 余所院校 1500 余名大学生参与，评选出获奖作品 157 件。广泛开展知识产权宣传周版权宣传活动，形成省市县三级联动、政企学民各方参与的强大声势和浓厚氛围。

3. 组织开展版权业务培训

组织 260 余人开展版权业务培训，提高各地各部门软件正版化工作人员政策水平和专业能力。组织对各市版权相关处室负责人及执法人员 130 余人开展培训，提高基层执法监管工作能力和业务水平。

二、加大侵权盗版打击力度，版权市场环境得到改善

1. 加大侵权盗版案件查处力度

强化案件线索核查，加大案件查办力度。2021 年，全省版权执法共检查单位 3269 家次，出动执法人员 8955 人次，删除侵权盗版链接 2687 条，关闭侵权盗版网站或 App 50 个，查办案件 55 件，涉案金额 42 万余元，罚款超 70 万元。经对接争取，宁波“3·10”盗录院线电影案、浙江忠简文具有限公司涉嫌侵犯著作权案等 4 个案件入选国家版权局挂牌督办案件。

2. 开展打击网络侵权盗版“剑网 2021”专项行动

印发《浙江省打击网络侵权盗版“剑网 2021”专项行动实施方案》，加大短视频版权治理力度，整治网络直播版权乱象，规范体育赛事版权秩序，强化在线教育版权监管，并进一步加强对电商平台、社交平台、知识分享平台的版权监管，着力规范网络新闻、网络音乐、游戏动漫、网络文学、计算机软件的版权传播秩序。

3. 开展打击院线电影盗录传播集中行动

部署开展打击院线电影盗录传播集中行动，查处金华“2·19”盗录传播春节档院线电影案、宁波盗录传播春节档院线电影案。

4. 维护卡拉 OK 领域版权市场秩序

“全面构建浙江省卡拉 OK 领域版权市场秩序”集体签约仪式在嘉兴举办，浙江省 42 家地方娱乐行业协会参与签约仪式，市场合作率 93%。

5. 争取查处重大侵权盗版案件奖励

获评国家版权局 2020 年度查处重大侵权盗版案件有功单位一等奖 3 家、二等奖 8 家、三等奖 2 家，有功个人一等奖 2 人、二等奖 1 人、三等奖 3 人。

三、持续推进使用正版软件，信息安全防线切实筑牢

1. 召开省推进使用正版软件工作联席会议第三次全体会议

省推进使用正版软件工作联席会议召开第三次全体会议，审议通过《2020 年浙江省推进使用正版软件工作总结》《2021 年浙江省推进使用正版软件工作计划》。

2. 充实工作机构

根据国家推进使用正版软件工作部际联席会议要求，将浙江省教育厅、浙江省交通运输厅、浙江省卫生健康委纳入省推进使用正版软件工作联席会议成员单位，为下一步推进特定行业和重点领域软件正版化工作打下良好的组织基础。

3. 完善考评办法

对《浙江省政府机关使用正版软件工作考核细则》相关考核项目进行调整，结合实际工作开展情况对非必要考核项目予以分类重组或剔除，优化调整 5 个考核项目，

分别以设区市和省级单位为考核对象，重新出台《浙江省推进使用正版软件工作考评办法》。

4. 强化考核责任

在《2021设区市党政领导班子有关宣传工作绩效考核指标》中，将软件正版化工作列入对各市党委（党组）意识形态工作责任制落实情况的考核范围。

四、全面助力中心大局工作，版权服务功能逐步完善

1. 全力筹备第八届中国国际版权博览会

开展第八届中国国际版权博览会期间疫情风险评估，成立工作专班，完善工作方案，多方协调，全程做好各项筹备工作。

2. 上线“版权桥”一站式数字版权服务平台

谋划开发“版权桥”一站式数字版权服务平台，在作品自愿登记平台的基础上，依托5G、区块链、大数据等技术，按照“成熟一个、上线一个”要求，分阶段开发上线八大功能。已上线作品登记、侵权监测、法律服务三大功能。

3. 大力推进版权示范创建活动

温州市获批创建全国版权示范城市。温州市召开全国版权示范城市创建工作动员部署会，正式启动为期两年的创建活动。结合浙江省实际，制定下发《浙江省版权示范工作管理办法》。

4. 设立基层版权服务工作站

湖州市首个版权服务工作站、衢州市首个版权服务工作站先后挂牌成立，进一步推动版权服务触角向基层延伸覆盖。

5. 做好作品自愿登记等工作

2021年，作品自愿登记量45 743件，同比增长40.36%。核准登记出版境外图书合同800件，办理涉外图书、音像制品、电子出版物制作合同登记997件，计算机软件著作权合同备案311件。

供稿：浙江省版权局

司法工作

一、服务大局有新举措

1. 争创知识产权司法保护示范区

2021年1月，讨论通过《关于全面加强知识产权司法保护工作的实施意见》（以下简称《实施意见》）。制定《行动项目表》，确定3年共计122项行动计划。各地法院按照《实施意见》要求相继制订实施细则或行动方案，全面加强知识产权司法保护。

2. 开展“品牌保护”和“商业秘密保护”两个专项行动

组织全省法院开展品牌保护和商业秘密保护专项行动。2021年5月10日，在“品牌保护日”指导举办以“深化品牌保护，赋能经济发展”为主题的“2021浙江知识产权保护高峰论坛”，发布品牌保护典型案例；10月，启动为期3个月的“商业秘密保护专项行动”，召开商业秘密案例研讨会，并发布商业秘密司法保护典型案例。

3. 启动杭州亚运会知识产权司法保护行动

与杭州亚组委建立常态化沟通协作机制，研究并制定涉亚运会知识产权案件的集中管辖的相关方案，指导杭州亚运会省内5个协办城市与亚运村法庭建立沟通协调机制。

4. 深入开展“我为群众办实事”活动

常态化到企业开展“三服务”活动，共走访企业13家、代表委员34名。出台《知识产权司法保护调研联系点工作办法》。增设第二批31家省级调研服务联系点。更新编撰《企业知识产权司法保护指导手册》并上线发放推广。

二、审判质效有新提升

1. 公正高效审理各类知识产权案件

2021年，共新收知识产权民事一审案件23 635件，审结23 047件；新收涉知识产权刑事一审案件505件，审结441件，对915人作出有罪判决；新收涉知识产权行

政一审案件35件，审结10件，并审查执结了一批非诉行政执行案件。

2. 推进“精品工程”建设

分别于1月、4月、5月、10月发布2020年度浙江法院加强知识产权保护典型案例、十大知识产权案件、加强品牌保护典型案例和商业秘密司法保护典型案例，受到社会广泛关注。审理惠氏案、欧舒丹案、《蓝月传奇》案、苏泊尔案、二选一案等多起具有全国影响力的案件，1件案件入选最高人民法院2020年中国法院十大知识产权案件、2件案件入选2020年中国法院50件典型知识产权案例、2件案件入选惩罚性赔偿典型案例，1件案件入选互联网审判典型案件，2件案件入选全国百篇优秀裁判文书，1件案件入选全国法院百场优秀庭审，5篇案例分析在全国法院系统2021年度优秀案例分析评比中获各类奖次。

3. 深化清理长期未结案

组织开展清理长期未结案“年末攻坚”专项行动。截至2021年底，全省12个月以上知识产权长期未结案总量44件，同比下降21.43%，3年以上长期未结案全部清零。

4. 努力破解知识产权司法保护难题

坚持问题导向，努力破解知识产权维权“赔偿低、成本高”问题。加大侵权损害赔偿力度，让严重侵权者得不偿失。如在“惠氏”案中，适用惩罚性赔偿全额支持权利人3055万元的诉讼请求，依法惩戒严重侵害知识产权的行为。努力提高损害赔偿计算科学性，召开“知识产权侵权损害评估调研座谈会”，全面了解本省知识产权评估机构及评估业务的实际情况。

三、创新司法保护机制有新进展

1. 健全知识产权专门化审判体系

经浙江高院积极申请，最高人民法院和省编办批复同意设立温州知识产权法庭，浙江成为全国首个拥有3家知识产权法庭的省级行政区。镇海、长兴、新昌法院成功获批一般知识产权案件管辖权，2021年6月1日起正式收案，全省共有36家基层法院具有一般知识产权案件管辖权。

2. 加强知识产权审判“三合一”工作

推进知识产权审判“三合一”工作，与公安、检察部门召开刑事保护联席会议，讨论商业秘密刑事保护、刑民交叉程序、刑事自诉标准等疑难问题。准确适用《刑法修正案(十一)》，进一步加大对侵犯知识产权犯罪的刑事打击力度。依法支持监督行政执法，建立健全特邀行政调解机制，依法支持温州等地开展“专利侵权纠纷行政裁决示范建设”，促进行政执法标准与司法裁判标准统一。

3. 加强与行政机关的联动协作

加强与省版权局、省版权服务中心的沟通协调，就花样版权四地协调机制进行会商，就数据共享问题进行协调；协助省市场监督管理局建设“浙江知识产权在线”集成平台，共享知识产权数据。温州中院在全国率先推行知识产权侵权人“黑名单”制度，向社会公开发布《关于推进对严重侵害知识产权相关主体实施信用惩戒的工作指引》，4批共71个主体因知识产权犯罪和严重侵权行为被列入黑名单。诸暨法院会同诸暨市发展改革局、市场监督管理局以及新闻出版局联合出台《关于建立知识产权严重侵权人名单及信用惩戒的实施意见》，并公布第一期知识产权严重侵权人名单。

4. 加强诉源治理

2021年，受理一审知识产权民事案件23 635件，比上年下降2.8%，比2019年下降14.7%。2021年，全省涉非集体管理组织会员著作权案件数量仅为293件，比上年下降41%，比2019年下降94%，全省娱乐行业协会合作率100%、KTV经营者缴纳许可使用费比例91%，均为全国第一，形成KTV版权市场治理的“浙江模式”。

5. 推进知识产权审判智能化

研发推广“云上物证室”“跨域一体化”等数字化项目，探索专业化发展新路径。

柯桥法院于 2021 年 4 月 22 日正式上线运行“版权 AI 智审”。该系统通过对省花样版权登记数据库，实现图案查重、创新点认定、相似性评估等功能，已实际运用案件 173 件，有效查重率 43%。11 月，浙江高院发文在全省法院推广应用“版权 AI 智审”，有力推动知识产权审判由“经验决策”向“数据决策”的转变。

四、调研指导有新力度

1. 开展“我是院长，现在开庭”专项活动

2021 年全省 45 家具有知识产权案件管辖权的中、基层法院院长先后担任审判长公开开庭审理知识产权案件，受到广泛好评。邀请“两代表一委员”和社会公众旁听案件庭审，显著提升知识产权司法保护的社会影响力。

2. 建立“知识产权司法保护指数考评体系”

坚持“让数据来说话”的工作理念，建立知识产权司法保护指数考评体系，开展“保护指数”考评工作。

3. 加强对新情况新问题的调研

牵头开展 2021 年全省法院重点课题“关于数据权益知识产权保护问题的调研”，召集阿里巴巴集团、百度、腾讯等数据企业召开调研座谈会，高质量完成调研报告。加强对老字号、地理标志、非物质文化遗产的调研和保护力度，通过实地调研、召开座谈会等方式了解相关协会、企业的司法保护需求，有针对性地提出意见建议。

4. 加强学术研讨

顺利举行 3 期“浙知沙龙”，分别围绕“平行进口与商标权保护”“知识产权领域民刑交叉问题”“网络游戏知识产权保护”问题展开研讨。积极参与最高人民法院及有关行政机关、研究单位举办的各类知识产权理论和实务研讨会、论坛等。

5. 加强知识产权法治宣传

围绕“全面加强知识产权保护　推动构建新发展格局”主题，在嘉兴举行 2021 年浙江法院知识产权宣传周活动启动仪式并召开新闻发布会，现场发布 2020 年浙江法院知识产权司法保护十大案件、《2020 浙江知识产权司法保护分析报告》。线上线下参展第八届中国国际版权博览会，同步设立“浙江法院知识产权司法保护”展馆。各地法院广泛开展典型案例发布，典型案例公开庭审，知识产权司法保护座谈，知识产权司法保护进学校、企业、社区等百余场活动。宁波知识产权法庭获评“全国法院先进集体”，余杭法院 1 人获评“全国法院办案标兵”。

供稿：浙江省高级人民法院
知识产权审判庭

检察工作

一、立足刑事检察职能，加大知识产权刑事保护力度

一是提升办案质效，强化权益保护。2021 年，审结侵犯知识产权犯罪提请批准逮捕案件 326 件 566 人，批准逮捕 196 件 288 人，不批准逮捕 130 件 278 人；审结侵犯知识产权犯罪移送审查起诉案件 605 件 1233 人，提起公诉 504 件 963 人，决定不起诉 101 件 270 人。其中，对 1004 人适用认罪认罚从宽制度，有效促进侵权人悔罪，推进诉源治理。办案中，充分保障权利人权益，全面落实知识产权权利义务告知制度。衢州市人民检察院办理的向某某、崔某某销售假冒注册商标的商品案入选全国检察机关开展侵犯知识产权刑事案件权利人诉讼权利义务告知工作典型案例。优化诉前赔偿和解机制，运用检调对接职能、提前介入机制、认罪认罚从宽制度等，促进侵权人向权利人合理赔偿、赔礼道歉，积极发挥检察机关在知识产权侵权纠纷调解中的作用，实现“刑结民了”。

二是优化办案模式，办出精品案件。积极探索分类、集中办案模式，在商业秘密等疑难复杂领域加强研究，进一步提升知识产权刑事保护质效。杭州地区针对侵犯商业秘密犯罪案件，统一由杭州市公安局立案、侦办，由杭州市人民检察院审查逮捕，并探索由杭州市滨江区人民检察院集中审查起诉的制度，通过办案优势形成办案经验。温州地区实现知识产权刑事案件集中管辖背景下的捕诉一体办案机制，继续引导侦查取证工作和证据质量得到明显提升，保障有力指控犯罪。2021 年，瑞安市人民检察院办理的金某某侵犯商业秘密案入选最高人民检察院第二十六批指导性案例。

二、立足综合履职，稳步推进知识产权检察职能集中统一履行试点工作

一是强化组织领导，组建专业化工作机构。浙江检察机关积极落实最高人民检察院关于开展知识产权检察职能集中统一履行试点工作部署。第一时间出台全省试点工作方案并召开工作推进会，确定包括浙江省人民检察院、3 个市级院和 10 个基层院作为试点单位，成立浙江省人民检察院知识产权检察办公室，推动各地组建知识产权检察专业化工作机构，集中统一履行知识产权刑事、民事、行政检察职能，并积极探索开展知识产权公益诉讼。还会同上海市人民检察院、江苏省人民检察院成立“长三角生态绿色一体化发展示范区知识产权检察保护中心”，组建“青吴嘉知识产权检察联合办案组”，构建跨省域专业化知识产权检察履职平台，嘉兴市秀洲区人民检察院与上海检察机关协同办理的一起假冒注册商标案入选最高人民检察院第二批企业合规典型案例。

二是加强民事、行政检察履职，凸显办案成效。2021 年，受理知识产权民事案件 31 件，同比上升 287.5%；受理知识产权行政案件 7 件，实现零的突破。其中，浙江省人民检察院抗诉的一起著作权侵权纠纷民事生效裁判案，入选最高人民检察院检察机关保护知识产权服务保障创新驱动发展典型案例。浙江省人民检察院指导余姚市人民检察院从行政检察监督入手，就多起涉知识产权行政处罚非诉执行案件向相关行政主管机关发送检察建议，并对发现的“以罚代刑”案件督促行政机关移送公安机关，推动完善知识产权执法司法保护行刑衔接机制。余姚市人民检察院办理的浩某润滑油商行销售假冒注册商标的商品行政非诉执行监督案入选全国检察机关知识产权综合性司法保护典型案例。

三是推进刑事附带民事诉讼、支持起诉、公益诉讼制度的运用。深化运用刑事附带民事诉讼制度，推进刑事诉讼和民事赔偿同步解决。余姚市人民检察院办理的一起假冒注册商标案，被新华网等媒体报道点赞，权利人德国某公司来信感谢。杭州检察机关在办理“西湖龙井”系列刑事专案中，支持权利人提起民事诉讼，积极探索地理标志证明商标综合保护。义乌市人民检察院将《共产党宣言》首译者陈望道姓名被注册为食品商标的线索层报最高人民检察院，由最高人民检察院行政公益诉讼立案，经诉前磋商，国家知识产权局宣告商标无效。

三、立足更优质服务，打造知识产权检察保护品牌

一是多措并举，营造全力推进知识产权检察工作氛围。在实战研讨中提升检察官办案能力水平，凝聚社会各界加强知识产权保护共识。组织全省知识产权检察官对宁波音王公司被侵犯商业秘密案进行庭审观摩，并邀请企业家、人大代表、政协委员、媒体记者等共 300 余人旁听。浙江省人民检察院联合浙江省公安厅开展“护航 2021”打击侵害企业利益经济犯罪专项治理行动，重点打击侵犯知识产权犯罪，联合挂牌督办了一批重点案件，先后单独或联合公安机关发布两批次典型案例。在全省知识产权保护工作要情通报会上通报了全省检察机关知识产权保护工作情况，并回答记者提问。组织参加全省“商业秘密保护论坛”、知识产权保护联席会议、“浙知沙龙”等活动，加强与相关职能部门的联动互通，推动形成保护合力。

二是依托数字赋能，提升检察服务效能。2021 年 4 月 26 日，“浙江知识产权在线”数字化应用系统正式上线，浙江检察机关在该系统中嵌入检察办案模块，探索打通行政执法、刑事侦查、法院审判与检察监督数据壁垒。在义乌试点，自主探索构建检察机关“知识产权保护一件事”多跨应用场景，根据数字化建模发现法律监督线索。宁波市海曙区人民检察院研发“海检知产小卫士”微信小程序用于主动收集侵权线索；余姚市人民检察院搭建知识产权案件监督平台；宁波市鄞州区人民检察院发挥鄞检驿站平台优势，增加线上知识产权线索申诉通道等板块；嘉善县人民检察院开发“检企 e 站”微信小程序，专设“知识产权保护”板块，全县已有 800 多家企业入驻。

三是积极延伸服务，提升知识产权检察工作认知度。通过主动提供针对性服务，参与社会综合治理。各地检察院在辖区重点园区、重点企业等设立检察联络点，提供针对性知识产权法律服务；灵活运用知识产权检察白皮书、检察建议、案后回访、“法律体检书”等方式，帮助企业建立健全知识产权保护制度。同时，通过公开听证、网络直播、新媒体等多种宣传方式，增强社会知识产权保护意识，持续放大工作成效。

供稿：浙江省人民检察院
知识产权检察办公室

安 徽 省

知识产权工作

一、知识产权顶层设计

省委、省政府印发《安徽省知识产权强省建设纲要（2021—2035 年）》，全面部署知识产权强省建设。知识产权保护重点任务分别纳入省委常委会年度工作要点、省政府重点工作以及省委省政府重点工程、重大政策、重大改革任务。知识产权工作首次被纳入省政府督查激励措施。安徽省知识产权保护“一件事”集成服务改革获批国家发展改革委、科技部 2021 年度全面创新改革任务清单。

二、知识产权创造

“每万人口高价值发明专利拥有量”写入安徽省“十四五”规划纲要主要预期性指标。2021 年，获授权专利 15.35 万件，其中发明专利授权 2.36 万件，PCT 专利申请 2007 件，同比增长 225.8%；新增商标注册量 25.4 万件，地理标志商标 13 件。截至 2021 年底，有效发明专利拥有量 12.17 万件，有效注册商标突破 100 万件，达 101.15 万件，每万人口发明专利拥有量 19.9 件，同比增长 29.2%。

三、知识产权运用

会同省财政厅印发《安徽省“实施专利转化专项计划　助力中小企业创新发展”实施方案（2021—2023）》。与中国银行安徽省分行签署知识产权战略合作协议，推进知识产权融资业务合理增长。加强专利导航服务基地建设，在全国率先制定出台《安徽省专利导航服务基地建设指南》，优选合肥市高新区等 10 家导航服务基地建设单位，安庆化工新材料和淮北陶铝新材料两个产业规划类专利导航项目列入省知识产权局重点支持项目。深入开展知识产权质押融资入园惠企行动，全省知识产权质押 1202 笔，融资金额 97.13 亿元，其中专利质押 914

项,融资金额72.86亿元;商标质押288项,融资金额24.27亿元。大力实施专利转化专项计划,助力中小企业创新发展,全省出让专利18847件,受让专利14850件,许可526次,许可金额1.71亿元。在第二十二届中国专利奖评选中,安徽省获金奖2项、银奖2项、优秀奖26项。

四、知识产权保护

推进知识产权保护综合性立法,《安徽省专利条例》修订列入省人大立法计划。安徽省首部综合性知识产权政府规章《安徽省知识产权保护办法》公布施行。知识产权保护工作纳入各级党委、政府检查考核体系,在全国率先出台《知识产权保护工作检查考核办法》。

推动申报建设中国(安徽)知识产权保护中心,建成运行中国(合肥)知识产权保护中心,在知识产权密集企业集聚区设立5个知识产权保护工作站,中国(安徽)知识产权维权援助中心完成16个市维权援助分中心建设运行,新设104个县(区、市)维权援助工作站。

健全完善知识产权纠纷多元化解机制,成立安徽省知识产权纠纷人民调解委员会。合肥仲裁委入选全国首批知识产权仲裁调解机构并通过国家知识产权局验收。与省高院联合推进26个调解组织143名调解员入驻最高人民法院调解平台,2021年以来,全省知识产权管理部门接受人民法院诉前委派案件1523件,调解成功737件。加强海外知识产权纠纷应对指导,组建本省海外维权专家顾问库,成功处置涉外案例6起。

深入开展冬奥会和冬残奥会奥林匹克标志、春茶(秋季)地理标志保护、“铁拳”等知识产权保护专项行动,全年共办理知识产权案件5243件,案值2316万元,罚没款3136万元,其中,商标案件2904件,专利案件2321件,向公安机关移送涉嫌违法犯罪线索70条,与省公安部门联手破获的定远特大假冒化肥案、池州重大假冒白酒案,获公安部通报表扬。

深化地理标志保护产品专用标志使用核准改革试点,地理标志产品换标率达100%,地理标志商标换标率达94%,84个产品获地理标志保护,2021年地理标志产品批准量和受理量均居全国第一,涉及乡村振兴项目的52个,助力52.5万脱贫人口年人均增收4001.14元。

深入开展非正常专利申请和商标恶意抢注行为专项治理,核查国家知识产权局通报4批非正常专利申请68927件,国家知识产权局通报本省前3批撤回率98.4%,位居全国第二名。深入开展“蓝天”专项整治行动,查处无资质专利代理案件3件,罚没6.95万元;查处代理不以保护创新为目的的专利申请、干扰审查工作秩序案件1件,罚款1.6万元;开展专利代理机构“双随机、一公开”抽查,21家专利代理机构被指导规范专利代理行为。

五、知识产权服务

印发深化知识产权领域“放管服”改革文件,部署5个方面15项改革措施。印发《关于新形势下加快建设知识产权信息公共服务体系的实施意见》,推动十大新兴产业知识产权公共服务平台建设,指导各地建设特色知识产权平台和专利专题数据库。

合肥代办处实现专利商标业务“一窗通办”,专利电子申请率99.60%,稳居全国第二位,专利优先审查推荐办结时限由15个工作日压缩至3个工作日以内;合肥代办处连续4次被国家知识产权局评为“先进代办处”,2021年4月再次荣获国家知识产权局“青年文明号”。

安徽信息工程学院技术与创新支持中心(TISC)获准正式运行,安徽工业大学获批建设高校国家知识产权信息服务中心,阜阳师范大学等3家机构备案国家知识产权信息公共服务网点,首批23家省级知识产权信息公共服务网点被认定。

六、知识产权管理

2021年全国专利代理师考试安徽通过报名考生首次突破3000人，同比增长33%，全省执业专利代理师总数达604人，比上年增长42.8%。参加考取知识产权专业高级经济师1人，中级经济师39人，初级经济师5人；知识产权专员总数达9800余人；成立商标代理机构专业委员会，发布了行业自律宣言。

成功举办“2021世界制造业大会新兴产业知识产权运用与保护论坛”，首次发布《安徽省高价值专利分析报告》，承办长三角三省一市知识产权发布会，连续3年发布安徽省知识产权发展与保护状况白皮书。国家知识产权局与中国科学技术大学共建知识产权研究院。

七、知识产权宣传

开展《学习习近平总书记关于知识产权工作重要讲话指示精神》答题学习活动，全省6000余人参加答题活动，会同省委组织部在省委党校（安徽行政学院）举办强化知识产权保护专题培训班，各市、省直有关单位等负责同志参加培训。在全国率先开展全省知识产权保护满意度调查工作和全省知识产权保护水平评估工作，建立全省知识产权保护评估机制。精心组织“4·26全国知识产权宣传周”、中国专利周和知识产权“五进”活动，召开2021年长三角地区知识产权新闻发布会、知识产权行政与司法保护同向同行新闻发布会，发布安徽省专利、商标、版权行政保护和司法保护十大典型案例。

积极开展对外合作交流，承担为拉美和非洲国家知识产权官员进行地理标志保护实践研究培训的任务，承办国家知识产权局与世界知识产权组织举办的外观设计国际巡回研讨会；与中国科学技术大学知识产权研究院共同主办“新领域、新业态、新技术知识产权青年名家论坛”。

安徽通联站被《中国知识产权报》评为2021年度全国优秀通联站，截至2021年底，《中国知识产权报》刊发安徽省报道169篇。滁州市知识产权局创作的“琅琊说之保护知识产权”短视频获国家知识产权局短视频征集活动一等奖和最佳人气奖。

供稿：安徽省知识产权局

版权工作

一、严厉打击侵权盗版行为

1. 强化日常监管

建立日监测、月通报、季抽查、年总结的监管制度，不断强化版权市场监管。累计出动执法人员96 415人次，检查相关单位38 088家次，有力维护了市场版权秩序。

2. 狠抓大案要案查办

组织开展安徽省打击网络侵权盗版“剑网2021”、打击院线电影盗录传播等专项整治，查处侵权盗版案件154件，办结120件，较上年分别增长83.3%和57.9%。9起案件获国家版权局挂牌督办，较上年增长50%。

3. 加强部门协作联动

会同省高级人民法院建立全省版权刑事案件信息定期沟通机制。联合省公安厅印发《关于加强协作配合强化版权保护的通知》，建立健全信息共享、案情通报、案件移送等制度。

4. 发挥考核引领作用

推动将版权保护工作新增纳入省政府对各市政府目标绩效管理考核，全力做好打击侵权假冒、知识产权保护等考核工作。2021年国家知识产权保护检查考核中，安徽得分较上年增加6.5分，为优秀等级。

二、全面推进使用正版软件

1. 健全完善长效机制

发挥省软件正版化工作联席会议统筹协调作用，调整充实成员单位，修改完善工作职责，制定印发年度实施方案，健全完善督查机制。

2. 巩固夯实已有成果

将正版化与信息化、信息安全相结合，督促全省各级党政机关不断完善软件管理制度和台账，排查整改薄弱环节。2021年，新购国产软件22.5万套，采购资金1.32亿元，省市两级党政机关实现正版化100%覆盖。

3. 积极拓展覆盖范围

联合推进特定行业、重点领域软件正版化工作。28家省属企业及所属200余家二三级企业、100余家省市级公立医院和71家国家级知识产权示范企业软件正版化工作顺利完成，新购各类正版软件5.86万余套，采购资金1.77亿元。

4. 加强预装软件管控

全省年度生产的4000多万台电脑全部预装正版软件。其中，联宝科技公司相关电脑全部规范预装正版操作系统；卓怡恒通公司相关电脑全部预装国产统信操作系统。

三、健全完善社会服务体系

1. 开展版权登记便民服务

升级“安徽版权在线”作品登记系统，提升版权服务规范化、便捷化水平。2021年，作品著作权登记数量175 896件，超过前十年登记数量总和。

2. 发挥示范引领作用

积极组织开展版权示范创建，安徽日报报业集团（安徽日报社）、安徽殷港艺创小镇等6家单位入选全国版权示范单位、示范园区（基地），入选数量位居全国第一，认定全省版权示范单位、示范园区（基地）和软件正版化示范单位51家。安徽广播电视台报经省编办批准新设“媒资版权与短视频运营中心”，安徽出版集团安徽画报社“图片安徽云平台”上线运营，合肥高新创业园拥有软件著作权等自主知识产权4894项，合肥市蜀山区版权输出经验做法被商务部、中宣部等四部门列入首批13个创新实践案例向全国宣传推广。

3. 推动版权产业化开发

协同主办安徽省第八届工业设计大赛，开展全省优秀著作权登记作品遴选，推动精品版权转化运用。组织省内知名企事业单位参展第八届中国国际版权博览会。安徽省版权局获“优秀组织奖”。

4. 引入先进技术提升工作成效

引入区块链等先进技术提升版权服务水平，安徽省文化产权交易所入选中央网信办、中宣部等16个部委联合开展的国家区块链创新应用试点。

四、积极开展版权宣传教育

1. 扎实推进版权保护“六进”行动

制作发布系列精品课程，借助“安徽干部教育在线”网络平台宣传解读新修改的《著作权法》，在线学习上万人次。采取庭审直播、新闻发布、宣讲培训、播放公益广告、张贴公益海报等方式广泛开展“4·26”系列版权宣传。深入殷港艺创、安庆黄梅戏剧院、双岗街道、颐和中学等30多家单位开展版权交流。安徽版权网发稿约2400篇，浏览量近6000万次，较上年翻番增长。《中国新闻出版广电报》《中国知识产权报》和国家版权局官网等平台宣传报道安徽版权工作成效和做法30余次。

2. 加强版权业务培训

省市两级版权部门累计举办专项业务培训54次，参加人员约4300人次。举办全省版权工作培训班，邀请中国科学技术大学、华中科技大学知名专家授课。首次联合举办全省版权执法监管工作网上培训班，各市、县（区）版权执法骨干、公安民警近800人参训。

3. 注重人才培养

举办全省版权保护短视频暨海报设计大赛。组织开展第二届全省大学生版权征文活动。组织省内20多所高校参加全国大学生版权征文活动，安徽省参赛作品数量连续第三年稳居全国第一，荣获奖项12个，是上年的3倍。安徽省版权局获评优秀组织奖。

供稿：安徽省版权局

司法工作

一、强化执法办案，服务大局担当有为

2021 年，新收知识产权民事案件 11 181 件，审结 10 552 件，收、结案量同比分别增长 29.9%、21.8%，知识产权司法保护民事审判主渠道作用进一步凸显；新收知识产权刑事案件 562 件，审结 530 件，收案量同比增长 6%。知识产权民事案件平均审理天数由前两年的平均 61.54 天下降至 57.48 天；连续 13 年入选年度“中国法院知识产权司法保护十大案件和 50 件典型知识产权案例”，省高院、滁州中院、合肥高新区法院获评 2020 年度国家版权局查处重大侵权盗版案件有功单位、合肥知识产权法庭两件案件入选农业农村部 2020 年农业植物新品种保护十大典型案例，芜湖经开区法院 1 件案例入选最高人民法院“服务和保障长三角一体化发展典型案例”，淮南中院落实惩罚性赔偿制度典型案例被《人民法院报》刊文报道。

二、强化机制建设，改革成效逐步彰显

1. 落地落实知识产权“三合一”审判机制

2021 年初召开全省法院知识产权审判工作座谈会，对知识产权审判“三合一”工作中存在的短板和难题研究改进举措，并全面部署下一阶段工作。与省市场监督管理局、省检察院、省公安厅联合制定下发《关于建立知识产权行政执法与刑事司法衔接工作机制的通知》，进一步加强和改进知识产权行政执法与刑事司法衔接工作。合肥高新区法院联合高新区检察院制定出台《关于侵害商标权犯罪的量刑参考意见》《关于知识产权类犯罪案件取证指引》。芜湖经开区法院审理自诉人 ABB 阿西亚·布朗·勃法瑞有限公司诉芜湖市迪顿电气贸易公司等销售假冒注册商标的商品罪案件，在检察机关认为不构成犯罪、权利人权利保护面临落空的情况下，知识产权审判庭利用其民事权利判断的专业性，对被告人定罪量刑，该案入选最高人民法院 2020 年中国法院 50 件典型知识产权案例，彰显“三合一”审判权利保护制度效能。

2. 推广实施知识产权类型化案件快审机制，出台《知识产权类型化案件快审机制运行规范》

在此基础上，省高院民三庭进一步细化形成《关于知识产权二审和商事再审审查案件快审机制的暂行规定》。黄山中院将知识产权民事案件纳入调解前置，并成立快审团队，将知识产权民事简案纳入快审车道。滁州中院吸纳年富力强、办案效率高的法官、法官助理和具有丰富生活阅历和调解经验的调解员组成“员额法官+法官助理+调解员”快审团队；芜湖经开区法院在事实相对清楚、权利义务相对明确的知识产权案件中引入速裁机制，制定《知识产权案件简易文书模板》，对于符合条件的文书均采用简易模板，简易文书适用率达 90%。

3. 多元化解知识产权纠纷

与省市场监督管理局、省司法厅联合印发《关于推进知识产权人民调解工作的实施意见》，全省法院全面对接和应用人民法院调解平台，在线开展诉前委派和诉中委托调解工作，截至 2021 年 8 月底，平台共受理知识产权纠纷 10 646 件，结案 10 195 件，调解成功 5608 件，调解成功率 55.01%。合肥知识产权法庭与市司法局、市市场监督管理局共同设立中国（安徽）自由贸易试验区合肥片区知识产权纠纷人民调解委员会，合肥高新区法院办结全省首例通过“总对总”平台对接自贸区人民调解组织司法确认知识产权调解协议案件，快速有效化解知识产权纠纷。宿州中院在中国（安徽）知识产权维权援助中心宿州分中心设立巡回审判点；马鞍山中院与当地市场监督管理局、市检察院、市公安局联合印发《关于全面深化知识产权纠纷诉讼与调解对接机制建设的方案》；滁州中院联合市市场监督管理局成立滁州市知识产权纠纷人民调解委员会，

签订知识产权纠纷诉调对接工作合作协议;淮北中院与市场监督管理局联合印发《关于推进淮北市知识产权纠纷多元化解机制建设的意见》,成立中国(安徽)知识产权维权援助中心淮北分中心,化解知识产权纠纷;芜湖中院与芜湖市总商会人民调解委员会签订《关于实施知识产权民事纠纷案件委派诉前调解的意见》;亳州中院将市场监督管理局工作人员纳入人民调解员人才库,并挂牌成立亳州市知识产权纠纷人民调解委员会。蚌埠禹会区法院深入推进知识产权"法院+仲裁"模式,设立仲裁调解室,积极总结仲裁调解经验,建立以裁判引导仲裁的机制。

三、强化宣传协作,"大保护"同向同行

1. 持续打造知识产权司法保护"安徽品牌"

连续 9 年发布安徽知识产权司法保护状况白皮书及知识产权司法保护十大案例。连续 6 年举办皖江知识产权司法保护研讨会。连续 3 年举办全省知识产权司法保护宣传周活动。铜陵中院开展"庭审+版权登记"活动,在审理涉版权登记的著作权权属、侵权纠纷案件时,结合庭审公开,于庭审结束后向旁听群众介绍著作权登记的相关知识并当场演示对案外人雕塑作品进行现场版权登记;铜陵市文旅委派员在现场向旁听人员发放了《版权登记好处有哪些》《作品登记免费啦!!!》等宣传单,促进权利人积极开展版权登记活动。

2. 推进司法保护与行政保护协作

与省委宣传部共同举办"版权点亮皖美生活——安徽省首届行政司法版权保护短视频暨海报设计大赛",以新媒体元素融入著作权保护普法宣传。与省市场监督管理局联合召开"知识产权行政与司法保护同向同行"新闻发布会,发布安徽法院知识产权司法保护状况、行政保护有关情况及典型案例。参与食用农产品"治违禁控药残促提升"三年行动,与省农业农村厅、省市场监督管理局等 7 家单位联合下发《安徽省食用农产品"治违禁控药残促提升"三年行动实施方案》,推动专项行动开展。与省市场监督管理局联合下发《关于共建知识产权侵权惩罚机制促进知识产权行政与司法保护一体化发展的通知》。与省市场监督管理局联合印发《关于开展知识产权纠纷行政调解协议司法确认程序试点工作的实施办法》。

3. 推进跨区域协作

合肥知识产权法庭与上海知识产权法院签署《知识产权司法保护协作备忘录》,共建区域知识产权保护合作机制。与华东政法大学联合主办皖江知识产权司法保护学术征文活动;联合指导举办第六届皖江知识产权司法保护论坛。淮北中院建立跨部门、跨区域知识产权执法协作常态化机制,签署《淮海经济区知识产权司法协同保护工作协议》,促进知识产权全链条保护、一体化发展,打造省际知识产权协同保护示范样板。省高院异地保全价值 2600 万元知识产权纠纷涉案财物案例,被《人民法院报》以《安徽淮北:长三角一体化协作执行保全千万财产》为题进行报道。

4. 对接创新主体,凝聚知识产权保护共识

组织"知识产权护航皖美生活"全省法院知识产权司法保护宣传周活动,发布《安徽法院知识产权司法保护状况》及典型案例,组织代表委员旁听,各地法院也以多种形式开展知识产权司法保护宣传。与合肥知识产权法庭参加合肥高新区管委会"全面加强知识产权保护构建新发展格局"座谈会。蚌埠中院与当地市场监督管理局会商后批准设立中国(安徽)知识产权维权援助中心蚌埠分中心蚌埠依爱消防电子有限责任公司工作站、安徽凤凰滤清器股份有限公司工作站两个维权工作站。淮北中院紧密结合党史学习教育和政法队伍教育整顿,为群众办实事,开展"护企""暖企"行动,深入 63 家金融机构、矿区、中小企业开

展知识产权法律服务，提供法律咨询 156 件次。芜湖经开区法院“知识产权司法保护法官办公室”在当地年度法治建设“五个十”项目评选中被评为“十大法治为民办实事项目”。

供稿：安徽省高级人民法院
知识产权审判庭

检察工作

一、提高政治站位，高位推动知识产权检察工作

将加强知识产权检察工作建设作为一项重点工作进行部署。一是加强组织领导。召开安徽省知识产权检察工作座谈会，为安徽省知识产权检察工作指明方向。召开知识产权综合保护工作座谈会，就加强检察机关知识产权综合保护工作向民营企业家和律师协会代表问需问计。二是成立知识产权检察办公室，把分散在四大检察中的检察职能归整在一起，实现对知识产权更好的保护作用。安徽省人民检察院专门成立知识产权检察办公室，统一履行知识产权刑事、民事、行政检察等职能，有条件的市县级检察院也分别成立了专门办公室或专案组，合肥、芜湖、蚌埠等 7 地成立了知识产权检察办公室。三是强化建章立制。制定出台《安徽省检察机关助推民营经济高质量发展十大举措》和《安徽省人民检察院关于充分发挥检察职能服务保障十大新兴产业发展的实施意见》，把加强知识产权保护等方面的具体工作举措作为一项重点内容纳入其中，构建全方位知识产权保护体系，助力安徽“三地一区”建设。四是强化督导调研。安徽省人民检察院知识产权办公室专门成立 4 个督导组与安徽省工商联联合对芜湖、蚌埠等 8 个市的知识产权保护工作情况进行督导调研，就地召开企业家座谈会，介绍检察职能，倾听企业在自身知识产权保护中存在的问题及需要检察机关帮助解决的难题。

二、积极发挥检察职能，严厉打击侵犯知识产权犯罪

一是充分发挥检察机关“捕诉一体”优势，积极运用审查逮捕、审查起诉、监督等检察职能，加大对侵犯知识产权犯罪行为的打击力度。2021 年，共批捕侵犯知识产权犯罪 141 件 257 人，起诉 159 件 446 人。因指导办理滁州“懒人听书”网站涉嫌侵犯著作权案取得良好效果，安徽省人民检察院第四检察部被国家版权局表彰，被评为查处重大侵权盗版案件有功单位。二是加强知识产权综合司法保护。充分综合运用立案监督和侦查活动监督，及时在侵犯知识产权犯罪中监督纠正有案不立、有罪不究等现象。共监督公安机关立案 13 件，纠正漏捕 3 人，纠正漏诉 6 人。加强涉知识产权民行监督案件办理，办理涉知识产权纠纷民事监督案件 7 件。探索知识产权公益诉讼，发现知识产权保护公益诉讼领域问题线索 40 条，立案 34 件，履行诉前程序 34 件，向人民法院提起公益诉讼 14 件。三是加强对下办案指导力度。对重大、复杂、疑难的侵犯知识产权犯罪案件，上级检察机关加大对下指导力度，确保办案质效。对 6 起最高人民检察院、公安部、国家版权局等单位联合挂牌督办的保护知识产权案件，积极参与案件会商，确保办案质量。

三、强化“行刑衔接”，健全知识产权协作保护机制

一是会同安徽省市场监管局、安徽省高级人民法院、安徽省公安厅制定知识产权行政执法与刑事司法衔接工作机制，印发《关于建立知识产权行政执法与刑事司法衔接工作机制的通知》，建立工作联席会议、工作信息共享、联合执法督办、日常沟通协调等制度，进一步健全知识产权领域涉嫌违法犯罪案件移送工作程序。二是充分运用好“两法衔接”平台，摸排侵犯知识产权犯罪案件线索。建议行政执法机关向公安机关移送涉嫌侵犯知识产权犯罪案件

31 件，行政执法机关移送 31 件，公安机关立案 28 件。三是落实沪苏浙皖办案协作机制，积极参与长三角区域一体化检察协作。建立健全重大事项协调机制，对涉及知识产权的大案要案，积极主动向上级汇报，加强协调沟通，努力实现执法司法政治效果、社会效果和法律效果相统一，护航长三角区域一体化高质量发展。四是积极借助“外脑”，发挥检察专家人才库作用。为贯彻最高人民检察院精准监督要求，依法正确保护民营企业知识产权合法权益，邀请知识产权领域专家对知识产权民事监督案件进行专家论证，为案件办理提供智力支持。

四、积极参与综合治理，延伸知识产权检察工作触角

立足检察职能同时注重延伸工作触角，在依法坚决打击侵犯知识产权犯罪的同时，加强与有关部门的协作配合，助力从源头上减少侵犯知识产权犯罪行为发生。一是积极参与重点领域综合整治。积极响应省知识产权强省建设联席会议部署，对突出违法犯罪开展集中打击，防止侵犯知识产权违法犯罪产生重大危害。配合有关行政执法机关开展“蓝天”“剑网”等专项整治行动，合力治理人民群众反映强烈的侵犯知识产权犯罪。二是积极建言献策。各地检察机关针对办案中发现的行业领域存在的问题，主动向有关单位发出检察建议，促进其增强知识产权保护意识，完善知识产权保护制度，预防和减少侵犯知识产权行为发生。开展侵犯知识产权犯罪法律适用问题研究，向最高人民检察院提出相关意见建议。赴高新技术企业就加强检企协作和知识产权保护工作等进行调研。三是加强知识产权保护宣传。将保护知识产权工作列为法治宣传工作要点，通过组织知识产权宣传周、发布知识产权检察典型案例、开展检察官以案释法、制作微电影、微动漫、微视频等多种方式进行宣传，推动形成依法保护知识产权、服务保障创新发展的司法环境和社会氛围。

供稿：安徽省人民检察院
知识产权检察办公室

福　建　省

知识产权工作

一、知识产权顶层设计全面加强

印发《福建省“十四五”知识产权保护和运用规划》，着力构建适应现代经济体系的知识产权制度，为福建在更高起点上推动知识产权事业高质量发展指明方向。出台《福建省知识产权发展保护专项资金管理办法》，重点加大对后续转化运用、行政保护和公共服务的支持，切实发挥高质量发展指标引领作用。制定《福建省知识产权领域“放管服”改革优化创新环境和营商环境工作方案》，细化“放管服”改革工作项目清单，便民利民的知识产权公共服务体系日益完善。

二、知识产权创造能力稳步提升

2021 年，专利授权 153 814 件，同比增长 5.4%，其中发明专利授权 12 561 件，同比增长 22.55%。截至 2021 年底，存有有效发明专利 62 156 件，同比增长 22.46%，专利电子申请率居全国第一位。新申请商标 500 458 件，新增注册商标 446 895 件，累计有效注册商标数达 1 989 159 件。新注册地理标志商标 51 件。有效注册商标总数居全国第七位，有效地理标志注册商标数居全国第二位，地理标志驰名商标数居全国第一位，使用地理标志专用标志企业数居全国第一位。农业农村部授予福建植物新品种权 127 个，同比增长 95%。91 个花卉、林木品种获得国家植物新品种权，数量为历年之最。

三、知识产权保护环境持续优化

拙雅公司诉智童时刻公司技术合同纠纷案入选“全国法院知识产权审判五十大案例”，宁德时代诉塔菲尔公司专利侵权纠纷案入选“全省保护新技术新业态企业合法权益典型案例”，庄某等5人侵犯著作权罪案入选“全国打击侵权盗版十大案件”；厦门海关查获侵犯外资品牌商标权系列案和福州海关邮递渠道查获多品牌侵权物品案入选“2021年中国海关知识产权保护典型案例”。加快建设省市县三级知识产权保护中心体系。现拥有中国（福建）、中国（泉州）、中国（宁德）等3个知识产权保护中心及中国厦门（厨卫）、中国晋江（鞋服和食品）等2个知识产权快速维权中心，及全国首个两岸知识产权调解仲裁中心，并以国家级保护中心为牵引，支持成立宁德锂电新能源等6个省级产业集聚区知识产权运营保护中心。推动行政执法与司法保护有机衔接。设立福州、厦门知识产权法庭，建立知识产权纠纷诉调对接机制；与省检察院签订《强化知识产权协同保护合作框架协议》，在省检察院和福州、厦门、泉州、宁德4个市级检察院以及8个县级检察院组建知识产权检察办公室。构建部门联动协作机制。与省公安厅签署打击侵犯知识产权和制售假冒伪劣商品违法犯罪合作备忘录，与省版权局等3个部门联合制定展会知识产权管理办法，与海关建立知识产权行政执法与海关保护协作机制。开展多领域行政执法保护专项行动。组织开展“剑网”“秋风”“昆仑”等专项行动；2021年，办理专利行政执法案件16 132件，立案查处商标侵权案件2283件，案值5826.9万元，罚没款5776.3万元。高效审理各类知识产权案件。受理各类知识产权案件21 270件，同比增长46.12%；结案18 571件，同比增长38.6%，结案率87.31%。

四、知识产权运用效益显著提高

“知识产权金融创新缓解企业融资难题”入选《福建日报》“党史学习教育在福建·我为群众办实事”专栏典型案例。强化知识产权创造运用政策措施。出台《福建省知识产权发展保护专项资金管理办法》，福建省专利奖特等奖奖金大幅提升至100万元，强化质量导向，更大力度促进专利转化运用。提升知识产权转化运营能力。出台《福建省促进专利技术转移转化　助力中小企业创新发展实施方案（2021—2023年）》；开展专利与标准融合创新试点，促进企业实现技术、专利、标准、产业协同发展；支持海洋与渔业装备等5个产业知识产权联盟建设，19家单位列入2021年度福建省专利导航服务基地。厦门市知识产权运营服务体系建设重点城市通过验收，并获批建设全国电子商务知识产权运营中心。推动知识产权与金融资源有效融合。出台《福建省知识产权质押融资入园惠企行动方案（2021—2023年》，在普惠金融改革试验区龙岩市推出全省首单知识产权质押融资集中授信业务，支持省农业银行创新开展“知创e贷”金融产品，全省知识产权质押金额78.56亿元，其中专利质押金额63.08亿元；组织开展知识产权优势示范单位、省专利奖及专利调查等工作。新培育认定2021年省知识产权优势企业61家、复核通过65家；组织开展2021年福建省专利奖评选与第二十三届中国专利奖推荐工作。持续推进知识产权军民融合试点工作。依托“知创”双平台建设两用技术（民参军、军转民）需求库和供给库，建立知识产权双向转化工作机制。

五、知识产权服务水平不断提升

“高标准建设知识产权公共服务平台营造有利于创新创业创造的良好发展环境”荣获福建省第四届“推进机制活、建设新福建”机关体制机制创新优秀案例；知识产权领域“放管服”改革工作进展及相关多个案例入选《知识产权公共服务聚焦》。加快推进“知创福建”平台搭建。2021年12

月，国家知识产权专利局福州代办处迁至福州软件园，进一步充实“知创福建”平台功能，先后推动“知创泉州”等 5 个分平台、福建水院等 23 个工作站建成落地，着力构建全链条知识产权服务生态圈。健全完善知识产权信息公共服务体系。继续打造“最多跑一地”知识产权公共服务创新范式，14 家机构列入首批省级知识产权信息公共服务网点，推荐备案国家知识产权信息公共服务网点 3 家，新增高校国家知识产权信息服务中心 1 家、TISC 运行机构 2 家，向国家知识产权局报送技术与创新支持中心（TISC）和高校国家知识产权信息服务中心的优秀案例 2 批次共 10 项，厦门大学 2 个案例入选优秀案例。推动服务供给侧和需求侧精准对接。引进 5 家中高端服务机构，完善知识产权专家智库服务，引进汇聚专家 50 名。组织开展知识产权战略工作坊 13 期，举办业务主题宣传培训 63 场，吸引 1900 家企业 2200 余人次参与，为 350 多家企业提供专利数据库服务，帮助 38 家企业通过贯标认证并取得证书。加强知识产权人才队伍建设。推出“知创乾坤包”“知创试客”等线上公共服务包；开设“线上课堂”，依托知识产权远程教育平台，共举办远程培训班 45 期，培训人员 5.7 万人次，福建知识产权远程教育平台综合考评名列全国前茅。

供稿：福建省知识产权局

版权工作

一、广泛开展新《著作权法》宣传培训，营造尊重知识尊重创作的氛围，提高社会各界版权保护意识

“4·26 全国知识产权宣传周”期间，举行版权宣传周启动仪式，发布了福建省 2020 年十大版权案件；举行福建省首部主题为音乐版权保护的版权微电影《红岭之恋》首映式；为 2020 年度获得全国版权示范单位（3 家）和示范园区（1 家）的企业授牌；举办新修改《著作权法》专题培训班，对全省各市、县分管版权工作的负责同志进行培训。

全省各县融媒体中心积极播放版权微电影《红岭之恋》和公益宣传片，提升社会关注度；福州开展“版权你我他”宣传活动；厦门邀请著名电影人就影视行业、短视频影视领域等受大众关注的影视版权问题举办直播探讨；泉州结合庆祝建党百年宣传，讲好泉州版权事业发展壮大的不平凡历程和取得的成就；德化拍摄首部陶瓷版权保护微电影《爆款》并发布展映；三明推出《保护知识产权　让生命更有生命》知识产权宣传公益广告。举办“福建省纪念著作权法实施三十周年座谈会”。

二、认真开展版权执法监管，规范版权秩序，强化版权全链条保护

1. 做好春节档院线电影版权保护工作

联合下发《关于做好院线电影版权保护工作的通知》，采取预警保护、检测监管、联控协作、宣传引导等措施强化版权保护，严防盗录盗播。2021 年春节期间共对全省 217 家影院开展检查 485 场次，累计张贴宣传海报警示标语 2960 张次，推送电子海报 2.6 万场次，覆盖观影人群 205.4 万人次。

2. 开展打击网络侵权盗版“剑网 2021”专项行动

制定并下发福建省“剑网 2021”专项行动的工作方案，要求各级监管部门加大网络版权执法监管力度，强化网络平台治理，严厉打击短视频、网络直播、体育赛事、在线教育等领域的侵权盗版行为，持续巩固新闻作品、网络音乐、网络文学、电商平台等领域专项治理成果，不断提升版权管网治网能力，推进构建社会共治格局，维护清朗的网络空间秩序。召开福建省打击网络侵权盗版“剑网 2021”专项行动推进会，统一思想认识，部署重点任务，加强各部门协调联动。组织做好福建省 2020 年度查处

重大侵权盗版案件有功单位和有功个人的表彰奖励工作，鼓舞激励各级执法工作人员，进一步提升士气。

3. 加大技术研发，提高管网治网能力

指导有关单位开发完成网络侵权盗版监管平台，对全省20万余家备案网站进行全面监管，及时发现侵权盗版行为，为版权执法监管提供有力技术保障。2021年各级版权执法部门出动执法巡查4万人次，检查市场实体单位1万余家，重点对网吧、KTV、书店等各类文化场所进行检查，对各辖区内新媒体平台用户进行巡查，依法查办版权类案件126起(其中网络侵权盗版案件87起)。福建省"制售侵权盗版幼儿教辅系列案"入选国家版权局"2020年度全国打击侵权盗版十大案件"。

三、全面推进软件正版化工作

1. 强化全面部署

省推进使用正版软件工作厅际联席会议(以下简称厅际联席会议)组织召开第八次全体会议。研究审议并通过《福建省2021年推进使用正版软件工作实施方案》，从巩固长效工作机制、聚焦重点工作任务、规范软件采购使用、深化优化督促核查、维护市场公平秩序等五方面进行部署。

2. 进行全面培训

组织开展2021年全省软件正版化培训班，厅际联席会议成员单位、各设区市版权局、省级机关单位、事业单位、国有企业和福州市、区两级机关及事业单位软件正版化工作业务部门负责人近300人参训。

3. 开展全面核查

牵头启动"委托第三方机构参与本省2021年度软件正版化核查工作项目"。下发核查通知，确定核查单位175家，涵盖20家省级机关、95家省级事业单位、30家省属国有企业和30家福州市、区级机关及事业单位。实际核查174家单位，软件正版化工作完成率达97.13%。

四、提升版权公共服务，助推产业健康发展

走访福建省国家级版权示范企业，了解企业在版权保护方面的需求和建议。落实国家版权局关于规范卡拉OK领域版权市场秩序的要求，联合下发文件，指导卡拉OK企业积极通过著作权集体管理解决版权授权许可问题，保护权利人及使用者的合法权益。积极推广德化经验，配合国家版权局及世界知识产权组织中国办事处开展相关调研。开展2021年全国版权示范创建工作，组织福建省大学生积极参加全国大学生版权征文活动。强化作品登记工作指导，提升作品自愿登记工作效能，为在闽的台港澳作品版权登记开通绿色通道，完成作品登记87件。推荐15家单位、18名个人参评国家版权局2020年度查处重大侵权盗版案件有功单位、有功个人。推荐7家单位和2个园区参评2021年度全国版权示范单位、示范园区。

供稿：福建省版权局

司法工作

一、充分发挥审判职能作用，服务保障创新驱动发展

2021年，共受理各类知识产权案件20 808件，同比增长47.19%，结案18 178件，同比增长39.64%。结案率87.36%。受理和审结民事案件20 332件和17 778件，其中，专利案件1750件和1396件，商标案件7802件和6766件，著作权案件9476件和8583件，不正当竞争案件405件和304件，其他知识产权案件896件和728件；受理和审结刑事案件470件和394件；受理和审结行政案件6件和6件。

加大对重点领域的司法保护。加强对科技创新成果的保护力度，妥善审理宁德时代诉塔菲尔公司专利侵权案，拙雅公司诉智童时刻公司技术合同纠纷案入选中国法院50件典型知识产权案例，福州中院出

台《关于加强对技术密集型行业重点企业知识产权司法保护的实施意见(试行)》。加强地理标志调研与保护,参加“9·8”投洽会茶叶高峰论坛和茶产业知识产权司法保护论坛,相关研究文章获东南法治论坛一等奖。加强对涉网络平台公平竞争秩序的维护,审理腾讯公司与固乔公司等不正当竞争纠纷案。加强非物质文化遗产保护力度,泉州中院出台《关于加强世界遗产司法保护实施意见》;鲤城法院设立海丝史迹保护巡回法庭。

加大侵权行为的惩处力度。出台《知识产权侵权损害赔偿疑难问题解答》。妥善审理艾默生公司诉和美泉公司等不正当竞争案,对被告长期恶意抢注商标、商标代理机构明知上述情况仍加以批量代理的行为进行规制,判令后续不得申请注册并共计赔偿160万元。漳州中院出台《关于开展清理涉知识产权案件专项执行行动的方案》。厦门中院出台《关于解决知识产权诉讼当事人举证难的若干指引》。加大对虚假诉讼、恶意诉讼等行为的规制力度,在绿士达公司诉何某平侵害植物新品种权纠纷案中,对伪造证据的当事人作出罚款10万元的决定。

二、优化完善审判体制机制,着力提升司法保护水平

深入推进“三合一”机制改革。省高院及福州、厦门、泉州、漳州、三明、南平、平潭等法院全面或者部分实行“三合一”审判。与检察、公安机关建立良性互动机制,推动刑事案件批捕、起诉集中管辖。漳州中院创设全省首个知识产权“三合一”巾帼合议庭,充分发挥女性在司法审判中独特的柔性作用,实行快审、快结、快调、快执“四快”机制,2021年案件调撤率80.3%,当庭履行率高达95%。

完善技术事实查明机制。着力构建“技术调查官、技术咨询、专家陪审、专家证人、技术鉴定”五位一体技术事实查明体系。出台技术调查官参与知识产权诉讼活动的工作规则及管理办法,建立省级技术调查人才库和人才共享机制。与国家知识产权局专利局专利审查协作北京中心福建分中心签订《知识产权工作合作框架协议》。

健全多元化纠纷解决机制。一是建立特邀调解员、诉调对接等知识产权多元解纷工作机制。与省知识产权局合力开通“知创中国”线上平台,探索创新线上知识产权治理新模式。二是探索推行知识产权要素式审判机制,缩短类案审判周期,实现繁简分流、简案快审、繁案精审。厦门思明法院制定《知识产权纠纷简单案件快速分流处理工作细则(试行)》,建立侵害作品信息网络传播权及侵害商标权两类案件的快速审理通道。三是加强诉源治理靠前预防纠纷。厦门思明法院向诉讼集中当事人发送《纠纷预防建议书》,引导权利人在诉前通过行政举报等灵活渠道先期过滤。厦门湖里法院在全国首创“跨境电商知识产权基层服务站”,将跨境电商一站式知识产权司法服务延伸至诉前,主动回应自贸区市场主体的海外司法需求。

推进审判信息化智能化。充分运用移动微法院、网上诉讼服务中心等智慧法院建设成果,积极推进跨区域知识产权远程诉讼平台建设,健全全流程在线诉讼机制。福州知识产权法庭通过打造专门配备的智能化审判系统“调诉一体化平台”,实现包括诉前调解、立案、送达、证据交换、庭审在内的工作集成系统。

三、参与构建大保护工作格局,提升知识产权保护整体效能

推广建设司法协同保护机制。指导厦门中院在全国首创知识产权司法协同中心,该项改革创新举措被福建省政府写入政府工作报告并要求在全省推广。与行政机关等职能部门共同协商建设覆盖省、市、县三级的知识产权协同体系,与省知识产权局、省检察院、省农业农村厅初步达成合作协议。

精准对接企业司法需求。漳州中院成

立知识产权司法保护和服务中心暨院士法律服务工作站，发挥司法职能服务科创最前沿，与重点科技企业的 10 个院士专家工作站建立“全天候”司法服务联络机制；在全国首创“政府主管+开放使用”的“公捷在线取证平台”，同时建设“行政+司法”互鉴互认联盟链，与平台对接、数据同步，有效实现信息共享、同步记账、互鉴互认。厦门湖里法院推动“厦门自贸区法庭”双语网站及“全在线诉讼服务平台”首批入驻“海丝中央法务区云平台”，推动海丝中央法务区建设。德化法院构建陶瓷知识产权“1234”保护机制。

加强知识产权保护法治宣传。一是精心组织“4·26 全国知识产权宣传周”活动。每年召开新闻发布会，发布白皮书和典型案例。二是拓展司法监督新途径。通过观摩公开开庭及邀请人大代表旁听案件等方式，自觉接受人大及社会监督。积极邀请省人大代表赴厦门、德化开展知识产权司法保护专项视察活动。三是积极延伸司法审判职能。常态化开展“法律六进”活动。

打造台胞台企登陆第一家园。厦门中院依托“海峡两岸青年学生知识产权法学教育实践基地”，举办“台青创新创业法律讲堂走进台商协会、走进海丝中央法务区自贸先行区”活动，为在闽西南地区创业生活的台湾青年授课答疑。接收台湾地区法律青年参与知识产权司法实践学习，相关做法被中央台办《对台工作简报》刊发。厦门中院聘请台籍兼职技术调查官参与知识产权审判，成功化解一起标的逾千万元涉台计算机软件著作权纠纷，并向台企进行涉诉风险提示和风险防范指引。

四、加强高素质队伍建设，深入推进党风廉政建设

将党史学习教育和政法队伍教育整顿、“再学习、再调研、再落实”活动融合互促、一体推进，坚定正确政治方向，严格执行“三个规定”铁规禁令。切实加强能力素质培养，开展全省法院著作权审判与实务培训。1 项工作机制被评为全省法院十大改革创新亮点举措，1 件案件入选中国法院知识产权司法保护十大案件和 50 件典型案例，5 篇论文获首届东南法治论坛一、二等奖。

供稿：福建省高级人民法院
知识产权审判庭

检察工作

一、扎实开展知识产权检察职能集中统一履行试点工作

扎实开展为期 1 年的知识产权检察职能集中统一履行试点工作。一是积极组建知识产权检察办公室。在福建省人民检察院和福州、厦门、泉州、宁德 4 个市级检察院以及 8 个县级检察院均成立了知识产权检察办公室，统一办理知识产权刑事、民事、行政案件。全省成立知识产权检察专门办案组织 33 个。二是深化知识产权案件集中管辖。在福州、厦门开展知识产权刑事案件集中管辖的基础上，在宁德进一步推进集中管辖，并将集中管辖的案件范围从刑事案件拓展到民事、行政案件，全省知识产权案件管辖布局进一步得到优化。三是探索知识产权检察“三合一”办案模式。知识产权检察办公室在办理知识产权刑事案件中，同步审查是否存在民事纠纷、行政争议和损害公共利益，从刑事追责、民事赔偿、行政处罚等方面为知识产权提供全面保护。福州市鼓楼区人民检察院在办理孙某等侵犯商业秘密案中，启动检调对接程序，委托鼓楼区人民调解中心进行调解，促成犯罪嫌疑人向权利人赔偿损失人民币 58 万元。四是全面实行权利人告知工作。牢固树立打击与服务并重的知识产权保护理念，切实加强权利人利益保障。持续推进权利人告知工作常态化、规范化，通过综合运用口头、书面、公告等方式及时告知权利人诉讼权利和诉讼义务，引导权利人实质性参与刑事诉讼活动。

二、坚持以办案为中心，全面履行知识产权检察职责

一是严厉打击侵犯知识产权犯罪。2021年，批准逮捕知识产权犯罪案件253件356人，提起公诉421件705人。会同福建省公安厅等单位对8起涉及假白酒、假奶粉、伪劣口罩、盗版电影等犯罪案件实行挂牌督办，及时启动快速反应机制。进一步加大对侵犯高新技术、关键核心技术领域犯罪打击力度，依法办理剽窃宁德时代、新大陆公司高新技术、假冒南孚电池标识等案件，起诉此类犯罪案件数同比上升200%。二是强化诉讼活动法律监督。坚持在办案中监督、在监督中办案，一体推进知识产权领域严格执法、公正司法。2021年，共建议行政执法机关移送涉嫌侵犯知识产权犯罪案件21件22人，监督公安机关立案6件、撤案3件，追捕追诉30人。莆田检察机关在办理制售假鞋案件中，发现多起"顶包"线索，发挥检察一体化办案优势，组成工作专班，调配侦查力量，突破"攻守同盟"，依法查明制假团伙背后真正"老板"，并追究相关人员伪证责任。加大对知识产权民事、行政诉讼的监督力度，依法监督纠正确有错误的生效裁判、审判违法行为和执行违法行为，办理知识产权民事、行政诉讼监督案件17件。三是积极探索知识产权领域公益诉讼。联合福建省市场监管局部署开展落实食品药品安全"四个最严"要求专项行动，加大食品药品安全领域涉知识产权公益诉讼案件办理力度。福州市鼓楼区人民检察院办理的伊某等人销售假"茅台"案，检察机关提起刑事附带民事公益诉讼，被告人伊某某被判处有期徒刑3年3个月并处罚金，同时在附带民事公益诉讼部分，被判处在国家级媒体公开赔礼道歉并承担涉案物品销毁费用。

三、心怀国之大者，积极构建新时代知识产权大保护格局

积极主动将检察机关知识产权保护工作融入全省整体规划布局，推进形成知识产权保护合力。一是积极融入知识产权强省建设。参与制定福建"十四五"知识产权战略规划和落实《知识产权强国建设纲要（2021—2035年）》实施方案；泉州检察机关重点关注晋江鞋服商标、德化陶瓷版权、南安水暖建材专利、永春芦柑地理标志，强化行业知识产权保护；宁德市人民检察院积极采取措施服务新能源电池等四大主导产业。二是积极探索涉知识产权犯罪企业合规改革。对涉企犯罪依法不捕、不诉或提出轻缓量刑建议的同时，督促企业合规管理，促进"严管"制度化。厦门市思明区人民检察院在办理某电气设备公司假冒注册商标一案中，依法对该公司主管人员等作不起诉决定后，组建第三方合规监管小组，对该公司开展合规建设，推进合规经营，预防再次犯罪。三是积极开展知识产权诉源治理。立足执法办案，通过采取检察建议等方式推进知识产权治理体系和治理能力现代化。福州市鼓楼区人民检察院在办理两起通过快递销售假烟案件中，发现案件涉及的快递公司对寄递物品未进行验视和合理处置，依法向市邮政管理局发出检察建议，督促履行监管职责。宁德市蕉城区人民检察院在办理薛某建等人网络销售假冒化妆品一案中，发现多个犯罪团伙藏匿在东侨经济开发区出租房内，依法向房屋主管部门发出检察建议，要求落实房屋租赁登记、规范出租屋管理。四是积极搭建多元化服务载体。与福建省知识产权局签署《强化知识产权协同保护合作框架协议》，率先在"知创中国"平台开通"福建知识产权检察在线"，受理知识产权控告申诉；厦门检察机关主动融入海丝中央法务区建设，设立知识产权思明检察服务平台，打造"一站式"综合检察服务中心；泉州市人民检察院会同泉州市中级人民法院、泉州市市场监督管理局等单位签署框架协议，探索创建知识产权信用分级分类监管体系。

供稿：福建省人民检察院
知识产权检察办公室

江 西 省

知识产权工作

一、专利

2021 年，专利授权 97 372 件，同比增长 21.4%；发明专利授权 6741 件，同比增长 53.0%；每万人口发明专利拥有量 5.11 件，同比增长 1.43 件，增幅 38.9%。办理专利权质押登记 344 项，融资登记金额 40.52 亿元，同比增长 65.72%。

2021 年，组织开展知识产权执法专项行动，查处专利案件 1004 件，其中：专利侵权纠纷案件 686 件，假冒专利案件 306 件，其他纠纷案件 12 件。2021 年 2 月、6 月、9 月和 11 月，分 4 批次在全省范围内开展非正常专利申请核查处理工作，非正常专利申请撤回率达 97.8%。

签订晋豫鄂皖湘赣六省知识产权行政保护协作协议，与省版权局、省高级人民法院、省人民检察院、省公安厅、中国国际贸易促进委员会江西省委员会、南昌海关均建立了跨部门知识产权保护协作机制。

2021 年 1 月，江西省知识产权保护中心获江西省编委批复成立。2021 年 3 月，中国（南昌）知识产权保护中心获国家知识产权局批复，将预审服务领域拓宽至生物医药、电子信息、汽车制造三大产业。7 月，中国（赣州）知识产权保护中心获国家知识产权局批复设立，面向新型功能材料和装备制造产业开展知识产权快速协同保护工作。

开展江西省知识产权保护重点市场（电商平台）试点工作，确定第一批知识产权试点重点市场（电商平台）共 10 个，涉及相关商户 760 余家。

制定印发《江西省知识产权信息公共服务网点建设管理办法》，着力搭建覆盖全省的知识产权公共信息服务平台。开展 2021 年度国家知识产权信息公共服务网点备案工作，江西理工大学和省科学院战略研究所获批国家局备案网点，省保护中心获批国家技术与创新支持中心（TISC）。

实施专利转化专项计划，知识产权转化运用提质增效。2021 年联合江西省财政厅制定出台《关于实施专利转化专项计划　助力中小企业创新发展工作方案》。召开全省专利转化工作推进会。依托南昌大学等 3 所高校开展高校知识产权转移转化提升工作，建设全省高校院所专利转移转化平台，建立校级知识产权运营中心。

创新开展知识产权联盟建设工作。围绕全省新一代信息技术、新能源新材料等战略性新兴产业以及特色、支柱产业立项支持 25 个产业知识产权联盟建设，推动联盟内企业开展专利运营、产业导航和高价值专利培育等工作。

开展“知识产权服务万里行”活动。开展走访座谈 211 次，惠企数量 3681 家；开展知识产权宣传 171 次，惠企数量 2507 家；开展知识产权质押融资银企对接活动 60 次，惠企数量 1583 家；开展知识产权培训 60 次，惠企数量 1289 家。

二、商标

2021 年，商标注册申请 18.1 万件，截至 2021 年 12 月底，拥有有效注册商标 67.16 万件，同比增长 31%，位列全国第 15 位，其中全国驰名商标 169 件，地理标志商标 121 件，马德里国际注册商标 255 件。

开展“讲好商标品牌故事”工作。推荐赣南脐橙、赣南茶油、浮梁茶等 69 个品牌入驻江西省农业农村厅“赣农宝”App 开设“地理标志商标产品”网上销售平台。同时在“赣农宝”App 每周推出一个“地理标志商标故事”，着重介绍地理标志商标故事、产品故事以及独特的地理特征和人文因素，受到社会各界广泛关注。

推进商标资产化运用。办理商标质押融资登记 19 笔，质押商标 650 件，融资金额 5.3 亿元。

推进商标工作站建设。拥有 159 家商标工作站，2021 年新增 39 家。各地基层商标工作站围绕本省基层重点产业、特色产业、优势产业发挥其公益窗口、宣传阵地、联络平台、专业辅导等作用，进一步推动全省商标品牌战略实施。

持续深入推进打击商标侵权假冒工作，不断加强商标保护能力。制定《江西省市场监管局办公室关于改进商标执法办案工作的通知》，为落实市场监督管理总局《规范商标申请注册行为若干规定》，印发《关于做好规范商标申请注册行为若干规定有关落实工作的通知》。开展了“蓝天”、打击恶意抢注、“铁拳”、查处“山寨”酒水饮料节令食品等一系列专项整治行动，严惩和曝光情节严重、影响恶劣的案件，依法保护商标权益人合法权益。2021 年，江西省查办各类商标违法案件 304 件，罚款 725.93 万元。移送公安机关案件 11 件。新增中国驰名商标 2 件，“庐山云雾茶”“友尼宝”（食用油）2 件商标被认定为中国驰名商标。

三 、地理标志产品和官方标志保护

截至 2021 年底，拥有地理标志保护产品 63 个，制订国家标准或地方标准的地理标志产品有 45 个，核准专用标志使用市场主体 133 家，地理标志专用标志使用市场主体年度总产值达 60.87 亿元。

组织 8 个地理标志产品参加“2021 中国品牌价值评价信息发布”活动。赣南脐橙、南丰蜜桔、赣南茶油、庐山云雾茶和狗牯脑茶 5 个地理标志保护产品入围区域品牌（地理标志）前 100 强。其中，赣南脐橙荣获区域品牌（地理标志）价值榜第六名，连续 6 年位居全国初级农产品（水果）类地理标志产品价值榜榜首。

推荐上报赣南脐橙、赣南茶油、广昌白莲、庐山云雾茶、狗牯脑茶和丰城冻米糖 6 个国家地理标志保护产品为中俄地理标志保护意向清单。推荐申报狗牯脑茶和广昌白莲 2 个地理标志保护产品成功获批 2021 年国家地理标志产品保护示范区建设。组织广昌白莲、泰和乌鸡、丰城富硒大米、修水金丝皇菊和浮梁茶 5 个产品申报 2021 年地理标志运用促进工程重点项目，并于同年 12 月确认狗牯脑茶、广昌白莲、泰和乌鸡、修水金丝皇菊为国家知识产权局第一批地理标志运用促进重点联系指导名录。积极组织井冈蜜柚、井冈蜜橘、武宁白术、南城麻姑酒、螺田大蒜、瑞昌吴茱萸、樟树车前子 7 个产品申报国家地理标志产品。

加强地理标志专用标志的使用和监管，2021 年度核准 4 家赣南脐橙市场主体、4 家高安腐竹市场主体、1 家赣南茶油市场主体和 1 家广昌白莲市场主体共 10 家专用标志使用市场主体，同比增长 8.13%。

积极联合有关单位共同开展地理标志产品地方标准制修订工作，健全地理标志产品标准体系。制定修订发布清江枳壳、樟树黄栀子、于都梾木油、会昌米粉、会昌桔柚和雷峰山茶等 6 个地理标志产品地方标准。

加强地理标志保护和专用标志使用违法行为打击力度。充分利用“3・15”“4・26”等重要时间节点，开展地理标志保护进园区、进企业、进社区等活动，大力宣传地理标志相关法律法规，提高辖区内生产者、经营者、消费者地理标志保护意识，营造良好地理标志保护的社会氛围。畅通投诉举报渠道，联合市场监管部门开展专项执法行动，依据相关法律法规，对地理标志专用标志违法行为进行调查处理。

供稿：江西省知识产权局

版权工作

一、版权执法取得新成效

1. 重大案件办理能力加强

2021 年，江西南昌张某某等涉嫌销售

侵权盗版图书系列案、江西九江“3·16”涉嫌侵犯著作权案2起案件由国家六部委联合挂牌督办；江西上饶“7·02”侵犯手机游戏著作权案、江西新余“7·13”侵犯影视作品著作权案2起国家挂牌督办案件顺利宣判。

2. 执法力度持续加大

版权案件查处数量进一步提升，共办结侵权盗版案件141起（含5起刑事案件），全省11个设区市案件查办实现全覆盖。江西一诺新材料有限公司计算机软件侵犯著作权案处行政罚款45万元，为江西省近年来行政处罚金额最高的案件。

3. 多起案件获得典型宣传

第八届中国国际版权博览会期间，“电影版权保护展厅”展示了江西办理的江西南昌黄某某侵犯电影著作权案、江西兴国刘某等盗录传播院线电影案等案件；“音乐产业版权保护历程展区”展示的2起案件，分别为江西南昌“0791DJ音乐网”侵犯音乐作品著作权案和江西南昌“摇头网”侵犯音乐作品著作权案。“4·26全国知识产权宣传周”期间，评选并发布“江西省2020年度打击侵权盗版十大案件”。

4. 版权执法成果丰硕

南昌“0791DJ音乐网”侵犯音乐作品著作权案成功入选国家版权局2020年度全国打击侵权盗版十大案件。2021年，共14个单位（含专案组）和51名个人（含专案组）获国家版权局2020年度查处重大侵权盗版案件表彰，江西省委宣传部版权管理处连续五年获有功单位一等奖。

5. 执法保障有效落实

2021年，向基层拨付省级办案经费近70万元，缓解了案件查办中的经费短缺难题，激发了基层查办案件的积极性。

6. 执法培训取得成效

协助国家版权局举办2021年版权执法监管工作培训班，参训人员来自全国14个省份200余人。

二、软件正版化工作有序推进

1. 部署软件正版化工作

制订《2021年江西省推进使用正版软件工作实施方案》，在全省范围内部署开展2021年度江西省推进使用正版软件工作。

2. 举办软件正版化工作培训

省使用正版软件工作领导小组办公室在井冈山举办专题培训，150余人参训。

3. 开展软件正版化工作督导检查

省使用正版软件工作领导小组办公室牵头，组织对省级党政机关软件正版化工作进行全覆盖核查。实地核查省级党政机关71家，共计检查6316台计算机软件安装情况。对设区市软件正版化情况进行了抽查。

三、版权服务助力文化强省建设

1. 示范创建成绩斐然

挂牌成立以陶瓷知识产权保护为重点的景德镇知识产权法庭，这是全国第三家在非省会城市设立的知识产权法庭。景德镇国家陶瓷版权交易中心获批设立，这是全国第一家面向特定行业的国家级版权交易中心。景德镇市被国家版权局批复授予“全国版权示范城市”称号，成为中部地区首个、全国第13个全国版权示范城市。

2. 版权服务健康发展

主办新修改《著作权法》与文化创新发展论坛，论坛网络观看量102万人次。

3.“区块链+版权”有序推进

根据中央网信办秘书局、中央宣传部办公厅等16个部门关于推进“区块链+版权”试点工作要求，经省版权部门推荐申报，景德镇新闻传媒有限责任公司获批“区块链+版权”试点单位。

四、开展“剑网2021”专项行动

1. 案件查办成效明显

聚焦网络重点领域，开展版权专项整治。专项行动期间共办结网络版权案件26起，其中刑事案件2起。

2. 工作联动得到加强

联合省公安厅、省互联网信息办公室等相关单位召开“专项行动”协调会，就江西网络版权案件的特点、堵点进行交流，强化了工作联动。

3. 因地制宜强化治理

在国家“剑网”行动方案的基础上，开展加强网络音乐版权管理和提升融媒体版权治理水平的专项治理。

五、做好版权作品登记

2021 年，作品著作权登记量 34 614 件，同比增长近 60%。对一批向上向善、歌颂乡村、振兴伟大成就和反映人民群众为实现美好幸福生活而不懈奋斗的精品进行版权登记。

供稿：江西省版权局

司法工作

一、依法办理案件，知识产权司法保护效能不断提升

2021 年，新收各类知识产权案件 5177 件，审结 4826 件。其中，从审级看，一审知识产权案件 4931 件、二审 239 件，申请再审 7 件；从类型看，知识产权民事案件 5000 件、刑事 168 件、行政 9 件。一审知识产权民事案件 4776 件，同比上升 48%，二审案件 217 件，一审服判息诉率为 95%。认真贯彻严保护、快保护司法理念，依法制裁侵权假冒行为，维护当事人合法权益和公平竞争秩序。积极促进纠纷多元化解，及时兑现权利人利益。一审知识产权民事案件以调解、撤诉结案 2715 件，调撤率为 61%。南昌市经开区法院、景德镇市珠山区法院积极开展知识产权纠纷多元化解工作。赣州市中院探索知识产权民事案件繁简分流、集约审理，取得良好成效。

2021 年，江西高院民三庭办理各类民商事案件 292 件，同比上升 40%，审结 270 件，标准结案率为 92.47%，考核结案率为 98.54%。其中，审理知识产权类案件 146 件（商标权纠纷 77 件，著作权纠纷 45 件，其他知识产权纠纷 24 件），占全庭办案量的 50%。坚持严保护政策导向，适度提高对侵犯知识产权行为的赔偿，在 15 件案件中二审改判增加赔偿金额 103 万元。加大协调化解力度，调解撤诉率为 24.1%，分别以 1600 万元和 930 万元的金额协调化解诉江西广电、江西电信侵犯知识产权案，支持广电行业健康发展。妥善应对疫情防控对中小微企业和微商的影响，合理引导商业维权行为，在云创公司服装设计著作权系列案中判决被告仅承担合理开支费用 2000 元。

二、强化统筹规划，“三合一”审判机制改革取得新的突破

2021 年 4 月，设立景德镇知识产权法庭。新增 9 个基层法院管辖一般知识产权案件。12 月，就一审知识产权民事、行政案件管辖调整下发通知，并与省检察院、省公安厅联合印发《关于办理侵犯知识产权刑事案件若干问题的意见（试行）》。2022 年 1 月 13 日，抚州（宜黄）知识产权审判庭挂牌成立，其他集中管辖基层法院也都开始受案办案，江西法院知识产权案件集中管辖和“三合一”审判机制改革开局良好。

三、举办主题论坛，护航产业发展受到各方肯定

与南昌、景德镇知识产权法庭深入走访 VR 企业和景德镇陶瓷企业，了解企业创新保护需求。2021 年 10 月，成功举办首届“VR 知识产权保护”“陶瓷知识产权保护”等主题论坛。

四、积极履行职责，对下监督指导与条线贯通有所加强

2021 年 1 月和 7 月，先后组织召开知识产权审判工作座谈会、知识产权法庭工作座谈会，对知识产权审判工作和知识产

权法庭建设作出部署。5月，江西高院举办业务培训班，有关法院负责同志、业务骨干70余人参加。9月，组织召开"非著作权集体管理组织与KTV经营者纠纷裁判标准"研讨会，邀请省版权局、中国音像著作权集体管理协会有关负责同志及专家学者参加。

五、推动基地共建，院校合作新的平台初步构建

与中南财经政法大学共建"中南财经政法大学知识产权审判实践教育基地"和"江西陶瓷·数字产业知识产权司法保护理论研究基地"并揭牌。同时，深化与华东交通大学（江西知识产权学院）的紧密联系，共接收两批次6名法律助理实习。吉安中院、景德镇中院加强与中南财经政法大学知识产权研究中心的学术交流活动。景德镇中院还与景德镇陶瓷大学法学系加强合作，将知识产权法庭设为实践教学基地。

六、注重提炼总结，调研信息宣传工作有所起色

华润知识产权管理公司与乐平华润置业有限公司侵害商标权及不正当竞争纠纷案入选2020年度中国法院50件典型知识产权案例。南昌中院《专利侵权法定赔偿与惩罚性赔偿的极限与衔接》获全国法院第三十三届学术讨论会二等奖。南昌中院、吉安中院、新余中院组织撰写的文章在"VR知识产权司法保护有奖征文"中获奖。《江西法院探索打造知识产权"三色"审判亮点》被《最高人民法院简报》和省委办公厅《今日信息汇要》采用。

七、主动对外沟通，促进知识产权审判融入大保护格局

积极对接省市场监督管理局和省知识产权局，加强府院联动。做好省知识产权工作部门联席会议、双打工作领导小组和反不正竞争工作厅际联席会议成员单位各项工作。南昌、九江、赣州、宜春、新余等多家中院与市市场监管局等行政执法单位共同制定、积极落实关于加强协同保护的若干意见。上饶、鹰潭、抚州中院与知识产权行政执法单位建立多方联动配合机制。景德镇市珠山区法院与当地有关行政执法单位共同成立景德镇市陶瓷版权快速维权中心。

八、普遍开展法治宣传，知识产权审判影响力逐步扩大

江西各地均开展知识产权审判进企业和"4·26世界知识产权日"宣传活动。新余中院依托"百名法官进百企"活动，为企业争取实用新型专利政府专项补贴。南昌、九江、新余中院等先后发布本地知识产权司法保护状况及典型案例。景德镇知识产权法庭被省委宣传部、省司法厅、省普法办命名为"江西省法治宣传教育基地"。

供稿：江西省高级人民法院
知识产权审判庭

检察工作

一、聚焦服务大局，加强知识产权检察工作谋划部署

2021年，制定出台《江西省人民检察院贯彻落实〈"十四五"时期检察工作发展规划〉分工方案》《关于深入贯彻〈中共中央关于加强新时代检察机关法律监督工作的意见〉的若干措施》等文件，自觉将知识产权检察工作融入江西省经济社会发展大局来谋划和推进，明确江西省知识产权检察工作部署安排，将知识产权检察工作纳入全省检察机关年度工作要点及任务分工方案，统筹推进全省知识产权检察工作。

二、积极履行检察职责，依法严惩侵犯知识产权犯罪

2021年，批准逮捕侵犯知识产权犯罪案件104件167人，起诉153件349人。对12件重大、疑难、复杂侵犯知识产权犯罪案件介入侦查、引导取证。加强立案监督和侦查活动监督，监督公安机关立案3件3人、监督撤案3件3人，追捕2人，追诉5人，对侦查活动违法情形提出纠正意见6件次。加强三级检察院协调联动，发挥检察一体化优势，凝聚合力，打击犯罪。例如赣州市检察机关办理的3·15假冒注册商标系列案、6·11假冒注册商标系列案，人数多、环节多，两批案件共涉及近90名犯罪嫌疑人，江西省人民检察院主动加强指导，赣州市人民检察院先后建立两批次案件的进展台账，对分散在基层检察院办理的案件定性、量刑等进行统筹把关，避免出现同案不同判情形。

三、整合内部职能，探索知识产权检察综合履职模式

2021年12月30日，组建江西省人民检察院知识产权检察办公室，实行知识产权刑事、民事、行政检察集中统一履职，负责涉知识产权业务指导和综合协调等工作，通过整合内部资源配置，更好发挥综合保护整体效能。

四、加强外部协作，共同提高知识产权保护力度

优化知识产权案件管辖布局，与江西省高级人民法院、江西省公安厅研究出台《办理侵犯知识产权刑事案件若干问题的意见（试行）》，实行第一审知识产权刑事案件的批捕、起诉、侦查活动监督、申诉等工作在设区市内集中管辖。强化知识产权保护行政执法与刑事司法有效衔接，持续抓好江西省人民检察院第四检察部、江西省市场监督管理局知识产权保护协调处会签的《加强侵犯知识产权犯罪办案联系协作工作机制》落实，南昌市人民检察院与中国（南昌）知识产权保护中心会签了《知识产权协同保护协议》，明确建立信息互通、专利案件专家咨询、知识产权联合宣传、人才培养等知识产权保护机制，提升南昌知识产权保护效果。宜春市人民检察院与市场监督管理局、公安、法院、海关等五部门构建联系协作平台，联合印发《宜春市知识产权协同保护合作备忘录》。

五、参与社会治理，加大知识产权普法宣传力度

在全省检察机关部署开展知识产权宣传周活动，积极参加省市场监管局牵头组织的江西2021知识产权宣传周活动新闻发布会，通过微信公众号发布江西省检察机关2021年知识产权司法保护宣传典型案例6件，提高公众保护知识产权的意识，取得了良好的效果。常态化开展知识产权普法宣传活动。全省各级检察院根据本地实际积极组织策划特色宣传活动。例如，南昌市检察机关开展“百名检察官进百企”活动，实地走访民营企业，宣讲知识产权保护知识，收集涉知识产权法律问题线索，并建立台账、跟踪督促，切实保障企业的合法权益。

供稿：江西省人民检察院
知识产权检察办公室

山 东 省

知识产权工作

一、知识产权创造

2021年，专利授权量329 838件，同比增长38.1%，其中，发明专利授权量36 345件，同比增长35.9%。截至2021年底，发明专利拥有量150 776件，同比增长21.1%，每万人口发明专利拥有量14.85件，较上年增长2.45件。

二、知识产权管理

一是，强化顶层设计。5月，国家知识产权局与省政府召开合作会商会议，确定5个方面11个重点合作项目。6月，山东列入全国首批8个专利转化专项计划奖补省份、获得1亿元奖补资金。7月，举办“跨国公司领导人青岛峰会知识产权保护与合作论坛”。二是强化高位推进。7月，省委、省政府召开全省知识产权保护大会，明确知识产权工作的思路目标、重点任务和保障措施。三是夯实政策支撑。省人大将《山东省知识产权促进条例》修订列入一类立法计划，更名为《山东省知识产权保护与促进条例》。省政府印发“十四五”知识产权保护和促进规划，开展知识产权强省建设纲要、地理标志“十四五”发展规划编制工作。9月，省政府制定出台《山东省专利奖励办法》，增设“山东省优秀发明家”奖项，将国防专利和其他保密专利纳入奖励范围，提高省专利奖奖励标准。10月，省市场监督管理局等17部门联合出台全链条保护意见，提出10个方面60项具体措施。

三、知识产权保护

加强执法保护。2021年，办理专利纠纷案件1437件，同比增长40.3%。全省驰名商标总量为804件，数量居全国首位。全省累计批准保护的地理标志产品总数81个。截至2021年底，全省地理标志产品及地理标志商标专用标志使用企业656家，较上年底增长1.56倍。烟台苹果、乳山牡蛎获批2021年国家地理标志产品保护示范区筹建名单。开展北京冬奥会、冬残奥会奥林匹克标志知识产权保护专项行动。开展专利侵权纠纷行政裁决试点工作。将行政裁决办案纳入省对市高质量发展考核指标。山东省专利行政裁决“1+5”创新工作机制，入选国家知识产权局、司法部全国典型经验做法并发文推广。确定首批省级专利侵权纠纷行政裁决技术调查官名录库20名人员。

强化重点领域关键环节。获批以信用为基础的知识产权分级分类管理试点建设。开展拟上市企业风险防控项目，确定项目企业40家。建设国家级知识产权保护规范化市场13家。确定知识产权重点关注市场15家。对自愿投保海外知识产权保险的企业给予60%的保费补贴，备案保险公司10家、保额超过6000万元。首批实施知识产权海外侵权风险防控项目10个。

夯实体系建设。布局建设国家级知识产权保护中心7家（山东、济南、烟台、潍坊、东营、淄博、德州），知识产权快速维权中心2家（宁津、曹县），国家级知识产权维权援助中心10家、省级维权援助中心及工作站9家、海外知识产权纠纷应对指导分中心2家，形成集快速授权、快速确权、快速维权于一体覆盖全省的知识产权保护网络。联合建立黄河流域9省区知识产权行政保护协作机制。与省法院签订并发布知识产权行政执法与司法保护衔接交流框架协议，提出16条深度合作内容。组织56个知识产权管理部门、57个人民调解组织、339名调解员加入法院调解网上平台，2021年，调解案件2015件，涉案金额5911.77万元。“五位一体”知识产权纠纷人民调解模式入选省政府优化营商环境典型经验并发文推广。

四、知识产权运用

实施高价值专利培育工程、深化协同创新。联合省财政厅实施高价值专利培育计划，遴选优势项目43项。组织推荐中国专利奖项目95项。推进山东省第四届专利奖评审，共受理393项、初审公示378项。新增中国专利奖项目60个，其中金奖4个、银奖8个。

实施专利转化专项计划。联合省财政厅印发《关于促进专利技术转移转化助力中小企业创新发展工作实施方案》，提升各类主体转移转化实施效益。遴选确定专利转化试点项目47项。全省专利转让、许可4.6万次。

开展知识产权质押融资"入园惠企"行动、助企融资解困。开展对接会活动480多场,覆盖各类园区140余家,银行类金融机构170余家,惠及企业7000余家。全省新增专利质押2089项、金额219.7亿元,同比分别增长97.6%、75.0%。烟台发行省内第二单、储架额度10亿元的证券化产品。

五、知识产权服务

推进知识产权领域"放管服"改革。省政府出台优化营商环境突破行动一知识产权指标配套措施,14项改革举措全部落实。印发《国家知识产权局关于持续深化知识产权领域"放管服"改革优化创新环境和营商环境的通知》,提出6方面13条举措。

严厉打击非正常专利申请。开展代理机构"蓝天"行动、代理质量提升行动,严厉打击非正常专利申请和商标恶意抢注违法行为。对恶意注册"清澈的爱"、东京奥运会冠军得主等相关商标案件,快打严惩、顶格处罚。核查非正常专利申请案件8.9万件、撤回率97%,查处违法代理机构13家、罚款79.2万元。采取部门联合方式,对全省220家专利代理机构和1406家涉及商标代理服务的市场主体进行"双随机、一公开"专项检查。

完善知识产权运营服务体系。发布山东省首个专利价值评价类地方标准规范DB37/T4455—2021《专利价值评价规范》。联合省财政厅、山东银保监局、人行济南分行等部门印发全省中小微企业知识产权质押贷款贴息、保费补贴、风险补偿申报指南,优化资助业务流程。获批建设省知识产权运营中心,青岛、东营等市建立相关产业运营中心。

优化企业知识产权服务。加快推进知识产权业务"一窗通办",整合知识产权综合业务窗口2个,新增商标业务窗口6个,新建济南代办处地方工作站10个,新建商标品牌指导站79家。截至2021年底,全省已有知识产权业务窗口13个,专利代办地方工作站(分理处)15个。印发《山东省关于办理专利优先审查有关事项的通知》,优先审查时限由7日压减至3日。

六、知识产权宣传与培训

开展2021年全省知识产权宣传周活动。4月26日,省政府知识产权战略实施领导小组办公室发布《2020年山东省知识产权发展与保护状况》白皮书。分别举办全省知识产权工作和知识产权强省建设新闻发布会。11月,省市场监管局主要负责人在省委党校做"强化全链条保护　建设知识产权强省"专题授课。12月,举办全省知识产权运用促进高层次人才培训班。通过线上线下结合方式,举办国际自主品牌培育宣讲活动,培训企业429家、587人;线上培训463人,圆点直播量466.7万人次。

供稿:山东省知识产权局

版权工作

一、版权执法监管力度不断加大

扎实开展"剑网2021"专项行动,2021年,查处网络侵权盗版案件155起,刑事移交10起,关闭侵权网站11家,删除盗版链接32个。山东淄博"9·01"制售盗版教材教辅案等6起案件列入国家版权局等六部门联合挂牌督办案件。山东菏泽"11·07"侵犯著作权案获评国家版权局"剑网2020"专项行动十大案件。在国家版权局2020年度查处重大侵权盗版案件通报表彰中,山东省获有功单位30家、有功个人49名,奖金总额16.9万元,山东省委宣传部版权管理处获有功单位一等奖。

二、软件正版化长效工作机制不断完善

充分发挥省软件正版化工作联席会议各成员单位职责职能,综合运用法律、行

政、经济、技术等手段推进软件正版化工作，提升联合监管效能。在巩固扩大党政机关软件正版化工作成果基础上，有序推进重点行业企业软件正版化工作，国产软件使用数量不断增加，软件保护环境明显改善。继续采用场地授权服务模式，投入财政资金 160 万余元，为省直机关统一配置国产办公软件。持续开展软件正版化核查工作，聘用第三方专业机构对全省 16 市软件正版化工作进行核查，共抽查机关 140 余家，计算机 16 906 台，软件综合正版率 97.57%。

三、版权社会服务水平不断强化提高

完成山东省版权保护与服务平台升级改造，进一步健全各市、重点园区（基地）版权登记服务网络体系。大力加强版权服务工作站管理与服务，著作权登记工作规范化、标准化、信息化水平不断提高，作品登记质量稳步上升。进一步加强图书、影视剧等作品涉外版权合同登记备案工作，有效推进作品传播和保护。2021 年，全省著作权作品登记 23 万余件，办理引进/输出图书版权合同 620 余份。

四、版权展会授权交易体系不断健全

充分利用第八届中国国际版权博览会平台功能和综合性带动作用，山东省版权展区设置“五大板块”，汇聚 40 余家企业参展，突出展示山东省版权产业顶层政策设计与创新举措，包括在推动版权贸易、提升版权保护水平、完善版权管理体制、优化版权保护发展环境等方面的亮点成效；展示山东省数字版权的融合发展成果和优秀作品，培育新经济，释放新动能；展示山东省版权产业具有代表性的新创作新产品新技术。山东省版权局获第八届中国国际版权博览会优秀组织奖。

五、版权示范创建工作不断深化

深化版权示范城市、示范单位、示范园区（基地）创建工作，加强对已授予称号的示范城市、单位和园区（基地）的监督管理，充分发挥版权示范创建工作对版权产业发展的引领带动作用，形成以点带面的建设格局。2021 年，山东天成书业有限公司等 4 家单位获批全国版权示范单位、示范园区（基地），泰山新闻出版小镇获批国家级图书版权交易中心。培育公布山东省版权示范单位、示范园区（基地）30 家，批准设立山东音乐版权交易中心等 3 家省级版权交易中心。

六、版权社会影响力不断扩大

以“4·26 全国知识产权宣传周”为切入点，举办山东省版权宣传周启动仪式，在《大众日报》推出工作综述，并整版刊登版权公益广告；在省委机关办公大院设置展板，通过“以案说法”的形式，普及著作权法；积极参加全国大学生版权征文活动，提升大学生版权认知水平，提高大学生创新能力，山东省版权局获“优秀组织奖”；制作版权知识系列微动画，充分发挥报纸、杂志、宣传册等纸质媒介作用，利用“学习强国”山东平台、大众网、文明网、闪电新闻等网络媒体，打造“报、网、端、微、屏”相结合的宣传风暴，形成全覆盖宣传。

供稿：山东省版权局

司法工作

一、抓好执法办案，发挥审判职能作用

1. 收结案创历史新高

2021 年，新收知识产权民事一审案件 23 275 件，同比增长 18%。其中，商标权案件 7674 件，同比增长 21.6%；专利权案件 1874 件，同比增长 21.2%；著作权案件 11 095 件，同比增长 10.2%；知识产权合同案件 1442 件，同比增长 20.1%；不正当竞争等其他知识产权案件 1188 件，同比增长 100.7%。审结知识产权民事一审案件 22 558 件，同比增长 15%，其中，调解撤诉

结案 15 598 件，同比增长 12.88%，调撤率高达 69%。

2021 年，新收知识产权民事案件 875 件，审结 833 件。其中，新收一审案件 2 件，二审案件 794 件，审结 766 件，申请再审和再审案件 79 件，审结 67 件。

2. 精品案审判再创佳绩

"路由器方法发明专利案"当选最高人民法院第 28 批第 159 号指导性案例；"腾讯"商标及不正当竞争纠纷案获评"2020 年中国法院 50 件典型知识产权案例"；"咪咕传媒"侵害作品信息网络传播权纠纷案被最高人民法院评选为"互联网十大典型案例"；"喜力"商标及不正当竞争纠纷案被评为"2020 年中国十大最具研究价值知识产权裁判案例"；"腾讯"商业诋毁纠纷案裁判文书获评第四届全国法院"百篇优秀裁判文书"。

二、强化司法公开，提升司法保护认同

开展山东知识产权审判 20 周年宣传活动。发布《山东法院知识产权司法保护状况(2001—2021)》中英文版和《山东法院知识产权典型案例选》，制作专题宣传片，开展优秀裁判文书和优秀调研成果评选，奖励知识产权审判工作先进个人与先进集体。

开展"4·26 全国知识产权宣传周"活动。发布《2020 年山东法院知识产权司法保护报告》和十大典型案例，组织召开人大代表座谈会，听取意见和建议。滨州中院做客滨州电视台，讲解知识产权保护的相关知识；聊城中院举办侵权实物展，提高群众对侵权商品的辨别能力。

开展其他交流活动。与山东法学会、山东大学法学院就"禁诉令"问题进行研讨座谈；与中国音像著作权集体管理协会就 KTV 经营者侵权问题进行沟通交流。青岛知识产权法庭与市律协共同举办前沿问题研讨会，参加自贸区"RCEP 协定下企业知识产权合规指引"研讨会、"4·26 青岛知识产权论坛"等学术活动，不断提升"青知"品牌影响力。

三、完善机制改革，提升保护整体效能

持续推进"三合一"机制改革。制定《山东省高级人民法院关于全面推进知识产权审判"三合一"工作的实施方案》并下发全省执行。2021 年，新收知识产权行政一审案件 24 件，同比增长 50%，审结 17 件。新收知识产权刑事一审案件 257 件，审结 232 件。

与省检察院联合签署《知识产权审判与检察职能衔接合作框架协议》。青岛中院与市检察院签订《知识产权审判与检察职能衔接合作框架协议》。烟台、滨州、德州、聊城中院均联合当地公安机关、检察机关共同发布或会签合作框架协议等文件；烟台、威海、聊城中院出台具体实施方案推进知识产权"三合一"审判工作落地落实。

大力加强济南、青岛知识产权法庭建设。2021 年，济南知识产权法庭新收各类知识产权案件 1902 件，结案 1946 件。其中，新收知识产权民事一审案件 1646 件，审结 1672 件；新收跨区域管辖涉技术类案件 1497 件，审结 1263 件。青岛知识产权法庭新收各类知识产权案件 1696 件，结案 1497 件。其中新收知识产权民事一审案件 1400 件，审结 1275 件；新收跨区域管辖涉技术类案件 853 件，审结 755 件。

完善协作保护机制，构建大保护新格局。发布《知识产权司法保护与行政执法衔接合作框架协议》。济南、青岛、淄博、烟台、济宁、滨州、德州中院分别与行政机关联合签署协同保护协议或建立联动机制，合力惩治知识产权侵权行为。枣庄、济宁中院与徐州、淮北等十中院制订签署《淮海经济区知识产权司法保护工作框架协议》，并联合发布淮海地区知识产权审判司法保护典型案例。潍坊中院与市司法局、文旅局共同出台《著作权纠纷"三调一诉"实施办法》，打造著作权全链条保护。

健全技术事实查明机制。济南中院出台《技术调查官管理实施细则（试行）》，建立技术专家库。青岛中院提请人大任命35名技术专家担任陪审员，深入参与案件庭审、现场勘验等诉讼活动。

完善繁简分流诉讼机制。济南知识产权法庭速裁团队收案1005件，结案1009件，占同期知识产权结案总量的51.85%。济南市历下区法院适用知识产权小额诉讼程序以及著作权、商标权纠纷要素式审判模式，办结各类知识产权案件654件。威海中院及环翠区法院分别成立两个速裁团队，在2021年知识产权民事案件收案数量同比增长近1倍的情况下，平均办案周期压缩至2020年的一半左右。

深化多元解纷机制。多家法院与行政部门合作，推动纠纷化解，如烟台中院与市市场监督管理局签订《关于知识产权行政与司法一体化保护机制框架协议》；潍坊中院与市知识产权保护中心签订《知识产权保护合作框架协议》，与市仲裁委签订《关于进一步提升仲裁案件保全、执行和司法审查质效的意见》等。威海中院现场指导多名调解员进行调解，当场成功促成28起纠纷达成调解协议。

推进审判信息化建设。大力推进互联网庭审，在431件开庭（调查）案件中，互联网审理案件325件，占75%。青岛知识产权法庭率先打造“智能3D证据管理系统”，系全国首家与最高人民法院办案系统实现数字化证物无缝对接。济南知识产权法庭实施“智能3D证据管理”并出台管理规范文件。

四、加强调研指导，服务创新驱动发展

完成调研课题。山东高院民三庭联合研究院、高校对知识产权惩罚性赔偿相关疑难问题进行研讨，形成《知识产权惩罚性赔偿制度研究报告》，并出台《关于审理侵害知识产权民事案件适用惩罚性赔偿的裁判指引》。完成《山东法院关于开展知识产权刑事案件法律适用问题的调研报告》；省社科调研课题“知识产权惩罚性赔偿的法律适用研究”结项。东营中院对地理标志证明商标保护工作开展调查研究并形成了调研报告。

出台规范性意见。济南中院制定《关于全面加强知识产权司法保护促进创新发展的意见》。滨州中院出台《关于加强知识产权司法保护　推进法治化营商环境建设的实施意见》。德州中院制定《关于充分发挥审判职能依法保障和促进科技创新的意见》。

加强裁判指引。完成《省法院2020年二审知识产权案件改发情况及典型案件分析报告》，总结分析全省法院一审案件审理中存在的问题，明确相关裁判规则；就销售商赔偿数额、省内KTV经营者侵权赔偿方式和知识产权案件管辖等问题统一裁判标准。

延伸司法服务。就《山东省2021—2022年知识产权保护推进计划》等多个省委部署文件提出建议和意见，贡献司法智慧。济南中院举办“知识产权大讲堂”、青岛中院举办专题讲座等。淄博中院在企业园区设立知产审判工作室。烟台中院为烟台大学法学院学生授课，担任烟台大学法学院研究生论文答辩评委等。潍坊中院应邀为市市场监督管理局、知识产权保护中心举办的“全市知识产权保护及纠纷调解能力提升培训班”授课。

五、加强党建引领，提高队伍建设水平

加强政治建设，坚定理想信念。联合山东大学法学院、省法学会研究部党支部开展党史学习教育主题党日活动。青岛中院开展“院士港主题党日”“庆祝祖国华诞及法庭成立四周年主题党日”等活动。

开展教育整顿，打造政法铁军。全省法院积极开展“我为群众办实事”活动。

供稿：山东省高级人民法院
知识产权审判庭

检察工作

一、组织开展知识产权检察职能集中统一履行试点工作

在全省检察机关组织开展知识产权检察职能集中统一履行试点工作。制定出台《山东省人民检察院关于组织开展知识产权检察职能集中统一履行试点工作方案》（以下简称《方案》）。《方案》确定山东省人民检察院和济南等8个市检察院以及济南历下区等11个基层检察院为试点院。各试点院整合知识产权刑事、民事、行政检察职能，组建知识产权检察办公室，专门从事知识产权检察工作。山东省人民检察院知识产权检察办公室设置在第四检察部，市院和基层院知识产权检察办公室设置在各院负责经济犯罪检察的部门，以内部办案组形式开展工作。知识产权检察办公室人员从本院内部抽调，有条件的试点院可以通过遴选、调任、向社会公开招考等方式，选拔优秀专业人才从事知识产权检察工作。山东省人民检察院知识产权检察办公室以法律法规、司法解释、最高人民检察院制度规定为依据，结合山东知识产权检察工作实际，制定各类规范性制度22项，汇编形成《山东省人民检察院知识产权检察职能集中统一履行工作文件汇编》，指导全省知识产权检察职能集中统一履行工作开展。

二、坚持以办案为中心，依法履行监督职责

1. 审查逮捕情况

2021年，受理审查逮捕侵犯知识产权犯罪案件243件379人，同比上升69.93%、82.21%，其中案件数量较多的罪名为：销售假冒注册商标的商品罪（124件196人）、假冒注册商标罪（75件115人）、非法制造、销售非法制造的注册商标标识罪（14件23人），占全部受理案件数的87.65%。批准逮捕侵犯知识产权犯罪189人，同比上升42.11%；不批准逮捕174人，不捕率同比上升9.22个百分点。

2. 审查起诉情况

2021年，共受理审查起诉侵犯知识产权犯罪案件415件1099人，同比上升11.56%、11.12%，其中案件数量较多的罪名为：销售假冒注册商标的商品罪（215件616人）、假冒注册商标罪（134件350人）、非法制造、销售非法制造的注册商标标识罪（33件75人），占全部受理案件数的92.05%。提起公诉侵犯知识产权犯罪案件260件581人，同比上升6.55%、1.04%；不起诉227人，同比上升55.47%，不起诉率上升7.71个百分点。

3. 刑事判决情况

2021年，提起公诉的侵犯知识产权犯罪案件，法院同期作出生效判决176件367人，全部为有罪判决，其中判处有期徒刑347人（五年以上不满七年5人，三年以上不满五年119人，不满三年223人）。

4. 刑事诉讼监督情况

2021年，在办理侵犯知识产权犯罪案件中，依法履行法律监督职责，共监督立案12件12人，监督撤案15件18人；纠正漏捕14人，纠正漏诉44人，纠正侦查活动违法38件次；发出检察建议35份，同比增长近1倍。

5. 民事诉讼监督情况

2021年，办理涉知识产权民事生效裁判监督案件12件，同比上升20%；对3件知识产权民事执行案件提出检察建议；纠正知识产权民事审判程序违法16件；对5件涉知识产权民事案件支持起诉。

6. 行政诉讼监督及公益诉讼情况

2021年，办理涉知识产权行政裁判结果监督案件2件，提出再审检察建议2件，其中1件法院已裁定再审。强化知识产权综合司法保护，将保护权利人合法权益和维护公共利益有机结合，对5件侵犯知识产权案件提起刑事附带民事公益诉讼。

三、立足检察职能，加大知识产权犯罪打击力度

1. 刑事案件涉案人数逐年上升

近三年来，办理起诉的侵犯知识产权犯罪人数分别为 833 人、989 人、1099 人，2020 年较 2019 年增长 18.73%，2021 年较 2020 年增长 11.12%。其中侵犯商标权犯罪的人数增长幅度较大，分别为 775 人、937 人、1041 人，2020 年较 2019 年增长 20.90%，2021 年较 2020 年增长 11.10%。侵犯知识产权犯罪案件数量、涉案人数逐年上升，检察机关对侵犯知识产权犯罪的打击力度不断加强。

2. 重刑率和罚金刑适用率高

通过对主刑和附加刑提出精准量刑建议，体现对侵犯知识产权犯罪从严打击的司法态度，重刑率和罚金刑适用率逐年升高，有力保护了权利人合法权益。2021 年，判处三年以上（含三年）有期徒刑 124 人，占知识产权案件判刑人数的 33.79%，较全部刑事案件（14.20%）高出约 19 个百分点；罚金刑适用人数占 99.72%，较全部刑事案件（71.98%）高出约 28.7 个百分点；检察机关积极主动履职，为权利人挽回经济损失 2578 万元。

3. 诉前羁押率持续走低

认真履行羁押必要性审查职责，在办案中落实宽严相济的刑事政策。2021 年审结的侵犯知识产权案件中，采取羁押措施的 129 人，同比下降 21.82%；诉前羁押率为 15.97%，同比下降 7.11%，低于全部刑事案件 9.51 个百分点。诉前羁押人数和诉前羁押率同步下降，有利于减少对抗、促进和谐。

4. 涉疫侵权案件数量下降明显

全力保障疫情防控，持续加大对涉疫侵权犯罪打击力度，有力维护涉疫产品市场经济秩序稳定。2021 年，全省检察机关受理审查逮捕涉疫侵权犯罪人数同比下降 73.31%，批准和决定逮捕人数同比下降 69.24%；受理审查起诉案件数、人数同比分别下降 71.41%和 54.00%。涉案产品主要是医用一次性口罩、熔喷布和消毒液。

5. 民生领域商标侵权犯罪占比高

2021 年，受理审查起诉涉及酒类、婴幼儿食品、保健品、药品等食药领域商标侵权犯罪案件 155 件，占侵犯知识产权犯罪案件总数的 37.35%；涉及服装、服饰、箱包、洗化、五金、卫浴等日常生活用品商标侵权犯罪案件 135 件，占侵犯知识产权犯罪案件总数的 32.53%。

6. 消防安全产品商标侵权呈多发态势

2021 年，受理审查起诉涉及消防安全商标侵权案件 25 件，占侵犯知识产权犯罪案件总数的 6.02%，同比增长 4 倍多，其中大多数是灭火器，涉案金额 600 余万元。随着消防安全要求和群众消防意识的提高，消防安全产品市场需求进一步扩大，检察机关通过严厉打击此类犯罪，有力维护了消防安全。

7. 侵犯知识产权犯罪向高科技领域蔓延

电子产品及附属品、智能手机配件、网络设备、汽车配件和高端机械制造设备等高科技产品不断升级换代，高科技领域知识产权犯罪案件连续两年约占全部侵犯知识产权犯罪案件的 10%。检察机关针对此类案件特点，不断加强对高科技领域知识产权的保护，护航产业升级和新旧动能转换。

8. 知识产权民事、行政、公益诉讼案件呈上升态势

自开展知识产权检察职能集中统一履行试点工作以来，对 153 件知识产权案件运用“一案三查”“一案三评估”等审查模式，及时发现民事、行政、公益诉讼案件线索，积极提起刑事附带民事诉讼、刑事附带民事公益诉讼，知识产权民事检察监督案件数量较试点之前上升 60%，知识产权行政检察监督案件数量是试点前的 3 倍。

供稿：山东省人民检察院
知识产权检察办公室

河南省

知识产权工作

2021年,专利授权量达到158 038件,同比增长28.7%;其中发明专利授权量达13 536件,同比增长47.4%;全省有效发明专利拥有量达55 749件,同比增长28.02%;PCT专利申请量达232件。全省商标注册量达38.9万件,总有效商标注册量达到148.97万件。开展涵盖专利、商标、地理标志等保护的专项行动,2021年全省共查处知识产权案件2751件,其中商标侵权违法案件1677件,专利执法案件1074件。加强对地理标志专用标志监督管理。知识产权质押融资助力企业复工复产,2021年全省实现专利质押融资额29.54亿元,商标质押融资额7亿元,惠及企业248家。积极推动第三届河南省专利奖评选工作,共收到申报推荐项目298项,确定省级拟获奖专利项目50项。重点知识产权项目申建工作进展顺利,中国(洛阳)知识产权保护中心、中国漯河经济技术开发区(食品)、中国禹州(钧瓷)知识产权快速维权中心获国家知识产权局批复设立。加强对郑州开展知识产权运营城市试点中央财政资金绩效评价工作的指导力度,支持洛阳加快知识产权运营试点城市建设,推荐河南新能源汽车零部件产业知识产权运营中心获批建设。2021年,新备案省级强企175家,获评强企有效专利1.74万件,年度专利产品营收947亿元,占企业年营收比重超76%,省级强企累计达到490家。评选确定第四批5家高校运营管理中心,全省高校运营管理中心试点总计达到18家,全年各中心有效发明专利10 221件,同比增长34.3%;2021年开展转化对接活动335场次,服务中小企业680家。

一、知识产权顶层设计

围绕河南省《关于强化知识产权保护的实施意见》的贯彻落实,研究制定具体推进计划;协调推动将知识产权保护工作纳入各省辖市、济源示范区党委政府考核,组织开展考核工作并形成考核结果。经报请省委省政府,调整成立"河南省知识产权战略实施工作联席会议",由分管副省长担任总召集人,成员包括省委组织部、省委宣传部等31个省直部门和单位,9月28日,召开省联席会议第一次全体会议。推动做好《河南省知识产权事业发展"十四五"规划》的编制工作并及时印发实施;贯彻落实国家知识产权局年度知识产权高质量发展的决策部署,出台本省实施方案;按照省委省政府领导指示批示要求,研究制定《河南省知识产权强省建设纲要(2021—2035年)》。

二、知识产权高质量发展

开展不以保护创新为目的的专利申请行为和不以使用为目的的恶意商标申请代理等行为的排查整治工作,对涉及非正常专利、商标申请较多的代理机构和申请人进行重点督导和约谈,全省非正常专利申请综合撤回率达95.2%。推动将高价值发明专利拥有量等指标纳入各类知识产权工作考核体系,完善高价值专利培育中心建设,完成第一批河南省高价值专利培育中心建设情况绩效考核。在第二十二届中国专利奖评选中,河南省共有23项专利获奖,获奖专利数量和质量继续保持全国前列。认真做好第三届河南省专利奖评选工作,共收到全省申报推荐项目298项,确定省级获奖专利项目50项。

三、营造良好创新环境和营商环境

完善知识产权保护法律政策。继续

推进《河南省专利保护条例》修订工作。就地方知识产权立法工作与省人大科教文卫委、法工委、省司法厅等部门做好沟通衔接，印发《2021 年河南省知识产权行政保护实施方案》。深化跨区域知识产权执法协作，晋冀鲁豫 4 省 18 地市知识产权执法协作交流会在鹤壁召开；中部 6 省知识产权保护协作协议、黄河生态经济带知识产权保护合作协议落地生效。健全知识产权快速协同保护体系，支持中国（新乡）知识产权保护中心运行和发展，加快中国郑州（创意产业）知识产权快维中心建设，指导中国（洛阳）知识产权保护中心、中国漯河经济技术开发区（食品）、中国禹州（钧瓷）知识产权快速维权中心获国家知识产权局批复设立。健全知识产权多元化纠纷解决机制，加快非诉机构建设，全省各地知识产权纠纷非诉调解组织达 1000 余个，实现县区一级全覆盖；会同省高院建立知识产权纠纷在线诉调对接机制，10 个地市知识产权调解组织已入驻当地法院。海外维权体系逐步建立，知识产权海外纠纷应对指导中心河南分中心成功获批，积极开展海外知识产权纠纷应对工作。

四、知识产权与产业发展相结合

完善知识产权运营体系，指导郑州开展知识产权运营城市试点中央财政资金绩效评价工作，会同省财政厅赴洛阳开展运营工作督导调研，指导洛阳加快知识产权运营试点城市建设。指导国家知识产权运营公共服务平台交易运营（郑州）试点平台顺利通过验收，试点平台对交易运营业务全流程进行公开测试，全年实现交易额近 2 亿元，日均交易额 200 万元左右。加快省重点产业知识产权运营基金建设运营，该基金共募集资金 3 亿元，已投资项目 7 项，投资额超 1.4 亿元，涵盖新材料、信息技术、知识产权运营等行业领域。河南新乡新能源汽车零部件产业知识产权运营中心获国家知识产权局批准并在加快建设。加强知识产权质押融资工作，全年实现专利质押融资额 29.54 亿元，商标质押融资额 7 亿元，惠及企业 248 家。全省导航实验区全年实现导航产业产值和导航产业产品销售收入分别达到 3193 亿元和 3072 亿元。开展第二批专利导航实验区评估考核工作，启动省级专利导航服务基地建设工作，遴选确定 7 家省级首批专利导航服务基地，备案导航服务基地 23 家。

五、知识产权各项公共服务事业发展

在充分发挥河南省知识产权局门户网站、微信公众号优势的同时，以《河南日报》《大河报》《河南科技》《河南科技报》知识产权专版等省内主流媒体为平台，提升知识产权工作的社会影响力。4 月 20 日至 26 日，在全省范围内开展了以“全面加强知识产权保护　推动构建新发展格局”为主题的知识产权宣传周系列活动。

推动 2021 年以“知识产权助推经济高质量发展”为主题的巡讲活动，在做好疫情防控的基础上，深入 14 个市、县，面向基层知识产权工作人员和重点企业知识产权从业人员，开展巡讲 42 场，培训 4000 余人次。注重人才培养，为全省知识产权工作提供智力支撑。印发《关于开展 2021 年度河南省知识产权学院评估考核的通知》，对全省 6 家高校知识产权学院进行评估考核。召开全省知识产权远程教育汇报交流会，知识产权远程教育河南平台共下设 9 个子站，建立班级 42 个，选课达到 22 880 人次，知识产权线上教育不断普及。

供稿：河南省知识产权局

版权工作

一、强化版权执法监管，提升保护质量水平

1. 加强日常监督管理

根据《中华人民共和国著作权法》修订

行政处罚裁量标准，进一步规范文化市场综合执法行政处罚行为。强化对文化市场综合行政执法的指导监督、教育培训，推进依法行政，提升执法效能。2021 年，检查经营单位 43 631 个，捣毁窝点 36 个，查处各类侵权盗版案件 77 个。

2. 聚焦查处大案要案

开展打击院线电影盗录传播集中行动。其中，河南邓州“3·01”侵犯著作权案涉及盗版《你好，李焕英》等春节档院线电影在内的 6 万余部影视作品，现场查扣播放设备 27 台(套)、服务器 2 台，抓获犯罪嫌疑人 31 名。河南许昌“1·05”涉嫌侵犯著作权案、河南开封“2·21”涉嫌制售侵权盗版教辅案等 8 起案件被列为国家版权局等六部门联合挂牌督办案件。28 家单位、67 名同志获国家版权局 2020 年度查处重大侵权盗版案件有功单位、有功个人荣誉称号。

3. 挺进互联网主战场

聚焦权利人和人民群众反映强烈的网络侵权盗版问题，联合开展“剑网 2021”专项行动。

组织省属重点新闻网站在其“两微一端”首页首屏的显著位置开设专题专栏，及时发布新修改《著作权法》《行政处罚法》原文和权威解读。广泛推送“剑网 2021”专项行动工作安排，引导网民关注互联网领域版权治理。研究制定《关于开展打击网络侵权盗版“剑网 2021”专项行动的通知》，统筹成员单位力量，将“剑网 2021”与“昆仑 2021”“净网 2021”“雷霆行动”等一同谋划、一同部署。紧抓短视频、网络直播、体育赛事、在线教育等关键领域，加强对大型网络服务商的监管，扩大监管范围和监管对象，夯实网络企业主体责任。加强对院线电影、电商平台、网络游戏及网络直播、自媒体、知识社区问答等新媒体的专项治理，对群众意见强烈、社会危害大的侵权盗版行为，坚决依法严肃查处。

二、推进使用正版软件，不断扩大工作成果

1. 联席会议制度优势充分发挥

巩固完善省推进使用正版软件工作联席会议等软件正版化工作制度，省委常委、宣传部部长担任省联席会议总召集人，省市党政机关均建立“一把手”负责制。

2. 党政机关软件正版化工作持续巩固

2021 年，完成党政机关核查 2301 家次，举办党政机关软件正版化培训 479 次，参训单位 3260 家次，参训人员 13 062 人次；党政机关采购操作系统、办公软件、杀毒软件 384 299 套，同比增长 275%。鹤壁市、商丘市、周口市、信阳市市级政府机关操作系统、办公软件、杀毒软件正版率 100%。

3. 重要行业和重点领域软件正版化工作持续拓展

深入推进文化、教育、卫生、金融、能源、交通、新闻出版等重要行业和重点领域软件正版化工作。对 246 所高等院校、省属中等职业学校、中小学校和 30 家省直医疗卫生机构进行软件正版化工作培训。对郑州银行和河南出版产业园、河南省创意印刷包装产业园内的 12 家重点新闻出版、印刷包装企业 2600 余台计算机的操作系统、办公软件、工业软件以及各项制度进行全面核查。

4. 企业单位软件正版化工作持续推进

推进 854 家企业完成软件正版化工作，完成操作系统、办公软件、杀毒软件采购 25 480 套，同比增长 52%；完成企业培训 152 次，参训企业 898 家次，参训人数 6125 人次。组织开展企业自查，120 家执委以上民营企业共核查计算机 1568 台；27 家河南省直商会的 7066 家会员企业中，5583 家企业安装正版操作系统，5583 家企业安装正版办公软件，7066 家企业使用正版杀毒软件。聘用第三方机构对 26 家企业近 3000 台计算机安装的操作系统、办公软件、杀毒软件进行核查，12 家企业正版率达到 100%。

三、深化版权社会服务，促进文化繁荣发展

1. *参展版权博览会，讲好河南版权故事*

以“老家河南　出彩中原”为主题组织参展第八届中国国际版权博览会，向世界推出一批优秀的河南版权企业和版权精品产品，19件“唐宫夜宴”文创产品入选国家版权局“著作权法实施三十周年成就展”。

2. *编印版权案例专著，宣传普及新著作权法*

组织专家团队编写出版《新著作权法人人懂》，以简明清晰、通俗易懂的语言，生动、典型的案例，向全社会宣传普及新《著作权法》。

3. *优化版权作品登记，保护文化创新创造*

在郑州、洛阳设立版权作品登记工作站，深入企业开展登记工作，提升服务能力和水平。2021年河南版权作品登记量同比增长65%，引进图书合同备案量同比增长6%。

4. *开展特色宣传活动，提升群众版权意识*

开展版权进企业、进机关、进军营、进学校等系列活动，邀请“唐宫小姐姐”为河南版权代言，向群众赠送“唐宫小姐姐”海报，发放“唐宫小姐姐”宣传品。制作“唐小妹”3D卡通形象精心版权普法宣传片，并在河南卫视各个频道高频播出。大象新闻客户端开设“唐小妹带你开启一周知识产权奇妙游”，面向广大用户每天普及一个版权相关的知识点。

5. *开展版权示范创建，推动版权产业发展*

组织开展2021年河南省版权示范园区（基地）、示范单位创建，授予12家单位“河南省版权示范单位”、3家园区“河南省版权示范园区（基地）”称号。积极申报国家级示范园区、示范单位，引领带动全省版权单位诚信守法经营、推动版权产业发展。2021年，河南出版产业园荣获“全国版权示范园区（基地）”称号，河南博物院、大象出版社有限公司获“全国版权示范单位”称号，郑州银行股份有限公司获“全国版权示范单位（软件正版化）”称号。

供稿：河南省版权局

司法工作

一、积极履行审判职责，依法公正高效审理各类知识产权纠纷案件

2021年，受理各类知识产权案件18 987件（新收18 830件，旧存157件）。其中一审17 595件，占比92.67%；二审1219件，占比6.42%。其中省法院受理850件，中级法院受理10 657件，基层法院受理7480件，所占比例分别为4.48%、56.12%、39.40%。审结各类知识产权案件17919件，结案率94.38%；比2020年全年结案13 995件增加3924件，增幅28.04%。办理的同方威视诉许昌瑞示公司专利侵权案入选《最高人民法院公报》案例，银都公司诉优酷网侵害信息网络传播权纠纷案被评为2020年全国法院知识产权司法保护典型案例，侵害“郑58”玉米新品种权等三起案件入选人民法院种业知识产权司法保护十大典型案例，成功调解中航锂电公司与超特公司商业秘密等系列纠纷，服务保障重点国防装备工程顺利推进。

二、充分发挥知识产权司法保护主导作用，实施严格知识产权保护

一是加大知识产权民事审判保护力度，全面维护权利人合法权益。审理的巴布豆（中国）儿童用品有限公司与泉州市巴布豆儿童用品有限公司等侵害商标权及不正当竞争纠纷案，在查明被告因侵权获利巨大的情况下，判令被告赔偿500万元。依法保护“许继”“双汇”“鹿王”“百岁山”等众多知名商标权利人的合法权利，维护正常的市场竞争秩序；依法审理阿里巴巴、百度、腾讯、网易等互联网案件，在促进文化市场繁荣的同时，加大了对著作权人合法权益保护力度。

二是提高刑事审判威慑作用，严惩侵犯知识产权犯罪。按照省打击侵犯知识产权和制售假冒伪劣商品专项行动领导小组的总体部署，充分发挥刑事审判职能，扎实开展“双打”行动，共受理侵犯知识产权犯罪案件603件，审结425件，判处犯罪分子793人，审结有力震慑侵犯知识产权犯罪行为。审理的李某某、肖某某、王某等28名被告人假冒注册商标罪、销售假冒注册商标的商品罪、帮助毁灭证据罪、窝藏罪案，法院深入审查各被告人的违法所得与非法经营数额、给权利人造成的损失、主观罪过等犯罪情节，区分主从，充分用足用好刑罚手段，在判处有期徒刑的同时并处罚金总额1524万元。对被告人适用禁止令，从行为上对其从事医药胶片生产销售行为予以严格限制。

三是加强对具体行政行为的司法审查，依法监督知识产权行政执法。2021年，受理知识产权行政案件32件，审结31件。充分发挥知识产权司法保护的体制机制优势，妥善处理司法保护和行政保护之间的关系。与知识产权行政部门加强协作，在依法支持知识产权行政执法行为的同时，强化对知识产权行政执法行为的规范和监督。办理的上诉人山西杏花村汾酒厂股份有限公司、山西青汾实业股份有限公司与驻马店市人民政府及第三人驻马店市开发区叁陆玖商行行政复议一案，既强化对行政行为程序正当性的审查，又强化对实体标准合法性的审查，积极引导知识产权行政主管部门的调查取证、证据审查、侵权判定等标准向司法标准看齐，促进知识产权行政行为进一步规范化和法治化，充分发挥司法保护知识产权主导作用。

三、提升知识产权服务大局能力，推进创新驱动发展

一是制定发布全面加强知识产权司法保护的二十条措施，强化对人工智能、生物医药等新领域科技创新成果的保护，为本省经济社会高质量发展保驾护航；二是制定河南法院《落实〈人民法院知识产权司法保护五年规划〉的实施意见》，进一步谋划和推进全省知识产权司法保护工作；三是完善知识产权民事、刑事、行政“三合一”审判机制，经报请最高法院批复，先后两次与省检察院、公安厅会签刑事司法保护意见，并印发行政案件管辖意见，形成了郑州、洛阳、新乡等7市辖区内由1～2家基层法院集中管辖一审知识产权民事行政刑事案件，其他省辖市由中级法院进行“三合一”管辖的格局；四是加强农业知识产权保护，河南高院民三庭到省农科院实地调研，交流农业科技创新面临的困难和问题，依法保障河南农业经济发展和粮食安全；五是加强知识产权司法保护宣传，在“4·26世界知识产权日”前召开新闻发布会，发布2020年河南法院知识产权司法保护状况白皮书和十件典型案例；全省法院积极借助各类媒体，以案释法。

四、加强队伍建设，不断提高知识产权法官队伍的政治素养和专业水平

一是持续加强思想政治建设。坚持用习近平新时代中国特色社会主义思想武装干警头脑，增强“四个意识”、坚定“四个自信”、做到“两个维护”，始终在政治立场、政治方向、政治原则、政治道路上同以习近平同志为核心的党中央保持高度一致，深入开展党史学习教育，在学思悟践中砥砺初心使命，确保知识产权审判工作正确的政治方向。二是持续加强纪律作风建设。扎实推进政法队伍教育整顿活动，认真开展警示教育、英模教育，严格落实防止干预司法“三个规定”等铁规禁令，廉洁司法。三是持续加强调研工作。针对知识产权管辖下放后出现的部分案件认识不一、赔偿标准差异等新问题，及时展开调研，对2020年度全省法院知识产权案件的发还改判情况进行通报，对反映突出的音乐版权、不正当竞争、老字号保护等类案进行研讨，明确裁判规则，统一裁判尺度。对舆论关注的“逍遥镇胡辣汤”“潼关肉夹馍”“库尔勒香梨”等案件梳理排查，及时将相关情况报告最高人民法院，并指导全省法院做好矛盾化解和舆情应对工作。加强对地理标志的调查研究，申报的国家知识产权局软科学项目“商标与地理标志协调发展研究”顺利结项。与省市场监督管理局联合制订《关于建立河南省知识产权纠纷在线诉调对接机制的意见》，推动知识产权矛盾纠纷高效便捷化解。

供稿：河南省高级人民法院
知识产权审判庭

检察工作

一、继续保持打击侵犯知识产权犯罪的高压态势

2021年，受理知识产权审查逮捕案件474件952人，同比分别增长101.7%、106.1%。批准和决定逮捕317件582人，同比分别增长62.6%、71.7%。受理知识产权审查起诉案件471件1102人，同比分别增长62.4%、88.4%。提起公诉381件883人，同比分别增长50.6%、56.3%。

二、联合会签文件，规范知识产权刑事案件管辖

河南省高级人民法院、河南省人民检察院、河南省公安厅共同会签印发《关于河南省全面推行知识产权“三合一”工作中刑事司法保护若干问题的意见》和《关于调整平顶山市、周口市知识产权刑事司法管辖机制的通知》，对知识产权刑事案件管辖进一步调整优化，实行地区内集中管辖原则，推行知识产权捕诉一体办案机制，要求各办案单位选派有相关专业司法经验的业务骨干，相对固定从事知识产权刑事案件的侦查、批捕、公诉和审判工作，提升办案专业化水平。

三、大力开展知识产权保护宣传

2021年4月16日，专门下发《关于组织集中开展知识产权宣传周活动的通知》。各地检察机关高度重视、认真组织，在做好常态化疫情防控工作的前提下，单独或联合公安局、市场监管局、知识产权局等行政执法机关广泛开展了丰富特色的知识产权宣传活动，充分展示检察机关知识产权保护工作成果，增强全社会尊重和保护知识产权意识。知识产权宣传周期间，河南省人民检察院主管副检察长参加2021年河南省知识产权宣传周启动仪式；配合河南省市场监督管理局发布了河南省知识产权保护典型案例；派员参加全国打击侵权假冒工作领导小组办公室组织开展的16省（区、市）侵权假冒伪劣商品统一销毁行动河南分会场启动仪式。

四、全面推行知识产权刑事案件权利人诉讼权利义务告知工作

认真贯彻落实最高人民检察院《人民检察院开展侵犯知识产权刑事案件权利人诉讼权利义务告知工作方案》，办案中全面推行知识产权刑事案件权利人诉讼权利义务告知制度，办理侵犯知识产权和制售假冒伪劣产品犯罪，坚持刑事追诉与民事维权并重，一经受案及时告知被侵害企业诉讼权利，进一步提升权利人在知识产权刑事诉讼中的参与度和维权积极性。

五、组织庭审观摩评议，提升庭审水平

组织多起案件观摩庭、示范庭，相关地市公安、检察、法院办案业务骨干同堂观摩、座谈交流、研讨评议，不断提升检察干警的出庭公诉、释法说理、证据审查判断等综合业务能力。其中信阳检察机关办理的侵犯商业秘密立案监督案，全省检察机关、公安机关知识产权办案业务骨干共70余人参加。庭审中，公诉人综合运用多媒体分组示证、申请鉴定人出庭、被害单位法定代表人陈述等方式全面展示定罪量刑证

据，及时有效回应被告方质疑和辩解，以案释法开展知识产权司法保护宣传教育，取得良好效果。

六、开展知识产权检察集中统一履职试点

在全省部分检察院开展知识产权检察集中统一履职试点工作，组建知识产权检察办公室，实行知识产权刑事、民事、行政检察集中统一履职，充分发挥检察职能，为知识产权提供专业化、立体式、全方位的司法保护，助力落实河南“十大战略”，打造具有河南特色的知识产权检察一体化工作新模式。

供稿：河南省人民检察院
知识产权检察办公室

湖北省

知识产权工作

一、知识产权顶层设计高位推进

将知识产权工作分别纳入湖北省优化营商环境和高质量发展的重要评价指标，首次将地方知识产权保护绩效考核纳入2021年省委重要工作考核内容。首次高规格召开湖北省知识产权保护大会，形成共抓知识产权大保护的强大合力。高水平组织湖北省政府与国家知识产权局新一轮合作会商，确立湖北省建设知识产权强省的战略目标。印发《湖北省知识产权“十四五”规划》，在更高起点上谋划、推动知识产权事业高质量发展。

2021年，专利授权总量15.5万件，同比增长40.93%，其中发明专利授权量22 376件，增长27.46%；每万人口发明专利拥有量约为16.09件，同比增长29.65%。PCT专利申请量1691件，同比增长12.43%。拥有有效发明专利企业9361家，较上年增长2145家，增长29.73%，企业技术创新能力不断提升。商标注册量18.5万件，同比增长37.87%，有效商标注册量84万余件，申请地理标志商标42件，注册地理标志商标25件。

二、知识产权创造运用效益大幅提升

2021年，首批开展国家专利转化专项计划，获1亿元中央财政支持。率先在全国实施专利转化专项计划，先后分3个片区组织6场专利技术供需对接活动，共签订专利转化项目69项，发布企业专利技术需求636项，发布高校专利成果1500多项。举办两期“鄂来拍”专利成果竞拍活动，总成交额4330万元。成立首家“高校专利产业化基地”，启动高校院所专利分级分类及转化运营、专利转化运营中心建设。2021年登记备案转让专利1.87万件，同比增长37.96%。知识产权质押融资50.26亿元，同比增长54.4%，其中，专利质押融资40.89亿元，同比增长44.2%；商标质押融资9.37亿元，同比增长123%，有效解决了一批中小企业融资难题。首单知识产权证券化产品获深交所批准，储架规模达35亿元。组织湖北专利奖评选和举办高价值专利大赛，有效激发了创新主体的创新活力和能力。

三、知识产权保护水平再上台阶

2021年，湖北省在国家知识产权保护工作检查考核中首次获评“优秀”等级。与湖北省公安厅、检察院、法院、司法厅等部门联合制发文件，签订合作协议，共谋知识产权大保护工作机制。专利侵权纠纷行政裁决工作扎实推进，2021年办结行政裁决案件（含电子商务领域案件）1630件，增幅24%，高出全国8个百分点；加强商标、地理标志行政执法力度，查处假冒专利、商标

侵权、特殊标志案件962件，案值3834万元，罚没金额1845万元。发布湖北省2021年度知识产权(商标)行政保护十大典型案例。其中，十堰市查处销售侵犯“TVT”注册商标专用权商品案入选国家知识产权局2021年度商标行政保护十大典型案例；洪湖市查处侵犯“洪湖莲藕”地理标志证明商标专用权案入选国家知识产权局2021年度地理标志行政保护典型案例。深入实施重点企业知识产权海外护航工程，企业成功应对美国“337调查”，为相关企业挽回损失近3亿元。在知识产权密集的市场、园区、企业建立知识产权保护和维权援助工作站，截至2021年底，已建立首批省级知识产权保护工作站13家，基层工作站70个。

四、品牌培育工作成效显著

完善推进品牌强省建设联席会议机制，持续实施品牌提升专项行动。编制发布《湖北独有文化元素商标保护研究报告》《湖北省商标品牌发展报告》，探索开展区域商标品牌发展指数评价，为地方政府开展商标品牌工作提供决策依据，得到省政府领导批示肯定。强化商标、地理标志品牌培育，积极推进商标强企、地标富农工作，英山云雾茶国家地理标志保护示范区筹建工作得到国家知识产权局考核组肯定，赤壁青砖茶、秭归脐橙等7个项目入选国家知识产权局第一批地理标志运用促进重点联系指导名录。发布9批地理标志专用标志使用人名单，湖北省获准使用地理标志专用标志市场主体累计达1069家。强化商标、地理标志保护，围绕重点产业、企业开展执法专项行动，打击商标恶意注册行为，发布商标行政保护典型案例。举办地理标志大会暨品牌培育创新大赛和“我喜爱的湖北品牌”电视大赛，建设好“品牌湖北”专栏和微信公众号，开设“地理标志楚天行”节目，不断提升湖北品牌知名度和美誉度。

五、管理服务呈现新气象

高效落实知识产权便利化改革各项措施，实现商标窗口市州全覆盖。推进知识产权公共服务体系建设，发挥知识产权服务业联盟、4家世界知识产权组织的技术与创新支持中心(TISC)和4家高校知识产权信息服务中心作用，为市场主体和双创服务基地提供专利导航等优质服务。知识产权服务业发展迈上新台阶，共有知识产权服务机构1711家，代理机构207家，产值近60亿元，东湖高新区获批全国知识产权服务出口基地功能区6个园区之一。持续开展“蓝天”专项行动，加大对违法违规代理行为的打击力度，积极处理4批共计2.4万件非正常专利申请。

六、宣传培训打造新亮点

组织“4·26全国知识产权宣传周”主场活动，向社会发布《2021年湖北省知识产权发展报告》《2021年湖北省知识产权保护状况》，全年数百场精彩纷呈的线上线下活动有效提升了湖北省知识产权工作的显示度。省级层面举办“四知”“五会”自贸区知识产权专员实务培训、知识产权行政执法能力提升培训、商标和地理标志培训，与WIPO中国办事处合作开展海外知识产权业务培训，有效提升了受训人员的知识产权专业素养。以13家省级培训基地和20家远程教育分站为节点，广泛开展网络化、区域化知识产权培训，全省组织开展线下培训活动200余期，培训总人数达2万余人次，线上开设班级42个，选课人数达8.7万人次。

供稿：湖北省知识产权局

版权工作

一、强化版权行政指导

建立完善信息报送机制，督促各市、州按时报送工作情况统计表、查处案件信息表，确保重大问题和疑难案件及时报送。

强化工作督办，先后提请国家版权局对黄冈“1·06”侵犯手机游戏软件著作权案等重大案件进行挂牌督办，及时跟进重点案件查办进展，确保各市、州严格按照时间节点完成工作任务。

二、加强版权宣传教育

组织开展新修改《著作权法》全省巡回宣讲活动，普及宣讲著作权法修改内容，累计宣讲对象1500余人。先后举办“4·26世界知识产权日”版权宣传周活动启动仪式暨侵权盗版及非法出版物集中销毁活动，现场销毁侵权盗版及非法出版物。《湖北日报》以《全面加强版权工作　推动构建新发展格局》大篇幅报道湖北省“十三五”期间版权工作情况，围绕“四个聚焦”谋划“十四五”时期版权工作蓝图。主办第十届“法理争鸣”湖北高校法学专业辩论赛暨2021年武汉市大学生版权辩论赛决赛，提升大学生版权意识。

三、强化版权行政执法

突出网络版权市场秩序治理，持续开展“院线电影版权保护”专项行动和“剑网2021”专项行动，紧盯开学季、“黄金周”等关键时间节点，完善多部门协同合作，高效运用技术手段，实现案件查办数量和质量双提升。完善“两法衔接”机制，强化重点侵权案件跟踪督办，提高案件成案率和结案率。百度文库店铺“电子教案与课件的店”涉嫌未经授权通过互联网销售他人视频课程侵权案，为全国首例涉及“学习强国”著作权行政处罚案件；武汉“10·16”涉嫌制售侵权盗版图书案和黄冈“1·06”涉嫌侵犯手机游戏著作权案被国家版权局、全国打击侵权假冒工作领导小组办公室等六部门联合挂牌督办。湖北“91资源网”系列网站侵犯著作权案被国家版权局和全国“扫黄打非”工作小组办公室选定为“2020年度全国打击侵权盗版十大案件”并向社会予以公布。

四、推进正版化工作创新发展

进一步完善省使用正版软件工作领导小组成员单位联席会议制度，及时调整完善成员单位组成，确保软件正版化工作有人抓、有人管、落到实处。召开省使用正版软件工作领导小组成员单位联席会议，研究通过《湖北省2021年推进使用正版软件工作计划》《湖北省2021年推进使用正版软件工作督查考核实施方案》，出台《湖北省推进使用正版软件三年行动计划(2021—2023)》。组织1个省直督查组、6个市州督查组和8个行业督查组开展软件正版化督查检查工作，累计检查省直单位22家、省属国有企业13家、证券公司4家、银行保险机构4家，核查计算机7555台次；督查6个市州60家市直单位(企业)，核查计算机2813台次。

五、注重社会共治，着力构建版权大保护工作格局

完成省版权保护协会2021年第三次会员大会换届选举工作，同步举办省版权保护协会新一届理事会首场活动——首届“版权产业创新与知识产权保护东湖论坛”。先后组织协调处理“鄂西山泉”涉嫌侵犯他人作品著作权、四川宏业建设软件公司被侵权等群众投诉，组织协会会员企业对接方正字库、金山等软件企业，探索建立字库、办公软件团购采购等业务合作模式，帮助降低企业经营成本。

六、完善工作机制，提升知识产权保护系统化水平

一是强化培训机制，加强队伍建设，提升版权行政执法管理队伍能力素质。连续9年举办软件正版化工作培训班和版权行政执法监管工作培训班。举办2021年全省软件正版化工作培训班，200余人参训，通报2020年软件正版化工作情况，部署安排2021年重点工作。举办2021年湖北省版权行政执法监管工作培训班，重点解读“剑网2021”专项行动具体任务和工作方

法，140 余人参训。先后举办版权行政执法工作培训班，有效提升基层版权行政执法部门执法办案能力。二是注重发挥奖励激励机制，有效调动版权行政执法人员能动性、主动性和积极性。19 家单位、10 人次获评国家版权局 2020 年度查处重大侵权盗版案件有功单位和有功个人，获得奖金 10.6 万元。三是强化示范机制，深入开展版权示范单位、示范园区（基地）创建活动，其中省级示范单位 43 个、园区 9 个，国家级示范单位 12 个、园区 5 个。四是强化版权服务流程管理，进一步减材料减流程缩时限。2021 年，作品登记量 75 088 件，较上年增长 49.6%。五是强化交流机制，有效落实版权产业“走出去”战略。组织省内 20 余家版权企业亮相第八届中国国际版权博览会，有效展示湖北省版权企业创新发展成果，提升湖北版权关注度。

供稿：湖北省版权局

司法工作

一、聚焦执法办案，全面促进保障科技创新

2021 年，全省共受理知识产权案件 19 464 件（含旧存 708 件），结案 16 744 件，结案率 86.03%，案件类型不断丰富，基本覆盖《与贸易有关的知识产权协议》所涉各类知识产权以及不正当竞争行为。

领导高度重视，全力护航科技创新。3 月 30 日，湖北高院召开运用审判职能促进和保障科技创新专题座谈会，听取意见和建议。4 月 28 日，最高人民法院党组副书记、常务副院长贺荣带队在湖北高院召开专题座谈会，听取人大代表、政协委员关于科技创新和加强知识产权司法保护的意见和建议，并到武汉大学、红安县法院实地调研。7 月 29 日，在省委省政府主持召开的全省知识产权保护大会上，最高人民法院党组副书记、常务副院长贺荣到会祝贺并作重要讲话。

二、聚焦职能延伸，积极服务优化营商环境

服务“六稳”“六保”工作，认真开展“法治化营商环境提升年”等活动，将知识产权保护作为营商环境建设的重要支撑，全力推动湖北高质量发展。强化司法政策指引，出台加强知识产权司法保护的系列审判指导意见；坚决打击窃取企业知识产权成果、破坏企业竞争优势行为，维护公平、诚信的市场竞争秩序。推行涉企案件经济影响评估。专项整治执法办案中的突出问题和顽瘴痼疾，增强市场主体发展的信心。持续推进审判公开透明，加大知识产权宣传力度。“4·26 全国知识产权宣传周”活动期间，湖北高院首次发布知识产权保护中英文版白皮书，召开湖北法院知识产权司法保护状况新闻发布会并定期发布各类知识产权典型案例；通过参加研讨会、举办座谈、召开示范庭审，入园区、入企业、入社区，举办讲座等系列活动，全力营造尊重知识产权和鼓励创新创造的社会氛围。7 月，制作了 500 册宣传画册，扩大司法宣传。

三、聚焦改革创新，不断强化和完善保护体系

制定了《2021—2022 年贯彻落实〈关于进一步强化全省知识产权保护若干措施〉推进计划》，研究提出《关于加强知识产权审判领域改革创新的实施意见》，7 月 7 日，省委全面深化改革委员会第十次会议审议通过《关于加强知识产权审判领域改革创新的实施意见》。持续推进知识产权审判“三合一”工作，武汉两级法院知识产权审判“三合一”机制改革入选国家发改委“全面创新改革试验百佳案例”和国务院办公厅“第二批支持创新相关改革举措推广清单”，入选全国推广的 4 项知识产权司法保护举措。推进案件繁简分流试点，大幅缩短知识产权案件审理周期。2021 年 2 月，下发《关于在全省法院做好中国（湖北）

自由贸易试验区第五批改革试点经验“简案快办为知识产权保护提速”复制推广工作的通知》，在全省法院推广复制“简案快办”试点经验。2020年度各省（区、市）知识产权保护工作检查考核中，湖北法院各类知识产权案件审理周期考核指标位列全国法院第一方阵。襄阳中院“知识产权简案快办”模式，被省政府作为湖北自贸试验区第五批改革试点经验在全省范围内复制推广。推动知识产权专门化审判体系建设，大力加强武汉知识产权审判法庭建设，协力推进武汉知识产权法院设立。健全完善多元化技术事实查明机制，推进知识产权诉讼调查令制度，构建专家陪审、专家证人、技术咨询、技术鉴定、技术调查官“五位一体”技术调查机制，强化证据保全机制，规范对外委托鉴定程序，积极探索禁令规则，有效解决知识产权案件技术事实查明难问题。国家知识产权局专利局专利审查协作湖北中心专门向法院委派兼职技术调查官或担任人民陪审员。优化完善知识产权协作保护机制，加强部门联动、省市互动和区域协同。6月3日，与湖南、江西法院构建“长江中游城市群”司法协作机制，推进知识产权全链条、一体化保护，携手将中部地区打造为科技创新司法保护高地。构建便捷高效、协调联动一体化、一站式多元解纷格局，依托全省法院诉讼服务指导中心信息平台，深入推进全省法院知识产权一站式多元解纷、诉讼服务体系建设工作。9月14日，制定《关于推动审判工作科学发展为湖北加快建成支点提供司法服务和保障的意见》；9月30日，和省知识产权局联合出台《关于加强知识产权司法保护与行政保护衔接合作的若干意见》。

四、聚焦精品工程，打造知识产权争端解决优选地

充分发挥科教大省资源优势，组建知识产权审判咨询专家库。6月4日，举行知识产权审判咨询专家聘任会，从计算机软件、医药化工、新型材料、作物育种等领域续聘、新聘24名知识产权审判咨询专家。搭建“高新技术有所呼，知产法官必有应”平台，通过深入园区、参加研讨、举办座谈等多种方式，深入了解企业司法保护需求，拉近司法与科研创新距离，全力营造良好法治营商环境。3月，湖北高院专门召开全省法院运用审判职能促进和保障科技创新专题座谈会。12月28日，与中南财经政法大学合作，邀请中央在武汉及省、市知识产权局、仲裁机构、审判专家及专家学者等围绕打造湖北知识产权纠纷解决优选地开展深入研讨交流。高标准推进武汉知识产权审判法庭建设，该庭现已成为最高人民法院“全国知识产权保护调研基地”和国家知识产权局“全国专利保护重点联系基地”。

五、注重队伍建设，努力打造一流知识产权审判人才

强化政治引领，认真开展队伍教育整顿工作，严格贯彻落实党中央决策部署，认真开展政法队伍教育整顿各项工作，真正做到全员受教育、普遍受教育和深刻受教育。坚持廉洁司法，加强审判权制约监督，积极参与“清廉法院”创建，坚持把纪律规矩挺在前面。切实履行一岗双责，利用身边正反典型开展警示教育。切实落实合议庭司法责任制，充分发挥法官联席会统一裁判标准的作用；加强对“四类案件”以及“四类案件以外案件”的审判监督管理；充分发挥典型案例、指导性案例的指导作用，避免同案不同判情形；积极运用信息化手段监督、管理和规范法官裁量权。

提升业务能力，打造一流专业化法官队伍，鼓励知识产权法官到科技企业、科研单位学习、了解创新实践，鼓励参加或组织各类与知识产权有关的国内国际学术研讨，增强应对新情况新问题能力。经最高人民法院审批，6月，组织知识产权法官应邀参加2021年度德国慕尼黑专利法国际会议，并作线上主题发言。10月下旬，结合全省知识产权审判工作座谈会，举办全省法院知识产权审判业务培训班。10月27日，举办“法官大讲堂”第7讲，湖北高院专门邀请北京大学法学院研究员、北京大学国际知识产权研究中心主任、博士生导师易继明教授讲授“国际知识产权发展趋势及应对”。分别与华中科技大学法学院、武汉理工大学法学与人文社会学院联合举办两场世界知识产权日法治宣讲进校园系列讲座，以“湖北法院知识产权的司法保护”和“知识产权审判实务之以案释法”为主题进行演讲。推动实施精品案件工程，加强涉外知识产权案件审判，依法受理国际平行诉讼，小米、三星等国内外知名企业先后在武汉提起跨国诉讼，彰显了中国知识产权审判的智慧和魅力，全省知识产权审判影响力显著提升。

供稿：湖北省高级人民法院
知识产权审判庭

检察工作

一、部署开展试点工作，强化知识产权综合性司法保护

2021年3月初，组织专题调研，全面梳理总结全省近五年来知识产权检察工作情况及问题，充分借鉴外省试点经验，对湖北开展试点工作的必要性、可行性、优势与短板作了全面论证分析。精心部署知识产权检察职能统一履行试点工作。4月中旬，印发《湖北省检察机关开展知识产权检察职能集中统一履行试点工作的实施方案》(以下简称《方案》)，确定湖北省人民检察院、武汉市人民检察院、荆州市人民检察院、武汉市江岸区人民检察院、大冶市人民检察院、武汉铁路运输分院等六个试点院率先开展试点。试点工作推行以来，各试点院按照《方案》要求，强化组织领导，均成立了由“一把手”任组长的试点工作领导小组，制定具体实施方案，积极整合知识产权刑事、民事、行政等检察职能，设立专门的知识产权机构或专业化办案组，精心选配业务熟练、经验丰富的刑事、民事、行政检察员额检察官和检察官助理组成专业化办案团队，确保将优质资源向知识产权办案一线倾斜。2021年，批捕侵犯知识产权刑事案件67件134人，起诉59件121人，督促行政执法机关移送涉嫌犯罪11件，监督公安机关立案6件，办理知识产权民事案件2件。

二、坚持因地制宜，积极探索集中统一履职“湖北模式”

试点工作开展以来，各试点院将最高人民检察院、湖北省人民检察院部署要求与本地实际有机结合，积极探索创新，初步形成了具有湖北特色的试点工作模式。武汉市检察机关立足建设武汉东湖国家知识产权服务业示范区和建设全国一流知识产权强市目标任务，强化整体布局，制定“六位一体”知识产权检察工作总体框架(机构设置专门化、人员配备专业化、职能配置集中化、办案模式集约化、案件管辖区域化、“两法衔接”规范化)，建立符合武汉地域特点的“一室一部一站”的三点一线工作模式。武汉市人民检察院设立知识产权检察办公室，侧重协调相关单位，制定工作机制、证据指引，指导全市知识产权检察工作；江岸区人民检察院第七检察部(知识产权检察部)集中办理全市范围内由基层法院管辖的一审知识产权刑事案件，利用捕诉一体和集中履职优势提升办案质效；东湖高新区人民检察院在光谷未来科技城园区设立了武汉未来科技城检察服务点暨保护知识产权联系点，利用所在区域高新企业聚集的特点，打造对外窗口，为企业提供面对面知识产权法律服务，开展知识产权保护宣传，形成“上下一体，各有侧重”的知识产权检察保护体系。大冶市人民检察院在初步实现“三检合一”的基础上，积极探索一体履行知识产权公益诉讼职能，建立知识产权“四检合一”工作模式。

三、创新工作机制，着力提升知识产权案件办理质效

针对知识产权刑事案件发现难、取证难、认定难等特点，各试点院结合办案实践，创新优化办案机制，提升办案质效。一是规范知识产权刑事案件证据标准。武汉江岸区人民检察院结合办案实践，制定了《关于涉知识产权刑事案件审查逮捕、审查起诉证据指引》，将证据收集的共性要求与知识产权相关罪名个性要求结合，详细规定了知识产权类刑事案件证据收集标准，具有较强指导意义。二是建立“每案回访”工作机制。荆州市人民检察院、江岸区人民检察院对每一起侵犯知识产权刑事案件的受害企业开展回访工作，帮助企业排查知识产权保护漏洞，从源头杜绝知识产权犯罪。三是探索建立知识产权技术调查官机制。武汉市人民检察院与武汉市知识产权局开展合作，在办理知识产权案件过程中，借助知识产权管理部门的专家库，在告知权利人诉讼权利义务、委托检验鉴定等方面提供帮助，邀请专业技术人员协助查阅有关专业资料，就案件涉及的专业问题出具认定意见，必要时可作为专家证人出庭作证。

四、加强协作配合，推动构建知识产权大保护格局

一是积极与法院对接，实现“三检合一”与“三审合一”有效衔接。武汉市人民检察院与武汉市中级人民法院协商一致，建立与知识产权案件“三审合一”相适应的诉讼协作机制，探索知识产权法庭监督新模式，重点解决案件管辖、起诉、审判、监督等各环节的衔接问题。二是加强与行政执法机关对接，建立完善知识产权协作保护机制。各试点院加强与相关行政执法部门的沟通协作，依托湖北“两法衔接”信息共享平台优势，健全相关工作机制，推进知识产权综合保护。大冶市人民检察院强化知识产权行政执法与刑事司法有效衔接，与市市场监督管理局建立知识产权违法犯罪双向移送对接机制，形成知识产权违法犯罪打击闭环。三是借助外脑，推动知识产权检校共建。充分利用湖北高校教育资源丰富优势，将与高校学术专业化与检察队伍建设紧密结合，实现检校优势互补。武汉市人民检察院与中南财经政法大学知识产权中心联合成立了知识产权研究基地，江岸区人民检察院与武汉大学法学院共建“侵犯知识产权犯罪研究所”，在资源共享、人才共育、理论研究等方面开展广泛合作，取得了良好成效。

五、注重宣传引领，努力营造知识产权保护良好氛围

各试点院立足本地实际，采取设立“面对面”知识产权保护工作站、“点对点”企业联系点等方式，充分运用电视、报刊、网络“两微一端”等多种媒体平台，深入创新创业聚集区，广泛开展知识产权法治宣传，积极营造保护知识产权良好氛围。江岸区人民检察院通过在武汉岱家山科技创业园、黄埔科技园建立知识产权保护工作站，与10余家企业建立知识产权保护联系点，为企业提供“一站式”知识产权法律服务，开展专题调研活动10余次，开设法治课堂20余次，累计向企业发放资料近万册，得到企业好评。荆州市人民检察院结合第21个“世界知识产权日”主题普法宣传活动，在荆州技术开发区面向240多家企业开展了知识产权保护法律讲座，结合案例普及知识产权保护知识，宣传知识产权检察工作成效，有效推进了试点工作深入开展。

供稿：湖北省人民检察院
知识产权检察办公室

湖南省

知识产权工作

一、创造能力持续增强

2021年，专利授权量达98 936件，发明专利拥有量突破7万件，达70 114件，每万人口发明专利拥有量达10.55件，有效注册商标突破90万件，达902 594件，全省地理标志产品、地理标志集体证明商标达304个(件)。每万人口高价值发明专利拥有量3.56件，同比增长28.06%。新增中国专利奖28项，其中金奖2项，142个专利参选湖南专利奖。通过全面清理知识产权申请资助、考核等政策，建立代理机构黑名单制度，严厉打击非正常专利申请和恶意商标注册行为，专利质量持续提升，全年非正常专利申请撤回率达93%，恶意注册商标行为有效改善。主要知识产权指标均保持20%以上的快速增长。其中，发明专利授权量165 64件，同比增长43.57%；PCT国际专利申请受理849件，同比增长36.06%；商标注册量211 056件，同比增长41.40%。

二、战略支撑更加有力

聚焦打造具有核心竞争力的科技创新高地，狠抓知识产权密集型产业培育，助力关键核心技术和"卡脖子"技术攻关，在轨道交通、基板玻璃两大产业率先启动了知识产权强链护链专项行动。聚焦乡村振兴战略，开展知识产权富农工程，充分发挥专利助力技术攻关、地理标志助力品质升级、商标助力品牌打造等方面的优势，有力促进地理标志特色产业高质量发展。全省地理标志保护区域已覆盖14个市州108个县市区，涉及企业1200余家，年总产值超千亿元。聚焦中部崛起战略，大力推进知识产权区域协同，签署《中部六省知识产权行政保护协作协议书》，构建中部六省知识产权行政保护协作机制。加强长株潭行政执法工作协调，形成知识产权保护合力。聚焦强省会战略，大力支持长沙知识产权运营标杆城市建设，有力促进了长沙营商环境优化。聚焦湖南自贸区建设，加快知识产权服务便利化改革，涉及知识产权领域改革试点的事项顺利推进，其中，依托数字化平台实现知识产权"前置保护"改革为全国首创，省自贸办正在申请国家自贸区改革试点经验。支持新设总规模2000万元的岳阳自贸片区知识产权风险补偿资金。聚焦优化营商环境、促进市场主体高质量发展，开展"知识产权保护重点企业""知识产权质押融资入园惠企"等系列知识产权服务企业行动。各市州同步推进，指导当地企业完善专利布局、进行风险预判和应对，长沙向相关产业链企业免费推送产业专利导航分析报告，湘潭、娄底分别围绕优势产业建立产业特色数据库，益阳以开展竹凉席产业强链护链助力乡村振兴。

三、保护工作全面加强

一是完善法律政策体系。完成"一法一条例"贯彻实施情况调研，《湖南省知识产权保护条例》进入立法论证阶段。11个市州先后出台本地区强化知识产权保护的具体措施。制定本省首个地理标志保护地方标准——《地理标志保护指南》。建立完善知识产权纠纷快速处理制度，为2021湖南(国际)通用航空产业博览会、第二届中国—非洲经贸博览会等10余场展会提供知识产权咨询、受理投诉、侵权判定、调解处理等服务。二是加大行政保护力度。聚焦突出问题，在重点领域和产品、时段，严厉打击侵犯知识产权行为。全年办理知识产权行政保护案件2532件，知识产权维权援助案件3120件，海外纠纷应对案件3

件，调解知识产权纠纷案件3994件，挽回经济损失4487.15万元，1件案件入选2020年度国家知识产权行政保护典型案例。获批国家知识产权局第二批专利侵权纠纷行政裁决试点示范建设试点地方，11个市州同步开展行政裁决试点工作。三是构建协同保护机制。在全省法院和知识产权系统加强知识产权纠纷在线诉调对接工作，实现行政保护与司法保护的有效衔接、优势互补，进一步提升保护成效，本省诉前案件平均调解成功率高于全国平均水平。推动省知识产权协调工作联席会议成员单位共同建设全省知识产权纠纷多元化工作机制。新增1家国家海外知识产权纠纷应对指导中心地方分中心。长沙、株洲、湘潭、岳阳、常德、郴州等地方知识产权局与本地中院、检察院或仲裁委建立了对接机制。株洲与上海浦东新区知识产权保护中心、阿里巴巴公司签署合作备忘录，加强保护和维权工作协同。

四、运用效益显著提高

逐步建立完善以知识产权交易中心为主体、高校知识产权中心为源头，重点产业运营基金、质押融资风险补偿资金为支撑的知识产权运营体系。一是专利转化专项计划顺利实施。印发《湖南省促进专利技术转移转化　助力中小企业创新发展的实施方案》《关于进一步加强知识产权质押融资工作的指导意见》，大力推动高校、科研组织专利技术向中小企业转化实施。开展知识产权质押合同登记318笔，质押融资登记金额60.18亿元，同比增长30%。专利转让15 284次，专利许可1447次。二是高校知识产权中心建设成效明显。持续推进高校知识产权中心建设，激发高校专利转化活力。发挥湖南大学、中南大学等高校的示范带动作用，8所省级知识产权中心建设试点高校通过转让、许可、作价投资等方式开展知识产权运营项目406项，实现运营金额近7.3亿元。湖南大学知识产权中心实践形成的一系列专利转化制度被教育部列为典型经验在全国推广。召开全省高校知识产权转化工作座谈会，建立省内高校院所有效专利及转化定期通报制度。各市州知识产权局积极行动，为高校和企业之间搭建专利技术对接桥梁。长沙、湘潭、邵阳、常德、湘西等地举办专利转移转化对接会，促成数百项专利转化项目落地。三是地理标志助力乡村振兴取得新成效。进一步规范地理标志专用标志使用，加快地理标志管理信息化探索建立地理标志服务平台。新增地理标志产品、地理标志集体证明商标31件，安化黑茶、保靖黄金茶国家地理标志产品保护示范区获批筹建，6件地理标志纳入对俄地理标志保护意向清单，7件地理标志纳入全国第一批地理标志运用促进重点联系指导名录，开展省级地理标志运用项目14个，全省地理标志保护区域覆盖14个市州108个县市区。

五、事业基础更加夯实

一是强化顶层设计。出台《湖南省"十四五"知识产权事业发展规划》，全方位部署未来五年知识产权工作。调整省知识产权协调工作联席会议，修订工作制度，召开首次26个成员单位联络员专题会议，形成了"整体优化、边界清晰、协调高效、互动有力、高效顺畅"的工作机制与工作局面。常德、邵阳等地建立知识产权协调联席会议制度，永州推动知识产权工作纳入协调领导小组成员单位的相关政策。二是优化服务体系。省知识产权局两个中心完成事业单位改革，充实公共服务力量。持续推进综合服务体系建设，新增省知识产权综合服务分中心8家。升级改造省知识产权综合服务信息平台，集成地理标志信息查询系统、省知识产权纠纷多元化解平台和知识产权贯标认证学习平台，注册用户达到2300多个，累计访问量达到66万次。新增国家知识产权高校信息服务中心1家，技术与创新支持中心(TISC)正式运行单位1家,国家级知识产权公共服务备案网点2家。商标受理窗口业务稳定开展,全年受理各类业务19 675件。各市州设立商标品牌指导站15个,各指导站人员设备全部配置到位并实质性开展工作。三是抓好试点示范。推荐强国建设知识产权试点示范城市、县市区和园区13个,培育国家级优势、示范企业168个,省级知识产权建设强县38个。“国防专利长沙受理窗口”开通运行。四是加强队伍建设。2021年,举办商标注册使用管理和运用保护业务、知识产权综合服务能力提升、专利审查高速路项目实务、专利业务流程等培训班,培训基层工作人员1000余人。2021年全国专利代理师资格考试长沙考点报名参加人数1181人,同比增长18.03%。五是加大宣传力度。以“4·26全国知识产权宣传周”“我为群众办实事”实践活动为契机,全省广泛开展知识产权竞答赛、知识产权“五进”等系列宣传活动。

供稿:湖南省知识产权局

版权工作

一、围绕中心大局,强化产业服务

1. 举办重大活动

联合举办“2021马栏山版权保护与创新论坛”。举办湖南版权产业展、湖南优秀版权作品云展等活动,版权交易现场签约1.44亿元。

2. 积极宣传推介

以“魅力马栏山,视听新湖南”为主题,组织马栏山视频文创产业园区、中南传媒等省属重点版权企业参加第八届中国国际版权博览会,以新颖的形式呈现广播电视、图书出版,以及湘绣、陶瓷、烟花、折纸等特色领域近百件作品。湖南省版权局获评“优秀组织奖”。

3. 健全工作机制

以“为人民群众办实事”活动为契机,经广泛调研和精心辅导,在湖南省动漫游戏协会、醴陵市陶瓷产业学院新设2家湖南省版权基层工作站,有效推动版权公共服务走进重点产业。

二、强化执法监管,规范市场秩序

1. 统筹安排,周密部署

联合省公安厅、省通信管理局、省互联网信息办公室印发《湖南省打击网络侵权盗版“剑网2021”专项行动实施方案》,启动2021年打击网络侵权盗版专项整治工作。

2. 推进大案要案查办

指导查处《紧急救援》《悬崖之上》等热播影片盗录案,强化院线电影版权保护。推动岳阳、常德、益阳等地立案查处网络游戏私服案件,打击侵犯网络游戏著作权行为。湖南郴州“6·06”涉嫌侵犯著作权案、湖南益阳孙某等涉嫌侵犯网络游戏著作权案被列为国家版权局等六部门联合挂牌督办案件。

3. 查办各类侵权盗版行为

2021年巡查网站、微博、微信账号8130家,主动监管网站1569家,提请删除侵权盗版链接50条,关闭侵权盗版网站、公众号32个。出动检查人员8567人次,检查实体单位7011家次,捣毁侵权盗版窝点6个。全年查办案件119起(含刑事案件16起),涉案金额达3.37亿元。

三、强化监督检查,巩固软件正版化工作成果

1. 强化工作部署

制定印发《湖南省2021年推进使用正版软件工作计划》,明确全年工作重点和实施要求。长沙、衡阳、邵阳、岳阳、益阳等地召开推进使用正版软件工作联席会议,长沙将软件正版化工作纳入“全国版权示范城市”创建六大工程之一。

2. 加强监督检查

采取“双随机、一公开”“四不两直”的方式,对5家省直机关、3家省属国企,以及

岳阳、衡阳2市各8家市直机关进行检查，及时反馈意见并督促整改。持续开展政府机关软件正版化审计监督工作。将市州正版化工作工作纳入全省“平安”建设考核体系，提升考评实效。

3. 巩固软件正版化工作成果

2021年全省新投入采购资金58 073.96万元，采购软件168 527套。128家企业完成软件正版化检查整改。全年共检查政府机关761家次，组织专题培训60班次，2520家政府机关和企事业单位的7700余人次参训。

四、广泛调研，提升服务品质

1. 开展重点调研

先后赴马栏山园区、出版集团等单位开展调研，召开马栏山“大干100天”专题对接现场办公会，推动马栏山视听节目国际版权交易中心建设。落实《关于提高行政审批效能优化马栏山视频文创产业营商环境的若干措施》的要求，强化园区对接服务。

2. 规范作品登记

指导湖南出版物产品质量监测中心承办作品登记业务，强化监督指导，建立健全作品登记审核制度。全年实现作品登记5.99万件，同比增长625%。

3. 夯实基础工作

优化审批备案程序，办理出版外国图书合同登记338件，基本做到即来即办；办理境外委托印刷著作权人授权证明备案71件，与相关处室实行联合办理，办理周期压缩一半。

五、积极开展宣传培训，优化工作环境

1. 开展版权重大活动宣传

联系近30家中央和省市媒体，聚焦2021马栏山版权保护与创新论坛，刊发原创稿件近70篇，“学习强国”、新湖南、红网等150余家网站、平台转载转发，全网阅读流量超亿次，马栏山版权保护与创新理念引起强烈社会共鸣。

2. 精心组织开展社会宣传

部署开展“4·26世界知识产权日”版权主题宣传，建立省市联动、主管部门与行业组织协同的宣传机制，开展版权进校园、进企业、进社区活动，充分利用重点城市室外电子显示屏，滚动播出版权宣传语，推动社会宣传取得新的突破。

3. 加强版权人才队伍建设

成功举办全省版权行政执法暨全省软件正版化工作培训会、省属监管企业正版化培训班，突出实务操作，有效提升宣传培训的针对性、实效性。

4. 积极做好版权评优推荐

13家单位、29名个人（含专案组个人）获评国家版权局2020年度查处重大侵权盗版案件有功单位和有功个人。马栏山视频文创产业园获评全国版权示范园区，长沙市获批创建全国版权示范城市。

供稿：湖南省版权局

司法工作

一、不断加大知识产权司法保护力度，切实增强知识产权权利人的获得感

1. 积极贯彻严格保护的司法政策，依法提升判赔数额

在侵害中联重科颜色商标系列案中，判决各侵权人赔偿中联重科600万余元，有力打击了恶意攀附工程机械领域知名品牌商誉的侵权行为，助推先进制造业发展。在“和天下烟”诉“和天下酒”侵害商标权及不正当竞争纠纷案中，从驰名商标保护的角度，全面审查侵权行为及损害结果，判决其赔偿权利人400万元，有力打击了跨行业不正当攀附行为，及时有效地维护了权利人的企业和品牌形象。充分保护具有较大知识产权效应的工商业成果，助推地域性品牌的培育和打造，审理的“茶颜悦色”诉“茶颜观色”不正当竞争纠纷案中，认定侵权人多次使用与权利人相同或近似的店

铺装潢的行为，主观恶意明显，判赔 170 万元，充分赔偿权利人的损失。依法适用惩罚性赔偿打击恶意侵权和重复侵权等行为，审理的山东长彤生物科技发展股份有限公司诉湖南汇泽生物科技有限公司侵害商标权纠纷案中，在查明被告恶意侵权且情节严重的情况下，依据被告的违法所得适用惩罚性赔偿，有力打击破坏营商环境的不正当竞争行为。

2. 全面整合诉讼措施合力，多方位保护知识产权

主动接受省人大监督，在省人大指导下就知识产权司法保护开展专题调研，强化与行政机关、行业协会等的合作，着力解决审限长、赔偿少、措施乏力等突出问题。依法及时采取诉前和诉中行为禁令、财产保全、证据保全等措施，维护公平竞争的市场环境。积极稳妥采取诉中行为保全措施，防止损失扩大。在审理侵害知名网络综艺节目《吐槽大会》信息网络传播权和不正当竞争案中，在认定侵权可能性大、不及时制止将造成不可弥补的损害的情况下，裁定被告采取有效措施删除抖音网站中侵害《吐槽大会》视听作品信息网络传播权的视频，过滤和拦截用户上传和传播相关视频，在防止损害扩大的同时，净化了视听作品的使用和传播的市场秩序。

3. 依法保护地理标志产品，助推湖南省特色产业的发展

审理的“东江鱼”“樟树港辣椒”“炎陵黄桃”等涉及地理标志证明商标保护的案件中，通过明确地理标志的性质、保护范围、使用界限，平衡地理标志管理秩序和当地经济发展之间的关系，防止地理标志等证明商标的权利滥用，促使更多的市场主体从地理标志的培育和打造中获益。

4. 开展知识产权专项执行行动，及时兑现损害赔偿

长沙知识产权法庭连续 3 年开展涉知识产权执行专项行动，集中优势执行力量多次深入高桥大市场、南湖机电市场等知识产权侵权重点地区开展执行行动，大批案件当场执行兑现或达成执行和解，大力提升了涉知识产权案件执行质效，有效提高了司法威慑力。2021 年，长沙知识产权法庭受理知识产权执行案件 992 件，实际到位金额 2545 万余元，形成了知识产权严保护的强大声势。

二、全面提升知识产权审判质效，推动知识产权纠纷的高效和谐解决

多措并举，提升审判效率。2021 年，全省法院全面开展“知识产权审判提质提速深化年”专项行动，积极适用停止侵权的先行判决，深入推进案件繁简分流，完善系列案件要素式审判和表格式裁判文书的速裁机制，推动知识产权纠纷的高效、便捷解决。长沙知识产权法庭成立知识产权案件速裁团队，平均每个案件审限为 40 天；长沙市天心区人民法院引入公证机构提前介入案件协调，快速解决纠纷；全省法院知识产权案件平均审理较上年缩短 8 天，专项行动取得较好成效。

依托技术手段，实现司法“快保护”节奏。充分利用信息技术手段，推进商标权、著作权等案件的类型化审理，依托复合型法官人才优势，与软件公司合作研发文书生成软件，探索新型庭审方式改革，实现庭审要素式导入、自建说理库、批量文书生成，让快审案件当庭宣判成为新常态。充分利用互联网科技法庭的支持，实现简案线上询问和线上开庭，降低当事人的诉讼成本，提供更便捷的司法服务。

着力抓好在线诉调对接工作。借助人民法院“云调解”平台，加强与知识产权行政管理部门、人民调解组织、仲裁机构、行业协会的协同配合；完善知识产权在线诉调对接机制。与省知识产权局联合印发《关于开展知识产权纠纷在线诉调对接工作的意见》，郴州、岳阳等中院与当地市场监督管理局联合出台《知识产权纠纷诉调对接工作方案》，合力推动知识产权纠纷的

在线调解解决。2021 年，诉前在线委托案件 6900 余件，成功 2860 件，诉前调解成功率为 41.40%，约 1/4 的知识产权民事纠纷通过在线诉调对接模式和谐解决。

三、优化管辖布局，全面推进知识产权审判体系和审判能力现代化

进一步完善知识产权案件管辖格局，知识产权保护更为便捷。报请最高人民法院增加指定长沙市开福区人民法院受理本辖区内一审普通知识产权案件，推动案件管辖格局更为合理。长沙市开福区人民法院配齐配强领导班子，院长和分管副院长均为资深知识产权法官，并配齐配强专业审判团队审理知识产权案件。2021 年 9 月收案以来，共受理知识产权案件 2000 余件。

推动智慧法庭建设与知识产权审判深度融合，进一步优化专业知识产权法庭建设。积极推动长沙知识产法庭信息化、智能化建设，指导其充分利用计算机技术、网络技术、通信技术、视频数字化技术、人工智能、物联网、区块链、AR/VR 等新技术，在满足知识产权审判的各种功能性和安全性需求的前提下，建设信息化、数字化、智能化“三化”法庭，着力打造国家一流的专业知识产权法庭。同时，通过建设便民诉讼、智慧办公、卷宗统管、业务互联、网上网下一体诉讼服务渠道，实现法庭信息公示、便民服务、办案流程便捷高效，以智能化促进知识产权审判便利化。

打造专业人民法庭，培育知识产权诉讼“优选地”。推动设立长沙市开福区马栏山人民法庭、长沙市天心区创谷人民法庭等建设，协调地方党委政府完成审判场地和设施功能化软、硬件建设等初步规划工作，专门审理知识产权案件，实现知识产权审判专门化、管辖集中化、人员专业化。

共建司法保障协同机制，共促自贸区繁荣发展。为推动自贸区知识产权保护，长沙市知识产权法庭会商成立岳阳自贸区司法协同工作联络站，共建技术类知识产权司法保护协同机制，开展远程立案、协助送达、巡回办案、信息共享等司法协作，提升自贸片区知识产权案件质效，优化法治营商环境，促进自贸片区建设。

供稿：湖南省高级人民法院
知识产权审判庭

检察工作

一、发挥政治引领作用，加快知识产权检察专业化建设

分别从省、市、县三个层面积极推进知识产权检察专业化建设。专门成立知识产权办案团队，集中办理涉知识产权刑事案件。长沙作为首批知识产权强市建设试点示范城市，长沙市人民检察院强化政治担当，单设第九检察部，成为全国首个成立知识产权专业化办案内设机构的市级检察院。为协同推进知识产权司法改革，株洲市人民检察院配合法院知识产权集中管辖的布局，将全市所有涉知识产权刑事案件都集中到天元区人民检察院办理。2021 年，组建知识产权检察专门办案组织 33 个，专业办案人员 116 名，为湖南省知识产权检察工作提供了强有力的专业人才支撑。

二、精耕依法能动履职，全面提升知识产权综合保护质效

一是加大办案力度，依法惩治侵犯知识产权犯罪。将知识产权刑事检察工作作为检察机关参与知识产权综合性司法保护的拳头产品抓紧抓实，抓出成效。2021 年，办理知识产权领域审查逮捕案件 201 件 428 人，审查起诉案件 312 件 841 人，批准逮捕 151 件 316 人，提起公诉 171 件 432 人。聚焦人民群众反映强烈、社会舆论关注的突出问题以及新业态新领域知识产权前沿问题，办理了一批具有示范引领意义的案件。例如张某某等人侵犯三一重工商业秘密案，检察机关采取“体验式”办案方式，实地查看权利人生产涉案产品的过程和实物，向有关技术人员了解被侵权产品的研发过程，针对有关密点及同一性鉴定中侵权人提出的异议向鉴定人一一进行核实，并针对取证薄弱环节主动进行自行补充侦查，从而筑牢案件证据基础，促使被告人在检察机关严密的指控面前当庭认罪认罚。该案中，检察机关通过专业化案件专业化办理手段，有效保护了制造业龙头企业的知识产权，遏制了同类犯罪的发生，在业内起到了标杆作用。该案被最高人民检察院评为"检察机关保护知识产权典型案例"。

二是树立精准监督理念，全面提升监督质效。坚持"在办案中监督，在监督中办案"，全时全面开展侦查监督和审判监督，着力解决涉知识产权领域中的有案不移、有案不立、立案不当、以罚代刑、裁判不公等问题。2021 年，在知识产权刑事案件中共立案监督案件 10 件，追捕追诉 8 人，抗诉 2 件。例如陈某某、王某销售假冒注册商标的商品案，针对该案中是否构成"同一种商品""相同的商标"的争议焦点，在最高人民检察院的指导下，三级检察机关上下联动，精准把握案件定性，主动开展自行补充侦查，最终将一起原判无罪案件抗诉成功，该案入选湖南省知识产权强省建设十大经典案例。

三是建立健全综合履职办案模式，融合推进知识产权民事、行政、公益诉讼工作。强化知识产权领域民事、行政、公益诉讼履职，2021 年，办理知识产权民事监督案件 3 件，行政监督案件 6 件，公益诉讼案件 13 件。在办理知识产权案件过程中，同步审查是否涉行政违法、刑事追诉、民事追责等情形，从而打破刑事、民事、行政检察工作壁垒，实现最优保护效果。例如"支持湖南省消费者权益保护委员会诉 A 医药连锁有限公司、贺某林销售假冒伪劣一次性医用口罩民事公益诉讼案"，检察机关在追究违法者刑事责任的同时，通过全面支持省级以上消费者保护协会提起民事公益诉讼追究违法者的民事责任，并探索要求违法者承担三倍惩罚性赔偿金，提高其违法成本，既保障了知名企业商标权不受侵犯，又保护了消费者的合法权益，维护了疫情防控安全。

三、深化改革创新思维，持续推动知识产权保护机制建设

一是建立知识产权领域的司法行政协同保护体系。落实《关于加强行政执法与刑事司法衔接工作的意见》要求，充分利用"行政执法与刑事司法衔接工作信息共享平台"，与湖南省知识产权局实现执法信息共享和执法、司法"双向衔接"。长沙、岳阳等地主动在市场监督管理局、知识产权保护中心等单位设立检察联络办公室，通过情况通报、信息共享、线索移送、检察建议等方式，加强沟通联系，实现行政执法与检察履职的无缝对接。健全专业技术人员辅助办案机制，依托知识产权局专家人才优势，聘请专家作为技术调查官或者检察官助理，协助认定相关技术事实，必要时参与庭审，实现知识产权检察保护与专业技术审查的有机衔接和优势互补。

二是稳步推进知识产权领域涉案企业合规改革试点。探索建立侵犯知识产权案件企业合规机制，积极为侵权行为人引入专业第三方"量身定做"整改方案，助力企业合法健康发展。自 2021 年启动涉案企业合规改革试点以来，在知识产权领域对 6 件案件启动企业合规程序办理，其中 3 件 13 人已作出不起诉决定。例如"中某重工科技公司、刘某余等 5 人假冒注册商标案"，中某重工科技公司生产、销售假冒中联重科公司注册商品的塔式起重机标准节。检察机关在案件办理过程中，走访发现中某重工科技公司虽是中小微企业，但专注于起重机零部件生产，产品具有较高的质量和技术含量，具有"专精特新"的特点，且为当地解决了不少就业问题，检察机关对该案启动企业合规改革案件办理。通

过合规建设，涉案企业不仅达到整改验收标准，而且与中某重工签订配件供应合作协议，走上有序经营的轨道。该案入选最高人民检察院“检察机关保护知识产权服务保障创新驱动发展典型案例”，央视《今日说法》作了专题报道。

三是积极实践全链条检察履职办案模式。在全面推进知识产权“四大检察”综合履职的同时，努力延伸检察职能，积极探索“批捕、起诉、监督、预防”四位一体办案模式，将知识产权案件办理与犯罪预防、普法宣传等工作深度融合。湖南省人民检察院与湖南省工商联等 5 家单位联合主办“公、检、法、律、企”五方培训，通过知识产权保护专题授课，着力提升企业家知识产权保护意识。长沙市人民检察院在自贸区、马栏山文创园以及市内 10 余家商会、行业协会建立工作联系点，为 139 家民营企业提供法律咨询服务，帮助民营企业在规范管理、风险监控等方面建章立制 68 项。进一步发挥检察建议的作用，针对案件办理中发现的行政机关存在的管理漏洞和风险隐患，及时提出检察建议 11 份，行政机关采纳并整改 11 件，有力助推了社会治理体系和治理能力现代化。

四、突出强基创优导向，大力加强知识产权检察队伍建设

一是加强知识产权人才库建设。加强知识产权办案团队专业化职业化建设。将知识产权人才库建设工程与“检察官联系薄弱基层院”“导师带新人”“检察业务培训指导‘轻骑队’”等教育培训专项工作结合起来，对下级院知识产权办案团队和办案人员进行点对点指导和培养，着力加强专业人才储备。与知识产权等行政部门深度协作，聘请知识产权局专业人员兼任检察官助理，长沙、岳阳、株洲等地检察院成立知识产权专家咨询委员会，聘请 20 余名知识产权领域理论和实务专家提供相关咨询和办案辅助，为办理疑难复杂知识产权案件提供有力的智库支持。

二是加强业务培训和调研指导。组织召开全省检察机关知识产权检察工作专项调研会，就如何适应新形势新任务发展需要，提高履职能力和水平作出了具体的安排部署。组织开展知识产权检察专项评查工作以及“诉判不一”案件评查工作，对不捕、不诉、生效裁决的侵犯知识产权案件进行交叉评查，逐月对“诉判不一”的知识产权刑事犯罪案件进行审查，深度查摆梳理案件办理中存在的问题，在充分研判的基础上加强对知识产权刑事案件规范量刑工作的指导。长沙市人民检察院先后制定《知识产权领域刑事案件证据标准指引》《知识产权检察工作办案指南》《知识产权类案办案操作流程》等文件，为全市案件办理提供了规范有效的操作性规定。

供稿：湖南省人民检察院
知识产权检察办公室

广东省

知识产权工作

2021 年，深入推进知识产权强国先行示范省建设。全面加强知识产权创造质量、保护成效和运用效益，知识产权综合发展指数连续 9 年位居全国第一。“深圳—香港—广州科技集群”位居全球创新指数第二。全年主要目标任务圆满完成，实现“十四五”良好开局。广东连续两年在中央对地方知识产权保护工作检查考核中获评“优秀”等次，在全国“双打”绩效考核中位列第一档次。

2021 年，专利授权量 87.22 万件，其中，发明专利授权量 10.29 万件，均居全国首位。PCT 国际专利申请量 2.61 万件，连续 20 年保持全国第一。截至 2021 年底，有效发明专利量 43.96 万件，连续 12 年居全国第一。高价值发明专利 21.09 万件，占全国总量的 19.78%，居全国首位。截至 2021 年底，战略性产业集群发明专利有效量 26.36 万件，占全省发明专利有效量的 59.97%，占全国相同产业发明专利有效量的 16.54%。每万人口发明专利拥有量 34.89 件，每万人口高价值发明专利拥有量 16.74 件。

2021 年，商标申请量 173.85 万件，商标注册量 143.80 万件，保持全国首位，商标有效注册量 676.64 万件，连续 27 年居全国首位，每万户市场主体的平均有效商标拥有量为 4432.79 件，马德里商标国际注册申请量 1513 件。获批伦教糕、潮州手拉朱泥壶、顺德红米酒共 3 个地理标志产品，新增注册地理标志商标 16 件，累计有效注册地理标志商标 101 件，较上年增加 511.79 件；累计获批地理标志保护产品 162 个，获准使用地理标志产品专用标志企业 799 家。新会陈皮、化橘红等 6 个产品纳入中国第二批《中欧地理标志协定》互认名单，累计互认产品达 10 个。

2021 年，高价值知识产权培育工作成效显著。推进半导体与集成电路等战略性产业专利导航，新建省级高价值专利培育布局中心 40 个，累计 273 个。联合港澳知识产权管理部门举办第三届粤港澳大湾区高价值专利培育布局大赛，在第二十二届中国专利奖评选中广东获奖 326 项，其中金奖 8 项，均连续 6 年居全国首位。广东省知识产权局获最佳组织奖。评选出第七届广东专利奖 120 项和杰出发明人 10 名。

2021 年，全省市场监管部门共办理各类专利纠纷案件 6773 件，其中专利侵权纠纷 6754 件，其他专利案件 19 件；立案查处商标案件 4001 件、专利案件 378 件、商业秘密案件 14 件。依法严厉打击不以使用为目的的恶意申请、以欺骗或者其他不正当手段申请注册等恶意申请商标注册行为，核查涉嫌恶意申请、违法代理商标注册行为线索 149 条，立案查处 34 件；立案查处地理标志案件 5 件。全省 3 项行政裁决工作经验被国家知识产权局和司法部联合推介，广东入选国家知识产权局 2020 年度专利行政保护和商标行政保护十大典型案例各 1 件，入选 2020 年度全国知识产权行政保护工作案卷评查优秀案例 1 件。持续开展专利代理行业“蓝天”专项整治行动，严厉打击专利代理行业违法违规行为，排查涉嫌专利“挂证”、无资质代理等行为线索 1569 条，开出全国首张打击专利代理“挂证”罚单。进驻第 129 届、第 130 届广交会开展知识产权保护工作，处理商标、专利知识产权纠纷 303 件。已建设 13 家国家级知识产权维权援助机构、15 家省维权援助分中心、9 家市县级维权援助机构和 190 个工作站，推动知识产权保护机构能力提升及布局建设，建设维权援助服务全省“一张网”。中国中山(灯饰)知识产权快速维权中心成为全国首批开展实用新型快速预审试点工作的快速维权中心，中国(深圳)知识产权保护中心成为全国首批开展专利权评价报告预审试点工作的保护中心。

加强知识产权海外纠纷应对机制建设。新成立国家海外知识产权纠纷应对指导中心佛山分中心。国家海外知识产权纠纷应对指导中心广东、深圳和佛山分中心加强海外知识产权风险预警，为企业遭遇的海外知识产权侵权诉讼、跨境电商平台知识产权纠纷等案件提供指导服务。大力推广海外侵权责任险，中国人保财险粤港澳大湾区知识产权保险中心挂牌成立，首单海外侵权责任险赔付业务落地广州。编制《企业知识产权国际合规管理规范》。

2021 年，专利和商标质押融资金额 442 亿元，专利实施许可合同备案金额 17.27 亿元，专利转让 6.91 万次。专利受让 6.49 万次。新增获批知识产权证券化产品 32 只，发行规模逾 70 亿元，数量和金额均居全国第一。10 所高校建设知识产权运营中心。《2020 中国知识产权金融化指数报告》显示，广东位居全国知识产权金融化指数榜首；"中国商标品牌发展指数(2021)"显示，广东商标品牌发展综合水平排名全国第一。

2021 年，全面新建商标业务受理窗口 4 个，在全省设立 12 个"香港特别行政区知识产权问询点"，在省级知识产权综合服务窗口实现专利、商标、地理标志、集成电路布图设计和国防专利"一窗通办"。"广东省知识产权公共信息综合服务平台"累计集成战略性产业专利专题数据库 65 个，可提供检索浏览的全球专利数据达到 1.46 亿条，全球商标数据 7600 多万件，地理标志产品 2300 多个，集成电路布图设计 4.8 万件，供社会公众免费使用。提升知识产权公共信息服务能力。欧盟商标查询系统上线运行。2021 年全省建设世界知识产权组织(WIPO)技术与创新支持中心(TISC)6 家、高校国家知识产权信息服务中心 5 家。

截至 2021 年底，知识产权人才资源总量达 14 万人，建成 5 家国家知识产权培训基地，省内 5 所高校设立知识产权学院，知识产权专业职称评审工作全面推进，知识产权人才队伍建设成效突出。拥有专利代理机构及分支机构 1048 家、商标代理机构 13 165家，执业专利代理师 3753 人。举办世界知识产权日、中国专利周等活动，发布知识产权保护状况、十大事件及司法保护典型案例，持续营造良好的知识产权舆论环境。

供稿：广东省知识产权局

版权工作

一、完善版权保护工作制度

1. 推动《广东省版权条例》地方立法工作

与省司法厅、省人大等相关单位沟通协调，将《广东省版权条例》纳入省人大立法规划。推动立法专项调研和专家论证，完成文本起草工作，按程序报送省政府常务会议审议。省司法厅已面向社会公开征求意见。

2. 完善版权行政执法长效机制

印发《关于进一步强化版权行政执法监管工作的通知》，推动各地市完善重大案件督办、执法协作、版权十大案件评定发布、信息报送等相关制度，并对重大督办案件进行办案经费补贴。指导广东省版权保护联合会建立版权调解工作机制，化解版权侵权纠纷。

3. 建立版权纠纷便民服务工作机制

下发《关于进一步强化版权纠纷便民服务工作的通知》，要求各地市一方面畅通举报投诉渠道，在本部门官方网站公布侵权盗版举报投诉受理电话和邮箱，为打击侵权盗版违法行为提供便捷渠道；另一方面构建版权纠纷多元解决机制，在持续强化版权行政执法的基础上，进一步发挥版权基层工作站、版权协会、专业版权调解机构等版权社会服务组织作用，提高版权纠纷多元解决工作效能，完善、拓展便民服务的制度化渠道。

二、提升版权执法监管工作质效

1. 开展打击院线电影盗录传播专项行动

联合下发《关于进一步加强全省院线电影版权保护工作的通知》。专项行动期间，出动执法人员 4596 人次，检查 735 次，检查场所 1314 家次，累计巡查网站 1752 家，删除侵权链接 115 条，查办案件 7 起。累计张贴海报和播放相关宣传视频 10.2 万余次(条)。

2. 开展打击网络侵权盗版"剑网 2021"专项行动

联合省通信管理局、省公安厅、省互联网办公室等单位开展打击网络侵权盗版"剑网"专项行动。专项行动期间，查处网络侵权盗版案件 69 起，移送司法机关 7 起，删除侵权盗版链接 1021 条，将 178 家网站（平台）列为重点监管网站（平台）。在国家版权局 2020 年度查处重大侵权盗版案件有功单位、有功个人评选中，广东省获得 53 项荣誉。

3. 开展打击网络侵权盗版集中办案专项行动

联合省通信管理局、省公安厅、省互联网办公室、省文化和旅游厅、各地市版权局和文化综合执法机构等单位，组织开展打击网络侵权盗版集中办案专项行动，突破了一批大案要案，有效维护了网络版权秩序。

4. 开展专项督查考核

将版权保护工作纳入“法治广东建设”和“双打”工作考评，以版权保护为重点，根据珠三角地区和粤东西北地区版权产业发展的阶段性差异，科学设置考评指标，以考促建，推动全省各地强化侵权案件的查处工作，提升了全省版权保护工作水平。

三、巩固软件正版化工作成果

1. 及时完成省级软件正版化领导机构调整工作

按照推进使用正版软件工作部际联席会议要求，及时调整省推进使用正版软件工作联席会议总召集人、召集人、成员和联络员。

2. 建立软件正版化工作常态化推进机制

召开省推进使用正版软件工作联席会议全体会议，贯彻落实推进使用正版软件工作部际联席会议工作部署，研究推动软件正版化工作。召开 2021 年省推进使用正版软件工作联席会议全体会议。

3. 开展政府机关软件正版化工作检查

对佛山市 68 家市直单位和清远市 64 家单位进行软件正版化工作现场全覆盖检查，共检查计算机软件安装使用情况 9981 台。通过现场检查整改，进一步提升了广东省党政机关软件正版化工作水平。

4. 组织开展省国资委监管二级企业和省属重点采购单位软件正版化工作检查

对省属国有企业 50 家二级企业进行软件正版化工作全覆盖检查。对惠州市、中山市的重点采购单位进行软件正版化工作检查。

四、提升版权社会服务工作水平

1. 深入开展版权宣传工作

举办“4·26 版权宣传周”主题活动，公开发布“2020 年广东省版权十大案件”，展示打击侵权盗版的工作成果。举办第三届广东省大学生版权知识演讲大赛，推动版权知识进校园。开展新修改《著作权法》学习宣传系列工作，举办专题宣讲活动 11 场，宣传普及版权知识。

2. 积极开展版权示范创建工作

向国家版权局推荐有关单位参评全国版权示范单位、园区（基地），推动深圳市前海深港现代服务业合作区落实国家版权创新发展基地创建措施，协助国家版权局开展佛山市创建全国版权示范城市工作考核验收工作。广州欧科信息技术股份有限公司、广州漫友文化科技发展有限公司、深圳广播电影电视集团、广东蒙创致远新材料科技有限公司、中国（广州）超高清视频创新产业园区（广东省）获 2021 年全国版权示范单位和示范园区（基地）。

3. 组织参加第八届中国国际版权博览会，精心打造广东展馆

组织 55 家单位参加第八届中国国际版权博览会。广东展馆以炒锅耳屋结构布局，展出 125 件版权作品，涉及新闻出版、文化艺术、计算机软件、影视、动漫、游戏、传统手工艺品、创意设计 8 个领域，凸显“科技赋能版权保护”亮点。广东省版权局荣获“优秀组织奖”。在新华网、《光明日报》《南方日报》等 20 多家媒体刊发新闻报道 50 篇，网络浏览量 30 万余人次。

4. 有序开展作品著作权登记工作

实施省内疫情防控主题作品和医务工

作者创作作品免费登记制度。2021年，作品登记总量为33.69万件，同比增长10.8%。其中，一般作品登记量为6.69万件，同比增长4.5%；计算机软件作品登记量为27万件，同比增长12.5%。

供稿：广东省版权局

司法工作

一、公正高效审理各类知识产权案件

2021年，新收各类知识产权案件196 796件，同比增长0.37%；审结195 055件，同比增长1.06%。其中，一审案件173 637件，同比减少1.99%；二审案件21 123件，同比增长19.21%；申请再审案件1971件，同比增长73.66%；再审案件65件，同比增长20.37%。

新收一审知识产权民事案件172 145件，同比减少2.08%。其中，著作权、商标权、专利权案件分别为134 217件、20 457件、9647件，同比分别增长－8.43%、63.60%、－17.95%；技术合同、反不正当竞争案件351件、1312件，同比分别增长51.95%、36.24%；其他案件6161件，同比增长63.73%。新收二审知识产权民事案件20 817件，同比增长19.47%。其中，著作权、商标权、专利权案件分别为15 235件、2274件、823件，同比分别增长11.52%、27.32%、－23.30%；技术合同、反不正当竞争案件分别为70件、316件，同比分别增长45.83%、30.04%；其他案件2099件，同比增长241.86%。全年共审结一审知识产权民事案件171 107件，同比减少1.43%。在审结的一审案件中，有86 060件为调撤结案，调撤率为50.30%。审结二审知识产权民事案件20 070件，同比减少1.43%。在审结的二审案件中，3805件为调撤结案，调撤率为18.96%。

新收知识产权民事、刑事和行政案件分别为194 967件、1777件、52件，同比分别增长0.30%、6.86%、225%。其中，新收知识产权刑事一审案件1449件，同比增长7.17%；审结1427件，同比减少2.74%。新收知识产权行政一审案件43件，同比增长207.14%；审结31件，同比增长287.50%。

二、努力打造知识产权司法保护高地

服务保障“双区”创新发展。广州、深圳法院充分依托横琴、前海“双合作区”实验平台，在细化惩罚性赔偿制度、粤港澳交流合作等方面先行先试，率先出台一批引领性改革举措或司法案例。深圳中院“率先形成最严格的知识产权保护体系”作为深圳经济特区创新举措和经验做法，被国家发展改革委向全国推广。

加大对侵权行为惩罚力度。如在审理涉“乐高”侵害商标权纠纷案中，全额支持原告诉请3000万元赔偿。在审理国信证券公司诉国信基金公司侵害商标权及不正当竞争纠纷案中，按照侵权获利三倍判决惩罚性赔偿1000万元。“欧普”商标侵权纠纷再审案入选最高人民法院发布的全国首批六件惩罚性赔偿典型案例。

强化重大典型案件审判。审结多个重大典型案件，如在审理涉《穿越火线》游戏地图侵害著作权纠纷案中，认定游戏地图“换皮”构成侵权；在审理涉“小黄鸭”美术形象侵害著作权纠纷案中，厘清设计理念属于思想范畴不受任何人垄断；审结华佗国药公司诉省市场监督管理局行政复议决定案，体现了促进行政争议实质性解决、避免程序空转的裁判理念。

加大科技领域司法保护。全面加强对涉及信息通信、生物医药、高端设备制造、新材料新能源、植物新品种等前沿领域和高新技术纠纷案件的审判，如在审理济宁罗盒网络公司诉广州玩友网络公司侵害计算机软件著作权纠纷案件中，明确开源软件授权许可协议具有合同性质，界定使用开源软件的开源范围。

推动形成保护知识产权合力。就《广东省知识产权保护条例》《广东省中新广州

知识城条例》和“反不正当竞争法执法适用”等重点问题提出意见建议，促进行政执法标准与司法裁判标准统一。与省检察院、公安局等 11 家单位联合签署《关于强化广东知识产权协同保护合作备忘录》。广州知识产权法院与省市场监督管理局、广东知识产权保护中心共同筹建广东知识产权纠纷调解中心。全省各中级法院和基层法院积极与同级行政管理部门签订合作协议。

三、着力提升知识产权审判工作水平

加强新业态新领域调研指导。起草《关于互联网新型不正当竞争纠纷案件的审判指引》《关于互联网平台垄断民事纠纷案件的审判指引》。形成《关于知识产权民事案件适用惩罚性赔偿的审判指引(送审稿)》报送审批。开展“标准必要专利禁诉令法律问题”专项调研。全省法院陆续开展新型知识产权权益、驰名商标、虚拟财产等重点课题调研。

深化知识产权审判“三合一”改革。开展全省法院知识产权民事、刑事、行政审判“三合一”调研，形成深化改革工作方案(讨论稿)。广州市发布《关于调整广州市知识产权刑事案件管辖的规定》。广东高院经调研向最高人民法院请示，申请由广州知识产权法院管辖广州市的知识产权刑事案件，推进知识产权审判“三合一”。

着力解决保护瓶颈问题。针对司法实践中的问题，积极推进案件“繁简分流”改革，充分运用证据披露、证据妨碍排除、举证责任转移等制度规则，努力提升司法保护知识产权整体效能。广州知识产权法院制定一审外观设计专利案件速裁指引，切实提高整体审判效率；驻院调解律师增至 11 人，受理诉前调解案件 7126 件，诉前成功调解案件 1988 件，同比增长 69.91%。南沙自贸区法院制定《关于知识产权民事案件要约和解程序的适用指引》。

落实诉讼服务“一站式”要求。广州知识产权法院与各地主管部门、所在地中级法院签署共建协议，持续优化“异地诉讼服务+巡回审判+远程审判”模式，在佛山、东莞等地分别设立 4 个优秀法官工作室；全面提升网上立案、网上开庭、电子送达等工作水平，2021 年完成网上立案 12 286 件、电子送达 5928 次、送达诉讼文书 40 960 份。深圳龙华法院在全国基层法院中首创设立集审判、调解、宣传、交流于一体的知识产权司法保护中心，出台《知识产权司法保护中心运行机制》，并陆续制订配套工作规程。

健全多元化技术事实查明机制。与国家知识产权局专利局专利审查协作广东中心签订服务协议。广州知识产权法院与国家知识产权局建立专利无效优先审查机制，与广州市开发区合作建设粤港澳大湾区技术专家人才库，技术调查官参与审理案件 932 件，同比提高 16.93%。深圳知识产权法庭公开招录具有理工类专业背景的法官助理作为技术调查官，首创性地适用技术调查官全流程嵌入式协助技术类案件审判工作。

深入推进审判信息化建设。广州互联网法院打造网络著作权纠纷全要素审判“ZHI 系统”，该系统自上线以来共辅助审理案件逾 6 万件，实现简单案件审理周期下降 21.4%且结案数上升 30%的成效。目前系统已获 1 项发明专利、2 项外观设计专利，系统框架与功能为其他法院所借鉴。深圳中院加快推进区块链技术在知识产权司法审判领域的应用，首次上线并使用深圳法院区块链证据核验平台提交证据并自动核验。

加强司法交流与合作。全省法院委派资深法官积极参加上下级法院、行政机关、高等院校、事业团体等组织的知识产权业务研讨交流活动。

加强司法公开与宣传。全省各级法院围绕“4·26 世界知识产权日”主题开展系列宣传活动，连续第 12 年发布《广东法院知识产权司法保护状况》白皮书，并评选公布2020年度广东省知识产权审判十大案件。选取多个有典型意义的案件进行公开庭审网络直播，全年庭审直播观看人次超1000万。与广州知识产权法院、深圳知识产权法庭、广州互联网法院参加南方网“最严司法保护，助力湾区创新”网络访谈。

四、加强知识产权审判队伍建设

加强思想政治引领。全省法院认真学习贯彻习近平总书记“七一”重要讲话精神，深入贯彻落实十九届五中、六中全会精神，把增强“四个意识”、坚定“四个自信”、做到“两个维护”落实到知识产权审判实践中。以《习近平谈治国理政》、习近平法治思想、习近平总书记关于知识产权保护工作重要讲话精神为重点，通过“三会一课”、主题党日开展集体研讨、交流体会，彻底学懂弄通做实。

加强司法能力建设。举办全省知识产权审判业务培训班。加强常态化学习和研讨交流，全年组织集体学习、个人自学有关课程超100课时/人。1人获评“2020年度人民法院十大亮点人物”，入选中央政法委“平安之星”，荣获“全国优秀共产党员”称号，受邀赴北京参加建党100周年庆祝大会。

供稿：广东省高级人民法院
知识产权审判庭

检察工作

一、以强化案件办理为抓手，夯实知识产权检察保护根基

一是刑事追诉有力，坚决依法惩治侵犯知识产权犯罪。2021年，派员提前介入87件，批捕侵犯知识产权犯罪案件1308件2087人，件数同比上升15.5%，人数同比上升6.4%；起诉1344件2508人，件数同比上升8%，人数同比上升13.5%。通过积极参与专项行动，提前介入引导侦查，确保侵犯知识产权犯罪分子受到应有惩处，为推进知识产权严格保护提供了良好法治环境。成功办理了一批新型、疑难复杂且在全国有较大影响的案件。广州卡门实业有限公司涉嫌销售假冒注册商标的商品立案监督案入选最高人民检察院第二十六批指导性案例。

二是诉讼监督有效，提升知识产权检察覆盖面和精准度。2021年，建议行政执法机关移送案件24件28人，已移送19件23人，公安机关已立案13件17人；监督公安机关立案9件14人，纠正漏捕27人，追诉17人，防止以罚代刑。充分发挥民事诉讼监督职能，在依当事人申请监督的同时，积极运用依职权启动监督，通过再审检察建议以及提出抗诉，依法改判4件，有力维护了权利人的合法权益。

三是社会治理有为，积极利用检察建议，防范化解重大风险。2021年4月，佛山市南海区人民检察院在办理甄某某涉嫌职务侵占一案时，发现犯罪嫌疑人甄某某涉嫌假冒注册商标的犯罪事实。犯罪嫌疑人甄某某在某电缆公司担任业务员期间，私下成立公司，自行组装假冒上述电缆公司的电缆分接箱，并通过招投标向广州工程建设指挥部供货14台，导致该产品存在重大安全隐患，严重影响广州南站的动车、高铁行车、检修安全。南海区人民检察院调查核实相关情况，引导侦查取证，向广州工程建设指挥部发出排除风险检察建议书。最终此批电缆分接箱全部更换，保证了设备运行安全。检察机关通过切实履行检察监督职能，采取有效措施，确保了人民群众的人身和财产安全。

四是强化专业化建设，着力提升办案能力与水平。聚焦业务需求，开展条线培训和工作指导，加强专业化队伍建设。2021年10月，举办全省检察机关知识产权案件办理研讨班，邀请检察官、法官、律师以及专家教授授课，来自全省21个地区62名检察业务骨干参加了培训。通过加强业务培训，切实提高了知识产权检察人员的办案能力与水平。

二、以专业机制建设为重点，全面提升知识产权司法保护水平

一是推进“四检合一”机制改革，着力提升综合性司法保护水平。深圳、珠海、佛山、清远等地组建知识产权检察办公室，统筹发挥检察职能作用，整合知识产权刑事、民事、行政、公益诉讼检察职能，综合运用刑事、民事、行政、公益诉讼检察手段，为知识产权提供全方位司法保障。例如清远市人民检察院积极探索四大检察融合机制，在办理侵犯知识产权刑事案件过程中，同步开展民事、行政公益线索摸排，依法对一宗假酒案进行附带民事公益诉讼立案审查。珠海市人民检察院积极探索在知识产权领域开展民事、行政、公益诉讼检察监督工作，着力监督纠正审判执行机关、行政执法机关不严格不规范的行为，促进公正司法和严格执法，维护企业正当权益。2021年，立案审查监督上述三类案件15件，其中民事检察监督8件、行政检察监督4件、行政公益诉讼检察监督3件。

二是搭建跨部门知识产权保护协作机制，强化协同保护。2021年6月，与广东省高级人民法院、广东省公安厅、广东省市场监督管理局等11家单位共同签署《关于强化广东知识产权协同保护合作备忘录》，建立定期会商、信息通报与共享、案件协办等机制，共同构建知识产权大保护工作格局。

三是探索检察环节技术事实调查机制，提升办案质效。2021年4月，深圳市人民检察院制定出台《知识产权技术调查工作规范（试行）》，建立知识产权技术调查官和专家辅助人制度，帮助查明案件事实，辅助提升办案质效，推动深圳打造知识产权保护标杆城市。

四是积极推进知识产权刑事案件集中管辖机制改革，实现更专、更优、更强的知识产权司法保护。广州市黄埔区人民检察院集中办理除白云区外的广州市知识产权一审刑事案件的审查逮捕、审查起诉，并依法履行法律监督职责。在刑事打击的基础上，依托“黄埔知识产权保护联盟”，整合司法审判、调解仲裁、行政执法、海外维权等，打造知识产权纠纷多元化化解体系，助力打造全国最优、国际一流的营商环境新高地。

三、以产业特色和区位为依托，打造知识产权检察保护广东品牌

一是紧紧围绕粤港澳大湾区、深圳先行示范区“双区”建设，提供有力法治保障。建立健全民营企业知识产权服务保障机制。广州检察机关在民营企业建立检察工作服务站、联络站等，结合知识产权保护等方面的法律需求，采取“一对一”“点对点”的帮扶模式，量身定做法律服务套餐。积极帮助高新科技企业开展企业知识产权刑事合规建设。深圳市人民检察院制定《深圳市人民检察院企业知识产权刑事合规建设专项工作方案》，同时与深圳上市公司协会就联合开展知识产权刑事合规建设工作达成共识。广深检察联动，护航大湾区发展。2021年10月，广深两地检察院联合主办“广深检察机关打击高科技犯罪”同堂培训，强化广深“双核联动、双区驱动”。

二是积极参与综合治理，开展多种形式进企业、进社区活动。2021年3月，深圳市人民检察院到平安科技深圳有限公司举办知识产权类专题讲座；4月，龙岗区人民检察院邀请苹果、华为、荣耀、鑫鼎盛等8家知名品牌知识产权权利人及部分权利代理人召开知识产权刑事案件鉴别联席会议；6月，南山区人民检察院到中兴通讯股份有限公司，开展“知识产权刑事保护及维权”主题法律知识讲座。

三是加强保护知识产权法治宣传，提高社会知识产权保护意识。在2021年“4·26世界知识产权日”活动期间，通报2020年度广东检察机关开展知识产权司法保护工作情况、发布广东检察机关打击侵犯知识产权违法犯罪十大典型案例，以案释法，不断增强全社会尊重和保护知识产权的意识。各地级市县(区)两级检察院利用微博、微信、抖音等官方自媒体平台，不定期进行知识产权保护专题宣传。各区院也通过检察开放日、12309热线、微信，不定期宣传知识产权典型案件和知识产权案件公开听证等重点工作。

供稿：广东省人民检察院
知识产权检察办公室

广西壮族自治区

知识产权工作

一、知识产权概况

1. 专利申请及授权概况

2021年，拥有发明专利28 644件，同比增长13.83%；其中，维持年限10年以上(含10年)的有效发明专利2058件，占全区有效发明专利总量7.18%。三种专利(发明专利、实用新型专利和外观设计专利)获授权46 800件，同比增长35.80%；其中发明专利4573件，同比增长29.99%。PCT专利申请共699件；其中，2021年PCT专利申请127件。

2. 商标工作概况

2021年，累计有效注册商标38.9万件，同比增长31.54%，增速位居全国第五。其中驰名商标35件，马德里商标注册236件。获准保护的国家地理标志产品93个，获批注册的地理标志商标77件，新增陆川铁锅地理标志保护产品1个，新增钟山贡柑等地理标志证明商标5件，地理标志产业年产值达1322.82亿元。14个设区市全面实现一个窗口受理注册、变更等23项商标业务"一站式"服务。2021年广西全区15个商标受理窗口共受理商标全部申请13 433件。商标质押登记35笔，质押金额3.3亿元。累计建设商标品牌指导站50个。在世界品牌实验室发布的中国500最具价值品牌(2021)榜单上，广西玉柴股份有限公司等6个品牌进入2021年中国最具品牌价值500强，品牌价值总计1452.05亿元。横县茉莉花茶等9个地理标志上榜2021年中国地理标志品牌价值榜单100强。

3. 知识产权保护概况

强力推动《强化知识产权保护实施意见》落地见效。组织开展《广西壮族自治区专利条例》修订筹备工作，完成《广西壮族自治区专利条例》修订建议稿。编印《专利行政执法应知应会》。联合自治区高级人民法院公开向社会征集专利技术调查官，新增41名知识产权维权援助专家。成立广西首家电子商务领域知识产权维权援助工作站。积极开展知识产权"铁拳"专项行动、代理行业"蓝天"专项整治和打击商标侵权假冒专项行动。2021年，办理各类专利案件227起，其中查处假冒专利案件133件，受理专利侵权纠纷94起，调解成功5起，累计帮助当事人获得赔偿52.1万元；查处商标违法案件1353件，案件总值1783.7万元，罚没金额1644.27万元。新布局知识产权维权援助工作站10个；"企业+维权中心"联合共治新模式入选全国知识产权维权援助十大典型案例，知识产权保护社会满意度进一步提高。

4. 知识产权运用概况

完成2021年自治区本级专利资助和奖励项目拨付工作2179项，金额557.266万元；2021年办理专利质押489件，质押项目数83项，融资金额8.2057亿元。完成第一届广西专利奖评选工作，共评出广西专利奖42项，获奖专利涉及产品创造新增销售额1517.8亿元。组织推荐17项专利参评第二十三届中国专利奖，8项专利获优秀奖。举办第十一届广西发明创造成果展览交易会，现场签约金额6550万元。组织开展2021年度自治区知识产权优势企业培育单位评选工作，86家单位获评2021年度自治区知识产权优势企业培育单位。

5. 知识产权公共服务概况

加强知识产权服务机构建设。桂林电子科技大学入选“高校国家知识产权信息服务中心”，桂林电器科学研究院有限公司被世界知识产权组织确定为“第四批技术与创新支持中心（TISC）”，贺州学院入选国家知识产权公共服务网点。新增知识产权基地4家，高价值专利示范中心11家。提升知识产权管理服务水平。推进知识产权信息公共服务机构在地级市全覆盖，编制广西知识产权公共服务事项清单，明晰服务主体、服务内容和服务方式。组织开展“知识产权服务万里行”“知识产权信息公共服务机构在行动”等活动。

二、知识产权顶层设计情况

2021年，自治区党委常委会专题学习和部署知识产权工作，自治区党政主要领导和分管领导多次对知识产权工作作出指示和批示。广西知识产权战略实施工作厅际联席会议制度进一步完善。2021年9月，根据中央批复，自治区市场监督管理局加挂知识产权局牌子，实现知识产权工作向牵头抓总和统筹协调转变。出台《广西落实〈知识产权强国建设纲要（2021—2035年）〉实施方案》和《广西壮族自治区知识产权保护和运用“十四五”规划》，提出“四个聚焦、四个服务”工作思路，明确特色型知识产权强区建设目标，及时谋划RCEP知识产权总部基地和“六位一体”支撑平台。

三、知识产权机构与人才队伍

推动知识产权人才队伍建设。扎实开展第八批广西“十百千”知识产权人才遴选工作，遴选广西知识产权领军人才、中青年专家、实用人才共130人。积极开展广西知识产权培训活动。举办2021年广西市场监管系统知识产权战略实施工作业务培训班和商标业务培训班，全区各市知识产权管理部门分管领导及业务科长共150人参加培训，有效提高基层知识产权工作水平。推动知识产权培训基地建设。新增北部湾大学、南宁师范学院、广西警察学院、桂林电器科学研究院有限公司4家单位为广西知识产权培训基地。广西共建立12个自治区级知识产权培训基地，培养国家级各类知识产权人才25人、广西“十百千”知识产权人才1126人。

四、科研项目与经费投入

完成广西知识产权奖励申报系统升级改造，完成2021年度自治区本级专利资助和奖励项目申报及拨付工作。对获得国内外发明专利授权、获得各类国家和自治区知识产权示范优势试点称号的城市、县、园区、学校、企业给予奖励。2021年，知识产权奖励项目共2179项，金额557.266万元。

五、知识产权平台建设情况

推进中国—东盟知识产权大数据平台建设，实现东盟十国知识产权政策法规、知识产权大数据等信息资源集成共享；设立知识产权办事指南栏目，建立东盟十国专利、商标、地理标志、版权、工业设计、植物新品种等各类知识产权相关政府部门网上登录入口，并翻译成中文、英文版本；提供海外知识产权服务领域、地址、电话、网站等基本信息，为广西企业海外知识产权保护提供信息支持。

供稿：广西壮族自治区知识产权局

版权工作

一、严厉打击侵权盗版

印发《广西打击网络侵权盗版“剑网2021”专项行动方案》，举办广西“剑网2021”专项行动暨版权业务培训班，组织自治区各市版权管理部门、文化市场综合执法支队、公安局、网信办等相关部门以“剑网2021”专项行动为抓手，围绕版权执法工作重点，加强组织领导，压实主体责任，大力查办案件，加大版权执法监管力度，加大视听作品、网络直播、体育赛事转播、在线教育、社交平台等重点领域版权治理力度，规范线上线下版权秩序，巩固重点领域治理成果。

2021年，出动执法人员3万余人次，检查各类市场主体1.7万余家次，立案查处各类侵权盗版案件28起，其中移送司法机关刑事案件7起，捣毁侵权盗版地下窝点20个。灵山县“4.02”侵犯著作权案中捣毁地下印刷窝点18个，查缴侵权盗版出版物20万余册、印刷设备8台(套)，案值预计2500万余元，传唤涉案人员24名，其中刑事拘留7名，另已批捕2名。办结国家版权局等四部门联合挂牌督办的重大网络培训平台侵犯著作权案件1起，全部涉案人员侵犯著作权罪罪名成立，均被判处有期徒刑2年至2年6个月，并处罚金8万元至10万元。该案作为全国首例网络侵犯考试题库著作权的新型案件，具有很好的示范意义，办案经验被《中国新闻出版广电报》等媒体报道。

二、推进软件正版化工作

召开自治区推进使用正版软件工作厅际联席会议2021年全体会议，研究制定推进软件正版化工作措施，印发《2021年广西推进使用正版软件工作方案》《关于加快推进全区宣传思想文化系统企事业单位使用正版软件工作的通知》等文件。联合下发《关于开展区直单位软件采购需求统计的通知》，并协调自治区教育厅、卫健委、交通厅、发改委等有关系统主管部门，分行业推进事业单位软件正版化工作。

加大督查考核力度。将软件正版化工作纳入自治区高校落实意识形态工作责任制督查范围。将软件正版化工作列为自治区精神文明建设专项绩效考评指标，对各区直机关、各市提出要求，进一步运用好绩效考核抓手，加大工作力度。将自治区文明城市、文明单位评比，以及自治区版权示范城市、示范单位、示范基地评选，开展软件正版化工作的情况一并纳入考核衡量范围。

组织4个考核组，分头对14个设区市进行软件正版化工作2021年度考核，现场抽查市级机关210家，按照“双随机、一公开”的要求，实行检查结果通报机制，推动后进单位加强整改，确保实现年度目标。

三、积极开展版权示范创建

接力出版社、南宁峰值文化传播有限公司获评全国版权示范单位。组织开展2021年全国版权示范单位创建工作，推荐桂林电子科技大学、广西文化产业集团等5家单位申报2021年全国版权示范单位。

开展自治区版权示范创建活动，起草《广西壮族自治区版权示范城市、示范单位和示范园区(基地)管理办法》。

四、推进版权社会共治

积极应对近年来卡拉OK领域音乐作品著作权纠纷多发问题，发动社会各界力量参与版权治理，构建版权社会共治格局。一是会同自治区文旅厅研究制定相关措施，规范卡拉OK领域版权市场秩序。二是积极指导各市治理卡拉OK领域问题。经过积极协调和多轮磋商，柳州市文化娱乐行业协会与中国音像著作权集体管理协会签订音乐作品收费协议，消除纠纷多发、诉讼不断的现象，实现行政调解化解纠纷、减少司法诉讼的效果，为行业健康发展奠定坚实的基础。三是加大电影院线巡查力度，协调加大对重点版权保护预警名单作品的保护力度，严防死守春节等重要时间节点上线电影版权安全，有力维护电影市场良好秩序。

五、推进作品版权登记

推进自治区作品版权登记工作，开展网上登记。调试后的广西版权登记管理平台正式运行，可实现网上登记作品并发放版权登记证书。平台共拥有注册用户520个，完成线上作品登记1160件，发放版权登记证书706个。2021年，通过线上和线下共登记作品1499件。

六、创新形式开展版权宣传

举办广西强化知识产权保护工作新闻发布会，介绍广西2020年打击侵权盗版工作的做法、亮点及成效，重点宣传新《著作权法》的修改背景、特点和作用，发出版权宣传的权威声音。与广西广播电视台《凡事说理》《说事论理》栏目组对接，邀请专家录制解读新《著作权法》访谈节目，在“4·26全国知识产权宣传周”期间播出，节目收视率位列全国31个卫视节目第12名。邀请广西旅游推广大使担任版权公益大使，为“4·26世界知识产权日”广西版权宣传代言；制作一部3分多钟的版权宣传短片及一批相关的短视频和音频节目，在喜马拉雅FM有声读物等平台上推出；创新“版权进校园”方式，指导广西版权保护协会在南宁市民主路小学举办“版权教育，开创未来”版权宣传主题活动。协调相关部门将新《著作权法》列为2021年广西干部培训必修课，纳入普法考试范围，在广西干部网络学院、广西网上党校、广西普法考试网等平台上推出，使著作权法宣传效果长效化。

组织广西出版传媒集团、广西文化产业集团等15家单位，首次组团参加第八届中国国际版权博览会，从特色版权产业、版权示范创建、版权工作措施创新、版权宣传推广等方面展示近年来广西版权工作成果。广西壮族自治区版权局获优秀组织奖。

供稿：广西壮族自治区版权局

司法工作

一、发挥审判职能作用，全面加强知识产权司法保护力度

广西法院全年共受理知识产权民事、刑事、行政案件8524件，同比增长91.77%。受理民事案件8452件（一审7388件、二审999件、再审65件），刑事案件64件（一审51件、二审13件），行政案件8件（一审8件）。全区法院共审结知识产权民事、刑事、行政案件7403件，同比增加92.64%，其中，民事案件7347件（一审6469件、二审860件、再审18件），刑事案件52件（一审40件、二审12件），行政案件4件（一审4件）。

知识产权审判质量和效率稳步提升。知识产权审判部门继续扎实开展“尽可能一次性解决纠纷”活动，探索商业维权系列示范判决效应，促使当事人通过调解或撤诉的方式结案。全年调解或撤诉案件共计2741件，调撤率达32.15%。梧州中院知识产权案件的调撤率达76%。钦州中院主动上门调解，消除抵触情绪，促使大量KTV经营者和小商户与权利人达成一致，案结事了。建立系列案件审理情况月报告制度，搭建沟通联络渠道，确保系列案件同案同判，审判质效明显提升。

实施知识产权审判精品战略成果丰硕。长沙文和信公司诉柳州老浮桥龙虾馆擅自使用知名商品特有装潢纠纷案入选2020年度中国法院50件典型知识产权案例；供水公司滥用市场支配地位纠纷案入选人民法院反垄断和反不正当竞争十大典型案例。黄某某与西安田小果食品有限公司侵害著作权纠纷入选2021年全国法院百篇优秀裁判文书。《商业特许经营合同法定解除制度的困境与出路——以关系契约理论为视角》获全国法院第三十三届学术讨论会优秀奖。一批案件获评全区十佳百优案件。

智慧审判极大满足多元解纷司法需求。桂林中院通过各种新型电子化手段完成1/3案件数量的审理活动，高效解决纠纷。贺州中院联合市市场监督管理局等七部门联合印发《关于建立知识产权纠纷案件诉调对接的工作意见》，推动建立诉调工作协调与信息共享机制。河池中院依托人民法院调解平台，积极推动知识产权案件线上调解 85 件，占该院全年线上调解数量一半以上。

二、聚焦高质量发展，全面提升服务经济社会发展大局能力

强化精准施策，优化管辖布局，助力优化全区营商环境建设。与自治区市场监督管理局联合出台《2021 年全区优化营商环境知识产权专项实施方案》；积极推动南宁市良庆区人民法院集中管辖部分知识产权纠纷案件获最高人民法院同意批复。

强化协作联动机制建设，积极推进知识产权保护合力。一是落实《2020—2021 年强化知识产权保护实施意见推进计划》各项指标。二是加强与行政司法协同保护，及时与自治区市场监督管理局等部门及行业协会展开交流与座谈，开展涉 KTV 著作权诉源治理研究，形成司法建议书报相关职能部门。

强化壮药瑶药知识产权保护，服务中医药传承创新发展。形成《关于壮瑶医药知识产权司法保护情况的报告》上报最高人民法院，推进广西中医药守正创新、传承发展。

强化农业知识产权保护，服务全面推进乡村振兴。依法审理“三红蜜柚”植物新品种案件，注重保护“官垌鱼”等广西地方特色农产品。与广西大学农牧产业发展研究院合作开设“农业知识产权法律保护问题”课程，应邀为国家知识产权局商标局在南宁举办的规范商标注册培训班授课。

强化广西本土品牌保护，服务品牌强区建设。在涉本地多丽电器品牌侵害商标权及不正当竞争系列纠纷案中，南宁中院准确运用商标比对规则，重拳惩治商标攀附、仿冒搭车等行为；审理涉本地“荷花”味精品牌侵害商标权纠纷，考虑重复、恶意侵权因素，从高确定赔偿数额。柳州中院主动与螺蛳粉行业协会开展调研座谈，助力柳州螺蛳粉品牌保护；积极到柳州五菱柳机动力有限公司、柳州欧维姆机械股份有限公司等本地企业调研走访，助力本土汽车、机械品牌做大做强。梧州中院与相关职能部门召开六堡茶非遗传承人权益保护座谈会，助力六堡茶香越飘越浓。

持续深化知识产权审判领域司法改革。出台《关于知识产权民事诉讼中适用律师调查令的若干意见（试行）》。南宁中院在审理侵害植物新品种权纠纷中，合理分配举证责任，切实加强种业司法保护。柳州中院充分利用“三合一”审判机制，多次会同知识产权民事法官参与研讨，依法审结全国首例宣判并生效的涉网络培训平台题库侵犯著作权刑事案。

三、加强调研指导，提升知识产权审判专业化水平

立足审判实际，坚持问题导向，针对知识产权案件的规律特点以及自治区知识产权保护工作的形势和任务，总结审判经验，做好案例指导、司法调研等工作，不断提升知识产权保护效果。

调研课题稳步推进。确立调研课题《建设工程中知识产权侵权问题研究》。

调研指导实现全覆盖。对下级法院审理的需要改判和发回的案件，积极交换意见；先后在南宁、百色等地中院召开片区调研座谈会。

统一案件裁判标准。印发《2021 年广西壮族自治区高级人民法院民三庭第 6 次专业法官会议典型案例》，公布示范判决，促进同案同判；制定《侵犯商业秘密民事纠纷案件审理指引》，推进全区商业秘密类案件裁判标准统一。

四、深化司法公开，营造知识产权保护良好氛围

加大司法公开力度。通过《中国审判》《广西法治日报》以及官方微信公众号等主动公开大要案，并进行同步网上直播，主动公开生效裁判文书。

全区各级法院积极开展“4·26全国知识产权宣传周”活动。发布《2020年广西法院知识产权司法保护状况白皮书》并召开新闻发布会。北海中院、玉林中院主动与相关行政部门召开座谈会，进一步加强与行政机关的沟通机制，形成司法行政保护合力。贵港中院通过组织“模拟法庭”活动、摆放宣传板报、入户讲解等方式向群众及中小企业普及相关知识。

积极开展送法进企业活动。与南宁市两级法院相继深入行业协会、企业等走访座谈，听取企业法律需求，有的放矢帮助企业解决潜在知识产权保护风险。柳州中院积极开展知识产权保护宣传活动4场，服务企业10余家，群众100余人，接受媒体访谈1次，宣传典型案例3件。

主动接受监督。积极向自治区人大反馈全区法院知识产权审判的落实情况及工作计划。南宁中院完成的《关于知识产权审判工作情况的报告》在南宁市第十四届人大常委会第三十六次会议上审议通过。

五、提高政治业务素质，打造过硬知识产权审判队伍

加强政治建设。始终坚持以习近平新时代中国特色社会主义思想武装头脑、指导工作，切实把增强“四个意识”、坚定“四个自信”、做到“两个维护”落实到知识产权审判当中。积极开展主题党日活动，大力开展学习教育，主动整治顽瘴痼疾，不断深化“我为群众办实事”“我为基层解难题”实践活动。

加强业务建设。全区法院知识产权审判部门干警积极参加“人民法院大讲堂”、最高人民法院第一巡回法庭“法律文化讲堂”等学习研讨活动，加强对新修订法律法规、司法解释和政策的学习，切实提升专业素质。

加强作风建设。全区法院深入学习十九届中央纪委五次全会精神，强化纪律规矩教育，坚决清除流毒，严格落实防止干预司法“三个规定”等铁规禁令。

供稿：广西壮族自治区
高级人民法院民三庭

检察工作

一、自觉提高政治站位，统筹部署开展知识产权检察工作

立足于服务大局发展和保障创新驱动发展，统筹开展知识产权检察工作，全力提升知识产权检察工作质效。广西壮族自治区人民检察院党组专题研究知识产权检察工作，办公室独立印发《广西知识产权检察工作要点》，成立广西壮族自治区人民检察院办理知识产权案件指导组，积极探索开展知识产权刑事、民事、行政检察集中统一履行试点工作，落实侵犯知识产权刑事案件权利人诉讼权利义务告知工作，提升知识产权综合性司法保护的整体效能。

二、充分发挥检察职能作用，严厉打击侵犯知识产权犯罪

2021年，受理侵犯知识产权犯罪案件83件181人，批准逮捕47件94人，不批准逮捕36件88人。受理审查起诉侵犯知识产权犯罪案件54件103人，起诉41件84人，不起诉7件11人。监督公安机关立案侵犯知识产权案件3件3人。结合“4·26世界知识产权日”召开新闻发布会，发布典型案例，加强对重大敏感案件的督办指导。其中，指导柳州市两级检察院成功办理“温某等人侵犯著作权案”，该案系全国首例宣判并生效的涉网上培训平台题库侵犯著作权刑事案件；指导和挂牌督办的灵山县检察院办理的邓某某销售侵权复制品案入选全国“扫黄打非”办公室“护苗2021”专项行动第二批典型案例。

三、依法严厉打击农资犯罪

始终保持对假冒伪劣农资犯罪的严打高压态势，联合自治区农业农村厅等多个

部门开展“食用农产品‘治违禁 控药残 促提升’三年行动”，聚焦种子、农药、化肥等农业生产急需必备的物资，依法严厉打击制售假冒伪劣农资犯罪行为，结合办案指导各地检察机关开展“以案释法、以案讲法”法治宣传活动，助力农业现代化和乡村振兴。

四、主动服务经济发展，加强企业司法保护力度

对照《广西营造更好发展环境支持民营企业改革发展实施方案》，巩固深化联合工商联开展的“服务民营企业十百千万专项行动”成效，充分运用、推动好“入选全国工商联法律维权创新十大典型案例”的成果转化，进一步强化营商护商意识，与广西壮族自治区工商联联合设立服务民营企业工作站，每季度开展一次助力民营企业高质量发展法律咨询活动。2021 年 7 月，联合自治区工商联、国资委、市场监督管理局开展“保知识产权 护企业发展”专项活动，多次主动走进商会和企业开展服务，把“我为群众办实事”做深做实，成效显著。全区 45 个检察院与工商联、重点民营企业建立沟通联系机制，贺州市人民检察院在全市 168 家民营企业挂牌设立检察官工作联络室。

五、加强法治宣传，积极参与社会综合治理

结合办案工作，积极履行“谁办案谁普法”职责，通过开展法治宣传、发布典型案例等方式，加大释法说理力度，引导企业经营者诚信经营，不断提升社会公众知识产权意识，为人民群众提供安全、放心的消费环境。例如，全州县人民检察院 2021 年 5 月联合县工业和信息化局开展下基层“访民情、解民忧”活动，走访全州县糖业烟酒有限公司、全州县食品有限公司等企业，组织召开座谈会，从宣讲典型案例、防范法律风险及保障食品安全等方面，为企业提供优质法律服务，推动法律保护关口进一步前移，保障企业稳健发展和群众食品安全。

供稿：广西壮族自治区人民检察院
知识产权检察办公室

海南省

知识产权工作

2021 年，专利授权量 13 632 件，同比增长 58.92%。其中，发明专利 954 件，同比增长 32.32%；实用新型专利 11 561 件，同比增长 64.52%；外观设计 1117 件，同比增长 34.58%；有效发明 5005 件，同比增长 17.10%；PCT 国际专利申请 396 件，同比增长近 8.4 倍。每万人口有效发明专利拥有量 5.0 件。

2021 年，受理商标注册申请 70 885 件，注册 38 277 件，分别同比增长 59.91%、62.92%。全省累计注册商标 160 278 件。全省共有地理标志保护产品 12 件，地理标志商标 94 件，98 家专用标志用标主体。2021 年，全省新增地理标志产品 8 个；新申请地理标志产品 20 个，是上年的 4 倍；新增 63 家专用标志市场主体，占历年来总数的 64.2%。

2021 年，知识产权质押融资额 25.98 亿元。其中专利质押融资 9.18 亿元，商标质押融资 16.8 亿元。全省商标、专利和地理标志案件立案 705 件，结案 656 件，罚没款 241.41 万元。

一、知识产权管理顶层设计

海南成立海南省知识产权协调领导小组，年内召开 5 次会议，推动全省知识产权保护和管理工作。海南省第六届人大常委会第三十一次会议审议通过《海南自由贸易港知识产权保护条例》，自 2022 年 1 月 1 日起施行。

二、知识产权“十四五”规划

2021 年 5 月 27 日，海南省政府办公厅印发《海南省“十四五”市场监管规划》。其中，知识产权专篇设立 4 个知识产权指标，即到“十四五”末，每万人口有效发明专利拥有量达 6.2 件，有效商标注册量 20 万件，PCT 国际专利申请量达 150 件，地理标志商标 184 件。通过“海南省重点商标保护名录保障平台工程”“实施专利量质提升促进工程”“实施商标品牌战略工程”“实施专利导航试点工程”“知识产权公共服务平台建设工程”五大工程，推动“十四五”时期知识产权工作。

三、知识产权运用和服务

与中国人民财产保险股份有限公司海南省分公司签署《知识产权保险战略合作协议》；与中国银行股份有限公司海南省分行签署《战略合作协议》，探索知识产权保险新途径。发布《关于第三届海南省专利奖授奖的决定》，授予“高光学纯度反式一右旋奥沙利铂冻干粉针剂及其制备方法”等 4 项发明专利为第三届海南省专利金奖，“清热利湿颗粒的制备方法”等 8 项发明专利为第三届海南省专利优秀奖。联合海南银保监局、海南省发展和改革委员会，举办知识产权质押融资“入园惠企”行动暨知识产权融资产品推介会，11 家金融机构和参会企业进行供需现场对接。7 月 29 日，全省首笔“海知贷”业务在中国银行海南省分行成功获批。加大知识产权资金投入，完成 2021 年海南省高新技术产业发展知识产权专项资金申报工作，拨付专项资金 1020.26 万元，资助（补助、奖励）知识产权项目 1619 件。

海南发行知识产权证券化第二单。中信证券一爱奇艺知识产权供应链金融资产支持专项计划 3 期在上海证券交易所成功发行，发行规模 5.7 亿元。

地理标志运用促进。修订印发《海南省地理标志保护产品专用标志使用核准工作规范》，压缩审批时限至 1 个工作日，同时减少审批层级，明确了市县—省局两级核准，实现审批时限为全国最短。省人民政府办公厅印发《海南省地理标志运用促进工程三年行动方案（2021—2023 年）》。海南省知识产权协调领导小组办公室印发《〈海南省地理标志运用促进工程三年行动方案（2021—2023 年）〉目标任务分解表的通知》，从地理标志挖掘、培育、运用、促进、管理、保护到保障机制，全链条闭环式对全省地理标志运用促进工作进行部署。

商标品牌战略实施。“琼中女足”商标注册获国家知识产权局核准。积极与琼中县共商商品牌保护路径，指导琼中县政府授权琼中女足管理中心向国家知识产权局商标局提交“琼中女足+英文+图形”商标注册申请。2021 年，指导完成“海南自由贸易港”“海南热带雨林国家公园”等特色商标申请，均已获准注册。

平台建设与服务。2021 年，整合国家知识产权公共服务网、海南省知识产权远程教育平台、知识产权贯标认证学习平台等资源，提升海南省知识产权综合服务平台功能；上线运行知识产权专项资金申报系统、海南专利奖申报系统、中国专利奖申报系统和地理标志管理申报系统，为社会公众提供教育培训、数据查询、公共服务、维权保护等便利化服务。

知识产权宣传普及。2021 年，组织全省各市县知识产权管理部门开展“4·26 全国知识产权宣传周”活动。举办首届海南青少年知识产权宣传创意设计大赛，组织媒体广泛宣传，开展知识产权进校园及举办知识产权论坛等活动，张贴发放宣传海报 4800 份；征集知识产权宣传创意设计大赛有效参赛作品 1051 件，参与学生 3600 余人；举办线上线下讲座培训 21 场，参加人数约 8060 人。

四、知识产权保护

知识产权监督执法。2021 年，开展“蓝天”“迅雷”“铁拳”等专项行动，严厉打击知识产权领域违法行为。入驻首届中国国际消费品博览会现场，提供快速专利、商标等检索，开展纠纷处置工作，处理知识产权纠纷及巡查线索 31 件。与省市场监督管理局、海口海关配合，联合查处跨境电商假冒“阿玛尼”注册商标手表案，查获涉嫌商标侵权手表 2181 只(块)，金额 291.7 万元。组织全省集中开展非正常专利申请和打击商标恶意抢注行为专项行动，核查国家知识产权局转来 4 批次非正常专利申请线索 1740 件。对武汉某投资管理有限公司注册的“七仙岭”等 42 件注册商标宣告无效，有效保护了海南省特色商标资源。

知识产权信用分类监管。印发《海南省专利代理行业信用管理办法(试行)》，对专利代理机构信用等级进行分类，向市场监管总局报送严重违法失信名单案件信息和拟列入严重违法失信名单案件线索信息。

国家地理标志产品保护示范区建设。海南澄迈入选国家知识产权局 2021 年国家地理标志产品保护示范区筹建名单，印发《海南省地理标志产品保护示范区建设管理办法(试行)》；琼中绿橙、屯昌黑猪、大坡胡椒、澄迈苦丁茶、福山咖啡、澄迈福橙、澄迈桥头地瓜 7 个地理标志被国家知识产权局确定为第一批地理标志运用促进重点联系指导名录。

三亚崖州湾科技城知识产权特区建设。省政府办公厅印发《三亚崖州湾知识产权特区建设方案(2021—2025)》，聚焦南繁种业、深海科技等领域强化知识产权保护和运用制度集成创新，提出 23 项建设任务。设立自贸港知识产权法院巡回法庭、公共法律服务中心、三亚崖州湾科技城仲裁/调解中心、中国农业科学院南繁育种研究中心和农业农村部科技发展中心—分子检测实验室，建成中国(三亚)知识产权保护中心。三亚崖州湾科技城管理局牵头成立海外知识产权保护联盟，聚焦高端海外知识产权维权服务资源，提供针对性服务。

五、知识产权“放管服”改革

2021 年 7 月 2 日，印发《关于深化知识产权领域“放管服”改革优化创新环境和营商环境的实施意见》，提出 13 条措施，促进知识产权领域“放管服”改革在海南落地见效，海南省成为全国首个出台该实施意见的省份。海南商标受理窗口从省政务服务中心迁与海口专利代办处合并办公，实现“一窗通办”。国家知识产权局第 433 号公告批准设立国家知识产权局商标业务儋州受理窗口，在三亚、琼海商标受理窗口开通商标专用权质押登记业务。推荐海南大学成功入选全国第三批高校国家知识产权信息服务网点；认定三亚崖州湾科技城管理局为省级知识产权信息公共服务网点，并推荐向国家知识产权局备案。三亚崖州湾科技城管理局获批国家知识产权信息公共服务网点。

供稿：海南省知识产权局

版权工作

一、有效推进软件正版化工作

1. 工作成效

国家机关软件正版化工作成果持续巩固。截至 2021 年底，海南省各级国家机关持有正版操作系统软件 8.39 万套、办公软件 8.42 万套、杀毒软件 7.88 万套，实现正版软件全覆盖。国有企业软件正版化工作加快推进。在完成省属二级国有企业检查基础上，对省属三级及以下国有企业开展软件正版化工作督查。制定印发市县直属国有企业软件正版化工作计划，启动市县直属国有企业软件正版化工作。省属国有企业采购操作系统 1808 套、办公软件 7627 套、工业设计软件 83 套，实现通用正版软件全覆盖、工业设计软件逐步正版化。金融机构软件正版化工作进展顺利。一是银行业保险业法人机构软件正版化工作全面完成。截至2021年底,辖区内银行业保险业法人机构共44家,完成软件正版化工作43家。各机构共采购操作系统226套、办公软件5110套、杀毒软件183套、其他软件184套,投入采购经费724.86万元、升级及维护经费43.11万元。二是证券期货机构软件正版化工作进展顺利。截至2021年底,辖区内期货证券机构共采购操作系统300套、办公软件29套、杀毒软件1500套,投入采购经费127.49万元、升级及维护经费28.77万元。行业单位软件正版化工作推进有序。印发全省教育和卫生健康行业推进使用正版软件工作三年行动计划(2022—2024年),深入推进新闻出版、广电、旅游、勘察设计行业单位软件正版化工作。截至2021年底,省属经营性国有文化单位(新闻出版广电行业单位)共14家,累计完成软件正版化12家;省属国有旅游文化事业单位共16家,累计完成6家;省属勘察设计行业企事业单位共2家,累计完成2家;6家省属教育行业单位全面完成软件正版化工作。事业单位软件正版化工作初显成效。截至2021年底,248家省直事业单位中有110家已完成软件正版化工作,完成率44.35%。

2. 工作措施

发挥体制机制优势,做好部署统筹。召开省使用正版软件工作厅际联席会议第六次全体会议,审定印发2021年海南省推进使用正版软件工作计划,并督促各市县、各单位抓好落实。增加省发改委、省政府政务服务中心(省公共资源交易中心)为厅际联席会议成员单位。通过厅际联席会议部署统筹,协调推进国有企业、重点行业、民营企业等领域使用正版软件工作。持续开展督查考核,促使整改提升。完成全省国家机关使用正版软件工作督查考核,抽查国家机关300多家次、检查计算机1.5万台次,印发问题整改通知单近200份,向各市县、各单位印发督查考核结果通报。组织开展省属国有企业软件正版化督查检查,共检查计算机约2000台次。对2020年软件正版化督查存在问题的省属经营性国有文化单位开展“回头看”,检查海南广播电视总台等4家单位,并督促整改。广泛开展宣传培训,营造良好氛围。举办2021年海南省国家机关使用正版软件工作培训会议,2021年海南省市县国有企业暨全省能源、交通行业单位使用正版软件工作培训班,培训人数300余人次。进一步加强审查指导,规范采购安装。推行新购计算机软硬件备案管理,对各单位采购软硬件是否违规进行监督。与省公共资源中心加强沟通合作,对海南省政府采购网上商城上架软件的版权状况和各单位采购软硬件情况予以掌握了解,加强日常工作指导。推进集中联合采购,加快工作进度。2021年,省财政拨款300万元为省、市、县(区)三级国家机关集中购置金山WPS办公软件(场地授权),实现全省县(区)以上各级国家机关办公软件授权全覆盖。

二、严厉打击侵权盗版行为

开展出版物市场专项整治,深化网络版权治理,全力查处侵权盗版案件,取得明显成效。2021年,立案查处侵权盗版案件12件,同比增长500%。

组织开展海南省打击网络侵权盗版“剑网2021”专项行动。专项行动期间,出动执法人员3603人次,巡查互联网企业1013家次、影院296家次、电商平台10家次、社交平台公众号(个人账号)552个次、KTV 102家次、网吧152家次、教育(在线教育)机构52家次、实体书店(印刷企业)190家次,发现微信号“yulj2012”、“昊伦影视”网、晚风影咖民宿等一批案件和线索。举办2021年海南省版权执法骨干培训暨“剑网2021”专项行动总结会。邀请业务专家讲授办理网络侵权案件的技巧和手段,对全省开展“剑网2021”专项行动情况进行总结分析,就各市县在版权执法过程中存在的问题提出解决办法和指导意见。

三、大力开展版权宣传

省委宣传部（省版权局）与省知识产权局、团省委联合举办海南青少年知识产权宣传创意设计大赛，共征集有效参赛作品1051件，参与学生总数3600余人，评出获奖作品48件、优秀组织单位5家。转发《国家版权局关于做好2021年全国知识产权宣传周版权宣传活动的通知》，并制定标语口号，指导市县结合本地实际，配合知识产权部门做好知识产权宣传周版权宣传活动。举办新修改《著作权法》专题辅导学习会。省委宣传部举办新修改的《著作权法》专题辅导学习会，邀请海南大学法学教授为机关干部职工做专题辅导，参会人数近200人。

四、积极做好版权社会服务工作

2021年，登记各类作品334件，审核备案涉外版权贸易合同133个，引进网络游戏版权2种、图书版权63种，输出图书版权24种。拟订《海南省版权示范单位和示范园区（基地）管理办法》，并呈省功勋荣誉表彰奖励工作协调小组办公室审批。授权海南国际知识产权交易中心受理作品自愿登记业务，在该交易中心设立作品自愿登记信息采集工作点。

供稿：海南省版权局

司法工作

一、案件情况

2021年，受理知识产权一审案件2014件、二审案件280件，共受理2294件，结案2013件，结案率为87.75%，上诉率6.63%，服判息诉率高，取得良好的法律和社会效果。受理的技术类案件涉及种业、可降解环保塑料、锂电池专利等，与现代产业密切相关。

二、知识产权司法保护工作主要举措

1. 以服务自贸港建设大局为目标，努力提升知识产权司法服务和保障水平

主动靠前服务，服务保障现代产业体系高质量发展。一是以全省11个重点园区为抓手，通过“就近服务、定期咨询、专场培训、诉调对接、强化保护”的职能定位，围绕国家重点战略实施和创新驱动发展，积极主动为重大功能平台的推进建设提供司法服务和保障。挂牌成立三亚崖州湾科技城、海南生态软件园、文昌国际航天城司法保护联系点。揭牌成立知识产权法院三亚崖州湾特区审判庭。二是加强植物新品种调研，加大植物新品种司法保护力度。与海南自贸港知识产权法院联合起草《人民法院知识产权司法保护种质资源研究（海南）基地调研报告》，依托海南自贸港知识产权法院申请设立“人民法院知识产权司法保护种质资源研究（海南）基地”，支持国家“南繁硅谷”种业基地建设。三是主动为首届中国国际消费品博览会（以下简称消博会）提供高效优质的司法服务。完成《关于首届中国国际消费品博览会知识产权保护风险提示的建议》。与海南自贸港知识产权法院联合在首届消博会上通过设立展会司法服务联络点、诉调对接指导站，为消博会提供优质高效的司法服务。

推进知识产权协同保护机制建设，融入知识产权保护全链条、大保护工作格局。与市场监督管理局、公检法司、商事调解中心等单位共同签署海口市、三亚市的知识产权协同保护框架协议，着力构建知识产权司法审判、商事仲裁、多元调解、法律服务、行业自律“五位一体”的知识产权大保护格局。积极参与构建一体化知识产权保护机制，打造综合性的知识产权保护中心的制度集成创新工作，重点在海口国家高新区、三亚崖州湾科技城形成“一南一北”“两翼齐飞”的布局。

2. 以勇于担当、锐意进取为己任，深入推进知识产权审判体制机制领域各项改革举措

推进知识产权民事、行政、刑事“三合一”审判机制改革，打造海南样板。一是率先推进知识产权刑事案件管辖，出台《关于

知识产权刑事案件指定管辖的意见》，建立沟通协调机制。二是积极探索符合技术类知识产权案件审判规律的审理规则和裁判方式，完善以技术调查官制度为基础，以技术咨询、专家陪审、专家辅助、技术鉴定为重要组成部分的多元化技术事实查明机制，聘任4名专家学者为海南自贸港知识产权法院首批技术调查官。在“4·26世界知识产权日”，海南自贸港知识产权法院第一案原告湖南亚华种业科学研究院与被告张某侵害植物新品种权纠纷案公开开庭，首次引入技术调查官查明技术事实。三是推进知识产权民事、刑事、行政“三合一”审判机制改革落到实处，受理涉反垄断纠纷行政案件，“三合一”改革初见成效。

推动建立知识产权案件类案快审机制。与海南自贸港知识产权法院到海口琼山法院、三亚城郊法院调研，指导海南自贸港知识产权法院试点简案快审机制，推动和规范知识产权案件繁简分流、先行调解、快审等工作，建立知识产权类型化案件快审机制，做到简案快审、繁案精审。

探索建立知识产权领域严重失信主体黑名单制度。建立市场监管领域跨部门协同监管和联合惩戒机制，营造良好市场信用环境。海南自贸港知识产权法院与海口市市场监督管理局等单位协商，会签《海口市关于对海南知识产权（专利）领域严重失信主体开展联合惩戒的合作备忘录》。

召开植物新品种知识产权保护座谈会，推动建立联合沟通处置机制。向省政府报送《海南法院关于开展植物新品种等知识产权保护工作情况的报告》。与省公安厅、省司法厅等11家单位联合召开植物新品种知识产权保护座谈会，进一步推进协同保护，建立联合沟通处置机制。

3. 开展“查堵点 破难题 促发展”活动

通过深入知识产权职能部门、知识产权服务机构、重点园区、特色农产品龙头企业等单位调研，查找并帮助解决堵点问题3件。针对多元解纷的堵点问题，深入推进知识产权多元解纷机制。采取诉前委派调解与诉中委托调解相结合，线上调解与线下调解相结合的方式化解知识产权纠纷，鼓励和支持符合条件的知识产权调解组织或调解员入驻知识产权法院调解平台，促进多元解纷质效的提升。主动与世界知识产权组织仲裁与调解上海中心对接，商谈委托调解海南省受理的涉外知识产权案件以及人员交流、培训等方面合作事宜，探索引进国际专家参与多元化解，提升海南法院化解知识产权纠纷的国际影响力。与3家知识产权调解组织签订诉调对接协议，8名调解员入驻法院调解平台，委托调解组织调解一审案件18件，调解成功11件，调解成功率为61.11%，多元解纷效果凸显。

4. 展现司法保护新形象，强化司法宣传工作

依托各类中英文媒体平台，通过以案说法、组织研讨会和发布中英文知识产权保护白皮书等举措，传播知识产权保护知识，讲好知识产权法院故事。利用“4·26全国知识产权宣传周”、服务保障消博会等节点，加大知识产权审判工作的宣传力度，扩大国内国际影响力。2021年，最高人民法院、《人民法院报》、省高院等微信新媒体刊（转）发相关报道80余篇次。接待美国驻广州总领事馆来访，充分展示海南法院开放的姿态和平等保护的良好形象。

5. 加强队伍素能建设，着力提升知识产权案件审判能力

一是坚持把人才队伍建设摆在第一突出位置，选准用好干部。从全省法院对口岗位抽调政治过硬、能力过硬、实绩突出、勇于担当的25名优秀年轻干部，夯实知识产权法院队伍基础。二是按照习近平总书记提出的“七种能力”要求，推行法官办案、研究、服务“三合一”，着力培养熟练应用外语、精通国际知识产权规则、具有国际视野的涉外法治综合人才，筑牢知识产权法院健康发展根基。完成海南新兴产业知识产权司法保护调研学术论文5篇。三是探索和拓宽干警培养交流渠道，选派三批共8名优秀干部到最高人民法院知识产权法庭挂职锻炼，参与“知产英才”培养计划；组织开展三期国际化审判团队培训班和2021年全省法院涉外、海事海商和知识产权培训班；参加省内外知识产权审判前沿问题论坛10余人次，精心培养和储备知识产权司法保护人才。

三、出台知识产权司法保护文件

与省检察院、省公安厅联合印发《关于知识产权刑事案件指定管辖若干问题的意见》；出台《海南省高级人民法院关于全面加强知识产权司法保护工作的意见》；出台《关于海南自由贸易港知识产权法院案件管辖衔接若干问题的意见》。

供稿：海南省高级人民法院
知识产权审判庭

检察工作

一、组建知识产权检察专门机构

2021年4月，出台《海南省检察机关开展知识产权检察职能集中统一履行试点工作方案》，确定海南省人民检察院、海南省人民检察院第一分院、海口市琼山区人民检察院、三亚市城郊人民检察院为试点单位；明确试点事项为整合知识产权刑事、民事、行政检察职能。海南省人民检察院、海南省人民检察院第一分院成立了知识产权检察办公室；海口市琼山区人民检察院、三亚市城郊人民检察院组建知识产权综合办案组，均配备具有刑事、民事、行政检察办案经验以及知识产权专业知识的检察骨干，集中统一履行知识产权检察职能。

二、率先实现跨地区集中管辖

2021年8月，与海南省高级人民法院、海南省公安厅会签《关于知识产权刑事案件指定管辖若干问题的意见》，以指定管辖的方式，规定由海口市琼山区人民检察院管辖包括海口在内的琼北12个市县知识产权刑事一审案件；由三亚市城郊人民检察院管辖包括三亚市在内的琼南8个市县知识产权刑事一审案件；由海南省人民检察院第一分院对应海南自由贸易港知识产权法院，对其审理的一审知识产权刑事案件提起公诉，并履行相应的上诉、抗诉检察职能。同时，海口市琼山区人民检察院、三亚市城郊人民检察院、海南省人民检察院第一分院，分别对海口市琼山区人民法院、三亚市城郊人民法院、海南自由贸易港知识产权法院的知识产权民事行政审判、执行活动实行法律监督，在全省实现了试点工作全覆盖，率先实现知识产权案件实行跨地区集中管辖。通过变“一院管一地”为“一院管多地”，进一步统一办案标准、提升办案专业化水平，解决刑事、民事、行政案件相互交叉时管辖分离的弊端。

三、凝聚行政刑事保护合力

2021年10月，海南省人民检察院牵头与省旅游文化广电体育厅、省农业农村厅、省公安厅、省市场监督管理局、省林业局、省知识产权局、省版权局、海口海关等8个部门会签《海南省知识产权行政执法与刑事司法衔接实施意见》，明确了知识产权行政执法机关、公安机关、检察机关之间的工作职责以及案件移送机制、协助配合机制和监督制约机制等工作程序。海南省人民检察院第一分院、海口市琼山区人民检察院与海南自由贸易港知识产权法院等13个部门会签《海口市知识产权快速协同保护框架协议》，海口市琼山区人民检察院与海口市市场监督管理局等6个部门会签《知识产权行政执法与刑事司法衔接工作办法（试行）》，三亚市城郊人民检察院与琼南8个市县知识产权保护职能部门分批次会签《知识产权行政执法与刑事司法衔接工作细则》，通过整合知识产权行政执法和司法资源，共同打击侵犯知识产权违法犯罪行为，形成依法打击、全面打击、及时打击的合力。

四、实现知识产权民事检察监督案件“零突破”

在严厉打击侵犯知识产权刑事犯罪的同时，注重对知识产权民事、行政案件的监督，通过依法监督知识产权民事、行政生效裁判、依法监督人民法院审判程序和执行活动，维护司法公正，维护当事人合法权益，提升知识产权检察综合保护的整体效能。2021 年 12 月，海南省检察机关就个案执行违法及类案执行违法问题发出 2 份知识产权民事执行监督检察建议书，被建议的单位完全采纳并复函采取措施予以整改纠正。

五、服务自贸港科技园区建设

2021 年 11 月，三亚市检察机关知识产权保护中心在三亚崖州湾科技城正式挂牌成立。三亚崖州湾科技城全力推进国际种业、深海科技、大学城产学研等产业，对知识产权司法保护服务需求不断提升。三亚市检察机关知识产权保护中心立足检察职能，探索建立与知识产权民事、刑事、行政案件“三合一”审判机制改革相对应的检察监督工作机制，切实发挥窗口作用，积极开展线索举报投诉、法律咨询、普法宣传等，充分发挥检察职能作用，为园区提供知识产权司法保护服务，强化企业知识产权司法服务精准供给，服务创新发展和营商环境建设。

六、加大案件办理力度

2021 年，海南省检察机关批准逮捕侵犯知识产权犯罪 16 件 26 人，同比分别上升 220%和 13%，起诉侵犯知识产权犯罪 16 件 32 人，同比分别上升 433.3%和 190.9%，办结知识产权民事检察监督案件 2 件。一是突出上下联动，强化业务指导。明确每件知识产权刑事案件由海南省人民检察院或海南省人民检察院第一分院确定一名检察官“点对点”进行具体指导，及时提出证据审查、案件定性、法律适用方面的意见建议，引导每一件案件办精、办实，提升办案质效，做到精准监督。海南省人民检察院第一分院制定《知识产权刑事案件备案审查工作办法》，便于海南省人民检察院和海南省人民检察院第一分院及时充分掌握全省涉知识产权案件的受案情况、涉案重点领域及办案情况。二是加大知识产权刑事案件提前介入力度。各试点院在收到公安机关提前介入邀请，或者批准逮捕侵犯知识产权犯罪后，及时提前介入，努力实现知识产权刑事案件提前介入全覆盖。

七、积极融入知识产权大保护工作格局

通过检察建议积极参与知识产权领域社会综合治理。2021 年 8 月，白沙黎族自治县人民检察院发现辖区内“桔荣益禾堂”“益木堂”等冷饮店涉嫌侵犯“益禾堂”冷饮店的注册商标专用权，白沙黎族自治县市场监督管理局作为市场规范经营的主管部门怠于履职，遂向该局发出检察建议书，督促其对涉嫌侵犯商标权的店铺进行监管、对可能涉及侵权的店铺进行排查，加大知识产权保护工作，县市场监督管理局回函并对以上企业作出行政处罚决定。

八、广泛开展知识产权宣传活动

一是送法进企业，保护本地特色产业。2021 年 4 月，海口市琼山区人民检察院以第 21 个世界知识产权日为契机，联合琼山区市场监督管理局分别到海南柴艺坊艺术品有限公司、海南大伟雕艺有限公司开展知识产权宣传活动，通过介绍相关法律法规、以案释法等方式，阐释侵犯知识产权犯罪的社会危害性和如何进行自我保护，并对参展 2021 年首届消博会物品的商标、专利情况进行检查。二是送法进社区，文昌市人民检察院、琼海市人民检察院等院主动开展知识产权保护宣传工作，在农贸市场、市内公园、商场等地，通过悬挂宣传标语、设置宣传展板、设立宣传咨询台、发放宣传资料、进行现场讲解等方式进行普法宣传，增强广大群众识假辨假、维护权益和自觉抵制伪劣商品、侵权行为的意识，营造良好的社会氛围。

供稿：海南省人民检察院
知识产权检察办公室

重庆市

知识产权工作

一、强化知识产权顶层设计，完善治理体系提升治理能力

市政府办公厅印发《重庆市知识产权保护和运用"十四五"规划（2021—2025年）》（以下简称《规划》），明确"十四五"时期重庆市知识产权工作的主要目标和重点任务。牵头编制《重庆市知识产权强市建设纲要》（以下简称《纲要》）。《纲要》和《规划》共同描绘了未来15年重庆市知识产权事业的发展蓝图和实施路径。

二、强化知识产权全链条保护，营造良好营商环境

知识产权保护机制更加健全。市政府建立分管副市长担任召集人的知识产权保护联席会议制度，由市委宣传部、市发展改革委等25个市级部门和单位组成，有力提升全市知识产权保护工作统筹协调力度。市委、市政府将知识产权保护工作纳入全市39项督查考核事项，完成对各区县和市级有关部门知识产权保护工作督查考核。

知识产权行政保护更加有力。与市检察院、市经济信息委开展"保自主产权、护知名品牌"专项行动，设立知识产权综合保护联系点51个。与市公安局等4部门共同签订合作协议，实现知识产权行政执法和刑事司法信息互联互通。重庆市知识产权局组织实施"铁拳""剑网"等专项行动，加强对区县行政执法指导，全年办理电商领域侵权案件669件，查办专利、商标和地理标志违法案件938件、案值达3700万余元。重庆获批全国知识产权侵权纠纷检验鉴定技术支撑体系建设试点、全国知识产权信用分级分类监管试点以及全国专利侵权纠纷行政裁决示范建设试点。知识产权人民调解机构达到17家，完成纠纷调处573件，多元化解知识产权纠纷的行政保护能力进一步提高。

知识产权专项整治成效明显。开展打击"非正常专利申请"和"商标恶意注册"专项整治行动，行业秩序显著好转。对国家知识产权局转办的9392件非正常专利申请线索进行核查处理，组织召开全市专利代理机构集体约谈会，核查专利申请人1071个、专利代理机构305家，撤回率91.9%。摸排上报疑似恶意注册商标线索8条，全部进行及时整治。

三、强化知识产权创造运用，赋能经济高质量发展

知识产权高质量创造稳步提升。2021年，每万人口发明专利拥有量13.21件，同比增长16.7%。PCT国际专利申请受理量393件，同比增长8.3%。有效注册商标总量71.99万件，地理标志商标总量286件，驰名商标总量161件。牵头编制《重庆市高价值发明专利质量提升行动方案（2022—2024年）》。获第二十二届中国专利奖金奖1件、银奖1件、优秀奖9件。

知识产权运用效益不断提高。与市科技局等7部门制定《重庆市实施专利转化专项计划工作方案》，举办高校院所高价值专利转移转化供需对接活动。与人民银行重庆营管部签订《推进知识产权金融合作

框架协议》，组织实施知识产权质押融资入园惠企行动，全年实现知识产权质押融资11.6亿元；新增发放知识价值信用贷款50.7亿元，惠及科技型企业2774家。重庆市国家知识产权军民融合3年试点期满，获得国家知识产权局、中央军委装备发展部国防知识产权局肯定。

商标品牌培育工程深入实施。重庆市知识产权局充分发挥农产品商标和地理标志在助推乡村振兴中的作用，推动三峡柑橘、荣昌猪、巫山脆李等区域品牌发展。重庆、广西等12省市地理标志管理部门签署《西部地理标志产业发展战略合作协议》。江津花椒、奉节脐橙、酉阳茶油入选国家知识产权局第一批地理标志运用促进重点联系指导名录。全市新增农产品商标1.91万件，总量达12.01万件。

四、强化知识产权服务供给，提高知识产权服务水平

知识产权公共服务能力建设逐步加强。建成全国首批省级知识产权综合业务窗口——国家知识产权局重庆业务受理窗口。用好用活国家专利审查资源，服务全市创新主体，专利优先审查同比增长25%。累计受理商标申请1.1万件，完成商标注册形式审查368.6万件、实质审查190.2万件，"变转续"审查55.3万件。

知识产权服务业发展持续向好。加强知识产权品牌服务机构培育，全市专利代理机构、商标代理机构分别达137家、1200家，其中规模以上的服务机构达5家，全市知识产权服务业产值达10亿元以上。启动市级专利代理机构监管职能委托试点，首次将监管权限下放至区县。组织开展"知识产权服务万里行"活动，举办知识产权师职业前景宣讲等专题活动8场。

知识产权人才培养取得实效。印发《重庆市知识产权培训基地管理办法》，指导支持区县和高校开展知识产权培训140余次。扎实开展"为科技工作者办实事助科技工作者作贡献"行动，累计为1万余名科技工作者提供专利数据查询分析等服务。举办专利申请商标注册受理业务讲解网络直播活动，在线观看人数突破13万人次。全市新增专利代理师149人，执业专利代理师累计达387人，培育国防专利代理师5人。

五、强化知识产权区域合作，助力川渝协同发展

知识产权部门联动机制进一步完善。重庆市和四川省知识产权管理部门召开川渝知识产权合作推进会，在共建共享专利信息资源和公共服务资源等方面进一步达成共识，确定组建跨区域知识产权联盟等9项年度重点工作。成功举办首届川渝两地知识产权军民双向转化研讨会，联合主办2021年天府知识产权峰会知识产权服务业发展专场。携手举办第二届西部科学城双高赛（高价值专利培育、高质量科技成果转化大赛），吸引来自北京、深圳以及新加坡等地的128个高价值专利项目报名参赛，较上一届增长14%。

知识产权协同保护推进有力。与市高级人民法院、四川省知识产权局、四川省高级人民法院共同签署成渝地区双城经济圈知识产权保护合作机制备忘录，建立知识产权保护会商研讨等6项合作机制。川渝两地首次开展酒类、榨菜、火锅底料等商品知识产权联合执法，发布第二批知识产权重点保护名录150件，查处案件363件。

供稿：重庆市知识产权局

版权工作

一、抓专项、提质量，版权执法工作有力有效

1. 传导责任压力推动任务落实

将版权执法工作情况纳入市"双打"考核、意识形态专项考核，有力传导版权执法工作的责任压力。召开由各区县宣传部分

管副部长、区县执法支队主要负责人参加的全市版权执法工作部署会，通报全市各区县查办侵权盗版案件情况，部署下一阶段版权执法工作重点任务。

2. 健全督办制度提升办案质效

落实中宣部版权管理局《关于进一步做好版权执法信息报送工作的通知》要求，把案件查办每月督办工作作为一项行之有效的制度安排，建立重大侵权盗版案件挂牌督办机制。2021 年，查处侵权盗版案件 140 件，删除侵权盗版链接 371 个，关闭侵权盗版网站 11 个。

3. 加强业务培训提高执法水平

邀请中宣部版权管理局、江苏省扬州市文化市场综合执法支队、华东政法大学等领导专家培训授课，以“现场培训+同步网络培训”相结合的方式，对各区县宣传部分管副部长、文化市场综合执法支队主要负责人及执法骨干 400 余名同志开展现场培训，对其他区县执法骨干等 700 多名同志进行同步网络培训。

二、抓核查、严考核，软件正版化工作规范有序

1. 强机制、严核查，夯实正版化工作主体责任

召开 2021 年全市推进使用正版软件工作联席会议，传达推进使用正版软件工作部际联席会议全体会议精神，审议本年度全市推进使用正版软件工作计划。将软件正版化工作情况统筹纳入意识形态督查和市级部门考核。会同第三方机构，对 50 个市级部门、12 个区县、36 个市属国有重点企业及 4 个重点行业事业单位开展正版化专项检查，核查计算机 21 780 台，印发督查通报。

2. 重统筹、抓重点，保持正版化工作领先态势

会同市国资委、市经济信息委，选取涉及公共服务、国计民生和金融等重点领域的 17 家市属国有重点企业及所属的二三级企业为试点对象，率先开展信息系统建设兼容国产软件工作。会同市教委、市卫生健康委等重点单位，制定工作文件，分别召开软件正版化工作专题会议。

3. 强平台、出政策，营造社会共治良好环境

加快市软件正版化服务中心运营步伐，指导中国赛宝重庆工业技术研究院组建专业团队，为广大软件企业和用户提供行业分析、信息咨询、技术攻关、成果展示、人才培养等服务。在政策创新方面主动作为，与市经济信息委共同出台《促进软件产业高质量发展和加强软件版权保护十条措施》，用真金白银的政策支持软件正版化。

三、抓创建、重研究，版权产业发展可圈可点

以园区企业为基础，为版权产业发展强基固本。2021 年，新培育市级版权示范园区 3 个、市级版权示范企业 4 个。市级版权示范园区增至 11 个、市级版权示范企业增至 29 个。全国版权示范园区 3 个，全国版权示范企业 8 个。以孵化平台为载体，为版权产业发展增强后劲。组建市版权协会，吸纳 58 家骨干版权企业作为会员单位。在 8 所高校设立重庆市版权研究基地，建成 1 个数字版权学院。在区块链数字经济产业园建成市数字版权区块链服务中心，会同有关国企建设市原创音乐和艺术版权孵化中心，指导梁明玉艺术团队建设市时尚设计版权服务中心。以推广活动为抓手，为版权产业发展赋能添彩。举办“链接川渝版权价值　助推高质量发展”川渝版权项目集中签约仪式，重庆市版权协会与四川省版权协会、两江新区与天府新区、14 家川渝版权企业签订项目合作协议。举办第二届重庆数字版权项目推介会，发起成立重庆市版权示范园区联盟。举办 2 届重庆数字版权产品开发者大会，吸引 600 多名企业高管、行业精英等参与，

签约项目40余个。以“意起　创新”为主题，每月在九龙意库文创园常态化举办重庆创意版权市集，实现版权价值生活化、场景化。

四、抓服务、强质量，版权社会化服务有点有面

1. 著作权登记

2021年，作品登记18.32万件，同比增长7%；软件著作权登记4.11万件。《中国新闻出版广电报》以《重庆三个创新助推版权登记提质增量》为题对重庆市作品登记工作进行深度报道。结合新修改的《著作权法》，制定出台《重庆市版权服务工作站管理办法（试行）》，进一步优化审查流程，规范审查尺度，严把作品登记质量关。全年驳回登记作品1900余件，登记驳回率1.04%。在“重庆日报·视觉重庆”设立版权服务工作站，为海量影像作品登记、保护提供服务，已登记作品3万余件。

2. 打造版权服务体系

通过组织开展“创新发展　版权同行”版权服务基层行活动，进一步形成横向到边、纵向到底的服务模式。进入金山意库园区、四川美术学院等版权重点园区和单位开展作品登记、法律咨询、教育培训、版权交易“四个上门”服务10余次，提供咨询100余次，登记作品2万余件。为重庆出版集团、西南师范大学出版社等单位提供版权贸易服务100余次。

3. 打造版权服务团队

精选版权工作理论界、司法界、实务界的专家组建版权工作专家库，为重庆市版权保护工作提供有效智力支持。

4. 打造版权服务品牌

举办“IP·创未来”青少年艺术版权暨商标设计活动，打造重庆市版权服务品牌。活动覆盖29个区县、300余所中小学校，吸引近10万人参与，收到参赛作品近2万件，评选出优秀作品600余件。

五、抓统筹、创品牌，版权宣传普及声势壮大

1. 积极参加专业展会，提升重庆版权工作知名度

首次组团参加第八届中国国际版权博览会，组织重庆出版集团、重庆广电英度传媒、重庆帕斯亚科技有限公司、猫耳FM等8家版权企业和园区代表参展。重庆展区以“行千里　致广大”为主题，分视、听、互动三个板块，用数字化、交互式的形式全面展现重庆版权工作特色亮点、风采风貌。重庆市版权局获第八届中国国际版权博览会“优秀组织奖”。

2. 统筹谋划系列主题活动，推动宣传普及深入人心

以“4·26世界知识产权日”为重要节点，举办“2021年重庆市版权宣传月”系列活动，包含著作权法知识有奖竞答、版权执法骨干“微访谈”、西南纺织品纹样创意大赛等10项子活动。宣传月期间，发放手册12 000余份，覆盖全市38个区县和500余家企业的基层群众。制作著作权法微讲堂动画宣传视频，浏览量超15万人次。组织20余家版权企业赴石柱县桥头镇、江津区聂帅纪念馆等地，创新开展“普及版权　服务基层”主题活动。每月在华龙网推出一期“重庆版权大讲堂”，2021年共推出12期。

3. 坚持举办专项赛事，加快设计成果市场转化

发挥重庆市高校版权研究基地的阵地作用，在全市50余所高校举办第二届重庆高校“版权杯”文化创意设计大赛。在复赛和决赛环节，精心组织80余家版权企业参加创业就业服务大会，120余名大学生与相关单位签订实习实践、预就业协议，58件定制类作品获得版权授权交易机会，成果转化率接近30%。

供稿：重庆市版权局

司法工作

一、依法公正高效审理知识产权案件

2021年，受理一审、二审知识产权民事案件30 068件，刑事案件63件，行政案件6件；其中，新收民事案件28 368件，同比上升28%，旧存民事案件1706件；已结民事案件26 162件，同比上升15%，未结民事案件3738件；结收比为92.8%，同比下降10.4个百分点。通过加强案件流程管理，实行审限全程监控，严格审限延长审批手续等举措，促进知识产权审判质效稳步提升。严格执行最高人民法院关于裁判文书公开的规定，提交公开案件裁判文书，实行“应公开、尽公开”，案件裁判文书提交公开率均达到100%；积极落实政法队伍教育整顿整治顽瘴痼疾和市委巡视反馈意见整改要求，严格执行《全市法院一年以上未结案件专项清理工作方案》，积极推进长期未结案件清理工作，有效提升审判质效。

二、积极深化知识产权审判体系改革

2021年6月16日，重庆知识产权法庭挂牌成立，集中管辖全市技术类纠纷一审民事、行政案件和除基层法院管辖的知识产权一审民事、行政案件，推动构建“三级联动、三审合一、三位一体”知识产权审判格局。重庆知识产权法庭出台《知识产权民事案件繁简分流暨速裁工作规程（试行）》，制定《技术调查官管理暂行办法》，起草《专利权司法保护指引》，推出“重知法庭”微信公众号，举办“重知讲坛”，积极提升重庆法院知识产权审判影响力；在西部（重庆）科学城等重点科创园区和区域设立7个知识产权巡回审判站，邀请人大代表、资深法官、专家学者深入园区，助力科创园区建设。与市检察院签订《知识产权审判与检察职能衔接协作框架协议》，着力推动知识产权审判“三合一”工作落地落实，全面提升知识产权司法保护整体效能。

三、着力构建知识产权大保护工作格局

川渝两地高院、省（市）知识产权局签署《关于建立成渝地区双城经济圈知识产权保护合作机制备忘录》，就促进仲裁、调解、行政、司法保护等紧密合作以及协同保护体系的建设达成一致。两地高院联合发布《2020年川渝地区人民法院知识产权司法保护状况》和《2020年川渝地区人民法院知识产权司法保护二十大典型案例》，共同举办知识产权保护研讨会，联合开展知识产权审判理论与实务培训；联合召开法官联席会议，共同发布《关于确定KTV经营者侵害音像作品著作权案件赔偿数额的法官会议纪要》，统一川渝两地裁判标准，有效引导和促进音像作品著作权集体管理和KTV娱乐行业健康发展。重庆两江新区（自贸区）法院与四川天府新区（自贸区）法院共同签署《川渝自贸区知识产权司法保护合作备忘录》，联合发布《知识产权纠纷行为保全申请指引（试行）》《知识产权纠纷行为保全审查指引（试行）》以及《川渝自贸区知识产权司法保护典型案例》。成渝地区知识产权司法保护一体化发展入选重庆法院司法服务保障成渝地区双城经济圈建设典型案例。重庆两江新区（自贸区）法院举办中国（重庆）自由贸易试验区知识产权司法行政协同保护研讨会，多家单位围绕中国（重庆）自由贸易试验区知识产权司法行政协同保护现状作主题演讲。同时，重庆三级法院还与市有关知识产权行政执法部门签署协议，建立诉调对接平台，有效促进知识产权司法、调解紧密合作。

四、充分发挥知识产权专委会平台作用

2021年，知识产权专委会聚焦司法难点，服务发展大局，举办“标准必要专利全球许可费率”“川渝知识产权保护”两场理论与实务研讨会。围绕“虚假宣传不正当竞争行为的司法规制”和“知识产权恶意诉讼及其规制”两个热点主题，邀请最高人民法院、四川高院法官举办两期“中国知识产

权法官大讲坛”；指导重庆知识产权法庭开办两期“重知讲坛”。

五、积极推进知识产权案件繁简分流工作

重庆知识产权法庭出台《知识产权民事案件繁简分流暨速裁工作规程（试行）》。知识产权法庭成立以来，速裁团队共分流案件7000余件。重庆两江新区（自贸区）法院制定《知产民事案件一审庭前会议细则》《庭前会议审查表》《庭前会议笔录模板》等规范文件。重庆两江新区（自贸区）法院还通过总结案件规律，制定分案工作规则，有效提升知识产权案件审判效率。

六、统筹推进“诉源治理”与“案源治理”

一是通过诉讼程序外多元解纷机制建设，落地落实落细“诉源治理”。重庆知识产权法庭联动人民法院老马工作室、一站式商事纠纷解决平台、代表委员联络站参与案件调解，与市律师协会、14个区县知识产权纠纷人民调解委员会分别签署合作框架协议，推动与市贸促会、市知识产权纠纷人民调解委员会、市企业知识产权保护促进会、市律协知识产权调解中心建立诉调对接机制，妥善处理批量诉讼案件，探索创新诉源治理。二是加强诉讼程序内“案源治理”。重庆两江新区（自贸区）法院在庭前、审理及判决多个节点，主动开展案外纠纷化解工作，促进当事人一揽子解决双方存在的其他涉诉纠纷，从源头上化解纠纷。该院“知识产权纠纷诉源治理新模式”入选中国（重庆）自由贸易试验区十佳制度创新案例。

七、持续推进知识产权审判精品化战略

2021年，多件案例入选各类典型案件，2件案例入选2020年中国法院50件典型知识产权案例、1件案例入选互联网十大典型案例、1件案例入选人民法院反垄断和反不正当竞争典型案例等；2篇裁判文书入选第三届全国法院“百篇优秀裁判文书”；1场庭审入选第四届全国法院“百场优秀庭审”；1篇裁判文书入选第四届全国法院“百篇优秀裁判文书”；5件案例入选《中国法院2021年度案例》；并发布重庆法院2020年知识产权司法保护十大典型案例。

八、切实加强知识产权司法调研工作

与西南政法大学联合中标最高人民法院2021年度司法研究重大课题《人民法院为推动科技创新发展提供司法服务和保障问题研究》，并顺利通过开题论证。重庆两江新区（自贸区）法院与西南政法大学联合完成的最高人民法院2019年度司法研究课题《知识产权惩罚性赔偿制度研究》被评为优秀课题。在《中国版权》《人民司法》《人民法院报》《重庆审判》等报刊上发表论文20余篇。另有2篇案例分析入选全国法院系统2021年度优秀案例分析。

九、进一步优化审判管理和指导工作

一是加强工作统筹安排。组织召开全市法院知识产权与涉外商事审判工作座谈会，总结2020年全年知识产权与涉外商事审判工作。印发2021年知识产权与涉外商事审判工作要点。二是切实运用好统一法律适用机制。用好法信、关联案件检索功能等类案检索平台，严格落实改发案件双向沟通评析机制，充分发挥全庭法官会议统一裁判规则作用。三是重视培育典型案件。精选案例的“点”，组织三级法院相关人员共同打磨，并邀请专家学者提炼裁判要点，切实做好典型案例打造工作。四是多措并举提升审判业务素质。举办“知识产权与涉外商事法官讲坛”“重知讲坛”三讲和“法官每月一讲”，对当前审判实务热点和难点问题进行深入探讨交流，提升审判业务能力。编辑《知识产权与涉外商事审判动态》4期。

供稿：重庆市高级人民法院
知识产权审判庭

检察工作

一、综合履职，提升司法保护质效

一是强化组织领导，引领全新履职模式。2021年，按照最高人民检察院对重庆等9个省级院实行知识产权检察集中统一履职试点工作的部署，重庆市人民检察院成立知识产权检察办公室，率先实行专人专职专业，同步在全市8个分院、基层院推行试点，构建刑事、民事、行政检察职能“三检合一”集中履职机制，积极探索“批捕、起诉、监督、预防、服务”五位一体的知识产权检察保护工作新模式。

二是建立健全知识产权检察工作制度机制。出台《重庆市检察机关开展知识产权检察职能集中统一履行试点工作方案》《关于全面加强知识产权司法保护　服务保障重庆建设科技创新中心的意见》等文件，细化知识产权综合司法保护措施，立足检察一域，为全市创新发展大局提供有效司法保障。

三是加强队伍专业化建设。强化对试点院知识产权检察办公室开展工作的指导，在原有知识产权刑检专业团队基础上，扩充民事、行政检察人员，组建重庆市知识产权检察专业团队，出台团队《工作管理办法》，在理论研究、教学实践、课程开发、案件指导等方面充分发挥示范带动作用。

二、能动履职，构建综合保护体系

一是以专项行动为抓手，全面推进知识产权检察工作。2021年3月，部署开展“保知识产权、护知名品牌”专项行动，聚焦保知识产权、保市场主体、保产业链供应链优化升级、保营商环境四个方面，围绕提升办案质效、完善工作机制、做实联系点工作、参与社会治理、推动专门化建设等7个目标，以专项行动助推试点工作深入开展，不断提升知识产权保护工作法治化水平。

二是设立“知识产权综合保护联系点”，致力提供精准司法服务。聚焦电子、汽摩、高端装备、新材料、生物医药等重点产业，延伸检察职能，加强知识产权保护，联合重庆市经济信息委、重庆市知识产权局，先后在小康集团、长安集团等51家知名企业设立“知识产权综合保护联系点”，制定《知识产权保护联系点工作办法》，推出以维权援助为核心的“点对点、面对面”检察服务。联系点工作被市政府列入《重庆市知识产权保护和运用“十四五”规划》。

三是开发掌上服务平台，创新保护工作路径。开发“知识产权保护掌上服务平台”，联合行政机关、行业协会，依托平台为联系点企业提供法律宣传、法律咨询、线索控告受理、法律法规查询、知识产权“体检预约”等多项服务，努力打造具有重庆特点的“线下+线上”“司法+行政”知识产权大保护、快保护工作模式。

三、协同履职，服务大保护格局

一是加强跨部门协作，实现知识产权全链条保护。重庆三级检察院结合辖区实际情况，积极搭建知识产权保护协作机制，与当地法院、公安、行政执法、高校等单位签订协作意见。与市场监管、公安、版权、法院等市级部门签署《关于加强知识产权行政执法和刑事司法衔接合作协议》《关于知识产权审判与检察职能衔接协作框架协议》等文件，完善案件线索移送、信息资源共享、重大涉罪行政处罚案件检察介入等机制，提升知识产权保护整体效能。

二是加强川渝合作，服务成渝双城经济圈建设。全市三级检察院紧密围绕推动国家区域发展战略实施，建立多层次川渝检察协作机制，推进成渝双城经济圈知识产权协同保护机制建设。与四川省人民检察院会签《关于加强川渝知识产权检察协作的意见》，两地检警联合挂牌督办多起知识产权重点刑事案件，共同开展川渝法检同堂培训，促进交流提升。

供稿：重庆市人民检察院
知识产权检察办公室

四川省

知识产权工作

2021年，编制、完善《四川省“十四五”知识产权保护和运用规划》《四川省知识产权强省建设纲要》，修订《四川省知识产权保护和促进条例》，全面提升知识产权创造、运用、保护、管理和服务水平，更大力度加强知识产权国际交流合作，知识产权强省建设取得显著成效，保护创新营商环境进一步优化。

一、知识产权战略实施概况

1. 知识产权强省建设

截至2021年底，拥有国家知识产权试点示范城市11个、国家知识产权强县工程试点示范县（市、区）66个。培育高价值专利育成中心33个、知识产权强镇9个，建成国家级试点示范园区5个、国家级示范优势企业254家。建成全国版权示范城市2个、示范单位（含软件正版化）10个、示范园区（基地）5个；国家级版权交易中心1个；省级版权示范单位31个、示范园区（基地）5个。拥有国家级地理标志产品保护示范区5个。累计培育技术与创新支持中心（TISC）5个。“川乡黑猪”成为全国首个具有自主知识产权的生猪父本新品种。在国家知识产权局牵头对各省（自治区、直辖市）党委、政府开展的2021年知识产权保护工作检查考核中获得“优秀”等次。

2. 知识产权创新改革

完成知识产权军民融合试点省建设。开展国家知识产权局知识产权领域以信用为基础的分级分类监管、地理标志保护产品专用标志使用核准改革、专利侵权纠纷行政裁决示范建设等首批试点省工作。开展省级知识产权保护示范、知识产权保护水平评估、知识产权保护社会满意度调查3项试点工作。揭榜全面创新改革任务实施知识产权保护“一件事”集成服务改革。总结提炼非正常申请专利整治的“前端检测、中端固本、后端联惩”机制，并持续优化。中国（四川）知识产权保护中心获批开展实用新型专利权评价报告预审试点工作。新增国家知识产权局商标业务达州、绵阳、巴中受理窗口3个，累计9个。深入推进职务科技成果权属改革，四川大学、西南交通大学、成都理工大学、成都中医药大学4家单位入选科技部试点，梳理3项典型做法纳入科技部试点经验。职务科技成果转化前非资产化管理改革试点工作，被纳入国家发改委全面创新改革和四川省委深改办原创性改革推进事项。进一步完善被国务院确定为全面创新改革经验的“知识产权类案快审机制”。

3. 知识产权政策法规措施

印发《四川省“十四五”知识产权保护和运用规划》。四川省第十三届人民代表大会常务委员会修订《四川省反不正当竞争条例》。各部门分别出台或修订《关于全面加强知识产权司法保护 服务保障创新驱动引领高质量发展的意见》《关于加强对全省涉知识产权检察案件指导工作的办法（试行）》《四川省版权示范单位和示范园区（基地）管理办法》《关于建立成渝地区双城经济圈知识产权保护合作机制备忘录》《四川省版权示范单位和示范园区（基地）管理办法》《关于深化赋予科研人员职务科技成果所有权或长期使用权改革的实施意见》《关于开展知识产权强企培育工作的意见》《2021年深入开展知识产权“五进”推进计划》《知识产权纠纷人民调解委员会案件管理办法（暂行）》等政策措施文件。

4. 知识产权拥有量

2021年，专利授权14.7万件，同比增长 35.6%，其中发明专利 1.93 万件，同比增长 36.3%；有效发明专利拥有量 8.7 万件，同比增长 23.8%，万人发明专利拥有量 10.46 件，同比增长 24.4%；新增 PCT 专利申请 640 件，同比增长 20.8%。24 项发明专利荣获第二十二届中国专利奖；评选 2020 年度四川专利奖 65 项。新增注册商标 28.21 万件，有效注册商标量累计 128.17 万件；新增注册地理标志商标 80 件，累计注册地理标志商标 546 件；累计核准地理标志保护产品 296 个；登记农产品地理标志登记 199 个。新增作品著作权登记 18.32 万件。累计申请新品种权 1958 件。拥有联合国人类非物质文化遗产代表作名录项目 7 个、国家级非物质文化遗产代表性项目 153 个、省级非物质文化遗产代表性项目 611 个。

二、知识产权行政保护

2021 年，办理专利侵权纠纷案件 3963 件，同比增长 8%，结案率达 98.33%。深入开展"铁拳""春雷"等行动，办理专利假冒案件 1571 件，结案率达 98.22%。查处各类商标违法案件 1489 件，移送司法机关 38 件。深入开展"蓝天"专项整治行动，定向抽查商标代理机构 100 家。积极应对"青花椒"商标维权案件，印制《四川省餐饮行业注册商标专用权维权指引》。查办侵权盗版案件 55 件，同比增长 100%，涉案金额 3.05 亿元。开展"剑网 2021"专项行动，删除侵权盗版链接 574 条，关闭侵权盗版网站（App）5 个；立案 4 件，涉案金额 390.13 万元。获批筹建四川汉源、合江荔枝 2 个国家级地理标志产品保护示范区；筹建都江堰猕猴桃、蒙顶山茶、雷波脐橙 3 个省级地理标志产品保护示范区。成都海关开展"龙腾行动 2021""蓝网行动 2021""净网行动 2021"等专项行动，截至 2021 年底，共启动知识产权保护措施 517 批次，实际扣留侵权货物 516 批次；查获侵权货物 19.69 万件，案值 21.9 万元。新增省内企业知识产权海关保护备案 60 件，累计有效备案 296 件。

三、知识产权发展与运用

中国（四川）知识产权运营中心获国家知识产权局批准建设。建成 4 个知识产权市场化运营示范基地，发布《中国知识产权金融生态指数》《产业精准招商专利导航应用报告》等报告。2021 年，全省知识产权转化运营金额超 10 亿元，新增专利实施项目 1.37 万个、同比增长 2.33%，新增产值 2387 亿元、同比增长 8.56%，新增利税 307 亿元、同比增长 17.84%。完成专利商标质押融资贷款 47.86 亿元。新增知识产权贯标企业 120 家，累计 1500 家。成都地奥、康弘药业、东方锅炉、四川长虹 4 家企业入选国家知识产权示范企业典型案例。完成版权贸易合同备案登记 1091 件。截至 2021 年底，"四川扶贫"公益性集体商标用标主体达 3276 个，用标产品 7646 个，全年带动脱贫地区农产品销售 199.4 亿元。

联合印发《品牌四川 · 光彩中国——四川省商标、地理标志品牌经济培育专项行动方案》，持续开展四川商标地理标志产品品质提升、海内外获权、金字招牌培育、品牌运营等 8 项行动。制作"四川省地理标志品牌地图"，在中国品牌日上海活动现场发布。发布《2021 四川地理标志产业发展报告》《2021 年四川民营企业品牌价值百强榜单》，组织开展"2021 四川十大美食地标"评选活动。发布 2021 年四川民营企业品牌价值百强榜单。蒙顶山茶 、宜宾芽菜、安岳柠檬等 10 件地理标志列入国家知识产权局第一批地理标志运用促进重点联系指导名录。

四、知识产权宣传培训

印发《2021 年深入开展知识产权"五进"推进计划》，深入推进知识产权进企业、进单位、进社区、进学校、进网络。印发《四川省知识产权系统法治宣传教育第八个五年实施意见（2021—2025 年）》，构建内容新颖、形式多样、融合发展的知识产权文化传播矩阵。2021 年，省级各部门在各级新闻媒体刊登（播出）知识产权新闻 3876 篇（次）；广播电视开设专题专栏 41 余个，刊播知识产权宣传公益广告 1.04 万余条（次）；户外 LED 发布知识产权保护宣传标语 8300 余条（次）；各地累计印制发放各类宣传资料 50 万余份，张贴知识产权主题宣传海报 5 万余张，推送宣传短信 1800 万余条。持续推进"走进天府地标"专题宣传，聚焦"川药材""川小吃"领域拍摄 4 期专题宣传片，总点击量（阅读量）800 多万次，制作完成宣传展示视频《中国地标　闪耀世界》，在 WIPO"世界地标产品虚拟展览"展播。

2021 年，省级层面培训知识产权各类人才 4000 余人次。全省远程教育分站达 13 个，举办知识产权初、中、高级远程教育人才培训班 187 期，选课人数在全国率先突破 20 万人次。组建第一批知识产权培训教育师资库，在四川战旗乡村振兴培训学院建立中国知识产权培训中心（四川郫都）实践基地，挂牌启动知识产权干部培训基地——四川省知识产权干部培训（小平干部学院）基地，全省知识产权培训基地达 17 个。5 所高校设立知识产权学院，3 所高校设立知识产权本科专业，13 所高校开设知识产权专业双学士学位、知识产权研究生方向，全省知识产权专业或方向的在校学生近 5000 人。第一批共 67 人次通过首次知识产权职称评审。组织 7879 名乡村干部、合作社负责人、乡村创业者和致富带头人，参加 3 期"四川扶贫"公益品牌农产品短视频制作、直播带货培训活动，助力脱贫地区农产品宣传推广和网络销售。

五、知识产权交流合作

承办国家知识产权局与世界知识产权组织（WIPO）联合主办的"商标国际注册马德里体系巡回研讨会"，国家知识产权局与欧洲专利局联合主办的"中欧两局 PCT 国际检索单位试点项目及在欧申请加快程序研讨会"。在成都市青白江区设立"四川省知识产权国际交流合作（成都国际铁路港）中心"。制定第二批川渝知识产权合作重点保护名录共 140 件，涵盖重点商标品牌、高价值专利、优质地理标志三大重点领域。协同组织召开《关于建立成渝双城经济圈知识产权保护合作机制备忘录》签约仪式暨新闻发布会。联合印发《关于加强川渝知识产权检察协作的意见》。举办 2021 年川渝两地法院知识产权、涉外商事审判业务培训班；指导中国行为法学会四川诉源治理研究基地在成都举办"川渝知识产权保护研讨会"。联合组织开展川渝两地知识产权行政保护专项行动，立案查办违法案件 283 件，案值 458.84 万元，向公安机关移送案件 8 件。

供稿：四川省知识产权服务促进中心
四川省知识产权局

版权工作

一、版权宣传

一是制定印发《关于做好 2021 年全国知识产权宣传周版权宣传活动的通知》，创新开展版权法律直播，开展版权线上展示宣传，组织川渝"著作权法知识竞赛"活动，制作发布版权宣传片及线上海报，及时发布版权典型案例。

二是指导全省各地制作版权保护宣传横幅、标语、展板近 2000 个，发放版权宣传资料近 100 余种、10 万余份，张贴保护版权主题宣传海报 5 万余张。50 篇稿件被全国 120 家媒体转载 200 余次，相关话题登上成都同城微博热搜，阅读量 1000 万余次，全网阅读量 4000 万余次。

三是组织开展首届四川省大学生版权征文比赛。广泛发动全省高校参与，评选出获奖学生 50 名，优秀指导教师 10 名，5

所高校获“优秀组织奖”，3 所大学获评审组特别奖。

二、版权执法监管

一是加强院线电影版权保护。印发《关于进一步加强院线电影版权保护的通知》，加强对院线电影特别是 2021 年春节档院线电影的版权保护工作，提前防范、及时处置院线电影盗录传播等侵权盗版行为。

二是狠抓大案要案查办。联合公安、文化执法部门查办了一批大案要案，案件数量、质量较上年均有较大提升。查办侵权盗版案件 54 件，在上年案件数量(27 件)基础上实现翻倍，涉案金额 30 524 万元，其中刑事案件 7 件、行政案件 47 件。宜宾“2・05”侵犯著作权案中，抓获犯罪嫌疑人 21 人，查获盗版光碟、U 盘 36 万余份、共 10 余吨，涉案金额 3 亿元以上；泸州“4・01”网络销售侵权盗版出版物案中，成功打击覆盖四川、北京、广东、河南、山西等五省市的盗版销售团伙，涉案金额约 300 万元。

三是开展“剑网 2021”专项行动。共出动执法人员 1500 余人次，检查网络平台、经营单位 3000 余家，删除侵权盗版链接 574 条，关闭侵权盗版网站(App)5 个。立案 4 件，涉案金额 390.13 万元，其中行政处罚案件 2 件，移送司法机关 2 件。省版权协会开展知识产权纠纷调解 110 件，调解成功率 36.9%，将知识产权纠纷化解在法庭之外。

三、软件正版化

召开 2021 年省推进使用正版软件工作联席会议，审议通过全省软件正版化年度工作计划，部署安排 2021 年工作重点任务。按照《四川省 2021 年推进软件正版化工作计划》，抽调省级联席会议成员单位人员组成 5 个检查组，对 35 家省直机关单位、19 家省属国有企业、21 个市(州)部分机关单位和国有企业等 200 家单位开展实地检查，共核查计算机 6767 台。操作系统软件和办公软件正版率分别达到 92%和 91%。

四、版权社会服务

一是四川天府新区继深圳前海、上海浦东之后获批全国第三家国家版权创新发展基地。二是做好作品版权登记、版权贸易合同备案登记工作。2021 年，作品版权登记 18.32 万余件；完成版权贸易合同备案登记 1091 件，其中引进 553 件、输出 538 件。三是开展版权示范工作。自贡海天文化股份有限公司、成都银行获评全国版权示范单位。修订完善《四川省版权示范单位和示范园区(基地)管理办法》，评选出一批省级版权示范单位和园区(基地)。四是发布 2 批川版图书版权保护书目，为 71 种川版图书提供版权保护，开展版权预警提示。

供稿：四川省版权局

司法工作

一、坚持执法办案第一要务，充分发挥知识产权审判职能作用

2021 年，受理各类知识产权案件 23 479 件，同比增加 6612 件，增长 39.2%；审结 21 762件，同比增加 5755 件，增长 35.95%。其中，受理知识产权民事案件 23 347 件，刑事案件 126 件，行政案件 6 件。

1. 立足各类案件特点，加大知识产权保护力度

一是落实惩罚性赔偿制度，在成都求人餐饮管理有限公司诉成都恋上爸爸炒料餐饮服务有限公司等涉及网红火锅品牌的侵害商标权纠纷中，作出四川首例恶意侵害知识产权适用惩罚性赔偿的判决，判赔金额达 457 万余元。二是依法平等保护中外当事人合法权益，在两件涉“米其林”商标侵权纠纷案中，依法认定“米其林”为驰名商标。三是加强反不正当竞争司法，在美巢集团股份公司诉江苏美巢建材有限公

司等侵害商标权及不正当竞争纠纷案中，将恶意侵权方的赔偿数额确定为法定赔偿的最高限额。四是加强植物新品种权司法保护，在四川绿丹志诚种业有限公司与泸州泰丰种业有限公司侵害植物新品种纠纷案中，依托种子销售备案制度，尽力探寻侵权人侵权可获取的最大利润，并依此判决侵权人赔偿经济损失及合理开支共计 78 万余元。五是依法严厉打击知识产权犯罪行为，严格控制缓刑的适用，依法加大罚金刑的判处，没收违法犯罪所得，并注重采取追缴违法所得、收缴犯罪工具、销毁侵权产品等措施。

2. 深入开展繁简分流改革，实现知识产权案件“快慢分道”

成都中院进一步完善“知识产权类案快审机制”，大力开展繁简分流改革试点工作。2021 年，成都中院由 1 名法官带领的普案团队共受理案件 1343 件，审结 1147 件。难普简三级分流后，85%的审判及审判辅助资源投入到较为复杂的技术类知识产权案件审理中。

3. 健全知识产权诉讼制度，着力降低权利人维权成本

成都中院与国家知识产权局专利局专利审查协作四川中心开展合作，选择资深审查员组建技术专家库，制定《审判技术辅助工作细则》，为合议庭、当事人选择和使用技术调查官、专家证人、专家辅助人提供助力，并与成都中院知识产权专家陪审员参审制度相配合，形成“四位一体”的技术事实查明机制。2021 年，技术类知识产权案件已结 694 件，结案率为 79.7%，技术调查官参与案件审理工作 26 人次。

二、服务大局，积极营造一流营商环境

1. 开展“4·26”特约监督员专项联络活动

2021 年 4 月 19 日至 4 月 20 日，在四川天府新区、成都高新区组织开展以“保护知识产权　优化营商环境”为主题的特约监督员专项联络活动。特约监督员通过参加省法院报告、视察参观、体验等活动，对法院知识产权审判工作有了更深入全面的了解。

2. 出台服务保障创新驱动引领高质量发展的意见

2021 年 7 月 5 日，出台《关于全面加强知识产权司法保护　服务保障创新驱动引领高质量发展的意见》，从 16 个方面对全省法院提出指导意见。

3. 首次发布著作权司法保护白皮书、典型案例

2021 年 6 月 2 日，首次发布《四川法院著作权司法保护状况（2018—2020 年）》及典型案例，全面介绍四川省著作权案件的基本情况、四川法院加强著作权司法保护的主要举措，分析市场主体在著作权保护方面存在的问题并提出改进建议。

4. 创新形式，进一步加大宣传工作力度

四川高院民三庭创办《四川知产与涉外商事审判》电子期刊，用以刊载知识产权、涉外商事审判相关法律法规、司法解释、司法文件，本省法院审判工作动态，以及先进法院审判业务指导文件。

5. 打造地方特色品牌，提升知识产权保护针对性

2021 年，泸州中院选取泸州代表文物麒麟温酒器，结合泸州酒文化特征、产业布局，融入公平法治等要素，积极打造“酒麒麟·酒业知识产权保护”法治品牌。2021 年“4·26 全国知识产权宣传周”期间，泸州中院发布《2020 年泸州法院酒业知识产权司法保护状况》。自贡中院对该市彩灯、仿真恐龙等重点行业开展定向服务活动以及“以案说法”“法律五进”等法治宣传 10 余次。

三、强化川渝两地法院合作，共建“知识产权双城保护圈”

2021 年 2 月 26 日，与重庆高院、两省（市）知识产权局共同签署《关于建立成渝地区双城经济圈知识产权保护合作机制备忘录》，建立六项知识产权司法执法合作

机制。

2021 年 4 月 20 日，和重庆高院举行“知识产权司法保护联合新闻发布会”，共同发布《2020 年川渝地区人民法院知识产权司法保护状况》和《2020 年川渝地区人民法院知识产权司法保护二十大典型案例》，并就两地知识产权司法保护有关情况回答记者提问。

2021 年 7 月 5 日至 7 月 9 日，川渝两地高院民三庭在重庆法官学院举办川渝两地法院知识产权、涉外商事审判业务培训班。

2021 年 7 月 24 日，两地高院指导中国行为法学会四川诉源治理研究基地主办“川渝知识产权保护研讨会”。

针对川渝两地司法实践中 KTV 经营者侵害音像作品著作权案件数量居高不下、判赔数额标准不明确的情况，两地高院民三庭于 2021 年 10 月 11 日共同召开专业法官会议，就该类案件赔偿数额确定问题形成会议纪要，统一两地裁判标准，引导 KTV 娱乐行业健康发展。

四、建立协同保护机制，强化知识产权全链条保护

1. 设立知识产权巡回法庭，提升司法服务质效

成都中院与中国（四川）知识产权保护中心签订合作协议，约定部分知识产权案件可在该中心开庭审理，便于社会公众就近维权；与成都天府新区创新创业人才服务中心等 5 个产业聚集区管理部门，以共建“知识产权维权服务站”“知识产权巡回法庭”的方式开展合作。泸州中院推动成立全国第一个白酒产业园区法庭，专门审理涉酒案件，并在酒业相对集中的区域设立知识产权巡回审判点。

2. 积极构建知识产权纠纷多元化解机制

成都中院主动对接软件协会等行业组织，灵活开展以判促调、随案指导工作。泸州中院推动成立泸州市知识产权纠纷人民调解委员会，该委员会成功调解第一例知识产权纠纷案件。该院深入探索送达、庭前、当庭“三步调解”法，并根据情况委托行政机关、人民调解委员会、行业协会等参与调解，2021 年通过上述方式调解的案件达 80 余件。泸州中院与泸州仲裁委员会等签订协议，对该院拟受理的知识产权转让、许可等合同纠纷，引导当事人通过仲裁程序解决争议。自贡中院依托知识产权保护指导中心纠纷一站式化解平台——知识产权人民调解委员会，将简易知识产权纠纷案件以委派、委托调解的方式交由保护指导中心，该调解委员会帮助法院调解的一件“灭害灵”商标侵权纠纷案例，成功入选司法部“司法行政（法律服务）案例库”。2021 年，该院共委派、委托调解案件 63 件，达成调解协议 39 件，调解率为 61.9%。

3. 全面落实知识产权保护协作机制

成都中院联合市知识产权局等职能部门出台《关于建立健全知识产权保护协作机制的意见》。文件会签后，该院已向市场监督管理局移送涉及商标侵权的行政查处线索，督促职能部门对商品零售市场开展专项治理；该局及时参照成都中院在先判决，有效降低了该市市场内同类知识产权纠纷的起诉数量。绵阳中院与该市市场监督管理局在“4·26 全国知识产权宣传周”期间联合开展侵权产品销毁活动。乐山中院、自贡中院等均积极落实其与各地知识产权行政执法部门签署的知识产权信息共享、协作保护协议。

供稿：四川省高级人民法院
知识产权审判庭

检察工作

一、充分履职尽责，加强知识产权全方位检察保护

1. 深入推进知识产权检察职能集中统一履行试点工作

组建知识产权检察办公室，制定并印

发《四川省检察机关知识产权检察职能集中统一履行试点工作实施方案》，明确成都市、泸州市等 6 个市级检察院以及天府新区成都片区（四川自贸区）、绵阳高新区等 6 个基层检察院为全省知识产权检察职能集中统一履行试点院，集中开展知识产权刑事、民事、行政检察监督职能。

2. 知识产权检察办案情况

2021 年，受理知识产权类审查逮捕案件 103 件 259 人，批准逮捕 87 件 182 人，不批准逮捕 91 人；受理审查起诉案件 193 件 484 人，提起公诉 93 件 249 人，不起诉 21 人。监督公安机关立案侦查 4 件，监督公安机关撤案 10 件，提前介入引导侦查 152 件，介入率达 78.76%，对侦查活动违法情形书面提出纠正意见 9 次，纠正漏捕 4 人，纠正漏诉 15 人。对审判活动违法情形书面提出纠正意见 2 次，对认为确有错误的裁判提出抗诉 3 件。受理民事监督案件 12 件，对审判程序违法提出检察建议 3 件；受理行政监督案件 5 件，对行政非诉执行提出检察建议 3 件；办理民事公益诉讼案件 1 件。

二、优化办案方式，提升检察监督质效

一是在办理知识产权案件时，统一履行检察职能。打破既往刑事、民事、行政检察各自履职的模式，全面审查涉知识产权案件刑事、民事、行政法律关系和事实，实现综合保护效果。二是开展行政违法线索移送工作。将办案中发现的知识产权行政违法线索移送到行政机关处罚，实现刑事处罚和行政处罚的双向对接。2021 年，成都市人民检察院向行政机关移送行政处罚线索 6 件 6 人，落实行政处罚 2 人，1 件案件移送四川省消费者协会提起四川省首例消费公益诉讼。三是强化对下指导。印发《四川省人民检察院关于加强对全省涉知识产权检察案件指导工作的办法（试行）》，与重庆市人民检察院、重庆市公安局、四川省公安厅对重庆市渝中区“6·10”涉嫌销售假冒注册商标的商品案等 4 起案件联合挂牌督办，加强对疑难复杂案件的统筹指导。

三、强化协作配合，凝聚知识产权保护合力

一是加强区域协作共建。与重庆市人民检察院会签《关于加强川渝知识产权检察协作的意见》，共建沟通联络、案件协作、协同保护、人才交流培养、宣传保障五项机制，加大川渝知识产权检察保护协作力度。二是强化司法协同保护。与四川省律师协会签订《关于建立知识产权司法保护检律协作机制的意向合作协议》，通过建立知识产权司法保护检律协作机制、信息共享协作机制，形成四川知识产权保护检律合作新格局。三是建立健全专业办案合作。与国家知识产权局专利局专利审查协作四川中心签订《关于加强合作 促进知识产权保护工作的意见》，开展办案协作、联合培训研究及社会服务等工作，实现知识产权检察保护与专业技术审查优势互补。

四、深化工作创新，打造四川知识产权检察新品牌

一是创新履职方式。四川省人民检察院、成都市人民检察院、天府新区人民检察院依托天府中央法务区，成立三级院知识产权工作专班，采用“驻巡结合”办案模式，统一受理、集中办理知识产权案件。成都市人民检察院“成检智立方”知识产权办案团队获评最高人民检察院 2021 年度全国优秀办案团队。二是科学布局知识产权案件管辖。成都、泸州、德阳、绵阳、达州 5 个试点市结合本地司法实践，试行知识产权案件集中管辖制度。成都市人民检察院对知识产权审查逮捕案件提级管辖，并将除成都市高新区人民检察院等 4 个基层院以外的知识产权案件集中到成都市天府新区人民检察院审查起诉。集中管辖后，诉讼周期缩短，诉讼效率提高，涉知识产权案件“案一件比”从 2020 年 1∶2.32 降至 2021

年1:1.39。三是优化诉讼方式，减少维权环节。德阳市、绵阳市人民检察院探索适用知识产权轻微案件刑事和解制度，推进完善知识产权多元化纠纷解决机制；达州市人民检察院以刑事附带民事诉讼方式办理了舒某等人销售假冒注册商标的商品案，一体解决刑事责任追究和民事责任承担问题，提高办案效率，节约司法资源。

五、加强社会治理，营造知识产权保护检察氛围

一是发挥检察建议作用，助力营商环境优化。泸州市人民检察院专题分析酒类企业知识产权被侵权的现象，向当地党委政府专题汇报并提出检察建议，为酒业发展出谋划策。二是精准服务高新技术企业，防范化解市场风险。成都市人民检察院指导天府新区、温江区等基层检察院聚焦辖区内高新技术企业，创新推出“知识产权法律体检服务”，为企业提供“随案会诊”式法律服务，先后发出13份《知识产权保护法律体检报告》，帮助企业完善知识产权管理体系及法律风险防控体系。三是强化检察宣传，带动检察机关知识产权保护舆论引领。在“4·26世界知识产权日”适时发布《2019—2020年四川检察机关知识产权保护工作情况报告》及四川检察机关知识产权保护优秀案例。

供稿：四川省人民检察院
知识产权检察办公室

贵州省

知识产权工作

一、知识产权创造

1. 专利工作

2021年，专利授权39 267件，同比增长12.3%。PCT专利申请70件，同比增长22.8%。截至2021年底，有效专利拥有量118 367件，同比增长25.7%。每万人口有效发明专利拥有量3.93件，同比增长20.6%。十大工业产业有效专利85 483件，同比增长18.9%。十二个重点农业特色优势产业有效专利13 751件，同比增长3.7%。在第二十二届中国专利奖评选中，获得专利金奖1项、专利优秀奖5项。

2. 商标工作

2021年，商标申请170 048件，同比增长35.34%。商标注册97 189件，同比增长65.80%。截至2021年底，有效注册商标362 645件，同比增长35.89%。每万户市场主体有效注册商标933件，同比增长21.17%。

3. 地理标志工作

2021年，新增地理标志商标6个，累计115个；新增地理标志保护产品3个，累计142个；地理标志保护产品用标新核准企业70家，累计核准企业351家。地理标志累计408个。

二、知识产权运用

1. 专利和商标工作

完善落实知识产权政策。出台《贵州省知识产权高质量发展资助办法》《贵州省知识产权奖励办法》等制度。遴选50家贵州省知识产权优势企业，资助1000万元；遴选12项贵州省高价值核心专利，资助600万元；实施县域经济知识产权战略推进工程，对15个县（区）予以资助300万元；对“都匀毛尖”驰名商标、第二十一届中国专利奖8件优秀奖以及2019—2020年度贵州省专利奖奖励251万元。

推动知识产权质押融资。印发《贵州省促进专利技术转化　助力中小企业创新发展三年攻坚行动实施方案（2021—2023

年)》《2021年贵州省知识产权质押融资工作推进计划》《贵州省知识产权质押融资入园惠企行动方案(2021—2023年)》。开展“知识产权质押融资银企对接活动”,惠及企业460余家。开展知识产权质押贷款贴息资助工作,已有237家企业获得授信,贷款余额24.57亿元。2017年至2021年底,贵州辖内银行机构累计发放知识产权质押贷款69.33亿元。设立风险补偿资金1500万元,为143家科技型企业提供科技贷款1.28亿元。

2. 地理标志工作

推荐报送八步紫茶等5个地理标志产品,完成贵州省地理标志产品与集体/证明商标的换标工作。凤冈锌硒茶国家地理标志产品保护示范区(凤冈县)、修文猕猴桃国家地理标志产品保护示范区(修文县)两个示范区获批筹建。完成《地理标志产业化促进项目“十三五”评估报告》。地理标志产品产业化促进项目立项12个,资助600万元。

三、知识产权保护

1. 完善知识产权政策体系

将知识产权保护工作纳入市州推动高质量发展绩效考核指标体系的“营商便利度”指标内容,知识产权工作成效作为2020年度及2021年度省管领导班子和省管干部年度考核等次评定的重要参考,知识产权保护工作列入省直单位高质量发展专项目标考核及贵州省2021年度市级政府质量工作考核内容。

《贵州省优化营商环境条例》《贵州省反不正当竞争条例(修改)》列入省政府2021年立法计划。制定《2021年贵州省打击侵犯知识产权和制售假冒伪劣商品工作要点》《贵州省知识产权局知识产权纠纷专家顾问制度》等制度。

2. 强化知识产权行政保护

贵州省首个知识产权保护中心——中国(贵阳)知识产权保护中心获批筹建。全省各级行政执法机关共计立案查办侵权假冒案件6999件,同比上升16.3%,罚没金额1.02亿元,同比上升153.6%,向司法机关移送案件110件,同比上升93%。

四、知识产权管理与服务

1. 发挥统筹协调职能做好顶层设计

省政府知识产权办公会议审议通过《贵州省知识产权“十四五”规划和2035年知识产权强省建设远景目标纲要》和《省政府知识产权办公会议工作规则》,及时调整充实省政府知识产权办公会议成员单位和有关单位,安排部署知识产权保护考核工作。

完成全省知识产权年度工作总结及“十三五”强省建设总结评估。《贵州省2020年知识产权战略实施暨强省建设工作情况总结报告》得到国务院知识产权战略实施部际联席会议肯定并向全国印发推广,获国务院知识产权战略实施工作部际联席会议办公室2021年知识产权优秀战略信息二等奖。

2. 建立完善知识产权公共服务体系

贵州省知识产权公共服务中心正式挂牌成立。共有知识产权信息公共服务网点4家、高校国家知识产权信息服务中心1家、技术与创新支持中心(TISC)2家。

3. 深化改革试点工作

“贵州省地理标志保护产品专用标志申报系统”正式上线运行,2021年共发布公告11期,核准70家企业使用地理标志保护产品专用标志。

申请承办2021年专利代理师资格考试,设立贵阳市为考点城市,贵阳考点报名考生303人,同比增长22.67%。2021年专利代理师新增35人,累计达305人。

4. 推进专利商标“一窗通办”

实现贵州省专利商标业务“一窗通办”。全年完成专利(电子)申请初审45 472件;专利费减备案审批16 157件。受理专利优先审查268件,平均可为每件申请缩短审查周期10个月以上。审批专利费减备案 16 157 件，预计可为贵州省专利申请人减免专利申请相关费用 4500 万元。

5. 加强知识产权指导服务

组织开展“知识产权面对面服务”活动，共计 40 余次，活动范围涵盖 9 个市州、230 多家企事业单位，服务人数超过 1000 人次。开展商标品牌指导站建设，面向企业、产业和基层加强商标品牌建设的指导和服务。

供稿：贵州省知识产权局

版权工作

一、版权行政执法工作

持续加大版权行政执法力度。把按月进行版权行政执法案件信息统计作为促进版权案件办理的抓手，将案件办理情况纳入年度市州考核，督促各地加强版权案件办理，每月及时统计案件完成情况并上报。2021 年完成版权案件 34 件，其中，网络案件 6 件，线下案件 28 件；公安部门办理的 5 件，上报国家版权局等部门联合督办案件 2 件。2 起行政部门移送司法侵权盗版案件成功宣判。

圆满完成“打击侵犯知识产权和制售假冒伪劣商品”专项行动中“版权行政执法、实施软件正版化”的各项目标考核。及时下发贵州省“剑网 2021”专项行动通知，启动实施“剑网 2021”行动，加大对网络侵权盗版的打击和整治力度。举办全省版权行政执法培训班，科学配置课程、师资，确保培训实效。

开展执法表彰活动。1 家单位获国家版权局表彰的查处重大侵权盗版案件有功单位第二批表彰，3 人获有功个人第三批表彰。

二、软件正版化工作

深入贯彻落实推进使用正版软件工作部际联席会议（以下简称部际联席会议）第十次会议全体会议精神，不断完善软件正版化工作制度。及时调整省推进使用正版软件工作领导小组组成人员。制定下发《贵州省 2021 年软件正版化工作计划》，安排部署全年软件正版化工作。组织召开软件正版化工作会议，总结软件正版化工作，安排部署下阶段工作。组织开展软件正版化检查督查，对部分市州和省直 20 家单位软件正版化情况进行督查。

承办部际联席会议办公室全国软件正版化工作培训班，组织来自全国 7 个省份的政府机关和部分国有企业相关人员、全省 60 余家省直单位和各市（州）党委宣传部软件正版化工作具体负责人参训。

三、开展民间文学艺术版权保护工作

深入市州开展调研活动，指导对民族民间文化版权服务工程实施情况的调研活动。

启动实施“激活价值　致力振兴”民族民间文化版权保护工程，在深入基层做好民族民间文化版权服务的同时，探索建立区域内民族民间文学艺术版权保护制度体系。服务工程到访省内 50 余个县 200 余家企业，上门服务 40 余场次，登记民族民间版权作品近 3000 件。贵州和江苏、四川被列为民间文艺版权保护三个试点省份。获批设立“国家民族民间文化版权贸易基地（西南）”。

四、启动实施红色文化资源版权保护行动

启动实施了“奋进百年　红色印记”贵州红色文化版权保护行动，为 300 余件红色版权作品提供版权登记为主的服务，推出视频 50 条，浏览量 200 多万次。与贵州省委党史研究室共同推出贵州省红色 IP 线路，组织贵州红色文化版权保护行动成果展 1 次。推出宣传一批兼具经济价值和红色文化宣传意义的版权创意产品，《中国知识产权报》以《“贵州红”打开红色故事新大门》为题对版权保护行动中涌现发掘出的双效俱佳的红色文创产品进行专题报道。

五、精心组织版权宣传活动

在“4·26全国知识产权宣传周”活动中，精心准备系列宣传活动，参与发布贵州省知识产权保护白皮书，并就版权保护工作答记者问。指导各市（州）结合各自工作实际，开展丰富多彩的版权宣传推广活动。组织开展2021年全省大学生版权征文活动，收到参赛论文32篇，1篇作品获第十三届全国大学生版权征文活动二等奖。

六、版权社会服务工作深化推进

首次组团参加第八届中国国际版权博览会，组织数字版权、红色文化版权、民族民间文化版权三个展区，300余件版权作品及运用区块链技术开发的版权存证登记平台等亮相。苗绣、银饰、蜡染等多幅作品入选国家版权局“纪念著作权法实施30周年成就展”。贵州省版权局获评优秀组织奖。

持续做好作品版权登记工作。2021年，贵州省作品登记平台登记作品20万件。贵州省作品登记平台创新运用大数据技术手段，完善线上登记流程，提供全流程优质版权社会服务。

供稿：贵州省版权局

司法工作

一、知识产权审判总体情况

1. 收结案情况

2021年，受理知识产权案件5490件（含再审案件1件），共审结4058件，同比分别增长104.88%和91.77%，收、结案数均呈现大幅增长态势。其中，一审案件受理5095件，审结3670件，同比分别增长105.52%和91.24%；二审案件受理394件，审结388件，同比分别增长97%和95.95%。

2. 案件分布情况

2021年受理知识产权案件中，民事案件共5310件，同比增长113.25%，其中，一审4949件，二审361件，同比分别增长113.22%和113.6%；刑事案件共176件，同比下降5.88%，其中，一审144件，二审32件，同比分别下降7.69%和增长3.23%；行政案件3件，其中，一审2件，二审1件。

2021年受理知识产权民事一审案件中，著作权类1550件，同比增长32.81%；商标类2900件，同比增长229.54%；专利类264件，同比增长41.17%；技术合同类183件，同比增长154.16%；其他类案件52件，同比增长246.66%。

2021年受理知识产权刑事一审案件中，主要为假冒注册商标罪、销售假冒注册商标的商品罪案件，另有少部分侵犯著作权罪、销售侵权复制品罪案件。

2021年受理的知识产权行政一审案件为商标行政案件。

3. 案件主要特点

案件数量呈持续上升态势。近三年来，受理知识产权案件分别为1860件、2681件、5490件，年均增幅分别为96.2%、44.14%、104.77%。

从案件总体分布情况来看，知识产权民事案件占知识产权总数的96%，比2020年上升3个百分点，增长最为明显，刑事案件数量呈下降趋势。

在民事案件中，案件虽仍集中为著作权、商标权纠纷案件等传统知识产权案件，但此类案件占比较2020年有所下降，民事知识产权案件类型呈现多元化趋势。专利权纠纷、技术合同及其他知识产权纠纷案件数量均有不同幅度上涨。

刑事案件主要集中在侵犯商标类犯罪上。其中，一审刑事案件中，假冒注册商标罪、销售假冒注册商标的商品罪案件占总数的89.58%。

二、充分发挥知识产权审判职能作用，强化知识产权司法保护

1. 持续加强知识产权权利的司法保护

精准适用惩罚性赔偿制度。在办理央视国际网络有限公司诉贵阳中医脑康医院有限公司、张某侵害商标权及不正当竞争纠纷一案中，首次在知识产权案件审判中适用惩罚性赔偿。

强化对商业秘密的司法保护。在办理贵州绿建科技发展有限责任公司诉贵州沐易科建科技发展有限公司、夏某侵犯商业秘密纠纷一案中，紧密围绕商业秘密的法律构成要件，阐述了客户名单应具备“稳定的交易习惯、不同于他人的交易习惯以及特殊的合同标的标准和付款方式等”特性，认定本案构成不正当竞争行为。

2. 依法严厉打击侵犯知识产权刑事犯罪行为

2021 年审理的知识产权刑事犯罪绝大多数涉及白酒领域，其中尤以涉茅台酒最为突出。在办理刘某、郑某、陈某等 13 人犯假冒注册商标罪一案中，被告人刘某等 13 人犯假冒注册商标罪，分别被判处有期徒刑一年零六个月至五年零六个月，并处罚金 5 万元至 2100 万元。

3. 强化对知识产权行政行为的司法审查

着力强化对知识产权授权确权行政行为和行政执法行为合法性的审查，积极促进依法行政。

三、完善知识产权保护体制机制，优化知识产权司法保护体系

1. 科学调整案件管辖布局

发布《关于调整全省法院知识产权民事和行政案件管辖的通知》，对贵阳和遵义两家中院的集中管辖范围进行调整。

2. 不断完善多元化纠纷解决机制

贵阳中院联合贵阳市市场监督管理局、贵阳仲裁委员会，推动建立行政查处、商事仲裁与司法裁判多维度保护知识产权的联动方案，配合贵阳市市场监督管理局完成《关于推进知识产权纠纷多元化解工作的实施方案》，参与筹备贵阳市知识产权保护中心。

贵阳中院探索建立了知产庭与立案庭、民商事调解中心密切配合的“类案诉调快速通道”，在立案、诉前调解环节发现知识产权同一权利人大规模起诉案件时，对代表性案件快立、快审，并快速反馈裁判结果至调解中心，提高类似案件诉前、诉中调解成功率。2021 年，贵州全省法院知识产权民事一审案件中以调解撤诉结案的案件共 1614 件，调解撤诉率为 32.61%。

积极开展诉源治理工作，积极促成中国音乐著作权协会与相关文化娱乐行业协会以及 KTV 经营者进行集体签约活动。2021 年，全省法院涉 KTV 经营者的知识产权案件数量显著下降。

3. 积极推进知识产权案件繁简分流

贵阳中院在 KTV 著作权侵权案件中引入“要素式”裁判，生成表格式文书底稿。通过集约送达中心积极开展电子诉讼，贵阳市电子送达适用率达 65.18%。采用多形式电子庭审，便利当事人诉讼，在侦查—起诉—审判环节全流程“电子推送”，其中，贵阳中院网络开庭并当庭宣判的陈某某假冒注册商标案，获评第四届全国法院“百场优秀庭审”。

四、强化调研指导，增强知识产权司法能力

2021 年初，针对 2020 年全省法院知识产权案件二审审理情况进行分析研究，形成《2020 年改判发回案件质量分析报告》。针对知识产权案件审理实践中遇到的问题，拟定“KTV 行业著作权侵权赔偿”“商标侵权损害赔偿”“知识产权刑事犯罪罚金刑适用”3 个专题调研项目，撰写调研报告。其中《知识产权刑事犯罪罚金刑适用》一文发表在《人民司法》。贵阳中院拟定《知识产权案件裁判标准汇总》，进一步统一贵阳中院辖区知识产权案件裁判尺度。注重热点疑点难点问题的理论分析，针对相关疑难问题先后在“知产力”等微信公众号发表理论文章 12 篇，展示了贵州法院知识产权理论研究水平。

五、持续加强知识产权保护宣传，营造知识产权保护的良好氛围

审理的邱某某等与贵州省博物馆等著作权权属及侵害著作权纠纷案入选2020年中国法院50件典型知识产权案例。遵义中院审理的贵州汪某等制作出售假冒他人署名美术作品案入选国家版权局、全国“扫黄打非”办公室发布的2020年度全国打击侵权盗版十大案件。2021年“4·26全国知识产权宣传周”期间，发布2020年贵州知识产权司法保护白皮书及典型案件，同时公开审理石某某、谢某某、吴某侵犯著作权罪一案。

先后受省市场监督管理局邀请为“2021年全省酒类市场监管工作培训班”授课，受省广播电视台邀请，宣讲新施行的《著作权法》。贵阳中院邀请贵阳市仲裁委员会、贵阳市民商事案件调解中心联合举办“创新、保护、发展——协力共筑卡拉OK版权保护新秩序”活动，前往贵阳市观山湖区长岭街道社区以“权利的保护”为题开展知识产权保护法治宣讲专题讲座。遵义中院与市知识产权局、红花岗区知识产权局、遵义主城区各市场监督管理局、遵义仲裁委员会等部门开展“加强知识产权保护，推进司法和行政协作”座谈会。

供稿：贵州省高级人民法院
知识产权审判庭

检察工作

一、基本办案情况

2021年，贵州检察机关共办结审查逮捕侵犯知识产权犯罪案件136件242人，批准逮捕84件139人(其中，假冒注册商标罪40件74人，销售假冒注册商标的商品罪36件54人，非法制造、销售非法制造的注册商标标识罪6件9人，侵犯著作权罪1件1人，销售侵权复制品罪1件1人)。共办结移送审查起诉侵犯知识产权犯罪案件129件279人，提起公诉115件254人(其中，假冒注册商标罪60件140人，销售假冒注册商标的商品罪46件84人，非法制造、销售非法制造的注册商标标识罪6件24人，侵犯著作权罪2件4人，销售侵权复制品罪1件2人)，无无罪生效案件。提前介入70件，纠正漏捕后起诉7人，书面提出纠正违法11件次，制发检察建议5件；监督公安机关立案5件，要求公安机关说明不立案理由5件，公安机关监督后主动立案4件；监督公安机关撤案10件，公安机关主动撤案10件。

二、综合履职情况

一是强化重点工作。根据全省侵犯知识产权犯罪以制售假冒知名酱香型白酒最为突出且主要发生在贵阳市、遵义市的特点，坚持将该两地区的侵犯知识产权犯罪案件分别由辖区市级检察院管辖，确保司法办案质效，助力全省酱香型白酒市场整顿。2021年，提起公诉侵犯知名酱香型白酒知识产权犯罪案件76件181人，涉案金额超3800万元。其中，贵阳、遵义共计69件170人，涉案金额超3500万元，两地案件数占90.8%，涉案金额占92.1%，起诉人数占93.9%。

二是强化组织领导。其一是抓好组织建设。结合经济犯罪检察工作实际，组建专门办案团队负责侵犯知识产权犯罪案件办理。明确专人对接联络相关对口部门，确保知识产权检察工作有条不紊推进。其二是深入对下指导。根据全省侵犯知识产权犯罪实际，通过发布典型案例、下沉开展个案指导等举措，有针对性地强化知识产权检察工作指导。2021年，发布经济犯罪检察典型案例10件，其中侵犯知识产权犯罪典型案例2件。

三是强化机制建设。其一是重视对口联系。2021年，向最高人民检察院知产办、贵州省“双打办”等部门报送知识产权检察工作材料10余篇，知识产权检察典型案例6件。其二是开展专项行动。2021年，部署开展为期5年的“四大检察”护航

"十大产业"高质量发展专项工作,其中明确要求以"四大检察"护航"十大产业"高质量发展专项工作为抓手,突出打击侵犯"十大产业"商标权、著作权、专利权、商业秘密等知识产权违法犯罪。其三是建立办案机制。2021年,贵州省人民检察院印发《贵州省检察机关经济犯罪检察类案件备案审查工作规定》,明确下级院办理的知识产权领域不捕不诉案件必须报省级院备案审查,确保贵州省人民检察院对重点案件进行实时督导。贵阳市人民检察院在全省率先开展侵犯知识产权刑事案件权利人诉讼权利义务告知和意见听取全覆盖、侵犯知识产权刑事案件不诉公开听证全覆盖工作,充分保障权利人的司法知情权、诉讼参与权,切实提升不诉案件质量。遵义市人民检察院制定《知识产权刑事案件引导侦查证据收集指引》,指导辖区检察机关在介入知识产权犯罪案件中正确引导公安机关收集证据。其四是推动联动协作。贵阳市公检法机关召开知识产权刑事案件办理联席会议,就证据标准、羁押必要性、轻缓刑适用等问题展开研讨,切实解决辖区司法机关在办理知识产权犯罪刑事案件中面临的困难和存在的分歧;遵义地区仁怀市、播州区、务川县等基层检察院分别与辖区公安机关建立知识产权刑事案件提前介入工作机制,有效解决知识产权刑事案件"下捕上诉"工作中存在的证据标准不一致、法律适用有偏差等问题。其五是深化法治宣传。积极参与省"双打办"每年牵头开展的"4·26世界知识产权日"宣传活动,认真组织报送相关宣传信息,并在活动当天组织全省检察机关开展集中宣传。遵义市人民检察院深入走访湄潭县多家茶企,发放《知识产权保护白皮书》等资料,并结合涉及茶叶知识产权保护的典型案例向茶企宣讲相关法律政策。

三、强化队伍建设

2021年以来,贵州省人民检察院先后向全省检察机关推荐了6名知识产权检察业务骨干,参加国家检察官学院举办的1～3期侵犯知识产权案件办理公检法同堂培训高级研修班;推荐3名经济犯罪检察业务(涵盖知识产权检察业务)骨干参加全国检察机关经济犯罪检察人才库评选,2名骨干入选。

四、工作成效

最高人民检察院、贵州省人民检察院联合指导遵义市人民检察院办理的汪某等10人侵犯著作权案,有力震慑了制贩假字画犯罪,净化了文化市场环境,保护了著作权人的合法权益,并在罪名适用、证据收集、鉴定方式、鉴定标准、金额认定等方面积累了经验,为全国办理同类案件提供了参考。2021年10月,遵义市人民检察院获评第八届中国国际版权博览会2020中国版权金奖(保护类)获奖单位。

供稿:贵州省人民检察院
第四检察部

云南省

知识产权工作

一、知识产权创造水平全面提升

2021年,专利授权41 167件;有效发明专利拥有量18 872件,同比增长21.17%;每万人口高价值发明专利拥有量1.39件;全省商标申请14.9万件,商标注册11.39万件,有效注册量53.86万件,同比增长23.8%。新增地理标志商标25件,累计307件,新增地理标志产品2件,累计64件。

二、知识产权战略实施能力有效增强

印发《云南省进一步强化知识产权保护工作 18 条措施》。指导全省 16 个州、市全面建成州、市人民政府知识产权战略实施工作联席会议制度，形成上下联动、合力推进知识产权强省建设的工作格局。编制印发《云南省“十四五”知识产权发展规划》，绘就全省知识产权未来 5 年发展蓝图；《中共云南省委云南省人民政府关于贯彻〈知识产权强国建设纲要（2021—2035年）〉的实施意见》编制工作有序推进，及时完成代拟稿起草并上报省政府，推动知识产权强省建设迈上新台阶。在《云南省 2021 年度州市营商环境评价工作方案》中设置“知识产权”相关考核事项，督促各州、市政府切实提升知识产权工作能力。

三、知识产权运用转化水平持续提高

实施 16 个地理标志运用促进工程助力乡村振兴，带动 10 万余户农户生产，直接或间接带动农民就业 20 万余人，累计经济效益达 36 亿元。联合省财政厅制定《云南省实施专利转化专项计划助力中小企业创新发展工作方案（2021—2024 年）》，激发高校院所和国有企业专利转化的活力和积极性，全年出让专利 1932 次、受让 1493 次。省市场监管局联合省银保监局、省发改委共同制定《云南省知识产权质押融资入园惠企三年行动方案》，与 7 家金融机构签订战略合作协议，实现专利、商标质押融资 4.2 亿元。印发《云南省知识产权强企工程项目管理办法》《云南省知识产权示范园区管理办法》，新认定 158 家省级知识产权优势企业，新增贯标认证企业 20 家，新增知识产权管理规范国家标准认证企业 20 家，新增省级知识产权示范园区 7 家，15 项专利获第二十三届中国专利奖优秀奖，50 项发明专利获云南省专利奖。

四、知识产权保护能力不断加强

积极配合省人大常委会开展《专利法》《云南省专利促进与保护条例》等有关法律法规执法检查，强化地方知识产权保护制度建设。初步编写完成《云南省专利促进与保护条例》修订草案，与省高级人民法院联合印发《关于建立知识产权民事纠纷司法审判和行政调处在线诉调对接机制的通知》，有效完善知识产权保护政策体系。制定印发《云南省知识产权维权援助工作站工作规则》，有力推进中国（云南）知识产权维权援助中心与中国（昆明）知识产权保护中心建设，构建知识产权快速协同和大保护格局。

扎实推进地理标志保护工作，牟定县获批国家地理标志产品（牟定腐乳）保护示范区，新增核准使用地理标志保护产品专用标志企业 39 家。全省各级市场监管部门共查处商标案件 687 件，办理专利侵权纠纷案件 90 件，假冒专利案件 65 件。

五、知识产权服务体系更加完善

持续加强知识产权公共服务体系建设，印发实施知识产权领域“放管服”改革 12 条措施。编印发布《2020 年度云南省知识产权统计年报》和《2020 年度云南省重点产业知识产权分析研究报告》，创造性地提出“绿色专利”的分类和筛选方法，为重点产业知识产权布局提供数据支撑。国家知识产权局云南业务受理窗口实现专利、商标“一窗通办”，新设立商标受理窗口 5 个。全省知识产权服务网点开展知识产权咨询、检索、分析等公共服务 4 万余次，专利电子申请率 99%以上，居全国前列，商标受理窗口电子申请率达 100%。开展知识产权服务机构“双随机、一公开”检查，完成对随机抽取的 94 家代理机构组织调查。申报 2021 年全国专利代理师资格考试考点，组织 379 人次完成考试报名。组织专家服务队，先后深入昆明等 6 个州、市，举办知识产权培训和对接咨询服务活动 10 场次，累计培训 700 余人次；开展知识产权公共服务线上线下培训 80 余次，培训 6 万人次。

六、知识产权文化氛围不断强化

首次开展知识产权进党校活动，面向440多名厅级、处级领导干部发放相关教材；联合国家知识产权局、省委党校举办以《知识产权强国建设纲要（2021—2035年）》政策解读为主题的培训会，全省100多名县处级领导干部参与学习。构建多层次的云南省知识产权智库，建成入库专家205人的云南省知识产权专家库暨技术专家库，新认定领军人才3人、高层次人才7人和实务人才12人。认定云南师范大学附属俊发城小学等20所学校为云南省第二批中小学知识产权教育试点学校。组织开展以"全面加强知识产权保护推动构建新发展格局"为主题的"4·26"知识产权宣传活动，与省政府新闻办联合召开新闻发布会，发布"十三五"时期全省知识产权工作所取得的显著成效，在《中国知识产权报》"4·26特刊"刊登云南专版，编印发放专利、商标等知识产权宣传材料1万份。

供稿：云南省知识产权局

版权工作

一、打击侵权盗版力度持续加大

1. 版权行政执法机制不断完善

按照《关于深化文化市场综合行政执法改革的指导意见》，确定全省版权行政执法事项交由文化市场综合行政执法机构行使的权责清单，保障版权行政执法的有效性、合法性。

2."剑网"专项行动成效明显

整合网信、公安、通信管理、文化旅游等部门的装备、技术、人员力量，组织全省版权管理人员和执法骨干30余人，首次开展"云南省打击网络侵权盗版集中办案周行动"，以短视频、网络直播、在线教育、网络新闻、网络音乐、游戏动漫、网络文学、计算机软件等领域为重点，对云南境内管辖的相关互联网平台进行巡查，排查新闻出版类行政案件线索51条，版权案件线索31条，移送公安机关涉嫌著作权犯罪线索7条。各州（市）版权局联合当地相关部门，认真开展"剑网2021"专项行动。

3. 行政执法效能明显提升

2021年，立案调查侵权盗版案件39起，结案30起，捣毁制售侵权盗版窝点2个，著作权行政处罚案件数量年增长超20%，立案率增长30%，查办案件数量逐年稳步提升。昆明市查办的"太牛"App擅自转载新华社新闻作品侵权案是云南省第一起行政处罚的新闻作品侵权案件，为全省维护新闻转载版权秩序提供了实践经验。2021年，5个单位和1名个人获评2020年度查处重大侵权盗版案件有功单位和有功个人。

二、推进使用正版软件工作持续深入

1. 主体责任落实到位

建立软件正版化工作机制，履行软件正版化工作职责，制定本地年度工作计划，明确工作任务和主体责任，安装使用正版软件数量大幅提升。2021年，省推进使用正版软件工作联席会议对9个州（市）、442家党政机关进行全覆盖检查，6个州（市）正版率达90%以上，137家单位正版率达100%。

2. 重点工作有效推进

召开省推进使用正版软件工作联席会议全体会议，审议并印发《云南省着力推进使用正版软件工作要点》。优先使用国产软件，鼓励优先采购国产软件产品及服务，把规范国产软件正版化管理列为重点工作范畴。截至2021年底，全省统一采购的金山WPS办公软件下载安装达52万次，各地区各部门各单位购买其他国产软件5万余套，国产软件省内安装使用量呈稳步上升趋势。

3. 考核评议不断强化

进一步促进软件正版化相关各项制度

落地生效,省级有关单位把软件正版化工作纳入全省意识形态工作责任制、打击侵权假冒工作考评范围。在全省预算执行、社保资金、经济责任和信息系统等审计项目中开展软件正版化结合式审计项目 15 个。7 个州(市)把软件正版化工作纳入本州(市)级党政意识形态考核范围,3 个州(市)结合本地区工作实际,对本地区各部门各单位软件采购资金管理使用和软件资产管理等情况开展审计。

三、版权社会共治水平持续提升

1. 版权服务工作站建设不断加强

新增 15 家版权服务工作站,撤销工作消极、有名无实的服务工作站 4 家。截至 2021 年底,设有服务工作站 28 家,遍及 9 个州(市)。2021 年,版权服务工作站登记作品 14 069 件,占年登记总量的 60.2%。设有软件正版化服务工作站 1 个,为年度检查提供技术力量,参与软件正版化工作培训授课 18 场次。

2. 作品登记系统作用发挥明显

2021 年,作品登记量 23 368 件,较上年增加 12 239 件,同比增长 109.97%。

3. 广泛开展版权宣传培训

印制主题宣传系列公益海报,举办“最美蓝花楹、版权伴你行”线下主题版权宣传活动,开展网络集中宣传专题系列报道。一是在云南网开设“版权工作在云南”专栏,刊发各地各部门版权工作动态新闻报道百余篇,浏览总量 4 096 232 人次;二是开设版权知识在线参与互动答题游戏,参与人数 70 038 人;三是在“云南版权”微信公众号共发布推文 165 条,对云南省版权工作和业界热点内容进行宣传报道,全年粉丝数量增长达万余人;四是联合省委教育工委开展大学生版权征文活动,向国家版权局选送的论文获全国活动一等奖;五是面向全社会征集云南版权标识,进一步促进云南版权品牌形象建设。各州(市)版权局结合“全民阅读”“集中销毁”等活动开展知识产权周版权宣传活动。

举办“2021 年软件正版化暨版权工作培训班”,16 个州(市)委宣传部分管版权工作的副部长、版权管理部门的负责人、文化市场综合行政执法机构业务骨干,以及省级有关单位业务负责同志等 200 余人参训。各州(市)版权局根据工作实际,分别组织开展本地区的各项培训 20 余场次。

四、持续推动版权产业发展

1. 支持企业开展版权贸易活动

2021 年,云南开屏信息技术公司、云南音像出版社探索版权网络交易运营,建立交易平台基础运营系统。指导昆明文化创意产业协会开展“金茶花”文创设计大赛,促进云南省企业在版权创造领域与其他省份进行有效交流,为拓展国内外版权交易提供平台。

2. 拓展相关企业交流合作渠道

组织省内 10 家优秀版权企业组团首次参加第八届中国国际版权博览会,以“版权花开彩云南”为主题展示云南民族特色版权产品,使参展企业得到同版权产业发达地区、国际性版权产业组织进行深入沟通交流学习的机会,为云南版权创造、贸易合作、版权运用转化、版权产业发展拓宽渠道。

3. 版权示范创建积极响应

2021 年,各州(市)和相关企业、机构 39 家单位报名参与版权示范创建评选活动。评选出 9 家省级示范单位(园区、基地)并向国家版权局选送。云南丽江滇秀唐卡邮箱公司、建水紫陶产业园区分别获批 2020 年度全国版权示范单位、全国版权示范园区(基地)。

供稿:云南省版权局

司法工作

一、依法履行审判职责,强化知识产权司法保护力度

坚持执法办案第一要务,紧紧围绕“努

力让人民群众在每一个司法案件中感受到公平正义”目标要求，严格依法、公正、高效审理知识产权案件。

2021 年，受理涉知识产权类案件 8932 件（其中旧存 721 件，新收 8211 件），同比上升 59.17%；审结 6403 件，同比上升 31.08%。

受理知识产权民事案件 8165 件，同比上升 46.56%（其中著作权案件 4781 件，商标权案件 2774 件，专利权案件 320 件，不正当竞争案件 49 件，垄断案件 2 件，其他类型案件 239 件），审结 6356 件，同比上升 30.97%。

受理知识产权刑事案件 54 件，同比上升 42.1%（其中假冒注册商标罪案件 15 件，销售假冒注册商标的商品罪案件 36 件，非法制造、销售非法制造的注册商标标识罪案件 1 件，侵犯著作权罪案件 2 件），审结 46 件，同比上升 58.62%，二审改判 7 件、发回重审 1 件，改判、发回率 8.44%。

受理知识产权行政案件 1 件，审结 1 件。

二、推进审判机制改革，提高知识产权司法保护效能

在全省实施知识产权民事、行政和刑事案件“三合一”跨行政区划集中管辖的基础上，2021 年 1 月，与省检察院、省公安厅联合下发《关于调整知识产权案件管辖的通知》，进一步完善案件管辖和协调机制。

9 月 9 日，与云南省知识产权局联合制定印发《关于建立知识产权民事纠纷司法审判和行政调处在线诉调对接机制的通知》，促进知识产权矛盾纠纷源头化解，率先确立知识产权纠纷行政调解协议司法确认制度。进一步推进依法、及时、有效预防和化解知识产权纠纷，助力云南形成知识产权“大保护”格局、实现“快保护”效果。

三、加强疑难案件研判，提升知识产权审判质能

云南法院审理的知识产权案件以著作权纠纷、商标权纠纷居多。信息网络的普及和科学技术的高速发展，催生了新类型、疑难案件，知识产权审判工作难度和强度增大。针对此现象，云南法院加强调研，强化精品意识，努力打造事实认定准确、法律适用得当、法律效果和社会效果良好的精品案件，力争通过裁判明确划定权利边界，为市场主体的经营行为提供明确规则指引。2021 年，1 件不正当竞争纠纷案入选 2021 年中国法院 50 件典型知识产权案例。

四、强化审判业务指导，确保知识产权裁判标准统一

开展审判流程管理和案件质量评查，加强审判程序节点管控，不断提高案件审理质量和效率，切实提高裁判文书撰写水平。高度重视案例撰写工作，做好案件的总结研究。建立重大疑难案件报备制度、案件改判发回重审评析通报制度，保证知识产权案件的审判质量。4 月和 12 月，分别召开全省法院知识产权审判工作调研座谈会和视频会，全面分析当前知识产权审判工作面临的形势，深入研究存在问题及解决方案，统一裁判标准。对涉及全省的著作权类案件进行改革，减少此类案件数量约 3800 件，促成 100 余家侵犯著作权的商家与权利人达成和解。

五、加强沟通相互协作，构建知识产权保护共建共治共享新格局

加强与省知识产权战略实施工作联席会议成员单位的沟通交流，互通信息，加强协作。

向省市场监管局发出关于严厉打击假冒机动车润滑油生产销售行为的司法建议后，省市场监管局高度重视，2021 年 2 月底回函，表示将车用润滑油产品纳入年度质量安全监督抽查重点目录，排查隐患，开展专项整治。

3 月，省高院知识产权庭应邀赴禄劝

县开展走访指导;9月,由省高院党组成员、副院长率队赴普洱开展走访指导活动,召开"特色产业商标法律问题解答"主题座谈会。4月,普洱中院到跨行政区划集中管辖区的西双版纳州走访调研。对当地构建企业知识产权战略、提升知识产权应用和保护水平、营造良好市场竞争秩序提出具体建议,获得当地部门和企业的好评。

3月9日,省高院知识产权庭同省公安厅生态环境与食品药品犯罪侦查总队召开座谈会,就知识产权民事、行政和刑事案件"三合一"跨域集中管辖、技术事实查明、证据认定标准等问题进行深入座谈交流。

9月,昆明中院参加昆明市知识产权协同保护研讨会,共同推进中国(昆明)知识产权保护中心建设。

六、加大普法宣传力度,提升全社会知识产权保护意识

云南各知识产权案件管辖法院在每年"知识产权宣传周启动仪式"上,发布知识产权司法保护情况及典型案例,并通过发放宣传册、现场答疑、座谈交流等各种形式积极开展知识产权宣传周系列活动。

4月20日,参加"2021年云南省知识产权宣传周活动启动暨新闻发布会",介绍2020年云南省知识产权司法保护工作成效,并发布云南法院2020年度五个知识产权司法保护典型案例。4月23日,昆明中院召开新闻发布会,发布2019—2020年昆明中院知识产权司法保护状况白皮书,并通报十个典型案例。4月21日,普洱中院召开2021年知识产权宣传周新闻发布会,通报近年来知识产权司法保护的重要成果,发布2020年度3个知识产权典型案例。2021年度知识产权宣传周期间,公开开庭审理知识产权案件111件,全部在庭审直播网同步进行网络直播,部分案件邀请广大干部群众、新闻媒体等到现场旁听。

供稿:云南省高级人民法院
知识产权审判庭

检察工作

一、积极发挥检察职能,全面落实检察保护任务

一是始终保持对侵犯知识产权犯罪的严惩态势。组织全省检察机关认真学习《中华人民共和国刑法修正案(十一)》,指导相关职能部门准确把握侵犯知识产权犯罪的修改内容,确保精准有效打击犯罪。2021年,全省检察机关共批捕侵犯知识产权犯罪案件48件71人,提起公诉43件90人。法院同期作出生效判决14件40人,均为有罪判决。挂牌督办昆明"4·10"涉嫌制售侵权盗版图书案,与文旅、版权、市场监管等部门加强协作,助推省级执法部门治理教辅图书批发零售行业;该案被告人认罪认罚,一审终审结案,取得较好的政治效果、法律效果和社会效果。以《斩断伸向教辅书籍的魔爪》为题宣传该案的督办情况,并被《检察日报》刊载。

二是全面推进侵犯知识产权刑事案件权利人诉讼权利义务告知工作,将其纳入全省经济犯罪检察工作要点,要求权利人告知工作实现案件全覆盖。2021年中,对工作落实情况进行督导,对还未进行权利人告知的在办案件,要求各地及时逐件落实。各地采用电话、信函、当面送交等多种方式,实现一审案件100%告知率。

三是强化机制建设,着力提升保护效能。专题调研云南省知识产权案件实行"三合一"集中管辖以来案件办理中存在的困难和问题,针对性制定出台《云南省人民检察院关于知识产权刑事案件集中管辖的办理规定》,进一步规范知识产权案件跨行政区划办理流程,着力解决案件在跨行政区域集中管辖中遇到的捕诉衔接等问题,提高办案质效。整合三级检察院专业力量,组建知识产权检察专业化办案团队,加强知识产权检察保护领域理论和实务研究,以点带面着力提升检察机关知识产权检察业务能力。普洱市人民检察院在全省

率先成立知识产权检察办公室，统筹、协调四大检察形成知识产权综合保护合力。

二、加强横向协作，形成知识产权协同共治良好局面

一是深入推进“两法衔接”，增强知识产权保护合力。与云南省市场监督管理局深入研究“两法衔接”中存在的问题，联合出台《关于进一步加强市场监管行政执法与刑事司法衔接工作的通知》，进一步强化检察机关与市场监管部门的信息共享和工作协作，通过对重点领域开展联合执法、组织联合培训，促进执法司法的有效衔接，加大对侵犯知识产权违法犯罪的打击力度。2021年元旦、春节期间，全省检察机关与市场监管部门深入商场、超市、药店、餐馆、加油站、食品批发市场、集贸市场等人口聚集多、人员流动大的场所或区域，联合开展专项整治活动，从严从快打击侵权假冒犯罪，切实维护元旦、春节期间公平、健康的市场秩序。

二是建立检警联席会商机制，严厉打击知识产权犯罪。云南省人民检察院第四检察部与云南省公安厅环食药总队就构建检警保护知识产权司法合力，综合运用打击、预防、综合治理、联合培训及宣传等方式，保障创新驱动发展达成共识，并在全年工作中实质性推进重大信息通报、案例研讨、交流培训的联席机制，通过检察官个案引导侦查、类案沟通搭建证据模型的方式，打破知识产权集中管辖带来的捕诉分离困境，有效打击犯罪。应云南省公安厅生态环境与食品药品犯罪侦查总队的邀请，云南省人民检察院第四检察部派出检察官先后为全省公安机关知识产权侦查业务培训班、环食药侦支（大）队长能力提升训练班共计300余名学员授课。

三、深入推进法治宣传工作，营造全民保护氛围

设立知识产权保护工作专项宣传经费，进一步加大知识产权保护宣传力度。结合第21个世界知识产权日宣传主题，组织全省检察机关广泛开展宣传。与云南省工商联联合组织民营企业培训，开展知识产权法治宣讲、发放宣传手册，为参训企业提供现场法治咨询，引导民营企业合规经营。昆明市人民检察院走进中国（云南）自由贸易试验区，为自贸区民营企业提供针对性知识产权法律服务，听取民营企业负责人对知识产权检察保护的意见建议。针对城郊接合地区个体经营户较多，知识产权保护意识较为欠缺的情况，结合党史学习教育中的“我为群众办实事”活动，深入社区，向社区群众、个体经营户等发放知识产权手册，面对面讲解知识产权保护的重要意义，增强全社会尊重和保护知识产权的意识。因工作成效突出，《云南法制报》以《商标权频频被侵犯　云南检察机关如何守护企业权益?》为题进行了头版头条报道。

供稿：云南省人民检察院
知识产权检察办公室

西藏自治区

知识产权工作

一、知识产权顶层设计有效加强

自治区党委、政府将知识产权创新与保护运用纳入自治区政府年度重点工作。以开展2021年知识产权保护工作检查考核整改为契机，围绕强化知识产权保护、落实《知识产权强国建设纲要（2021—2035年）》《“十四五”国家知识产权保护和运用规划》等决策部署出台多项提升推进计划，印发《西藏自治区贯彻〈知识产权强国建设纲要(2021—2035 年)〉的实施意见》,编制《西藏自治区"十四五"知识产权保护和运用规划》。推动设立由 31 家自治区中直单位组成自治区市场监管联席会议知识产权工作专项推进组,建立议事协调机制。

二、知识产权法治水平有效提升

协同自治区多部门开展专利、商标、版权、奥林匹克标志等知识产权专项行动,严厉查处侵权假冒等违法犯罪行为。受理各类知识产权投诉举报 34 起,立案查处 27 起,办结各类知识产权行政案件 37 件,调解专利纠纷 3 件。持续开展"双随机、一公开"监管,检查专利、商标代理机构 90 家,制止无资质代理商标注册行为 1 起,查处 4 家涉嫌违规经营的代理机构,处置非正常专利申请 434 件。将知识产权信用分级分类列入《推进企业信用风险分类管理进一步提升监管效能实施方案》,累计有 74 家涉及知识产权经营市场主体被列入经营异常名录。

三、知识产权区域布局效应初显

2021 年,拥有有效专利 6229 件,有效商标 52 369 件,分别同比增长 29% 和 22.5%。制定《西藏自治区地理标志运用促进项目建设工作指南》,持续推进岗巴羊、阿旺绵羊、林芝灵芝、那曲冬虫夏草地理标志产品运用促进项目建设,积极引导地(市)城市开展知识产权保护示范城市创建工作,1 家特色企业入选国家知识产权优势企业培育名单。加强区域公共品牌海外布局,引导"地球第三极""蓝天圣洁"等商标在 6 个国家注册 8 个类别 65 件商标。

四、知识产权公共服务体系日趋完善

会同自治区编办等部门提出西藏自治区知识产权发展和保护中心机构设置方案,在自治区拉萨经济技术开发区、柳梧新区等重点园区设立知识产权保护和服务工作站 2 个,在自治区律师协会设立知识产权专业委员会。与国家知识产权局专利局专利审查协作四川中心签订战略合作框架协议。设立自治区知识产权专家库,首批遴选专家 35 名。

供稿:西藏自治区知识产权局

版权工作

一、加强版权执法监管,有效整治侵权盗版行为

一是开展打击网络侵权盗版"剑网 2021"专项行动,加大音乐版权保护力度。组织自治区文化厅等相关单位对中国音像著作权集体管理协会西藏联络处开展的规范卡拉 OK 版权许可工作进行检查和指导。对歌舞娱乐行业负责人加强法制宣传,明确行业义务,为促进著作权集体管理制度健康发展、推动完善网络音乐版权授权体系打下良好基础。二是督办并指导拉萨市文化市场执法队成功办理"抓典糠噗梅朵"作品侵权案件。根据《中华人民共和国著作权法》对侵权人进行行政处罚,有效净化文化市场环境。三是开展 2020 年度举报、查处重大侵权盗版案件奖励评选和推荐工作,1 人获评国家版权局 2020 年度查处重大侵权盗版案件有功个人。

二、持续巩固软件正版化成果

一是进一步调整充实各地市、各部门联席会议领导小组成员单位及成员,推进政府机关落实软件正版化工作主体责任,建立健全长效机制建设,为开展软件正版化工作提供有力组织保障。二是加快推进医疗、新闻出版等特定行业和重点领域软件正版化工作。从源头上实现软件正版化,自治区卫健委部分医疗单位更换 488 套正版软件,新闻出版单位更换 10 套正版软件。三是加强软件正版化工作核查。对自治区市场监督局、自治区商务厅等 10 家自治区单位及林芝市、山南市等地市开展 2021 年软件正版化工作核查,形成核查工作报告。

三、不断优化版权社会服务

一是进一步优化作品登记服务，激发创意设计热情，作品登记的工作力度不断加强。作品登记的类别和形式更加多元化，2021 年受理作品登记 20 件，完成作品登记 6 件。二是创建自治区版权示范单位，在版权相对集中的单位成立版权资产管理机构，开展 2021 年西藏自治区版权示范单位创建评选工作，充分发挥示范带动作用。三是积极组织各出版单位参加第八届中国国际版权博览会。自治区展出优秀出版物，获“全国版权示范单位”版权创作产品参展。西藏自治区版权局获“优秀组织奖”。

四、开展版权宣传培训工作

一是“4·26 世界知识产权日”当天，围绕宣传主题，结合新修改的《著作权法》开展针对性版权宣传活动，组织自治区高级人民法院与中级人民法院等相关单位向经济开发区 60 多家企业开展“全面加强版权工作，推动构建新发展格局”知识产权宣讲活动。二是首次自主设计藏汉双语主题宣传海报、版权主题宣传布袋，精心设计制作版权基本知识笔记本，征订《〈中华人民共和国著作权法〉导读与释义》1000 册，向七地市委宣传部发放宣传海报和宣传品、宣传资料，扩大版权宣传社会影响力和覆盖面。三是推动新修改《著作权法》的学习宣传贯彻工作，积极开展“版权宣传进社区、正版服务送上门”活动。组织社区居委会工作人员张贴版权宣传海报 130 张，向市民发放版权宣传品及宣传资料 100 套，并在茶馆书屋现场宣传知识产权保护、著作权解读，解答群众疑问，对群众关心的版权热点问题，以案说法，讲述百姓身边的版权事例，帮助群众解答如何通过著作权作品登记、商标注册等实现知识产权应有的价值等问题。四是组织基层新闻出版人员参加 2021 年软件正版化工作培训班；联合相关部门开展“扫黄打非”、版权执法、审读业务培训班，不断提高基层新闻出版、版权执法工作人员的业务能力和工作水平。

供稿：西藏自治区版权局

司法工作

一、扎实推进审判工作，努力提高工作质效

1. 收结案件情况

2021 年，受理知识产权案件共 264 件，除阿里地区外，其他各地市均受理知识产权案件。其中，本院 36 件。案件类型有：侵害作品放映权纠纷 29 件，侵害商标权纠纷 3 件，委托创作合同纠纷 1 件，技术咨询合同纠纷 1 件，技术委托开发合同纠纷 1 件，著作权权属、侵权纠纷 1 件。

拉萨中院受理知识产权案件 137 件。其中，侵害商标权纠纷 72 件，侵害作品放映权纠纷 52 件，技术服务合同纠纷 3 件，计算机软件开发合同纠纷 1 件，委托创作合同纠纷 1 件，侵害作品信息网络传播权纠纷 1 件，著作权权属、侵权纠纷 1 件，侵害作品信息网络传播权纠纷 1 件，特许经营合同纠纷 1 件，商标使用许可合同纠纷 1 件，技术咨询合同纠纷 1 件，合作创作合同纠纷 1 件，侵害企业名称（商号）权纠纷 1 件。

昌都中院受理知识产权案件 37 件。其中，侵害作品放映权纠纷 24 件，侵害商标权纠纷 13 件。

林芝中院受理知识产权案件 18 件。其中，侵害作品放映权纠纷 14 件，侵害商标权纠纷 8 件。

日喀则中院受理知识产权案件 18 件。其中，著作权合同纠纷 7 件，侵害作品放映权纠纷 7 件，侵害商标权纠纷 3 件，著作权权属、侵权纠纷 1 件。

那曲中院受理知识产权案件 10 件。其中，著作权权属、侵权纠纷 6 件，侵害作品放映权纠纷 4 件。

山南中院受理知识产权案件 9 件。侵害作品放映权纠纷 9 件。

2. 知识产权审判工作主要举措

一是出台《西藏自治区高级人民法院知识产权案件“三合一”实施方案》。为推进知识产权案件“三合一”工作，实现知识产权案件专业化统一归口管理，出台实施方案，正式将知识产权涉刑事、行政案件归口民三庭，在方案实施初期，具体审判案件时，刑事、行政庭派一名法官参加民三庭相应案件合议庭，以弥补民三庭法官短缺的不足。二是案件呈逐年上升趋势。昌都中院往年基本无知识产权案件，2021 年收案达 37 件，拉萨中院收案数与上年同期相比增加近一倍。三是除拉萨中院，其他地市侵害作品放映权纠纷占比较大。主要原因是中国音像著作权集体管理协会之前在拉萨市启动侵害放映权诉讼后，2021 年在其他地市开始诉讼，如昌都中院收案 37 件中 24 件为侵害作品放映权纠纷，日喀则中院收案 18 件中 7 件为此类案件，尚未设立民三庭的林芝中院有 14 件，山南中院有 7 件，那曲中院有 4 件。四是侵害商标权纠纷占比大。拉萨中院收案中侵害商标权纠纷 72 件，占总收案数的 52.55%，昌都中院 13 件，占总收案数的 35.14%，林芝中院 8 件，占总收案数的 44.44%。市场主体商标维权意识不断提升。五是调判结合工作开展较好。昌都中院调解结案 12 件，日喀则中院调解结案 2 件，有效发挥了民事审判工作化解矛盾纠纷、促进安定和谐等积极作用。

二、强化法治宣传力度，着力为民办实事

2021 年上半年自治区高院知识产权审判庭组织四次规模较大的法治宣传活动，受众群众、企业、商户众多。一是 2 月份，与拉萨中院民三庭联合在苏宁电器、万达商场宣传知识产权相关法律、司法解释，在商场宣传栏投放知识产权宣传海报 30 余份、《知识产权案件诉讼须知》《最高人民法院关于知识产权民事诉讼证据的若干规定》《知识产权典型案例》等宣传手册 300 余份，同时向商户解读知识产权法律知识 50 人次。二是 4 月份，结合“4·26 世界知识产权日”及知识产权宣传月主题，应区质监局邀请，与拉萨中院民三庭派员分别在拉萨市质监局、经开区管委会，面向拉萨市、经开区企业 130 余家，宣讲与知识产权密切相关的《民法典》总则及自治区知识产权审判工作现状，发放宣传手册 200 余份。三是 5 月份，应区网信办邀请，在区网信办，面向全区三级网信办工作人员 150 余人，宣讲知识产权法律知识。四是 6 月份，与自治区高院其他民事审判庭联合在藏游坛城以有奖竞答、发放宣传手册等方式开展民法典、知识产权、环境保护等法治宣传。

供稿：西藏自治区高级人民法院
知识产权审判庭

检察工作

一、制定工作措施，落实司法保护

一是切实履行检察职能，依法打击犯罪。检察机关在办理涉知识产权犯罪案件中，严格依法履行审查批捕和审查起诉职能，从严打击侵犯企业知识产权的各类犯罪行为。畅通企业商业秘密侵权案件线索投诉渠道，严厉打击侵犯企业商业秘密的犯罪行为；加大对涉企业知识产权的保护力度，及时查处、打击侵权假冒、虚假宣传等侵犯商标权的犯罪行为。强化检察机关法律监督职能，加强对涉企业知识产权违法犯罪领域的行政执法工作、侦查活动及审判活动的监督，防止有案不移、以罚代刑、有案不立、有罪不究，借保护知识产权之名违法插手经济纠纷，违法适用、滥用强制措施等行为。2021 年全区检察机关共批准逮捕侵犯知识产权犯罪案件 2 件 2 人，起诉 3 件 3 人。

二是强化完善“两法衔接”机制。加强涉知识产权领域行政执法与刑事司法的联动机制建设，进一步做好与市场监管、新闻出版、版权、文化、专利、海关等行政执法部门的沟通与协作，努力实现案件移送、受理、查办、审判等环节的有效衔接，形成行动合力，确保知识产权保护工作取得实效。在打击侵权假冒领域"两法衔接"平台审查行政处罚案件68件，切实强化备案审查工作。

三是加强信息公开和法律宣传。落实普法责任制，通过专题法律讲座、普法宣传等形式，扩大宣传覆盖面，提升企业和人民群众知识产权意识，树立全区知识产权保护的良好形象。

二、开展专项工作，提高工作成效

一是认真开展打击侵犯知识产权和制售假冒伪劣商品专项工作，根据自治区双打办制定的《关于贯彻落实〈西藏自治区2021年打击侵犯知识产权和制售假冒伪劣商品工作要点〉的实施意见》，切实加大全区检察机关打击侵犯知识产权和制售假冒伪劣商品违法犯罪工作力度。二是持续开展农资打假专项行动。全区检察机关强化责任担当，认真履行检察职责，加大办理农资打假案件工作力度。各地检察机关专项工作领导小组办公室充分发挥工作指导和方向引领作用，建立专项工作联络人制度，切实推动农资打假专项工作的开展，突出以化肥产品打假为重点，狠抓源头，落实责任，依法严厉打击假冒农资产品违法行为，切实将农资打假工作落到实处。三是制定《关于贯彻落实〈在部分地区开展知识产权检察职能集中统一履行试点工作的通知〉的意见建议》，将依法履行检察职能、护航民营经济发展与践行"四个意识"、落实"两个维护"联系起来，与服务保障打好"三大攻坚战"、服务"六稳""六保"等中心工作结合起来。坚持平等保护、依法保护、全面保护，进一步健机制、抓办案、重治理、强队伍，着力为服务民营经济健康发展贡献检察力量。

供稿：西藏自治区人民检察院
知识产权检察办公室

陕 西 省

知识产权工作

一、在质量和数量上协同发力，优化知识产权创造

实施高价值专利培育工程，重点产业链选取13家龙头企业强化高价值专利的开发和系统布局。培育高知名度商标，开展打击商标恶意抢注行为专项行动计划，规范商标注册秩序，增强商标使用导向。启动地理标志保护产品培育工程项目，持续加大地理标志保护产品培育力度。

2021年，获授权专利8.6万件，同比增长42.5%。其中，发明专利授权1.55万件，同比增长28%。商标注册申请16.9万件，商标注册14.2万件，同比增长48.3%。PCT国际专利申请481件。截至2021年底，发明专利拥有量6.7万件，同比增长23.3%，每万人口高价值发明专利拥有量6.54件，同比增长40.3%。有效商标注册62.07万件，同比增长26.6%。地理标志商标累计注册144件，累计获批地理标志保护产品86个。

二、在机制和效能上同步发力，强化知识产权保护

首次印发实施《"知识产权保护年"工作方案》，把强化知识产权保护摆在全省知识产权工作更加突出位置进行部署推进。一是着力构建协同联动的衔接机制。与省公安厅、省检察院、省市场监管局等部门建立保护协作机制，联合省商务厅、省科技厅等制定印发《陕西省知识产权对外转让审查细则(试行)》。与甘肃知识产权局签署《加强知识产权保护协议》，推动西北五省(区)及新疆生产建设兵团、沿黄河流域九省(区)分别签订加强知识产权保护协议。二是着力建立多元共治的保护体系。联合省法院、省贸促会等签署《关于建立知识产权调解、仲裁优先推荐机制的框架协议》。组织开展全省知识产权纠纷人民调解员培训,知识产权纠纷人民调解案件实现“零”突破。开展全省知识产权保护满意度调查和知识产权保护水平评估工作。三是开展第十四届全国运动会知识产权立体化保护。牵头制定和推动出台《陕西省第十四届全国运动会知识产权保护规定》,这是我国首个国内大型体育赛事知识产权保护规定。四是着力提升全省知识产权行政保护能力。举办 2021 年全省知识产权行政保护培训班和 2021 年全省知识产权行政执法指导案例评审暨典型案例研讨会。组织开展全省专利商标行政保护案卷评查工作。2021 年共受理专利侵权纠纷 316 件,同比增长 20%。五是着力提升海外知识产权纠纷应对能力。组建首批知识产权海外维权专家库。制定《陕西省海外知识产权纠纷应对指导工作方案》等 4 项工作机制。六是着力增强试点示范的带动能力。推进省级知识产权保护示范区建设,宝鸡市、延安市黄龙县等 9 个市、县、园区获批省级知识产权保护示范区。在宝鸡、咸阳、渭南三市开展省专利侵权纠纷行政裁决试点城市建设项目。8 月,汉中市、富平县获批国家地理标志产品保护示范区,实现全省“零”突破。

三、在价值和功能上同向发力,强化知识产权运用

一是围绕中心支撑创新驱动,制定出台《知识产权支持秦创原创新驱动平台建设十项措施》。二是发挥信息功能抓布局。围绕省委、省政府确定的 23 条重点产业链,实施 24 个产业规划类专利导航项目。三是发挥融合功能促转化。组织实施陕西省专利转化专项计划,首批支持 23 所高校、11 家国家级和省级园区、7 家技术转移中心分别开展专利转化促进项目、推进项目和技术流转拓展项目;组织实施知识产权证券化融资培育项目 2 项,2021 年全省中小微企业涉及受让、被许可实施专利 5000 余件次。四是发挥价值功能抓融资。与中国银行陕西省分行签署战略合作协议,共同推进知识产权质押融资工作。与中国工商银行陕西分行、陕西农村报社共同签署《陕西地理标志产品运用促进战略合作协议》,为地理标志专用标志使用企业提供小额贷款、金融惠农等便利服务。印发实施《知识产权质押融资入园惠企行动方案(2021—2023 年)》。2021 年全省专利质押合同登记累计 823 件,同比增长 21.39%,质押合同登记数居全国第六位;专利权质押合同金额 40.3 亿元,同比增长 11.45%。商标质押合同登记 26 项,贷款金额 2.7 亿元。五是发挥引领功能强品牌。指导省品牌建设促进中心、省知识产权保护协会联合开展首届“陕西好商标”评选,评出陕西好商标 49 件。在持续实施 25 个地理标志运用促进项目的基础上,新增地理标志运用促进工程项目 10 个。借助“杨凌农高会”“2021 天府知识产权高峰会”“2021‘一带一路’陕西特色商品展览会”等优质平台,宣传推介本省地理标志产品。2021 年,核准使用地理标志专用标志企业 488 家,较上年增长 81.4%。富平柿饼、岚皋魔芋、镇巴腊肉、汉中仙毫等 11 个地理标志入选国家知识产权局第一批地理标志运用促进重点联系指导名录,入选数量居全国首位。汉中推动“味见汉中”公用品牌与“汉中仙毫”地理标志互融互促,宝鸡建成陕西省地理标志产品检验检测(宝鸡)中心。六是提升主体能力强企业。确定西安铂力特增材技术股份有限公司等 15 家企业、中国建筑西北设计研究院有限公司等 26 家企业分别为 2021 年度陕西省知识产权示范企业和优势企业。新增贯标企业 126 家。推荐 36 项优秀专利参加第二十三届中国专利奖评选。韩城市建立企业知识产权联络员制度，22户重点企业实现“机构、人员、制度、经费”四落实。

四、在供给和需求上两端发力，优化知识产权服务

一是健全服务体系，加强公共供给。制定《知识产权公共服务能力提升工程工作方案》。开展省知识产权大数据公共服务平台建设调研论证工作。认定西北工业大学等15家省级信息公共服务网点。新增西安、宝鸡、渭南、铜川4个国家商标业务受理窗口，全省共设立国家商标业务受理窗口11个。二是深化信息推送，回应需求升级。围绕全省重点产业，分析编辑绿色低碳—二氧化碳捕集技术等4期专利分析简报，多途径向社会公众进行推送。新增专利信息推送试点机构5家，服务拓展至80余家重点企业。三是加强行业监管，净化发展环境。申报并获批国家局第二批以信用为基础的分级分类监管试点省份。扎实开展“蓝天”专项整治行动，对27家机构负责人、30家机构进行行政指导，前三批本省共收到非正常专利申请线索1.62万件，撤回1.5万件，撤回率92.5%，居全国前列。

五、在宣传和认知上持续发力，加强知识产权文化建设

一是全新改版“陕西省知识产权局”网站，强化网络舆论阵地管理。实施网络意识形态安全工程，掌握意识形态议题设置主动权。加强对陕西省知识产权信息网、公共QQ群、陕西知识产权政务微信等各类意识形态阵地的管理，全年累计发布政务信息952条，政务微信1144条。二是组织召开2020年陕西省知识产权保护状况新闻发布会。通报2020年陕西省知识产权保护状况并回答记者提问。三是围绕全省知识产权重点工作，积极开展知识产权宣传活动。在知识产权宣传周期间，大力开展了一系列贴近实际、贴近群众、贴近生活的知识产权宣传活动，并同步组织了党史学习教育宣传活动，开展“我为群众办实事”实践活动。全省各市区悬挂各类横幅标语700多条，制作各类展示展板1200多个，发放各类宣传资料40多万份、知识产权书籍4500多套、知识产权信息载体5万多份，利用商场、公交车、门店等LED屏宣传广告600多条，组织各类专题讲座、培训60多场，利用微信、短信平台发送知识产权保护法律法规100多万条，接受现场群众咨询1万多次。举办陕西省社会公众知识产权知识竞赛，7.8万人次参与。联合中国知识产权报社、陕西日报社、陕西农村报社共同开展“2021地理标志三秦行”调研采访活动。四是举办全省知识产权系统新闻发布工作培训班。全省知识产权系统140余名从事新闻宣传工作的人员参训。五是抓好知识产权系统化培训。首次与省委组织部联合举办全省知识产权工作专题培训班，把课堂摆在改革开放最前沿、创新发展先行区的深圳市，领导小组各成员单位及地市知识产权部门60余名负责同志参训。依托陕西干部网络学习平台，上线“加强知识产权保护”专题课程。2021年全省知识产权系统举办各类培训班200班次，培训人数2万余人次。

供稿：陕西省知识产权局

版权工作

一、严格保护，强化版权行政执法监管

1. 精心部署版权专项治理工作

联合印发《关于开展打击网络侵权盗版“剑网2021”专项行动的通知》，聚焦广大权利人和人民群众反映强烈的网络侵权问题，加大版权行政执法监管力度，强化网络平台治理，严厉打击短视频、网络直播、体育赛事、在线教育等领域的侵权盗版行为。

2. 加大版权案件查办力度

印发《关于做好2021年全省行政版权执法工作的通知》，西安市文化综合执法支队查处陕西省首例短视频著作权侵权案。

开展院线电影保护专项行动，出动执法人员 600 余人次，巡查影院 300 余场，检查私人点播影院 50 余家，查处盗录电影作品案 2 起。2021 年查办各类版权案件 28 件。

3. 加强版权行政执法协作

参与建立西北五省(区)版权执法协作机制。联合印发《西北五省(区)版权执法协作机制的通知》，开展跨区域版权保护，强化版权联合执法和执法协作，助力西北各省区经济社会高质量发展。

4. 做好版权保护奖励

在国家版权局 2020 年度查处重大侵权盗版案件有功单位和有功个人评选中，获得 11 个奖项。西安“8·23”侵犯著作权案专案组 5 人获评有功个人一等奖，14 人获评有功个人三等奖；省委宣传部版权管理处、省高级人民法院刑事审判二庭获评有功单位三等奖。

5. 开展版权行政执法培训

召开全省版权行政执法线上培训会，426 人参训。

二、多措并举，巩固提升软件正版化工作成果

1. 完善工作机制

及时调整省推进使用正版软件工作联席会议成员，召开省推进使用正版软件工作联席会议第三次全体(扩大)会议，通报陕西省软件正版化工作情况和 2021 年陕西省软件正版化工作重点，审议《陕西省 2021 年推进使用正版软件工作实施方案》。各市(区)参照省上做法，成立相应机构，软件正版化工作上下联动、齐抓共管格局逐步形成。

2. 加强督导检查

印发《陕西省推进使用正版软件工作联席会议办公室关于开展省直机关 2021 年软件使用情况核查的通知》，组织第三方机构对省直党政机关 81 家单位进行全覆盖核查，现场检查计算机 1125 台，反馈问题 250 余个。将软件正版化工作纳入全省意识形态工作责任制落实情况督查内容，进一步巩固提升软件正版化成果。

3. 开展工作培训

举办 2021 年省直党政机关软件正版化工作培训会，来自省直党政机关和人民团体软件正版化工作负责同志 90 余人参训。

三、开拓创新，推动版权产业高质量发展

1. 推进陕西版权贸易与保护平台建设

按照“大基础、大平台、大运行、大保护”总体构想，加快陕西版权贸易与保护平台(以下简称平台)建设。推进“丝路版权网”移动端完成建设。西部国家版权交易中心积极开展版权资源梳理、登记和统计工作，建成版权资源大数据库；截至 2021 年底，入驻平台店铺 500 余家，上传作品近 3 万件，实现版权交易额近 500 万元。

2. 积极开展版权示范创建工作

扎实做好 2021 年度陕西省版权示范创建工作。修订《陕西省版权示范单位和示范园区(基地)管理办法》，强化省市联合，设立专项扶持资金，对获评陕西省版权示范单位、示范园区的单位分别给予 5 万元和 10 万元扶持资金，对获评全国版权示范单位、示范园区的单位分别给予 10 万元和 20 万元的扶持资金。评出陕西人民出版社等 9 家陕西省版权示范单位、老钢厂设计创意产业园等 2 家陕西省版权示范园区(基地)；推荐 6 家单位参评全国版权示范单位、2 家园区参评全国版权示范园区。

3. 牵头组织省内相关企业参加各类展会

组织陕西新华出版传媒集团等单位参加第二十八届北京国际图书博览会，面向“一带一路”沿线国家开展版权交易，与俄罗斯、阿联酋等国家签署版权输出协议 5 项。参加第八届中国国际版权博览会，遴选新闻出版、戏曲影视、非遗文创等领域参展作品 1500 余件，充分展示陕西优秀版权创意成果。陕西展团获评第八届中国国际版权博览会优秀组织奖。

四、深入宣传，优化提升版权社会服务水平

1. 开展版权宣传周活动

举办“全面加强版权工作，推动构建新发展格局”版权主题宣传活动，通过播放版权主题宣传片、发布2020年度陕西省打击侵犯版权典型案件、启动陕西版权贸易与保护平台“丝路版权网”等一系列活动，生动展现陕西在版权创造、运用、保护、管理和服务等方面的成果。宣传周期间，全省各地各相关部门同频共振、上下联动，开展版权宣传进企业、进校园、进社区、进影院等内容丰富、形式多样的宣传活动。

2. 做好常态化版权宣传

印发《关于学习宣传贯彻〈中华人民共和国著作权法〉的通知》，做好新修改《著作权法》学习宣传贯彻活动。召开全省新闻出版（版权）工作会议，安排部署2021年全省新闻出版（版权）工作。通过专题讲座和培训，邀请版权领域专家教授就新修改《著作权法》亮点进行专题解读；组织相关人员走访省文化和旅游厅、西安曲江文化产业发展中心等单位开展新修改《著作权法》培训；利用“陕西版权”微信公众号对新修改《著作权法》条款进行常态化解读和宣传。

3. 提升版权社会服务水平

正式上线运行陕西省作品版权登记系统，提高作品登记效率和便民服务水平。完善版权服务站管理办法，修订《陕西省版权服务工作站管理办法（试行）》。审议通过《陕西省版权工作服务站管理办法》，通过强化监督管理、完善激励措施、建立考评机制，推动服务站建设向全省各市（区）拓展，进一步优化服务站布局，提升作品登记数量和质量。2021年登记各类作品29 610件，同比增长47.1%。其中，美术作品10 794件，占比36.5%；摄影作品9210件，占比31.1%；影视作品7430件，占比25.1%；文字作品1871件，占比6.3%；其他作品占比1%。

供稿：陕西省版权局

司法工作

一、强化审判主责，切实提供高水平服务保障

2021年，受理各类案件7495件，审结6153件，比上年分别上涨41%和19%，圆满完成了结案任务。高度重视重大、疑难、复杂和新类型案件的审理工作，注重通过司法裁判明确法律标准和行为准则，彰显司法公信和权威。审结西电捷通公司诉苹果公司标准必要专利案等前沿科技领域纠纷，助力消解高科技领域“卡脖子”问题；审结“施耐德”“香奈儿”等商标侵权纠纷，平等保护中外商标权人合法权益；审结西安人的歌、陕北剪纸、“糖猫”等涉著作权纠纷，加强版权和非遗作品保护；审结“妃子笑”菜品、彩虹星球公司抖音短视频带货等涉不正当竞争纠纷，促进新业态健康发展。不断减轻权利人维权负担，加强权利人权利保障，在深圳海洋王专利侵权案中，首次重罚怠于举证方30万元，在杭州安永环保科技有限公司与姚蔚然等七被告侵害商业秘密纠纷案中，依法采取证据保全措施，不断提升知识产权司法救济的及时性、便利性和实效性。开展“4·26知识产权司法保护宣传周”活动，召开新闻发布会，发布知识产权审判年度报告和典型案例，公开宣判知识产权案件，不断扩大知识产权司法保护影响力。

二、深化赋能创新，积极推进高效能管理机制

充分发挥陕西科教大省优势，分别与西北大学、西安交通大学签订全面战略合作协议，共建“知识产权案例研究中心”“外国法查明与司法案例研究基地”“法律人才实践教学基地”，积极搭建院校合作发展平台。会同省知识产权局、省贸促会、中国国际经济贸易仲裁委员会丝路中心建立知识产权调解、仲裁优先推荐机制，推广“调解—仲裁—行政裁决—诉讼”多元化解方

式，西安中院与西安仲裁委签订《关于建立诉讼与仲裁衔接工作机制的意见》，上下联动共建审查授权、行政执法、司法保护、仲裁调解"四位一体"大保护格局，不断提升"大保护"效能。针对全省各中院集中受理大量涉 KTV 系列著作权侵权案件，裁判尺度亟须统一问题，紧急召开座谈会，明确方向、统一标准。系统梳理 2020 年全省知识产权民事二审发改案件，形成专题调研报告，加强对下指导。加强案例工作，建立重点案件备案机制，强化典型案例全程培育，长安大牌挡等相关案例收入《中国案例指导》集刊。建成陕西法院数据中心，成立法律文书集约送达中心，上线电子卷宗随案生成及深度应用、语音识别、"法信"智推系统，赋能审判质效稳步提升。

三、优化审判能力，全力建设高素质过硬队伍

高标准推进政法队伍教育整顿，扎实开展党史学习教育活动，净化知识产权审判队伍。深耕西安知识产权法庭"试验田"，深化司法责任制改革，优化审判资源配置，努力打造"一流队伍"。加强社会主义法治理念教育，举办知识产权法官讲坛、审判业务座谈会，积极参加北京大学"大治论坛"等高端论坛，着力打造对党忠诚的专业化审判队伍。与西北大学、西安仲裁委员会等共同策划线上分享直播课，邀请具有丰富实务经验的专家做主题讲座，注重知识产权审判人才培养与传承。全年在《人民法院案例选》《人民司法》《人民法院报》《中国审判》等图书、报刊发表理论文章、案例分析十余篇。

供稿：陕西省高级人民法院
知识产权审判第三庭

检察工作

一、加强统筹谋划，探索开展知识产权检察改革试点工作

加强调查研究，深入走访座谈，组织专项研讨，全面探索知识产权检察工作发展方向、目标、路径和举措，制定《2021 年全省知识产权检察工作要点》，明确工作重点，指导全省检察机关稳妥有序开展知识产权检察工作。出台《陕西省人民检察院知识产权检察职能集中统一履行试点工作实施方案》，明确西安市人民检察院、西安市新城区人民检察院、西安市雁塔区人民检察院、西安市临潼区人民检察院 4 个试点检察机关，开展为期一年的知识产权检察职能集中统一履行试点工作，积极探索，先行先试，积累经验。

二、依法充分履职，严厉打击侵犯知识产权犯罪

2021 年，依法严厉打击侵犯知识产权犯罪案件，受理提请批捕侵犯知识产权犯罪案件 84 件 145 人，审查逮捕 38 件 76 人；受理移送起诉侵犯知识产权犯罪案件 74 件 183 人，审查起诉 54 件 114 人。强化立案监督，联合陕西省公安厅、陕西省市场监督管理局出台《开展侵犯知识产权犯罪专项立案监督活动工作方案》，监督公安机关立案 4 件 10 人。例如西安市雁塔区人民检察院依托侦查监督与协作配合办公室，监督立案一起侵犯商业秘密犯罪，引导企业对未被侵犯的商业秘密点进行剥离，分类保护，有效防止企业损失扩大化。全面执行告知制度。陕西省检察机关积极开展告知工作，引导权利人参与刑事诉讼，为被侵权人提供便捷、高效、低成本的服务，提升企业对司法活动的认同感。例如榆林市人民检察院依法向泰国一公司跨境送达《侵犯知识产权刑事案件权利人权利义务告知书》，取得了良好的办案效果。

三、强化沟通协作，推动构建知识产权大保护格局

会同陕西省市场监督管理局、省知识产权局共同印发《加强新时代知识产权保护工作机制》，积极推进行刑衔接，强化信息共享，开展同堂培训，加强宣传引导，形成知识产权保护工作合力。与陕西省发改委、省工商联、省总商会联合会签《关于建立提升优化营商环境工作机制的合作协议》，依法联合开展重点领域涉企刑事犯罪惩治活动，加强企业知识产权保护。西安市人民检察院积极对接西安市知识产权法庭、西安市知识产权局等相关部门，先后印发《关于加强知识产权保护行刑衔接的意见》《关于加强打击侵犯知识产权犯罪案件协作工作意见》《西安市检察机关知识产权保护联合执法工作机制》等制度机制，全力打造知识产权保护大格局。

四、加强宣传工作，提升知识产权检察保护影响力

围绕“4·26 世界知识产权日”，积极开展保护知识产权宣传活动。利用“两微一端”等新媒体平台，充分展示检察机关打击侵犯知识产权犯罪的具体做法和工作成效。联合相关行政执法机关和部门，采取群众易于接受的宣传形式，确保宣传的良好社会效果；丰富宣传内容，注重结合典型案例开展以案释法，全面揭露侵犯知识产权犯罪的手段和伎俩，不断提高人民群众防范能力。

供稿：陕西省人民检察院
第十一检察部

甘肃省

知识产权工作

一、知识产权战略实施和强省建设成效显著

印发《甘肃省知识产权强省建设纲要(2021—2035 年)》，省市场监管局印发《甘肃省“十四五”知识产权保护和运用规划》，绘制全省“十四五”期间及未来 15 年知识产权事业发展的宏伟蓝图。将知识产权工作纳入“一带一路”战略规划，主导举办“一带一路”科技创新·知识产权高峰论坛。印发《2021 年甘肃省深入实施知识产权战略　加快建设知识产权强省推进计划》，甘肃省政府工作报告专门就落实中国(甘肃)知识产权保护中心建设等重点工作作了安排。将知识产权工作纳入全省优化营商环境和高质量发展的重要评价指标。

二、大力构建知识产权保护体系

甘肃省委省政府将知识产权保护纳入年度督查检查计划，省市场监督管理局印发《2021 年全省知识产权保护工作检查考核工作方案》，首次组织对市州知识产权保护工作进行考核。高标准建成中国(甘肃)知识产权保护中心，搭建“保护、维权、调解、服务”四位一体的多维度、立体化、多轮驱动、协同发展的保护中心新模式新体系。依托省知识产权保护中心成立海外维权专家组，为相关研究机构应对涉外纠纷提供指导。印发《2021 年全省知识产权行政保护工作方案》，加强知识产权行政保护工作统筹谋划。省知识产权战略实施暨强省建设工作领导小组办公室对全省知识产权保护工作 28 个先进集体和 34 名先进个人发文表扬。聚焦重点领域，加大执法力度，查处商标侵权、假冒专利案件 475 件，罚没金额 861 万余元。推动成立知识产权纠纷人民调解委员会，推进国家专利侵权纠纷行政裁决示范试点建设，全省办结专利侵权纠纷行政裁决案件 548 件。落实知识产权行刑衔接、诉调对接等工作机制，知识产权保护体系进一步完善。

三、知识产权质量效益快速提升

2021 年，专利授权 26 056 件，同比增长 24.13%，其中，发明专利授权 2253 件，同比增长 55.81%；有效发明专利累计达 10 164 件，同比增长 22.31%；每万人口发明专利拥有量 4.06 件；高价值发明专利拥有量累计 3443 件，同比增长 17.23%；每万人口高价值发明专利拥有量 1.38 件；PCT 国际专利申请共 32 件。国家知识产权局专利局兰州代办处共受理专利电子申请 60 394 件，电子申请率达到 100%；代收取各种专利费用 42 394 笔，共计 1901 万元；受理并制作专利登记簿副本 1399 件；完成专利实施许可合同备案 18 件；专利申请优先审查 550 件；专利费减案件审核 2651 件；专利纸件通知书发文 228 件。

2021 年，商标申请 43 494 件，商标注册 34 945 件，同比增长 28.40%；商标有效注册量累计 157 464 件，同比增长 27.17%；申请注册地理标志证明商标累计 155 件，累计 177 家地理标志商标许可使用企业获批使用地理标志专用标志；累计认定中国驰名商标 75 件。

2021 年，获批地理标志保护产品累计 67 个。累计 92 家地理标志保护产品生产企业被核准使用地理标志专用标志。完成地理标志地方标准制修订 46 个，占全省地理标志保护产品地方标准的 68%。全省累计核准使用地理标志专用标志的企业年度总产值达 50.76 亿元。

四、多措并举促进知识产权运用

实施专利转化专项计划，制定高校院所"沉睡专利"清单、建立中小企业专利技术需求数据库，向科技型中小企业定点推送匹配专利，促成 84 项科技成果在本省落地转化，转化金额 7590.49 万元。大力推动知识产权金融工作，修订印发《甘肃省中小微企业知识产权质押融资办法》，开展知识产权质押融资"入园惠企"行动，深化政、银、保战略合作，有效解决了一批中小企业融资难的问题。2021 年，全省新增知识产权质押融资金额 7.05 亿元，其中专利质押 21 笔，质押专利 149 件，质押金额 5.74 亿元；商标质押 4 笔，质押商标 39 件，质押金额 1.31 亿元。获批筹建"武都油橄榄""武都花椒""定西马铃薯"国家地理标志产品保护示范区；布局建设"静宁苹果""张掖种子""会宁胡麻油""民勤羊肉"4 个省级地理标志产品保护示范区；"靖远文冠果油""靖远枸杞""甘加羊（甘加藏羊）""迭部羊肚菌"等 9 个产品被国家知识产权局列入第一批地理标志运用促进重点联系指导名录；"天祝白牦牛""静宁苹果"被纳入第一批中欧地理标志产品互认互保清单。

五、加强知识产权服务能力建设

出台《甘肃省知识产权服务业集聚区管理办法》《甘肃省商标品牌指导站建设管理办法》《甘肃省地理标志产品保护示范区建设管理办法》，知识产权公共服务政策制度体系日益优化。建立健全并逐步完善全省知识产权受理窗口服务体系，获批成立国家知识产权局商标业务受理窗口 16 个，实现省级、14 个市州和兰州新区全覆盖，成为全国率先实现地级市商标受理窗口全覆盖的 6 个省份之一，2021 年全省各窗口共受理商标注册申请 1800 件。布局建设商标品牌指导站 10 个，为区域内市场主体提供商标、专利、地理标志等知识产权综合服务。积极推进公共服务主干网络建设和统筹服务网点布局，多层次多领域公共服务产品体系初步形成。兰州大学技术与创新支持中心（TISC）利用互联网、大数据、人工智能等新技术，为企业更快地掌握行业动态和新技术信息提供高质量信息服务。全省共有商标代理机构 336 家，专利代理机构 26 家。

六、知识产权工作基础不断夯实

协调推进丝绸之路国际知识产权港建设，强化合作共建，初步构建"知识产权法庭+知识产权调解中心+专业维权服务机构+法律服务团队"服务新模式。将《甘肃省支持科技创新若干措施》中涉及知识产权的奖补资金纳入部门预算，落实上一年度知识产权奖补资金 3714.256 万元。深入开展知识产权宣传活动，会同省委宣传部、省法院、兰州海关等单位开展知识产权法律法规和政策宣讲，组织知识产权进学校、进院所、进企业等系列活动。录制知识产权专题节目在甘肃卫视《今日聚焦》栏目播出，制作 5 集知识产权专题片。发布《2020 年甘肃省知识产权发展和保护状况》白皮书，向社会各界展示本省知识产权事业发展成就。深入开展商标品牌指导站建设，推动优化企业商标管理体系，推动区域品牌经济发展。

供稿：甘肃省知识产权局

版权工作

一、抓认识部署，不断加强版权工作统筹谋划

学习中共中央、国务院印发的《知识产权强国建设纲要（2021—2035 年）》；制定《甘肃省知识产权强省建设纲要（2021—2035 年）》。深入学习新修改《著作权法》和国家版权局有关文件会议精神，准确把握版权工作相关法律法规、政策规定和部署要求。制定印发 2021 年度全省版权工作、推进使用正版软件工作方案和计划，明确时间表、路线图和任务书。对标对表知识产权保护和打击侵权假冒考核体系，加强督促指导、协调推进和考核评估，确保各项任务要求有效落实。

二、抓督促核查，深入推进使用正版软件工作

调整省使用正版软件工作领导小组（以下简称领导小组）组长、副组长，印发领导小组成员名单。深入贯彻落实《政府机关使用正版软件管理办法》《正版软件管理工作指南》《关于进一步加强全省党政机关正版软件使用管理工作的通知》等部署要求，持续推进软件正版化工作科学化规范化制度化。部署督促各市州和省直各部门（单位）对软件正版化工作进行自查。抽调人员组成 5 个工作组，深入 14 个市（州）、兰州新区和 56 个省直部门（单位）、16 家省属企业（金融机构），对软件正版化工作进行实地核查评估。核查有关地区和部门（单位）计算机 66 058 台。56 个省直部门（单位）计算机操作系统、办公软件、杀毒软件的平均正版率达 96.56%，其中 47 个部门（单位）的正版率为 100%；16 家省属企业（金融机构）计算机软件平均正版率达 96.06%，其中 11 家省属企业（金融机构）的正版率为 100%；14 个市（州）和兰州新区计算机软件平均正版率达 87.46%，其中 6 个市和兰州新区的正版率在 90%以上。宣传推进、鼓励使用优秀国产软件。2021 年，全省采购操作系统软件 58 957 套，其中采购国产操作系统软件 58 441 套，套数占比 99.12%；采购办公软件 63 340 套，其中采购国产办公系统软件 63 330 套，套数占比 99.98%；采购杀毒软件 13 739 套，均为国产。

三、抓案件查办，切实加大版权执法工作力度

制定印发《关于进一步健全完善全省文化市场综合行政执法运行机制的通知》，指导各级版权行政管理部门与文化市场综合行政执法机构形成权责界限清晰、任务目标明确、分工协同合作、规范有序高效的版权行政执法格局。通过召开专题座谈会、案情分析会、函件督办等方式，加大版权领域侵权盗版案件查办力度。在国家版权局 2020 年度查处重大侵权盗版案件三批表彰名单中，3 个市（州）文化市场综合行政执法队获评有功单位，2 名同志获评有功个人。2021 年，出动版权执法人员 9167 人次、检查实体市场 4802 家次，关闭侵权盗版网站 2 个，捣毁制作贩卖侵权盗版出版物窝点 2 个，查办版权案件 33 件，较上年查处案件数有大幅提升。积极协调

有关市、县、部门，完成国家版权局等督办的案件1件，完成省版权局挂牌督办案件2件。组织开展打击网络侵权盗版“剑网2021”行动，压紧压实互联网企业版权保护主体责任，加强新型传播平台监管，及时发现和查处网络侵权盗版行为。健全案件挂牌督办、监督检查、补助奖励、信息报送与年度考核等制度，落实行政执法责任制和责任追究制度，着力构建版权执法工作责任体系。

四、抓引导宣传，健全完善版权社会服务体系

严格落实意识形态工作责任制，严把著作权登记审查关，确保版权作品意识形态安全。完善甘肃版权综合服务平台，多措并举拓宽作品来源，实现版权登记数量质量双提升。2021年，新增663个注册用户，受理作品36 244件，审批通过30 037件，比上年增长近一倍。注重筹划指导、加强重点培育，推动全省版权示范创建活动走向深入。2021年，甘肃集优品网络科技公司和甘肃土木工程科学研究院2家单位获评全国版权示范单位。组织开展版权宣传工作，2021年“4·26世界知识产权日”版权宣传周活动期间，发放《著作权法》《作品自愿登记办法（试行）》、宣传海报、手册等宣传材料3.4万份（册），悬挂横幅3200余条，滚动播放标语15.6万余次，刊发宣传新闻稿件120余篇，制作展板620余块，接受版权咨询11万余人次。组织全省高校开展大学生版权征文活动，兰州大学1名同学获第十三届全国大学生版权征文活动研究生组二等奖。常态化组织开展版权宣传进机关、进学校、进社区、进企业、进网络活动，着力营造版权工作良好氛围。

五、抓交流交易，大力推动版权产业快速发展

组织省内版权企业参加第八届中国国际版权博览会和有关地方版权交易会、展览会，展销甘肃优秀版权产品，学习外省版权工作经验，提升甘肃版权产业发展水平。举办首届“中国敦煌科幻创作邀请赛”，征集科幻文学、动漫等版权作品1268件，评选出入围作品356件、赛事大奖作品17件。举办科幻产业发展论坛，探索打造版权全生命周期服务体系，推动版权产业发展。

六、抓学习培训，不断提升版权工作能力水平

组织省内有关人员参加国家版权局举办的各类培训班，2021年20余名业务骨干接受培训。举办全省软件正版化工作暨版权产业培训班，110余人参训。举办全省文化市场行政执法（含版权执法）专题培训班。在有关市州和省直有关部门（单位）举办培训班，讲解版权工作有关法律法规、理论政策，传授工作方式方法，交流推广先进经验，深入查找问题不足，研究探讨对策措施。

供稿：甘肃省版权局

司法工作

一、提升审判质效，实施精品案件工程

坚持以司法办案为第一要务，努力保护创新，依法保护产权人的合法利益，不断提高审判质效。2021年审结各类知识产权案件数量保持大幅增长趋势。受理知识产权民事案件2416件（含旧存237件），其中一审案件2237件，二审案件176件，再审案件3件；案件类型方面，专利权纠纷56件，著作权纠纷1190件，商标权纠纷894件，植物新品种权纠纷46件，知识产权合同纠纷146件，不正当竞争纠纷案件18件，其他知识产权案件66件；结案1928件，结案率79.8%。受理知识产权刑事案件41件（含旧存10件），其中一审案件38件，二审案件3件；案件类型方面，假冒注册商标罪17件，销售假冒注册商标的商品罪27件。受理知识产权行政案件1件，案件类型为行政商标案件。注重案件质量提升，知识产权案件的裁判文书上网率、庭审直播率等质效指标始终名列全省法院前列。充分发挥兰州知识产权法庭服务“丝绸之路国际知识产权港”建设作用和甘肃省植物新品种案件审判比较优势，打造一批具有指导意义的典型精品案件，其中2起案件入选最高人民法院种业知识产权司法保护典型案例，1起案件入选中国外商投资协会全国知识产权保护十佳案例，1起案件入选中国法院50件典型知识产权案例。

二、健全审判制度，助推案件质效提升

结合省级政法队伍教育整顿建章立制要求，联合省市场监管局出台《关于落实知识产权纠纷在线诉调对接机制的通知》《关于开展知识产权纠纷行政调解司法确认有关事项的通知》，强化知识产权行政保护与司法保护有机衔接，提高知识产纠纷化解效率、开辟知识产权纠纷化解新途径，为构建知识产权大保护格局提供制度保障。指导兰州市城关区法院打造“354（三级联动、五点连片、四位一体）”知识产权审判诉调对接新模式，在全国法院相关工作会议上作经验交流。2021年5—7月，委派线上线下调解案件180件，调解成功66件，申请司法确认46件。出台《甘肃省高级人民法院关于落实知识产权重大案件公开审理和异地执行机制的通知》《甘肃省高级人民法院关于落实知识产权司法案件审理情况报告制度的通知》，以问题整改为抓手，堵塞知识产权审判条线方面制度漏洞。

三、加大保护宣传，助力营商环境建设

在“4·26全国知识产权宣传周”期间，在兰州知识产权法庭组织召开“加强知识产权保护　服务创新驱动发展”座谈会，大力扩宽甘肃省知识产权保护的“朋友圈”，努力形成激励创新的“公约数”，共同画好成果转化的“同心圆”。走访航天510所、兰州理工大学，实现审判台、讲台、实验台三者有机融合，为科技创新源动力作用的发挥注入司法元素。发布2020年甘肃法院知识产权司法保护状况及十大典型案例，开展集中庭审观摩活动，给公众上了一堂堂公开的知识产权普法课，达到了法治宣传和警示教育的目的。

与省科技厅协调沟通，了解兰白“两区”基本情况，前往兰州新区开展知识产权司法保护工作调研，走访高新技术企业，了解企业司法需求，听取兰州新区党工委及新区法院对省法院在服务保障新发展、营造法治化营商环境、为基层化解难题方面的意见建议。

四、注重人才培养，打造知产审判强军

制定《2021年知识产权审判专业化人才培养项目实施方案》并上报省委组织部批准，通过举办知识产权审判业务培训班、联合高校开展课题调研、组织考察学习、搭建知识产权保护交流合作平台等方式有效提升知识产权审判人员专业水平、司法技能和国际视野，为本省知识产权审判良性发展积蓄力量、储备人才。其中专项课题调研工作已开展，其他各项工作已完成前期准备工作。

供稿：甘肃省高级人民法院
知识产权审判庭

检察工作

一、调整重点工作，主动融入知识产权保护格局

立足新发展阶段、践行新发展理念，局部调整“六项重点工作”部分内容，将加强知识产权司法保护作为保障和激发企业创新创业活力的重要举措，列入2021年检察机关优化营商环境重点工作12件实事，全面开展侵犯知识产权刑事案件权利人诉讼权利义务告知、知识产权保护行刑衔接和对下业务指导等三项工作。

二、充分履行检察职能，加大知识产权保护力度

2021 年，受理审查逮捕侵犯知识产权案件 30 件 44 人，批准逮捕 23 件 30 人，提起公诉 28 件 41 人。深化认罪认罚从宽制度适用，督促侵权人向权利人作出赔偿，尽力弥补权利人因侵权行为遭受的经济损失，适用认罪认罚 25 件 39 人，对侵权行为提出从宽的量刑建议 77 人。

三、积极推进协同保护，完善知识产权行政执法和刑事司法办案信息交流和共享机制

主动与相关职能部门负责人座谈会商开展知识产权综合保护工作的思路举措，提出加强机制建设等意见建议，积极配合接入甘肃省“互联网+监管”平台，拓宽知识产权类案件信息共享和线索发现渠道。2021 年，全省检察机关加强与行政执法部门工作衔接，受理“两法衔接”案件 5 件 6 人，均建议行政执法机关移送公安机关处理；加强与公安机关协作配合，提前介入生产、销售伪劣商品案件 22 件，侵犯知识产权案件 15 件。加强与甘肃省公安厅的沟通协调，针对“10·15”销售假冒注册商标的商品案件的定性、罪名适用、检测鉴定、管辖、适用强制措施等问题与甘肃省公安厅治安总队多次进行研究讨论，解决案件查办中遇到的问题困难，形成打击惩处的工作合力。主动上门走访甘肃省市场监督管理局，座谈会商开展侵权假冒综合保护工作的思路举措，提出加强机制建设等意见建议。要求全省检察机关接入甘肃省“互联网+监管”平台，拓宽侵权假冒案件信息共享和线索发现渠道。深度参与“昆仑 2021”“打击生产销售假劣酒类制品违法犯罪‘砺剑’百日专项行动”“种子执法监管年”等各类专项活动，与甘肃省药监局、甘肃省高级人民法院、甘肃省公安厅会签《甘肃省药品行政执法与刑事司法衔接工作规则》，保护省内知名中药品牌。加强与甘肃省公安厅的个案协作，围绕“10·15”销售假冒注册商标的商品案件中制售假酒行为的定性、罪名适用、检测鉴定、管辖、适用强制措施等问题与甘肃省公安厅治安总队多次研究讨论，解决案件查办中遇到的问题困难，形成惩处合力。

四、不断深化司法体制改革，加强知识产权检察队伍职业化专业化建设

进一步探索建立符合知识产权司法特点和办案规律的工作机制，逐步在全省建立知识产权专业化办案团队。从全省确定 7 名理论水准较高、办案经验丰富的检察业务骨干，组建食药和知识产权领域刑事案件业务指导团队。常态化举办涉食品、药品和侵犯知识产权案例教学培训，以检察官教检察官的形式，深入剖析讲解知识产权案件办理过程中的难点、热点问题，省、市、县三级检察院全体经济犯罪检察干警共 200 余人参加培训活动。

五、加大舆论宣传引导，营造全社会保护知识产权良好氛围

紧抓国际消费者权益日、世界知识产权日等关键节点，开展以“全面加强知识产权保护 推动构建新发展格局”为主题的知识产权保护日宣传活动，汇编、制作下发了《加强知识产权保护　助力优化营商环境宣传手册》，在“两微一端”平台，发布检察机关知识产权司法保护工作情况及知识产权保护的典型案例、事例。制定“维护民企权益，优化营商环境”专项行动“提升年”实施方案，联合甘肃省工商联组织开展全省检察机关、工商联系统送法进企业“百场法治培训”，就民营企业知识产权风险与防控进行专门讲授。汇编并下发送法进企业“百场法治培训”活动培训教材，督促各地有序开展培训活动。2021 年，共举办培训 95 场次，参培人数 3412 人，其中企业家 2507 余人，营造了保护知识产权、自觉抵制侵犯知识产权和制售假冒伪劣商品的良好社会氛围。

供稿：甘肃省人民检察院

知识产权检察办公室

青海省

知识产权工作

一、加强知识产权顶层设计

贯彻落实《知识产权强国建设纲要（2021—2035年）》《“十四五”国家知识产权保护和运用规划》，制定出台《中共青海省委 青海省人民政府关于贯彻落实〈知识产权强国建设纲要（2021—2035年）〉的实施意见》《青海省人民政府关于印发青海省“十四五”知识产权保护和运用规划的通知》，明确建设知识产权强省的发展目标和重点任务。制定出台《青海省人民政府办公厅关于印发严标准育品牌优环境提质量服务“四地”建设工作方案的通知》，加强知识产权保护和商标品牌培育工作。不断加大地方立法力度，将修订《青海省专利促进与保护条例》纳入省政府2021年立法计划酝酿论证类项目。

二、推进知识产权高质量创造

2021年，专利授权量6591件，同比增长40.4%；每万人口发明专利拥有量3.76件，同比增长23.7%。全省累计注册商标总数达5.8万件，驰名商标达48件，地理标志证明商标38件，地理标志保护产品15件，藏毯（青海产区）、玉树虫草2件地理标志被纳入国家知识产权局第一批地理标志运用促进重点联系指导名录，并完成30家地理标志专用标志使用企业换标工作。持续推进专利申请质量提升和非正常专利申请专项排查，全年共完成4个批次共747件非正常专利申请核查整改工作。组织评选第二届青海省专利奖，获奖的2项金奖、8项银奖专利均为全省重点特色领域的高价值专利和关键核心技术，专利实施过程中共实现新增销售额24.98亿元，对青海社会经济的发展发挥了有力的支撑作用。

三、完善知识产权大保护格局

充分发挥青海省知识产权战略实施工作联席会议制度作用，组织召开2次联席会议联络员会议和1次知识产权保护工作安排部署会，明确重点任务，压实工作责任，合力推动全省知识产权保护工作。建立完善知识产权纠纷调解体制机制，省市场监管局、省司法厅联合出台《关于加强知识产权纠纷人民调解工作的意见》，指导成立青海省知识产权纠纷人民调解委员会，依法及时有效化解知识产权纠纷。加大知识产权行政执法力度，2021年，全省调处电商领域专利案件25件，处理专利侵权案件5起，处理假冒专利及专利标识标注不规范案件5起；查办各类商标侵权案件68件，案值39.08万元，罚款109.09万元。积极构建省、市（州）、区（县）三级联动体系，首次将知识产权保护工作纳入省内各市、州高质量发展考核指标体系，形成合力，推动知识产权保护工作；指导基层市场监管部门开展专利行政执法6次，开展各类知识产权（专利）行政执法专项培训8次。加强代理行业监管，召开2021年专利代理管理工作座谈会，开展专利、商标代理机构监管“双随机、一公开”抽查工作，检查省内12家专利代理机构和5家商标代理机构，处理1起扰乱专利代理监管行业秩序行为的举报投诉。

四、促进知识产权转化运用

持续推动知识产权质押融资工作，召开2021年青海省知识产权质押融资对接会，联合金融部门专题调研2家国家级园区知识产权质押融资工作推进情况，与中国银行股份有限公司青海省分行共同签署知识产权质押融资战略合作协议，支持中小微、科创型企业持续健康发展。全年累计专利权质押融资 4 笔，质押金额 4.02 亿元；商标质押融资 3 笔，质押金额 1.15 亿元。筛选并向各类平台推荐可转化专利技术 194 项，在省技术交易市场登记 34 项涉及专利交易技术合同，交易金额 4862.41 万元。积极搭建平台做好商标品牌推介，组织省内 43 家企业赴海口参加 2021 年中国（海南）国际热带农产品冬季交易会，成功举办"大美青海生态品牌"专场推介暨集中签约活动，展会期间累计签约 27 个项目，意向金额 7980 万元，正式签约金额 1050 万元。

五、优化知识产权公共服务供给

组织两家技术与创新支持中心（TISC）为企业和个人提供专利检索和咨询服务 1000 余次，组织开展培训 24 次，培训人数近 700 人次。国家知识产权局专利局西宁代办处窗口入驻省政府行政服务大厅，实现专利、商标等知识产权业务"一窗通办"。组织开展 2021 年省"知识产权服务万里行"活动，鼓励代理机构积极入园入企入高校，围绕本省特色产业资源开展高质量专利挖掘；引导代理机构入驻本省高校毕业招聘会，积极吸纳和培养知识产权服务人才，不断提升专利代理服务能力。编制《商标业务指导手册》，开展 2021 年商标宣讲专题线上培训，夯实业务基础，提升技能水平。

六、加强知识产权宣传合作交流

在"4·26 世界知识产权日"、知识产权宣传周期间，扎实开展知识产权系列宣传活动，举办知识产权进机关、进企业、进校园、进基层、进行业等 5 期培训班，参培人员 500 余人次，发放宣传资料 2000 余册。在《中国知识产权报》《青海日报》《科技日报》等主流媒体和青海省人民政府网站、青海政务微信公众号等平台刊登报道百余篇，青海电视台报道知识产权宣传周启动仪式现场情况，青海广播电台现场连线解读宣传周活动亮点。强化区域合作交流，西部 12 省份共同签署《西部地理标志产业发展战略合作协议》，建立西部地理标志产业发展联促联动合作机制。深化粤青知识产权合作，赴广东开展考察交流，拟定粤青两省市场监管局 2021—2025 年合作框架协议书，在广东举办 1 期知识产权行政管理人员业务能力提升培训班，培训基层管理人员 65 名。继续推进甘青《加强知识产权保护合作协议书》落地落实，签署《2021 年加强知识产权保护运用工作合作备忘录》，建立《商标、地理标志品牌企业名录》，优先推荐本省 151 家商标、地理标志品牌企业。2021 年兰洽会期间，联合打造"甘肃青海商标地理标志品牌合作馆"，组织本省 6 家地方特色企业参展，助力企业开拓销售市场。

供稿：青海省知识产权局

版权工作

一、版权宣传教育

2021 年世界知识产权日当天，举行知识产权宣传周版权宣传活动启动仪式，集中开展版权宣传活动，相关版权产业人员 500 余人参加。活动现场组织了"尊重知识、保护版权、从我做起"签名活动，摆放展板 70 余块，悬挂条幅 20 余条，发放各类宣传资料 5000 余份，集中展示宣传青海开展打击侵犯知识产权和制售假冒伪劣商品专项行动、推进全省政府机关软件正版化、版权保护工作取得的成果。同时，充分利用网络媒体进行宣传。《青海日报》刊登《青海省"十三五"版权工作综述》，全面宣传报道"十三五"时期青海省开展版权保护工作取得的显著成效；青海广播电视台在青海卫视、青海经济生活、青海都市频道每天循环播出《版权追踪》公益宣传片；青海新闻网、"大美青海"客户端、青海日报客户端同时转载了公益宣传片和相关报道；在全省移动、联通、电信手机客户端发送"全面加强版权保护，维护权利人合法权益；增强社会公众版权保护意识，推动青海省版权产业健康发展"版权宣传公益短信。线上线下全媒体资源，多角度多渠道共同推进，积极营造“尊重知识、崇尚创新、诚信守法、保护版权”的良好社会氛围。

二、开展“扫黄打非·新风 2021”集中行动

部署开展“扫黄打非·新风 2021”集中行动，严厉打击假媒体、假记者站、假记者，自媒体报道虚假新闻、扰乱网络传播秩序的活动，侵权盗版等经营行为。在行动中，查缴政治性有害出版物 9 批 265 种，查缴非法报纸、期刊 6382 件，清理注销记者证 74 个，查缴侵权盗版出版物 2 万余件。

三、开展打击网络侵权盗版“剑网 2021”专项行动

制定印发《青海省开展打击网络侵权盗版“剑网 2021”专项行动实施方案》，对全省开展“剑网行动”作出安排和部署，积极组织开展短视频、网络直播、体育赛事、在线教育专项整治，巩固重点领域版权治理成果，突出查办网络侵权盗版案件。截至 2021 年 12 月，查处网络侵权盗版案件 1 件，给予当事人没收违法所得 1672.1 元、罚款 3000 元的行政处罚，有效维护了网络版权正常秩序。

四、推进软件正版化工作

1. 加强组织领导，狠抓工作落实

制定印发《青海省 2021 年推进使用正版软件工作实施方案》，在加强制度建设，强化督促检查，完善长效机制，巩固扩大工作成果，全面推进全省软件正版化工作规范化、常态化、制度化和信息化方面，开展了卓有成效的工作。

2. 加强督促检查，巩固工作成果

督查全省各市州软件正版化工作，对各地各单位存在的问题进行全省通报，并要求限期整改。加强源头管理，规范软件采购。对省福利彩票发行中心等 10 家省直机关及事业单位拟采购的 25 台计算机、218 套软件（操作系统 105 套、办公软件 84 套、杀毒软件 5 套、工业软件 24 套）、采购金额 530 万余元进行审核把关。

3. 加强业务培训，提升管理水平

组织 10 家省属国有企业软件正版化工作负责人赴贵州参加国家版权局 2021 年软件正版化工作培训班。在海东市、海西州、省监狱管理局、省应急管理厅、省工信厅等地区和单位进行软件正版化工作培训 7 期，受训人员 900 余人次，有效提升了软件正版化工作人员的能力和水平。

4. 稳步推进企业软件正版化

印发《2021 年推进省属企业使用正版软件工作实施方案》，将省属国有企业软件正版化工作作为工作重点推进。

五、开展版权日常监管服务工作

加强院线电影版权保护工作，安排部署加强院线电影版权保护工作，严厉打击院线电影盗录传播违法犯罪活动。组织参加了第十三届全国大学生版权征文活动。开展评先推优工作，组织推荐报送青海省 2020 年度查处重大侵权盗版案件有功单位和有功个人，1 人获评国家版权局 2020 年度查处重大侵权盗版案件有功个人三等奖。提供版权咨询服务 400 余人次，著作权作品登记 22 件。2021 年出动版权执法检查人员 1 万余人次，检查出版物市场经营单位 4400 余家次，查办著作权行政处罚案件 3 件，查缴各类侵权盗版出版物 2 万余件，罚款 3.3 万元。

供稿：青海省版权局

司法工作

一、案件审理基本情况

2021 年，受理知识产权类一审、二审案件共计 545 件。一审案件 516 件（含旧存 61 件），其中民事案件 479 件，刑事案件 37 件；二审案件 28 件，旧存 1 件，共计 29 件。结案 411 件（其中刑事案件 8 件），总

体来看，一审案件占比为 87.9%，且以知识产权民事案件为主。知识产权民事案件中又以商标侵权、专利侵权案件居多，占知识产权民事案件的 80%以上；知识产权刑事案件中，33 件为销售假冒注册商标的商品罪。

从案件类型来看，涉著作权和商标权纠纷稳居前列。2021 年新收的一审知识产权民事案件中，知识产权权属、侵权纠纷共计 387 件，占比 92.5%(同比上升 6.7%)，其中涉商标权纠纷 279 件，占侵权纠纷案件的 72.5%，案件数同比上升 138%；涉著作权纠纷 52 件，占侵权纠纷案件的 13.4%，案件数同比上升 333%。上述两类案件约占一审民事侵权案件的 85.5%。新类型案件逐年增多，计算机软件开发合同纠纷、技术服务合同纠纷、特许经营合同纠纷、企业名称使用合同纠纷、确认不侵害商标权纠纷等案件类型不断出现。从地区分布来看，案件仍集中于西宁地区，占全省法院新收案件的 80%；审结 307 件一审知识产权民事案件中，西宁中院审结 257 件，占比 83.7%。从涉及领域来看，涉重点领域、关键核心技术、知名品牌案件增多。与 2020 年收案情况相比，专利等技术类案件数量增加，2021 年共新收涉专利类案件 52 件，同比上升 79%。专利类案件虽主要为侵害实用新型和侵害外观设计专利权纠纷，但涉及生产工艺发明专利、新能源、生物医药、光伏、集成电路、光刻机、高端装备制造、新材料等高新技术的案件日益增多。此类案件技术专业性强、法律关系复杂，加之西宁中院审结的此类技术类案件直接上诉至最高人民法院，对本省知识产权审判工作提出了更高的要求。同时，中外知名品牌如“耐克”“无印良品”“鹿角巷”“New Balance”等，在商标及不正当竞争类纠纷中不断出现。从结案方式来看，以调解撤诉为主，其他方式为辅。知识产权类民事案件调解、撤诉 302 件，占知识产权民事结案数的 73.5%，调解、撤诉案件占比高，且调解、撤诉案件中即时清结 180 件，占调解、撤诉结案案件的 59.6%，达到了案结事了效果，减轻了执行压力。

二、全省法院知识产权工作主要举措

1. 在办理知产案件时注重深入贯彻“调解优先、调判结合”工作原则

对于涉群体案件、敏感案件，坚持合法、自愿原则，协调各方力量“一揽子”解决。2021 年，全省法院知识产权民事案件调撤率一直维持在较高水平，取得了“调撤多，上诉少，无信访”的良好效果。一是运用典型案例沟通释明，促使当事人形成合理预期。二是注重系列案件调解工作，类型化运用调解方法。

2. 积极参与构建大保护工作格局，强化知识产权全链条保护

健全完善多元化纠纷解决机制，切实发挥司法保护主导力量。一是建立知识产权保护联席会议制度。和省市场监督管理局会签《青海省对知识产权(专利)领域严重失信主体开展联合惩戒的合作备忘录》。二是建立司法保护和行政执法衔接合作交流机制。在和省知识产权局签订《知识产权司法保护和行政执法衔接合作交流框架协议》的基础上，拓宽联络途径，创新工作方法。三是启用青海省打击侵权假冒领域行政执法与刑事司法衔接信息共享平台，确保行政执法和刑事司法衔接机制落到实处。四是建立知识产权案件在线诉调对接平台，充分发挥调解在化解知识产权纠纷中的重要作用，建立高效便捷的在线诉调对接机制。

3. 认真落实最严格保护工作，不断加大司法惩罚力度

在依法审理知产类民事侵权案件尤其是系列案中原告普遍未就其请求的损害赔偿数额提出证据，请求法院酌定处理的，审理时参考西部地区赔偿标准、当地生活水平、侵权人主观恶意程度综合确定赔偿数额，依法判决侵权人赔偿权利人的经济损失和合理的维权成本，有效发挥其阻吓侵

权、充分补偿、激励创新的制度效能，同时在符合故意侵权的前提下，对于涉及生产源头的侵权者、重复侵权、侵权规模大、持续时间长的案件，明显具有攀附他人商标、商誉，抗拒证据保全、毁灭证据等严重情节的，加大损害赔偿力度，严厉制裁，以减少继发性侵权的发生。对于涉及零售终端的销售者，适当降低赔偿额，有效遏制知识产权索赔商业化。与此同时全省法院始终保持打击侵犯知识产权犯罪的高压态势，加大对重点行业、重点领域知识产权犯罪的打击力度，对食品、药品等涉民生领域犯罪的主犯适用从业禁止令，依法严惩侵犯知识产权犯罪行为和制售假冒伪劣商品犯罪。在审理被告人铁某某销售假药案中，依法令其承担销售假药价款三倍的惩罚性赔偿金共计 11 985 元，并令其以文字方式在官方媒体微信公众号或电视台向社会公众公开道歉；判令 3 名被告人禁止在缓刑考验期限内从事食品生产、销售及相关活动，有效打击了侵权违法行为。

4. 延伸司法服务，积极努力营造良好的营商环境

送法进企业，助力企业提升依法维护合法权益和防范风险能力。例如西宁中院知识产权庭与省知识产权局联合举办青稞酒行业知识产权行政及司法保护培训会。派资深法官在青海省市场监督管理局东川工业园区市场监管分局培训班上进行企业知识产权维权实务专题讲座。

开展以案释法活动。贯彻落实“谁执法、谁普法”责任制，在审理案件的同时，注重向企业学习辨别正品与侵权产品的区别，对终端销售者进行讲解，提高其辨别侵权商品的能力，较好地避免了终端销售者再次侵权的可能性。

在 2021 年“4·26 世界知识产权日”来临之际向社会通报“十三五”期间全省法院知识产权司法保护状况和“十四五”知识产权司法保护工作目标并发布 6 起知识产权典型案件，持续强化知识产权保护意识，营造全社会保护知识产权的舆论氛围。

供稿：青海省高级人民法院
知识产权审判庭

检察工作

一、全面部署推进，加强对知识产权的司法保护

一是持续推进知识产权刑事案件集中管辖工作。按照与青海省高级人民法院联合签发的《关于知识产权刑事案件管理及归口办理问题的若干规定（试行）》，在全省持续推行侵犯知识产权第一审刑事案件由市、州人民检察院提起公诉，中级人民法院集中管辖审理的司法改革，从根本上解决知识产权司法尺度不统一、诉讼程序复杂等制约科技创新的体制性难题，实现了知识产权刑事案件管辖集中化、程序集约化、办理专业化。

二是高度关注涉疫情知识产权类犯罪。依法严惩妨害疫情防控秩序的经济犯罪。及时安排部署依法打击涉疫情经济犯罪工作，充分发挥经济犯罪检察职能作用。2021 年初，印发《2021 年全省经济犯罪检察工作要点》，深入贯彻落实党中央、青海省委、最高人民检察院和青海省人民检察院关于疫情防控常态化的部署，密切关注市场监管部门查办的涉疫情行政违法案件，组织、协调、指导全省检察机关经济犯罪检察部门在疫情防控工作中依法履职，及时分析研判，对可能涉嫌犯罪的案件启动监督程序，建议行政执法机关移送公安机关处理，做好跟踪监督工作。公安机关作出立案决定后，及时提前介入，引导侦查取证，对媒体曝光的案件做到全覆盖，依法从严从快惩治涉疫情经济类犯罪，回应社会关切，震慑潜在违法犯罪人员，全力维护民众健康安全和社会秩序稳定。

三是加强队伍建设。全省检察机关以

强化队伍建设为目标，认真学习相关法律法规及最高人民检察院下发的指导性案例，通过参加形式多样的线上、线下培训，加大对办理侵犯知识产权类案件的学习力度。举办全省检察机关刑事检察部门“5+8+1”大练兵活动，以业务知识测试、法律文书评比、观摩庭审等刑事检察业务为重点，开展技能实训，进一步提升了专业能力和案件办理水平。

二、依法履行检察职能，加大打击侵犯知识产权犯罪力度

一是依法惩治侵犯知识产权类犯罪。全省各级检察机关切实履行检察职能，准确把握青海省知识产权工作发展的新形势、新特点，着力构建以“严保护、大保护、快保护、同保护”为一体的知识产权保护工作格局，依法履行法律监督职能，惩治各类侵犯知识产权犯罪，依法批准逮捕侵犯知识产权类案件 4 件 23 人；依法提起公诉侵犯知识产权类案件 36 件 51 人。

二是进一步强化提前介入工作。深入推进重大、疑难、复杂侵犯知识产权案件介入侦查引导取证工作。西宁市人民检察院联合西宁市城中区院对“7·31”系列假酒案适时介入侦查，提出针对性取证建议，为顺利推进刑事诉讼工作发挥了积极作用。

三是进一步强化社会治理。结合司法办案，根据侵犯知识产权犯罪案件反映出的社会综合治理问题，梳理规律特点，全面分析总结，针对行政执法机关的监管漏洞和风险隐患及时提出检察建议（意见），助推社会治理体系和治理能力现代化建设。积极推送典型案例，岳某甲等人系列假冒注册商标、销售假冒注册商标的商品罪案入选 2021 年平安青海建设典型案例。

四是加强知识产权公益诉讼工作。立足知识产权刑事、民事、行政检察职能，把握综合履职运行规律，积极构建符合知识产权案件特点的综合履职模式。依托公益诉讼法定领域，积极稳妥拓展知识产权领域公益保护。西宁市人民检察院、青海省人民检察院对办理的多起销售假冒注册商标的商品案同步开展民事公益诉讼监督，通过办理案件回应社会关切，维护社会公共利益。

五是组建办案组。筹建知识产权检察办公室，拟组建刑事、民事、行政专业化办案组，强化对侵犯知识产权刑事、民事、行政案件的办案、监督和业务指导等工作。

三、延伸检察职能，拓展司法保护效能

组织全省各级检察机关广泛开展知识产权普及教育，充分利用网络等媒体，结合“3·15 国际消费者权益日”“4·26 全国知识产权宣传周”活动，在当地人员流动大、场地开阔的广场、公园等场所，开展宣传活动，广泛宣传报道检察机关知识产权司法保护工作。活动紧密结合检察职能，采用制作展板、悬挂横幅、发放宣传册、设置法律咨询岗等方式，向群众宣传普及知识产权法、著作权法等法律法规，鼓励群众购买、使用正版书刊、音像制品和电脑软件等产品，抵制盗版，动员社会各界广泛参与知识产权保护工作。宣传活动中，全省检察机关共制作展板 80 余块、悬挂横幅 100 余条、发放宣传品 2500 余件、宣传资料 5000 余册、接待法律咨询群众 500 余人。活动积极接受相关媒体采访，普及知识产权法律法规，及时在青海检察微信公众号宣传活动成果。通过宣传，发挥了检察机关的积极作用，进一步提升了公众的知识产权认知水平，为深入推进知识产权司法保护营造了良好的法治环境。

供稿：青海省人民检察院
知识产权检察办公室

宁夏回族自治区

知识产权工作

一、专利商标

2021年，授权专利12 884件，同比增长67.1%，其中发明专利1103件、实用新型专利11 140件、外观设计专利641件；商标申请量24 815件、商标注册量18 210件；PCT专利申请17件。截至2021年底，有效发明专利4310件，同比增长16.77%，每万人口发明专利拥有量5.98件，商标有效注册量84 299件。

二、专项资金

2021年，会同自治区财政厅、自治区党委宣传部制定印发《宁夏回族自治区知识产权专项资金管理办法》，共7章21条，主要对知识产权专项资金的适用原则、职责划分、申报管理、支持标准、监督问责等内容进行全面的规定。

三、专利保险

2021年，联合宁夏银保监局印发《专利保险推进工作实施方案》，按照“政府引导、市场运作、专业经营、稳步实施”的原则，从指导思想、工作目标、重点任务、保障措施4个方面对专利保险推进工作进行详细安排部署。

四、地理标志保护

2021年8月27日，国家知识产权局批准盐池县筹建“盐池滩羊国家地理标志产品保护示范区”，建设周期3年。“盐池滩羊”是国家地理标志保护产品，也是宁夏特色优势产业。盐池滩羊国家地理标志产品保护示范区的批筹，将进一步提高“盐池滩羊”知名度、美誉度和影响力，为宁夏滩羊产业高质量发展创造更广阔的发展空间和更优良的市场环境。

五、商标核准注册

2021年10月6日，国家知识产权局商标局正式核准“宁夏枸杞”为地理标志证明商标，此次获准注册的“宁夏枸杞”地理标志证明商标使用地域得到极大扩展，包括惠农区、平罗县、西夏区、贺兰县、红寺堡区、中宁县、沙坡头区、同心县、海原县、原州区等10县区，对于补齐宁夏枸杞产业发展短板，提升宁夏枸杞品牌知名度、美誉度和影响力，推动宁夏枸杞产业高质量发展具有十分重要的意义，将有效杜绝“宁夏枸杞”品牌被肆意滥用，使宁夏枸杞得到商标法的有效保护。

六、地理标志运营

2021年，制定印发《宁夏回族自治区地理标志运营试点工作方案》，明确力争用5年左右的时间，在自治区重点发展的绿色食品产业、葡萄酒产业、枸杞产业、奶产业、肉牛和滩羊产业等培育20家以上地理标志运用效果好、经济效益明显的龙头优势企业。2021年，确定20家企业进行地理标志运营试点，试点工作期为1年，试点期满后组织试点工作考核，对考核排名前十家企业依据《宁夏回族自治区知识产权专项资金管理办法》给予20万元资金支持。

七、跨区域协作

会同黄河生态经济带九省区和新疆、陕西、甘肃、青海及新疆生产建设兵团市场监督管理局(厅)分别签署了加强知识产权保护合作协议，集聚协作合力、提升协作效能，实现知识产权执法互助、监管互动、信息互通、经验互鉴、优势互补，建立专利、商标、地理标志品牌建设合作机制，开展区域性专利、商标、地理标志品牌培育和宣传推介交流合作，更好地发挥知识产权支撑经济社会发展、提高区域经济竞争力的激励作用。

八、闽宁战略合作

推动建立闽宁知识产权公共服务机构交流合作机制，组织宁夏大学与福州大学、福州农林大学签署知识产权信息服务战略合作协议；组织自治区知识产权服务中心、银川市生产力促进中心与厦门大学签署在华技术与创新支持中心（TISC）战略合作协议，共同建设东西部（TISC）单位合作示范品牌，促进闽宁校企产学研合作，为宁夏知识产权公共服务机构更好支撑地区创新发展提供倍增器。

九、一窗通办

国家知识产权局专利局银川代办处按照《国家知识产权局关于规范地方专利商标业务窗口名称　稳步推进知识产权业务“一窗通办”的通知》文件精神，2021 年 1 月 19 日，在自治区政务大厅正式挂牌成立国家知识产权局宁夏业务受理窗口，实现专利、商标业务“一窗通办”。

十、宣传培训

2021 年，牵头组织自治区知识产权战略实施工作部门联席会议各成员单位及各市开展知识产权宣传周活动，召开知识产权新闻媒体通气会，发布宁夏知识产权保护十大典型案例，通报知识产权保护和运用重大工作进展情况，运用网络和新媒体等广泛宣传宁夏知识产权创造、运用、保护、管理和服务等方面成效，不断扩大知识产权社会影响力。

供稿：宁夏回族自治区知识产权局

版权工作

一、开展版权宣传教育

1. 开展《著作权法》学习宣传

举办《著作权法》学习报告会，为 220 名区直宣传文化系统干部解读新修改的《著作权法》。为宣传部机关干部订购《中华人民共和国著作权法导读与释义》《中华人民共和国著作权法学习问答》等学习培训教材 100 本，进一步提高宣传干部在工作中运用著作权法维护人民权益的能力和水平。

2. 开展知识产权宣传周活动

启动第 21 个世界知识产权宣传周版权活动，制作版权宣传公益广告 2 则、宣传片 1 部，印制版权宣传海报 13 000 张、宣传册 9000 册、手提袋 500 个、围裙 1000 个、铅笔袋 1000 个等。“4·26 世界知识产权日”当天，现场发放宣传材料 12 000 份，现场接受法律政策咨询 630 余次，进一步扩大知识产权保护的知晓率。

3. 开展版权保护宣传教育

充分利用网站、微博、微信等渠道宣传著作权有关法律法规和“剑网 2021”专项行动。公布 10 起侵犯知识产权典型案例，通过典型案件发挥警示引导作用，加强版权宣传普及，增强全民版权保护意识。

二、组织版权执法监管

开展版权侵权案件查处和执法监管工作，3 个单位和 10 名个人获评 2020 年度查处重大侵权盗版案件有功单位及有功个人。

1. 加大打击侵权盗版查处力度

坚持日常监管与专项行动相结合，严厉打击各类侵权盗版行为。2021 年，检查经营单位 136 家，给予警告 17 次，查处侵权盗版案件 4 起，集中销毁侵权盗版及非法出版物 34 659 册。

2. 开展“剑网 2021”专项行动

组织开展第 17 次打击网络侵权盗版专项治理“剑网”行动，对全区 1.4 万多家网站、28 万个微信公众号、1090 万个微博账号信息内容进行巡查，对 1500 多款涉宁移动应用程序开展违规内容常态化巡查监测，维护清朗的网络秩序，为庆祝中国共产党成立 100 周年营造良好网络环境。

3. 加强执法监管人员培训

进一步加强全区版权行政执法监管能力，提高网络执法水平，组织五市7名执法人员参加国家版权局在江西井冈山举办的版权执法监管培训班。对全区宣传部分管负责同志和执法工作人员115人进行执法监管培训。

4. 建立版权协助机制

联合陕西、甘肃、青海、新疆等省区共同建立西北五省区区域性版权执法协助机制，强化跨区域版权保护，积极推动证据互认，畅通会商渠道，互通裁量标准，加强联合执法，提高执法办案水平和效率。

三、推进软件正版化工作

1. 完善联席会议机制

强化顶层设计和统筹协调，充分发挥牵头引领作用，不断健全完善工作机制。召开自治区推进使用正版软件工作联席会议第六次全体会议，对年度工作进行部署安排。各地各部门不断完善内部管理机制，将正版软件的推进使用与计算机硬件系统更新配置同步推进、同步建设。

2. 压实工作责任

宁夏各级党政机关将正版软件工作纳入年度重点工作，列入年度工作责任目标绩效考核范围。制定出台《宁夏回族自治区政府机关使用正版软件管理办法》《宁夏回族自治区政府机关使用正版软件工作考核细则》，明确了全区政府机关使用正版软件工作标准。自治区财政厅将正版软件采购纳入年度财政预算，并对各级政府预算执行情况进行跟踪督导。自治区审计厅将政府机关正版软件管理使用情况作为审计重点内容之一，对审计项目中存在的相关问题要求限时整改。其他成员单位各司其职、密切配合、相互支持，带头使用正版软件，确保各项工作落到实处。

3. 加强督查检查

采取联合督查、随机抽查、专项检查等方式，不断完善正版软件工作督查检查机制，加大检查通报和曝光力度。对8所高等院校和3家银行软件正版化工作进行了检查，组成综合检查组对9个市县、37家区直机关单位、39家企事业单位的计算机软件采购安装使用等情况进行检查，发现问题及时通报并跟踪问效。购买600套正版软件检查工具配发各单位，提高了检查质量和时效。高标准完成推进使用正版软件工作部际联席会议督查组对宁夏回族自治区(5个政府机关和5家区属国有企业)软件使用情况进行督查，所有计算机操作系统软件、办公软件和杀毒软件的正版率均为100%。

四、提升版权服务水平

1. 优化作品登记审批流程

进一步规范作品登记程序，严格作品登记审查标准，简化作品登记程序，在宁夏政务服务网系统开通宁夏版权作品登记网上办理业务，实现信息化、无纸化审批办理，办理时限由过去的20个工作日缩短为5个工作日。2021年，著作权登记总量6107件。其中作品登记568件，登记量同比增长30%。软件登记5539件，同比增长49.81%。软件登记著作权人2700余名，同比增长43.63%。

2. 不断改进版权服务方式

将版权服务工作纳入“我为群众办实事”实践活动，在宁夏黄河流域非遗作品创意大赛现场开设版权服务登记点，组织银川地区两家版权服务工作站现场为非遗传承人的参赛作品开展登记工作，提高非遗传承人对各自作品的版权保护意识。4次深入市县(区)进行版权工作调研，5次到30余家企业普及宣传版权知识，提高群众版权保护意识。

3. 加大版权经费保障

联合下发《宁夏回族自治区知识产权补助资金管理办法》，加大对优秀版权作品和版权示范单位的补助力度。同时，将版权产业发展纳入自治区知识产权“十四五”规划和文化发展“十四五”发展规划之中，为全区版权产业发展创造良好环境。

4. 开展版权示范创建活动

认真组织各地各单位开展版权示范创建工作，积极向国家推荐参评版权示范单位。2021 年，宁夏盛天彩数字科技股份有限公司、宁夏回族自治区测绘地理信息院、宁夏交通投资集团有限公司等三个单位获批全国版权示范单位。

5. 积极参加版权博览会

首次组织宁夏益盟礼益文化艺术品有限公司、宁夏巴鸟文化产业有限公司、宁夏微元素文化传播有限公司、宁夏郝氏雕刻有限公司、宁夏奇人匠心文化科技有限公司 5 家优秀版权企业组团参加第八届中国国际版权博览会。宁夏展馆以“激活版权资源，激发创意活力”为主题，通过线下参观平台、产品和线上直播等手段，展示宁夏版权保护和版权产业发展成果。博览会期间，参展商线下销售额 2 万余元，线上销售额 10 万余元，现场签订合作意向协议 18 个。宁夏回族自治区版权局获评优秀组织奖。

供稿：宁夏回族自治区版权局

司法工作

一、案件审理情况

2021 年，受理知识产权案件 1022 件（一审 970 件，二审 52 件），结案 782 件，结案率为 76.5%。受理的一审案件中，著作权纠纷 489 件，占收案总数的 50.4%；商标权纠纷 373 件，占收案总数的 38.5%；专利权纠纷 26 件，占收案总数的 2.7%；其他纠纷 82 件，占收案总数的 8.4%。

二、“三合一”审判改革取得阶段性成果

自 2017 年成立知识产权审判庭后，集中督导，银川中院、石嘴山中院先后制定文件，均已实现知识产权民事、刑事、行政审判“三合一”，吴忠中院、固原中院、中卫中院均成立知识产权审判专业团队，集中审理知识产权民事纠纷案件。

三、建立知识产权诉调对接机制与行政调解司法确认机制

始终将“调解优先、调判结合”工作原则贯穿于知识产权审判工作全过程，建立知识产权案件一站式多元解纷格局，形成从矛盾纠纷源头预防到诉前多元解纷，再到分层递进、繁简结合、衔接配套矛盾纠纷预防调处化解综合机制。2021 年，与自治区市场监管厅联合建立知识产权诉调对接机制、知识产权纠纷行政调解司法确认机制，进一步提升知识产权纠纷解决效率，满足人民群众多元、高效、便捷解纷需求。

四、发布知识产权审判白皮书，扎实提升司法能力与水平

坚持“高起点、高标准、高要求、国际化”，着力锻造一支政治坚定、精通法律、熟悉技术的高素质知识产权审判队伍。2021 年 5 月，发布《宁夏法院知识产权司法保护白皮书（2018—2020 年）》并发布典型案例 6 件。2021 年 2 月，银川中院召开新闻发布会，发布《银川法院知识产权司法保护白皮书（2018—2020 年）》，对知识产权司法保护工作作出总结。

五、建立知识产权快审机制

结合知识产权类型化案件较多的特点，建立知识产权快审机制，并在银川中院开展试点，坚持以更加公平的方式妥善审理知识产权案件，坚持以更加有力的举措服务创新驱动战略，加大知识产权保护执法力度。制定《知识产权类型化案件快审机制运行规范》，适用简化文书，有效缩短了知识产权案件平均审理期限。2021 年，银川中院知识产权一审案件平均审理期限为 97 天，较上年同期的 153.96 天大幅缩短。通过推行知识产权类案快审机制，积极引导当事人依法有效维权，合理预判诉讼成果，进一步提高了类型案件的调解效

率，促进商标权和著作权侵权纠纷妥善快速化解。同时，也为以后同类型的商标权、著作权侵权纠纷案件审理统一了裁判标准和作出了处理示范，切实提升了知识产权审判司法效能，为营造健康、透明、法治化的创新环境提供司法保障。

六、依法严厉打击知识产权刑事犯罪

出台《宁夏回族自治区高级人民法院关于打击侵犯知识产权和制售假冒伪劣商品犯罪的指导意见》，发挥刑法的行为规制功能，严厉打击侵犯知识产权的犯罪行为；发挥刑法的法益保护功能，弥补被害人经济损失；发挥刑法的驾驭引导功能，准确规范量刑，引导市场主体遵纪守法、诚信经营、创新创业、尊重产权。银川中院在发挥民事审判主渠道作用的同时，注重发挥刑事审判职能，尤其对涉及食品安全、生活用品等事关人民群众生命健康、社会稳定的涉民生领域的知识产权犯罪行为，重拳出击，坚决打击，依法从快、从严判决，护卫人民生命健康。2021 年 2 月 3 日，银川中院审理的一起假冒注册商标的商品刑事二审上诉案件公开开庭审理，并通过中国庭审公开网同步直播。该案事关知识产权司法保护，涉及人民群众“舌尖上的安全”，综合运用各种刑罚手段，重视运用财产刑加大对侵犯知识产权犯罪的惩处力度。

七、加强司法保护与行政执法协调配合

落实中央、自治区两办《关于强化知识产权保护的实施意见》，依托已有的知识产权审判“三合一”工作机制，与公安、检察机关和市场监督管理局、知识产权局、版权局等知识产权行政执法部门建立知识产权纠纷联动处理机制，加强业务合作与司法监督，强化诉源治理，综合运用法律、行政、社会治理等多种手段，从审查授权、行政执法、司法保护等环节完善保护体系，加强协同配合，打通知识产权创造、运用、保护、管理、服务全链条，构建大保护工作格局，自觉担负起宁夏地区知识产权司法保护的职责使命。

八、充分发挥司法审查监督和指引功能

促进知识产权行政执法标准和司法裁判标准统一。建立以司法解释、司法政策为引领、以指导性案例为指引、以典型案例为参考的知识产权审判指导体系，优化专业法官会议制度，完善类案和新类型案件检索制度，构建统一的法律适用标准机制。深化智慧法院建设，完善知识产权案例和裁判文书数据库深度应用，充分运用人工智能等信息化手段，促进裁判标准统一。

供稿：宁夏回族自治区高级人民法院
知识产权审判庭

检察工作

一、规范地理标志使用

主动联系宁夏回族自治区市场监督管理厅达成相互理解、相互支持的共识，联合下发《关于开展“中宁枸杞”注册商标专用权司法保护行动的通知》《开展民生领域行政执法案件查办“铁拳”行动的通知》，开展“中宁枸杞”地理标志证明商标注册商标专用权司法保护行动和民生领域行政执法案件查办“铁拳”行动，主动融入、同步参与到市场监管部门专项行动中。吴忠市盐池县人民检察院开展“盐池滩羊”品牌专项监督活动，走访调研企业 7 家，为地理标志性注册商标保驾护航。

二、正向普法宣传引导

认真落实“谁执法、谁普法”的责任。立足检察职能，结合典型案例统一制作印发《知识产权宣传册》，组织全区检察机关集中开展“4·26 世界知识产权日”宣传活动，阐释注册商标、著作权、商业秘密等概念及侵权方式，根据刑事、民事、行政检察职能明确被侵权人救济途径和举报方式。在世界知识产权日当天，检察官现身“带货

直播间”，针对典型案例进行释法说理，向公众宣传知识产权法律知识。

三、充分发挥法律监督职责

为全面推动涉知识产权案件两项监督、行政执法监督、民事审判监督职能，从点到线、从线到面，编织严密的知识产权司法保护网，依法严厉打击侵犯知识产权违法犯罪活动，依法支持知识产权权利人合理民事诉求，延伸检察职能引导企业合规经营，形成严格保护知识产权态势。2021年7月，决定成立涉知识产权案件线索指导组，指导全区检察机关积极稳妥办理涉知识产权刑事、民事、行政案件，组织线索分析研判会，促进线索成案。充分发挥法律监督职责，促进严格执法，公正司法。2021年，审查起诉阶段提前介入案件3件，审查逮捕阶段要求公安机关继续补充侦查取证14件20人，监督撤案1件，追加起诉同案犯16人，追加起诉遗漏罪行1人。石嘴山市检察机关监督公安机关撤销夏某实业有限公司侵犯商业秘密案。金凤区人民检察院在办理何霖销售假冒注册商标的商品案中，及时追赃挽损180.3万元。

供稿：宁夏回族自治区人民检察院
知识产权检察办公室

新疆维吾尔自治区

知识产权工作

一、着力加强知识产权顶层设计

拟定《关于贯彻〈知识产权强国建设纲要(2021—2035年)〉的实施意见》。将《新疆维吾尔自治区知识产权“十四五”规划》列入自治区重点规划，由自治区人民政府印发。在《新疆维吾尔自治区国民经济和社会发展第十四个五年规划和2035年远景目标纲要》中明确提出要“加强知识产权服务体系建设，加大知识产权保护力度”。

召开自治区知识产权保护工作推进会，对下一步知识产权工作作出安排部署。自治区党委组织部、发改委出台《2021年自治区绩效考核暨自治区党委管理领导班子和领导干部年度考核工作方案》《关于将知识产权保护关键指标纳入自治区高质量发展综合绩效评价体系的复函》，将知识产权工作纳入绩效评价体系和对各级领导班子和领导干部考核重要内容。

二、稳步提升知识产权创造质量

2021年，授权专利21 178件，累计有效发明专利拥有量6276件，同比增长12.4%；有效实用新型44 114件；有效外观设计5750件。累计有效商标注册279 325件。高价值发明专利拥有量2311件，每万人口高价值发明专利拥有量0.89件。累计157家企业合法使用地理标志专用标志。

与自治区财政厅联合下发《新疆促进专利转化专项计划助力中小企业创新发展实施方案》。拨付本级财政资金989万元用于专利转化、知识产权质押融资入园惠企等项目。组织开展知识产权质押融资“入园惠企”活动；召开“知识产权质押融资推进会”“银企对接会”；与中国银行新疆分行签订《小微企业知识产权融资服务实施方案》，2021年本区知识产权质押项目29笔151件专利，质押融资金额6.43亿元。向全区征集、审定并择优推荐16项优秀专利参加第二十三届中国专利奖评选。

协助乌鲁木齐市开展知识产权运营服务体系建设工作，推出知识产权运营基金，以股权投资方式培育知识产权运营服务机构和知识产权密集型企业。

三、不断优化知识产权保护环境

制定印发《关于组织开展知识产权专

项执法行动的通知》《落实〈2021年全国知识产权行政保护工作方案〉的实施方案》，持续强化知识产权领域监管执法力度，加大商标恶意注册和非正常专利申请行为惩戒力度。

2021年，全区市场监管部门办理专利行政案件901件、商标行政案件285件；对全区16家专利代理机构和96家商标代理机构进行检查，严厉查处违规代理行为，将1家违规专利代理机构依规纳入异常名录；加大商标恶意注册和非正常专利申请行为惩戒力度，向国家知识产权局报送商标恶意抢注案件线索10起，核查整改非正常专利申请1184件；开展维护商标领域意识形态安全整治，判定问题商标108件，已报请国家知识产权局宣告无效60余件。畅通举报投诉渠道，12315投诉举报指挥中心受理知识产权投诉举报478件，其中涉及商标侵权的投诉59件、举报396件；涉及专利侵权的投诉0件、举报19件；涉及地理标志的投诉1件，举报3件。发挥专利侵权纠纷行政裁决支撑提升知识产权行政保护能力的重要作用，全年接收专利侵权纠纷处理申请67件，受理48件；同时，积极开展专利侵权纠纷行政调解工作，推动纠纷双方达成协议，引导纠纷双方依法向天山区人民法院申请专利侵权纠纷调解协议司法确认22件，完成全区首例专利侵权纠纷行政调解协议司法确认。

建立克拉玛依维权援助分中心和绿谷创客孵化示范基地工作站、新疆大学维权援助工作站，组建知识产权维权援助青年志愿者队伍。强化兵地融合，与自治区生产建设兵团市场监管局联合印发《兵地地理标志产品保护和商标使用合作备忘录》，完善市场监管（知识产权）领域兵地协作保护机制。

四、逐步推进知识产权综合运用日趋活跃

汇集整理各类知识产权政策法规等，形成知识产权促进工作文献汇编，为全区知识产权工作人员学习工作提供政策制度依据。开设“知识产权直播课堂”，直播培训39场，参训人数9762人。组织全区知识产权管理人员380人参加国家知识产权各类能力提升培训。举办自治区市场监管系统知识产权行政执法专题视频培训，培训执法人员422人。向中国知识产权培训中心申请建设新疆知识产权远程教育平台，设立新疆大学分站。先后邀请20余名业内专家面向本区开展业务实操线上线下培训，3500余人参训。为代理机构举办业务指导培训班，对40余家代理机构负责人进行培训。国家知识产权局、自治区党委将新疆党政领导干部知识产权培训班列入全国知识产权培训计划、自治区党委组织部专题培训班计划，持续加大本区知识产权人才培养力度。

2021年首次开展知识产权专业高级、正高级知识产权专业职称评审，搭建了“人才驿站”平台。

积极推进地理标志申报，组织“伽师新梅”等13件地理标志保护产品申报，“且末红枣”获批国家地理标志保护产品。库尔勒香梨、吐鲁番葡萄干、精河枸杞入选中欧地理标志互认互保名录。组织推荐库尔勒香梨、精河枸杞国家地理标志保护示范区获批筹建。推荐库尔勒香梨、若羌红枣、额敏县也木勒白羊、吐鲁番葡萄、吐鲁番葡萄干5个项目申报国家知识产权局2021年地理标志运用促进工程项目。

五、持续完善知识产权服务能力

先后在巴州、喀什、哈密、塔城、阿克苏5个地州设立国家知识产权局商标业务受理窗口，为市场主体提供更加便捷高效的服务。实现专利商标“一窗通办”，结合新疆疫情防控实际，做到线上服务“不断档”，线下服务“不断时”。

完善新疆知识产权公共服务平台，初步建成“政务办事厅、维权援助、网上教育、

知产数据库、知产运营和知产融资”6 大功能模块。

在全疆范围开展知识产权服务万里行活动，对全区 400 多家单位开展知识产权服务需求摸底调查。利用“4·26 知识产权日”、品牌日，开展知识产权走基层、人民网访谈、进校园、视频沙龙、开放日、银企对接会、地理标志微视频征集等知识产权宣传活动，在各类媒体上大力开展知识产权公益宣传。发放各类宣传手册 3 万余册，做到企业、学校、社区全覆盖。

供稿：新疆维吾尔自治区知识产权局

版权工作

一、加强版权执法，强化日常监管

组织各地常态化开展版权执法检查，全年开展执法行动 320 次，检查各类文化市场 4 万余家次，立案查处侵权盗版案件 25 件，收缴侵权盗版图书光碟 5000 余册(张)，罚款 12 万元，向公安机关移送涉嫌犯罪案件 1 起，调解著作权纠纷 3 起，督办案件 2 起，案件信息公开 25 起。开展专项整治，落实国家版权局等四部门通知要求，开展打击网络侵权盗版“剑网 2021”专项行动，严厉打击短视频、网络直播、在线教育等领域的侵权盗版行为，检查网站 6802 家、微信公众号 3.1 万个、微博和自媒体账号 7.1 万个，巡查网上信息 698 万条，下发网站整改通知书 13 份，约谈违规网站 3 家，删除侵权盗版链接 61 个，关闭仿冒、假冒网站 12 家，下架侵权新闻 53 条。2 家单位获评 2020 年度查处重大侵权盗版案件有功单位，5 人获评 2020 年度查处重大侵权盗版案件有功个人。

二、推进软件正版化工作

巩固拓展软件正版化工作成果。制定印发《2021 年新疆维吾尔自治区推进使用正版软件工作计划》《开展软件正版化考核的通知》，对 14 个地州市、158 家自治区级机关事业单位及国有企业单位软件正版化工作进行考核评定。党政机关、企事业单位共投入 9697 万元新购置正版软件 28 万套。加强软件正版化工作监管。对自治区 20 家党政机关、事业单位，16 家国有企业软件正版化工作进行核查，指导各地对属地单位软件正版化工作开展核查，共核查计算机 18.5 万台；使用“正版软件管理系统”对软件正版化工作进行动态监管。对 14 个地州市、159 家自治区党政机关、企事业单位落实软件正版化工作情况开展年度考核评议。对 197 家单位软件正版化资金使用进行审计。

三、开展版权宣传培训

大力宣传普及新修改《著作权法》，组织开展“全面加强版权工作，推动构建新发展格局”主题宣传活动。制作发放宣传册 8 万余份，公益海报 5 万余份，宣传展板、横幅 3500 块，通过各级电台、电视台以及网站、微博、微信、移动客户端推送版权保护公益宣传片，播发版权保护案例、著作权法知识、知识产权保护助力高质量发展等消息 1000 余篇，总阅读量 60 万人次。组织网上和现场宣传 300 余场次，参加人数 5800 余人次参加。加强著作权培训工作。举办版权执法监管工作培训班、软件正版化工作培训班，培训自治区党政机关、企事业单位及各地(州、市)版权工作人员 400 余人次。指导开展版权执法和软件正版化工作培训，培训 600 余人次。组织 16 家国资委监管企业、各地州市版权部门负责人 30 人参加国家版权局培训。

四、优化版权社会服务工作

依法开展作品登记工作。审核申请登记作品的内容导向，规范审核程序，压缩审核时限，全年办理各类作品登记 1150 件，同比增长 22%。接待咨询群众 1000 余人次。做好涉外版权工作。引导出版单位与周边国家、“一带一路”沿线国家开展版权合作，实施对外版权输出、合作出版项目，传播中华文化，展示真实新疆。审核备案引进出版外国图书8种。

供稿：新疆维吾尔自治区版权局

司法工作

一、依法履行审判职能，公正高效审理各类案件

2021年，新收各类知识产权案件1458件。其中新收民事案件1422件，同比上升101%；一审案件1349件，同比上升120%，二审案件63件，同比下降19%；审结1316件，同比上升94%，结案率93%，同比下降3个百分点。新收知识产权刑事案件31件，其中一审22件，同比上升37.5%；二审6件，同比上升20%；审结29件，同比上升32%，结案率94%，一审结案率91%，二审结案率100%，在受理案件数量大幅上升的情况下，结案率和一审结案率同比分别上升10个和16个百分点。新收知识产权行政一审案件5件，已审结2件，无行政二审案件。2021年，新疆法院审判质效总体良好，突出的特点表现在：

知识产权民事案件占比较高，且案件类型相对集中。从案件类型看，民事案件占知识产权案件总数的98%，其中，著作权、商标权案件占一审民事案件总数的85%，专利权及不正当竞争等其他纠纷案件占比较小，且专利权纠纷主要集中在外观设计专利纠纷方面，且无任何垄断纠纷类案件。

知识产权刑事案件类型及罪名相对单一。2021年新收刑事案件31件，均为侵犯商标类犯罪。假冒注册商标罪和销售假冒注册商标的商品罪两类案件数量占比分别为42%和58%。

知识产权行政案件占比较低。2021年，全区法院共受理知识产权行政案件5件，仅占全年新收案件的0.3%，已审结2件，均为撤诉。

民事案件调撤率高、群众满意度高。全区法院民事一审案件调撤率为81%，二审案件调撤率为53%。其中乌鲁木齐市中院“一揽子”化解386起一审知识产权案件，双方当事人最终握手言和，并对法院的工作表示满意，达到了“三个效果”的统一。

二、加强对下调研指导力度，建立机制统一裁判规则

对下调研指导力度不断加强。经多次调研，已起草完成《知识产权审判实务问答（一）（征求意见稿）》《新疆维吾尔自治区高级人民法院关于知识产权民事侵权纠纷适用惩罚性赔偿的办案指引（试行）》（征求意见稿），现已下发各分中院征求意见。建立二审案件反馈沟通机制，下发《新疆法院知识产权二审案件发改情况通报》。

知识产权审判队伍素质不断增强。4月，以“民法典中知识产权条款及知识产权相关司法解释”为题，对全区法院知识产权审判的难点和重点进行培训。阿克苏市中院组织全院知识产权法律法规知识测试活动。

审理的1件知识产权案件，入选2021年全国法院“百场优秀庭审”。

三、不断推进全区法院知识产权“三合一”工作

通过调研全区法院设立“三合一”协调机构落实情况、案件受理以及“三合一”工作开展落实情况，及时下发《全区法院知识产权审判“三合一”落实情况通报》，督促全区法院知识产权“三合一”工作落实。

四、着力推动知识产权大保护工作格局

建立线上、线下诉调对接机制。与自治区市场监督管理局就推进知识产权行政执法和司法保护两条途径优势互补、有机衔接，构建线上知识产权纠纷多元化解机制进行座谈；充分发挥商会线下调解作用。

签订知识产权保护合作框架协议。2021年4月21日，与自治区市场监督管理局会签《知识产权保护合作框架协议》；哈

密市中院与哈密市市场监督管理局、市公安局、市检察院联合签订《关于建立知识产权行政和司法保护协作机制的实施方案》《关于深入推进知识产权纠纷多元化解工作的实施方案》;克州中院与克州市场监督管理局、克州文化和旅游局、克州农业农村局、克州科技局联合签订《关于建立知识产权司法和行政保护协作机制的备忘录》。

召开知识产权司法保护联席会议和座谈会。4 月 22 日,与自治区公安厅、检察院联合召开第二次知识产权刑事司法保护联席会议。伊犁州分院与州文旅局、版权处等,吐鲁番市中级人民法院与检察院、森林分局等分别召开联合会议。博州中院邀请(博州)市场监督管理局、博州公安局及博州辖区部分商户代表召开知识产权保护座谈会;克州中院邀请克州市场监督管理局、克州农业农村局等部门与企业代表,召开“知识产权助力富民兴疆”主题座谈会;克拉玛依市中院邀请市委宣传部、市市场监督管理局等召开“知识产权大保护工作格局”座谈会。

履行司法建议职责,助力高效社会治理。2021 年,昌吉州中院向昌吉回族自治州文化体育广播电视和旅游局发出关于加强卡拉OK 领域版权管理的司法建议。塔城中院向塔城地区市场监督管理局发出司法建议。

五、发挥中国(克拉玛依)知识产权保护中心引领作用

克拉玛依市中院、乌鲁木齐市中院与克拉玛依市知识产权局共同签署《关于知识产权协同保护合作协议》,明确共同在中国(克拉玛依)知识产权保护中心建立新疆首个知识产权保护中心司法保护平台,形成保护中心多元化解纠纷解决机制,为全区法院加强知识产权保护提供范本。

六、完善技术事实查明机制建设

及时梳理乌鲁木齐知识产权法庭 2019 年以来已受理涉及有关专利、植物新品种等技术类案件的数量、类型,并结合案件审理涉及的技术领域,对专家、人才的数量、专业或技能提出具体需求并进行统计。已初步收集乌鲁木齐市相关技术专家人员信息,建立《拟入库专家名录》(初稿)。

七、探索与高校建立研学审合作机制

与新疆大学法学院举行关于建立研学审合作机制的座谈会,就建立深度融合的知识产权研学审合作机制,常态化共同开展法治人才培养、实务与理论研究等方面的合作,以及近年来知识产权审判实践中的难点及重点问题进行研讨交流,共议共商《知识产权研学审战略合作协议》(讨论稿)。

八、推进知识产权助力富民兴疆计划

在 2020 年“知识产权助力脱贫攻坚”南疆行活动的基础上,全区法院会同各地市场监督管理局或相关部门有关同志,不定期赴企业实地调研。全区法院积极扎实开展富民兴疆调研活动,最终完成《全区法院与行政执法机关知识产权协作机制的建立情况的总结》《严格知识产权司法保护助力富民兴疆调研报告》。

九、加强知识产权法治宣传

开展企业调研和送法进企业活动。全区法院会同市场监督管理局等其他相关部门有关同志,不定期赴企业实地调研、座谈交流,深入一线为重点企业提供“订单式普法”。

开展“公开庭审周”活动。4 月 20 日至4 月 26 日期间,集中开庭审理一批知识产权案件,并开展庭审公开日活动,邀请部分全国人大代表、全国政协委员以及自治区和各地区人大代表、自治区和各地区政协委员现场旁听庭审,与人大代表、政协委员进行座谈,征求人大代表和政协委员对全区法院知识产权司法保护工作的意见和建议。

召开新闻通气会。4 月 21 日,召开“全区法院知识产权司法保护状况”新闻通气会,通

报2012—2020年全区法院知识产权司法保护状况，发布6例知识产权司法保护典型案例，并回答新闻媒体记者提问。“4·26世界知识产权日”宣传周期间，全区各分中院亦通过新闻发布会的形式，向社会各界通报各地知识产权司法保护工作。

开展庭审公开课活动。2021年4月23日，为新疆大学法学院开设了一节不正当竞争纠纷庭审公开课。

开展社会面知识产权法治宣传。全区法院在知识产权宣传周期间走进广播电台直播间，向社会公众介绍新疆法院知识产权司法保护状况，以及主动延伸审判职能、助力自治区高质量发展的系列工作。

供稿：新疆维吾尔自治区高级人民法院知识产权审判庭

检察工作

一、高度重视，依法履行检察职能

将保护知识产权工作列入2021年经济犯罪检察工作的要点，抓落实抓实效。

2021年，自治区各级检察机关共受理审查逮捕侵犯知识产权犯罪案件33件42人，批准逮捕38件25人，其中批准逮捕假冒注册商标罪3件7人、销售假冒注册商标的商品罪15件18人；受理审查起诉侵犯知识产权犯罪案件54件100人，起诉19件33人，其中假冒注册商标罪10件15人、销售假冒注册商标的商品罪9件18人。

二、树立新的司法理念，加强政策引领

重视知识产权检察队伍建设，要求各级检察机关树立新的司法理念，加强专业化办案组织和办案团队建设，成立知识产权办案团队。大胆实践，在司法办案中充分运用《关于办理知识产权刑事案件具体法律若干问题的解释(三)》和《关于公安机关管辖的刑事案件立案追诉标准的规定》，坚持创新驱动发展，积极推进丝绸之路经济带核心区建设。

自治区人民检察院经济犯罪检察部汇编《知识产权保护办案手册》(上、中、下三册)，供全疆各级检察机关和司法、行政机关在办案中参考。

三、加强对行政执法机关的监督与协作配合

深化行政执法与刑事司法衔接合作。2021年，多次与新疆维吾尔自治区市场监督管理局沟通，召开“双打平台”推广协调会，在扩大平台建设方面达成共识，为形成保护知识产权的合力搭建基石。由自治区人民检察院主导的“双打平台”第三期全疆推广计划即将完成。2021年，自治区建议行政执法机关向公安机关移送涉嫌犯罪线索2件，公安机关立案侦查1件，检察机关起诉1件。

四、形成打击侵犯知识产权犯罪侦诉审合力

为进一步推进知识产权刑事司法保护工作高效衔接联动，精准打击全区知识产权犯罪，在新疆维吾尔自治区知识产权刑事司法保护联席会议制度的基础上，一是严格落实《自治区高级人民法院、自治区人民检察院、自治区公安厅对知识产权审判“三审合一”改革中刑事司法保护若干问题的意见(试行)》，履行由县级人民检察院负责对侵犯知识产权犯罪案件的审查批准逮捕，并对是否提起公诉进行初步审查，经审查认为需要提起公诉的，将案件移送市(地)级检察机关，由市(地)级检察机关负责审查起诉工作制度。二是由自治区高级人民法院、自治区人民检察院、自治区公安厅联合制定《新疆维吾尔自治区高级人民法院关于知识产权犯罪的量刑指南(试行)》，加大对恶意侵权人财产刑的处罚力度。

五、能动履职，积极开展法律监督工作

全疆检察机关贯彻宽严相济的刑事政策，积极发挥法律监督职能，推动知识产权

案件执法规范化建设。2021 年，自治区各级检察机关不予批准逮捕 15 件 27 人，不予起诉 5 件 10 人；监督公安机关立案 3 件 3 人，监督公安机关撤案 2 件 2 人；纠正起诉遗漏罪行 3 件 3 人。各级检察机关提前介入侵犯知识产权案件 14 件。

六、加强知识产权普法宣传

全疆各级检察机关以“谁执法、谁普法”的原则，积极开展知识产权领域法治宣传，通过释法说理，解答人民群众的法律疑惑等贴近人民群众的方式开展知识产权保护方面的普法宣传。在 2021 年第 21 个世界知识产权日期间，结合“我为群众办实事”活动，开展以“全面加强知识产权保护　推动构建新发展格局”为主题的知识产权宣传活动，乌鲁木齐、塔城、伊犁等多地检察机关同步开展了知识产权法治宣传日活动。

供稿：新疆维吾尔自治区人民检察院
知识产权检察办公室

新疆生产建设兵团

知识产权工作

一、知识产权强兵团战略深入实施

先后印发《关于贯彻落实〈知识产权强国建设纲要（2021—2035 年）〉的工作措施》《兵团加强知识产权保护和运用的实施意见（2021—2025 年）》《兵团关于加强知识产权保护工作方案》，联合自治区知识产权局和西北五省（区）知识产权部门签署《自治区　兵团知识产权保护协作协议》《西北五省（区）及新疆生产建设兵团加强知识产权保护合作协议》。通过健全机制、完善制度，进一步提高兵团知识产权治理能力和水平，为兵团深化改革和向南发展提供有力支撑。

二、知识产权创造能力不断增强

坚持以高质量发展为导向，逐步调整知识产权资助政策，印发《兵团市场监管专项资金管理办法（试行）》，全面取消知识产权申请阶段的资助，重点加大对知识产权转化运用、行政保护和公共服务的支持。2021 年，专利授权量 2679 件，同比增长 70.6%；发明专利授权 200 件，同比增长 37%；每万人口发明专利拥有量 2.66 件。商标申请 2109 件，注册 2087 件，有效注册商标量 10 110 件。“图木舒克冬枣”“北屯瓜子”“五家渠甜瓜”“下野地西瓜”“下野地樱桃”5 件地理标志商标获注册。

三、知识产权运用效益不断提升

实施兵团氯碱化工行业专利导航项目，面向新疆天业（集团）有限公司、新疆大全新能源股份有限公司 2 家企业作为试点企业开展专利微导航。指导天伟化工有限公司开展聚氯乙烯糊树脂品质提升关键技术产业化应用示范项目，提升专利转移转化效率。以地理标志商标为抓手，持续推进地理标志商标培育和促进运用工作，编制完成兵团名优特产品名录，落实《兵地地理标志商标共享共用合作备忘录》，兵团市场主体获得“库尔勒香梨”“奇台面粉”等地理标志的使用权，“北屯瓜子”被列入国家知识产权局地理标志运用促进工作重点项目。

四、知识产权保护力度不断加大

履行兵团“双打”办工作职责，组织召开兵团打击侵权假冒工作领导小组全体会议、兵团打击侵权假冒工作领导小组推进会议，审议通过《兵团 2021 年打击侵权假冒工作要点》，从深化重点治理、提高法治化水平、强化全链条保护、推进能力建设等方面部署年度重点工作任务，提升打击侵权假冒工作能力。组织开展知识产权行政保护专项行动，持续开展重点领域、关键环节、重点时段知识产权行政执法专项行动。2021年，兵团系统共办结专利侵权纠纷案件6起，查办商标假冒侵权案件35起，罚没款合计29.52万元。开展非正常专利申请专项核实与整改活动，督促撤回非正常专利申请148件，撤回率为100%，高于全国平均水平。开展"蓝天"专项整治行动，加强对知识产权代理机构的监管力度，督促辖区代理机构提交《自查报告》和《承诺书》。不断健全知识产权保护体系，持续推进知识产权维权援助工作站建设，已在第三、第四、第六、第八师等国家级、兵团级园区建立8家知识产权维权援助工作站。强化执法指导，遴选推荐膜上移苗垂直压穴机专利侵权纠纷案等2件案件参加国家知识产权局第二批知识产权行政执法指导案例评选。

五、知识产权管理效能不断增强

开展知识产权强国建设试点示范工作，成功申报第六师五家渠市为国家知识产权强县建设试点县。开展知识产权宣传活动，充分利用"4·26全国知识产权宣传周"、中国品牌日等重要节点，组织开展2021年新疆发明创造优秀大学生评选活动、兵团商标和地理标志工作研讨会、大美兵团——我的品牌故事短视频征集评选等系列活动，举办培训11场，累计培训1100余人次，发放宣传资料11000余份。加强与媒体合作，兵团电视台、兵团日报社、天山网、兵团新闻网等媒体共播发知识产权相关内容80余次，推送相关报道200余条。推进地理标志专用标志使用，进一步提升管理效能。面向辖区支柱产业积极开展专利优先审查，不断促进产业结构优化升级。新疆生产建设兵团市场监管局知识产权处荣获全国知识产权系统先进集体，1人荣获全国知识产权先进个人。

六、知识产权服务能力不断提升

积极开展知识产权服务"万里行"活动，组织专利转移转化和地理标志方面的专家组成服务团队，为兵团企业、专业合作社进行专题培训和讲座22场。开展专利信息利用帮扶，遴选4家企业签订专利信息利用帮扶协议，为企业提供全面的专利检索和预警服务，帮助企业建立专利专题数据库，编制专利态势分析报告。举办2021年兵团知识产权业务能力提升培训班、兵团商标和地理标志工作研讨会等4期专项培训班，同时积极派员参加国家知识产权局组织的各类业务培训，累计培训业务骨干120余人次。加强知识产权公共服务网点建设，支持石河子大学国家高校知识产权信息服务中心建设，丰富知识产权信息数据资源，开展"知识产权信息服务机构在行动"专项活动。

供稿：新疆生产建设兵团知识产权局

司法工作

一、案件情况

2021年，受理知识产权一审民事案件41件，同比上升64%，审结28件，结案率68.29%，其中调解撤诉17件，调撤率60.71%；受理二审民事案件5件，审结3件，结案率60%，其中调解撤诉1件，调撤率33.33%。

受理知识产权一审行政案件4件，审结4件，结案率100%；二审行政案件0件。

受理知识产权一审刑事案件1件，审结1件，判决2人，结案率100%；二审刑事案件0件。

二、主要做法

坚持政治建设，坚定政治立场。通过各类政治理论学习，辖区各级人民法院干警深刻领会习近平新时代中国特色社会主义思想，牢固增强"四个意识"、坚定"四个自信"、做到"两个维护"，提高政治思想水平和政治鉴别力，加强纪律作风建设，着力抓好党风廉政建设和反腐败工作，确保廉洁司法。

完善兵团辖区技术类知识产权案件跨地域管辖机制。向最高人民法院提交《关于确定新疆生产建设兵团第一师中级人民法院管辖涉及技术类知识产权纠纷案件并调整有关法院技术类知识产权纠纷案件地域管辖范围的请示》，对兵团辖区技术类知识产权案件跨地域管辖机制进行完善，加强了南疆地区兵团辖区法院技术类知识产权审判力量。

持续推进兵团各级人民法院知识产权“三合一”工作。草拟《兵团法院关于推进知识产权民事、行政和刑事审判“三合一”工作的实施方案》（审议稿），拟根据四级法院审级职能定位改革要求，结合最高人民法院拟出台的第一审知识产权民事、行政案件管辖规定，对审议稿进行进一步修改，以便推进知识产权“三合一”工作的开展。

倡导“司法主导、严格保护、分类施策、比例协调”的知识产权司法政策，坚持“常规案件快速审、疑难案件精心审”，通过对疑难、复杂案件的精细化审理，积极应对新领域、新类型法律问题，通过对社会关注度高、涉及面广、影响力大案件的裁判，回应社会关切，发挥司法的治理与引领功能。

注重提升审判水平，积极开展审判业务培训。举办系统政治轮训暨民商事审判实务培训班，组织系统 43 家法院 56 名员额法官参加培训，提升了审判队伍在知识产权等方面的民商事审判水平。组织辖区各级法院审判人员参加全国法院知识产权审判业务培训班、全国法院技术类知识产权审判业务培训班、第一期至第三期侵犯知识产权案件办理公检法同堂高级研修班等培训课程，组织审判人员对最高人民法院发布的典型案例和知识产权期刊等资料开展集中学习。

妥善处理好知识产权审判中依法保护与适度保护的辩证关系，在坚持调解优先、化解矛盾的基础上，精准发力，定向施策，遵循补偿为主、惩罚为辅的侵权损害认定机制，进一步加大损害赔偿力度，给权利人提供充分司法救济，着力破解知识产权侵权诉讼“赔偿低”问题，降低维权成本。

加大调解力度，实现政治效果、法律效果、社会效果相统一。2021 年一审知识产权民事案件调撤率 60.71%；二审知识产权民事案件调撤率 33.33%，实现知识产权保护和科技成果转化的双重效果。

着重完善知识产权纠纷多元化解决机制。加强与知识产权行政部门、人民调解组织、仲裁机构、行业协会、专业调解组织等的协调配合，找准功能定位，着力优化延伸，发挥司法在矛盾纠纷多元化解机制中的引领、推动和保障作用，创新纠纷解决方式，动员和发挥社会各界力量，形成知识产权保护合力。邀请人大代表、政协委员等协助诉讼调解工作，邀请商会、行业协会和行政执法部门参与送达和协调工作，有效化解各类知识产权纠纷。

强化综合保护手段。加强与其他司法机关和知识产权行政执法机关之间的沟通联系，各司其职，相互配合，对知识产权进行全方位、立体性保护。

积极深化司法公开和司法宣传，彰显司法保护的权威和公正。“4·26 全国知识产权宣传周”期间，利用微博、微信等媒体创新方式对全国知识产权典型案例进行报道。在冬季农闲时节，开展“法律六进”活动，深入基层街道、社区和企业开展知识产权维权宣传，向职工群众进行释法宣讲，进一步提高辖区职工群众对假冒伪劣产品的辨识度，增强群众的法律法规意识；定期回访企业，深入了解企业品牌建设状况和维权需求，找准知识产权审判保障民生、服务地方经济发展的切入点，营造知识产权司法保护的浓厚氛围。

三、工作特点

发挥法官工作室职能，多元化解纠纷。第二师中级人民法院积极构建涉知识产权纠纷案件多元调解机制，设立法官工作室，一方面与相关职能部门共同化解矛盾纠纷；另一方面为行政机关依法行政提供有力支持，形成行政机关带头保护、尊重知识产权的良好局面，切实从源头上减少知识产权案件的诉讼增量。在辖区团场、经济技术开发区设立法官工作室，加大对中小微企业产权交易、知识产权保护等领域司法保护力度，运用司法大数据分析，有针对性地对企业进行风险提示或提出司法建议。

送法进企业，对症提出司法建议。第四师中级人民法院依法维护知识产权人合法的民事权利，针对第四师辖区伊力特股份有限公司商标权经常受侵害的情况，按照计划送法进企业，帮助企业织牢保护知识产权的安全网。对于侵犯企业知名商标权、制造假酒构成犯罪的嫌疑人，加大打击力度，以司法措施保护合法的商标权等知识产权，加大对商标侵权的震慑力度。第十三师中级人民法院开展送法进企业活动，为辖区企业提供针对性司法服务。

普法宣传，开展法治教育。第六师中级人民法院加大力度规制商标恶意注册、非正常专利申请以及恶意诉讼等行为，探索加强对商业秘密、保密商务信息等的有效保护，通过普法宣传活动进社区等，加强对商标注册、专利申请以及恶意诉讼等行为的积极宣传引导工作。积极开展法治宣传进团场进连队活动，对于具有"审理一案、教育一片"效果的案件进行公开宣判，加大与广播电视台等新闻媒体合作，采取人民群众喜闻乐见、通俗易懂的方式进行普法宣传。

利用"类案检索"，统一裁判尺度。第八师中级人民法院对社会影响较大的关联案件，加强工作协调，积极利用裁判文书上网、内部数据库等便利条件，发挥案例指导的作用，统一裁判标准。

供稿：新疆生产建设兵团高级人民法院知识产权审判庭

检察工作

一、提高政治站位，筑牢知识产权检察工作根基

2021年，新疆生产建设兵团检察机关深刻学习领会习近平总书记关于全面加强知识产权保护工作重要论述精神，切实将加强知识产权检察工作作为重要政治任务，准确把握知识产权检察工作的战略定位和历史方位，全面贯彻落实中办、国办《关于强化知识产权保护的意见》，增强依法履职主动性和有效性，对影响知识产权保护、妨碍公平竞争和侵害消费者、权利人合法权益的侵权假冒犯罪坚持露头就打，持续探索刑事、民事、行政不同诉讼程序的有效衔接，全面加强知识产权司法保护，努力打造法治化营商环境。

二、完善部门联动，推动行政执法与刑事司法衔接

新疆生产建设兵团各级检察机关持续推进与行政执法部门的工作联动，健全完善案件移交、线索通报、信息共享、联合执法等工作机制，形成工作合力。新疆生产建设兵团人民检察院积极配合兵团打击侵权假冒伪劣工作领导小组办公室，共同牵头建设了"兵团推进完善行刑衔接建立打击侵权假冒行政执法与刑事司法衔接信息共享系统平台"。第三师检察机关联合市场监管部门，对辖区行政执法部门办理的侵权假冒违法案件分析研判，及时进行风险评估和预警。第六师检察机关积极配合行政执法部门开展执法"护航"专项行动。第八师检察分院制定《第八师检察机关关于加强刑事法律监督工作的若干意见》，加强案件线索移送流程监督，杜绝有案不移、有案难移、以罚代刑现象。

三、推进专业化建设，打造高素质知识产权检察队伍

兵团检察机关通过刑检微课堂集体学

习、交流学习体会等多种方式，不断提高机关干警对侵犯知识产权犯罪的认识和办案水平。一是积极参加最高检举办的知识产权业务培训，重点加强对多发高发案件、实践疑难问题以及新类型案件的同堂培训，研究分析侵犯知识产权犯罪的特点和规律；二是邀请专家学者开展知识产权专项培训，加强专业指导，提升检察机关业务水平和办案能力；三是建立以老带新的“传帮带”制度，突出案例教学、检察官教检察官，发挥专业人才的引领作用。

四、深化普法宣传，培养广大群众保护知识产权意识

新疆生产建设兵团各级检察机关不断提升宣传教育质效，努力营造保护知识产权的社会氛围。第一师检察机关结合职责和工作实际，通过送法进社区、进校园等活动，积极宣传知识产权保护法律法规，提高人民群众自觉抵制假冒伪劣商品、尊重知识产权的意识。第三师检察机关举办“知识产权宣传周”活动，通过悬挂主题宣传横幅展板、播放视频的方式，聚焦假冒农资农机产品违法犯罪等内容向职工群众宣传讲解。第五师检察机关围绕“4·26 世界知识产权日”开展普法宣传，在微信公众号发布相关内容，讲好知识产权保护检察故事。第九师检察机关在步行街人流聚集处设点摆摊、悬挂横幅、发放资料，讲解食药环等领域制售假冒伪劣商品违法犯罪情形。第十师检察机关受邀派遣检察官前往师市经开区为园区企业讲授知识产权法治课，为民营企业家答疑解惑。第十二师检察机关牢固树立“谁执法，谁普法”理念，广泛宣传侵犯知识产权犯罪典型案例，提升人民群众识假辨假能力。第十四师检察机关联合市场监管、公安机关、工商联等相关部门以及企业共同开展宣传活动，提高社会公众对知识产权保护工作的认识。

供稿：新疆生产建设兵团人民检察院
第三检察部

台湾地区

知识产权工作

一、专利事务

1. 统计数据

2021 年，台湾地区知识产权主管部门共受理发明专利申请 49 116 件，请求实质审查 43 576 件，结案 42 566 件，待办案件量为 50 285 件。从结案状态来看，授权 31 833 件，驳回 9945 件，其他 788 件，各占 74.8%、23.4%和 1.8%。2021 年，发明专利审查共发出 44 774 件审查意见通知书，其中第一次审查意见通知书 39 858 件，第二次（含以上）审查意见通知书 4916 件，另发出最后通知书 98 件。发明专利周期逐年下降，2021 年平均首次通知周期与平均审结周期分别为 8.7 个月和 14.0 个月。

受理新型专利申请案 15 796 件，结案 16 025 件，平均审结周期 2.7 个月。发出实用新型技术报告 970 件，报告平均制作周期为 6.9 个月。

受理设计专利申请 7701 件，结案 8425 件。其中，授权 7304 件，驳回 760 件，其他 361 件，各占 86.7%、9.0%和 4.3%。2021 年，外观设计专利申请平均首次通知周期为 6.1 个月，平均审结周期为 7.3 个月。

2. 审查人力现况

台湾地区知识产权主管部门共有员工 769 人，从事专利审查的员工共计 379 人，约占总人数的 49.3%。

3. 修订相关规定

对相关专利审查规定进行修订，对“说明书、申请专利范围、摘要及图式”“修正”“专利权之举发”等章节进行增删并补充范例。

修正电脑软件相关发明审查规定，明确发明定义判断原则，修订进步性相关内容与总则相互一致，新增人工智慧相关发明审查案例。

二、商标事务

1. 统计数据

2021 年，商标注册申请案受理以案件计共 95 917 件，办结 94 725 件，待办案件 50 677 件。商标注册申请案受理以类别计共 123 217 类，办结 120 177 类，待办案件 71 918 类。

2021 年商标注册申请案的平均首次通知周期为 4.9 个月，平均案结周期为 6.2 个月。

2. 审查人力现况

台湾地区知识产权主管部门从事商标审查的员工共计 84 人，约占总人数的 10.9%。

3. 修订相关规定

修订商标领域相关规定。主要包括：建立商标代理人登录及管理机制、导入加速审查机制、明确适格申请主体，以及松绑评定、废止申请及海关侵权认定等程序规定。对商标代理人管理机制规定、增列“非法人团体”为申请人、加速审查、对申请注册案提出第三人意见书应记载事项等进行了规定。

三、著作权事务

2021 年，办理 6 项费率审议案，2 项尚在审议中；受理并完成著作权人不明著作利用许可授权案 2 件（共 1 件音乐著作，1 件录音著作）。

四、两岸交流

2021 年 12 月 23 日，中华全国专利代理师协会与台湾工业总会于线上举办第十三届两岸专利论坛，聚焦新兴技术领域专利实务等热点议题开展业务交流和探讨，推动了两岸专利领域的民间交流。

12 月 28 日，中华商标协会与台湾海峡两岸商务协调会通过视频形式共同举办 2021 海峡两岸商标研讨会，两岸商标领域从业者就商标实务问题、热点问题进行业务探讨，促进了两岸商标领域民间互动交流。

供稿：国家知识产权局港澳台办公室
根据台湾地区知识产权主管部门
提供的素材整理

香港特别行政区

知识产权工作

香港特区政府知识产权署（以下简称知识产权署）下设商标注册处、专利注册处、外观设计注册处和版权特许机构注册处，负责就知识产权的政策和法例提出专业意见，并向特区政府提供知识产权方面的民事法律意见。此外，知识产权署还负责增进公众对知识产权的认识和尊重，以及促进和推动香港特区发展为区域知识产权贸易中心。

一、保护知识产权

香港特区有健全的保护知识产权制度，通过周全的法例、简便易用的注册系统、严厉的执法行动和周全的公众教育计划，在有效保护知识产权方面，建立良好声誉。

二、注册

知识产权署通过互联网提供电子注册及管理服务。该署的电子注册纪录册可让公众随时免费查阅中英文资料，电子提交系统可让知识产权权利人及代理人安全地提交申请，并直接更改其注册及申请的某些资料。2021 年，以电子方式提交商标、专利和外观设计注册申请的比率分别为 81%、97%及 86%。

三、商标

2021 年，商标注册处接收 35 240 件注册申请，较上年增加 4.5%。注册的商标有 32 719 个，截至 2021 年底，注册纪录册上的注册商标达 476 443 个。2021 年提出注册申请的国家和地区有 106 个。

香港特区政府正在推进实施《商标国际注册马德里协定有关议定书》下国际注册制度的筹备工作。

四、专利

香港特区政府于 2019 年推出新的原授专利制度，让申请人可直接在香港特区提交标准专利申请，再由专利注册处进行实质审查。保留了“再注册”制度，授权转录标准专利。优化了短期专利制度，短期专利拥有人或对该项专利的有效性具正当利益的第三方，可要求专利注册处先授权专利，然后再进行实质审查。

2021 年，专利注册处接收 21 686 件转录标准专利申请、257 件原授标准专利申请和 552 件短期专利申请，并授权 14 655 项转录标准专利和 684 项短期专利，较上年分别上升 91.4%和下跌 6.2%。年内，专利注册处授权 7 项原授标准专利。

五、外观设计

2021 年，外观设计注册处接收 1882 件申请，为 3858 项外观设计注册；获准注册的外观设计有 4206 项，较上年减少 16.6%。

六、版权

根据香港特区《版权条例》，原创的文学、戏剧、音乐及艺术作品、已发表版本的排印编排、声音纪录、影片、广播、有线传播节目，以及表演者的表演，不论其作者及表演者属何国籍，均无须办理注册也可获得保护。

为重启修订《版权条例》的工作，香港特区政府于 2021 年 11 月就更新香港版权制度以配合数码环境展开公众咨询。

七、公众教育

知识产权署推广知识产权贸易的价值及保护知识产权的重要性。2021 年，来自 12 个商会逾 1600 个零售商参加知识产权署的正版正货承诺计划，涵盖逾 7000 个销售点和网上商店。此外，还通过学校讲座和互动剧场，涵盖 140 所学校超过 35 600 名学生。

八、知识产权贸易

国家《“十四五”规划和 2035 年远景目标纲要》支持香港发展成为区域知识产权贸易中心。知识产权署会继续推行措施，推动香港知识产权商品化和知识产权贸易发展。知识产权署提供免费咨询服务、推行知识产权管理人员计划（升级版）、联合利益相关方举办研讨会和培训课程，并展示企业在大湾区经营知识产权贸易的成功个案。知识产权署又与律政司合作，推广以仲裁和调解方式解决知识产权争议。

九、与内地合作

知识产权署与内地（包括粤港澳大湾区）相关部门合作，推广知识产权保护、管理及贸易。

十、参与国际组织活动

知识产权署派员参加世界知识产权组织平台下中国政府代表团相关工作，以及世界贸易组织辖下与贸易有关的知识产权理事会的活动，代表中国香港参加亚太经合组织知识产权专家小组的会议。

供稿：国家知识产权局港澳台办公室
根据香港特区政府知识产权署
提供的素材整理

澳门特别行政区

知识产权工作

一、工业产权申请与授权

2021年，澳门特区经济及科技发展局(以下简称经济局)共受理14 743件申请，排名前三位的商标注册来源地分别为中国内地、澳门特区和美国；共收到发明专利申请37件，授权15件；共收到拟延伸至澳门特区生效的内地发明专利1080件，批准延伸至澳门特区生效的内地发明专利869件；共收到实用新型专利申请31件，授权10件；共收到设计/新型申请264件，授权177件；共收到营业场所名称及标志的申请8件，批准登记7件；共受理23件请求发出药品及植物药剂产品保护补充证明书的申请；共受理3件有关原产地名称/地理标记的申请。

二、扶持中小企业发展

继续支持澳门连锁加盟商会为澳门企业提供商标申请的咨询及对接，支持商会将“内地商标注册咨询服务中心”升级为“大湾区知识产权咨询服务中心”，为澳门中小企业和市民提供更全面的服务；持续推动“澳门特色老店”品牌传承和创新发展，帮助特色老店建立品牌形象、提升品牌知名度、彰显品牌独特性、增强消费者信心。

三、电子化建设

截至2021年底，经济局先后推出20项有关工业产权申请的电子服务。2021年，通过电子申请系统提交的商标申请占总申请量的70.58%，与上年相比增加2.39%。推出“工业产权检索报告电邮发送”服务以及网上提交“国家知识产权局发明专利的延伸申请”和“宣布失效”服务。

四、宣传与培训活动

经济局与澳门海关等部门合作，开展“校园知识产权宣传巡礼”活动，截至2021年底，共走访了澳门40多家学校，向超过3万名学生进行保护知识产权的宣传推广；经济局联合澳门其他政府部门合办2021“普法新TEEN地”青少年法律推广月活动，以视频形式举办讲座，介绍知识产权的基础概念。支持协会举办“知识产权研讨会”，介绍不同类型的知识产权及注册申请手续。派员参加“第九届澳门国际创新发明展”。

五、合作与交流

进一步加强与国家知识产权局的合作与交流。5月，派员拜访国家知识产权局，就知识产权政策规划和加强合作等事宜进行深入交流。9月，与国家知识产权局、香港特区政府知识产权署联合举办内地与香港特区、澳门特区知识产权研讨会，研讨会通过视频直播方式在内地及港澳同步播出，吸引了数百人次线上观看。截至2021年底，经济局寄送国家知识产权局进行实质审查的发明专利申请1194件，实用专利申请255件；共受理5688件内地发明专利要求延伸至澳门特区生效的申请，批准生效5036件。

推动泛珠三角区域合作与交流。7月，派员参加泛珠三角区域知识产权公务人员交流活动“落实《“十四五”规划纲要》，推动知识产权贸易发展”会议，进一步加强区域内各方合作，共同推动泛珠三角区域知识产权贸易的进一步发展。

积极参与粤港澳大湾区合作与交流。与粤港相关机构合办“粤港澳大湾区知识产权人才发展大会暨知识产权人才供需对接系列活动”“2021年粤港澳大湾区高价值专利培育布局大赛”和“粤港澳大湾区专题论坛”等活动，促进粤港澳三方的交流与合作，持续助力粤港澳大湾区创新发展。

开展粤澳知识产权交流。派员参加“琴澳知识产权公共服务平台共建签约暨粤澳合作中医药科技产业园知识产权培育指导站揭牌仪式”和“澳门国际贸易投资展览会”知识产权分论坛。继续协助澳门考生参加内地专利代理师资格考试。

在港澳知识产权合作方面，与香港特区政府知识产权署不定期就“粤港澳知识产权资料库”网站相关信息的更新工作交换意见，不断完善资料库内容，适时作出更新，确保相关信息交流渠道畅通。

供稿：国家知识产权局港澳台办公室
根据澳门特区政府经济及
科技发展局提供的素材整理

国家知识产权局

1. 全国知识产权局局长会议召开。1月21日，2021年全国知识产权局局长会议在北京召开。会议以习近平新时代中国特色社会主义思想为指导，全面贯彻党的十九大、十九届二中、三中、四中、五中全会和中央经济工作会议精神，深入学习贯彻习近平总书记在主持中央政治局第二十五次集体学习时的重要讲话精神，认真贯彻落实党中央、国务院决策部署，落实全国市场监管工作会议要求，回顾总结"十三五"和2020年全国知识产权工作，明确"十四五"总体思路，部署2021年重点工作。

2. 知识产权快速维权中心开展实用新型快速预审试点工作。1月25日，知识产权快速维权中心开展实用新型快速预审试点工作，中国中山（灯饰）知识产权快速维权中心成为全国首家将预审业务范围从外观设计扩展到实用新型的知识产权快速维权中心。

3. 中共国家知识产权局党组扩大会议召开。1月26日，2021年中共国家知识产权局党组扩大会议在北京召开。会议以习近平新时代中国特色社会主义思想为指导，全面贯彻党的十九大、十九届二中、三中、四中、五中全会和中央经济工作会议精神，深入学习贯彻习近平总书记在主持中央政治局第二十五次集体学习时的重要讲话精神，认真贯彻落实党中央、国务院决策部署，总结2020年党组重点工作，分析新形势新任务，部署2021年重点工作，推动知识产权强国战略和"十四五"规划开好局起好步。

4. 2020年专利代理师资格考试合格分数线公布。1月27日，国家知识产权局公布2020年专利代理师资格考试合格分数线。为贯彻中央"六稳""六保"决策部署，落实国务院办公厅《关于应对新冠肺炎疫情影响强化稳就业举措的实施意见》要求，积极发挥专利代理行业对稳定和扩大就业的促进作用，2020年专利代理师资格考试法律知识和专利代理实务两部分合格分数线较往年分别下调5分。

5.《关于进一步严格规范专利申请行为的通知》印发。1月27日，国家知识产权局印发《关于进一步严格规范专利申请行为的通知》。

6. 中欧地理标志协定第一批清单产品保护生效。3月1日，国家知识产权局发布欧盟地理标志认定公告，中欧地理标志协定第一批清单产品保护生效。

7.《中国国家知识产权局与泰王国知识产权厅关于知识产权合作的谅解备忘录》签署。3月1日，中国国家知识产权局局长申长雨与泰国知识产权厅厅长乌提克莱·里维拉番举行视频会议并签署《中国国家知识产权局与泰王国知识产权厅关于知识产权合作的谅解备忘录》。

8."每万人口高价值发明专利拥有量"指标写入"十四五"规划和2035年远景目标纲

要。3 月 11 日，十三届全国人大四次会议闭幕。“每万人口高价值发明专利拥有量”指标写入大会表决通过的“十四五”规划和 2035 年远景目标纲要。

9.《关于规范申请专利行为的办法》发布。 3 月 11 日，国家知识产权局发布实施《关于规范申请专利行为的办法》。

10.《打击商标恶意抢注行为专项行动方案》印发。 3 月 15 日，国家知识产权局印发《打击商标恶意抢注行为专项行动方案》的通知，集中开展打击商标恶意抢注行为专项行动。

11. 申长雨出席博鳌亚洲论坛 2021 年年会知识产权分论坛。 4 月 19 日，申长雨局长出席博鳌亚洲论坛 2021 年年会知识产权分论坛并发表主旨演讲。

12. 2021 年全国知识产权宣传周主场活动举办。 4 月 23 日，2021 年全国知识产权宣传周主场活动在北京举行，国务委员王勇出席主场活动并作重要讲话。主场活动后，举办了中国知识产权保护高层论坛。

13.“贯彻落实‘十四五’规划纲要　加快建设知识产权强国”发布会举行。 4 月 25 日，国务院新闻办公室举行“贯彻落实‘十四五’规划纲要　加快建设知识产权强国”发布会。同日，《2020 年中国知识产权保护状况》白皮书发布。

14. 国家知识产权局开放日活动举办。 4 月 26 日，国家知识产权局举办开放日活动，线上线下同步开展，10 城 11 地同屏互动。

15. 我国首个国际商标信息官方查询系统上线运行。 4 月 26 日，我国首个国际商标信息官方查询系统——欧盟商标查询系统上线运行。

16.《关于深化知识产权领域“放管服”改革　优化创新环境和营商环境的通知》印发。 5 月 10 日，国家知识产权局印发《关于深化知识产权领域“放管服”改革　优化创新环境和营商环境的通知》。

17. 浙江省知识产权保护大会召开。 5 月 18 日，浙江召开全省知识产权保护大会，国家知识产权局党组书记、局长申长雨出席并讲话。同日，国家知识产权局与浙江省人民政府知识产权合作会商会议举行。

18. 申长雨局长与欧盟知识产权局局长克里斯蒂安・阿尔尚博举行视频会议。 5 月 19 日，中国国家知识产权局局长申长雨与欧盟知识产权局局长克里斯蒂安・阿尔尚博举行视频会议。

19. 海外知识产权纠纷应对指导工作会议召开。 5 月 19 日至 20 日，海外知识产权纠纷应对指导工作会议在上海召开。

20. 国家知识产权局与山东省人民政府举行知识产权合作会商。 5 月 25 日，国家知识产权局与山东省人民政府知识产权合作会商会议在济南举行。

21. 国家知识产权局专利局代办工作会议召开。 5 月 25 日，国家知识产权局专利局代办工作会议在青岛召开。

22.《重大专利侵权纠纷行政裁决办法》发布。 5 月 26 日，国家知识产权局发布关于《重大专利侵权纠纷行政裁决办法》的公告。

23. 全国商标工作会议召开。 5 月 27 日，全国商标工作会议在成都召开。

24. 新修改的《中华人民共和国专利法》正式实施。 6 月 1 日，新修改的《中华人民共和国专利法》正式实施。

25. 国家知识产权局与内蒙古自治区人民政府举行知识产权合作会商。 6 月 7 日，国家知识产权局与内蒙古自治区人民政府知识产权合作会商签约仪式暨第一次会商会议在呼和浩特举行。

26. 第十四次中美欧日韩知识产权五局合作局长系列会议举行。 6 月 22 日至 23 日，第十四次中美欧日韩知识产权五局合作局长系列会议以视频会议形式举行。

27. 第二十二届中国专利奖授奖的决定发布。6月24日，国家知识产权局发布关于第二十二届中国专利奖授奖的决定。

28.《中国国家知识产权局与波兰共和国专利局合作谅解备忘录》签署。6月24日，中国国家知识产权局局长申长雨与波兰共和国专利局局长埃代塔·德姆比·希韦克举行视频会议，并签署《中国国家知识产权局与波兰共和国专利局合作谅解备忘录》。

29.《药品专利纠纷早期解决机制实施办法(试行)》印发。7月4日，《药品专利纠纷早期解决机制实施办法(试行)》印发。

30.《药品专利纠纷早期解决机制行政裁决办法》印发。7月5日，国家知识产权局印发《药品专利纠纷早期解决机制行政裁决办法》。

31. 山东召开全省知识产权保护大会。7月23日，山东省知识产权保护大会在济南召开，国家知识产权局党组书记、局长申长雨出席会议并讲话。

32. 湖北召开全省知识产权保护大会。7月29日，湖北召开全省知识产权保护大会，国家知识产权局党组书记、局长申长雨出席会议并讲话。同日，国家知识产权局与湖北省人民政府知识产权合作会商会议在武汉举行。

33. 第十三届金砖国家知识产权局局长会议举行。8月25日，第十三届金砖国家知识产权局局长会议以视频会议形式举行。

34. 天津召开全市知识产权保护大会。9月17日，天津市委理论学习中心组集体学习暨全市知识产权保护大会举行，国家知识产权局党组书记、局长申长雨作报告并讲话。

35. 世界知识产权组织(WIPO)发布《2021年全球创新指数报告》。9月20日，世界知识产权组织(WIPO)发布《2021年全球创新指数报告》。中国排名第12位，较2020年上升2位。

36.《知识产权强国建设纲要(2021—2035年)》印发。9月22日，中共中央、国务院印发《知识产权强国建设纲要(2021—2035年)》，对我国加快建设知识产权强国作出全面部署。

37. 全国知识产权局局长高级研修班举行。9月26日，全国知识产权局局长高级研修班在北京举行，专题学习《知识产权强国建设纲要(2021—2035年)》。

38. 申长雨局长以视频方式会见美国专利商标局代理局长。9月29日，中国国家知识产权局局长申长雨以视频方式会见美国专利商标局代理局长德鲁·赫希菲尔德。

39. 奋力开启知识产权强国建设新征程新闻发布会举行。9月30日，国务院新闻办公室举行奋力开启知识产权强国建设新征程新闻发布会。

40. 申长雨局长率团出席世界知识产权组织第62届成员国大会。10月4日，中国国家知识产权局局长申长雨率团出席世界知识产权组织第62届成员国大会，并以视频方式作一般性发言。

41.《产学研合作协议知识产权相关条款制定指引(试行)》印发。10月8日，《产学研合作协议知识产权相关条款制定指引(试行)》印发。

42. 国家知识产权局与江苏省人民政府举行合作会商。10月11日，国家知识产权局与江苏省人民政府合作会商会议在南京举行。

43. 第十七届中国(无锡)国际设计博览会开幕。10月11日，第十七届中国(无锡)国际设计博览会开幕式暨第二十二届中国专利奖(外观设计)颁奖大会在无锡举办。

44.《北京2022年冬奥会和冬残奥会奥林

匹克标志知识产权保护专项行动方案》印发。 10 月 15 日，《北京 2022 年冬奥会和冬残奥会奥林匹克标志知识产权保护专项行动方案》印发。

45. 国家知识产权局与上海市人民政府举行合作会商。 10 月 19 日，国家知识产权局与上海市人民政府在上海举行合作会商签约仪式暨第一次会商会议。

46. 第十八届上海知识产权国际论坛开幕。 10 月 19 日，第十八届上海知识产权国际论坛开幕。

47.《关于加强知识产权纠纷调解工作的意见》印发。 10 月 22 日，《关于加强知识产权纠纷调解工作的意见》印发。

48.《"十四五"国家知识产权保护和运用规划》印发。 10 月 28 日，国务院印发《"十四五"国家知识产权保护和运用规划》。

49. 北京市委理论学习中心组学习（扩大）会举行，国家知识产权局党组书记、局长申长雨应邀作报告。 10 月 28 日，北京市委理论学习中心组学习（扩大）会举行，国家知识产权局党组书记、局长申长雨应邀作报告。

50. 国家知识产权局与北京市人民政府举行合作会商。 10 月 28 日，国家知识产权局与北京市人民政府合作会商会议暨北京市知识产权保护大会在北京举行。

51. 国务院新闻办公室举行国务院政策例行吹风会，介绍《"十四五"国家知识产权保护和运用规划》有关情况。 11 月 1 日，国务院新闻办公室举行国务院政策例行吹风会，介绍《"十四五"国家知识产权保护和运用规划》有关情况。

52. 2021 年中美欧日韩外观设计五局合作年度会议举行。 11 月 1 日至 2 日，由中国国家知识产权局主办的 2021 年中美欧日韩外观设计五局合作年度会议以视频形式举行。中国国家知识产权局局长申长雨出席开幕式并致辞。

53. 申长雨局长与新加坡知识产权局局长陈惠菁举行视频会议。 11 月 2 日，中国国家知识产权局局长申长雨与新加坡知识产权局局长陈惠菁举行视频会议。

54. 国家知识产权局召开全国知识产权运用促进工作会议暨知识产权强国建设示范工作培训班。 11 月 2 日，国家知识产权局在北京召开全国知识产权运用促进工作会议暨知识产权强国建设示范工作培训班。

55. 2021 年中美欧日韩商标五局合作年度会议举行。 11 月 3 日至 5 日，由中国国家知识产权局主办的 2021 年中美欧日韩商标五局合作年度会议以视频形式举行。中国国家知识产权局局长申长雨出席开幕式并致辞。

56. 2021 年知识产权保护工作实地检查考核启动。 11 月 10 日，国家知识产权局会同中央宣传部、市场监管总局启动 2021 年知识产权保护工作实地检查考核。

57.《专利权质押登记办法》发布。 11 月 15 日，国家知识产权局发布关于《专利权质押登记办法》的公告。

58. 申长雨局长会见欧盟委员会农业与农村发展总司总司长博彻。 11 月 16 日，中国国家知识产权局局长申长雨与欧盟委员会农业与农村发展总司总司长博彻以视频方式举行会见。

59.《商标审查审理指南》发布。 11 月 16 日，国家知识产权局发布关于《商标审查审理指南》的公告。

60.《关于进一步加强海外知识产权纠纷应对机制建设的指导意见》印发。 11 月 30 日，《关于进一步加强海外知识产权纠纷应对机制建设的指导意见》印发。

61. PCT 申请国际阶段费用按人民币标准收取。 12 月 1 日，根据中国国家知识产权局与世界知识产权组织签订的《关于(PCT)费用汇交的谅解备忘录》,国家知识产权局自即日起按世界知识产权组织公布的人民币标准收取PCT申请国际阶段费用。

62. 申长雨局长会见陈旭大使一行。12月1日,中国常驻联合国日内瓦办事处和瑞士其他国际组织代表陈旭大使一行来国家知识产权局访问,国家知识产权局党组书记、局长申长雨会见陈旭大使一行。

63. 国家知识产权专家咨询委员会举办高级研讨班。12月3日,国家知识产权专家咨询委员会高级研讨班在北京举办。

64. 全国知识产权系统先进集体和先进个人表彰决定印发。12月23日,《人力资源社会保障部 国家知识产权局关于表彰全国知识产权系统先进集体和先进个人的决定》印发,北京市海淀区知识产权局等99个集体被授予“全国知识产权系统先进集体”称号;王连洁等97名同志被授予“全国知识产权系统先进个人”称号。

65.《知识产权强国建设纲要和“十四五”规划实施年度推进计划》印发。12月28日,《知识产权强国建设纲要和“十四五”规划实施年度推进计划》印发。同日,第二十二届中国专利奖颁奖活动在国家知识产权局政府网站线上开启。

66. 多个“十四五”知识产权分项规划印发。12月31日,《专利和商标审查“十四五”规划》《地理标志保护和运用“十四五”规划》《知识产权公共服务“十四五”规划》《知识产权人才“十四五”规划》等“十四五”知识产权分项规划印发。

67.《中国国家知识产权局与柬埔寨工业、科技和创新部关于外观设计合作的谅解备忘录》签署生效。12月31日,《中国国家知识产权局与柬埔寨工业、科技和创新部关于外观设计合作的谅解备忘录》签署生效,中柬将启动外观设计认可项目,柬方将对符合条件的中国相关外观设计申请加快审查。

供稿:国家知识产权局办公室

国家版权局

1. 新修改的《著作权法》正式实施。2021年6月1日,第三次修改的《中华人民共和国著作权法》(简称《著作权法》)正式实施,这对我国著作权事业发展具有里程碑意义。新修改的《著作权法》立足于保护权利、鼓励创作、促进传播和平衡利益的原则,积极回应了经济社会发展新需要和社会公众新期待。新修改的《著作权法》不仅完善了著作权法律制度,强化了对著作权的保护,还加强了与其他法律的衔接,落实了近年来我国加入的版权国际条约中规定的义务,为维护版权秩序、提升版权治理效能、促进社会主义文化和科学事业的发展与繁荣提供了重要的法律支撑。

2. 全国人大常委会批准《马拉喀什条约》。2021年10月23日,第十三届全国人民代表大会常务委员会第三十一次会议表决通过了关于批准《关于为盲人、视力障碍者或其他印刷品阅读障碍者获得已出版作品提供便利的马拉喀什条约》的决定。该条约是世界上迄今为止唯一一部版权领域的人权条约。该条约的批准有利于更好地保障我国广大阅读障碍者的文化权益,使其能够平等地欣赏作品、接受教育,推动文化成果普惠于民。同时,也为我国向海外阅读障碍者提供无障碍格式版作品创造了条件,对推动我国优秀作品海外传播具有重要作用。

3. 版权司法保护力度加大。2021年3月1日,《中华人民共和国刑法修正案(十一)》正式实施。《刑法修正案(十一)》将信息网络传播权、表演者权纳入刑事保护范围;提高了涉及侵犯著作权两项罪名的法定刑上限,侵犯著作权罪法定刑最高可达10年,销售侵权复制品罪法定刑最高可达5年。2021年3月3日,最高人民法院发布《最高人民法院关于审理侵害知识产权民事案件适用惩罚性赔偿的解释》,指导各地法院准确适用惩罚性赔偿,惩处严重侵害知识产权的行为。上述刑法修正案和司法解释的实施,进一步加大了版权司法保护的力度,对维护良好版权秩序具有重要意义。

4. 国家版权局印发《版权工作"十四五"规划》。 党的十九届六中全会将强化知识产权创造、保护、运用写入全会决议,充分体现党对知识产权事业发展的充分肯定。为全面贯彻习近平总书记关于知识产权工作重要讲话精神,认真落实《知识产权强国建设纲要(2021—2035年)》《"十四五"国家知识产权保护和运用规划》,国家版权局加强版权工作顶层设计,于2021年12月24日印发《版权工作"十四五"规划》,对"十四五"时期版权工作的指导思想、基本原则、发展目标、重点任务等进行了安排谋划。这为全面贯彻落实党中央关于知识产权工作重大部署,建设创新型国家和文化强国、知识产权强国提供了重要版权支撑。

5. 版权执法监管"亮剑"新业态新领域。 2021年,版权执法监管积极应对新业态、新领域版权问题,主动探索版权保护新方法、新路径。中宣部版权管理局会同有关部门联合开展打击院线电影盗录传播集中行动,强化院线电影版权保护社会共治体系建设。国家版权局等部门开展"剑网2021"专项行动,将短视频、网络直播、体育赛事等领域版权保护作为重点任务,并将东京奥运会赛事节目纳入2021年重点作品版权保护预警名单。2021中国网络版权保护与发展大会聚焦版权保护发展的前沿问题,展示版权保护成果,引领版权产业发展。

6. 维护数字音乐产业版权市场秩序。 2021年7月,国家市场监督管理总局对腾讯控股有限公司作出行政处罚决定,责令腾讯及关联公司采取30日内解除独家音乐版权、停止高额预付金等版权费用支付方式、无正当理由不得要求上游版权方给予其优于竞争对手的条件等恢复市场竞争状态的措施。该案有利于重塑相关市场的竞争秩序,使竞争者均有机会公平参与市场竞争。国家版权局持续引导数字音乐产业各方完善版权授权模式、营造良好市场生态,指导各方通过协商、调解等方式有效解决版权纠纷,推动各方将版权运营重点转移到鼓励原创、提升用户体验等方面,促进数字音乐产业健康有序发展。

7. 规范卡拉OK领域版权市场秩序。 2021年4月2日,国家版权局与文化和旅游部联合印发《关于规范卡拉OK领域版权市场秩序的通知》,规定了通过著作权集体管理解决卡拉OK领域版权问题、卡拉OK领域实施"二合一"版权许可机制等规范卡拉OK领域集体管理活动的8项措施。这是加强著作权集体管理活动的监管、完善著作权集体管理制度的重要举措,对保护权利人合法权益、便利使用者合法使用、促进行业健康发展具有重要意义。

8. 第八届中国国际版权博览会在杭州成功举办。 2021年10月,第八届中国国际版权博览会在浙江省杭州市成功举办,同期举办了中国版权金奖颁奖仪式等十余项活动。博览会充分展现了我国版权产业发展成果,为集中展示版权作品、开展版权交流、进行版权交易提供了重要平台。为庆祝中国共产党建党100周年,国家版权局在博览会期间举办"著作权法实施30周年成就展",全面回顾了30年来在党的领导下,我国在版权立法、版权保护、版权产业和版权国际交流合作等方面取得的重大成就。

9. 版权保护"吴江模式"全球推广。 2021年10月16日,"世界知识产权组织版权保护优秀案例示范点(吴江丝绸产业)"授牌暨《版权赋能 丝路无疆——版权保护与丝绸纺织产业高质量发展研究》新书发布仪式在杭州举行，为该示范点调研项目画上圆满句号。版权保护赋能丝绸纺织产业发展的“吴江模式”，是继“南通模式”“德化模式”之后我国加强版权国际传播能力、为完善全球版权治理贡献中国智慧的又一优秀示范。世界知识产权组织十分重视该项工作，通过其平台向全球推广调研成果。

10.“人人影视字幕组”侵犯著作权案宣判。2021年11月22日，上海市第三中级人民法院公开开庭审理了梁某某涉嫌侵犯著作权案，并当庭作出一审判决，以侵犯著作权罪判处被告人梁某某有期徒刑3年6个月，并处罚金150万元；违法所得予以追缴，扣押在案的供犯罪所用的本人财物等予以没收。“人人影视字幕组”被追究刑事责任的判决结果，厘清了影视作品翻译“字幕组”行为的性质，彰显了我国打击侵权盗版、加强版权保护的决心。

供稿：中央宣传部版权管理局

农业农村部

1. 我国加入国际植物新品种保护联盟(UPOV)22周年。4月23日，我国加入国际植物新品种保护联盟（UPOV）22周年。UPOV在外国社交媒体上发布了我国农业品种权申请和授权情况等新闻，宣传我国品种保护20多年发展成效。

2. 农业农村部启动为期3年的全国种业监管执法年活动。4月25日，农业农村部启动为期3年的全国种业监管执法年活动，聚焦保护种业知识产权重点，组织全国种业监管执法力量，实施全链条全流程监管，全年累计查办种业套牌侵权、假冒伪劣等违法案件7000余件。

3. 农业农村部印发《2021年全国种业监管执法年活动方案》的通知。4月28日，农业农村部印发《2021年全国种业监管执法年活动方案》的通知，加强种业知识产权保护，严格品种和市场监管，强化执法办案，全面净化种业市场。

4. 农业农村部与最高人民法院在北京举行工作会谈。5月26日，农业农村部与最高人民法院在北京举行工作会谈，中央农村工作领导小组办公室主任、农业农村部党组书记、部长唐仁健，最高人民法院党组副书记、常务副院长贺荣出席并签署种业知识产权保护合作备忘录。

5. 农业农村部科技发展中心、国家林业和草原局科技发展中心与欧盟植物新品种保护办公室签署协议。5月26日，农业农村部科技发展中心、国家林业和草原局科技发展中心与欧盟植物新品种保护办公室签署2021版《中欧植物新品种保护战略合作协议》。

6. 农业农村部赴国家知识产权局专题调研。6月15日，全国人民代表大会农业与农村委员会副主任刘振伟、农业农村部副部长张桃林率队赴国家知识产权局，就农业知识产权保护和种子法修改进行专题调研。

7. 农业农村部印发《开展保护种业知识产权专项整治行动的通知》。7月2日，农业农村部印发《开展保护种业知识产权专项整治行动的通知》，自7月份集中开展为期半年的种业知识产权保护专项整治行动。

8. 农业农村部发布《2021年农业植物新品种保护十大典型案例》。7月6日，农业农村部召开保护种业知识产权专项整治行动视频会议，发布《2021年农业植物新品种保护十大典型案例》，中央农办主任、农业农村部党组书记、部长唐仁健，最高人民法院党组成员、副院长高憬宏出席会议并讲话。强调农业农村、法院、工信、公安、司法、市场监管、知识产权等部门协调配合，建立健全协同联动机制，形成工作合力。

9. 农业农村部启动保护种业知识产权专项整治行动。7月9日，农业农村部启动为期半年的保护种业知识产权专项整治行动，联合最高人民法院、最高人民检察院、公安部、国家知识产权局等部门组织召开视频推进会。会议发布2021年农业植物新品种保护十大典型案例，发布涵盖6种投诉举报渠道的种业投诉举报平台。

10. 国际植物新品种保护联盟（UPOV）理事会上通过了UPOV使用中文提议。10月29日，国际植物新品种保护联盟（UPOV）理事会上通过了UPOV使用中文的提议，标志着UPOV开始使用中文。

11. 2021 IP Key提升植物品种权保护意识研讨会在线举办。11月9日，2021 IP Key提升植物品种权保护意识研讨会在线举办，农业农村部、国家林业和草原局植物新品种保护办公室与欧盟植物新品种保护办公室（CPVO）、IP Key China联合等有关专家出席了会议。

12. 十三届全国人大常委会第三十二次会议审议通过《种子法》。12月24日，十三届全国人民代表大会常务委员会第三十二次会议审议通过《中华人民共和国种子法》，自2022年3月1日起施行。

13. 签署联合开展海南自由贸易港农业植物新品种审查测试工作的合作备忘录。12月31日，农业农村部科技发展中心、海南省农业农村厅、农业农村部种业管理司签署联合开展海南自由贸易港农业植物新品种审查测试工作的合作备忘录。

供稿：农业农村部科技教育司

公　安　部

1. 公安部召开全国公安机关食药侦系统视频会议。1月28日，公安部召开全国公安机关食药侦系统视频会议，研究部署2021年食药侦工作，公安部党委委员、副部长杜航伟出席会议并讲话。

2. 公安部会同中宣部部署打击院线电影盗录传播集中行动。2月，公安部食品药品犯罪侦查局会同中宣部版权管理局、中宣部电影局联合部署开展打击院线电影盗录传播集中行动。

3. 公安部通知部署各地公安机关依法严厉打击制售假劣农资犯罪。3月4日，公安部下发通知部署各地公安机关依法严厉打击制售假劣农资犯罪，切实保障春耕生产。

4. 农业农村部、公安部等七部门联合在北京召开2021年全国农资打假专项治理行动视频会议。3月17日，农业农村部、公安部等七部门联合在北京召开2021年全国农资打假专项治理行动视频会议。公安部党委委员、副部长杜航伟出席会议并讲话，强调要依法严厉打击制售假劣农资犯罪，切实保障粮食安全。

5. 公安部部署全国公安机关开展打击“食药环”和知识产权犯罪“昆仑2021”专项行动。4月20日，公安部召开全国公安机关视频会议，部署全国公安机关开展打击“食药环”和知识产权犯罪“昆仑2021”专项行动，公安部党委委员、副部长杜航伟出席并讲话。

6. 公安部部署各地公安机关积极配合开展好知识产权宣传周活动。4月14日，公安部下发通知部署各地公安机关积极配合开展好知识产权宣传周活动，充分宣传公安机关依法打击知识产权犯罪工作成效。

7. 公安部通报公安机关依法严厉打击侵犯

知识产权犯罪的有关情况并发布典型案例。4月23日，公安部在北京召开新闻发布会，通报公安机关依法严厉打击侵犯知识产权犯罪的有关情况并发布典型案例。

8. 国家知识产权局、公安部联合印发《关于加强协作配合强化知识产权保护的意见》。2021年5月20日，国家知识产权局、公安部联合印发《关于加强协作配合强化知识产权保护的意见》。

9. 公安部食品药品犯罪侦查局在南京森林警察学院举办食品药品知识产权案件侦查业务技能培训班。7月11日至17日，公安部食品药品犯罪侦查局在南京森林警察学院举办食品药品知识产权案件侦查业务技能培训班。全国公安机关食药侦部门从事食品、药品、知识产权等相关工作的省级、计划单列市业务骨干和地市级相关部门负责同志共150人参加了培训。

10. 公安部通报2021年公安机关严厉打击利用互联网侵权假冒犯罪工作情况并公布10起典型案例。11月11日，公安部通报2021年公安机关严厉打击利用互联网侵权假冒犯罪工作情况并公布10起典型案例。

供稿：公安部食品药品犯罪侦查局

商　务　部

1. 中欧地理标志协定生效。3月1日，《中华人民共和国政府与欧洲联盟地理标志保护与合作协定》生效，为中欧经贸合作发展注入新的动力。3月1日，商务部条法司司长李詠箑就协定生效接受记者采访。

2. 参加国新办新闻发布会，介绍《中国知识产权保护与营商环境新进展报告(2020)》。4月26日，商务部条法司参加国务院新闻发布会，介绍《中国知识产权保护与营商环境新进展报告(2020)》并答记者问。

3. 与日本召开第八次知识产权工作组会议。4月27日，商务部与日本特许厅共同主持召开第八次中日知识产权工作组会议，双方就知识产权问题进行交流，并就加强地理标志领域合作交换意见。

4. 与欧盟召开第二十四次知识产权工作组会议。6月1日至4日，商务部与欧盟贸易总司共同主持召开第二十四次中欧知识产权工作组会议。双方就专利、商标、著作权、药品试验数据、植物新品种保护，以及反不正当竞争执法等进行了广泛交流探讨。

5. 与俄罗斯召开第十二次知识产权工作组会议。9月6日至7日，商务部与俄罗斯知识产权局共同主持召开第十二次知识产权工作组会议。双方就各自知识产权立法、执法的最新发展进行了深入交流，商定开展相关领域的知识产权合作。

6. 带队赴宁夏开展软件正版化检查。9月，根据推进使用正版软件工作部际联席会议办公室的工作安排，商务部条法司牵头有关部门组成督查组赴宁夏回族自治区银川市，对地方政府的软件正版化工作开展了督导检查。

7. 参加世界原产地地理标志产品品牌分销服务大会。9月，商务部参加2021年中国国际服务贸易交易会“世界原产地地理标志产品品牌分销服务大会”并致辞。

供稿：商务部条法司

国家林业和草原局

1. 新版“林草植物新品种保护信息管理系统”正式上线试运行。1 月 1 日，国家林业和草原局新品种保护办公室正式上线试运行新版“林草植物新品种保护信息管理系统”，实现了在线申报、审查和通知公告等管理功能。

2.《中国林业植物授权新品种(2019)》出版。3 月 1 日，国家林业和草原局科技发展中心(国家林业和草原局植物新品种保护办公室)编著的《中国林业植物授权新品种(2019)》由中国林业出版社出版发行。

3. 参加《UPOV 公约》法律研讨会。3 月 15 日至 19 日，国际植物新品种保护联盟(UPOV)和美国专利商标局 (USPTO)共同组织的《UPOV 公约》法律研讨会在线上召开。国家林业和草原局科技发展中心派员参加了会议。

4.“农林 22 条措施”鼓励台资企业申请植物新品种权。3 月 17 日，国务院台湾事务办公室、农业农村部、国家林业和草原局等 11 个部门联合出台了《关于支持台湾同胞台资企业在大陆农业林业领域发展的若干措施》(简称“农林 22 条措施”)。其中第 13 条明确“鼓励台资企业申请植物新品种权”。

5. 开展国家林草植物新品种测试站评估工作。4 月 9 日，组织专家对国家林草植物新品种菏泽测试站进行了测试能力评估。经专家组现场考察，认为该测试站基本满足了开展芍药属植物新品种测试基本条件，同意开展相关测试工作。

6. 开展 2021 年全国林业和草原知识产权宣传周活动。4 月 20 日至 26 日，国家林业和草原局组织开展 2021 年全国林草知识产权宣传周活动。在宣传周期间，国家林业和草原局科技发展中心通过媒体集中报道、出版科技图书、举办培训和座谈会等活动，向公众普及和宣传林业与草原知识产权知识，展示林草实施知识产权战略取得的新进展、新成就。

7. 中国林草新品种首次在 UPOV 社交媒体平台发布。4 月 23 日，经国家林业和草原局植物新品种保护办公室推荐，国际植物新品种保护联盟(UPOV)在其领英、推特等社交媒体上发布了 4 个中国林草植物新品种及其转化应用情况，包括“盛春 8 号”杜鹃、“美人榆”(俗称金叶榆)、“京仲系列”杜仲、“四季春 1 号”紫荆。这是 UPOV 社交媒体平台首次发布中国林草植物新品种，也是庆祝中国加入 UPOV 22 周年的活动之一。

8.《2020 中国林业和草原知识产权年度报告》出版。4 月 26 日，国家林业和草原局科技发展中心、国家林业和草原局知识产权研究中心编著的《2020 中国林业和草原知识产权年度报告》由中国林业出版社出版发行。

9. 中欧签订植物新品种保护战略合作协议。5 月 26 日，国家林业和草原局科技发展中心会同有关部门和欧盟植物新品种保护办公室(CPVO)签订了《中欧植物新品种保护战略合作协议(2021—2025)》，并举行了线上签订仪式。此次签订的协议是在 2017 年国家林业局植物新品种保护办公室与欧盟植物新品种保护办公室签订的《双边合作协议(2018—2020)》基础上开展的第二期合作协议，进一步深化了战略合作。

10. 召开林草植物新品种保护行政管理部门执法工作座谈会。5 月 27 日、10 月 11 日在浙江杭州和湖北武汉召开执法工作座谈会，与浙江、江苏、江西、福建、湖南、湖北、河南、山东等省林草行政主管部门植物新品种保护工作负责人，就林草植物新品种行政执法工作开展情况进行座谈。

11. 参加 UPOV 第 53 届 TWO 技术工作组网络会议。 6 月 7 日至 11 日，国际植物新品种保护联盟（UPOV）第 53 届观赏植物和树木工作组（TWO）会议以线上的形式举行。国家林业和草原局科技发展中心派员参加，组织专家对中国承担的《UPOV 木兰属新品种测试指南》进行讨论。

12. 6 项林业植物新品种测试指南行业标准发布。 6 月 30 日，国家林业和草原局发布公告，金露梅、珍珠梅属、青檀属、含笑属、拟单性木兰属和槭属 6 项林草植物新品种测试指南以林草行业标准发布。

13. 参加国际无性繁殖园艺植物育种者协会知识产权保护论坛。 7 月 8 日，国际无性繁殖园艺植物育种者协会（CIOPORA）召开了以“中国植物新品种保护和执法案件最新进展”为主题的知识产权保护论坛。国家林业和草原局科技发展中心派员在会上对相关主题作了报告，并参与讨论。

14. 举办林草植物新品种保护国际研讨会。 7 月 21 日，“2021 年度林草植物新品种保护国际研讨会”在线上召开。此次会议是国家林业和草原局植物新品种保护办公室首次于线上召开的国际会议。

15. 参加第十四届东亚植物新品种保护论坛。 8 月 31 日至 9 月 1 日，第十四届东亚植物新品种保护论坛在线上召开。中国、日本、韩国、东盟十国及国际植物新品种保护联盟（UPOV）、欧盟植物新品种保护办公室（CPVO）、法国全国种子和植物行业联合会（GNIS）、美国专利商标局、亚太种子协会等国家和机构的 80 余名代表参加了会议。国家林业和草原局科技发展中心派员参加。

16. 举办全国林草信息化新技术暨网络安全与网站信息员培训班。 10 月 11 日至 13 日，国家林业和草原局信息中心组织举办了全国林草信息化新技术暨网络安全与网站信息员培训班，邀请专家解读软件正版化政策和相关要求，对国家林业和草原局软件正版化工作进行指导。

17. 参加 2021 年度国际植物新品种保护联盟（UPOV）系列国际会议。 10 月 25 日至 29 日，国际植物新品种保护联盟（UPOV）年度系列会议在线上召开。国家林业和草原局作为中国政府代表团成员参加了本次会议。

18. 中欧植物品种权技术培训班在线上召开。 11 月 3 日至 5 日，中欧植物新品种保护部门联合举办“植物品种权技术培训班”。本次培训经中欧知识产权合作项目（IP Key 项目）和国际植物新品种保护联盟（UPOV）支持，由欧盟植物新品种保护办公室（CPVO）、国家林业和草原局科技发展中心、农业农村部科技发展中心联合主办。

19. 召开中欧提升植物品种权保护意识国际研讨会。 11 月 8 日，欧盟植物新品种保护办公室（CPVO）、国家林业和草原局科技发展中心、农业农村部科技发展中心联合主办线上“2021 年提升植物品种权保护意识国际研讨会”。林草植物新品种实审专家、DUS 测试体系技术人员等 50 多人参加了会议。

20. 发布第八批林草植物新品种保护名录。 11 月 5 日，国家林业和草原局公告（2021 年第 21 号）发布《中华人民共和国植物新品种保护名录（林草部分）（第八批）》，包括漆树属、黄檀属和猕猴桃属等 9 个属（种），自 2021 年 12 月 1 日起施行。

供稿：国家林业和草原局科技发展中心

最高人民法院

1. 海南自由贸易港知识产权法院开始收案。 1月1日，刚刚成立的海南自由贸易港知识产权法院开始正式收案，专门管辖海南省内应由中级人民法院管辖的知识产权民事、行政、刑事案件，实行知识产权审判“三合一”。

2. 最高人民法院召开知识产权法庭成立两周年新闻发布会。 2月26日，最高人民法院召开知识产权法庭成立两周年新闻发布会，通报法庭成立两年来工作情况，发布《最高人民法院知识产权法庭年度报告(2020)》《最高人民法院知识产权法庭裁判要旨(2020)》摘要及典型案例。

3. 贺荣出席2021中国种子大会暨南繁硅谷论坛开幕式。 3月20日，最高人民法院常务副院长贺荣出席2021中国种子大会暨南繁硅谷论坛开幕式并致辞。

4. 最高人民法院发布系列知识产权司法解释。 3月至7月，最高人民法院先后发布《最高人民法院关于审理侵害知识产权民事案件适用惩罚性赔偿的解释》《最高人民法院关于垄断行政案件管辖问题的通知》《最高人民法院关于知识产权侵权诉讼中被告以原告滥用权利为由请求赔偿合理开支问题的批复》《最高人民法院关于审理申请注册的药品相关的专利权纠纷民事案件适用法律若干问题的规定》《最高人民法院关于审理侵害植物新品种权纠纷案件具体应用法律问题的若干规定(二)》一系列司法解释。

5. 最高人民法院举行中医药知识产权司法保护座谈会。 4月21日，最高人民法院举行中医药知识产权司法保护座谈会。最高人民法院党组副书记、常务副院长贺荣会前与参会代表交流如何充分发挥知识产权审判职能作用，服务中医药守正创新、传承发展工作。

6. 最高人民法院发布知识产权司法保护规划、年度报告、十大案件和50件典型案例。 4月21日至25日，全国知识产权宣传周期间，最高人民法院召开新闻发布会，通报全国法院2020年知识产权司法保护的总体情况，发布《人民法院知识产权司法保护规划(2021—2025年)》《中国法院知识产权司法保护状况(2020年)》《2020年中国法院十大知识产权案件和50件典型知识产权案例》《最高人民法院知识产权案件年度报告(2020)》。

7. 贺荣参加“4·26知识产权宣传周”主场活动并在2021中国知识产权保护高层论坛发表主旨演讲。 4月21日至26日，最高人民法院举行“4·26知识产权宣传周”集中开庭周活动。4月23日，最高人民法院党组副书记、常务副院长贺荣参加“4·26知识产权宣传周”主场活动并在2021中国知识产权保护高层论坛发表主旨演讲，其间与国家知识产权局局长申长雨进行工作会谈。

8. 最高人民法院召开反垄断民事诉讼司法解释专家论证会。 5月12日，最高人民法院召开反垄断民事诉讼司法解释专家论证会，最高人民法院院长周强出席并讲话，常务副院长贺荣主持，国务院反垄断委员会专家组成员和中央有关部门代表参加，专题研讨《最高人民法院关于审理因垄断行为引发的民事纠纷案件应用法律若干问题的规定(二)(内部征求意见稿)》(初稿)。

9. 最高人民法院和农业农村部联合召开种业知识产权保护工作座谈会，签署《加强种业知识产权保护合作备忘录》。 5月26日，最高人民法院和农业农村部联合召开种业知识产权保护工作座谈会。最高人民法院党组副书记、常务副院长贺荣，中央农办主任、农业农村部党组书记、部长唐仁健出席有关活动，并签署《加强种业知识产权保护合作备忘录》。

10. 高憬宏出席农业农村部召开的保护种业知识产权专项整治行动视频会议。7月6日，农业农村部召开保护种业知识产权专项整治行动视频会议，中央农办主任、农业农村部部长唐仁健和最高人民法院副院长高憬宏出席并讲话。

11. 最高人民法院召开加强知识产权司法保护专题调研座谈会。9月3日，最高人民法院召开加强知识产权司法保护专题调研座谈会。最高人民法院党组副书记、常务副院长贺荣出席会议并讲话。

12. 最高人民法院发布人民法院种业知识产权司法保护典型案例。9月7日，最高人民法院召开新闻发布会，发布人民法院种业知识产权司法保护典型案例(第一批)，并回答记者提问。

13. 最高人民法院发布人民法院反垄断和反不正当竞争典型案例。9月27日，最高人民法院召开新闻发布会，发布人民法院反垄断和反不正当竞争典型案例并回答记者提问。

14. 贺荣出席第十八届上海知识产权国际论坛并致辞。10月19日，第十八届上海知识产权国际论坛开幕。最高人民法院党组副书记、常务副院长贺荣出席论坛开幕式并致辞表示，中国法院将继续依法严格保护各类知识产权，平等保护中外当事人合法权益，推动营造开放、公平、公正、非歧视的科技发展环境和市场化法治化国际化的营商环境。

15. 周强向全国人大常委会报告知识产权审判工作。10月21日，十三届全国人大常委会第三十一次会议举行第二次全体会议，听取最高人民法院关于人民法院知识产权审判工作情况的报告。最高人民法院院长周强表示，党的十八大以来，我国知识产权司法保护工作取得显著成就，实践证明我国知识产权审判制度具有强大生命力和显著优越性，人民法院将在以习近平同志为核心的党中央坚强领导下，在全国人大及其常委会有力监督下，认真落实本次会议审议意见，改革创新、担当作为，努力开创新时代知识产权审判工作新局面，为实现第二个百年奋斗目标、实现中华民族伟大复兴的中国梦作出新的更大贡献。

16. 最高人民法院发布《最高人民法院关于加强新时代知识产权审判工作为知识产权强国建设提供有力司法服务和保障的意见》。10月29日，最高人民法院召开新闻发布会，发布《最高人民法院关于加强新时代知识产权审判工作为知识产权强国建设提供有力司法服务和保障的意见》并回答记者提问。

17. 中共中央政治局委员、全国人大常委会副委员长王晨到最高人民法院调研知识产权司法保护工作。11月3日，中共中央政治局委员、全国人大常委会副委员长王晨一行到最高人民法院调研知识产权司法保护工作，视频连线听取最高人民法院知识产权法庭工作汇报。

18. 最高人民法院知识产权法庭开展三年试点评估工作。12月，中央政法委委托中国科学技术协会、中国法学会对最高人民法院知识产权法庭三年试点工作进行第三方评估，最高人民法院同步开展自我评估。

供稿：最高人民法院民三庭

最高人民检察院

1. 与相关组织和部门深入交流知识产权保护工作。1月26日至2月9日，最高人民检察院知识产权检察办公室分别与中华全国律师协会、中国外商投资企业协会优质品牌保护委员会、国家市场监督管理总局执法稽查局召开座谈会，围绕知识产权执法司法保护协作、优化营商环境、打击侵权假冒等深入交流。

2. 编纂出版工具书《知识产权办案实用手册》。2月1日，最高人民检察院知识产权检察办公室编纂的工具书《知识产权办案实用手册》由检察出版社出版发行。该书全面梳理知识产权相关法律法规，分类汇编成册，全书近120万字，涵盖涉知识产权检察工作主要法律法规，为工作办案提供参考。

3. 发布检察机关依法保护知识产权指导性案例。2月4日，最高人民检察院以检察机关依法保护知识产权为主题发布第二十六批指导性案例（共5件），涵盖侵犯知识产权犯罪主要类型，充分展现检察机关职能作用，强化对下办案指导。

4. 全面开展侵犯知识产权刑事案件权利人诉讼权利义务告知工作。2月8日，最高人民检察院下发通知，在全国检察机关推行侵犯知识产权刑事案件权利人诉讼权利义务告知工作，发布告知书模板，提出工作要求，规范告知程序，推动该项制度常态化运行。

5. 发布权利人诉讼权利义务告知典型案例。4月8日，最高人民检察院总结编发7件典型案例，指导和推动侵犯知识产权刑事案件权利人诉讼权利义务告知工作。

6. 设立知识产权检察研究基地。4月25日，最高人民检察院在中国人民大学知识产权学院设立知识产权检察研究基地，充分借助科研院校智力资源，打造知识产权司法保护“检察智库”。最高人民检察院检察长张军向研究基地授牌。

7. 举办第三十八次检察开放日。4月25日，最高人民检察院与中国人民大学、中国法学会知识产权法学研究会联合举办“强化知识产权司法保护，服务保障创新型国家建设”检察开放日暨商业秘密司法保护检察论坛活动。

8. 发布2020年度检察机关保护知识产权典型案例。4月27日，最高人民检察院发布2020年度检察机关保护知识产权12件典型案例，依法打击侵犯知识产权犯罪，恪守精准监督理念，强化知识产权民事、行政检察监督。

9. 参加中欧IP Key项目座谈会。9月9日，最高人民检察院和地方检察机关派员，与欧盟检察官就《中欧知识产权合作项目》（IP Key项目）召开线上座谈会，双方就中欧知识产权保护问题进行深入探讨。

10. 深入推进知识产权检察职能集中统一履行试点。9月23日，召开知识产权检察职能集中统一履行试点工作推进会，最高人民检察院检察长张军专门作出批示，副检察长孙谦出席会议并讲话。试点工作情况上报后，被国务院知识产权战略实施工作部际联席会议评为优秀战略信息一等奖。

11. 向最高人民法院抗诉“蒙娜丽莎”商标行政纠纷案。11月11日，最高人民检察院就广州蒙娜丽莎建材有限公司、广州蒙娜丽莎洁具有限公司与国家知识产权局商标争议行政纠纷一案向最高人民法院提起抗诉。

供稿：最高人民检察院
知识产权检察办公室

中国贸促会

1. 提交2021年美国特别301审议书面评论意见。1月27日，中国贸促会向美国贸易代表办公室（USTR）提交有关2021年特别301审议书面评论意见，代表中国工商界向美方全面介绍2020年以来中国在知识产权立法、司法和执法等方面的新发展，对2020年度特别301报告中针对中国的重点关注问题进行了详细回应。

2. 发布2020年度国际知识产权保护指数报告。3月31日，中国贸促会发布2020年度国际知识产权保护指数报告，就10个重点监测国家知识产权的创造、管理、保护、运用、服务、监管、竞争和合作等领域进行了指数化的量化评价和风险因素的定性分析。

3. 成立中国贸促会调解中心知识产权专业委员会。9月29日，中国贸促会调解中心成立知识产权专业委员会，致力于为知识产权纠纷的中外当事人提供专业高效的调解服务，打造知识产权纠纷多元解决平台。

4. 参加世界知识产权组织第62届成员国大会。10月4日至8日，中国贸促会以长期观察员身份参加世界知识产权组织第62届成员国大会。

5. 制定印发《中国贸促会关于落实〈知识产权强国建设纲要（2021—2035年）〉的任务方案》。10月26日，中国贸促会印发《中国贸促会关于落实〈知识产权强国建设纲要（2021—2035年）〉的任务方案》，围绕加强跨部门知识产权协作、加强知识产权国际交流合作、提升知识产权服务水平、完善知识产权纠纷多元解决机制4个方面，确定15项具体工作任务。

6.《中国国际贸易促进委员会调解中心知识产权争议调解规则》正式实施。11月1日，《中国国际贸易促进委员会调解中心知识产权争议调解规则》正式生效，这是国内首个解决涉外知识产权争议的商事调解规则，有力推动知识产权调解工作的规范化和专业化发展。

7. 举办虹桥国际经济论坛知识产权分论坛。11月5日，中国贸促会与国家知识产权局、国家版权局共同举办第四届中国国际进口博览会虹桥国际经济论坛知识产权分论坛。知识产权领域国际组织高级代表、业内专家学者、世界500强企业家代表，围绕“知识产权保护与营商环境优化”议题深入讨论，凝聚国际知识产权保护共识，充分展示中国知识产权事业取得的巨大成就。

8. 印发《国家知识产权局 中国国际贸易促进委员会关于进一步加强海外知识产权纠纷应对机制建设的指导意见》。12月3日，中国贸促会与国家知识产权局联合印发《国家知识产权局 中国国际贸易促进委员会关于进一步加强海外知识产权纠纷应对机制建设的指导意见》，完善海外知识产权纠纷应对指导工作体系，加大海外知识产权维权援助工作力度。

供稿：中国贸促会法律事务部

专　利

表 1　　分国内外三种专利申请量/授权量/有效量(2021 年)

统计范围		发明		实用新型		外观设计	
		数量(件)	构成(%)	数量(件)	构成(%)	数量(件)	构成(%)
合计	申请量	1 585 663	30.2	2 852 219	54.4	805 710	15.4
	授权量	695 946	15.1	3 119 990	67.8	785 521	17.1
	有效量*	3 596 901	23.3	9 243 443	59.9	2 580 532	16.7
国内	申请量	1 427 845	28.2	2 845 318	56.2	787 149	15.6
	授权量	585910	13.1	3 112 795	69.7	768 460	17.2
	有效量	2 773 287	19.2	9 190 633	63.7	2 453 506	17.0
国外	申请量	157 818	86.1	6901	3.8	18 561	10.1
	授权量	110 036	81.9	7195	5.4	17 061	12.7
	有效量	823 614	82.1	52 810	5.3	127 026	12.7

注:* 有效量指报告期末处于专利权维持状态的案卷数量。统计范围包括发明、实用新型、外观设计。与申请量和授权量不同,有效量是存量数据而非流量数据。

表 2　　分国内外三种专利申请年度状况(1985—2021 年)　　(单位:件)

统计范围	年份	发明	实用新型	外观设计
合计	1985—2015	6 357 860	6 625 983	5 269 438
	2016	1 338 503	1 475 977	650 344
	2017	1 381 594	1 687 593	628 658
	2018	1 542 002	2 072 311	708 799
	2019	1 400 661	2 268 190	711 617
	2020	1 497 159	2 926 633	770 362
	2021	1 585 663	2 852 219	805 710
国内	1985—2015	4 853 594	6 576 708	5 066 508
	2016	1 204 981	1 468 295	631 949
	2017	1 245 709	1 679 807	610 817
	2018	1 393 815	2 063 860	689 097
	2019	1 243 568	2 259 765	691 771
	2020	1 344 817	2 918 874	752 339
	2021	1 427 845	2 845 318	787 149

续表

统计范围	年份	发明	实用新型	外观设计
国外	1985—2015	1 504 266	49 275	202 930
	2016	133 522	7682	18 395
	2017	135 885	7786	17 841
	2018	148 187	8451	19 702
	2019	157 093	8425	19 846
	2020	152 342	7759	18 023
	2021	157 818	6901	18 561

注:“发明”列数据中,2016 年及之前的数据为专利申请受理量,2017 年及之后的数据为专利申请量。

表 3 **分地区国内发明专利申请量** (单位:件)

地区	2016 年	2020 年	2021 年
全国	1 204 981	1 344 817	1 427 845
北京	104 643	145 035	167 608
天津	38 153	22 057	21 370
河北	14 141	22 131	23 923
山西	8208	9472	10 059
内蒙古	2878	5381	5998
辽宁	25 561	21 830	23 078
吉林	7537	11 113	12 680
黑龙江	13 177	13 163	15 018
上海	54 339	81 042	92 527
江苏	184 632	177 995	188 241
浙江	93 254	129 708	129 821
安徽	95 963	69 663	64 106
福建	27 041	32 929	31 093
江西	8202	20 285	19 171
山东	88 359	74 420	82 481
河南	28 582	32 609	34 950
湖北	43 789	47 767	51 690
湖南	25 524	48 530	36 746
广东	155 581	215 926	242 551
广西	43 078	12 854	13 693
海南	1278	2618	4497
重庆	19 981	22 273	24 068
四川	54 277	41 417	45 358
贵州	10 953	10 693	9869
云南	7907	9753	10 293
西藏	176	477	515

续表

地区	2016 年	2020 年	2021 年
陕西	22 565	38 262	38 643
甘肃	6114	5684	6423
青海	1381	1417	1585
宁夏	2510	2574	3054
新疆	3598	3776	4395
台湾	10 283	10 766	11 140
香港	1278	1121	1059
澳门	38	76	142
广州	31 892	52 644	61 053
长春	5797	9124	10 591
武汉	20 643	34 247	38 963
南京	31 556	47 623	50 168
杭州	25 009	52 604	59 374
西安	18 569	33 623	34 151
济南	14 669	18 785	20 450
沈阳	12 289	9027	9242
成都	39 431	29 776	33 000
大连	7129	7296	7915
厦门	5511	9845	10 202
哈尔滨	11 198	10 228	11 751
深圳	56 326	87 267	105 762
青岛	34 953	22 643	25 446
宁波	19 328	18 517	17 689
新疆兵团	637	764	861

表 4　　分地区国内实用新型专利申请量　　（单位：件）

地区	2016 年	2020 年	2021 年
全国	1 468 295	2 918 874	2 845 318
北京	64 496	84 579	89 406
天津	63 589	83 825	63 512
河北	30 253	85 163	86 877
山西	10 079	28 030	27 280
内蒙古	6401	18 747	21 215
辽宁	22 996	58 230	60 052
吉林	9647	20 552	23 023
黑龙江	18 856	26 058	28 583
上海	51 836	104 791	113 176
江苏	192 636	489 165	450 594

续表

地区	2016 年	2020 年	2021 年
浙江	199 244	267 768	254 741
安徽	67 031	117 727	116 337
福建	78 176	105 867	93 513
江西	32 631	64 034	54 593
山东	106 100	233 626	254 956
河南	51 358	126 789	114 130
湖北	42 181	102 936	108 272
湖南	29 635	60 879	57 087
广东	203 609	470 055	456 220
广西	11 599	30 786	33 617
海南	1854	10 704	12 082
重庆	32 099	53 616	50 721
四川	58 088	97 251	94 330
贵州	11 081	33 180	25 819
云南	13 549	31 684	33 832
西藏	410	1366	1887
陕西	27 149	54 902	60 163
甘肃	10 272	22 490	21 626
青海	1569	4970	5544
宁夏	3329	9006	10 805
新疆	7999	13 968	16 283
台湾	7315	5228	4279
香港	1195	850	698
澳门	33	52	65
广州	41 517	121 174	102 932
长春	6522	13 866	16 110
武汉	20 504	51 678	56 982
南京	26 170	62 372	60 077
杭州	32 256	69 287	69 493
西安	18 369	39 100	43 384
济南	15 310	43 220	47 223
沈阳	8472	19 794	19 978
成都	37 261	52 844	52 640
大连	6042	16 710	18 432
厦门	10 245	22 041	23 059
哈尔滨	12 646	12 782	15 583
深圳	56 881	146 305	147 530
青岛	21 009	53 459	55 195
宁波	26 388	37 353	38 405
新疆兵团	1258	1720	2055

表 5　分地区国内外观设计专利申请量　（单位:件）

地区	2016 年	2020 年	2021 年
全国	631 949	752 339	787 149
北京	19 990	24 551	26 120
天津	4772	5632	5589
河北	10 444	18 314	19 905
山西	1744	2800	3121
内蒙古	1393	2096	2249
辽宁	4046	6467	5374
吉林	1738	2773	3104
黑龙江	3260	4031	3976
上海	13 762	24 460	27 215
江苏	135 161	52 292	57 858
浙江	100 649	109 574	118 635
安徽	9558	14 908	15 984
福建	25 159	36 071	36 097
江西	19 661	25 419	27 166
山东	18 452	29 234	32 033
河南	14 729	19 187	18 470
湖北	9187	12 910	15 350
湖南	12 620	19 164	20 334
广东	146 477	281 223	281 863
广西	4562	8072	8677
海南	526	1038	1100
重庆	7438	7937	8766
四川	30 157	21 368	23 976
贵州	3281	5327	6045
云南	2253	3716	3872
西藏	126	453	242
陕西	19 897	6072	6846
甘肃	3890	2558	2116
青海	334	349	319
宁夏	310	592	720
新疆	2508	1099	1543
台湾	1636	1326	1192
香港	2079	1304	1253
澳门	150	22	39
广州	25 783	74 621	45 301
长春	1012	1594	1752
武汉	3679	5151	6919

续表

地区	2016 年	2020 年	2021 年
南京	7535	6671	6076
杭州	16 429	17 436	20 067
西安	9165	4235	4856
济南	1879	3514	4189
沈阳	1301	1965	2100
成都	21 269	12 182	14 012
大连	863	1229	1292
厦门	4708	7876	8515
哈尔滨	2141	1923	2094
深圳	32 106	70 654	82 956
青岛	3566	6104	7268
宁波	22 528	21 926	22 882
新疆兵团	118	80	124

表 6　分地区分申请人类型国内发明专利申请量(2021 年)　(单位:件)

地区	合计	高等院校	科研机构	企业	事业单位	个人
全国	1 427 845	260 696	76 826	953 645	22 365	114 313
北京	167 608	24 125	20 716	116 208	2590	3969
天津	21 370	6414	1833	11 447	401	1275
河北	23 923	4173	1559	14 176	472	3543
山西	10 059	2859	567	4876	102	1655
内蒙古	5998	949	353	3489	118	1089
辽宁	23 078	8016	2951	9697	166	2248
吉林	12 680	5126	1341	4889	77	1247
黑龙江	15 018	7436	876	4045	109	2552
上海	92 527	14 947	4722	68 490	1288	3080
江苏	188 241	33 467	5139	136 044	2307	11 284
浙江	129 821	19 505	4050	91 001	1534	13 731
安徽	64 106	8828	1960	45 046	347	7925
福建	31 093	5288	1048	21 571	348	2838
江西	19 171	3518	1015	11 361	205	3072
山东	82 481	14 983	3185	54 683	1643	7987
河南	34 950	9508	1711	16 356	1480	5895
湖北	51 690	13 372	2242	32 081	643	3352
湖南	36 746	10 749	666	21 538	304	3489
广东	242 551	19 973	7110	195 088	3664	16 716
广西	13 693	3522	1289	6306	866	1710
海南	4497	932	514	2535	156	360
重庆	24 068	7067	1063	13 353	458	2127
四川	45 358	11 470	3879	25 020	940	4049

续表

地区	合计	高等院校	科研机构	企业	事业单位	个人
贵州	9869	1395	567	5868	339	1700
云南	10 293	2877	1016	4181	647	1572
西藏	515	53	76	314	14	58
陕西	38 643	16 588	2677	16 202	534	2642
甘肃	6423	1542	1292	2170	169	1250
青海	1585	184	214	848	103	236
宁夏	3054	406	287	2008	79	274
新疆	4395	1067	573	2050	216	489
台湾	11 140	67	333	9929	42	769
香港	1059	182	2	760	4	111
澳门	142	108	0	15	0	19
广州	61 053	12 875	3320	35 367	1849	7642
长春	10 591	4420	1301	4286	31	553
武汉	38 963	11 648	1892	23 528	489	1406
南京	50 168	17 201	2757	26 868	761	2581
杭州	59 374	12 952	1991	40 439	585	3407
西安	34 151	15 653	2622	13 916	443	1517
济南	20 450	5266	1491	11 876	480	1337
沈阳	9242	3019	1783	3646	105	689
成都	33 000	9943	2313	18 095	649	2000
大连	7915	3459	1085	2901	33	437
厦门	10 202	1561	259	7827	68	487
哈尔滨	11 751	6731	768	2643	100	1509
深圳	105 762	3847	2365	93 486	592	5472
青岛	25 446	5279	1094	17 443	517	1113
宁波	17 689	1352	833	13 978	199	1327
新疆兵团	861	576	68	154	9	54

表 7　　分地区分申请人类型国内实用新型专利申请量(2021 年)　　(单位:件)

地区	合计	高等院校	科研机构	企业	事业单位	个人
全国	2 845 318	175 275	27 286	2 145 167	71 639	425 951
北京	89 406	5472	3845	66 543	3884	9662
天津	63 512	2062	856	55 052	925	4617
河北	86 877	4089	702	58 858	1549	21 679
山西	27 280	2244	396	15 316	418	8906
内蒙古	21 215	2052	455	10 694	945	7069
辽宁	60 052	5775	784	39 681	982	12 830
吉林	23 023	3722	271	13 382	160	5488
黑龙江	28 583	4383	701	11 854	199	11 446
上海	113 176	4610	1234	99 614	2392	5326

续表

地区	合计	高等院校	科研机构	企业	事业单位	个人
江苏	450 594	20 605	1510	392 402	11 228	24 849
浙江	254 741	11 055	1385	209 863	9134	23 304
安徽	116 337	7184	744	88 597	1583	18 229
福建	93 513	4606	443	77981	1027	9456
江西	54 593	5423	567	38 230	605	9768
山东	254 956	9700	2304	176 600	4752	61 600
河南	114 130	11 484	1086	77 166	3342	21 052
湖北	108 272	7550	783	84 635	2791	12 513
湖南	57 087	6811	321	38 117	1056	10 782
广东	456 220	11 230	2267	371 187	4157	67 379
广西	33 617	6251	836	14 444	3277	8809
海南	12 082	794	297	8890	356	1745
重庆	50 721	5047	520	36 317	2147	6690
四川	94 330	9256	1244	60 493	7292	16 045
贵州	25 819	3729	211	10 668	1366	9845
云南	33 832	3625	576	21 242	2512	5877
西藏	1887	85	89	1202	70	441
陕西	60 163	10 028	1003	35 666	1291	12 175
甘肃	21 626	3068	657	8738	878	8285
青海	5544	274	113	2828	325	2004
宁夏	10 805	606	397	7706	163	1933
新疆	16 283	2433	671	7562	809	4808
台湾	4279	7	18	3118	2	1134
香港	698	10	0	513	13	162
澳门	65	5	0	8	9	43
广州	102 932	6527	1101	54 435	1176	39 693
长春	16 110	3215	231	10 155	88	2421
武汉	56 982	5726	630	44 623	1182	4821
南京	60 077	8900	782	44 193	2408	3794
杭州	69 493	4919	664	55 231	2569	6110
西安	43 384	7906	916	27 061	973	6528
济南	47 223	2280	957	34 445	886	8655
沈阳	19 978	2583	530	11 915	643	4307
成都	52 640	5795	850	36 993	2694	6308
大连	18 432	1177	117	15 030	123	1985
厦门	23 059	1273	86	20 433	117	1150
哈尔滨	15 583	3340	535	7094	115	4499
深圳	147 530	1415	485	135 869	1380	8381
青岛	55 195	2160	467	45 547	894	6127
宁波	38 405	997	319	33 076	1056	2957
新疆兵团	2055	603	145	872	37	398

表 8　分地区分申请人类型国内外观设计专利申请量(2021 年)　(单位:件)

地区	合计	高等院校	科研机构	企业	事业单位	个人
全国	787 149	20 989	1458	467 359	2229	295 114
北京	26 120	723	298	22 577	206	2316
天津	5589	449	32	4136	21	951
河北	19 905	440	37	8365	46	11 017
山西	3121	199	4	1715	38	1165
内蒙古	2249	141	7	1292	25	784
辽宁	5374	774	27	2209	20	2344
吉林	3104	199	13	1433	14	1445
黑龙江	3976	540	11	1024	20	2381
上海	27 215	636	140	24 431	146	1862
江苏	57 858	2279	90	43 486	214	11 789
浙江	118 635	1834	121	72 319	228	44 133
安徽	15 984	640	38	8746	116	6444
福建	36 097	504	28	20 204	52	15 309
江西	27 166	675	47	6975	23	19 446
山东	32 033	827	77	19 928	60	11 141
河南	18 470	399	29	8291	197	9554
湖北	15 350	1541	70	6161	58	7520
湖南	20 334	750	6	5948	74	13 556
广东	281 863	2121	194	174 880	111	104 557
广西	8677	653	14	1816	82	6112
海南	1100	48	9	675	7	361
重庆	8766	399	14	5593	59	2701
四川	23 976	1332	39	12 528	147	9930
贵州	6045	963	39	2187	52	2804
云南	3872	595	30	1905	66	1276
西藏	242	2	0	182	6	52
陕西	6846	726	14	4008	71	2027
甘肃	2116	429	11	952	47	677
青海	319	13	1	182	3	120
宁夏	720	65	12	490	2	151
新疆	1543	88	4	786	17	648
台湾	1192	2	0	898	0	292
香港	1253	2	2	1031	1	217
澳门	39	1	0	6	0	32
广州	45 301	1285	79	29 090	32	14 815
长春	1752	152	10	1074	9	507
武汉	6919	1305	61	4031	34	1488

续表

地区	合计	高等院校	科研机构	企业	事业单位	个人
南京	6076	639	27	4394	49	967
杭州	20 067	709	23	16 659	65	2611
西安	4856	572	11	3287	50	936
济南	4189	233	27	3019	18	892
沈阳	2100	340	13	930	2	815
成都	14 012	887	30	9638	68	3389
大连	1292	227	13	628	6	418
厦门	8515	120	2	7507	3	883
哈尔滨	2094	422	11	632	16	1013
深圳	82 956	166	27	72 386	17	10 360
青岛	7268	218	20	6016	4	1010
宁波	22 882	266	27	15 492	56	7041
新疆兵团	124	12	2	32	2	76

表 9　按国别(地区)分国外在华发明专利申请量　(单位:件)

国家或地区	2016 年	2020 年	2021 年
合计	133 522	152 342	157 818
安道尔	2	3	0
阿联酋	34	32	28
安提瓜和巴布达	0	87	52
安圭拉	3	15	8
阿尔巴尼亚	1	0	0
亚美尼亚	1	0	0
安哥拉	0	0	1
阿根廷	4	7	6
奥地利	946	958	1038
澳大利亚	624	729	740
波黑	0	1	0
巴巴多斯	88	208	252
比利时	700	713	798
保加利亚	6	13	11
百慕大	83	52	68
巴西	134	125	259
巴哈马	9	2	3
白俄罗斯	0	6	9
伯利兹	8	1	1
加拿大	985	1061	1230
刚果(金)	0	3	1

续表

国家或地区	2016 年	2020 年	2021 年
瑞士	3453	3732	4365
库克群岛	0	0	1
智利	16	28	22
哥伦比亚	6	0	13
哥斯达黎加	0	1	8
古巴	4	8	6
塞浦路斯	15	18	21
捷克	65	59	48
德国	14 158	16 115	16 481
丹麦	858	975	1154
多米尼加	0	2	1
爱沙尼亚	12	16	10
埃及	2	5	3
厄立特里亚	1	0	0
西班牙	393	406	486
芬兰	1007	955	1073
法国	4631	4887	4964
英国	2372	2850	2867
格鲁吉亚	0	1	0
根西岛	1	0	0
直布罗陀	3	3	1
几内亚	0	1	0
希腊	28	27	38
克罗地亚	3	3	6
匈牙利	39	31	44
印度尼西亚	0	7	7
爱尔兰	223	511	496
以色列	800	1053	1204
马恩岛	0	0	2
印度	288	302	337
伊拉克	0	1	0
伊朗	1	6	2
冰岛	9	12	13
意大利	1610	1742	1938
泽西岛	1	1	0
约旦	3	1	1
日本	39 207	47 862	47 010
肯尼亚	1	1	0

续表

国家或地区	2016 年	2020 年	2021 年
吉尔吉斯斯坦	0	0	1
柬埔寨	0	8	4
圣基茨和尼维斯	1	6	1
朝鲜	0	0	2
韩国	13 764	16 725	17 691
科威特	0	0	1
开曼群岛	3309	3114	1069
哈萨克斯坦	0	1	3
老挝	0	1	0
黎巴嫩	0	2	0
列支敦士登	137	177	205
斯里兰卡	0	1	1
立陶宛	5	9	7
卢森堡	252	236	225
拉脱维亚	2	3	8
摩洛哥	1	4	7
摩纳哥	15	10	8
马达加斯加	1	0	0
马绍尔群岛	0	0	3
北马其顿	0	1	1
马里	11	4	7
马耳他	36	29	25
毛里求斯	4	3	3
墨西哥	27	35	40
马来西亚	57	79	88
荷兰	3155	3116	3133
挪威	194	296	293
新西兰	143	173	161
阿曼	0	1	0
巴拿马	3	15	5
秘鲁	4	4	5
菲律宾	8	5	11
巴基斯坦	1	0	6
波兰	57	90	87
波多黎各	2	1	0
葡萄牙	46	46	62
卡塔尔	5	4	2
罗马尼亚	4	4	7

续表

国家或地区	2016 年	2020 年	2021 年
塞尔维亚	0	2	8
俄罗斯	135	202	168
沙特阿拉伯	191	356	207
塞舌尔	39	22	13
瑞典	1919	2340	2489
新加坡	769	1318	2024
斯洛文尼亚	25	30	18
斯洛伐克	8	13	6
圣马力诺	3	1	3
塞内加尔	0	0	1
叙利亚	0	1	0
泰国	46	76	92
塔吉克斯坦	0	0	1
突尼斯	1	1	1
土耳其	80	95	112
特立尼达和多巴哥	0	0	1
乌克兰	9	9	9
美国	35 895	37 880	42 266
乌拉圭	4	1	4
乌兹别克斯坦	1	0	0
委内瑞拉	0	0	1
英属维尔京群岛	210	80	47
越南	3	6	7
萨摩亚	34	22	5
南非	61	46	36
赞比亚	1	0	0
津巴布韦	1	0	0
其他	5	0	0

表 10　　按国别(地区)分国外在华实用新型专利申请量　　(单位:件)

国家或地区	2016 年	2020 年	2021 年
合计	7682	7759	6901
阿联酋	5	1	2
安圭拉	0	5	2
阿尔巴尼亚	1	0	0
阿根廷	0	0	2
奥地利	52	28	35
澳大利亚	86	88	84

续表

国家或地区	2016 年	2020 年	2021 年
阿塞拜疆	1	0	0
巴巴多斯	7	1	16
比利时	38	41	42
布基纳法索	0	0	1
保加利亚	0	1	0
文莱	0	1	0
巴西	23	22	10
不丹	0	0	1
白俄罗斯	0	1	1
伯利兹	5	0	1
加拿大	48	84	55
刚果(金)	0	7	2
瑞士	212	178	158
库克群岛	0	1	0
智利	1	1	0
塞浦路斯	6	4	2
捷克	11	11	7
德国	757	802	798
丹麦	24	33	45
爱沙尼亚	0	8	4
埃及	2	0	0
西班牙	28	22	21
芬兰	58	54	68
法国	301	400	269
英国	131	136	104
格鲁吉亚	1	0	0
希腊	1	1	0
匈牙利	3	0	2
印度尼西亚	1	9	0
爱尔兰	4	16	25
以色列	31	30	47
印度	8	14	13
伊拉克	1	1	1
伊朗	9	0	3
冰岛	1	1	0
意大利	145	196	169
约旦	0	4	2
日本	2134	2082	1860

续表

国家或地区	2016 年	2020 年	2021 年
吉尔吉斯斯坦	0	1	0
柬埔寨	0	11	7
圣基茨和尼维斯	0	1	0
朝鲜	0	2	2
韩国	814	801	855
科威特	0	0	1
开曼群岛	47	71	13
哈萨克斯坦	0	1	0
老挝	0	1	4
列支敦士登	2	7	5
卢森堡	11	8	2
拉脱维亚	0	0	1
摩纳哥	0	0	1
马里	2	0	0
蒙古	0	1	1
马耳他	2	1	0
墨西哥	0	2	3
马来西亚	22	25	15
尼日利亚	0	1	0
荷兰	92	185	162
挪威	8	2	15
新西兰	24	19	11
阿曼	0	1	0
巴拿马	2	0	1
秘鲁	0	2	0
菲律宾	6	3	6
波兰	2	5	4
葡萄牙	0	1	1
卡塔尔	0	1	0
罗马尼亚	0	2	0
塞尔维亚	0	1	0
俄罗斯	26	18	24
沙特阿拉伯	0	2	0
塞舌尔	9	10	2
瑞典	58	120	111
新加坡	267	550	188
斯洛文尼亚	0	1	1
斯洛伐克	0	0	2

续表

国家或地区	2016 年	2020 年	2021 年
泰国	4	13	15
塔吉克斯坦	0	0	1
土耳其	8	8	2
特立尼达和多巴哥	0	0	1
乌克兰	0	7	4
美国	2070	1545	1568
乌拉圭	0	3	0
英属维尔京群岛	46	31	11
越南	1	4	5
萨摩亚	19	3	1
南非	4	4	1
赞比亚	0	0	2

表 11　　按国别(地区)分国外在华外观设计专利申请量　　(单位:件)

国家或地区	2016 年	2020 年	2021 年
合计	18 395	18 023	18 561
阿联酋	16	12	17
阿富汗	0	1	0
阿尔巴尼亚	1	0	0
阿根廷	1	0	0
奥地利	56	69	107
澳大利亚	217	260	263
波黑	1	0	0
巴巴多斯	30	98	40
比利时	67	77	58
保加利亚	3	1	13
巴林	0	0	2
百慕大	0	1	0
玻利维亚	0	2	0
巴西	26	38	77
白俄罗斯	0	1	3
加拿大	124	139	129
瑞士	785	749	808
科特迪瓦	1	0	0
智利	0	0	1
哥伦比亚	4	0	0
塞浦路斯	10	29	15
捷克	67	30	66

续表

国家或地区	2016 年	2020 年	2021 年
德国	1726	1579	1717
丹麦	169	203	245
多米尼加	4	1	11
爱沙尼亚	3	3	9
埃及	0	1	0
西班牙	120	137	125
芬兰	83	155	122
法国	843	826	819
英国	610	663	581
格鲁吉亚	2	0	0
根西岛	0	1	0
希腊	13	4	2
危地马拉	0	0	1
克罗地亚	0	5	9
匈牙利	0	3	2
印度尼西亚	12	6	7
爱尔兰	15	38	43
以色列	88	103	125
印度	38	45	31
伊拉克	1	3	0
伊朗	18	4	2
冰岛	2	1	0
意大利	675	572	618
泽西岛	0	1	0
约旦	2	3	1
日本	3810	3424	3495
韩国	2982	2932	2602
科威特	1	3	3
开曼群岛	436	169	65
哈萨克斯坦	0	1	0
黎巴嫩	2	0	0
列支敦士登	37	19	15
斯里兰卡	0	2	2
立陶宛	2	2	6
卢森堡	85	83	50
拉脱维亚	0	8	17
摩洛哥	1	2	0
摩纳哥	1	93	42
摩尔多瓦	0	1	0
马绍尔群岛	0	1	0

续表

国家或地区	2016 年	2020 年	2021 年
北马其顿	0	0	2
马里	7	2	2
蒙古	0	1	0
马耳他	6	4	10
毛里求斯	2	0	0
墨西哥	7	8	7
马来西亚	32	70	21
尼日利亚	2	1	0
荷兰	304	319	409
挪威	21	27	42
新西兰	65	78	58
阿曼	0	1	0
巴拿马	2	1	0
菲律宾	9	1	1
巴基斯坦	4	2	2
波兰	23	18	33
葡萄牙	9	6	6
巴拉圭	2	0	0
卡塔尔	0	6	3
罗马尼亚	0	1	1
俄罗斯	38	46	40
沙特阿拉伯	82	11	10
塞舌尔	0	8	1
瑞典	484	306	385
新加坡	67	141	246
斯洛文尼亚	15	10	16
斯洛伐克	7	1	3
圣马力诺	0	7	0
泰国	20	42	40
突尼斯	0	1	0
土耳其	29	34	16
乌克兰	4	11	6
美国	3771	4164	4775
委内瑞拉	1	0	0
英属维尔京群岛	139	67	39
越南	40	10	9
萨摩亚	2	1	1
也门	2	0	1
南非	9	13	10

表 12　分国内外三种专利授权年度状况(1985—2021 年)　(单位:件)

统计范围	年份	发明	实用新型	外观设计
合计	1985—2015	1 911 203	4 969 336	3 566 350
	2016	404 208	903 420	446 135
	2017	420 144	973 294	442 996
	2018	432 147	1 479 062	536 251
	2019	452 804	1 582 274	556 529
	2020	530 127	2 377 223	731 918
	2021	695 946	3 119 990	785 521
国内	1985—2015	1 161 979	4 926 214	3 378 158
	2016	302 136	897 035	429 710
	2017	326 970	967 416	426 442
	2018	345 959	1 471 759	517 693
	2019	360 919	1 574 205	539 282
	2020	440 691	2 368 651	711 559
	2021	585 910	3 112 795	768 460
国外	1985—2015	749 224	43 122	188 192
	2016	102 072	6385	16 425
	2017	93 174	5878	16 554
	2018	86 188	7303	18 558
	2019	91 885	8069	17 247
	2020	89 436	8572	20 359
	2021	110 036	7195	17 061

表 13　分地区国内发明专利授权量　(单位:件)

地区	总累计	2016 年	2020 年	2021 年
全国	3 524 564	302 136	440 691	585 910
北京	496 047	40 602	63 266	79 210
天津	61 323	5185	5262	7376
河北	51 240	4247	6365	8621
山西	28 175	2411	2987	3915
内蒙古	10 444	871	1162	1651
辽宁	82 381	6731	7936	10 480
吉林	34 054	2428	3969	5730
黑龙江	48 408	4345	4598	6337
上海	232 010	20 086	24 208	32 860
江苏	403 454	40 952	45 975	68 813
浙江	318 836	26 576	49 888	56 796
安徽	132 323	15 292	21 432	23 624
福建	78 806	7170	10 250	12 561

续表

地区	总累计	2016 年	2020 年	2021 年
江西	27 879	1914	4407	6741
山东	207 946	19 404	26 745	36 345
河南	76 722	6811	9183	13 536
湖北	118 374	8517	17 555	22 376
湖南	88 928	6967	11 537	16 564
广东	532 322	38 626	70 695	102 850
广西	36 441	5159	3521	4573
海南	5944	383	721	954
重庆	58 571	5044	7637	9413
四川	115 595	10 350	14 187	19 337
贵州	19 705	2036	2268	2824
云南	25 732	2125	2458	3643
西藏	794	33	96	184
陕西	93 345	7503	12 122	15 516
甘肃	14 762	1308	1446	2253
青海	2776	271	333	454
宁夏	5975	560	703	1103
新疆	9668	910	859	1153
台湾	97 355	6664	6259	7098
香港	7951	630	630	934
澳门	278	25	31	85
广州	109 925	7669	15 093	24 129
长春	27 384	1980	3472	5038
武汉	95 242	6514	14 667	18 553
南京	114 691	8705	14 904	21 576
杭州	120 757	8666	17 343	22 966
西安	83 375	6686	11 161	14 201
济南	49 395	4503	5832	8208
沈阳	34 710	2853	3596	4569
成都	83 237	7190	10 875	14 989
大连	28 894	2309	2975	4162
厦门	22 675	2028	3068	3780
哈尔滨	39 534	3695	3747	5060
深圳	254 101	17 665	31 131	45 194
青岛	61 207	6561	8636	10 210
宁波	52 094	5669	5340	7819
新疆兵团	1468	170	146	200

表 14　　分地区国内实用新型专利授权量　　(单位:件)

地区	总累计	2016 年	2020 年	2021 年
全国	15 318 075	897 035	2 368 651	3 112 795
北京	654 846	44 710	75 336	96 078
天津	432 782	31 046	64 221	85 076
河北	392 549	19 762	68 466	92 603
山西	133 755	6532	21 933	30 608
内蒙古	82 419	3981	14 423	20 737
辽宁	358 550	15 515	46 681	64 406
吉林	117 501	6179	17 363	21 220
黑龙江	189 886	11 707	20 211	28 698
上海	647 704	34 101	92 249	120 857
江苏	2 203 577	117 827	405 885	515 935
浙江	1 740 785	123 744	231 693	292 944
安徽	576 163	38 773	84 609	114 415
福建	562 518	42 110	99 956	105 267
江西	274 680	17 939	51 326	64 221
山东	1 227 417	66 068	184 564	264 072
河南	579 441	32 197	95 894	126 477
湖北	491 730	27 209	80 229	118 303
湖南	332 960	18 452	49 052	62 871
广东	2 281 977	118 157	380 882	484 320
广西	138 545	6535	23 061	34 133
海南	31 664	1171	7027	11 561
重庆	320 492	30 428	40 021	58 410
四川	517 011	31 813	73 927	105 327
贵州	138 435	6525	27 714	30 666
云南	145 048	8063	23 095	33 900
西藏	4343	154	1049	1449
陕西	286 090	17 084	42 227	65 011
甘肃	97 123	5075	17 503	21 975
青海	19 442	883	4050	5774
宁夏	39 293	1947	6477	11 141
新疆	83 032	4828	10 805	18 691
台湾	200 402	5744	5649	4797
香港	15 255	747	953	792
澳门	660	29	120	60
广州	445 353	22 951	83 574	107 136
长春	73 286	4268	12 449	14 585
武汉	250 955	13 977	39 377	61 547

续表

地区	总累计	2016 年	2020 年	2021 年
南京	286 685	15 695	55 702	64 487
杭州	384 458	21 816	58 629	80 553
西安	208 024	12 344	30 698	47 804
济南	207 420	9628	31 928	49 782
沈阳	118 547	5716	15 734	22 706
成都	307 059	19 118	43 443	60 562
大连	102 177	3936	13 472	18 136
厦门	122 509	6752	19 053	24 196
哈尔滨	98 158	7429	10 036	15 249
深圳	691 601	34 338	121 615	154 750
青岛	249 864	13 159	43 088	58 831
宁波	294 037	18 193	32 122	42 010
新疆兵团	9993	809	1349	2367

表 15　　分地区国内外观设计专利授权量　　(单位:件)

地区	总累计	2016 年	2020 年	2021 年
全国	6 771 304	429 710	711 559	768 460
北京	184 754	15 266	24 222	23 490
天津	55 462	3503	5951	5458
河北	109 399	7817	17 365	18 810
山西	21 465	1119	2376	2856
内蒙古	16 847	994	2373	1974
辽宁	53 522	2858	5568	5305
吉林	21 773	1388	2619	2929
黑龙江	45 287	1994	3666	3849
上海	253 777	10 043	23 323	25 600
江苏	1 179 773	72 254	47 307	56 169
浙江	1 172 635	71 136	110 119	115 728
安徽	129 405	6918	13 655	15 436
福建	273 671	17 862	35 722	35 986
江西	139 323	11 619	24 506	26 410
山东	228 018	12 621	27 469	29 421
河南	136 194	10 137	17 732	18 025
湖北	98 386	6096	12 318	14 490
湖南	131 820	8631	18 134	19 501
广东	1 812 772	102 249	258 148	285 039
广西	47 412	3164	7888	8098
海南	8276	385	830	1117

续表

地区	总累计	2016 年	2020 年	2021 年
重庆	96 034	7266	7719	8383
四川	271 871	20 282	20 272	22 272
贵州	42 435	1864	4989	5777
云南	31 570	1844	3390	3624
西藏	2509	58	557	296
陕西	87 852	23 868	6175	5745
甘肃	16 757	1592	2042	1828
青海	3605	203	310	363
宁夏	5325	170	530	641
新疆	16 863	1378	1099	1334
台湾	42 098	1413	1599	1124
香港	33 781	1593	1564	1346
澳门	633	125	22	36
广州	314 703	17 765	57 333	58 569
长春	11 125	813	1462	1737
武汉	41 657	2476	4879	6279
南京	64 402	4468	5810	5976
杭州	177 301	10 658	16 581	19 082
西安	63 586	19 249	4497	4077
济南	25 389	1342	3231	3775
沈阳	20 077	959	1823	1977
成都	194 825	14 812	11 132	12 825
大连	12 310	546	1196	1210
厦门	56 310	3338	7482	8570
哈尔滨	21 958	1135	1792	1945
深圳	434 782	23 035	69 678	79 155
青岛	48 931	2328	6040	6611
宁波	277 057	16 930	23 113	22 561
新疆兵团	698	74	75	112

表 16　分地区分专利权人类型国内发明专利授权量　（单位：件）

地区	总累计						2021 年					
	合计	高等院校	科研机构	企业	事业单位	个人	合计	高等院校	科研机构	企业	事业单位	个人
全国	3 524 564	831 971	262 379	2 081 971	45 452	302 791	585 910	146 439	40 587	370 946	7115	20 823
北京	496 047	100 843	85 949	280 294	7091	21 870	79 210	14 342	12 628	49 919	1168	1153
天津	61 323	22 568	4641	29 612	1077	3425	7376	3159	697	3285	74	161
河北	51 240	11 301	2806	28 101	737	8295	8621	2196	653	5093	94	585

续表

地区	总累计						2021 年					
	合计	高等院校	科研机构	企业	事业单位	个人	合计	高等院校	科研机构	企业	事业单位	个人
山西	28 175	10 335	2762	10 584	340	4154	3915	1891	311	1468	39	206
内蒙古	10 444	1801	617	5395	159	2472	1651	409	125	953	10	154
辽宁	82 381	28 967	12 093	30 033	841	10 447	10 480	4953	2013	3198	44	272
吉林	34 054	14 954	7267	7337	513	3983	5730	3058	999	1494	18	161
黑龙江	48 408	30 655	2382	9614	211	5546	6337	4286	302	1432	21	296
上海	232 010	57 951	22 960	139 964	3100	8035	32 860	7640	2770	21 720	333	397
江苏	403 454	111 175	14 469	251 764	4913	21 133	68 813	19 691	2344	44 791	754	1233
浙江	318 836	68 906	9758	194 360	2335	43 477	56 796	10 975	1790	39 161	388	4482
安徽	132 323	19 709	5245	93 824	882	12 663	23 624	3984	761	17 767	127	985
福建	78 806	16 195	3553	46 044	2305	10 709	12 561	3205	557	8146	106	547
江西	27 879	7659	1440	14 939	178	3663	6741	1665	415	4304	61	296
山东	207 946	45 416	11 364	111 355	4503	35 308	36 345	8802	1777	22 153	827	2786
河南	76 722	24 408	3543	35 963	1755	11 053	13 536	5460	772	6092	383	829
湖北	118 374	45 395	6625	59 333	860	6161	22 376	8172	1143	12 457	262	342
湖南	88 928	31 519	2499	43 855	609	10 446	16 564	6712	370	8987	75	420
广东	532 322	46 575	18 464	428 675	4104	34 504	102 850	10 474	3335	84 922	995	3124
广西	36 441	9540	2776	15 884	1710	6531	4573	1594	558	1940	201	280
海南	5944	1012	1190	2718	119	905	954	283	184	430	30	27
重庆	58 571	18 637	2677	31 681	1412	4164	9413	3453	431	5121	177	231
四川	115 595	33 781	10 803	59 698	2565	8748	19 337	7058	1810	9749	284	436
贵州	19 705	2957	1685	12 521	496	2046	2824	711	204	1625	139	145
云南	25 732	7897	3550	10 464	781	3040	3643	1546	522	1287	158	130
西藏	794	60	95	549	20	70	184	16	31	133	2	2
陕西	93 345	53 384	9091	25 033	771	5066	15 516	9161	1661	4210	160	324
甘肃	14 762	4243	3750	4637	185	1947	2253	793	774	549	39	98
青海	2776	268	867	1204	38	399	454	98	94	218	19	25
宁夏	5975	641	246	4321	74	693	1103	158	62	832	7	44
新疆	9668	1446	1929	4383	316	1594	1153	262	172	576	67	76
台湾	97 355	587	5244	82 220	415	8889	7098	52	316	6198	49	483
香港	7951	1099	39	5484	34	1295	934	144	6	690	4	90
澳门	278	87	0	128	3	60	85	36	0	46	0	3
广州	109 925	33 981	9822	56 468	1981	7673	24129	7188	1634	13 375	512	1420
长春	27 384	13 201	6865	5097	412	1809	5038	2705	986	1260	8	79
武汉	95 242	41 415	5650	44 460	635	3082	18 553	7262	919	10 009	185	178
南京	114 691	58 271	7275	43 233	1494	4418	21 576	10 388	1266	9384	247	291
杭州	120 757	49 921	4201	59 873	849	5913	22 966	7197	809	14 487	157	316

续表

地区	总累计						2021 年					
	合计	高等院校	科研机构	企业	事业单位	个人	合计	高等院校	科研机构	企业	事业单位	个人
西安	83 375	51 229	8797	19 799	642	2908	14 201	8746	1642	3471	136	206
济南	49 395	18 717	4891	18 749	1465	5573	8208	3499	848	3341	188	332
沈阳	34 710	13 038	6085	11 759	286	3542	4569	2125	883	1434	21	106
成都	83 237	30 638	6272	39 692	1983	4652	14 989	6455	965	7112	209	248
大连	28 894	12 467	5490	8238	155	2544	4162	2229	1106	747	15	65
厦门	22 675	6285	617	14 295	162	1316	3780	941	110	2637	22	70
哈尔滨	39 534	28 115	2085	6459	129	2746	5060	3752	271	879	18	140
深圳	254 101	6982	6107	230 933	883	9196	45 194	1756	1080	41 174	159	1025
青岛	61 207	15 507	4560	33 138	2017	5985	10 210	2909	648	5910	393	350
宁波	52 094	5879	2813	35 983	303	7116	7819	833	469	6162	50	305
新疆兵团	1468	693	190	401	23	161	200	140	12	33	2	13

表 17　分地区分专利权人类型国内实用新型专利授权量　（单位：件）

地区	总累计						2021 年					
	合计	高等院校	科研机构	企业	事业单位	个人	合计	高等院校	科研机构	企业	事业单位	个人
全国	15 318 075	996 378	224 183	10 728 634	275 812	3 093 068	3 112 795	189 420	30 772	2 446 252	77 218	369 133
北京	654 846	30 520	38 195	459 045	16 144	110 942	96 078	5364	4356	74 779	4062	7517
天津	432 782	17 371	7809	362 398	4855	40 349	85 076	2250	988	77 271	939	3628
河北	392 549	23 810	4681	245 490	5234	113 334	92 603	4145	803	67 357	1500	18 798
山西	133 755	11 095	4949	73 847	1594	42 270	30 608	2668	489	19 482	392	7577
内蒙古	82 419	7559	2257	38 612	1859	32 132	20 737	2086	455	11 084	830	6282
辽宁	358 550	32 967	8110	188 662	6159	122 652	64 406	6379	868	44 745	1146	11 268
吉林	117 501	21 045	3417	50 489	1999	40 551	21 220	3694	322	12 566	285	4353
黑龙江	189 886	36 837	6544	56 604	1800	88 101	28 698	4031	928	13 251	224	10 264
上海	647 704	32 329	13 282	528 608	17 932	55 553	120 857	4693	1481	108 120	2449	4114
江苏	2 203 577	124 951	14 022	1 826 977	41 977	195 650	515 935	23 901	1675	459 864	13 006	17 489
浙江	1 740 785	84 270	9436	1 272 888	22 431	351 760	292 944	11 291	1482	251 303	8640	20 228
安徽	576 163	38 407	5818	448 436	5604	77 898	114 415	6840	883	93 062	1670	11 960
福建	562 518	23 664	3857	402 533	5220	127 244	105 267	4628	511	90 197	1126	8805
江西	274 680	25 915	2798	195 917	1867	48183	64221	6100	580	49078	642	7821
山东	1 227 417	64 843	14 868	676 496	18 831	452 379	264 072	10 980	2422	184 520	4861	61 289
河南	579 441	58 773	7051	364 483	14 519	134 615	126 477	12 596	1283	90 884	4017	17 697
湖北	491 730	46 312	7675	333 607	10 885	93 251	118 303	9071	944	94 996	3215	10 077
湖南	332 960	40 012	3630	199 591	3752	85 975	62 871	7265	374	45 884	1080	8268

续表

地区	总累计						2021 年					
	合计	高等院校	科研机构	企业	事业单位	个人	合计	高等院校	科研机构	企业	事业单位	个人
广东	2 281 977	54 595	15 995	1 802 650	19 429	389 308	484 320	11 706	2466	398 779	4047	67 322
广西	138 545	19 783	4096	62 822	10 782	41 062	34 133	6431	977	15 436	3528	7761
海南	31 664	2604	1826	19 984	1003	6247	11 561	782	274	9030	346	1129
重庆	320 492	29 166	4234	223 390	109 62	52 740	58 410	6144	559	44 411	2539	4757
四川	517 011	44 136	12 332	344 603	18 497	97 443	105 327	9238	1404	75 221	8117	11 347
贵州	138 435	16 799	3689	67 801	8805	41 341	30 666	4519	297	13 595	1871	10 384
云南	145 048	19 337	3689	89 442	8178	24 402	33 900	4416	728	22 101	2955	3700
西藏	4343	243	435	2735	110	820	1449	96	149	994	41	169
陕西	286 090	63 556	8343	155 650	5013	53 528	65 011	11 296	1067	42 290	1143	9215
甘肃	97 123	14 481	4878	42 395	3367	32 002	21 975	3429	700	9824	993	7029
青海	19 442	1041	788	10 897	828	5888	5774	331	227	3168	364	1684
宁夏	39 293	2272	1026	27 424	737	7834	11 141	693	380	8455	170	1443
新疆	83 032	7230	3772	42 075	3335	26 620	18 691	2333	681	10 516	974	4187
台湾	200 402	217	545	101 815	1850	95 975	4797	4	19	3433	0	1341
香港	15 255	83	2	9798	77	5295	792	16	0	542	23	211
澳门	660	46	0	216	160	238	60	4	0	14	23	19
广州	445 353	30 605	8725	292 305	6543	107 175	107 136	6722	1209	59 318	1066	38 821
长春	73 286	17 444	2651	37 757	1179	14 255	14 585	3130	271	9211	158	1815
武汉	250 955	30 380	6075	165 447	5280	43 773	61 547	6705	760	48 655	1584	3843
南京	286 685	52 426	6811	193 218	9254	24 976	64 487	10 677	869	47 490	2577	2874
杭州	384 458	41 080	4635	282 576	6210	49 957	80 553	5004	625	68 215	2409	4300
西安	208 024	48 330	7668	120 131	3896	27 999	47 804	8545	997	32 498	872	4892
济南	207 420	15 075	5810	119 499	4376	62 660	49 782	2660	976	37 059	1042	8045
沈阳	118 547	13 186	5547	57 998	3624	38 192	22 706	2817	583	14 769	831	3706
成都	307 059	30 126	6844	217 602	8633	43 854	60 562	6074	885	46 146	2870	4587
大连	102 177	9529	1188	60 831	790	29 839	18 136	1452	151	14 784	125	1624
厦门	122 509	5315	418	105 138	730	10 908	24 196	1101	77	21 953	170	895
哈尔滨	98 158	25 210	4749	32 782	744	34 673	15 249	2974	650	7574	114	3937
深圳	691 601	5847	3172	601 095	6350	75 137	154 750	1530	494	143 255	1344	8127
青岛	249 864	24 455	3782	176 310	5273	40 044	58 831	3174	547	48 840	936	5334
宁波	294 037	7385	1337	219 511	2169	63 635	42 010	1006	365	36 840	911	2888
新疆兵团	9993	3123	743	3890	186	2051	2367	547	178	1227	41	374

表 18　　分地区分专利权人类型国内外观设计专利授权量　　（单位：件）

地区	总累计						2021 年					
	合计	高等院校	科研机构	企业	事业单位	个人	合计	高等院校	科研机构	企业	事业单位	个人
全国	6 771 304	161 652	15 286	3 466 685	41 736	3 085 945	768 460	20 945	1543	443 551	2331	300 090
北京	184 754	2283	2572	139 208	1555	39 136	23 490	627	314	20 018	172	2359
天津	55 462	3570	460	35 885	446	15 101	5458	468	34	4035	15	906
河北	109 399	3082	210	42 336	254	63 517	18 810	475	52	7756	58	10 469
山西	21 465	643	172	9700	153	10 797	2856	217	2	1492	17	1128
内蒙古	16 847	405	56	7802	96	8488	1974	120	7	1121	14	712
辽宁	53 522	6957	259	17 173	335	28 798	5305	706	42	2087	27	2443
吉林	21 773	871	113	9258	103	11 428	2929	211	17	1434	10	1257
黑龙江	45 287	4107	210	9335	167	31 468	3849	602	18	929	11	2289
上海	253 777	7002	1158	203 825	13 215	28 577	25 600	740	150	22 644	184	1882
江苏	1 179 773	23 051	1537	666 582	6776	481 827	56 169	2169	109	41 911	285	11 695
浙江	1 172 635	27 748	944	587 271	2796	553 876	115 728	1618	84	69 400	221	44 405
安徽	129 405	4826	235	68 279	1016	55 049	15 436	712	35	8397	154	6138
福建	273 671	3485	636	139 726	1053	128 771	35 986	566	33	20 242	60	15 085
江西	139 323	6189	201	38 630	313	93 990	26 410	673	45	7209	22	18 461
山东	228 018	3880	1126	127 064	878	95 070	29 421	795	86	18 492	60	9988
河南	136 194	3915	681	61 349	1038	69 211	18 025	464	35	7916	203	9407
湖北	98 386	7907	411	44 847	656	44 565	14 490	1512	69	5479	77	7353
湖南	131 820	4236	222	45 245	372	81 745	19 501	808	2	5586	74	13 031
广东	1 812 772	16 856	1941	858 360	5710	929 905	285 039	2111	191	166 959	159	115 619
广西	47 412	3170	167	13 221	347	30 507	8098	557	14	1677	79	5771
海南	8276	231	111	3574	83	4277	1117	87	9	659	7	355
重庆	96 034	2558	258	63 147	693	29 378	8383	390	14	5324	50	2605
四川	271 871	6914	465	139 440	1406	123 646	22 272	1145	71	11 751	136	9169
贵州	42 435	4264	298	20 324	262	17 287	5777	1209	31	1821	36	2680
云南	31 570	2728	253	15 251	412	12 926	3624	604	31	1759	72	1158
西藏	2509	6	20	1803	24	656	296	2	0	234	6	54
陕西	87 852	8146	308	27 856	339	51 203	5745	694	18	3342	63	1628
甘肃	16 757	1972	121	6843	166	7655	1828	457	14	687	27	643
青海	3605	86	15	1995	82	1427	363	16	3	177	13	154
宁夏	5325	220	56	3030	31	1988	641	90	6	415	4	126
新疆	16 863	311	30	6850	137	9535	1334	97	6	668	11	552
台湾	42 098	18	31	24 028	760	17 261	1124	0	0	813	0	311
香港	33 781	15	9	27 059	38	6660	1346	2	1	1112	2	229
澳门	633	2	0	468	4	159	36	1	0	5	2	28
广州	314 703	7387	734	155 335	1300	149 947	58 569	1199	98	28 570	49	28 653

续表

地区	总累计						2021年					
	合计	高等院校	科研机构	企业	事业单位	个人	合计	高等院校	科研机构	企业	事业单位	个人
长春	11 125	560	80	6274	38	4173	1737	161	16	1121	6	433
武汉	41 657	6214	286	25 562	448	9147	6279	1152	60	3607	53	1407
南京	64 402	9883	400	37 802	291	16 026	5976	777	27	4338	62	772
杭州	177 301	19 616	228	116 357	1105	39 995	19 082	668	25	15 827	69	2493
西安	63 586	6593	191	19 289	161	37 352	4077	502	16	2700	46	813
济南	25 389	1429	114	14 832	166	8848	3775	205	28	2771	21	750
沈阳	20 077	3257	113	6626	137	9944	1977	297	22	906	2	750
成都	194 825	4103	285	109 304	752	80 381	12 825	748	46	9065	78	2888
大连	12 310	2074	112	5344	51	4729	1210	196	19	568	10	417
厦门	56 310	552	14	44 187	26	11 531	8570	108	2	7516	6	938
哈尔滨	21 958	3312	168	5370	83	13 025	1945	428	15	560	6	936
深圳	434 782	767	429	310 718	329	122 539	79 155	178	36	68 601	24	10 316
青岛	48 931	783	668	37 783	270	9427	6611	182	32	5402	8	987
宁波	277 057	1703	139	153 361	366	121 488	22 561	175	25	15 012	61	7288
新疆兵团	698	41	7	305	3	342	112	12	1	40	0	59

表 19　按国别(地区)分国外在华发明专利授权量　(单位:件)

国家或地区	总累计	2016年	2020年	2021年
合计	1 322 015	102 072	89 436	110 036
安道尔	11	0	3	2
阿联酋	105	4	16	12
安提瓜和巴布达	7	0	0	3
安圭拉	4	0	0	3
亚美尼亚	4	2	0	0
阿根廷	64	6	2	7
美属萨摩亚	1	0	0	0
奥地利	7995	769	668	747
澳大利亚	6570	479	319	393
阿塞拜疆	2	0	0	0
巴巴多斯	1123	127	99	113
孟加拉国	1	0	0	0
比利时	6537	556	416	541
保加利亚	61	5	7	7
布隆迪	1	0	0	1
巴林	1	0	0	0
百慕大	801	35	60	99

续表

国家或地区	总累计	2016 年	2020 年	2021 年
文莱	30	1	1	0
巴西	944	84	55	67
巴哈马	153	16	3	1
白俄罗斯	14	0	1	5
伯利兹	11	0	0	0
加拿大	9752	798	575	687
刚果(金)	2	0	1	0
中非	1	0	0	0
瑞士	34 690	2847	2353	2956
库克群岛	5	0	0	0
智利	128	11	8	19
喀麦隆	2	0	0	1
哥伦比亚	43	2	4	4
哥斯达黎加	6	0	0	2
古巴	114	4	0	3
库拉索	2	0	0	0
塞浦路斯	186	20	9	13
捷克	359	22	36	52
德国	135 224	12 593	9397	11 758
丹麦	8104	654	696	822
多米尼加	6	0	0	1
阿尔及利亚	3	0	0	0
厄瓜多尔	4	0	0	0
爱沙尼亚	35	3	4	3
埃及	14	2	1	3
西班牙	2998	253	223	282
芬兰	12 021	892	553	722
斐济	1	0	1	0
法国	47 578	3889	2949	3490
加蓬	2	0	0	0
英国	21 563	1566	1380	1850
格鲁吉亚	2	0	0	0
根西岛	2	0	0	0
直布罗陀	28	2	1	1
几内亚	1	0	1	0
希腊	195	6	20	19
克罗地亚	65	2	2	2
匈牙利	499	20	17	32

续表

国家或地区	总累计	2016 年	2020 年	2021 年
印度尼西亚	38	3	0	1
爱尔兰	2200	189	255	321
以色列	4806	430	422	645
马恩岛	1	0	0	1
印度	1811	196	131	156
伊朗	10	1	2	3
冰岛	165	12	6	6
意大利	16 686	1265	1171	1457
泽西岛	6	0	0	0
牙买加	4	2	0	0
约旦	9	3	0	0
日本	489 829	34 967	28 955	34 853
柬埔寨	1	0	0	1
肯尼亚	1	0	0	0
吉尔吉斯斯坦	4	1	0	0
圣基茨和尼维斯	1	0	0	0
朝鲜	12	2	0	0
韩国	111 025	7410	9311	11 086
科威特	6	0	0	0
开曼群岛	9170	514	2723	2140
哈萨克斯坦	21	0	4	2
黎巴嫩	10	1	2	0
列支敦士登	1240	111	93	137
斯里兰卡	8	0	0	1
利比里亚	2	0	0	0
立陶宛	24	0	6	9
卢森堡	1883	165	204	185
拉脱维亚	38	1	1	4
摩洛哥	10	0	1	1
摩纳哥	83	3	5	4
摩尔多瓦	3	0	0	2
马达加斯加	3	0	0	0
马绍尔群岛	7	1	1	0
北马其顿	2	1	0	0
马里	11	1	1	4
蒙古	5	1	0	0
马耳他	158	21	10	8
毛里求斯	79	7	4	1

续表

国家或地区	总累计	2016 年	2020 年	2021 年
马尔代夫	1	0	0	0
墨西哥	338	22	21	28
马来西亚	489	47	25	30
尼日尔	1	0	0	1
纳米比亚	2	0	0	0
尼日利亚	1	0	0	0
荷兰	35 912	2551	1957	2343
挪威	2616	196	129	199
新西兰	1083	83	82	109
阿曼	5	0	2	1
巴拿马	231	1	0	0
秘鲁	7	0	0	2
菲律宾	59	7	4	4
巴基斯坦	5	1	0	1
波兰	418	48	33	61
波多黎各	12	0	3	1
葡萄牙	224	17	30	36
卡塔尔	14	3	3	1
罗马尼亚	22	2	2	3
塞尔维亚	10	2	2	1
俄罗斯	1300	102	71	103
沙特阿拉伯	865	113	74	159
塞舌尔	92	19	6	6
瑞典	22 289	1516	1450	2110
新加坡	5835	400	1048	1004
斯洛文尼亚	229	16	13	12
斯洛伐克	73	6	9	10
圣马力诺	12	0	1	1
萨尔瓦多	2	0	0	0
叙利亚	1	0	0	0
斯威士兰	1	0	0	0
泰国	247	17	38	54
突尼斯	4	0	0	0
土耳其	549	82	37	45
特立尼达和多巴哥	3	0	0	0
乌克兰	83	7	2	7
美国	308 676	25 637	21 084	27 843
乌拉圭	19	1	0	3

续表

国家或地区	总累计	2016 年	2020 年	2021 年
乌兹别克斯坦	8	0	2	0
圣文森特和格林纳丁斯	9	1	0	0
委内瑞拉	42	0	0	0
英属维尔京群岛	1577	138	76	55
越南	19	2	4	1
瓦努阿图	5	0	0	0
萨摩亚	86	3	12	13
南非	829	50	26	37
赞比亚	2	0	1	0
津巴布韦	3	0	0	0
其他	258	4	0	1

表 20　　按国别(地区)分国外在华实用新型专利授权量　　(单位:件)

国家或地区	总累计	2016 年	2020 年	2021 年
合计	86 524	6385	8572	7195
安道尔	1	0	0	0
阿联酋	30	0	0	2
安圭拉	14	0	4	6
阿尔巴尼亚	1	0	0	0
阿根廷	16	1	1	0
美属萨摩亚	1	0	0	0
奥地利	404	28	36	23
澳大利亚	806	50	72	87
阿塞拜疆	1	0	0	0
巴巴多斯	23	7	3	4
孟加拉国	1	0	0	0
比利时	290	27	50	33
保加利亚	10	0	0	1
百慕大	123	1	4	0
文莱	38	0	0	1
巴西	156	8	15	12
巴哈马	20	0	1	0
白俄罗斯	5	0	3	2
伯利兹	58	3	0	1
加拿大	754	33	71	78
刚果(金)	7	0	0	6
刚果(布)	1	0	0	1
瑞士	1961	194	131	180

续表

国家或地区	总累计	2016 年	2020 年	2021 年
库克群岛	3	0	0	1
智利	8	0	0	1
哥伦比亚	5	0	2	0
哥斯达黎加	2	0	1	0
塞浦路斯	29	5	0	4
捷克	126	4	9	8
德国	8241	604	876	776
丹麦	380	33	41	36
多米尼加	3	0	0	0
阿尔及利亚	3	0	0	0
厄瓜多尔	1	0	0	0
爱沙尼亚	21	0	6	6
埃及	9	1	1	0
西班牙	340	21	39	17
埃塞俄比亚	1	0	0	0
芬兰	668	55	53	48
斐济	8	0	0	0
法国	3115	247	406	321
英国	1424	83	149	120
格鲁吉亚	1	0	0	0
直布罗陀	2	0	0	0
希腊	4	1	0	1
危地马拉	1	0	1	0
克罗地亚	5	0	0	0
匈牙利	27	3	5	0
印度尼西亚	30	0	7	4
爱尔兰	117	4	11	23
以色列	409	28	43	36
印度	116	6	16	13
伊拉克	5	1	0	2
伊朗	16	1	1	1
冰岛	2	1	1	0
意大利	1417	141	168	179
约旦	23	0	7	6
日本	28 645	2052	2461	1986
柬埔寨	16	0	0	16
吉尔吉斯斯坦	1	0	1	0
圣基茨和尼维斯	1	0	0	0

续表

国家或地区	总累计	2016 年	2020 年	2021 年
朝鲜	8	0	0	2
韩国	7625	580	969	822
科威特	1	0	0	1
开曼群岛	762	26	173	50
哈萨克斯坦	9	0	0	1
老挝	2	0	0	1
黎巴嫩	11	1	2	0
列支敦士登	24	5	5	5
斯里兰卡	2	0	0	0
莱索托	1	0	0	0
立陶宛	2	0	0	0
卢森堡	169	13	20	6
拉脱维亚	5	0	1	0
摩洛哥	3	0	1	0
摩纳哥	9	1	0	0
马绍尔群岛	3	0	0	0
马里	15	3	5	0
蒙古	4	0	1	0
马耳他	10	8	1	0
毛里求斯	28	0	0	0
墨西哥	19	2	1	2
马来西亚	242	15	29	15
尼日尔	1	0	1	0
尼日利亚	4	0	1	1
荷兰	1107	81	168	170
挪威	66	6	11	3
尼泊尔	2	0	0	0
新西兰	133	14	19	21
阿曼	2	0	0	1
巴拿马	9	3	0	0
秘鲁	5	0	2	1
菲律宾	54	10	3	4
巴基斯坦	3	1	0	0
波兰	50	3	5	6
波多黎各	1	0	0	0
葡萄牙	6	0	0	1
卡塔尔	1	0	0	1
罗马尼亚	6	0	3	1

续表

国家或地区	总累计	2016 年	2020 年	2021 年
塞尔维亚	2	0	1	0
俄罗斯	343	17	23	10
沙特阿拉伯	17	0	1	2
塞舌尔	70	11	6	7
瑞典	800	45	89	119
新加坡	2971	117	581	404
斯洛文尼亚	6	0	3	1
斯洛伐克	8	0	3	2
圣马力诺	4	0	1	0
叙利亚	1	0	0	0
乍得	1	1	0	0
泰国	136	3	14	7
土耳其	95	2	7	5
坦桑尼亚	1	0	0	0
乌克兰	34	1	4	5
美国	20 750	1719	1660	1456
乌拉圭	5	0	1	2
乌兹别克斯坦	1	0	0	0
英属维尔京群岛	716	41	43	12
越南	13	1	6	0
萨摩亚	145	12	8	2
也门	1	0	0	0
南非	45	0	4	3
赞比亚	2	0	0	1
其他	7	0	0	0

表 21　　按国别(地区)分国外在华外观设计专利授权量　　(单位:件)

国家或地区	总累计	2016 年	2020 年	2021 年
合计	294 396	16 425	20 359	17 061
安道尔	2	0	0	0
阿联酋	212	11	7	11
阿富汗	13	0	0	1
安提瓜和巴布达	3	0	0	0
安圭拉	2	0	2	0
阿尔巴尼亚	1	0	0	0
亚美尼亚	1	0	0	0
安哥拉	2	0	1	0
阿根廷	20	1	1	0

续表

国家或地区	总累计	2016 年	2020 年	2021 年
奥地利	1143	58	61	87
澳大利亚	3890	153	300	256
波黑	1	1	0	0
巴巴多斯	334	22	62	60
孟加拉国	4	0	0	0
比利时	1100	45	77	68
保加利亚	43	3	1	12
巴林	1	0	0	1
贝宁	1	0	0	0
百慕大	107	1	0	1
文莱	28	0	0	0
玻利维亚	2	0	1	1
巴西	640	27	31	64
巴哈马	48	1	0	0
白俄罗斯	9	0	1	2
伯利兹	12	0	0	0
加拿大	2055	77	146	111
刚果(金)	13	7	0	0
中非	2	0	0	0
瑞士	11 357	893	880	781
科特迪瓦	1	1	0	0
库克群岛	20	0	0	0
智利	5	0	0	1
哥伦比亚	31	0	7	0
哥斯达黎加	1	0	0	0
古巴	2	0	0	0
塞浦路斯	131	9	17	19
捷克	1038	63	36	67
德国	25 633	1388	1884	1572
丹麦	2702	117	215	228
多米尼加	5	0	1	0
阿尔及利亚	3	0	0	0
厄瓜多尔	7	0	1	0
爱沙尼亚	49	3	9	7
埃及	21	0	0	0
西班牙	2532	104	178	125
埃塞俄比亚	1	0	0	0
芬兰	2290	89	141	145

续表

国家或地区	总累计	2016 年	2020 年	2021 年
斐济	1	0	0	0
马尔维纳斯群岛（福克兰）	1	0	0	0
法国	12 476	808	978	744
英国	8686	573	623	544
格鲁吉亚	15	4	3	0
根西岛	6	0	1	0
直布罗陀	4	1	0	0
希腊	85	15	8	1
危地马拉	7	5	0	1
洪都拉斯	1	0	0	0
克罗地亚	20	1	3	11
海地	1	0	0	0
匈牙利	52	1	7	0
印度尼西亚	184	4	11	7
爱尔兰	341	11	43	32
以色列	1085	61	115	98
印度	575	32	56	23
伊拉克	14	1	1	2
伊朗	40	5	0	4
冰岛	3	0	2	0
意大利	10 186	527	798	613
约旦	16	2	0	3
日本	88 387	3552	4067	2986
肯尼亚	1	0	0	0
吉尔吉斯斯坦	1	0	0	0
韩国	33 897	2682	2853	2805
科威特	8	1	2	2
开曼群岛	2799	429	389	99
哈萨克斯坦	1	0	1	0
黎巴嫩	8	0	0	0
列支敦士登	724	37	23	16
斯里兰卡	29	0	2	2
利比里亚	1	0	0	0
立陶宛	19	1	1	6
卢森堡	852	80	149	65
拉脱维亚	37	1	1	23
摩洛哥	53	1	8	1
摩纳哥	150	0	52	73

续表

国家或地区	总累计	2016 年	2020 年	2021 年
摩尔多瓦	2	0	0	1
黑山	1	0	0	0
马绍尔群岛	6	0	5	1
北马其顿	3	0	1	2
马里	18	3	1	3
缅甸	14	0	1	0
蒙古	3	0	1	0
马耳他	47	4	0	27
毛里求斯	45	4	0	0
墨西哥	257	14	12	6
马来西亚	759	30	78	16
尼日利亚	23	1	3	0
荷兰	6090	267	412	298
挪威	475	17	31	31
尼泊尔	2	0	0	0
新西兰	675	42	65	50
阿曼	2	0	0	1
巴拿马	44	4	2	0
秘鲁	1	0	1	0
巴布亚新几内亚	2	1	0	0
菲律宾	37	1	1	1
巴基斯坦	27	2	2	3
波兰	254	15	28	17
波多黎各	4	0	0	0
葡萄牙	95	7	4	6
巴拉圭	3	0	0	0
卡塔尔	15	0	0	9
罗马尼亚	11	0	1	0
塞尔维亚	1	0	0	0
俄罗斯	510	31	47	46
沙特阿拉伯	510	64	17	12
塞舌尔	60	6	9	4
瑞典	4567	252	351	302
新加坡	1924	68	137	203
斯洛文尼亚	110	8	10	13
斯洛伐克	59	9	1	4
圣马力诺	10	0	8	0
塞内加尔	1	0	0	0

续表

国家或地区	总累计	2016 年	2020 年	2021 年
叙利亚	4	0	0	0
特克斯和凯科斯群岛	1	0	0	0
泰国	548	17	48	51
突尼斯	2	0	0	0
土耳其	557	49	22	19
特立尼达和多巴哥	4	1	0	0
坦桑尼亚	1	0	0	0
乌克兰	50	4	8	10
乌干达	2	0	0	0
美国	58 254	3461	4726	4092
乌拉圭	1	0	0	0
乌兹别克斯坦	1	0	0	0
委内瑞拉	8	1	0	0
英属维尔京群岛	1598	107	47	34
越南	145	12	7	8
萨摩亚	60	2	0	2
也门	10	2	0	0
南非	179	10	15	8
津巴布韦	1	0	0	0
其他	19	0	0	0

表 22　　分国内外三种专利有效量年度状况(2016—2021 年)　　(单位:件)

统计范围	年份	发明	实用新型	外观设计
合计	2016	1 772 203	3 154 485	1 358 550
	2017	2 085 367	3 603 187	1 459 054
	2018	2 366 314	4 403 658	1 610 616
	2019	2 670 784	5 262 039	1 789 671
	2020	3 057 844	6 947 697	2 187 356
	2021	3 596 901	9 243 443	2 580 532
国内	2016	1 158 203	3 118 410	1 250 570
	2017	1 413 911	3 563 389	1 346 915
	2018	1 662 269	4 359 926	1 495 596
	2019	1 926 122	5 214 362	1 671 586
	2020	2 279 123	6 895 886	2 061 859
	2021	2 773 287	9 190 633	2 453 506

续表

统计范围	年份	发明	实用新型	外观设计
国外	2016	614 000	36 075	107 980
	2017	671 456	39 798	112 139
	2018	704 045	43 732	115 020
	2019	744 662	47 677	118 085
	2020	778 721	51 811	125 497
	2021	823 614	52 810	127 026

表 23 分地区国内发明专利有效量 （单位：件）

地区	2016 年	2020 年	2021 年
全国	1 158 203	2 279 123	2 773 287
北京	166 722	335 575	405 037
天津	22 663	38 152	43 409
河北	15 755	34 147	41 657
山西	9896	16 471	19 474
内蒙古	3734	6943	8215
辽宁	27 915	47 788	56 146
吉林	9255	17 260	21 699
黑龙江	16 137	27 336	32 754
上海	85 049	145 604	171 972
江苏	146 859	291 648	349 035
浙江	91 373	199 572	250 383
安徽	39 104	98 186	121 732
福建	23 793	50 756	62 156
江西	6896	16 989	23 086
山东	62 005	124 512	150 776
河南	22 601	43 547	55 749
湖北	31 567	73 548	92 920
湖南	27 863	56 285	70 114
广东	168 480	350 501	439 607
广西	14 222	24 776	28 240
海南	2394	4274	5005
重庆	16 737	35 353	42 349
四川	36 815	70 421	87 186
贵州	7019	12 558	15 147
云南	9011	15 575	18 872
西藏	394	766	916

续表

地区	2016 年	2020 年	2021 年
陕西	27 599	54 646	67 379
甘肃	5022	8310	10 164
青海	904	1848	2225
宁夏	1680	3691	4310
新疆	3762	5684	6388
台湾	50 261	61 093	63 239
香港	4626	5194	5751
澳门	90	114	195
广州	30 305	71 419	93 225
长春	6960	13 802	17 620
武汉	24 460	58 157	74 204
南京	33 458	70 479	88 996
杭州	36 579	73 395	95 205
西安	24 368	49 525	61 253
济南	14 628	29 329	35 304
沈阳	11 108	19 795	23 488
成都	25 198	50 004	63 040
大连	9625	16 989	20 309
厦门	7291	16 272	19 544
哈尔滨	13 372	22 687	27 150
深圳	95 370	160 046	198 025
青岛	18 290	38 552	47 158
宁波	18 227	30 551	38 289
新疆兵团	570	830	928

表 24 **分地区国内实用新型专利有效量** （单位：件）

地区	2016 年	2020 年	2021 年
全国	3 118 410	6 895 886	9 190 633
北京	203 533	340 086	403 429
天津	89 667	189 936	244 766
河北	68 809	183 267	255 601
山西	24 638	57 553	81 172
内蒙古	12 936	36 714	53 256
辽宁	63 929	131 833	181 946
吉林	20 395	45 570	60 832
黑龙江	38 405	53 491	74 275
上海	160 744	320 272	411 822
江苏	419 226	1 053 773	1 459 654

续表

地区	2016 年	2020 年	2021 年
浙江	410 069	735 073	940 937
安徽	126 067	246 346	328 016
福建	118 556	265 172	338 506
江西	42 845	128 457	169 438
山东	208 963	455 859	663 222
河南	100 870	246 313	337 172
湖北	94 161	212 957	305 872
湖南	70 435	145 696	190 616
广东	443 368	1 235 185	1 586 524
广西	23 297	59 510	85 906
海南	3693	14 332	24 704
重庆	76 390	124 806	165 890
四川	105 859	227 165	306 375
贵州	22 725	69 322	88 363
云南	25 196	67 215	91 619
西藏	292	2109	3351
陕西	55 903	111 940	162 316
甘肃	14 398	40 094	54 285
青海	2247	9478	13 733
宁夏	4935	16 817	25 704
新疆	16 165	29 938	44 114
台湾	45 536	34 655	32 383
香港	4017	4598	4519
澳门	141	354	315
广州	74 664	244 692	324 083
长春	13 821	33 868	44 420
武汉	52 001	109 814	160 724
南京	55 887	151 834	200 687
杭州	85 384	173 689	236 363
西安	43 055	84 228	121 681
济南	34 158	81 817	122 619
沈阳	20 653	44 732	62 990
成都	64 161	135 047	180 804
大连	17 050	38 227	52 446
厦门	28 288	68 373	86 741
哈尔滨	23 098	29 985	41 306
深圳	142 125	374 957	491 002
青岛	42 186	113 144	158 942
宁波	75 945	120 995	151 057
新疆兵团	2195	3625	5475

表 25 分地区国内外观设计专利有效量 （单位:件）

地区	2016 年	2020 年	2021 年
全国	1 250 570	2 061 859	2 453 506
北京	47 411	92 429	105 150
天津	12 113	17 452	20 088
河北	20 926	48 611	58 651
山西	4168	6973	8445
内蒙古	3337	6245	7117
辽宁	9813	16 604	18 816
吉林	4451	7552	9382
黑龙江	6703	9483	11 243
上海	40 084	76 650	92 903
江苏	174 130	138 360	164 427
浙江	230 996	341 778	401 132
安徽	23 069	40 679	48 454
福建	55 044	101 817	116 906
江西	24 004	53 810	64 704
山东	41 969	81 840	98 729
河南	25 391	47 109	55 321
湖北	18 074	35 938	43 689
湖南	24 286	47 740	56 357
广东	328 290	710 575	869 814
广西	8409	18 581	22 441
海南	1279	2669	3192
重庆	23 074	27 181	30 765
四川	51 063	61 244	68 563
贵州	7818	12 280	14 857
云南	6376	10 584	11 980
西藏	303	1215	1356
陕西	32 768	17 470	18 831
甘肃	3173	5370	5846
青海	811	1094	1249
宁夏	605	1381	1822
新疆	4604	5320	5750
台湾	8576	8292	7964
香港	7172	7163	7232
澳门	280	370	330
广州	51 519	140 404	170 897
长春	2646	4359	5506
武汉	8115	16 072	19 849

续表

地区	2016 年	2020 年	2021 年
南京	13 109	18 546	21 114
杭州	35 134	57 577	68 295
西安	24 939	12 442	13 297
济南	5229	10 648	12 990
沈阳	3461	5853	6839
成都	33 592	34 503	38 525
大连	2258	3984	4459
厦门	12 209	24 837	30 041
哈尔滨	3770	4681	5570
深圳	77 483	198 114	247 925
青岛	10 155	19 721	24 030
宁波	54 768	76 973	89 100
新疆兵团	172	262	327

表 26　　分地区分专利权人类型国内发明专利有效量(2021 年)　　(单位:件)

地区	合计	高等院校	科研机构	企业	事业单位	个人
全国	2 773 287	544 110	193 664	1 908 286	25 343	101 884
北京	405 037	67 709	60 397	264 717	4320	7894
天津	43 409	14 422	3360	24 252	247	1128
河北	41 657	7066	2549	28 640	380	3022
山西	19 474	6515	1823	9844	119	1173
内蒙古	8215	1241	461	5592	37	884
辽宁	56 146	18 794	7947	26 745	176	2484
吉林	21 699	9071	4004	7450	59	1115
黑龙江	32 754	19 314	1603	10 056	100	1681
上海	171 972	30 691	15 039	122 283	1151	2808
江苏	349 035	72 711	12 233	251 626	3509	8956
浙江	250 383	43 180	7989	183 432	1689	14 093
安徽	121 732	14 418	4262	96 355	921	5776
福建	62 156	12 503	2574	42 839	616	3624
江西	23 086	4885	1245	15 282	133	1541
山东	150 776	29 806	8352	100 925	1945	9748
河南	55 749	15 126	3359	32 800	738	3726
湖北	92 920	29 310	5046	55 887	620	2057
湖南	70 114	23 119	1812	41 962	443	2778
广东	439 607	34 840	15 472	373 627	3879	11 789
广西	28 240	7123	2354	15 153	963	2647
海南	5005	930	808	2932	60	275

续表

地区	合计	高等院校	科研机构	企业	事业单位	个人
重庆	42 349	12 056	2152	26 224	433	1484
四川	87 186	22 792	8253	52 635	704	2802
贵州	15 147	2154	997	10 911	379	706
云南	18 872	5422	2501	9450	545	954
西藏	916	37	68	783	7	21
陕西	67 379	34 005	8249	23 236	317	1572
甘肃	10 164	2175	2880	4335	118	656
青海	2225	202	573	1309	28	113
宁夏	4310	406	163	3510	36	195
新疆	6388	767	1077	3892	170	482
台湾	63 239	341	4032	55 216	463	3187
香港	5751	911	30	4289	38	483
澳门	195	68	0	97	0	30
广州	93 225	25 197	7939	55 205	1967	2917
长春	17 620	7950	3943	5138	26	563
武汉	74 204	26 458	4240	41 946	457	1103
南京	88 996	39 256	5994	41 148	732	1866
杭州	95 205	30 574	3250	58 811	564	2006
西安	61 253	32 987	8126	18 823	270	1047
济南	35 304	12 146	3542	17 486	630	1500
沈阳	23 488	8359	3969	10 207	87	866
成都	63 040	20 831	5142	35 013	467	1587
大连	20 309	8335	3838	7403	38	695
厦门	19 544	4270	464	14 297	42	471
哈尔滨	27 150	17 670	1474	6967	79	960
深圳	198 025	5688	5555	182 717	458	3607
青岛	47 158	10 786	3560	30 345	649	1818
宁波	38 289	3159	2511	30 655	232	1732
新疆兵团	928	378	104	394	4	48

表 27　　分地区分专利权人类型国内实用新型专利有效量(2021 年)　　(单位:件)

地区	合计	高等院校	科研机构	企业	事业单位	个人
全国	9 190 633	464 753	117 364	7 606 931	153 046	848 539
北京	403 429	15 474	19 689	336 061	8656	23 549
天津	244 766	7797	3918	222 608	2008	8435
河北	255 601	10 320	2519	198 722	2964	41 076
山西	81 172	6648	1830	56 127	772	15 795
内蒙古	53 256	4566	1220	33 098	1425	12 947

续表

地区	合计	高等院校	科研机构	企业	事业单位	个人
辽宁	181 946	16 749	3936	134 864	2004	24 393
吉林	60 832	9933	1292	38 748	507	10 352
黑龙江	74 275	9934	2628	37 367	528	23 818
上海	411 822	12 410	6428	374 607	6194	12 183
江苏	1 459 654	59 464	7379	1 324 257	25 110	43 444
浙江	940 937	28 148	5060	828 834	15 159	63 736
安徽	328 016	16 200	3416	281 922	3129	23 349
福建	338 506	13 596	2049	291 080	2236	29 545
江西	169 438	11 767	1816	138 737	1053	16 065
山东	663 222	24 159	7315	498 669	8443	124 636
河南	337 172	28 506	3940	255 888	7104	41 734
湖北	305 872	22 140	4315	250 972	5465	22 980
湖南	190 616	19 072	1519	146 048	1757	22 220
广东	1 586 524	33 321	10 085	1 382 801	12 382	147 935
广西	85 906	12 633	3433	45 964	8651	15 225
海南	24 704	1528	1129	18 751	801	2495
重庆	165 890	14 740	1830	134 596	4378	10 346
四川	306 375	23 529	6065	237 303	12 803	26 675
贵州	88 363	12 276	1130	46 261	5760	22 936
云南	91 619	9700	2907	64 521	6995	7496
西藏	3351	200	333	2480	85	253
陕西	162 316	25 566	4928	111 890	1926	18 006
甘肃	54 285	7657	2043	29 557	1828	13 200
青海	13 733	721	510	8741	729	3032
宁夏	25 704	1496	768	20 224	302	2914
新疆	44 114	4398	1748	28 089	1697	8182
台湾	32 383	47	186	23 791	33	8326
香港	4519	40	0	3222	65	1192
澳门	315	18	0	131	97	69
广州	324 083	18 829	5605	232 822	4142	62 685
长春	44 420	8688	1196	29 937	274	4325
武汉	160 724	15 638	3409	130 419	2559	8699
南京	200 687	27 039	4045	157 017	5443	7143
杭州	236 363	13 546	2797	205 255	4268	10 497
西安	121 681	19 328	4742	86 214	1449	9948
济南	122 619	6030	3333	94 894	1930	16 432
沈阳	62 990	7821	3192	42 583	1381	8013
成都	180 804	14 936	3570	146 384	4896	11 018

续表

地区	合计	高等院校	科研机构	企业	事业单位	个人
大连	52 446	3795	442	44 082	249	3878
厦门	86 741	2620	238	80 813	332	2738
哈尔滨	41 306	7446	2104	22 336	260	9160
深圳	491 002	3987	2158	457 904	2638	24 315
青岛	158 942	7355	1781	136 336	1653	11 817
宁波	151 057	2968	896	135 183	1546	10 464
新疆兵团	5475	1183	394	3045	55	798

表 28　　分地区分专利权人类型国内外观设计专利有效量(2021 年)　　(单位:件)

地区	合计	高等院校	科研机构	企业	事业单位	个人
全国	2 453 506	45 844	5754	1 543 244	6142	852 522
北京	105 150	1272	1601	92 091	797	9389
天津	20 088	977	146	15 981	46	2938
河北	58 651	1083	136	27 927	107	29 398
山西	8445	402	22	4870	40	3111
内蒙古	7117	235	16	3914	50	2902
辽宁	18 816	1402	109	8840	65	8400
吉林	9382	428	34	5006	45	3869
黑龙江	11 243	966	84	3979	41	6173
上海	92 903	2087	445	83 676	372	6323
江苏	164 427	5449	383	124 305	669	33 621
浙江	401 132	3303	236	256 457	701	140 435
安徽	48 454	1701	152	29 971	264	16 366
福建	116 906	2037	160	71 238	124	43 347
江西	64 704	1145	115	20 035	43	43 366
山东	98 729	1542	197	67 548	169	29 273
河南	55 321	1233	154	27 788	502	25 644
湖北	43 689	2612	182	21 628	130	19 137
湖南	56 357	1676	34	20 246	109	34 292
广东	869 814	5570	822	537 566	571	325 285
广西	22 441	1253	61	6184	190	14 753
海南	3192	128	41	1965	36	1022
重庆	30 765	831	56	22 440	124	7314
四川	68 563	2263	190	41 671	311	24 128
贵州	14 857	2467	42	6404	88	5856
云南	11 980	1254	114	7132	243	3237
西藏	1356	4	3	1210	20	119
陕西	18 831	1350	103	11 820	147	5411

续表

地区	合计	高等院校	科研机构	企业	事业单位	个人
甘肃	5846	782	56	3234	50	1724
青海	1249	37	7	783	39	383
宁夏	1822	187	29	1217	11	378
新疆	5750	156	12	3877	22	1683
台湾	7964	5	11	5837	6	2105
香港	7232	5	1	6155	6	1065
澳门	330	2	0	249	4	75
广州	170 897	3200	379	100 584	180	66 554
长春	5506	286	33	3835	18	1334
武汉	19 849	1824	151	14 501	68	3305
南京	21 114	1867	168	16 235	162	2682
杭州	68 295	1277	89	58 808	328	7793
西安	13 297	993	82	9119	59	3044
济南	12 990	463	64	9814	81	2568
沈阳	6839	446	58	3649	13	2673
成都	38 525	1497	122	28 920	162	7824
大连	4459	483	49	2578	11	1338
厦门	30 041	301	2	26 827	15	2896
哈尔滨	5570	694	61	2189	12	2614
深圳	247 925	438	225	210 701	82	36 479
青岛	24 030	342	71	20 726	18	2873
宁波	89 100	562	69	61 404	122	26 943
新疆兵团	327	19	5	147	0	156

表 29　　按国别(地区)分国外在华发明专利有效量　　(单位:件)

国家或地区	2016 年	2020 年	2021 年
合计	614 000	778 721	823 614
安道尔	5	9	11
阿联酋	30	94	97
安提瓜和巴布达	4	0	3
安圭拉	0	3	3
亚美尼亚	2	1	0
阿根廷	28	35	35
美属萨摩亚	1	1	1
奥地利	3364	5195	5567
澳大利亚	2644	2920	2950
阿塞拜疆	2	0	0
波黑	1	0	0

续表

国家或地区	2016 年	2020 年	2021 年
巴巴多斯	569	613	669
孟加拉国	0	1	1
比利时	3210	3927	4102
保加利亚	21	34	39
布隆迪	0	0	1
巴林	3	0	0
百慕大	272	412	492
文莱	15	7	7
巴西	438	487	489
巴哈马	104	79	60
白俄罗斯	0	9	14
伯利兹	4	7	9
加拿大	4709	5886	6192
刚果(金)	0	2	2
瑞士	16 696	20 719	21 766
库克群岛	3	2	1
智利	57	74	84
喀麦隆	1	0	1
哥伦比亚	17	20	23
哥斯达黎加	0	3	5
古巴	72	56	50
库拉索	1	3	3
塞浦路斯	74	76	80
捷克	114	213	243
德国	62 203	81 127	86 013
丹麦	3751	5071	5570
多米尼加	2	1	2
阿尔及利亚	1	2	2
厄瓜多尔	3	2	2
爱沙尼亚	17	23	25
埃及	5	4	7
西班牙	1221	1580	1717
芬兰	6067	6701	6916
斐济	0	1	1
法国	22 954	26 331	27 289
英国	8685	11 258	11 882
格鲁吉亚	1	0	0
根西岛	0	0	1

续表

国家或地区	2016 年	2020 年	2021 年
直布罗陀	19	22	23
几内亚	0	1	1
希腊	73	119	115
克罗地亚	9	11	12
匈牙利	148	158	181
印度尼西亚	19	23	21
爱尔兰	1036	2423	2561
以色列	1842	2775	3214
马恩岛	1	1	1
印度	872	972	1003
伊朗	3	2	4
冰岛	88	72	76
意大利	7506	9690	10440
泽西岛	3	2	1
牙买加	2	3	3
约旦	3	7	7
日本	238 910	286 474	296 870
柬埔寨	0	0	1
肯尼亚	1	0	0
吉尔吉斯斯坦	1	0	0
圣基茨和尼维斯	2	1	0
朝鲜	4	2	2
韩国	47 090	65 872	71 882
科威特	2	1	1
开曼群岛	1998	7331	9487
哈萨克斯坦	10	10	10
黎巴嫩	4	5	5
圣卢西亚	1	0	0
列支敦士登	481	686	786
斯里兰卡	4	3	4
立陶宛	2	13	22
卢森堡	1133	1322	1437
拉脱维亚	18	15	18
摩洛哥	8	9	10
摩纳哥	35	27	28
摩尔多瓦	0	0	2
马达加斯加	2	0	0
马绍尔群岛	3	5	5

续表

国家或地区	2016 年	2020 年	2021 年
北马其顿	1	1	1
马里	3	4	10
缅甸	0	2	2
蒙古	2	0	0
马耳他	97	137	162
毛里求斯	119	108	104
墨西哥	242	255	271
马来西亚	250	272	266
纳米比亚	0	1	1
尼日尔	0	0	1
尼日利亚	0	1	1
荷兰	16 146	19 015	19 564
挪威	1185	1295	1373
新西兰	430	605	658
阿曼	0	3	4
巴拿马	115	37	32
秘鲁	2	4	4
菲律宾	60	55	54
巴基斯坦	3	1	2
波兰	162	244	274
波多黎各	3	12	13
葡萄牙	85	127	155
卡塔尔	5	12	13
罗马尼亚	4	5	8
塞尔维亚	5	8	9
俄罗斯	445	530	584
沙特阿拉伯	292	541	662
塞舌尔	55	46	43
瑞典	10 396	11 854	13 163
新加坡	2037	5306	5908
斯洛文尼亚	101	129	128
斯洛伐克	19	46	51
圣马力诺	0	6	7
萨尔瓦多	2	2	0
泰国	72	152	196
突尼斯	1	3	3
土耳其	299	195	206
特立尼达和多巴哥	3	3	3

续表

国家或地区	2016 年	2020 年	2021 年
乌克兰	25	28	27
美国	140 947	185 117	197 595
乌拉圭	6	10	12
乌兹别克斯坦	3	5	4
圣文森特和格林纳丁斯	2	1	1
委内瑞拉	23	2	1
英属维尔京群岛	972	886	809
越南	9	11	10
萨摩亚	190	208	210
南非	418	373	334
赞比亚	0	2	2
其他	60	15	13

表 30　　按国别(地区)分国外在华实用新型专利有效量　　(单位:件)

国家或地区	2016 年	2020 年	2021 年
合计	36 075	51 811	52 810
安道尔	1	1	1
阿联酋	12	14	11
安圭拉	1	10	15
阿根廷	4	6	6
美属萨摩亚	2	2	1
奥地利	193	268	247
澳大利亚	249	354	399
巴巴多斯	9	31	34
孟加拉国	1	0	0
比利时	112	181	184
保加利亚	3	5	6
百慕大	64	54	42
文莱	11	5	4
巴西	56	86	91
巴哈马	1	1	1
白俄罗斯	0	5	7
伯利兹	31	13	11
加拿大	227	301	339
刚果(金)	0	1	7
刚果(布)	0	0	1
瑞士	1160	1454	1474
库克群岛	1	1	2

续表

国家或地区	2016 年	2020 年	2021 年
智利	2	2	3
哥伦比亚	2	3	2
哥斯达黎加	0	2	1
塞浦路斯	12	8	10
捷克	50	57	55
德国	3677	5287	5491
丹麦	156	243	247
多米尼加	0	1	1
阿尔及利亚	0	1	0
爱沙尼亚	1	11	17
埃及	1	4	4
西班牙	106	146	136
埃塞俄比亚	1	0	0
芬兰	348	406	418
法国	1298	2047	2123
英国	524	782	776
格鲁吉亚	0	1	1
直布罗陀	1	2	0
希腊	1	1	2
危地马拉	0	1	1
克罗地亚	1	0	0
匈牙利	9	18	18
印度尼西亚	6	10	14
爱尔兰	36	130	146
以色列	203	213	207
印度	34	68	73
伊拉克	4	2	2
伊朗	1	6	2
冰岛	1	2	2
意大利	446	771	868
约旦	0	12	18
日本	13 584	17 648	17 454
吉尔吉斯斯坦	0	1	1
柬埔寨	0	0	16
朝鲜	2	4	6
韩国	1966	4384	4814
科威特	0	0	1
开曼群岛	245	529	587

续表

国家或地区	2016年	2020年	2021年
哈萨克斯坦	4	2	1
老挝	0	1	2
黎巴嫩	2	4	3
列支敦士登	7	14	15
斯里兰卡	0	1	1
立陶宛	2	3	2
卢森堡	83	88	70
拉脱维亚	1	3	2
摩洛哥	0	1	1
摩纳哥	2	2	2
马绍尔群岛	2	1	0
马里	5	10	7
缅甸	0	9	9
蒙古	0	2	2
马耳他	9	6	6
毛里求斯	3	0	0
墨西哥	6	8	7
马来西亚	74	140	139
尼日尔	0	1	1
尼日利亚	0	1	2
荷兰	406	661	766
挪威	34	39	43
尼泊尔	2	0	0
新西兰	43	64	76
阿曼	0	1	1
巴拿马	5	0	0
秘鲁	2	3	4
菲律宾	12	26	30
巴基斯坦	3	3	3
波兰	13	27	29
波多黎各	1	0	0
葡萄牙	1	3	3
卡塔尔	0	0	1
罗马尼亚	2	3	4
塞尔维亚	0	1	1
俄罗斯	121	137	121
沙特阿拉伯	6	4	6
塞舌尔	43	46	42

续表

国家或地区	2016 年	2020 年	2021 年
瑞典	335	439	496
新加坡	309	2595	2690
斯洛文尼亚	0	4	4
斯洛伐克	1	4	5
圣马力诺	0	1	1
乍得	1	1	0
泰国	21	53	53
土耳其	33	32	32
乌克兰	11	9	13
美国	9134	11 399	11 414
乌拉圭	0	2	4
英属维尔京群岛	359	268	227
越南	1	10	10
萨摩亚	105	66	43
也门	0	1	0
南非	13	16	15
赞比亚	1	0	1
其他	1	0	0

表 31　按国别(地区)分国外在华外观设计专利有效量　(单位:件)

国家或地区	2016 年	2020 年	2021 年
合计	107 980	125 497	127 026
安道尔	1	0	0
阿联酋	47	49	51
阿富汗	3	0	1
安提瓜和巴布达	3	0	0
安圭拉	0	2	2
亚美尼亚	1	0	0
安哥拉	1	1	1
阿根廷	5	6	5
美属萨摩亚	1	1	1
奥地利	488	451	475
澳大利亚	1220	1514	1571
波黑	1	0	0
巴巴多斯	85	277	315
孟加拉国	1	3	2
比利时	411	500	487
保加利亚	8	7	19

续表

国家或地区	2016 年	2020 年	2021 年
巴林	0	0	1
百慕大	85	64	29
文莱	3	0	0
玻利维亚	0	1	2
巴西	285	223	272
巴哈马	10	4	4
白俄罗斯	0	4	6
伯利兹	9	2	1
加拿大	948	880	853
刚果(金)	13	0	0
瑞士	4295	5345	5602
科特迪瓦	1	0	0
库克群岛	15	9	5
智利	1	1	2
哥伦比亚	4	14	14
哥斯达黎加	1	1	1
塞浦路斯	27	74	59
捷克	372	413	356
德国	11 175	12 462	12 746
丹麦	931	1096	1198
多米尼加	0	5	1
阿尔及利亚	2	0	0
厄瓜多尔	4	4	2
爱沙尼亚	10	34	33
埃及	7	2	2
西班牙	813	910	896
埃塞俄比亚	1	0	0
芬兰	871	624	722
法国	4435	5512	5480
英国	3043	4054	3976
格鲁吉亚	4	9	9
根西岛	0	6	6
直布罗陀	3	0	0
希腊	52	24	18
危地马拉	6	0	1
克罗地亚	1	4	15
匈牙利	17	24	20
印度尼西亚	37	51	41

续表

国家或地区	2016 年	2020 年	2021 年
爱尔兰	73	236	232
以色列	379	517	533
印度	137	228	188
伊拉克	2	13	8
伊朗	19	2	4
冰岛	1	3	3
意大利	3377	4148	4247
约旦	5	3	5
日本	32 761	32 114	30 696
吉尔吉斯斯坦	0	1	1
韩国	12 611	15 408	16 354
科威特	2	2	4
开曼群岛	1065	2224	2009
哈萨克斯坦	0	1	1
黎巴嫩	5	2	0
列支敦士登	203	224	200
斯里兰卡	1	4	6
立陶宛	8	6	10
卢森堡	327	501	445
拉脱维亚	6	4	26
摩洛哥	37	37	37
摩纳哥	6	72	143
摩尔多瓦	1	1	2
马绍尔群岛	0	5	6
北马其顿	0	1	3
马里	7	11	14
缅甸	4	10	10
蒙古	0	2	1
马耳他	7	15	59
毛里求斯	10	3	3
墨西哥	116	123	71
马来西亚	279	226	203
尼日利亚	4	7	7
荷兰	2230	2494	2538
挪威	174	184	186
尼泊尔	1	0	0
新西兰	210	372	399
阿曼	0	1	1

续表

国家或地区	2016 年	2020 年	2021 年
巴拿马	30	4	4
秘鲁	0	1	1
巴布亚新几内亚	2	0	0
菲律宾	14	8	5
巴基斯坦	5	8	11
波兰	98	116	107
波多黎各	2	1	1
葡萄牙	33	37	38
巴拉圭	0	2	2
卡塔尔	4	4	13
罗马尼亚	1	3	3
塞尔维亚	0	1	0
俄罗斯	121	223	239
沙特阿拉伯	146	181	193
塞舌尔	31	46	47
瑞典	1744	2456	2503
新加坡	575	902	1057
斯洛文尼亚	22	58	68
斯洛伐克	21	24	23
圣马力诺	0	8	0
叙利亚	1	2	2
泰国	135	225	234
土耳其	258	161	152
特立尼达和多巴哥	1	0	0
乌克兰	12	25	32
美国	20 130	26 459	27 744
委内瑞拉	2	0	0
英属维尔京群岛	652	529	453
越南	25	51	51
萨摩亚	30	16	16
也门	3	3	2
南非	57	71	67

表 32　　分地区国内发明专利申请代理量(2021 年)　　(单位:件)

地区	合计	职务	非职务
全国	1 230 980	1 187 307	43 673
北京	155 467	153 283	2184
天津	17 794	17 188	606

续表

地区	合计	职务	非职务
河北	19 689	18 126	1563
山西	8570	7899	671
内蒙古	4936	4423	513
辽宁	20 452	19 335	1117
吉林	11 162	10 578	584
黑龙江	10 166	9169	997
上海	82 841	81 574	1267
江苏	155 612	152 405	3207
浙江	105 950	101 737	4213
安徽	53 606	51 167	2439
福建	26 309	25 049	1260
江西	15 883	14 621	1262
山东	69 549	65 462	4087
河南	29 688	26 957	2731
湖北	46 433	45 228	1205
湖南	31 460	30 058	1402
广东	212 228	208 090	4138
广西	11 551	10 687	864
海南	3889	3710	179
重庆	21 122	20 378	744
四川	38 121	36 431	1690
贵州	8449	7692	757
云南	8940	8219	721
西藏	432	392	40
陕西	35 310	34 010	1300
甘肃	5360	4842	518
青海	1433	1335	98
宁夏	2587	2453	134
新疆	3655	3371	284
台湾	11 135	10 367	768
香港	1059	948	111
澳门	142	123	19
广州	50 804	49 492	1312
长春	9617	9344	273
武汉	35 817	35 323	494
南京	41 049	40 381	668
杭州	50 401	49 510	891
西安	31 877	31 046	831

续表

地区	合计	职务	非职务
济南	17 959	17 346	613
沈阳	8457	8087	370
成都	27 648	26 848	800
大连	7390	7127	263
厦门	8861	8592	269
哈尔滨	7748	7260	488
深圳	91 921	90 741	1180
青岛	22 738	22 218	520
宁波	14 426	13 943	483
新疆兵团	632	597	35

表 33　分地区国内实用新型专利申请代理量(2021 年)　(单位:件)

地区	合计	职务	非职务
全国	2 206 303	2 007 934	198 369
北京	72 978	68 092	4886
天津	45 545	43 055	2490
河北	61 730	50 946	10 784
山西	19 731	15 117	4614
内蒙古	16 095	11 564	4531
辽宁	47 071	40 351	6720
吉林	19 076	16 468	2608
黑龙江	18 161	11 890	6271
上海	85 862	83 277	2585
江苏	349 558	340 359	9199
浙江	212 586	200 786	11 800
安徽	89 478	83 304	6174
福建	72 383	68 768	3615
江西	41 156	37 090	4066
山东	184 814	150 686	34 128
河南	92 827	83 883	8944
湖北	87 056	80 816	6240
湖南	46 340	40 836	5504
广东	352 747	329 226	23 521
广西	26 650	22 134	4516
海南	8243	7519	724
重庆	40 914	37 880	3034
四川	75 285	68 343	6942
贵州	20 228	14 825	5403

续表

地区	合计	职务	非职务
云南	25 495	23 011	2484
西藏	1442	1336	106
陕西	45 532	39 431	6101
甘肃	15 543	11 382	4161
青海	4487	3403	1084
宁夏	9362	8378	984
新疆	12 888	10 077	2811
台湾	4277	3143	1134
香港	698	536	162
澳门	65	22	43
广州	62 832	54 160	8672
长春	14 053	12 874	1179
武汉	45 554	43 182	2372
南京	48 611	46 900	1711
杭州	55 274	52 547	2727
西安	34 140	30 681	3459
济南	34 569	29 910	4659
沈阳	16 209	13 992	2217
成都	43 030	40 246	2784
大连	13 664	12 662	1002
厦门	18 749	18 149	600
哈尔滨	9782	7390	2392
深圳	116 123	112 426	3697
青岛	40 980	38 007	2973
宁波	31 243	29 586	1657
新疆兵团	1544	1307	237

表 34　　分地区国内外观设计专利申请代理量(2021 年)　　(单位:件)

地区	合计	职务	非职务
全国	624 563	404 897	219 666
北京	21 963	20 433	1530
天津	4304	3671	633
河北	15 106	6471	8635
山西	2508	1649	859
内蒙古	1686	1103	583
辽宁	4431	2630	1801
吉林	2457	1418	1039
黑龙江	2775	1096	1679
上海	22 880	21 595	1285

续表

地区	合计	职务	非职务
江苏	42 922	34 662	8260
浙江	97 588	62 062	35 526
安徽	13 066	8404	4662
福建	26 782	16 862	9920
江西	18 796	5370	13 426
山东	22 715	15 884	6831
河南	15 067	7712	7355
湖北	12 368	6559	5809
湖南	15 796	5725	10 071
广东	227 144	148 577	78 567
广西	6749	2123	4626
海南	870	576	294
重庆	7047	5036	2011
四川	19 592	12 117	7475
贵州	5242	2887	2355
云南	3262	2258	1004
西藏	192	145	47
陕西	4864	3312	1552
甘肃	1767	1199	568
青海	278	186	92
宁夏	604	484	120
新疆	1258	748	510
台湾	1192	900	292
香港	1253	1036	217
澳门	39	7	32
广州	33 255	25 027	8228
长春	1490	1092	398
武汉	5363	4475	888
南京	4680	4149	531
杭州	16 478	14 398	2080
西安	3252	2556	696
济南	3012	2318	694
沈阳	1744	1093	651
成都	11 466	9108	2358
大连	1098	754	344
厦门	7258	6643	615
哈尔滨	1313	677	636
深圳	66 449	58 897	7552
青岛	5628	4940	688
宁波	18 668	13 360	5308
新疆兵团	94	33	61

表 35　　发明、实用新型专利申请按 IPC 部的分类统计(2021 年)

分类	发明		实用新型	
	数量(件)	构成(%)	数量(件)	构成(%)
A——H 合计	1 618 959	100.0	2 968 933	100.0
A 部 人类生活必需	188 916	11.7	469 151	15.8
B 部 作业、运输	314 392	19.4	1 105 889	37.2
C 部 化学、冶金	195 062	12.0	96 622	3.3
D 部 纺织、造纸	22 136	1.4	41 678	1.4
E 部 固定建筑物	74 611	4.6	252 989	8.5
F 部 机械工程;照明; 加热;武器;爆破	103 406	6.4	357 540	12.0
G 部 物理	464 745	28.7	341 518	11.5
H 部 电学	255 691	15.8	303 546	10.2

表 36　　发明、实用新型专利授权按 IPC 部的分类统计(2021 年)

分类	发明		实用新型	
	数量(件)	构成(%)	数量(件)	构成(%)
A——H 合计	695 946	100.0	3 119 990	100.0
A 部 人类生活必需	68 839	9.9	505 796	16.2
B 部 作业、运输	126 150	18.1	1 181 181	37.9
C 部 化学、冶金	99 615	14.3	108 943	3.5
D 部 纺织、造纸	10 191	1.5	46 619	1.5
E 部 固定建筑物	27 964	4.0	271 473	8.7
F 部 机械工程;照明; 加热;武器;爆破	41 001	5.9	379 974	12.2

续表

分类	发明		实用新型	
	数量(件)	构成(%)	数量(件)	构成(%)
G部 物理	177 368	25.5	330 296	10.6
H部 电学	144 818	20.8	295 708	9.5

表37　按受理局计中国申请人在境外发明专利申请量(2020年)　(单位:件)

国家、地区或组织	合计	直接申请	进入国家阶段的国际发明专利申请
合计	94 882	43 895	50 987
阿联酋	45	9	36
非洲地区知识产权组织	57	10	47
阿根廷	75	75	0
奥地利	8	4	4
澳大利亚	2312	266	2046
孟加拉国	13	13	0
比利时	80	80	0
巴林	5	0	5
巴西	1168	31	1137
白俄罗斯	11	1	10
加拿大	1426	217	1209
瑞士	56	28	28
智利	106	6	100
哥伦比亚	44	2	42
哥斯达黎加	1	0	1
古巴	5	0	5
捷克	3	1	2
德国	499	263	236
丹麦	6	2	4
阿尔及利亚	29	0	29
欧亚组织	127	10	117
厄瓜多尔	3	0	3
埃及	69	5	64
欧洲专利局	13 374	2708	10 666
西班牙	15	3	12
埃塞俄比亚	10	10	0
芬兰	10	5	5
法国	104	104	0

续表

国家、地区或组织	合计	直接申请	进入国家阶段的国际发明专利申请
英国	1647	1448	199
海湾阿拉伯国家合作委员会专利局	10	10	0
格鲁吉亚	4	0	4
危地马拉	1	0	1
中国香港	6644	6644	0
印度尼西亚	746	31	715
爱尔兰	8	8	0
以色列	169	6	163
印度	3775	374	3401
伊朗	49	49	0
意大利	245	245	0
牙买加	1	1	0
约旦	2	0	2
日本	8406	3076	5330
韩国	4282	639	3643
哈萨克斯坦	13	0	13
斯里兰卡	4	0	4
立陶宛	10	10	0
卢森堡	358	258	100
摩洛哥	70	31	39
摩纳哥	5	5	0
蒙古	14	1	13
中国澳门	11	11	0
墨西哥	578	22	556
马来西亚	574	53	521
荷兰	435	435	0
挪威	13	5	8
新西兰	231	34	197
非洲知识产权组织	28	2	26
巴拿马	1	0	1
秘鲁	37	1	36
菲律宾	295	19	276
巴基斯坦	35	35	0
波兰	4	1	3
葡萄牙	231	231	0
卡塔尔	9	0	9

续表

国家、地区或组织	合计	直接申请	进入国家阶段的国际发明专利申请
罗马尼亚	1	0	1
俄罗斯	1084	86	998
沙特阿拉伯	94	8	86
瑞典	20	13	7
新加坡	1646	611	1035
斯洛伐克	1	0	1
萨尔瓦多	1	1	0
叙利亚	1	0	1
泰国	229	50	179
土耳其	36	3	33
乌克兰	99	4	95
美国	41 210	25 230	15 980
乌兹别克斯坦	11	5	6
越南	1111	69	1042
南非	732	277	455

注：数据来自世界知识产权组织（WIPO）网站，http://www. wipo. int。

表 38　　按受理局计中国权利人在境外发明专利授权量（2020 年）　　（单位：件）

国家、地区或组织	合计	直接申请	进入国家阶段的国际发明专利申请
合计	43 257	20 122	23 135
阿联酋	5	0	5
非洲地区知识产权组织	7	0	7
阿根廷	24	24	0
奥地利	1	1	0
澳大利亚	1039	156	883
波黑	8	0	8
比利时	54	54	0
巴林	2	0	2
巴西	406	38	368
白俄罗斯	2	0	2
加拿大	620	123	497
瑞士	16	3	13
智利	70	5	65
哥伦比亚	6	0	6
哥斯达黎加	1	0	1
古巴	2	0	2

续表

国家、地区或组织	合计	直接申请	进入国家阶段的国际发明专利申请
捷克	2	1	1
德国	149	71	78
丹麦	3	1	2
多米尼加	1	0	1
阿尔及利亚	7	0	7
欧亚组织	90	7	83
埃及	17	0	17
欧洲专利局	6862	1480	5382
西班牙	5	3	2
法国	77	77	0
英国	436	171	265
海湾阿拉伯国家合作委员会专利局	1	1	0
格鲁吉亚	1	0	1
中国香港	578	578	0
匈牙利	1	0	1
印度尼西亚	455	34	421
爱尔兰	3	3	0
以色列	43	2	41
印度	1053	100	953
伊朗	22	22	0
意大利	27	27	0
约旦	1	1	0
日本	4331	1707	2624
韩国	2041	251	1790
哈萨克斯坦	17	17	0
斯里兰卡	12	2	10
立陶宛	22	22	0
卢森堡	197	140	57
拉脱维亚	12	12	0
摩洛哥	14	1	13
摩纳哥	7	7	0
蒙古	10	4	6
墨西哥	134	5	129
马来西亚	297	35	262
荷兰	124	124	0
挪威	2	0	2

续表

国家、地区或组织	合计	直接申请	进入国家阶段的国际发明专利申请
新西兰	82	17	65
非洲知识产权组织	36	1	35
巴拿马	1	0	1
秘鲁	7	0	7
菲律宾	24	3	21
巴基斯坦	4	4	0
波兰	1	0	1
俄罗斯	943	86	857
沙特阿拉伯	9	1	8
瑞典	10	5	5
新加坡	315	50	265
萨尔瓦多	3	0	3
泰国	115	28	87
土耳其	4	0	4
乌克兰	37	0	37
美国	21 476	14 465	7011
乌兹别克斯坦	6	1	5
越南	407	11	396
南非	460	140	320

注：数据来自世界知识产权组织（WIPO），网站 http://www.wipo.int。

表 39　按受理局计中国权利人在境外发明专利有效量（2020 年）　（单位：件）

国家、地区或组织	合计
合计	265 868
阿联酋	57
非洲地区知识产权组织	44
阿根廷	101
奥地利	3126
澳大利亚	4647
波黑	16
保加利亚	217
巴林	2
巴西	855
白俄罗斯	78
加拿大	3289
瑞士	7642
智利	209

续表

国家、地区或组织	合计
哥伦比亚	57
哥斯达黎加	7
古巴	2
捷克	601
丹麦	1040
多米尼加	5
爱沙尼亚	116
埃及	96
西班牙	4553
芬兰	1228
法国	16 450
英国	24 302
海湾阿拉伯国家合作委员会专利局	23
格鲁吉亚	7
希腊	469
危地马拉	3
中国香港	3261
克罗地亚	120
匈牙利	676
印度尼西亚	1762
以色列	229
印度	2919
伊朗	211
冰岛	89
意大利	4694
日本	21 643
吉尔吉斯斯坦	3
韩国	11 011
哈萨克斯坦	80
老挝	56
斯里兰卡	21
卢森堡	9189
拉脱维亚	96
摩洛哥	217
摩纳哥	5293
摩尔多瓦	2
马达加斯加	4
北马其顿	78

续表

国家、地区或组织	合计
蒙古	86
中国澳门	3
墨西哥	1834
马来西亚	924
荷兰	6800
挪威	525
新西兰	459
巴拿马	4
秘鲁	34
巴基斯坦	19
波兰	1318
葡萄牙	865
卡塔尔	5
罗马尼亚	520
塞尔维亚	85
俄罗斯	6155
沙特阿拉伯	126
瑞典	2542
新加坡	1713
斯洛伐克	185
泰国	385
土耳其	1434
乌克兰	208
美国	104 992
乌兹别克斯坦	14
越南	941
南非	2796

注：数据来自世界知识产权组织（WIPO）网站，http://www. wipo. int。

表 40　　PCT 国际专利申请受理量　　（单位：件）

地区		2020 年	2021 年
合计		72 349	73 434
国内	国内小计	66 948	68 338
	北京	8283	10 358
	天津	374	444
	河北	595	461
	山西	99	77
	内蒙古	37	37

续表

地区		2020 年	2021 年
国内	辽宁	456	373
	吉林	147	343
	黑龙江	78	95
	上海	3558	4830
	江苏	9606	7168
	浙江	4307	4675
	安徽	615	2007
	福建	1587	1768
	江西	282	140
	山东	3418	3244
	河南	225	232
	湖北	1504	1691
	湖南	624	849
	广东	28 098	26 079
	广西	149	127
	海南	47	396
	重庆	363	393
	四川	591	708
	贵州	57	70
	云南	114	119
	西藏	6	3
	陕西	476	481
	甘肃	53	32
	青海	7	3
	宁夏	30	17
	新疆	39	50
	台湾	569	448
	香港	549	607
	澳门	5	13
国外	国外小计	5401	5096

供稿：国家知识产权局战略规划司

商　标

表 1　　分国内外商标申请注册年度状况（1979—2021 年）　　（单位：件）

统计范围	年份	申请量	注册量
合计	1979—2015	18 402 743	12 253 903
	2016	3 691 365	2 254 945
	2017	5 748 175	2 792 072
	2018	7 370 709	5 007 395
	2019	7 837 441	6 405 840
	2020	9 347 568	5 760 652
	2021	9 450 507	7 738 947
国内	1979—2015	16 583 131	10 866 578
	2016	3 526 827	2 119 032
	2017	5 538 980	2 656 039
	2018	7 127 032	4 796 851
	2019	7 582 356	6 177 791
	2020	9 116 454	5 576 545
	2021	9 192 675	7 545 358
国外	1979—2015	1 819 612	1 387 325
	2016	164 538	135 913
	2017	209 195	136 033
	2018	243 677	210 544
	2019	255 085	228 049
	2020	231 114	184 107
	2021	257 832	193 589

表 2　　分地区国内商标申请量、注册量及年末有效注册量　　（单位：件）

地区	申请量		注册量		年末有效注册量	
	2020 年	2021 年	2020 年	2021 年	2020 年	2021 年
全国	9 116 454	9 192 675	5 576 545	7 545 358	28 393 188	35 322 797
北京	564 510	641 220	362 738	427 911	2 223 056	257 8614
天津	85 096	95 011	51 092	67 921	288 949	352 692
河北	283 859	282 347	175 632	239 842	837 897	1 063 792
山西	85 379	89 251	48 021	69 498	223 410	289 394
内蒙古	71 501	75 793	45 125	58 946	240 565	295 125
辽宁	130 597	132 718	81 384	103 652	462 852	556 582

续表

地区	申请量		注册量		年末有效注册量	
	2020 年	2021 年	2020 年	2021 年	2020 年	2021 年
吉林	75 384	79 358	45 193	61 471	253 691	309 803
黑龙江	93 939	96 990	58 824	77 776	321 190	392 827
上海	505 260	559 352	307 405	420 985	1 737 353	2 117 136
江苏	603 118	590 311	367 645	507 784	1 862 454	2 335 946
浙江	874 293	837 586	566 301	748 628	2 975 001	3 675 052
安徽	303 305	287 123	174 516	254 033	768 729	1 011 461
福建	540 649	500 458	331 738	446 895	1 571 895	1 989 159
江西	199 735	181 052	120 294	172 954	512 617	671 642
山东	565 318	545 189	349 751	465 216	1 610 086	2 057 493
河南	435 379	429 656	267 953	389 068	1 121 088	1 489 689
湖北	210 889	220 348	133 448	181 590	665 143	833 494
湖南	244 048	244 563	149 261	211 056	710 913	902 594
广东	1 755 995	1 738 500	1 079 852	1 437 978	5 430 003	6 766 377
广西	121 558	121 037	65 922	97 297	295 756	389 044
海南	44 326	70 885	23 493	38 277	120 720	160 278
重庆	160 862	159 051	104 748	128 539	576 973	694 043
四川	351 668	353 261	202 200	282 109	1 014 106	1 281 664
贵州	125 649	170 048	58 618	97 189	266 864	362 645
云南	140 461	149 049	83 847	113 873	435 055	538 604
西藏	13 360	14 180	7572	9889	37 178	47 472
陕西	172 599	169 668	96 266	142 766	490 260	620 721
甘肃	444 59	43 494	27 215	34 945	123 823	157 464
青海	16 828	15 091	9331	13 179	48 516	60 756
宁夏	23 252	24 815	13 139	18 210	67 201	84 299
新疆	84 648	102 382	42 967	62 485	221 995	279 325
台湾	14 441	13 068	13 130	11 211	178 968	182 042
香港	172 615	157 963	110 947	150 987	691 065	766 806
澳门	1474	1857	977	1198	7816	8762
广州	486 261	485 618	298 343	395 000	1 514 106	1 881 904
长春	36 889	39 168	21 781	29 116	119 135	145 236
武汉	98 544	110 050	67 206	81 976	335 561	410 214
南京	111 933	113 439	69 581	90 825	342 504	428 951
杭州	260 743	276 743	164 476	217 131	812 977	1 025 618
西安	101 542	102 887	58 842	81 879	307 186	379 496
济南	91 400	89 643	57 103	72 691	263 105	331 760
沈阳	49 736	48 095	31 226	39 309	179 060	213 604
成都	219 807	193 723	125 246	168 488	615 645	771 167

续表

地区	申请量		注册量		年末有效注册量	
	2020 年	2021 年	2020 年	2021 年	2020 年	2021 年
大连	30 565	32 864	18 889	23 911	117 534	137 748
厦门	123 348	116 262	75 630	103 738	391 606	489 933
哈尔滨	48 198	50 799	30 204	41 442	170 275	208 781
深圳	584 659	574 780	362 942	464 393	1 730 268	2 165 693
青岛	110 549	105 810	67 342	87 593	306 949	391 532
宁波	93 526	82 368	60 163	78 333	328 218	401 084

表 3　按国别(地区)分国外在华商标申请量、注册量及年末有效注册量　(单位:件)

国家或地区	申请量		注册量		年末有效注册量	
	2020 年	2021 年	2020 年	2021 年	2020 年	2021 年
合计	231 114	257 832	184 107	193 589	1 779 897	1 916 723
安道尔	4	10	0	4	79	78
阿联酋	565	694	388	404	4249	4435
阿富汗	68	166	48	90	383	395
安提瓜和巴布达	21	20	9	17	56	68
安圭拉	59	50	53	67	778	810
阿尔巴尼亚	7	13	2	8	22	29
亚美尼亚	28	33	25	24	185	212
安哥拉	6	3	0	5	42	45
阿根廷	198	227	147	185	1547	1654
奥地利	1432	1785	1243	1001	13 828	14 346
澳大利亚	8248	7308	6400	6319	44 117	49 063
阿鲁巴	0	0	0	0	1	1
阿塞拜疆	30	18	33	15	308	298
波黑	9	8	0	5	15	21
巴巴多斯	51	121	53	83	1022	898
孟加拉国	23	22	24	7	164	164
比利时	1403	1517	1019	1199	13 155	14 091
布基纳法索	4	3	3	3	17	19
保加利亚	167	190	198	123	1705	1754
巴林	13	5	7	4	121	124
布隆迪	0	0	1	0	16	16
贝宁	1	5	0	3	25	26
百慕大	261	349	205	260	2131	2397
文莱	28	4	15	18	246	250
玻利维亚	5	3	3	6	53	58
巴西	542	516	393	406	4159	4419

续表

国家或地区	申请量		注册量		年末有效注册量	
	2020 年	2021 年	2020 年	2021 年	2020 年	2021 年
巴哈马	64	30	74	69	1001	981
博茨瓦纳	0	0	0	0	92	92
白俄罗斯	188	189	135	124	988	1081
伯利兹	43	18	40	20	605	568
加拿大	4131	4721	3852	3727	23 215	26 324
刚果(金)	3	0	2	0	20	20
刚果(布)	0	2	3	0	7	7
瑞士	7680	8602	6163	5842	76264	79 015
科特迪瓦	1	2	2	1	42	42
库克群岛	23	61	25	17	289	305
智利	477	557	316	397	2958	3308
喀麦隆	13	9	128	51	162	213
哥伦比亚	138	188	76	101	981	1054
哥斯达黎加	9	24	18	7	104	109
古巴	23	9	12	8	201	179
佛得角	2	0	1	0	1	1
库拉索	6	8	5	0	255	243
塞浦路斯	467	427	353	318	3713	3594
捷克	361	418	404	257	4192	4311
德国	16 814	17 697	14 106	13 201	178 787	185 628
吉布提	5	0	0	2	4	6
丹麦	2097	2407	1373	1791	16 580	17 905
多米尼克	1	4	1	0	20	19
多米尼加	43	38	43	31	176	205
阿尔及利亚	69	21	30	43	228	264
厄瓜多尔	63	38	17	38	200	238
爱沙尼亚	147	158	91	111	660	748
埃及	157	167	91	120	826	923
厄立特里亚	0	2	0	0	2	2
西班牙	2723	2934	2055	2070	24 172	25 320
埃塞俄比亚	5	8	7	2	28	28
芬兰	1677	1781	1559	1390	13 598	14 534
斐济	13	2	4	8	59	64
法国	10 166	10 696	8871	7638	109 036	113 100
加蓬	0	0	0	0	1	1
英国	23 105	23 762	18 560	20 312	117 343	134 458
格林纳达	3	6	0	3	7	10

续表

国家或地区	申请量		注册量		年末有效注册量	
	2020 年	2021 年	2020 年	2021 年	2020 年	2021 年
格鲁吉亚	29	44	28	26	211	233
根西岛	6	5	4	5	76	74
加纳	12	14	21	10	54	61
直布罗陀	22	16	8	14	166	167
格陵兰	4	0	0	2	1	6
冈比亚	0	0	0	0	4	4
几内亚	3	8	9	0	59	55
赤道几内亚	1	0	1	1	1	2
希腊	155	163	139	137	1668	1732
危地马拉	14	23	10	8	94	104
几内亚比绍	0	1	1	0	1	1
圭亚那	4	1	0	2	13	15
洪都拉斯	5	5	3	3	9	12
克罗地亚	26	56	17	27	456	408
海地	5	0	1	2	32	32
匈牙利	160	207	164	164	1501	1620
印度尼西亚	690	748	632	582	4481	4956
爱尔兰	839	1114	657	746	5558	6236
以色列	844	920	621	611	4811	5286
马恩岛	57	25	29	47	1306	1325
印度	723	664	583	549	4492	4947
伊拉克	309	482	326	227	1271	1388
伊朗	211	190	132	198	1840	1978
冰岛	55	95	62	69	741	785
意大利	7632	8323	5894	6125	82 881	85 806
泽西岛	20	86	31	39	355	367
牙买加	7	5	2	7	62	65
约旦	109	131	99	74	469	518
日本	29 515	30 393	23 962	25 082	236 586	254 325
肯尼亚	27	12	17	17	143	152
吉尔吉斯斯坦	28	18	42	10	86	97
柬埔寨	61	36	26	41	135	180
科摩罗	0	0	0	0	0	0
圣基茨和尼维斯	2	1	6	2	31	35
朝鲜	44	73	24	50	168	216
韩国	17 826	18 332	14 266	14 910	113 332	125 690
科威特	33	38	21	16	281	285

续表

国家或地区	申请量		注册量		年末有效注册量	
	2020 年	2021 年	2020 年	2021 年	2020 年	2021 年
开曼群岛	2131	1864	2177	1955	28 376	29 787
哈萨克斯坦	160	129	203	112	798	838
老挝	8	3	2	3	25	27
黎巴嫩	64	82	51	37	508	518
圣卢西亚	0	6	2	1	14	15
列支敦士登	159	124	175	86	3040	2663
斯里兰卡	59	70	50	50	296	347
利比里亚	8	5	4	3	29	23
立陶宛	138	248	154	147	680	820
卢森堡	631	694	626	523	9350	8911
拉脱维亚	104	50	39	71	443	480
利比亚	34	45	34	33	115	141
摩洛哥	61	83	61	35	683	671
摩纳哥	259	158	154	177	1984	2136
摩尔多瓦	47	54	35	27	262	273
黑山	2	2	0	1	35	46
马达加斯加	3	0	3	1	40	40
马绍尔群岛	85	119	58	119	907	970
北马其顿	13	11	11	7	104	99
马里	17	33	11	12	89	100
缅甸	177	123	69	159	395	545
蒙古	21	27	21	18	148	166
北马里亚纳群岛	2	0	1	2	3	5
毛里塔尼亚	2	0	0	2	20	22
蒙塞拉特岛	0	0	0	0	2	2
马耳他	112	131	60	93	1260	1361
毛里求斯	157	56	25	117	621	745
马尔代夫	6	2	5	6	13	19
马拉维	3	0	1	1	7	6
墨西哥	419	461	406	276	4760	4812
马来西亚	1888	2054	1572	1556	11 484	12 747
莫桑比克	16	12	1	11	26	36
纳米比亚	1	7	1	1	60	60
尼日尔	0	0	1	0	11	12
尼日利亚	64	66	47	54	281	322
尼加拉瓜	0	0	3	0	9	9
荷兰	4215	3784	2905	3150	35 084	37 192

续表

国家或地区	申请量		注册量		年末有效注册量	
	2020 年	2021 年	2020 年	2021 年	2020 年	2021 年
挪威	691	1122	518	698	5406	5926
尼泊尔	10	30	10	5	86	94
瑙鲁	0	0	0	0	4	4
新西兰	2127	1798	1762	1477	11 872	13 110
阿曼	42	18	18	33	179	209
巴拿马	147	140	78	77	690	748
秘鲁	91	47	47	69	394	456
波利尼西亚	0	1	0	0	9	7
巴布亚新几内亚	1	0	0	1	41	39
菲律宾	305	205	118	173	1394	1545
巴基斯坦	108	132	94	66	717	789
波兰	1121	1261	729	845	5832	6575
波多黎各	21	30	8	16	86	99
巴勒斯坦	9	7	2	7	20	27
葡萄牙	329	334	248	250	3033	3206
帕劳	0	0	0	0	20	20
巴拉圭	7	10	8	5	57	71
卡塔尔	39	295	25	39	349	379
罗马尼亚	109	165	100	67	806	872
塞尔维亚	80	158	40	110	379	493
俄罗斯	2341	2503	2410	1959	19 680	20 676
卢旺达	2	0	1	0	5	5
沙特阿拉伯	145	207	89	114	1056	1137
所罗门群岛	0	0	0	0	2	2
塞舌尔	765	870	680	834	4539	5163
苏丹	16	4	36	16	121	126
瑞典	2627	3626	2114	2396	20 589	22 099
新加坡	5103	9279	3867	4669	31 126	36 075
斯洛文尼亚	202	199	110	171	1401	1439
斯洛伐克	101	74	67	45	1068	1084
塞拉利昂	0	4	0	4	14	18
圣马力诺	23	19	14	23	214	231
塞内加尔	19	7	9	5	58	62
索马里	3	0	3	1	4	5
苏里南	1	1	0	0	1	1
南苏丹	1	0	0	1	0	1
萨尔瓦多	6	2	3	9	16	27

续表

国家或地区	申请量		注册量		年末有效注册量	
	2020 年	2021 年	2020 年	2021 年	2020 年	2021 年
荷属圣马丁	0	0	0	0	3	1
叙利亚	106	93	57	86	438	496
特克斯和凯科斯群岛	4	4	1	5	52	58
乍得	2	3	1	2	16	18
多哥	4	3	49	2	91	88
泰国	2369	1950	1919	1650	12 006	13 555
塔吉克斯坦	8	3	7	5	33	35
土库曼斯坦	11	8	5	9	61	70
突尼斯	9	8	7	3	145	147
汤加	0	0	1	0	1	1
土耳其	812	1009	608	649	7870	8270
特立尼达和多巴哥	13	24	0	7	81	87
坦桑尼亚	12	21	11	19	100	116
乌克兰	410	431	347	290	2284	2424
乌干达	13	8	5	3	25	30
美国	50 882	65 951	38 764	45 464	370 733	406 115
乌拉圭	73	52	57	39	274	300
乌兹别克斯坦	38	23	19	35	96	127
圣文森特和格林纳丁斯	6	0	4	5	16	24
委内瑞拉	52	36	31	41	349	363
英属维尔京群岛	4381	3915	2807	3811	35 162	36 471
越南	345	344	254	247	1792	1996
瓦努阿图	1	2	4	4	99	101
萨摩亚	28	41	80	32	2510	2275
也门	208	209	101	149	404	559
南非	293	315	262	236	2961	3105
赞比亚	3	5	2	3	9	12
津巴布韦	0	8	0	1	17	18
其他	5	30	4	3	423	341

表 4　　分地区马德里商标国际注册申请量　　（单位：件）

地区	2020 年	2021 年
全国	7553	5928
北京	319	299
天津	30	41
河北	384	198
山西	13	7

续表

地区	2020年	2021年
内蒙古	35	17
辽宁	20	13
吉林	7	9
黑龙江	9	10
上海	382	424
江苏	1485	890
浙江	740	803
安徽	392	277
福建	371	377
江西	41	74
山东	956	408
河南	43	35
湖北	63	80
湖南	475	142
广东	1448	1513
广西	34	32
海南	3	7
重庆	84	76
四川	107	78
贵州	9	15
云南	14	16
西藏	13	21
陕西	29	24
甘肃	5	3
青海	0	1
宁夏	1	7
新疆	12	9
台湾	26	20
其他	3	2
广州	275	266
长春	5	8
武汉	35	49
南京	549	91
杭州	163	177
西安	18	23
济南	197	101
沈阳	7	5
成都	55	46

续表

地区	2020 年	2021 年
大连	8	3
厦门	84	80
哈尔滨	6	6
深圳	745	818
青岛	107	36
宁波	117	115

注:本表统计国家知识产权局收到的国内申请人马德里商标国际注册申请情况。中国香港、中国澳门不是马德里体系缔约方,如中国香港、中国澳门申请人在网上提交马德里申请,将不予受理,故在本表中划入“其他”统计项名下。

供稿:国家知识产权局战略规划司

地理标志

表 1　　地理标志作为集体商标、证明商标累计注册量　　(单位:件)

国家或地区	2020 年末累计注册量	2021 年末累计注册量
合计	6085	6562
国内总计	5875	6347
北京	16	18
天津	27	27
河北	223	255
山西	81	95
内蒙古	170	178
辽宁	139	141
吉林	94	102
黑龙江	102	107
上海	17	18
江苏	354	379
浙江	261	280
安徽	185	205
福建	549	594
江西	113	125
山东	812	855
河南	95	102
湖北	474	500
湖南	195	222
广东	86	97
广西	71	78
海南	85	93
重庆	278	284
四川	481	552
贵州	111	117
云南	283	310
西藏	120	134
陕西	141	143
甘肃	148	155
青海	37	40
宁夏	27	28

续表

国家或地区	2020 年末累计注册量	2021 年末累计注册量
新疆	95	108
台湾	5	5
香港	0	0
澳门	0	0
国外在华总计	210	215
德国	2	2
西班牙	2	2
法国	152	154
英国	3	3
格鲁吉亚	3	3
意大利	23	24
牙买加	2	2
日本	1	1
墨西哥	2	2
泰国	6	6
美国	14	14
印度	0	2

表 2　　地理标志产品累计批准量　　（单位：件）

国家或地区	2020 年末累计批准量	2021 年末累计批准量
合计	2391	2490
国内总计	2330	2350
北京	13	13
天津	13	13
河北	70	73
山西	26	27
内蒙古	41	41
辽宁	89	89
吉林	53	53
黑龙江	74	75
上海	12	12
江苏	91	91
浙江	115	115
安徽	83	86
福建	107	107
江西	62	62
山东	80	81
河南	116	116
湖北	165	165
湖南	83	83

续表

国家或地区	2020年末累计批准量	2021年末累计批准量
广东	159	162
广西	92	93
海南	12	12
重庆	14	14
四川	295	296
贵州	147	150
云南	62	64
西藏	35	35
陕西	86	86
甘肃	68	68
青海	16	16
宁夏	13	13
新疆	38	39
台湾	0	0
香港	0	0
澳门	0	0
国外在华总计	61	140
西班牙	2	12
法国	51	63
英国	4	4
意大利	2	26
墨西哥	1	1
美国	1	1
爱尔兰	0	2
奥地利	0	1
比利时、德国、法国、荷兰	0	1
波兰	0	1
丹麦	0	1
德国	0	5
芬兰	0	1
捷克	0	2
立陶宛	0	1
罗马尼亚	0	1
葡萄牙	0	6
瑞典	0	1
塞浦路斯	0	1
塞浦路斯、希腊	0	1
斯洛伐克	0	1
斯洛文尼亚	0	1
希腊	0	5
匈牙利	0	1

供稿：国家知识产权局战略规划司

版　权

表 1　　2021 年全国作品自愿登记情况统计　　（单位：件）

统计范围	文字	口述	音乐	戏剧	曲艺	舞蹈	杂技	美术	摄影	建筑	影视	图形	模型	其他	录音制品	录像制品	合计
全国	295 729	4926	50 851	596	325	279	50	1 670 092	1 553 318	208	244 538	25 152	617	57 656	58 048	21 558	3 983 943
北京	6546	0	34 308	3	0	0	0	6107	967 113	0	677	5	0	10 570	19	163	1 025 511
天津	475	0	64	11	14	0	0	5075	86 824	0	234	1194	9	8	2	343	94 253
河北	13 659	7	234	17	113	35	15	21 438	18 039	2	1004	7574	25	997	238	921	64 318
山西	93	0	8	2	0	0	0	238	20	0	86	4	0	9	0	0	460
内蒙古	686	2	313	17	16	13	1	2833	1739	0	65	83	3	200	4	32	6007
辽宁	1476	0	231	10	0	5	1	4972	7428	0	558	15	0	40	0	1077	15 813
吉林	130	0	63	1	0	0	0	5929	539	0	1	0	0	185	0	0	6848
黑龙江	301	0	56	0	0	0	0	457	2009	0	7	17	0	0	0	0	2847
上海	21 375	0	4640	34	1	18	0	199 872	64 227	7	23 163	178	7	21 188	9655	1218	345 583
江苏	65 725	4586	791	62	10	50	4	207 727	15 051	11	36 161	1176	13	0	39 087	1322	371 776
浙江	1091	0	286	0	0	3	0	39 706	3290	0	163	182	0	966	9	47	45 743
安徽	53 429	0	577	75	53	20	2	31 018	53 932	4	33 762	874	141	2000	9	0	175 896
福建	3122	0	734	3	0	4	0	160 107	4195	10	4826	183	3	890	2263	134	176 474
江西	9577	0	97	0	0	12	0	11 554	10 960	1	659	477	1	0	405	871	34 614
山东	12 018	12	640	20	40	17	13	89 427	123 480	17	2490	1664	29	947	0	0	230 814
河南	718	13	116	24	3	8	0	1310	126	0	99	12	0	61	0	0	2490
湖北	12 334	0	224	2	0	0	11	42 102	465	0	10 104	148	0	20	26	10 857	76 293
湖南	8663	8	184	10	7	6	0	20 977	23 535	117	2702	292	23	737	67	2646	59 974
广东	1463	2	833	27	0	6	0	46 196	6732	0	1938	2652	4	4780	1736	513	66 882
广西	302	0	131	12	0	3	1	882	56	0	71	21	7	12	1	0	1499
海南	69	0	113	11	0	0	0	111	0	0	12	4	0	11	3	0	334
重庆	3380	0	393	7	0	2	1	40 432	53 573	1	84 687	312	39	286	41	45	183 199
四川	35 813	3	785	25	9	21	0	60 865	83 571	20	1353	535	192	40	0	0	183 232
贵州	4328	9	1444	21	12	8	1	180 829	4122	3	3365	4376	25	1371	943	72	200 929
云南	5545	0	573	29	0	1	0	8442	6854	0	30	58	0	11	745	1080	23 368
西藏	1	0	0	0	0	0	0	5	0	0	0	0	0	0	0	0	6
陕西	1871	0	200	28	28	4	0	10 794	9210	0	7430	2	2	7	28	6	29 610
甘肃	7179	253	36	3	1	6	0	18 761	3431	0	320	6	1	26	14	0	30 037
青海	4	0	2	0	0	3	0	13	0	0	0	0	0	0	0	0	22
宁夏	95	0	15	2	0	0	0	371	13	0	72	0	0	0	0	0	568
新疆	529	0	73	0	0	0	0	302	0	0	20	178	0	0	0	9	1111
中国版权保护中心	23 732	31	2687	140	18	34	0	451 240	2784	15	28 479	2930	93	12 294	2753	202	527 432

表 2　　2021 年全国版权合同登记情况统计　　(单位:份)

原版权所在国家或地区名称	合计	图书	期刊	音像制品	电子出版物	软件	电影	电视节目	其他
合计	17 610	14 752	36	788	88	1353			593
中国版权保护中心	968			758		210			
北京	7633	7581	36		14	2			
天津	285	285							
河北	198	198							
山西	8	8							
内蒙古									
辽宁	166	166							
吉林	204	204							
黑龙江	108	108							
上海	1215	1131		30	54				
江苏	1777	647				1130			
浙江	318	318							
安徽	60	60							
福建	115	113				2			
江西	235	235							
山东	364	364							
河南	237	234							3
湖北	260	260							
湖南	399	398							1
广东	917	311			20				586
广西	264	264							
海南	133	131				2			
重庆	107	107							
四川	1093	1091				2			
贵州	66	66							
云南	180	180							
西藏									
陕西	274	266				5			3
甘肃	15	15							
青海									
宁夏	8	8							
新疆	3	3							

表 3　2021 年全国输出出版物版权汇总　(单位:项)

版权购买者所在国家或地区名称	合计	图书	录音制品	录像制品	电子出版物
输出出版物版权总数	12 770	11 795	238	23	714
美国	887	849	11		27
英国	446	417			29
德国	435	403			32
法国	166	165			1
俄罗斯	1025	1000			25
加拿大	233	228			5
新加坡	668	549		9	110
日本	371	366	2		3
韩国	512	458	16		38
中国香港	726	539	182		5
中国澳门	58	58			
中国台湾	1005	784	5	5	211
其他	6238	5979	22	9	228

表 4　2021 年全国引进出版物版权汇总　(单位:项)

原版权所在国家或地区名称	合计	图书	录音制品	录像制品	电子出版物
引进出版物版权总数	12 220	12 005	63	124	28
美国	3218	3211	6		1
英国	2659	2624	13	22	
德国	888	883	2	3	
法国	762	742	6	14	
俄罗斯	101	97	1	3	
加拿大	126	125		1	
新加坡	270	267	1	2	
日本	2025	1990	5	23	7
韩国	445	441		2	2
中国香港	153	129	19	4	1
中国澳门	2	2			
中国台湾	360	355	4	1	
其他	1211	1139	6	49	17

表 5　2021 年全国版权执法情况统计

案件查处情况				收缴盗版品情况			
项目	2020 年度数量	2021 年度数量	同比增减(%)	项目	2020 年度数量	2021 年度数量	同比增减(%)
行政处罚数量(件)	2198	2665	21.25	合计	5 823 250	7 096 151	21.86
案件移送数量(件)	251	212	−15.54	书刊	4 485 627	5 154 128	14.90
检查经营单位数量(个)	243 267	293 097	20.48	软件	168 872	125 606	−25.62
取缔违法经营单位数量(个)	1178	775	−34.21	音像制品	514 160	700 779	36.30
查获地下窝点数量(个)	169	196	15.98	电子出版物	127 194	103 882	−18.33
地下光盘生产线(条)	1	35	3400.00	其他	527 397	1 011 756	91.84
违法经营网站服务器(个)	1144	758	−33.74				
罚款金额(人民币元)	35 946 385	25 135 271	−30.08				

供稿：中央宣传部版权管理局

集成电路布图设计

表 1　　集成电路布图设计登记申请发证年度状况　　（单位：件）

统计范围	年份	申请量	发证量
合计	2001—2015	13 175	11 889
	2016	2360	2154
	2017	3228	2670
	2018	4431	3815
	2019	8319	6614
	2020	14 375	11 727
	2021	20 353	13 087
国内	2001—2015	12 081	10 832
	2016	2241	2040
	2017	3174	2574
	2018	4346	3719
	2019	8223	6473
	2020	14 297	11 647
	2021	20 274	13 029
国外	2001—2015	1094	1057
	2016	119	114
	2017	54	96
	2018	85	96
	2019	96	141
	2020	78	80
	2021	79	58

表 2　　集成电路布图设计登记申请量　　（单位：件）

国家或地区	2020 年	2021 年
合计	14 375	20 353
国内总计	14 297	20 274
北京	492	684
天津	191	195
河北	86	114
山西	50	68
内蒙古	9	15
辽宁	43	169

续表

国家或地区	2020 年	2021 年
吉林	51	102
黑龙江	87	266
上海	1839	2499
江苏	3113	3585
浙江	730	961
安徽	655	616
福建	254	382
江西	70	56
山东	403	548
河南	470	246
湖北	254	443
湖南	102	131
广东	4293	7536
广西	53	59
海南	68	61
重庆	170	319
四川	453	621
贵州	42	89
云南	10	14
西藏	4	7
陕西	175	228
甘肃	5	18
青海	2	3
宁夏	21	50
新疆	4	14
台湾	4	6
香港	94	169
澳门	0	0
国外在华总计	78	79
美国	78	78
意大利	0	1

表 3　　集成电路布图设计登记发证量　　（单位：件）

国家或地区	2020 年	2021 年
合计	11 727	13 087
国内总计	11 647	13 029

续表

国家或地区	2020 年	2021 年
北京	429	395
天津	156	134
河北	65	80
山西	27	55
内蒙古	6	2
辽宁	34	96
吉林	42	62
黑龙江	63	124
上海	1650	1699
江苏	2469	2618
浙江	601	648
安徽	569	329
福建	193	238
江西	47	47
山东	319	302
河南	336	213
湖北	196	263
湖南	89	77
广东	3498	4667
广西	40	34
海南	68	43
重庆	146	159
四川	307	425
贵州	39	32
云南	6	12
西藏	1	5
陕西	150	152
甘肃	5	9
青海	1	2
宁夏	21	23
新疆	3	8
台湾	5	3
香港	66	73
澳门	0	0
国外在华总计	80	58
美国	79	57
英国	1	0
意大利	0	1

供稿：国家知识产权局战略规划司

农业植物新品种

1999—2021 年品种权申请/授权情况汇总按植物种类划分

（单位：件）

作物种类	植物种属	累计申请量	累计授权量	2021 年申请量	2021 年授权量
大田作物 累计申请量：39 646 累计授权量：16 049	水稻	12 838	5423	2150	693
	玉米	16 568	6385	3206	1124
	马铃薯	395	123	128	8
	普通小麦	3499	1418	560	226
	大豆	2017	960	288	165
	甘蓝型油菜	637	301	79	25
	花生	666	238	127	61
	甘薯	309	136	59	24
	谷子	213	75	45	6
	高粱	185	72	45	8
	大麦属	228	101	33	11
	苎麻属	8	3	3	0
	棉属	938	468	150	25
	亚麻	8	4	2	0
	桑属	56	24	11	4
	芥菜型油菜	1	0	0	0
	绿豆	77	23	14	7
	橡胶树	24	14	1	4
	茶组	338	79	77	1
	芝麻	45	10	6	0
	木薯	22	3	4	3
	甘蔗属	209	65	50	9
	小豆	39	10	13	4
	燕麦	14	3	2	3
	烟草	13	6	0	0
	向日葵	224	97	42	47
	荞麦属	21	0	3	0
	白菜型油菜	15	0	1	0
	薏苡属	6	0	2	0
	蓖麻	14	8	0	4
	菊芋	1	0	0	0
	甜菜	5	0	5	0

续表

作物种类	植物种属	累计申请量	累计授权量	2021 年申请量	2021 年授权量
大田作物 累计申请量:39 646 累计授权量:16 049	稷(糜子)	0	0	0	0
	大麻槿(红麻)	0	0	0	0
	可可	3	0	1	0
	苋属	10	0	6	0
蔬菜 累计申请量:5687 累计授权量:1453	大白菜	319	90	79	0
	普通番茄	803	250	223	51
	黄瓜	414	144	120	42
	辣椒属	938	215	255	75
	普通西瓜	608	161	100	12
	普通结球甘蓝	216	86	51	26
	食用萝卜	147	18	60	0
	茄子	162	48	41	16
	蚕豆	41	16	6	0
	豌豆	31	4	5	1
	菜豆	93	17	28	0
	豇豆	64	11	26	4
	大葱	24	3	4	0
	西葫芦	138	56	43	11
	花椰菜	145	26	27	7
	芹菜	9	1	4	0
	胡萝卜	18	2	7	2
	甜瓜	369	120	85	31
	大蒜	13	5	2	0
	不结球白菜	358	70	124	31
	芥菜	46	4	13	0
	芥蓝	34	3	10	0
	莴苣	74	7	42	6
	苦瓜	127	30	48	3
	冬瓜	23	1	7	0
	菠菜	30	7	4	7
	南瓜	133	27	27	19
	丝瓜属	40	2	20	0
	青花菜	121	26	57	9
	洋葱	38	1	2	1
	姜	0	0	0	0
	茭白(菰)	2	0	1	0
	芦笋(石刁柏)	1	0	1	0
	山药(薯蓣)	15	0	5	0

续表

作物种类	植物种属	累计申请量	累计授权量	2021 年申请量	2021 年授权量
蔬菜 累计申请量:5687 累计授权量:1453	咖啡黄葵	15	2	4	0
	魔芋属	20	0	9	0
	芋	5	0	2	0
	荠	0	0	0	0
	蕹菜(空心菜)	20	0	2	0
	芫荽(香菜)	3	0	1	0
	韭菜	11	0	0	0
	紫苏	19	0	6	0
观赏植物 累计申请量:3612 累计授权量:1426	春兰	8	0	0	0
	菊属	946	444	150	100
	石竹属	257	101	40	2
	唐菖蒲属	8	2	4	0
	兰属	142	54	15	9
	百合属	153	73	7	0
	鹤望兰属	4	0	0	0
	补血草属	6	3	0	0
	非洲菊	233	121	26	18
	花毛茛	23	12	0	12
	华北八宝	0	0	0	0
	雁来红	0	0	0	0
	花烛属	332	173	37	31
	果子蔓属	73	38	7	0
	莲	104	20	16	1
	蝴蝶兰属	906	308	171	81
	秋海棠属	46	23	10	1
	凤仙花	3	0	0	0
	非洲凤仙花	0	0	0	0
	新几内亚凤仙花	31	10	8	0
	万寿菊属	26	11	9	4
	郁金香属	3	0	1	0
	仙客来	0	0	0	0
	一串红	12	0	1	0
	三色堇	3	0	3	0
	矮牵牛(碧冬茄)	56	13	11	3
	马蹄莲属	19	0	0	0
	铁线莲属	1	0	0	0
	萱草属	55	18	3	8
	薰衣草属	8	2	2	2

续表

作物种类	植物种属	累计申请量	累计授权量	2021年申请量	2021年授权量
观赏植物 累计申请量:3612 累计授权量:1426	欧报春	0	0	0	0
	水仙属	3	0	2	0
	石蒜属	8	0	0	0
	睡莲属	17	0	8	0
	天竺葵属	12	0	3	0
	鸢尾属	42	0	13	0
	芍药组	1	0	0	0
	六出花属	12	0	0	0
	香雪兰属	4	0	1	0
	蟹爪兰属	14	0	0	0
	朱顶红属	31	0	22	0
	满天星	10	0	3	0
果树 累计申请量:1996 累计授权量:719	梨属	213	102	47	5
	桃	204	90	55	10
	荔枝	24	7	4	2
	苹果属	288	98	54	14
	柑橘属	175	71	19	9
	香蕉	73	23	14	1
	猕猴桃属	254	110	44	13
	葡萄属	248	89	45	3
	李	47	10	15	4
	草莓	227	78	32	21
	龙眼	9	1	5	1
	枇杷	34	13	7	2
	樱桃	38	6	5	0
	芒果	39	1	2	0
	杨梅属	5	3	0	0
	椰子	11	2	0	0
	凤梨属	26	7	11	2
	番木瓜	6	0	2	0
	木菠萝(菠萝蜜)	1	0	0	0
	无花果	13	2	9	1
	芭蕉属	5	0	3	0
	量天尺属	17	1	9	0
	西番莲属	37	5	10	5
	梅	2	0	0	0

续表

作物种类	植物种属	累计申请量	累计授权量	2021 年申请量	2021 年授权量
牧草 累计申请量:45 累计授权量:8	紫花苜蓿	14	3	0	2
	草地早熟禾	4	0	0	0
	柱花草属	9	3	3	0
	酸模属	4	0	0	0
	结缕草	4	2	0	0
	狗牙根属	4	0	2	0
	鸭茅	0	0	0	0
	红车轴草（红三叶）	0	0	0	0
	黑麦草属	0	0	0	0
	羊茅属	0	0	0	0
	狼尾草属	5	0	2	0
	白车轴草（白三叶）	1	0	1	0
药用植物 累计申请量:223 累计授权量:35	人参	10	3	0	0
	三七	4	3	0	0
	石斛属	82	14	13	6
	枸杞属	2	1	1	1
	天麻	0	0	0	0
	灯盏花（短莛飞蓬）	0	0	0	0
	何首乌	0	0	0	0
	菘蓝	1	0	0	0
	甜菊(甜叶菊)	5	2	0	0
	红花	7	0	4	0
	淫羊藿属	8	0	3	0
	松果菊属	9	0	0	0
	金银花	4	0	2	0
	柴胡属	1	0	1	0
	黄芪属	2	0	2	0
	美丽鸡血藤（牛大力）	68	12	1	8
	穿心莲	0	0	0	0
	丹参	9	0	3	0
	黄花蒿	5	0	1	0
	砂仁	6	0	1	0

续表

作物种类	植物种属	累计申请量	累计授权量	2021 年申请量	2021 年授权量
菌类 累计申请量:228 累计授权量:36	白灵侧耳	13	1	0	0
	羊肚菌属	10	5	0	0
	香菇	54	8	12	4
	黑木耳	9	4	1	1
	灵芝属	11	3	4	0
	双孢蘑菇	18	11	4	11
	金针菇	21	0	5	0
	蛹虫草	2	0	1	0
	长根菇	1	0	1	0
	猴头菌	3	0	1	0
	毛木耳	18	0	10	0
	蝉花	1	1	0	1
	真姬菇	26	0	8	0
	平菇(糙皮侧耳、佛罗里达侧耳)	38	3	5	3
	秀珍菇(肺形侧耳)	3	0	0	0

供稿:农业农村部科技教育司

林草植物新品种

表 1　　林草植物新品种申请量和授权量统计(1999—2021 年)　　(单位:件)

年份	申请量			授权量		
	国内申请人	国外申请人	合计	国内品种权人	国外品种权人	合计
1999	181	1	182	6	0	6
2000	7	4	11	18	5	23
2001	8	2	10	19	0	19
2002	13	4	17	1	0	1
2003	14	35	49	7	0	7
2004	17	19	36	16	0	16
2005	41	32	73	19	22	41
2006	22	29	51	8	0	8
2007	35	26	61	33	45	78
2008	57	20	77	35	5	40
2009	62	5	67	42	13	55
2010	85	4	89	26	0	26
2011	123	16	139	11	0	11
2012	196	26	222	169	0	169
2013	169	8	177	115	43	158
2014	243	11	254	150	19	169
2015	208	65	273	164	12	176
2016	328	72	400	178	17	195
2017	516	107	623	153	7	160
2018	720	186	906	359	46	405
2019	656	146	802	351	88	439
2020	897	150	1047	332	109	441
2021	1225	217	1442	637	124	761
合计	5823	1185	7008	2849	555	3404

表 2　　林草授权植物新品种中不同植物类别授权量统计(1999—2021 年)　　(单位:件)

年份	林木	经济林	观赏植物	竹	木质藤本	其他	合计
1999	6	0	0	0	0	0	6
2000	3	0	20	0	0	0	23
2001	2	2	14	0	0	1	19
2002	0	1	0	0	0	0	1

续表

年份	林木	经济林	观赏植物	竹	木质藤本	其他	合计
2003	6	1	0	0	0	0	7
2004	6	4	5	0	0	1	16
2005	3	1	34	0	0	3	41
2006	5	0	3	0	0	0	8
2007	7	1	70	0	0	0	78
2008	10	6	19	1	0	4	40
2009	14	1	39	0	0	1	55
2010	10	6	10	0	0	0	26
2011	2	1	5	0	0	3	11
2012	27	20	113	0	2	7	169
2013	34	9	114	1	0	0	158
2014	24	13	121	1	0	10	169
2015	31	28	106	1	2	8	176
2016	44	40	104	2	3	2	195
2017	18	17	120	1	1	3	160
2018	62	99	238	2	3	1	405
2019	69	70	287	1	0	12	439
2020	89	77	257	1	0	17	441
2021	66	80	600	9	3	3	761
合计	538	477	2279	20	14	76	3404

表 3　林草授权植物新品种中各国的授权量统计（1999—2021 年）　（单位：件）

排名	国家	1999—2021 年授权总量	2021 年授权量	主要植物属
1	中国	2849	637	蔷薇属、芍药属、杨属、杜鹃花属
2	荷兰	198	66	蔷薇属
3	德国	86	17	蔷薇属、大戟属
4	法国	85	21	蔷薇属
5	美国	64	5	越橘属、悬钩子属
6	英国	40	3	蔷薇属
7	丹麦	32	0	蔷薇属
8	澳大利亚	26	5	越橘属、大戟属
9	日本	9	3	柿、杜鹃花属
10	比利时	6	0	杜鹃花属
11	西班牙	4	4	越橘属
12	意大利	4	0	蔷薇属
13	新西兰	1	0	蔷薇属
合计		3404	761	

表 4　　各国授权品种的属(种)授权量统计(1999—2021 年)　　(单位:件)

属(种)	1999—2021 年授权总量													
	中国	荷兰	德国	法国	美国	英国	丹麦	澳大利亚	日本	比利时	西班牙	意大利	新西兰	合计
蔷薇属	286	190	71	85	3	36	32	3	0	0	0	4	1	711
芍药属	173	0	0	0	0	0	0	0	0	0	0	0	0	173
杨属	170	0	0	0	0	0	0	0	0	0	0	0	0	170
杜鹃花属	157	0	0	0	0	0	0	0	3	6	0	0	0	166
山茶属	144	0	0	0	0	0	0	0	0	0	0	0	0	144
李属	132	0	0	0	0	0	0	0	0	0	0	0	0	132
越橘属	55	0	0	0	28	0	0	13	0	0	4	0	0	100
紫薇	95	0	0	0	0	0	0	0	0	0	0	0	0	95
柳属	70	0	0	0	0	0	0	0	0	0	0	0	0	70
苹果属	68	0	0	0	0	0	0	0	0	0	0	0	0	68
桂花	65	0	0	0	0	0	0	0	0	0	0	0	0	65
木兰属	63	0	0	0	0	0	0	0	0	0	0	0	0	63
槭属	56	0	0	0	4	0	0	0	0	0	0	0	0	60
核桃属	57	0	0	0	0	0	0	0	0	0	0	0	0	57
文冠果	52	0	0	0	0	0	0	0	0	0	0	0	0	52
卫矛属	48	0	0	0	0	0	0	0	0	0	0	0	0	48
含笑属	45	0	0	0	0	0	0	0	0	0	0	0	0	45
杏	37	0	0	0	2	0	0	0	0	0	0	0	0	39
大戟属	3	2	15	0	7	0	0	10	0	0	0	0	0	37
榆属	33	0	0	0	0	0	0	0	0	0	0	0	0	33
牡丹	33	0	0	0	0	0	0	0	0	0	0	0	0	33
其他	1007	6	0	0	20	4	0	0	6	0	0	0	0	1043
合计	2849	198	86	85	64	40	32	26	9	6	4	4	1	3404

供稿:国家林业和草原局科技发展中心

海关知识产权保护

表 1　　2021 年海关扣留侵权货物统计按进出口类型分

进出口类型	批次(万)	占比	商品数量(万件/万双)	占比
合计	7.92	100.0%	7180	100.0%
进口	0.06	0.8%	802	11.2%
出口	7.86	99.2%	6378	88.8%

表 2　　2021 年海关扣留侵权货物统计按渠道分

渠道	批次(万)	占比	商品数量(万件/万双)	占比
合计	7.92	100.0%	7180	100.0%
货运渠道	0.23	2.9%	6078	84.7%
非货运渠道	7.69	97.1%	1102	15.3%

供稿：海关总署综合业务司

知识产权司法保护

2021 年全国法院受理和审结各类知识产权案件统计

项目	数量
1. 全国地方法院刑事案件	
新收侵犯知识产权罪一审案件(件)	6276
同比上升(%)	13.2
审结侵犯知识产权罪一审案件(件)	6046
同比上升(%)	9.53
假冒注册商标罪	2558
销售假冒注册商标的商品罪	2623
非法制造、销售非法制造的注册商标标识罪	476
假冒专利罪	0
侵犯著作权罪	313
销售侵权复制品罪	15
侵犯商业秘密罪	61
新收涉知识产权刑事二审案件(件)	1050
审结涉知识产权刑事二审案件(件)	997
2. 全国地方法院行政案件	
新收一审案件(件)	20 563
同比增长(%)	11.37
新收专利案件(件)	1810
新收商标案件(件)	18 734
新收著作权案件(件)	19
审结一审案件(件)	19 342
同比增长(%)	7.8
新收二审案件(件)	8215
审结二审案件(件)	7418
3. 全国地方法院民事案件	
新收一审案件(件)	550 263
同比增长(%)	24.12
专利案件(件)	31 618
同比增长(%)	10.98
商标案件(件)	124 716
同比增长(%)	59.62
著作权案件(件)	360 489

续表

项目	2021 年
同比增长(%)	14.99
技术合同案件(件)	4015
同比增长(%)	22.52
竞争案件(件)	8419
同比增长(%)	78.26
其他知识产权案件(件)	21 006
同比增长(%)	38.01
审结一审案件(件)	515 861
同比增长(%)	16.52
新收二审案件(件)	49 084
审结二审案件(件)	45 468
4. 最高人民法院知识产权审判案件	
新收知识产权民事案件(件)	4243
审结知识产权民事案件(件)	3557
新收知识产权行政案件(件)	2852
审结知识产权行政案件(件)	2487

供稿：最高人民法院民三庭

第二十三届中国专利金奖获奖项目简介

专利名称:丁苯酞环糊精或环糊精衍生物包合物及其制备方法和用途
专 利 号:ZL02123000.5
专利权人:石药集团中奇制药技术(石家庄)有限公司,石药集团恩必普药业有限公司
发 明 人:牛占旗 赵 凯 刘文娟 周桂荣 刘 超 王荣端 苑洪忠 刘英发 白 敏 张 勇 郭文敏

丁苯酞是我国第三个,也是心脑血管领域第一个拥有自主知识产权的国产创新药。1991 年,丁苯酞治疗脑卒中的功效被发现,但其为油状物,难溶于水,这一成药障碍束缚了其被开发为急救药物的潜能。

本专利利用环糊精包合技术,显著提升了丁苯酞在水中的溶解度,有效解决了丁苯酞的成药难题。在此基础上,成功研发出丁苯酞氯化钠注射液,极大地提高了丁苯酞的临床应用价值,成功将脑卒中的"治疗窗"延长到 48 小时,有效降低了急、重症患者的致死率、致残率。

丁苯酞氯化钠注射液于 2010 年获批上市,已成为治疗轻、中度急性缺血性脑卒中的一线用药。截至 2020 年底,该产品累计销售额高达 189 亿元,已成为改善侧支循环类药物中国内市场占有率较高的产品。

专利名称:羰基化合物的氨肟化方法
专 利 号:ZL03137914.1
专利权人:中国石油化工股份有限公司,中国石油化工股份有限公司石油化工科学研究院
发 明 人:吴 巍 孙 斌 李永祥 程时标 王恩泉 张树忠

羰基化合物的氨肟化属于绿色化学新反应。由氨引起的分子筛骨架硅溶解流失是普遍存在的催化剂失活首要原因,严重影响其长周期稳定运行。

本专利首创了一种羰基化合物的氨肟化新方法,通过添加微量液态含硅助剂来抑制分子筛骨架硅溶解流失,使催化剂单程运转周期延长 50%、可再生性能明显提升、消耗量大幅下降,从而显著提高工业装置运转的平稳性、安全性和经济性。本专利技术创造性地解决了碱性液相反应体系分子筛催化的关键性、共性技术难题,取得显著的技术进步和突破,同时在美国、欧洲、日本等国家和地区获得发明专利授权。作为国际领先的己内酰胺绿色生产核心工艺,本专利技术已许可建设多套环己酮氨肟化路线己内酰胺生产装置,至 2020 年末累计新增销售额超过 700 亿元,产生了显著的经济效益和社会效益。我国成为拥有自主知识产权的己内酰胺世界第一生产国。

本专利技术为突破关键平台技术、引领绿色化工科技进步、促进国民经济可持续发展做出了重要贡献。

专利名称:可调谐激光光谱结合飞行时间质谱在线监测二噁英的方法
专 利 号:ZL200510023260.1

专利权人：浙江大学
发 明 人：严建华 李晓东 陆胜勇 池 涌 蒋旭光 马增益 王 飞 尹雪峰 倪明江 岑可法

垃圾焚烧发电已成为国家推进“无废城市”建设的必然选择，而痕量有机污染物二噁英的监测、防控是以垃圾为代表的废物焚烧项目“邻避效应”和行业健康发展的痛点和难点。传统二噁英离线监测方法操作流程复杂，实验室建设要求高、投入大，排放检测频率低、耗时长，无法及时反映焚烧炉日常运行过程中的二噁英排放。

本专利首次实现焚烧烟气中二噁英的在线检测，二噁英排放数据获取时间节约99%，数据获取量提升2000倍，检测成本降低99%，有效解决了传统离线检测时间长的难题，推动了大气污染物监测领域的科技创新。

本专利成果已成功应用于光大环境、康恒环境、三峰环境、浙能锦江环境等十多家我国生活垃圾焚烧行业头部企业，为焚烧炉的优化运行提供及时可靠的指导与评估，为实现焚烧烟气长期稳定达标排放提供充分的保证，取得直接和间接经济效益超5亿元。该专利技术正逐步应用于危险废物焚烧、钢铁冶金、核废物处理等行业，必将为推动我国环境保护和“碳达峰、碳中和”战略目标实现做出更大贡献。

专利名称：作为血管生成抑制剂的螺取代化合物
专 利 号：ZL200880007358.X
专利权人：南京爱德程医药科技有限公司，正大天晴药业集团股份有限公司
发 明 人：陈国庆

本专利是中国抗肿瘤1.1类新药“盐酸安罗替尼”（商品名为“福可维”）的化合物专利。盐酸安罗替尼是一种多靶点的受体酪氨酸激酶（RTK）抑制剂，可抑制VEGFR1、VEGFR2、VEGFR3、c－Kit、PDGFRβ的激酶活性，具有抗肿瘤血管生成和抑制肿瘤细胞生长的双重功效。

该专利技术通过对化合物结构的深入研究和广泛筛选，在分子结构中引进喹啉环、吲哚基团、环丙基、氟取代，提高生物活性以及激酶选择性，在环丙基上引入伯氨基团，并与盐酸成盐增加水溶性，改善生物利用度。

盐酸安罗替尼已获得国家药品监督管理局批准，适应证分别为非小细胞肺癌、软组织肉瘤、小细胞肺癌、甲状腺髓样癌和分化型甲状腺癌，其中3个适应证已被列入国家医保药品目录，年销售额已突破50亿元。该专利产品是中国首个获批的晚期非小细胞肺癌三线治疗药物，填补了临床空白。

专利名称：在线高压水射流喷砂表面清理系统
专 利 号：ZL200910044036.9
专利权人：长沙矿冶研究院
发 明 人：毛桂庭

金属表面清理工艺是金属加工过程及涂层保护中不可缺少的重要工序。传统的金属表面清理工艺为酸洗、抛丸等工艺，具有废酸排放、粉尘污染等环境问题。高压水射流工艺具有清洗成本低、应用范围广、不污染环境等特点，但是由于以前的设备系统为敞开式，水与磨料未能实现循环利用，系统管路磨损严重，导致清理质量一致性差，设备不能用于在线连续式清理，因此未能在各应用行业实现全面推广。

本专利首创在线高压水射流喷砂表面清理系统，具备磨料均匀供给、水和磨料循环使用的优点，实现高压水射流设备从“离线—断续”向“在线—连续”的技术发展，有效地拓展了设备的应用领域。

本专利成果已应用于5大系列在线高压水射流清理装备，并基于专利制定行业标准，规范了行业发展，实现总经济效益超13亿元。本专利产品解决了酸洗工艺的铁损问题，实现废渣资源化，有望对现有钢

铁资源提高5‰—1%的利用率，并实现金属表面清理过程“三废”零排放，有效保护空气、土壤和地下水资源，促进我国钢铁等行业绿色生态发展。

专利名称:钠冷快堆核电站冷却剂系统和部件的设计瞬态确定方法
专 利 号:ZL200910130945.4
专利权人:中国原子能科学研究院
发 明 人:徐 銤 杨红义

本专利首次系统地提出钠冷快堆核电站冷却剂系统和部件的设计瞬态确定方法，首次系统地给出钠冷快堆核电站的标准设计瞬态工况及分类，首次明确指出确定钠冷快堆设计瞬态工况分析假设条件的方法，从根本上解决了高温复杂环境下快堆系统和部件的工况分析、结构力学评价和设备设计体系化问题，打通了快堆从理论到结构分析再到工程设计与制造的专业技术路径，指导了实验快堆安全级系统和设备的结构完整性设计与分析。

本专利支撑中国实验快堆获得2018年国家科技进步奖特等奖，已成功应用于中国实验快堆、中国示范快堆和中国先进研究堆等的设计和建造，截至2020年底累计实现销售额约141.7亿元，产生利润约33.9亿元。

本专利的成功应用，提升了核能系统的安全性、经济性和可实施性，大幅提升了我国第四代核反应堆自主化设计能力，促进了我国核反应堆的设计标准化，有力保障了我国能源安全和国家安全。

专利名称:封头模块、大型容器及两者的制造方法
专 利 号:ZL201110306772.4
专利权人:国家核电技术有限公司，山东核电设备制造有限公司，上海核工程研究设计院
发 明 人:李 军 王国彪 杨中伟 晏桂珍 葛鸿辉 韩 津 柳胜华 徐 挺 陈来云

钢制安全壳是三代非能动压水堆核电站的特有设备，执行放射性物质包容和堆芯余热排出两大核安全功能，是核电站正常运行和事故状态下保障核安全的重要设备。

本专利首创一种超大型容器的封头模块结构，以及封头模块和超大型容器的制造方法，开发了封头瓣片中温模压成形、大型薄壁容器模块化组装、分区独立控制与弯曲变形转移、局部焊后热处理等先进技术，解决了大型、薄壁、高精度容器制造的难题，实现了世界首台三代非能动压水堆核电站AP1000在中国的成功建设和高效运行。

除首批AP1000三代非能动压水堆核电站自主化依托项目外，专利成果还成功应用于“国和一号”示范项目、“玲龙一号”示范项目等国家重大工程。本专利产品国内市场占有率为100%，新增产值20亿元(国产化替代降低采购费用52亿元)，并带动钢板、焊材、涂料等相关产品的国产化及应用。

专利名称:五复合橡胶挤出机头
专 利 号:ZL201310129264.2
专利权人:桂林橡胶设计院有限公司
发 明 人:黄发国 江建平 邓文忠 程一祥 王东明 潘家芳

五复合橡胶挤出机头是高端轮胎生产准备工序中轮胎半制品部件压出的关键工艺装备，主要用于橡胶材料的加工。随着“双碳”政策与“绿色轮胎”标签法的推出，轮胎的耐磨性、抗滚动阻力、抗湿化能力的标准越来越高，因此对轮胎胎面设计制造中更多胶料种类及配方应用、更复杂的半制品结构设计、更精准的分界面及重量偏差，以及更高的生产过程稳定性提出更高要求。

本专利首创双重锁紧保障设计和基于橡胶黏弹特性的分型面及流道型腔设计等技术，解决了绿色轮胎胎面设计制造中“在受限空间多通道构造下的复杂交变应力、温度场影响条件下，对具有多重流变特性、高黏弹性橡胶进行高精度不对称复合断面带型压出”的工艺要求，推动了轮胎制造工

艺装备技术升级。

本专利成果已成功应用于以米其林、杭州中策为代表的国内外头部轮胎企业，产品销售覆盖全球橡胶机械主流市场区域，其中全钢五复合挤出技术为全球首创，经认定达到全球领先水平。截至 2020 年末，累计完成销售 125 台套，新增销售额 10.3 亿元，其中新增出口额 4.3 亿元。

专利名称：一种飞机叶片榫槽底部平面激光冲击强化方法和装置

专 利 号：ZL201310384555.6

专利权人：温州大学，江苏大学，东南大学

发 明 人：薛　伟　鲁金忠　罗　密　张永康　戴峰泽

飞机叶片通过叶片底部的榫头与叶盘上的榫槽连接，发动机工作时，疲劳裂纹容易在榫槽底部平面上萌生和扩展，导致叶片松动、振动或失衡，从而导致发动机的安全性、可靠性和使用寿命大大降低，增加维护成本。因此，对榫槽底部平面进行表面强化处理，减少磨损，抑制疲劳裂纹的萌生和扩展至关重要。但由于飞机叶片榫头的榫槽底部通常很窄，只有几毫米，影响了激光冲击强化效果。

本专利根据飞机叶盘榫槽底部的几何特征，采用光路变换系统将激光束的圆形光斑变为高功率密度的条形光斑，同时在榫槽底部的两个端面分别设置导流喷射装置和抽水装置以实现均匀稳定的水约束层，对榫槽底部平面进行激光冲击强化。该专利可有效避免等离子体屏蔽效应和水约束层不均匀、不稳定现象，解决了光束可达性差、应力分布不均、变形大、表面粗糙度差的行业关键性、共性技术难题，保证了榫槽底部平面强化的质量。

本专利成果已成功在中国航发沈阳黎明航空发动机有限责任公司、沈阳飞机工业（集团）有限公司等单位推广应用，引领我国高端装备核心构件激光强化制造行业技术进步，满足了国家重大工程需要，大幅提升了国际竞争力。截至 2020 年底，该专利成果实现销售额总计 4.32 亿元。

专利名称：一种媒体流可靠传输和接收的方法以及装置

专 利 号：ZL201310426244.1

专利权人：浙江宇视科技有限公司

发 明 人：周　迪　陈乾业　张　磊

大型网络视频监控系统是智慧城市、应急指挥等国计民生工程的基础。但复杂网络容易导致视频流产生丢包、乱序、延时等，造成画面花屏、卡顿等严重后果。而类型众多的点播终端对视频流的要求各不相同，大量的同类点播终端进一步加剧了摄像机视频流生成和传输压力，严重影响了相关业务的正常开展。

本专利首创一种多节点协同的多通道实时视频高可靠性、低时延组播传输机制，具有视频流无等待发送、丢包及时重传、缓存高效利用等特点，使多通道实时视频流的抗丢包能力提升 87%，时延降低 56%，并大幅优化了视频流的转发路径，减少了流量消耗，缓解了网络拥堵，提高了业务运行的可靠性和环境适应性。

本专利已规模应用于全球 200 余个国家和地区的 2000 余个智慧物联项目，涵盖 APEC、G20 等几乎所有重大峰会，国庆大阅兵等大型活动，天安门广场、卫星发射基地等重点区域，北京冬奥会、俄罗斯世界杯等国际赛事等。

专利名称：一种全屏蔽高压隔离型电压互感器

专 利 号：ZL201310695456.X

专利权人：国家电网公司，中国电力科学研究院，国网安徽省电力公司电力科学研究院

发 明 人：周　峰　袁建平　姜春阳　殷小东　周利华

国家工频高电压标准装置是高电压量值的源头，是统一全国高电压量值的基本

标尺，代表着一个国家高电压最高测量能力。2000年初，我国已建立500千伏国家高电压标准装置。随着电力技术迅速发展，我国工频电压等级由超高压提升至1000千伏特高压，及时建立1000千伏国家高电压标准装置，确保电力电压互感器测量准确，是保证大型电网运行安全，跨国、跨区域电能贸易结算准确公正的迫切需求。

本专利首创电压互感器绕组大间隙同轴结构，提出高效电场全屏蔽技术和磁场耦合优化方法。研制的隔离互感器测量准确度可优于0.01级，达到世界较高水平。克服了美国、瑞士技术因铁磁结构和屏蔽补偿设计带来的附加误差大和德国技术路线的电子补偿带来性能不稳定的技术难题。

依托本专利技术研制的我国110千伏到1000千伏系列工频高电压计量标准装置，经原国家质量监督检验检疫总局授权为我国法定最高等级社会公用计量标准。研制500千伏/750千伏/1000千伏多电压等级车载一体化校验平台，应用于浙北－福州、锡盟－山东及蒙西－天津南等现场100余台特高压电压互感器校准，为跨区关口电能贸易的准确统一提供了技术和装备保障。研制的110千伏电压比例标准装置销售至土耳其国家计量院，实现我国高压计量标准装置的首次出口，是我国高端计量装备走向世界的重要一步。

专利名称：一种基于动态库拦截的通用计算虚拟化实现方法

专 利 号：ZL201410034982.6

专利权人：湖南大学

发 明 人：李肯立　石　林　陈　浩

GPU本质上是图形处理器，其理论峰值性能很高，但在实际应用中，GPU通用计算的实际性能只有峰值的2%。本专利技术针对现有虚拟机技术对通用计算支持不足的缺点，通过实时拦截和重定向通用计算运行时库，将虚拟环境中所有与通用计算相关的功能调用重定向到非虚拟环境中，利用非虚拟环境的通用计算能力完成实际通用计算任务并将结果返回虚拟环境，实现了对GPU资源的动态分配，提高了资源的使用效率。该专利首次提出了GPU通用计算虚拟化方法，与NVIDIA和AMAZON的技术并称为国际三大GPU虚拟化技术。

本专利技术的主要特色和亮点在于：推动我国信创产业技术进步；支撑数字新基建；服务国家经济建设和社会发展。截至2021年底，该专利技术为各大企业新增直接经济效益总和为45.8亿元。本专利的实施可显著提升国产超级计算机和数据中心的实际效能，通过国家正在实施的“东数西算”工程，为更多用户的AI应用提供更强GPU算力，大幅节约能源消耗，从而更好促进国家“双碳”政策的落地实施。

专利名称：一种射频接收机及接收方法

专 利 号：ZL201410387196.4

专利权人：华为技术有限公司

发 明 人：易　岷　梁　建　朱年勇

载波聚合技术是一项提高用户数据吞吐率的关键技术。不连续聚合载波的接收，需要射频芯片使用多个接收通道和频率综合器，由此引发片内互扰，这关系到通信性能，以及芯片和设备的集成度及成本，是影响载波聚合技术商用的关键问题之一。

本专利提出针对不同的载波聚合频段组合，选取最优振荡频率组合，并采用灵活的小数或整数分频比配置频率综合器，这样就可以有效地抑制片内互扰，解决互扰导致的通信性能问题，实现多载波接收的单芯片集成。

本专利技术不改变传统的射频接收机架构，实现简单；在5G移动通信时代，因载波聚合数量更多、频段组合更加复杂，实用性更强；在国内及美、欧、日、韩等地都已经获得授权。

本专利已实现产业化，全面用于华为海思研发的各代4G/5G移动通信终端射频芯片。这些射频芯片，搭载于华为Mate系列、

P系列多款手机，以及CPE等各种移动通信终端设备。截至申报时，采用本专利技术的射频芯片已经发货超过5亿颗，实现芯片销售额近100亿元。

专利名称：新型运载火箭的测试、发射和控制系统
专 利 号：ZL201420321184.7
专利权人：上海航天计算机技术研究所
发 明 人：谢　芳　卢逸斌　吴　睫　金　煜　张建平

运载火箭测发控系统用于火箭测试、加注和点火发射任务，具有一次投入、多年服役，直接面对一线岗位人员，与主流电气、通信、软件、自动化测试等技术密切接轨的特点。

本专利是以"数据传输创新、信号处理创新、通用构架创新"为设计原则，针对不同火箭的功能需求各异而设计的一套适应多型火箭的测发控系统。本专利采用全系统冗余与大数据传输处理，提升数据传输处理能力，缩短测试时间，优化测试流程，使安全性和可靠性大大增强，适应低成本、高密度发射需求。

多套测发控系统已应用到运载火箭三个型号，按照同一状态，小批量投产7套系统，部署于各大发射场，获得用户、基地的一致好评。

本专利为国家"十四五"规划提出的"一流的实战装备能力"的前期关键技术论证提供了支撑，将产生巨大的经济效益与社会效益。

专利名称：隧道掘进机破岩震源三维地震超前探测装置及方法
专 利 号：ZL201510106373.1
专利权人：山东大学
发 明 人：刘　斌　许新骥　李术才　宋　杰　聂利超　陈　磊　任玉晓

随着国家水网建设、交通强国等战略的实施，我国成为全断面岩石掘进机使用大国。然而，掘进机防灾能力较差，如遭遇未知的断层、溶洞、破碎带等不良地质，易发生突水突泥、塌方等灾害及掘进机被卡被困，威胁工程建设安全。

本专利针对掘进机前方致灾构造探测的迫切需求，公开了一种隧道掘进机破岩震源三维地震超前探测装置及方法。该发明利用掘进机破岩产生震动为震源进行超前探测，主要包括震源传感器阵列、接收传感器、噪声传感器、多通道地震波数据采集仪等设备，通过观测信号盲源分离、震源信号重构、强干扰噪声衰减等处理，解决了掘进震动非常规随机信号中有效波场恢复的难题，实现了隧道掘进面前方断层、破碎带等不良地质的动态成像。

以本专利为核心之一的专利群实现成果转化3000万元，成功应用于新疆某工程、吉林中部城市引松供水工程、云南高黎贡山隧道工程等30余条隧道的掘进机，为隧道建设安全提供了重要的地质信息，取得了良好的经济效益和社会效益。

专利名称：一种同质外延生长单晶金刚石的籽晶衬底真空钎焊方法
专 利 号：ZL201510459097.7
专利权人：哈尔滨工业大学
发 明 人：朱嘉琦　代　兵　赵继文　舒国阳　刘　康　杨　磊　韩杰才　王　强　王杨　陈亚男　孙明琪

大尺寸、高品质单晶金刚石在电子信息、超精密加工、高频通信、极端光学、大功率器件等领域属于重要甚至战略性的材料解决方案，其技术水平与应用程度标志着国家现代工业技术层次。目前，化学气相沉积(CVD)生长过程中存在"连不住，放不稳，测不准"的连接困难、控温不稳的难题，影响CVD金刚石的品质及产量。

本专利首创一种金刚石真空钎焊的办法，以改善钎料与金刚石的相容性，实现

CVD 金刚石籽晶与金属的连接。

本专利通过籽晶衬底连接方法解决了控温难题，提升了 CVD 金刚石产品的成品率，降低了成本，推动了 CVD 金刚石产业化发展，带动金刚石从工具级应用走向高端应用。

本专利已成功应用于金刚石生长领域，实现了专利成果的产出，相关金刚石产品已用于珠宝首饰、5G 通信、电子器件散热等诸多领域。

专利名称：一种玻璃纤维组合物及其玻璃纤维和复合材料
专 利 号：ZL201580000905.1
专利权人：巨石集团有限公司
发 明 人：曹国荣　邢文忠　章　林　顾桂江

高昂的发电成本一直是制约我国风电发展的重要因素。要使风电平价化，采用大尺寸风力叶片，提高发电效率，是重要的解决途径。而普通玻璃纤维性能无法满足要求，传统高性能纤维又价格高、产量少，且技术被国外公司垄断。

本专利的高性能玻璃配方技术，使玻璃纤维弹性模量提升 21%，并有效降低成型温度 162℃，从而解决了高性能玻璃纤维弹性难以在 10 万吨级大型池窑规模化生产的难题，技术达到国际领先水平，保障了国内供给安全，实现了我国玻璃纤维技术的自立自强。

本专利目前已在全球 38 个国家和地区获得授权。以此为核心，从玻璃纤维弹性制造全流程的 37 个技术方向申请专利 294 件，授权 131 件。构建专利族群，完成全球布局，支撑中国玻璃纤维弹性工业转型升级。

在应用层面，本专利产品已成功应用于世界最长的风机叶片，促进风电进入平价时代，推动能源结构转换，助力“双碳”目标实现。在经济效益方面，专利产品累计新增销售额超 23 亿元。此外，专利产品还在 5G 光缆加强芯、氢能高压储罐和汽车轻量化等高端领域获得应用。

专利名称：基于铯原子饱和吸收谱的半导体自动稳频激光器
专 利 号：ZL201610459243.0
专利权人：中国科学院国家授时中心
发 明 人：张首刚　马　杰　李孝峰　刘　杰　石　浩

小铯钟是基于铯原子量子跃迁产生标准时间频率信号的精密科学仪器设备，是国家标准时间（即北京时间）产生系统的核心用钟，也是目前国际标准时间产生的主要用钟。

本专利能够提供可独立调优的高品质抽运光和探测光，同时满足铯原子量子态高效制备和钟跃迁信号低噪探测要求，且具有高可靠性和小型化的显著优势，解决了光抽运小铯钟产品化的难题。

本专利技术支撑实现的光抽运小铯钟产品主要性能优于此前国外小铯钟产品，被国际计量局推荐用于不同国家标准时间的产生，也是首例出口欧洲的小铯钟产品。自 2021 年 7 月起，多台小铯钟数据陆续用于国际原子时计算，为国际标准时间的产生做出了贡献。本专利成果已应用于我国标准时间产生系统、北极科考任务、北斗导航系统，以及 5G 通信、国家电网和轨道交通等领域，有力保障了我国高性能时间频率资源的自主性和先进性。

专利名称：一种高纯氯化锂的提取装置
专 利 号：ZL201610550355.7
专利权人：合肥通用机械研究院有限公司
发 明 人：张德友　陈崔龙　方　毅　周　进　张曼曼　朱碧肖

锂及其化合物是国民经济和国防建设中的重要战略物资，盐湖提锂已成为该领域技术发展趋势，但盐湖卤水组分复杂、提取难度极大，发达国家争相攻关高效率、高纯度的盐湖提锂技术及装备。由于高纯锂的战略敏感性，我国无法也不能依赖进口，必须通过自主研发创新突破。

本专利首创高纯锂元素离心萃取工艺及成套装备，研发出大流量耐蚀型离心萃取机、本级回流装置等核心设备，萃取效率达到 95%以上，制备的氯化锂纯度处于国际先进水平。相比传统重力沉降等提锂技术，分离效率提高 2～6 倍，溶剂耗用量降低 60%以上，流比适用范围扩大近 10 倍，解决了恶劣工况下利用盐湖卤水实现锂元素高纯分离的技术难题。

本专利成果应用于青海建成全球首条"千吨级高纯氯化锂"产业化示范线，同时为镍、钴、铼、钪等稀贵金属的湿法提取、稀土分离等国内新型重大项目提供技术支撑，在医药、化工、环保等行业得到广泛应用，市场占有率高，经济效益和社会效益显著。

专利名称：子带配置的指示方法及装置、子带接入方法及装置

专 利 号：ZL201610615466.1

专利权人：展讯通信（上海）有限公司

发 明 人：周化雨　徐伟杰

本专利解决了现有移动通信系统中用户设备接入不同子带的效率较低、灵活性不足、开销大等关键性、共性技术难题，是标准必要专利。

本专利技术使得用户设备可以接入不同配置的非基本子带，大大提高了网络灵活性，提高了用户设备接入不同子带的效率，节省了交互过程中的信令开销。该专利技术适用于所有需要用到 5G 基带芯片的设备和应用场景，且随着 5G 的进一步推广应用和完善，还将应用到智慧生活、智慧城市、智慧生产等领域，给个人生活和经济社会发展带来极大改变。

专利名称：切换方法及装置

专 利 号：ZL201610951190.4

专利权人：中兴通讯股份有限公司

发 明 人：施小娟　方建民

本专利技术解决了 5G 系统中以数据流为最小粒度进行服务质量 QoS 管理的架构下，UE 在不同基站间切换时的 QoS 管理问题。利用该专利技术，可以在切换过程中让目标基站获取足够多的 QoS 信息，根据目标基站当前的小区负荷、无线信号质量、无线资源管理策略等实现灵活自主的 QoS 管理，提高系统资源利用率，提升整个系统的服务质量。本专利技术是 5G 标准必选技术，可以前向兼容 5G－A 甚至 6G 网络，是 5G 无线网络中保证 UE 移动性能最为关键、最为通用的技术。

本专利已广泛应用于全球 90 余家运营商，覆盖 500 多个行业合作伙伴，服务近 10 亿个用户。本专利技术已经应用于中兴通讯绝大部分 5G 基站。除此之外，该专利技术也广泛应用于全球主流基站厂商，取得了很高的经济效益和显著的社会效益。同时，由于本专利技术良好的前向兼容性，将持续产生更高的经济价值。

专利名称：用于并行冗余协议网络中的时钟输出控制方法和系统

专 利 号：ZL201710115849.7

专利权人：南方电网科学研究院有限责任公司，北京四方继保自动化股份有限公司

发 明 人：李　鹏　郭晓斌　习　伟　姚　浩　蔡田田　陈　波　石景海　周　涛　徐　刚　陈秋荣　胡　炯

网络对时是电力等能源工控领域的关键支撑技术，对保障电网的安全可靠运行起着重要作用。传统的冗余网络对时存在抖动频繁、稳定性差、难以满足高速实时处理要求以及关键元器件依赖进口等一系列问题。

本专利创造性地提出了冗余网络中的精确对时方案，发明了双通道高精度比较、对时报文平滑输出、异常报文实时闭锁等一系列原创性算法，以及网络通信、对时算

法的硬件 IP 固化方法，研制出全面国产的电力专用芯片“伏羲”，填补了国际标准在并行冗余网络精确对时方面的空白，实现了核心算法和关键器件的自主可控，保证了电力能源工控领域冗余网络中的对时精度、可靠性和实时性。

基于本发明专利形成的国产“伏羲”芯片入选“2021 年度央企十大国之重器”，系列装置在电网发、输、变、配、用领域以及石化工矿企业获得规模化应用，并出口十多个国家，创造直接经济效益 6.7 亿元。

专利名称：一种基于信息融合的智能变电站数据可靠性识别方法
专 利 号：ZL201710373630.7
专利权人：南京国电南自电网自动化有限公司
发 明 人：张　灏　周小波　陈　实

继电保护是电网的“安全卫士”，通过数据采集、快速检测和隔离故障来保障电网安全稳定运行，而准确的数据源及数据采集决定了继电保护能否正确动作，是继电保护领域的关键核心技术。

本专利技术突破了现有数据采集技术中数据异常与系统故障难以区分的技术瓶颈，利用空间维度信息实现了智能变电站全链路数据的可靠识别，在保障速动性的基础上提升了可靠性。

本专利技术已应用于国电南自全系列近百个型号的继电保护产品，在全国智能变电站也得到广泛应用。截至 2020 年底，采用本专利技术的相关产品销售额已高达 36.80 亿元。本专利技术的应用提升了我国继电保护产品的设计水平，加快了我国电力二次设备自主可控的替代进程，推动了新能源消纳能力，促进了智能电网产业链的快速发展。

专利名称：一种基于频域互相关的分布式时差测量方法
专 利 号：ZL201710549903.9
专利权人：中国人民解放军火箭军研究院，中国航天科工集团八五一一研究所
发 明 人：孙向东　郭　辉　冯志强　陈海龙　陈望杰　于志良　宋大伟　王铁丹　黄成峰　曾德国

本专利公开了一种基于信号级协同的频域互相关分布式时差测量技术方法。采取主站快速引导从站的分布式处理架构；主站检测目标信号和到达时间并广播到各从站，从站不需要检测目标信号；从站根据主站信号到达时间和站间距，截取信号采样数据，利用主从站采样信号在频域上的相关性实现高精度时差测量。本方法具有计算效率高、干扰抑制和弱信号适应能力强、工程适用性好等优点，有效解决了复杂环境下由于信号前沿与噪声信号叠加而无法进行高精度时差测量的问题，时差测量精度比传统时域方法提升了 1 个数量级。

本专利所述方法，实现了对海上、陆上、空中多种类辐射源目标的准确辨识和高精度时差提取与定位。本方法专利已被空基、天基等多型高精度定位装备采用，经济效益显著；可进一步推广应用到无人集群定位系统和干扰源定位系统，拓展用于海上搜救、地面通信站定位等方面。

专利名称：一种钛酸锂复合材料及其制备方法、负极片及锂离子电池
专 利 号：ZL201711145359.8
专利权人：石家庄中博汽车有限公司，银隆新能源股份有限公司，洛阳银隆新能源有限公司
发 明 人：赵　微　詹世英　马美品　李海军　蔡惠群

本专利通过自主研发的介孔微球钛酸锂材料自晶化构建技术，形成纳米颗粒构筑 10nm 介孔的独特中空微球形貌，所制备钛酸锂材料倍率性能突出，进一步适宜大倍率工况，大幅度提升电池安全性能；首创一种新型的高电导率钛酸锂复合材料，不

仅实现动力电池6分钟充满电，而且其倍率循环寿命是传统锂离子电池的6～8倍。

本专利从本质上提升了电池的安全性能，同时突破了大倍率充放电与长循环寿命不可兼顾的技术瓶颈，对扩大锂电池产品在新能源领域的应用范围具有重要意义。以支撑可再生资源并网应用场景为例，按2021—2030年新增3%的风电配套储能计算，相比其他电化学储能，应用本专利技术的格力钛调频储能系统可减少3%风电功率浪费，提高清洁能源年均发电量约273.75吉瓦时。

本专利成果已成功应用于格力钛电池。数据显示，在投放市场装载格力钛电池的车辆或储能项目中，因电池诱发的安全事故为零。

专利名称：一种用于核聚变极向场超导磁体制造的双线并绕系统

专 利 号：ZL201810213413.6

专利权人：中国科学院合肥物质科学研究院

发 明 人：宋云涛 文 伟 沈 光 陆 坤 郑金星 刘志宏 卫 靖 吴杰峰 陈 进 吴维越 吴 欢 杜双松 文 军

本专利的双线并绕系统有效满足了大尺寸超导磁体线圈绕制成形后的高形位精度、表面洁净度及匝间绝缘自动化包绕等生产线设计要求。该专利技术满足磁体连续无张力绕制的精度要求，相比国际同类技术，外形轮廓精度提升近40%；首创串联式绝缘复合包绕系统，总体生产效率提升300%；发明导体表面光学在线检测系统，实现导体表面控检100%全覆盖；系统建造成本显著降低，仅为国外的25%。

本专利技术成果成功应用于国际热核聚变实验堆(ITER)极向场6号磁体、ITER校正场磁体、ITER馈线系统等关键装备的制造，产生的直接经济效益达数亿元；利用本专利技术，成功与清华大学共同实施"球形托卡马克主机磁体线圈加工"项目；利用本专利技术实施推进的"百千瓦级大功率高比冲空间等离子体推进器超导关键技术"获2020年安徽省技术发明奖一等奖。

专利名称：一种地下水库坝体及其构筑方法

专 利 号：ZL201811483462.8

专利权人：国家能源投资集团有限责任公司，国能神东煤炭集团有限责任公司，北京低碳清洁能源研究院

发 明 人：李全生 顾大钊 方 杰 李 捷 张 勇 曹志国

我国煤炭开采每年产生矿井水约70亿吨，为保护并利用煤矿矿井水资源，国家能源集团发明了煤矿地下水库技术，充分利用地下水运移、储存规律和采空区自然空间，为规模化储存利用矿井水提供了有效技术途径。人工坝体是煤矿地下水库核心构筑物，占总工程量的60%以上，决定了水库的稳定性、可靠性、建设成本和周期。但是人工坝体受采动应力、水压、矿震等多重作用，工况条件复杂，制约着地下水库的安全稳定和经济运行。

本专利首创了一种地下水库坝体及其构筑方法。一是理念创新，提出了变被动防渗为主动防渗，变局部加固为系统安全保障的新理念；二是首创了与煤柱及围岩耦合协同的装配式楔形人工坝体结构及构筑方法。本专利技术具有主动防渗、高效便捷、安全可靠和成本低廉等显著优势，坝体建设周期缩短30%以上，建设成本降低40%以上，整体安全系数提高75%以上。

本专利技术已在神东矿区获得全面推广应用，建成12座地下水库，在榆林、宁夏、大雁和宝日希勒煤炭基地建成7座，支撑了世界最大的井工矿区生产生态和4万人的生活用水，矿区植被覆盖率提高到60%以上，创造直接经济效益11.39亿元。

专利名称：一种新型紧耦合气雾化喷嘴

专 利 号：ZL201911323841.5

专利权人：中机新材料研究院（郑州）有限公司

发 明 人：王淼辉　葛学元　汪　鹏　范　斌　王　欣　郭瑞峰　申世远

增材制造技术作为数字化、智能化制造技术的代表，对未来制造业发展和国家综合实力提升有重要影响。新材料是影响增材制造产业技术发展的关键环节之一，我国增材制造用金属粉末材料存在诸多问题，严重制约了增材制造产业的发展。

本发明专利突破了气雾化喷嘴气流道型面迭代构建、气-液两相流破碎机理等关键共性技术，解决了气雾化制粉成粉率低与粉末品质差等难题，实现了高效、大炉容连续制备高品质超细粉的产业化应用，在成粉率和粉末品质诸方面达到国际领先水平，扭转了我国增材制造用高端金属粉末材料依赖进口的被动局面，实现了自主化。

本专利技术已实现产业化，累计获得经济效益14.88亿元，每年减少碳排放200万吨。同时，本专利技术已推广应用到工业母机成套刀具及精密成形模具等领域，为我国高端成形工艺技术的自力更生和产业的更新升级提供了技术支撑，对装备轻量化、节能减排与建设低碳交通运输业发挥重要作用，对助力实现我国"碳达峰、碳中和"的宏伟目标，以及建设绿色环保的节约型社会具有重要意义。

专利名称：新型冠状病毒ORF1ab基因核酸检测试剂盒

专 利 号：ZL202010160162.7

专利权人：广州达安基因股份有限公司

发 明 人：蒋析文　彭海龙　范　建

本专利技术及时应用于广州达安基因股份有限公司（以下简称达安基因）研发的新型冠状病毒2019-nCoV核酸检测试剂盒（荧光PCR法）上。该试剂盒于2020年1月28日获得医疗器械注册证书，注册证号为"国械注准20203400063"，于2020年2月5日首获欧盟CE认证，又于2020年5月4日被列入世界卫生组织（WHO）应急使用清单。本专利项目经济效益约占本单位经济效益的八成，产品应用于各级医院、疾控中心、第三方检验中心、海关等场所的新型冠状病毒核酸检测，目前已销售至全球140多个国家和地区，包括50多个"一带一路"沿线国家。

本专利产品国内市场占有率达到30%以上，截至2021年12月底，累计销售额达78.69亿元。

专利名称：一种以人复制缺陷腺病毒为载体的重组新型冠状病毒疫苗

专 利 号：ZL202010193587.8

专利权人：中国人民解放军军事科学院军事医学研究院，康希诺生物股份公司

发 明 人：陈　薇　吴诗坡　侯利华　张　哲　王步森　郭　强　张金龙　宋小红　付　玲　张　军　陈　旖　赵拯浩　朱　涛　李　荩　莘春林

本专利首创一种腺病毒载体新冠疫苗。通过病毒载体基因双敲除，达到双保险，使疫苗安全高效；通过基因编辑构建缺陷弥补型工程细胞，解决疫苗安全性与大规模制备的矛盾难题；通过生物计算实现靶基因理性设计，显著提高靶抗原表达水平。该疫苗可高效诱导细胞免疫、体液免疫应答，单针注射14天即可起到有效保护，是国内唯一的基础免疫采用单剂程序的新型冠状病毒疫苗。

基于本专利发明的重组新型冠状病毒疫苗（5型腺病毒载体）于2020年3月16日在全球率先进入临床试验，Ⅰ期、Ⅱ期、Ⅲ期临床研究结果均发表在国际顶级医学期刊《柳叶刀》（*Thomas Lancet*）上。2021年2月，该疫苗获国家药监局批准附条件上市，2022年

5月被纳入世界卫生组织（WHO）紧急使用清单，已在境外10余个国家获得批准使用。2021年，该疫苗销售额达43亿元。

基于本专利进一步研发全球首个吸入用新型冠状病毒疫苗，可诱导高效体液免疫、细胞免疫和黏膜免疫反应，用于基础免疫或加强免疫效果显著。2022年6月，该疫苗获紧急使用许可。

供稿：国家知识产权局
知识产权运用促进司

第二十三届中国外观设计金奖获奖项目简介

专利名称：伽玛刀
专 利 号：ZL201230055834.4
专利权人：深圳市奥沃医学新技术发展有限公司
设 计 人：刘海峰

大医集团深圳市奥沃医学新技术发展有限公司（以下简称OUR公司）专注肿瘤放疗技术与产品近30年，1995年自主研发出世界第一台旋转式头部伽玛刀，1998年首创世界第一台体部伽玛刀，是世界上利用γ射线立体定向放射治疗技术治疗人体肿瘤和脑部疾患的先导之一。

本专利秉承“大医科技关爱生命”的设计理念，厚其蕴而简其形，舱门向两侧延伸，如天使翅膀向患者敞开，给患者带来关爱和抚慰，让患者在轻松、舒适的环境中得到治疗。该专利设计深入融合人文关怀与科技创新，集人性化、一体化、科技感与品牌认知于一体，把太空舱搬进治疗室，实现科技融合智能体验，同时，在极简主义的框架下融合合理的人体工学与美学比例，将“用”与“美”发挥到极致。

本专利应用于OUR公司的世界首创“影像引导体部伽玛刀”，已在全球范围内治疗患者超百万例。在优化治疗体验、改善临床治疗效果的同时，显著提升国产高端医疗装备的形象，推动国产高端医疗装备伽玛刀领域率先完成“进口替代”。

专利名称：挂式空调器
专 利 号：ZL201430253554.3
专利权人：青岛海高设计制造有限公司
设 计 人：赵一凡　刘　为　路　朔　蒋春晖　吴　剑　李剑波　江　松　霍　磊

本专利造型灵感来源于现代建筑瑰宝卢浮宫金字塔，其创新的三棱式造型颠覆了人们对传统空调的印象。侧面三棱式形态活泼且不失稳定感；正面提取了现代家居中常见的1∶1分割比例，采用家居环境中常见的横向线性元素为主要设计特征。整机既与家居环境融合，又能提升空间装饰性，契合高端用户的个性化需求。

本专利创新使用双向恒温送风技术，在机身底部增设低能耗柔风口，既可以向下独立送风，也可以结合常规风口实现水平与垂直双向送风，实现空调风不直吹人的同时快速平衡室内温度，提升用户使用舒适度。首创侧面进风设计，渐变的侧面打孔不仅让整机更显精致与轻薄，而且颠覆传统的侧盖封闭结构，增大进风量，使整机换热效率提高4.7%。结合三棱式造型面板形成120°倾角，有效增大蒸发器进风通道空间，降低进风阻力，使整机换热效率提高8.6%；面板相交形成的凸角使语音、喇叭和感应模块的放置更加从容。

专利名称：飞机（宽体）
专 利 号：ZL201630532228.5
专利权人：中国商用飞机有限责任公司，中国商用飞机有限责任公司上海飞机设计研究院

设 计 人:陈迎春 王乐宁 伍志湘
刘 强 陈 凡 金 鼎
陈学刚 赵 雯 吴海伦
何雨薇

本专利所述的外观设计是一款远程、双发、双通道宽体客机。其外形上具有低阻流线双曲面宽视野大风挡机头、弱激波超临界机翼、S形吊挂层流发动机短舱、低阻弱涡流翼梢小翼、低阻尾段等技术特征。专利外部涂装设计融合敦煌飞天艺术元素,体现了中国传统的飞天梦想借由现代科技进步而成真。宽体飞机设计以礼天玉器为其文化象征,玉的光芒凛于内而非形于外,与宽体飞机有容乃大、内外兼修、安全舒适环保的设计理念相契合。

大型飞机是国家科技工业水平和综合国力的集中体现,远程宽体飞机又是大型飞机系列中的高端产品。本宽体客机是中国研制的尺寸大、载客多、航程远的商用飞机。

本产品以中国及亚太地区为重要市场,同时兼顾世界其他地区的市场。其展示销售样机在2018年珠海航展和2019年莫斯科航展上受到全球关注,获得了业界、客户和公众的高度认可和广泛赞誉。

专利名称:汽车
专 利 号:ZL201830624021.X
专利权人:广州汽车集团股份有限公司
设 计 人:张 帆 官柏池 廖周红
袁启文 李 宁 但 卡
谭 鹏 沈传全 唐一叠

广州汽车集团股份有限公司(以下简称广汽)颠覆电动化时代下汽车与人的关系,创造“人机共生美学”设计理念,并将其应用于AION S车型,实现设计的美学表达与实用价值完美结合。

基于广汽第二代纯电专属平台的布局,AION S车型运用“鲸空间”设计理念,达成“乘员舱、行李厢空间最大化,机器占用空间最小化”,搭配宽奢科技的舱内设计,进一步强化敞阔舒享的空间氛围。AION S车型核心的“穿云箭”前脸格局,成为广汽电动车标识性的家族脸谱,配合“高能脉冲腰线”等元素,呈现出一种向前的俯冲动势。AION S车型具备0.245Cd的超低风阻系数,荣获中国汽车工程学会汽车空气动力学分会颁发的“2019年度最佳空气动力学车型”奖。

在实现动感姿态、超大空间和超低风阻的同时,AION S车型还深度集成“三合一”电驱系统,率先构建领先的ADIGO智能物联系统,成就国内第一款纯电续航510千米、第一个量产交付L2级自动驾驶车型。该车型上市三个月销量即破万台,累计销量已超7.8万台。

专利名称:动车组车辆(龙凤呈祥)
专 利 号:ZL201930002738.5
专利权人:中车长春轨道客车股份有限公司
设 计 人:马胜全 贾兴泷 卢 洋

本专利采用全新低阻力流线型头型和车体平顺化设计,基于“重量-阻力-车辆系统”多目标节能控制策略,融合气动、人因、文化、美学多元技术,具有优良的空气动力学特性及独特的视觉外形。本专利采用“鹰隼”仿生学设计,通过增加车头长细比和使截面变化平顺化等减阻设计手段,运行阻力在CR400BF动车组的基础上减阻达到9%、能耗降低约10%。以京张高铁线路运营计算,每年运营330天,每天5个往返,每年耗电量减少约180万度。

本专利设计灵感源于中国传统文化的象征——龙和凤,龙是中华民族的图腾,凤有吉祥和谐的美好寓意。外观装饰彩带蜿蜒起伏,宛若游龙,象征龙腾四海的时代精神。图形线条多彩飘逸,呈现凤舞九天的神韵。中国红、长城灰体现地域属性,彰显中国文化和中国气概。龙凤呈祥的动感外观寓意中国高铁连接世界、造福人类的使命担当,寄托国家繁荣富强、人民幸福安康的美好愿望。

本专利成果已成功应用于复兴号智能动车组并服务于北京、上海、广州等19个省级行政区，截至 2021 年底实现销售额约 34 亿元。

专利名称：手机
专 利 号：ZL201930011661.8
专利权人：小米科技有限责任公司，北京小米移动软件有限公司
设 计 人：陈弘宇　魏　旭　朱　印

本专利突破传统手机单面显示屏的外观设计，采用机身双面环绕屏设计，屏占比达到 180.6%；机身正面、侧面以及背面为整体环绕屏设计，仅部分为非显示屏，体现了极简的设计理念和极高的美学价值。

本专利对应的产品为小米公司在 2019 年发布的 MIX Alpha 手机，其一经发布即带来巨大的市场反响，在品牌和经济增益上为小米做出很大贡献。在该产品影响下，小米公司 2020 年的智能手机销售量同比增长 17.5%，新增销售额超 300 亿元。

专利权人研发了屏幕环形贴合技术、环绕屏组装方案、环绕屏天线解决方案、环绕屏侧面压感方案、环绕屏软件解决方案、环绕屏表面质感与硬度解决方案、柔性盖板屏下指纹方案、屏幕发声技术等在内的多项自主研发的关键技术，通过小米 MIX Alpha 概念手机展现给用户。

专利名称：手机（九十九）
专 利 号：ZL201930020643.6
专利权人：华为终端有限公司
设 计 人：黄弘毅　廖人晖　金庆浩

本专利整体造型简洁、完整、大方。一面大屏，折展两用，折叠和展开的状态下均可体验一体无界；鹰翼折叠，开合有度，鹰翼式折叠转轴设计，保证整部手机的平整状态，将精湛、超前、拔尖科技汇聚于方寸之地，一开一合，两种轻薄；巧妙把手，舒适握持，偏心把手设计，将摄像头、指纹模组、扬声器等器件整合，最优化器件布局；简洁、一体化的设计理念亦体现于背部折叠机构，为使用者提供了极佳的握持手感。

本专利产品将外观造型设计与器件堆叠设计高度融合，充分利用空间，实现外观和科技的完美结合，充分体现出科技感和品质感。轻轻展开，浑然一面，化身开阔平板；合于掌上，紧密贴合，变为精巧手机；靓丽全面屏，清晰锐利，饱和明亮。

专利产品华为 Mate X 及 Mate Xs 系列折叠屏手机的设计向业界展示了我国的手机设计研发能力，进一步提升了国产品牌手机的影响力，也进一步提升了华为品牌手机的高端形象。

专利名称：全海深载人潜水器
专 利 号：ZL201930245255.8
专利权人：中国船舶科学研究中心（中国船舶重工集团公司第七〇二研究所）
设 计 人：叶　聪　曲文新　刘　帅　潘子英　司朝善

“奋斗者”号全海深载人潜水器是能同时携带 3 人多次往返的全海深作业载人深潜装备。该项目在潜水器超大潜深结构、系统调试与仿真以及深海作业等关键技术方面取得一系列重大突破，显著提升了我国深海装备技术的自主创新水平。2020 年，“奋斗者”号创造了 10 909 米的中国载人深潜新纪录，并实现首次万米深海作业现场高清视频直播。

“奋斗者”号的成功研制是我国深海科技探索道路上的重要里程碑，其在同类潜水器中具有海底作业时间长、作业能力强、潜浮速度快的显著技术优势。“奋斗者”号已开展了直接观测、直接测绘、直接取样、原位实验等多类型作业，获取了丰富的深渊底部水体、沉积物、岩石、微生物和宏生物样品，有力支撑了深渊特种环境、地质与生命等多学科研究，为深渊科学的进步发挥了不可替代的作用。

本专利是“奋斗者”号的外观设计，其形状所涉及的总布置、水动力外形、深海照明、人因工程等功能性设计均达到国际领先水平，“奋斗者”号也成为大深度载人潜水器的设计典范。

专利名称:汽车
专 利 号:ZL201930350828.3
专利权人:华人运通(江苏)技术有限公司
设 计 人:姚昱丞

本专利应用产品高合 HiPhi X 整车体现了“场景定义设计、软件定义汽车、共创定义价值”的独创开发理念,为用户创造“科技豪华”的出行体验。

高合 HiPhi X 前脸营造出高合品牌 Logo 的独特八象限布局,前脸型面 X 线条将务实、创新、科学、艺术四个维度演绎到极致。PML 可编程智能大灯横向一字贯穿,融合了西方对照明技术的追求(照明模式)与东方注重礼仪交互(互动功能)的传统。居中的 I 字线,代表着现在和未来,特别是 I 字线条的上端,突破了舱盖向后延展,与车尾设计相呼应,表达出高合对技术极限的不断追求,以及 HiPhi X 车型可以不断突破自我、持续进化的产品特征。

高合 HiPhi X 车型百公里加速仅为 3.9 秒,长续航版本 CLTC 工况下高达 650 公里的续航里程,满足城市、城际、高速等多场景下的用车需求;搭载硬件包括“无接触智能进出”的高合展翼门、PML 可编程智能大灯+ISD 智能交互灯、摆幅达 10°的后轮主动转向系统等,以及配置有 HiPhi Pilot 高合智能驾驶辅助、情感化智能出行伙伴 HiPhiGo 等人性化智行科技。自 2021 年 5 月正式交付以来,高合 HiPhi X 车型登顶 2021 年下半年 50 万元以上豪华电动车销量榜冠军,2022 年销量持续领跑,季度市场占有率达 1/4。

专利名称:整车(c229 颜色—香槟金、琥珀棕)
专 利 号:ZL201930666245.1
专利权人:中国第一汽车股份有限公司
设 计 人:朱 坤 周美欣 范春妮

本专利为红旗 H9 车型的外观设计专利。红旗 H9 是新红旗全新设计语言下的第一款量产产品,设计团队将中国优秀文化艺术传统、汽车设计趋势及前沿科技融于一体,以极致的工匠精神打造了一款消费者高度认可的工业艺术品。红旗 H9 外观所呈现出的豪华感与庄严感源于“中和之美”的匠心运用,与我们华夏民族所推崇的处世哲学“中和之道”一脉相承。首次将双色车身应用于外饰设计:香槟金与琥珀棕的色彩灵感来源于七彩丹霞,阳光下砂石的金色与夕阳下砂石的棕色灿烂璀璨、相映生辉。设计团队对浓淡搭配严格把控、精益求精,最终将饱含厚重文化底蕴与大国恢宏胸怀的双色车身完美呈现。

红旗 H9 开创了红旗 C+级豪华轿车的新纪元。除参加重大国事活动外,红旗 H9 市场份额在豪华车市场中稳步提升达到 6.6%,在自主品牌中一枝独秀,提升了民族汽车品牌高端形象与国际影响力。自上市以来,红旗 H9 成为红旗品牌第一印象车型,以极具辨识度的外观设计开启了工业产品设计与优秀传统文化相融合的新局面,推动品牌与行业向上。同时,该车型还远销海外,充分展示了大国的工业设计水平与文化自信。

供稿:国家知识产权局
知识产权运用促进司

2021年新增地理标志商标名录

序号	商标名称	注册人	注册号	类别	商品	国家（国内省、自治区、直辖市）
1	大林梨	成都市天府新区大林街道农业服务协会	43980778	31	新鲜梨	四川省
2	籍田贡米	成都天府新区籍田街道农业服务协会	44036704	30	大米	四川省
3	籍田贡枣	成都天府新区籍田街道农业服务协会	44070652	31	鲜枣	四川省
4	桂花土陶	彭州市桂花镇陶瓷企业协会	48557760	19	陶砖	四川省
5	桂花土陶	彭州市桂花镇陶瓷企业协会	48564582	21	陶器	四川省
6	大竹白茶	大竹县茶叶（白茶）产业发展中心	45198006	30	绿茶	四川省
7	泸定山木耳	泸定县林业技术推广站	42227825	29	木耳	四川省
8	乡城藏香	乡城县农特产品服务协会	43206302	3	香	四川省
9	炉霍藏香	炉霍藏香文化协会	42554789	3	藏香（香）	四川省
10	康定羊肚菌	康定市农业技术推广和土壤肥料站	31996817	29	羊肚菌（干食用菌）	四川省
11	德格黑藏纸	德格县特色产业保护协会	42742391	16	黑藏纸（纸）	四川省
12	理塘黄芪	理塘县农业技术推广和土壤肥料站	46789973	5	药用黄芪	四川省
13	中子月饼	广元市朝天区食品工业协会	33410694	30	月饼	四川省
14	泸宁鸡	冕宁县农技推广中心	32665323	31	鸡（活家禽）	四川省
15	美姑岩鹰鸡	美姑县养殖技术推广中心	43286499	29	鸡肉	四川省
16	美姑大红袍花椒	美姑县农业农村发展促进会	38990561	30	花椒	四川省
17	喜德燕麦	喜德县特色产业保护协会	42867057	30	去壳燕麦	四川省
18	宁南生丝	宁南县蚕桑生产技术协会	43354032	22	生丝	四川省
19	冕宁橄榄油	冕宁县产业科教站	43074001	29	橄榄油	四川省
20	美姑核桃	美姑县农业农村发展促进会	41741679	29	加工过的核桃	四川省
21	美姑核桃	美姑县农业农村发展促进会	41741304	31	核桃（新鲜坚果）	四川省
22	螺髻山黑猪	普格县畜牧局畜牧站	46790193	29	猪肉	四川省

续表

序号	商标名称	注册人	注册号	类别	商品	国家（国内省、自治区、直辖市）
23	美姑芸豆	美姑县农业农村发展促进会	39056648	31	新鲜芸豆	四川省
24	喜德乌金猪	喜德县特色产业保护协会	42836793	29	猪肉	四川省
25	美姑乌金猪	美姑县农业农村发展促进会	39020112	29	猪肉	四川省
26	美姑乌金猪	美姑县农业农村发展促进会	39020034	31	活猪	四川省
27	美姑芜根萝卜	美姑县农业农村发展促进会	41449509	31	萝卜（新鲜蔬菜）	四川省
28	美姑马铃薯	美姑县农业农村发展促进会	41866586	31	新鲜马铃薯	四川省
29	螺髻山乌骨鸡	普格县畜牧局畜牧站	46734491	29	乌鸡肉	四川省
30	宁南蚕茧	宁南县蚕桑生产技术协会	43297119	22	蚕茧	四川省
31	古蔺猕猴桃	古蔺县特色农产品产业发展服务中心	40392415	31	新鲜猕猴桃	四川省
32	古蔺丫杈猪	古蔺县特色农产品产业发展服务中心	40432649	29	猪肉	四川省
33	古蔺丫杈猪	古蔺县特色农产品产业发展服务中心	40432650	31	活猪	四川省
34	泸县龙眼	泸县农产品流通协会	38317492	31	新鲜龙眼	四川省
35	古蔺甜橙	古蔺县特色农产品产业发展服务中心	40392413	31	甜橙（新鲜水果）	四川省
36	泸州桂圆	泸州市园艺学会	43904784	29	干桂圆	四川省
37	泸州桂圆	泸州市园艺学会	43908568	31	新鲜桂圆	四川省
38	眉山春橘	眉山市经济作物站	39200362	31	春橘（新鲜柑橘）	四川省
39	丹棱不知火	丹棱县果业协会	40273558	31	不知火柑（新鲜水果）	四川省
40	盐亭贡柑	盐亭县农业特色产品推广协会	39485311	31	不知火柑（新鲜水果）	四川省
41	盐亭母猪壳	盐亭县农业特色产品推广协会	51926625	31	鳜鱼(活鱼)	四川省
42	威远无花果	威远县无花果核桃产业发展服务中心(威远县无花果核桃科学研究所)	41837347	31	新鲜无花果	四川省
43	资中高楼不知火	资中县高楼果业协会	40463091	31	不知火（新鲜水果）	四川省
44	资中血橙 BLOOD ORANGE ZIZHONG	资中县多种经营站	37739885	31	新鲜血橙	四川省

续表

序号	商标名称	注册人	注册号	类别	商品	国家（国内省、自治区、直辖市）
45	普润稻田虾	隆昌市普润镇农业服务中心	51428285	31	虾（活的）	四川省
46	凤来槐花李	射洪市新农界现代种养专业技术协会	45482078	31	新鲜李子	四川省
47	遂宁豆腐干	遂宁市豆制品行业协会	43074025	29	豆腐干	四川省
48	射洪凤来鸡	射洪市新农界现代种养专业技术协会	45482080	31	活鸡	四川省
49	射洪红心猕猴桃	射洪市新农界现代种养专业技术协会	45482079	31	新鲜猕猴桃	四川省
50	射洪黑花生	射洪市新农界现代种养专业技术协会	45482081	31	新鲜花生	四川省
51	遂宁红薯	遂宁市农业技术推广站	45197954	31	新鲜红薯	四川省
52	荥经天麻	荥经县农业科技指导服务中心（四川省农业广播电视学校荥经分校）	37945905	5	药用天麻	四川省
53	芦山白茶	芦山县明剑白茶种植协会	38288154	30	茶叶代用品（由毛貂皮樟树叶子经萎凋、杀青、揉捻、烘干等工序制作而成）	四川省
54	雨城江鲳鱼	四川省周公河珍稀鱼类省级自然保护区雨城管理处	36236286	29	鲤鱼（非活）	四川省
55	雨城江鲳鱼	四川省周公河珍稀鱼类省级自然保护区雨城管理处	36236289	31	鲤鱼（活鱼）	四川省
56	筠连桐子叶泡粑	筠连县食品行业协会	41907876	30	泡粑	四川省
57	长宁枇杷	长宁县农业技术推广站	34317145	31	枇杷（新鲜水果）	四川省
58	长宁甜梨	长宁县农业技术推广站	34316097	31	梨（新鲜水果）	四川省
59.	长宁竹林鸡	长宁县畜牧畜禽改良站	34563383	31	鸡（活家禽）	四川省
60	长宁凉糕	长宁县农产品加工流通协会	31023753	30	凉糕（糯米年糕）	四川省
61	筠连苗家黄牛干巴	筠连县畜牧水产业发展服务中心	52682943	29	腌制牛肉	四川省
62	长宁冷泉鱼	长宁县畜牧水产局	34563270	31	大鲵（活鱼）	四川省
63	乐至黑山羊	乐至县畜牧兽医协会	40753871	29	羊肉（肉）	四川省

续表

序号	商标名称	注册人	注册号	类别	商品	国家（国内省、自治区、直辖市）
64	乐至黑山羊	乐至县畜牧兽医协会	40753567	31	黑山羊（活山羊）	四川省
65	雁江蜜柑	资阳市雁江区农业技术推广中心	34022606	31	蜜柑（新鲜柑橘）	四川省
66	乐至蚕茧	乐至县蚕桑局	51873679	22	蚕茧	四川省
67	乐至生丝	乐至县蚕桑局	51879429	22	生蚕丝	四川省
68	荣县肉兔	荣县古文镇养兔协会	42393695	31	兔(活动物)	四川省
69	荣县绿茶	荣县茶叶生产技术推广站	42393709	30	绿茶	四川省
70	荣县椪柑	荣县经济作物站	42393726	31	椪柑（新鲜水果）	四川省
71	荣县花茶	荣县茶叶生产技术推广站	42541737	30	茉莉花茶	四川省
72	闽清青白瓷	闽清县陶瓷科学研究所	41377208	21	瓷器	福建省
73	平潭筋骨草 PINGTAN AJUGA DECUMBENS THUNB	平潭民间中医药学协会	48668200	5	药用筋骨草	福建省
74	闽清陶瓷 CERAMICS	闽清县陶瓷科学研究所	41043335	21	瓷器	福建省
75	武平辣椒	武平县无公害瓜果蔬菜协会	39672053	31	新鲜辣椒	福建省
76	武平竹笋	武平县无公害瓜果蔬菜协会	39672054	31	新鲜竹笋	福建省
77	东湖山　溪南东湖山米粉 H	漳平市农副产品产销协会	42592040	30	米粉(条状)	福建省
78	龙岩山麻鸭	龙岩市新罗区畜牧兽医水产学会	22178758	29	鸭(非活)	福建省
79	龙岩山麻鸭	龙岩市新罗区畜牧兽医水产学会	22178760	31	活鸭	福建省
80	松溪茶油	松溪县特色产品发展研究学会	40549702	29	食用茶籽油	福建省
81	顺昌红泥笋	顺昌县岚下乡“三农”服务中心	40711251	31	新鲜竹笋	福建省
82	政和茭白	政和县农副产品流通信息服务中心	41000978	31	茭白（新鲜蔬菜）	福建省
83	政和茭白	政和县农副产品流通信息服务中心	41000979	31	茭白（新鲜蔬菜）	福建省
84	政和镇前小辣椒	政和县镇前镇“三农”服务中心	41164484	31	新鲜辣椒	福建省
85	政和镇前小西红柿	政和县镇前镇“三农”服务中心	41198222	31	新鲜西红柿	福建省

续表

序号	商标名称	注册人	注册号	类别	商品	国家（国内省、自治区、直辖市）
86	正山小种	武夷山市茶叶科学研究所	41866603	30	红茶	福建省
87	正山小种	武夷山市茶叶科学研究所	41866604	30	红茶	福建省
88	松溪青瓷	松溪县特色产品发展研究学会	40901027	21	瓷器	福建省
89	武夷山大红袍	武夷山市茶叶科学研究所	41866606	30	乌龙茶	福建省
90	政和镇前魔芋	政和县镇前镇“三农”服务中心	47965159	31	新鲜魔芋	福建省
91	周宁高山百合	周宁县林业种苗与科技推广中心	45198024	31	百合花（自然花）	福建省
92	周宁高山杜鹃	周宁县林业种苗与科技推广中心	45198025	31	杜鹃花（自然花）	福建省
93	福安白茶	福安市茶业协会	35073374	30	白茶	福建省
94	福安绿茶	福安市茶业协会	35073373	30	绿茶	福建省
95	屏南兰花 PINGNAN ORCHID	屏南县花卉盆景协会	45198201	31	兰花（自然花）	福建省
96	蕉城白眉山羊	宁德市蕉城区金涵畲族乡农业服务中心	39200364	31	活羊	福建省
97	蕉城晚熟龙眼	宁德市蕉城区七都镇农业服务中心	40273400	31	新鲜龙眼	福建省
98	福鼎栀子花	福鼎市福鼎黄栀子协会	49004630	31	栀子花（自然花）	福建省
99	柘荣高山白茶	柘荣县茶叶协会	50512830	30	白茶	福建省
100	小岞紫菜	惠安县小岞镇渔业技术协会	39172631	29	紫菜	福建省
101	小岞鱿鱼	惠安县小岞镇渔业技术协会	39172632	29	鱿鱼（非活）	福建省
102	小岞虾仁	惠安县小岞镇渔业技术协会	39172633	29	虾（非活）	福建省
103	NA 南安蜂蜜 NAN AN HONEY	南安市蜜蜂产业协会	39892650	30	蜂蜜	福建省
104	南安高茹芋头	南安市英都镇农村专业技术协会	42742396	31	芋头（新鲜蔬菜）	福建省
105	五里街韭菜	永春县五里街镇农业综合服务中心	45481812	31	新鲜韭菜	福建省
106	磁灶陶瓷　磁	晋江市磁灶商会	34858446	19	瓷砖	福建省
107	尤溪联合田埂豆	尤溪县联合镇农业服务中心	39924867	31	毛豆（新鲜连荚大豆）	福建省
108	尤溪联合大米	尤溪县联合镇农业服务中心	39924866	30	大米	福建省

续表

序号	商标名称	注册人	注册号	类别	商品	国家（国内省、自治区、直辖市）
109	沙县蜂蜜	沙县蜂产品协会	39801140	30	蜂蜜	福建省
110	安砂淮山	永安市安砂镇农业综合服务中心	43781015	5	淮山药（中药材）	福建省
111	沙县工夫茶	沙县夏茂茶叶协会	50240050	30	红茶	福建省
112	沙县豆干	沙县小吃同业公会	44833264	29	豆腐干（豆腐制品）	福建省
113	陈岱长寿菜	云霄县陈岱镇农村经济服务中心	39172634	31	番薯叶（新鲜蔬菜）	福建省
114	平和 粗鳞鱼 平和 PINGHE RAW CSALES FISH	平和县特产协会	34744754	29	鲤鱼（非活）	福建省
115	磜头脐橙	云霄县马铺乡农村经济服务中心	38449831	31	新鲜橙	福建省
116	六鳌地瓜	漳浦县六鳌镇农产品协会	51490782	31	新鲜地瓜	福建省
117	无棣虾酱	滨州市金酱食品研究所	35276756	29	虾酱	山东省
118	沾化海蜇	滨州市沾化区海洋与渔业协会	41377430	29	海蜇皮	山东省
119	滨州棉	滨城区农业生产资料行业协会	32805343	22	未加工棉花	山东省
120	无棣半滑舌鳎	滨州环渤海南美白对虾产业发展研究院	34895677	31	半滑舌鳎（活的）	山东省
121	伦镇蚯蚓	德州法博士蚯蚓标准化研究中心	41837563	31	活蚯蚓	山东省
122	乐陵小枣	乐陵市国有园艺场	52723746	29	干枣	山东省
123	乐陵小枣	乐陵市国有园艺场	52706533	31	鲜枣	山东省
124	广饶鲶鱼	广饶县广饶街道特色农副产品协会	39145887	31	鲶鱼（活的）	山东省
125	南展大米	东营市东营区龙居镇农业综合服务中心	41777298	30	大米	山东省
126	河口文蛤	东营市河口区地方特产流通协会	45071435	31	文蛤（活的）	山东省
127	河口对虾	东营市河口区地方特产流通协会	45071439	31	虾（活的）	山东省
128	申河口西瓜	鄄城县引马镇农业综合服务中心	41449604	31	新鲜西瓜	山东省
129	张班庄粉条	鄄城县引马镇农业综合服务中心	42227881	30	粉条	山东省

续表

序号	商标名称	注册人	注册号	类别	商品	国家（国内省、自治区、直辖市）
130	菏泽胡萝卜	菏泽市牡丹区沙土镇胡萝卜种植协会	40432769	31	新鲜胡萝卜	山东省
131	菏泽甘蓝	菏泽市牡丹区沙土镇甘蓝菜种植协会	40432770	31	新鲜甘蓝	山东省
132	单县黑猪	单县黑猪产业协会	41837569	31	活猪	山东省
133	东明甜瓜	东明县农业技术推广站	42069782	31	新鲜甜瓜	山东省
134	东明草莓	东明县草莓产业协会	42256961	31	新鲜草莓	山东省
135	曹县芍药	曹县农业技术推广站	42499860	31	芍药(植物)	山东省
136	苏庄樱桃	单县高韦庄镇农业农村服务中心	49780439	31	新鲜樱桃	山东省
137	吴家堡大米	济南星火农业科技服务中心	43304981	30	大米	山东省
138	南四湖蒲草	微山县蒲草加工协会	38407257	20	草编织品(草席除外),草垫	山东省
139	鱼城蜜桃	鱼台县农产品品牌协会	40937767	31	新鲜蜜桃	山东省
140	鱼城辣椒	鱼台县农产品品牌协会	40937768	31	新鲜辣椒	山东省
141	茌平甲鱼	茌平渔业协会	39057029	31	甲鱼(活的)	山东省
142	茌平乌鳢	茌平渔业协会	39057030	31	乌鳢(活的)	山东省
143	尹集驴肉	高唐县尹集镇农副产品协会	41777292	29	驴肉	山东省
144	茌平鳅鱼	茌平渔业协会	38894848	31	活泥鳅	山东省
145	茌平草鱼	茌平渔业协会	38894849	31	草鱼(活的)	山东省
146	临沭地瓜	临沭县甘薯产业协会	48514275	31	新鲜地瓜	山东省
147	逄家桃园地瓜	青岛市黄岛区张家楼街道办事处农业农村中心	38802217	31	新鲜地瓜	山东省
148	新河草编	平度市新河镇农业服务中心	39762111	20	草编制品(不包括鞋、帽、席、垫)	山东省
149	即墨淄湾大蒜	青岛市大蒜产业协会	29465795	31	新鲜蒜	山东省
150	青岛对虾	青岛市海洋渔业协会	44168754	29	虾(非活)	山东省
151	青岛对虾	青岛市海洋渔业协会	44164505	31	虾(活的)	山东省
152	小窑瓜蒌	肥城市老城街道农业综合服务中心	45736985	5	药用瓜蒌	山东省
153	文登油桃	威海市文登区宋村镇农业综合服务中心	39924891	31	油桃	山东省

续表

序号	商标名称	注册人	注册号	类别	商品	国家（国内省、自治区、直辖市）
154	乳山喜饼	乳山市面食协会	32555798	30	喜饼（大饼）	山东省
155	青州皇尊蜜梨	潍坊市有机农副产品协会	28633714	31	新鲜梨	山东省
156	安丘大葱	安丘市瓜菜协会	42519380	31	新鲜大葱	山东省
157	招远苹果	招远市兴源农副产品推广服务中心	43249290	31	苹果（新鲜的）	山东省
158	圣土山黑猪	薛城区沙沟镇农业综合服务中心	40813637	29	猪肉	山东省
159	永安粉条	枣庄市市中区永安农副产品协会	32805275	30	粉条	山东省
160	定兴太平萝卜	定兴县农业技术综合推广中心（定兴县森林病虫害防治检疫站）	44816456	31	新鲜萝卜	河北省
161	定州缂丝	定州市电子商务协会	37433028	24	缂丝（织物）	河北省
162	曲阳定瓷	曲阳定窑协会	48527986	21	瓷器	河北省
163	曲阳定窑	曲阳定窑协会	48538847	21	瓷器	河北省
164	定州黑小麦	定州市黑小麦行业协会	50240515	31	未加工的黑小麦	河北省
165	定州羔羊肉	定州市羊产业协会	47247580	29	羊肉	河北省
166	唐县大枣	唐县生态农业产业协会	39415072	29	干枣	河北省
167	唐县核桃	唐县生态农业产业协会	40151904	31	新鲜核桃	河北省
168	南皮彩麦	南皮县龙洁彩麦产业协会	44122465	31	小麦	河北省
169	道前街烧鸡	大名县传统美食协会	39351883	29	烧鸡	河北省
170	张西堡葡萄	邯郸市永年区葡萄协会	41777289	31	新鲜葡萄	河北省
171	涉县黑枣	涉县黑枣协会	42941116	29	干枣	河北省
172	大名草编	大名县草编协会	45405292	20	小麦秆编织物（草席除外）	河北省
173	衡水鸭蛋	衡水市桃城区烤鸭蛋科技服务中心	34774785	29	鸭蛋	河北省
174	栾城黑土豆	石家庄市栾城区彩色土豆产业协会	36492282	31	新鲜土豆	河北省
175	无极太子参	无极县地方特产发展协会	38895705	5	人参	河北省
176	鹿泉茄子	石家庄市鹿泉区蔬菜产业协会	41000928	31	茄子（新鲜蔬菜）	河北省
177	东宋仔猪	无极县特色产品推广协会	43679115	31	活猪	河北省

续表

序号	商标名称	注册人	注册号	类别	商品	国家（国内省、自治区、直辖市）
178	井陉窑	井陉县井陉窑文化研究会	43462496	21	日用瓷器（包括盆、碗、盘、壶、餐具、缸、坛、罐），瓷器，瓷器装饰品，家庭用陶瓷制品	河北省
179	鹿泉红薯	石家庄市鹿泉区红薯协会	40813204	31	新鲜红薯	河北省
180	鹿泉核桃	石家庄市鹿泉区核桃协会	40869650	31	核桃（新鲜水果）	河北省
181	鹿泉苹果	石家庄市鹿泉区百乘果品种植服务中心	49967281	31	新鲜苹果	河北省
182	栾城无花果	石家庄市栾城区果品科技产业协会	51956895	31	新鲜无花果	河北省
183	乐亭韭菜	乐亭县韭菜协会	41710768	31	新鲜韭菜	河北省
184	乐亭草莓	乐亭县草莓协会	41710767	31	草莓	河北省
185	乐亭大樱桃	乐亭县鸿丰果菜协会	41710769	31	大樱桃	河北省
186	滦南黄坨甘薯	滦南县甘薯产业协会	48159112	31	新鲜甘薯	河北省
187	巨鹿大紫枣	巨鹿县大紫枣种植协会	35845504	31	大紫枣（新鲜水果）	河北省
188	蔚县小米	蔚县蔚州贡米协会	43059678	30	小米	河北省
189	怀来葡萄	怀来县林果技术服务站	48091729	31	新鲜葡萄	河北省
190	望城鲌鱼	长沙市望城区水产科学技术推广中心	43281056	31	活鲌鱼	湖南省
191	浏阳豆豉	浏阳市豆豉生产工艺传承保护协会	37338389	30	豆豉	湖南省
192	宁乡五里堆香干	宁乡市五里堆豆制品产业发展中心	40235925	29	香干（豆腐制品）	湖南省
193	常德柳叶鲫	常德柳叶湖旅游度假区渔业协会	41683377	31	鲫鱼（活的）	湖南省
194	津市藠果	津市市藠果产业协会	42127008	31	新鲜藠头	湖南省
195	安仁大米	安仁县生平米业优质稻种植协会	46901400	30	大米	湖南省
196	祁东黄花菜	祁东县黄花菜产业发展办公室	41969752	31	新鲜黄花菜	湖南省

续表

序号	商标名称	注册人	注册号	类别	商品	国家（国内省、自治区、直辖市）
197	三樟黄贡椒	衡东县三樟黄贡椒产业协会	52638513	31	新鲜辣椒	湖南省
198	通道蓝靛	通道侗族自治县特产商贸协会	34744613	2	靛青(染料)	湖南省
199	通道侗锦	通道侗族自治县侗锦编织协会	34744605	24	锦缎	湖南省
200	新化魔芋	新化县圳上镇农业技术推广服务中心	41043757	31	新鲜魔芋	湖南省
201	新化杨梅	新化县杨梅产业协会	51127133	31	杨梅(新鲜水果)	湖南省
202	新化红心李	新化县吉庆镇农业技术推广服务中心	40235926	31	新鲜李子	湖南省
203	城步竹笋	城步苗族自治县竹笋协会	40235900	29	竹笋(熟蔬菜),干菜笋,笋干	湖南省
204	湘潭乌石腊肉	湘潭县乌石镇特色农产品协会	40432595	29	腊肉	湖南省
205	壶天石羊	湘乡市壶天石山羊养殖协会	48925427	31	活山羊	湖南省
206	塔卧石雕	永顺县石雕行业协会	38448625	19	石雕	湖南省
207	双牌虎爪姜	双牌县农业技术推广中心	40754229	31	新鲜生姜,未加工的姜	湖南省
208	屈原龙虾	岳阳市屈原管理区农业技术推广中心	34316699	31	龙虾(活的)	湖南省
209	张家界黑猪	张家界市老科学技术工作者协会	39465130	29	猪肉食品,肉脯,肉干,肉片,腊肉,盐腌肉,猪油,猪肘,猪肉罐头,猪肉	湖南省
210	张家界黑猪	张家界市老科学技术工作者协会	39446840	31	活猪	湖南省
211	张家界茶	张家界市农业科学技术研究所	43177452	30	红茶,绿茶	湖南省
212	张家界莓茶	张家界市农业科学技术研究所	43179570	30	莓茶(用作茶叶代用品的显齿蛇葡萄叶)	湖南省
213	桑植粽叶	桑植县粽叶协会	48886845	31	粽叶(植物)	湖南省
214	慈利厚朴	慈利县科学技术信息研究所	42031957	5	药用厚朴	湖南省
215	慈利五倍子	慈利县科学技术信息研究所	42031958	5	药用五倍子	湖南省
216	慈利陈皮	慈利县科学技术信息研究所	42031959	5	药用陈皮	湖南省

续表

序号	商标名称	注册人	注册号	类别	商品	国家（国内省、自治区、直辖市）
217	茶陵白芷	茶陵县大蒜生姜协会	41377263	5	药用白芷	湖南省
218	攸县香干	攸县豆腐行业协会	42288593	29	香干（豆腐制品）	湖南省
219	保山南红玛瑙玉雕　保山南红	保山市隆阳区南红玛瑙协会	35684323	14	玉雕艺术品(以南红玛瑙为原料)	云南省
220	保山南红玛瑙玉雕　保山南红	保山市隆阳区南红玛瑙协会	35705124	14	玉雕艺术品(以南红玛瑙为原料)	云南省
221	保山南红玛瑙玉雕	保山市隆阳区南红玛瑙协会	38448582	14	玉雕工艺品(以南红玛瑙为原料)	云南省
222	保山南红玛瑙玉雕	保山市隆阳区南红玛瑙协会	38448585	14	玉雕工艺品(以南红玛瑙为原料)	云南省
223	禄丰香醋	禄丰县农产品质量安全检测站	41164487	30	醋	云南省
224	黑井石榴　黑井	禄丰县黑井镇小枣石榴种植专业技术协会	40753483	31	新鲜石榴	云南省
225	双柏黑山羊	双柏县祥鸿农牧业养殖协会	47195419	31	活山羊	云南省
226	永平木莲花	永平县营林经果站	44997036	31	木莲花(鲜花)	云南省
227	南涧无量山甘蔗	南涧县无量山高原特色农产品品牌协会	28285424	31	甘蔗	云南省
228	南涧无量山核桃	南涧县无量山高原特色农产品品牌协会	28106353	31	新鲜核桃	云南省
229	香格里拉牦牛	香格里拉市特色产业协会	39643505	29	牦牛肉(肉)	云南省
230	香格里拉藏香猪	香格里拉市特色产业协会	39643773	31	猪(活动物)	云南省
231	香格里拉豪猪	香格里拉市特色产业协会	40122688	31	豪猪(活动物)	云南省
232	香格里拉琵琶肉	香格里拉市特色产业协会	39643504	29	猪肉(腌制肉)	云南省
233	香格里拉藏鸡	迪庆香格里拉藏鸡产业行业发展协会	47781984	29	鸡肉	云南省
234	金平诺玛飞鸡	金平苗族瑶族傣族自治县畜牧技术推广站	39485287	29	鸡肉	云南省
235	石屏杨梅	石屏县经济作物技术推广站	43951707	29	杨梅干	云南省
236	大树营水蜜桃	嵩明杨林大树营桃农协会	41198294	31	新鲜桃	云南省

续表

序号	商标名称	注册人	注册号	类别	商品	国家（国内省、自治区、直辖市）
237	云县山地黑肉鸡	云县畜牧技术推广站	40432488	31	活鸡	云南省
238	云县山地黑肉鸡	云县畜牧技术推广站	40432553	29	鸡肉	云南省
239	云县滇龙胆	云县农业技术推广站	46729075	5	药用龙胆	云南省
240	贡山草果	贡山独龙族怒族自治县供销合作联社	38613605	30	食品用香料(含醚香料和香精油除外)	云南省
241	孟连花花生	孟连傣族拉祜族佤族自治县农业和科学技术局经济作物推广中心	39200318	31	新鲜花生	云南省
242	西畴乌骨鸡	西畴县畜牧技术推广工作站	44897489	31	鸡(活的)	云南省
243	元江番荔枝	元江县热带果蔬产业发展协会	41741681	31	新鲜番荔枝	云南省
244	抚仙湖抗浪鱼	玉溪市水产工作站	22705578	31	白鱼(活鱼)	云南省
245	永善枇杷	永善县农业技术推广中心	48817678	31	新鲜枇杷	云南省
246	红安苕	红安县农业开发服务中心	34744151	31	苕(新鲜蔬菜)	湖北省
247	阎家河藕	麻城市阎家河莲藕种植协会	51141216	31	新鲜莲藕	湖北省
248	谈桥千张	大冶市农民专业合作社联合会	49792736	29	千张（豆腐制品）	湖北省
249	谈桥豆豉	大冶市农民专业合作社联合会	49798556	30	豆豉	湖北省
250	京山鸡蛋	京山市家禽业协会	35158350	29	鸡蛋	湖北省
251	公安柑橘	公安县葡萄柑桔产业协会	37503932	31	新鲜柑橘	湖北省
252	洪湖莲藕	洪湖市水生蔬菜产业开发研究会	31756375	31	新鲜莲藕	湖北省
253	洪湖藕带	洪湖市水生蔬菜产业开发研究会	31756377	31	新鲜藕带	湖北省
254	芦花荡大米	公安县粮食行业协会	44122459	30	大米	湖北省
255	洪湖荷叶茶	洪湖市荷产业协会	51600492	30	荷叶茶（用作茶叶代用品的花或叶）	湖北省
256	通城紫苏	通城县通城紫苏研究所	29345555	31	紫苏（新鲜蔬菜）	湖北省
257	通城毫绿	通城县野生茶科学研究所	33153879	30	绿茶	湖北省
258	崇阳白茶	崇阳县茶叶协会	40753632	30	绿茶	湖北省
259	慈口柑桔	通山县柑桔协会	34924199	31	新鲜桔	湖北省

续表

序号	商标名称	注册人	注册号	类别	商品	国家（国内省、自治区、直辖市）
260	南漳魔芋	南漳县魔芋种植协会	46014083	31	新鲜魔芋	湖北省
261	保康天麻	保康县天麻种植协会	38542763	5	药用天麻	湖北省
262	磨坪贡茶	南漳县磨坪贡茶种植专业协会	45860369	30	绿茶	湖北省
263	襄阳大米	襄阳市粮食行业协会	52382690	30	大米	湖北省
264	襄阳花鲢	襄阳市襄州区水产养殖协会	52458418	31	花鲢（活鱼）	湖北省
265	汉川河蟹	汉川市渔业发展协会	37483895	31	活螃蟹	湖北省
266	汉川龙虾	汉川市渔业发展协会	37491944	31	小龙虾（活的），龙虾（活的）	湖北省
267	五峰宜红茶	五峰茶业协会	26667468	30	红茶	湖北省
268	五峰宜红茶	五峰茶业协会	26667469	30	红茶	湖北省
269	乐天溪板栗	宜昌市林产品专业技术协会	41377440	31	新鲜板栗	湖北省
270	夷陵牛雪花牛肉	宜昌市畜牧技术推广站	32260694	29	牛肉	湖北省
271	夷陵牛	宜昌市畜牧技术推广站	32260695	31	牛（活的）	湖北省
272	惜字洲江蟹	常州市新北区孟河镇银河村螃蟹养殖协会	43249261	31	活螃蟹	江苏省
273	焦溪翠冠梨	常州市天宁区郑陆镇农业服务中心	33817102	31	新鲜梨	江苏省
274	横溪七仙银芽茶	南京市江宁区横溪街道办事处农业服务中心	35474591	30	绿茶	江苏省
275	冶山贡鸡	南京市六合区养殖行业协会	33206826	31	鸡（活家禽）	江苏省
276	冶山贡鸡	南京市六合区养殖行业协会	38745311	29	鸡（非活）	江苏省
277	盘城葡萄	南京市浦口区盘城街道农业发展服务中心	35632301	31	新鲜葡萄	江苏省
278	龙池鲫鱼	南京市六合区龙池街道农业服务中心	38894651	29	鲫鱼（非活）	江苏省
279	树山杨梅	苏州高新区通安镇农林服务中心	53166406	31	新鲜杨梅	江苏省
280	中扬小龙虾	宿迁市宿城区农副产品营销协会	38644677	31	小龙虾（活的）	江苏省
281	中扬青虾	宿迁市宿城区农副产品营销协会	38644678	31	青虾（活的）	江苏省
282	桑墟榆叶梅	沭阳县桑墟镇农业经济技术服务中心	40937765	31	榆叶梅树	江苏省
283	黄墩螃蟹	宿迁市湖滨新区黄墩镇农业经济技术服务中心	39515793	31	活螃蟹	江苏省

续表

序号	商标名称	注册人	注册号	类别	商品	国家（国内省、自治区、直辖市）
284	皂河贡米	宿迁市湖滨新区皂河镇农业经济技术服务中心	51127362	30	大米	江苏省
285	邳州苔干	邳州市市场监督综合检验检测中心	43349637	29	苔干（脱水菜）	江苏省
286	新沂大米	新沂市粮食行业协会	36736673	30	大米	江苏省
287	楼王鲫鱼	盐城市盐都区楼王镇农业技术推广综合服务中心	38189815	31	鲫鱼（活的）	江苏省
288	尚庄番茄	盐城市盐都区尚庄镇农业技术推广综合服务中心	38744870	31	新鲜番茄	江苏省
289	白水塘白对虾	阜宁县南美白对虾产业协会	24241852	31	虾（活的）	江苏省
290	东台大米 DONG TAI RICE	东台大米协会	42554658	30	大米	江苏省
291	宝应黄颡鱼	宝应县宝应湖大闸蟹协会	43679116	31	活黄颡鱼	江苏省
292	宝应鳜鱼	宝应县宝应湖大闸蟹协会	43679117	31	活鳜鱼	江苏省
293	宜陵菜油	扬州市江都区宜陵农村供销合作经济联合会	40520512	29	食用菜油	江苏省
294	宝应核桃乌	宝应县核桃乌种植协会	45578046	31	核桃乌青菜（新鲜蔬菜）	江苏省
295	安丰 卜页	宝应县西安丰镇豆制品行业协会	36294243	29	豆皮（豆腐制品）	江苏省
296	高邮湖 高邮湖黄颡鱼 GAO YOU HU PELTEOBAGRUS	高邮市高邮湖大闸蟹行业协会	47096868	31	黄颡鱼（活鱼）	江苏省
297	潜山瓜蒌	潜山市瓜蒌综合开发研究所	37972807	31	新鲜瓜蒌	安徽省
298	三汊河莲藕	蚌埠市淮上区三汊河莲藕协会	36122764	31	新鲜莲藕	安徽省
299	沱湖咸鸭蛋	五河县绿色农产品协会	38674133	29	咸蛋	安徽省
300	怀远糯米	怀远糯米产业协会	41597378	30	糯米	安徽省
301	涡阳坛闷蒜	涡阳县大蒜产业发展中心	38674134	29	腌制蒜	安徽省
302	涡阳硬质小麦	涡阳县农业技术推广中心	36363468	31	小麦	安徽省
303	天长大米	天长市稻米协会	43616922	30	大米	安徽省
304	大黄竹编	界首市竹编协会	43382345	20	竹工艺品，竹编制品（不包括帽、席、垫）	安徽省

续表

序号	商标名称	注册人	注册号	类别	商品	国家（国内省、自治区、直辖市）
305	新村芦蒿	阜南县芦蒿生姜种植协会	43537554	31	新鲜芦蒿	安徽省
306	焦半夏	阜南县焦半夏种植业协会	51033678	5	药用半夏	安徽省
307	淮北麻鸡	淮北市麻鸡养殖协会	43249679	29	麻鸡（非活）	安徽省
308	舒城薄壳山核桃	舒城县木本油料协会	39862439	31	薄壳山核桃（植物）	安徽省
309	舒城油桐	舒城县木本油料协会	39862440	31	油桐（植物）	安徽省
310	平岗鲜桃	六安市叶集区农技推广中心	41741300	31	新鲜桃	安徽省
311	霍山灵芝 GANODERMA LUCIDUM	霍山县灵芝产业协会	32699086	5	灵芝（中药材）	安徽省
312	霍邱芡实	霍邱县水产养殖专业技术协会	37338829	31	新鲜芡实	安徽省
313	乌溪蟹苗	当涂县乌溪镇蟹苗养殖协会	41741491	31	螃蟹（活的）	安徽省
314	埇桥大豆	宿州市埇桥区大豆产业协会	39544986	31	豆（未加工的）	安徽省
315	埇桥山羊	宿州市埇桥区生态农产品协会	39762109	31	活羊	安徽省
316	宣笔	宣城市文房四宝协会	42909318	16	毛笔	安徽省
317	杭州龙井	杭州市茶叶产业协会	32115040	30	绿茶	浙江省
318	洞桥大米	杭州市富阳区洞桥粮油生产协会	41866607	30	大米	浙江省
319	建德西红花	建德市中药材产业协会	39892646	5	药用西红花	浙江省
320	嘉兴粽子	嘉兴市食品工业协会	45033181	30	粽子	浙江省
321	姚庄黄桃	嘉善县姚庄黄桃产业管理协会	46014178	31	新鲜桃	浙江省
322	浦江竹叶熏腿	浦江县食品行业协会	43105450	29	火腿	浙江省
323	兰溪枇杷	兰溪市经济特产技术推广站	47291907	31	新鲜枇杷	浙江省
324	浦江葡萄	浦江县农业局经济特产站	48598493	31	新鲜葡萄	浙江省
325	义乌蜜枣	义乌市枣业协会	43509413	29	蜜枣（水果蜜饯）	浙江省
326	义乌枣	义乌市枣业协会	43509412	31	鲜枣	浙江省
327	缙云爽面	缙云县缙云烧饼协会	43931342	30	面条	浙江省
328	慈溪秘色瓷	慈溪市文物管理委员会办公室（虞氏旧宅文保所）	45197945	21	瓷器	浙江省
329	长街蛏子	宁海县长街镇农民合作经济组织联合会	46825030	31	蛏子（活的）	浙江省

续表

序号	商标名称	注册人	注册号	类别	商品	国家（国内省、自治区、直辖市）
330	象山红美人	象山县农业经济特产技术推广中心	38091313	31	新鲜柑橘	浙江省
331	杜泽茭白	衢州市衢江区标准化与品牌研究院	49759602	31	茭白（新鲜蔬菜）	浙江省
332	龙湾灵伟白啄瓜	温州市龙湾区农业产业联合会	48817655	31	新鲜甜瓜	浙江省
333	洞头紫菜	温州市洞头区农产品经纪人协会	34895553	29	紫菜	浙江省
334	温州大黄鱼 WENZHOU LARGE YELLOW CROAKER	温州市渔业技术推广站	43889693	31	黄鱼（活的）	浙江省
335	苍南紫菜	苍南县紫菜行业协会	50932323	29	紫菜	浙江省
336	平顺大红袍花椒	平顺县地方特产发展协会	41837561	30	花椒（调味品）	山西省
337	高平山茱萸	高平市中药材信息服务中心	49267431	5	药用山茱萸	山西省
338	阳城蚕茧 YANGCHENG SILKWORM COCOON	阳城县蚕桑服务中心	40520318	22	蚕茧	山西省
339	左权黑山羊	左权县养羊协会	41655393	31	活山羊	山西省
340	河曲黑豆	河曲县农业技术推广中心	43581336	30	黑豆	山西省
341	西南异苹果	阳泉市郊区果业协会	47398755	31	新鲜苹果	山西省
342	闻喜西瓜	闻喜县瓜业协会	45942771	31	新鲜西瓜	山西省
343	临猗冬枣	临猗县国营苗圃	41626209	31	新鲜冬枣	山西省
344	稷山柴胡	稷山县农作物原种场	45737062	5	药用柴胡	山西省
345	稷山葡萄	稷山县农作物原种场	45737063	31	新鲜葡萄	山西省
346	万荣香菇	万荣县农副产品加工发展服务中心	31757416	31	新鲜香菇	山西省
347	万荣香菇	万荣县农副产品加工发展服务中心	31757417	29	香菇（干制）	山西省
348	闻喜黄芩	闻喜县中药材协会	45942776	5	药用黄芩	山西省
349	闻喜苹果	闻喜县果业协会	45942773	31	新鲜苹果	山西省
350	日土白绒山羊绒	日土县原种场	38673989	22	羊绒	西藏自治区

续表

序号	商标名称	注册人	注册号	类别	商品	国家（国内省、自治区、直辖市）
351	革吉牦牛	革吉县农牧业技术推广站（农机监理站）	39445509	31	牦牛（活动物）	西藏自治区
352	革吉羊	革吉县农牧业技术推广站（农机监理站）	39446045	31	羊（活动物）	西藏自治区
353	札达杏子酒	西藏札达县农牧业技术推广站（农机监理站）	29465797	33	杏子酒（含酒精的果酒）	西藏自治区
354	蔡雅黑青稞	西藏察雅县农业技术推广站	39643415	30	去壳大麦	西藏自治区
355	曲水玫瑰	曲水县农业技术推广站	34745910	31	玫瑰（自然花）	西藏自治区
356	波密羊肚菌 BOMI MORCHELLA ESCULENTA	西藏波密县农技推广服务站	41043163	29	羊肚菌（干食用菌）	西藏自治区
357	林芝茶叶	林芝市质量协会	42227824	30	红茶	西藏自治区
358	波密蜂蜜 BOMI HONEY	西藏波密县农技推广服务站	41043161	30	蜂蜜	西藏自治区
359	察隅猕猴桃	察隅县农技推广服务站	52449715	31	新鲜猕猴桃	西藏自治区
360	白朗香瓜	西藏白朗县农牧综合服务中心	43181636	31	新鲜香瓜	西藏自治区
361	白朗黑苦荞	西藏白朗县农牧综合服务中心	43042120	30	加工过的荞麦	西藏自治区
362	帕里牦牛（藏文）	西藏亚东县农牧综合服务中心	34316846	31	牦牛（活动物）	西藏自治区
363	羊湖裸鲤	西藏浪卡子县农牧综合服务中心	52256250	31	活鲤鱼	西藏自治区
364	北屯瓜子	新疆北屯瓜子行业协会	47589461	29	加工过的葵花籽	新疆维吾尔自治区
365	图木舒克冬枣	第三师图木舒克市冬枣协会	47589475	31	鲜枣	新疆维吾尔自治区

续表

序号	商标名称	注册人	注册号	类别	商品	国家（国内省、自治区、直辖市）
366	下野地西瓜	新疆生产建设兵团第八师一三四团农业发展服务中心	48817748	31	新鲜西瓜	新疆维吾尔自治区
367	拜城油鸡	拜城县拜城油鸡协会	48991915	31	活鸡	新疆维吾尔自治区
368	泽普苹果	喀什农村合作经济组织协会	38746069	31	新鲜苹果	新疆维吾尔自治区
369	莎车巴旦姆	喀什农村合作经济组织协会	38746077	31	坚果(巴旦姆)	新疆维吾尔自治区
370	麦盖提灰枣	喀什农村合作经济组织协会	39173046	29	干枣	新疆维吾尔自治区
371	伽师羊肉	喀什农村合作经济组织协会	38746066	29	羊肉	新疆维吾尔自治区
372	疏附开心果	喀什农村合作经济组织协会	38746075	31	新鲜开心果	新疆维吾尔自治区
373	泽普骏枣	喀什农村合作经济组织协会	38746073	29	干枣	新疆维吾尔自治区
374	下野地樱桃	新疆生产建设兵团第八师一三四团农业发展服务中心	48817749	31	新鲜樱桃	新疆维吾尔自治区
375	五家渠甜瓜	五家渠甜瓜协会	52357919	31	甜瓜	新疆维吾尔自治区
376	伊犁蜂蜜	伊犁哈萨克自治州农村能源环境工作站	34924311	30	蜂蜜	新疆维吾尔自治区
377	乐安竹笋	乐安县竹笋加工协会	40520510	31	新鲜竹笋	江西省

续表

序号	商标名称	注册人	注册号	类别	商品	国家（国内省、自治区、直辖市）
378	南城麻姑米	南城县土特产品协会	28484500	30	大米	江西省
379	宁都辣椒	宁都县蔬菜协会	43781011	31	辣椒（新鲜蔬菜）	江西省
380	石城翻秋花生	石城县农产品协会	37945508	31	新鲜花生	江西省
381	泰和小龙虾	泰和县水产技术指导站	38895008	31	小龙虾（活的）	江西省
382	井冈山大米	吉安市农业科学研究所	48648273	30	大米	江西省
383	新干秠禾贡米	新干县粮食行业商会	38745274	30	大米	江西省
384	湖口螃蟹	国营湖口县南北港水产场	49445667	31	活螃蟹	江西省
385	进贤文笔	进贤县文港文房四宝协会	39146130	16	毛笔	江西省
386	德兴覆盆子	德兴市中药材协会	36236217	5	药用覆盆子	江西省
387	德兴铁皮石斛	德兴市铁皮石斛产业协会	39643427	5	药用铁皮石斛	江西省
388	德兴葛	德兴市葛产业专业技术协会	40273559	5	药用葛根	江西省
389	潮州单丛茶	潮州市茶叶科学研究中心	42507916	30	乌龙茶	广东省
390	兴宁单丛茶	兴宁市茶叶协会	48936530	30	青茶	广东省
391	梅塘杨桃	梅州市梅江区农业技术服务中心	48070197	31	新鲜杨桃	广东省
392	大田柿花	广东省五华县农业技术推广中心	49782867	29	柿饼	广东省
393	马坝油粘	韶关市曲江区马坝油粘米协会	51792650	30	大米	广东省
394	德庆高良富笋 DQGLFS	德庆县农业技术推广中心	39762346	31	竹笋（新鲜蔬菜）	广东省
395	高要广藿香 广藿香	肇庆市高要区质量技术协会	50856915	5	药用广藿香	广东省
396	怀集茶秆竹	怀集县坳仔镇农业技术推广中心	50667429	20	竹子，竹子	广东省
397	高要肉桂	肇庆市高要区质量技术协会	50881053	5	药用肉桂	广东省
398	中山五桂山沉香	中山市五桂山林业站	33488169	5	药用沉香	广东省
399	斗门荔枝	珠海市斗门区农业技术推广总站	36301280	31	新鲜荔枝	广东省
400	琼海温泉鹅	琼海市温泉鹅协会	42488133	29	鹅肉（肉）	海南省
401	兴隆咖啡	万宁兴隆咖啡行业协会	29303431	30	咖啡	海南省
402	万宁金椰子	万宁市槟榔和热作产业局	39965662	31	椰子	海南省

续表

序号	商标名称	注册人	注册号	类别	商品	国家（国内省、自治区、直辖市）
403	三江三角宁地瓜	海口市美兰区三江镇农业服务中心	28455267	31	新鲜甘薯	海南省
404	三江蜜柚	海口市美兰区三江镇农业服务中心	28455078	31	新鲜柚子	海南省
405	三江莲雾	海口市美兰区三江镇农业服务中心	28455266	31	莲雾（新鲜水果）	海南省
406	兴隆咖啡 XING LONG COFFEE	万宁兴隆咖啡行业协会	17721340	30	咖啡	海南省
407	万宁鹧鸪茶	万宁市农业技术推广中心	37200895	30	鹧鸪茶(绿茶)	海南省
408	洮南小冰麦面粉	洮南市洮府乡小冰麦产业协会	41043994	30	面粉	吉林省
409	洮南小冰麦	洮南市洮府乡小冰麦产业协会	41043971	31	小麦（未加工的）	吉林省
410	汪清黑木耳	汪清县乡镇企业暨农产品加工企业协会	39672470	29	木耳	吉林省
411	桦甸紫苏	桦甸市出彩农副产业协会	43249285	31	紫苏(植物)	吉林省
412	东辽黑猪	东辽县黑猪养殖协会	28658364	29	猪肉	吉林省
413	东辽黑猪	东辽县黑猪养殖协会	28658365	31	猪(活动物)	吉林省
414	伊通黑猪	伊通满族自治县猪业协会	41837811	31	活猪	吉林省
415	安图林蛙	安图县林蛙行业协会	43830930	31	林蛙(活动物)	吉林省
416	景泰甘草	景泰县土特产品行业协会	49561389	5	药用甘草	甘肃省
417	定西粉条	定西市食品行业协会	40432772	30	粉条	甘肃省
418	定西胡麻油	定西市食品行业协会	40432771	29	食用胡麻油	甘肃省
419	永昌胡萝卜	永昌县农业特色产业办公室	33775133	31	胡萝卜（新鲜蔬菜）	甘肃省
420	红古核桃	兰州市红古区经济作物技术推广站	48441312	29	加工过的核桃	甘肃省
421	高台黑番茄 GAOTAI BLACK TOMATO	高台黑番茄协会	34425967	31	新鲜西红柿	甘肃省
422	高台辣椒	高台县农产品质量监测检验中心	29379412	31	新鲜辣椒	甘肃省
423	西林麻鸭	西林县畜牧技术推广站	37945859	31	麻鸭(活动物)	广西壮族自治区
424	隆安香蕉 LONG AN BANANA	隆安县农业技术推广站	43462558	31	香蕉（新鲜水果）	广西壮族自治区

续表

序号	商标名称	注册人	注册号	类别	商品	国家（国内省、自治区、直辖市）
425	临桂马蹄	桂林市临桂区农业技术推广中心	42694462	31	新鲜荸荠	广西壮族自治区
426	钟山贡柑	钟山县贡柑协会	36344447	31	柑（新鲜水果）	广西壮族自治区
427	钟山英家大头菜	钟山县经济作物站	38932225	29	大头菜	广西壮族自治区
428	良庆百香果	南宁市良庆区农业服务中心	45405254	31	新鲜百香果	广西壮族自治区
429	梧州六堡茶 WUZHOU LIUPAO TEA	梧州市茶产业发展办公室	32401277	30	黑茶	广西壮族自治区
430	栾川蕙兰	栾川县兰花协会	43841026	31	蕙兰（植物）	河南省
431	唐河桐蛋	唐河县农副土特产品服务协会	40209421	29	鸭蛋	河南省
432	南阳艾	南阳艾草产业协会	41173195	5	医用艾草	河南省
433	虞城苹果	虞城县乔集乡地方农特产品协会	33629431	31	新鲜苹果	河南省
434	获嘉大米	获嘉县嘉禾农业协会	42836822	30	大米	河南省
435	光山麻鸭	光山县麻鸭产业协会	42694524	31	活鸭	河南省
436	孟排大葱	长葛市坡胡镇农业农村服务中心	47965065	31	新鲜大葱	河南省
437	威宁黄牛	威宁彝族回族苗族自治县农业区划中心	43249816	29	牛肉	贵州省
438	威宁乌金猪	威宁彝族回族苗族自治县农业区划中心	43249818	29	猪肉	贵州省
439	威宁大白菜	威宁彝族回族苗族自治县农业区划中心	43249819	31	新鲜大白菜	贵州省
440	威宁芸豆	威宁彝族回族苗族自治县农业区划中心	43249820	31	新鲜芸豆	贵州省
441	龙里豌豆尖	龙里县蔬果办公室	31294439	31	豌豆尖（新鲜蔬菜）	贵州省
442	晴隆脐橙	晴隆县柑桔场	51845311	31	新鲜脐橙	贵州省
443	阿拉善右旗驼奶	阿拉善右旗沙漠之神驼奶协会	42941114	29	驼奶	内蒙古自治区
444	克什克腾旗羊肉	克什克腾旗经棚镇农业发展合作联合会	42256533	29	羊肉	内蒙古自治区

续表

序号	商标名称	注册人	注册号	类别	商品	国家（国内省、自治区、直辖市）
445	克什克腾旗牛肉	克什克腾旗经棚镇农业发展合作联合会	42256534	29	牛肉	内蒙古自治区
446	克什克腾旗土黑猪肉	克什克腾旗经棚镇农业发展合作联合会	42256532	29	猪肉	内蒙古自治区
447	鄂尔多斯红葱	鄂尔多斯市红葱协会	31315051	31	新鲜红葱	内蒙古自治区
448	太仆寺旗藜麦	太仆寺旗藜麦产业协会	53445793	31	未加工的藜麦	内蒙古自治区
449	江津大茶树	重庆市江津区茶叶协会	30415237	31	茶树（树木）	重庆市
450	奉节橄榄油	奉节县油橄榄研究院	39351879	29	橄榄油	重庆市
451	奉节腊肉	奉节县农特产品协会	39351880	29	腊肉	重庆市
452	垫江黄豆	垫江县植保植检站	39801120	31	黄豆（未加工的）	重庆市
453	万州中蜂蜜	重庆市万州区龙驹镇农业服务中心	48428575	30	蜂蜜	重庆市
454	潼南罗盘山生姜	重庆市潼南区新胜镇农业服务中心	35684967	31	新鲜生姜（新鲜蔬菜）	重庆市
455	牡丹江大米	牡丹江市大米协会	46602427	30	大米	黑龙江省
456	海林猴头菇	海林市供销合作社联合社	35344600	29	干猴头菇	黑龙江省
457	甘南赤芍	甘南县中草药赤芍协会	49295699	5	药用赤芍	黑龙江省
458	D 安达小米	安达市安达镇农产品综合服务推广中心	50360633	30	小米	黑龙江省
459	D 安达小麦	安达市安达镇农产品综合服务推广中心	50360634	30	加工过的小麦	黑龙江省
460	宁夏枸杞	宁夏枸杞产业发展中心	25565963	5	枸杞	宁夏回族自治区
461	宁夏枸杞	宁夏枸杞产业发展中心	25565964	5	枸杞	宁夏回族自治区
462	宁夏枸杞	宁夏枸杞产业发展中心	25565965	5	枸杞	宁夏回族自治区
463	达日牦牛肉	青海省达日县畜牧兽医工作站	34317045	29	牛肉	青海省
464	贵德冬小麦	贵德县农牧业综合服务中心	43795758	31	小麦	青海省
465	贵德蜂蜜	贵德县农牧业综合服务中心	43809163	30	蜂蜜	青海省
466	房山黄芩	北京市房山区农业技术综合服务中心	38704338	31	黄芩（植物）	北京市

续表

序号	商标名称	注册人	注册号	类别	商品	国家(国内省、自治区、直辖市)
467	延庆国光苹果	北京市延庆区果品服务中心	35583198	31	新鲜苹果	北京市
468	圣埃米利永	波尔多葡萄酒行业联合委员会	34227160	33	葡萄酒	法兰西共和国
469	SAINT - EMILION	波尔多葡萄酒行业联合委员会	34227161	33	葡萄酒	法兰西共和国
470	本溪老红根小米	本溪市个体私营经济组织联合会	43781043	30	小米	辽宁省
471	开原林下参	开原市农副产品协会	41626222	5	药用林下参(人参)	辽宁省
472	太平大枣	西咸新区空港新城太平镇杏枣协会	36260152	31	鲜枣	陕西省
473	渭南华州黄金蜜桃	渭南市华州区农产品协会	49114175	31	新鲜黄桃	陕西省
474	BASMATI	印度农产品及加工食品出口发展局	36563918	30	大米	印度
475	BASMATI	印度农产品及加工食品出口发展局	36563919	30	大米	印度
476	松江泖蟹	上海市松江区水产技术推广站	37945362	31	活螃蟹	上海市
477	PROSECCO	普罗塞克原产地控制指定保护财团	15449282	33	葡萄酒	意大利

供稿：国家知识产权局商标局

2021年新认定地理标志保护产品名录

序号	地理标志产品	序号	地理标志产品
1	鸡泽辣椒	31	雅文邑
2	南陵大米	32	博若莱
3	德源大蒜	33	勃艮第
4	塞浦路斯鱼尾菊酒	34	卡尔瓦多斯
5	捷克布杰约维采啤酒	35	夏布利
6	萨兹啤酒花	36	教皇新堡
7	莱茵黑森葡萄酒	37	普罗旺斯丘
8	摩泽尔葡萄酒	38	罗讷河谷
9	弗兰肯葡萄酒	39	露喜龙丘
10	慕尼黑啤酒	40	朗格多克
11	巴伐利亚啤酒	41	奥克地区
12	丹麦蓝乳酪	42	托卡伊葡萄酒
13	爱尔兰奶油利口酒	43	摩德纳香醋
14	爱尔兰威士忌	44	艾斯阿格
15	萨摩斯甜酒	45	阿斯蒂
16	西提亚橄榄油	46	巴巴列斯科
17	卡拉马塔黑橄榄	47	超级巴多利诺
18	希俄斯乳香	48	巴罗洛
19	菲达奶酪	49	布拉凯多
20	里奥哈	50	瓦特里纳风干牛肉火腿
21	卡瓦	51	布鲁内洛蒙塔奇诺
22	加泰罗尼亚	52	圣康帝
23	拉曼恰	53	科内利亚诺瓦尔多比亚德尼-普罗塞克
24	瓦尔德佩涅斯	54	阿尔巴杜塞托
25	雪莉白兰地	55	弗朗齐亚科达
26	蒙切哥乳酪	56	戈贡佐拉
27	赫雷斯-雪莉/雪莉	57	格拉帕酒
28	纳瓦拉	58	蒙帕塞诺阿布鲁佐
29	瓦伦西亚	59	坎帕尼亚水牛马苏里拉奶酪
30	阿尔萨斯	60	帕马森雷加诺

续表

序号	地理标志产品	序号	地理标志产品
61	佩克利诺罗马羊奶酪	81	仁内华
62	圣达涅莱火腿	82	乌佐茴香酒
63	苏瓦韦	83	贯头山酒
64	塔雷吉欧乳酪	84	赫章红花山茶油
65	托斯卡诺/托斯卡纳	85	桐城水芹
66	蒙特普齐亚诺贵族葡萄酒	86	伦教糕
67	立陶宛原味伏特加	87	马关草果
68	施泰尔南瓜籽油	88	普洱咖啡
69	波兰伏特加	89	潮州手拉朱泥壶
70	阿兰特茹	90	陆川铁锅
71	杜奥	91	老厂竹根水
72	杜罗	92	阜平大枣
73	西罗沙梨	93	怀仁陶瓷
74	波特酒	94	鹤岗白酒
75	葡萄牙绿酒	95	顺德红米酒
76	科特纳里葡萄酒	96	且末红枣
77	托卡伊葡萄酒产区	97	望江风酿酱油
78	多丽娜葡萄酒	98	乳山牡蛎
79	芬兰伏特加	99	比德大米
80	瑞典伏特加		

供稿：国家知识产权局知识产权保护司

法律（无）、法规（无）、规章（无）

司法解释

最高人民法院关于审理侵害知识产权民事案件适用惩罚性赔偿的解释

法释〔2021〕4号

（2021年2月7日最高人民法院审判委员会第1831次会议通过，自2021年3月3日起施行）

为正确实施知识产权惩罚性赔偿制度，依法惩处严重侵害知识产权行为，全面加强知识产权保护，根据《中华人民共和国民法典》《中华人民共和国著作权法》《中华人民共和国商标法》《中华人民共和国专利法》《中华人民共和国反不正当竞争法》《中华人民共和国种子法》《中华人民共和国民事诉讼法》等有关法律规定，结合审判实践，制定本解释。

第一条 原告主张被告故意侵害其依法享有的知识产权且情节严重，请求判令被告承担惩罚性赔偿责任的，人民法院应当依法审查处理。

本解释所称故意，包括商标法第六十三条第一款和反不正当竞争法第十七条第三款规定的恶意。

第二条 原告请求惩罚性赔偿的，应当在起诉时明确赔偿数额、计算方式以及所依据的事实和理由。

原告在一审法庭辩论终结前增加惩罚性赔偿请求的，人民法院应当准许；在二审中增加惩罚性赔偿请求的，人民法院可以根据当事人自愿的原则进行调解，调解不成的，告知当事人另行起诉。

第三条 对于侵害知识产权的故意的认定，人民法院应当综合考虑被侵害知识产权客体类型、权利状态和相关产品知名度、被告与原告或者利害关系人之间的关系等因素。

对于下列情形，人民法院可以初步认定被告具有侵害知识产权的故意：

（一）被告经原告或者利害关系人通知、警告后，仍继续实施侵权行为的；

（二）被告或其法定代表人、管理人是原告或者利害关系人的法定代表人、管理人、实际控制人的；

（三）被告与原告或者利害关系人之间存在劳动、劳务、合作、许可、经销、代理、代表等关系，且接触过被侵害的知识产权的；

（四）被告与原告或者利害关系人之间有业务往来或者为达成合同等进行过磋商，且接触过被侵害的知识产权的；

（五）被告实施盗版、假冒注册商标行为的；

（六）其他可以认定为故意的情形。

第四条 对于侵害知识产权情节严重的认定，人民法院应当综合考虑侵权手段、次数，侵权行为的持续时间、地域范围、规模、后果，侵权人在诉讼中的行为等因素。

被告有下列情形的，人民法院可以认定为情节严重：

（一）因侵权被行政处罚或者法院裁判承担责任后，再次实施相同或者类似侵权行为；

（二）以侵害知识产权为业；

（三）伪造、毁坏或者隐匿侵权证据；

（四）拒不履行保全裁定；

（五）侵权获利或者权利人受损巨大；

（六）侵权行为可能危害国家安全、公共利益或者人身健康；

（七）其他可以认定为情节严重的情形。

第五条 人民法院确定惩罚性赔偿数额时，应当分别依照相关法律，以原告实际损失数额、被告违法所得数额或者因侵权所获得的利益作为计算基数。该基数不包括原告为制止侵权所支付的合理开支；法律另有规定的，依照其规定。

前款所称实际损失数额、违法所得数额、因侵权所获得的利益均难以计算的，人民法院依法参照该权利许可使用费的倍数合理确定，并以此作为惩罚性赔偿数额的计算基数。

人民法院依法责令被告提供其掌握的与侵权行为相关的账簿、资料，被告无正当理由拒不提供或者提供虚假账簿、资料的，人民法院可以参考原告的主张和证据确定惩罚性赔偿数额的计算基数。构成民事诉讼法第一百一十一条规定情形的，依法追究法律责任。

第六条 人民法院依法确定惩罚性赔偿的倍数时，应当综合考虑被告主观过错程度、侵权行为的情节严重程度等因素。

因同一侵权行为已经被处以行政罚款或者刑事罚金且执行完毕，被告主张减免惩罚性赔偿责任的，人民法院不予支持，但在确定前款所称倍数时可以综合考虑。

第七条 本解释自 2021 年 3 月 3 日起施行。最高人民法院以前发布的相关司法解释与本解释不一致的，以本解释为准。

最高人民法院
关于知识产权侵权诉讼中被告以原告滥用权利为由
请求赔偿合理开支问题的批复

法释〔2021〕11 号

（2021 年 5 月 31 日最高人民法院审判委员会第 1840 次会议通过，自 2021 年 6 月 3 日起施行）

上海市高级人民法院：

你院《关于知识产权侵权诉讼中被告以原告滥用权利为由请求赔偿合理开支问题的请示》（沪高法〔2021〕215 号）收悉。经研究，批复如下：

在知识产权侵权诉讼中，被告提交证据证明原告的起诉构成法律规定的滥用权利损害其合法权益，依法请求原告赔偿其因该诉讼所支付的合理的律师费、交通费、食宿费等开支的，人民法院依法予以支持。被告也可以另行起诉请求原告赔偿上述合理开支。

最高人民法院
关于审理申请注册的药品相关的专利权纠纷
民事案件适用法律若干问题的规定

法释〔2021〕13号

（2021年5月24日最高人民法院审判委员会第1839次会议通过，自2021年7月5日起施行）

为正确审理申请注册的药品相关的专利权纠纷民事案件，根据《中华人民共和国专利法》《中华人民共和国民事诉讼法》等有关法律规定，结合知识产权审判实际，制定本规定。

第一条 当事人依据专利法第七十六条规定提起的确认是否落入专利权保护范围纠纷的第一审案件，由北京知识产权法院管辖。

第二条 专利法第七十六条所称相关的专利，是指适用国务院有关行政部门关于药品上市许可审批与药品上市许可申请阶段专利权纠纷解决的具体衔接办法（以下简称衔接办法）的专利。

专利法第七十六条所称利害关系人，是指前款所称专利的被许可人、相关药品上市许可持有人。

第三条 专利权人或者利害关系人依据专利法第七十六条起诉的，应当按照民事诉讼法第一百一十九条第三项的规定提交下列材料：

（一）国务院有关行政部门依据衔接办法所设平台中登记的相关专利信息，包括专利名称、专利号、相关的权利要求等；

（二）国务院有关行政部门依据衔接办法所设平台中公示的申请注册药品的相关信息，包括药品名称、药品类型、注册类别以及申请注册药品与所涉及的上市药品之间的对应关系等；

（三）药品上市许可申请人依据衔接办法作出的四类声明及声明依据。

药品上市许可申请人应当在一审答辩期内，向人民法院提交其向国家药品审评机构申报的、与认定是否落入相关专利权保护范围对应的必要技术资料副本。

第四条 专利权人或者利害关系人在衔接办法规定的期限内未向人民法院提起诉讼的，药品上市许可申请人可以向人民法院起诉，请求确认申请注册药品未落入相关专利权保护范围。

第五条 当事人以国务院专利行政部门已经受理专利法第七十六条所称行政裁决请求为由，主张不应当受理专利法第七十六条所称诉讼或者申请中止诉讼的，人民法院不予支持。

第六条 当事人依据专利法第七十六条起诉后，以国务院专利行政部门已经受理宣告相关专利权无效的请求为由，申请中止诉讼的，人民法院一般不予支持。

第七条 药品上市许可申请人主张具有专利法第六十七条、第七十五条第二项等规定情形的，人民法院经审查属实，可以判决确认申请注册的药品相关技术方案未落入相关专利权保护范围。

第八条 当事人对其在诉讼中获取的商业秘密或者其他需要保密的商业信息负有保密义务，擅自披露或者在该诉讼活动之外使用、允许他人使用的，应当依法承担民事责任。构成民事诉讼法第一百一十一条规定情形的，人民法院应当依法处理。

第九条 药品上市许可申请人向人民法院提交的申请注册的药品相关技术方

案，与其向国家药品审评机构申报的技术资料明显不符，妨碍人民法院审理案件的，人民法院依照民事诉讼法第一百一十一条的规定处理。

第十条 专利权人或者利害关系人在专利法第七十六条所称诉讼中申请行为保全，请求禁止药品上市许可申请人在相关专利权有效期内实施专利法第十一条规定的行为的，人民法院依照专利法、民事诉讼法有关规定处理；请求禁止药品上市申请行为或者审评审批行为的，人民法院不予支持。

第十一条 在针对同一专利权和申请注册药品的侵害专利权或者确认不侵害专利权诉讼中，当事人主张依据专利法第七十六条所称诉讼的生效判决认定涉案药品技术方案是否落入相关专利权保护范围的，人民法院一般予以支持。但是，有证据证明被诉侵权药品技术方案与申请注册的药品相关技术方案不一致或者新主张的事由成立的除外。

第十二条 专利权人或者利害关系人知道或者应当知道其主张的专利权应当被宣告无效或者申请注册药品的相关技术方案未落入专利权保护范围，仍提起专利法第七十六条所称诉讼或者请求行政裁决的，药品上市许可申请人可以向北京知识产权法院提起损害赔偿之诉。

第十三条 人民法院依法向当事人在国务院有关行政部门依据衔接办法所设平台登载的联系人、通讯地址、电子邮件等进行的送达，视为有效送达。当事人向人民法院提交送达地址确认书后，人民法院也可以向该确认书载明的送达地址送达。

第十四条 本规定自 2021 年 7 月 5 日起施行。本院以前发布的相关司法解释与本规定不一致的，以本规定为准。

最高人民法院关于审理侵害植物新品种权纠纷案件具体应用法律问题的若干规定（二）

法释〔2021〕14 号

（2021 年 6 月 29 日最高人民法院审判委员会第 1843 次会议通过，自 2021 年 7 月 7 日起施行）

为正确审理侵害植物新品种权纠纷案件，根据《中华人民共和国民法典》《中华人民共和国种子法》《中华人民共和国民事诉讼法》等法律规定，结合审判实践，制定本规定。

第一条 植物新品种权（以下简称品种权）或者植物新品种申请权的共有人对权利行使有约定的，人民法院按照其约定处理。没有约定或者约定不明的，共有人主张其可以单独实施或者以普通许可方式许可他人实施的，人民法院应予支持。

共有人单独实施该品种权，其他共有人主张该实施收益在共有人之间分配的，人民法院不予支持，但是其他共有人有证据证明其不具备实施能力或者实施条件的除外。

共有人之一许可他人实施该品种权，其他共有人主张收取的许可费在共有人之间分配的，人民法院应予支持。

第二条 品种权转让未经国务院农业、林业主管部门登记、公告，受让人以品种权人名义提起侵害品种权诉讼的，人民法院不予受理。

第三条 受品种权保护的繁殖材料应当具有繁殖能力，且繁殖出的新个体与该授权品种的特征、特性相同。

前款所称的繁殖材料不限于以品种权申请文件所描述的繁殖方式获得的繁殖

材料。

第四条 以广告、展陈等方式作出销售授权品种的繁殖材料的意思表示的，人民法院可以以销售行为认定处理。

第五条 种植授权品种的繁殖材料的，人民法院可以根据案件具体情况，以生产、繁殖行为认定处理。

第六条 品种权人或者利害关系人（以下合称权利人）举证证明被诉侵权品种繁殖材料使用的名称与授权品种相同的，人民法院可以推定该被诉侵权品种繁殖材料属于授权品种的繁殖材料；有证据证明不属于该授权品种的繁殖材料的，人民法院可以认定被诉侵权人构成假冒品种行为，并参照假冒注册商标行为的有关规定确定民事责任。

第七条 受托人、被许可人超出与品种权人约定的规模或者区域生产、繁殖授权品种的繁殖材料，或者超出与品种权人约定的规模销售授权品种的繁殖材料，品种权人请求判令受托人、被许可人承担侵权责任的，人民法院依法予以支持。

第八条 被诉侵权人知道或者应当知道他人实施侵害品种权的行为，仍然提供收购、存储、运输、以繁殖为目的的加工处理等服务或者提供相关证明材料等条件的，人民法院可以依据民法典第一千一百六十九条的规定认定为帮助他人实施侵权行为。

第九条 被诉侵权物既可以作为繁殖材料又可以作为收获材料，被诉侵权人主张被诉侵权物系作为收获材料用于消费而非用于生产、繁殖的，应当承担相应的举证责任。

第十条 授权品种的繁殖材料经品种权人或者经其许可的单位、个人售出后，权利人主张他人生产、繁殖、销售该繁殖材料构成侵权的，人民法院一般不予支持，但是下列情形除外：

（一）对该繁殖材料生产、繁殖后获得的繁殖材料进行生产、繁殖、销售；

（二）为生产、繁殖目的将该繁殖材料出口到不保护该品种所属植物属或者种的国家或者地区。

第十一条 被诉侵权人主张对授权品种进行的下列生产、繁殖行为属于科研活动的，人民法院应予支持：

（一）利用授权品种培育新品种；

（二）利用授权品种培育形成新品种后，为品种权申请、品种审定、品种登记需要而重复利用授权品种的繁殖材料。

第十二条 农民在其家庭农村土地承包经营合同约定的土地范围内自繁自用授权品种的繁殖材料，权利人对此主张构成侵权的，人民法院不予支持。

对前款规定以外的行为，被诉侵权人主张其行为属于种子法规定的农民自繁自用授权品种的繁殖材料的，人民法院应当综合考虑被诉侵权行为的目的、规模、是否营利等因素予以认定。

第十三条 销售不知道也不应当知道是未经品种权人许可而售出的被诉侵权品种繁殖材料，且举证证明具有合法来源的，人民法院可以不判令销售者承担赔偿责任，但应当判令其停止销售并承担权利人为制止侵权行为所支付的合理开支。

对于前款所称合法来源，销售者一般应当举证证明购货渠道合法、价格合理、存在实际的具体供货方、销售行为符合相关生产经营许可制度等。

第十四条 人民法院根据已经查明侵害品种权的事实，认定侵权行为成立的，可以先行判决停止侵害，并可以依据当事人的请求和具体案情，责令采取消灭活性等阻止被诉侵权物扩散、繁殖的措施。

第十五条 人民法院为确定赔偿数额，在权利人已经尽力举证，而与侵权行为相关的账簿、资料主要由被诉侵权人掌握的情况下，可以责令被诉侵权人提供与侵权行为相关的账簿、资料；被诉侵权人不提供或者提供虚假账簿、资料的，人民法院可以参考权利人的主张和提供的证据判定赔偿数额。

第十六条 被诉侵权人有抗拒保全或者擅自拆封、转移、毁损被保全物等举证妨碍行为，致使案件相关事实无法查明的，人民法院可以推定权利人就该证据所涉证明事项的主张成立。构成民事诉讼法第一百一十一条规定情形的，依法追究法律责任。

第十七条 除有关法律和司法解释规定的情形以外，以下情形也可以认定为侵权行为情节严重：

（一）因侵权被行政处罚或者法院裁判承担责任后，再次实施相同或者类似侵权行为；

（二）以侵害品种权为业；

（三）伪造品种权证书；

（四）以无标识、标签的包装销售授权品种；

（五）违反种子法第七十七条第一款第一项、第二项、第四项的规定；

（六）拒不提供被诉侵权物的生产、繁殖、销售和储存地点。

存在前款第一项至第五项情形的，在依法适用惩罚性赔偿时可以按照计算基数的二倍以上确定惩罚性赔偿数额。

第十八条 品种权终止后依法恢复权利，权利人要求实施品种权的单位或者个人支付终止期间实施品种权的费用的，人民法院可以参照有关品种权实施许可费，结合品种类型、种植时间、经营规模、当时的市场价值等因素合理确定。

第十九条 他人未经许可，自品种权初步审查合格公告之日起至被授予品种权之日止，生产、繁殖或者销售该授权品种的繁殖材料，或者为商业目的将该授权品种的繁殖材料重复使用于生产另一品种的繁殖材料，权利人对此主张追偿利益损失的，人民法院可以按照临时保护期使用费纠纷处理，并参照有关品种权实施许可费，结合品种类型、种植时间、经营规模、当时的市场价值等因素合理确定该使用费数额。

前款规定的被诉行为延续到品种授权之后，权利人对品种权临时保护期使用费和侵权损害赔偿均主张权利的，人民法院可以合并审理，但应当分别计算处理。

第二十条 侵害品种权纠纷案件涉及的专门性问题需要鉴定的，由当事人在相关领域鉴定人名录或者国务院农业、林业主管部门向人民法院推荐的鉴定人中协商确定；协商不成的，由人民法院从中指定。

第二十一条 对于没有基因指纹图谱等分子标记检测方法进行鉴定的品种，可以采用行业通用方法对授权品种与被诉侵权物的特征、特性进行同一性判断。

第二十二条 对鉴定意见有异议的一方当事人向人民法院申请复检、补充鉴定或者重新鉴定，但未提出合理理由和证据的，人民法院不予准许。

第二十三条 通过基因指纹图谱等分子标记检测方法进行鉴定，待测样品与对照样品的差异位点小于但接近临界值，被诉侵权人主张二者特征、特性不同的，应当承担举证责任；人民法院也可以根据当事人的申请，采取扩大检测位点进行加测或者提取授权品种标准样品进行测定等方法，并结合其他相关因素作出认定。

第二十四条 田间观察检测与基因指纹图谱等分子标记检测的结论不同的，人民法院应当以田间观察检测结论为准。

第二十五条 本规定自 2021 年 7 月 7 日起施行。本院以前发布的相关司法解释与本规定不一致的，按照本规定执行。

最高人民检察院关于推进行政执法与刑事司法衔接工作的规定

高检发释字〔2021〕4号

第一条 为了健全行政执法与刑事司法衔接工作机制，根据《中华人民共和国人民检察院组织法》《中华人民共和国行政处罚法》《中华人民共和国刑事诉讼法》等有关规定，结合《行政执法机关移送涉嫌犯罪案件的规定》，制定本规定。

第二条 人民检察院开展行政执法与刑事司法衔接工作，应当严格依法、准确及时，加强与监察机关、公安机关、司法行政机关和行政执法机关的协调配合，确保行政执法与刑事司法有效衔接。

第三条 人民检察院开展行政执法与刑事司法衔接工作由负责捕诉的部门按照管辖案件类别办理。负责捕诉的部门可以在办理时听取其他办案部门的意见。

本院其他办案部门在履行检察职能过程中，发现涉及行政执法与刑事司法衔接线索的，应当及时移送本院负责捕诉的部门。

第四条 人民检察院依法履行职责时，应当注意审查是否存在行政执法机关对涉嫌犯罪案件应当移送公安机关立案侦查而不移送，或者公安机关对行政执法机关移送的涉嫌犯罪案件应当立案侦查而不立案侦查的情形。

第五条 公安机关收到行政执法机关移送涉嫌犯罪案件后应当立案侦查而不立案侦查，行政执法机关建议人民检察院依法监督的，人民检察院应当依法受理并进行审查。

第六条 对于行政执法机关应当依法移送涉嫌犯罪案件而不移送，或者公安机关应当立案侦查而不立案侦查的举报，属于本院管辖且符合受理条件的，人民检察院应当受理并进行审查。

第七条 人民检察院对本规定第四条至第六条的线索审查后，认为行政执法机关应当依法移送涉嫌犯罪案件而不移送的，经检察长批准，应当向同级行政执法机关提出检察意见，要求行政执法机关及时向公安机关移送案件并将有关材料抄送人民检察院。人民检察院应当将检察意见抄送同级司法行政机关，行政执法机关实行垂直管理的，应当将检察意见抄送其上级机关。

行政执法机关收到检察意见后无正当理由仍不移送的，人民检察院应当将有关情况书面通知公安机关。

对于公安机关可能存在应当立案而不立案情形的，人民检察院应当依法开展立案监督。

第八条 人民检察院决定不起诉的案件，应当同时审查是否需要对被不起诉人给予行政处罚。对被不起诉人需要给予行政处罚的，经检察长批准，人民检察院应当向同级有关主管机关提出检察意见，自不起诉决定作出之日起三日以内连同不起诉决定书一并送达。人民检察院应当将检察意见抄送同级司法行政机关，主管机关实行垂直管理的，应当将检察意见抄送其上级机关。

检察意见书应当写明采取和解除刑事强制措施，查封、扣押、冻结涉案财物以及对被不起诉人予以训诫或者责令具结悔过、赔礼道歉、赔偿损失等情况。对于需要没收违法所得的，人民检察院应当将查封、扣押、冻结的涉案财物一并移送。对于在办案过程中收集的相关证据材料，人民检察院可以一并移送。

第九条 人民检察院提出对被不起诉人给予行政处罚的检察意见，应当要求有关主管机关自收到检察意见书之日起两个月以内将处理结果或者办理情况书面回复人民检察院。因情况紧急需要立即处理的，人民检察院可以根据实际情况确定回复期限。

第十条 需要向上级有关单位提出检察意见的，应当层报其同级人民检察院决定并提出，或者由办理案件的人民检察院制作检察意见书后，报上级有关单位的同级人民检察院审核并转送。

需要向下级有关单位提出检察意见的，应当指令对应的下级人民检察院提出。

需要异地提出检察意见的，应当征求有关单位所在地同级人民检察院意见。意见不一致的，层报共同的上级人民检察院决定。

第十一条 有关单位在要求的期限内不回复或者无正当理由不作处理的，经检察长决定，人民检察院可以将有关情况书面通报同级司法行政机关，或者提请上级人民检察院通报其上级机关。必要时可以报告同级党委和人民代表大会常务委员会。

第十二条 人民检察院发现行政执法人员涉嫌职务违法、犯罪的，应当将案件线索移送监察机关处理。

第十三条 行政执法机关就刑事案件立案追诉标准、证据收集固定保全等问题咨询人民检察院，或者公安机关就行政执法机关移送的涉嫌犯罪案件主动听取人民检察院意见建议的，人民检察院应当及时答复。书面咨询的，人民检察院应当在七日以内书面回复。

人民检察院在办理案件过程中，可以就行政执法专业问题向相关行政执法机关咨询。

第十四条 人民检察院应当定期向有关单位通报开展行政执法与刑事司法衔接工作的情况。发现存在需要完善工作机制等问题的，可以征求被建议单位的意见，依法提出检察建议。

第十五条 人民检察院根据工作需要，可以会同有关单位研究分析行政执法与刑事司法衔接工作中的问题，提出解决方案。

第十六条 人民检察院应当配合司法行政机关建设行政执法与刑事司法衔接信息共享平台。已经接入信息共享平台的人民检察院，应当自作出相关决定之日起七日以内，录入相关案件信息。尚未建成信息共享平台的人民检察院，应当及时向有关单位通报相关案件信息。

第十七条 本规定自公布之日起施行，《人民检察院办理行政执法机关移送涉嫌犯罪案件的规定》（高检发释字〔2001〕4 号）同时废止。

其他规范性文件

国家知识产权局关于发布《关于规范申请专利行为的办法》的公告

（国家知识产权局公告第四一一号）

为认真贯彻落实党中央、国务院关于加强知识产权保护的各项决策部署，全面提高专利质量，确保实现专利法鼓励真实创新活动的立法宗旨，恪守诚实信用原则，国家知识产权局制定《关于规范申请专利行为的办法》，现予发布，自发布之日起施行。

特此公告。

国家知识产权局
2021年3月11日

关于规范申请专利行为的办法

第一条 为坚决打击违背专利法立法宗旨、违反诚实信用原则的各类非正常申请专利行为，依据专利法及其实施细则、专利代理条例等有关法律法规，制定本办法。对于非正常申请专利行为及非正常专利申请，按照本办法严格审查和处理。

第二条 本办法所称非正常申请专利行为是指任何单位或者个人，不以保护创新为目的，不以真实发明创造活动为基础，为牟取不正当利益或者虚构创新业绩、服务绩效，单独或者勾联提交各类专利申请、代理专利申请、转让专利申请权或者专利权等行为。

下列各类行为属于本办法所称非正常申请专利行为：

（一）同时或者先后提交发明创造内容明显相同、或者实质上由不同发明创造特征或要素简单组合变化而形成的多件专利申请的；

（二）所提交专利申请存在编造、伪造或变造发明创造内容、实验数据或技术效果，或者抄袭、简单替换、拼凑现有技术或现有设计等类似情况的；

（三）所提交专利申请的发明创造与申请人、发明人实际研发能力及资源条件明显不符的；

（四）所提交多件专利申请的发明创造内容系主要利用计算机程序或者其他技术随机生成的；

（五）所提交专利申请的发明创造系为规避可专利性审查目的而故意形成的明显不符合技术改进或设计常理，或者无实际保护价值的变劣、堆砌、非必要缩限保护范围的发明创造，或者无任何检索和审查意义的内容；

（六）为逃避打击非正常申请专利行为监管措施而将实质上与特定单位、个人或地址关联的多件专利申请分散、先后或异地提交的；

（七）不以实施专利技术、设计或其他正当目的倒买倒卖专利申请权或专利权，或者虚假变更发明人、设计人的；

（八）专利代理机构、专利代理师，或者其他机构或个人，代理、诱导、教唆、帮助他人或者与之合谋实施各类非正常申请专利行为的；

（九）违反诚实信用原则、扰乱正常专利工作秩序的其他非正常申请专利行为及相关行为。

第三条 国家知识产权局在专利申请受理、初审、实审、复审程序或者国际申请的国际阶段程序中发现或者根据举报得知，并初步认定存在本办法所称非正常申请专利行为的，可以组成专门审查工作组或者授权审查员依据本办法启动专门审查程序，批量集中处理，通知申请人，要求其立即停止有关行为，并在指定的期限内主动撤回相关专利申请或法律手续办理请求，或者陈述意见。

申请人对于非正常申请专利行为初步认定不服的，应当在指定期限内陈述意见，并提交充分证明材料。无正当理由逾期不答复的，相关专利申请被视为撤回，相关法律手续办理请求被视为未提出。

经申请人陈述意见后，国家知识产权局仍然认为属于本办法所称非正常申请专利行为的，可以依法驳回相关专利申请，或者不予批准相关法律手续办理请求。

申请人对于国家知识产权局上述决定不服的，可以依法提出行政复议申请、复审请求或者提起行政诉讼。

第四条 对于被认定的非正常专利申请，国家知识产权局可以视情节不予减缴专利费用；已经减缴的，要求补缴已经减缴的费用。

对于屡犯等情节严重的申请人，自认定非正常申请专利行为之日起五年内对其专利申请不予减缴专利费用。

第五条 对于存在本办法第二条第二款第（八）项所述非正常申请专利行为的专利代理机构或者专利代理师，由中华全国专利代理师协会采取自律措施，对于屡犯等情节严重的，由国家知识产权局或者管理专利工作的部门依法依规进行处罚。

对于存在上述行为的其他机构或个人，由管理专利工作的部门依据查处无资质专利代理行为的有关规定进行处罚，违反其他法律法规的，依法移送有关部门进行处理。

第六条 管理专利工作的部门和专利代办处发现或者根据举报得知非正常申请专利行为线索的，应当及时向国家知识产权局报告。

管理专利工作的部门对于被认定存在非正常申请专利行为的单位或者个人应当按照有关政策文件要求执行有关措施。

第七条 对于存在第二条所述行为的单位或者个人，依据《中华人民共和国刑法》涉嫌构成犯罪的，依法移送有关机关追究刑事责任。

第八条 本办法自发布之日起施行。

国家知识产权局关于核准“中国共产党成立100周年庆祝活动标识”特殊标志登记的公告

（国家知识产权局公告第四一二号）

依据《特殊标志管理条例》，对中国共产党成立100周年庆祝活动标识特殊标志予以核准登记。

特此公告。

附件：中国共产党成立100周年庆祝活动标识特殊标志

国家知识产权局

2021年3月29日

中国共产党成立 100 周年庆祝活动标识

第 T2021001 号

一、登记标志

二、登记人

中共中央宣传部。

三、活动名称

庆祝中国共产党成立 100 周年活动。

四、核准使用的商品和服务项目

《商标注册用商品和服务国际分类》第 1 类至第 45 类。

五、有效期限

2021 年 3 月 29 日至 2025 年 3 月 28 日。

国家知识产权局关于发布《施行修改后专利法的相关审查业务处理暂行办法》的公告

（国家知识产权局公告第四二三号）

第十三届全国人民代表大会常务委员会第二十二次会议已于 2020 年 10 月 17 日表决通过《全国人民代表大会常务委员会关于修改〈中华人民共和国专利法〉的决定》，修改后的专利法将自 2021 年 6 月 1 日起施行。因专利法实施细则尚在修改过程中，为保障修改后专利法的施行，国家知识产权局制定《关于施行修改后专利法的相关审查业务处理暂行办法》，现予发布，自 2021 年 6 月 1 日起施行。专利申请人、专利权人或者相关当事人可以按照本办法的规定，办理相关业务。

特此公告。

国家知识产权局

2021 年 5 月 24 日

关于施行修改后专利法的相关审查业务处理暂行办法

第一条　专利申请人自 2021 年 6 月 1 日（含该日，下同）起，可以通过纸件或离线电子申请形式，依照修改后的专利法第二条第四款提交请求保护产品的局部的外观设计专利申请。国家知识产权局将在新修改的专利法实施细则施行后对上述申请进行审查。

第二条　申请日为 2021 年 6 月 1 日后的专利申请，申请人认为存在修改后的专利法第二十四条第一项规定情形的，可以通过纸件形式提出请求。国家知识产权局将在新修改的专利法实施细则施行后对上述申请进行审查。

第三条　申请日为 2021 年 6 月 1 日后的外观设计专利申请，申请人可以依照修改后的专利法第二十九条第二款提交请求外观设计专利优先权的书面声明。国家知识产权局将在新修改的专利法实施细则施行后对上述申请以及作为要求优先权基础的在先外观设计专利申请进行审查。

第四条　申请日为 2021 年 6 月 1 日后的专利申请，申请人可以依照修改后的专利法第三十条提交第一次提出的专利申请文件的副本。

第五条　对自 2021 年 6 月 1 日起公告授权的发明专利，专利权人可以依照修改后的专利法第四十二条第二款，自专利权授权公告之日起三个月内，通过纸件形式提出专利权期限补偿请求，后续再按照国家知识产权局发出的缴费通知缴纳相关费用。国家知识产权局将在新修改的专利法实施细则施行后对上述请求进行审查。

第六条 专利权人自2021年6月1日起，可以依照修改后的专利法第四十二条第三款，自新药上市许可请求获得批准之日起三个月内，通过纸件形式提出专利权期限补偿请求，后续再按照国家知识产权局发出的缴费通知要求缴纳相关费用。国家知识产权局将在新修改的专利法实施细则施行后对上述申请进行审查。

第七条 自2021年6月1日起，专利权人可以依照修改后的专利法第五十条第一款，以纸件形式自愿声明对其专利实施开放许可。国家知识产权局将在新修改的专利法实施细则施行后对上述声明进行审查。

第八条 自2021年6月1日起，被控侵权人可以依照修改后的专利法第六十六条，通过纸件形式请求国家知识产权局出具专利权评价报告。

第九条 自2021年6月1日起，国家知识产权局依照修改后的专利法第二十条第一款、专利法第二十五条第一款第（五）项对初步审查、实质审查和复审程序中的专利申请进行审查。

第十条 申请日为2021年5月31日（含该日）之前的外观设计专利权的保护期限为十年，自申请日起算。

第十一条 本办法自2021年6月1日起施行。

国家知识产权局关于发布《重大专利侵权纠纷行政裁决办法》的公告

（国家知识产权局公告第四二六号）

为认真贯彻落实党中央、国务院关于全面加强知识产权保护的决策部署，切实维护公平竞争的市场秩序，保障专利权人和社会公众的合法权益，依法依规办理在全国有重大影响的专利纠纷行政裁决案件，根据《中华人民共和国专利法》和有关法律、法规、规章，国家知识产权局制定《重大专利侵权纠纷行政裁决办法》。现予发布，自2021年6月1日起施行。

特此公告。

国家知识产权局

2021年5月26日

重大专利侵权纠纷行政裁决办法

第一条 为贯彻落实党中央、国务院关于全面加强知识产权保护的决策部署，切实维护公平竞争的市场秩序，保障专利权人和社会公众的合法权益，根据《中华人民共和国专利法》（以下简称《专利法》）和有关法律、法规、规章，制定本办法。

第二条 本办法适用于国家知识产权局处理专利法第七十条第一款所称的在全国有重大影响的专利侵权纠纷（以下简称重大专利侵权纠纷）。

第三条 有以下情形之一的，属于重大专利侵权纠纷：

（一）涉及重大公共利益的；

（二）严重影响行业发展的；

（三）跨省级行政区域的重大案件；

（四）其他可能造成重大影响的专利侵权纠纷。

第四条 请求对重大专利侵权纠纷进行行政裁决的，应当符合第三条所述的情形，并具备下列条件：

（一）请求人是专利权人或者利害关系人；

（二）有明确的被请求人；

（三）有明确的请求事项和具体事实、理由；

（四）人民法院未就该专利侵权纠纷立案。

第五条 请求对重大专利侵权纠纷进行行政裁决的，应当依据《专利行政执法办法》的有关规定提交请求书及有关证据材料，同时还应当提交被请求人所在地或者侵权行为地省、自治区、直辖市管理专利工作的部门出具的符合本办法第三条所述情形的证明材料。

第六条 请求符合本办法第四条规定的，国家知识产权局应当自收到请求书之日起5个工作日内立案并通知请求人，同时指定3名或者3名以上单数办案人员组成合议组办理案件。案情特别复杂或者有其他特殊情况的，经批准，立案期限可以延长5个工作日。

请求不符合本办法第四条规定的，国家知识产权局应当在收到请求书之日起5个工作日内通知请求人不予立案，并说明理由。

对于不属于重大专利侵权纠纷的请求，国家知识产权局不予立案，并告知请求人可以向有管辖权的地方管理专利工作的部门请求处理。

第七条 省、自治区、直辖市管理专利工作的部门对于辖区内专利侵权纠纷处理请求，认为案情属于重大专利侵权纠纷的，可以报请国家知识产权局进行行政裁决。

第八条 办案人员应当持有国家知识产权局配发的办案证件。

第九条 办案人员有下列情形之一的应当自行回避：

（一）是当事人或者其代理人的近亲属的；

（二）与专利申请或者专利权有利害关系的；

（三）与当事人或者其代理人有其他关系，可能影响公正办案的。

当事人也有权申请办案人员回避。当事人申请回避的，应当说明理由。

办案人员的回避，由负责办案的部门决定。

第十条 国家知识产权局应当在立案之日起5个工作日内向被请求人发出请求书及其附件的副本，要求其在收到之日起15日内提交答辩书，并按照请求人的数量提供答辩书副本。被请求人逾期不提交答辩书的，不影响案件处理。

被请求人提交答辩书的，国家知识产权局应当在收到之日起5个工作日内将答辩书副本转送请求人。

国家知识产权局可以对侵犯其同一专利权的案件合并处理。

第十一条 案件办理过程中，请求人提出申请追加被请求人的，如果符合共同被请求人条件，国家知识产权局应当裁定追加并通知其他当事人，不符合共同被请求人条件但符合请求条件的，应当驳回追加申请，告知请求人另案提出请求。对于被请求人提出追加其他当事人为被请求人的，应当告知请求人。请求人同意追加的，裁定准许追加。请求人不同意的，可以追加其他当事人为第三人。追加被请求人或第三人的请求应当在口头审理前提出，否则不予支持。

第十二条 当事人对自己提出的主张，有责任提供证据。当事人因客观原因不能收集的证据，可以提交初步证据和理由，书面申请国家知识产权局调查或者检查。根据查明案件事实的需要，国家知识产权局也可以依法调查或者检查。

办案人员在调查或者检查时不得少于两人，并应当向当事人或者有关人员出示办案证件。

第十三条 办案人员在调查或者检查时，可以行使下列职权：

（一）询问有关当事人及其他有关单位和个人，调查与涉嫌专利侵权行为有关的情况；

（二）对当事人涉嫌专利侵权行为的场所实施现场检查；

（三）检查与涉嫌专利侵权行为有关的产品。

在调查或者检查时，当事人或者有关人员应当予以协助、配合，不得拒绝、阻挠。

根据工作需要和实际情况，国家知识

产权局可以将相关案件调查工作委托地方管理专利工作的部门进行。

第十四条 专利侵权纠纷涉及复杂技术问题，需要进行检验鉴定的，国家知识产权局可以应当事人请求委托有关单位进行检验鉴定。当事人请求检验鉴定的，检验鉴定单位可以由双方当事人协商确定；协商不成的，由国家知识产权局指定。检验鉴定意见未经质证，不得作为定案依据。

当事人对鉴定费用有约定的，从其约定。没有约定的，鉴定费用由申请鉴定方先行支付，结案时由责任方承担。

第十五条 国家知识产权局可以指派技术调查官参与案件处理，提出技术调查意见。相关技术调查意见可以作为合议组认定技术事实的参考。技术调查官管理办法另行规定。

第十六条 国家知识产权局根据案情需要决定是否进行口头审理。进行口头审理的，应当至少在口头审理5个工作日前将口头审理的时间、地点通知当事人。当事人无正当理由拒不参加的，或者未经许可中途退出的，对请求人按撤回请求处理，对被请求人按缺席处理。

第十七条 有以下情形之一的，当事人可以申请中止案件办理，国家知识产权局也可以依职权决定中止案件办理：

（一）被请求人申请宣告涉案专利权无效并被国家知识产权局受理的；

（二）一方当事人死亡，需要等待继承人表明是否参加处理的；

（三）一方当事人丧失民事行为能力，尚未确定法定代理人的；

（四）作为一方当事人的法人或者其他组织终止，尚未确定权利义务承受人的；

（五）一方当事人因不可抗拒的事由，不能参加审理的；

（六）该案必须以另一案的审理结果为依据，而另一案尚未审结的；

（七）其他需要中止处理的情形。

第十八条 有下列情形之一的，国家知识产权局可以不中止案件处理：

（一）请求人出具的检索报告或专利权评价报告未发现实用新型或者外观设计专利权存在不符合授予专利权条件的缺陷；

（二）无效宣告程序已对该实用新型或者外观设计专利作出维持有效决定的；

（三）当事人提出的中止理由明显不成立的。

第十九条 有下列情形之一时，国家知识产权局可以撤销案件：

（一）立案后发现不符合受理条件的；

（二）请求人撤回处理请求的；

（三）请求人死亡或注销，没有继承人，或者继承人放弃处理请求的；

（四）被请求人死亡或注销，或者没有应当承担义务的人的；

（五）其他需要撤销案件的情形。

第二十条 在行政裁决期间，有关专利权被国家知识产权局宣告无效的，可以终止案件办理。有证据证明宣告上述权利无效的决定被生效的行政判决撤销的，权利人可以另行提起请求。

第二十一条 国家知识产权局可以组织当事人进行调解。双方当事人达成一致的，由国家知识产权局制作调解书，加盖公章，并由双方当事人签名或者盖章。调解不成的，应当及时作出行政裁决。

第二十二条 国家知识产权局处理专利侵权纠纷，应当自立案之日起三个月内结案。因案件复杂或者其他原因，不能在规定期限内结案的，经批准，可以延长一个月。案情特别复杂或者有其他特殊情况，经延期仍不能结案的，经批准继续延期的，应当同时确定延长的合理期限。

案件处理过程中，中止、公告、检验鉴定等时间不计入前款所指的案件办理期限。变更请求、追加共同被请求人、第三人的，办案期限从变更请求、确定共同被请求人、第三人之日起重新计算。

第二十三条 国家知识产权局作出行政裁决，应当制作行政裁决书，并加盖公章。行政裁决认定专利侵权行为成立的，应当责令立即停止侵权行为，并根据需要通知有关主管部门、地方人民政府有关部门协助配合及时制止侵权行为。当事人不服的，可以自收到行政裁决书之日起 15 日内，依照《中华人民共和国行政诉讼法》向人民法院起诉。除法律规定的情形外，诉讼期间不停止行政裁决的执行。被请求人期满不起诉又不停止侵权行为的，国家知识产权局可以向人民法院申请强制执行。

行政裁决作出后，应当按照《政府信息公开条例》及有关规定向社会公开。行政裁决公开时，应当删除涉及商业秘密的信息。

第二十四条 办案人员以及其他工作人员滥用职权、玩忽职守、徇私舞弊或者泄露办案过程中知悉的商业秘密，尚不构成犯罪的，依法给予政务处分；涉嫌犯罪的，移送司法机关处理。

第二十五条 本办法未作规定的，依照《专利行政执法办法》以及国家知识产权局关于专利侵权纠纷行政裁决有关规定执行。

第二十六条 本办法由国家知识产权局负责解释。

第二十七条 本办法自 2021 年 6 月 1 日起施行。

国家药监局 国家知识产权局关于发布《药品专利纠纷早期解决机制实施办法(试行)》的公告

（2021 年第 89 号）

根据《中华人民共和国专利法》，国家药监局、国家知识产权局组织制定了《药品专利纠纷早期解决机制实施办法(试行)》，经国务院同意，现予发布，自发布之日起施行。

特此公告。

附件：1. 药品专利纠纷早期解决机制实施办法(试行)

2.《药品专利纠纷早期解决机制实施办法(试行)》政策解读

药监局

知识产权局

2021 年 7 月 4 日

药品专利纠纷早期解决机制实施办法(试行)

第一条 为了保护药品专利权人合法权益，鼓励新药研究和促进高水平仿制药发展，建立药品专利纠纷早期解决机制，制定本办法。

第二条 国务院药品监督管理部门组织建立中国上市药品专利信息登记平台，供药品上市许可持有人登记在中国境内注册上市的药品相关专利信息。

未在中国上市药品专利信息登记平台登记相关专利信息的，不适用本办法。

第三条 国家药品审评机构负责建立并维护中国上市药品专利信息登记平台，对已获批上市药品的相关专利信息予以公开。

第四条 药品上市许可持有人在获得药品注册证书后 30 日内，自行登记药品名称、剂型、规格、上市许可持有人、相关专利号、专利名称、专利权人、专利被许可人、专利授权日期及保护期限届满日、专利状态、专利类型、药品与相关专利权利要求的对应关系、通讯地址、联系人、联系方式等内容。相关信息发生变化的，药品上市许可持有人应当在信息变更生效后 30 日内完成更新。

药品上市许可持有人对其登记的相关信息的真实性、准确性和完整性负责，对收到的相关异议，应当及时核实处理并予以记录。登记信息与专利登记簿、专利公报以及药品注册证书相关信息应当一致；医药用途专利权与获批上市药品说明书的适应症或者功能主治应当一致；相关专利保护范围覆盖获批上市药品的相应技术方案。相关信息修改应当说明理由并予以公开。

第五条 化学药上市许可持有人可在中国上市药品专利信息登记平台登记药物活性成分化合物专利、含活性成分的药物组合物专利、医药用途专利。

第六条 化学仿制药申请人提交药品上市许可申请时，应当对照已在中国上市药品专利信息登记平台公开的专利信息，针对被仿制药每一件相关的药品专利作出声明。声明分为四类：

一类声明：中国上市药品专利信息登记平台中没有被仿制药的相关专利信息；

二类声明：中国上市药品专利信息登记平台收录的被仿制药相关专利权已终止或者被宣告无效，或者仿制药申请人已获得专利权人相关专利实施许可；

三类声明：中国上市药品专利信息登记平台收录有被仿制药相关专利，仿制药申请人承诺在相应专利权有效期届满之前所申请的仿制药暂不上市；

四类声明：中国上市药品专利信息登记平台收录的被仿制药相关专利权应当被宣告无效，或者其仿制药未落入相关专利权保护范围。

仿制药申请人对相关声明的真实性、准确性负责。仿制药申请被受理后 10 个工作日内，国家药品审评机构应当在信息平台向社会公开申请信息和相应声明；仿制药申请人应当将相应声明及声明依据通知上市许可持有人，上市许可持有人非专利权人的，由上市许可持有人通知专利权人。其中声明未落入相关专利权保护范围的，声明依据应当包括仿制药技术方案与相关专利的相关权利要求对比表及相关技术资料。除纸质资料外，仿制药申请人还应当向上市许可持有人在中国上市药品专利信息登记平台登记的电子邮箱发送声明及声明依据，并留存相关记录。

第七条 专利权人或者利害关系人对四类专利声明有异议的，可以自国家药品审评机构公开药品上市许可申请之日起 45 日内，就申请上市药品的相关技术方案是否落入相关专利权保护范围向人民法院提起诉讼或者向国务院专利行政部门请求行政裁决。当事人对国务院专利行政部门作出的行政裁决不服的，可以在收到行政裁决书后依法向人民法院起诉。

专利权人或者利害关系人如在规定期限内提起诉讼或者请求行政裁决的，应当自人民法院立案或者国务院专利行政部门受理之日起 15 个工作日内将立案或受理通知书副本提交国家药品审评机构，并通知仿制药申请人。

第八条 收到人民法院立案或者国务院专利行政部门受理通知书副本后，国务院药品监督管理部门对化学仿制药注册申请设置 9 个月的等待期。等待期自人民法院立案或者国务院专利行政部门受理之日起，只设置一次。等待期内国家药品审评机构不停止技术审评。

专利权人或者利害关系人未在规定期限内提起诉讼或者请求行政裁决的，国务院药品监督管理部门根据技术审评结论和仿制药申请人提交的声明情形，直接作出是否批准上市的决定；仿制药申请人可以按相关规定提起诉讼或者请求行政裁决。

第九条 对引发等待期的化学仿制药注册申请，专利权人或者利害关系人、化学仿制药申请人应当自收到判决书或者决定书等 10 个工作日内将相关文书报送国家药品审评机构。

对技术审评通过的化学仿制药注册申请，国家药品审评机构结合人民法院生效判决或者国务院专利行政部门行政裁决作出相应处理：

（一）确认落入相关专利权保护范围的，待专利权期限届满前将相关化学仿制药注册申请转入行政审批环节；

（二）确认不落入相关专利权保护范围

或者双方和解的，按照程序将相关化学仿制药注册申请转入行政审批环节；

（三）相关专利权被依法无效的，按照程序将相关化学仿制药注册申请转入行政审批环节；

（四）超过等待期，国务院药品监督管理部门未收到人民法院的生效判决或者调解书，或者国务院专利行政部门的行政裁决，按照程序将相关化学仿制药注册申请转入行政审批环节；

（五）国务院药品监督管理部门在行政审批期间收到人民法院生效判决或者国务院专利行政部门行政裁决，确认落入相关专利权保护范围的，将相关化学仿制药注册申请交由国家药品审评机构按照本条第二款第一项的规定办理。

国务院药品监督管理部门作出暂缓批准决定后，人民法院推翻原行政裁决的、双方和解的、相关专利权被宣告无效的，以及专利权人、利害关系人撤回诉讼或者行政裁决请求的，仿制药申请人可以向国务院药品监督管理部门申请批准仿制药上市，国务院药品监督管理部门可以作出是否批准的决定。

第十条 对一类、二类声明的化学仿制药注册申请，国务院药品监督管理部门依据技术审评结论作出是否批准上市的决定；对三类声明的化学仿制药注册申请，技术审评通过的，作出批准上市决定，相关药品在相应专利权有效期和市场独占期届满之后方可上市。

第十一条 对首个挑战专利成功并首个获批上市的化学仿制药，给予市场独占期。国务院药品监督管理部门在该药品获批之日起 12 个月内不再批准同品种仿制药上市，共同挑战专利成功的除外。市场独占期限不超过被挑战药品的原专利权期限。市场独占期内国家药品审评机构不停止技术审评。对技术审评通过的化学仿制药注册申请，待市场独占期到期前将相关化学仿制药注册申请转入行政审批环节。

挑战专利成功是指化学仿制药申请人提交四类声明，且根据其提出的宣告专利权无效请求，相关专利权被宣告无效，因而使仿制药可获批上市。

第十二条 中药、生物制品上市许可持有人，按照本办法第二条、第三条、第四条、第七条，进行相关专利信息登记等。中药可登记中药组合物专利、中药提取物专利、医药用途专利，生物制品可登记活性成分的序列结构专利、医药用途专利。

中药同名同方药、生物类似药申请人按照本办法第六条进行相关专利声明。

第十三条 对中药同名同方药和生物类似药注册申请，国务院药品监督管理部门依据技术审评结论，直接作出是否批准上市的决定。对于人民法院或者国务院专利行政部门确认相关技术方案落入相关专利权保护范围的，相关药品在相应专利权有效期届满之后方可上市。

第十四条 化学仿制药、中药同名同方药、生物类似药等被批准上市后，专利权人或者利害关系人认为相关药品侵犯其相应专利权，引起纠纷的，依据《中华人民共和国专利法》等法律法规相关规定解决。已经依法批准的药品上市许可决定不予撤销，不影响其效力。

第十五条 提交不实声明等弄虚作假的、故意将保护范围与已获批上市药品无关或者不属于应当登记的专利类型的专利登记至中国上市药品专利信息登记平台、侵犯专利权人相关专利权或者其他给当事人造成损失的，依法承担相应责任。

第十六条 本办法自发布之日起施行。

《药品专利纠纷早期解决机制实施办法（试行）》政策解读

一、《药品专利纠纷早期解决机制实施办法（试行）》起草背景是什么？

药品专利纠纷早期解决机制是指将相关药品上市审批程序与相关药品专利纠纷

解决程序相衔接的制度。中共中央办公厅、国务院办公厅印发的《关于深化审评审批制度改革鼓励药品医疗器械创新的意见》《关于强化知识产权保护的意见》均提出要探索建立药品专利链接制度。2020年10月，新修正的《中华人民共和国专利法》(以下简称《专利法》)第七十六条引入药品专利纠纷早期解决的有关规定，明确由国务院药品监督管理部门会同国务院专利行政部门制定药品上市许可审批与药品上市许可申请阶段专利纠纷解决的具体衔接办法，报国务院同意后实施。

为贯彻落实党中央、国务院决策部署，推动建立我国药品专利纠纷早期解决机制，国家药监局、国家知识产权局会同有关部门在新修正的《专利法》相关规定的框架下，就药品专利纠纷早期解决机制的具体制度认真研究，借鉴国际做法，在广泛征求业界、协会、专家等意见并完善后，制定了《药品专利纠纷早期解决机制实施办法(试行)》(以下简称《办法》)。

二、《办法》目的和主要内容是什么?

《办法》旨在为当事人在相关药品上市审评审批环节提供相关专利纠纷解决的机制，保护药品专利权人合法权益，降低仿制药上市后专利侵权风险。《办法》的主要内容包括:平台建设和信息公开制度、专利权登记制度、仿制药专利声明制度、司法链接和行政链接制度、批准等待期制度、药品审评审批分类处理制度、首仿药市场独占期制度等。

三、药品专利纠纷早期解决的途径有哪些?

《办法》规定，专利权人或者利害关系人对四类专利声明有异议的，可以就申请上市药品的相关技术方案是否落入相关专利权保护范围向人民法院提起诉讼或者向国务院专利行政部门请求行政裁决，即:司法途径和行政途径。在规定的期限内，专利权人可以自行选择途径。如果当事人选择向国务院专利行政部门请求行政裁决，对行政裁决不服又向人民法院提起行政诉讼的，等待期并不延长。

专利权人或者利害关系人未在规定期限内提起诉讼或者请求行政裁决的，仿制药申请人可以按相关规定提起诉讼或者请求行政裁决，以确认其相关药品技术方案不落入相关专利权保护范围。

四、药品专利纠纷早期解决机制涵盖的相关药品专利有哪些?

可以在中国上市药品专利信息登记平台中登记的具体药品专利包括:化学药品(不含原料药)的药物活性成分化合物专利、含活性成分的药物组合物专利、医药用途专利;中药的中药组合物专利、中药提取物专利、医药用途专利;生物制品的活性成分的序列结构专利、医药用途专利。相关专利不包括中间体、代谢产物、晶型、制备方法、检测方法等的专利。

五、如何进行专利声明?

化学仿制药申请人、中药同名同方药申请人、生物类似药申请人提交药品上市许可申请时，应当对照已在中国上市药品专利信息登记平台公开的专利信息，针对被仿制药每一件相关的药品专利作出声明。仿制药申请被受理后10个工作日内，仿制药申请人应当将相应声明及声明依据通知上市许可持有人。其中，声明未落入相关专利权保护范围的，声明依据应当包括仿制药技术方案与相关专利的相关权利要求对比表及相关技术资料。除纸质资料外，仿制药申请人还应当向上市许可持有人在中国上市药品专利信息登记平台登记的电子邮箱发送声明及声明依据，并留存相关记录。

六、如何启动等待期?

专利权人或者利害关系人对化学仿制药注册申请的四类专利声明有异议的，可以自国家药品审评机构公开药品上市许可申请之日起45日内，就申请上市药品的相关技术方案是否落入相关专利权保护范围向人民法院提起诉讼或者向国务院专利行政部门请求行政裁决。专利权人或者利害关系人如在规定期限内提起诉讼或者请求行政裁决，应当自人民法院立案或者国务院专利行政部门受理之日起15个工作日内将立案或受理通知书副本提交国家药品审评机构，并通知仿制药申请人。收到人民法院立案或者国务院专利行政部门受理通知书副本后，国务院药品监督管理部门对化学仿制药注册申请设置9个月的等待期。

对化学仿制药申请人声明中国上市药品专利信息登记平台收录的被仿制药相关专利权应当被宣告无效的，如果专利权人或者利害关系人未就上市药品的相关技术方案是否落入相关专利权保护范围向人民法院提起诉讼或者向国务院专利行政部门请求行政裁决，不启动等待期。

七、未早期解决专利纠纷的，相关药品上市后如何处理？

未在中国上市药品专利信息登记平台登记相关专利信息的，不适用本办法；专利权人或者利害关系人未在规定期限内提起诉讼或者请求行政裁决的，不设置等待期。对此类未能早期解决专利纠纷的，相关药品获批上市后，如专利权人认为相关药品侵犯其相应专利权，引起纠纷的，依据《中华人民共和国专利法》等法律法规的规定解决。已经依法批准的药品上市许可决定不予撤销，不影响其效力。

国家知识产权局关于发布《药品专利纠纷早期解决机制行政裁决办法》的公告

（国家知识产权局公告第四三五号）

为认真贯彻落实党中央、国务院关于全面加强知识产权保护的决策部署，切实维护专利权人合法权益，鼓励药物研发创新，依法依规办理涉药品上市审评审批过程中的专利纠纷行政裁决案件，根据《中华人民共和国专利法》和有关法律、法规、规章，按照《药品专利纠纷早期解决机制实施办法（试行）》有关规定，国家知识产权局制定《药品专利纠纷早期解决机制行政裁决办法》，现予发布，自发布之日起施行。

特此公告。

国家知识产权局

2021年7月5日

药品专利纠纷早期解决机制行政裁决办法

第一条 为依法办理涉药品上市审评审批过程中的专利纠纷行政裁决（以下简称药品专利纠纷行政裁决）案件，根据《中华人民共和国专利法》（以下简称专利法）和有关法律、法规、规章，制定本办法。

第二条 国家知识产权局负责专利法第七十六条所称的行政裁决办理工作。

国家知识产权局设立药品专利纠纷早期解决机制行政裁决委员会，组织和开展药品专利纠纷早期解决机制行政裁决相关工作。

第三条 案件办理人员有下列情形之一的，应当自行回避：

（一）是当事人或者其代理人的近亲属的；

（二）与专利申请或者专利权有利害关系的；

（三）与当事人或者其代理人有其他关系，可能影响公正办案的。

当事人也有权申请案件办理人员回避。当事人申请回避的，应当说明理由。

案件办理人员的回避，由案件办理部门决定。

第四条 当事人请求国家知识产权局对药品专利纠纷进行行政裁决的，应当符合下列条件：

（一）请求人是专利法第七十六条所称

的药品上市许可申请人与有关专利权人或者利害关系人，其中的利害关系人是指相关专利的被许可人或者登记的药品上市许可持有人；

（二）有明确的被请求人；

（三）有明确的请求事项和具体的事实、理由；

（四）相关专利信息已登记在中国上市药品专利信息登记平台上，且符合《药品专利纠纷早期解决机制实施办法》的相关规定；

（五）人民法院此前未就该药品专利纠纷立案；

（六）药品上市许可申请人提起行政裁决请求的，自国家药品审评机构公开药品上市许可申请之日起四十五日内，专利权人或者利害关系人未就该药品专利纠纷向人民法院起诉或者提起行政裁决请求；

（七）一项行政裁决请求应当仅限于确认一个申请上市许可的药品技术方案是否落入某一项专利权的保护范围。

第五条 专利权人或者利害关系人请求确认申请上市许可的药品相关技术方案落入相关专利权的保护范围的，应当以药品上市许可申请人作为被请求人。

专利权属于多个专利权人共有的，应当由全体专利权人提出请求，部分共有专利权人明确表示放弃有关实体权利的除外。

药品上市许可持有人或者独占实施许可合同的被许可人可以自己的名义提出请求；排他实施许可合同的被许可人在专利权人不提出请求的情况下，可以自己的名义提出请求。

第六条 药品上市许可申请人请求确认申请上市许可的药品相关技术方案不落入相关专利权的保护范围的，应当以专利权人作为被请求人。

第七条 请求国家知识产权局对药品专利纠纷进行行政裁决的，应当提交请求书及下列材料：

（一）主体资格证明；

（二）中国上市药品专利信息登记平台对相关专利的登记信息、国家药品审评机构信息平台公示的药品上市许可申请及其未落入相关专利权保护范围的声明和声明依据；

（三）请求人是药品上市许可申请人的，还应当提交申请注册的药品相关技术方案，该技术方案涉及保密信息的，需要单独提交并声明。

第八条 请求书应当载明以下内容：

（一）请求人的姓名或者名称、地址，法定代表人或者主要负责人的姓名、联系电话，委托代理人的，代理人的姓名和代理机构的名称、地址、联系电话；

（二）被请求人的姓名或名称、地址、法定代表人的姓名、联系电话及其他事项；

（三）中国上市药品专利信息登记平台登记的相关专利信息，包括专利号、专利类型、专利状态、专利权人、专利保护期届满日，以及请求认定是否落入保护范围的具体权利要求项；

（四）国家药品审评机构信息平台公示的申请注册药品的相关信息及声明类型；

（五）关于申请注册的药品技术方案是否落入相关专利权保护范围的理由；

（六）证据材料清单；

（七）请求人或者获得授权的代理人的签名（自然人）或者盖章（法人和其他组织）。有关证据和证明材料可以以请求书附件的形式提交。

第九条 国家知识产权局收到请求书及相关材料后，应当进行登记并对请求书等材料进行审查。请求书及相关材料不齐全、请求书未使用规定的格式或者填写不符合规定的，应当通知请求人在五个工作日内补正。期满未补正或者补正后仍存在同样缺陷的，该行政裁决请求不予受理。

第十条 药品专利纠纷行政裁决请求有下列情形之一的，国家知识产权局不予受理并通知请求人：

（一）请求书中缺少请求人姓名或名称，联系地址等基本信息，或者缺少专利权信息的；

（二）被请求人不明确的；

（三）请求人和被请求人的主体资格不符合本办法第四、五、六条相关规定的；

（四）涉案专利不属于中国上市药品专利信息登记平台登记的专利主题类型，或者与第四类声明中专利不一致的；

（五）涉案专利所涉及的权利要求被国家知识产权局宣告无效的；

（六）请求书中未明确所涉及的专利权利要求以及请求行政裁决具体事项的；

（七）请求人未具体说明行政裁决理由，或者未结合提交的证据具体说明行政裁决理由的；

（八）一项行政裁决请求涉及一个以上申请上市许可的药品技术方案或者一项以上专利权的；

（九）同一药品专利纠纷已被人民法院立案的。

第十一条　当事人的请求符合本办法第四条规定的，国家知识产权局应当在五个工作日内立案并通知请求人和被请求人。

第十二条　国家知识产权局根据当事人的申请，或者根据案件办理需要可以向药品监督管理部门核实有关证据。

第十三条　国家知识产权局应当组成合议组审理案件。根据当事人的请求和案件情况，合议组可以进行口头审理或者书面审理。

相同当事人针对同一药品相关的多项专利权提出多项行政裁决请求的，国家知识产权局可以合并审理。

国家知识产权局决定进行口头审理的，应当至少在口头审理五个工作日前将口头审理的时间、地点通知当事人。请求人无正当理由拒不参加或者未经许可中途退出的，其请求视为撤回；被请求人无正当理由拒不参加或者未经许可中途退出的，缺席审理。

第十四条　药品专利纠纷行政裁决案件办理中，涉案专利所涉及的部分权利要求被国家知识产权局宣告无效的，根据维持有效的权利要求为基础作出行政裁决；涉案专利所涉及的权利要求被国家知识产权局全部宣告无效的，驳回行政裁决请求。

第十五条　国家知识产权局办理药品专利纠纷行政裁决案件时，可以根据当事人的意愿进行调解。经调解，当事人达成一致意见的，国家知识产权局可以应当事人的请求制作调解书。调解不成的，国家知识产权局应当及时作出行政裁决。

第十六条　有以下情形之一的，当事人可以申请中止案件办理，国家知识产权局也可以依职权决定中止案件办理：

（一）一方当事人死亡，需要等待继承人表明是否参加办理的；

（二）一方当事人丧失请求行政裁决的行为能力，尚未确定法定代理人的；

（三）作为一方当事人的法人或者其他组织终止，尚未确定权利义务承受人的；

（四）一方当事人因不可抗拒的事由，不能参加审理的；

（五）其他需要中止办理的情形。

当事人对涉案专利提出无效宣告请求的，国家知识产权局可以不中止案件办理。

第十七条　国家知识产权局作出行政裁决之前，请求人可以撤回其请求。请求人撤回其请求或者其请求视为撤回的，药品专利纠纷行政裁决程序终止。

请求人在行政裁决的结论作出后撤回其请求的，不影响行政裁决的效力。

第十八条　国家知识产权局作出行政裁决的，应当就申请上市药品技术方案是否落入相关专利权保护范围作出认定，并说明理由和依据。

行政裁决作出后，应当送达当事人并抄送国家药品监督管理部门，同时按照《政府信息公开条例》及有关规定向社会公开。行政裁决公开时，应当删除涉及商业秘密的信息。

第十九条　当事人对国家知识产权局作出的药品专利纠纷行政裁决不服的，可以依法向人民法院起诉。

第二十条　当事人对其提供的证据或者证明材料的真实性负责。

当事人对其在行政裁决程序中知悉的商业秘密负有保密义务，擅自披露、使用或者允许他人使用该商业秘密的，应当承担相应法律责任。

第二十一条 药品专利纠纷行政裁决案件办理人员以及其他工作人员滥用职权、玩忽职守、徇私舞弊或者泄露办理过程中知悉的商业秘密，尚不构成犯罪的，依法给予政务处分；涉嫌犯罪的，移送司法机关处理。

第二十二条 本办法未作规定的，依照《专利行政执法办法》以及国家知识产权局关于专利侵权纠纷行政裁决有关规定执行。

第二十三条 本办法由国家知识产权局负责解释。

第二十四条 本办法自发布之日起施行。

国家知识产权局关于“北京2022年冬奥会和冬残奥会主题口号”实施保护的公告

（国家知识产权局公告第四五六号）

根据《奥林匹克标志保护条例》有关规定，国家知识产权局依法对北京2022年冬奥会和冬残奥会组织委员会提交的“北京2022年冬奥会和冬残奥会主题口号”予以公告。

北京2022年冬奥会和冬残奥会组织委员会自公告之日起享有对上述标志的专有权，有效期10年。

特此公告。

附件：北京2022年冬奥会和冬残奥会主题口号

国家知识产权局

2021年10月26日

北京2022年冬奥会和冬残奥会主题口号

一、北京2022年冬奥会和冬残奥会主题口号（中文）

第A000062号。

一起向未来

二、北京2022年冬奥会和冬残奥会主题口号（英文）

第A000063号。

Together for a Shared Future

国家知识产权局关于发布《专利权质押登记办法》的公告

（国家知识产权局公告第四六一号）

《专利权质押登记办法》已经批准，现予以发布，自发布之日起施行。

特此公告。

国家知识产权局

2021年11月15日

专利权质押登记办法

第一条 为了促进专利权运用和资金融通，保障相关权利人合法权益，规范专利权质押登记，根据《中华人民共和国民法典》《中华人民共和国专利法》及有关规定，制定本办法。

第二条 国家知识产权局负责专利权质押登记工作。

第三条 以专利权出质的，出质人与质权人应当订立书面合同。

质押合同可以是单独订立的合同，也可以是主合同中的担保条款。

出质人和质权人应共同向国家知识产权局办理专利权质押登记，专利权质权自国家知识产权局登记时设立。

第四条 以共有的专利权出质的，除全体共有人另有约定的以外，应当取得其他共有人的同意。

第五条 在中国没有经常居所或者营业所的外国人、外国企业或者外国其他组织办理专利权质押登记手续的，应当委托依法设立的专利代理机构办理。

中国单位或者个人办理专利权质押登记手续的，可以委托依法设立的专利代理机构办理。

第六条 当事人可以通过互联网在线提交电子件、邮寄或窗口提交纸件等方式办理专利权质押登记相关手续。

第七条 申请专利权质押登记的，当事人应当向国家知识产权局提交下列文件：

（一）出质人和质权人共同签字或盖章的专利权质押登记申请表；

（二）专利权质押合同；

（三）双方当事人的身份证明，或当事人签署的相关承诺书；

（四）委托代理的，注明委托权限的委托书；

（五）其他需要提供的材料。

专利权经过资产评估的，当事人还应当提交资产评估报告。

除身份证明外，当事人提交的其他各种文件应当使用中文。身份证明是外文的，当事人应当附送中文译文；未附送的，视为未提交。

当事人通过互联网在线办理专利权质押登记手续的，应当对所提交电子件与纸件原件的一致性作出承诺，并于事后补交纸件原件。

第八条 当事人提交的专利权质押合同应当包括以下与质押登记相关的内容：

（一）当事人的姓名或名称、地址；

（二）被担保债权的种类和数额；

（三）债务人履行债务的期限；

（四）专利权项数以及每项专利权的名称、专利号、申请日、授权公告日；

（五）质押担保的范围。

第九条 除本办法第八条规定的事项外，当事人可以在专利权质押合同中约定下列事项：

（一）质押期间专利权年费的缴纳；

（二）质押期间专利权的转让、实施许可；

（三）质押期间专利权被宣告无效或者专利权归属发生变更时的处理；

（四）实现质权时，相关技术资料的交付；

（五）已办理质押登记的同一申请人的实用新型有同样的发明创造于同日申请发明专利、质押期间该发明申请被授予专利权的情形处理。

第十条 国家知识产权局收到当事人提交的质押登记申请文件，应当予以受理，并自收到之日起 5 个工作日内进行审查，决定是否予以登记。

通过互联网在线方式提交的，国家知识产权局在 2 个工作日内进行审查并决定是否予以登记。

第十一条 专利权质押登记申请经审查合格的，国家知识产权局在专利登记簿上予以登记，并向当事人发送《专利权质押登记通知书》。经审查发现有下列情形之一的，国家知识产权局作出不予登记的决定，并向当事人发送《专利权质押不予登记通知书》：

（一）出质人不是当事人申请质押登记时专利登记簿记载的专利权人的；

（二）专利权已终止或者已被宣告无效的；

（三）专利申请尚未被授予专利权的；

（四）专利权没有按照规定缴纳年费的；

（五）因专利权的归属发生纠纷已请求

国家知识产权局中止有关程序，或者人民法院裁定对专利权采取保全措施，专利权的质押手续被暂停办理的；

（六）债务人履行债务的期限超过专利权有效期的；

（七）质押合同不符合本办法第八条规定的；

（八）以共有专利权出质但未取得全体共有人同意且无特别约定的；

（九）专利权已被申请质押登记且处于质押期间的；

（十）请求办理质押登记的同一申请人的实用新型有同样的发明创造已于同日申请发明专利的，但当事人被告知该情况后仍声明同意继续办理专利权质押登记的除外；

（十一）专利权已被启动无效宣告程序的，但当事人被告知该情况后仍声明同意继续办理专利权质押登记的除外；

（十二）其他不符合出质条件的情形。

第十二条 专利权质押期间，国家知识产权局发现质押登记存在本办法第十一条所列情形并且尚未消除的，或者发现其他应当撤销专利权质押登记的情形的，应当撤销专利权质押登记，并向当事人发出《专利权质押登记撤销通知书》。

专利权质押登记被撤销的，质押登记的效力自始无效。

第十三条 专利权质押期间，当事人的姓名或者名称、地址更改的，应当持专利权质押登记变更申请表、变更证明或当事人签署的相关承诺书，向国家知识产权局办理专利权质押登记变更手续。

专利权质押期间，被担保的主债权种类及数额或者质押担保的范围发生变更的，当事人应当自变更之日起 30 日内持专利权质押登记变更申请表以及变更协议，向国家知识产权局办理专利权质押登记变更手续。

国家知识产权局收到变更登记申请后，经审核，向当事人发出《专利权质押登记变更通知书》，审核期限按照本办法第十条办理登记手续的期限执行。

第十四条 有下列情形之一的，当事人应当持专利权质押登记注销申请表、注销证明或当事人签署的相关承诺书，向国家知识产权局办理质押登记注销手续：

（一）债务人按期履行债务或者出质人提前清偿所担保的债务的；

（二）质权已经实现的；

（三）质权人放弃质权的；

（四）因主合同无效、被撤销致使质押合同无效、被撤销的；

（五）法律规定质权消灭的其他情形。

国家知识产权局收到注销登记申请后，经审核，向当事人发出《专利权质押登记注销通知书》，审核期限按照本办法第十条办理登记手续的期限执行。专利权质押登记的效力自注销之日起终止。

第十五条 专利登记簿记录专利权质押登记的以下事项，并在定期出版的专利公报上予以公告：出质人、质权人、主分类号、专利号、授权公告日、质押登记日、变更项目、注销日等。

第十六条 出质人和质权人以合理理由提出请求的，可以查阅或复制专利权质押登记手续办理相关文件。

专利权人以他人未经本人同意而办理专利权质押登记手续为由提出查询和复制请求的，可以查阅或复制办理专利权质押登记手续过程中提交的申请表、含有出质人签字或盖章的文件。

第十七条 专利权质押期间，出质人未提交质权人同意其放弃该专利权的证明材料的，国家知识产权局不予办理专利权放弃手续。

第十八条 专利权质押期间，出质人未提交质权人同意转让或者许可实施该专利权的证明材料的，国家知识产权局不予办理专利权转让登记手续或者专利实施许可合同备案手续。

出质人转让或者许可他人实施出质的专利权的，出质人所得的转让费、许可费应当向质权人提前清偿债务或者提存。

第十九条 专利权质押期间，出现以下情形的，国家知识产权局应当及时通知质权人：

（一）被宣告无效或者终止的；

（二）专利年费未按照规定时间缴纳的；

（三）因专利权的归属发生纠纷已请求国家知识产权局中止有关程序，或者人民法院裁定对专利权采取保全措施的。

第二十条 当事人选择以承诺方式办理专利权质押登记相关手续的，国家知识产权局必要时对当事人的承诺内容是否属实进行抽查，发现承诺内容与实际情况不符的，应当向当事人发出通知，要求限期整改。逾期拒不整改或者整改后仍不符合条件的，国家知识产权局按照相关规定采取相应的失信惩戒措施。

第二十一条 本办法由国家知识产权局负责解释。

第二十二条 本办法自发布之日起施行。

国家知识产权局关于发布《商标审查审理指南》的公告

（国家知识产权局公告第四六二号）

为规范商标审查审理程序，保障商标审查审理各环节法律适用统一和标准执行一致，国家知识产权局决定制定《商标审查审理指南》，现予发布，自 2022 年 1 月 1 日起施行，原《商标审查及审理标准》同时废止。

特此公告。

国家知识产权局

2021 年 11 月 16 日

国家版权局　文化和旅游部
关于规范卡拉 OK 领域版权市场秩序的通知

（国版发〔2021〕1 号）

各省、自治区、直辖市版权局、文化和旅游厅（局），各相关单位：

为贯彻落实党中央、国务院关于加强知识产权保护的决策部署，进一步完善著作权集体管理制度、优化工作机制，维护权利人合法权益、便于使用者合法使用，促进卡拉 OK 行业健康有序发展，根据《中华人民共和国著作权法》《著作权集体管理条例》等规定，结合我国著作权集体管理工作实际，现就规范卡拉 OK 领域版权市场秩序有关事项通知如下。

一、坚持通过著作权集体管理解决卡拉 OK 领域版权问题。卡拉 OK 领域版权问题具有权利人众多和使用者众多的特点，“点对点”的版权许可方式无法满足权利人和使用者的实际需要，著作权集体管理是合理高效解决卡拉 OK 领域版权问题的有效途径。要统筹兼顾权利人和使用者利益，坚持通过著作权集体管理解决卡拉 OK 领域版权问题，完善体制机制、创新方式、提升效能。

二、坚持卡拉 OK 领域“二合一”版权许可机制。根据《著作权集体管理条例》第二十六条规定，在自愿基础上推动卡拉 OK 领域继续实施“二合一”版权许可机制。中国音乐著作权协会（以下简称音著协）管理的音乐作品表演权和中国音像著作权集体管理协会(以下简称音集协)管理的音乐电视作品放映权,统一由音集协向卡拉OK经营者发放许可、收取使用费,使用费在音集协和音著协之间经协商分配。音集协和音著协应当加强合作,在许可内容、许可方式、许可效率、费用分配等方面完善工作机制,为权利人和使用者提供更高水平服务。

三、坚持"先许可后使用"原则。卡拉OK经营者应当按照"先许可后使用"原则,与音集协签订许可使用合同后合法使用作品,许可使用合同以音集协官方网站公布的文本为准。未经许可,不得使用相关作品。版权使用费以国家版权局公告的使用费标准为基准,合理兼顾权利人的合法权益与卡拉OK经营者的实际需要。鼓励卡拉OK经营者通过相关行业协会或代表与音集协开展集体协商,就许可范围、许可期限、许可费用、支付方式等内容达成统一协议。

四、坚持协商合作优先机制。卡拉OK领域各相关方应当加强合作,通过联席会议、定期磋商等方式及时通报信息、交流经验,化解风险、解决纠纷。对于卡拉OK领域与版权有关的法律适用、许可机制和商业模式等普遍性或复杂性问题,优先以协商沟通方式解决,积极寻求非诉纠纷解决途径。对于无法协调一致或者其他重大事宜,应当及时向主管部门报告。

五、坚持著作权集体管理信息公开透明。音集协和音著协应当建立权利信息查询系统,供权利人和使用者查询其管理的权利种类、作品和录音录像制品的名称、权利人姓名或名称等信息;应当依法通过财务报告、工作报告和其他业务资料及时向有关主体通报作品许可使用情况和版权使用费相关情况,向社会公开年度报告、联系方式,接受权利人、使用者和社会各界监督。音集协应当在官方网站公布许可使用合同文本、许可流程和规范、从事许可的工作人员等信息。

六、坚持著作权集体管理组织非营利性原则。音集协和音著协应当进一步强化非营利性法人定位,不得委托、支持、纵容商业机构介入卡拉OK领域著作权集体管理事务。其他任何组织和个人不得介入卡拉OK领域著作权集体管理活动,破坏"二合一"版权许可机制,扰乱版权市场秩序。未经批准擅自从事著作权集体管理活动的,由主管部门依法查处;构成犯罪的,依法追究刑事责任。

七、坚持依法监管著作权集体管理组织。国家版权局依法监管音集协和音著协在卡拉OK领域的著作权集体管理活动,检查相关业务工作,核查相关财务资料。对音集协和音著协违反法律法规和有关政策的,依法依规采取诫勉谈话、责令限期改正、责令罢免或者解聘有关主管人员、提出暂缓年检建议和吊销许可证等措施。

八、坚持依法加强卡拉OK行业管理。文化和旅游行政部门加强对卡拉OK领域的行业监管和内容监管,支持和引导相关行业协会与音集协、音著协落实卡拉OK领域"二合一"版权许可机制,配合相关部门建立健全科学合理的卡拉OK领域版权保护机制,切实维护权利人和使用者的合法权益,促进行业规范发展。

国家版权局
文化和旅游部
2021年4月2日

国家林业和草原局公告

（2021 年第 21 号）

根据《中华人民共和国植物新品种保护条例》《中华人民共和国植物新品种保护条例实施细则（林业部分）》的规定，现将《中华人民共和国植物新品种保护名录（林草部分）（第八批）》（见附件）予以公布，自 2022 年 1 月 1 日起施行。

特此公告。

附件：中华人民共和国植物新品种保护名录（林草部分）（第八批）

国家林业和草原局

2021 年 11 月 5 日

中华人民共和国植物新品种保护名录（林草部分）（第八批）

序号	种或者属名	学名
1	漆树属	*Toxicodendron* Mill.
2	黄檀属	*Dalbergia* L. f.
3	猕猴桃属	*Actinidia* Lindl.
4	芦竹属	*Arundo* L.
5	黄耆属	*Astragalus* L.
6	苍术	*Atractylodes lancea* (Thunb.) DC.
7	木蓝属	*Indigofera* L.
8	独蒜兰属	*Pleione* D. Don
9	虎耳草属	*Saxifraga* L.

最高人民法院关于加强新时代知识产权审判工作为知识产权强国建设提供有力司法服务和保障的意见

法发〔2021〕29 号

为深入贯彻落实《知识产权强国建设纲要（2021—2035 年）》和党中央关于加强知识产权保护的决策部署，适应新时代要求，全面加强知识产权司法保护，为知识产权强国建设提供有力司法服务和保障，制定本意见。

一、心怀"国之大者"，准确把握加强新时代知识产权审判工作的总体要求

1. 确保新时代知识产权审判工作始终沿着正确方向前进。坚持以习近平新时代中国特色社会主义思想为指导，持续深入学习贯彻习近平法治思想，全面贯彻党的十九大和十九届二中、三中、四中、五中全会精神，增强"四个意识"、坚定"四个自信"、做到"两个维护"，不断提高政治判断力、政治领悟力、政治执行力，不折不扣贯彻落实习近平总书记关于加强知识产权保护的系列重要讲话精神和党中央决策部署。牢牢坚持党的领导，坚持以人民为中心，坚定不移走中国特色社会主义法治道路。牢牢把握加强知识产权保护是完善产权保护制度最重要的内容和提高国家经济竞争力最大的激励，紧紧围绕"十四五"规划和二〇三五年远景目标，强化系统观念、法治思维、强基导向，增强机遇意识、风险

意识，全面提升知识产权司法保护水平。适应新时代要求，立足新发展阶段，完整、准确、全面贯彻新发展理念，自觉融入构建新发展格局、推动高质量发展，为建设知识产权强国提供有力司法服务和保障。

2. 增强做好新时代知识产权审判工作的责任感使命感。坚持把创新作为引领发展的第一动力，树立保护知识产权就是保护创新的理念，深刻认识全面加强知识产权审判工作事关国家治理体系和治理能力现代化，事关推动高质量发展和创造高品质生活，事关国内国际两个大局。自觉践行初心使命，找准司法服务"国之大者"的结合点、切入点，担当作为、改革创新，健全公正高效、管辖科学、权界清晰、系统完备的知识产权司法保护体制，开创新时代知识产权审判工作新局面。

3. 正确把握新时代人民法院服务知识产权强国建设的工作原则。紧紧围绕"努力让人民群众在每一个司法案件中感受到公平正义"目标，坚持以人民为中心，充分发挥知识产权审判职能作用，落实惩罚性赔偿制度，加大对侵权行为惩治力度，切实维护社会公平正义和权利人合法权益。坚持严格保护，依法平等保护中外当事人及各类市场主体合法权益，维护公平竞争市场秩序，服务以国内大循环为主体、国内国际双循环相互促进的新发展格局。坚持公正合理保护，防范权利过度扩张，确保公共利益和激励创新兼得。坚持深化改革，强化信息化技术运用，加快推进知识产权审判体系和审判能力现代化。坚持协同配合，强化国际合作，为全球知识产权治理贡献中国司法智慧。

二、依法公正高效审理各类案件，充分发挥知识产权审判职能作用

4. 加强科技创新成果保护，服务创新驱动发展。充分发挥知识产权审判对科技创新的激励和保障作用，实现知识产权保护范围、强度与其技术贡献程度相适应。充分发挥司法裁判在科技创新成果保护中的规则引领和价值导向职能，总结提炼科技创新司法保护新规则，促进技术和产业不断创新升级。以强化保护为导向，加强对专利授权确权行政行为合法性的严格审查，推动行政标准与司法标准统一，促进专利授权确权质量提升。以实质性解决专利纠纷为目标，建立专利民事行政案件审理工作在甄别统筹、程序衔接、审理机制、裁判标准等方面的协同推进机制，防止循环诉讼和程序空转，有效提高审判效率。

5. 加强著作权和相关权利保护，服务社会主义文化强国建设。充分发挥著作权审判对于优秀文化的引领和导向功能，促进文化和科学事业发展与繁荣。依法加强"红色经典"和英雄烈士合法权益保护，以法治手段传承红色文化基因，大力弘扬社会主义核心价值观。加大对文化创作者权益保护，准确把握作品认定标准。依法维护作品传播者合法权益，适应全媒体传播格局变化，依法妥善处理互联网领域文化创作及传播的著作权保护新问题。依法审理涉著作权集体管理组织案件，妥善处理维护著作权集体管理制度和尊重权利人意思自治关系，促进作品传播利用。加强遗传资源、传统文化、传统知识、民间文艺等知识产权保护，促进非物质文化遗产的整理和利用。

6. 加强商业标志保护，服务品牌强国建设。提高商标授权确权行政案件审理质量，坚决打击不以使用为目的的商标恶意注册行为，科学合理界定商标权权利边界与保护范围，促进商标申请注册秩序正常化和规范化。强化商标使用对确定商标权保护范围的作用，积极引导权利人持续实际使用商标，发挥商标的识别功能，保护消费者合法权益。制定商标民事纠纷案件司法解释，加强驰名商标、传统品牌和老字号司法保护，依法支持商标品牌建设。完善地理标志司法保护规则，遏制侵犯地理标志权利行为，推动地理标志与特色产业发展、生态文明建设、历史文化传承以及乡村振兴有机融合。

7.加强新兴领域知识产权保护，服务新领域新业态规范健康发展。准确适用个人信息保护法、数据安全法，加强互联网领域和大数据、人工智能、基因技术等新领域新业态知识产权司法保护，完善算法、商业方法和人工智能产出物知识产权司法保护规则，合理确定新经济新业态主体法律责任，积极回应新技术、新产业、新业态、新模式知识产权保护司法需求。加强涉数据云存储、数据开源、数据确权、数据交易、数据服务、数据市场不正当竞争等案件审理和研究，切实维护数据安全，为数字中国建设提供法治保障。

8.加强农业科技成果保护，服务全面推进乡村振兴。加大重大农业科技成果保护力度，促进农业生物技术、先进制造技术、精准农业技术等方面重大创新成果的创造。依法严格保护国家种质资源，严厉打击制售假冒伪劣品种、侵犯植物新品种权、种子套牌等行为，强化植物新品种刑事司法保护，提升种业知识产权司法保护水平，有效保障国家种业和粮食安全。创新和加强地方特色农业知识产权司法保护机制，完善保护种业知识产权合作机制，形成保护合力。

9.加强中医药知识产权保护，服务中医药传承创新发展。依法妥善审理涉中医药领域知识产权纠纷案件，推动完善中医药领域发明专利审查规则，促进提升中医药领域专利质量。加强中医药古方、中药商业秘密、道地药材标志、传统医药类非物质文化遗产司法保护，推动完善涉及中医药知识产权司法保护的国际国内规则和标准，促进中医药传统知识保护与现代知识产权制度有效衔接。

10.加强反垄断和反不正当竞争司法，维护公平竞争的市场法治环境。严格落实《关于强化反垄断深入推进公平竞争政策实施的意见》，坚持规范和发展并重，依法妥善审理反垄断和反不正当竞争案件。出台反垄断民事纠纷司法解释和反不正当竞争司法解释，发布典型案例，发挥“红绿灯”作用，明确司法规则，规范市场主体行为。加强对平台企业垄断的司法规制，依法严惩平台强制“二选一”“大数据杀熟”等破坏公平竞争、扰乱市场秩序行为，切实保护消费者合法权益和社会公共利益，维护和促进市场公平竞争。强化平台经济、科技创新、信息安全、民生保障等重点领域案件审理和宣传，通过司法裁判强化公平竞争意识，引导全社会形成崇尚、保护和促进公平竞争的市场环境。

11.加强商业秘密保护，护航企业创新发展。依法加大涉及国家安全和利益的技术秘密司法保护力度，严惩窃取、泄露国家科技秘密行为。正确把握侵害商业秘密民事纠纷和刑事犯罪的界限，完善侵犯商业秘密犯罪行为认定标准。加强诉讼中的商业秘密保护，切实防止诉讼中“二次泄密”，保障权利人依法维权。妥善处理保护商业秘密与自由择业、竞业限制和人才合理流动的关系，在依法保护商业秘密的同时，维护劳动者正当就业创业合法权益，保障企业创新发展，促进人才合理流动。

12.加强科技创新主体合法权益保护，激发创新创造活力。认真落实科学技术进步法、促进科技成果转化法，加强科技成果有关各项权益的司法保护。依法妥善处理因科技成果权属认定、权利转让、价值确定和利益分配产生的纠纷，准确界定职务发明与非职务发明的法律界限，依法支持以科技成果转化所获收益对职务科技成果完成人和为科技成果转化作出重要贡献的人员给予奖励和报酬，充分保障职务发明人获得奖励和报酬的合法权益。依法积极支持深化科技成果使用权、处置权、收益权改革。规范和促进知识产权融资模式创新，保障知识产权金融积极稳妥发展。依法保护国家实验室、国家科研机构、高水平研究型大学、科技领军企业等国家战略科技力量的名称权、名誉权、荣誉权等权利，依法保护科研人员经费使用自主权和技术路线决定权，从严把握定罪标准，严格区分罪与非罪，避免把一般违法或违纪作为犯罪处理，支持科技创新和研发活动。

三、提升知识产权司法保护整体效能，着力营造有利于创新创造的法治环境

13. 加大对侵犯知识产权行为惩治力度，有效阻遏侵权行为。依法妥善运用行为保全、证据保全、制裁妨害诉讼行为等措施，加强知识产权侵权源头治理、溯源打击，及时有效阻遏侵权行为，切实降低维权成本，提高侵权违法成本，促进形成不敢侵权、不愿侵权的法治氛围。正确把握惩罚性赔偿构成要件，加大知识产权侵权损害赔偿力度，合理运用证据规则、经济分析方法等手段，完善体现知识产权价值的侵权损害赔偿制度。出台知识产权刑事司法解释，加大刑事打击力度，依法惩治侵犯知识产权犯罪。加大对于知识产权虚假诉讼、恶意诉讼等行为的规制力度，完善防止滥用知识产权制度，规制“专利陷阱”“专利海盗”等阻碍创新的不法行为，依法支持知识产权侵权诉讼中被告以原告滥用权利为由请求赔偿合理开支，推进知识产权诉讼诚信体系建设。

14. 健全知识产权多元化纠纷解决机制，创新知识产权解纷方式。切实将非诉讼纠纷解决机制挺在前面，坚持和发展新时代“枫桥经验”，拓展知识产权纠纷多元化解渠道，有效推动知识产权纠纷综合治理、源头治理。依托人民法院调解平台，大力推进知识产权纠纷在线诉调对接机制。建立健全知识产权纠纷调解协议司法确认机制，探索依当事人申请的知识产权纠纷行政调解协议司法确认制度，因地制宜创新知识产权解纷方式，满足人民群众多元高效便捷的纠纷解决需求。

15. 健全行政保护与司法保护衔接机制，推动构建大保护工作格局。积极参与知识产权保护体系建设工程，健全知识产权行政保护与司法保护衔接机制，加强与行政职能部门协同配合。充分发挥司法审查监督职能，促进知识产权行政执法标准与司法裁判标准统一。推动与国家市场监督管理总局、国家版权局、国家知识产权局等部门建立信息资源共享机制，推进最高人民法院与中央有关部门数据专线连接工作，进一步推动知识产权保护线上线下融合发展，促进形成知识产权保护合力。为继续推动西部大开发、东北全面振兴、中部地区崛起、东部率先发展，深入推进京津冀协同发展、长江经济带发展、粤港澳大湾区建设、长三角一体化发展、黄河流域生态保护和高质量发展、成渝地区双城经济圈建设等国家区域发展战略提供司法服务和保障，提升服务国家重大发展战略水平。

16. 加强涉外知识产权审判，提升知识产权司法保护国际影响力。依法公正审理涉外知识产权案件，平等保护中外权利人合法权益，打造国际知识产权诉讼优选地，积极营造开放、公平、公正、非歧视的科技发展环境和市场化法治化国际化营商环境。妥善处理与国际贸易有关的重大知识产权纠纷，依法妥善处理国际平行诉讼，积极服务国内国际双循环新发展格局，确保案件裁判符合相关国际公约和国际惯例，促进国际贸易合作。深化国际司法交流合作，通过司法裁判推动完善相关国际规则和标准，积极参与知识产权司法领域全球治理，推动全球知识产权治理体制向着更加公正合理方向发展。

17. 加强法治宣传教育，营造促进知识产权高质量发展的人文环境。建立健全最高人民法院指导性案例、公报案例、典型案例等多位一体的知识产权案例指导体系，充分发挥司法裁判的指引示范作用。积极开展知识产权宣传周活动，持续打造中国法院知识产权司法保护状况、知识产权案件年度报告、中国法院十大知识产权案件和 50 件典型案例等知识产权保护法治宣传品牌，增进社会各界对知识产权司法保护的了解、认同、尊重和信任，厚植尊重创新、保护创新的良好氛围。

四、深化知识产权审判领域改革创新，推进知识产权审判体系和审判能力现代化

18. 加强高水平知识产权审判机构建

设,完善知识产权专门化审判体系。推动健全完善国家层面知识产权案件上诉审理机制,加强知识产权法院、知识产权法庭建设,深化司法责任制综合配套改革,推动优化知识产权管辖布局。深入推进知识产权民事、刑事、行政案件"三合一"审判机制改革,构建案件审理专门化、管辖集中化和程序集约化的审判体系。研究制定符合知识产权审判规律的诉讼规范,完善符合知识产权案件特点的诉讼证据制度。推进四级法院审级职能定位改革,深化知识产权案件繁简分流改革,优化知识产权民事、行政案件协同推进机制。推进知识产权案例、裁判文书和裁判规则数据库深度应用,统一知识产权司法裁判标准和法律适用,完善裁判规则。

19. 加强知识产权审判队伍建设,提升司法服务保障能力。坚持以党建带队建促审判,加强政治建设,筑牢政治忠诚,增强知识产权审判队伍服务大局意识和能力,努力锻造一支政治坚定、顾全大局、精通法律、熟悉技术、具有国际视野的知识产权审判队伍。加强知识产权审判队伍的专业化培养和职业化选拔,健全知识产权审判人才培养、遴选和交流机制,加强高素质专业化审判人才培养,健全知识产权专业化审判人才梯队。完善知识产权领域审判权运行和监督制约机制,确保队伍忠诚干净担当。加强技术调查人才库建设,完善多元化技术事实查明机制,充分发挥知识产权司法保护专家智库作用。加强与科学技术协会和其他科技社团协同合作,提高为科技创新主体提供法律服务的能力水平。

20. 加强智慧法院建设,提升知识产权审判信息化水平。扎实推进信息技术与法治建设融合促进,积极推进互联网、人工智能、大数据、云计算、区块链、5G 等现代科技在司法领域的深度应用,全面加强智慧审判、智慧执行、智慧服务、智慧管理,实现信息化建设与知识产权审判深度融合。适应信息化时代发展,探索更加成熟定型的在线诉讼新模式和在线调解规则,积极推进跨区域知识产权远程诉讼平台建设,加强司法大数据充分汇集、智能分析和有效利用。

最高人民法院
2021 年 9 月 24 日

最高人民法院
关于印发《人民法院知识产权司法保护规划(2021—2025 年)》的通知

法发〔2021〕14 号

各省、自治区、直辖市高级人民法院,解放军军事法院,新疆维吾尔自治区高级人民法院生产建设兵团分院:

现将《人民法院知识产权司法保护规划(2021—2025 年)》印发给你们,请认真贯彻执行。

最高人民法院
2021 年 4 月 22 日

人民法院知识产权司法保护规划(2021—2025 年)

党的十八大以来,人民法院正确认识和把握知识产权保护工作与国家治理体系和治理能力现代化的关系,与高质量发展的关系,与人民生活幸福的关系,与国家对外开放大局的关系,与国家安全的关系,全面加强知识产权司法保护工作,为贯彻新发展理念、构建新发展格局、推动高质量发展提供有力司法服务和保障，发挥了不可或缺的重要作用。

“十四五”时期是乘势而上开启全面建设社会主义现代化国家新征程、向第二个百年奋斗目标进军的第一个五年。为深入贯彻落实党的十九届五中全会精神和习近平总书记在中央政治局第二十五次集体学习时的重要讲话精神，贯彻落实《中华人民共和国国民经济和社会发展第十四个五年规划和2035年远景目标纲要》，明确知识产权司法保护目标、任务、举措和实施蓝图，制定本规划。

一、总体要求

（一）指导思想

坚持以习近平新时代中国特色社会主义思想为指导，全面贯彻党的十九大和十九届二中、三中、四中、五中全会精神，深入贯彻习近平法治思想，增强“四个意识”、坚定“四个自信”、做到“两个维护”。紧紧围绕“努力让人民群众在每一个司法案件中感受到公平正义”目标，坚持以我为主、人民利益至上、公正合理保护，不断深化知识产权审判领域改革，不断强化知识产权司法保护，不断优化知识产权法治环境，为建设知识产权强国、世界科技强国和全面建设社会主义现代化国家提供坚实司法服务和保障。

（二）基本原则

坚持党对司法工作的绝对领导，把党的领导贯穿人民法院知识产权司法保护工作全过程，确保知识产权司法保护工作发展的正确方向。坚持以人民为中心，更好满足人民群众对公平正义的更高需求，切实增强人民群众获得感幸福感安全感。坚持问题导向，聚焦知识产权司法保护的突出问题和薄弱环节，不断增强知识产权司法保护整体效能。坚持改革创新，以创新的方式保护创新，持续推动知识产权审判事业向高质量发展。坚持开放发展，立足国情，推动构建以国内大循环为主体、国内国际双循环相互促进的新发展格局。

（三）总体目标

到2025年，知识产权专门化审判体系更加健全，知识产权诉讼制度更加完备，知识产权审判质效全面提升，知识产权审判队伍整体素质显著提高，知识产权审判体系和审判能力现代化建设取得实质性进展。知识产权侵权行为惩治力度明显加大，知识产权司法保护状况明显改善，司法公信力、影响力和权威性明显提升，知识产权司法保护社会满意度保持较高水平。具有中国特色、符合创新规律、适应国家发展目标需要的知识产权司法保护制度进一步成熟，知识产权审判激励保护创新、促进科技进步和社会发展的职能作用进一步凸显，服务党和国家工作大局的司法能力进一步增强。

二、充分发挥知识产权审判职能作用

（四）加强科技创新成果保护

全面贯彻实施专利法，充分发挥专利等技术类案件集中审理优势，强化司法裁判在科技创新成果保护中的规则引领和价值导向职能，切实增强服务创新驱动发展的能力和实效。加强对专利授权确权行政行为合法性的严格审查，推动行政标准与司法标准统一协调，提升专利授权确权质量。健全有利于专利纠纷实质性解决的审理机制，防止循环诉讼和程序空转，有效缩短审理期限。加大对关键核心技术、新兴产业、重点领域及种源等知识产权司法保护力度，严格落实集成电路布图设计和计算机软件保护制度，推进创新服务体系建设，促进自主创新能力提升，带动技术产业升级。健全大数据、人工智能、基因技术等新领域新业态知识产权司法保护规则，推动关键数字技术创新应用。加大对具有自主知识产权的重大农业科技成果保护力度，严格依法保护种业自主创新，有效保障国家粮食安全。全力提升服务国家重大区域发展战略的司法能力，推动完善区域知识产权快速协同保护机制，推进区域协同创新。

（五）加强著作权和相关权利保护

全面贯彻实施著作权法，充分发挥著作权审判对于优秀文化引领和导向功能，弘扬社会主义核心价值观，促进文化和科学事业发展与繁荣。加大对文化创作者权益保护，准确把握作品认定标准，根据不同领域、不同类型作品特点确定相适应的保护力度，使保护强度与独创性程度、中国国情相协调。依法维护作品传播者合法权益，妥善处理维护著作权集体管理制度和尊重权利人意思自治关系，加强司法保护与行政监管联动协调，促进作品传播利用。妥善处理互联网领域文化创作传播相关著作权保护新问题，完善司法保护规则，加强知识产权互联网领域法治治理。积极研究传统文化、传统知识等领域知识产权保护问题，明确司法保护规则。

（六）加强商业标志保护

加强商标权司法保护，促进知名品牌培育和商品服务贸易发展，提升企业竞争力，推动品牌强国建设。依法严格审查行政裁决合法性，提高商标授权确权行政案件审理质量。加大对恶意抢注、囤积商标等行为惩治力度，促进商标申请注册秩序正常化和规范化。科学合理界定商标权权利边界与保护范围，正确把握注册与使用在商标权保护中的关系，强化商标使用对确定商标权保护范围的作用，积极引导实际使用商标。加强地理标志司法保护，切实遏制侵犯地理标志权利行为，保障区域特色经济发展。

（七）加强反垄断和反不正当竞争审判

加强反垄断和反不正当竞争案件审理工作，强化竞争政策基础地位，适时制定有关司法解释，明确规制各类垄断和不正当竞争行为，消除市场封锁，促进公平竞争。妥善处理互联网领域垄断纠纷，完善平台经济反垄断裁判规则，防止资本无序扩张，推动平台经济规范健康持续发展。加强反不正当竞争法对商业标识的司法保护，解决不同标识之间权利冲突。强化商业秘密司法保护，依法合理确定当事人举证责任，有效遏制侵害商业秘密行为。妥善处理保护商业秘密与人才合理流动关系，依法保护商业秘密的同时，维护劳动者正当就业创业合法权益。依法支持相关行政职能部门履职，形成反垄断和反不正当竞争工作合力。

（八）加大对知识产权侵权行为惩治力度

依法采取行为保全、证据保全、制裁诉讼妨害行为等措施，及时有效阻遏侵权行为，切实降低维权成本。正确把握惩罚性赔偿构成要件，确保惩罚性赔偿制度在司法裁判中精准适用，提高侵权成本，依法惩处严重侵害知识产权行为。遵循罪刑法定原则，按照以审判为中心的刑事诉讼制度要求，正确把握民事纠纷和刑事犯罪界限，依法惩治侵犯知识产权犯罪，充分发挥刑罚威慑、预防和矫正功能。

三、深化知识产权审判领域改革创新

（九）完善知识产权专门化审判体系

全面总结最高人民法院知识产权法庭三年试点工作情况，提出进一步改革方案，促进完善技术类知识产权审判，深化国家层面知识产权案件上诉审理机制建设。加强知识产权法院、知识产权法庭建设，深化司法责任制综合配套改革，化解人案矛盾、优化内设机构、构建人才梯队，推动完善知识产权专门化审判机构布局。加强互联网法院知识产权审判功能建设，充分发挥互联网司法引领作用，着力解决信息化时代知识产权保护新问题。

（十）健全知识产权诉讼制度

研究起草符合知识产权案件规律的诉

讼规范，完善知识产权案件证据、诉讼程序等相关规定。优化知识产权民事、行政案件协同推进机制，推动行政确权案件和民事侵权案件在程序衔接、审理机制、裁判标准等方面相互协调。完善知识产权案件管辖制度，根据案件情况和审判需要依法适当调整管辖布局，加强特定类型案件集中管辖。完善多元化技术事实查明机制，加强技术调查人才库建设，充分发挥人才共享机制功能。大力倡导诚信诉讼，严厉制裁毁损、隐匿和伪造证据等行为，有效规制滥用权利、恶意诉讼，进一步完善知识产权诉讼诚信体系建设。

（十一）深化知识产权审判“三合一”改革

推动完善知识产权刑事案件管辖布局，积极构建与知识产权“三合一”审判机制相适应的管辖制度，推动知识产权法院审理知识产权刑事案件。加强与公安机关、检察机关在知识产权刑事司法程序方面沟通协调，建立和完善联络机制。完善知识产权民事、行政和刑事诉讼程序衔接，确保裁判结果内在协调统一。优化知识产权刑事自诉程序，充分保障知识产权权利人合法权益。

（十二）深入推进案件繁简分流改革

积极推进知识产权案件繁简分流，完善简易程序规则，推动简单知识产权类案件适用小额诉讼程序，探索简单商标授权确权类行政案件适用独任制审理。根据知识产权案件审判特点，完善不同诉讼程序、诉调程序之间转换机制和规则。加强和规范在线诉讼，简化常见简单案件裁判文书格式。提升知识产权类纠纷诉前调解质量，优化调解案件司法确认程序，促进纠纷实质性化解。

四、优化知识产权保护工作机制

（十三）完善统一法律适用标准机制

充分发挥司法审查监督和指引功能，促进知识产权行政执法标准和司法裁判标准统一。健全以司法解释、司法政策为引领、以指导性案例为指引、以典型案例为参考的知识产权审判指导体系，优化专业法官会议制度，完善类案和新类型案件检索制度，构建统一法律适用标准机制。深化智慧法院建设，完善知识产权案例和裁判文书数据库深度应用，充分运用人工智能等信息化手段促进裁判标准统一。

（十四）健全多元化纠纷解决机制

充分依托人民法院调解平台，大力推进知识产权纠纷在线诉调对接机制，切实将非诉讼纠纷解决机制挺在前面。坚持和发展新时代“枫桥经验”，提供优质司法服务，有效推动知识产权纠纷综合治理、源头治理。加强与知识产权行政职能部门、仲裁机构、行业协会、调解组织等协调配合，因地制宜创新知识产权解纷方式，满足人民群众多元高效便捷的纠纷解决需求。

（十五）强化行政执法和司法衔接机制

加强知识产权信息化、智能化基础设施建设，推动与国家市场监督管理总局、国家知识产权局等部门建立信息资源共享机制，推进最高人民法院与中央有关部门数据专线连接工作。进一步推动知识产权保护线上线下融合发展，加强与知识产权行政职能部门协同配合，积极参与构建知识产权大保护工作格局。

（十六）深化知识产权国际合作竞争机制

加强涉外知识产权审判，妥善审理与国际贸易有关的重大知识产权纠纷，依法平等保护中外权利人合法权益。推进我国知识产权有关法律规定域外适用，切实保护我国公民、企业境外安全和合法权益。强化国际司法合作协作，妥善解决国际平行诉讼，维护知识产权领域国家安全。深化同其他国家和地区知识产权司法合作，积极促进知识共享。积极参与知识产权司法领域全球治理，通过司法裁判推动完善相关国际规则和标准。

五、强化知识产权审判保障

(十七)加强政治和组织保障

坚持以习近平新时代中国特色社会主义思想武装头脑、指导实践、推动工作,始终把党的政治建设摆在首位,筑牢服务国家大局意识,坚决捍卫国家主权和核心利益。完善工作机制,加强对下监督指导,增强与有关职能部门沟通协调,确保各项知识产权司法保护工作落地见效。严格落实防止干预司法“三个规定”等铁规禁令,健全知识产权领域审判权运行和监督制约机制,扎实开展法院队伍教育整顿,确保忠诚干净担当。

(十八)加强队伍和人才保障

对标对表习近平总书记提出的“七种能力”要求,立足知识产权审判实际和岗位职责,全面提升队伍的革命化、正规化、专业化、职业化。完善知识产权审判人才储备和遴选机制,加强优秀人才选拔,重视培养符合“三合一”审判要求的复合型人才,注重增强队伍稳定性。建立不同法院、不同审判部门形式多样的人员交流机制,有计划选派综合素质高、专业能力强、有培养潜力的知识产权法官到有关部门挂职。

(十九)加强科技和信息化保障

充分运用智慧法院建设成果,实现信息化建设与知识产权审判深度融合,推进上下级人民法院知识产权类案件办案系统互联互通、业务协同、资源共享。进一步提升案件审理电子化水平,实现电子卷宗在线归档、互联网查阅。充分发挥一站式诉讼服务中心功能,大力推进知识产权案件跨区域立案、网上立案、电子送达、在线开庭等信息化技术普及应用。加强司法大数据充分汇集、智能分析和有效利用,为知识产权相关决策提供参考。

各级人民法院要全面准确贯彻落实本规划要求,结合实际制定实施方案,明确分工,压实责任,务求实效。最高人民法院将统筹协调,加强指导,推进落实,确保规划各项措施落到实处。

最高人民法院关于垄断行政案件管辖问题的通知

法〔2021〕136 号

各省、自治区、直辖市高级人民法院,解放军军事法院,新疆维吾尔自治区高级人民法院生产建设兵团分院:

为依法公正、及时审理垄断行政案件,根据《中华人民共和国反垄断法》《中华人民共和国行政诉讼法》《全国人民代表大会常务委员会关于专利等知识产权案件诉讼程序若干问题的决定》等法律规定,结合审判实际,就垄断行政案件管辖问题通知如下。

一、对国务院反垄断执法机构涉及反垄断的行政行为依法提起诉讼的第一审行政案件,由北京知识产权法院管辖。

二、对省、自治区、直辖市人民政府反垄断执法机构涉及反垄断的行政行为或者省、自治区、直辖市人民政府所作反垄断行政复议决定依法提起诉讼的第一审行政案件,由省、自治区、直辖市人民政府所在地具有垄断民事案件管辖权的中级人民法院管辖、知识产权审判部门审理;设立知识产权法院的,由其管辖。

三、高级人民法院依照行政诉讼法有关规定管辖本通知第一条、第二条所称第一审行政案件的,由知识产权审判部门审理。

四、不服本通知所称第一审行政案件

判决、裁定而提起上诉的案件，由最高人民法院知识产权法庭审理。

五、本通知施行前已受理、未审结的垄断行政案件，由审理法院继续审理；本通知施行以后受理的垄断第一审行政案件，按本通知执行。

六、本通知自 2021 年 6 月 10 日起施行。

最高人民法院

2021 年 6 月 2 日

2021年度知识产权系统典型案例

2021年度专利行政保护典型案例

案例1 广东省广州市白云区知识产权局查处重复侵犯同一专利权案

一、案情简介

请求人冯某是名称为“玻璃瓶(远大滴水)”外观设计专利的专利权人,专利号为ZL201430342259.5。涉案专利权在请求人提起侵权纠纷处理请求时合法有效。

2019年9月11日,广州市白云区知识产权局对该案进行了口头审理,被请求人广州利仕佳生物科技工程有限公司根据《专利行政执法证据规则》中举证责任免除及自认等规定,结合其他现有设计进行抗辩。经综合裁量,2019年11月6日,白云区知识产权局认定被请求人抗辩证据不充分,判定侵权行为成立,并作出《专利侵权纠纷处理决定书》(穗云知法字〔2019〕18号)。被请求人不服处理决定,向广州知识产权法院提起行政诉讼,广州知识产权法院于2020年11月12日作出《行政判决书》〔(2019)粤73行初11号〕,驳回全部诉讼请求。

后经投诉,得知被请求人公司仍在继续制造销售侵犯上述外观设计专利权的产品,广州市白云区知识产权局于2021年4月20日立案并要求该公司将涉案产品保存在现场。2021年7月14日,该局依据《广东省专利条例》的有关规定,作出行政处罚,没收违法所得1.03万元,罚款3.6万元。

二、专家点评

本案的典型意义主要在于:一是适用地方立法,充分维护了专利权人的合法权益。快速反应、持续关注、严厉打击重复侵权的恶性市场竞争行为,有助于市场主体树立通过行政执法程序有效维护自身权益的信心,对于营造更加浓厚公平的竞争氛围,维持健康有序的竞争秩序,形成良好的营商环境发挥了应有作用。二是该案的处理体现了高标准的专业执法水平。案件中对于当事人运用现有设计及《专利行政执法证据规则》中“自认”等进行抗辩的新情况,结合在案证据,严查事实,精准适用法律法规,定性准确、处罚得当,在确保行政裁决质量的同时提升办案效率。三是该案为打击重复侵犯同一专利权的恶性行为提供了成功借鉴。同时,在证据收集、事实认定等方面对执法人员办理专利侵权纠纷案件,提供了新的实践指导,具有重要的可复制的指导和示范作用。

案例2 上海市知识产权局处理“具有增强耐酸性的乳酸菌的方法和应用”发明专利侵权纠纷案

一、案情简介

请求人生命大地女神有限公司(瑞典)是名称为“具有增强耐酸性的乳酸菌的方法和应用”发明专利的专利权人,专利号为ZL200780015449.3。涉案专利权在请求人提起侵权纠纷处理请求时合法有效。

2021年6月11日，上海市知识产权局依法予以立案。

请求人称，被请求人上海箐护母婴用品有限公司未经专利权人许可，在其商铺销售被控侵权产品“童年故事罗伊氏乳杆菌益生菌饮液”的行为侵犯其专利权。请求人提交了涉案专利的专利证书、专利登记簿副本、被请求人销售行为公证书、DSM17938特定菌株佐证文件等材料支持其主张。被请求人称，被控侵权产品由美国FOLOTTO医药集团公司购入，具有合法来源，已尽到注意义务。同时辩称被控侵权产品标注的DSM17938与涉案专利的菌株DSM17938不是同一种菌株，DSM17938为美国生产厂家的生产批次编号，并不指向专利权中的罗伊氏乳杆菌DSM17938。被请求人还提交了采购合同、报关单、销售发票以及FOLOTTO医药集团公司的分析证明、原产地证书、自由销售证明、健康和卫生证明、DSM17938为商品号的说明等材料支持其主张。

经审理，上海市知识产权局认为，请求人公证材料中清晰反映涉案产品外包装等显著位置使用大号字体标识“DSM17938”字样，并在成分说明中标识DSM17938成分名称与含量，以及被请求人提交的分析证明中标注产品所含DSM17938成分名称与含量，足以证明涉案专利产品中含有名称为DSM17938的特定菌株，而非生产批次编号。同时，请求人提交的DSM17938特定菌株佐证材料与德国保藏中心DSM标准编号的公知常识，可以认定涉案专利产品中DSM17938与涉案专利权利要求中的DSM17938指代同一且唯一的特定菌株。因此，被控侵权产品落入涉案专利权的保护范围。2021年10月8日，上海市知识产权局作出行政裁决，认定被请求人未经权利人许可，销售被控侵权产品的行为构成专利侵权行为，责令被请求人立即停止侵权行为。

二、专家点评

本案是上海审理的首例微生物领域发明专利侵权案件。微生物领域由于强化特定性征的需要，同一菌种可能会产生多种不同的变种菌株，由此确认涉案产品中的特定菌株与涉案专利权利要求中的特定菌株的同一性为重中之重。本案中通过涉案DSM17938菌株相关政府批准文件等佐证材料与德国保藏中心DSM标准编号的公知常识认定涉案菌株编号指代的唯一性值得借鉴。同时，在证据运用方面，该案中被请求人提供了美国分销公司的分析证明，虽然只提交了外文文件和翻译件而无涉外证据所需的认证材料，但其内容证明了对被请求人不利的事实，构成了自认，案件合议组予以采纳并在认定侵权依据中予以运用。本案在微生物领域案件与证据认定运用两方面具有的典型性和代表性，可以提供有益的借鉴和参考。

案例3 河北省石家庄市知识产权局处理“含氮芳环衍生物应用”发明专利侵权纠纷案

一、案情简介

请求人卫材R&D管理有限公司是名称为“含氮芳环衍生物”发明专利的专利权人，专利号为ZL01819710.8。涉案专利权在请求人提起侵权纠纷处理请求时合法有效。2021年7月19日，石家庄市知识产权局依法予以立案。

请求人认为，被请求人河北智恒医药科技股份有限公司未经许可，在网站上发布广告并展出涉案专利保护的具体化合物仑伐替尼（也称乐伐替尼），侵犯其专利权。被请求人认为，其开发甲磺酸仑伐替尼，拟在国内进行仿制药注册申报，是为了提供行政审批所进行的研究工作，从未对外销售过该产品，也无意对该原料药进行销售。原网站内容表述不够清晰，现已删除相关信息。

经审理，石家庄市知识产权局认定被请

求人官方网站展示了涉案产品"甲磺酸仑伐替尼"的中英文名称、化学名称、结构式、分子式、上市剂型、规格、服用方法，其中英文名称、化学名称、结构式等均与涉案专利公告文本内容一致，涉案产品落入专利权利要求的保护范围。并且该网站展示"【供应】优势原料药盐酸左旋沙丁胺醇、甲磺酸仑伐替尼"以及"我公司已成功开发出原料药：盐酸左旋沙丁胺醇、甲磺酸仑伐替尼，可批量供应、接受审计，有意来询"等宣传语，已具有销售涉案产品的意思表示，因此被请求人行为已构成许诺销售，侵权行为成立。2021 年 9 月 1 日，石家庄市知识产权局作出行政裁决，认定被请求人未经权利人许可，许诺销售被控侵权产品的行为构成专利侵权，责令被请求人立即停止侵权行为。

二、专家点评

本案从立案到结案，前后仅 45 天，"案结事了，定分止争"，满足了权利人快速有效制止侵权行为的需求，凸显了行政裁决快捷高效低成本的优势。化学药品侵权判定难度相对较大，专业性较强，对于药品专利保护中最为核心的化合物专利的维权有较强的指导和示范意义。同时，该案中请求人为跨国知名药企，该案顺利办结有效维护了权利人的合法权益，体现了我国对国内外创新主体知识产权的一视同仁、同等对待，有利于构建良好的市场化、法治化、国际化营商环境。

案例 4　山东省青岛市知识产权局处理家具系列外观设计专利侵权纠纷案

一、案情简介

请求人美克国际家居用品股份有限公司是名称为"咖啡桌""餐桌""梳妆台"等 12 件外观设计专利权的专利权人。涉案专利权均在请求人提起侵权纠纷处理请求时合法有效。

请求人称，其于 2021 年 11 月发现被请求人丰宝旭家具商行未经许可，销售、许诺销售涉嫌侵权产品，向青岛市知识产权局提出处理请求，请求责令被请求人立即停止销售、许诺销售请求人拥有外观设计专利权的家具产品。2021 年 12 月 7 日，青岛市知识产权局依法立案受理。

案件受理后，青岛市知识产权局仅用 20 天便对 12 起案件作出行政裁决。在该批案件处理过程中，受疫情防控影响，青岛市知识产权局采取书面审理的方式，分别组织当事人采用现场、书面等方式进行质证，发表意见。合议组经整体观察、综合判断后，认定 12 件被控侵权产品与涉案 12 件外观设计专利在整体视觉效果上无实质性差异，构成相近似。2021 年 12 月 27 日，依据《专利法》《专利法实施细则》《专利行政执法办法》的相关规定，青岛市知识产权局作出行政裁决，责令被请求人立即停止许诺销售侵犯请求人 12 件外观设计专利权的产品，并且不得进行任何实际销售行为。

二、专家点评

本案以确认证据和摆明事实为根据得出裁决结论，其依法、高效处理和注重证据说理的裁决观念，凸显了行政保护的优势。在疫情防控要求的情形条件下，该案采用书面形式审理案件，20 天快速审理 12 起案件，有效节省了行政处理专利侵权的人力和时间资源，提升了审理效率，有效地维护了专利权人的合法权益，降低了维权成本，有助于提升外观设计专利权人通过行政程序维护合法权益的信心，有利于构建公平的市场竞争秩序和良好的营商环境。

案例 5　广东省深圳市市场监督管理局龙岗监管局处理"洗澡椅"外观设计专利侵权纠纷案

一、案情简介

请求人摩西某某某是名称为"洗澡椅"

的外观设计专利的专利权人，专利号为ZL201630533112.3。涉案专利权在请求人提起侵权纠纷处理请求时合法有效。

请求人反映被请求人深圳市雅丽兴实业有限公司涉嫌侵犯了其外观设计专利权，要求责令被请求人立即停止制造、销售和许诺销售侵权产品，销毁制造侵权产品的专用设备、模具等。深圳市市场监督管理局龙岗监管局于2021年6月24日立案。经调查，根据相关证据已初步证明被请求人侵犯了申请人的外观设计专利，执法人员认为先行发布禁令可以阻止涉嫌人的侵权行为。立案当日，深圳市市场监督管理局龙岗监管局依据《深圳经济特区知识产权保护条例》第28条的规定，发出全国首份知识产权行政禁令决定书，责令深圳市雅丽兴实业有限公司停止在相关平台网店上销售洗澡椅。

后经审理查明，被请求人在相关平台网店销售的涉案产品为洗澡椅，与被控侵权商品同为洗澡椅，属于相同种类商品。深圳市市场监督管理局龙岗监管局针对本案委托中国（深圳）知识产权保护中心出具了专利侵权判定咨询意见。经对比，被控侵权产品同涉案专利在部件形状、组合方式、整体外观等方面近似，存在的部分差异属于局部细微差异，对一般消费者而言，该差异对视觉效果无显著影响。根据“整体观察、综合判断”的原则，被控侵权产品构成与涉案外观设计相似的设计，落入涉案专利保护范围。2021年7月15日，深圳市市场监督管理局龙岗监管局作出专利侵权纠纷案件行政裁决书，责令被请求人立即停止销售、许诺销售侵权产品。

二、专家点评

本案是适用《深圳经济特区知识产权保护条例》，在行政裁决中对涉嫌知识产权侵权行为作出“行政禁令”的第一案。本案行政执法中的“行政禁令”便利、快捷，能够迅速阻止涉嫌侵权行为，防止权利人因侵权造成的损失扩大。本案中，行政保护专业、规范。案件审理和“行政禁令”的发布不仅有特区立法的依据，而且深圳市市场监督管理局还专门制定了《知识产权侵权行为先行发布禁令工作指引》，有利于规范执法和统一适用法律。另外，本案委托专业机构出具侵权判定咨询意见，有力支撑了执法的专业性和准确性。本案依法、高效而专业的审理，对特区立法创设的“行政禁令”制度适用具有重要的指导和示范作用，为全国探索知识产权“行政禁令”制度积累了有益经验。

案例6　安徽省全椒县知识产权局处理“饮料瓶（白瓶）”外观设计专利侵权纠纷案

一、案情简介

请求人江苏苏萨食品有限公司是名称为“饮料瓶（白瓶）”外观设计专利的专利权人，专利号为ZL201730022291.9。涉案专利权在提起专利侵权纠纷处理时维持并有效。根据《安徽省专利条例》第25条“未经专利权人许可实施其专利的，专利权人或者利害关系人可以向人民法院提起诉讼，也可以请求县级以上人民政府管理专利工作的部门处理”的规定，2021年6月8日全椒县知识产权局依法予以立案。

请求人称，被请求人全椒县平安超市等10家商铺销售的“名福海南特种兵生榨椰子汁”产品外观与涉案外观设计专利设计高度相似，两者的瓶盖、瓶肩、瓶体、瓶身曲线的形状及比例基本相同，且两者都是饮料瓶，属于同类产品，一般消费者不会注意到两者存在的差别。

经审理，全椒县知识产权局认为，被控侵权产品与涉案外观设计的主视图形状相同，瓶身轮廓纹理相似，纹理宽度的细微差别不足以对整体视觉效果产生实质性影响，瓶身形状轮廓更容易引起一般消费者的注意，是涉案专利的设计要点，根据“整体观察，综合判断”的原则，二者构成近似，被控侵权产品外观落入涉案专利权的保护范围。2021 年 10 月 12 日，全椒县知识产权局在口审当日作出行政裁决，裁定被请求人侵权事实成立，责令被请求人立即停止侵权行为，不得销售侵权产品。

二、专家点评

本案中专利侵权纠纷行政裁决便捷、高效的特征得以充分体现。在口审当日即下达行政裁决，行政程序规范、严谨，凸显了专利行政裁决的制度优势，快速有效制止了侵权行为，防止可能出现的产品寿命内无法有效维护专利权人合法权益的情况发生。案件处理群体性侵权案件的基层实践产生了积极的社会影响。该案涉及国内饮料行业知名度较高的产品，类似案件多发易发，此次 10 个专利侵权纠纷案件集中处理，是县级知识产权管理部门处理专利侵权纠纷的一次有益探索，对基层加强知识产权保护具有深远的意义。2016 年实施的《安徽省专利条例》已将专利侵权纠纷的处理权限下放至县级知识产权管理部门，专利侵权纠纷行政裁决向基层延伸，凸显了知识产权行政保护服务基层、为民办实事的重要作用。

案例 7　宁夏回族自治区银川市知识产权局处理“外包装盒（无烟煤）”外观设计专利侵权纠纷案

一、案情简介

请求人宁夏石丰元科技有限公司是名称为“外包装盒（无烟煤）”外观设计专利的独占许可人，专利号为 ZL201230312419.2。涉案专利权在请求人提起侵权纠纷处理请求时合法有效。2021 年 7 月 12 日，宁夏回族自治区银川市知识产权局依法予以立案。

请求人称，该公司于 2012 年 7 月 13 日获得外观设计专利证书，是国家煤炭质量监督检验中心的唯一合作方，专业经营粘结指数测定用标准无烟煤，进入市场后获得了良好的声誉，占据了国内一半以上的市场份额。被请求人金石源（宁夏）科技有限公司于 2019 年 1 月成立，仿冒其外观设计专利，生产同类产品，在市场上混淆误导了消费者的认知和判断，扰乱了正常的市场经营秩序。因此，请求人要求其停止侵权行为。

经审理，银川市知识产权局认为，被请求人的产品包装盒与涉案外观设计专利所保护的产品属于同类产品，对比产品上的图案与外观设计专利产品所公开的图案相近似，对比产品落入了涉案外观设计专利的保护范围，构成外观设计专利侵权行为。2021 年 10 月 12 日，银川市知识产权局作出行政裁决，被请求人立即停止侵权行为，不得以任何形式将尚未售出的侵权产品投放市场。

二、专家点评

本案涉及民生领域，侵权产品是无烟煤产品的外包装盒，作为粘结指数测定使用，如果将质量没有保障的侵权产品进行使用，很可能影响标准无烟煤的品质，为消费者带来不可估量的经济损失。本案的典型意义在于：第一，本案的及时查处，为企业和消费者避免了损失，也体现出民生保障领域知识产权行政保护的现实意义。第二，知识产权促进经济高质量发展是全国一盘棋，西北地区也在其中。本案涉案范围较广，对违法者侵权行为的有力打击，对该行业的潜在违法经营者起到了一定威慑作用，具有较好的社会效益。第三，本案查处过程中委托宁夏知识产权司法鉴定中心出具了鉴定报告，得到了社会公众和权利人的充分肯定。本案的查处，充分显示了我国各级政府对知识产权保护的高度重视，有力地保护了权利人的合法权益。

案例 8 江苏省南京市知识产权局查处南京美贝尔美容医院有限公司假冒专利案

一、案情简介

2021 年 1 月 8 日，江苏省南京市知识产权局执法人员在监督检查中发现，南京美贝尔美容医院有限公司（以下简称美贝尔美容医院）在其美团 App 店铺首页宣传拥有 23 件专利，并附有 9 张图片。经初步核查发现，其中 18 件专利证书内容信息不真实，于 1 月 18 日立案调查。

经查，当事人于 2020 年 12 月开始在其美团店铺“美贝尔江苏省整形美容协会医院”首页上传 23 件专利证书，宣称其拥有 23 件专利，其中 5 件专利证书内容真实，5 件专利系当事人伪造，13 件专利部分著录事项进行了篡改。2020 年 8 月起在其一楼走廊内陈列 6 个专利宣传灯箱，灯箱展示的相关专利发明人信息不实；在咨询室和整形医生工作人员的办公室等场所也分别存在上述经过伪造变造后的专利证书宣传牌；在介绍工作人员信息的广告板中，存在虚假宣传的情况；此外当事人还存在组织工作人员对涉案产品刷单，虚构销售状况的情况。

当事人伪造、变造专利证书的行为和将未被授予专利权的技术称为专利技术的行为，严重扰乱专利管理秩序，侵害消费者权益，应当依法从重处罚。办案机关依据《专利法》（2008 年修正）和《专利法实施细则》的有关规定，共处罚款 19 万元；对于当事人发布虚假广告的行为和进行虚假商业宣传的行为，依据《广告法》《行政处罚法》（2017 年修正）和《反不正当竞争法》的有关规定，共处罚款 11.39 万元。综上，南京市知识产权局责令当事人改正违法行为并作出罚款 30.39 万元的行政处罚。

二、专家点评

本案不仅假冒专利行为多样，既涉及伪造、变造专利证书，也涉及虚假专利信息宣传，同时还涉及其他虚假经营信息宣传、刷单等违法行为。行政机关在监督检查中发现涉案违法线索后主动核查，并严格遵循法定程序，依据《专利法》《广告法》《反不正当竞争法》分别对案涉相关行为逐项进行评价，最终作出相应的行政处罚。从总体上看，该案处理程序正当，法律适用正确，取得了良好的法律效果和社会效果，对于促进行政机关依法行政、严厉打击假冒专利及制止不正当竞争行为、教育市场主体诚实守信、维护正常市场竞争秩序，具有重要的指导和示范作用。

案例 9 北京市知识产权局处理“智能清洁设备用水箱及智能清洁设备”系列实用新型专利侵权纠纷案

一、案情简介

请求人北京某世纪科技股份有限公司是名称为“智能清洁设备用水箱及智能清洁设备”的实用新型专利的专利权人，其专利号为 ZL201721278070.9。涉案专利权在请求人提起侵权纠纷处理请求时合法有效。

2021 年 5 月 17 日，请求人就涉案专利与被请求人某某科技（苏州）有限公司的专利侵权纠纷向北京市知识产权局提起系列处理请求。北京市知识产权局受理后，于 2021 年 7 月 26 日进行了口头审理，口头审理后双方请求进行行政调解。2021 年 9 月 14 日，在北京市知识产权局的主持下，双方当事人达成了调解协议，该局还引导当事人向北京知识产权法院申请司法确认，最终北京知识产权法院于 2021 年 10 月 22 日对该行政调解协议作出司法确认。本案是北京市首次对专利侵权纠纷行政调解协议进行司法确认。

二、专家点评

《知识产权强国建设纲要（2021—2035 年）》提出“探索依当事人申请的知识产权纠

纷行政调解协议司法确认制度”，本案是北京市知识产权局对此进行的一次成功探索，其典型意义主要体现在两方面：一是以行政调解促当事人和解。北京市知识产权局在对纠纷进行口审的基础上组织双方当事人进行调解并达成调解协议，本质上是以行政调解促当事人和解，有利于定分止争。二是形成了知识产权行政保护和司法保护的合力。北京市知识产权局在作出行政调解协议的基础上，积极推动当事人向法院申请司法确认并最终由法院作出确认，使得行政调解具有强制执行力，对加快建立知识产权纠纷行政调解司法确认机制具有示范意义。

案例 10　吉林省白城市知识产权局调处“厨余大件垃圾分选系统”专利奖酬纠纷案

一、案情简介

吉林省佳园再生科技有限公司是名称为“厨余大件垃圾分选系统”发明专利的专利权人，专利号为 ZL202011145035.6。请求人李某某，就职于吉林省佳园再生科技有限公司，是上述发明专利的发明人。该专利权在请求人提起专利奖酬纠纷处理请求时合法有效。

请求人认为，作为该发明专利的发明人，针对该专利系职务发明创造，根据《专利法》第 16 条的规定，应当得到奖励。因未与佳园再生科技有限公司约定奖励的具体数额和方式，根据《专利法实施细则》第 77 条、第 78 条的规定，被请求人应按规定支付发明人李某某奖励和报酬。

白城市知识产权局专利行政执法人员对该案进行了实地走访、调查取证。经过多次与请求人和被请求人沟通调解，2021 年 10 月 13 日，双方在该局的主持下达成调解协议如下：一是依法发放对职务发明创造的发明人应给予的奖励；二是在专利权有效期限内，每年从实施该项发明的营业利润中提取 2%的报酬给予发明人；三是许可其他单位或个人实施其专利的，从收取的使用费中提取 10%作为报酬给予发明人。达成协议后，双方当事人就调解协议向长春市中级人民法院提交司法确认申请，法院受理审查后作出民事裁定书，裁定确认双方达成的调解协议有效，进一步保障了协议的履行。

二、专家点评

本案是吉林省首例知识产权纠纷行政调解协议司法确认案件。在本案中，行政调解协议进行了司法确认。行政机关与司法机关相互协作，成功运用行政调解协议司法确认方式解决了职务发明创造的发明人“一奖两酬”纠纷问题。通过对知识产权纠纷行政调解协议进行司法确认，知识产权行政保护与司法保护的叠加效应得以释放。一方面，知识产权行政执法快捷、便利、高效的优势得到充分实现；另一方面，司法确认能够赋予行政调解协议司法强制力，如果一方当事人拒绝履行或者未全部履行，对方当事人可以向人民法院申请强制执行。“行政调解—当事人申请—司法确认”的知识产权保护模式是知识产权多元化纠纷解决机制的重要组成部分，也是实现知识产权行政保护与司法保护有效衔接的重要保障。《“十四五”国家知识产权保护和运用规划》明确提出了“探索依当事人申请的知识产权纠纷行政调解协议司法确认制度”的工作目标，知识产权纠纷行政调解协议司法确认具有广阔的实践空间。

供稿：国家知识产权局知识产权保护司

2021 年度商标行政保护典型案例

案例 1　上海市松江区知识产权局查处上海麦浅贸易有限公司等公司恶意商标注册申请案

一、案情简介

2021 年 11 月 1 日，上海市松江区市场监督管理局接到上海市知识产权局转送国家知识产权局线索，反映上海麦浅贸易有限公司等 6 家公司，伙同麦浅知识产权代理(上海)有限公司恶意申请注册商标并囤积倒卖。上海市松江区知识产权局成立专案组，对 7 家公司予以立案并展开全面调查。

经查，自 2018 年起，麦浅知识产权代理(上海)有限公司法定代表人盛某文以商标转让费分成等方式，说服亲友先后注册上海麦浅贸易有限公司、江苏窖真酒业有限公司、剑芒品牌管理(上海)有限公司、上海鸡魔餐饮管理有限公司、沛县好恰食品有限公司、江苏追梦酒业有限公司 6 家公司，并通过上述公司开展不以使用为目的的商标注册申请及转让交易。6 家公司均未实际开展经营活动，且从未使用过名下注册商标。自 2019 年 11 月 1 日至案发，上海麦浅贸易有限公司等 6 家公司通过麦浅知识产权代理(上海)有限公司申请商标 1058 件，获准注册 504 件。注册成功的商标在相关平台及微信群、QQ 群转让牟利，截至案发共转让商标 15 件，正在办理转让的商标 16 件。

2021 年 12 月 28 日，办案机关认定上海麦浅贸易有限公司等 6 家公司违反《商标法》第 4 条第 1 款及《规范商标申请注册行为若干规定》第 3 条第 1 项规定，属于恶意申请商标注册的违法行为，并依据《商标法》第 68 条第 4 款、《行政处罚法》第 28 条第 2 款及《规范商标申请注册行为若干规定》第 12 条规定，对上述公司作出警告、共计没收违法所得 2.3 万元、罚款 9.5 万元的行政处罚。同时，对麦浅知识产权代理(上海)有限公司及其法定代表人另案处理。

二、专家点评

恶意注册和囤积商标并转让以获取不当利益，不仅会冲击商标注册与管理秩序，也会不正当占用有限的商标资源，影响有正常需求的市场经营主体使用和注册商标，在社会上造成极坏的影响。近年来，我国完善相关法律，通过行政、司法等多种手段不断加强打击商标恶意注册和囤积的力度，以期净化商标秩序。该案相关当事人恶意申请注册商标并囤积倒卖，行为隐蔽，不易发现。本案的查处体现了我国严厉打击商标恶意注册的高压态势，有助于净化商标管理秩序，营造良好的营商环境。

案例 2 浙江省温州市知识产权局查处侵犯“华昊”驰名商标案

一、案情简介

第 7442473 号“华昊”商标是江苏华昊建设工程有限公司在第 17 类保温用非导热材料等商品上的注册商标，专用权期限至 2030 年 8 月 27 日。2019 年 3 月 20 日，国家知识产权局根据江苏省知识产权局报送的请示及所附材料，在查处商标违法案件中批复认定使用在保温用非导热材料商品的第 7442473 号“华昊”商标为驰名商标，并由立案机关予以扩大保护。2020 年 1 月 16 日，国家知识产权局在审理江苏华昊建设工程有限公司提起的对在防水包装物等商品上初步审定的第 29639120 号“华昊”商标的商标异议案件中，再次认定第 7442473 号商标为驰名商标，并决定对第 29639120 号“华昊”商标不予注册。

2021 年 3 月 8 日，华昊无纺布有限公司向浙江省温州市知识产权局投诉，请求认定其注册在无纺布、过滤布、布等商品上的第 6864591 号“华昊”商标为驰名商标，并禁止温州优贝格无纺布制品有限公司在缠裹塑料膜商品上擅自使用“华昊”商标。经立案调查，当事人温州优贝格无纺布制品有限公司已卖出 540 箱使用“华昊”商标的缠裹塑料膜，尚余库存 46 箱，涉案金额 4.22 万元。经初步核实和审查，温州市知识产权局认为，虽然防水包装物与第 6864591 号商标核定使用的无纺布等商品不属于类似商品，但两者在生产者、销售者、消费者等方面重合度较高，关联性较强，且第 6864591 号“华昊”商标在相关公众中具有较高知名度，当事人的行为易误导公众，损害商标注册人利益，本案符合《商标法》第 13 条第 3 款规定情形。根据《驰名商标认定和保护规定》第 11 条规定，将驰名商标认定请示、案件材料副本一并报送浙江省知识产权局，同时，根据《市场监督管理行政处罚程序暂行规定》第 43 条第 1 款第 2 项规定，中止案件调查。浙江省知识产权局经核实和审查，认为该案符合规定，根据《驰名商标认定和保护规定》第 12 条规定，3 月 25 日报请国家知识产权局认定驰名商标。5 月 20 日，国家知识产权局经审理认为，该案与涉及驰名商标认定的第 7442473 号商标的异议案件，涉案的商品为类似商品，根据《驰名商标认定和保护规定》第 16 条第 2 款规定，可以援引 2020 年 1 月 16 日的认定记录予以扩大保护，不需要对本案申请商标进行认定，遂书面通知退回。

温州市知识产权局接到浙江省知识产权局批转的通知后，根据《市场监督管理行政处罚程序暂行规定》第 43 条第 2 款规定，恢复案件调查。当事人对第 7442473 号“华昊”商标驰名的事实提出了异议，但提供的理由和证据明显不足以支持其异议，办案机关未予采纳，并依据《商标法实施条例》第 72 条规定，对当事人作出责令停止使用“华昊”商标的行为，收缴、销毁带有“华昊”标识的缠裹塑料膜外包装的行政处罚。

二、专家点评

本案系行政机关援引行政认定记录、加强驰名商标保护的典型案例。我国实行个案认定、援引保护相结合的驰名商标制度。其中，《驰名商标认定和保护规定》《最高人民法院关于审理涉及驰名商标保护的民事纠纷案件应用法律若干问题的解释》中规定的援引保护，在公平公正的基础上，既节约有限的行政、司法资源，又更好地保护驰名商标持有人的权益，是一项兼具公平和效益的制度。2019 年 11 月，为充分发挥驰名商标保护在加快知识产权强国建设、营造良好营商环境等方面的重要作用，国家知识产权局印发《关于加强查处商标违法案件中驰名商标保护相关工作的通知》，要求各地对驰名商标予以及时保护、重点保护和援引保护。本案即是贯彻该通知精神的典型案例，充分发挥了行政保护便捷、高效、低成本优势，在严格遵循驰名商标按需认定原则的同时，又高效地保护了驰名商标持有人的合法权益，具有广泛的借鉴意义。

案例 3 广西壮族自治区百色市右江区市场监督管理局查处侵犯“协和医院”注册商标专用权案

一、案情简介

第 8902069 号“北京协和醫院 PEKING UNION MEDICAL COLLEGE HOSPITAL”商标、第 8902075 号“北京协和醫院 PEKING UNION MEDICAL COLLEGE HOSPITAL 1921”商标是中国医学科学院北京协和医院在第 44 类医疗诊所、医院等服务上的注册商标，经续展，专用权期限至 2032 年 1 月 13 日。

2021 年 3 月 11 日，广西壮族自治区百色市右江区市场监督管理局接上级督办通知，对百色科健医院进行检查。经查，2011 年 10 月 19 日，当事人以“百色协和医院”的企业名称开展医疗服务。2020 年 10 月 27 日，百色协和医院变更为“百色科健医院”。变更后，当事人在未获得商标注册人授权的情况下，仍然使用“协和医院”字样制作招牌、宣传板报、门诊病历、住院证等，对外开展医疗服务，容易使公众产生混淆。

百色市右江区市场监督管理局认定，当事人的行为构成《商标法》第 57 条第 2 项的侵权行为。2021 年 9 月 13 日，该局依据《商标法》第 60 条第 2 款规定，责令当事人立即停止侵权行为，并作出罚款 5 万元的行政处罚。

二、专家点评

本案是一起以整治医疗市场秩序为目的，由百色市右江区市场监督管理局主动查处的商标专用权侵权案件。2020 年 5 月 22 日，国家市场监管总局办公厅印发《关于对知名医院等机构被冒牌问题开展清理治理的通知》，决定以“协和”“华山”“湘雅”“华西”“齐鲁”“同济”“天坛”等知名医院被冒牌问题为重点，对知名医院等机构被冒牌问题在全国范围内开展清理整治。在整治后，当事人于 2020 年 10 月 27 日将企业名称变更为百色科健医院，但仍继续使用原企业名称“百色协和医院”的字号以及“协和”标志进行商业宣传，侵犯了“北京协和医院”的商标专有权。该案件的处理是广西壮族自治区百色市右江区市场监督管理局坚决执行国家市场监管总局专项治理计划，切实规范医疗行业市场主体经营行为的典型案例，对于推进医疗行业商标规范使用具有示范作用。

案例 4 北京市通州区知识产权局查处侵犯“环球影城”注册商标专用权案

一、案情简介

第 31639187 号“环球影城”商标是尤尼维瑟城电影制片厂有限责任公司（UNIVERSAL CITY STUDIOS LLC）在第 43 类旅馆、饭店服务上的注册商标，专用权期限至 2030 年 8 月 27 日。

2021 年 4 月 7 日，“环球影城”商标注册人向北京市通州区知识产权局投诉北京德业云天酒店管理有限公司商标侵权。经查，当事人北京德业云天酒店管理有限公司未经“环球影城”商标注册人许可，擅自在酒店大堂内的电子显示屏、名片、入住接待单、测温机器人、健康宝二维码牌，以及酒店运营系统、微信公众号小程序中使用“北京通州环球影城亚朵酒店”字样；在网络平台上使用“北京通州环球影城亚朵酒店”字样。截至案发，当事人经营额共计 514.90 万元。

北京市通州区知识产权局认定当事人构成《商标法》第 57 条第 2 项规定的侵权行为，鉴于当事人积极配合调查并立即整改，该局依据《商标法》第 60 条第 2 款规定，责令当事人立即停止侵权行为，并作出罚款 10 万元的行政处罚。

二、专家点评

环球影城是知识产权密集型的全球知名主题乐园。北京环球影城筹建历时 20 年，对于北京建设“国际消费中心城市”具有重要意义。本案是北京市首起“环球影城”商标侵权案，对于未经商标注册人许可，将与“环球影城”商标近似的文字用于酒店名称上的商标侵权行为，办案机关综合违法行为的持续时间、影响范围、整改情况等因素，根据《商标法》第 57 条第 2 项和第 60 条第 2 款的规定作出 10 万元罚款的行政处罚，定性准确，过罚相当。本案的查办，正处于环球影城开园前夕，社会关注度较高，能有效震慑和防范侵权行为，有力地维护了商标权利人的合法权益，有利于打造北京城市副中心诚信、规范、公平、有序的营商环境。

案例 5 山东省日照市知识产权局查处侵犯“STIHL”注册商标专用权案

一、案情简介

第 1445026 号“STIHL”商标、第 9137205 号“”（颜色组合）商标均为德国安德烈·斯蒂尔股份两合公司在第 7 类“链

锯”等商品上的注册商标，专用权期限分别至2030年9月13日、2025年8月13日。

2021年8月17日，日照市知识产权局接举报，称从浙江武义发货的一批油链锯涉嫌侵犯“STIHL”注册商标专用权，经排查该批货物集装箱已入场日照港集装箱发展有限公司。

经初步调查，该集装箱货物涉多家所有权人，涉案商品所有权人未确定。执法人员联系日照港集装箱发展有限公司，依法将存放涉案产品的集装箱作异常处理锁于货场，经储运链条相关企业确认，涉案商品所有权人为武义凯航工具制造有限公司。

2021年8月24日，日照市知识产权局会同日照海关等部门开展联合执法行动，在武义凯航工具制造有限公司、山东亚欧国际物流有限公司运输人员在场的情况下开箱检查，在集装箱内发现有“STHIL”标识的（油）链锯315盒、630台。该包装盒上突出标注“STHIL”，机体外罩两侧及顶部标注“STHIL”字样，产品主体上部橙色外罩与下部浅灰色外罩的颜色组合，与第9137205号“”颜色组合商标组合相同，颜色近似。经查，上述涉案商品由武义凯航工具制造有限公司生产，预销售给乌兹别克斯坦某公司，违法经营额4.91万元。

日照市知识产权局认定，当事人构成《商标法》第57条第2项规定的侵权行为。鉴于当事人主动提供集装箱内相关货物信息，积极配合执法人员调查取证，2021年9月13日，该局依据《商标法》第60条第2款规定，作出没收侵权商品（油）链锯630台、罚款3万元的行政处罚。

二、专家点评

本案的典型意义在于查获的集装箱货物内涉多家所有权人，但在具体涉案商品的所有权人未确定的情况下，执法机关将存放涉案产品的集装箱锁于货场，与储运链条相关企业确认涉案商品所有权人，货主（当事人）主动提供涉案产品集装箱内货物清单。这样的执法处置方式，解决了查明涉案当事人的难题，既保证了集装箱内其他合法商品及时通关出口，又及时制止了商标侵权行为。此外，在本案办理过程中，市场监管部门与海关以及港口管理等单位协同配合，措施有效，有力维护了商标权利人的合法权益，对于处理类似案件具有借鉴意义。

案例6　湖南省长沙市雨花区知识产权局查处侵犯“茶颜悦色”注册商标专用权案

一、案情简介

第15335343号“茶颜悦色”、第23460067号“”商标是湖南茶悦文化产业发展集团有限公司在第30类“茶饮料”等商品上的注册商标，专用权期限分别至2025年10月20日、2028年3月20日。

2021年3月，上述商标注册人向湖南省长沙市雨花区知识产权局反映当事人湖南高桥大市场露露商行销售侵犯“茶颜悦色”“”注册商标专用权的商品。执法人员现场检查，发现当事人销售的两款奶茶产品使用“茶颜悦色 moden chine tea shop”图文组合商标。经查，当事人于2020年12月从许昌茶颜悦色食品有限公司以每件120元的价格，购进共计800件商标为“茶颜悦色 moden chine tea shop”的产品，共计9.6万元。实际到货903件，退货265件。2021年1月2日至3月18日，当事人以144元至156元每件不等的价格销售638件，经营额9.31万元。

案件查办过程中，当事人提供了证明其销售的商品具有合法来源的证据材料。但是办案机关认为，当事人作为从业23年的食品批发商，与商标注册人同处长沙，理应知晓“茶颜悦色”的知名度与影响力，且在连续两次收到权利人警告后仍未停止宣传及销售行为。当事人属于主观上明知应知，不符合销售商不知道是侵犯注册商标专用权商品的免责要件。

长沙市雨花区知识产权局认定，当事人构成《商标法》第 57 条第 3 项规定的侵权行为。2021 年 5 月 14 日，该局依据《商标法》第 60 条第 2 款规定，责令当事人立即停止侵权行为，并作出罚款 30 万元的行政处罚。

二、专家点评

销售商销售商标侵权商品是商标行政管理中的热点及难点问题，侵权嫌疑人往往会以“不知道”为由进行抗辩，逃避处罚。为此，国家知识产权局 2020 年专门发布了《商标侵权判断标准》，其中有第 27～29 条 3 个条款专门规范销售相关的法律适用，第 27 条与该案尤其有关，该条一方面排除了价格明显过低、拒不提供账目、转移或提供虚假物证、再次侵权等情形属于销售不知道侵权商品的情况，同时也保留了其他“明知或应知”的兜底性规定。本案中，“茶颜悦色”是长沙本地的原创品牌，在当地乃至全国都有很高的知名度，而销售者又是当地从业 20 多年的个体工商户，尤其是两次收到警告后仍置若罔闻，情节较为严重，当地执法部门充分考虑相关侵权事实和情节，准确适用“应知”标准，并处以非法经营额 3 倍的罚款，既及时制止了侵权，又对其他市场经营者起到了教育警示作用。

案例 7　江苏省江阴市知识产权局查处侵犯 LV 等注册商标专用权案

一、案情简介

路易威登马利蒂（LOUIS VUITTON MALLETIER）在服装、皮革等商品上注册了“”“LOUIS VUITTON”“”等商标，CHANEL LIMITED 在首饰盒、钱包等商品上注册了“”等商标，上述注册商标专用权均在有效期内。

2021 年 3 月 27 日，江苏省江阴市知识产权局接权利人投诉，反映当事人江阴市澄北衣之独秀服装店通过线下实体店和线上直播平台，擅自销售标有“”“”等商标的服装和饰品。执法人员提前对当事人网络销售涉案商品的直播活动全程录制，并对当事人经营场所进行检查，实地暗查取证固定，主动联系商标注册人出具辨认意见。经查，当事人销售涉及商标品牌 25 个，涉案商品 1640 件，涉案经营货值总额 200 万元以上。当事人不能提供上述涉案商品的供货商资质、进货票据、销售记录等材料，也无法说明具体的进货来源。

江阴市知识产权局认定，当事人构成《商标法》第 57 条第 3 项规定的侵权行为，且数额巨大，涉嫌犯罪，2021 年 4 月 30 日，该局依据《行政执法机关移送涉嫌犯罪案件的规定》第 3 条第 2 款规定，将本案移送江阴市公安局依法侦查。

二、专家点评

本案系行政机关移送公安机关的典型案例。2020 年 8 月 7 日，国务院发布了《关于修改〈行政执法机关移送涉嫌犯罪案件的规定〉的决定》，其中规定：行政执法机关根据调查收集的证据和查明的基本事实，认为存在犯罪的合理嫌疑，应当向公安机关移送。本案利用网络直播售假侵害他人知识产权，涉案经营超过 200 万元，侵权行为严重，社会危害性大。针对网络直播侵权隐蔽性强、追溯性难的特点，执法机关积极作为，通过对相关直播平台进行跟踪监控和对线下经营场所进行监督检查，前期对大量数据进行分析与证据固定，并主动联系商标权人辨认，为后续案件移送刑事处理奠定了基础。本案的查处，有效打击了网络侵权行为，充分体现了当前严格保护知识产权的导向。同时，对于查处此类线上线下相结合的网络侵权行为，加强行政执法与刑事司法衔接，形成保护合力，提供了成功的范例，具有典型意义。

案例8　湖北省十堰市张湾区市场监督管理局查处侵犯“TVT”注册商标专用权案

一、案情简介

第207927号“TVT”商标是天津塘阀阀门制造有限责任公司在第6类闸阀、蝶阀、止回阀等商品上的注册商标，专用权期限至2024年5月14日。

2021年6月1日，湖北省十堰市张湾区市场监督管理局接“TVT”商标注册人举报，反映当事人武汉华盛电子有限责任公司在其承包的招商兰溪谷消防系统项目中使用的消防阀门系侵犯其注册商标专用权的商品。该局执法人员立即依法对当事人施工现场进行检查。经查，项目现场150个消防阀门的铭牌上均印有“TVT”标志。商标注册人出具辨认意见，认为上述商品侵犯其“TVT”注册商标专用权。

十堰市张湾区市场监督管理局认定，当事人在包工包料的建筑施工项目中使用侵犯注册商标专用权商品，构成《商标法》第57条第3项规定的侵权行为。2021年8月30日，该局依据《商标法》第60条第2款规定，责令当事人立即停止侵权行为，并作出罚款25万元的行政处罚。

二、专家点评

在工程建设过程中，承包人出于低价中标、降低成本和赚取超额利润目的，常常自制、定制、隐秘购买假冒注册商标的材料、元器件和设备，用于施工，严重侵犯注册商标专用权人合法权益，扰乱正常的市场竞争秩序，并留下质量隐患，危及工程安全和民众生命健康。此类侵权一般较为隐蔽，一直是行政执法的难点。本案执法机关充分查明事实，准确适用法律，足以为同类案件的办理提供有益参照和办案样板。

案例9　浙江省永康市市场监督管理局查处销售伪造、擅自制造的“”等注册商标标识案

一、案情简介

“”“”“”“Porsche”等商标分别是戴姆勒股份公司、奥迪股份公司、保时捷股份公司的注册商标，上述注册商标专用权均在有效期内。

2021年3月11日，浙江省永康市市场监督管理局依法对永康市普烨五金制品厂经营场所进行检查，现场发现“”中网标、轮毂盖、尾标1030个，“”轮毂盖、金属标，“”轮毂盖、轮毂盖标、机盖金属标，“PORSCHE”字母标等，共10 765个。

经查，2020年10月28日，当事人购得涉案轮毂盖及中网标、金属标、轮毂盖标、字母标、尾标等共计10 900个，随后在微信朋友圈和微信群内销售上述产品。至被查处时，当事人销售涉案侵权商标标识135个。

永康市市场监督管理局认定，当事人的行为构成《商标法》第57条第4项规定的侵权行为。2021年8月31日，依据《商标法》第60条第2款规定，责令当事人立即停止侵权行为，并作出没收、销毁侵权商标标识，罚款25万元的行政处罚。

二、专家点评

本案属于通过非传统销售渠道销售伪造、擅自制造的商标标识从而构成商标侵权行为的典型案例。通过微信朋友圈和微信

群销售侵犯商标专用权的商标标识更具有隐蔽性，如不有效制止，可能会成为侵权重灾区。该案对杜绝通过社交媒体销售伪造、擅自制造的商标标识的行为具有示范意义。

案例 10 天津市和平区知识产权局查处天津市麦购商业管理有限公司麦购休闲广场商标侵权案

一、案情简介

2020 年 7 月 16 日，天津市和平区知识产权局接到举报，反映麦购休闲广场有商户销售侵权商品，执法人员对涉案商户予以查处。此后，执法人员多次发现麦购休闲广场商户销售侵犯商标专用权的商品，在对涉案商户进行查处的同时，对当事人天津市麦购商业管理有限公司麦购休闲广场进行约谈，要求其落实主体责任。

办案机关在两次告知后，当事人仍未采取必要措施予以制止。遂于 2021 年 4 月 7 日对当事人予以立案调查。经查，当事人在日常工作中，管理不到位，未尽到巡查与监控的责任，主观上有放任售假行为发生的故意，客观上没有积极履行管理职责，未能采取有效措施制止显而易见的商标侵权行为，为涉案商户销售侵权商品提供了便利条件。

天津市和平区知识产权局认定当事人的行为符合《商标法实施条例》第 75 条所述情形，属于《商标法》第 57 条第 6 项规定的侵权行为。2021 年 5 月 21 日，该局依据《商标法》第 60 条第 2 款，对当事人作出罚款 4 万元的行政处罚。

二、专家点评

本案是多发易发的销售活动中商标侵权、帮助侵权情形的具体法律适用。国家知识产权局印发的《商标侵权判断标准》明确，市场主办方等经营者怠于履行管理职责，未采取必要措施制止商标侵权行为的，属于《商标法》第 57 条第 6 项规定的商标侵权行为。“帮助型间接侵权”中“帮助”的认定是行政执法的难点，该案准确理解并适用《商标侵权判断标准》相关规定，很好地维护了商标注册人的合法权益，有助于营造良好的营商环境。

供稿：国家知识产权局商标局

2021 年度专利复审无效十大案件

案例 1 “新颖的磺酰胺类化合物及其作为内皮素受体拮抗剂的应用”发明专利权无效宣告请求案

一、案情介绍

涉案专利名称为“新颖的磺酰胺类化合物及其作为内皮素受体拮抗剂的应用”，专利号为 ZL01820481.3 号，专利权人为埃科特莱茵药品有限公司，无效宣告请求人为南京正大天晴制药有限公司。

药品作为一种特殊商品，关系人民群众的身体健康和生命安全。肺动脉高压是一种恶性心血管疾病，由环境、遗传等原因引起肺阻力增高，导致右心压力增加，继而引发右心衰竭死亡，被称为“心血管疾病中的癌症”，因其发病率大约是七十五万分之一，2018 年被纳入我国罕见病目录。本案涉及的药品马昔腾坦，是首个获批用于治疗肺动脉高压的口服制剂，可以有效延缓疾病的进展。

本案系仿制药申请人在提交仿制药申请后，针对原研药发起的专利挑战。案件审理过程中涉及化学医药领域的多个法律问题，包括权利要求中技术术语的理解、马库什权利要求的性质、马库什化合物和具体化合物优先权的认定、表格化合物充分公开的判断、补充实验数据以及化合物创造性的判断等。

经审理，国家知识产权局作出第 48183 号无效宣告请求审查决定，在专利权人提交的修改文本的基础上维持专利权有效。

二、典型意义

本案对于化学医药领域发明专利的审查具有示范作用。一是优先权的认定，本案从分析优先权制度的目的出发，结合马库什化合物的性质、马库什化合物与具体化合物之间的关系，对于在先申请为马库什化合物，在后申请为其范围内的具体化合物时，在后申请可否享有在先申请的优先权，明确提出认定规则。二是表格化合物充分公开的判断，本案综合考虑专利说明书记载的所有内容，从化合物的确认、制备和用途效果3个维度，抽丝剥茧，层层递进，阐明表格化合物充分公开的判断规则。三是化合物创造性的判断，本案通过梳理现有技术证据公开的内容，确定现有技术的整体研发状况，客观分析本领域技术人员基于现有技术所能产生的动机，围绕区别特征的引入是否显而易见展开深入分析，既肯定了提供不同的解决方案可以获得专利保护，又避免了机械地以“生物电子等排理论”反推专利技术方案的“后见之明”。

案例2 “被取代的多环性氨基甲酰基吡啶酮衍生物的前药”发明专利权无效宣告请求案

一、案情介绍

涉案专利名称为“被取代的多环性氨基甲酰基吡啶酮衍生物的前药”，专利号为ZL201180056716.8号，专利权人为盐野义制药株式会社，无效宣告请求人为刘奕彤。

流感是常见且可造成严重后果的急性呼吸系统传染性疾病，患者感染后可能发生肺炎、支气管炎、鼻窦炎等并发症，对公众健康带来重大威胁。世界卫生组织（WHO）数据显示，在全球范围内，流感每年可致5%～10%的成人、20%～30%的儿童感染，造成500万例重症病例和65万例死亡。根据最新研究显示，中国平均每年有约8.8万例流感相关呼吸系统疾病超额死亡，该数据占呼吸系统疾病死亡病例数的8.2%。当患者感染流感时，需要及时、有针对性地进行抗病毒治疗。玛巴洛沙韦是目前获批的首个也是唯一一个单剂量口服抗流感药物。它是一款创新的帽依赖性核酸内切酶抑制剂，与目前已有的抗病毒疗法不同，其作用机制是通过阻截病毒细胞内的核酸内切酶，使病毒失去自我复制能力。

本案审理过程中涉及马库什权利要求能否获得说明书的支持，如何准确评价说明书对技术效果的公开以及结构类似的化合物的创造性判断等法律问题。

经审理，国家知识产权局作出第47328号无效宣告请求审查决定，维持该专利权有效。

二、典型意义

本案深入分析了应当基于说明书公开的整体内容，尤其是效果实施例的分布，在厘清前药与母体化合物及各自效果实验等一系列关系的基础上，准确评价从说明书中能够得到的技术效果，从而认定马库什权利要求能否得到说明书的支持。本案还阐述了对于“结构类似但用途不同的化合物”，在创造性评判时应当对现有技术提供的机理研究成果进行全面考察，如果其与涉案专利的作用机制缺乏内在联系，则不能从中获得对化合物结构改进以实现不同用途的技术启示。

案例3 “通过图像采集获取网络连接的数据传输方式及其系统”发明专利权无效宣告请求案

一、案情介绍

涉案专利名称为“通过图像采集获取网络连接的数据传输方式及其系统”，专利号为ZL201010523284.4号，专利权人为上海科斗电子科技有限公司（以下简称科斗公司），无效宣告请求人为掌阅科技股份有限公司（以下简称掌阅公司）。

在掌阅公司首次公开募股阶段，科斗公司先后多次以掌阅公司侵害其专利权为由提起民事诉讼，掌阅公司随即针对涉案专利提起了无效宣告请求。据悉，科斗公司还利用其申请的大量专利，起诉多家公司侵犯其专利权，并先后与多家公司签订了专利许可、侵权补偿等协议。在被称为我国“专利敲诈勒索第一案”的(2019)沪 01 刑终 2157 号刑事案件中，上海市第一中级人民法院于 2021 年 10 月 27 日作出二审判决，认为科斗公司实际控制人李某等由于倒签合同、虚构专利许可构成敲诈勒索罪。

在无效宣告程序中，双方均提交了大量证据，案件复杂度高，口头审理后，掌阅公司提出了撤回其无效宣告请求的声明。本案审理的重点在于当请求人提出了撤回请求时，审理程序是否终止，即对《专利法实施细则》第 72 条第 2 款规定的理解和适用。

经审理，国家知识产权局作出第 33195 号无效宣告请求审查决定，宣告专利权无效。

二、典型意义

专利权有效性纠纷并非仅是双方当事人之间的民事纠纷，而是关系到社会公众的利益。本案中，虽然请求人提出撤回其无效宣告请求的声明，但是，该声明在口头审理后提出，根据已进行的审查工作，基于事实和证据已经能够表明该专利权的授予不符合专利法的有关规定，此时，不应当终止审理程序。本案审理体现了确权程序中既严格保护知识产权又维护社会公共利益的审查理念。

案例 4 “左心耳封堵器”发明专利权无效宣告请求案

一、案情介绍

涉案专利发明名称为“左心耳封堵器”，专利号为 ZL201310567987.0 号，专利权人为先健科技(深圳)有限公司(以下简称先健科技)，无效宣告请求人为蔡景莉。

涉案专利涉及左心耳封堵器，是心脏手术中需求量最大的植入器械，进口单价高，2018 年全球市场约 4 亿美元，据波士顿科学市场分析，预计 2025 年将达 20 亿美元。涉案专利的专利权人先健科技是国内业界领先的心脑血管和外周血管微创介入医疗器械企业，在细分领域处于中国市场前列，请求人对先健科技的多个专利权提起了无效宣告请求，本案是左心耳封堵器系列专利无效宣告案件中的一件。

本案审理过程中，请求人主张涉案专利缺乏新颖性和创造性，并提交相关现有技术证据。专利权人则主张请求人提出的主要证据属于在申请日以前六个月内“他人未经申请人同意而泄露其内容”的情形，因而涉案专利应享有“新颖性宽限期”，请求人提交的证据不能破坏其新颖性和创造性。

经审理，国家知识产权局作出第 52508 号无效宣告请求审理决定，宣告专利权无效。

二、典型意义

本案从《专利审查指南》对“新颖性宽限期”的规定和要求出发，充分论述了对“他人未经申请人同意而泄露其内容”能否享受现有技术豁免的认定思路，明确对于他人未经同意而泄露发明创造内容的情形，如果证据能够表明专利权人在已经知晓情况后两个月内仍未提出声明和提交证明文件，则不能享有新颖性的宽限期。本案提示创新主体，在享有“新颖性宽限期”惠益时，应及时履行必要的声明义务，既给社会以安定的预期，又可以避免自身的损失。

案例 5 “轴流风轮”发明专利权无效宣告请求案

一、案情介绍

涉案专利名称为“轴流风轮”，专利号为 ZL200710026747.4 号，专利权人为广东美的制冷设备有限公司（以下简称美的），无效宣告请求人为珠海格力电器股份有限公司（以下简称格力）。

美的、格力、奥克斯是国内空调行业的三大竞争巨头，他们之间的专利纷争以“战火不断”、攻防激烈引发广泛关注。2017年6月，为回击格力的侵权指控，美的向苏州市中级人民法院、南京市中级人民法院、广州知识产权法院提起多件侵权诉讼，状告格力、奥克斯侵犯涉案专利权，诉讼标的额近5000万元。格力、奥克斯遂于同月起先后多次提起无效宣告请求，对涉案专利发起挑战，本案为格力提出的第二次无效宣告请求。本案专利所涉用于空调外机上的轴流风轮对空调效能具有重要影响，是三巨头专利大战的关键专利之一。

本案审理过程中涉及多个焦点问题，包括对各类型证据的认定、使用公开的产品能否用于技术比对、无效宣告程序应采用何种证明标准等。

经审理，国家知识产权局作出第50181号无效宣告请求审查决定，宣告专利权无效。

二、典型意义

本案诠释了对单方委托鉴定报告证据效力的认定规则，综合考量鉴定机构、鉴定程序、鉴定方法和鉴定意见等方面以确定其证据效力。本案还阐述了对于参数或公式限定的产品权利要求，采用使用公开的产品测量数据作技术对比时，结合本领域技术人员的认知，从行业惯例和证明难度多个角度把握使用公开产品的技术状况，对审理该类典型争议提供了参考范例。

案例6 “图像传感器CS3825C”集成电路布图设计专有权撤销程序案

一、案情介绍

涉案布图设计名称为“图像传感器CS3825C”，登记号为BS.175539928号，专有权人为珠海市矽旺半导体有限公司，撤销意见提出人为深圳市芯智锐光电科技有限公司。

集成电路设计业位于集成电路产业链中上游，属于技术高度密集型产业。为鼓励集成电路技术创新、促进集成电路技术发展，我国于2001年发布施行《集成电路布图设计保护条例》（以下简称《条例》）及其实施细则，采用专门法保护集成电路布图设计专有权。近两年，随着集成电路技术的发展，我国集成电路布图设计专有权的登记数量高速增长，专有权撤销程序案件也呈现明显增长的趋势，对相关法律条款的理解和具体适用是布图设计案件在审理实践中的难点。

本案审理涉及多个撤销条款，包括有关保护客体的《条例》第2条，有关独创性的《条例》第4条，有关申请登记期限的《条例》第7条。

经审理，国家知识产权局作出第6号集成电路布图设计撤销程序审查决定，维持该专有权有效。

二、典型意义

本案阐明了在现行法律框架下，申请登记阶段即明确布图设计的独创性部分并非取得布图设计专有权的必要条件，因此在布图设计专有权确权或侵权程序中，对于专有权人声明并主张的具有独创性的部分应予以接受，但是专有权人在各程序中的主张应当受到禁止反悔原则的限制，不得反复变化。同时，本案还诠释了专有权保护对象和申请登记期限的判断规则，对布图设计案件的审理具有借鉴意义。

案例7 “仪表机壳”外观设计专利权无效宣告请求案

一、案情介绍

涉案专利名称为“仪表机壳”，专利号为ZL201030122941.5号，专利权人为福建顺昌虹润精密仪器有限公司，无效宣告请求人为厦门希科自动化科技有限公司（以下简称厦门希科）。

本案专利涉及的仪表机壳主要适用于集诸多功能为一身的智能无纸记录仪，其在电力、石化、冶金、制药、航空等领域具有巨大市场，可谓是“小仪表、大产业”。本案专利权人和请求人均为仪器仪表领域知名企业，作为专利侵权纠纷的当事人，厦门希科于 2019 年 11 月针对涉案专利提起了无效宣告请求。

本案审理过程中涉及多个争议焦点，包括“中间产品”是否属于外观设计保护的客体、判断主体的确定，以及外观设计的对比判断规则。

经审理，国家知识产权局作出第 44432 号无效宣告请求审查决定，宣告专利权无效。

二、典型意义

本案诠释了在外观设计的对比判断中，作为外观设计判断主体的“一般消费者”应当具有的知识水平和认知能力，即对涉案专利申请日前相同种类或者相近种类产品的外观设计状况具有常识性的了解，并能够以现有设计状况为基础，采用“整体观察、综合判断”的方式考虑各设计特征对整体视觉效果的影响权重，综合得出结论。本案还明确了如果涉案外观设计产品可以作为一种中间产品单独出售，且具有独立的使用价值，则应属于外观设计保护的客体。

案例 8 “防爆装置”实用新型专利权无效宣告请求系列案

一、案情介绍

本系列案涉及一项实用新型专利权，名称为“防爆装置”、专利号为 ZL201521112402.7 号，专利权人为宁德时代新能源科技股份有限公司（以下简称宁德时代），无效宣告请求人为江苏塔菲尔新能源科技股份有限公司、东莞塔菲尔新能源科技有限公司（以下简称两塔菲尔公司）。

新能源汽车动力电池行业近几年发展迅猛，本案专利权人和请求人均为国内动力电池装机量排名前十的企业。2020 年 3 月，宁德时代起诉两塔菲尔公司未经其许可，侵害其“防爆装置”实用新型专利权，请求判令二被告连带赔偿原告经济损失 1.2 亿元。该案为国内首起新能源汽车电池专利侵权案，拉开了国内锂电池专利维权的序幕。两塔菲尔公司随后针对涉案专利先后向国家知识产权局提起了 3 次专利无效宣告请求。

本案审理过程中主要争议焦点在于两个方面，一是对技术方案的理解，二是作为技术改进点的多个结构特征对创造性判断的影响。

两案经合并审理，国家知识产权局作出第 50838 号无效宣告请求审查决定，宣告在专利权人提交的修改文本的基础上维持专利权有效。

二、典型意义

本案诠释了判断是否存在技术启示时，应当对区别特征之间的关系予以关注，在准确认定涉案专利实际解决的技术问题和能够达到的技术效果的基础上，客观判断现有技术是否给出了相应的技术启示。本案审理思路对于结构类产品的创造性评判具有一定的借鉴意义。

案例 9 “用于治疗潜伏性结核的喹啉衍生物”“取代的喹啉衍生物在治疗耐药性分枝杆菌性疾病中的用途”发明专利权无效宣告请求系列案

一、案情介绍

本系列案涉及两项专利权，名称分别为“用于治疗潜伏性结核的喹啉衍生物”“取代的喹啉衍生物在治疗耐药性分枝杆菌性疾病中的用途”，专利号分别为 ZL201210507318.X 号、ZL200580017016.2 号，专利权人为詹森药业有限公司，无效宣告请求人为王立群。

该两项专利涉及全球首个抗结核药物“贝达喹啉”。结核病是由结核分枝杆菌感染引起的慢性传染病，是世界上最古老的疾病之一，迄今仍严重威胁人类健康。潜伏性结核杆菌的再活化是发病的高风险因素，也导致结核病不易根治，耐药性结核病治愈率低，致死率高，二者对结核病的防治带来巨大挑战。贝达喹啉通过抑制结核分枝杆菌 ATP 合成酶发挥杀菌作用，创新的作用机制赋予其疗效及安全性上的优势，也使其被誉为结核病的“最后防线药物”。

本系列案审理过程中涉及多个争议焦点，包括对权利要求特定技术术语的理解、如何考量说明书实验数据，以及对医药用途发明改进动机与合理成功预期的判断等。

经审理，国家知识产权局作出第 47812 号和第 48150 号无效宣告请求审查决定，在专利权人提交的修改文本的基础上维持专利权有效。

二、典型意义

本系列案对医药用途发明的创造性判断标准具有示范作用。本系列案强调了应当在分析认定说明书实验数据对争议技术效果的证明力的基础上，客观评价发明的技术贡献，同时，在判断医药用途发明是否显而易见时，不仅需要考虑基于现有技术，所属领域的技术人员是否能够产生尝试将某物质用于治疗某疾病的动机，还应充分分析该尝试的技术方案是否存在合理的成功预期。

案例 10 “一种用于给排水的活接接头”实用新型专利权无效宣告请求案

一、案情介绍

涉案专利名称为“一种用于给排水的活接接头”，专利号为 ZL201920390483.9 号，专利权人为浙江天雁控股有限公司，无效宣告请求人为孟祥麟。

涉案专利属于排水系统技术领域，其针对现有技术中的鱼缸用排水接头存在密封不严、容易漏水的问题，提供了一种结构简单、密封性好且安装方便的用于给排水的活接接头，该产品在生活中应用广泛。本案审理过程中涉及举证责任、对电子证据真实性的确定、使用公开证据链的认定，以及实用性的判断等诸多法律问题。

经审理，国家知识产权局作出第 47498 号无效宣告请求审查决定，维持专利权有效。

二、典型意义

本案阐述了在需要核实证据的本国优先权时，若优先权文件处于非公开状态，则当事人通常没有获得该优先权文件的途径，此时，当事人可以向合议组提出申请，请求合议组依职权调取或出具可以向专利行政部门查阅和复制的相关证明。同时，本案还诠释了对实用性意义上“能够产生积极效果”的理解，以及对微信聊天记录、展会等不同类型证据真实性和证明力的认定规则。本案明晰的审理思路为类似案件的处理提供了参考借鉴。

供稿：国家知识产权局专利局
复审和无效审理部

2021 年度商标异议和评审典型案例

案例 1 第 37486163 号“法雷奥”商标异议案

一、基本案情

异议人：法雷奥

被异议人：东莞市智可班贸易有限公司

被异议商标：法雷奥

异议人主要异议理由：双方商标构成近似商标，被异议人恶意抢注其知名商标，并通过注册大量关联公司达到注册商标之目的，扰乱正常的商标注册秩序。

被异议人未在规定期限内作出答辩。

经审查，商标局认为，被异议商标“法雷奥”指定使用于第 21 类“茶具(餐具)”等商品上。异议人引证在先注册的第 4651834 号、第 4651830 号等“法雷奥”系列商标核定使用商品包括第 7 类“车辆用火花塞”、第 21 类“香水扩散器”等。被异议商标指定使用商品与引证商标核定使用商品不属于相同或类似商品，双方商标未构成使用在同一种或类似商品上的近似商标。在案证据能够证明被异议人的法定代表人伙同多人注册并控制大量关联公司，其唯一法人股东持有商标 94 件且双方登记住所地一致，各关联公司均持有十几至数百件数量不等的商标，其中多件与他人在先具有一定独创性或知名度的商标、商号相同或高度近似，且部分已被异议或驳回。该申请注册大量公司和商标的行为明显超出正常经营需要，结合被异议商标与异议人具有一定独创性和知名度的“法雷奥”商标文字相同的事实，能够认定被异议人的申请注册行为具有明显复制、抄袭他人商标，侵害他人权益的恶意，违背《商标法》关于禁止以欺骗手段或者其他不正当手段取得商标注册的立法精神，被异议商标不予注册。

二、案件评析

本案焦点在于，被异议人申请注册商标行为是否基于生产经营实际需要，是否违背《商标法》第 44 条第 1 款禁止以欺骗或者其他不正当手段取得商标注册之相关立法精神。

证据显示，被异议人及其关联企业的商标注册行为在时间上具有连续性，在手段上具有同一性，在目的上具有一致性。综合考虑被异议人关联公司数量及控制人员高度交叉重合情况，各受控公司持有商标汇总数量巨大且所涉商品类别庞杂等事实，结合既往商标注册情形，可以认为，被异议人及其关联公司大批量、规模性抢注他人有一定知名度的商标，被异议人控制人串通合谋恶意注册，侵占商标资源、扰乱商标注册秩序、获取不正当利益之意图明显。

根据《商标法》第 4 条第 1 款之规定，申请注册商标应出于生产经营活动实际需要。因此《商标法》第 44 条第 1 款贯彻诚实信用原则，打击侵占公共资源及损害公共利益等恶意注册行为。维护商标注册管理秩序之立法精神不囿于已注册商标撤销流程，而是贯穿于各审查审理环节始终。对于在异议环节发现的商标申请人扰乱商标注册秩序、损害公共利益、不正当占用公共资源或者谋取不正当利益之行为，在无其他具体法律规定予以禁止的情况下，可适用《商标法》第 44 条第 1 款之规定予以规制。

三、典型意义

近年来，我国加大了对恶意注册行为的打击力度，但有些商标抢注行为表现形式更为隐蔽。本案中以被异议商标为代表的一系列控制关联公司大量申请注册行为，本质是利用法人人格独立制度牟取非法利益并规避法律责任。根据《公司法》第 216 条关联关系之阐述，关联企业因决策机构混同，易使企业行为实际上受控制人主导，导致事实上的侵权行为发生。在商标审查审理实践中，这种滥用企业独立人格的行为应予禁止，以全面维护商标注册管理秩序，营造良好营商环境。

案例 2 第 33696336 号“LAB HERCULES”商标异议案

一、基本案情

异议人：上海睿雅实业有限公司

被异议人：深圳我要发科技有限公司

被异议商标：LAB HERCULES

异议人主要理由：被异议人的法定代表人同时是被异议商标的代理机构深圳好牌品牌管理有限公司的法定代表人，被异议商标的申请注册违反《商标法》第 19 条第 4 款的规定。

被异议人答辩理由：答辩人主要从事商品的批发销售，并非商标代理机构，未从事任何商标代理服务，不构成《商标法》第 19 条第 4 款的适用主体。

经审查，商标局认为，被异议商标“LAB HERCULES”指定使用商品为第 5 类“空气净化制剂、空气除臭剂”等。异议人提供了被异议人及其关联企业的企业信用信息、赫力仕（LAB HERCULES）系列产品介绍资料、天猫和京东旗舰店网页信息等证据。在案证据显示，被异议人的法定代表人卢某亮也是被异议商标的代理机构即深圳好牌品牌管理有限公司的法定代表人，还是深圳好多品牌管理有限公司的监事；深圳好牌品牌管理有限公司和深圳好多品牌管理有限公司为备案的商标代理机构，其营业范围均包括商标代理服务，且被异议人与上述两公司位于同一个小区。被异议人申请注册商标体现了其法定代表人的意志，被异议商标系商标代理机构假借关联公司之名申请注册，以达到规避法律之目的，被异议人申请注册被异议商标视为商标代理机构的行为，违反《商标法》第 19 条第 4 款之规定。依据《商标法》第 19 条第 4 款、第 35 条规定，被异议商标不予注册。

二、案件评析

本案的焦点问题在于如何认定《商标法》第 19 条第 4 款适用的主体“商标代理机构”。《商标授权确权行政案件审理指南》14.1 中规定，已经备案的从事商标代理业务的主体、营业执照中记载从事商标代理业务的主体以及虽未备案但实际从事商标代理业务的主体应当认定为商标代理机构，但这 3 种情形并非认定商标代理机构的必要条件。在实践中，有些商标代理机构通过假借关联主体、从业人员近亲属名义等“挂名”方式，在非代理服务上申请注册商标，意图规避该条款。因此需要根据案件的具体情况进行综合考量，与商标代理机构具有密切关联的主体可视为“商标代理机构”。

根据在案证据且经查，被异议人的法定代表人卢某亮既是被异议商标的代理机构深圳好牌品牌管理有限公司的法定代表人，也是深圳好多品牌管理有限公司的监事。深圳好牌品牌管理有限公司和深圳好多品牌管理有限公司均为备案的商标代理机构，且被异议人与上述两公司地址在同一个小区。异议人为在复合营养素领域处于领先地位的美国赫力仕集团（HERCULES LABORATORY GROUP）中国代表处，“赫力仕（LAB HERCULES）”商标经过长期宣传和推广，在中国保健食品市场具有一定知名度。“LAB HERCULES”商标固有显著性较强，而被异议商标与“LAB HERCULES”商标字母组合完全相同，难谓巧合。此外，被异议人申请注册了 140 余件商标，仅 2018 年 9 月 25 日和 26 日两天就申请注册 139 件，主要集中在第 5 类和第 10 类商品上，包括“康纽莱”“康普利特”“美澳健”“威莱斯”等众多与保健行业知名品牌相同或高度近似商标，且已有多个权利人对其商标提出异议。综合考虑上述因素，可以认定，被异议商标系商标代理机构假借关联公司之名申请注册，以规避法律的制约。

三、典型意义

本案是适用《商标法》第 19 条第 4 款对商标代理机构在非代理服务上申请注册商标进行规制的案件。上述条款的立法目的是制止商标代理机构利用自身便利条件恶意注册商标牟取不正当利益。在商标授权确权实践中，商标申请人与特定关系人或关联公司具有串通合谋行为恶意注册商标的，也落入《商标法》第 15 条、第 44 条的规制范畴。《商标法》第 19 条第 4 款与上述条款均是规制恶意注册商标的法律规范。在适用《商标法》第 19 条第 4 款时，需要充分考虑商标申请人与商标代理机构之间的密切关系以及商标申请人事实上存在的恶意注册行为，适当扩大“商标代理机构”的认定范畴。本案为揭开“商标代理机构”的面纱，打击商标代理机构假借他人之名恶意注册商标行为作出有益探索，具有一定典型性。

案例 3　第 42073902 号“诗词大会”商标异议案

一、基本案情

异议人：中央电视台

被异议人：河南好字学堂文化传播有限公司

被异议商标：诗词大会

异议人主要理由：《中国诗词大会》作为异议人的电视栏目名称，具有较强独创性，经过宣传和使用，在公众中享有较高的知名度和影响力，被异议商标侵犯其现有的在先权益，违反《商标法》第 32 条的规定。

被异议人未在规定期限内作出答辩。

经审查，商标局认为，被异议商标“诗词大会”指定使用商品为第 16 类“期刊、杂志（期刊）、新闻刊物、报纸”。经查明，异议人《中国诗词大会》栏目自开播以来一直拥有很高的收视率，具有较高的知名度和影响力。《中国诗词大会》栏目知名度的取得是异议人创造性劳动的结晶，其所带来的商业价值和商业机会也是异议人投入大量劳动和资本所获得的。因此，“中国诗词大会”作为知名栏目名称，其承载的权益应当作为在先权益得到保护。被异议商标与该电视栏目名称的显著识别部分“诗词大会”文字构成相同，其注册与使用不当利用异议人基于其电视栏目名称而享有的商业信誉，损害异议人合法权益。依据《商标法》第 32 条、第 35 条规定，被异议商标不予注册。

二、案件评析

本案焦点在于被异议商标的注册是否损害异议人《中国诗词大会》栏目的相关权益，违反《商标法》第 32 条“申请商标注册不得损害他人现有的在先权利”的规定。《最高人民法院关于审理商标授权确权行政案件若干问题的规定》第 18 条规定，“在先权利”包括当事人在诉争商标申请日之前享有的民事权利或其他应予保护的合法权益。

《中国诗词大会》是异议人于 2016 年推出的一档以“赏中华诗词、寻文化基因、品生活之美”为宗旨的原创文化类电视栏目。在被异议商标申请日前，该栏目已在全国范围内播放宣传，曾荣获多项大奖，具有较高的知名度和影响力。“中国诗词大会”作为异议人知名电视栏目名称，属于法律应当予以保护的在先权益。被异议商标与该栏目名称的显著识别部分“诗词大会”文字构成相同，指定使用的“期刊、杂志（期刊）、新闻刊物、报纸”商品的消费对象与《中国诗词大会》栏目的观众群体存在重合。被异议人申请注册被异议商标试图攀附《中国诗词大会》栏目的知名度和影响力，使相关公众将其与该栏目联系在一起，以为其已经取得异议人的授权，必将减损异议人潜在的商业利益和交易机会，损害异议人合法利益。因此，被异议商标的注册违反《商标法》第 32 条的规定。

三、典型意义

本案是将知名电视栏目名称纳入《商标法》第 32 条“在先权利”保护范畴的典型案例。“在先权利”包括法律应当予以保护的在先权益。虽然相关司法解释仅列举作品名称和作品中的角色名称可作为法益予以保护，但并非穷尽式列举。由于法益的内容和边界具有模糊性，因此在具体案件审理中，应当结合案件事实，确认是否属于应当予以保护的法益及其保护范围。本案的审理有效规制了违法主体“搭便车”行为，并对电视栏目名称的可保护性作出具体适用指引，对促进文化产业创新发展具有积极作用。

案例 4 第 35539392 号“子腊贡米 ZILAGONGMI 及图”商标异议案

一、基本案情

异议人：花垣县品牌保护发展学会

被异议人：花垣县石栏镇子腊村锦秀农业专业合作社

被异议商标：子腊贡米 ZILAGONGMI

异议人主要理由：被异议商标侵犯“花垣县子腊贡米”的地理标志权益，不得作为普通商标核准注册。被异议商标的申请注册损害子腊贡米种植者、生产者的利益，应不予核准注册。

被异议人未在规定期限内作出答辩。

经审查，商标局认为，被异议商标指定使用商品为第 30 类“米”。在案证据表明，“子腊贡米”是湖南省花垣县当地所产优质稻米，具有悠久历史和较高声誉。除湖南省花垣县相关区域的气候、土壤、水资源等自然因素外，有赖于历代花垣县人民的精心培育和相关政府部门的大量扶植，公众已将花垣县特定区域内种植的优质稻米统称为“子腊贡米”。被异议商标“子腊贡米”易使公众将其理解为子腊出产的、曾进贡的米，具备独特品质或者质量上乘，指定使用在“米”商品上，容易使公众误认为使用被异议商标的商品均为“子腊贡米”，导致对“米”商品的质量特点或产地产生误认，违反《商标法》第 10 条第 1 款第 7 项的规定。依据《商标法》第 10 条第 1 款第 7 项、第 35 条规定，被异议商标不予注册。

二、案件评析

本案异议人在先申请注册在第 30 类“米”商品上的第 26417350 号“花垣子腊贡米及图”地理标志证明商标由于未明确说明商品特定品质与产地自然因素之间的关系、理化指标过于绝对等原因已被驳回，且异议人未提供充分证据证明其符合地理标志注册条件，故不适用《商标法》第 16 条予以审理。本案焦点为被异议商标的申请注册是否构成《商标法》第 10 条第 1 款第 7 项所指情形。

《商标法》第 10 条第 1 款第 7 项是维护公共利益和公共秩序的绝对事由条款，禁止具有欺骗性、容易使公众对商品的质量等特点或者产地产生误认的商标注册和使用。在案证据表明，“子腊贡米”并非被异议人独创品牌，而是历代花垣县人民用独特的水稻种植方法（铺树造田技术）所生产的优质稻米的统称，该种植技术始于宋末元初。被异议商标主要识别文字为“子腊贡米”，作为普通商标核准注册，易使公众认为使用该标志的“米”为子腊出产或曾进贡，具备独特的品质，从而对商品的质量特点或者产地产生误认。

商标法意义上的公共利益是指与商标专用权的取得和运用紧密相关的不特定多数人的利益。商标专用权本质上属于特定主体的市场垄断权。若授予商标专用权会与公共利益产生冲突，应当优先考虑公共利益。“子腊贡米”作为花垣县精准扶贫主要产业之一，其累积的无形资产属于公共利益，应当归属于花垣县全体人民。若核准被异议商标注册，被异议人将垄断“子腊贡米”标志，导致“子腊贡米”累积的商誉仅归属于被异议人，损害花垣县人民的共同利益。

三、典型意义

本案是适用《商标法》第 10 条第 1 款第 7 项，对未构成地理标志但具有一定知名度的产地标志进行保护的典型案例。本案审理既观照历史，又根植现实，在公共利益和私益之间作出合理取舍。对代表特定品质的标志，通过适用《商标法》“欺骗性”条款制止个别经营者独占商标专用权，保护地方特产名称，维护公共利益，增进社会福祉，取得较好的法律效果和社会效果。

案例5　第46826528号“七个桔儿”商标异议案规制网络直播、短视频领域商标抢注行为，保护互联网创新成果

一、基本案情

异议人：蕲春七个桔儿文化传媒有限公司

被异议人：绍兴恒熙商贸有限公司

被异议商标：七个桔儿

异议人主要异议理由：被异议人以不正当手段抢注异议人在先使用并有一定影响力的“七个桔儿”商标，违反《商标法》第32条的规定。

被异议人未在规定期限内作出答辩。

经审查，商标局认为，在案证据可以证明，异议人“七个桔儿”为一支使用黄冈方言从事短视频制作与宣传的团队，在抖音、快手、微信公众号等平台广泛使用宣传，异议人凭其“七个桔儿”知名度在“广告宣传”“餐厅”等相关领域开展商业活动，在相关公众中已具有一定知名度。被异议商标指定使用“广告；为零售目的在媒体上展示商品”等服务与异议人在先使用服务具有密切关联性。被异议人申请注册被异议商标的行为具有明显的复制、抄袭他人商标的故意，其行为难谓正当，亦易造成消费者误认，故已构成以不正当手段抢先注册异议人在先使用并有一定影响的商标的行为。依据《商标法》第32条、第35条规定，被异议商标不予注册。

二、案件评析

本案焦点问题在于判断是否构成《商标法》第32条“以不正当手段抢先注册他人已经使用并有一定影响的商标”。构成本条款所指情形应同时满足“有一定影响”和“不正当手段”两个要件。“有一定影响”是对商标使用的程度和结果的要求，要求在先商标有一定的使用时间、区域或广告宣传，并为中国一定范围的相关公众所知晓。“不正当手段”指系争商标申请人明知或应知他人在先使用未注册商标而抢先注册。这两个要件具有独立性，但亦密切关联。在实践中，认定构成“不正当手段”，需考虑在先使用商标影响力是否及于系争商标申请人。

本案双方当事人并无业务合作、人员往来等“明知”情形，同时双方并非同一地域、同行业企业，异议人商标在先使用的时间也并非很长。在此情况下，更需结合在先商标知名度的覆盖面、在先商标的显著性等因素综合考量。本案中，异议人提交的证据可以证明，“七个桔儿”品牌创立于2019年，其团队制作的短视频在抖音、快手、微信公众号等互联网平台广泛宣传，拥有60多万粉丝。“七个桔儿”获得知名度后，通过“七个桔儿”抖音号对他人企业产品及服务进行宣传推广，具有一定知名度。“七个桔儿”商标为异议人自创，有较强显著性，被异议商标与该文字构成相同，被异议商标指定使用的“广告；为零售目的在媒体上展示商品”等服务与异议人最具知名度的领域有密切关联。综合考虑以上因素，可以认定被异议商标的申请注册属于《商标法》第32条“以不正当手段抢先注册他人已经使用并有一定影响的商标”之情形。

三、典型意义

本案是一起运用《商标法》第32条对恶意抢注他人未注册商标行为予以规制的案件。随着互联网直播、短视频及电商经济的迅速发展，相关领域的商标抢注行为时有发生。此类抢注行为往往发生在他人品牌“走红”后不久，同时由于权利人知识产权保护意识较弱，举证困难，规制此类抢注行为有一定难度。本案充分考虑网络品牌传播的特点，较好地把握“有一定影响”与“不正当手段”的关系，全面考量异议人商标的知名度、显著性和平台传播的影响力，对他人知名的网络视频制作品牌进行保护，对于规范电商行业秩序、保护互联网领域创新成果具有积极意义。

案例6 第41971424号“冰墩熊 Temperament Bear 及图”商标驳回复审案

一、基本案情

申请人：郭石伟

申请商标：

第41971424号“冰墩熊 Temperament Bear及图”商标（以下称申请商标）由自然人郭石伟于2019年10月30日提交注册申请，指定使用在第42类计算机软件设计等服务上。

商标局审查认为：该商标与童年时代（武汉）科技有限公司在类似服务项上已注册的第7060557号“童年网 TONG NIAN及图”商标（以下称引证商标）近似，违反《商标法》第30条的规定。申请人对驳回决定不服申请复审。

商标局经审理认为：申请商标与北京2022年冬奥会吉祥物“冰墩墩”近似，作为商标注册使用，易造成不良社会影响，违反《商标法》第10条第1款第8项的规定。申请人在规定期限内提交了申辩意见，请求初步审定申请商标在复审服务上的注册申请。

经复审认为，申请商标与引证商标在呼叫、图形设计细节、整体外观等方面尚可区分，未构成使用在同一种或者类似服务上的近似商标。申请商标与北京2022年冬奥会吉祥物“冰墩墩”近似，作为商标注册使用，易造成不良社会影响，申请商标的注册申请违反《商标法》第10条第1款第8项的规定。

二、案件评析

《商标法》第10条第1款第8项规定，有害于社会主义道德风尚或者有其他不良影响的标志不得作为商标使用。其中，“社会主义道德风尚”是指我国人民共同生活及其行为的准则、规范以及在一定时期内社会上流行的良好风气和习惯，“其他不良影响”是指商标的文字、图形或者其他构成要素对我国政治、经济、文化、宗教、民族等社会公共利益和公共秩序产生消极的、负面的影响。

依据《商标法实施条例》第52条规定，商标局审理驳回复审案件，发现申请注册的商标有违反《商标法》第10条、第11条、第12条和第16条第1款规定情形，商标审查并未依据上述条款作出驳回决定的，可依据上述条款作出驳回复审决定，作出复审决定前应当听取当事人的意见。

“冰墩墩”是北京2022年冬季奥运会吉祥物，以熊猫形象为原型，于2019年9月17日正式亮相。2019年9月16日，北京2022年冬奥会和冬残奥会组委会将“冰墩墩”“BING DWEN DWEN”“冰墩墩三维标志”作为商标申请注册。“冰墩墩”的专有权归属北京冬奥组委。本案申请商标申请日期为2019年10月30日，晚于“冰墩墩”形象发布时间。

商标局认为，“冰墩熊”与北京2022年冬奥会吉祥物“冰墩墩”相近，“冰墩熊”作为商标注册使用，易产生不良的社会影响。依据《奥林匹克标志保护条例》、《商标法》第10条第1款第8项的规定，商标局向申请人寄送商标驳回复审案件评审意见书。申请人在规定期限内提交申辩意见。

商标局认为，争议商标与北京2022年冬奥会吉祥物“冰墩墩”图形原型均为熊猫，呼叫相近，其作为商标注册使用，易造成不良社会影响，申请商标的注册申请违反《商标法》第10条第1款第8项的规定。

三、典型意义

办好北京2022年冬奥会和冬残奥会是中国政府对国际社会的庄严承诺，对相关知识产权实施全方位、立体化保护是国家知识产权局的职责所在。这是一起保护北京2022年冬奥会知识产权的典型案例。“冰墩墩”的专有权归属于北京冬奥组委，未经北京冬奥组委许可不得将吉祥物形象和名称进行拆分、歪曲、篡改等变形使用，或者作为其他图案的组成部分使用。未经许可将奥运标志和涉奥作品作为商标使用或注册，违反《奥林匹克标志保护条例》《商标法》有关规定。2022 年 2 月 14 日，《关于依法打击恶意抢注“冰墩墩”“谷爱凌”等商标注册的通告》发布，对 429 件商标注册申请予以驳回，对已注册的 43 件商标依职权主动宣告无效，为北京 2022 年冬奥会和冬残奥会保驾护航。

案例 7　第 29135506 号“麦乐兹 MAILEZI”商标无效宣告案

一、基本案情

争议商标：麦乐兹 MAILEZI

争议商标由香港誉丰集团（国际）有限公司（即本案被申请人）于 2018 年 2 月 5 日申请注册，经异议于 2020 年 9 月 7 日获准注册，核定使用在第 30 类“咖啡、冰淇淋”商品上。2020 年 10 月 14 日，该商标被麦当劳公司（即本案申请人）提起无效宣告请求。

申请人除主张争议商标与其在先注册的引证商标构成使用在相同或类似商品上的近似商标外，还称被申请人名下申请注册了大量商标并公然进行出售。此外，被申请人的实际控制人为两家商标代理公司的法定代表人。被申请人申请注册争议商标已构成商标代理机构申请商标注册的禁止规定，同时构成以其他不正当手段取得注册的情形。故请求依据《商标法》第 19 条第 4 款、第 30 条、第 44 条第 1 款等的规定，对争议商标予以无效宣告。被申请人在规定期限内未予答辩。

二、案件评析

商标局经审理认为，根据在案证据及查明事实，被申请人的董事马某某与广东某商标代理有限公司、广州某知识产权代理有限公司的法定代表人应为同一人。马某某作为商标代理机构法定代表人，通过其个人及在我国香港地区注册的公司在多个商品和服务上注册了 400 余件商标，其中除争议商标外，还包括多件与他人知名标识相近的商标。被申请人对其申请注册大量商标的行为没有作出合理解释或说明。被申请人作为商标代理机构申请注册商标的行为，明显具有利用他人在先标识知名度牟取不正当利益的意图，并非出于正当经营使用的目的，其行为扰乱了商标注册管理秩序，有损公平竞争的市场秩序。因此，争议商标的注册已构成《商标法》第 19 条第 4 款和第 44 条第 1 款规定所指情形。

三、典型意义

本案涉及《商标法》第 19 条第 4 款“商标代理机构不得申请注册其代理服务外的其他商标”的禁止注册规定，与《商标法》第 44 条第 1 款“以其他不正当手段取得注册”情形规定的合并适用。本案根据《商标实施条例》第 84 条第 1 款的规定，准确认定被申请人的身份事实上为商标代理机构。同时，本案综合被申请人的设立恶意及查明事实表明被申请人、马某某及其名下的两家商标代理公司在多个商品和服务类别上申请注册大量与他人在先知名标识相近商标并进行出售的情形，认定争议商标的注册属于《商标法》第 44 条第 1 款所指情形。本案合并适用《商标法》第 19 条第 4 款和第 44 条第 1 款，符合法律规定的立法本意，具有一定典型意义。

案例 8　第 36878950 号“姚安娜”商标无效宣告案

一、基本案情

争议商标：姚安娜

第 36878950 号“姚安娜”商标由被申请

人郭某申请注册，核定使用在化妆品等商品上。该商标被姚思为、华为技术有限公司(即本案申请人一、二)提出无效宣告。申请人一的艺名为“姚安娜”，因与申请人二及任正非的联系备受关注，具有较高知名度。被申请人没有提交关于“姚安娜”一词的合理来源，其还恶意注册“姚安娜”的英文名“ANNABEL YAO”及拼音“YAOANNA”“YAO ANNA”，具有复制、摹仿申请人一姓名的故意。争议商标核定使用的化妆品等商品亦是姚安娜代言的产品，易使公众认为与姚安娜密切相关，损害其姓名权。被申请人注册商标缺乏真实使用意图，具有抄袭、摹仿他人知名商标的恶意。申请人一、二请求依据《商标法》第 32 条、第 44 条第 1 款的规定对争议商标无效宣告。

被申请人辩称：被申请人不认可申请人一的知名度，申请人一企图用申请人二及任正非的影响侵占其商标权益。争议商标经使用具有影响，争议商标的注册不具有恶意。

二、案件评析

《商标法》第 32 条“申请商标注册不得损害他人现有的在先权利”规定中，“在先权利”包括姓名权，姓名包括本名、艺名、译名、别名。根据《北京市高级人民法院商标授权确权行政案件审理指南》规定，姓名权保护的具体利益有相关公众容易认为标有诉争商标的商品与该自然人存在许可等特定联系的，可以认定属于《商标法》第 32 条的情形。虽然自然人的声誉不是保护自然人姓名权的前提，但可以作为认定相关公众是否将某一姓名与特定自然人建立起对应关系的考量因素。

申请人一系申请人二创始人任正非的小女儿，艺名为“姚安娜”，英文名为“Annabel Yao”。在争议商标申请注册前，百家号、搜狐、网易、腾讯及新浪等媒体，对申请人一艺名进行了宣传报道。故“姚安娜”已被广大公众所知晓。被申请人未经申请人一许可，将其艺名注册在化妆品上，易造成消费者误认为与申请人一存在密切关联，从而致使申请人一的姓名权受到损害，已违反《商标法》第 32 条有关“申请商标注册不得损害他人现有的在先权利”的规定。

《商标法》第 44 条第 1 款“其他不正当手段取得注册”情形之一是系争商标申请人申请注册多件商标，且与他人具有一定知名度或较强显著特征的商标构成相同或近似。被申请人还在化妆品商品上大量注册了与知名地名、其他主体知名商标相近的商标，如“PARISCOCO”“格斐迪奥 GEFEIDIAO”“廷巴克图 TIMBUKTU”“迪奥蕾拉 DIAOELLA”等 40 余件。被申请人注册囤积商标不具备正当性，其亦未对此作出合理解释，已构成《商标法》第 44 条第 1 款“其他不正当手段取得注册”的情形。

三、典型意义

这是一起适用《商标法》第 32 条和第 44 条、保护知名人物姓名权及打击“其他不正当手段取得注册”行为的典型案例。姓名权属于《商标法》第 32 条规定的“在先权利”中的一种，他人的姓名包括艺名，本案即涉及对知名艺人“姚安娜”姓名权的保护。除“姚安娜”艺名外，被申请人还同时大量抢注与他人知名姓名、知名地名、知名商标相近的商标，明显缺乏真实使用意图，而恶意抢注他人知名商标并囤积商标以期达到非法牟利的不正当手段注册行为，是商标行政主管机关重点规制、严厉打击的目标。本案合并适用《商标法》第 32 条和第 44 条第 1 款，对恶意注册申请人有一定的震慑作用。

案例 9　第 16647402 号“康涅克”商标无效宣告案

一、基本案情

争议商标：**康涅克**

申请人的主要理由：“康涅克”是“CO-

GNAC”的对应音译，“COGNAC”是法国葡萄蒸馏酒产品的原产地名称/地理标志，并已在欧盟、法国以及中国作为原产地名称、地理标志依法予以登记并受到保护。争议商标是对法国原产地名称、地理标志“COGNAC”的复制，极易造成消费者的混淆和误认。请求依据《商标法》第 16 条等条款宣告争议商标无效。

被申请人答辩认为：申请人提交的证据显示“COGNAC”的对应中文为“干邑”，“康涅克”并非“COGNAC”对应的中文译名，争议商标与“COGNAC”并无直接关系，未侵犯其在先地理标志名称，请求对争议商标的注册予以维持。

二、案件评析

本案焦点问题涉及国外地理标志在我国的保护以及对国外地理标志中文翻译的保护。

本案中，申请人提交的法国政府 1936 年 5 月 1 日颁布的法令、2009 年 9 月 24 日颁布的第 2009－1146 号法令及我国原国家质量监督检验总局《关于批准对干邑实施地理标志保护的公告》可以证明，“COGNAC”在中法两国均作为葡萄蒸馏酒产品的原产地地理标志受到保护，在争议商标申请注册日之前已构成我国《商标法》第 16 条第 2 款所指的地理标志。

争议商标“康涅克”为前述地理标志“COGNAC”的中文音译，两标识整体构成近似；争议商标指定使用的葡萄酒等商品与申请人地理标志指向的白兰地商品属于同一种商品或类似商品。申请人提交的证据足以证明其地理标志“COGNAC”在争议商标申请日前，在包括中国在内的世界范围内已经具有一定的知名度；而被申请人提交的在案证据并不能证明其指定商品来源于上述产区。结合申请人提交的被申请人网店截图、购买记录等证据，足以证明被申请人在实际使用中有攀附申请人“干邑”地理标志的主观故意，难谓正当。因此，争议商标核定使用在葡萄酒等商品上，容易导致相关公众误认为该商品来源于该地理标志所标示的地区或具备相关品质特征，违反《商标法》第 16 条第 1 款的规定。

对外文地理标志的保护包括对其中文翻译的保护，外文地理标志的中文翻译并不限于某一固定官方译法，能够使相关公众反映出该地理标志的中文翻译形式均可纳入其保护范围，包括音译。就本案而言，被申请人虽认为中文“干邑”系“COGNAC”对应中文翻译，且在实际使用中申请人亦多将“干邑”与“COGNAC”共同使用，但“康涅克”作为前述地理标志“COGNAC”的常见中文音译，理应纳入保护范围。

三、典型意义

地理标志所标示的商品的特定质量、信誉或者其他特征是在漫长的历史中逐渐形成的，是大自然的馈赠和广大劳动人民智慧的结晶。本案例对地理标志的概念、相关法律法规及其适用进行分析说明；同时指出保护外国地理标志时不应局限于官方译文而忽视音译等其他翻译形式，为地理标志提供了有效的法律保护，对维护地理标志市场声誉、保障消费者合法权益、保证市场竞争有序、优化营商环境具有积极意义。

供稿：国家知识产权局商标局

2021 年度全国打击侵权盗版十大案件

2021 年，按照党中央、国务院关于全面加强知识产权保护的总体部署，各地区版权执法部门进一步加大版权执法监管力度，查处了一批侵权盗版大要案件。为深入宣传打击侵权盗版工作成果，充分发挥典型案例的示范引导作用，中央宣传部版权管理局联合全国“扫黄打非”工作小组办公室，在2021年度相关地区依法办结的著作权刑事犯罪案件、著作权行政处罚案件中，选定了2021年度全国打击侵权盗版十大案件，现予公布。

案例1　北京麦颂文化传播有限公司侵犯美术作品著作权案

一、基本案情

2021年3月，根据举报线索，北京市文化市场综合执法总队对该案进行调查。经查，2016年9月至2021年3月间，北京麦颂文化传播有限公司未经著作权人尤尼维瑟城电影制片厂有限责任公司、梦工场动画影片公司许可，将小黄人系列美术作品、功夫熊猫系列美术作品作为其直营和加盟经营性场所“唱吧麦颂”KTV门店内部装修使用。2021年4月，北京市文化市场综合执法总队对该公司作出罚款25万元的行政处罚。

二、案件评析

版权作为文化产业的基础运营资产，具有较高的商业价值，权利人高度重视版权资产的管理和保护。版权行政执法部门聚焦“两区建设”国家开放发展政策，围绕辖区重大产业项目的版权保护，及时快速查办，充分发挥了行政执法便捷高效的优势。

案例2　天津宇达、凯达印务有限公司侵犯图书著作权案

一、基本案情

2018年7月，根据权利人投诉及全国“扫黄打非”办公室移转线索，天津市文化市场行政执法总队对天津宇达印务有限公司进行执法检查，查扣侵权盗版《寂静的春天》《昆虫记》《飞向太空港》等图书2.4万余册。2018年11月，根据国家版权局移转线索，天津市文化市场行政执法总队联合静海区文化市场行政执法支队对天津凯达印务有限公司进行执法检查，查扣侵权盗版《金庸作品集》等图书9万余册。经查，天津宇达印务有限公司和天津凯达印务有限公司的法定代表人和住所地相同，直接负责人均为季某某。天津市公安局静海分局决定将上述两起案件并案调查。2021年1月，天津市第二中级人民法院以侵犯著作权罪判处天津宇达印务有限公司罚金150万元；季某某有期徒刑5年6个月，并处罚金100万元。

二、案件评析

近年来，非法复制发行、网络传播侵权盗版少儿图书、名家名作等违法犯罪活动持续多发，严重损害权利人合法权益，破坏出版物市场版权秩序，危害青少年身心健康，权利人和家长对此广泛关注。本案侵权行为针对教育部门推荐中小学生课外阅读书目、名家名作等畅销长销图书，侵权图书种类、数量众多，侵权盗版规模较大。执法部门依法从严查处，对维护良好出版物市场版权秩序、保护青少年身心健康具有积极意义。

案例3　上海“人人影视字幕组”网站侵犯著作权案

一、基本案情

2020年1月，根据网络巡查获得线索，上海市公安局食药环侦总队会同上海市公安局虹口分局对该案进行调查。经查，自2018年起，梁某某成立公司开发运营“人人影视字幕组”网站，未经著作权人许可，组织人员翻译、制作、上传中外影视作品32 824部，发展会员683万，并以接受“捐赠”名义变相收取会员费、招揽广告收取广告费、销

售拷贝等方式牟利，非法经营额 1200 万余元。2021 年 11 月，上海市第三中级人民法院以侵犯著作权罪判处梁某某有期徒刑 3 年 6 个月，并处罚金 150 万元；其他同案人员被判处 1 年 6 个月到 3 年不等的有期徒刑，并处罚金 4 万元到 35 万元不等。

二、案件评析

“人人影视字幕组”网站会员数量庞大、涉案侵权作品数量众多，执法部门多次查处，但仍反复逃避监管实施侵权谋取非法利益，社会影响恶劣。侦办过程中，执法部门与检察院、鉴定机构数次研究，多维度取证固证，获得检法部门对于案件定性、证据效力的认可。本案对侵犯著作权罪中涉及的“未经著作权人许可”复制发行、作品数量、取证固证、单位犯罪等问题的认定，对类案审理具有借鉴意义。本案的查办充分彰显了我国平等保护中外著作权人合法权益、营造良好营商环境的决心与能力。

案例 4　上海“PP 视频”网站非法传播体育赛事案

一、基本案情

2020 年 12 月，根据权利人投诉线索，上海市文化和旅游局执法总队三支队对该案进行调查。经查，2018 年 12 月至 2019 年 1 月间，上海聚力传媒技术有限公司为增加其运营的“PP 视频”网站浏览量，未经权利人许可，将《体育新闻》31 期、《五星足球》6 期等体育节目删减切条成 511 个短视频，供用户在线浏览和在线观看。2021 年 7 月，上海市文化和旅游局执法总队三支队对该公司作出罚款 25 万元的行政处罚。

二、案件评析

“剑网 2021”专项行动明确要求加大短视频版权治理力度，重点打击未经授权对视听作品删减切条、改编合辑制作传播短视频的行为。本案是落实“剑网 2021”专项行动重点任务、加强短视频版权整治的典型案例，对规范短视频领域版权秩序具有示范意义。

案例 5　上海国芯集成电路设计有限公司等侵犯软件著作权案

一、基本案情

2019 年 9 月，接权利人报案，江苏省南京市公安局雨花区分局对该案进行调查。经查，2016 年至 2019 年 12 月间，上海国芯集成电路设计有限公司销售人员陶某从市场获取南京沁恒微电子股份有限公司生产的正版 CH340 芯片，该公司总经理许某在明知未获得授权许可的情况下，反向破解 CH340 芯片并组织生产侵权芯片谋取不法利益，累计制售 830 万余个，非法经营额达 730 万余元。2021 年 7 月，南京市雨花区人民法院以侵犯著作权罪判处上海国芯集成电路设计有限公司罚金 400 万元；许某有期徒刑四年，并处罚金 36 万元；陶某有期徒刑 3 年 2 个月，并处罚金 10 万元。许某、陶某等不服一审判决向南京市中级人民法院提出上诉。2021 年 10 月，南京市中级人民法院作出驳回上诉，维持原判的终审裁定。

二、案件评析

芯片是高新技术企业创新发展的核心资产，具有巨大商业价值。本案侵权时间长、涉案金额大、影响范围广，是保护高新技术企业计算机软件著作权的典型案例。芯片类犯罪行为，可能涉及侵犯著作权犯罪、侵犯商标犯罪和侵犯商业秘密犯罪。本案的查办，执法部门准确把握侵犯著作权犯罪罪名认定标准，在罪名适用、证据收集、鉴定方式等方面积累了经验，对办理芯片类案件具有借鉴意义。

案例 6　江苏常州“好看动漫”网站侵犯动漫作品著作权案

一、基本案情

2021 年 3 月，通过网络巡查获得线索，江苏省常州市文化市场综合行政执法支队对该案进行调查。经查，2020 年 2 月起，黄某某通过技术手段在互联网上获取《一人之下》《狐妖小红娘》《全职高手》等动漫作品，将相关作品上传至其经营的“好看动漫”网站供在线观看，通过收取广告费等形式非法牟利 3.8 万元。因黄某某人在异地，在广东省梅州市文化广电旅游局的配合下，2021 年 5 月，常州市文化广电和旅游局对黄某某作出罚款 25 万元的行政处罚。

二、案件评析

本案系打击动漫侵权盗版的典型案例，对当事人予以顶格处罚体现了执法部门不断加大版权执法监管力度、严厉打击侵权盗版行为的决心。本案查办注重跨区域联动执法，实现对侵权行为的跨区域打击，对加强执法联动具有积极意义。

案例 7　浙江宁波“3·10”盗录院线电影案

一、基本案情

2021 年 3 月，根据国家版权局移转线索，浙江省委宣传部、宁波市委宣传部等单位成立专案组，指导宁波市文化市场行政执法队对该案进行调查。经查，2021 年春节期间，陈某某先后购票进入两家不同影院观影，盗录《刺杀小说家》《人潮汹涌》两部春节档热映影片，并通过网盘发送给网友，导致被盗录影片在网络上广泛传播，给电影制片方造成巨大损失。2021 年 6 月，宁波市文化广电旅游局对陈某某作出罚款 25 万元的行政处罚。

二、案件评析

2021 年 2 月至 3 月，国家版权局、国家电影局、公安部等相关部门联合部署开展打击院线电影盗录传播集中行动。本案是集中行动作出行政处罚第一案。本案虽未非法牟利，但性质恶劣、严重损害了权利人合法权益、破坏了电影市场版权秩序。案件办理难点在于盗录行为的落地查人。执法部门通过技术手段和多条线索，最终成功锁定侵权者，并作出 25 万元的顶格罚款。

案例 8　山东滨州“4·20”制售侵权盗版图书案

一、基本案情

2020 年 4 月 20 日，根据群众举报线索，山东省滨州市、无棣县两级文旅部门会同无棣县公安局对该案进行调查。经查，2019 年 8 月起，贾某某、李某、崔某某等人未经著作权人许可，非法制售侵权盗版《海底小纵队探险记》《钢铁是怎样炼成的》《契诃夫短篇小说选》《神奇的校车》《凯斯瑞启蒙阅读》等大量图书，共计 180 万余册、码洋 3000 万元。2021 年 10 月，山东省无棣县人民法院以侵犯著作权罪判处贾某某有期徒刑 4 年，并处罚金 50 万元；李某有期徒刑 2 年，并处罚金 20 万元；崔某某有期徒刑 1 年 8 个月，并处罚金 20 万元。

二、案件评析

本案涉案盗版图书多为幼儿和中小学读物，侵权数量大、案值高、社会影响恶劣。本案的依法查办，对严厉打击少儿图书侵权盗版、维护出版物市场版权秩序具有典型示范意义。

案例9　河南新乡林某删减切条影视作品案

一、基本案情

2021年11月，根据国家版权局移转线索，河南省长垣市文化市场综合行政执法大队对该案进行调查。经查，林某未经著作权人许可，将《大明风华》《楚汉传奇》等多部影视剧删减切条、改编合辑为数百个短视频上传至某网络短视频平台非法牟利，仅《大明风华》《楚汉传奇》合辑即获利7000余元。2021年12月，长垣市文化广电和旅游局对林某作出罚款2.5万元的行政处罚。

二、案件评析

近年来，短视频平台对影视作品切条、搬运、速看、合辑等侵权行为大量出现，影视权利人反映强烈。“剑网2021”专项行动重点整治短视频制作上传者对影视作品进行删减改编并网络传播的侵权行为。本案涉案金额不高，但执法部门快查快办，体现了行政执法的制度优势，对打击影视作品切条、搬运、速看、合辑等侵权行为具有示范效应。

案例10　广东清远魏某侵犯教育类视听作品著作权案

一、基本案情

2020年12月，接权利人报案，广东省清远市公安局清城分局会同清远市版权局对该案进行调查。经查，2019年起，魏某通过官方途径购买湖南咕泡网络科技有限公司、长沙图灵教育科技有限公司等五家在线教育机构教程视频，未经著作权人许可，将77351部视频存放在网盘上售卖，非法牟利20万余元。2021年11月，清远市清城区人民法院以侵犯著作权罪判处魏某有期徒刑3年6个月，并处罚金40万元。

二、案件评析

本案是“剑网2021”专项行动中重点治理领域——在线教育领域版权整治的典型案件，涉及侵权教育类视听作品种类较多、数量较大。本案的查办有利于规范在线教育领域版权秩序，具有较强的示范意义。

供稿：中央宣传部版权管理局

2021年度地理标志、奥林匹克标志和特殊标志行政保护典型案例

地理标志行政保护案例

案例1　广东省知识产权局与江西、湖北、湖南知识产权部门联动查处擅自使用“马坝油粘米”地理标志产品名称系列案

一、案情简介

2004年9月，“马坝油粘米”获得国家地理标志产品保护，产品保护申请人为广东省原曲江县人民政府，保护范围为广东省原曲江县所辖行政区域。

2021年4月，广东省韶关市曲江区市场监督管理局收到举报，称广东、江西、湖北、湖南等地多家企业涉嫌假冒使用“马坝油粘米”地理标志产品名称，在电商平台上销售。韶关市曲江区市场监督管理局将相关情况上报韶关市市场监督管理局，经初步核实，提请广东省知识产权局协调查证省内外线索。在国家知识产权局指导下，广东省知识产权局组织开展专题研究，商请网络监管部门固定电商平台相关侵权证据，协调开展跨区域地理标志行政保护。广东省知识产权局分别于5月31日、6月15日向广州市、佛山市和江西、湖北、湖南知识产权和市场监督管理部门移送电商平台案件线索23条，涉嫌

违规生产市场主体11家。广州、佛山市场监督管理部门立即查办辖区内全部线索案件。江西、湖北、湖南等地省级知识产权局及时向当事人所在县（区）移交案件材料，指导案件查办。

截至2021年底，广东、江西、湖北、湖南等4省6地（市）10县（区）知识产权和市场监督管理部门认定相关当事人违反《产品质量法》第5条、《食品安全法》第71条、《反不正当竞争法》第6条和《地理标志产品保护规定》第21条等规定，共立案10起。依据《产品质量法》第53条、《食品安全法》第125条、《反不正当竞争法》第18条和《地理标志产品保护规定》第24条等规定，责令相关当事人立即改正违法行为，并没收违法产品172袋（箱、包），包装袋3336个，没收违法所得2.41万元，罚款14.85万元。

二、专家点评

本案涉案企业多，涉案地域广，广东省知识产权局与江西、湖北、湖南等地知识产权和市场监督管理部门开展跨区域联合行动，积极移交违法线索，建立起互联互通的协同保护机制，提高了保护效能，充分体现了地理标志行政执法跨地区协作机制的优势，有力地维护了市场秩序、品牌声誉和消费者利益。与一般商标相比，地理标志除标示商品来源之外，还特别强调商品与特定地理名称之间存在的现实的客观联系，因此，获得地理标志产品保护的前提条件、授权逻辑和执法依据等都有所不同。执法机关在执法依据上，既选择了与该案争议直接相关的《食品安全法》和《地理标志产品保护规定》，又通过《产品质量法》和《反不正当竞争法》等规制商业行为，对地理标志进行兜底保护。这一思路，符合地理标志产品保护的实际情况，对未来我国地理标志保护模式的选择也具有一定的启发。

案例2　浙江省三门县知识产权局查处侵犯“三门青蟹”证明商标专用权案

一、案情简介

第3897098号“”商标、第8136757号“三門青蟹”商标均为三门县青蟹产业发展服务中心在青蟹（活）商品上注册的证明商标，经续展，专用权期限分别至2026年12月20日、2030年10月20日。2006年9月，“三门青蟹”获得国家地理标志产品保护。

2020年9月18日，浙江省三门县知识产权局执法人员根据举报，对当事人章某的厢式货车及仓库进行检查，分别查获印有“”“三門青蟹”标识用于盛放青蟹的礼盒纸箱625个和571个。经查，当事人黄某于2020年7月擅自印制含上述标识的礼盒纸箱5110个，当事人章某从当事人黄某处购进礼盒纸箱5104个，合计9760.4元。当事人章某共售出礼盒纸箱2908个，合计1.19万元。

2021年4月9日，三门县知识产权局认定章某违反《商标法》第57条第4项的规定，属于擅自制造、销售他人注册商标标识的违法行为，依据《商标法》第60条第2款规定，对其作出没收涉案礼盒纸箱1196个、罚款1万元的行政处罚；同时，没收黄某涉案模具1副，并罚款1.5万元。

二、专家点评

本案涉案商品为包装材料，不直接涉及三门青蟹产品，属于擅自制造、销售他人注册商标标识的违法行为，案件的查办有效阻止了假冒三门青蟹产品进入市场，保护了三门青蟹的生产者和消费者利益。地理标志是特定地区的一种特定形式的知识产权和宝贵财富，加强地理标志保护除了保护生产者权益和消费者利益外，对于保护我国民族品牌，增强产品声誉，提高产品竞争力，促进乡村振兴等都具有重要的现实意义。

案例 3　湖北省洪湖市知识产权局查处侵犯“洪湖莲藕”证明商标专用权案

一、案情简介

第 31756376 号“洪湖莲藕 HONG|HU|LIAN|OU”商标为洪湖市水生蔬菜产业开发研究会在莲藕（加工过的）商品上注册的证明商标，专用权期限至 2029 年 12 月 27 日。

2020 年 9 月，湖北省洪湖市知识产权局根据权利人投诉，对武汉市强鑫蔬菜产销专业合作社进行现场检查和调查。经查，当事人于 2020 年 3 月开始加工销售“洪湖莲藕”产品，两次通过武汉某包装公司印制带有与“洪湖莲藕 HONG|HU|LIAN|OU”注册商标近似的商标和地理标志专用标志的标签共计 36.21 万份，其莲藕原料主要从仙桃市某农产品大市场莲藕散户采购，无法提供莲藕的真实来源以及相关原料进货及结算凭证。该产品经加工后通过冷链物流发送至上海某物联网公司，在全国各分公司销售。截至 2020 年 10 月，共销售加贴“洪湖莲藕”标签和地理标志专用标志的莲藕 35.62 万份，销售金额共计 277.25 万元。

2021 年 1 月 22 日，洪湖市知识产权局认定当事人违反《商标法》第 57 条第 2 项规定，属于未经商标注册人的许可，在同一种商品上使用与其注册商标近似的商标，容易导致混淆的违法行为，依据《商标法》第 60 条第 2 款规定，作出行政处罚，责令立即停止侵权行为，罚款 277.25 万元。

二、专家点评

在我国，地理标志可以作为集体商标或证明商标获得注册和保护。本案通过商标行政执法为“洪湖莲藕”证明商标提供保护。按照《商标法》第 57 条第 2 项规定，当事人未经商标注册人的许可，在同一种商品上使用与其注册商标近似的商标，容易导致混淆，构成对注册商标专用权的侵犯。本案可以看出，以地理标志作为证明商标注册的，对于近似标记是否构成对证明商标的侵权，也应采用混淆标准，根据消费者是否受到误导为依据，这与对其他类型商标的侵权判定是一样的。本案执法严格遵循了商标法规则适用的统一性和一致性，为以地理标志注册的证明商标提供了规范的商标保护。

案例 4　山东省烟台市知识产权局查处侵犯“BORDEAUX”集体商标专用权案

一、案情简介

第 19564618 号“BORDEAUX”商标为波尔多葡萄酒行业联合委员会在葡萄酒商品上注册的集体商标，专用权期限至 2027 年 7 月 20 日。2015 年，“波尔多（Bordeaux）”在中国获得地理标志产品保护。

2021 年 9 月 16 日，山东省烟台市知识产权局根据举报对烟台金沙岸葡萄酒有限公司进行现场检查，在成品库内发现该公司生产的 10 款产品中，公爵大酒窖干红葡萄酒（750ml/瓶）、公爵大酒窖干红葡萄酒（1.5L/瓶）、公爵传奇干红葡萄酒 3 款产品标签标注有“BORDEAUX”字样。经查，当事人根据与功爵酒业（上海）有限公司签订的购销合同生产上述产品，涉案货值 3.92 万元，因暂未交货，无违法所得。

2021 年 12 月 20 日，烟台市知识产权局认定当事人生产标注“BORDEAUX”标识的葡萄酒的行为违反《商标法》第 57 条第 1 项规定，属于未经商标注册人的许可，在同一种商品上使用与其注册商标相同的商标的违法行为，依据《商标法》第 60 条第 2 款规定作出行政处罚，责令当事人立即停止侵权行为，没收侵犯注册商标专用权的公爵大酒窖干红葡萄酒(750mL/瓶)60瓶、公爵大酒窖干红葡萄酒(1.5L/瓶)300瓶、公爵传奇干红葡萄酒468瓶,罚款5万元。

二、专家点评

2021年3月1日,《中华人民共和国政府与欧洲联盟地理标志保护与合作协定》正式生效,波尔多(Bordeaux)是第一批互认互保名录产品。本案当事人将"BORDEAUX"标识用于并非来自原产地的葡萄酒上,侵犯了商标权人的商标专用权,违反《商标法》第57条第1项的规定,同时,也违反《地理标志产品保护规定》第21条,以及《国外地理标志产品保护办法》的相关规定。本案中,地方执法部门对地理标志"BORDEAUX"予以行政保护的实践,有效地保护了地理标志权利人的权利和相关公众的利益,也证明了在华国外地理标志与中国地理标志享受同等保护,体现了中国履行有关国际条约规定的地理标志高水平保护义务。

奥林匹克标志行政保护案例

案例5 北京市朝阳区知识产权局查处侵犯"冬奥"奥林匹克标志专有权案

一、案情简介

《奥林匹克标志保护条例》规定,奥林匹克标志包括在中国境内举办的奥林匹克运动会的名称及其简称等,奥林匹克标志权利人对奥林匹克标志享有专有权。2019年2月13日,国家知识产权局发布第二九四号公告,对北京2022年冬奥会和冬残奥会组织委员会的"冬奥"(第A000002号)标志予以奥林匹克标志保护。

2021年8月12日,北京市朝阳区知识产权局接到北京冬奥组委市场开发部投诉,反映北京卡路里体育有限公司在其企业微信公众号上违规使用"冬奥"等奥林匹克标志进行宣传,涉嫌侵犯奥林匹克标志专有权。经查,涉案公司于2021年7月2日,在其运营的微信公众号Keepland上发布了名为《最强燃脂季,北京CBD户外百人热汗趴|卡路里运动季》的宣传文章,宣传内容包括"燃动夏季 助力冬奥""¥89立即抢票"等内容。该文章是当事人为了7月9日、16日、23日、30日的线下活动有效开展而进行的宣传,活动地址为朝阳区财富金融中心南广场,由当事人分公司"兆丰街店"负责开展,活动为付费活动。当事人开展的4次线下活动共有92人次缴费,单次课程收费89元,违法经营额为8188元。当事人上述行为未得到北京冬奥组委以及国际奥委会许可。

2021年10月9日,北京市朝阳区知识产权局认定当事人违反《奥林匹克标志保护条例》第4条第2款的规定,属于《奥林匹克标志保护条例》第5条第3项所规定的将奥林匹克标志用于广告宣传的违法行为,依据《奥林匹克标志保护条例》第12条第1款作出行政处罚,责令当事人立即停止侵权行为,罚款5万元。

二、专家点评

加强奥林匹克标志知识产权行政保护,既是我国实施知识产权强国战略的具体行动,也是兑现申奥办奥庄严承诺的实际体现。社会各界对于图案图形类奥林匹克标志比较关注,但对于"冬奥"等文字类奥林匹克标志的保护意识相对较弱。本案侵权行为人利用微信公众号发布商业信息,目的在于为现场商业活动提前造势,具有网络传播迅速的特点。本案侵权使用奥林匹克标志的行为较为隐蔽,"冬奥"二字没有出现在广告文章标题中,而是出现在文章内容中。本案由奥林匹克标志权利人北京冬奥组委业务主管部门投诉,说明了发现此类侵权行为需要比较专业和敏感的相关能力。北京市朝阳区知识产权局针对本案作出行政处罚,为依法查处类似案件积累了经验、提供了借鉴。

案例 6 江苏省南京市知识产权局查处侵犯“奥林匹克五环图案标志”奥林匹克标志专有权案

一、案情简介

《奥林匹克标志保护条例》规定，奥林匹克标志包括国际奥林匹克委员会的奥林匹克五环图案标志等，奥林匹克标志权利人对奥林匹克标志享有专有权。

2021 年 8 月 4 日，江苏省南京市知识产权局执法人员发现当事人南京纽絮商贸有限公司在其天猫店铺“生命源爱之道旗舰店”中销售印有奥林匹克五环图案标志的口罩。经查，当事人 2021 年 7 月至 8 月从南京健波防护用品有限公司（以下简称健波公司）以总价 5.79 万元共购进奥运口罩 15.8 万只，以均价 0.8 元/只售出，至案发，除剩余 400 只外，其他全部售罄，违法经营额为 12.64 万元。其中，6 万只口罩的包装上印制的生产商为金砂商贸（南京）有限公司（以下简称金砂公司），包装内产品合格证上印制的生产商为健波公司及其地址，并加盖其印章，健波公司使用该包装未获得金砂公司授权。当事人的奥运口罩上架后，通过自行刷单和委托他人刷单方式虚构销售信息，以吸引消费者关注，促成更多交易机会。销售网页显示该口罩的防护等级为 A 级，BFE（细菌过滤效率）大于 95%。经查，上述数据无依据，系当事人对防护等级和 BFE 的虚假陈述。

2021 年 10 月 21 日，南京市知识产权局认定当事人未经许可，销售印有“奥林匹克五环图案标志”口罩的行为违反《奥林匹克标志保护条例》第 4 条第 2 款的规定，侵犯了奥林匹克标志专有权。健波公司在产品包装上使用金砂公司的厂名、厂址，违反《产品质量法》第 27 条第 1 款第 2 项的规定，构成冒用他人厂名、厂址。依据《江苏省惩治生产销售假冒伪劣商品行为条例》第 6 条第 5 项规定，当事人销售使用该包装的产品构成销售假冒伪劣商品的违法行为。当事人通过刷单虚构产品销售状况，违反了《反不正当竞争法》第 8 条第 1 款的规定，构成虚假商业宣传。当事人对产品防护等级和 BFE 效率所作的虚假陈述，构成《广告法》第 28 条第 2 款第 2 项规定的虚假广告。执法部门依据《奥林匹克标志保护条例》第 12 条、《反不正当竞争法》第 20 条第 1 款及《广告法》第 55 条第 1 款规定作出行政处罚，责令当事人立即停止违法行为，没收侵犯奥林匹克标志专有权的口罩 400 只，罚款共计 24.56 万元（其中，依据《奥林匹克标志保护条例》罚款 18.96 万元）。

二、专家点评

本案当事人未经奥林匹克标志权利人许可，通过网络平台销售印有“奥林匹克五环图案标志”口罩的行为，侵犯了奥林匹克标志专有权。办案过程中，执法机关通过公证购买、调取交易数据等多种手段及时固定证据，保障了案件查处。执法机关对违法行为定性准确，案件办理流程规范，体现了行政执法的办案效率，案件查处也彰显了行政执法对重大活动中知识产权有效保护的保障作用。同时，该案当事人除违反《奥林匹克标志保护条例》侵犯奥林匹克标志专有权外，还存在违反《广告法》构成虚假宣传、违反《反不正当竞争法》构成虚假刷单、违反《产品质量法》构成产品质量违法等多个违法行为，行政执法机关给予综合处罚，充分体现了综合行政执法优势。

案例 7 安徽省马鞍山市知识产权局查处侵犯“奥运”“奥林匹克”等奥林匹克标志专有权案

一、案情简介

《奥林匹克标志保护条例》规定，奥林匹克标志包括奥林匹克、奥林匹亚、奥林匹克运动会及其简称等专有名称，奥林匹克标志权利人对奥林匹克标志享有专有权。

2021 年 5 月 10 日，安徽省马鞍山市知识产权局接群众举报，称马鞍山奥润房地产开发有限公司在 2021 年 4 月 26 日《皖江晚报》上使用“奥运”“奥林匹克”字样作为宣传广告语，涉嫌侵犯奥林匹克标志专有权。经查，当事人马鞍山奥润房地产开发有限公司、马鞍山新华广告有限公司策划并发布内容有“奥运童 XIN 中奥同行 中奥杯·奥林匹克亲子运动会　主办单位：皖江晚报社·中奥·江南云筑　全程运营：马鞍山日报社广告中心”的商业广告，并于 2021 年 5 月 1 日至 5 日合作举办名为“中奥杯·奥林匹克亲子运动会”的亲子活动。当事人皖江晚报社刊登同样内容的商业广告，未参与亲子活动。至案发，马鞍山奥润房地产开发有限公司和马鞍山新华广告有限公司的违法经营额为 10 万元，皖江晚报社违法经营额不足 5000 元。

2021 年 11 月 10 日，马鞍山市知识产权局认定当事人违反《奥林匹克标志保护条例》第 4 条第 2 款的规定，依据《奥林匹克标志保护条例》第 12 条第 1 款作出行政处罚，责令立即停止侵权行为，对马鞍山奥润房地产开发有限公司罚款 10 万元，对马鞍山新华广告有限公司罚款 10 万元，对皖江晚报社罚款 1 万元。

二、专家点评

本案中，执法主体综合考虑三方当事人各自的违法行为事实、性质、情节以及社会危害程度，作出不同的行政处罚和罚款。一方面体现了执法主体在发现线索后全面排查、严厉打击涉奥侵权违法行为；另一方面也体现了执法主体严格按照《行政处罚法》《奥林匹克标志保护条例》行使行政处罚权，体现了处罚法定、过罚相当，在法治的框架范围内，合法、合理、合规加强对奥林匹克标志专有权的保护，取得了良好的社会效果。另外，本案来源为“接群众举报”，充分说明知识产权管理部门对加强奥林匹克标志专有权保护进行了卓有成效的宣传工作，为有效保护奥林匹克标志知识产权营造了良好氛围。

特殊标志行政保护案例

案例 8　安徽省亳州市谯城区市场监督管理局查处侵犯“中华人民共和国成立 70 周年活动标志”特殊标志专有权案

一、案情简介

2019 年 9 月 4 日，国家知识产权局发布第三二五号公告，对中华人民共和国成立 70 周年活动标志“ ”（第 T2019001 号）予以特殊标志保护，登记人为国务院新闻办公室，核准使用商品和服务项目为《商标注册用商品和服务国际分类》的全部 45 个类别，有效期至 2023 年 8 月 27 日。

2021 年 5 月 25 日，安徽省亳州市谯城区市场监督管理局接到安徽省市场监督管理局交办的案件线索，对电商平台“醉陶坊酒业”网店（主体名称：亳州市醉陶坊酒业有限公司）涉嫌违规营销商品予以立案调查。经查，当事人两次从江西省景德镇市购进带有“70”“建国 70 周年纪念酒”标识的陶瓷酒瓶 2020 个，其中 20 个酒瓶上数字“70”中的“0”里带有代表国家形象的五星及天安门元素，其余 2000 个带有五角星图案；从山东省购进带有“建国 70 周年纪念酒”“热烈庆祝中华人民共和国成立 70 周年”字样的包装箱 2020 个。当事人分别于 2020 年 4 月 20 日和 4 月 30 日委托亳州市皖美酒业有限责任公司使用上述陶瓷酒瓶及包装箱生产白酒 2020 件，并通过电商平台“醉陶坊酒业”网店进行销售，共销售 2009 件，赠送客户 11 件，经营额为 12.86 万元，获利 7332.85 元。

2021 年 7 月 26 日，谯城区市场监督管理局认定当事人违反《特殊标志管理条例》

第 16 条第 1 项规定，依据《特殊标志管理条例》第 16 条规定作出行政处罚，没收违法所得 7332.85 元，罚款 1.47 万元。

二、专家点评

大型纪念活动社会影响力大，其标志彰显了活动的凝聚力和号召力，具有重大社会价值和深远意义。本案中，执法部门对违法使用特殊标志的行为及时查处、依法打击，维护了正常市场竞争秩序，同时保障了纪念活动的严肃性和权威性，充分体现了知识产权行政保护快捷高效的优势。该案当事人被处以违法所得 2 倍左右的罚款，起到了很好的震慑作用，有利于保证国家级重大活动顺利有序开展。

案例 9　广东省广州开发区知识产权局查处侵犯“庆祝中国共产党成立 100 周年活动标志”特殊标志专有权案

一、案情简介

2021 年 3 月 29 日，国家知识产权局发布第四一二号公告，对庆祝中国共产党成立 100 周年活动标志“ ”（第 T2021001 号）予以特殊标志保护，核准使用商品和服务项目为《商标注册用商品和服务国际分类》的全部 45 个类别，有效期至 2025 年 3 月 28 日。

2021 年 6 月 14 日，广州开发区知识产权局根据广州市黄埔区知识产权局移送的案件线索，对广州腾徽五金制品有限公司（以下简称腾徽公司）进行立案调查。经查，腾徽公司以 3 元/枚的价格购进纪念章 35 枚，在其经营场所进行销售，至案发时尚无售出。上述纪念章整体造型为“100”图案，正面标有“党徽”“1921”“2021”字样，背面标有“庆祝中国共产党成立 100 周年”字样。

2021 年 6 月 30 日，广州开发区知识产权局认定当事人违反《特殊标志管理条例》第 16 条第 2 项规定，依据《特殊标志管理条例》第 16 条规定作出行政处罚，责令立即停止侵权行为，没收相关纪念章 35 枚，罚款 2000 元。

二、专家点评

《特殊标志管理条例》规定，“未经特殊标志所有人许可，擅自制造、销售其特殊标志或者将其特殊标志用于商业活动的”，属于侵犯特殊标志专有权的违法行为。“中国共产党成立 100 周年庆祝活动标识”的登记人为中共中央宣传部，其发布的《中国共产党成立 100 周年庆祝活动标识使用说明》明确，“庆祝活动标识不得用于商业广告、制作商标或其他任何商业性用途，不得用于私人庆典和吊唁活动”。本案的查办，有效震慑了侵犯特殊标志专有权的行为，有助于增强社会各界特殊标志知识产权保护意识，护航中国共产党成立 100 周年庆祝活动的顺利举办。

案例 10　浙江省杭州市拱墅区知识产权局查处侵犯“2022 年第 19 届亚运会吉祥物”特殊标志专有权案

一、案情简介

2020 年 12 月 1 日，国家知识产权局发布第三八七号公告，对杭州 2022 年第 19 届亚运会吉祥物宸宸“”（第 T2020027 号）、琮琮“”（第 T2020028 号）、莲莲“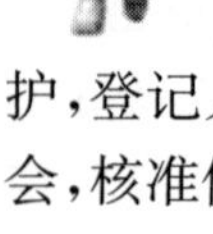”（第 T2020029 号）予以特殊标志保护，登记人为 2022 年第 19 届亚运会组委会，核准使用商品和服务项目为《商标注册

用商品和服务国际分类》的全部 45 个类别，有效期至 2024 年 11 月 30 日。

2021 年 7 月 27 日，杭州市拱墅区知识产权局根据 2022 年第 19 届亚运会组委会投诉线索，对杭州市拱墅区舞房子舞蹈用品商行进行检查，发现其经营场所内摆放有杭州 2022 年第 19 届亚运会吉祥物“宸宸”“琮琮”“莲莲”卡通人偶服装 4 套。经查，当事人分别于 2020 年 10 月 24 日和 2021 年 4 月 15 日，通过个人电商平台账户从相关电商平台店铺购进上述卡通人偶服装，并在其电商平台店铺(杭州舞房子演出服装)以及经营场所同时进行出租的经营活动，线上线下违法经营额共计 1400 元。

2021 年 9 月 16 日，杭州市拱墅区知识产权局认定当事人违反《特殊标志管理条例》第 16 条第 2 项规定，依据《特殊标志管理条例》第 16 条规定作出行政处罚，没收卡通人偶服装共 4 套，没收违法所得 1400 元，罚款 2800 元。

二、专家点评

亚运会是亚洲地区规模最大、水准最高、影响最广的综合性运动会，第 19 届亚运会将于 2023 年在杭州举行。本案中，当事人对外出租未经亚组委授权许可生产的人偶服装并牟利的行为，侵犯了亚组委相关的特殊标志专有权。本案的办理，有力增强了社会公众对亚运会相关标志知识产权保护的法律意识，为杭州亚运会顺利、圆满举办营造了良好的环境和氛围。

供稿：国家知识产权局知识产权保护司

2021 年度农业植物新品种保护十大典型案例

案例 1　玉米“农大 372”及其亲本申请权转让协议无效与权属纠纷案

一、案情摘要

北京华奥农科玉育种开发有限责任公司(以下简称华奥育种公司，原为北京农科玉育种开发有限责任公司)与九鼎九盛种业有限责任公司(以下简称九鼎种业公司)、宋某明分别因植物新品种申请权转让协议无效和申请权权属纠纷向北京知识产权法院提起诉讼。申请权转让协议无效案经上诉、申请再审，北京市高级人民法院再审判决涉案协议无效，申请权权属纠纷案经最高人民法院知识产权法庭二审判决结案。涉案品种系玉米品种“农大 372”，及其母本“X24621”和父本“BA702”，品种权申请日分别为 2014 年 12 月 31 日和 7 月 16 日，植物新品种权申请人为九鼎种业公司，培育人为宋某明，品种权申请号分别为 20141695.8、20140780.6 和 20140779.9。

2009 年 9 月 27 日，华奥育种公司与宋某明签署为期 5 年的《战略合作协议》，约定 2010 年 1 月 1 日前宋某明业已完成的自交系、杂交组合，其品种权归宋某明；华奥育种公司提供科研经费期间由宋某明选育的自交系、杂交组合，其品种权(包括申请权)由双方共有。2011 年 3 月 30 日，双方签署《战略合作协议的补充协议》，约定宋某明在 2010 年前育成的还没有参加审定试验的普通大田玉米品种，以华奥育种公司名义参加品种审定并享有商业开发权。2013 年 6 月 8 日，双方续签《战略合作协议》，确认 2009 年合作协议中“甲乙双方合作以前(2010 年 1 月 1 日)，甲方业已完成的自交系选育、杂交种组合，其品种权归甲方所有”；合作期间宋某明育成的玉米品种以华奥育种公司或其指定第三方名义申请品种审定的，由华奥育种公司或其指定第三方申请品种权保护；合作期间宋某明不应以任何方式将合作范围内培育品种或者自交系的生产经营权许可第三方或者允许第三方经营。其后，双方又签订了《关于

〈战略合作协议〉有关条款的解释》明确“农大 372”由华奥育种公司或其指定的第三方申请品种权保护。该解释签署时间不明，宋某明与华奥育种公司主张签订时间为 2013 年下半年，九鼎种业公司主张为 2015 年 7 月。2010 年 4 月 28 日至 2015 年 4 月 27 日，华奥育种公司为宋某明累计提供 14 次共 177.5 万元育种经费。2010 年至 2015 年，华奥育种公司作为选育单位分别以“ND372”“冠力 372”等品种名称申请河南、山东、陕西等省级品种审定，并在申请国家品种审定中更名为“农大 372”。

九鼎种业公司成立于 2014 年 6 月 5 日，其股东叶某生与宋某明签订《转让出资协议》，约定叶某生将其持有九鼎种业公司出资的 5% 转给宋某明，宋某明以“农大 372”(实为“冠力 372”)作为对九鼎种业公司出资，并于 2015 年 9 月前向华奥育种公司提出终止《战略合作协议》。后叶某生、宋某明以及九鼎种业公司三方签订《股份代持协议书》和《玉米品种中农大 372 品种使用费协议书》，对宋某明解除与华奥育种公司协议等事项进行约定。其后，九鼎种业公司作为申请人向农业部植物新品种保护办公室(以下简称保护办公室)就“农大 372”及其亲本申请植物新品种权，并于 2016 年 3 月 1 日发布上述品种的《维权声明》，要求他人未经许可停止销售。2017 年 12 月 26 日华奥育种公司向保护办公室提出中止上述品种审查程序的请求，2018 年 4 月 17 日保护办公室同意中止上述品种审查程序。上述事实已由相关法院查明并获终审法院确认。

在确认九鼎种业公司与宋某明签订的《玉米品种中农大 372 品种使用费协议书》等协议无效案中，北京市高级人民法院经再审认为，应将华奥育种公司与宋某明从 2009 年到 2013 年签订的 3 份协议统一看待，结合华奥育种公司申请和参加相关品种审定和试验的过程，认为“农大 372”虽在 2008—2009 年育成命名为“ND372”，但后续仍在试验和测试中，不能将其认定为 2010 年 1 月 1 日就“业已完成”的品种。宋某明已经将“农大 372”品种权及经营开发权赋予华奥育种公司，后又签署协议将其转让给九鼎种业公司，而九鼎种业公司明知宋某明与华奥育种公司之间的合作，仍然恶意串通签订涉案协议，均损害了华奥育种公司的合法利益。九鼎种业公司与宋某明之间签署的涉案协议应当认定无效。

在植物新品种申请权属纠纷中，最高人民法院知识产权法庭认为，华奥育种公司与宋某明之间签订的 3 份协议以及相关条款的解释是判断涉案“农大 372”及其亲本权属的重要事实。北京市高级人民法院对相关协议案的再审认定中，确认了“农大 372”包含在华奥育种公司与宋某明签订的协议中的事实，意味着宋某明已将“农大 372”及其亲本申请品种权的权利转让给华奥育种公司。九鼎种业公司与宋某明签订的《转让出资协议》和《股份代持协议书》，与已被确认无效的《中农大 372 许可协议书》和《玉米品种中农大 372 品种使用费协议书》关系紧密，均有恶意串通、损害华奥育种公司合法权益的情形，不能据此获取“农大 372”及其亲本的申请权。二审判决驳回上诉，维持原判。

二、典型意义

本案是因合作育种成果“一女多嫁”引发的典型纠纷。当事人分别以品种申请权转让协议无效和申请权归属为由，先后进行了 5 次诉讼，经历上诉、再审和重审等程序，诉讼时间长达 5 年。合作、委托、共同育种中对育种成果归属约定不明是导致此类纠纷频发的主要原因。本案中原被告双方前后签订 3 份合作协议，都仅用含糊的表述而没有清楚地指明哪些品种受协议约束，致使第三方有机可乘，引发本可避免的纠纷。通过本案表明，如果行为人明知对方与其他人存在合作关系并有明确权利义务的情况下，仍然以恶意串通等不正当手段与对方签订协议损害他人合法利益的，该协议将可能被确认无效。在某些情况下，这种行为也可能被认定为不正当竞争行为，并承担相应的赔偿责任。

案例2　水稻“粤禾丝苗”品种权侵权纠纷案

一、案情摘要

四川台沃种业有限责任公司(以下简称台沃公司)因清远市农业科技推广服务中心(以下简称清远农业推广中心)侵害“粤禾丝苗”植物新品种权，向广州知识产权法院(以下简称一审法院)提起诉讼。涉案品种“恒丰优粤禾丝苗”申请日为2016年8月9日，申请人为清远农业推广中心，品种权申请号为20161404.8，由不育系“恒丰A”和恢复系“粤禾丝苗”配组而成。“粤禾丝苗”授权日为2018年4月23日，品种权人为广东省农业科学院水稻研究所，品种权号为CNA20141658.3。“恒丰A”品种权授权日为2015年11月1日，品种权人为广东粤良种业有限公司，品种权号为CNA20110667.7。

2015年10月9日，台沃公司通过与广东省农业科学院水稻研究所签订《关于“粤禾丝苗”独占许可协议》，取得“粤禾丝苗”的独占使用权等相关权利。2015年10月12日，台沃公司与广东粤良种业有限公司签订《水稻不育系“恒丰A”使用协议》，获得了对“恒丰A”进行配组筛选、参加区试等权利，并独占享有对配组品种的生产经营权。清远农业推广中心未经台沃公司同意，使用“粤禾丝苗”和“恒丰A”组配出“恒丰优粤禾丝苗”，向农业部植物新品种保护办公室申请了品种权保护，并向广东省农作物品种审定委员会申请了审定。

台沃公司认为，清远农业推广中心对不育系“恒丰A”及恢复系“粤禾丝苗”不享有任何权利，清远农业推广中心未经其同意而使用上述品种违法组配的行为，以及就组配品种申请植物新品种权、申请审定的行为侵犯了台沃公司的合法权益。清远农业推广中心则认为其从未以商业目的重复使用“粤禾丝苗”，其使用“粤禾丝苗”只是用于培育“恒丰优粤禾丝苗”，除了向农业部植物新品种保护办公室和广东省农作物品种审定委员会分别提交2500g“恒丰优粤禾丝苗”的种子外，并没有生产、销售过“恒丰优粤禾丝苗”，科研育种的过程中必然要经历“重复”的步骤，但这并不是重复生产。

一审法院认为，《中华人民共和国种子法》(以下简称《种子法》)和《中华人民共和国植物新品种保护条例》(以下简称《条例》)对植物新品种权作出严格保护，任何人未经许可从事生产、繁殖或销售授权品种繁殖材料或者为商业目的将授权品种的繁殖材料重复用于生产另一品种的繁殖材料就构成侵权。但同时为了鼓励育种和科学研究，尊重农民留种、选种、用种的传统习惯，维护社会公共利益，对于植物新品种权人独占权的行使，《种子法》及《条例》也作出了例外规定，即科研豁免和农民权利，以实现对品种权人的严格保护与社会公共利益之间的妥当性平衡。清远农业推广中心未经台沃公司许可，利用“粤禾丝苗”和“恒丰A”组配“恒丰优粤禾丝苗”的行为属于科研范畴，依照《种子法》第29条及《条例》第10条规定，享有豁免权，其行为不构成侵权，亦不承担消除影响并赔偿损失的责任。

台沃公司不服一审判决，向最高人民法院(以下简称二审法院)提起上诉。二审中双方均未提交新的证据，二审争议的焦点在于，清远农业推广中心在申请植物新品种权和申请品种审定的过程中重复使用“恒丰A”和“粤禾丝苗”的繁殖材料生产“恒丰优粤禾丝苗”的繁殖材料的行为是否构成侵权。二审法院认为，清远农业推广中心培育“恒丰优粤禾丝苗”并申请植物新品种权和品种审定的行为，是其就新育成品种获取品种权和市场准入的必然步骤，并非为获得可供上市的新品种种子的行为，属于科研活动的自然延伸，不应当视为有“商业目的”，不构成侵害台沃公司涉案植物新品种权的行为。二审法院驳回上诉，维持原判。

二、典型意义

本案是关于在科研豁免情形下，育种人针对新育成品种申请植物新品种权及品种审定的行为并不当然构成对亲本品种权利人合法权利的侵害。本案例明确了利用授权品种培育新品种并申请品种权保护和品种审定的行为，不构成侵权。在品种权保护和品种审定中所开展的田间试验是品种权授权和品种市场准入的必然步骤，其中涉及将授权品种作为亲本材料重复使用的行为，属于科研活动的自然延伸。当然，获得品种权授权及通过品种审定后，该品种权利人进行市场推广时，将他人已授权品种的繁殖材料作为亲本材料，重复使用于生产该新品种繁殖材料的，需要经过亲本权利人的同意或许可。此外需要指出的是，育种单位或个人应使用来源合法、清晰、可靠的育种材料进行科研活动，避免因非法获取商业秘密等卷入纠纷。

本案的审理既维护了品种权人的合法权益，同时对鼓励培育及推广良种起到了积极的促进作用，有效平衡了新品种权利人与已获授权品种权利人之间的权益，对于社会公共利益及种业发展具有良好的促进作用。

案例3　玉米“隆平206”品种权侵权纠纷案

一、案情摘要

安徽隆平高科种业有限公司(以下简称安徽隆平公司)因酒泉市农哈哈种业有限公司(以下简称农哈哈公司)、刘某平侵害玉米品种“隆平206”植物新品种权，向甘肃省酒泉市中级人民法院提起诉讼。该案经一审、二审、再审、重审，最后经最高人民法院知识产权法庭二审判决。涉案品种为玉米杂交种“隆平206”及其母本“L239”，品种权授权日分别为2012年3月1日和2014年1月1日，品种权人均为安徽隆平公司，品种权号分别为CNA20080005.1、CNA20100255.6。

2012年8月，安徽隆平公司发现农哈哈公司在酒泉市肃州区未经其许可使用“L239”繁育“隆平206”。2012年9月12日，安徽隆平公司起诉农哈哈公司并申请保全证据。2012年9月14日，酒泉市中级人民法院对酒泉市肃州区铧尖乡铧尖村13组铧漫公路南侧的杜荣耕地内的玉米果穗进行多点随机采样，提取玉米果穗若干封存，保全过程全程录像。2012年11月28日，法院分别对铧尖村13组农户杜某、柴某权及组长刘某平进行调查。杜某和柴某权均称种子取自组长刘某平处，由农哈哈公司委托制种，未签制种合同，收获种子农哈哈公司予以回收。柴某权出示了农哈哈公司的《田间验收单》和《种子收购划码单》。刘某平称，全村20多户种植的玉米均由一个张掖人提供亲本，再由其分发给农户。2012年12月12日，安徽隆平公司以补充证据为由撤回起诉，2014年9月20日再次起诉，申请追加刘某平为被告。2015年9月21日，依安徽隆平公司申请，法院将2012年提取的玉米果穗样品送交北京玉米种子检测中心检测，检测结果显示，送检样品与“隆平206”繁殖材料相同或极近似。经庭审确认，柴某权提供的《种子收购划码单》上无农哈哈公司印章，且在“划码”签字的“桑某梅”非农哈哈公司员工；《田间验收单》上农哈哈公司技术员“王某东”非本人签字，且所盖“酒泉市农哈哈种业有限公司”印章与“酒泉市德富种业有限责任公司”印章大部分重合，无法辨认和鉴定，农哈哈公司对该印章真实性持有异议。法院认为，安徽隆平平公司提供的证据不足以证明农哈哈公司组织种植涉案玉米种子，判决刘某平赔偿损失 15 万元，驳回其他诉讼请求。

刘某平以一审判决认定事实不清、适用法律错误为由，向甘肃省高级人民法院（以下简称二审法院）提起上诉。安徽隆平公司认为本案的真正组织种植者是农哈哈公司。各方当事人均未提交新证据。二审法院确认一审查明的事实，认为一审判决认定事实清楚，适用法律正确，驳回上诉，维持原判。执行期间，安徽隆平公司向最高人民法院申请再审，认为有新证据可以证明真正的侵权人是农哈哈公司而非刘某平。再审期间，刘某平提交"2012 年农哈哈公司种子农药清算单""农哈哈公司支付的预付款""农哈哈公司亲本种子发放表"以及"肃州区铧尖镇人民政府出具的证明"，证明其组织农户繁殖的种子系受农哈哈公司委托，繁殖后的种子亦由农哈哈公司回收。最高人民法院再审认为，根据杜某、柴某权证人证言以及刘某平再审期间所提供的证据，农哈哈公司指使刘某平或者二者串通作虚假陈述具有高度可能性，于 2018 年 11 月 27 日，裁定撤销二审判决，发回酒泉市中级人民法院重审。

2019 年 6 月 3 日，酒泉市中级人民法院结合本案当事人双方提供的全部证据，以及再审法院依职权调取的银行账户来往明细、调查笔录等，查明刘某平所在村组制种的涉案玉米，系刘某平向农户发放，玉米成熟后，农户将玉米交至农哈哈公司，并由该公司通过刘某平银行账户向农户支付制种款。农哈哈公司辩称该笔款为蔬菜制种款，经查其提供的银行账户明细与刘某平的银行账户收入记录时间及数额均不一致，其又未提交其他证据予以佐证，酒泉农村商业银行股份有限公司铧尖支行认可只为刘某平办理过一次玉米制种款代发业务。酒泉市中级人民法院经重新审理认为，刘某平主张其向农户发放的制种玉米亲本由农哈哈公司提供并由该公司向农户支付制种款的事实已达到证据的高度盖然性标准，涉案制种玉米亲本由农哈哈公司提供的事实具有高度可能性，依法应认定农哈哈公司为本案侵权主体；确认刘某平在本次庭审中的陈述属实，考虑其参与制种并向农户发放亲本的行为，不具有商业目的，依法不应认定其为本案侵权主体。2020 年 8 月 4 日，酒泉市中级人民法院根据重新查明的侵权面积，结合侵权持续时间等因素，判决农哈哈公司赔偿安徽隆平公司损失 132 000 元并支付鉴定费 4000 元，驳回其他诉讼请求。

农哈哈公司不服重审判决向最高人民法院知识产权庭提起上诉。当事人没有提交新证据。最高人民法院确认一审查明事实，认为本案的争议焦点是一审法院认定本案侵害品种权的繁殖材料来源于农哈哈公司是否正确。最高人民法院另查明，2013 年 2 月 5 日农哈哈公司曾向其技术员王某东银行账户转账 80 万元，次日王某东从其账户向刘某平账户转款 523 420 元，后刘某平委托银行向农户代支付制种款 500 680 元。领取制种款的农户名单与刘某平在一审法院提交的种子发放签收单上的农户名单基本对应。农哈哈公司辩称上述款项系其甜椒、南瓜等蔬菜制种款，非本案玉米制种款。经查，农哈哈公司主张的蔬菜制种款所涉及的农户与刘某平委托银行代支付的制种款的农户并不相同，且其未提交相应的蔬菜制种协议或者委托刘某平代付蔬菜制种款的证据。农哈哈公司认为本案种子发放签收单及预付款发放单系刘某平单方制作，没有农哈哈公司与农户签订的合同以及农哈哈公司公章及法人签字等，不能认定由其提供涉案繁殖材料，主张刘某平也有获取涉案繁殖材料的可能。最高人民法院经审理认为，本案所涉行为是未经安徽隆平公司许可进行的非法代繁制种行为，为逃避法律责任，不签订制种合同，财务转账不规范导致所涉品种权交易的相关证据单方形成；一审法院根据刘某平提供的种植农药结算单据、种子发放签收单、肃州区铧尖镇人民政府出具的参与制种农户及制种田亩数的证明、法院调查的银行账户信息，以及农户认可从刘某平处领取的玉米种子来源于农哈哈公司，且农哈哈公司对制种进行过指导、收获的种子交给农哈哈公司等信息，认定侵权种子来源于农哈哈公司具有高度可能性，据此认定农哈哈公司为本案侵权主体，结论正确；农哈哈公司仅提出对该事实提出质疑，未提交证据否定该事实，对其上诉主张不予支持。最终，最高人民法院判决驳回上诉，维持原判。

二、典型意义

本案是对非法代繁行为进行维权成功的典型案例。不签订制种合同、选定代理人发放繁殖材料、通过间接方式给付制种费用等方式，是实践中非法代繁行为所采取的普遍手段。这类侵权行为隐蔽，品种权人往往难以收集有效的直接证据，也就难以追究真正侵权人的法律责任。从 2012 年到 2021 年，本案品种权人历时 9 年，经一审、二审、申请再审和发回重审，再经一审和二审，多次补充证据，最终查明事实，让真正的侵权者承担侵权责任，体现了维权的恒心。

对于制种农民来说，在不知道代繁物是侵权繁殖材料并说明委托人的情况下可以不承担侵权赔偿责任，但如果不说明来源，就必须承担赔偿责任。本案受委托农民在一审和二审程序中没有如实提供证言，被判承担侵权赔偿责任。在执行程序中受委托农民提供了新证据，证明其受委托分发侵权繁殖材料，品种权人由此获得了申请再审的机会，并通过重审程序确定侵权主体，也由此免除了制种农民的赔偿责任。

在本案审理中，由于缺乏证明侵权主体提供侵权繁殖材料的直接证据，法院经过多次补充证据，结合对制种农户的调查、种子发放签收单、银行账户来往明细、所制种子的回收等，认定侵权种子来自被控侵权主体的事实具有高度可能性，在被控侵权主体仅提出质疑未提出证据的基础上，确认其实施了侵权行为并判决承担侵权责任。

本案例既是对那些行走在艰难维权路上的品种权人的一种鼓舞，也是对农民从事制种代繁行为的一种风险提示，更是对试图通过隐蔽方式实施侵权的行为人的一种警示。

案例 4　黄瓜“德瑞特 79”品种权侵权纠纷案

一、案情摘要

寿光德瑞特种业有限公司（以下简称寿光德瑞特）因寿光泰和锦绣种业有限公司（以下简称寿光泰和锦绣）、北京泰和锦绣农业科技有限公司（以下简称北京泰和锦绣）、杨某龙侵害黄瓜品种“德瑞特 79”品种权，向山东省青岛市中级人民法院（以下简称一审法院）提起诉讼。涉案品种为黄瓜品种“德瑞特 79”，品种权申请日为 2014 年 12 月 12 日，授权日为 2018 年 4 月 23 日，品种权人为寿光德瑞特，品种权号为 CNA20141484.3。

2018 年 8 月 15 日，寿光德瑞特代理人通过公证程序购买了由寿光泰和锦绣销售的外包装袋上标有“锦绣九号”“泰和”“寿光泰和锦绣种业有限公司”等字样的商品 34 袋和外包装袋上无任何字样的商品 2 袋，取得盖有“寿光泰和锦绣种业有限公司”印鉴的《工商服务业统一收款收据》一张。上述产品价款共 6000 元，汇入股东杨某龙账户。寿光德瑞特向一审法院起诉寿光泰和锦绣、北京泰和锦绣和杨某龙侵害品种权，要求停止侵权，赔偿损失及合理支出 510 万元。2019 年 10 月 12 日，一审法院组织确定鉴定机构，双方当事人同意由农业农村部蔬菜种子质量监督检验测试中心进行分子标记鉴定，鉴定结论作出后不再进行田间测试。后寿光泰和锦绣、北京泰和锦绣和杨某龙要求不以分子序列法，而以全基因序列法进行检验，法院要求其提供鉴定机构，但其未在规定时间内提供。一审法院确定由农业农村部蔬菜种子质量监督检验测试中心对公证购买的“锦绣九号”与“德瑞特 79”进行鉴定。2019 年 12 月 10 日，该鉴定机构出具检验报告，明确送检样品与对照样品在 SSR 指纹图谱上有 35 个点位一致，为疑同品种。一审法院经审理认为，根据上述鉴定结果，可以判定“锦绣九号”与“德瑞特 79”为同一品种；尽管被诉侵权产品上仅标明“寿光泰和锦绣种业有限公司”，但在微信公众号、企业宣传及员工微信朋友圈中均将“锦绣九号”与北京泰和锦绣进行关联宣传；公证购买的侵权产品价款进入股东杨某龙个人账户，且并未有证据证明杨某龙承担收取货款的职责，寿光泰和锦绣、北京泰和锦绣和杨某龙构成共同侵权；根据北京泰和锦绣员工在朋友圈发布销售信息结合“锦绣九号”的价格及销售期间，以及寿光德瑞特制止侵权支出的合理费用等因素，判决寿光泰和锦绣、北京泰和锦绣和杨某龙共同赔偿 100 万元。

寿光泰和锦绣、北京泰和锦绣和杨某龙不服一审判决，认为检验结论缺乏田间测试依据，不能确定两品种为相同品种；被控侵权行为仅由寿光泰和锦绣实施，不存在共同侵权；企业宣传和员工微信朋友圈信息存在高于客观事实的宣传，以此确定赔偿额明显过高，向最高人民法院知识产权法庭（以下简称二审法院）提起上诉。寿光泰和锦绣、北京泰和锦绣和杨某龙提交了寿光市综合行政执法局制作的现场检查（勘验）笔录和张某军询问笔录，以证明寿光泰和锦绣仓库内无“锦绣九号”黄瓜种子，未大量销售且已不再生产。寿光德瑞特对上述证据的真实性无异议，但认为证明内容与需要证明的事实缺乏特定关联。二审法院确认一审查明的事实，认为检验报告能否作为侵权判定依据，寿光泰和锦绣、北京泰和锦绣和杨某龙是否构成共同侵权，以及赔偿数额是否恰当是二审的争议焦点。二审法院经审理认为一审法院确定的鉴定机构和鉴定方法符合法律规定，且上诉人未提供需要重新鉴定的证据，该检验结论可以证明两品种为同一品种；寿光泰和锦绣和北京泰和锦绣的股东相同，且在北京的联系地址也相同，北京泰和锦绣多次在微信公众平台上发布“锦绣九号”销售信息，宣传“锦绣九号”为其所有，表明存在共同侵权行为；股东杨某龙虽通过个人账户收取货款，但货款已上交公司且销售产品的包装和收据均表明实际由寿光泰和锦绣实施销售行为，应由寿光泰和锦绣承担侵权责任。二审法院认为，本案没有证据证明权利人因被诉侵权所受到的损失和侵权人因侵权所获得的利益，在权利人未主张按照许可费倍数确定赔偿数额的情况下，一审法院综合考虑侵权人的自认信息及权利人为制止侵权行为支出的合理费用等因素，确定赔偿 100 万元，并无不当。二审判决撤销一审判决，寿光泰和锦绣和北京泰和锦绣停止侵权，共同赔偿寿光德瑞特共计 100 万元，驳回其他诉讼请求。

二、典型意义

本案在鉴定程序、共同侵权认定以及损害赔偿确定方面具有重要启示。在鉴定程序方面，如果原被告双方协商确定鉴定机构和鉴定方法后，其中一方反悔但未能在规定时间提出鉴定机构的，法院可以委托该鉴定机构以约定的鉴定方法进行鉴定。在共同侵权认定方面，虽然只有一家企业实际生产并销售被控侵权品种的繁殖材料，但是有证据证明多家关联企业共同参与推广宣传被控侵权品种的，法院可以认定相关企业构成共同侵权。如果相关企业的股东或者内部员工提供个人账户协助收取被控侵权繁殖材料货款，但有证据证明该销售行为实际由企业实施，法院可以判定由该企业承担侵权责任。在确定损害赔偿数额时，法院可以将被控侵权企业及其员工在企业宣传和产品推广时发布的公开信息作为确定侵权赔偿数额的依据，除非有证据足以推翻该宣传内容。可见，市场主体为了获取不当利益而进行的夸大宣传，也有可能成为加重其损害赔偿责任的依据。

案例 5　小麦“淮麦 33”品种权侵权纠纷案

一、案情摘要

江苏明天种业科技股份有限公司（以下简称明天种业公司）因响水金满仓种业有限公司（以下简称金满仓公司）侵害“淮麦 33”品种权，向江苏省南京市中级人民法院（以下简称一审法院）提起诉讼。涉案品种为小麦品种“淮麦 33”，品种权申请日为 2012 年 4 月 18 日，授权日为 2016 年 1 月 1 日，品种权人为江苏徐淮地区淮阴农业科学研究所，品种权号为 CNA20120336.7。

2017 年 9 月 28 日，明天种业公司代理人殷某军与公证人员来到响水县一院落，分上午、下午两次购买金满仓公司销售的“淮麦 33”。明天种业公司代理人殷某军与公证人员拍摄了院落及门牌照片、获取了现场高德地图定位和“淮麦 33”售价等证据资料，认为金满仓公司销售“淮麦 33”的行为构成侵权。一审法院依据明天种业公司提供的证据材料和《种子法》第 28 条、第 73 条规定判决金满仓公司立即停止生产、销售侵权种子，赔偿明天种业公司经济损失 100 万元，案件受理费 30800 元由金满仓公司承担。

金满仓公司不服一审判决，向江苏省高级人民法院（以下简称二审法院）提起上诉。二审法院经审理认为，江苏徐淮地区淮阴农业科学研究所授予明天种业公司“淮麦 33”独占实施许可权，授权区域为适宜“淮麦 33”种植的全部区域（淮安市、陕西省除外），授权期限自 2013 年 9 月 6 日起至植物新品种权终止之日，其他任何单位或个人未经明天种业公司授权、许可或超越授权许可范围生产经营或销售“淮麦 33”，明天种业公司有权独立进行维权、打假、提起民事诉讼、投诉举报等，明天种业公司诉讼主体适格，有权提起本案诉讼；金满仓公司工作人员韩某军、胡某梅在公安机关的询问笔录亦承认销售了被控侵权产品，在销售的品种、单价、数量上与两份公证书记载的一致。针对金满仓公司销售的是商品粮而不是种子的主张，二审法院审查认为，金满仓公司销售的被控侵权产品上午和下午价格分别为每斤 1.65 元和每斤 1.7 元，明显高于当年小麦商品粮的价格，一审法院认定其销售的是“淮麦 33”小麦种子并无不当。一审法院综合涉案种子的品种权使用费，金满仓公司的注册资本、经营规模，“淮麦 33”适宜种植的区域，金满仓公司侵权行为的性质、情节，以及明天种业公司的维权合理开支等因素，酌定金满仓公司赔偿明天种业公司 100 万元，并无不当。二审判决驳回上诉，维持原判。

二、典型意义

本案是关于取证及商品粮抗辩的典型案例。委托公证人员现场调查取证是本案突破侵权行为隐蔽、难以获得合法有效证据的关键。《公证法》第 25 条第 1 款规定，自然人、法人或者其他组织申请办理公证，可以向住所地、经常居住地、行为地或者事实发生地的公证机构提出。《民事诉讼法》第 69 条规定，经过法定程序公证证明的法律事实和文书，人民法院应当作为认定事实的根据，但有相反证据足以推翻公证证明的除外。本案中，被控侵权人对公证证明虽然提出了“涉案公证书先公证，后收费。两名公证工作人员与当事人同吃、同住、同行，公证员没有达到公证现场”等异议，但均没有提供足够的证据证实，故涉案两份公证书最终被一审、二审法院采信，作为本案的定案依据，证实金满仓公司销售了“淮麦 33”小麦种子的事实。

在常规作物种子销售中，以销售商品

粮的名义销售侵权种子的情况时有发生。一般而言，作为种子的小麦在纯度、发芽率、含水量等方面的要求均高于普通的商品粮，因此种子的生产成本和销售价格会明显高于商品粮。本案中，被控侵权人否认销售的是种子，认为销售的只是一般小麦商品粮，但是公证员两次购买被控侵权产品的价格分别为每斤 1.65 元和每斤 1.7 元，而国家发改委公布的 2017 年生产的小麦（三等）最低收购价每斤 1.18 元，江苏省 2017 年符合标准的一等小麦挂牌收购价为每斤 1.22 元。金满仓公司销售被控侵权产品的价格明显高于当年小麦商品粮的价格。同时，在公证购买过程中，被控侵权人的现场销售人员将进入购买现场人员的手机全部收走，具有违反诚信和交易惯例的反常行为。综合上述证据和情况，法院认定被控侵权人销售的是侵权种子，而不是一般商品粮。

案例 6　草莓“圣诞红”品种权侵权纠纷案

一、案情摘要

EUROSEMILLAS 种业技术（北京）有限责任公司（以下简称 EUROSEMILLAS 公司）因台州绿沃川农业有限公司（以下简称绿沃川公司）侵害“圣诞红”草莓品种权，向浙江省宁波市中级人民法院（以下简称一审法院）提起诉讼。涉案品种为草莓新品种“圣诞红”，品种权申请日为 2011 年 7 月 25 日，授权日为 2015 年 9 月 1 日，品种权人为韩国庆尚北道农业技术院，品种权号为 CNA20110546.4。

2017 年 8 月 15 日，林某进和案外人李某彬共同与绿沃川公司签订了《草莓种苗购销合同书》，向绿沃川公司购买涉案“圣诞红”草莓幼苗 3.6 万株，单价 1.5 元每株，总价 5.4 万元。合同乙方签章处，盖有绿沃川公司公章和该公司员工“张某”签名。绿沃川公司将该批种苗的 14 000 株发给案外人李某彬种植，其余 22 000 株发给林某进种植。一审法院依据上述《草莓种苗购销合同书》以及林某进于 2018 年 1 月 8 日出具的《关于购买“圣诞红”苗木事宜的情况说明》认定绿沃川公司销售草莓种苗的事实存在。同时，依据销售合同中使用的“圣诞红”种苗名称，以及宁波科集技术服务有限公司出具的甬集鉴字（2019）14 号《宁波科集技术服务有限公司鉴定书》，该鉴定书作出林某进种植的苗木样品与 EUROSEMILLAS 公司的“圣诞红”样品遗传背景相似度为 96.84%的鉴定结论等，认定绿沃川公司销售草莓种苗行为侵害了 EUROSEMILLAS 公司的植物新品种权，判决绿沃川公司立即停止侵犯“圣诞红”植物新品种权的行为，赔偿 EUROSEMILLAS 公司经济损失 50 万元。

绿沃川公司不服一审判决，向最高人民法院知识产权法庭（以下简称二审法院）提起上诉。二审法院审查中，各方当事人对绿沃川公司与林某进存在草莓种苗购销合同关系并曾交付涉案“圣诞红”草莓幼苗的事实均无异议，绿沃川公司称涉案“圣诞红”草莓幼苗由其自行生产、繁殖，且未提出合法使用的抗辩理由。二审法院经审理认为，EUROSEMILLAS 公司经品种权人独家许可，可以自己的名义直接向第三方主张权利，且《授权委托书》（包含中文译本）经大韩民国公证机关公证，并由中国驻大韩民国大使馆领事部认证，符合我国关于域外证据公证认证等相关法律规定，具有本案诉讼主体资格；一审法院依法委托司法鉴定机构作出的鉴定结论，经依法质证，程序合法，可以采信；一审法院综合考虑侵权的性质、持续时间、后果，植物新品种实施许可费的数额，植物新品种实施许可的种类、时间、范围及被侵权人调查、制止侵权所支付的合理费用等因素，确定本案赔偿数额为 50 万元，并无不当。二审判决驳回上诉，维持原判。

二、典型意义

本案是关于涉外品种权享有同等保护和国民待遇的典型案例。我国是 UPOV 成员，执行 1978 年文本公约的第 3 条国民待遇和互惠原则规定，UPOV 成员的国民，只要遵守和履行与其他成员国民相同的规定和手续，就能享有与该成员国民同样的待遇。本案中，品种权人和其独占被许可人在我国享有品种权受到同等保护的国民待遇。当其品种权受到侵害时，独占被许可人可以自己的名义直接向第三方主张权利和向法院提起诉讼。但是，值得注意的是涉外主体在举证时，需要符合我国关于域外证据公证认证等相关法律规定。

案例 7　柑橘“中柑所 5 号”品种权侵权行政执法案

一、案情摘要

涉案品种为柑橘品种“中柑所 5 号”，品种权申请日为 2013 年 6 月 5 日，授权日为 2017 年 3 月 1 日，品种权人为中国农业科学院柑桔研究所，品种权号为 CNA20130475.7。2018 年 12 月 18 日中国农业科学院柑桔研究所授予重庆奔象果业有限公司（以下简称奔象公司）品种经营权及相关维权权利。

2020 年 11 月 13 日，奔象公司向重庆市璧山区农业执法队举报重庆市沃顺苗木有限责任公司（以下简称沃顺公司）和重庆西农园艺有限公司（以下简称西农公司）侵犯“中柑所 5 号”品种权。11 月 17 日和 19 日重庆市璧山区农业执法队对沃顺公司在璧山区八塘镇江兴村苗木基地种植的 10 000 株“金葵沙糖桔”柑桔苗，西农公司在七塘镇将军村 5 组品种示范园种植的 17 株“金秋沙糖橘”柑桔树、八塘镇三元村育苗基地种植的 6000 株“金秋沙糖橘”柑桔苗、七塘镇将军村 5 组育苗基地种植的 10 000 株“无核金诺”柑桔苗，分别抽样取证，与公证处从品种权人“中柑所 5 号”母树上提取的叶片进行分子检测。经河南省依斯特检测技术有限公司检测，结果显示，上述抽样品种与授权品种在 21 个 SSR 位点上差异均为 0，判定为极近似或相同品种。沃顺公司与西农公司无法提供“中柑所 5 号”品种权人的授权许可，重庆市璧山区农业执法队确认上述侵权事实，奔象公司确认沃顺公司的侵权品种货值金额为 48 000 元，西农公司的侵权品种货值金额为 49 700 元，沃顺公司和西农公司对上述侵权事实和侵权品种货值金额无异议。

2021 年 1 月 22 日，重庆市璧山区农业农村委员会作出《行政处罚决定书》，确认沃顺公司与西农公司生产、繁殖“中柑所 5 号”繁殖材料的行为违反《种子法》第 28 条规定，依据《种子法》第 73 条第 5 款和第 80 条第 4 项，责令沃顺公司与西农公司停止侵权行为，改正未按规定建立、保存种子生产经营档案行为；没收涉案品种繁殖材料，对侵犯植物新品种权的行为罚款 9 万元，对未按规定建立、保存种子生产经营档案的行为罚款 1 万元。经重庆市璧山区农业执法队调解，沃顺公司和西农公司两家企业与奔象公司签订赔偿协议。因涉案品种价值不高，奔象公司不主张转商处理，2021 年 2 月 4 日，重庆市璧山区农业执法队对上述非法苗木进行了销毁。

二、典型意义

本案侵权方认为其行为属于《种子法》第 29 条中“农民自繁自用”的情形，以此逃避责任。执法部门根据《农业农村部办公厅关于种子法有关条款适用的意见》第 5 条认为，农民自繁自用主体适用于农民，农民自繁自用的用种范围限于其家庭农村土地承包经营合同约定的土地范围内，而本案主体为具有种子生产经营许可证的企业，侵权品种的种植地在侵权方经营场地，侵权方的所述理由与事实不符，不予采信。

鉴于在未查明销售数据的情况下难以确认货值金额，本案执法部门依据《农业农村部办公厅关于种子法有关条款适用的意见》第 8 条“种子行政执法过程中查获的假劣种子,以违法生产、销售的假劣种子的标价计算货值金额。没有标价的,按照同类合格产品的市场中间价格计算”,通过正规企业的销售数据及市场行情,并在侵权方无异议的情况下确认了案值,为实际判罚金额的确定提供了思路。

案例 8　梨“苏翠 1 号”品种权侵权行政执法案

一、案情摘要

涉案品种为梨属品种“苏翠 1 号”,品种权申请日为 2012 年 11 月 22 日,授权日为 2017 年 5 月 1 日,品种权人为江苏省农业科学院,品种权号为 CNA20121041.1。2020 年 2 月 1 日,江苏省农业科学院与北京北方丰达种业有限责任公司(以下简称丰达公司)签订独家实施许可合同和维权委托书,授予丰达公司“苏翠 1 号”的繁育和推广权,约定出现侵权行为的,可以丰达公司名义进行维权。

2020 年 6 月,丰达公司发现河南省漯河市召陵区苗达种植专业合作社(以下简称苗达合作社)在网络上宣传推广“苏翠 1 号”,随即委托河南省桐柏县公证处至苗达合作社苗圃种植基地取证,公证过程中发现苗达合作社法定代表人许某克的名片印有“苏翠 1 号”,江汉大学系统生物学研究院对公证人员提供的梨树苗叶片与来源于品种权人的“苏翠 1 号”样品进行 MNP 标记比对,经鉴定,上述品种为“极近似品种或相同品种”。2020 年 8 月 3 日,丰达公司向河南省漯河市召陵区农业农村局举报苗达合作社侵犯“苏翠 1 号”的品种权,提供了公证文件和江汉大学系统生物学研究院出具的检测报告等材料,并称不同意调解。召陵区农业农村局根据举报信息,对苗达合作社苗圃种植基地现场勘验,并先行登记保存“苏翠 1 号”梨树苗,对许某克进行询问笔录。最终确认非法种植“苏翠 1 号”梨树苗 0.3 亩,共计 2532 棵,其中直径 0.8 厘米以上的树苗 1215 棵,直径 0.8 厘米以下的树苗 1317 棵。丰达公司出具证明:直径 0.8 厘米以上的树苗为 10 元/株,直径 0.8 厘米以下的树苗 5 元/株,共计货值 18 735 元,苗达合作社对以上事实没有异议,并主动邀请召陵区农业农村局与丰达公司委托人见证拔除侵权品种“苏翠 1 号”梨树苗。

2020 年 10 月 9 日,召陵区农业农村局作出《行政处罚决定书》和《先行登记保存物品处理通知书》,确认苗达合作社生产“苏翠 1 号”的行为违反《种子法》第 28 条规定,依据《种子法》第 73 条第 5 款、《行政处罚法》第 27 条和《河南省〈中华人民共和国种子法〉行政处罚裁量标准》第 2 条第 1 款第 1 项,没收侵权“苏翠 1 号”梨树苗 2532 棵,处罚款 2 万元。2020 年 10 月 12 日,在丰达公司委托人见证下,召陵区农业农村局对侵权“苏翠 1 号”梨树苗喷施除草剂进行灭活处理,10 月 15 日苗达合作社上缴罚款。

二、典型意义

本案是品种权人通过农业行政执法程序制止侵害果树等无性繁殖植物品种权的典型案例。河南省漯河市召陵区农业农村局作为执法部门及时采取执法措施,在苗期有效阻止了侵权行为,减少了品种权人的实际损失。本案侵权梨树苗货值不足 5 万元,依据《种子法》第 73 条第 5 款,可对侵权方处 1 万元以上 25 万元以下罚款,执法部门考虑到未到销售季节侵权方没有进行销售,未造成严重后果,且侵权方积极配合拔除侵权梨树苗,参照《行政处罚法》第 27 条从轻或者减轻行政处罚情形,以及《河南省〈中华人民共和国种子法〉行政处罚裁量标准》,最终没收侵权“苏翠 1 号”梨树苗并处罚款 2 万元。

本案也是国内首次采用 MNP 方法鉴定结果进行行政处理的案例。相对于 SSR 方法,利用 MNP 方法进行品种鉴定效率和准确率更高，可以鉴定多倍体和无性繁殖植物品种，该方法已于 2020 年 10 月以国家标准的形式颁布实施，新技术新方法的实践应用有利于解决维权中鉴定难的老问题。

案例 9　西瓜“羞月 4 号”品种权无效宣告案

一、案情摘要

涉案品种为西瓜品种“羞月 4 号”，品种权申请日为 2015 年 4 月 24 日，授权日为 2018 年 4 月 23 日，品种权人为北京华耐农业发展有限公司，品种权号为 CNA20150529.1。另一涉案西瓜品种为“华欣”，申请日为 2009 年 11 月 25 日，授权日为 2014 年 11 月 1 日，品种权人为北京市农林科学院，品种权号为 CNA20090729.7。

2018 年 8 月 3 日，北京市农林科学院蔬菜研究中心向农业农村部植物新品种复审委员会请求宣告“羞月 4 号”品种权无效，理由是“羞月 4 号”与“华欣”是同一品种，不具有特异性和新颖性，并提交了分子检测结果和送检样品公正性的证明材料等证据。

农业农村部植物新品种复审委员会秘书处（以下简称复审委员会秘书处）经形式审查，于 2018 年 9 月 4 日受理本案，2018 年 12 月 22 日“羞月 4 号”品种权人称其已于 2018 年 8 月 2 日向农业农村部植物新品种保护办公室提交放弃品种权声明，2018 年 9 月 1 日保护办公室发布该品种权终止公告。2019 年 2 月复审委员会安排“羞月 4 号”与“华欣”的田间特异性测试和 DNA 指纹鉴定，根据农业农村部植物新品种测试（乌鲁木齐）分中心出具的植物品种特异性鉴定报告和农业农村部蔬菜种子质量监督检验测试中心出具的 DNA 分子指纹检验报告，“羞月 4 号”与“华欣”在田间性状上无明显差异，在 28 个 SSR 位点上带型一致，“羞月 4 号”不具备特异性。复审委员会经审理认为，虽然“羞月 4 号”品种权已经于 2018 年 9 月 1 日终止，但仍可以请求宣告“羞月 4 号”品种权无效。根据《植物新品种保护条例》第 37 条规定，请求宣告品种权无效的理由成立，复审委员会对请求人提出的“羞月 4 号”无效宣告请求予以支持。

二、典型意义

本案属于品种权终止后被宣告品种权无效的典型案例。复审委员会在审理过程中发现涉案西瓜新品种的品种权在本案受理前已经终止，依法就涉案品种权进行审理，并根据鉴定报告作出宣告“羞月 4 号”品种权无效的复审决定。

品种权无效和品种权终止的法律效果是不同的。被宣告无效的品种权视为自始不存在，根据《植物新品种保护条例》的第 38 条，品种权被宣告无效的决定有可能对品种权被宣告无效前已经完成的相关法律行为产生影响。品种权终止是指品种权自终止之日起不再有效，在品种权终止之前仍具有法律效力，不会对品种权终止前已经完成的相关法律行为产生影响。从法律程序上来说，品种权人是否放弃品种权，以及何时放弃品种权，不影响他人行使请求宣告品种权无效的权利。

案例 10　水稻“魅两优黄占”品种更名复审案

一、案情摘要

涉案品种为水稻品种“魅两优黄占”，品种权申请日为 2018 年 11 月 5 日，授权日为 2019 年 7 月 22 日，品种权人为湖北华之夏种子有限责任公司，品种权号为 CNA20183604.0。

2020 年 11 月 30 日，请求人湖北华之夏种子有限责任公司向农业农村部植物新品种复审委员会提出将授权品种“魅两优黄占”更名为“魅两优黄丝苗”的更名请求，理由是“魅两优黄占”为“魅两优黄丝苗”品种审定区试代号名称，已在 2020 年 9 月 23 日通过湖北省农作物品种审定委员会审定。请求人提交了“魅两优黄丝苗”初审公示、审定公告、审定证书等复印件，以及“魅两优黄占”植物新品种权证书复印件等证据材料。

复审委员会秘书处经形式审查于2021年3月30日受理本案。复审委员会经审理认为，依据《种子法》第27条第3款的规定，同一植物品种在申请新品种保护、品种审定、品种登记、推广、销售时只能使用同一个名称，2018年11月5日申请并于2019年7月22日取得品种权授权的品种名称“魅两优黄占”使用在前，2020年9月23日品种审定名称“魅两优黄丝苗”使用在后，不能将在先使用的品种名称更名为在后使用的品种名称。

根据《农业部植物新品种复审委员会审理规定》第34条规定，复审委员会经审理决定，请求人更名请求理由不成立，驳回品种更名请求，维持“魅两优黄占”品种现有名称。

二、典型意义

本案是因申请植物新品种保护的品种名称与品种审定名称不一致而请求授权品种更名的典型案例。品种名称是一个植物品种区别于其他植物品种的重要外在标志。品种名称的唯一性，确保了品种与名称之间的对应关系，不仅可以实现种子的规范管理，便于农户选购使用，而且有利于在执法实践中快速查明侵权假冒违法事实，提高法律保护效率。

“魅两优黄占”在2018年11月5日申请品种权保护，并于2019年7月22日获得授权，此后的品种名称使用上应当以此为唯一名称。“魅两优黄丝苗”于2020年9月23日通过湖北省农作物品种审定，品种审定通过时间明显晚于品种授权保护的时间，而且“魅两优黄占”还是“魅两优黄丝苗”品种审定区试代号名称，“魅两优黄占”名称使用在前，“魅两优黄丝苗”使用在后，虽然《种子法》规定，同一植物品种在申请新品种保护、品种审定、品种登记、推广、销售时只能使用同一个名称，但不能将在先使用的品种名称更名为在后使用的品种名称，因此复审委员会驳回了该复审请求。

供稿：农业农村部科技教育司

2021年度公安机关打击侵权假冒犯罪典型案例

案例1　山西太原“9·26”销售假冒品牌服装箱包案

2021年9月，山西省太原市公安机关根据群众举报线索，破获一起线下实体店铺和网络直播平台销售假冒品牌服饰箱包案，抓获犯罪嫌疑人4名，现场查扣假冒品牌衣物、箱包等1500余件，涉案金额2000万余元。经查，犯罪嫌疑人宋某等人在没有授权的情况下，大量购进假冒品牌的衣服、箱包、鞋，雇用店铺服务员和直播销售团队通过线下实体店铺和网上直播平台进行销售。

案例2　辽宁沈阳“8·18”侵犯商业秘密案

2021年3月，辽宁省沈阳市公安机关根据举报线索，破获一起侵犯商业秘密案，抓获犯罪嫌疑人4名，打掉通过内外勾结方式窃取某机械公司设计图纸和参数数据等企业核心技术信息的犯罪团伙，有效避免了企业商业秘密进一步泄露。

案例3　吉林通化“8·18”制售假冒品牌化妆品案

2021年11月，吉林省通化市公安机关

根据群众举报线索，破获一起制售假冒品牌化妆品案，捣毁制假售假窝点 7 处，抓获犯罪嫌疑人 6 名，现场查扣假冒知名品牌化妆品 30 余种 1700 余箱，涉案金额 6000 万余元。经查，2021 年 1 月以来，犯罪嫌疑人马某某等人租用民房设立制假窝点，大量购买假冒知名品牌化妆品膏体、包材、商标标识等，灌装生产假冒品牌化妆品，通过网络对外销售。

案例 4　黑龙江齐齐哈尔"6·10"制售假冒品牌手表案

2021 年 5 月，黑龙江省齐齐哈尔市公安机关根据群众举报线索，破获一起通过直播带货销售假冒品牌手表案，经过全链条打击，共抓获犯罪嫌疑人 45 名，捣毁制假窝点 14 处，售假店铺 20 处，查获假冒品牌手表表盘、表壳等配件 20 万余件，涉案金额达 11.3 亿元。经查，2020 年以来，周某在齐齐哈尔市经营表行期间，从上线处购进假冒品牌手表和配件，以现场组装手表等噱头进行网络直播并销售获利。

案例 5　上海宝山"10·10"销售假冒品牌化妆品案

2021 年 6 月，上海市公安机关根据群众举报线索，破获一起销售假冒品牌化妆品案，抓获犯罪嫌疑人 4 名，现场查扣假冒品牌化妆品 4000 余件，涉案金额 7000 万余元。经查，2015 年以来，犯罪嫌疑人王某某大量购买假冒某品牌化妆品，伪造货物进口检疫证明、报关单等，以"海淘代购"名义对外销售。

案例 6　江苏泰兴"7·29"制售假冒品牌光通信模块案

2021 年 5 月，江苏省泰兴市公安机关根据群众举报线索，破获一起制售假冒品牌光通信模块案，打掉生产、包装、仓储、销售犯罪全链条，抓获犯罪嫌疑人 30 名，捣毁犯罪窝点 15 处，查扣假冒品牌光通信模块 17 万余个，切实保护了企业合法权益，有力护航经济高质量发展。

案例 7　浙江金华"2·19"盗录春节档院线电影案

2021 年 2 月，浙江省金华市公安机关根据公安部食品药品犯罪侦查局交办线索，破获一起盗录传播春节档院线电影案，抓获违法犯罪嫌疑人员 19 名，查获盗版《你好，李焕英》《唐人街探案 3》等多部春节档院线影片，打掉影院盗录主要源头，查缴作案设备 17 台。经查，犯罪嫌疑人周某伙同毛某某多次在影院内盗录院线电影，经视频剪辑后制成"高清"盗版影片，供自己经营的小影吧播放牟利，并通过微信联络、云盘分享方式销售。

案例 8　安徽合肥杜某等制售假冒品牌薯片案

2021 年 4 月，安徽省合肥市公安机关根据行政部门通报线索，破获一起制售假冒品牌薯片案，抓获犯罪嫌疑人 9 名，现场查获假冒品牌薯片 5544 箱、待包装散装薯片 1665 箱。经查，2020 年 6 月以来，犯罪嫌疑人杜某等制作某品牌薯片注册商标模具，并印制包装盒、包装袋，租赁厂房、购置设备，从成都市某食品公司大量购进薯片后重新包装，假冒某品牌薯片对外销售，案值 1000 万余元。

案例 9　福建莆田"7·13"冒充海外代购销售假冒品牌箱包案

2021 年 5 月，福建省莆田市公安机关根据电商平台举报，破获一起开设网店销售假冒品牌箱包案，抓获犯罪嫌疑人12名，查获大量假冒品牌箱包，涉案金额1.3亿元，彻底铲除了一条“境内生产制造、境外仓储转运、电商销售回境”的黑色犯罪产业链。经查，该团伙通过购入假冒品牌箱包等，并购买跨境物流单号伪造入关物流单据，在销售时一同寄给顾客，制造从境外发货的假象。

案例10　山东青岛“4·12”制售假冒品牌服装箱包案

2021年4月，山东省青岛市公安机关根据举报，侦破一起利用电商海外购物平台销售假冒品牌服装、箱包案，抓获犯罪嫌疑人78名，打掉侵权假冒商品生产、销售、仓储窝点47处，现场缴获假冒品牌服装箱包7.69万件，商标标识、包装袋等包材33.96万件，涉案金额3亿余元。经查，犯罪嫌疑人吕某等人大肆生产假冒品牌服装、箱包，通过中间商等层层加价转售，由王某等零售商在互联网上销售。

案例11　河南商丘“12·4”制售假冒品牌羽绒被案

2021年1月，河南省商丘市公安机关根据群众举报线索，破获一起通过直播带货销售假冒伪劣羽绒被案，抓获犯罪嫌疑人9名，捣毁制假售假窝点3个，涉案金额5000万余元。经查，犯罪嫌疑人师某以公司名义在互联网直播平台先后注册56个直播间店铺销售假冒知名品牌羽绒被。经国家棉花及纺织服装产品质量监督检验中心检验，涉案“羽绒被”和“蚕丝被”填充物均为100%聚酯纤维，无任何羽绒或蚕丝成分。

案例12　湖南衡阳“3·2”制售假冒品牌糖果案

2021年9月，衡阳市公安机关根据企业举报线索，破获一起制售假冒品牌糖果案，捣毁犯罪窝点6处，抓获犯罪嫌疑人6名，现场查获假冒注册商标标识近2吨、假冒品牌棒棒糖成品1.2万余件。经查，犯罪嫌疑人蒋某某等人从福建等地购买裸糖，从网上购买非法制造的某品牌商标标识，租用民房生产加工假冒该品牌糖果对外销售。2020年后，为扩大产量，蒋某某又联系某食品有限公司代加工假冒某品牌棒棒糖，并印制假冒注册商标纸箱和挂纸板，将假冒的品牌糖果成品销往全国各地，案值1000余万元。

案例13　广东清远“10·23”制售假冒品牌吹风机案

2021年4月，广东省清远市公安机关根据群众举报，破获一起利用电商平台制售假冒品牌吹风机案，抓获犯罪嫌疑人55名，捣毁制假售假窝点3个，现场查扣大量吹风机成品、半成品、制假原材料等。经查，犯罪嫌疑人梁某等人设立窝点生产假冒品牌吹风机4.7万台，并在线上线下同时进行销售，涉案金额超1亿元。

案例14　四川巴中“8·19”制售假冒品牌农产品案

2021年11月，四川省巴中市公安机关根据工作中发现线索，破获一起制售假冒品牌农产品案，捣毁犯罪窝点7处，抓获犯罪嫌疑人12名，现场查获假冒品牌包装袋13.2万个，标签、传单等12.9万份，涉案金额4000万余元。经查，2011年以来，犯罪嫌疑人叶某某以权利人企业授权为掩护，在电商平台上开设某品牌食品旗舰店，伙同权利人企业副经理等人非法制造权利人企业拥有的知名农产品品牌包装袋，将从河南等地采购的银耳、木耳、姬松茸、黑木耳等农产品封装，假冒该品牌商品对外销售。

供稿：公安部食品药品犯罪侦查局

2021 年度中国海关知识产权保护典型案例

案例 1 杭州海关严格保护自主知识产权查获出口侵权手机配件系列案

一、案情介绍

2021 年 3 月 11 日，义乌某公司向杭州海关隶属义乌海关申报出口一批货物至安哥拉，申报品名中包含“充电头”“充电线”等电子类产品。经执法关员查验，发现集装箱内藏匿标有“HUAWEI 及图形”商标标识的手机充电头 34 000 个。充电头外包装简陋、质量粗糙，且当事人无法提供相应的授权文书，存在较大的侵权嫌疑。4 月 8 日，东阳某公司向杭州海关隶属金华海关申报出口一批货物，经执法关员查验，发现夹藏的涉嫌侵犯“HUAWEI 及图形”商标权电池 1632 块，以及其他侵权商品共 15 999 件。权利人华为技术有限公司确认上述充电头、电池均为侵权产品，申请海关予以扣留。

金华、义乌海关对上述案件分别调查，初步锁定了货物所有人及销售商信息。鉴于两起案件涉案侵权货物数量大、案值高，均涉嫌刑事犯罪，杭州海关依法及时向公安机关通报了案件线索，积极推动公安机关侦查本案。2021 年 7 月，分别对上述两起案件立案侦查。截至 2021 年 12 月，公安机关已基本查清侵权电池、耳机等产品在国内生产、运输和销售等链路，共抓获犯罪嫌疑人 14 人，采取强制措施 9 人，捣毁制假窝点 5 个，现场扣押各类侵权产品 10 余吨，初步估算涉案价值达 1.6 亿元。

二、案件点评

（一）本案是杭州海关严格保护自主知识产权的生动实践

保护知识产权就是保护创新，杭州海关持续发力，严格保护自主知识产权，对侵权假冒的不法分子予以严厉打击，切实维护“中国制造”良好国际形象，呵护国内市场主体创新创造的活力与动力。本案对侵犯自主知识产权行为开展行政与刑事联合打击，实现对自主知识产权的全链条保护，显著增强民族企业获得感。

（二）本案是杭州海关数智赋能提升执法精度的有益探索

杭州海关高度重视自主知识产权尤其是关键核心技术领域的保护工作，积极调研了解相关行业动态，筛选高风险口岸、商品类别、目的国等要素，科学设置风险布控方案，有效命中侵权商品，进一步提升打击侵权精度，切实提高知识产权保护能力。

（三）本案是杭州海关推进综合治理深化“两法”衔接的丰硕成果

杭州海关与公安机关综合运用“情报共享、线索互通、风险同析、重案联办”的执法协作机制，金华、义乌海关成功拦截侵权商品后，积极拓展执法合作，与公安机关开展犯罪线索预报预判。在锁定售假店铺及涉案人员后，海关仍继续协助公安机关推进刑事侦查，进一步深挖扩线，最终协助公安机关破获该起预估涉案价值达 1.6 亿元的重大案件。

案例 2 拱北、江门海关联合依申请保护饼干生产线专利权案

一、案情介绍

2021 年 4 月下旬，珠海市某食品机械

制造有限公司向拱北海关举报，称某机械制造公司即将在江门高新港出口的饼干生产线涉嫌侵犯其专利权。拱北海关立即启动跨关区快速反应机制，联合江门海关对该企业提供的线索进行风险研判后，商定由江门海关审核企业提交的知识产权海关保护申请、相关专利证明材料及相应担保并采取布控措施。

4月28日，该机械制造公司以一般贸易方式向江门海关申报出口饼干生产线1条，合计31个标准集装箱，目的国印度尼西亚，价值569.6万元。权利人经现场比对核实，认为相关部件涉嫌侵犯其2项发明专利和4项实用新型专利。江门海关初步认定上述饼干生产线涉嫌侵犯权利人2项发明专利，并于5月10日依法对上述涉嫌侵权货物予以扣留。5月25日，广州知识产权法院要求海关协助对涉案货物进行证据保全。

二、案件点评

（一）本案是海关展现专业能力保护专利权的典范

本案涉及多个专利权且情况复杂，权利人提起保护申请时提交了2项发明专利和4项实用新型专利材料。江门海关认真听取地方知识产权部门专家意见，结合当事双方在法院的侵权纠纷诉讼情况，严格按照法律法规规定对权利人材料进行审核，综合判定出口货物仅涉嫌侵犯2项发明专利，并受理了权利人的相关保护申请，充分体现了海关对专利权保护的专业水平，为海关开展专利权保护提供了良好借鉴。

（二）本案是海关发挥跨关区联动作用查获的成功实践

在获得涉嫌侵权线索后，拱北海关及时移交江门海关，并联合进行风险研判。江门海关综合、风控、现场各部门密切配合，实施精准布控，对关区可疑报关单申报数据进行严密监控，根据布控指令要求迅速开展查验。条线、部门、环节无缝对接、优势互补，最终查获案件。

（三）本案是海关运用法治思维和法治方式开展知识产权执法的优秀范例

本案当事双方对是否侵权存在较大纷争，处理难度大。海关在办案过程中，充分平衡当事双方权利义务，既保护了权利人申请保护的权利，又维护了出口企业申请反担保的权利，也支持了法院的证据保全工作。执法过程中，海关实施“嵌入式”普法、说理式执法，积极向法院及当事双方宣介知识产权海关保护法律法规，及时解答疑难问题，促使双方积极通过民事诉讼方式解决法律纠纷，获得法院及当事双方高度认可，取得良好社会效果。

案例3 北京、郑州海关联合执法查获进口侵权止血纱布案

一、案情介绍

2021年7月，北京海关获得线索，某公司正在从印度进口侵犯强生公司商标专用权的止血纱布到国内市场销售。北京海关立即开展大数据分析，初步确定该公司的主要供货来源、进口渠道、申报要素，在关区下达布控指令，同时为避免“口岸漂移”，向海关总署申请全国范围布控，并实时监控货物动向。8月，该公司申报进口的3批止血纱布运抵郑州，北京海关立即通报郑州海关开展联合执法。接到通报后，郑州海关抽调业务专家进行联合研判和现场指导，暂停3批货物通关程序，对同一收货人的后续关联航线货物进行深挖扩线、集中查验，连续查获涉嫌侵犯“ETHICON”商标专用权的止血纱布9批次、1.3万余片，价值人民币65万余元。经鉴定，上述止血纱布侵犯了权利人在海关总署备案的商标专用权，权利人向海关申请采取知识产权保护措施。公安部门对本案提前介入，海关将案件资料

及涉案货物移交公安机关处理。

二、案例点评

(一)本案是海关聚焦重点商品加强专项打击,维护消费者健康安全的重要成果

近年来,海关总署持续部署开展全国海关知识产权保护"龙腾"行动,以侵权食品、药品等为重点,严格查处"入口""贴身"等关系生命健康安全的侵权货物进出口。可吸收止血纱布属于重要的医用物资,广泛应用于外科手术环节,与人民群众的生命健康息息相关。北京海关、郑州海关始终保持对进口相关商品的高度敏感,及时采取有效措施,阻断侵权医用物资流入国内市场,切实保护人民群众健康安全。

(二)本案是海关加强线索收集和综合分析,实现精准布控的成功实践

经过不断创新和完善,全国海关已建立高效顺畅的侵权风险管理体系,收集、分析、甄别、运用各类侵权案件线索的能力持续提升,对海运、空运、寄递等不同渠道侵权风险实施一体化防控。本案中,侵权人通过增加境外转运地、变换进境口岸等方式逃避海关监管,北京海关、郑州海关依托风险防控协同工作机制,及时组织知识产权、监管通关、风险防控专家综合研判,开展大数据分析和信息共享,持续发力紧盯侵权商品动向,未让侵权货物逃出海关视野。

(三)本案体现了海关在知识产权保护体系中的重要作用

为推动构建知识产权大保护工作格局,全国海关建立起跨关区、跨部门执法协作机制,海关总署对案值较大及涉及行业性、区域性、重大敏感商品的案件进行专案督办。本案涉及境外供货商、境内进口商和市场销售商,进口是衔接上下游的"关键一环"。北京海关、郑州海关逐步摸清侵权纱布的完整流通路线,与权利人、公安机关通力合作,查源头、清市场、端窝点,带动知识产权大保护体系发挥最大效能,彻底捣毁整个违法犯罪链条。

案例4 上海海关查办出口侵犯商标专用权汽配案

一、案情介绍

2021年3月,山东某公司以一般贸易方式向上海海关隶属洋山海关申报出口一批机油滤清器,申报为"无品牌"。经现场开箱查验,集装箱内除已申报的机油滤清器外,还夹杂有部分空气滤清器,上述货物共计1.5万余件,外包装上分别印有"HYUNDAI""TOYOTA""FORD""HONDA""KIA""LEXUS""DENSO"等多个国际知名汽车品牌,且货物品类及知识产权状况均与申报不符,具有较大侵权假冒嫌疑。经与相关权利人确认,上述货物均为侵权假冒商品。上海海关根据权利人申请依法立案,指派专人开展认真细致的调查,在掌握案件基本信息并第一时间固定相关证据后,上海海关及时将案件相关线索通报给上海市公安局。

2021年7月,公安机关对本案正式刑事立案。根据海关通报的线索,公安机关成功捣毁本案背后的一个制假窝点,斩断了一条假冒汽配生产销售链。相关犯罪嫌疑人已被依法采取刑事强制措施,案件进一步侦办中。

二、案件点评

(一)本案是海关深入贯彻习近平总书记系列重要讲话精神,切实加大行政执法力度的具体体现

习近平总书记在十九届中央政治局第25次集体学习时强调"要加大行政执法力度,对群众反映强烈、社会舆论关注、侵权假冒多发的重点领域和区域,要重拳出击、整治到底、震慑到位"。汽车配件关系行驶安全,关乎生命安全,该领域侵权假冒问题一直以来都备受社会公众关注。本案中，上海海关重拳出击将上万件具有极大安全隐患的侵权假冒机油滤清器、空气滤清器等商品拦截在国门之内，不仅积极维护了海内外消费者生命财产安全，而且有力打击震慑了进出口环节侵权假冒违法行为。

（二）本案是海关发挥执法优势，推进知识产权保护全链条综合治理的成功典范

本案中，上海海关一方面密切关企联系配合，加强与汽配相关权利人及行业组织的沟通交流，拓宽风险信息的收集和联合研判渠道，动态掌握行业侵权趋势与动向，为口岸精准拦截提供有力支撑；另一方面强化执法协作合力，充分发挥海关与公安机关各自职能优势，及时固定证据，加强协同配合，为案件深挖扩源奠定扎实基础，最终实现了“端窝点、斩链条”的源头治理，是汇聚多方合力、推动全链条保护的成功典范。

（三）本案是海关强化内部协同配合，提升侵权打击效能的生动实践

为进一步提升侵权打击整体效能，上海海关建立健全关区层面的侵权防控协同处置机制，强化知识产权主管部门与风控、监管及办案等各相关部门的协同配合，联合开展风险排摸与归总，科学设置风险布控方案，实施精准打击；紧密衔接现场查验、立案查办、证据固定及案件移送等各环节，提高办案效能。本案查处过程中，上海海关各部门反应迅速、分析精准、配合顺畅，是海关积极构建知识产权侵权防控协同处置体系、精准高效打击进出口侵权货物行为的生动实践。

案例5　海关总署广东分署牵头广州、深圳、黄埔海关开展粤港澳联合执法行动打击侵权货物系列案

一、案情介绍

2021年11月，广州海关隶属佛山海关在对佛山某公司以市场采购方式申报出口至澳门的“女装衫”进行查验时，查获侵犯苹果公司（美国）“Apple”商标专用权的耳机5492副和电子手表300块，侵犯小米科技有限责任公司“MI”商标专用权的耳机1000副。海关依法扣留相关侵权嫌疑货物，调查后作出没收侵权货物并处罚款的行政处罚决定。

2021年4月，深圳海关隶属深圳湾海关查获马鞍山某公司以跨境电商B2B方式申报出口至香港的标有“TECNO”标识的侵权手机盒10 560个。海关依法扣留相关侵权嫌疑货物，调查后作出没收侵权货物并处罚款的行政处罚决定。

2021年7月，黄埔海关隶属东莞海关对广东某公司经香港中转出口的一批申报规格型号为“无规格”的“耳机”“数据线”货物实施查验时，查获侵犯三星公司“SAMSUNG”商标专用权的耳机90副、手机充电头80个、数据线7440根，侵犯苹果公司“Apple”商标专用权的耳机620副、数据线720根，侵犯微软公司商标专用权的软件光盘180张。海关依法扣留相关侵权嫌疑货物，调查后作出没收侵权货物并处罚款的行政处罚决定。

二、案件点评

（一）本系列案体现了海关密切协同合作，筑牢区域知识产权保护体系

粤港澳地区交通网发达、物流运输快、货物通关时间短，侵权货物口岸漂移的风险较高。在信息共享机制的基础上，粤港澳海关实施打击重点区域、重点环节进出口侵权货物的联合执法行动，同时由查获地海关及时将案件信息通报属地海关，加强源头监管及后续风险防控。联合执法行动期间，三地海关查获侵权货物数量超过290万件，有效形成区域知识产权保护合力，助力打造粤港澳大湾区知识产权保护高地。

（二）本系列案体现了海关有效斩断侵权货物国际贸易链条的能力和决心

粤港澳三地海关保持定期会晤，总结打

击侵权成效，分析侵权活动最新发展态势及风险要素。针对地区制造业特点，归纳总结侵权特征及趋势，将消费电子产品、个人护理用品、电子元器件、手表等列为重点监控的侵权高风险商品，强化事前风险研判，构建风险防控模型，落实事中货物监管，丰富海关检查手段，形成人工查验与自动化检查设备优势互补的现场查验体系，有效地遏制了侵权货物经由香港、澳门流向国外的趋势。

案例 6　青岛、天津、昆明海关保护中小企业自主创新查发出口侵权货物系列案

一、案情介绍

2021 年 4 月，青岛海关成功查获济宁某公司出口至圭亚那的侵权洗衣粉 28.6 吨，经权利人江苏敖广日化集团股份有限公司确认，上述货物侵犯其在海关总署备案的“Joby”商标专用权。本案已由海关移送公安机关刑事立案侦查。

天津海关针对本地焊接材料产业发达但出口侵权频发的现状，开展行业专题调研并实施精准打击。2021 年 8 月，成功查获南京某公司申报出口至菲律宾假冒“金桥”商标电焊条 110 余吨。本案是金桥焊材在海关总署备案以来，海关查获涉嫌侵犯其商标专用权的货物数量最多的一起侵权案件。海关依法扣留相关侵权嫌疑货物，调查后作出没收侵权货物并处罚款的行政处罚决定。

2021 月 11 月，昆明海关查获义乌某公司出口至越南的侵权化妆棉 22 万片，经权利人义乌市俏货天下电子商务有限公司确认，上述货物侵犯其在海关总署备案的“FM”商标专用权。本案已由海关移送公安机关刑事立案侦查。

二、案件点评

（一）本系列案是海关保护中小企业创新发展的典型案例

《“十四五”促进中小企业发展规划》指出，“十四五”时期，中小企业仍处于重要战略机遇期，机遇和挑战共存，使命和责任共担，中小企业是我国经济韧性、就业韧性的重要支撑，在新形势下要承担起更多新的重要使命。上述案件的查发，提升了中小企业在海关知识产权保护工作中的获得感，助力其更好地参与国际竞争，为加快发展现代产业体系、巩固壮大实体经济根基提供有力支撑。

（二）本系列案是海关拓展对中小企业保护空间的典范

近年来，海关在知识产权保护过程中不断实现前伸后延的有效尝试，拓展对中小企业的保护空间。在前端，帮助企业建立自身维权体系和长效机制；在中端，通过查办案件将知识产权服务延伸到产业前沿，以个案带动企业，以企业引导行业，起到了很好的示范效应；在后端，持续深化“两法衔接”，建立执法协作机制，加强执法信息和数据共享，不断推动形成海关知识产权保护新格局。

（三）本系列案体现了海关专项执法在自主品牌保护上的显著成效

2021 年是全国海关开展知识产权海关保护“龙腾”专项行动的第 5 个年份。5 年来，各地海关坚持“打促结合”的工作方针，在风险防范、异地维权、通关便利、互助培训等方面为拥有自主知识产权的中小企业提供维权服务，激发创新活力。系列典型案件的查发，体现了海关落实知识产权强国战略，持续加强知识产权保护的工作态度和坚定决心。

案例 7　厦门、乌鲁木齐、西安海关查获侵犯外资品牌商标权系列案

一、案情介绍

2021 年 4 月，厦门海关在对晋江某公司申报出口的花园鞋进行查验时，发现其中有 10 200 双花园鞋使用了“croos”标识。权利人认为上述货物与其在海关总署备案的“crocs”注册商标构成近似，并申请知识产权海关保护。厦门海关随后进一步梳理风险参数实施精准打击，连续查获 3 批次不同企业出口的使用“croos”标识的花园鞋共计 27 720 双。海关依法扣留相关侵权嫌疑货物，调查后作出没收侵权货物并处罚款的行政处罚决定。

2021 年 7 月，乌鲁木齐海关在对江门某公司申报出口的一批摩托车实施查验时，发现其中有 26 辆摩托车使用了“CQYAMAHA”标识。权利人认为上述使用了“CQYAMAHA”标识的 26 辆摩托车侵犯了其在海关总署备案的知识产权，依法申请知识产权海关保护。海关依法扣留相关侵权嫌疑货物，调查后作出没收侵权货物并处罚款的行政处罚决定。

2021 年 11 月，西安海关发现青岛某公司申报出口的集装箱内，申报品名为“汽车滤清器”的货物，规格型号均填报“无品牌”存在侵权嫌疑。经查验，发现上述货物使用“MANN FILTER”“VOLVO”“TOYOTA”等标识，共计 14 494 件。经权利人确认，当事人出口的货物侵犯了其在海关总署备案的相关知识产权，海关对上述货物依法予以扣留。本案已由海关移送公安机关刑事立案侦查。

二、案件点评

（一）本系列案是海关坚持“同保护”，维护外商投资企业在华合法权益的典型案例

习近平主席在 2018 年上海国际进口博览会主旨讲话中指出，中国将保护外资企业合法权益，坚决依法惩处侵犯外商合法权益特别是侵犯知识产权行为。在国际贸易摩擦频发的背景下，海关始终秉承“同保护”理念，一视同仁、平等保护外商投资企业合法权益，切实增强了企业在华投资信心。

（二）本系列案是海关知识产权保护执法能力不断提升的显著成果

本系列案中，少数不法企业通过商标“微整形”、不如实申报品牌等手法，千方百计试图逃避海关监管，海关查处进出境侵权违法行为的难度不断加大。本系列案的查办，检验了海关知识产权保护执法能力，同时强有力地震慑了试图逃避海关监管的少数不法分子。

（三）本系列案是海关持续优化营商环境、助推构建双循环格局的成功案例

近年来，海关持续加大知识产权保护力度，聚焦高风险领域、高风险渠道、高风险商品组织开展专项执法行动，对进出口侵权货物违法行为重拳打击，着力营造尊重知识价值的营商环境，服务国家外交外贸工作大局，全方位展示了高度的政治责任感和强烈的使命担当。

案例 8　南京、太原、福州海关邮递渠道查获多品牌侵权物品案

一、案情介绍

2021 年 1 月至 3 月，南京海关在当事人“何某”邮寄出境至德国、意大利等国的邮包中陆续查获涉嫌侵犯“DISNEY”“UGG”等 19 个商标权的毛毯、衣服、鞋子等物品约 1700 批次，涉案物品数量合计 1908 件。经权利人鉴定，上述物品为侵权产品。该关隶属的苏州海关依法扣留了上述涉案物品并向公安机关通报了案件线索，并配合公安机关及时固定证据、移送案件。公安机关以海关查发案件中寄件人“何某”为突破口，查封国内某知名跨境电商交易平台，抓获犯罪嫌疑人 8 名。

2021 年 3 月，太原海关对邮递物品申报信息进行日常监控时，发现部分寄件人寄件信息填写模糊不完整，存在较大侵权风险。查验关员加大机检比例和开包查验

比例，查获寄件人为"MRzhao""XY"等邮寄出境侵权嫌疑物品 1241 批次，分别侵犯了在海关总署备案的"DISNEY""BMW"等商标权。

福州海关深入开展寄递渠道知识产权保护专项执法行动（"蓝网行动 2021"），在输往北美、欧洲、日本等 26 个国家（地区）的邮递物品中共查获涉嫌侵犯"PANDORA""APPLE"等商标权的物品 2116 批次，共计物品 6531 件。

二、案件点评

（一）本系列案凸显了海关"蓝网行动 2021"的执法成效

邮递渠道作为传统的物品进出境物流通道，具有资费低、邮路广、速度快等优势，同时邮递物品也具有"少、散、杂"等特点，单个邮包内含物品数量少、涉及国家路向多、收寄件人分散，无明显规律，集中打击难度较大。海关总署针对寄递渠道部署开展了知识产权保护专项行动"蓝网行动 2021"，通过加大对"化整为零""蚂蚁搬家"式进出境侵权行为的打击力度，有效遏制了寄递渠道侵权频发、高发、屡禁不止的势头。

（二）本系列案是海关促进跨境电商健康发展的典范

近年来，邮递渠道在助力中小电商企业产品"出海"的同时，也被部分不良电商平台利用，成为发寄侵权货物的渠道。本系列案中海关发挥进出境执法机关作用，重拳打击跨境电商侵权违法行为，有效斩断侵权货物通过不法电商平台流向国外的链条，维护"中国制造"国际声誉，促进跨境电商行业规范健康发展。

案例 9　宁波、济南海关查办侵犯知名动画电影形象著作权系列案

一、案情介绍

《冰雪奇缘》《汽车总动员》《汪汪队立大功》是著名的动画电影作品，深受世界各国观众的喜爱。随着电影续作推出，相关衍生产品也受到众多消费者的青睐。与此同时，各种"蹭热度"的侵权产品也逐渐增多。2021 年 11 月，宁波海关在申报出口的无品牌货物中查获侵犯迪士尼公司"冰雪奇缘"著作权的彩色铅笔 2 万余支和侵犯"汽车总动员"著作权的铅笔 1 万余支。海关依法扣留相关侵权嫌疑货物，调查后作出没收侵权货物并处罚款的行政处罚决定。

在新业态领域，海关也积极开展研判分析，有效打击侵犯著作权行为。2021 年 7 月，济南海关在一批跨境电商出口空运货物中查获气球、粘画、插排等儿童玩具类侵权商品共 4100 余个，其中粘画和部分插排侵犯了斯平玛斯特有限公司的"汪汪队"著作权。海关依法扣留相关侵权嫌疑货物，调查后作出没收侵权货物并处罚款的行政处罚决定。

二、案件点评

（一）本系列案是海关贯彻落实《"十四五"国家知识产权保护和运用规划》要求，严厉打击侵犯著作权案件的典型案件

2021 年 10 月国务院印发的《"十四五"国家知识产权保护和运用规划》强调，要提高知识产权行政保护效能，重点查处假冒专利、商标侵权、侵犯著作权、地理标志侵权假冒等违法行为。海关始终坚持"严保护"政策导向，严厉打击侵犯著作权行为，取得了良好的成效。

（二）本系列案是海关保护消费者特别是少年儿童的健康安全的典型案例

粗制滥造的侵权产品，缺乏原料、生产工艺等安全标准管控，存在原材料毒性测试、结构设计、用电安全等质量安全隐患，严重威胁消费者特别是少年儿童的健康和安全。侵犯著作权的商品多与热门动画相关，上述商品终端消费群体多为少年儿童。海关始终坚持将威胁少年儿童健康安全的

侵权商品作为执法重点并予以重拳打击。案件的查处有效截断侵权货物流入市场，保障了消费者的生命健康安全。

案例 10　重庆、沈阳、大连、南昌海关查获输往“一带一路”沿线国家侵权货物系列案

一、案情介绍

重庆海关加强对通过跨境电商渠道输往“一带一路”国家货物的查验力度，一次性查获输往匈牙利的侵权太阳镜、运动鞋、服饰、挎包等货物8万余件，涉及“APPLE”“Ray-Ban”等35个品牌，申报货值合计69万余元，成为中欧班列(重庆)开行10年以来该关最大宗铁路口岸侵权案件。本案已由重庆海关移送公安机关办理。

沈阳海关在输往哈萨克斯坦跨境电商货运包机渠道查获侵权货物6批次，扣留侵权服装、鞋帽、充电器等各类货物共计7834件，涉及“APPLE”“Panasonic”等多个品牌。海关依法扣留相关侵权嫌疑货物，调查后作出没收侵权货物并处罚款的行政处罚决定。

大连海关加大对海上丝绸之路沿线国家的关注度，通过梳理近年来查获的侵权案件，对部分高风险国家及高风险商品，开展知识产权专项布控，在出口至菲律宾的货物中查获侵权运动鞋1641双。海关依法扣留相关侵权嫌疑货物，调查后作出没收侵权货物并处罚款的行政处罚决定。

南昌海关在铁路运输渠道加大知识产权布控及查验力度，在一批输往乌兹别克斯坦的货物中，查获侵犯“NESCAFE”“KITKAT”等商标权的陶瓷杯29 437个。海关依法扣留相关侵权嫌疑货物，调查后作出没收侵权货物并处罚款的行政处罚决定。

二、案件点评

(一)本系列案件是海关落实“一带一路”倡议的集中体现

海关总署多次就加强对“一带一路”沿线国家知识产权保护、加大对进出口环节侵权违法行为打击力度作出专项部署；全国海关精心组织，周密安排，强化风险分析，加强对重点区域、重点渠道、重点商品的监管，持续保持对进出口环节侵权违法行为打击的高压态势，取得了良好成效。

(二)本系列案件是海关规范新兴业态外贸秩序的有力措施

本系列案件中，重庆、沈阳、南昌等海关分别在中欧班列渠道以及跨境电商渠道查获侵权货物，而上述渠道多是地方政府扶持地方外贸发展的重点渠道。侵权货物夹杂在普通货物中，利用中欧班列以及跨境电商渠道输往“一带一路”沿线国家，对新兴业态的外贸秩序产生了潜在的影响。海关对上述渠道加大打击力度，查获了一批侵权货物，对规范新兴业态外贸秩序起到了重要作用。

供稿：海关总署综合业务司

2021年度反不正当竞争与保护商业秘密典型案例

案例　马斯特模具(昆山)有限公司商业秘密被侵犯案

一、案情摘要

2017年1月，马斯特模具(昆山)有限公司(以下简称马斯特公司)供应链总监吕某某退休离职。在职期间，吕某某不断收集其接触到的热流道加工装配图纸，违反保密约定及保守商业秘密要求，私自将载有马斯特公司商业秘密的热流道加工装配图纸拷贝在U盘中带走。离职后，吕某某合伙他人成立公司，并通过承诺分配公司干股、提高薪资待遇、降低劳动强度等方式，鼓动马斯特公司原料采购、产品设计、制造、售后和销售等岗位的工作人员，参与其公司的生产经营，采取仿制产品、低价销售等不正当手段抢占市场份额，造成马斯特公司损失约3000万元。2018年10月，昆山市市场监督管理局联合昆山市公安局对洛希德公司进行现场检查。现场提取的图纸和技术资料中，与权利人主张的技术信息具有同一性的密点多达数十处。

二、法律依据及处罚

吕某某等人及其公司明知马斯特公司的前员工窃取其商业秘密，仍获取、使用该商业秘密用于生产经营，违反《反不正当竞争法》第9条规定，依据第21条规定，责令当事人立即停止获取和使用马斯特公司商业秘密的违法行为，并处罚款100万元。

供稿：国家市场监督管理总局
价格监督检查和反不正当竞争局

2021年度中国法院十大知识产权案件

案例1　涉“双飞人”商标侵权及不正当竞争纠纷案

双飞人制药股份有限公司与广州赖特斯商务咨询有限公司等侵害商标权及不正当竞争纠纷案

[最高人民法院(2020)最高法民再23号民事判决书]

一、案情摘要

双飞人制药股份有限公司(以下简称双飞人公司)是“双飞人”注册商标权利人，该商标核定使用商品为第3类的“花露水、化妆品等”。同时，双飞人公司还是两个核定使用在爽水产品上的双飞人立体商标的权利人。法国利佳制药厂拥有指定使用在第3类商品上的“利佳”注册商标，广州赖特斯商务咨询有限公司(以下简称赖特斯公司)独家代理在中国境内宣传、推广、分销和销售利佳薄荷水等“利佳”品牌化妆品。双飞人公司以赖特斯公司等生产、销售利佳薄荷水侵害其注册商标专用权、并同时实施了不正当竞争行为为由，向法院提起诉讼。一审法院认为，利佳薄荷水与“双飞人”商标核定使用的“双飞人爽水”属于相同商品。经对比，被诉侵权产品包装与双飞人公司的立体商标构成近似并可能导致相关公众混淆误认，赖特斯公司侵害了双飞人公司的立体商标专用权。同时，赖特斯公司为实现商业目的，在产品宣传中强调其产品为“双飞人”产品(双飞人药水)，构成对“双飞人”文字商标的侵权。此外，利佳薄荷水的包装装潢与双飞人公司知名商品的包装装潢近似，赖特斯公司的行为构成不正当竞争。赖斯特公司等不服提起上诉，二审法院判决驳回上诉、维持原判。赖特斯公司向最高人民法院申请再审。最高人民法院再审认为，赖特斯公司提交的证据可以证明，法国利佳制药厂自20世纪90年代起在中国大陆部分地区的报纸上刊登“双飞人药水”广告，持续时间较长、发行地域和发行量较大，可证明法国利佳制药厂在先使用的“双飞人药水”所采用的“蓝、白、红”包装有一定影响。双飞人公司明知“双飞人药水”存在于市场，却恶意申请注册与“双飞人药水”包装近似的立体商标并行使权利，其行为难言正当，赖特斯公司的在先使用抗辩成立。双飞人公司关于赖特斯公司构成侵害注册商标专用权及不正当竞争的主张均不能成立。最高人民法院遂判决撤销一审、二审判决，驳回双飞人公司的诉讼请求。

二、典型意义

本案涉及商标先用权抗辩的审查问题。先用权抗辩制度的目的，是保护善意的在先使用者在原有范围内继续使用其有一定影响的商业标识的利益，是诚实信用原则在商标法领域的重要体现。再审判决有效保护了诚信经营带来的使用权益，是人民法院加强知识产权诉讼诚信体系建设的有益探索。

案例 2 “香兰素”侵害技术秘密案

嘉兴市中华化工有限责任公司、上海欣晨新技术有限公司与王龙集团有限公司等侵害技术秘密纠纷案

［最高人民法院（2020）最高法知民终1667号民事判决书］

一、案情摘要

嘉兴市中华化工有限责任公司（以下简称嘉兴中华化工公司）、上海欣晨新技术有限公司拥有使用乙醛酸法制备香兰素工艺的技术秘密。嘉兴中华化工公司基于该工艺一跃成为全球最大的香兰素制造商，占全球市场约60%的份额。王龙集团有限公司（以下简称王龙集团公司）及其法定代表人等通过嘉兴中华化工公司香兰素车间副主任非法获取了该技术秘密，并使用该技术秘密工艺大规模生产香兰素产品，导致香兰素产品价格下滑、嘉兴中华化工公司的市场份额缩减。嘉兴中华化工公司等遂诉至法院。一审法院认定王龙集团公司等构成侵害部分技术秘密，判决其停止侵害、赔偿经济损失350万元，同时作出行为保全裁定，责令立即停止侵害涉案技术秘密。一审判决后，王龙集团公司继续实施侵权行为。双方当事人提起上诉。最高人民法院二审认为，王龙集团公司系其法定代表人为侵权而设立的企业，且其法定代表人积极参与侵权行为的实施，故王龙集团公司与其法定代表人构成共同侵害全部技术秘密，应当承担连带赔偿责任。根据权利人提供的经济损失数据，综合考虑涉案技术秘密商业价值大、侵权情节恶劣、被告拒不执行人民法院行为保全裁定等因素，改判王龙集团公司及其法定代表人等连带赔偿1.59亿元。

二、典型意义

本案是人民法院历史上生效判决确定赔偿数额最高的侵害商业秘密案件。本案裁判提高了侵权违法成本，切实保护了重要产业核心技术，对于在侵害技术秘密案件中认定损害赔偿具有参考意义。人民法院还依法将涉嫌犯罪线索移送公安机关，推进了民事侵权救济与刑事犯罪责任追究的衔接，彰显了严格依法保护知识产权、严厉打击侵权行为的鲜明司法态度。

案例 3 “驾校联营”横向垄断协议案

台州市路桥吉利机动车驾驶培训有限公司、台州市路桥区承融驾驶员培训有限公司与台州市路桥区东港汽车驾驶培训学校等、台州市路桥区浙东驾驶员培训服务有限公司横向垄断协议纠纷案

［最高人民法院（2021）最高法知民终1722号民事判决书］

一、案情摘要

浙江省台州市路桥区的15家汽车驾驶培训单位签订联营协议及自律公约，约定共同出资设立联营公司即台州市路桥区浙东驾驶员培训服务有限公司（以下简称浙东公司），固定驾驶培训服务价格、限制驾驶员培训机构间的教练车辆及教练员流动，涉案15家驾培单位原先分散的辅助性服务（如报名、体检、制卡等）均由浙东公司统一在同一现场处理，浙东公司收取服务

费 850 元。《联营协议》第 3 条具体约定了联营公司设立的注册资本与股本结构。涉案 15 家驾培单位中的台州市路桥吉利机动车驾驶培训有限公司(以下简称吉利公司)、台州市路桥区承融驾驶员培训有限公司(以下简称承融公司)以该 15 家单位构成垄断经营为由,诉至法院,请求确认联营协议及自律公约无效。一审法院认为,浙东公司统一处理原先分散的辅助性服务,可提高服务质量、降低成本、增进效率,其收取服务费 850 元并无不当,有关股本结构条款和服务收费条款可以依法适用反垄断豁免,故一审判决仅确认涉案联营协议及自律公约中构成横向垄断协议的条款无效。吉利公司等不服,向最高人民法院提起上诉,请求改判确认联营协议中股本结构条款和服务收费条款无效。最高人民法院二审认为,达成垄断协议的经营者主张适用垄断豁免的,应当提供充分证据证明其符合有关法定情形,不得在缺乏证据支持的情况下仅仅依据一般性推测或者抽象推定垄断豁免抗辩成立。违反《反垄断法》关于横向垄断协议规定的合同条款,与横向垄断协议条款紧密联系的条款,以及服务于横向垄断协议行为实施的条款均应属无效,否则不足以消除和降低垄断行为风险。最高人民法院二审判决,撤销一审判决,确认涉案联营协议及自律公约全部无效。

二、典型意义

本案是典型的横向垄断纠纷案件。最高人民法院通过裁判澄清了横向垄断协议豁免事由的适用标准,阐明了违反《反垄断法》的横向垄断协议应归于无效的一般原则,且无效范围不限于横向垄断协议条款本身,还包括与之具有紧密关联、缺乏独立存在意义的条款和服务于横向垄断协议行为实施的条款。本案裁判有力维护了市场公平竞争秩序,有利于从源头上制止垄断行为。

案例 4 涉"金粳 818"植物新品种侵权案

江苏省金地种业科技有限公司与江苏亲耕田农业产业发展有限公司侵害植物新品种权纠纷案

[最高人民法院(2021)最高法知民终 816 号民事判决书]

一、案情摘要

江苏省金地种业科技有限公司(以下简称金地公司)为水稻新品种"金粳 818"的独占实施被许可人,江苏亲耕田农业产业发展有限公司(以下简称亲耕田公司)未经许可,以线下门店推广以及在微信群内发布"农业产业链信息匹配"线上宣传等方式,寻找潜在的交易者,收取会员费并向会员提供"金粳 818"水稻种子交易信息,与买家商定交易价格、数量、交货时间,安排送货收款。金地公司认为亲耕田公司的行为构成侵权,诉至江苏省南京市中级人民法院。一审法院认为,亲耕田公司并未直接销售涉案侵权种子,仅构成帮助侵权,判决亲耕田公司停止侵权,赔偿损失及合理支出 300 万元。亲耕田公司不服,提起上诉。最高人民法院二审认为,亲耕田公司在网络平台发布种子销售信息,与购买者协商确定种子包装方式、价款、数量、履行期限等交易要素,销售合同自合意达成时成立,亲耕田公司是交易组织者、决策者,应当认定其构成销售侵权而非帮助侵权;亲耕田公司发布和组织交易的种子远超农民自繁自用的合理规模,"农民自繁自用"不侵权抗辩不能成立。亲耕田公司未取得种子生产经营许可证并销售白皮袋侵权种子,属于侵权行为情节严重,且拒不提供有关账簿,一审判决按照赔偿基数的 2 倍适用惩罚性赔偿正确,最高人民法院二审判决驳回上诉、维持原判。

二、典型意义

本案是打击种子套牌侵权的典型案

件。裁判对于借助互联网信息平台组织销售白皮袋种子，以“农民”“种粮大户”等经营主体名义掩护实施的侵权行为进行了准确认定，依法适用惩罚性赔偿，让侵权人付出沉重代价，体现了人民法院严格保护植物新品种权、促进农业科技创新的司法导向。

案例 5　侵害“排水板成型机”发明专利权及司法惩戒案

周某与无锡瑞之顺机械设备制造有限公司侵害发明专利权纠纷案

［江苏省苏州市中级人民法院（2019）苏 05 知初 1122 号民事判决书、（2020）苏 05 司惩 1 号决定书］

一、案情摘要

周某系“排水板成型机”的发明专利权人，因发现无锡瑞之顺机械设备制造有限公司（以下简称瑞之顺公司）涉嫌侵权，向法院申请诉前证据保全。江苏省苏州市中级人民法院裁定采取保全措施，对被诉侵权产品进行现场拍照并制作笔录，明确告知瑞之顺公司不得破坏或者转移保全证据，瑞之顺公司法定代表人签字确认。后周某以瑞之顺公司侵害其专利权为由诉至法院。案件审理过程中，瑞之顺公司在未告知法院的情形下擅自转移诉前保全产品并导致该产品灭失。一审法院认为，诉前保全证据系本案关键证据，瑞之顺公司擅自转移并导致证据灭失，直接影响本案侵权判断，遂认定被诉侵权行为构成侵害专利权并全额支持原告的赔偿请求。同时，一审法院对瑞之顺公司擅自转移诉前保全证据并导致证据灭失、严重妨害民事诉讼的行为给予司法惩戒，处罚款 20 万元。瑞之顺公司不服一审判决，提起上诉。最高人民法院二审判决驳回上诉、维持原判。

二、典型意义

本案是人民法院着力破解“举证难”、提升知识产权审判质效和司法公信力的案例。本案明确了掌握证据一方的举证义务，以及证明妨碍和妨害证据保全的法律后果，对于依法适当减轻权利人举证负担，引导当事人积极、主动、全面、诚实提供证据，具有重要的实践价值。

案例 6　涉“惠氏”商标惩罚性赔偿案

惠氏有限责任公司、惠氏（上海）贸易有限公司与原广州惠氏宝贝母婴用品有限公司等侵害商标权及不正当竞争纠纷案

［浙江省高级人民法院（2021）浙民终 294 号民事判决书］

一、案情摘要

惠氏有限责任公司（以下简称惠氏公司）是“惠氏”“Wyeth”等注册商标的权利人，惠氏（上海）贸易有限公司（以下简称惠氏上海公司）经许可在中国使用上述商标并进行维权。原广州惠氏宝贝母婴用品有限公司（以下简称原广州惠氏公司）长期大规模生产、销售带有“惠氏”“Wyeth”“惠氏小狮子”标识的母婴洗护产品等商品，并通过抢注、受让等方式在洗护用品等类别上获得“惠氏”“Wyeth”等商标，在宣传推广中明示或暗示与惠氏公司具有关联关系，并与其他被告以共同经营网上店铺等方式，实施线上线下侵权行为，获利巨大。惠氏公司、惠氏上海公司以原广州惠氏公司等为被告，诉至法院。一审法院认定侵权成立，判决全额支持了惠氏公司、惠氏上海公司的诉讼请求。各被告均不服，提起上诉。浙江省高级人民法院二审认为，惠氏公司、惠氏上海公司明确请求适用惩罚性赔偿，根据在案证据可证明的原广州惠氏公司侵权获利情况，按照赔偿基数的 3 倍计算，惠氏公司、惠氏上海公司提出的 3000

万元的诉讼请求应予全额支持。二审法院当庭宣判驳回上诉、维持原判。

二、典型意义

本案是人民法院适用惩罚性赔偿的典型案例。本案通过依法判处惩罚性赔偿,显著提高侵权违法成本,让侵权者得不偿失,让遭受侵权者得到充分救济,让“侵犯知识产权就是盗取他人财产”观念深入人心。

案例 7 “空竹”杂技作品著作权权属及侵权案

中国杂技团有限公司与吴桥县桑园镇张硕杂技团等著作权权属及侵害著作权纠纷案

[北京知识产权法院(2019)京 73 民终 2823 号民事判决书]

一、案情摘要

中国杂技团有限公司(以下简称中国杂技团)认为,吴桥县桑园镇张硕杂技团(以下简称张硕杂技团)等表演、传播《俏花旦》节目的行为侵害其著作权,遂诉至法院。一审法院认定,根据合同约定,在无相反证据的情况下,中国杂技团享有《俏花旦——集体空竹》除署名权外的著作权。张硕杂技团的演出行为等构成侵害著作权,故判令其停止侵权、赔偿经济损失及合理支出并刊登声明消除影响。张硕杂技团不服,提起上诉。北京知识产权法院二审认为,《俏花旦——集体空竹》中的形体动作编排设计体现了创作者的个性化选择,属于具备独创性的表达,构成《著作权法》规定的杂技作品。张硕杂技团表演的《俏花旦》在开场部分的走位、动作衔接安排,以及多次出现的标志性集体动作等编排设计方面,与《俏花旦——集体空竹》的独创性表达部分等构成实质性相似,侵害了中国杂技团杂技作品的著作权,遂判决驳回上诉、维持原判。

二、典型意义

本案是人民法院加强涉传统文化著作权保护的典型案例。保护传统文化,就是保护民族瑰宝。本案依法保护杂技艺术作品,有利于激发文化创意活力、促进文化产业繁荣。

案例 8 涉开源软件侵害计算机软件著作权案

济宁市罗盒网络科技有限公司与广州市玩友网络科技有限公司等侵害计算机软件著作权纠纷案

[广州知识产权法院(2019)粤 73 知民初 207 号民事判决书]

一、案情摘要

济宁市罗盒网络科技有限公司(以下简称罗盒公司)的股东罗某在 Github 网站上传了其开发的 VirtualApp 软件(以下简称涉案软件)初始源代码并适用 GPLV3 开源许可协议。广州市玩友网络科技有限公司(以下简称玩友公司)开发了 4 款被诉侵权的微信视频美颜相机 App 并上传于各平台供用户下载,但并未提供源代码。用户可免费试用半小时,之后需支付会员费使用。罗盒公司认为 4 款被诉侵权软件中的沙盒分身功能与涉案软件构成实质性相似,玩友公司不提供开源代码且收取会员费的行为违反限制商业使用条款和 GPLV3 开源许可协议,侵害其涉案软件著作权,遂诉至法院。广州知识产权法院认为,被诉侵权软件的下载无须付费,玩友公司收取会员费仅用于运营维护和技术支持,该行为并不违反 GPLV3 开源许可协议的规定。但是,使用涉案开源软件开发的商业软件依约需公开其全部源代码,玩友公司未向用户提供被诉侵权软件源代码下载,违反了 GPLV3 开源许可协议的约定,玩友公司复制、发布涉案软件源代码的行为侵害了涉案软件著作权。广州知识产权法院依法判令玩友公司停止提供含有沙盒分身功能源代码的4款软件的下载、安装和运营服务，并赔偿罗盒公司经济损失及维权合理支出共计50万元。一审宣判后，双方当事人均未上诉。

二、典型意义

本案是涉及开源代码软件著作权保护的新类型案件。人民法院对开源软件的诉讼主体资格、开源协议许可的撤销、限制商业使用条款等问题进行了积极探索。

案例9 “刷单炒信”不正当竞争纠纷案

上海汉涛信息咨询有限公司与青岛简易付网络技术有限公司等不正当竞争纠纷案

［山东省青岛市中级人民法院（2020）鲁02民初2265号民事判决书］

一、案情摘要

上海汉涛信息咨询有限公司（以下简称上海汉涛公司）是大众点评平台的经营者。青岛简易付网络技术有限公司（以下简称青岛简易付公司）通过微信公众号“铁鱼霸王餐”与商户订立广告服务合同，在多个微信群发布任务，组织人员对大众点评的特定商户进行点赞、上门好评、人工店铺收藏、增加店铺访客量和浏览量。上海汉涛公司以青岛简易付公司等实施的上述行为构成不正当竞争为由，诉至山东省青岛市中级人民法院。一审法院认为，青岛简易付公司以营利为目的组织刷单炒信，帮助其他经营者进行虚假的商业宣传，违背了公平、诚实信用原则及商业道德，造成了大众点评平台的相关数据失实，影响了上海汉涛公司的信用评价体系，构成不正当竞争。一审法院判令青岛简易付公司停止刷单炒信的不正当竞争行为，赔偿经济损失及合理支出30万元。一审判决后，当事人均未上诉。

二、典型意义

本案涉及互联网平台“刷单炒信”不正当竞争行为的认定。本案判决积极回应实践需求，通过制止“刷单炒信”等行为，维护市场竞争秩序，保护经营者和消费者的合法权益，有助于形成崇尚、保护和促进公平竞争的市场环境。

案例10 “人人影视字幕组”侵犯著作权罪案

梁某平、王某航等十五人侵犯著作权罪案

［上海市第三中级人民法院（2021）沪03刑初101号刑事判决书、上海市杨浦区人民法院（2021）沪0110刑初826号刑事判决书］

一、案情摘要

自2018年起，被告人梁某平先后成立武汉链世界科技有限公司、武汉快译星科技有限公司，指使被告人王某航聘用被告人万某军等人作为技术、运营人员，开发、运营“人人影视字幕组”网站及Android、IOS、Windows、MacOSX、TV等客户端；被告人梁某平又聘用被告人谢某洪等人组织翻译人员，从境外网站下载未经授权的影视作品，翻译、制作、上传至相关服务器，通过所经营的“人人影视字幕组”网站及相关客户端对用户提供免费在线观看和下载。经鉴定及审计，“人人影视字幕组”网站及相关客户端内共有未授权影视作品32 824部，会员数量共计683万余人。自2018年1月至案发，上述各渠道非法经营数额合计人民币1200万余元。上海市第三中级人民法院、上海市杨浦区人民法院认为，被告人梁某平、王某航等15名被告人结伙，以营利为目的，未经著作权人许可，复制发行他人作品，属于有其他特别严重情节，其行为均已构成侵犯著作权罪。上海市第三中级人民法院判处主犯被告人梁某平有期徒刑3年6个月，并处罚金；上海市杨浦区人民法院判处被告人王某航等14名从犯1年6个月至3年不等的有期徒刑，适用缓刑，并处罚金。一审判决后，15名被告人均未上诉。

二、典型意义

本案影视作品众多且权利人分散，判决阐述了如何认定“未经授权”及未经授权影视作品的数量等法律适用问题，有力打击了侵犯著作权的犯罪行为。依法追究组织者及主要参与者的刑事责任，贯彻了宽严相济的刑事政策。

供稿：最高人民法院民三庭

最高人民检察院第二十六批指导性案例

（检察机关依法保护知识产权主题）

案例1　邓某城、双善食品（厦门）有限公司等销售假冒注册商标的商品案（检例第98号）

【关键词】

销售假冒注册商标的商品　食品安全　上下游犯罪　公益诉讼

【要　旨】

办理侵犯注册商标类犯罪案件，应注意结合被告人销售假冒商品数量、扩散范围、非法获利数额及在上下游犯罪中的地位、作用等因素，综合判断犯罪行为的社会危害性，确保罪责刑相适应。在认定犯罪的主观明知时，不仅考虑被告人供述，还应综合考虑交易场所、交易时间、交易价格等客观行为，坚持主客观相一致。对侵害众多消费者利益的情形，可以建议相关社会组织或自行提起公益诉讼。

一、基本案情

被告人邓某城，男，1981年生，广州市百益食品贸易有限公司（以下简称百益公司）负责人。

被告单位双善食品（厦门）有限公司（以下简称双善公司），住所地福建省厦门市。

被告人陈某文，男，1981年生，双善公司实际控制人。

被告人甄某连，女，1984年生，双善公司法定代表人。

被告人张某泉，男，1984年生，双善公司销售员。

被告人甄某，男，1986年生，双善公司发货员。

2017年5月至2019年1月初，被告人邓某城明知从香港购入的速溶咖啡为假冒“星巴克”“STARBUCKS VIA”等注册商标的商品，仍伙同张某建（在逃）以每件人民币180元这一明显低于市场价（正品每件800元，每件20盒，每盒4条）的价格，将21 304件假冒速溶咖啡（每件20盒，每盒5条，下同）销售给被告单位双善公司，销售金额383万余元。被告人邓某城、陈某文明知百益公司没有“星巴克”公司授权，为便于假冒咖啡销往商业超市，伪造了百益公司许可双善公司销售“星巴克”咖啡的授权文书。2017年12月至2019年1月初，被告人陈某文、甄某连、张某泉、甄某以双善公司名义从邓某城处购入假冒“星巴克”速溶咖啡后，使用伪造的授权文书，以双善公司名义将19 264件假冒“星巴克”速溶咖啡销售给无锡、杭州、汕头、乌鲁木齐等全国18个省份50余家商户，销售金额共计724万余元。

案发后，公安机关在百益公司仓库内查获待售假冒“星巴克”速溶咖啡6480余件，按实际销售价格每件180元计算，价值116万余元；在被告单位双善公司仓库内查获假冒“星巴克”速溶咖啡2040件，由于双善公司向不同销售商销售的价格不同，对于尚未销售的假冒商品的货值金额以每件 340 元的最低销售价格计算，价值 69 万余元。

二、检察机关履职情况

1. 审查起诉

2019 年 4 月 1 日，江苏省无锡市公安局新吴分局（以下简称新吴分局）以犯罪单位双善公司及被告人陈某文、甄某连、甄某涉嫌销售假冒注册商标的商品罪向江苏省无锡市新吴区人民检察院（以下简称新吴区检察院）移送起诉。同年 8 月 22 日，新吴分局以被告人邓某城涉嫌假冒注册商标罪、销售假冒注册商标的商品罪移送起诉。新吴区检察院并案审查，重点开展以下工作：

一是准确认定罪名及犯罪主体。涉案咖啡系假冒注册商标的商品，是否属于有毒有害或不符合安全标准的食品，将影响案件定性，但在案证据没有关于假冒咖啡是否含有有毒有害成分、是否符合安全标准及咖啡质量的鉴定意见。鉴于该部分事实不清，检察机关要求公安机关对照 GB 7101—2015《食品安全国家标准　饮料》等的规定，对扣押在案的多批次咖啡分别抽样鉴定。经鉴定，涉案咖啡符合我国食品安全标准，不构成生产、销售有毒、有害食品罪等罪名。公安机关基于被告人邓某城销售假冒咖啡的行为，认定其涉嫌构成销售假冒注册商标的商品罪；基于在百益公司仓库内查获的假冒咖啡的制作和灌装工具，认为邓某城亦实施了生产、制造假冒咖啡的行为，认定其同时构成假冒注册商标罪，故以涉嫌两罪移送起诉。检察机关经审查认为，现场仅有咖啡制作和灌装工具，无其他证据，且同案犯未到案，证明邓某城实施制造假冒咖啡行为的证据不足，在案证据只能证实邓某城将涉案假冒咖啡销售给犯罪单位双善公司，故改变邓某城行为的定性，只认定销售假冒注册商标的商品罪一罪。检察机关还依职权主动对百益公司是否构成单位犯罪、是否需要追加起诉进行了审查，认定百益公司系邓某城等为经营假冒咖啡于 2018 年 4 月专门设立。根据最高人民法院《关于审理单位犯罪案件具体应用法律有关问题的解释》第 2 条的规定，个人为进行违法犯罪活动而设立的公司、企业、事业单位实施犯罪的，不以单位犯罪论，故对百益公司的行为不应认定为单位犯罪。

二是追加认定犯罪数额。检察机关从销售单和买家证言等证据材料中发现，除公安机关移送起诉的被告人邓某城销售金额 121 万元、犯罪单位双善公司销售金额 324 万元的事实外，邓某城、双善公司还另有向其他客户销售大量假冒咖啡的行为。检察机关将百益公司、双善公司收取、使用货款的交易明细、公司员工聊天记录等证据退回公安机关补充侦查，公安机关补充调取了百益公司与双善公司以及邓某城与被告人甄某连个人账户之间合计 600 万余元的转账记录、双善公司员工工作微信内涉案咖啡发货单照片 120 余份后，检察机关全面梳理核对销售单、快递单、汇款记录等证据，对邓某城销售金额补充认定了 172 万余元，对双善公司销售金额补充认定了 400 万余元。

三是综合判断被告人主观上是否明知是假冒注册商标的商品。被告人邓某城、陈某文、甄某连处于售假上游，有伪造并使用虚假授权文书、以明显低于市场价格进行交易的行为，应认定 3 人具有主观明知。在侦查阶段初期，被告人甄某否认自己明知涉案咖啡系假冒注册商标的商品，公安机关根据其他被告人供述、证人证言等证据，证实其采用夜间收发货、隐蔽包装运输等异常交易方式，认定其对售假行为具有主观明知。后甄某供认了自己的罪行，并表示愿意认罪认罚。经补充侦查，公安机关结合销售商证言，查明被告人张某泉明知涉案咖啡被超市认定为假货被下架、退货，但仍继续销售涉案咖啡，金额达 364 万余元，可认定张某泉具有主观明知。鉴于公安机关未将张某泉一并移送，检察机关遂书面通知对张某泉补充移送起诉。

四是综合考量量刑情节，提出量刑建议。针对销售假冒注册商标的商品罪的特点，在根据销售金额确定基准刑的前提下，充分考虑各被告人所处售假环节、假冒产品类别、销售数量、扩散范围等各项情节，在辩护人或值班律师的见证下，5 名被告人均自愿认罪认罚，认可检察机关指控的全部犯罪事实和罪名，接受检察机关提出的有期徒刑 1 年 9 个月至 5 年不等，罚金 10 万元至 300 万元不等的量刑建议。2019 年 9 月 26 日，新吴区检察院以被告人邓某城、被告单位双善公司及陈某文、甄某连、张某泉、甄某构成销售假冒注册商标的商品罪向江苏省无锡市新吴区人民法院（以下简称新吴区法院）提起公诉。

2. 指控与证明犯罪

2019 年 11 月 7 日，新吴区法院依法公开开庭审理本案。庭审过程中，部分辩护人提出以下辩护意见：(1)商品已销售，但仅收到部分货款，货款未收到的部分事实应当认定为犯罪未遂；(2)被告人邓某城获利较少，且涉案重大事项均由未到案的同案犯决定，制假售假源头均来自未到案同案犯，其在全案中作用较小，在共同犯罪中起次要作用，系从犯。

公诉人答辩如下：第一，根据被告单位双善公司内部销售流程，销售员已向被告人甄某连发送销售确认单，表明相关假冒商品已发至客户，销售行为已经完成，应认定为犯罪既遂，是否收到货款不影响犯罪既遂的认定。第二，邓某城处于整个售假环节上游，在全案中地位作用突出，不应认定为从犯。首先，邓某城实施了从香港进货、骗取报关单据、出具虚假授权书、与下家双善公司签订购销合同、收账走账等关键行为；其次，邓某城销售金额低于双善公司，是因为其处于售假产业链的上游环节，销售单价低于下游经销商所致，但其销售数量高于双善公司。正是由于邓某城实施伪造授权文书、提供进口报关单等行为，导致假冒咖啡得以进入大型商业超市，销售范围遍布全国，受害消费者数量众多，被侵权商标知名度高，媒体高度关注。合议庭对公诉意见和量刑建议予以采纳。

3. 处理结果

2019 年 12 月 6 日，新吴区法院作出一审判决，以销售假冒注册商标的商品罪判处被告单位双善公司罚金 320 万元；分别判处被告人邓某城、陈某文等 5 人有期徒刑 1 年 9 个月至 5 年不等，对被告人张某泉、甄某适用缓刑，并对邓某城等 5 人各处罚金 10 万元至 300 万元不等。判决宣告后，被告单位和被告人均未提出上诉，判决已生效。

鉴于此案侵害众多消费者合法权益，损害社会公共利益，新吴区检察院提出检察建议，建议江苏省消费者权益保护委员会（以下简称江苏消保委）对双善公司提起消费民事公益诉讼。江苏消保委依法向江苏省无锡市中级人民法院（以下简称无锡中院）提起侵害消费者权益民事公益诉讼，主张涉案金额 3 倍的惩罚性赔偿。无锡中院于 2020 年 9 月 18 日立案受理。

三、指导意义

1. 依法严惩假冒注册商标类犯罪，切实维护权利人和消费者合法权益

依法严厉惩治侵犯注册商标犯罪行为、保护权利人对注册商标的合法权益是检察机关贯彻国家知识产权战略、营造良好知识产权法治环境的重要方面。在办理侵犯注册商标犯罪案件中，检察机关应当全面强化职责担当。对于商品可能涉及危害食品药品安全、社会公共安全的，应当引导公安机关通过鉴定检验等方式就产品质量进行调查取证，查明假冒商品是否符合国家产品安全标准，是否涉嫌构成生产、销售有毒有害食品罪等罪名。如果一行为同时触犯数个罪名，则应当按照法定刑较重的犯罪进行追诉。制假售假犯罪链条中由于层层加价销售，往往出现上游制售假冒商品数量大但销售金额小、下游销售数量小而销售金额大的现象。检察机关在提出

量刑建议时，不能仅考虑犯罪金额，还要综合考虑被告人在上下游犯罪中的地位与作用、所处的制假售假环节、销售数量、扩散范围、非法获利数额、社会影响等多种因素，客观评价社会危害性，体现重点打击制假售假源头的政策导向，做到罪刑相适应，有效惩治犯罪行为。

2. 对销售假冒注册商标的商品犯罪的上下游人员，应注意结合相关证据准确认定不同环节被告人的主观明知

司法实践中，对于销售主观明知的认定，应注意审查被告人在上下游犯罪中的客观行为。对售假源头者，可以通过是否伪造授权文件等进行认定；对批发环节的经营者，可以通过进出货价格是否明显低于市场价格，以及交易场所与交易方式是否合乎常理等因素进行甄别；对终端销售人员，可以通过客户反馈是否异常等情况进行判断；对确受伪造变造文件蒙蔽或主观明知证据不足的人员，应坚持主客观相一致原则，依法不予追诉。

3. 一体发挥刑事检察和公益诉讼检察职能，维护社会公共利益

检察机关依法履职的同时，要善于发挥刑事检察和公益诉讼检察职能合力，用好检察建议等法律监督措施，以此推动解决刑事案件涉及的公共利益保护和社会治理问题。对于侵害众多消费者利益，涉案金额大，侵权行为严重的，检察机关可以建议有关社会组织提起民事公益诉讼，也可以自行提起民事公益诉讼，以维护社会公众合法权益。

案例 2　广州卡门实业有限公司涉嫌销售假冒注册商标的商品立案监督案(检例第 99 号)

【关键词】

在先使用　听证　监督撤案　民营企业保护

【要　旨】

在办理注册商标类犯罪的立案监督案件时，对符合商标法规定的正当合理使用情形而未侵犯注册商标专用权的，应依法监督公安机关撤销案件，以保护涉案企业合法权益。必要时可组织听证，增强办案透明度和监督公信力。

一、基本案情

申请人广州卡门实业有限公司(以下简称卡门公司)，住所地广东省广州市。

2013 年 3 月，卡门公司开始在服装上使用“KM”商标。2014 年 10 月 30 日，卡门公司向原国家工商行政管理总局商标局(以下简称商标局)申请注册该商标在服装、帽子等商品上使用，商标局以该商标与在先注册的商标近似为由，驳回申请。2016 年 6 月 14 日，卡门公司再次申请在服装、帽子等商品上注册“KM”商标，2017 年 2 月 14 日，商标局以该商标与在先注册的商标近似为由，仅核准“KM”商标在睡眠用眼罩类别上使用，但卡门公司继续在服装上使用“KM”商标。其间，卡门公司逐渐发展为在全国拥有门店近 600 家、员工 1 万余名的企业。

2015 年 11 月 20 日，北京锦衣堂企业文化发展有限公司(以下简称锦衣堂公司)申请在服装等商品上注册“KM”商标，商标局以该商标与在先注册的商标近似为由，驳回申请。2016 年 11 月 22 日，锦衣堂公司再次申请在服装等商品上使用“KM”商标。因在先注册的近似商标被撤销，商标局于 2018 年 1 月 7 日核准该申请。后锦衣堂公司授权北京京津联行房地产经纪有限公司(以下简称京津联行公司)使用该商标。2018 年 1 月，京津联行公司授权周某经营的服装专卖店使用“KM”商标。2018 年 5 月，京津联行公司向全国多地市场监管部门举报卡门公司在服装上使用“KM”商标，并以卡门公司涉嫌销售假冒注册商标的商品罪向广东省佛山市公安局南海分局(以下简称南海分

局）报案。南海分局于同年 5 月 31 日立案，并随后扣押卡门公司物流仓库中约 9 万件标记“KM”商标的服装。

二、检察机关履职情况

1. 受理立案监督

2018 年 5 月 31 日，南海分局以卡门公司涉嫌销售假冒注册商标的商品罪立案侦查。6 月 8 日，卡门公司不服公安机关立案决定，向广东省佛山市南海区人民检察院（以下简称南海区检察院）申请监督撤案。南海区检察院依法启动立案监督程序。

2. 调查核实

南海区检察院向公安机关发出《要求说明立案理由通知书》。公安机关在《立案理由说明书》中认为，卡门公司未取得“KM”商标服装类别的商标权，且未经“KM”商标所有人锦衣堂公司许可，在服装上使用“KM”商标，情节严重，涉嫌犯罪，故立案侦查。经南海区检察院审查发现，公安机关认定卡门公司涉嫌销售假冒注册商标的商品罪存在以下问题：一是欠缺卡门公司申请过“KM”商标的相关证据；二是卡门公司与锦衣堂公司申请“KM”商标的先后时间不清晰；三是欠缺卡门公司“KM”商标的使用情况、销售金额、销售规模等证据。

针对上述问题，南海区检察院进行了调查核实：一是调取卡门公司申请商标注册的材料、“KM”商标使用情况、服装生产、销售业绩表、对外宣传材料及京津联行公司委托生产、销售“KM”服装数量和规模等证据，查明卡门公司两次申请注册“KM”商标的时间均早于锦衣堂公司，卡门公司自成立时已使用并一直沿用“KM”商标，且卡门公司在全国拥有多家门店，具有一定规模和影响力。二是主动联系佛山市南海区市场监督局、广州市工商行政管理局，了解卡门公司“KM”服装被行政扣押后又解除扣押的原因，查明广东省工商行政管理局认定卡门公司“KM”商标使用行为属于在先使用。三是两次召开听证会，邀请公安机关、行政执法部门人员及卡门公司代理律师参加听证，并听取了京津联行公司的意见，充分了解公安机关立案、扣押财物及涉案企业对立案所持异议的理由及依据，并征求行政执法部门意见。四是咨询法律专家，详细了解近似商标的判断标准、在先使用抗辩等。

3. 监督意见

南海区检察院经审查认为，公安机关刑事立案的理由不能成立。一是卡门公司存在在先使用的事实。卡门公司在锦衣堂公司取得“KM”商标之前，已经长期使用“KM”商标。二是卡门公司主观上没有犯罪故意。卡门公司在生产、销售服装期间，一直沿用该商标，从未对外宣称是锦衣堂公司或京津联行公司产品，且卡门公司经营的“KM”服装品牌影响力远大于上述两家公司，并无假冒他人注册商标的故意。卡门公司生产、销售“KM”服装的行为不构成销售假冒注册商标的商品罪，公安机关立案错误，应予纠正。

4. 处理结果

2018 年 8 月 3 日，南海区检察院发出《通知撤销案件书》。同年 8 月 10 日，南海分局撤销案件，并发还扣押货物。卡门公司及时出售货物，避免了上千万元经济损失。

三、指导意义

1. 检察机关办理侵犯知识产权犯罪案件，应注意审查是否存在法定的正当合理使用情形

办理侵犯知识产权犯罪案件，检察机关在依法惩治侵犯知识产权犯罪的同时，还应注意保护权利人的正当权益免遭损害。其中一个重要方面是应注意审查是否存在不构成知识产权侵权的法定情形。如《商标法》第 59 条规定的商标描述性使用、在先使用，《著作权法》第 24 条规定的合理使用，第 25 条、第 35 条第 2 款、第 42 条第 2 款、第 46 条第 2 款规定的法定许可，《专利法》第 67 条规定的现有技术、第 75 条规

定的专利先用权等正当合理使用的情形，防止不当启动刑事追诉。对于当事人提出的立案监督申请，检察机关经过审查和调查核实，认定有在先使用等正当合理使用情形，侵权事由不成立的，应依法通知公安机关撤销案件。

2. 正确把握商标在先使用的抗辩事由

商标注册人申请商标注册前，他人已经在同一种商品或者类似商品上先于商标注册人使用与注册商标相同或者近似并有一定影响的商标的，注册商标专用权人无权禁止该使用人在原使用范围内继续使用该商标，注册商标所有人仅可以要求其附加适当区别标识。判断是否存在在先使用抗辩事由，需重点审查以下方面：一是在先使用人是否在商标注册人申请注册前先于商标注册人使用该商标；二是在先使用商标是否已产生一定影响；三是在先商标使用人主观上是否善意。只有在全面审查案件证据事实的基础上综合判断商标使用的情况，才能确保立案监督依据充分、意见正确，才能说服参与诉讼的各方接受监督结果，做到案结事了。

3. 开展立案监督工作必要时可组织听证，增强办案透明度和监督公信力

听证是检察机关贯彻以人民为中心，充分尊重和保障当事人的知情权、参与权、监督权，健全完善涉检矛盾纠纷排查化解机制的有效举措。检察机关组织听证应当提前通知各方做好听证准备，整理好争议点，选取合适的听证员。听证中应围绕涉案当事人对刑事立案所持异议的理由和依据、公安机关立案的证据和理由、行政执法部门及听证员的意见展开，重点就侵权抗辩事由是否成立、是否具有犯罪的主观故意等焦点问题进行询问，全面审查在案证据，以准确认定公安机关立案的理由是否成立。通过听证开展立案监督工作，有助于解决在事实认定、法律适用问题上的分歧，化解矛盾纠纷，既推动规范执法，又增强检察监督公信力。

案例 3　陈某等 8 人侵犯著作权案（检例第 100 号）

【关键词】

网络侵犯视听作品著作权　未经著作权人许可　引导侦查　电子数据

【要　旨】

办理网络侵犯视听作品著作权犯罪案件，应注意及时提取、固定和保全相关电子数据，并围绕客观性、合法性、关联性要求对电子数据进行全面审查。对涉及众多作品的案件，在认定“未经著作权人许可”时，应围绕涉案复制品是否系非法出版、复制发行且被告人能否提供获得著作权人许可的相关证明材料进行审查。

一、基本案情

被告人陈某，男，1984 年生，2014 年 11 月 10 日因犯侵犯著作权罪被安徽省合肥市高新技术开发区人民法院判处有期徒刑 7 个月，罚金人民币 15 万元，2014 年 12 月 25 日刑满释放。

被告人林某等其他 7 名被告人基本情况略。

2017 年 7 月至 2019 年 3 月，被告人陈某受境外人员委托，先后招募被告人林某、赖某、严某、杨某明、黄某胜、吴某峰、伍某兴，组建 QQ 聊天群，更新维护“www. 131zy. net”“www. zuikzy. com”等多个盗版影视资源网站。其中，陈某负责发布任务并给群内其他成员发放报酬；林某负责招募部分人员、培训督促其他成员完成工作任务、统计工作量等；赖某、严某、杨某明等人通过从正版网站下载、云盘分享等方式获取片源，通过云转码服务器进行切片、转码、增加赌博网站广告及水印、生成链接，最后将该链接复制粘贴至上述盗版影视资源网站。其间，陈某收到境外人员汇入的盗版影视资源网站运营费用共计 1250 万余元，各被告人从中获利 1.8 万元至 50

万余元不等。

案发后，公安机关从上述盗版影视网站内固定、保全了被告人陈某等人复制、上传的大量侵权影视作品，包括《流浪地球》《廉政风云》《疯狂外星人》等2019年春节档电影。

二、检察机关履职情况

1. 审查逮捕

2019年春节，《流浪地球》等8部春节档电影在院线期间集体遭高清盗版，盗版电影通过各种途径流入网络。上海市人民检察院第三分院（以下简称上海三分院）应公安机关邀请介入侦查，引导公安机关开展取证固证工作。一是通过调取和恢复QQ群聊天记录并结合各被告人到案后的供述，查明陈某团伙系共同犯罪，确定各被告人对共同实施的运营盗版影视资源网站行为的主观认知。二是联系侵权作品较为集中的美日韩等国家的著作权集体管理组织，由其出具涉案作品的版权认证文书。2019年4月8日，公安机关对陈某团伙中的8名被告人提请逮捕，上海三分院依法批准逮捕。

2. 审查起诉

2019年8月29日，上海市公安局以被告人陈某等人涉嫌侵犯著作权罪向上海三分院移送起诉。本案涉及的大量影视作品涵盖电影、电视剧、综艺、动漫等多种类型，相关著作权人分布国内外。收集、审查是否获得权利人许可的证据存在难度。为进一步夯实证据基础，检察机关要求公安机关及时向国家广播电视总局调取"信息网络传播视听节目许可证"持证机构名单，以证实被告人陈某操纵的涉案网站均系非法提供网络视听服务的网站。同时，要求公安机关对陈某设置的多个网站中相对固定的美日韩剧各个板块，按照从每个网站下载300部的均衡原则抽取了2425部作品，委托相关著作权认证机构出具权属证明，证实抽样作品均系未经著作权人许可的侵权作品，且陈某等网站经营者无任何著作权人许可的相关证明材料。在事实清楚、证据确实充分的基础上，8名被告人在辩护人或值班律师的见证下均自愿认罪认罚，接受检察机关提出的有期徒刑10个月至4年6个月不等、罚金2万元至50万元不等的确定刑量刑建议，并签署了认罪认罚具结书。

2019年9月27日，上海三分院以被告人陈某等8人构成侵犯著作权罪向上海市第三中级人民法院（以下简称上海三中院）提起公诉。

3. 指控与证明犯罪

2019年11月15日，上海三中院召开庭前会议，检察机关及辩护人就举证方式、鉴定人出庭、非法证据排除等事项达成共识，明确案件事实、证据和法律适用存在的分歧。同年11月20日，本案依法公开开庭审理。8名被告人及其辩护人对指控的罪名均无异议，但对本案非法经营数额的计算提出各自辩护意见。陈某的辩护人提出，陈某租借服务器的费用及为各被告人发放的工资应予扣除，其他辩护人提出应按照各被告人实得报酬计算非法经营数额。此外，本案辩护人均提出境外人员归案后会对各被告人产生影响，应当对各被告人适用缓刑。公诉人对此答辩：第一，通过经营盗版资源网站的方式侵犯著作权，其网站经营所得即为非法经营数额，租借服务器以及用于发放各被告人的报酬等支出系犯罪成本，不应予以扣除。公诉机关按照各被告人加入QQ群以及获取第一笔报酬的时间，认定各被告人参与犯罪的起始时间，并结合对应期间网站的整体运营情况，计算出各被告人应承担的非法经营数额，证据确实、充分。第二，本案在案证据已能充分证实各被告人实施了共同犯罪及其在犯罪中所起的作用，按照相关法律和司法解释规定，境外人员是否归案不影响各被告人的量刑。第三，本案量刑建议是根据各被告人的犯罪事实、证据、法定酌定情节、社会危害性等因素综合判定，并经各被告人具结认可，而且本案侵权作品数量多、传播范围广、经营时间长，具有特别严重情节，且被告人陈某在刑罚执行完毕后5年内又犯应当判处有期徒刑以上刑罚之罪，构成累犯，故不应适用缓刑。合议庭采纳了公诉意见和量刑建议。

4. 处理结果

2019年11月20日，上海三中院作出一审判决，以侵犯著作权罪分别判处被告人陈某等8人有期徒刑10个月至4年6个月不等，各处罚金2万元至50万元不等。判决宣告后，被告人均未提出上诉，判决已生效。

三、指导意义

1. 充分发挥检察职能，依法惩治网络侵犯视听作品著作权犯罪，切实维护权利人合法权益

依法保护著作权是国家知识产权战略的重要内容。检察机关坚决依法惩治侵犯著作权犯罪，尤其是注重惩治网络信息环境下的侵犯著作权犯罪。网络环境下侵犯视听作品著作权犯罪具有手段日益隐蔽、组织分工严密、地域跨度大、证据易毁损和隐匿等特点，且日益呈现高发多发态势，严重破坏网络安全与秩序，应予严惩。为准确指控和证明犯罪，检察机关在适时介入侦查、引导取证时，应注意以下方面：一是提取、固定和保全涉案网站视频链接、链接所指向的视频文件、涉案网站影视作品目录、涉案网站视频播放界面；二是固定、保全涉案网站对应的云转码服务器后台及该后台中的视频链接；三是比对确定云转码后台形成的链接与涉案网站播放的视频链接是否具有同一性；四是对犯罪过程中涉及的多个版本盗版影片，技术性地针对片头、片中、片尾分别进行作品的同一性对比。

2. 检察机关办理网络侵犯著作权犯罪案件，应围绕电子数据的客观性、合法性和关联性进行全面审查，依法适用认罪认罚从宽制度，提高办案质效

网络环境下侵犯著作权犯罪呈现出跨国境、跨区域以及智能化、产业化特征，证据多表现为电子数据且难以获取。在办理此类案件时，一方面要着重围绕电子数据的客观性、合法性和关联性进行全面审查，区分不同类别的电子数据，采取有针对性的审查方法，特别要注意审查电子数据与案件事实之间的多元关联，综合运用电子数据与其他证据，准确认定案件事实。另一方面，面对网络犯罪的复杂性，检察机关要注意结合不同被告人的地位与作用，充分运用认罪认罚从宽制度，推动查明犯罪手段、共犯分工、人员关系、违法所得分配等案件事实，提高办案效率。

3. 准确把握“未经著作权人许可”的证明方法

对于涉案作品种类众多且权利人分散的案件，在认定“未经著作权人许可”时，应围绕涉案复制品是否系非法出版、复制发行，被告人能否提供获得著作权人许可的相关证明材料予以综合判断。为证明涉案网站系非法提供网络视听服务的网站，可以收集“信息网络传播视听节目许可证”持证机构名单等证据，补强对涉案复制品系非法出版、复制发行的证明。涉案侵权作品数量众多时，可进行抽样取证，但应注意审查所抽取的样本是否具有代表性、抽样范围与其他在案证据是否相符、抽样是否具备随机性等影响抽样客观性的因素。在达到追诉标准的侵权数量基础上，将抽样作品提交著作权人进行权属认证，以确认涉案作品是否均系侵权作品。

案例4　姚某龙等5人假冒注册商标案(检例第101号)

【关键词】

假冒注册商标　境内制造境外销售　共同犯罪

【要　旨】

凡在我国合法注册且在有效期内的商标，商标所有人享有的商标专用权依法受我国法律保护。未经商标所有人许可，无论假冒商品是否销往境外，情节严重构成犯罪的，依法应予追诉。判断侵犯注册商标犯罪案件是否构成共同犯罪，应重点审查假冒商品生产者和销售者之间的意思联络情况、对假冒违法性的认知程度、对销售价格与正品价格差价的认知情况等因素综合判断。

一、基本案情

被告人姚某龙，男，1983年生，日照市东港区万能国际贸易有限公司（以下简称万能国际公司）法定代表人。

被告人古某，男，1989年生，万能国际公司采购员。

被告人魏某皓，男，1990年生，万能国际公司销售组长。

被告人张某，男，1990年生，万能国际公司销售组长。

被告人庄某星，女，1989年生，万能国际公司销售组长。

2015年至2019年4月，被告人姚某龙安排被告人古某购进打印机、标签纸、光纤模块等材料，伪造"CISCO""HP""HUAWEI"光纤模块等商品，并安排被告人魏某皓、张某、庄某星向境外销售。姚某龙、古某共生产、销售假冒上述注册商标的光纤模块10万余件，销售金额共计人民币3162万余元；现场扣押假冒光纤模块、交换机等11 975件，价值383万余元；姚某龙、古某的违法所得数额分别为400万元、24万余元。魏某皓、张某、庄某星销售金额分别为745万余元、429万余元、352万余元；违法所得数额分别为20万元、18.5万元和14万元。

二、检察机关履职情况

1. 审查逮捕

2019年4月，山东省日照市公安局（以下简称日照市公安局）接到惠普公司报案后立案侦查。同年5月24日，山东省日照市人民检察院（以下简称日照市检察院）以涉嫌假冒注册商标罪对被告人姚某龙、古某批准逮捕；对被告人魏某皓、张某、庄某星因无法证实犯罪故意和犯罪数额不批准逮捕，同时要求公安机关调取国外买方证言及相关书证，以查明魏某皓、张某、庄某星是否具有共同犯罪故意及各自的犯罪数额。

2. 审查起诉

2019年7月19日，日照市公安局补充证据后以被告人姚某龙、古某涉嫌假冒注册商标罪，被告人魏某皓、张某、庄某星涉嫌销售假冒注册商标的商品罪，移送日照市检察院起诉。同年7月23日，日照市检察院将该案交由山东省日照市东港区人民检察院（以下简称东港区检察院）办理。

东港区检察院在审查起诉期间要求公安机关补充完善了以下证据：一是调取被告人姚某龙等5人之间的QQ聊天记录、往来电子邮件等电子数据，证实庄某星、张某、魏某皓主观上明知销售的商品系姚某龙、古某假冒注册商标的商品，仍根据姚某龙的安排予以销售，构成无事前通谋的共同犯罪。二是调取电子合同、发货通知、订单等电子数据，结合扣押在案的销售台账及被告人供述、证人证言等证据，证实本案各被告人在共同犯罪中所起的作用大小。三是调取涉案商标的商标注册证、核准商标转让、续展注册证明等书证，证实涉案商标系在我国注册，且在有效期内。经对上述证据进行审查，东港区检察院认为，现有证据能够证实被告人庄某星、张某、魏某皓3人在加入万能国际公司担任销售人员后，曾对公司产品的价格与正品进行对比，且收悉产品质量差的客户反馈意见，在售假过程中发现是由古某负责对问题产品更换序列号并换货等，上述证据足以证实庄某星、张某、魏某皓3人对其销售的光纤模块系姚某龙、古某贴牌制作的假冒注册商标的商品具有主观明知。故认定该3人构成假冒注册商标罪，与姚某龙、古某构成共同犯罪。检察机关还依法对万能国际公司是否构成单位犯罪进行了审查，认定万能国际公司自2014年成立后截至案发，并未开展其他业务，实际以实施犯罪活动为主，相关犯罪收益也均未归属于万能国际公司。根据《最高人民法院关于审理单位犯罪案件具体应用法律有关问题的解释》第2条的规定，公司、企业、事业单位设立后，以实施犯罪为主要活动的，不以单位犯罪论处，故不构成单位犯罪。

2019年9月6日，东港区检察院变更公安机关移送起诉的罪名，以被告人姚某龙、古某、庄某星、张某、魏某皓均构成假冒注册商标罪向山东省日照市东港区人民法院（以下简称东港区法院）提起公诉。

3. 指控与证明犯罪

2019年10月10日，东港区法院依法公开开庭审理本案。庭审过程中，部分辩护人提出以下辩护意见：(1)被告人庄某星、张某、魏某皓与被告人姚某龙不构成共同犯罪；(2)本案商品均销往境外，社会危害性较小。

公诉人答辩如下：第一，庄某星、张某、魏某皓明知自己销售的假冒注册商标的商品系姚某龙、古某贴牌生产仍继续销售，具有假冒注册商标的主观故意，构成假冒注册商标的共同犯罪。第二，本案中涉案商品均销往境外，但是被侵权商标均在我国注册登记，假冒注册商标犯罪行为发生在我国境内，无论涉案商品是否销往境外均对注册商标所有人合法权益造成侵害。合议庭对公诉意见予以采纳。

4. 处理结果

2019年12月12日，东港区法院作出一审判决，以假冒注册商标罪分别判处被告人姚某龙、古某、庄某星、张某、魏某皓有期徒刑2年2个月至4年不等，对古某、庄某星、张某、魏某皓适用缓刑。同时对姚某龙判处罚金500万元，对古某等4人各处罚金14万元至25万元不等。一审判决后，上述被告人均未上诉，判决已生效。

三、指导意义

1. 假冒在我国取得注册商标的商品销往境外，情节严重构成犯罪的，依法应予追诉

凡在我国合法注册且在有效期内的商标，商标所有权人享有的商标专用权依法受我国法律保护。未经注册商标所有人许可，假冒在我国注册的商标的商品，无论由境内生产销往境外，还是由境外生产销往境内，均属违反我国商标管理法律法规，侵害商标专用权，损害商品信誉，情节严重的，构成犯罪。司法实践中，要加强对跨境侵犯注册商标类犯罪的惩治，营造良好营商环境。

2. 假冒注册商标犯罪中的上下游被告人是否构成共同犯罪，应结合假冒商品生产者和销售者之间的意思联络、对违法性的认知程度、对销售价格与正品价格差价认知情况等因素综合判断

侵犯注册商标犯罪案件往往涉案人数较多，呈现团伙作案、分工有序实施犯罪的特点。实践中，对被告人客观行为表现为生产、销售等分工负责情形的，检察机关应结合假冒商品生产者和销售者之间的意思联络情况，销售者对商品生产、商标标识制作等违法性认知程度，对销售价格与正品价格差价的认知情况，销售中对客户有无刻意隐瞒、回避商品系假冒，以及销售者的从业经历等因素，综合判断是否构成共同犯罪。对于部分被告人在假冒注册商标行为持续过程中产生主观明知，形成分工负责的共同意思联络，并继续维持或者实施帮助销售行为的，应认定构成共同犯罪。

案例5　金某盈侵犯商业秘密案（检例第102号）

【关键词】

侵犯商业秘密　司法鉴定　专家辅助办案　证据链

【要　旨】

办理侵犯商业秘密犯罪案件，被告人作无罪辩解的，既要注意审查商业秘密的成立及侵犯商业秘密的证据，又要依法排除被告人取得商业秘密的合法来源，形成指控犯罪的证据链。对鉴定意见的审查，必要时可聘请或指派有专门知识的人辅助办案。

一、基本案情

被告人金某盈，1981年生，案发前系温州菲涅尔光学仪器有限公司（以下简称菲涅尔公司）法定代表人、总经理。

温州明发光学科技有限公司（以下简称明发公司）成立于1993年，主要生产、销售放大镜、望远镜等光学塑料制品。明发公司自1997年开始研发超薄型平面放大镜生产技术，研发出菲涅尔放大镜（“菲涅尔放大镜”系一种超薄放大镜产品的通用名称）批量生产的制作方法——耐高温抗磨专用胶板、不锈钢板、电铸镍模板三合一塑成制作方法和镍模制作方法。明发公司根据其特殊设计，将胶板、模板、液压机分别交给温州市光大橡塑制品公司、宁波市江东精杰模具加工厂、瑞安市永鑫液压机厂生产。随着生产技术的研发推进，明发公司不断调整胶板、模板、液压机的规格和功能，不断变更对供应商的要求，经过长期合作，3家供应商能够提供匹配的产品及设备。

被告人金某盈于2005年应聘到明发公司工作，双方签订劳动合同，最后一次合同约定工作期限为2009年7月16日至2011年7月16日。其间，金某盈先后担任业务员、销售部经理、副总经理，对菲涅尔超薄放大镜制作方法有一定了解，并掌握设备供销渠道、客户名单等信息。金某盈与明发公司签订有保密协议，其承担保密义务的信息包括：(1)技术信息，包括产品设计、产品图纸、生产模具、生产制造工艺、制造技术、技术数据、专利技术、科研成果等；(2)经营信息，包括商品产、供、销渠道，客户名单，买卖意向，成交或商谈的价格，商品性能、质量、数量、交货日期等。并约定劳动合同期限内、终止劳动合同后两年内及上述保密内容未被公众知悉期内，不得向第三方公开上述保密内容。

2011年初，金某盈从明发公司离职，当年3月24日以其姐夫应某甲、应某乙的名义成立菲涅尔公司，该公司2011年度浙江省地方税（费）纳税综合申报表载明金某盈为财务负责人。菲涅尔公司成立后随即向上述3家供应商购买与明发公司相同的胶板、模具和液压机等材料、设备，使用与明发公司相同的工艺生产同一种放大镜进入市场销售，造成明发公司经济损失人民币122万余元。

二、检察机关履职情况

1. 审查起诉

2018年1月23日，浙江省温州市公安局以金某盈涉嫌侵犯商业秘密罪移送温州市人民检察院（以下简称温州市检察院）审查起诉。1月25日，温州市检察院将本案交由瑞安市人民检察院（以下简称瑞安市检察院）办理。本案被告人未作有罪供述，为进一步夯实证据基础，检察机关退回公安机关就以下事项补充侦查：金某盈是否系菲涅尔公司实际经营者，该公司生产技术的取得途径，明发公司向金某盈支付保密费情况以及金某盈到案经过等事实。

8月16日，瑞安市检察院以被告人金某盈构成侵犯商业秘密罪向浙江省瑞安市人民法院（瑞安市法院）提起公诉。

2. 指控与证明犯罪

庭审过程中，检察机关申请两名鉴定人员出庭，辩护人申请有专门知识的人出庭，就《司法鉴定意见书》质证。被告人金某盈及辩护人提出以下辩护意见：(1)鉴定人检索策略错误、未进行技术特征比对、鉴定材料厚度未能全覆盖鉴定结论，故现有证据不足以证明明发公司掌握的菲涅尔超薄放大镜生产工艺属于“不为公众所知悉”的技术信息。(2)涉案3家供应商信息属于通过公开途径可以获取的信息，不属于商业秘密。（3）菲涅尔公司系通过正常渠道获知相关信息，其使用的生产工艺系公司股东应某甲通过向其他厂家学习、询问而得知，金某盈没有使用涉案技术、经营信息的行为及故意，并提供了8份文献证明涉案技术信息已公开。（4）保密协议仅对保密内容作了原则性规定，不具有可操作性，保密协议约定了保密津贴，但明发公司未按约向被告人金某盈发放保密津贴。

公诉人答辩如下：

第一，涉案工艺具备非公知性。上海市科技咨询服务中心知识产权司法鉴定所鉴定人通过对现有专利、国内外文献以及明发公司对外宣传材料等内容进行检索、鉴定后认为，明发公司菲涅尔超薄放大镜的特殊制作工艺不能从公开渠道获取，属于“不为公众所知悉”的技术信息。该《司法鉴定意见书》系侦查机关委托具备知识产权司法鉴定资质的机构作出的，鉴定程序合法，意见明确，具有证据证明力。涉案菲涅尔超薄放大镜的制作工艺集成了多种技术，不是仅涉及产品尺寸、结构、材料、部件的简单组合，无法通过公开的产品进行直观或简单的测绘、拆卸或投入少量劳动、技术、资金便能直接轻易获得，相反，须经本领域专业技术人员进行长期研究、反复试验方能实现。故该辩护意见不能对鉴定意见形成合理怀疑。

第二，涉案供应商信息属于商业秘密。供应商、明发公司员工证言等证据证实，3家供应商提供的胶板、模具、液压机产品和设备均系明发公司技术研发过程中通过密切合作，对规格、功能逐步调整最终符合批量生产要求后固定下来的，故相关供应商供货能力的信息为明发公司独有的经营信息，具有秘密性。明发公司会计凭证、增值税专用发票以及供应商、明发公司员工证言证实，涉案加工设备、原材料供应商均系明发公司花费大量人力、时间和资金，根据明发公司生产工艺的特定要求，对所供产品及设备的规格、功能进行逐步调试、改装后选定，能够给明发公司带来成本优势，具有价值性。明发公司与员工签订的《保密协议》中明确约定了保密事项，应当认定明发公司对该供应商信息采取了合理的保护措施，具有保密性。

第三，金某盈在明发公司任职期间接触并掌握明发公司的商业秘密。明发公司员工证言等证据证实，金某盈作为公司分管销售的副总经理，因工作需要熟悉菲涅尔超薄放大镜生产制作工艺、生产过程、加工流程等技术信息，知悉生产所需的特定设备和原材料的采购信息及销售信息。

第四，金某盈使用了明发公司的商业秘密。明发公司的菲涅尔超薄放大镜制作工艺涉及多种技术，加工时的温度、压力、保压时间等工艺参数均有特定化的要求。根据鉴定意见和专家意见，金某盈使用的超薄放大镜生产工艺与明发公司菲涅尔超薄放大镜生产工艺在相关的技术秘点比对上均实质相同，能够认定金某盈使用了商业秘密。

第五，现有证据足以排除金某盈通过其他合法渠道获取或自行研发超薄放大镜生产工艺的可能。经对菲涅尔公司账册及企业营收情况进行审计，证实该公司无任何研发资金投入，公司相关人员均无超薄放大镜等同类产品经营、技术研发背景，不具有自行研发的能力和行为。金某盈辩称其技术系由其姐夫应某甲从放大镜设备厂家蔡某处习得，但经调查蔡某并未向其传授过放大镜生产技术，且蔡某本人亦不了解该技术。

第六，保密协议约定明确，被告人金某盈应当知晓其对涉案技术信息和经营信息负有保密义务。证人证言、权利人陈述以及保密协议中保密津贴与月工资同时发放的约定，能够证实明发公司支付了保密费。合议庭对公诉意见予以采纳。

3. 处理结果

2019年9月6日，瑞安市法院以侵犯商业秘密罪判处被告人金某盈有期徒刑1年6个月，并处罚金70万元。宣判后，被告人提出上诉，温州市中级人民法院裁定驳回上诉，维持原判。

三、指导意义

1. 依法惩治侵犯商业秘密犯罪，首先要准确把握商业秘密的界定

商业秘密作为企业的核心竞争力，凝聚了企业在社会活动中创造的智力成果，关系到企业生存与发展。依法保护商业秘密是国家知识产权战略的重要组成部分。检察机关依法严惩侵害商业秘密犯罪，对保护企业合法权益、营造良好营商环境、推进科技强国均有十分重要的意义。商业秘密是否成立，是认定是否构成侵犯商业秘密罪的前提条件。检察机关应着重审查以下方面：第一，涉案信息是否不为公众所知悉。注意审查涉案商业秘密是否不为其所属领域的相关人员普遍知悉和容易获得，是否属于《最高人民法院关于审理侵犯商业秘密民事案件适用法律若干问题的规定》第4条规定的已为公众所知悉的情形。第二，涉案信息是否具有商业价值。注意审查证明商业秘密形成过程中权利人投入研发成本、支付商业秘密许可费与转让费的证据；审查反映权利人实施该商业秘密获取的收益、利润、市场占有率等会计账簿、财务分析报告及其他体现商业秘密市场价值的证据。第三，权利人是否采取了相应的保密措施。注意审查权利人是否采取了《最高人民法院关于审理侵犯商业秘密民事案件适用法律若干问题的规定》第6条规定的保密措施，并注意审查该保密措施与商业秘密的商业价值、重要程度是否相适应、是否得到实际执行。

2. 对于被告人不认罪的情形，要善于运用证据规则，排除被告人合法取得商业秘密的可能性，形成指控犯罪的证据链

由于商业秘密的非公开性和犯罪手段的隐蔽性，认定被告人是否实施了侵犯商业秘密的行为往往面临证明困境。在被告人不作有罪供述时，为查明犯罪事实，检察机关应注意引导公安机关从被告人使用的信息与权利人的商业秘密是否实质上相同、是否具有知悉和掌握权利人商业秘密的条件、有无取得和使用商业秘密的合法来源，全面客观收集证据。特别是要着重审查被告人是否存在合法取得商业秘密的情形，应注意围绕辩方提出的商业秘密系经许可、承继、自行研发、受让、反向工程等合法方式获得的辩解，引导公安机关收集被告人会计账目、支出凭证等能够证明是否有研发费用、资金投入、研发人员工资等研发成本支出的证据；收集被告人所在单位研发人员名单、研发资质能力、实施研发行为、研发过程的证据；收集有关商业秘密的转让合同、许可合同、支付转让费与许可费的证据；收集被告人是否通过公开渠道取得产品并实施反向工程对产品进行拆卸、测绘、分析的证据，以及被告人因传承、承继商业秘密的书证等证据。通过证据之间的相互印证，排除被告人获取、使用商业秘密来源合法的可能性的，可以证实其实施侵犯商业秘密的犯罪行为。

3. 应注重对鉴定意见的审查，必要时引入有专门知识的人参与案件办理

办理侵犯商业秘密犯罪案件，由于商业秘密的认定，以及是否构成对商业秘密的侵犯，往往具有较强专业性，通常需要由鉴定机构出具专门的鉴定意见。检察机关对鉴定意见应予全面细致审查，以决定是否采信。对鉴定意见的审查应注意围绕以下方面：一是审查鉴定主体的合法性，包括鉴定机构、鉴定人员是否具有鉴定资质，委托鉴定事项是否符合鉴定机构的业务范围，鉴定人员是否存在应予回避等情形；二是审查鉴定材料的客观性，包括鉴定材料是否真实、完整、充分，取得方式是否合法，是否与原始材料一致等；三是审查鉴定方法的科学性，包括鉴定方法是否符合国家标准、行业标准，方法和标准的选用是否符合相关规定。同时，要注意审查鉴定意见

与其他在案证据能否相互印证，证据之间的矛盾能否得到合理解释。必要时，可聘请或指派有专门知识的人辅助审查案件，出庭公诉时可申请鉴定人及其他有专门知识的人出庭，对鉴定意见的科学依据以及合理性、客观性发表意见，通过对技术性问题的充分质证，准确认定案件事实，加强指控和证明犯罪。

供稿：最高人民检察院
知识产权检察办公室

检察机关知识产权综合性司法保护典型案例

案例1 大某视界文化传媒有限公司、张某等4人侵犯著作权案

【关键词】

网络侵犯著作权 平等保护 行刑衔接 企业合规

【要 旨】

信息化时代，检察机关要加大对网络侵犯著作权行为的惩治力度，依法平等保护境内外著作权人的合法权利。推动建立健全行政执法与刑事司法衔接机制，积极发挥法律监督在“行刑衔接”中的作用。结合办案推动行业治理，促进企业合规经营。

一、案件事实

2017年5月，大某视界文化传媒有限公司(以下简称大某视界公司)成立，张某和李某负责公司日常经营管理，刘某、马某绿为该公司内容制作部主管。2018年5月，大某视界公司开发了名为“大某视界”的视频播放App上线运行。该程序上线后，大某视界公司未经权利人许可，由刘某、马某绿组织部门人员下载、编辑大量境内外影片，通过视频App提供给用户观看，并以收取会员费的方式牟利。2020年1月10日，公安机关将张某等4人抓获。经对后台数据进行提取和鉴定：“大某视界”App编辑、上传的侵权影片中，包括美国电影协会成员公司享有版权的作品302部，用户观看42万余次，下载1.9万余次；腾讯公司享有版权的作品70部，用户观看8.1万余次，下载4000余次。“大某视界”App共有注册用户83万余个，充值支付订单9万余个，支付金额140万余元。

二、检察机关履职情况

2019年12月，广东省深圳市市场稽查局执法中发现“大某视界”App可能涉嫌刑事犯罪，向深圳市南山区人民检察院(以下简称南山区检察院)通报相关情况，南山区检察院启动行政执法与刑事司法衔接工作机制。2020年1月，深圳市市场稽查局将该线索移送深圳市公安局南山分局，南山区检察院及时介入侦查，引导公安机关取证。2020年2月13日，南山区检察院以涉嫌侵犯著作权罪对张某等4人批准逮捕，并提出继续侦查意见。

2020年3月30日，公安机关将该案移送南山区检察院审查起诉。2020年4月29日，南山区检察院以侵犯著作权罪对大某视界公司以及张某、李某、刘某、马某绿4人提起公诉。

2020年11月11日，深圳市南山区人民法院以侵犯著作权罪判处被告单位大某视界公司罚金40万元，判处被告人张某等4人有期徒刑1年至3年不等，并处罚金2万元至10万元不等。部分被告人不服一审判决提出上诉。2021年3月11日，深圳市中级人民法院裁定驳回上诉，维持原判。

三、典型意义

1. 依法打击网络侵犯著作权犯罪，平等保护境内外著作权人的合法权利

随着信息网络技术的快速发展，作品

的传播更加便捷迅速，一些不法分子借助互联网实施侵犯著作权违法犯罪行为，不仅破坏社会主义市场经济秩序，也给权利人的合法权益造成损害，应当依法惩治。按照《伯尔尼公约》和我国著作权法的规定，涉案外国影视作品受我国法律保护。本案中检察机关秉持平等保护理念，加强对境内外权利人著作权的刑事司法保护，切实维护创作者、传播者、使用者的合法权利。

2. 完善知识产权"行刑衔接"机制，形成保护知识产权合力

为畅通衔接渠道，解决信息不畅、"以罚代刑"等问题，南山区检察院会同相关部门，建立健全知识产权案件"行刑衔接"工作机制。对于涉嫌犯罪的疑难复杂知识产权案件，有关部门商请检察机关提前介入的，南山区检察院主动作为，依法提出法律适用意见，强化引导取证。在案件受理后，及时向行政执法机关通报案件处理进展情况，对案件办理中发现的共性问题进行梳理反馈，形成全方位保护知识产权合力。

3. 积极推动行业治理，促使企业合规经营

南山区检察院积极发挥职能，促使涉案企业剥离违法业务，进行全面合规整改。大某视界公司完善了法律风险防控机制，将App中侵权内容全部删除，并发布公告通报侵权情况，对充值用户进行退费，组织专门团队开展版权购买谈判。检察机关落实"谁执法谁普法"的普法责任制，会同深圳市版权协会，结合案例有针对性开展知识产权刑事合规宣讲，引导更多企业合法合规经营。

案例2　山东福某达环保工程有限公司马某强、郭某侵犯商业秘密案

【关键词】

侵犯商业秘密　刑事附带民事诉讼认罪认罚　促成民事调解

【要　旨】

检察机关办理侵犯知识产权刑事案件，应及时告知权利人诉讼权利义务，充分保障其知情权和参与权。做好知识产权案件刑事附带民事诉讼相关工作，加强释法说理，促使侵权人认罪认罚、积极赔偿，达成民事调解，实现办案"三个效果"的有机统一。

一、案件事实

马某强、郭某曾系山东天某能源股份有限公司（以下简称天某公司）员工。2017年10月，马某强从天某公司离职后借用他人身份成立山东福某达环保工程有限公司（以下简称福某达公司）。马某强实际控制、经营该公司，并聘用郭某任技术总监。2017年10月至2018年8月，郭某违反保密协议和保密规定，在福某达公司使用天某公司的技术信息生产经营与天某公司同类的流化床干燥装置，所得违法收入均进入福某达公司账户。经鉴定，天某公司拥有的一体化埋管流化床处理装置技术信息是商业秘密，福某达公司使用的流化床技术信息与天某公司的上述技术信息相同。经审计，福某达公司侵犯商业秘密行为造成天某公司损失480万余元。

二、检察机关履职情况

2019年4月16日，山东省济南市公安局高新技术产业开发区分局以犯罪嫌疑人马某强、郭某涉嫌侵犯商业秘密罪，移送济南市高新技术产业开发区人民检察院（以下简称高新区检察院）审查起诉。高新区检察院依法向被侵权方天某公司告知诉讼权利义务，听取其意见。天某公司提出希望提起刑事附带民事诉讼，降低维权成本，挽回经济损失。高新区检察院通过走访权利人了解涉案技术，听取有专门知识的人的意见，综合审查全案证据，夯实相关证据基础，追加认定福某达公司涉嫌单位犯罪。

2019年10月14日，高新区检察院以侵犯商业秘密罪对被告单位福某达公司以

及被告人马某强、郭某提起公诉。2020年6月10日，天某公司提起刑事附带民事诉讼。同年8月3日，济南高新技术产业开发区人民法院作出刑事附带民事一审判决，以侵犯商业秘密罪判处被告单位福某达公司罚金30万元；分别判处被告人马某强、郭某有期徒刑4年和3年6个月，并处罚金6万元和5万元；判决福某达公司赔偿天某公司经济损失480万余元，马某强、郭某负连带赔偿责任。一审判决后，被告单位和2名被告人均提出上诉。二审期间，检察机关加强释法说理，促成2名被告人自愿认罪认罚，福某达公司与天某公司在二审开庭前签订谅解协议书，主动赔偿权利人经济损失。2021年4月2日，济南市中级人民法院以谅解协议书内容为基础，作出刑事附带民事调解书。二审法院将达成民事调解作为量刑上的酌定从轻情节予以考虑，于2021年6月4日作出二审判决，以侵犯商业秘密罪判处被告单位福某达公司罚金30万元；分别判处被告人马某强、郭某有期徒刑3年缓刑4年和有期徒刑3年缓刑3年，并处罚金6万元和5万元。

三、典型意义

1. 及时告知权利人诉讼权利义务，充分保障其合法权利

2021年2月以来，最高人民检察院部署在全国检察机关开展侵犯知识产权刑事案件权利人诉讼权利义务告知工作，切实保障权利人的知情权和参与权。权利人通过参与诉讼活动，及时获知办案进度，补充权利证明、经济损失等证据材料，就案件专业性问题发表意见，并可提起刑事附带民事诉讼，有利于及时查明案件事实，促进案件依法及时公正处理，加大知识产权司法保护力度。

2. 加强知识产权检察集中统一履职，发挥综合司法保护作用

对知识产权案件实行集中统一履职，有助于实现对权利人权益的最佳保护。知识产权权利人依法提起刑事附带民事诉讼，有利于一体解决刑事责任追究和民事责任承担问题，减少权利人另行提起民事诉讼的诉累，提高办案效率，节约司法资源。本案检察机关在天某公司提起刑事附带民事诉讼后，积极做好程序衔接、调解赔偿等相关工作，取得了良好的法律效果与社会效果。

3. 依法惩治侵犯商业秘密犯罪，加强释法说理促成赔偿谅解

本案检察机关通过走访权利人、听取专家意见等方式，解决技术疑难问题，准确认定商业秘密和侵权行为，为指控犯罪奠定坚实基础。加强释法说理，促使被告人认罪认罚并主动赔偿权利人经济损失，双方达成谅解协议，二审法院作出刑事附带民事调解书，并作为二审判决酌定从轻情节予以考虑，既有力惩治了侵犯商业秘密犯罪行为，又切实维护了权利人的合法权益。

案例3　陕西白水某康酒业有限责任公司申请行政诉讼监督案

【关键词】

商标争议　实质性化解　诉源治理　和解协议

【要　旨】

对于历史原因形成的商标纠纷，检察机关在办案中要查清相关商标的历史沿革，注重个案背后的诉源治理，加强释法说理，引导当事人达成和解协议，一揽子解决相关商标纠纷，促进商标行政争议实质性化解。

一、案件事实

陕西白水某康酒业有限责任公司（以下简称白水某康公司）系“白水某康”商标的商标权人。伊川某康酒祖资产管理有限公司（以下简称酒祖公司）系“某康”商标的商标权人，该公司许可洛阳某康控股有限公司(以下简称洛阳某康公司)使用“某康”商标。2016 年 8 月 9 日,北京市工商行政管理局朝阳分局根据洛阳某康公司的举报,对北京永辉超市有限公司朝阳北苑分公司(以下简称永辉超市北苑分公司)作出《责令改正通知书》,认定该超市销售的生产厂家为白水某康公司的白酒上突出使用了“某康”文字,与洛阳某康公司享有权利的“某康”商标构成近似,责令永辉超市北苑分公司停止销售上述侵犯注册商标专用权的商品。

白水某康公司向北京市朝阳区人民法院提起行政诉讼。该院经审查认为,《责令改正通知书》未对白水某康公司的合法权益产生实际影响,其不是涉案被诉行政行为的利害关系人,不符合法定起诉条件,裁定驳回白水某康公司的起诉。白水某康公司分别向北京知识产权法院、北京市高级人民法院提出上诉和申请再审,均未获得支持。之后,白水某康公司向北京市人民检察院第四分院申请监督。

二、检察机关履职情况

北京市人民检察院第四分院受理该案后,重点开展了以下工作:

一是查清双方商标历史。20 世纪 70 年代,河南省伊川县某康酒厂、河南省汝阳县某康酒厂及陕西省白水县某康酒厂均生产“某康”酒,但未以“某康”作为商标申请注册,仅作为酒的特定名称使用。之后,上述 3 家酒厂均曾提出商标注册申请,由于当时没有商标共有制度,经相关部门协调,决定由河南省伊川县某康酒厂注册“某康”商标,另外两家共同使用。在共用“某康”商标的十多年间,3 家酒厂通过在商品包装上注明企业名称的方式区分,逐步形成了各自的产品特色和消费群体,也都获得了诸多荣誉,某康品牌知名度大幅提高,3 家酒厂均为某康品牌的发展壮大作出贡献。1992 年 9 月,“某康”商标进入续展注册期,3 家酒厂因商标归属和使用问题再起争端。虽经相关部门多方协调,但始终未能达成解决方案。后商标主管机关核准“白水某康”商标予以注册。“某康”商标权利经流转,商标权利人变更为酒祖公司。“白水某康”商标权利经流转,商标权利人变更为白水某康公司。

二是梳理双方纠纷。2015 年起,洛阳某康公司以白水某康公司侵犯注册商标专用权和不正当竞争为由,陆续在全国部分地区向行政部门投诉白水某康公司和提起民事诉讼。白水某康公司则以洛阳某康公司在其生产、销售的产品包装上印制“某康商标唯一持有企业”构成商业诋毁为由,提起民事诉讼。

检察机关经审查认为,被诉的《责令改正通知书》中明确载明涉案侵权商品生产厂家为白水某康公司,且永辉超市已将白水某康公司生产的商品在全国范围内下架。白水某康公司与被诉具体行政行为有法律上的利害关系,具有诉讼主体资格。因“某康”“白水某康”商标复杂的历史因素,两个商标在市场上共存多年,行政机关责令停止销售涉案商品的行为对白水某康公司已产生实质性影响,本案应当进入实体审理程序。

检察机关认为本案具备抗诉条件,但考虑到要彻底解决引发行政诉讼背后的源头问题,决定引导白水某康公司和洛阳某康公司进行和解。检察机关经多次与双方当事人沟通,最终促成双方达成和解协议。双方约定严格按照商标法规定规范使用各自商标,白水某康公司使用“白水某康”商标时要采用商标文字大小一致方式。之后,双方当事人分别对 5 件民事诉讼案件撤回起诉。此外,白水某康公司又与酒祖公司就“某康酒祖及图”“某康酒祖庄园”商标达成共存协议,并对相关 2 件商标行政诉讼案件撤回起诉。2020 年 9 月 3 日,白水某康公司向北京市人民检察院第四分院提交《撤回监督案件申请书》,该院经审查认为撤回监督申请符合相关法律规定,对本案终结审查。

三、典型意义

1. 准确把握商标纠纷历史因素，依法加强商标保护

检察机关办理商标纠纷案件时，对于历史原因形成的商标纠纷，要查清相关商标的历史沿革，注重商标相关权利人在经营和商誉上的传承，妥善划清商业标识边界与尊重商标历史沿革之间的关系。本案相关“某康”“白水某康”商标的核准注册是特定历史条件下形成的，检察机关根据两者的注册情况、使用历史、相关公众的认知、客观形成的市场格局等因素，正确处理了保护商标权人与维持市场秩序的关系。

2. 积极延伸检察职能，促进商标行政争议实质性化解

检察机关办理商标行政诉讼监督案件，尤其是存在历史背景因素、双方民事纠纷不断的案件时，应当注重强化个案背后的诉源治理，避免就案办案。要以涉诉案件事实为基础，注重释法说理，引导当事人缩小分歧、凝聚共识。本案在处理商标行政纠纷时，围绕案件基础事实和当事人实质诉求，开展调查核实工作，精准定位商标纠纷产生的根源，有针对性提出和解建议，促进双方纠纷一揽子解决，促使行政争议实质性化解，真正做到案结事了。

案例4　余姚市浩某润滑油商行销售假冒注册商标的商品行政非诉执行监督案

【关键词】

行政非诉执行　追加被执行人类案监督

【要　旨】

侵犯知识产权行政非诉执行案件中，作为被执行人的个人独资企业不能清偿生效法律文书确定的债务，行政机关未及时向法院申请追加其出资人为被执行人的，检察机关应当依法建议行政机关申请追加，确保行政处罚执行到位，及时惩处侵权违法行为。

一、案件事实

浙江省余姚市浩某润滑油商行（以下简称浩某商行）系个人独资企业，出资人为韩某。2019年9月16日，浩某商行因销售假冒注册商标的防冻液、润滑油等商品，被余姚市市场监督管理局（以下简称余姚市市场监管局）作出行政处罚，责令立即停止侵权行为、没收扣押侵权商品并罚款3万元。浩某商行在法定期限内未申请行政复议或提起行政诉讼，在催告书送达后亦未履行缴纳罚款义务，余姚市市场监管局向余姚市人民法院（以下简称余姚市法院）申请强制执行。余姚市法院作出行政裁定书，准予强制执行并立案执行。浩某商行于执行立案当日缴纳部分执行款1.5万元。

2020年12月24日，因浩某商行无财产可供执行，余姚市法院裁定终结本次执行程序。

二、检察机关履职情况

2021年2月，浙江省余姚市人民检察院（以下简称余姚市检察院）在履职中发现浩某商行系个人独资企业，根据《个人独资企业法》的规定，个人独资企业的投资人以其个人财产对企业债务承担无限责任，而余姚市市场监管局在法院裁定终结本次执行程序后未依法申请追加出资人韩某为被执行人，遂依职权启动监督程序。余姚市检察院先后走访余姚市市场监管局、余姚市法院，就该行政处罚及执行情况进行核实，并就个人独资企业行政非诉执行的法律适用问题进行沟通，明确应适用《最高人民法院关于民事执行中变更、追加当事人若干问题的规定》第13条第1款“作为被执行人的个人独资企业，不能清偿生效法律文书确定的债务，申请执行人申请变更、追加其出资人为被执行人的，人民法院应予支持”，该民事执行规定应适用于行政非诉执行。余姚市市场监管局未申请追加被执行人，不符合相关法律规定。

2021年4月25日，余姚市检察院向余

姚市市场监管局制发《检察建议书》，建议其向法院申请恢复执行浩某商行案，同时申请追加出资人韩某为被执行人。

2021年5月6日，余姚市市场监管局采纳检察建议，向法院提交申请。余姚市法院恢复执行，裁定追加出资人韩某为被执行人，采取执行措施并全部执行完毕。

三、典型意义

1. 依法建议追加被执行人，确保行政处罚执行到位

根据有关法律规定，个人独资企业的出资人以及不能证明公司财产独立于股东自己财产的一人有限责任公司的股东，应对企业债务承担责任。符合上述条件的公司、企业不能清偿生效法律文书确定的债务，行政机关未依法向法院申请追加其股东或出资人为被执行人的，将削弱行政处罚对侵权违法行为的惩治力度。检察机关依法对此类案件开展监督，推动行政处罚执行到位，有助于维护国家利益和社会公共利益，保护知识产权权利人合法权益。

2. 充分利用大数据挖掘类案线索，提升监督质效

在成功办理个案基础上，本案检察机关通过提炼案件特点，对裁判文书网、企业信用信息公示系统等进行大数据分析比对，发现未依法追加个人独资企业出资人、一人公司股东为被执行人的类案线索多起，经调查核实后一并提出检察建议，督促相关行政执法机关在办理此类案件时注意审查被执行人的企业类型和出资情况，对符合条件的，及时向法院申请追加被执行人，加大对侵犯知识产权违法行为的惩治力度。

供稿：最高人民检察院
知识产权检察办公室

检察机关保护知识产权服务保障创新驱动发展典型案例

案例1　鹰某公司、游某、游某棋侵犯商业秘密案

【关键词】

侵犯商业秘密罪　条码设备解码库　禁止令　服务企业创新发展

【要　旨】

在当前创新驱动发展的大背景下，企业之间的竞争很大程度上表现为关键核心技术的竞争。检察机关通过依法追诉侵犯商业秘密犯罪、建议对缓刑人员适用禁止令、建立服务企业联系清单机制、推进追赃挽损等工作，护航高新技术企业创新发展，维护市场竞争秩序，营造法治化营商环境。

一、基本案情

新某陆自动识别有限公司（以下简称新某陆公司）主要经营研究、开发、制造、销售条码设备、自动识别设备，研究、开发、销售高科技产品等业务。游某、游某棋原系新某陆公司及其关联公司员工，二人分别于2005年、2011年离职，后创办了上海鹰某智能科技有限公司（以下简称鹰某公司），主要经营与新某陆公司类似的条码扫描设备的生产、销售等业务。游某系鹰某公司股东、法定代表人，游某棋系鹰某公司股东、董事长。

2016年6月至2020年7月，游某、游某棋明知他人非法获取新某陆公司UIMG解码库，仍使用他人提供的UIMG解码库生产与新某陆公司类似的条码扫描设备产品，并销售至全国各地，造成新某陆公司损失共计614万余元。经鉴定，新某陆公司的UIMG解码库属于不为公众所知悉的技术信息，新某陆公司已对其采取相应保密措施，属于新某陆公司的商业秘密。2021年1月6日，游某、游某棋向公安机关投案。

二、检察机关履职情况

2021年3月5日，福建省福州市公安局以游某、游某棋涉嫌侵犯商业秘密罪移送福州市人民检察院审查起诉。2021年3月12日，福州市人民检察院将该案交由福州市鼓楼区人民检察院（以下简称鼓楼区检察院）审查起诉。

检察机关重点开展以下工作：一是积极引导公安机关补充侦查，有效解决商业秘密非公知性鉴定和同一性鉴定问题，完善证据链条，为指控犯罪打下坚实基础。二是向新某陆公司送达侵犯知识产权刑事案件权利人诉讼权利义务告知书，并建议其指派一名工作人员代表公司作为与鼓楼区检察院的固定联系人，以方便本案办理和后续提供知识产权检察服务。三是加强释法说理，促使游某赔偿新某陆公司100万元并取得谅解。四是依法追诉追漏，鉴于该案侵犯商业秘密的经营决策由鹰某公司股东共同作出，违法所得进入公司账户，符合单位犯罪特征，依法追加鹰某公司为被告单位。同时，检察机关深挖上下游犯罪，成功追诉5名涉案人员。

2021年4月12日，鼓楼区检察院以侵犯商业秘密罪对被告单位鹰某公司和被告人游某、游某棋提起公诉，对游某棋提出缓刑量刑建议，并建议适用禁止令。同年11月19日，福州市鼓楼区人民法院以侵犯商业秘密罪判处被告单位鹰某公司罚金405万元；判处被告人游某有期徒刑3年，并处罚金100万元；判处被告人游某棋有期徒刑2年8个月，缓刑3年，并处罚金100万元，同时适用禁止令，禁止被告人游某棋在缓刑考验期内从事条码扫描设备、条码扫描芯片、条码解码库的生产、经营活动。被告单位和被告人均未提出上诉，判决已生效。

三、典型意义

1. 加强企业商业秘密综合司法保护，护航企业创新发展

当前，条码扫描设备广泛应用于众多行业，新某陆公司运用其自主研发的UIMG解码库生产的条码扫描设备具有识别准、反应快的竞争优势，成为条码扫描设备行业的领军企业。若该商业秘密被侵害将严重威胁新某陆公司的生存与发展。本案中，检察机关加大对涉新业态新领域、关键核心技术侵犯知识产权犯罪的打击力度，依法追究相关人员刑事责任，积极引导公安机关侦查取证，追加被告单位，深挖上下游犯罪。积极适用认罪认罚从宽制度，促使被告人进行赔偿，尽量挽回权利人损失。

2. 依法建议适用禁止令，防止企业合法权益再次受损

根据《刑法》第72条之规定，宣告缓刑，可以根据犯罪情况，同时禁止犯罪分子在缓刑考验期限内从事特定活动。对于涉知识产权犯罪，通过依法有效运用从业禁止令，防止企业合法权益再次受损，修复受损的社会秩序，营造法治化营商环境。本案被告人游某棋系投案自首，年龄较大，且自愿认罪认罚，检察机关在提出缓刑量刑建议的同时，一并建议适用禁止令，具有借鉴意义。

3. 建立服务企业联系清单，为权利人提供定制式知识产权服务

检察机关受理案件后，落实侵犯知识产权刑事案件权利人诉讼权利义务告知工作，及时向新某陆公司告知诉讼权利义务，确保权利人深度参与诉讼活动，提升维权质效。检察机关不局限于就案办案，将权利人纳入服务企业联系清单，建立常态化沟通联络机制，为企业提供定制式法律服务，帮助建立健全知识产权保护内控机制，定期组织法律培训、讲座宣传等，提升企业知识产权保护水平。

案例2 蔡某侵犯商业秘密案

【关键词】

侵犯商业秘密罪　经营信息　权利人实质性参与诉讼

【要　旨】

作为商业秘密的经营信息，能够促进权利人的经营活动，带来市场竞争优势，具有商业价值，应予严格保护。检察机关应当依法能动履行法律监督职责，加强与有关部门协作配合，严厉打击非法获取、利用经营信息，侵犯权利人商业秘密，破坏公平竞争市场秩序的犯罪行为，为营造创新发展良好环境贡献检察力量。

一、基本案情

耐克商业（中国）有限公司（以下简称耐克公司）在经营过程中整合了商品的价格信息和库存（在库和拟到库）信息等经营信息用于商业运营，并与员工签订保密协议，约定所有关于耐克公司的项目和内部信息均属保密信息。蔡某于2018年起设立并经营"折扣店扫货"微信小程序，明知他人违规从耐克公司内部网盘下载上述经营信息，仍然付费购买，并在其经营的微信小程序上使用，同时收取相应会员费营利。经鉴定，耐克公司商品的价格信息和库存（在库和拟到库）信息，均属于不为公众所知悉的经营信息，且"折扣店扫货"微信小程序、蔡某手机内相关电子数据等与耐克公司经营信息实质相同。截至2020年12月，蔡某违法所得数额共计90万余元。

二、检察机关履职情况

2020年11月26日，经权利人耐克公司报案，上海市公安局杨浦分局对蔡某涉嫌侵犯商业秘密案立案侦查。上海市杨浦区人民检察院（以下简称杨浦区检察院）适时介入侦查，引导公安机关从扣押的电脑、硬盘、手机内，提取微信小程序中的会员费收取记录、微信交易明细等电子数据，及时固定第一手客观证据。严格落实侵犯知识产权刑事案件权利人诉讼权利义务告知制度，要求权利人补充提供采取保密措施情况、涉案信息商业价值等方面证据材料，充分听取其意见建议。引导公安机关将从涉案存储设备中提取的电子数据与蔡某使用的数据进行逐项还原分析比对，查明经营信息被非法使用牟利的情况。2021年1月29日，杨浦区检察院以侵犯商业秘密罪对蔡某批准逮捕。

2021年3月29日，公安机关以蔡某涉嫌侵犯商业秘密罪向杨浦区检察院移送起诉。杨浦区检察院主要做了3项工作：一是委托专门鉴定机构对蔡某使用的经营信息与权利人的经营信息进行同一性比对。二是准确认定涉案经营信息属于商业秘密。本案中，商品的价格和库存信息直接影响经营者的原料采购数量、进货价格、生产进度安排、产品销售方案等，竞争对手在获知上述信息后可以相应调整经营策略，进而取得竞争优势，具有商业价值。并且经营者采取了保密措施，相关信息不为公众所知悉。综上，本案经营信息具有价值性、保密性、秘密性，应当作为商业秘密予以保护。三是加强释法说理，督促蔡某积极退赔，依法适用认罪认罚从宽制度。

2021年4月26日，杨浦区检察院以侵犯商业秘密罪对被告人蔡某提起公诉。2021年7月23日，上海市杨浦区人民法院以侵犯商业秘密罪判处被告人蔡某有期徒刑8个月，并处罚金96万元。被告人未提出上诉，判决已生效。

三、典型意义

1. 依法打击侵犯经营信息商业秘密犯罪，维护公平有序的市场环境

经营信息是商业秘密的重要形式，其种类包括客户名单、交易价格、货源信息、营销策略等内容，对于市场主体获得竞争优势具有重要的商业价值。检察机关在保护技术信息的同时，也应当注重对经营信息的严格保护。近年来，高端球鞋市场存在供不应求的情况，部分"球鞋黄牛"群体利用非法获取的权利人经营信息，囤积居奇、投机炒作，扰乱正常的市场秩序。检察机关在办理案件过程中能动履职，与相关

部门协作配合、精准出击，营造规范有序的营商环境，维护良好的市场竞争秩序。

2. 厘清法律适用疑难问题，明确经营信息商业秘密认定方法

办理经营信息类侵犯商业秘密案件，应当首先认定涉案经营信息是否属于商业秘密。本案中的库存信息、价格信息等是权利人在长期经营中形成的不为公众所知悉的信息，是经营者进行市场决策的依据，具有较高的商业价值，企业采取了保密措施予以保护。检察机关综合分析本案经营信息的具体内容、形成过程、保密措施、非公知性、商业价值等方面证据，认定属于商业秘密。

3. 告知权利人诉讼权利义务，引导权利人实质性参与诉讼

检察机关在办理侵犯商业秘密刑事案件过程中应注重积极引导权利人实质性参与刑事诉讼，鼓励权利人对涉案专业性问题充分发表意见，提升检察办案质效。本案中，检察机关第一时间介入，实地走访企业，介绍商业秘密刑事案件的办理流程、证据标准等内容，要求权利人客观陈述经营信息的知悉范围、存储方式、保密措施等，补充提供保密协议、经营信息原始数据等证明经营信息商业价值的证据，补强了商业秘密认定及侵权情况的关键性证据，为准确适用法律、有力指控犯罪奠定坚实基础。

案例3　国某集成电路设计有限公司、许某、陶某侵犯著作权案

【关键词】

侵犯著作权罪　计算机软件　二进制代码　抽样鉴定

【要　旨】

在办理涉芯片类侵犯著作权案件中，检察机关加大办案力度，重拳出击，形成震慑，激励科技创新，维护公平竞争。通过对芯片中固化二进制代码、GDS文件中固化二进制代码的鉴定比对，综合全案证据，依法认定计算机软件实质性相似。充分考虑企业保密诉求，创新完善对涉核心技术证据的取证、审查、质证方法。

一、基本案情

权利单位沁某微电子股份有限公司（以下简称沁某公司）享有沁某微USB转串并口芯片CH340内置固件程序软件V3.0计算机软件著作权。该计算机软件应用于沁某公司生产并对外销售的CH340芯片中。CH340芯片广泛应用于导航仪、扫码枪、3D打印机、教育机器人、POS机等领域。

国某集成电路设计有限公司（以下简称国某公司）于2003年成立。2016年，陶某作为国某公司销售人员，在市场调研和推广中发现沁某公司的CH340芯片销量大、市场占有率高，遂从市场获取正版CH340芯片用于复制。许某作为国某公司总经理，负责公司生产经营等全部事务，在明知国某公司未获得沁某公司授权许可的情况下，委托其他公司对CH340芯片进行破解，提取GDS文件，再委托其他公司生产掩模工具、晶圆并封装，以国某公司GC9034型号芯片对外销售，谋取不法利益。

2016年9月至2019年12月，国某公司销售侵犯沁某公司著作权的GC9034芯片共计830万余个，销售金额730万余元，上述收益均归单位所有。其中，陶某对外销售侵权芯片780万余个，销售金额680万余元。

经抽样鉴定，国某公司的GC9034芯片中的固化二进制代码与沁某公司享有著作权的计算机软件源代码经编译转换生成的固化二进制代码相同，相似度100%。国某公司的GDS文件ROM层二进制代码与沁某公司享有著作权的计算机软件源代码经编译转换生成的固化二进制代码相同，相似度100%，与沁某公司的GDS文件ROM层二进制代码相同，相似度100%。

二、检察机关履职情况

2020 年 1 月 19 日，江苏省南京市公安局雨花台分局以许某、陶某涉嫌销售假冒注册商标的商品罪提请江苏省南京市雨花台区人民检察院（以下简称雨花台区检察院）批准逮捕。雨花台区检察院经审查认为，国某公司销售的侵权芯片并未使用沁某公司的注册商标，不构成销售假冒注册商标的商品罪，决定不批准逮捕许某、陶某。同时，雨花台区检察院经审查认为，CH340 芯片中的固化二进制代码属于目标程序。根据《计算机软件保护条例》，同一计算机程序的源程序和目标程序为同一作品，该案可能涉嫌侵犯权利公司计算机软件著作权，建议公安机关以侵犯著作权罪为方向侦查取证。

2020 年 12 月 4 日，公安机关以许某、陶某涉嫌侵犯著作权罪移送审查起诉。办案过程中，雨花台区检察院会同公安机关，全面听取权利单位保密诉求。鉴于芯片源代码可复制、易泄露的属性，创新采用“厂内勘验、同步审查、厂内封存、厂内质证”取证和审查方法。侦查人员在公司内勘验提取源代码时，检察机关同步审查证据，公司人员全程在场见证，提取的源代码由公司人员加密、刻盘，放置于 24 小时监控的保险柜中，检察机关和公司分别掌管钥匙和密码，确保证据来源合法、内容客观真实。庭审质证阶段，审判人员、检察人员、被告人及辩护人到沁某公司当场开箱、解密并质证，确保芯片源代码在司法办案过程中未离开公司场所。同时，雨花台区检察院经审查认为，侵犯计算机软件著作权并用以制造芯片销售牟利系国某公司的单位行为，违法所得也归国某公司所有，依法追加国某公司为被告单位。

2021 年 4 月 26 日，雨花台区检察院以侵犯著作权罪对被告单位国某公司、被告人许某、陶某提起公诉。2021 年 7 月 14 日，南京市雨花台区人民法院以侵犯著作权罪判处被告单位国某公司罚金 400 万元；判处被告人许某有期徒刑 4 年，并处罚金人民币 36 万元；判处被告人陶某有期徒刑 3 年 2 个月，并处罚金 10 万元。被告单位及被告人均不服一审判决，提出上诉。2021 年 10 月 28 日，南京市中级人民法院裁定驳回上诉，维持原判。

三、典型意义

1. 加强芯片知识产权司法保护，激发创新创造活力

科技自立自强是国家发展的战略支撑。检察机关应当加强人工智能、量子信息、集成电路等高新技术产业领域知识产权司法保护，依法严厉打击侵犯关键核心技术的知识产权犯罪行为，维护企业合法权益，提升企业技术创新动力。本案被告公司和被告人通过复制他人芯片中的计算机软件，大量生产、销售侵权芯片，给权利人造成重大经济损失。公安机关在立案之初以侵犯商标权案件侦查报捕，检察机关严格审查认定不构成侵犯商标权犯罪的同时，根据案件情况，建议公安机关调整侦查方向，最终全案认定构成侵犯著作权罪。

2. 准确认定计算机软件实质性相似，精准适用法律

该案中，被告人生产的侵权芯片并未直接复制权利人芯片内置固件程序软件源代码，而是通过提取芯片 ROM 层的二进制代码，继而实施侵权犯罪行为。检察机关经认真研究并咨询专家意见，不仅要求公安机关通过抽样方式对国某公司的 GC9034 芯片中的固化二进制代码进行比对，同时要求公安机关补充用于生产侵权产品的“模板”唯一不变的相关证据，并到晶圆生产厂家调取制造 CH340 芯片和侵权芯片的“模版”即 GDS 文件，比对其固化二进制代码，相似度均为 100%。综合审查鉴定意见、证人证言、被告人供述、权利人陈述等全案证据，依法认定侵犯计算机软件著作权犯罪行为。

3. 兼顾办案需求与企业诉求，全方位护航企业经营发展

芯片知识产权是高新技术型企业创新发展的立身之本，具有重大商业价值。检察机关在办理该类案件时，如果接触到芯片源代码等企业核心技术信息，可以根据取证对象的特性及时调整固证和审查思路，全方位保护企业知识产权，实现最佳办案效果。本案中，检察机关充分考虑权利人保护知识产权和经营成果的现实需求，会同相关部门，兼顾办案法定要求与企业实际诉求，创新涉芯片源代码的电子数据取证、审查、封存、质证方法，在避免涉案技术可能遭受“二次侵害”的同时，确保案件证据具备合法性、真实性和关联性，推动案件顺利办理，为检察办案提供有益借鉴。

案例 4　韦某升等 3 人销售假冒注册商标的商品案

【关键词】

销售假冒注册商标的商品罪　涉冬奥知识产权保护　全链条打击

【要　旨】

依法打击涉冬奥侵犯知识产权犯罪、加强涉冬奥知识产权保护，不仅体现我国贯彻新发展理念、构建新发展格局、推动高质量发展的战略部署，也体现我国积极履行国际公约、奥林匹克宪章规定各项义务的坚定决心。检察机关准确适用法律，及时惩治侵犯冬奥吉祥物知识产权犯罪行为，彰显检察机关依法能动履职、服务保障冬奥的责任担当。

一、基本案情

2021 年 11 月至 12 月间，韦某升、韦某泽、韦某飞在浙江省义乌市等地，通过网络平台销售假冒权利人“北京 2022 年冬奥会和冬残奥会组织委员会”（以下简称北京冬奥组委）注册商标的奥运吉祥物玩偶、钥匙链等商品。其中，韦某升、韦某泽、韦某飞共同销售侵权商品玩偶，销售金额 9 万余元；韦某升、韦某泽共同销售侵权商品钥匙链，销售金额 2 万余元。公安机关查获待售的假冒注册商标的玩偶 369 个，货值 1.4 万余元；查获待售的假冒注册商标的钥匙链 60 个，货值 700 余元。

二、检察机关履职情况

2021 年 11 月，北京 2022 年冬奥会和冬残奥会开幕在即，北京市石景山区人民检察院（以下简称石景山区检察院）作为北京冬奥组委住所地的检察机关，在履职中发现某网络平台上存在销售涉冬奥侵权产品的违法线索，及时向北京市公安局石景山分局移送该线索。公安机关立案后，石景山区检察院适时介入侦查，列明详细侦查取证提纲，引导公安机关赴上海、浙江等地开展取证，完善证据链条。2022 年 1 月 11 日，石景山区检察院以销售假冒注册商标的商品罪对韦某升、韦某泽、韦某飞批准逮捕。

2022 年 1 月 11 日，公安机关将该案移送石景山区检察院审查起诉。审查起诉阶段，石景山区检察院引导公安机关继续深挖案件线索，根据已到案人员的网络平台销售记录、快递记录等证据，进一步查证侵权商品的上游生产者；在初步掌握相关证据线索后，向公安机关制发《补充移送起诉通知书》，引导其继续开展抓捕、取证等侦查活动，成功将生产侵权商品的两名上游人员顾某军、顾某旗追诉到案，依法追究其刑事责任。

2022 年 1 月 14 日，石景山区检察院以销售假冒注册商标的商品罪对被告人韦某升、韦某泽、韦某飞提起公诉，3 名被告人均认罪认罚。同年 1 月 25 日，北京市石景山区人民法院以销售假冒注册商标的商品罪分别判处被告人韦某升、韦某泽、韦某飞有期徒刑 6 个月至 10 个月不等，均并处罚金 1 万元。3 名被告人均未提出上诉，判决

已生效。生产、销售侵权奥运商品的上游人员顾某军、顾某旗被另案判处刑罚。

结合案件办理情况，检察机关联合市公安局、市知识产权局等相关部门，督促涉案网络平台和综合市场下架侵权商品并进行整改，规范市场秩序。加大知识产权保护宣传力度，通过以案释法等多种形式，提升社会公众和市场主体依法保护涉奥知识产权的意识。

三、典型意义

1. 加强涉冬奥知识产权司法保护，服务保障北京冬奥

办好北京冬奥会是我国对世界的庄严承诺，检察机关应当心怀“国之大者”，围绕国家工作大局，以检察履职护航北京冬奥盛会。北京市检察机关作为驻场单位，高度重视冬奥会服务保障工作，出台《北京市检察机关服务保障北京 2022 年冬奥会和冬残奥会工作方案》，为冬奥活动提供坚实法治保障。组建全市检察机关涉奥知识产权保障团队，凝聚全市检察智慧，主动对接北京冬奥组委相关部门，建立涉奥商品真伪鉴别、移送侵权行为线索等工作机制，共同惩治侵犯涉冬奥知识产权违法犯罪，形成有力震慑。

2. 依法能动履职，努力提升司法办案质效

该案系北京市检察机关涉奥知识产权保障团队在专项工作中主动发现网络平台存在销售涉冬奥侵权产品的情况，并向公安机关移送线索。检察机关及时介入引导侦查，加强与相关职能部门沟通协调，建立涉奥知识产权案件“绿色通道”，共同快速推进侦查取证和证据审查工作，保障案件依法及时高效办理。

3. 深挖上游犯罪，实现全链条打击和源头治理

该案侦查初期到案的韦某升等 3 人均系侵权商品的销售者，处于侵权链条的末端。检察机关为落实对侵犯知识产权犯罪全链条打击的工作要求，注重引导公安机关继续深挖线索，成功将生产环节的 2 名上游人员追诉到案，实现了对生产、销售环节上下游犯罪的全链条打击。延伸办案效果，结合案件督促涉案网络平台和相关市场进行整改，实现“办理一案、治理一片”的综合效果。

案例 5　上海赤某教育科技有限公司、姚某假冒注册商标案

【关键词】

假冒注册商标罪　服务商标　同一种服务

【要　旨】

《刑法修正案（十一）》将服务商标纳入刑事保护范围，检察机关认真落实刑法要求，严厉打击假冒服务商标犯罪，以“物理载体呈现+服务内容固定”认定“同一种服务”及商标使用行为，为依法打击假冒服务商标犯罪提供参考借鉴。

一、基本案情

“LEGO”“LEGO education”“乐高教育”等商标系乐高博士有限公司（以下简称乐高公司）注册商标，核定服务项目为第 41 类，包括教育、培训、娱乐竞赛等。上海赤某教育科技有限公司（以下简称赤某公司）经营范围为从事教育科技领域内的技术开发、技术咨询、技术服务等，实际经营者为姚某。

2017 年 7 月起，赤某公司在上海市松江区新桥镇商场内租赁店铺经营“LC 乐高机器人中心”，从事教育科技领域服务。2021 年 3 月至 6 月，姚某将从他人处购得的假冒“LEGO”“LEGO education”“乐高教育”商标的《授权书》《乐高教育教练 LEGO education 资格证书》等文件在店铺内展示，并将“LEGO”等商标用于店铺招牌、店内装潢、海报宣

传、员工服装、商场指示牌等处，假冒乐高公司正规授权门店，提供教育培训服务。经审计，2021 年 3 月至案发，赤某公司共收取培训课时费 51 万余元。

二、检察机关履职情况

2021 年 6 月，上海市公安局经权利人举报发现侵犯服务商标犯罪线索并立案侦查，上海市人民检察院第三分院（以下简称上海市检三分院）及时介入侦查，引导取证。经检察机关研判，涉案公司行为侵犯了权利人的注册商标专用权，经营数额与侵权行为具有因果关系且情节严重，已涉嫌假冒注册商标罪，同时提出侦查取证意见，引导公安机关开展侦查。

2021 年 8 月 2 日，上海市公安局以姚某涉嫌假冒注册商标罪移送上海市检三分院审查起诉。审查起诉期间，检察机关引导公安机关补强相关证据，形成完整证据链。一是要求服务商标权利人识别合法授权门店与侵权门店之间的差异，着重对店铺招牌、海报宣传、室内装潢、培训课件等假冒乐高商标标识的使用情况进行详细比对，明确假冒服务商标的事实。二是对涉案店铺资金去向进行补充鉴定。经鉴定，店铺大部分收入用于单位经营，且涉案店铺的经营主体以及伪造乐高教育授权书中授权对象均为赤某公司，属于单位犯罪，故依法追加赤某公司为被告单位。三是依法认定犯罪数额。服务商标的价值附随于服务活动实现，教育培训课程应视为提供服务，将该种服务的销售金额即课时费认定为非法经营数额，符合经营活动的一般认知，也与假冒商品商标案件中将涉案商品的销售金额认定为非法经营数额的逻辑相同。四是积极贯彻落实认罪认罚从宽制度。结合姚某认罪态度，依法适用认罪认罚从宽制度，对认罪认罚具结全程录音录像。

2021 年 9 月 30 日，上海市检三分院以假冒注册商标罪对被告单位赤某公司、被告人姚某提起公诉。2021 年 11 月 25 日，上海市第三中级人民法院以假冒注册商标罪判处被告单位赤某公司罚金 20 万元，判处被告人姚某有期徒刑 1 年，缓刑 1 年，并处罚金 6 万元。被告单位、被告人均未提出上诉，判决已生效。

三、典型意义

1. 依法打击侵犯服务商标犯罪，彰显知识产权司法保护决心

服务商标作为服务品牌价值浓缩的体现，具有承载服务质量和声誉、表明服务来源的作用，其重要性不亚于商品商标。近年来，假冒知名教育培训服务的行为时有发生，侵害了权利人和广大消费者合法权益。在服务商标纳入刑法保护范围的背景下，本案作为全国首例侵犯服务商标刑事案件，其成功办理彰显了检察机关对注册商标专用权“快保护”“严保护”的司法理念。

2. 探索服务商标案件认定规则，为同类案件办理提供借鉴

服务商标区别于商品商标的特点在于其指向的对象具有无形性，决定了服务商标无法直接附着于服务上，必须借助于实物载体体现。如何准确认定“同一种服务”和服务商标的“使用”问题是司法实践的难点。检察机关在审查服务分类的基础上，探索采用“物理载体呈现+服务内容固定”分别比较的方法。一方面，将被告单位在侵权店铺招牌、室内装潢、授权材料等处使用的商标与权利人商标进行对比；另一方面，通过权利人认定、证人证言、被告人供述等多种证据形式，比较两者在服务对象、服务内容等方面是否重合。经综合比较和审查判断，认定本案行为人与权利人提供的服务属于“同一种服务”。

3. 深化权利人权益保障，落实认罪认罚从宽制度

在侵犯知识产权犯罪案件办理过程中，检察机关及时向商标权利人送达诉讼权利义务告知书，听取意见建议，为权利人调阅卷宗提供便利。建议法院通知权利人

出席法庭，推动权利人实质性参与刑事诉讼，实现对中外权利人的平等保护。在向被告人充分释法说理、适用认罪认罚从宽制度的同时，对认罪认罚具结全程同步录音录像，规范约束检察机关履职行为，充分保障认罪认罚的自愿性、合法性、真实性。

案例6　中某重工科技股份有限公司、刘某余等5人假冒注册商标案

【关键词】

假冒注册商标罪　企业合规　第三方监督评估　不起诉

【要　旨】

检察机关在办理涉企侵犯知识产权犯罪案件中，积极开展企业合规建设，充分发挥主导作用，与第三方监督评估组织深度协作，做好合规建设前的衔接协调、合规建设中的监督配合、合规建设后的评估审查等工作，确保涉案企业“真整改”“真合规”，促进行业规范，服务创新发展。

一、基本案情

中某重工科技股份有限公司（以下简称中某公司）是一家生产起重机零部件的重工制造公司，刘某余为公司法定代表人。2020年9月，中某公司为增加业务来源，经刘某余、骆某、罗某、王某、杨某5名公司股东一致同意，在未获得权利人中联重科股份有限公司授权的情况下，生产标注有该公司注册商标的塔式起重机标准节。2020年9月至2021年2月，中某公司将上述假冒注册商标的塔式起重机标准节销售给下游客户，销售金额共计27万余元。

二、检察机关履职情况

2021年6月10日，湖南省长沙市公安局以刘某余、骆某、罗某、王某、杨某5人涉嫌假冒注册商标罪移送长沙市人民检察院审查起诉。同年7月9日，长沙市人民检察院将该案交由长沙市岳麓区人民检察院（以下简称岳麓区检察院）办理。

岳麓区检察院审查认为，中某公司涉嫌单位犯罪。中某公司属于中小微企业，专注于起重机零部件生产，产品有较高质量和技术含量，具有“专精特新”的特点，为当地50余人创造了就业机会。涉案企业和人员短期从事假冒注册商标的违法犯罪行为，且均认罪认罚，积极赔偿权利人损失、取得权利人谅解，中某公司能够继续生产经营，承诺建立企业合规制度，具备启动第三方监督评估的基本条件，遂启动企业合规建设。

2021年9月3日，岳麓区检察院通过充分调研，向中某公司制发检察建议，指出中某公司存在的问题及合规整改目标，同时商请第三方监督评估机制管理委员会从知识产权、税务会计、工程机械等领域选出6名专家组成第三方监管组织，对中某公司进行考察。其间，检察机关多次赴涉案企业考察调研，就评估人员选配、考察模式等方面与第三方监督评估机制管理委员会交换意见，细化考察流程。检察机关通过不定期走访企业，跟踪涉案企业的合规建设情况，以实地检验的方式确保第三方监管组织履职的真实性、有效性。同年10月30日，中某公司整改完毕，第三方监管组织评估认为中某公司的合规整改合格。

2021年12月28日，岳麓区检察院组织公开听证，听证员一致认为中某公司整改效果较好，建议对企业从宽处理。同年12月31日，岳麓区检察院对中某公司及刘某余、骆某、罗某、王某、杨某5人作出不起诉决定。检察机关针对本案反映出的工程机械行业企业合规问题，延伸检察职能，加强与行业主管部门以及行业协会的沟通协作，用好座谈会商、公开听证、进企宣传等方式，提高工程机械行业知识产权保护意识和能力，以个案合规促行业合规，推动行业健康发展，加强知识产权源头保护。

三、典型意义

1. 依法能动履职，对侵犯知识产权犯罪案件开展企业合规建设

涉案企业合规改革适用的案件类型，包括公司、企业等市场主体生产、经营活动涉及的各类犯罪案件。检察机关对于公司、企业涉侵犯知识产权犯罪，相关单位和个人认罪认罚，能够正常生产经营，承诺建立或者完善企业合规制度，符合启动企业合规建设条件的，应及时启动企业合规程序，积极适用第三方监督评估机制。充分发挥知识产权司法保护对创新发展的支撑和保护作用，通过开展企业合规建设，量身定制合规计划，督促企业完善知识产权保护等相关制度，提升企业自主创新能力。针对个案办理中反映的共性问题，会同相关部门推动行业合规建设，加强诉源治理。

2. 强化审查把关，对企业合规整改情况科学精准评估

本案中，检察机关加强与第三方监督评估机制管理委员会的协同联动，紧密结合涉案企业和侵犯知识产权犯罪特点，有针对性选择知识产权、工程机械等领域专家组成第三方监管组织。合规整改过程中，检察机关通过不定期走访企业，跟踪涉案企业合规建设情况。合规整改后，组织检察听证听取相关各方意见，加强对合规计划执行、第三方合规考察报告的审查把关，防止“虚假合规”“纸面合规”。最终，检察机关综合考量中某公司及刘某余等5人犯罪情节轻微，具有认罪认罚、赔偿谅解等情节，且中某公司经合规整改合格，依法作出不起诉决定。

案例7　马某等6人假冒注册商标、销售假冒注册商标的商品案

【关键词】

假冒注册商标罪　种业保护　诉源治理

【要　旨】

种子是农业的“芯片”，是国家粮食安全的“命脉”。检察机关从国家种业安全和粮食安全大局出发，加大对种业领域假冒伪劣、套牌侵权等违法犯罪行为的惩治力度。依法告知权利人诉讼权利义务，为提起民事诉讼提供法律指引，推动惩罚性赔偿制度落实。结合办案提出社会治理类检察建议，促进诉源治理。

一、基本案情

“德美亚”是垦丰种业股份有限公司（以下简称垦丰种业公司）拥有的注册商标，核定使用商品为第31类植物种子等。2018年10月，马某、黄某发在甘肃省武威市和酒泉市购进61吨散装玉米种子并发往吉林省公主岭市，由马某完成精选、包衣后，再发往黑龙江省佳木斯市。其间，马某向杨某祝支付10万元，用于在黑龙江省共青农场等地农户手中收购“德美亚·3号”玉米种子包装袋，同时教授杨某祝拆除包装方法，并强调不得损坏包装。杨某祝找到战某生帮忙，同时告知战某生上述事项。杨某祝共收购“德美亚·3号”玉米种子包装袋1106条，获利1.8万元，其中约500条包装袋为战某生收购，战某生同时还帮助杨某祝拆除200条包装袋，共获利1.7万元。黄某发取得包装袋后，未经垦丰种业公司授权许可，伙同陈某霞在佳木斯市雇用人员进行灌装并对外销售。马某、黄某发、陈某霞共销售假冒“德美亚·3号”玉米种子2598袋，非法经营数额共计187万余元。

2019年3月，李某向马某、黄某发购买假冒的“德美亚·3号”玉米种子并对外销售，销售金额149万余元。

二、检察机关履职情况

2019年9月27日，黑龙江省垦区公安局宝泉岭分局以马某、黄某发、陈某霞、李某、杨某祝、战某生涉嫌假冒注册商标罪、

销售假冒注册商标的商品罪向黑龙江省宝泉岭人民检察院(以下简称宝泉岭检察院)移送审查起诉。2020 年 3 月 9 日,宝泉岭检察院以假冒注册商标罪、销售假冒注册商标的商品罪对马某等 6 人提起公诉。2021 年 3 月 22 日,黑龙江省宝泉岭人民法院以假冒注册商标罪分别判处被告人马某、黄某发、陈某霞、杨某祝、战某生有期徒刑 10 个月至 4 年不等,并处罚金 1000 元至 15 万元不等;以销售假冒注册商标的商品罪判处被告人李某有期徒刑 3 年 6 个月,并处罚金 15 万元。各被告人均未提出上诉,判决已生效。

检察机关分析发现,种子经销商户违反种子法相关规定,未严格落实种子追溯制度,购进、销售种子时未建立经营档案,是导致案件发生的重要原因。宝泉岭检察院针对该问题向农业农村部门制发检察建议,督促行政机关严格落实种子追溯制度,建立经营档案。同时,向权利人提出重新设计涉案产品包装、加强技术防伪等建议,防止侵权风险。

为依法维护权利人合法权益,加大对侵权人的追责力度,推动惩罚性赔偿制度落实,黑龙江省检察院农垦分院告知垦丰种业公司有提起民事惩罚性赔偿之诉的权利,并在证据收集、法律适用等方面提供指引。2021 年 2 月 19 日,垦丰种业公司向黑龙江省农垦中级人民法院提起民事惩罚性赔偿之诉,同年 10 月 15 日,法院一审认定垦丰种业公司损失 159 万余元,并以此为基数,判决 6 名被告承担 300 万元的惩罚性赔偿责任。6 名被告均未上诉,判决已生效。

三、典型意义

1. 加强种业知识产权司法保护,筑牢国家粮食安全基石

近年来,我国种业市场秩序不断规范,但套牌侵权、假冒伪劣种子坑农害农现象仍屡禁不止,给国家农业生产、粮食安全带来隐患,损害了权利人合法权利,严重影响种业创新环境。黑龙江是农业大省,承担国家粮食安全"压舱石"的重任。农垦检察机关聚焦国家种业安全和粮食安全大局,对种业领域套牌侵权突出问题重拳出击,充分发挥刑事追诉和民事惩罚性赔偿制度的有力震慑作用,让侵权者付出沉重代价,全面提升种业知识产权司法保护水平,为民族种业发展、维护粮食安全营造良好的生态环境。

2. 积极开展诉源治理,促进行业监管和企业风险防范

检察机关在依法办案的同时,应当推动更多法治力量向源头端口前移,贯彻"既要抓末端、治已病,更要抓前端、治未病"的工作要求。种子市场的治理,需要司法机关、行政管理机关共同努力、联动履职,保障市场经营规范有序。检察机关通过制发检察建议等方式,督促行政机关进一步加强监管,推动源头治理。同时,针对种子企业知识产权保护意识薄弱的问题,积极开展普法宣传活动、提出预防侵权法律建议,建立与种子企业常态化沟通机制,促进企业提升保护种业知识产权能力。

案例 8　彭某雪、王某恒等 7 人假冒注册商标、销售假冒注册商标的商品非法制造、销售非法制造的注册商标标识案

【关键词】

侵犯商标权犯罪　跨区域协作　全链条打击

【要　旨】

检察机关在办理侵犯知识产权案件中,紧紧围绕贯彻落实国家区域发展战略部署,注重构建跨区域案件办理协作机制,创新履职模式,全链条打击上下游犯罪,形成知识产权保护检察合力。积极开展综合治理,服务优化营商环境,推动相关行业健康发展。

一、基本案情

重庆江小白酒业有限公司、四川古蔺郎酒厂有限公司、湖北劲牌有限公司分别系“江小白”“小郎酒”“劲酒”注册商标的商标权人。

2018年1月至2019年8月，彭某雪从四川省成都市购买大量假冒“江小白”“小郎酒”“劲酒”注册商标的白酒，并以低价对外销售，销售金额40万余元。2019年9月起，彭某雪从成都市购买大量废弃“小郎酒”等品牌酒瓶，从山东省某包装公司订购含有“小郎酒”等注册商标标识的瓶盖和包装纸等材料。彭某雪还向袁某求购假冒“小郎酒”等注册商标标识的瓶盖，袁某将从王某恒处购得的假冒“小郎酒”商标标识瓶盖3万余个转卖给彭某雪。随后，彭某雪邀约李某勇共同出资扩建位于四川省雅安市的厂房，并雇请刘某洪等人在该厂房内生产、灌装假冒“小郎酒”等品牌白酒，向他人低价销售，销售金额50万余元。

2018年1月至2020年12月，卫某波从彭某雪处购买假冒“江小白”“小郎酒”“劲酒”注册商标的白酒，加价销往重庆市和四川省等多地，销售金额26万余元。2018年1月至2020年12月，胡某兵从卫某波处购买假冒“小郎酒”“江小白”注册商标的白酒，销售给重庆市云阳县多个乡镇副食店，销售金额5万余元。

二、检察机关履职情况

2021年4月8日，重庆市云阳县公安局以彭某雪、李某勇等5人涉嫌假冒注册商标罪、销售假冒注册商标的商品罪向重庆市云阳县人民检察院（以下简称云阳县检察院）移送审查起诉。根据重庆市公安机关移送的线索，成都市公安机关抓获生产、销售假冒注册商标瓶盖的王某恒、袁某。云阳县检察院与四川天府新区成都片区人民检察院（以下简称天府新区检察院）加强协作，就同案犯供述、证人证言、电子数据等关键证据共通共享，协查取证，确定涉案瓶盖与上下游买卖关系的对应性，就侵权产品数量、犯罪金额等问题统一事实认定；就上下游犯罪人员的地位作用、量刑情节等问题加强沟通，确保法律适用和刑事政策协调一致，实现对侵权假冒产品生产源头和销售终端全链条打击。

2021年8月27日，云阳县检察院以被告人彭某雪犯假冒注册商标罪、销售假冒注册商标的商品罪，被告人李某勇、刘某洪犯假冒注册商标罪，被告人卫某波、胡某兵犯销售假冒注册商标的商品罪提起公诉。2021年12月9日，重庆市云阳县人民法院以假冒注册商标罪、销售假冒注册商标的商品罪判处被告人彭某雪有期徒刑4年6个月，并处罚金15万元；以假冒注册商标罪、销售假冒注册商标的商品罪分别判处被告人李某勇、刘某洪、卫某波、胡某兵有期徒刑1年至3年不等，并处罚金1万元至5万元不等，部分人员适用缓刑。5名被告人均未提出上诉，判决已生效。

2021年9月18日，天府新区检察院以非法制造、销售非法制造的注册商标标识罪对被告人王某恒、袁某提起公诉。2021年12月15日，四川天府新区成都片区人民法院以非法制造、销售非法制造的注册商标标识罪分别判处被告人王某恒、袁某有期徒刑1年6个月和1年5个月，均并处罚金2.5万元。2名被告人均未提出上诉，判决已生效。

三、典型意义

1. 加强跨区域检察协作，协同打击侵犯知识产权犯罪

针对侵犯知识产权犯罪跨区域、链条化、产业化的特点，为更好服务保障成渝地区双城经济圈建设，重庆、四川检察机关签署多份协作意见，重点推进完善跨区域知识产权快速协作保护机制。本案中，重庆、四川检察机关依托上述机制，强化两地检察办案协作，就案件协查取证、信息资源和证据共享方面积极衔接，引导侦查机关深挖制假链条，从生产源头到销售终端，全链条打击侵犯知识产权犯罪，确保法律适用和刑事政策协调一致，形成知识产权保护检察合力。

2. 积极开展源头治理，以检察服务优化营商环境

该案权利人为重庆、四川等地知名白酒企业。检察机关在办案中发现，多起案件假酒来源于白酒原酒重要产区四川省邛崃市。成都市检察机关就原酒基酒易被灌装后假冒名酒以及白酒行业知识产权保护等问题走访邛崃市工商联、邛崃市酿酒协会以及本土白酒企业，了解企业在商标保护方面存在的问题和诉求，就加强商标保护、地理标志保护等听取意见，从服务保障创新、企业合规建设等多维度提出具体建议和改进举措。重庆、成都检察机关组织开展白酒商标品牌保护讲座，共同推动区域白酒品牌建设，护航川渝地区白酒行业有序发展。

案例 9　广州指某服务有限公司、广州中某管理咨询服务有限公司与迅某商贸有限公司等侵害商标权抗诉案

【关键词】

侵害商标权　商标权无效　溯及力　恶意注册

【要　旨】

恶意取得商标注册并利用注册商标谋取不正当利益的行为，明显违反公平原则和诚实信用原则，不受法律保护。检察机关在监督中应当注重对关联案件和类案的检索，尤其应注重对指导性案例和典型案例的检索，提升监督质效。

一、基本案情

广州指某服务有限公司（以下简称指某公司）、广州中某管理咨询服务有限公司（以下简称中某公司）享有第 10619071 号“UL”注册商标专用权，该商标核定使用商品为第 25 类服装等。2014 年 1 月，指某公司、中某公司发现迅某商贸有限公司（以下简称迅某公司）及其深圳花园城商业中心店（以下简称花园城店）将“UL”字样标识用于羽绒服的吊牌、收纳袋、互联网广告、展架装潢上，并被突出使用。指某公司、中某公司以被控侵权标识与“UL”注册商标易造成混淆误认，构成对指某公司、中某公司注册商标专用权的侵害为由，向深圳市南山区人民法院提起诉讼。

深圳市南山区人民法院一审认为：迅某公司及花园城店使用被控侵权标识的行为构成商标侵权，判决迅某公司、花园城店停止侵害，赔偿指某公司、中某公司包括维权合理开支在内的经济损失 5 万元，驳回其他诉讼请求。迅某公司、花园城店上诉至深圳市中级人民法院，二审判决驳回上诉，维持原判。迅某公司、花园城店申请再审，广东省高级人民法院指令深圳市中级人民法院再审。深圳市中级人民法院再审认为，现无证据证明指某公司、中某公司已将注册商标投入实际使用并因被控侵权行为造成经济利益上的减损，改判迅某公司及花园城店除停止侵害外，向指某公司、中某公司支付维权开支 13 999 元。

迅某公司、花园城店不服再审判决，向广东省深圳市人民检察院申请监督，该院审查后作出不支持监督申请决定。迅某公司、花园城店不服该不支持监督申请决定，向广东省人民检察院（以下简称广东省检察院）申请复查。

二、检察机关履职情况

广东省检察院全面调查核实，通过调阅深圳市人民检察院相关案件材料、对关联案件进行大数据检索，并向关联案件受理法院核实情况等方式，补充查明两项事实。一是本案及相关案件的裁判情况。指某公司、中某公司于 2014 年以涉案注册商标享有专用权为由，以相同诉讼请求在北

京、上海、广东、浙江 4 地针对迅某公司及其下属各门店或其关联公司提起 42 件商标侵权诉讼。迅某公司对深圳发生的 3 件案件已向广东省检察院申请复查，本案即为其中之一。至广东省检察院复查期间，已有 12 件案件被最高人民法院再审改判，认定不构成商标侵权。2015 年，指某公司、中某公司在广州、中山、北京 3 地起诉的 15 件案件，法院生效判决也均认定不构成商标侵权。指某公司、中某公司在深圳、佛山、东莞 3 地起诉的 8 件案件，至广东省检察院复查期间，均由广东省高级人民法院以原民事判决确有错误为由自行启动再审程序。指某公司、中某公司在深圳另外起诉的 7 件案件中有 4 件撤诉，另外 3 件即为广东省检察院办理的复查案件。二是涉案注册商标的权利状态。2018 年 8 月，原国家工商行政管理总局商标局发布第 1610 期商标公告，第 10619071 号“UL”注册商标在全部商品上宣告无效。

检察机关审查认为，本案争议焦点在于涉案注册商标在被宣告无效前的权利保护。中某公司、指某公司超出经营范围，不以使用为目的且无合理或正当理由申请注册并囤积大量商标，在网上公开出售包括涉案注册商标在内的商标牟利。指某公司、中某公司在向迅某公司提出高价转让涉案注册商标未果后，在全国范围内以基本相同的事实提起大量诉讼，主观恶意明显，其行为违反诚实信用原则。中某公司、指某公司借用司法资源以商标权谋取不正当利益的行为，不应当获得保护。

2020 年 4 月 13 日，广东省检察院向广东省高级人民法院提出抗诉。2021 年 2 月 1 日，广东省高级人民法院作出判决，认为指某公司和中某公司不仅存在此前 3 年未实际使用涉案注册商标的事实，且在商标的注册和使用过程中违反诚实信用原则，主观恶意明显。深圳市中级人民法院在涉案注册商标无效之前已经作出判令迅某公司、花园城店连带赔偿维权合理开支损失的再审判决，且已经执行完毕。但如将该维权合理开支损失判定由迅某公司和花园城店承担，既损害迅某公司和花园城店合法权益，明显违反公平原则，又有违人民法院维护诚实信用民法原则、反对不正当注册和使用商标行为的司法态度。广东省高级人民法院判决撤销深圳市中级人民法院判决。广东省检察院同时启动抗诉程序的另外两件案件，也同期被广东省高级人民法院改判，该系列案件得到整体改判。

三、典型意义

1. 恶意取得商标注册并利用注册商标谋取不正当利益的行为，不受法律保护

《商标法》第 47 条第 2 款规定，宣告注册商标无效的决定或者裁定不具有追溯力，但第 47 条第 2 款同时规定“因商标注册人的恶意给他人造成的损失，应当给予赔偿”。第 47 条第 3 款规定“依照前款规定不返还商标侵权赔偿金、商标转让费、商标使用费，明显违反公平原则的，应当全部或者部分返还”。该规定明确了上述“不具有追溯力”原则的例外情形。因此，恶意取得商标注册并利用商标谋取不正当利益的行为不受法律保护，这也是《商标法》第 7 条诚实信用原则在具体案件中的适用。检察机关在处理商标侵权案件时，应注意审查注册商标权利人是否存在恶意注册并谋取不正当利益的行为。本案对遏制利用恶意注册商标进行恶意诉讼的行为发挥了积极的导向作用。

2. 注重关联案件和类案检索，提升监督质效

本案是通过上级检察机关的民事复查监督程序发现下级检察机关监督不到位的案件。检察机关在监督中，主动通过关联案件和类案检索发现最高人民法院在 2018 年已对指某公司、中某公司起诉的部分案件进行了再审改判，相关案件被评为最高人民法院知识产权年度典型案例。在最高人民法院上述再审判决形成前，指某公司、

中某公司2015年后提起诉讼的多件案件，均被法院生效判决认定不构成商标侵权。因此，检察机关在监督中应当注重对关联案件和类案的检索，尤其应注重对指导性案例和典型案例的检索，准确适用法律，提升监督质效。

案例10 陈某与佛山市亮某厨卫有限公司侵害专利权纠纷再审检察建议案

【关键词】

不视为侵犯专利权 依职权启动监督 再审检察建议

【要 旨】

除当事人申请监督外，依职权启动监督也是民事诉讼监督案件的重要来源。在专利侵权纠纷案件中，专利产品系由专利权人或者经其许可的单位、个人售出后，使用、许诺销售、销售、进口该产品的，不视为侵犯专利权。

一、基本案情

佛山市荣某厨卫有限公司（以下简称荣某公司）股东梁某是ZL201030263816.6"水槽（5）"外观设计的专利权人。2013年2月，梁某将涉案专利排他许可陈某实施，并约定陈某有权作为诉讼主体对侵权人进行起诉。2015年4月，陈某从佛山市亮某厨卫有限公司（以下简称亮某公司）处购买涉案水槽产品。后陈某以亮某公司侵害专利权为由，向广州知识产权法院提起诉讼。

广州知识产权法院一审认为，亮某公司未经陈某许可，为生产经营目的，制造、销售、许诺销售涉案专利产品，侵害了陈某享有的专利权，依法应当承担停止侵害及赔偿损失等民事责任。本案在诉讼中，法院向亮某公司工商登记地址邮寄送达未能成功后，采用公告送达的方式，进行缺席审判。至2018年7月，亮某公司收到法院执行通知书才获悉判决结果。2018年8月，亮某公司向广东省高级人民法院申请再审，法院认为亮某公司的再审申请已经超过《民事诉讼法》第205条规定的申请再审期限，裁定驳回亮某公司的再审申请。之后，亮某公司向广东省人民检察院申请监督。

二、检察机关履职情况

广东省人民检察院于2019年1月16日将该案交广东省人民检察院广州铁路运输分院（以下简称广铁检察分院）审查，广铁检察分院重点开展以下工作：

一是主动依职权启动监督。亮某公司向检察机关申请监督时，根据当时实施的《人民检察院民事诉讼监督规则（试行）》第31条第1款规定，当事人申请再审超过法律规定的期限的，人民检察院不予受理。检察机关考虑本案判决存在确有错误的可能，且法院在向亮某公司工商登记地址邮寄送达未能成功后，未再通过陈某提交证据材料中亮某公司的联系方式进行送达，导致亮某公司无法参加诉讼并进行答辩。基于上述原因，依据保护民营经济的司法政策，检察机关主动依职权启动对该案的监督。

二是认真开展调查核实工作。亮某公司提供证据证明其直接向荣某公司购买涉案产品后再转售给陈某。但为进一步查明事实，广铁检察分院调查核实了2014年至2018年亮某公司与荣某公司之间交易往来的情况，同时对本案关键证人即涉案产品专利权人梁某及荣某公司客户联系人姜某英等进行询问，并补充调查了亮某公司成立起的住所地及实际经营地等情况。姜某英关于亮某公司与荣某公司的购销关系、双方的交易习惯等陈述，与亮某公司所提交的证据内容相互印证。同时姜某英还确认了亮某公司与荣某公司签订的涉案《水槽订购合同书》、订购单等证据的真实性。上述调查核实工作为检察机关依法提出再审检察建议提供了充分依据。

广铁检察分院认为本案有新的证据证明涉案产品系亮某公司直接向荣某公司购买后再转售给陈某，依据 2008 年修正的《专利法》第 69 条的规定，亮某公司从正规合法渠道以正常合理价格直接向荣某公司采购涉案产品，再销售给陈某，不视为侵犯专利权。

2019 年 9 月 10 日，广铁检察分院向广州知识产权法院发出再审检察建议。广州知识产权法院依法启动再审程序并于 2021 年 6 月 28 日作出判决，认定亮某公司的涉案行为未侵害陈某的专利权，原审判决认定事实和适用法律错误，判决撤销原审判决并驳回陈某的全部诉讼请求。

三、典型意义

1. 在专利侵权纠纷案件中，应注意审查是否存在不视为侵权的情形

专利权作为国家通过法律形式赋予专利权人的一种专有权，专利权人可以在一定期限内自己独占实施专利及排除他人未经授权实施专利。但在赋予专利权人专有权的同时，出于公共利益的考虑，专利权行使也被附加限制。现行《专利法》第 75 条规定了 5 种不视为侵犯专利权的情形，如权利用尽抗辩、先用权抗辩、临时过境抗辩等。在办理专利侵权纠纷案件中，检察机关应注意审查是否存在法定的不视为侵权的情形。

2. 充分认识检察机关依职权进行监督的必要性，对确有必要进行监督的案件应依职权启动监督程序

检察机关积极构建知识产权民事诉讼多元化监督格局，综合运用多种监督手段实行有效监督。除当事人申请监督外，依职权启动监督也是民事诉讼监督案件重要来源。检察机关应按照《人民检察院民事诉讼监督规则》第 37 条的规定，对影响当事人实体权利等确有必要进行监督的案件，可依职权启动监督程序，纠正错误判决，有效保护当事人的合法权益，维护司法公正和司法权威。

案例 11　王某与某银行股份有限公司义乌篁园支行侵害著作权纠纷抗诉案

【关键词】

著作权侵权　民间艺术作品　独创性

【要　旨】

涉及民间艺术作品独创性的判断，要全面分析在案证据，依法保护民间艺术作品著作权人的合法权利。当事人提交的著作权登记证书、创作过程及公开发表证明等，在无相反证据的情形下，可以作为判断著作权权利人的证据。

一、基本案情

2012 年 3 月，王某以著作权权利人的身份向浙江省版权局申请对剪纸图案“剪纸-《大福狗》”进行作品登记。2018 年，王某发现某银行股份有限公司义乌篁园支行（以下简称篁园支行）在营业场所门窗外张贴多幅新春贴纸，其上有福狗剪纸图案。王某认为该图案侵犯了“剪纸-《大福狗》”的著作权，于 2018 年 3 月 26 日向浙江省义乌市人民法院起诉。

浙江省义乌市人民法院一审认为，著作权法保护的作品应具有独创性。篁园支行举证证明在王某涉案剪纸作品登记之前，他人已于 2007 年将“狗的剪纸图片”上传到网络，该图案与涉案作品同为剪纸图案，在整体构图、线条与表达等方面高度一致。王某未能举证证明在“狗的剪纸图片”上传前，其已将涉案作品“剪纸-《大福狗》”公开发表。涉案作品相比于在先作品不具有独创性，判决驳回王某的诉讼请求。王某不服，上诉至浙江省金华市中级人民法院。二审判决驳回上诉，维持原判。王某申请再审，浙江省高级人民法院裁定驳回其再审申请。之后，王某向浙江省金华市人民检察院（以下简称金华市检察院）申请监督。

二、检察机关履职情况

检察机关受理该案后，重点开展以下工作：

一是补充查明案件事实。2020 年 9 月 30 日，最高人民法院作出（2020）最高法民再 243 号民事判决（以下简称第 243 号判决）。该案查明：2006 年 2 月，孙某在网站上已发布福狗图片，该图片与涉案作品“剪纸-《大福狗》”基本相同，且孙某出具说明证明该图片系来源于网络，并非其本人原创。《中国剪纸艺术人名大典》（2007 年 10 月第 1 版）中登载了涉案作品“剪纸-《大福狗》”。第 243 号判决认定王某提交的著作权登记证书、电子创作稿、2005 年中国义乌国际小商品博览会（以下简称 2005 年博览会）的材料以及公开出版物等证据，在没有相反证据的情况下，可以证明王某享有涉案作品“剪纸-《大福狗》”的著作权。

二是全面搜索查找关联案件。检察机关通过浙江裁判文书检索系统和中国裁判文书网搜索发现，除本案外，王某就涉案作品向多家法院起诉银行。其中一案法院虽已判决驳回王某的诉讼请求，但在第 243 号判决作出后，法院又认为有新证据推翻原判决，已启动再审程序。

2021 年 4 月 25 日，金华市检察院向浙江省人民检察院提请抗诉。检察机关认为，在篁园支行提出反证的 2007 年“狗的剪纸图片”上传到网络之前，涉案作品相关图案已于 2006 年在网络上传播。王某提供的著作权登记证书、创作过程文件、参展 2005 年博览会等证据能够形成完整的证据链，证明王某系涉案作品的著作权人。在篁园支行未提交相反证据的情形下，王某对涉案作品主张著作权应予以支持。

2021 年 5 月 19 日，浙江省人民检察院向浙江省高级人民法院提出抗诉。2021 年 6 月 11 日，浙江省高级人民法院作出裁定，指令金华市中级人民法院再审本案。2021 年 12 月 10 日，金华市中级人民法院作出判决，认定王某享有涉案作品的著作权，篁园支行使用的侵权产品与王某享有著作权的“剪纸-《大福狗》”作品实质性相似，构成侵权。判决撤销一、二审判决，篁园支行赔偿王某经济损失及合理费用 1500 元。

三、典型意义

1. 强化证据调查核实，坚持精准监督

相比小说、歌曲等具有明显原创特点的文学艺术作品，剪纸作品等民间艺术作品的独创性证明难度较高。特别是创作时间较早、广泛传播的作品，创作者知识产权认知和证据留存意识还不强，独创性证明难度更大。在案件办理中，涉及独创性的判断，要全面分析在案证据，综合当事人提供的著作权登记证书、创作过程及公开发表证明等证据，对证据能否形成高度盖然性进行判断，依法维护著作权人的合法权利。

2. 注重把握宣传节点，推动传统文化司法保护

剪纸是深受群众喜爱的民间艺术，被广泛运用于传统节庆场合，本案涉及民间艺术作品的著作权保护，检察机关敏锐洞悉本案成功办理所蕴含的普法价值，积极开展以案说法等普法工作。先后通过多家媒体，在世界知识产权日、元旦、春节前夕等关键节点，宣传本案办理相关情况，提醒著作权人注重留存创作资料。通过有力适时的宣传，进一步提升办案效果和社会公众知识产权保护意识，扩大知识产权检察工作的社会影响力。

供稿：最高人民检察院
知识产权检察办公室

国家知识产权局2021年度软科学研究成果

1. 课题名称：SS21-A-01 数据产权制度研究

承担单位：国家知识产权局知识产权发展研究中心

课题负责人：白剑锋

数据是发展数字经济的关键生产要素，发展数字经济离不开数据的大规模深入利用。健全数据产权保护制度是大规模利用数据、发展数字技术和数字经济的基础性法律制度保障。我国分别于2021年6月和8月通过了《中华人民共和国数据安全法》《中华人民共和国个人信息保护法》，清晰地界定了对于数据开发利用的底线，为产业层面数据采集、加工、处理和交易活动在法制上界定了行为边界，为我国健全数据产权保护制度奠定了基石。课题组系统分析了数据在技术上所具有的共享性和可复制性、在经济上的外部性和效益递增性质，以及生产过程中的混杂性和实时性，认为只有授予数据从业者以明确的财产权，明确数据从业者数据产权的对世效力，才能为数据利用提供清晰的边界和稳定的市场预期。因此提出建议，授予产业界包括积极权利和消极权利在内的数据产权相关权利。

2. 课题名称：SS21-A-02 差异化的产业和区域知识产权政策研究

承担单位：江苏省知识产权保护中心（江苏省专利信息服务中心） 东南大学

课题负责人：王亚利 何玉梅

本课题通过回顾若干国家知识产权制度的历史变迁，探讨全球知识产权政策的演变规律和发展趋势，在明晰知识产权政策体系的概念、维度和构成的基础上，梳理我国在国家、区域和产业层面上的知识产权政策，并以北京、上海、广东、浙江和江苏培育高价值专利的政策为例，选择集成电路产业、新能源汽车产业和数字核心产业作为知识产权密集型产业的代表，剖析我国知识产权政策体系存在的问题。之后，基于产业异质性特征和区域要素禀赋结构构建知识产权政策理论框架，研究差别化的产业和区域知识产权政策对创新效率的影响，并探讨了知识产权政策的优化路径。本课题提出了在创新驱动和区域平衡协调发展的战略指引下构建差异化的产业和区域知识产权政策的建议。

3. 课题名称：SS21-A-03 推动"创新链""金融链"深度耦合的知识产权服务业高质量发展研究

承担单位：武汉理工大学

课题负责人：杜伟岸

课题组从"创新链""金融链"深度耦合的可持续发展视角出发，提出"市场化导向、高质量知识产权服务业支撑的'创新链'与'金融链'深度耦合模式"，厘清知识产权服务业作为关键纽带，促进"创新链"和"金融链"深度耦合的机理。通过调查整理我国支撑"创新链"与"金融链"耦合的知识产权服务发展现状及问题，结合政策意见，聚焦双链耦合，剖析现有主流知识产权服务，阐明知识产权质押融资、证券化、保险发展现状及制约因素。通过国际上知识产权服务体系建设的经验总结，研究我国知识产权服务业高质量发展的主要制约因素，并在此基础上，结合数字信息技术，提出新型服务机构的发展路径。针对目前双链耦合现实困境，提出了完善知识产权服务平台支撑体系，培育以大数据为基础的新型知识产权服务机构，构建以新型知识产权服务机构为核心、以数字化运营为基础、以产业园区为核心场景的高质量知识产权服务体系等兼具前瞻性与可操作性的政策建议。

4. 课题名称：SS21－A－04 知识产权服务业高质量发展研究

承担单位：大连理工大学

课题负责人：马荣康

本课题在对全国层面知识产权服务业高质量发展相关政策梳理分析的基础上，从规模化、效益化、品牌化、国际化以及发展环境五个维度构建了知识产权服务业高质量发展水平评价指标体系。然后，运用熵值法基于2016—2020年数据对全国层面、行业层面以及区域层面知识产权服务业高质量发展水平进行评价分析。研究发现：第一，在全国层面，知识产权服务业高质量发展水平呈上升趋势且提升空间较大；知识产权服务业高质量发展模式由规模化、品牌化与国际化主导转向发展环境、品牌化与效益化主导。第二，在行业层面，专利代理、商标代理、知识产权法律服务以及知识产权运营四个行业高质量发展水平呈上升趋势；我国知识产权服务业高质量发展由专利代理绝对主导转向知识产权法律服务略占优势、四个行业均衡发展。第三，在区域层面，我国知识产权服务业高质量发展呈现“一超少强多弱”的局面。北京是知识产权服务业高质量发展的“超级明星”，广东、上海、山东、江苏和浙江是“五强”，而其他地区知识产权服务业高质量发展处于相对较低的水平。本课题提出了促进我国知识产权服务业高质量发展的对策建议。

5. 课题名称：SS21－A－05 新时代知识产权公共服务的高质量发展路径研究

承担单位：国家知识产权局知识产权发展研究中心

课题负责人：白剑峰

本课题立足新时代我国经济社会发展新的历史方位，从服务型政府建设和机构改革两个角度研判知识产权公共服务在新的历史时期的重要作用。通过公共服务理论研究和知识产权公共服务文献研究，分析新时代知识产权公共服务高质量发展的构建基础，辨析知识产权公共服务的内涵与要求。结合当前中央和地方层面知识产权公共服务现状及存在的不足，分析公共服务顶层设计的方向指引和知识产权公共服务顶层设计的发展思路，借鉴国外知识产权公共服务经验，提出我国知识产权公共服务高质量发展的总体思路是坚持尽力而为、量力而行，重在提升知识产权公共服务水平，加强知识产权公共服务供给，更为全面系统地健全知识产权高质量发展中社会公众与创新主体需求的公共服务内容，并从转变服务理念、优化资源配置比例、加强公共服务能力建设、强化以需求为导向的公共产品供给、引进社会参与等方面提出发展路径建议。

6. 课题名称：SS21－A－06 中国特色知识产权新型国家智库建设研究

承担单位：中国科学院大学

课题负责人：李玲娟 张古鹏

本课题对我国智库发展的渊源、历程及模式进行了分阶段总结，对我国现代智库影响决策的具体方式及其发展过程中的优势和劣势进行了深入剖析。随后，本课题对新时期我国知识产权治理面临的新形势进行了展望，认为在国际知识产权规则调整与制度创新加速、发达国家全球知识产权治理从多边向单边发展、知识产权与国际贸易联系日趋紧密的宏观国际背景下，我国知识产权智库建设仍远远不足，在全球知识产权规则博弈中处于劣势，在新兴领域支撑全球竞争的作用有限。课题认为，在新时代，我国的国家知识产权智库建设要在服务国家发展总体战略决策，满足国家安全领域需求，建立区域性知识产权合作组织、新兴领域知识产权保护与合作、我国参与全球知识产权治理体系，提升政府海外知识产权公共服务能力等方面发挥关键性作用。基于此，本课题提出了中国特色国家知识产权智库建设的建议，包括顶层设计知识产权智库发展规划、创新中国特色知识产权智库的治理结构、激发智库发展动力等。

7. 课题名称：SS21－A－07　拓展影响知识产权国际舆论的渠道和方式研究

承担单位：中国知识产权报社　当代中国与世界研究院

课题负责人：吴　辉　孙　明

本课题从知识产权国际传播内容、传播渠道出发，梳理了我国知识产权国际传播取得的成效。然后，依托专业数据库和情感分析软件，对近十年以来境外主流媒体以及海外社交平台的涉华知识产权报道进行了对比分析，发现其构建的中国知识产权形象既复杂又矛盾，国际社会与中国国内舆论的认知差异较为显著。但随着中国加大宣介和阐释力度，中国知识产权的真实客观形象开始呈现。基于此，本课题从宣传主题、宣传对象、宣传手段、传播方式、宣传策略入手，对新形势下我国开展知识产权国际舆论工作提出针对性建议。

8. 课题名称：SS21－A－08　我国参与世界知识产权组织框架下全球知识产权治理研究

承担单位：大连海事大学

课题负责人：徐　元　顾荣新

本课题首先对全球知识产权治理的历史演进与发展态势进行分析，然后对 WIPO 框架下的全球知识产权治理及其特点进行考察，在对我国参与全球知识产权治理的实践进行梳理总结的基础上，深入分析我国参与 WIPO 框架下全球知识产权治理的立场选择和角色定位，并提出了若干政策建议。本课题研究认为，在参与 WIPO 框架下的全球知识产权治理中，我国不可能成为美国的追随者，不适宜做发展中国家的领导者，不应该充当坐享其成者，我国的最优选择是积极协调者。我国应当加强对全球知识产权治理问题的研究、推动 WIPO 机制改革与完善、协调好国内战略和国际战略的关系、构建体现中国立场的价值理念和话语体系、进一步完善国内立法、处理好与各种类型国家的关系。

9. 课题名称：SS21－A－09　中欧地理标志产品鉴伪追溯技术与监管体系比对研究

承担单位：中国检验检疫科学研究院

课题负责人：张九凯

中欧作为两个庞大的经济体，双方在地理标志产品的保护措施上却莫衷一是。由于中欧双方技术发展水平不平衡、监管体系不统一等问题，导致中欧地理标志产品在进出口贸易中存在检测方法不一致、追溯体系不衔接，容易造成中欧贸易摩擦。本课题对中欧地理标志产品鉴伪追溯技术与监管体系、中欧地理标志产品监管机构、制度和法规体系，以及中欧地理标志产品追溯鉴伪方法和标准等进行了比对研究，总结归纳了中欧地理标志产品的产品特征、品质特点和伪造掺假现状，分析了现行中欧互认地理标志产品防伪机制、鉴别技术和标准，提出了我国地理标志产品监管和鉴伪体系存在的问题，继而从法律法规体系、监管制度、检验检测体系及人才建设等方面提出了构建我国地理标志产品保护体系的建议。

10. 课题名称：SS21－B－10　专利侵权纠纷行政裁决与司法审查的冲突和协调研究

承担单位：西南政法大学

课题负责人：张惠彬

当前，我国专利侵权纠纷与日俱增，专利侵权纠纷行政裁决制度所具有的“分流阀”功能对缓解司法压力、快速解决纠纷，提升我国知识产权保护水平具有重要意义。然而现实中，该制度与司法审查之间存在的矛盾妨碍了制度功能的实现。因此，本课题首先探寻了专利侵权纠纷行政裁决制度的形成机理，从历史和规范的角度分析制度的价值和角色分工，重塑制度的合理性基础。其次，通过理论梳理和实证分析的方法，系统研究了目前专利侵权纠纷行政裁决制度与司法审查之间的冲突现状及其成因。最后，以该制度的价值定位和角色分工为指引，提出了制度优化的内外双重路径。即从制度衔接的外在层面进行价值协调、机制协调、规则协调，以缓解制度摩擦带来的低效和浪费；从专利行政裁决制度落实的内在层面提升其专业化和法治化水平，以实现其专利侵权纠纷“分流阀”的功能。

11. 课题名称：SS21－B－11　“数字国家”视域下区块链技术知识产权保护应用规范性研究

承担单位：河南师范大学　河南省高级人民法院

课题负责人：胡　光　史小红

本课题着重研究以区块链技术为代表的创新技术在知识产权保护领域规范应用的方法和路径。通过利用实证研究、文献研究和跨学科交叉研究的方法，以区块链在知识产权保护应用领域获得专利的数据分析为切入点和证据支持，全面评估我国区块链应用于知识产权保护领域的技术发展状况，从商标、专利、版权和地理标志四个横向层面的应用，以及存证、确权、信息管理、时间戳、注册、防伪、信息管理、质押监管等十一个纵向层面，详细分析区块链技术在知识产权保护领域的应用场景，并以此为基础，分析在技术适用过程中出现的问题。课题从需要知识产权各方主体之间达成通识性标准或“协议”、制定区块链技术标准、构建协同监管机制、亟待厘清的科技适用与法律规范的关系四个方面，提出了促进我国知识产权保护技术规范化应用的政策建议。

12. 课题名称：SS21－B－12　药品专利期补偿制度对药物研发与临床用药的影响

承担单位：北京大学人民医院

课题负责人：曹明雪

本课题由临床机构和药品研发机构合作，以实例为基础，就药品专利期补偿制度对药品研发和临床用药的影响进行研究，同时全面梳理了我国新药专利期补偿制度的相关规定，将我国的新药专利期补偿制度与美国、欧洲和日本的相应制度进行对比，测算我国新药专利补偿期限。通过医院药物数据信息发现，首仿药虽然未必会大幅降低药物价格，但首仿药能促使原研药降价，改善临床用药的可及性，同时，随着获批仿制药的家数增多，药物价格明显降低。新药专利期补偿制度能延长新药专利期，延迟仿制药上市的时间，新药专利期长短与药物可及性密切相关，因此，新药专利期补偿制度将使药物可及性问题更加突出。

13. 课题名称：SS21－B－13　知识产权评估体系建设研究

承担单位：深圳证券交易所　深圳市知识产权局

课题负责人：何基报　张学斌

本课题梳理了美国、韩国、德国等海外知识产权评估体系建设经验，对我国知识产权评估体系的现状和问题进行分析认为，知识产权评估体系建设包含两部分内容：一是评估准则、方法等理论体系建设；二是包含知识产权政策体系、供需方、交易市场、服务体系在内的生态建设，且生态建设应是评估体系建设的重点。为此，本课题从制度框架、交易平台、服务体系、金融服务等方面提出了完善知识产权评估体系的建议，强调以知识产权生态体系建设为重点推动评估体系健全，主要包括：完善知识产权评估相关制度；依托交易平台，引导和培育一批专业化的知识产权服务机构；将评估体系建设内化在知识产权生态中，推进其在应用中自我演进及完善；支持“知识产权+金融”发展，借助资本市场力量完善知识产权评估体系。

14. 课题名称：SS21－B－14　企业知识产权价值会计核算方法与实证研究

承担单位：中国科学院科技战略咨询研究院

课题负责人：宋河发

本课题以知识产权价值、知识产权价值评估方法等文献研究为基础，以规模以上制造业企业为例，通过比较知识产权产品增加值核算、科技进步贡献率核算方法，改进技术、劳动力、资本和管理要素会计科目成本费用归集方法和利税分割法，引入知识产权资本化和产品化率方法，并用技术要素成本费用占比分割利税核算企业技术类知识产权增加值，从而相对科学地核算企业技术类知识产权资产价格，并核算技术类知识产权增加值规模贡献率和对增加值的增长贡献率。课题组认为，该方法比传统的科技进步贡献率计算方法得到的贡献率高，而且也能较好反映技术的贡献率，建议修订《企业会计制度》《企业会计准则》《资产评估法》，允许知识产权管理规范的企业将知识产权成本费用和对应的利税作为技术类知识产权资产价格核算的内容，改进科技进步法，改用技术增加值规模和增长贡献率核算技术进步的作用。

15. 课题名称：SS21－B－15　发展专利密集型产业背景下的创新激励政策优化研究

承担单位：华东政法大学

课题负责人：徐骁枫　单晓光

本课题通过对欧美等先进国家和地区相关的最新做法进行分析，通过DEA模型对我国各省份的创新效率进行了实证研究，对5～10年内专利密集型上市企业的数据进行跟踪调研，从行业和地域两个维度深度整理分析了专利密集型产业政策的特征及不足。课题组认为，对于整个专利密集型产业而言，政府创新激励对创新绩效具有显著的促进作用，但是对于不同的子行业、不同的分地区，政府创新激励对创新绩效的影响具有不确定性。据此，课题得出了如下结论：第一，应当提高地方性法规的占比，加大政策出台力度，同时建议各地在相关创新激励政策出台之后的合理期限内印发对应的实施细则，细化政策内容；第二，在遵循SCM协议非专项性要求的前提下，根据企业特质，实行差异化政策，提高激励精度；第三，政府既要推动创新平台的建立和完善，鼓励和支持研发实力较强的企业，同时也要完善金融体系对创新的支持，对落后的企业给予一定的发展空间。

16. 课题名称：SS21－B－16　财政资助项目知识产权归属、处置、转化、管理研究

承担单位：中国技术交易所有限公司

课题负责人：高　静

财政资助项目知识产权的归属问题是财政资助项目研发转化过程中的核心问题。2020年5月9日，科技部等九部门联合印发《赋予科研人员职务科技成果所有权或长期使用权试点实施方案》，在国家政策层面上首次对科技成果所有权改革中“赋什么权”“谁来赋权、赋权给谁”和“怎么赋权”等落地难题作出了较为明确的回应。本课题从“财政资助项目知识产权全生命周期”角度展开研究，对“知识产权”以及相近概念进行辨析从而明确“国家资助项目知识产权”这一复合概念的内涵和外延；以赋予科研人员职务科技成果所有权或长期使用权为切入点，探讨“财政资助项目知识产权归属、处置”；以“北京知识产权交易中心”的建设为切入点探讨“财政资助项目知识产权转化”，以“北京市科技成果信息汇交系统”为切入点探讨“财政资助项目知识产权管理”新模式。

17. 课题名称：SS21－B－17　知识产权领域国家安全问题研究

承担单位：国家知识产权局知识产权发展研究中心

课题负责人：白剑锋　胡军建

本课题主要围绕概念体系、历史发展、国外借鉴、现状问题、理论体系、规则体系和治理体系等方面开展研究。一是从总体国家安全的视角，立足知识产权制度，提出构建国家安全知识产权保障的理论体系、法律体系和治理体系，并从概念、内容、原则、路径等方面展开讨论。二是从实证研究角度，讨论当前国家安全领域知识产权创造、保护、运用、管理、国际合作环节典型风险，包括涉及技术转让、安全审查及限制技术出口、跨国投资知识产权流失、生物技术安全、品种安全等具体问题及案例，对知识产权风险预防和治理提出对应建议。三是从政策、立法和治理等方面探讨保障国家安全与保障权利的相互关系，主张将知识产权纳入国家安全法治轨道，推动国家安全与创新发展的协调统一，提出促进保护核心技术、规避海外知识产权风险、善用知识产权联盟与专业资源、应对中美贸易摩擦背景下的纠纷、严格管理涉及国家安全的知识产权对外转让、出台相关补充制度应对制度化风险，有效应对潜在安全隐患。

18. 课题名称：SS21－B－18　知识产权法域外适用法律体系构建研究

承担单位：同济大学

课题负责人：张怀印

与知识产权法域外适用经验丰富的美国、英国等国家相比，我国在立法上尚缺乏域外效力的明确规定，在司法管辖权的确定、法院挑选问题的应对和确保知识产权法域外适用效果的反制措施方面均不够成熟。虽然我国法院在禁诉令适用方面已经有了一定的探索和实践，但由于人民法院缺乏对相关制度的司法适用经验，现有规则不仅在国际管辖权竞争中无法发挥有效的反制作用，也难以顺利构建国际知识产权争议解决的主场优势。本课题从我国知识产权法域外适用的现实困境出发，梳理了我国知识产权域外法律适用体系构建的理论与实践难题、原则、体系构建和效果保障等问题，探索了我国在现有国际法框架之下，建设知识产权法域外适用理论与制度体系的路径，对未来我国知识产权法域外适用的体系架构和保障机制提出了建议。

19. 课题名称：SS21－B－19　高新科技领域的外国长臂管辖问题及其法律应对研究

承担单位：昆明理工大学

课题负责人：谭　民

长臂管辖是美西方遏制中国科技发展的重要司法经济武器，运用法律手段反制长臂管辖是确保中国科技安全的重要途径。本课题对国家管辖权的基本理论和长臂管辖的基本问题开展研究，梳理了高新科技领域长臂管辖的主要法律依据和清单管理措施。通过分析高新科技领域长臂管辖的典型案例，探讨了高新科技领域长臂管辖的域外应对经验，并提出了高新科技领域长臂管辖的中国应对方案设计。课题组认为，我国应对高新科技领域的长臂管辖，应从以下几个方面入手：第一，充分利用可适用的现有国际法和国内法机制；第二，努力推动国际社会制定国际公约建立防范机制；第三，积极协调区域组织制定多边条约建立干预机制；第四，尽力与相关国家达成双边条约建立豁免机制；第五，加快我国对外关系法律体系建设；第六，增强我国企业自力救济的能力。

20. 课题名称：SS21－B－20　涉外知识产权风险防控体系建设研究——浙江的探索与实践

承担单位：浙江大学　浙江省知识产权保护中心

课题负责人：黄　灿　庞美蓉

本课题以浙江省为研究对象，对已有的关于涉外知识产权风险的研究及海内外知识产权防控模式进行总结，并对国家海外知识产权纠纷应对指导中心浙江分中心、中国（宁波）知识产权保护中心、浙江省跨境电商行业中休闲伞专利侵权案，以及医药行业中奥泰生物、东方基因在美国“337 调查”案进行调研分析。在此基础上，课题组对涉外知识产权风险防控体系的建设提出了建议，主要包括：建立事前预警、事中应对及事后反馈机制；加强宣传培训，提高侵权风险意识；推动高质量知识产权海外布局；促进产业联盟，培育专利生态；建立重点企业联系网点，提升涉外纠纷应对指导服务水平。作为与体系建设配套的政策支撑，要强化涉外知识产权政策扶持，加强政府性资金引导；完善涉外纠纷应对工作网络，提升数字化水平；建立知识产权人才培养、评价激励机制。

21. 课题名称：SS21－B－21　外商知识产权投资国家安全审查研究

承担单位：山东科技大学

课题负责人：赵丽莉

知识产权与经济安全、科技安全、文化安全等息息相关，由知识产权引发的国家安全风险日益受到重视。维护外商知识产权投资国家安全必须做好预测预防，在充分识别、分析高损失程度、高发生概率风险的基础上，构建外商知识产权投资安全审查制度，以化解和消除风险的发生。本课题立足于总体国家安全观的要求，以识别和分析外商知识产权投资的国家安全风险为基础，利用比较研究的方法分析了欧盟及其部分成员国等典型国家外商知识产权投资国家安全审查实践和趋势，并针对目前的知识产权投资和安全形势，从审查主体、审查路径、审查方法、判断标准及预警和应急等方面提出了构建我国外商知识产权投资安全审查制度的建议。

供稿：国家知识产权局办公室

国家知识产权局学术委员会2021年度专利专项课题学术研究成果

1. 课题名称：外观设计立法保护模式研究（北京大学、国家知识产权局专利局外观设计审查部）

负责人：易继明　钱红缨

本课题对我国专利合并立法模式进行了研究，分析了当前立法模式下外观设计制度存在的问题，论证了我国外观设计单独立法的必要性。

第一，通过对我国外观设计制度四个发展阶段历史脉络的梳理，从法律发展的角度开展分析，明确了我国将外观设计纳入专利法的立法选择受到特定时代背景的影响。第二，结合外观设计与发明专利之间在客体本质、立法宗旨等方面的差异，对外观设计制度置于专利法体系下的利弊进行了理论分析。第三，通过对多个领域的调研，深入了解了当前创新主体的切实需求，为上述理论分析提供了实践基础。第四，以各国外观设计立法实践及国际条约作为参考，总结了当前外观设计的国际立法趋势，指明了单独立法更有利于我国外观设计制度与国际条约的协调。第五，提炼出相应的外观设计单独立法模式，对我国外观设计单独立法的法律框架及后续研究方向做了前瞻性初探。

经过上述研究与论证，本课题归纳出我国外观设计单独立法的四点优势：一是提升法律法规保护的针对性；二是满足行政审查模式的创新性；三是促进国际交流话语的协调性；四是保障国际规则制定的引领性。本课题认为，随着时代进步与社会发展，外观设计单独立法已在我国存在现实的必要性。应当充分把握机会，做好相关研究与前期准备工作，为我国外观设计法律法规的制定打好坚实基础。

2. 课题名称：新发展阶段下的专利审查模式创新研究（国家知识产权局专利局专利审查协作北京中心）

负责人：郭　雯　吴红秀

为落实国家知识产权局党组审查理念

更新、技术革新、工作创新的决策部署，提升专利审查质量及效率，专利审查协作北京中心联合审查业务管理部成立课题组，探索新发展阶段下的专利审查模式创新。

在新发展阶段下，专利审查工作亟须解决的三个关键问题是：消减案件积压、提高审查效能、支撑高质量发展。为此，本课题在分析借鉴他局专利审查模式的基础上，对决定审查生产力的案件、人员、技术、流程及管理、政策及标准五方面的基础要素展开全面研究，挖掘单个要素潜能，然后运用分级分类思想和系统思维进行要素整合，创新专利审查模式并释放审查生产力。

进而，本课题就专利审查模式提出五方面的决策建议。一是加快案源智能聚类技术的运用，聚类技术的核心是通过算法将存在技术关联的离散案件聚类成包，以案件包代替传统个案的分配方式，促使个案审查向批量审查模式的转变。二是推动专利审查流程的优化再造，包括适时提高专利申请受理标准、提升通知书撰写效能、优化实审结案流程、改革前置审查程序等。三是推进专利审查业务管理改革，包括改变任务管理模式和转变审查质量评价方式。四是加快审查模式的创新实践，包括积压消减导向的排审融合审查模式、效能提升导向的人员协作审查模式和高质量发展导向的按需审查模式。五是设置专职机构统筹创新成果推广运用，本课题建议设立专职机构，统筹开展审查模式创新的顶层设计及推广运用，引领一流专利审查机构的审查质量和效率变革。

3. 课题名称：新专利法下的药品实验数据补交的审查规则和政策研究（国家知识产权局专利局医药生物发明审查部）

负责人：姜　晖

医药产业具有高投入、长周期、高风险、高回报的特点，并且对专利保护具有很高的依赖度。申请人为了最大限度地保护研究成果、抢占专利申请的先机，往往在研发初期便开始专利布局，而为了保持竞争优势，防止对手轻易聚集其候选药物，申请人也希望仅在申请文件中最低限度地公开有价值的技术信息以满足最佳实施方式的要求。然而申请人在撰写申请文件时几乎不可能基于所有现有技术来呈现效果并提供实验数据。医药领域技术效果可预见程度低的特点，决定了其需要充足的实验数据来验证并支撑发明的技术效果，否则专利申请很可能被认定为公开不充分或者不具备创造性而不能获得授权。医药领域专利对实验数据的依赖和申请人在申请专利时对实验数据的保留之间的矛盾，使得申请人在专利审查过程中，常常需要补交实验数据以克服相应的缺陷，争取获得专利权。

针对上述问题，本课题从鼓励产业自主创新、促进行业健康发展、强化专利保护力度的角度出发，学习借鉴国外经验，综合考虑我国国情，认为对于补交实验数据的审查可以从以下两个方面作出选择，使“以我为主、人民利益至上、公正合理保护”的中国特色知识产权制度切实发挥鼓励创新、保护创新的积极作用。第一，在现有框架下细化判断原则，完善已有标准。按照原始申请文件中技术方案与技术效果的不同记载情况，结合现有技术和本领域公知常识来判断补交实验数据所证明的技术效果在申请日前是否已被关注并进行相关研究，进而确认所述技术效果能否从专利申请公开的内容中“得到”。第二，参比最高人民法院判例和欧美标准，寻求思路拓宽。只要能够认定“补交实验数据所证明的技术效果在原专利申请文件中已经明确记载或者隐含公开”，就可以确认申请人在申请日前已经进行了相关研究，除非存在相反证据使得待证技术效果存疑，否则该补交实验数据都应当被接受。

4. 课题名称：人工智能领域专利保护政策和保护规则研究（国家知识产权局专利局复审和无效审理部）

负责人：马　昊

习近平总书记在主持中央政治局第九

次集体学习时强调，人工智能是新一轮科技革命和产业变革的重要驱动力量，加快发展新一代人工智能是事关我国能否抓住新一轮科技革命和产业变革机遇的战略问题。作为激励和保护创新的一项基本知识产权制度，我国的专利制度应当对中央的要求给予明确回应，努力探索适合我国国情的人工智能领域专利保护政策和规则。

本课题总结了人工智能领域产业发展情况，分析了人工智能技术的专利保护现状，通过阐述各类知识产权保护形式的优缺点来论证专利制度是保护人工智能技术创新的最好方式，随后通过比较研究的方法梳理了世界各主要经济体对人工智能创新采取的专利保护政策和专利保护规则。在结合我国审查实践和创新主体诉求的基础上，探索适合我国国情的人工智能领域专利保护制度。主要针对狭义人工智能算法的改进发明，在现有法律框架下对算法的技术性概念的内涵和外延做了拓宽解释，提出了针对该类算法专利突破现有客体审查标准的主张；详细解释了困扰业界的人工智能"黑匣子"问题，论证了人工智能虽然存在"黑匣子"问题，但只是意味着对其计算结果具有有限的可解释性，如果对输入数据、输出数据和算法模型的撰写加以规范，是可以解决充分公开问题的；创造性判断中强调充分尊重人工智能技术的特殊性，算法模型、应用场景和模型训练都应当是考量因素，解决了专利侵权判定中的典型问题——多主体实施和举证责任分配，最后提出了优化我国人工智能专利保护体系的政策建议。

5. 课题名称：新形势下五局审查质量管理比较研究（国家知识产权局专利局审查业务管理部）

负责人：雷春海

本课题深入分析新形势下专利审查质量管理的特点，贯彻新发展理念，构建新发展格局，以世界各主要知识产权审查机构为对标对象，深入分析中美欧日韩五局的审查质量管理体系、质量评价体系和质量外部反馈体系，分析一流审查机构及其质量管理的共通理念和共有特征，研究中国国家知识产权局与美欧日韩各局的差异和原因，从中参考借鉴各局有益经验，对审查质量管理工作提出思考与建议，推进世界一流审查机构的建设。

通过深入开展五局比较研究，美欧日韩各局对中国国家知识产权局审查质量管理工作的参考借鉴具体为：通过质量理念树立共同的质量价值观，通过系统性提升实现审查工作提质增效，通过案例法效力实现审查标准统一，通过分领域方式来开展审查质量评价，通过良好外部协同提升质量舆论评价，面向新兴技术变革开展审查模式创新。同时，在审查质量过程控制、工作组审查模式管理、业务指导的及时性和有效性方面，各局均有契合自身局情的特色管理措施。

面对当前挑战，中国国家知识产权局专利审查质量管理工作迫切需要更新审查质量管理理念，创新审查质量管理工作机制，革新审查质量管理技术，具体分为以下几个方面：一是更新质量管理理念，增加人文因素和价值观内容，同时细化质量管理目标，建立分级分类的审查质量目标。二是明确专利局的局级、审查部和审协中心的职能定位，发挥专利局质量保障核心作用，充分发挥业务主导引领作用，探索同领域质量保障工作新模式，探索推动兼职复审员专职化。三是顺畅业务指导机制，推动标准执行一致，提高业务指导的及时性和有效性，建立业务指导成果固化和更新机制。四是完善质量评价机制，明晰评价体系各层级职责，调整局级质评职能，发挥专利局审查部门的核心作用，实现质量保障的分级分类管理，提高质量评价的科学性和及时性。五是拓展外部反馈渠道，主动服务重点用户，探索建立与重要创新主体和骨干代理机构等的双向交流渠道，探索将各知识产权法院、各省级知识产权局、技术产业联盟或行业协会、知名高校院所的知识产权专家或技术专家纳入作为质量顾问。关注用户体验，改进外部评价工作模式。六是创新质量管理模式，探索分级分类的精细管理，根据不同的申请质量，采取相对应的审查工作组创新和质量管理模式探索。七是完善审查业务与国际交流的内外联动机制。加强对美欧日韩等世界主要专利审查机构的审查政策和业务动态进行追踪研究，加强与外局在人工智能、大数据、基因技术等新兴技术领域的审查业务规则交流，为业务管理政策制定提供信息参考。

6. 课题名称：大数据相关申请的专利审查规则研究（国家知识产权局专利局电学发明审查部）

负责人：王京霞

本课题以大数据领域技术发展、产业发展、国内外立法及我国国家标准为基础，确定该领域重点技术分支与应用分支，分析大数据重点技术和典型应用，对比研究欧美日韩审查标准及审查指导案例，分析我国现行审查标准与大数据技术和产业发展现状不适应之处，结合审查实践与创新主体的意见，给出《专利法》第 5 条、第 2 条第 2 款、第 22 条第 3 款的审查规则调整和完善建议。

关于《专利法》第 5 条的审查。建议在《专利审查指南》中对数据合规审查规则作出具体规定，可以从采集的数据对象以及采集数据对象的手段这两方面来判断申请是否违反相关法律法规。

关于《专利法》第 2 条第 2 款的审查。建议适当放宽数据预处理相关方案的客体审查标准，不过多强调数据的所属领域，以加强对数据质量提升相关方案的保护。如果解决方案涉及利用具体的数据预处理手段来解决大数据的数据记录的完整性、一致性、唯一性、有效性、准确性等技术问题，并获得技术效果，则属于技术方案。建议适当放宽分类聚类、神经网络等通用挖掘分析算法相关方案的客体审查标准，以加强对多领域可应用的通用算法相关方案的保护。如果解决方案涉及上述通用算法，且算法处理的是与实体等物理对象相关的数据，算法的执行能直接体现出对该物理对象的数据的处理过程，从而解决了技术问题，并获得技术效果，则属于技术方案。建议适当放宽用户协同过滤、知识图谱等特定挖掘分析算法或模型相关方案的客体审查标准，促进图计算等重点方向的产业发展。如果解决方案体现或利用了用户彼此之间、信息内容彼此之间或用户与互联网信息内容之间的关联关系，并据此解决技术问题，获得技术效果，则属于技术方案。

关于《专利法》第 22 条第 3 款的审查。如果将一般性的大数据技术应用于特定领域或行业，采用与现有技术不同的技术构思，能够获得降低成本、提高处理效率、作出准确业务决策等技术效果并且代表技术发展的趋势，则建议认可其创造性。如果涉及选择与现有技术不同的数据样本、分析指标、特征属性、技术模型，并且通过这种选择和调整带来更好的技术效果，则建议认可其创造性。

7. 课题名称：潜在高价值专利高效审查研究［国家知识产权局专利局专利审查协作广东中心、中国（深圳）知识产权保护中心、审查业务管理部］

负责人：邱绛雯　宋　洋

本课题研究了国务院及相关研究机构发布的战略性新兴产业相关文件，梳理了世界主要知识产权局针对重要专利申请的审查政策，根据赴创新主体调研的成果、面向审查部门开展的问卷调查的结果，提出潜在高价值专利（简称潜高专利）筛选模型设计思路，并进行了验证；提出潜高专利的案源调配优化建议和潜高专利高效审查相关建议。

通过对潜高专利筛选和审查两个环节进行分析，得出当前还存在传统高价值专利筛选与审查阶段潜高专利筛选特点及需求不相适应、案源调配机制无法满足潜高专利的审查需求等亟待解决的问题。

针对上述问题，本课题取得以下研究成果并提出相关建议。

创造性地提出潜高专利筛选模型，该模型的设计理念围绕国家战略需求，同时兼顾创新主体多元化需要，以通用模型为基础，结合具备领域特色和通道特色等要求，实现多元立体筛选模式，建议在潜高专利筛选中推广。提出潜高专利的案源调配优化思路：一是利用用户画像理论建立潜高专利审查人才库；二是探索与审查能力相适应的潜高专利案件额度调配；三是实行基于人案匹配的潜高专利案件分配方案。优化及完善潜高专利的质量效率管理及智慧审查：创新审查模式，按需开展工作组审查模式；加强与申请人交流，提高案件处理的效率；根据实际情况简化审查意见通知书撰写；根据申请人答复周期设定差异化的潜高专利案件处理周期要求；通过建立智慧审查系统，实现审查员与申请人快捷高效交流，提供智慧审查工具集，实现智慧审查。充分利用和优化外部资源，助力高效审查：加强知识产权保护中心（简称保护中心）作为连接审查和创新主体的触角作用，建立预审与实审高效联动机制，实现保护中心与实审平台资源共享；优化保护中心的管理，考虑稳妥适度地增加预审领域，逐步增加保护中心通道的潜高专利占比。建议加强对国家实验室这一国家战略科技力量的知识产权工作的关注和支持：局层面可组织相关调研，摸清需求；通过将其专利申请直接纳入潜高专利范畴，派出知识产权专员等方式加强政策支持力度。

8. 课题名称：集成电路领域知识产权保护规则研究（中南财经政法大学、最高人民法院）

负责人：曹新明　徐卓斌

本课题从案件审判的视角，采用文献研究和案例分析方法，通过对现行规定的深层次研读和对案例的细化分析，针对实践中的突出问题，分析了与集成电路领域中布图设计专有权、专利权、商业秘密、计算机软件著作权有关的保护规则及侵权救济措施。

集成电路布图设计保护方面，基于目前我国产业发展阶段和技术发展水平，在专利和技术秘密保护之外，模拟电路的布图设计由集成电路布图设计专有权提供保护在当前仍然是必要的。我国的布图设计登记用于确定布图设计，而非公开布图设计的内容。受保护的布图设计应具有独创性，对独创性的证明应以权利人提出的独创性部分为基础，首先要求权利人对其主张的独创性部分进行充分说明或初步证明，然后由被诉侵权人就该部分不具有独创性提出相反证据，在综合考虑上述事实、证据的基础上进行判断。对于实际不符合授权条件的获得专有权的布图设计，可以通过法定程序撤销。当撤销程序和侵权纠纷处理程序并存时，通常采取在侵权处理程序中认定独创性的做法。

集成电路领域的发明创造，属于电学领域中基本电气元件的发明创造。集成电路由其内部的微观元器件如晶体管、电阻、电容及布线所组成。不同特征的协同关系可能带来技术效果的改进，在专利审查中应重点关注权利要求中各步骤特征之间的关系，以及合乎逻辑的分析推理。

商业秘密保护方面，集成电路领域商业秘密刑民交叉案件容易造成案件审理逻辑错位、法院审理级别错位、裁判尺度不统一，也容易产生二次泄密问题，可以采取落实知识产权三审合一审理模式、有效解决法院层级管辖冲突和证据规则冲突等来寻找突破。

计算机软件保护方面，纠纷基本发生在 EDA 等工业软件领域，此类软件具有投资成本高、复制费用低的特点。处理中既要遵循著作权的一般规则，又要注意软件作品的特殊性。当前对权利人的举证要求逐渐弱化，表现为：第一，不要求直接证明行为人的侵权行为，而采取“实质性相似+接触+非合理解释”的原则，以客观行为的“可能性”代替“事实”的证明；第二，对“实质性相似”要件的对比方法多样，不以源程序对比作为认定侵害软件著作权的唯一标准；第三，“实质性相似”的举证实质上仅是一种初步举证责任。

侵权救济措施方面，停止侵害救济存在当然化倾向，建议明确规定把存在未来侵权可能性作为停止侵权救济的前提，并赋予法院适当的自由裁量权来拒绝停止侵权救济。同时，要为停止侵权救济提供良好的配套制度，比如提高损害赔偿数额，特别是针对起诉后被告继续侵权活动的赔偿数额，加大对违反停止侵权判决的惩罚力度等。

9. 课题名称：专利审批流程中的“放管服”改革研究（国家知识产权局专利局初审及流程管理部）

负责人：李　享

习近平总书记在中央政治局第二十五次集体学习时就全面加强知识产权保护工作作出了重大部署。其中提到：“要形成便民利民的知识产权公共服务体系，让创新成果更好惠及人民。要加强知识产权信息化、智能化基础设施建设，推动知识产权保护线上线下融合发展。要鼓励建立知识产权保护自律机制，推动诚信体系建设。”近几年，随着专利电子申请系统的升级改造，专利审批流程的不断优化，已实现专利申请从提交、受理到审查的全流程电子化，申请质量和审查效率不断提高，但同时也存在审批流程复杂、证明文件多、系统不够稳定、易用性不好等问题。为深入推进“放管服”改革，在专利申请手续办理的各环节中需要创新审查模式，优化审批流程。

本课题通过对“放管服”改革的研究、对国内外相关政策及先进经验的研究以及我国专利审批流程中“放管服”改革现状分析，梳理了现有专利审批流程各业务板块的业务现状，分析了制约专利审批流程效率提升的主要问题，对在各业务板块进行“放管服”改革做了适用性分析。以专利申请过程中几种典型的手续文件审批为例，以“提质增效”为目标、以“三新”理念为指导，提出费减备案告知承诺制的具体内容和主要流程；提出以信息化手段优化委托书的审查模式；提出申请文件提交时对发明人信息进行确认的具体流程。

10. 课题名称：新形势下的专利合作条约（PCT）业务发展趋势及合作策略研究（国家知识产权局专利局专利审查协作北京中心）

负责人：陈玉华

近年来随着知识产权事业的快速发展，PCT 审查业务发展及国际合作呈现出新的特点，我国的 PCT 申请数量与质量不断提升，国家知识产权局在 PCT 业务相关的国际合作中也发挥着更重要的作用。

为更好地推进知识产权强国建设，谋划新形势下 PCT 业务国际合作策略，本课题对新形势下 WIPO 平台 PCT 业务合作发展现状进行回顾和梳理，并面向 PCT 国际阶段审查部门和创新主体广泛收集新形势下 PCT 业务优化相关的需求建议，提炼出目前 PCT 体系有待完善的一系列业务问题，同时基于我国在新兴领域 PCT 申请数量和质量并进的态势，对新兴领域申请相关焦点议题进行研究和评析；本课题聚焦具备 PCT 业务国际合作前景的重点需求开展可行性分析并提出建议方案。

基于新形势下我国参与 PCT 业务国际合作的立场方针，提出国家知识产权局在 PCT 业务国际合作中的短期、中期和长期策略，并结合相关议题在国际磋商中的难易程度等因素开展分析研判，确定了 WIPO 平台下重点业务项目参与策略和推进方案，并同步推进完成中国国家知识产权局主动提案在 WIPO 平台的报告，形成可供实际工作使用的主动提案落实方案。

11. 课题名称：实用新型专利审查制度改革研究（国家知识产权局专利局实用新型审查部）

负责人：曲淑君

习近平总书记在中央政治局第二十五次集体学习时发表讲话，指出要全面加强知识产权保护工作，激发创新活力推动构建新发展格局。为贯彻落实习近平总书记重要讲话精神，落实国家知识产权局重点工作部署，本课题组通过分析我国实用新型专利的现状与形势，针对我国实用新型专利面临的问题与挑战，研究我国实用新型专利审查制度的现状及局限性，进而探究我国实用新型专利审查制度的改革方向。

结合以上研究内容，本课题提出我国实用新型专利审查制度改革要点及路线图。研究表明，当前我国实用新型专利审查制度基本符合国情，改革应保持制度总体稳定，发挥两级专利体系的独特作用。本课题提出了改革的近景、中景、远景目标，即完善审查制度，优化管理手段；取消行政干预，全面回归市场化；平衡创新与保护，做好制度顶层设计。

12. 课题名称：外观设计专利保护促进区域特色产业发展实证分析及对策研究——基于快维中心的实证研究（浙江工贸职业技术学院）

负责人：叶珺君

促进区域特色产业发展是我国专利保护的重要内容，也是近年专利法制度以及政策调整的重要方向。习近平总书记在中央政治局第二十五次集体学习中强调"要研究实行差别化的产业和区域知识产权政策"。基于外观设计产品生命周期短、更新频率快的特点，国家知识产权局于2010年开始在外观设计产业集聚区设立知识产权快速维权中心，以优化营商环境，切实解决维权举证难、周期长、成本高等问题。但各地的快维中心产生了明显的差异化发展态势，对区域产业的促进作用差别较大。

本课题评估分析该政策的实施情况，总结发展成效及存在问题，探索提炼知识产权政策与区域产业发展的内在关联，为后续政策制定提供支撑，使之更好地发挥服务职能，助力区域经济发展。通过分析当前政策对区域性产业发展的促进作用，得出外观设计专利保护对区域特色产业的影响主要包括：第一，外观设计专利保护能促进区域特色产业发展；第二，该促进作用受产业基础、地方政策支持等因素影响；第三，区域特色产业的发展对外观设计保护制度提出新的需求。基于上述结论及区域特色产业的发展需求，对外观设计专利保护工作提出以下建议：第一，结合产业需求加强外观设计专利制度研究；第二，以市场为导向推动构建外观设计专利政策体系；第三，基于外观设计权利特征建设高效的知识产权保护体系；第四，完善快维中心体系建设。

13. 课题名称：中外外观设计创新保护热点问题研究（国家知识产权局专利局专利审查协作北京中心）

负责人：任淑梅

近年来，我国外观设计专利申请数量持续增长，我国企业的设计水平和能力不断提高，加强外观设计保护的呼声也日益强烈。习近平总书记在中央政治局第二十五次集体学习时明确提出要实现"从知识产权引进大国向知识产权创造大国转变，从追求数量向提高质量转变"，目前我国创新主体运用外观设计专利有效保护其设计创新的整体水平与国外先进水平仍有差距。为进一步推进外观设计高质量发展，本课题针对外观设计创新保护中创新主体关注度高的热点问题开展研究。

对于图形用户界面外观设计的创新保护，提出充分运用多种保护方式保护图标设计、合理运用虚实线划分实现全面保护、注重保护独特区域布局、合理运用相似设计制度构筑差异化保护范围、多角度多维度清楚表达虚拟/3D场景视图等申请策略；同时立足审查实践，针对审查中的难点问题给出了具体的审查规则和建议，如虚拟/3D场景界面清楚表达和图形用户界面近似性的判断。

对于局部外观设计的创新保护，从明确细化审查标准和申请策略两个方面提出建议，包括放宽视图制图形式要求，严格局部清楚表达的审查标准，探讨优先权、单一性和确权的审查标准；分析总结了可以采用局部保护的情形，提出了有效利用本国优先权和合案申请制度、整体和局部同时保护等策略。此外，还结合不同国家或地区局部外观设计的制度特点，给出了向国外提交申请的注意事项。

对于开拓性设计的创新保护，针对我国目前专利保护中存在缺少针对性申请策略、未及时合理全面布局以及后续司法保护中存在各级审判机关侵权判定标准不统一等问题，建议从相关制度层面明确开拓性设计的定义及开拓性设计“近似性”的判断重点。此外，从申请人的角度提出进行延续性布局形成家族化设计、合理使用防御性专利布局策略、善用行政保护方式应对群体性侵权等切实可行的申请及保护策略。

14. 课题名称：基于软件设计类透镜系统专利申请的审查实务研究（国家知识产权局专利局光电技术发明审查部）

负责人：王治华

透镜系统专利申请技术方案的理解强烈依赖于专用设计软件的使用经验和物理光学知识，这使得该领域审查员站位本领域技术人员存在困难。另外，该领域专利申请以设计软件模拟出的各种参数数值为主要特征，而数值差异的“显而易见性”判断标准存在模糊性，由此导致在适用创造性“三步法”审查的各个环节中均存在一定困难，该领域专利审查的提质增效工作面临挑战。

本课题旨在从技术层面和法律层面深入解析领域特点与审查规则，帮助审查员提升站位本领域技术人员水平，切实解决本领域创造性判断的难点问题，助力提质增效。通过对大量专利申请案例、非专利文献以及专业书籍的梳理、分析和研究，结合企事业单位研发人员反馈意见，提炼共识，明确透镜系统各个参数及其组合的作用，掌握各种复杂参数的计算方法；系统研究以 ZEMAX 软件为代表的常用光学设计软件的底层逻辑、算法原理和运用实操过程；厘清透镜系统设计的难点，辨析透镜系统设计中设计人员在人机交互过程中的智慧劳动和软件贡献；深入探讨透镜系统中领域划分与光学设计初始架构对选取最接近现有技术的影响；明确以参数及其组合为区别技术特征时，确定发明实际解决技术问题的考虑因素，进而提出显而易见性的判断标准，在此基础上，结合具体案例，给出了不同类型案例创造性判断的指导性意见。

15. 课题名称：人工智能和基因技术交叉领域专利审查实务研究（国家知识产权局专利局专利审查协作四川中心）

负责人：杨　帆

习近平总书记在中央政治局第二十五次集体学习时指出“要健全大数据、人工智能、基因技术等新领域新业态知识产权保护制度，及时研究制定传统文化、传统知识等领域保护办法”。人工智能、基因技术都是近年来快速发展的新领域新业态，而两者的融合更是一种全新的发展趋势。在人工智能和基因技术交叉学科领域的专利审查中，理解技术方案、专利检索策略制定、创新性判断、法条适用等方面都存在实际的困难，因此，亟须开展人工智能和基因技术交叉领域专利审查实务研究。

本课题梳理人工智能与基因技术领域产业发展现状，从专利申请角度对交叉领域专利的申请现状进行统计分析，尤其是基因检测“卡脖子”技术专利竞争案例。针对该领域现有审查实践不一致的情况，从技术方案理解、检索难点、专利法及实施细则的适用等多个方面，结合案例开展审查实务研究，总结该领域审查特点和审查策略。最终提出了人工智能与基因技术交叉领域审查实务一致性的建议，提出了开展跨领域工作组审查模式的建议，绘制了交叉领域专利审查的思维导图和跨领域工作组审查流程图。

16. 课题名称：基于 AI 的医疗诊断专利审查标准完善研究（国家知识产权局专利局专利审查协作北京中心）

负责人：朱晓琳

近年，人工智能（AI）技术迅猛发展，不断渗入各种应用领域，特别是医疗领域以医学影像识别、辅助诊断、疾病风险预测为代表的场景应用，极大地提升了诊断效率和准确率。同时，相关领域的专利申请量也逐年攀升，我国的一些创新主体表现突出。然而，在基于AI的医疗诊断专利申请的审查环节，一方面，创新主体反映存在对疾病的诊断与治疗方法的客体审查标准不清晰、执行不一致、创造性尺度偏严、充分公开的内容和程度不明确等问题；另一方面，在审查实践中，对于此类申请的上述各法条的把握也存在诸多疑问，影响了审查质量和效率。

本课题聚焦基于AI的医疗诊断的相关专利审查标准，通过梳理行业发展现状、调研创新主体意见、参考外局相关审查标准、溯源立法本意、剖析技术实质等方面寻找研究的切入点，并收集各类案例进行深入研究，探索审查思路、提炼审查规则，对客体、创造性、公开充分的审查标准给出了完善建议。在《专利法》第25条第1款第3项疾病的诊断和治疗方法判定方面，建议在《专利审查指南》4.3.1.2节最后增加：对于全部以计算机程序处理流程为基础的，基于人工智能、大数据技术实现的涉及疾病诊断的信息处理方法，由于其处理结果只是基于机器自主学习得到的，不能够由该处理结果直接得出疾病的诊断结果或健康状况，因此该结果仅为一种中间结果。在《专利法》第22条第3款创造性高度的把握方面，明确“本领域技术人员”应知晓AI和医疗诊断这两个领域的普通技术知识，以及涉及两个领域交叉的普通技术知识和现有技术，是假设的复合技术领域的“人”；并根据AI技术的特点，将基于AI的医疗诊断的案件分为应用场景、特征选择、数据预处理、模型变更和模型改进五大类，针对每一类给出了审查困扰点、审查思路和典型案例。在《专利法》第26条第3款说明书公开充分方面，将公开不充分的情形从逻辑上分为方案实现和问题-方案-效果两大类。其中，方案实现的分类聚焦技术手段，具体包括数据处理公开不充分和模型训练公开不充分两个类型；问题-方案-效果的分类聚焦方案内部的关联性，具体包括输入-输出关联性和方案-效果关联性。在梳理和分析每个类型的特点后，给出了每个类型下案件的审查思路和审查示例。本课题针对该领域专利申请在审查中的难点与争议性问题给出解决方案，促进审查实践中的执行一致，有利于产业发展。

17. 课题名称：无效程序优化与数据分析助力提质增效研究（知识产权出版社有限责任公司）

负责人：崔国振

专利无效程序作为知识产权保护的重要环节，是保障专利权人和社会公众合法权益的必要救济途径。专利无效的审查效能直接影响专利行政保护和司法保护的效率。面对案件量的直线上升和案件审查难度的增加，同时为贯彻落实国务院“放管服”改革关于压缩专利审查周期的部署，本课题通过数据分析以及与国外制度的横向对比研究，找出目前程序中导致案件审理周期长、审查效能低的问题，提出对无效审查程序、审查管理制度的优化建议，提高专利无效审查质量和效率。

由2010—2020年的专利无效宣告案件数据可知，近十年我国无效审查能力不断增强，无效审理效率不断提高，无效审查质量稳步提升，专利维持率稳中趋升，无效理由集中，多次无效案件占比大。本课题就流程管理、优化无效实体程序等方面提出了优化建议，包括利用信息化手段实行案件周期分类管理方案；在我国专利授权后程序中引入实用新型的更正程序；增加专利自始放弃程序；提高受理条件，通过增加驳回请求的情形以简化部分案件的审理程序，优化调配审查资源。通过分析比对美国、欧洲、日本及韩国的专利确权程序，探寻其对我国程序优化的借鉴，本课题建议删除《专利法实施细则》第20条第2款的无效理由，减少程序浪费。

针对同一专利涉及多次无效宣告请求的案件，提出专利沉寂期（专利被授权以后至被提起无效宣告请求时的年限)的概念，并以专利沉寂期内外作为区分无效宣告请求提出的时机，根据时机不同分别规定无效宣告程序中的理由、证据，以及修改的规则。对于多次无效宣告案件(包括多次作出审查决定的案件)，提出对在后请求的无效理由进行限制以及对审查程序进行相应简化的具体方案。

18. 课题名称：知识产权大保护视域下权利要求解释一致性研究(北京化工大学)

负责人：范晓波

专利权利要求解释是确定专利权利要求真实含义的过程，也是确定专利保护范围的过程。专利权利要求解释在授权、确权、侵权程序中均具有重要的核心地位。本课题梳理我国关于专利权利要求解释的法律规则及其演进，以及对专利权利要求解释一致性研究的文献综述、近几年来的专利典型案例尤其是一些民行交叉的专利案例，针对我国实践中涉及同一专利的案件中，确权程序与侵权程序解释的不一致、在确权程序无效审理中行政机关与法院解释的不一致，以及不同级别法院解释的不一致的问题，深入分析了造成不一致的原因。研究美国 2018 年对专利权利要求解释规则所进行的改革，分析其权利要求解释标准变革的原因、为变革所做的准备工作以及改革后相关法律规则的修改，旨在探寻其对我国的借鉴意义。

本课题在结论建议部分提出，我国应进行不同程序权利要求解释的一体化构建：专利授权程序应继续适用以权利要求文义为主的宽泛性解释，即采用最宽合理解释；确权与侵权程序应采用统一的解释标准，确权程序中对权利要求的解释应适度容忍引入权利要求书记载之外的技术内容；应当明确规范确权程序权利要求的解释规则，区分授权与确权程序权利要求解释规则，并对《专利审查指南》和司法解释中的相关规定进行相应的修改；应该加强不同程序间的协调配合，加强对技术事实的查明以正确理解技术。

19. 课题名称：智能检索系统功能优化及效能提升研究(国家知识产权局专利局专利审查协作北京中心)

负责人：闫　娜

系统智能化升级是国家知识产权局党组贯彻落实“提高审查质量及审查效率”、《知识产权强国建设纲要(2021—2035年)》《“十四五”国家知识产权保护和运用规划》要求的重要举措，也是实现专利审查理念更新、技术革新及工作创新的重要抓手。智能检索系统仍在持续优化和完善，系统建设转化为现实的检索生产力尚需要一个过程。有鉴于此，本课题全面开展智能检索系统的研究工作，解决系统推广应用及效能提升中存在的突出问题。

通过梳理世界主要专利审查机构智能检索系统的开发与部署，综合比较各局在文献数据整合、语义检索、浏览及辅助工具和自动分类等方面的研究与实践，结合分析主流商用专利检索系统的进展，认为我国智能检索系统在总体技术水平和主要功能模块处于五局先进水平，并在智能语义检索的实践应用方面更具优势。重点探索智能检索系统的检索模式，实现机器智能和人工智慧协同提升检索效能。对于数据库选择策略，按照“全整合数据库→部分整合数据库→原始数据库”的顺序，强化整合数据库的运用而弱化原始数据库的使用；对于融合检索策略，按照“纯语义检索→部分要素检索→全要素检索”的检索逻辑提升检索效能；对于文献浏览策略，充分发挥“语义排序”的逐篇筛选与“一站式特征排序”的批量筛选作用。本课题还从系统运行数据、效能提升的关键指标、检索模式的综合运用等方面，全面评估了智能检索系统及检索模式的检索效能。同时，着眼于功能智能化的迭代发展和重点功能设计两个方面探讨智能检索系统未来的发展方向，并提出智能检索系统的功能优化及检索效能提升工作的决策建议。

20. 课题名称：智能化“互联网+政务服务”趋势下政府网站建设研究（国家知识产权局办公室、国家知识产权局公共服务司、知识产权出版社有限责任公司）

负责人：曾燕妮

习近平总书记在中央政治局第二十五次集体学习时指出：要形成便民利民的知识产权公共服务体系，构建国家知识产权大数据中心和公共服务平台，及时传播知识产权信息，让创新成果更好惠及人民。要加强知识产权保护宣传教育，增强全社会尊重和保护知识产权的意识。国家知识产权局党组书记、局长申长雨在《走好中国特色知识产权发展之路》一文中指出：要努力打造便民利民的知识产权公共服务体系，实施知识产权公共服务能力提升工程，推动知识产权公共服务标准化。坚持走中国特色知识产权发展之路，开创知识产权事业改革发展新局面。

为进一步加强政府网站管理，引领适应互联网发展变化，推进集约共享，持续开拓创新，利用云计算、人工智能、数据挖掘、知识管理等技术，将政府网站打造成更加全面的政务公开平台、更加权威的政策发布解读和舆论引导平台。围绕需求，推进政务公开，优化政务服务，提升用户体验，提供可用、实用、易用的互联网政务信息数据服务和便民服务。

通过参考国内外政府网站先进管理经验和模式，并结合国家知识产权局政府网站实际，找准政府网站定位和发展方向，从而提升政府网站与公众互动的智能化水平，探索新技术支撑“互联网+政务服务”，加强政务资源共享平台的建设，从而打破政务资源数据的信息孤岛，全面支撑政务服务线上线下一体化运行和统一管理。

21. 课题名称：语义分析技术在专利审查业务中的应用研究（知识产权出版社有限责任公司）

负责人：李　程

随着专利申请量逐年增加，专利审查工作压力不断加大。审查员需要通过人工对比查看和浏览，才能确定待审专利的新颖性和创造性，进而给出审查意见。审查员的阅读工作量非常巨大，亟待使用可靠的技术手段实现审查的智能化、自动化、效率化。本课题希望通过人工智能对专利申请文本进行语义理解，进而用可视化交互技术来优化审查业务中的应用场景，实现语义比对技术在专利审查业务中的应用，在解决专利智能检索的“最后一公里”问题上，进行更加务实的探索。

本课题通过对语义技术进行深度技术研究，积累技术经验，使语义比对倾向于技术实质比对，符合审查员在判断专利新颖性时的基本思维方式，实现了基于专利文本的语义比对算法模型。在专利智能检索之后，利用一种可视化交互方式，使用视觉压缩的方式，帮助审查员寻找对比文献，快速定位比对特征，进行对比查看，实现了智能检索“最后一公里”问题的创新性解决。这种可视化交互方式创新性地解决了数十件专利快速宏观浏览、近似特征快速定位的问题，极大地提高了审查的质量和效率。针对授权、无效、非正常申请等情况的专利，进行了案例式和统计式的验证研究。验证研究的结果显示，采取的语义比对算法和可视化交互设计，针对专利审查的业务场景，具备实际应用价值。

本课题的实验系统成果在进一步改进的基础上，具备在局内相关信息化工作中进行一定程度推广试用的条件，为审查业务提质增效提供助力。

22. 课题名称：“十四五”专利申请发展态势研究及政策措施建议（国家知识产权局专利局审查业务管理部）

负责人：吴红秀

为贯彻落实《知识产权强国建设纲要（2021—2035年）》和《“十四五”国家知识产权保护和运用规划》工作部署，提高专利审查业务管理工作的预见性、主动性和创造性，本课题围绕“十四五”专利申请发展态势开展研究，深入分析申请量走势，提出基于申请量的自然属性、系统属性和社会属性分析的综合性预测方法技术，并由此预测出“十四五”时期发明、实用新型、外观设计三种专利的申请量及PCT受理量；从不同维度刻画申请量的结构变化特征，揭示专利申请结构优化发展的规律；探索申请质量发展趋势，研究打击非正常专利申请等政策措施的影响及机制并预测“十四五”高价值专利占比的动态。此外，还专题开展前瞻性研究，设计了人工智能专利申请态势分析与预警系统以及智能化预测技术实现方案。最终提出促进我国专利质量提升的合理化政策建议，课题研究成果具有较好的实践价值和理论意义。

23. 课题名称：新冠疫情下知识产权与公共健康关系的研究（国家知识产权局国际合作司）

负责人：原　琪

新冠疫情使得知识产权和公共健康问题再次成为讨论焦点，在世界贸易组织(WTO)平台，为提升疫情相关医疗产品的可及性，印度和南非提出豁免TRIPS协定的部分条款提案，而欧盟从提升TRIPS灵活性角度提出了替代方案。

本课题以WTO防控疫情相关提案为视角，汇总了国内外围绕知识产权和公共健康品可及性的讨论进展、整理核心问题及各方立场和表态。其中，美国从反对豁免转为支持对新冠疫苗的知识产权保护进行豁免，我国支持WTO就疫苗知识产权豁免早日作出决定，支持向发展中国家豁免疫苗知识产权。通过对相关法律法规、疫情下以疫苗和药品为代表的主要公共健康品的技术发展情况以及知识产权布局进行梳理，可以看出，我国已具备专利实施强制许可法律制度和实施路径，实施前应综合考虑多方面因素做好准备，我国创新主体具备一定的技术实力，在不同研发方向所处的全球地位不同。通过分析知识产权对公共健康的积极促进作用和可能的消极影响，并具体分析WTO防控疫情相关提案及豁免知识产权对我国的影响，为国家知识产权局在WTO的提案磋商提出了总体立场、法律政策、技术专利研究等方面的应对策略，并从规则调整和应用、应急体系建设、审查政策调整、参与国际合作和竞争等方面对后疫情时代的发展提出了建议。

24. 课题名称：国家经济安全视角下我国创新型企业海外专利费用管理模式的风险和对策研究（北京国专知识产权有限责任公司）

负责人：刘　洋

近年来，在国家大力实施创新驱动发展战略和知识产权战略的背景下，中国日益深入地参与知识产权国际竞争，越来越多的中国企业“走出去”申请并获得专利。相应地，企业为维护专利每年缴纳的专利费用与日俱增，海外专利费用管理的难点和风险日益增加。特别是，目前我国涉外专利费用管理市场基本被国外年金公司垄断，自主可控度不足，使整个国家创新体系和企业“走出去”增强国际竞争力存在潜在风险。

本课题对2016—2020年中国申请人向海外申请和维持有效专利进行了统计分析，对我国创新主体“走出去”缴纳专利费用规模进行了估算，对未来缴费趋势进行了预测，摸清我国向海外申请和维护专利的总体情况。在此基础上，从各国政策环境、市场竞争态势、企业管理需求三个维度对我国创新主体费用管理模式进行了研究。在各国政策环境方面，梳理了五大局中除中国局以外的四个主要国家局的费用政策和缴费环境，以及“一带一路”主要国家的具体做法。在市场竞争态势方面，调研了国外主要年金公司和国内服务机构的市场规模，分析了中外服务机构的优劣势。在企业费用管理需求方面，在不同类别的申请人中选取典型样本进行实地访谈和问卷调查，识别出他们在管理和缴纳专利费用时遇到的问题和存在的风险，并对产生问题的原因进行了深入分析。

本课题从维护国家经济安全的高度出发，立足政府、服务机构和企业三个角度，分别从完善费用政策、构建费用服务体系以及提高企业费用管理能力三个方面提出了具体的对策和举措建议。

25. 课题名称：由新冠防治技术攻关的专利支撑探索关键核心技术领域专利管理工作机制研究（国家知识产权局专利局专利审查协作北京中心）

负责人：田　虹

本课题针对新冠疫苗、治疗药物和检测技术等领域，对全球范围的各类新冠疫苗，治疗新冠的生物药、化学药、中药以及新冠检测技术相关专利申请进行检索，对我国及其他主要国家在各技术领域的专利申请情况、布局情况、主要创新主体及主要研究方向等进行全面分析。研究显示，新冠防控专利申请不断加速，关键技术趋于集中，仅中美两国全线布局。

本课题梳理新冠灭活疫苗、腺病毒载体疫苗、核酸疫苗、重组蛋白疫苗以及流感病毒载体五大技术分支关键技术专利申请布局和主要申请人情况，并重点就 mRNA 疫苗在结构改进、递送机制、质量评估、制备与储存各环节，在肿瘤疫苗、新冠疫苗及其他疾病治疗预防应用各方面，结合重点申请人专利布局情况，对技术分布及应用前景进行深入分析，预警该领域存在的专利侵权风险。

本课题还持续追踪国内外新冠疫苗研发进展及专利申请法律状态，对比各国对新冠相关专利申请采取的支持政策，开展了新冠相关重点申请集中审查试点探索，组织赴抗疫重点创新主体进行调研，并就完善对关键技术领域专利申请的管理与服务工作机制进行研究，以探索形成长效工作机制。

本课题建议持续跟踪抗疫专利申请，必要时组织专项审查；进一步开展核酸疫苗平台型专利技术预警分析，持续跟踪全球新冠药物研究进展；在重点领域探索“预警分析+专利审查”工作模式。

供稿：国家知识产权局学术委员会

与知识产权有关的政府网站

国家知识产权局网站

国家知识产权局网站(www.cnipa.gov.cn)是国家知识产权局主办的官方政府网站,是对外宣传知识产权工作的窗口,主要面向社会发布知识产权工作方针政策、相关法律法规、时政要闻、教育培训等信息,提供专利、商标和地理标志等相关的办事服务,并设有意见征求、热点回应、留言咨询、网上信访等互动板块。网站提供中英文版本。

国家版权局网站

国家版权局网(http://www.ncac.gov.cn)是国家版权局主办的综合性政务官方门户网站,于2000年9月30日开通。主要功能包括宣传版权工作方针政策,发布有关版权执法监管、软件正版化、社会服务、宣传培训、产业发展、国际交流等方面的工作信息,在线接收侵权盗版举报,普及版权相关法律知识,进行版权信息公开等。

中国商标网

中国商标网(http://sbj.cnipa.gov.cn)是宣传商标注册的官方网站,主要栏目包括机构概况、政策文件、商标申请、商标代理、案例评析、集体证明商标(地理标志)、国际注册等。

中国扫黄打非网

中国扫黄打非网(http://www.shdf.gov.cn)是全国“扫黄打非”工作小组办公室主办的综合性政务官方门户网站,是全国“扫黄打非”工作小组办公室宣传“扫黄打非”工作的窗口。网站功能主要包括向社会公开相关政策法规、新闻资讯、市场监管、案件查办、专项行动、经验交流、地方工作等信息,还面向公众提供网上举报与在线查询等服务。

中国保护知识产权网

中国保护知识产权网(http://ipr.mofcom.gov.cn/index.shtml)于2006年4月26日开通,由中华人民共和国商务部主办,设有中英文双语版。作为专业的知识产权类政府网站,中国保护知识产权网是发布相关政府信息和提供知识产权资讯服务的重要平台。网站现已开通国际新闻、国内新闻、海外维权、保知指南、数据资料、在线咨询等多个栏目,力图全方位多角度地为广大社会公众、企事业单位提供国内外最新的知识产权时事动态、世界各国知识产权制度建设最新进展、海外维权预警等信息。

国家市场监督管理总局价格监督检查和反不正当竞争局网

国家市场监督管理总局价格监督检查和反不正当竞争局网(http://www.samr.gov.cn/jjj/index.html)是宣传反不正当竞争执法成果的重要窗口,主要包括司局动态、政策法规、价格收费监管、反不正当竞争、规范直销与打击传销等栏目。

林草植物新品种保护网

林草植物新品种保护网(http://www.cnpvp.net)是国家林业和草原局植物新品种保护办公室建立的政府官方网站,网站内容主要包括组织机构、政策法规、品种权申请、品种权测试、品种权执法等,还提供文件下载服务。网站提供中英文版本。

中国林业知识产权网

中国林业知识产权网(http://lygc.lknet.ac.cn:8080/43.html)是由国家林业和草原局知识产权研究中心承办的林业知识产权信息共享平台,2012 年开通,整合了国内外林业知识产权信息资源,建设了林业专利、植物新品种权、林产品地理标志、商标、著作权等知识产权基础数据库 15 个,累计数据量 150 万条,免费提供林业知识产权信息检索和数据共享服务。

人民法院知识产权审判网

人民法院知识产权审判网(http://zscq.court.gov.cn)是中华人民共和国最高人民法院网(www.court.gov.cn)下设子网站,该子网站是人民法院宣传知识产权司法保护成果的第一个官方网站。主要栏目包括工作动态、调查研究、知识产权司法政策、司法保护成果、案例分析、知识产权战略实施和域外知识产权司法等。

最高人民检察院网站

中华人民共和国最高人民检察院网(http://www.spp.gov.cn)是依托国家电子政务网络建立的检务公开网站,集纳检察重要新闻、业务动态和"12309 中国检察网"检察服务平台等信息,向社会提供案件程序性信息查询、控告申诉举报、辩护与代理网上预约等服务。最高人民检察院涉保护知识产权工作的重大部署、指导性案例发布、"4·26"知识产权新闻发布会、民营企业产权保护以及地方知识产权工作动态等重要内容,均可以通过该网站查询获知。